Signos convencionales · Sinais convencionais
Légende · Legenda
1:300.000

TRÁFICO · TRÂNSITO | CIRCULATION · VERKEER

E/P		F/NL
Autopista con acceso · Acceso con número · Estación de peaje Auto-estrada com ramal de acesso · Número de acesso · Portagem		Autoroute avec point de jonction · Numéro de point de jonction · Gare de péage Autosnelweg met aansluiting · Aansluiting met nummer · Tolkantoor
Hotel, motel · Restaurante Hotel · Restaurante		Hôtel, motel · Restaurant Motel · Restaurant
Bar · Estación de servicio · Área de servicio y de reposo Snack-bar · Posto de abastecimento · Área de serviço para camiãos		Snack-bar · Poste d'essence · Relais routier Snackbar · Benzinestation · Truckstop
Autopista en construcción con fecha de apertura al tráfico · Autopista en proyecto Auto-estrada em construção com data para estrada transitável · Auto-estrada em projecto		Autoroute en construction avec date prévue de mise en service · Autoroute en projet Autosnelweg in aanleg met geplande openingsdatum · Autosnelweg in ontwerp
Autovía · en construcción · en proyecto Via rápida de faixas separadas · em construção · em projecto		Double chaussée de type autoroutier · en construction · en projet Autoweg met gescheiden rijbanen · in aanleg · in ontwerp
Carretera de tránsito · con acceso Itinerário principal · com ramal de acesso		Route de grand trafic · avec point de jonction Weg voor doorgaand verkeer · met aansluiting
Carretera principal importante · Carretera principal Estrada de ligação principal · Estrada regional		Route principale importante · Route principale Belangrijke hoofdweg · Hoofdweg
Carreteras en construcción · en proyecto Estradas em construção · em projecto		Routes en construction · en projet Wegen in aanleg · in ontwerp
Carretera secundaria · Camino carretero Estrada secundária · Calçada		Route secondaire · Chemin carrossable Secundaire weg · Rijweg
Camino carretero, tránsito restringido · Sendas Calçada a trânsito limitado · Atalhos		Chemin carrossable, praticabilité non assurée · Sentiers Rijweg, beperkt berijdbaar · Voetpaden
Túneles de carreteras Túneis de estrada		Tunnels routiers Wegtunnels
Número de carretera europea · Número de autopista · Número de carretera Número de estrada europeia · Número de auto-estrada · Número de estrada		Numéro de route européenne · Numéro d'autoroute · Numéro de route Europees wegnummer · Nummer van autosnelweg · Wegnummer
Pendiente · Puerto · Cerrado en invierno Subida · Passagem · Estrada fechada ao trânsito no inverno		Montée · Col · Fermeture en hiver Stijging · Bergpas · Winterafsluiting
Carretera no recomendada · cerrada para caravanas Estrada não recomendável · proibida para autocaravanas		Route non recommandée · interdite pour caravanes Voor caravans niet aan te bevelen · verboden
Carretera a peaje · Carretera cerrada para automóviles Estrada com portagem · Estrada fechada ao trânsito		Route à péage · Route interdite aux véhicules à moteur Tolweg · Gesloten voor motorvoertuigen
Ruta pintoresca · Ruta turística Itinerário pintoresco · Rota turística		Parcours pittoresque · Route touristique Landschappelijk mooie route · Toeristische route
Paso de automóviles en barca · Transbordador para automóviles · Línea marítima Bateláos para viaturas nos rios · Barca para viaturas · Linha de navegação		Bac fluvial pour automobiles · Bac pour automobiles · Ligne de navigation Autoveer over rivieren · Autoveer · Scheepvaartroute
Línea principal de ferrocarril con estación · Línea secundaria con apeadero Linha ferroviária principal com estação · Linha secundária com apeadeiro		Chemin de fer principale avec gare · Chemin de fer secondaire avec halte Hoofdspoorlijn met station · Spoorlijn met halte
Terminal autoexpreso · Tren turístico Estação com carregamento de viaturas · Linha ferroviária turística		Gare auto-train · Chemin de fer touristique Autotrein-terminal · Toeristische stoomtrein
Ferrocarril de cremallera, funicular · Teleférico · Telesilla Via férrea de cremalheira, funicular · Teleférico · Teleassento		Chemin de fer à crémaillère, funiculaire · Téléférique · Télésiège Tandradbaan, kabelspoorweg · Kabelbaan · Stoeltjeslift
Aeropuerto · Aeropuerto regional · Aeródromo · Campo de aviación sin motor Aeroporto · Aeroporto regional · Aeródromo · Aeródromo para planadores		Aéroport · Aéroport régional · Aérodrome · Terrain de vol à voile Luchthaven · Regionaal vliegveld · Vliegveld · Zweefvliegveld
Distancias en km en la autopista Distâncias em quilómetros na auto-estrada		Distances en km sur autoroutes Afstanden in km aan autosnelwegen
Distancias en km en carreteras Distâncias em quilómetros na estrada		Distances en km sur routes Afstanden in km aan wegen

CURIOSIDADES · PONTOS DE INTERESSE | CURIOSITÉS · BEZIENSWAARDIGHEDEN

Población de interés particular Pavoação de interesse especial	**POZNAŃ**	Localité très intéressante Zeer bezienswaardige plaats
Población de interés Pavoação interessante	BRZEG	Localité intéressante Bezienswaardige plaats
Edificio de interés particular · Edificio de interés Edifício de interesse especial · Edifício interessante	Łazienki Klasztor	Bâtiment très intéressant · Bâtiment intéressant Zeer bezienswaardig gebouw · Bezienswaardig gebouw
Curiosidad natural de interés · Curiosidad natural Curiosidade natural interessante · Curiosidade natural	Skały Rejvíz	Curiosité naturelle intéressante · Curiosité naturelle Zeer bezienswaardig natuurschoon · Bezienswaardig natuurschoon
Otras curiosidades Outros pontos de interesse	Muzeum Rezerwat	Autres curiosités Overige bezienswaardigheden
Jardín botánico, parque de interés · Jardín zoológico Jardim botânico, parque interessante · Jardim zoológico		Jardin botanique, parc intéressant · Jardin zoologique Botanische tuin, bezienswaardig park · Dierentuin
Parque nacional, parque natural · Vista pintoresca Parque nacional, parque natural · Vista panorâmica		Parc national, parc naturel · Point de vue Nationaal park, natuurpark · Mooi uitzicht
Iglesia · Ermita · Iglesia en ruinas · Monasterio · Ruina de monasterio Igreja · Capela · Ruína de igreja · Mosteiro · Ruína de mosteiro		Église · Chapelle · Église en ruines · Monastère · Monastère en ruines Kerk · Kapel · Kerkruïne · Klooster · Kloosterruïne
Palacio, castillo · Ruina de castillo · Monumento · Molino de viento · Cueva Palácio, castelo · Ruínas castelo · Monumento · Moinho de vento · Gruta		Château, château fort · Château fort en ruines · Monument · Moulin à vent · Grotte Kasteel, burcht · Burchtruïne · Monument · Windmolen · Grot

OTROS DATOS · DIVERSOS | AUTRES INDICATIONS · OVERIGE INFORMATIE

Camping · Albergue juvenil · Campo de golf · Puerto deportivo Parque de campismo · Pousada da juventude · Área de golfe · Porto de abrigo		Terrain de camping · Auberge de jeunesse · Terrain de golf · Marina Kampeerterrein · Jeugdherberg · Golfterrein · Jachthaven
Hotel, motel, restaurante · Refugio · Aldea de vacaciones · Baño medicinal Hotel, motel, restaurante · Abrigo de montanha · Aldeia turística · Termas		Hôtel, motel, auberge · Refuge · Village touristique · Station balnéaire Hotel, motel, restaurant · Berghut · Vakantiekolonie · Badplaats
Piscina · Playa (baños) · Playa recomendable Piscina · Praia com balneários · Praia recomendável		Piscine · Baignade · Plage recommandée Zwembad · Strandbad · Mooi badstrand
Torre · Torre de radio o televisión · Faro · Edificio aislado Torre · Torre de telecomunicação · Farol · Edifício isolado		Tour · Tour radio, tour de télévision · Phare · Bâtiment isolé Toren · Radio of T.V. mast · Vuurtoren · Geïsoleerd gebouw
Mezquita · Iglesia rusa-ortodoxa · Fuerte Mesquita · Mesquita antiga · Igreja russa ortodoxa · Forte		Mosquée · Ancienne mosquée · Église russe orthodoxe · Fort Moskee · Voormalig moskee · Russisch orthodox kerk · Fort
Frontera nacional · Control internacional · Control con restricciónes Fronteira nacional · Ponto de controlo internacional · Ponto de controlo com restrição		Frontière d'État · Point de contrôle international · Point de contrôle avec restrictions Rijksgrens · Internationaal grenspost · Grenspost met restrictie
Frontera administrativa · Zona prohibida Limite administrativo · Área proibida		Limite administrative · Zone interdite Administratieve grens · Afgesloten gebied
Bosque · Landa Floresta · Charneca		Forêt · Lande Bos · Heide
Arena y dunas · Aguas bajas Areia e dunas · Baixio		Sable et dunes · Mer recouvrant les hauts-fonds Zand en duinen · Bij eb droogvallende gronden

V

Vysvětlivky · Jelmagyarázat
Tegnforklaring · Teckenförklaring
1:300.000

CZ / H	DK / S
DOPRAVA • KÖZLEKEDÉS	**TRAFIK • TRAFIK**
Dálnice se přípojkou · Přípojka s číslem · Místo výběru poplatků Autópálya csomóponttal · Autópálya csomópont szám · Fizetési állás	Motorvej med tilslutning · Tilslutning med nummer · Afgift Motorväg med trafikplats · Påfartnummer · Vägavgift
Motel · Motorest Motel · Autós csárda	Rasteplads med overnatning · Rasteplads Vägrestaurang med hotell · Vägrestaurang
Občerstvení · Čerpací stanice · Parkoviště pro TIR Büfé · Benzinkút · Autópihenő	Cafeteria · Tankanlæg · Motorvejsstation Cafeteria, bar · Bensinstation · Truck-stop
Dálnice ve stavbě s termínem uvedení do provozu · Dálnice plánovaná Autópálya építés alatt megnyitás időpontjával · Autópálya tervezés alatt	Motorvej under opførelse med dato for indvielse · Motorvej under planlægning Motorväg under byggnad med öppningsdatum · Motorväg under planerad
Dvouproudá silnice dálnicového typu se čtyřmi jízdními pruhy · ve stavbě · plánovaná Gyorsforgalmi út autópálya jelleggel · építés alatt · tervezés alatt	Motortrafikvej med to vejbaner · under opførelse · under planlægning Motortrafikled · under byggnad · under planerad
Dálková silnice · se přípojkou Távolsági út · csomóponttal	Fjerntrafikvej · med tilslutning Riksväg · med trafikplats
Důležitá hlavní silnice · Hlavní silnice Fontos főút · Főút	Vigtig hovedvej · Hovedvej Viktig huvudled · Huvudled
Silnice ve stavbě · plánované Utak építés alatt · tervezés alatt	Veje under opførelse · under planlægning Vägar under byggnad · under planerad
Vedlejší silnice · Zpevněná cesta Mellékút · Közlekedési út	Bivej · Mindre vej Sidoväg · Körväg
Zpevněná cesta, sjízdná podmíněně · Stezky Közlekedési út, nem járható állandóan · Gyalogutak	Mindre vej, kun begrænset farbar · Gangstier Körväg, delvis användbar för biltrafik · Gångvägar
Silniční tunely Alagutak	Vejtunneler Vägtunnelar
Číslo evropské silnice · Číslo dálnice · Číslo silnice Európaiút-szám · Autópálya-szám · Út-szám	Europavejnummer · Motorvejnummer · Vejnummer Europavägnummer · Motorvägnummer · Vägnummer
Stoupání · Průsmyk · Silnice uzavřená v zimě Emelkedő · Hágó · Télen elzárt útszakasz	Stigning · Pas · Vinterlukning Stigning · Pass · Avstängd vintertid
Silnice nedoporučena · uzavřená pro přívěsy Lakókocsival nem ajánlott · tiltott	Vej ikke anbefalet · forbudt for campingvogne Väg ej lämplig för husvagn · spärrad för husvagn
Silnice s placením mýtného · Silnice uzavřená pro motorová vozidla Díj ellenében használható út · Gépjárműforgalom elől elzárt út	Afgiftsrute · Vej spærret for motortrafik Avgiftsbelagd väg · Avstängd väg för motortrafik
Úsek silnice s pěknou scenérií · Turistická silnice Természetileg szép szakasz · Turistaút	Landskabelig smuk vejstrækning · Turistrute Naturskön sträcka · Turistled
Říční přívoz pro auta · Prám pro auta · Trasa lodní dopravy Autókomp folyókon · Autókomp · Hajóútvonal	Bilfærge på flod · Bilfærge · Skibsrute Flodfärja · Bilfärja · Båtförbindelse
Hlavní železniční trať se stanicí · Místní železniční trať se zastávkou Fővasútvonal állomással · Mellékvasútvonal megállóval	Hovedbane med station · Sidebane med trinbræt Huvudjärnväg med station · Mindre viktig järnväg med hållplats
Terminál autovlaků · Historická železnice Autórakodás · Történeti vasútvonal	Autotog-terminal · Veteranjernbane Lastningsstation för motorfordon · Museijärnväg
Ozubnicová lanovka, kabinová lanovka · Kabinová visutá lanovka · Sedačková lanovka Fogaskerekű vasút, drótkötélpálya · Kabinos felvonó · Ülőlift	Tandhjulsbane, tovbane · Svævebane med kabine · Stolelift Kugghjulsbana, linbana · Kabinbana · Stollift
Dopravní letiště · Regionalní letiště · Přistávací plocha · Terén pro větroně Közlekedési repülőtér · Országos repülőtér · Egyéb repülőtér · Vitorlázórepülő-terep	Lufthavn · Regional lufthavn · Flyveplads · Svæveflyveplads Flygplats · Lokalflygplats · Flygfält · Segelflygfält
Vzdálenosti v kilometrech na dálnici Kilométertávolság az autópályán	Afstænder i km på motorvej Kilometerangivelse vid motorvägar
Vzdálenosti v kilometrech na silnicích Kilométertávolság egyéb utakon	Afstænder i km på andre vejen Kilometerangivelse vid övriga vägar

CZ / H	DK / S
ZAJÍMAVOSTI • LÁTVÁNYOSSÁGOK	**SEVÆRDIGHEDER • SEVÄRDHETER**
Turisticky pozoruhodná lokalita Különösen látványos település	Særlig seværdig by Mycket sevärd ort
Turisticky zajímavá lokalita Látványos település	Seværdig by Sevärd ort
Turisticky pozoruhodná budova · Turisticky zajímavá budova Különösen látványos épület · Látványos épület	Særlig seværdig bygningsværk · Seværdig bygningsværk Mycket sevärd byggnad · Sevärd byggnad
Turisticky pozoruhodný přírodní útvar · Turisticky zajímavý přírodní útvar Különleges természeti látnivaló · Természeti látnivaló	Særlig naturseværdighed · Naturseværdighed Särskilt intressant natursevärdhet · Natursevärdhet
Jiné zajímavosti Egyebek látnivalok	Andre seværdigheder Andra sevärdheter
Botanická zahrada, pozoruhodný park · Zoologická zahrada Botanikus kert, látványos park · Állatkert	Botanisk have, seværdig park · Zoologisk have Botanisk trädgård, sevärd park · Zoologisk trädgård
Národní park, přírodní park · Krásný výhled Nemzeti park, természeti park · Kilátópont	Nationalpark, naturpark · Udsigtspunkt Nationalpark, naturpark · Utsiktsplats
Kostel · Kaple · Zřícenina kostela · Klášter · Zřícenina kláštera Templom · Kápolna · Templomrom · Kolostor · Kolostorrom	Kirke · Kapel · Kirkeruin · Kloster · Klosterruin Kyrka · Kapell · Kyrkoruin · Kloster · Klosterruin
Zámek, hrad · Zřícenina hradu · Pomník · Větrný mlýn · Jeskyně Kastély, vár · Várrom · Emlékmű · Szélmalom · Barlang	Slot, borg · Borgruin · Mindesmærke · Vejrmølle · Hule Slott, borg · Borgruin · Monument · Väderkvarn · Grotta

CZ / H	DK / S
JINÉ ZNAČKY • EGYÉB	**ANDET • ÖVRIGT**
Kempink · Ubytovna mládeže · Golfové hřiště · Jachtařský přístav Kemping hely · Ifjúsági szállás · Golfpálya · Jachtkikötő	Campingplads · Vandrerhjem · Golfbane · Lystbådehavn Campingplats · Vandrarhem · Golfbana · Småbåtshamn
Hotel, motel, hostinec · Horská bouda · Rekreační středisko · Lázně Szálloda, motel, vendéglő · Menedékház · Nyaralótelep · Gyógyfürdő	Hotel, motel, restaurant · Bjerghytte · Ferieby · Kurbad Hotell, motell, gästvärdshus · Fjällstuga · Stugby · Badort
Plovárna · Pobřežní plovárna · Doporučená pláž Uszoda · Strandfürdő · Ajánlatos strand	Svømmebad · Strandbad · God badestrand Simbassäng · Strandbad · God badstrand
Věž · Rozhlasová, televizní věž · Maják · Jednotlivá budova Torony · Rádióantenna, televiziótorony · Világítótorony · Tanya	Tårn · Telemast · Fyrtårn · Isoleret bygning Torn · Radiotorn, TV-torn · Fyrtorn · Enskild byggnad
Mešita · Dřívější mešita · Ruský ortodoxní kostel · Tvrz Mecset · Egykori mecset · Oroszkeleti templom · Erőd	Moské · Fordums moské · Russisk ortodoks kirke · Fort Moské · Förutvarande moské · Rysk ortodox kyrka · Fort
Státní hranice · Hraniční přechod · Hraniční přechod se zvláštními předpisy Államhatár · Nemzetközi határátlépő · Korlátozott átjárhatóságú határátkelőhely	Rigsgrænse · International grænsekontrol · Grænsekontrol med indskrænkning Riksgräns · Internationell gränskontrollstation · Gränskontrollstation med inskränkning
Správní hranice · Zakázaný prostor Közigazgatási határ · Zárt terület	Forvaltningsgrænse · Spærret område Förvaltningsgräns · Spärrzon
Les · Vřesoviště Erdő · Puszta	Skov · Hede Skog · Hed
Písek a duny · Mělké moře Homok, föveny · Watt-tenger	Sand og klitter · Vadehav Sand och dyner · Ebbstrand

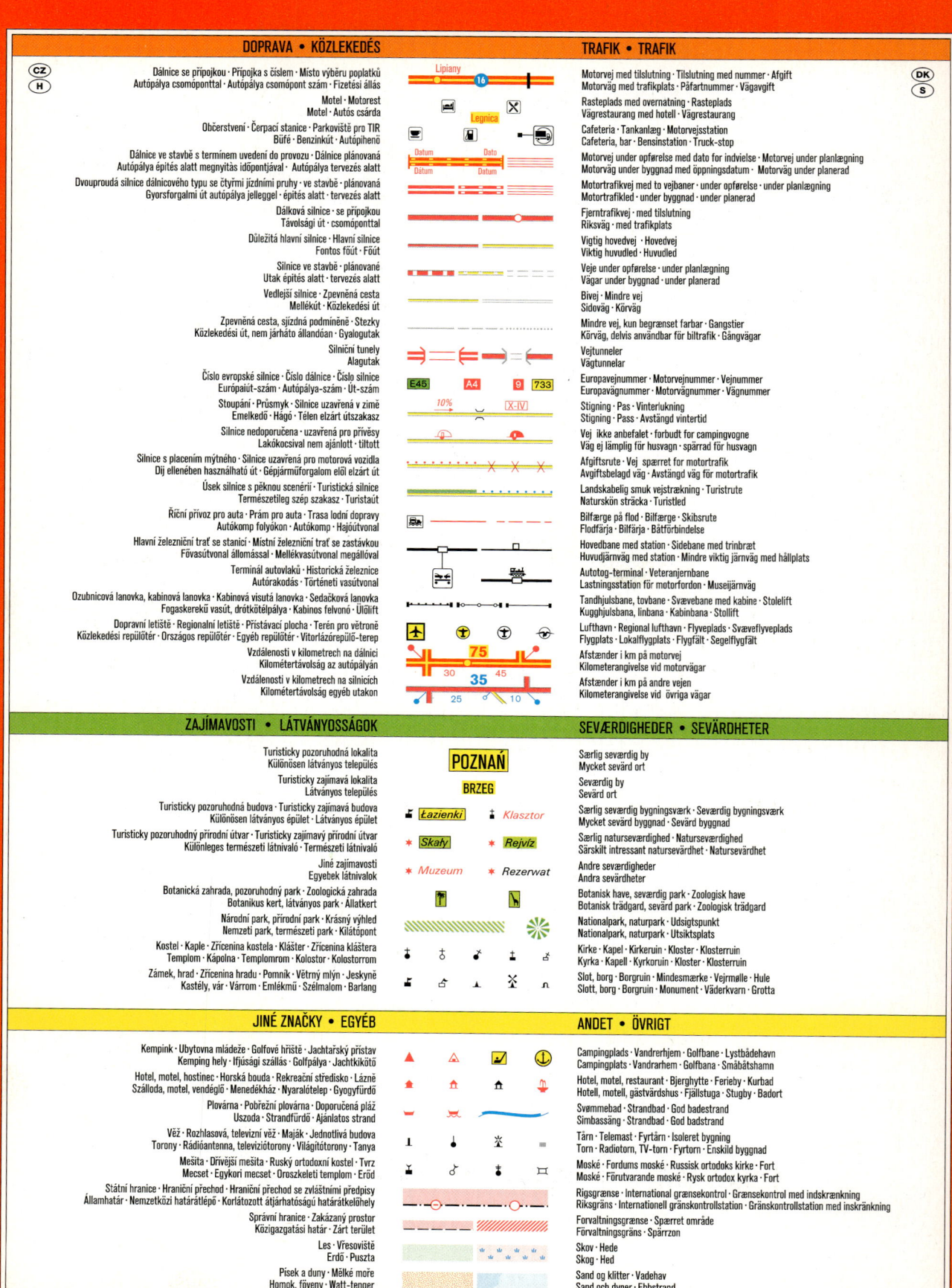

Polska

**Polen · Poland · Polonia
Polónia · Pologne · Polsko
Lengyelország**

Spis treści (PL)		
Autostrady i drogi dalekiego zasięgu		II – III
Objaśnienia znaków 1:300.000		IV – VI
Skorowidz arkuszy		1
Mapy 1:300.000		2 – 88
Skorowidz miejscowości		89 – 126
Plany miast 1:20.000		127 – 138
Mapy 1:4.500.000		1 – 16

Índice (E)		
Autopistas y rutas de larga distancia		II – III
Signos convencionales 1:300.000		IV – VI
Mapa índice		1
Mapas 1:300.000		2 – 88
Índice de topónimos		89 – 126
Planos del centro de las ciudades 1:20.000		127 – 138
Mapas 1:4.500.000		1 – 16

Obsah (CZ)		
Dálnice a hlavní dálkové silnice		II – III
Vysvětlivky 1:300.000		IV – VI
Klad mapových listů		1
Mapy 1:300.000		2 – 88
Rejstřík sídel		89 – 126
Plány měst 1:20.000		127 – 138
Mapy 1:4.500.000		1 – 16

Inhaltsverzeichnis (D)		
Autobahnen und Fernstraßen		II – III
Zeichenerklärung 1:300.000		IV – VI
Kartenübersicht		1
Karten 1:300.000		2 – 88
Ortsnamenverzeichnis		89 – 126
Citypläne 1:20.000		127 – 138
Karten 1:4.500.000		1 – 16

Índice (P)		
Auto-estradas e estradas de longa distância		II – III
Sinais convencionais 1:300.000		IV – VI
Corte dos mapas		1
Mapas 1:300.000		2 – 88
Índice dos topónimos		89 – 126
Planos de cidades 1:20.000		127 – 138
Mapas 1:4.500.000		1 – 16

Tartalom (H)		
Autópálya és távolsági forgami utak		II – III
Jelmagyarázat 1:300.000		IV – VI
Áttekintő térkép		1
Térképek 1:300.000		2 – 88
Helységnévjegyzek		89 – 126
Citytérképek 1:20.000		127 – 138
Térképek 1:4.500.000		1 – 16

Contents (GB)		
Motorways and trunk roads		II – III
Legend 1:300.000		IV – VI
Key map		1
Maps 1:300.000		2 – 88
Index of place names		89 – 126
City maps 1:20.000		127 – 138
Maps 1:4.500.000		1 – 16

Sommaire (F)		
Autoroutes et routes de grande liaison		II – III
Légende 1:300.000		IV – VI
Carte d'assemblage		1
Cartes 1:300.000		2 – 88
Index des localités		89 – 126
Plans des centre villes 1:20.000		127 – 138
Cartes 1:4.500.000		1 – 16

Inholdsfortegnelse (DK)		
Motorveje og hovedveje		II – III
Tegnforklaring 1:300.000		IV – VI
Oversigtskort		1
Kort 1:300.000		2 – 88
Stednavnsfortegnelse		89 – 126
Byplaner 1:20.000		127 – 138
Kort 1:4.500.000		1 – 16

Indice (I)		
Autostrade e strade di grande comunicazione		II – III
Segni convenzionali 1:300.000		IV – VI
Quadro d'unione		1
Carte 1:300.000		2 – 88
Elenco dei nomi di località		89 – 126
Piante dei centri urbani 1:20.000		127 – 138
Carte 1:4.500.000		1 – 16

Inhoud (NL)		
Autosnelwegen en belangrijke verbindingswegen		II – III
Legenda 1:300.000		IV – VI
Overzichtskaart		1
Kaarten 1:300.000		2 – 88
Register van plaatsnamen		89 – 126
Stadcentrumkaarten 1:20.000		127 – 138
Kaarten 1:4.500.000		1 – 16

Innehållsförteckning (S)		
Motorvägar och genomfartsleder		II – III
Teckenförklaring 1:300.000		IV – VI
Kartöversikt		1
Kartor 1:300.000		2 – 88
Ortsnamnsförteckning		89 – 126
Stadskartor 1:20.000		127 – 138
Kartor 1:4.500.000		1 – 16

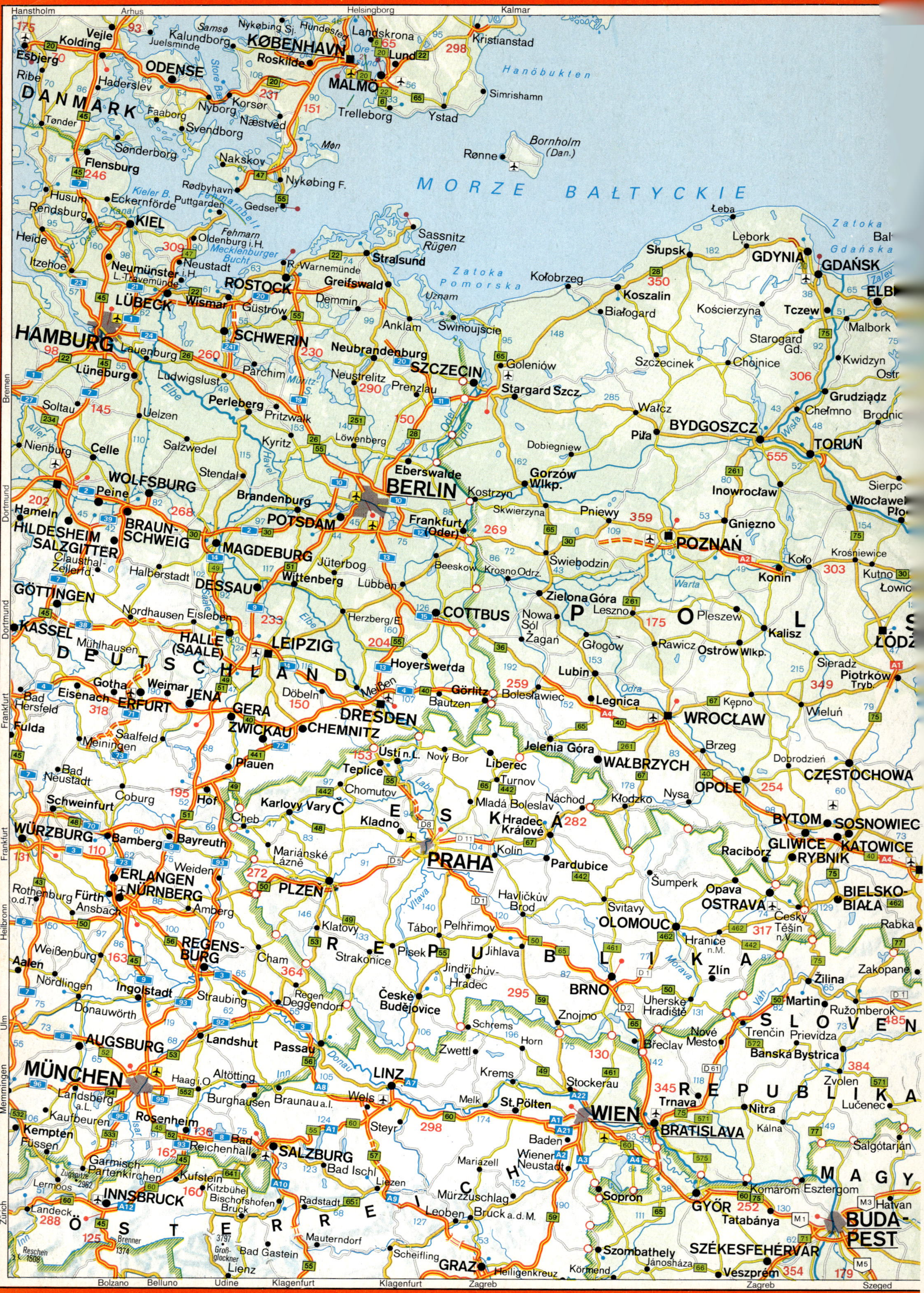
Hanstholm
Arhus
Helsingborg
Kalmar
DANMARK
Kolding
Vejle
Esbjerg
Ribe
Haderslev
Tønder
Kalundborg
Juelsminde
ODENSE
Faaborg
Nyborg
Svendborg
Korsør
Næstved
Samsø
Nykøbing Sj.
KØBENHAVN
Roskilde
Landskrona
Lund
MALMÖ
Trelleborg
Ystad
Kristianstad
Simrishamn
Hanöbukten
Bornholm (Dan.)
Rønne
Møn
Nakskov
Nykøbing F.
Gedser
Rødbyhavn
Puttgarden
Sønderborg
Flensburg
Husum
Eckernförde
Rendsburg
KIEL
Kieler B.
Heide
Itzehoe
Neumünster
Fehmarn
Oldenburg i.H.
Neustadt i.H.
Mecklenburger Bucht
L.-Travemünde
LÜBECK
Wismar
ROSTOCK
Warnemünde
Stralsund
Sassnitz
Rügen
Greifswald
Demmin
Güstrow
HAMBURG
SCHWERIN
Lauenburg
Lüneburg
Ludwigslust
Parchim
Neubrandenburg
Anklam
Uznam
Świnoujście
Zatoka Pomorska
MORZE BAŁTYCKIE
Kołobrzeg
Koszalin
Białogard
Słupsk
Łeba
Lębork
GDYNIA
GDAŃSK
Zatoka Gdańska
Kościerzyna
Tczew
Malbork
Starogard Gd.
Kwidzyn
Szczecinek
Chojnice
Neustrelitz
Prenzlau
SZCZECIN
Goleniów
Stargard Szcz.
Wałcz
Piła
BYDGOSZCZ
Grudziądz
Chełmno
TORUŃ
Soltau
Uelzen
Perleberg
Pritzwalk
Kyritz
Salzwedel
Celle
Nienburg
Löwenberg
Eberswalde
BERLIN
Kostrzyn
Gorzów Wlkp.
Dobiegniew
WOLFSBURG
Stendal
Peine
Hameln
HILDESHEIM
SALZGITTER
BRAUNSCHWEIG
Brandenburg
POTSDAM
Frankfurt (Oder)
Skwierzyna
Pniewy
POZNAŃ
Gniezno
Inowrocław
Włocławek
MAGDEBURG
Clausthal-Zellerfeld
Halberstadt
Jüterbog
Świebodzin
Konin
Koło
Kutno
GÖTTINGEN
DESSAU
Wittenberg
Lübben
Beeskow
Krosno Odrz.
Zielona Góra
Warta
Nordhausen
Eisleben
KASSEL
HALLE (SAALE)
LEIPZIG
Herzberg/E.
COTTBUS
Nowa Sól
Żagań
Leszno
Pleszew
Kalisz
ŁÓDŹ
DEUTSCHLAND
POLSKA
Mühlhausen
Hoyerswerda
Głogów
Rawicz
Ostrów Wlkp.
Sieradz
Piotrków Tryb.
Gotha
Weimar
JENA
ERFURT
Eisenach
Bad Hersfeld
Döbeln
Meißen
DRESDEN
Görlitz
Bautzen
Bolesławiec
Lubin
Legnica
WROCŁAW
Kępno
Wieluń
Fulda
GERA
ZWICKAU
CHEMNITZ
Saalfeld
Meiningen
Jelenia Góra
WAŁBRZYCH
Brzeg
OPOLE
CZĘSTOCHOWA
Dobrodzień
Bad Neustadt
Plauen
Ústí n.L.
Nový Bor
Liberec
Teplice
Chomutov
Turnov
Labe
Coburg
Hof
Schweinfurt
Karlovy Vary
Cheb
Kladno
Mladá Boleslav
Náchod
Kłodzko
Nysa
BYTOM
SOSNOWIEC
GLIWICE
KATOWICE
RYBNIK
Racibórz
WÜRZBURG
Bamberg
Bayreuth
Mariánské Lázně
PRAHA
Hradec Králové
Kolín
Pardubice
ČESKÁ REPUBLIKA
Šumperk
Opava
OSTRAVA
Český Těšín
BIELSKO-BIAŁA
Rothenburg o.d.T.
Fürth
ERLANGEN
NÜRNBERG
Ansbach
Amberg
Weiden
PLZEŇ
Vltava
Havlíčkův Brod
Svitavy
OLOMOUC
Hranice n.M.
Rabka
Aalen
Weißenburg
REGENSBURG
Cham
Klatovy
Strakonice
Písek
Tábor
Pelhřimov
Jihlava
Jindřichův Hradec
BRNO
Zlín
Žilina
Zakopane
Nördlingen
Ingolstadt
Straubing
Deggendorf
České Budějovice
Uherské Hradiště
Martin
Ružomberok
Donauwörth
AUGSBURG
Landshut
Passau
Donau
Schrems
Zwettl
Horn
Znojmo
Břeclav
Nové Mesto
Trenčín
Prievidza
SLOVENSKÁ REPUBLIKA
Banská Bystrica
Zvolen
Lučenec
MÜNCHEN
Haag i.O.
Altötting
Inn
LINZ
Krems
Stockerau
WIEN
BRATISLAVA
Trnava
Nitra
Kálna
Landsberg a.L.
Kaufbeuren
Burghausen
Braunau a.I.
Wels
Melk
St. Pölten
Steyr
Kempten
Füssen
Rosenheim
Bad Reichenhall
SALZBURG
Bad Ischl
Baden
Wiener Neustadt
Mariazell
Salgótarján
Garmisch-Partenkirchen
Zugspitze 2962
Lermoos
Kufstein
Kitzbühel
Liezen
Mürzzuschlag
Sopron
GYŐR
Komárom
Esztergom
MAGYARORSZÁG
Hatvan
INNSBRUCK
Landeck
Bischofshofen
Bruck
Radstadt
Leoben
Bruck a.d.M.
Tatabánya
BUDAPEST
ÖSTERREICH
Brenner 1374
Reschen 1508
Großglockner 3797
Bad Gastein
Mauterndorf
Lienz
Schiefling
GRAZ
Heiligenkreuz
Körmend
Szombathely
Jánosháza
SZÉKESFEHÉRVÁR
Veszprém
Bolzano
Belluno
Udine
Klagenfurt
Zagreb
Szeged
Bremen
Dortmund
Frankfurt
Heilbronn
Ulm
Memmingen
Zürich

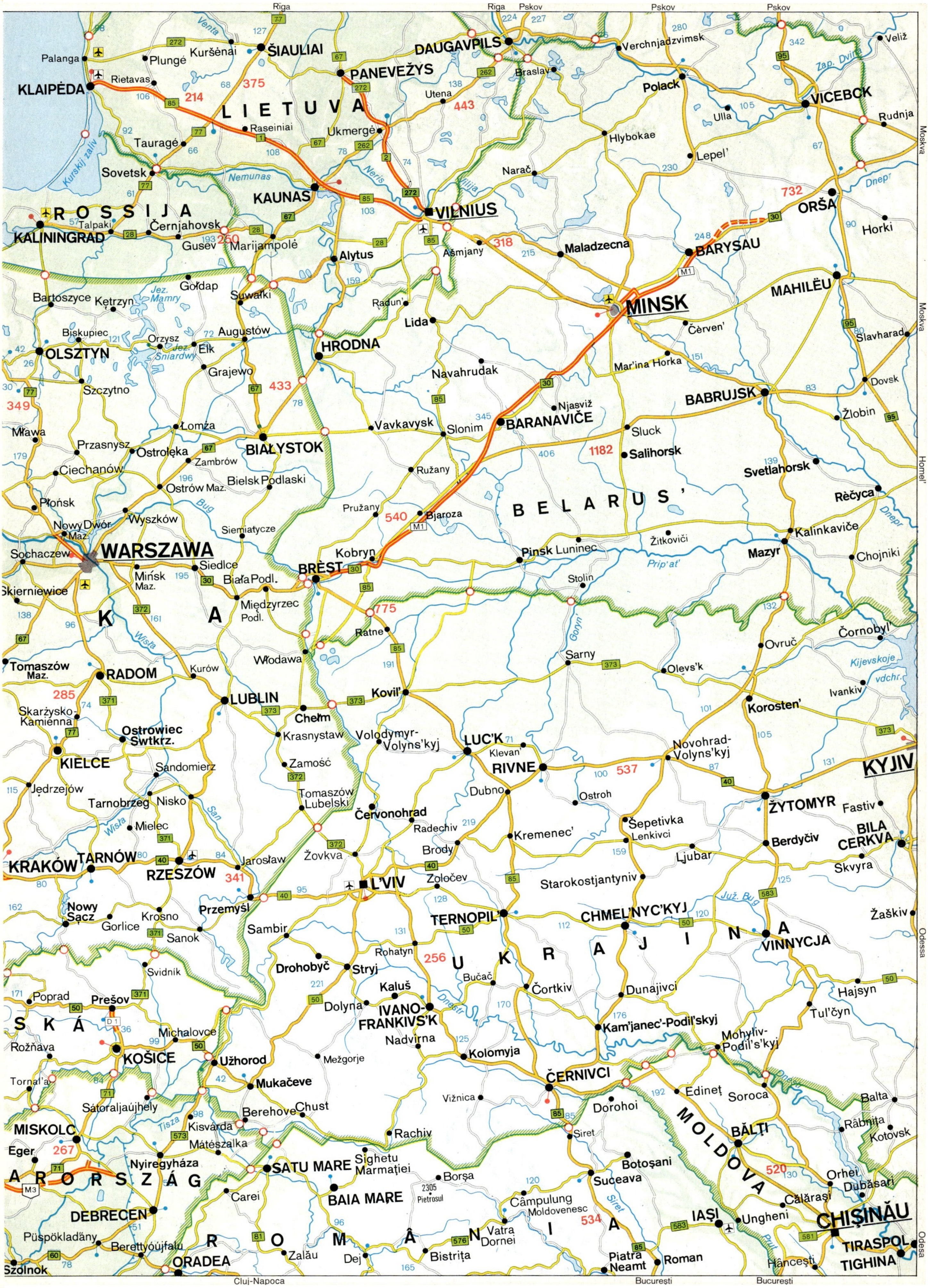

Riga
Riga
Pskov
Pskov
Pskov
Palanga
Plungė
Kuršėnai
ŠIAULIAI
DAUGAVPILS
Verchnjadzvimsk
Veliž
KLAIPĖDA
Rietavas
PANEVEŽYS
Braslav
Polack
VICEBCK
Rudnja
LIETUVA
Raseiniai
Utena
Ulla
Tauragė
Ukmergė
Hlybokae
Lepel'
Sovetsk
Nemunas
Narač
KAUNAS
VILNIUS
ORŠA
Horki
ROSSIJA
Talpaki
Černjahovsk
KALININGRAD
Gusev
Marijampolė
Ašmjany
Maladzecna
BARYSAU
Alytus
Goldap
MAHILËU
Bartoszyce
Kętrzyn
Suwałki
Radun'
MINSK
Lida
Červen'
Biskupiec
Orzysz
Ełk
Augustów
Slavharad
OLSZTYN
Śniardwy
Grajewo
HRODNA
Navahrudak
Mar'ina Horka
Dovsk
Szczytno
BABRUJSK
Njasviž
Mława
Łomża
Vavkavysk
Slonim
BARANAVIČE
Žlobin
Przasnysz
Ostrołęka
BIAŁYSTOK
Sluck
Zambrów
Salihorsk
Ciechanów
Ružany
Svetlahorsk
Ostrów Maz.
Bielsk Podlaski
Rěčyca
Płońsk
BELARUS'
Pružany
Bjaroza
Nowy Dwór Maz.
Wyszków
Siemiatycze
Žitkoviči
Kalinkaviče
Sochaczew
WARSZAWA
Kobryn
Pinsk
Luninec
Mazyr
Chojniki
Mińsk Maz.
Siedlce
BRĚST
Prip'at'
Skierniewice
Biała Podl.
Stolin
Międzyrzec Podl.
Ratne
Ovruč
Čornobyl'
Włodawa
Sarny
Olevs'k
Kijevskoje vdchr.
Tomaszów Maz.
RADOM
Kurów
Ivankiv
LUBLIN
Chełm
Kovil'
Korosten'
Skarżysko-Kamienna
Ostrowiec Swtkrz.
Krasnystaw
Volodymyr-Volyns'kyj
LUC'K
Klevan'
Novohrad-Volyns'kyj
KIELCE
Zamość
RIVNE
KYJIV
Sandomierz
Jędrzejów
Tomaszów Lubelski
Dubno
Ostroh
ŽYTOMYR
Fastiv
Tarnobrzeg
Nisko
Červonohrad
Mielec
Radechiv
Šepetivka
Lenkivci
BILA CERKVA
Kremenec'
Berdyčiv
KRAKÓW
TARNÓW
RZESZÓW
Jarosław
Žovkva
Brody
Ljubar
Skvyra
Zoločev
Starokostjantyniv
Nowy Sącz
Krosno
Przemyśl
L'VIV
TERNOPIL'
CHMEL'NYC'KYJ
Žaškiv
Gorlice
Sanok
Sambir
Rohatyn
UKRAJINA
VINNYCJA
Drohobyč
Stryj
Bučač
Svidník
Kaluš
Čortkiv
Dunajivci
Hajsyn
Poprad
Prešov
Dolyna
IVANO-FRANKIVS'K
Dnestr
Tul'čyn
Nadvirna
Kam'janec'-Podil'skyj
Michalovce
Mohyliv-Podil's'kyj
Rožňava
KOŠICE
Užhorod
Mežgorje
Kolomyja
Tornal'a
Mukačeve
ČERNIVCI
Edineţ
Soroca
Sátoraljaújhely
Chust
Vižnica
Dorohoi
Balta
Berehove
MOLDOVA
MISKOLC
Kisvárda
Rachiv
Siret
BĂLŢI
Râbniţa
Kotovsk
Eger
Mátészalka
Nyiregyháza
SATU MARE
Sighetu Marmaţiei
Botoşani
Orhei
Dubăsari
MAGYARORSZÁG
Borşa
Suceava
Carei
BAIA MARE
2305 Pietrosul
Câmpulung Moldovenesc
Călăraşi
DEBRECEN
CHIŞINĂU
IAŞI
Ungheni
Püspökladány
Berettyóújfalu
ROMÂNIA
Zalău
Dej
Bistriţa
Vatra Dornei
Piatra Neamţ
Roman
Hânceşti
TIRASPOL
TIGHINA
Szolnok
ORADEA
Cluj-Napoca
Bucureşti
Bucureşti
Moskva
Moskva
Homel'
Odessa
Odesa

Objaśnienia znaków · Zeichenerklärung
Legend · Segni convenzionali
1:300.000

KOMUNIKACJA • VERKEHR — TRAFFIC • COMUNICAZIONI

PL / D		GB / I
Autostrada z węzłem · Węzeł z numerem · Płatna rogatka Autobahn mit Anschlussstelle · Anschlussnummer · Gebührenstelle	Lipiany 16	Motorway with junction · Junction number · Toll station Autostrada con svincolo · Svincolo numerato · Barriera
Hotel, motel · Restauracja Rasthaus mit Übernachtung · Raststätte	Legnica	Hotel, motel · Restaurant Hotel, motel · Ristorante
Bufet · Stacja benzynowa · Postój ciężarówek noclegi dla kierowców Kleinraststätte · Tankstelle · Autohof		Snackbar · Filling-station · Truckstop Bar · Area di servizio · Parco automobilistico
Autostrada w budowie z datą oddania do użytku · Autostrada projektowana Autobahn in Bau mit voraussichtlichem Fertigstellungsdatum · Autobahn in Planung	Data Date Datum Data	Motorway under construction with expected date of opening · Motorway projected Autostrada in costruzione con data d'apertura prevista · Autostrada in progetto
Autostradopodobna droga szybkiego ruchu · w budowie · projektowana Autobahnähnliche Schnellstraße · in Bau · in Planung		Dual carriageway with motorway characteristics · under construction · projected Doppia carreggiata di tipo autostradale · in costruzione · in progetto
Droga przelotowa · z węzłem Fernverkehrsstraße · mit Anschlussstelle		Trunk road · with junction Strada di grande comunicazione · con svincolo
Ważna droga główna · Droga główna Wichtige Hauptstraße · Hauptstraße		Important main road · Main road Strada principale importante · Strada principale
Drogi w budowie · Drogi projektowane Straßen in Bau · geplant		Roads under construction · projected Strade in costruzione · in progetto
Droga drugorzędna · Droga bita Nebenstraße · Fahrweg		Secondary road · Carriageway Strada secondaria · Sentiero carrabile
Droga bita, o ograniczonej przejezdności · Drogi dla pieszych Fahrweg, nur bedingt befahrbar · Fußwege		Carriageway, use restricted · Footpathes Sentiero carrabile, traffico ristretto · Sentieri
Tunele drogowe Straßentunnel		Road tunnels Gallerie stradali
Numer drogi europejskiej · Numer autostrady · Numer drogi Europastraßennummer · Autobahnnummer · Straßennummer	E45 A4 9 733	European road number · Motorway number · Road number Numero di strada europea · Numero di autostrada · Numero di strada
Stromy podjazd · Przełęcz · Zamknięcie w zimie Steigung · Pass · Wintersperre	10% X-IV	Gradient · Pass · Closure in winter Pendenza · Passo · Chiusura invernale
Wjazd z przyczepą kempingową niezalecany · zakazany Straße für Wohnanhänger nicht empfehlenswert · gesperrt		Road not recommended · closed for caravans Strada non consigliata · vietata al transito di caravan
Droga przejezdna za opłatą · Droga zamknięta dla ruchu samochodowego Gebührenpflichtige Straße · Straße für Kfz gesperrt		Toll road · Road closed for motor vehicles Strada a pedaggio · Strada vietata ai veicoli a motore
Droga widokowa · Droga turystyczna Landschaftlich schöne Strecke · Touristenstraße		Route with beautiful scenery · Tourist route Percorso pittoresco · Strada turistica
Prom rzeczny · Prom samochodowy · Linia okrętowa Autofähre an Flüssen · Autofähre · Schifffahrtslinie		Car ferry on river · Car ferry · Shipping route Trasporto auto fluviale · Traghetto auto · Linea di navigazione
Kolej główna ze stacją · Kolej drugorzędna z przystankiem Hauptbahn mit Bahnhof · Nebenbahn mit Haltepunkt		Main line railway with station · Secondary line railway with stop Ferrovia principale con stazione · Ferrovia secondaria con fermata
Stacja przeładunkowa dla samochodu · Kolej zabytkowa AutoZug-Terminal · Museumseisenbahn		Car-loading terminal · Tourist train Terminal auto al seguito · Treno turistico
Kolej zębata, kolej linowa szynowa · Kolej linowa (wagonik) · Wyciąg krzesełkowy Zahnradbahn, Standseilbahn · Kabinenseilbahn · Sessellift		Rack-railway, funicular · Aerial cableway · Chair-lift Ferrovia a cremagliera, funicolare · Funivia · Seggiovia
Port lotniczy · Lotnisko regionalne · Lotnisko · Teren dla szybowców Verkehrsflughafen · Regionalflughafen · Flugplatz · Segelflugplatz		Airport · Regional airport · Airfield · Gliding site Aeroporto · Aeroporto regionale · Aerodromo · Campo per alianti
Odległości w kilometrach na autostradach Entfernungen in km an Autobahnen	75 30 45	Distances in km along the motorway Distanze autostradali in km
Odległości w kilometrach na innych drogach Entfernungen in km an Straßen	35 25 10	Distances in km along the other roads Distanze stradali in km

INTERESUJĄCE OBIEKTY • SEHENSWÜRDIGKEITEN — PLACES OF INTEREST • INTERESSE TURISTICO

PL / D		GB / I
Miejscowość szczególnie interesująca Besonders sehenswerter Ort	POZNAŃ	Place of particular interest Località molto interessante
Miejscowość interesująca Sehenswerter Ort	BRZEG	Place of interest Località interessante
Budowla szczególnie interesująca · Budowla interesująca Besonders sehenswertes Bauwerk · Sehenswertes Bauwerk	Łazienki Klasztor	Building of particular interest · Building of interest Edificio molto interessante · Edificio interessante
Szczególnie interesujący obiekt naturalny · Interesujący obiekt naturalny Besondere Natursehenswürdigkeit · Natursehenswürdigkeit	Skały Rejviz	Natural object of particular interest · of interest Curiosità naturale interessante · Curiosità naturale
Inne interesujące obiekty Sonstige Sehenswürdigkeiten	Muzeum Rezerwat	Other objects of interest Altre curiosità
Ogród botaniczny, interesujący park · Ogród zoologiczny Botanischer Garten, sehenswerter Park · Zoologischer Garten		Botanical gardens, interesting park · Zoological gardens Giardino botanico, parco interessante · Giardino zoologico
Park narodowy, park krajobrazowy · Punkt widokowy Nationalpark, Naturpark · Aussichtspunkt		National park, natural park · Scenic view Parco nazionale, parco naturale · Punto panoramico
Kościół · Kaplica · Ruiny kościoła · Klasztor · Ruiny klasztoru Kirche · Kapelle · Kirchenruine · Kloster · Klosterruine		Church · Chapel · Church ruin · Monastery · Monastery ruin Chiesa · Cappella · Rovine di chiesa · Monastero · Rovine di monastero
Pałac, zamek · Ruiny zamku · Pomnik · Wiatrak · Jaskinia Schloss, Burg · Burgruine · Denkmal · Windmühle · Höhle		Palace, castle · Castle ruin · Monument · Windmill · Cave Castello, fortezza · Rovine di fortezza · Monumento · Mulino a vento · Grotta

INNE INFORMACJE • SONSTIGES — OTHER INFORMATION • ALTRI SEGNI

PL / D		GB / I
Kemping · Schronisko młodzieżowe · Pole golfowe · Port jachtowy Campingplatz · Jugendherberge · Golfplatz · Jachthafen		Camping site · Youth hostel · Golf-course · Marina Campeggio · Ostello della gioventù · Campo da golf · Porto turistico
Hotel, motel, gospoda · Schronisko górskie · Wieś letniskowa · Uzdrowisko Hotel, Motel, Gasthaus · Berghütte · Feriendorf · Heilbad		Hotel, motel, inn · Refuge · Tourist colony · Spa Hotel, motel, albergo · Rifugio · Villaggio turistico · Terme
Pływalnia · Kąpielisko · Plaża zalecona Schwimmbad · Strandbad · Empfehlenswerter Badestrand		Swimming pool · Bathing beach · Recommended beach Piscina · Stabilimento balneare · Spiaggia raccomandabile
Wieża · Wieża stacji radiowej, telewizyjna · Latarnia morska · Budynek odosobniony Turm · Funk-, Fernsehturm · Leuchtturm · Einzelgebäude		Tower · Radio or TV tower · Lighthouse · Isolated building Torre · Torre radio, della TV · Faro · Edificio isolato
Meczet · Były meczet · Cerkiew prawosławna · Forteca Moschee · Ehemalige Moschee · Russisch-orthodoxe Kirche · Fort		Mosque · Former mosque · Russian orthodox church · Fort Moschea · Moschea d'una volta · Chiesa ortodossa russa · Forte
Granica państwa · Przejście graniczne międzynarodowe · z ograniczeniami Staatsgrenze · Internationale Grenzkontrollstelle · Grenzkontrollstelle mit Beschränkung		National boundary · International check-point · Check-point with restrictions Confine di Stato · Punto di controllo internazionale · Punto di controllo con restrizioni
Granica administracyjna · Obszar zamknięty Verwaltungsgrenze · Sperrgebiet		Administrative boundary · Prohibited area Confine amministrativo · Zona vietata
Las · Wrzosowisko Wald · Heide		Forest · Heath Foresta · Landa
Piasek i wydmy · Watty Sand und Dünen · Wattenmeer		Sand and dunes · Tidal flat Sabbia e dune · Basso-fondo

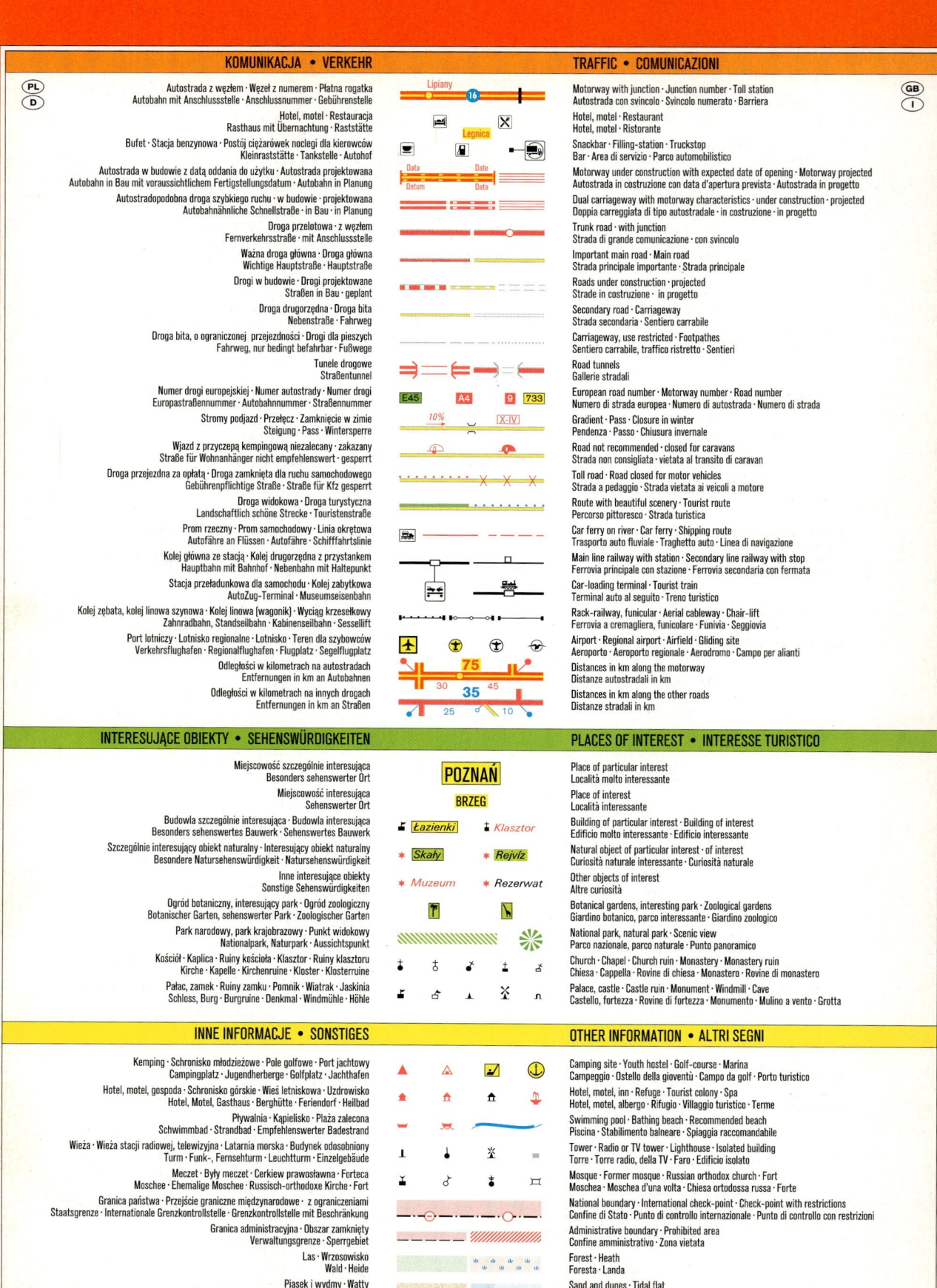

Skorowidz arkuszy · Kartenübersicht · Key map · Quadro d'unione
Mapa índice · Corte dos mapas · Carte d'assemblage · Overzichtskaart
Klad mapových listů · Áttekintő térkép · Oversigtskort · Kartöversikt
1:300.000

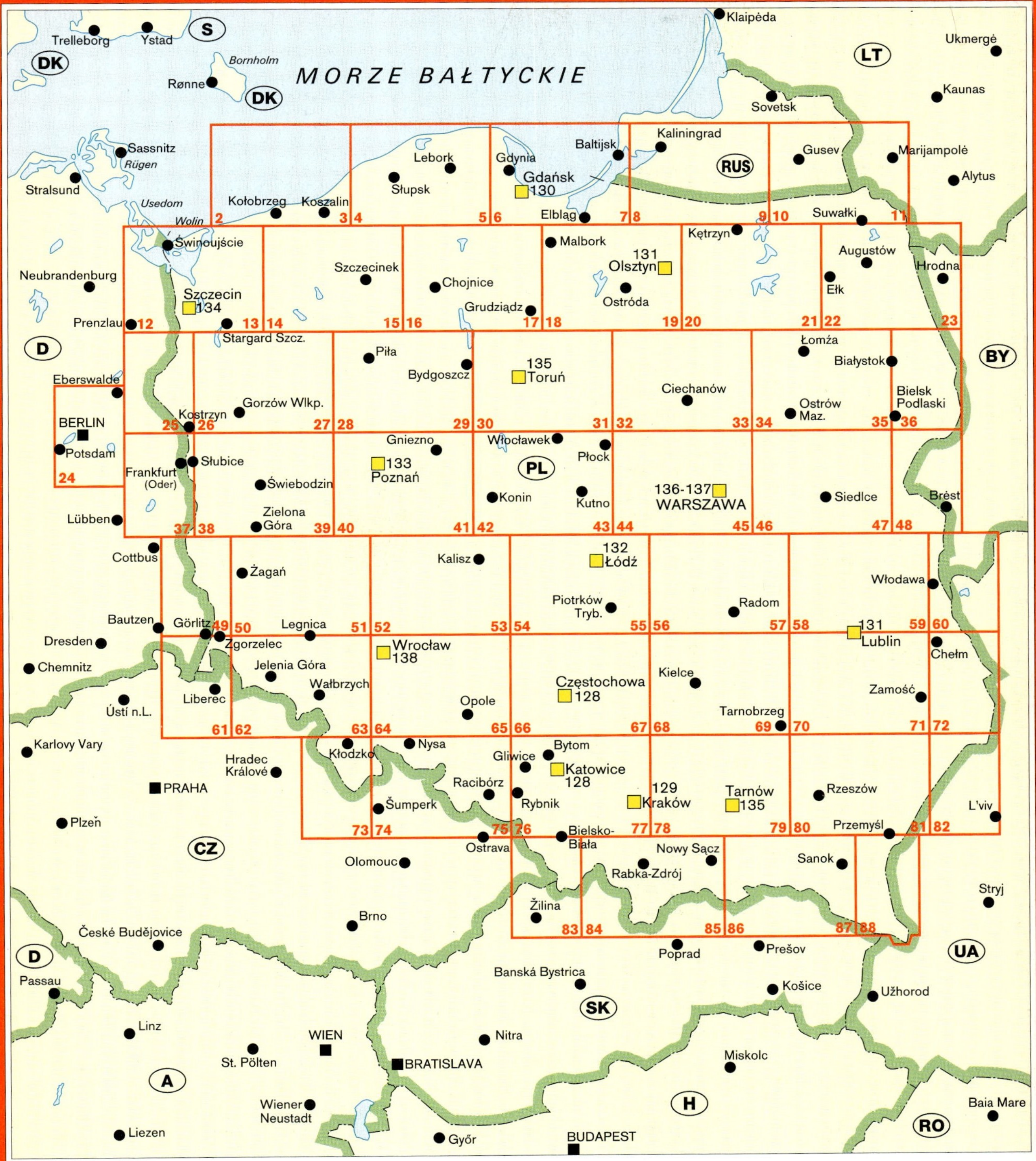

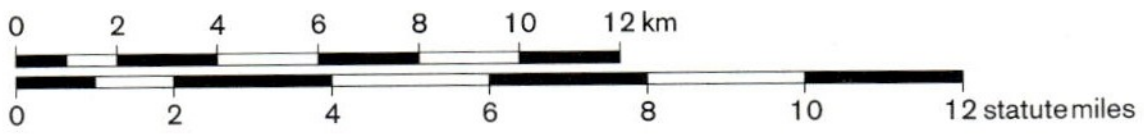

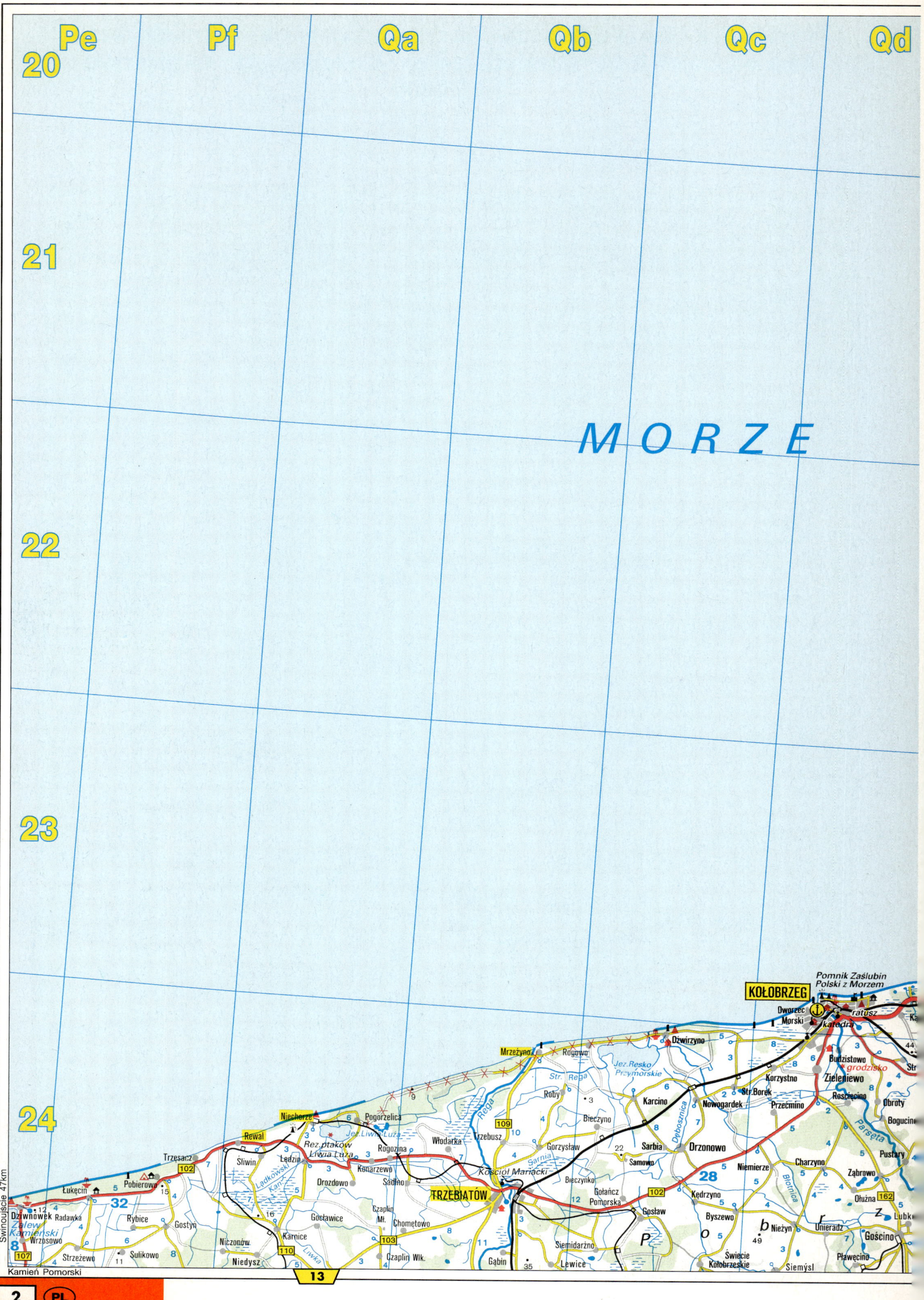
Pe
Pf
Qa
Qb
Qc
Qd
20
21
22
23
24
M O R Z E
KOŁOBRZEG
Pomnik Zaślubin Polski z Morzem
Dworzec Morski
ratusz
katedra
Dźwirzyno
Mrzeżyno
Rogowo
Jez. Resko Przymorskie
Str. Rega
Roby
Karcino
Nowogardek
Str.Borek
Korzystno
Przećmino
Budzistowo
grodzisko
Zieleniewo
Rościęcino
Obroty
Boguci
Parsęta
Niechorze
Pogorzelica
Jez. Liwia Łuża
Rewal
Rez. ptaków Liwia Łuża
Trzęsacz
Śliwin
Lędzin
Rogozina
Włodarka
Trzebusz
Gorzysław
Sarbia
Drzonowo
Dębosznica
Bieczyno
Rega
Sarnia
Kościół Mariacki
Łukęcin
Pobierowo
Konarzewo
Sadlno
Drozdowo
TRZEBIATÓW
Bieczynko
Gołańcz Pomorska
Samowo
Niemierze
Kędrzyno
Charzyno
Ząbrowo
Pustary
Błotnica
Ołużna
Dziwnówek
Radawka
Zalew Kamieński
Rybice
Gostyń
Ładkowski Kanał
Gosławice
Czaplin Mł.
Chomętowo
Gosław
Byszewo
Niežyn
Unieradz
Lubk
Gościno
Wrzosowo
Strzeżewo
Sulikowo
Niczonów
Karnice
Niedysz
Lwka
Czaplin Wlk.
Gąbin
Siemidarżno
Lewice
Świecie Kołobrzeskie
Siemyśl
Pławęcino
P o b r z
Świnoujście 47km
Kamień Pomorski
13
32
28
102
103
107
109
110
162

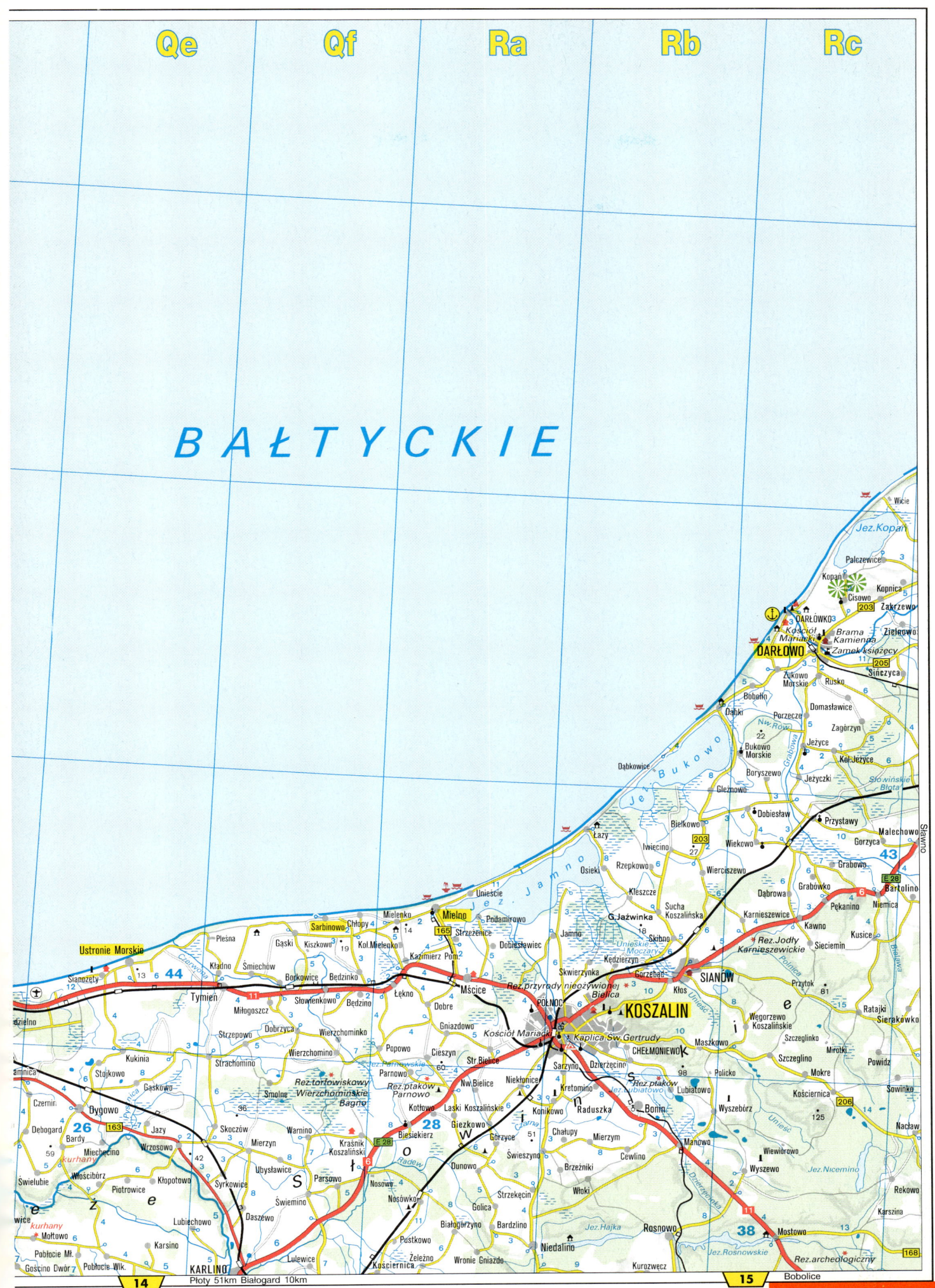
Qe
Qf
Ra
Rb
Rc
BAŁTYCKIE
Wicie
Jez. Kopań
Palczewice
Kopań
Cisowo
Kopnica
Zakrzewo
203
DARŁOWKO
Kościół Mariacki
Brama Kamienna
Zamek książęcy
Zielnowo
DARŁOWO
205
Sińczyca
Żukowo Morskie
Rusko
Boboliń
Dąbki
Domasławice
Porzecze
Zagórzyn
Bukowo Morskie
Jeżyce
Kol. Jeżyce
Boryszewo
Jeżyczki
Słowińskie Błota
Dąbkowice
Jez. Bukowo
Gleźnowo
Dobiesław
Przystawy
Bielkowo
Łazy
Wiekowo
Gorzyca
Malechowo
Sławno
Iwięcino
Osieki
Rzepkowo
Wierciszewo
Grabowo
43
E 28
Bartolino
Kleszcze
Dąbrowa
Grabówko
Pękanino
Niemica
Unieście
Jez. Jamno
Sucha Koszalińska
Karnieszewice
Kawno
Kusice
Mielenko
Mielno
Podamirowo
G.Jaźwinka
Skibno
Rez. Jodły Karnieszewickie
Siecemin
Sarbinowo
Chłopy
165
Strzeżenice
Jamno
Ustronie Morskie
Pleśna
Gąski
Kiszkowo
Kol.Mielenko
Dobiesławiec
Kędzierzyn
Unieskie Moczary
Kazimierz Pom.
Skwierzynka
Kładno
Śmiechów
Gorzebąd
SIANÓW
Przytok
Sianożęty
44
Borkowice
Będzinko
Mścice
Rez.przyrody nieożywionej Bielica
Kłos
Ratajki
Tymień
11
Łękno
Sierakówko
Sławienkowo
Będzino
Dobre
PÓŁNOC
KOSZALIN
Węgorzewo Koszalińskie
Miłogoszcz
Gniazdowo
Strzepowo
Dobrzyca
Wierzchominko
Kościół Mariacki
Kaplica Św.Gertrudy
Maszkowo
Szczeglinko
Mirotki
Kukinia
Wierzchomino
Popowo
Cieszyn
Str.Bielice
Chełmoniewo
Szczeglino
Powidz
Strachomino
Sarzyno
Dzierżęcino
Policko
Mokre
Stojkowo
Parnowo
Jez. Parnowskie
Rez.torfowiskowy Wierzchomińskie Bagno
Niekłonice
Rez.ptaków Lubiatowo
Lubiatowo
Kościernica
Sowinko
Gąskowo
Smolne
Rez.ptaków Parnowo
Nw.Bielice
Kretomino
Czernin
Dygowo
Kotłowo
Laski Koszalińskie
Konikowo
Raduszka
Bonin
Wyszebórz
206
Debogard
26
Bardy
163
Jazy
Skoczów
Warnino
28
Giezkowo
Chałupy
Mierzym
Nacław
Mierzyn
Krąśnik Koszaliński
Biesiekierz
Górzyce
Manowo
Wiewiórowo
Miechęcino
kurhany
Wrzosowo
E 28
Świeszyno
Cewlino
Świelubie
Włościbórz
Kłopotowo
Ubysławice
Parsowo
Dunowo
Brzeźniki
Wyszewo
Jez. Nicemino
Piotrowice
Syrkowice
Nosowo
Strzekęcin
Włoki
Rekowo
Świemino
Nosówko
Golica
Lubiechowo
Daszewo
Karszina
Mołtowo
Białogórzyno
Bardzlino
Jez. Hajka
Rosnowo
38
Mostowo
Pobłocie Mł.
Karsino
Pustkowo
Niedalino
Jez. Rosnowskie
Rez.archeologiczny
168
Gościno Dwór
Pobłocie Wlk.
KARLINO
Lulewice
Żeleźno
Kościernica
Wronie Gniazdo
Kurozwęcz

14
Płoty 51km Białogard 10km
15
Bobolice

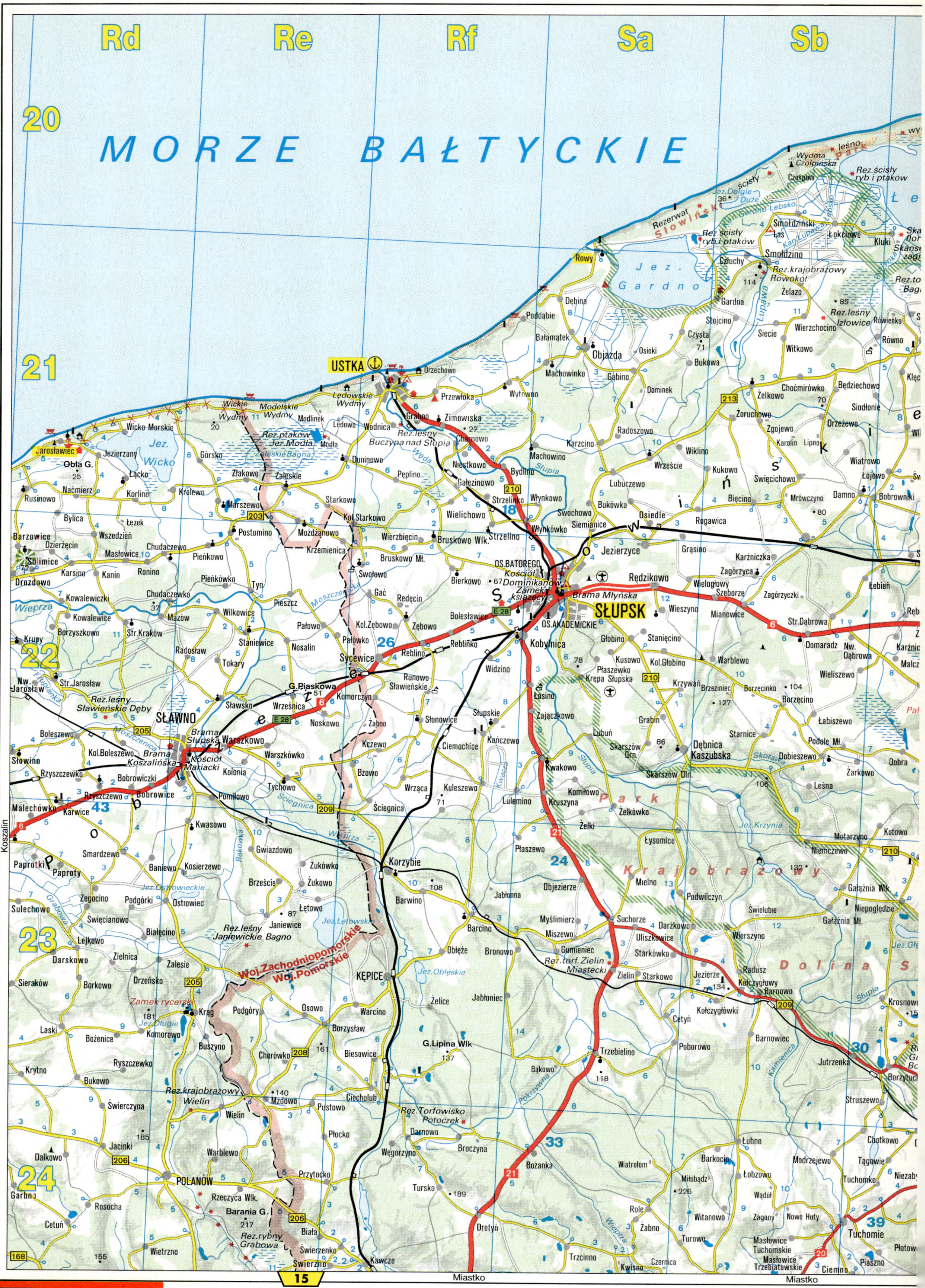

Rd
Re
Rf
Sa
Sb
20
21
22
23
24
MORZE BAŁTYCKIE
USTKA
SŁUPSK
SŁAWNO
KĘPICE
POLANÓW
Tuchomie
Miastko
Koszalin
Rowy
Jez. Gardno
Jez. Wicko
Słowiński Park
Łeba
Smołdzino
Smołdziński Las
Kluki
Łokciowe
Czołpino
Wydma Czołpińska
Rez.ścisły ryb.i ptaków
Rez.krajobrazowy Rowokół
Gardna
Człuchy
Żelazo
Rez.leśny Iźłowice
Wierzchocino
Siecie
Stojcino
Czysta
Bukowa
Witkowo
Równo
Dębina
Poddąbie
Objazda
Bałamątek
Osieki
Dominek
Gąbino
Machowinko
Orzechowo
Przewłoka
Wytowno
Zimowiska
Charnowo
Grabno
Wodnica
Ledowo
Modlinek
Rez.leśny Buczyna nad Słupią
Rez.ptaków Jez. Modła
Zaleskie Bagna
Modlińskie Wydmy
Ledowskie Wydmy
Wickie Wydmy
Wicko Morskie
Jarosławiec
Jezierzany
Obla G.
Łącko
Korlino
Nacmierz
Rusinowo
Bylica
Barzowice
Dzierżęcin
Łężek
Wszedzień
Masłowice
Słonice
Drozdowo
Karsino
Kanin
Ronino
Chudaczewo
Pieńkowo
Postomino
Marszewo
Królewo
Złakowo
Zaleskie
Górsko
Duninowo
Starkowo
Kol.Starkowo
Możdżanowo
Krzemienica
Peplino
Wielichowo
Wierzbięcin
Bruskowo Wlk.
Bruskowo Mł.
Swołowo
Strzelino
Gałęzinowo
Niestkowo
Bydlino
Wrynkowo
Machowino
Karzcino
Radoszowo
Lubuczewo
Bukówka
Swochowo
Siemianice
Osiedle
Jezierzyce
Rędzikowo
Wieszyno
Mianowice
Wielogłowy
Szeborze
Zagórzyca
Zagórzyczki
Karżniczka
Rogawica
Grąsino
Wiklino
Wrzeście
Kukowo
Święcichowo
Biesowo
Bięcino
Mrówczyno
Damno
Bobrowniki
Łojewo
Wiatrowo
Drzeżewo
Siodłonie
Będziechowo
Chocmirówko
Zgojewo
Zoruchowo
Żelkowo
Karolin
Lipno
Kluczewo
Os.Batorego
Kościół Dominikanów
Zamek Książęcy
Brama Młyńska
Os.Akademickie
Kobylnica
Bierkowo
Redęcin
Żebowo
Bolesławice
Kol.Żebowo
Pałowo
Pałówko
Nosalin
Sycewice
Reblino
Runowo Sławieńskie
Rebliniko
Widzino
Głobino
Stanięcino
Kusowo
Kol.Głobino
Płaszewko
Krępa Słupska
Krzywań
Warblewo
Brzeżinice
Borzęcinko
Borzęcino
Wieliszewo
Domaradz
Nw. Dąbrowa
Str.Dąbrowa
Łebień
Łosino
Zajączkowo
Słupskie
Kończewo
Ciemochice
Słonowice
Komorczyn
Żabno
Noskowo
Wrześnica
G.Piaskowa
Sławsko
Tokary
Staniewice
Radosław
Wilkowice
Pieszcz
Tyn
Pieńkówko
Chudaczewko
Mazów
Kowalewiczki
Kowalewice
Borzyszkowo
Str.Kraków
Krupy
Str.Jarosław
Nw. Jarosław
Rez.leśny Sławieńskie Dęby
Wieprza
Boleszewo
Kol.Boleszewo
Sławno
Brama Słupska
Brama Koszalińska
Kościół Mariacki
Warszkowo
Warszkówko
Kolonia
Rzyszczewo
Rzyszczewko
Bobrowiczki
Bobrowice
Malechówko
Karwice
Pomiłowo
Tychowo
Bzowo
Kczewo
Wrząca
Ściegnica
Kuleszewo
Lulemino
Kwakowo
Komiłowo
Kruszyna
Żelkówko
Żelki
Lubuń
Skarszów Grn.
Skarszów Dln.
Grabin
Dębnica Kaszubska
Starnice
Dobieszewo
Podole Mł.
Łabiszewo
Dobra
Żarkowo
Leśna
Motarzyno
Kotowo
Niemczewo
Gałąźnia Wlk.
Gałąźnia Mł.
Niepoględzie
Park Krajobrazowy
Dolina Słupi
Łysomice
Mielno
Podwilczyn
Świelubie
Wierszyno
Radusz
Kołczygłowy
Barnowo
Kołczygłówki
Jezierze
Darżkowo
Uliszkowice
Starkówko
Starkowo
Zielin
Suchorze
Objezierze
Płaszewo
Myślimierz
Miszewo
Gumieniec
Rez.torf. Zielin Miastecki
Kwasowo
Smardzewo
Paprotki
Paproty
Baniewo
Kosierzewo
Gwiazdowo
Żukówko
Żukowo
Brzeście
Łętowo
Janiewice
Rez.leśny Janiewickie Bagno
Jez.Letowskie
Korzybie
Barwino
Jabłonna
Barcino
Obłęże
Bronowo
Jez.Obłęskie
Żelice
Jabłoniec
Warcino
Osowo
Borzysław
Biesowice
G.Lipina Wlk
Bakowo
Trzebielino
Poborowo
Cetyń
Barnowiec
Jutrzenka
Borzytuchom
Struszewo
Chotkowo
Tągowie
Tuchomko
Niezabyszewo
Modrzejewo
Barkocin
Łubno
Łobzowo
Wądół
Zagony
Nowe Huty
Masłowice Tuchomskie
Masłowice Trzebiatowskie
Ciemno
Płotowo
Piaszno
Miłobądz
Witanowo
Turowo
Role
Żabno
Wiatrołom
Kwisno
Czarnica
Trzcinno
Dretyń
Bożanka
Broczyna
Węgorzyno
Darnowo
Rez.Torfowisko Potoczek
Turska
Ciecholub
Pustowo
Płocko
Przytocko
Mzdowo
Biała
Świerzenko
Świerzno
Kawcze
Wielin
Warblewo
Rez.krajobrazowy Wielin
Rzeczyca Wlk.
Barania G.
Rez.rybny Grabowa
Wietrzno
Rosocha
Cetuń
Garbno
Dalkowo
Jacinki
Świerczyna
Bukowo
Ryszczewko
Krytno
Laski
Bożenice
Komorowo
Krąg
Zamek rycerski
Jez.Długie
Buszyno
Podgóry
Chórówko
Sieraków
Borkowo
Drzeńsko
Zielnica
Zalesie
Białęcino
Darskowo
Lejkowo
Świecianowo
Żegocino
Podgórki
Ostrowiec
Jez.Ostrowieckie
Sulechowo
Woj.Zachodniopomorskie
Woj.Pomorskie
Łupawa
Słupia
Wieprza
Grabowa
Moszczenica
Pokrzywna
Skotawa
Kamienica
Jez.Krzynia
Jez.Dołgie Duże
Kanał Łupawa-Łebsko
Rez.ścisły ryb.i ptaków
Rez.torf. Bagno
Skansen
Klęcino
Rębowo
Krosnowo
Rezerwat Słowiński
Wydma
E 28
203
205
206
208
209
210
213
168
6
20
21
15
18
24
26
30
33
39
43

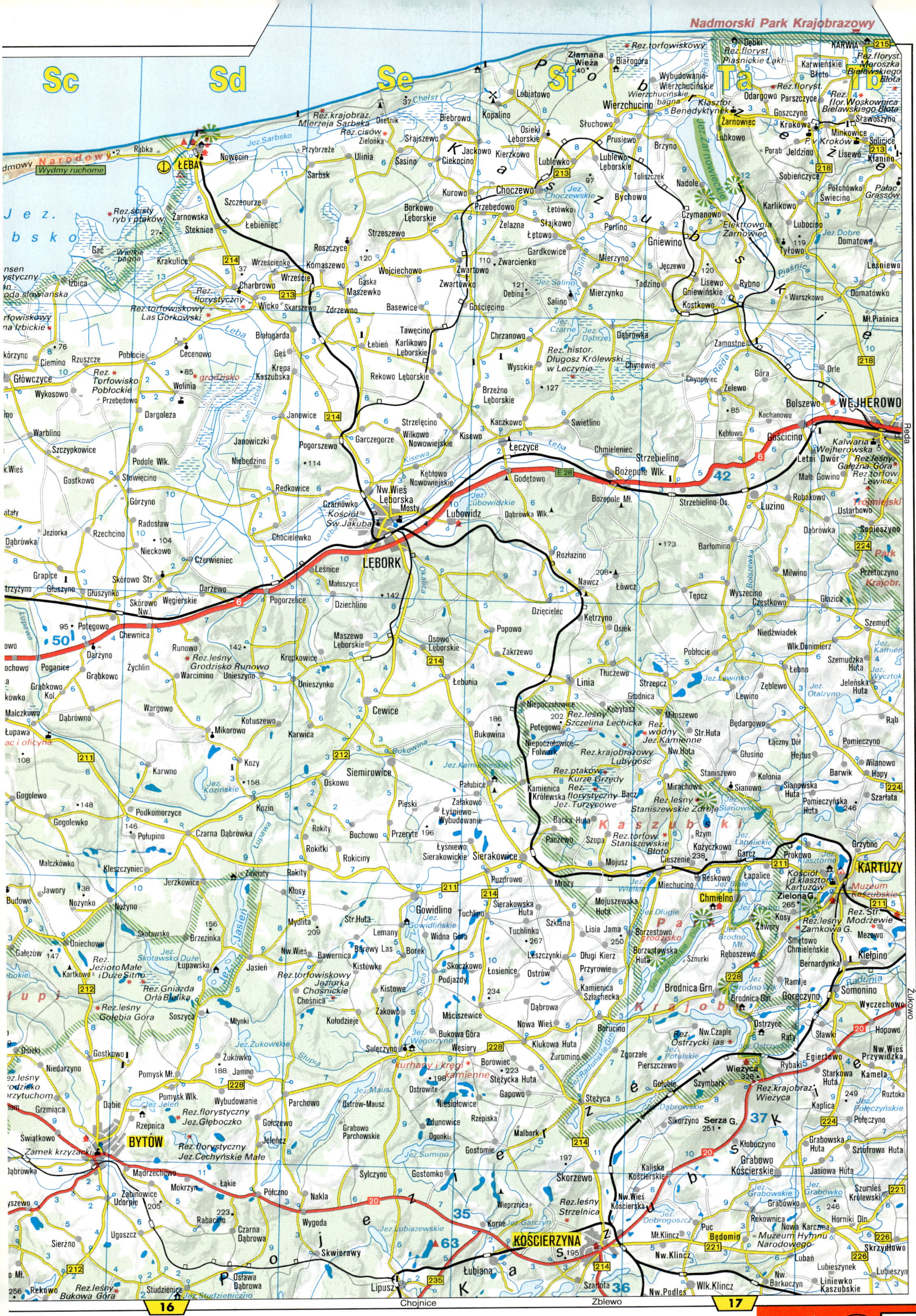

Nadmorski Park Krajobrazowy
Sc
Sd
Se
Sf
Ta
Tb
Wydmy ruchome
ŁEBA
Nowęcin
Rąbka
Sarbsk
Ulinia
Sasino
Stajszewo
Osetnik
Biebrowo
Kopalino
Łebiatowo
Jackowo
Ciekocino
Kierzkowo
Osieki Lęborskie
Lublewko
Choczewo
Jez. Choczewskie
Kurowo
Przebędowo
Żelazna
Stąjkowo
Łętowo
Gardkowice
Zwarcienko
Salino
Jez. Salino
Debina
Zwartowo
Zwartówko
Gościęcino
Słuchowo
Wierzchucino
Białogóra
Złamana Wieża
Rez.torfowiskowy
Prusiewo
Brzyno
Lublewo Lęborskie
Tyliszczek
Nadole
Bychowo
Perlino
Gniewino
Czymanowo
Elektrownia Żarnowiec
Jez. Żarnowieckie
Żarnowiec
Klasztor Benedyktynek
Lubkowo
Odargowo
Parszczyce
Krokowa
Minkowice
Goszczyno
Jeldzino
Porąb
Sobieńczyce
Lisewo
Karwieńskie Błoto
KARWIA
Dębki
Karlikowo
Lubocino
Tyłowo
Domatowo
Domatówko
Warszkowo
Połchówko
Świecino
Jez. Dobre
Leśniewo
Mł.Piaśnica
Zamostne
Orle
Góra
Zelewo
Bolszewo
WEJHEROWO
Kochanowo
Kębłowo
Gościcino
Reda
Kalwaria Wejherowska
Łętowo
Mierzyno
Mierzynko
Tadzino
Jęczewo
Lisewo Gniewińskie
Kostkowo
Rybno
Chynowie
Chynowiec
Dąbrówka
Jez. Czarne
Jez. Dąbrze
Rez. histor. Długosz Królewski w Łeczynie
Chrzanowo
Wysokie
Brzeźno Lęborskie
Kaczkowo
Świetlino
Chmieleniec
Strzebielino
Bożepole Wlk.
Bożepole Mł.
Strzebielino-Os.
Luzino
Łęczyce
Godętowo
Jez. Lubowidzkie
Dąbrówka Wlk.
Lubowidz
Kisewo
Kisewa
Strzelęcino
Wilkowo Nowowiejskie
Kębłowo Nowowiejskie
Garczegorze
Nw.Wieś Lęborska
Mosty
Czarnówko Kościół Św.Jakuba
ŁĘBORK
Leśnice
Małoszyce
Dziechlino
Pogorzelice
Redkowice
Chocielewko
Rozłazino
Nawcz
Łówcz
Bartomino
Tępcz
Wyszecino
Częstkowo
Milwino
Głazica
Szemud
Ustarbowo
Rąbkowo
Dąbrówka
Orzechowo
Przetoczyno
Dzięcielec
Kętrzyno
Osiek
Popowo
Zakrzewo
Osowo Lęborskie
Łebunia
Maszewo Lęborskie
Unieszynko
Cewice
Linia
Tłuczewo
Strzepcz
Głodnica
Pobłocie
Niedźwiadek
Wlk.Donimierz
Łebno
Zęblewo
Lewino
Jez. Lewinko
Szemudzka Huta
Jeleńska Huta
Bukowina
Niepoczołowice
Potęgowo
Kobylasz
Rez.leśny Szczelina Lechicka
Rez. wodny Jez.Kamienne
Miłoszewo
Będargowo
Łączyński Dół
Hejtus
Głusino
Nw.Huta
Str.Huta
Rez.krajobrazowy Lubygość
Pomieczyno
Wilanowo
Hopy
Barwik
Staniszewo
Sianowo
Mirachowo
Kolonia
Sianowska Huta
Szarłata
Pomieczyńska Huta
Kamienica Królewska
Pałubice
Siemirowice
Oskowo
Pieski
Bochowo
Przeryte
Łyśniewo Sierakowickie
Sierakowice
Załakowo
Rez.ptaków Kurze Grzędy
Rez.florystyczny Jez.Turzycowe
Bącz
Rez.leśny Staniszewskie Zdroje
Rez.torfow. Staniszewskie Błoto
Szopa
Mojusz
Cieszenie
Rzym
Kożyczkowo
Garcz
Prokowo
KARTUZY
Kościół d.klasztor Kartuzów
Muzeum Kaszubskie
Zielona G.
Brzyno
Kaszuby
Kaszubski
Reskowo
Łapalice
Chmielno
Miechucino
Mojuszewska Huta
Lisia Jama
Puzdrowo
Mrozy
Sierakowska Huta
Tuchlino
Tuchlinko
Szklana
Borzestowo
Borzestowska Huta
Kosy
Sznurki
Rebiszewo
Smętowo Chmieleńskie
Rez.leśny Zamkowa G.
Rez.Str. Modrzewie
Mezowo
Kiełpino
Bernardynka
Ramlje
Somonino
Goręczyno
Brodnica Grn.
Brodnica Dln.
Wyczechowo
Żukowo
Pępowo
Hopowo
Przywidzka
Ostrzyce
Raty
Sławki
Egiertowo
Nw.Czaple
Rez. Ostrzycki las
Wieżyca
Szymbark
Rez.krajobraz. Wieżyca
Starkowa Huta
Kamela
Kaplica
Połęczyno
Rybaki
Gołubie
Serza G.
Sikorzyno
Pierszczewo
Zgorzałe
Stężyca
Borucino
Klukowa Huta
Żuromino
Borowiec
Stężycka Huta
Gapowo
Kaliska Kościerskie
Grabowo Kościerskie
Kłobuczyno
Grabowska Huta
Sztofrowa Huta
Jasiowa Huta
Szumleś Królewski
Grabówko
Rekownica
Nowa Karczma
Horniki Dln.
Muzeum Hymnu Narodowego
Będomin
Skrzydłowo
Lubań
Lubieszynek
Lubieszyn
Liniewko Kaszubskie
Nw. Barkoczyn
Mł.Klincz
Nw.Klincz
Wlk.Klincz
Nw.Podleś
Puc
Jez. Dobrogoszcz
Nw.Wieś Kościerska
KOŚCIERZYNA
Szarłata
Zblewo
Rez.leśny Strzelnica
Skorzewo
Wieprznica
Korne
Jez. Garczyn
Łubiana
Lipusz
Chojnice
Skwierawy
Wygoda
Nakla
Jez. Lubiszewskie
Sylczyno
Gostomko
Gostomie
Malbork
Ogonki
Żdunowice
Niesiołowice
Rzepiska
Ostrowite
Kurhany i kręgi kamienne
Grabowo Parchowskie
Ostrów-Mausz
Jez. Mausz
Parchowo
Gołczewo
Jeleniec
Sulęczyno
Wesiory
Bukowa Góra
Mściszewice
Jez. Wegorzyno
Kistowo
Kistówko
Zakowo
Borek
Skoczkowo
Podjazdy
Łosienice
Ostrów
Leszczynki
Długi Kierz
Przyrowie
Kamienica Szlachecka
Dąbrowa
Nowa Wieś
Gowidlino
Jez. Gowidlińskie
Widna Góra
Lemany
Borowy Las
Bawernica
Str.Huta
Nw.Wieś
Mydlita
Kłosy
Rokity
Rokitki
Rokiciny
Rez.torfowiskowy Jeziorka Chośnickie
Chośnica
Kołodzieje
Jasień
Żukowo
Jamno
Jez.Żukowskie
Słupia
Pomysk Mł.
Pomysk Wlk.
Wybudowanie
Rez.florystyczny Jez.Głęboczko
Rez.florystyczny Jez.Cechyńskie Małe
Rzepnica
Dąbie
BYTÓW
Zamek krzyżacki
Świątkowo
Grzmiąca
Niedarzyno
Osieki
Gostkowo
Sierżno
Ugoszcz
Rabacino
Czarna Dąbrowa
Półczno
Łąkie
Mokrzyn
Mądrzechowo
Żabinowice
Udorpie
Płotowo
Studzienice
Jez. Studzieniczno
Osława Dąbrowa
Rekowo
Rez.leśny Bukowa Góra
Ugoszcz
Sierżno
Jez. Jeleń
Mylnki
Soszyca
Rez. Gniazda Orła Bielika
Rez. Jezioro Małe i Duże Sitno
Jez. Skotawsko Duże
Łupawsko
Skotawsko
Brzezinka
Kartkowo
Uniechowo
Nożyno
Jawory
Budowo
Małczkówko
Kleszczyniec
Jerzkowice
Zawiaty
Gogolewko
Gogolewo
Podkomorzyce
Półupino
Czarna Dąbrówka
Kozin
Karwno
Kozy
Jez. Kozińskie
Mikorowo
Kotuszewo
Karwica
Wargowo
Unieszyno
Krępkowice
Rez.leśny Grodzisko Runowo
Warcimino
Runowo
Chewnica
Żychlin
Dargoleza
Podole Wlk.
Słowięcino
Górzyno
Radosław
Nieckowo
Czerwieniec
Darżewo
Skórowo Nw.
Skórowo Str.
Węgierskie
Gęś
Krępa Kaszubska
Wolinia
Cecenowo
Białogarda
Janowice
Janowiczki
Niebędzino
Pogorzewo
Rekowo Lęborskie
Karlikowo Lęborskie
Tawęcino
Łebień
Basewice
Zdrzewno
Gąska
Maszewko
Wojciechowo
Strzeszewo
Borkowo Lęborskie
Roszczyce
Komaszewo
Wrzeście
Wrześcienko
Charbrowo
Wicko
Skarszewo
Rez.florystyczny
Rez.torfowiskowy Las Górkowski
Łebieniec
Szczenurze
Żarnowska
Steknica
Rez.ścisły ryb i ptaków
Krakulice
Gać
Izbica
Pobłocie
Rzuszcze
Ciemino
Główczyce
Wykosowo
Rez. Torfowisko Pobłockie
Przebędowo
Warblino
Szczypkowice
Gostkowo
Rzechcino
Jeziorka
Dąbrówka
Grapice
Głuszyno
Głuszynko
Potęgowo
Darżyno
Poganice
Grąbkowo
Grąbkowo Kol.
Dąbrówno
Małczkowo
Łupawa
Budowo
Gałęzów
Rez.leśny Gołębia Góra
Jez. Łebsko
Jez. Sarbsko
Mierzeja Sarbska
Rez.krajobraz.
Rez.cisów
Zielonka
Przybrzeże
Kaszuby
Trójmiejski Park Krajobr.
Rez.leśny Gałęźna Góra
Rez.torfow. Lewice
Letni Dwór
Małe Gowino

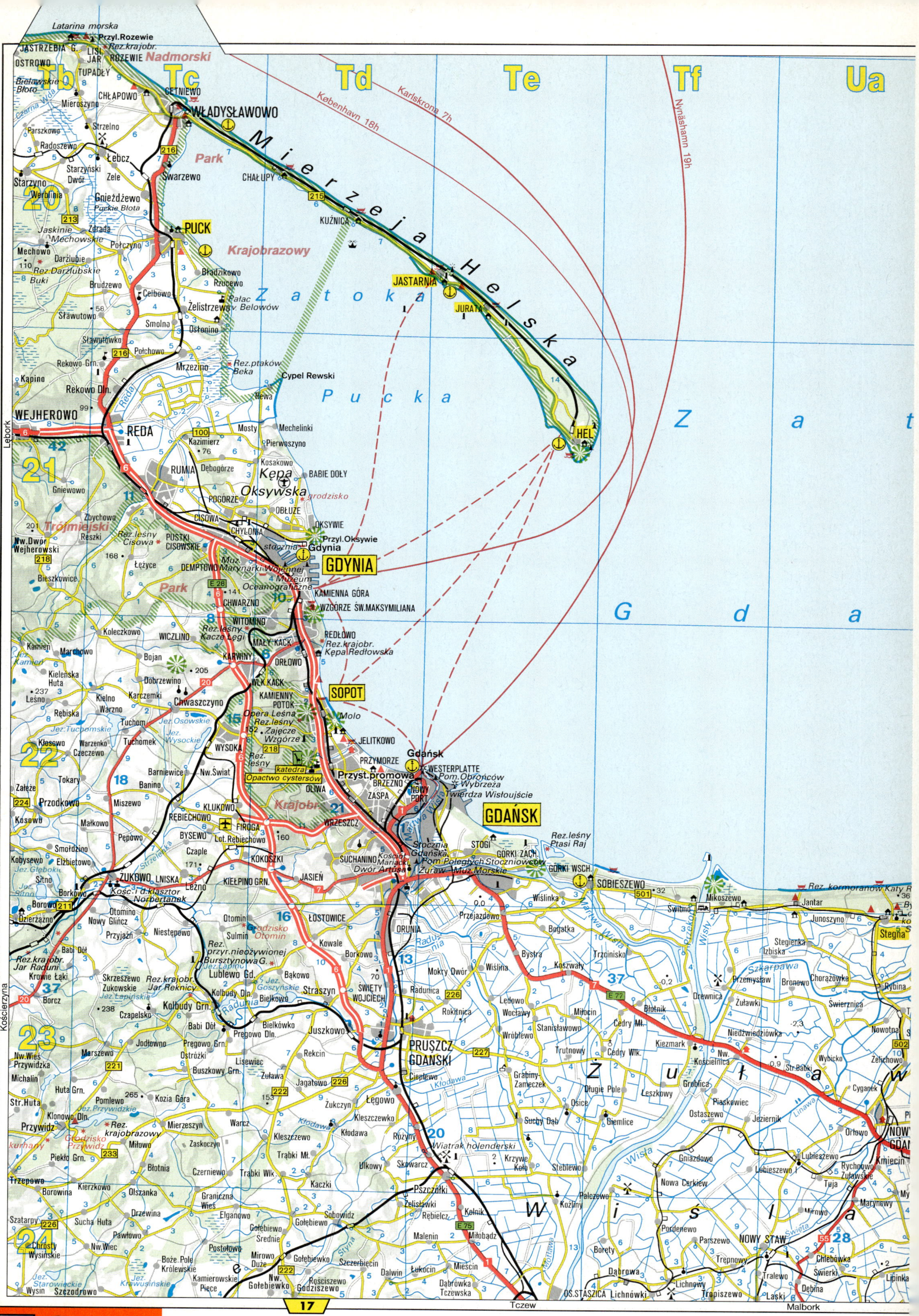
Tb
Tc
Td
Te
Tf
Ua
Latarina morska
Przyl.Rozewie
Rez.krajobr.
JASTRZĘBIA G.
OSTROWO
ROZEWIE
Nadmorski
TUPADŁY
CHŁAPOWO
CETNIEWO
WŁADYSŁAWOWO
Mierzeja Helska
København 18h
Karlskrona 7h
Nynäshamn 19h
Park
Krajobrazowy
CHAŁUPY
KUŹNICA
JASTARNIA
JURATA
HEL
PUCK
Zatoka
Pucka
Cypel Rewski
Rewa
Mechelinki
Mosty
Pierwoszyno
Kosakowo
Kępa Oksywska
BABIE DOŁY
OKSYWIE
Przyl.Oksywie
Gdynia
GDYNIA
KAMIENNA GÓRA
WZGÓRZE ŚW.MAKSYMILIANA
REDŁOWO
Rez.krajobr. Kępa Redłowska
ORŁOWO
SOPOT
Molo
JELITKOWO
PRZYMORZE
Gdańsk
WESTERPLATTE
Pom.Obrońców Wybrzeża
Twierdza Wisłoujście
GDAŃSK
Rez.leśny Ptasi Raj
STOGI
GÓRKI ZACH.
GÓRKI WSCH.
SOBIESZEWO
Mikoszewo
Jantar
Stegna
Rez. kormoranów Kąty R.
Z a t
G d a
WEJHEROWO
REDA
RUMIA
Trójmiejski
Lębork
Kościerzyna
Gniewowo
Bieszkowice
Koleczkowo
Chwaszczyno
Banino
Miszewo
Przodkowo
Kokoszki
ŻUKOWO
Kolbudy Grn.
Juszkowo
Straszyn
PRUSZCZ GDAŃSKI
Kłodawa
Pszczółki
Żuławy Wiślane
Wisła
Przejazdowo
Koszwały
Błotnik
Trutnowy
Cedry Wlk.
Drewnica
Żuławki
Nowy Dwór Gdański
NOWY STAW
Lichnowy
Tczew
Malbork
E 28
E 75
E 77
Nw.Dwór Wejherowski
Szczodrowo
Wiatrak holenderski
katedra
Opactwo cystersów
OLIWA
BRZEŹNO
ZASPA
Przyst.promowa
WRZESZCZ
Stocznia Gdańska
Pom.Poległych Stoczniowców
Kościół Mariacki
Dwór Artusa
Żuraw
Muz.Morskie
ORUNIA
17

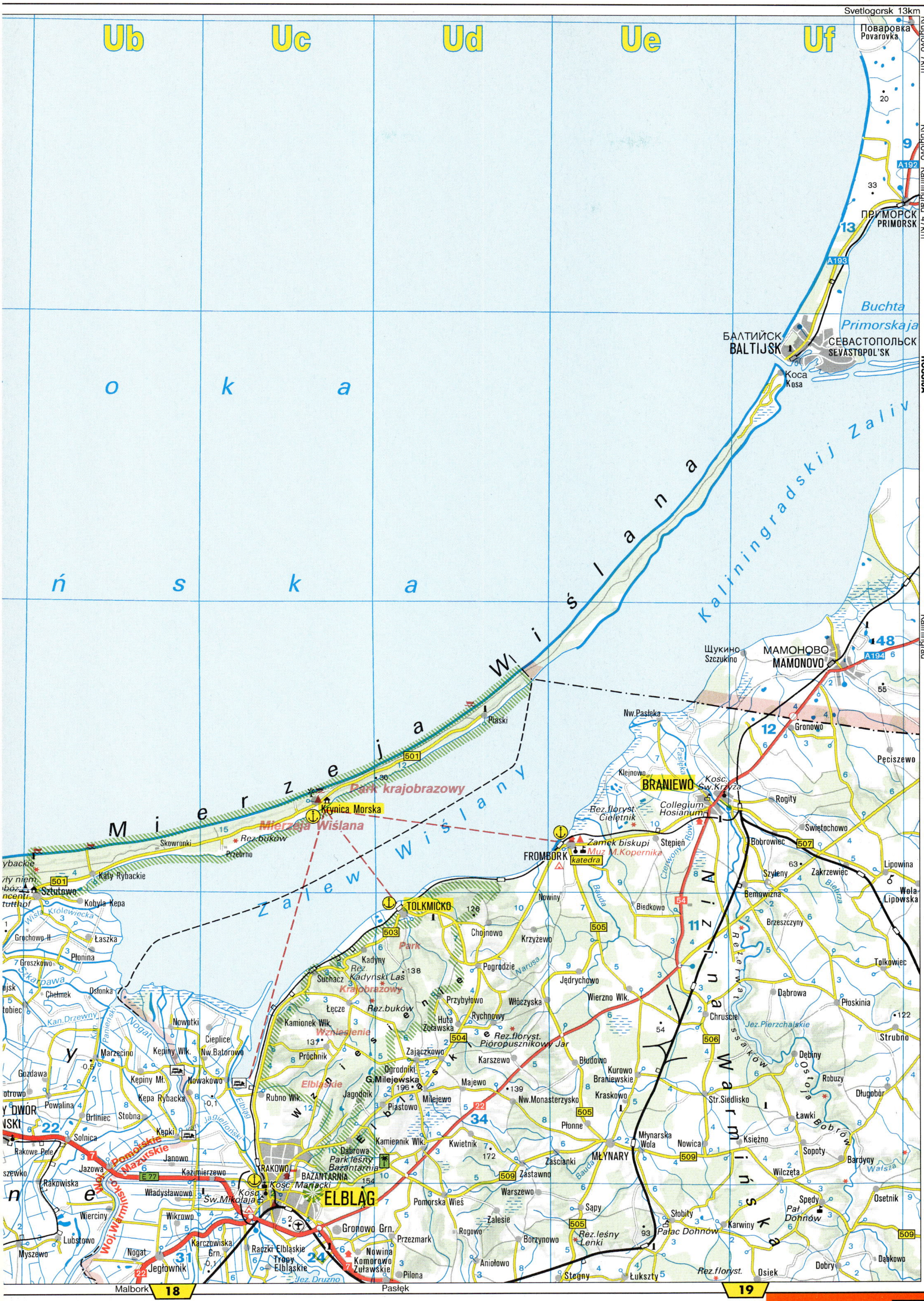

Svetlogorsk 13km
Ub
Uc
Ud
Ue
Uf
Поваровка
Povarovka
Kruglovo 7km
Kruglovo
Kaliningrad 47km
Приморск
PRIMORSK
A192
A193
Buchta
Primorskaja
БАЛТИЙСК
BALTIJSK
СЕВАСТОПОЛЬСК
SEVASTOPOL'SK
Коса
Kosa
ROSSIJA
Kaliningradskij Zaliv
o k a
ń s k a
Mierzeja Wiślana
Щукино
Szczukino
МАМОНОВО
MAMONOVO
A194
Kaliningrad
Piaski
Park krajobrazowy
Krynica Morska
Mierzeja Wiślana
Zalew Wiślany
Skowronki
Rez.buków
Przebrno
Kąty Rybackie
Sztutowo
Kobyla Kępa
Łaszka
Płonina
Grochowo II
Groszkowo
Chełmek
Osłonka
Kan.Drzewny
Nogat
Nowotki
Cieplice
Nw.Batorowo
Marzęcino
Kępiny Wlk.
Kępiny Mł.
Kępa Rybacka
Nowakowo
Gozdawa
Powalina
Orliniec
Stobna
Kępki
Solnica
Rakowe Pole
Jazowa
Rakowiska
Janowo
Kazimierzewo
Władysławowo
Sw.Mikołaja
E77
Wiercin
Wikrowo
Lubstowo
Myszewo
Nogat
Jegłownik
Karczowiska Grn.
Wolw. Pomorskie
Wolw. Mazurskie
Wolw. Warmińsko-Mazurskie
Rubno Wlk.
Elbląg
RAKOWO
Kość. Mariacki
BAZANTARNIA
ELBLĄG
Raczki Elbląskie
Tropy Elbląskie
Jez. Druzno
Gronowo Grn.
Nowina
Komorowo Żuławskie
Pilona
Przezmark
Rogowo
Aniołowo
Malbork
18
Pasłęk
TOLKMICKO
Chojnowo
Kadyny
Rez. Kadyński Las
Park Krajobrazowy
Suchacz
Łęcze
Rez.buków
Kamionek Wlk.
Wzniesienie
Próchnik
Elbląskie
Jagodnik
G.Milejewska
Milejewo
Piastowo
Kamiennik Wlk.
Dąbrowa
Park leśny Bażantarnia
Huta Żuławska
Przybyłowo
Rychnowy
Zajączkowo
Ogrodniki
Rez.floryst. Pióropusznikowy Jar
Pogrodzie
Krzyżewo
Narusa
Włóczyska
Karszewo
Majewo
Nw.Monasterzysko
Kwietnik
Zastawno
Warszewo
Pomorska Wieś
Zalesie
Borzynowo
Rez.leśny Lenki
Stegny
Łukszty
Sapy
Zaścianki
MŁYNARY
Płonne
Kraskowo
Kurowo Braniewskie
Błudowo
Wierzno Wlk.
Jędrychowo
Biedkowo
Nowiny
FROMBORK
Zamek biskupi
Muz. M.Kopernika
katedra
Rez.floryst. Cieletnik
Kleinowo
Nw.Pasłęka
Pasłęka
BRANIEWO
Kość. Św.Krzyża
Collegium Hosianum
Stępień
Czerwony Rów
Bauda
Gronowo
Pęciszewo
Rogity
Świętochowo
Bobrowiec
Szyleny
Zakrzewiec
Lipowina
Wola Lipowska
Bemowizna
Brzeszczyny
Rezerwat Ssaków
Tolkowiec
Dąbrowa
Płoskinia
Chruście
Jez.Pierzchalskie
Strubno
Dębiny
Robuzy
Długobór
Ostoja Bobrów
Str.Siedlisko
Ławki
Księżno
Sopoty
Bardyny
Wałsza
Wilczęta
Osetnik
Spędy
Pał. Dohnów
Słobity
Pałac Dohnów
Karwiny
Nowica
Młynarska Wola
Rez.floryst.
Osiek
Dobry
Dąbkowo
Wysoczyzna Elbląska
Równina Warmińska
501
503
504
505
506
507
509
22
54
7
19

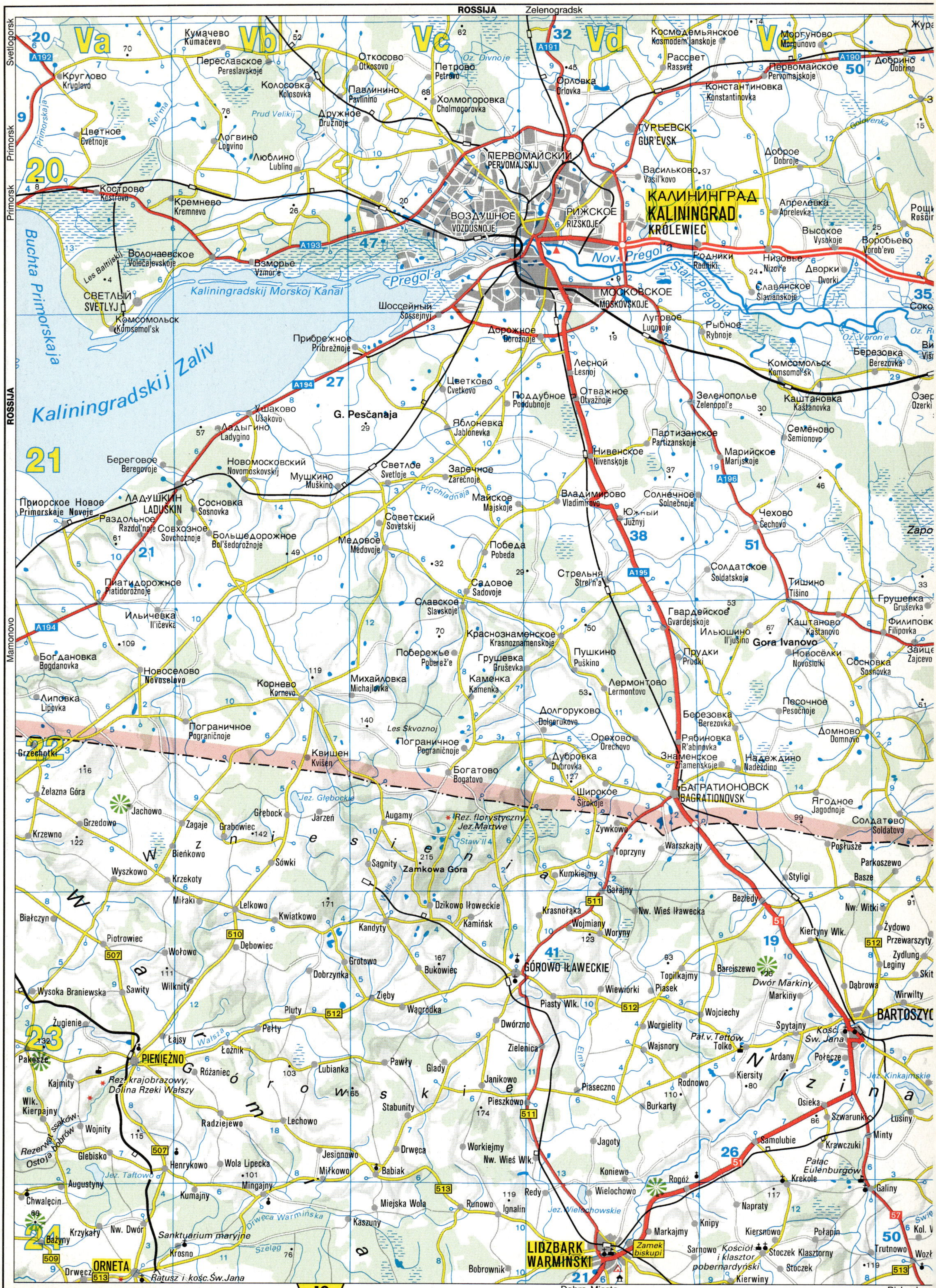

ROSSIJA
Zelenogradsk
Va
Vb
Vc
Vd
Ve
20
21
22
23
24
32
50
Svetlogorsk
Primorsk
Mamonovo
Кругловo
Kruglovo
Цветное
Cvetnoje
Кострово
Kostrovo
Кумачево
Kumačevo
Переславское
Pereslavskoje
Колосовка
Kolosovka
Логвино
Logvino
Люблино
Lublino
Prud Velikij
Откосово
Otkosovo
Петрово
Petrovo
Павлинино
Pavlinino
Дружное
Družnoje
Холмогоровка
Cholmogorovka
Oz. Divnoje
Орловка
Orlovka
Космодемьянское
Kosmodem'janskoje
Рассвет
Rassvet
Моргуново
Morgunovo
Первомайское
Pervomajskoje
Константиновка
Konstantinovka
Добрино
Dobrino
Гурьевск
GUR'EVSK
Golovenka
Первомайский
PERVOMAJSKIJ
Доброе
Dobroje
Васильково
Vasil'kovo
КАЛИНИНГРАД
KALININGRAD
KRÓLEWIEC
Апрелевка
Aprelevka
Высокое
Vysokoje
Воробьево
Vorob'evo
Кремнево
Kremnevo
Воздушное
VOZDUŠNOJE
Рижское
RIŽSKOJE
Nov. Pregol'a
Star. Pregol'a
Pregol'a
Родники
Rodniki
Низовье
Nizov'e
Дворки
Dvorki
Славянское
Slavjanskoje
Московское
MOSKOVSKOJE
Buchta Primorskaja
Les Baltijskij
Волочаевское
Voločajevskoje
Взморье
Vzmor'e
Kaliningradskij Morskoj Kanal
Светлый
SVETLYJ
Комсомольск
Komsomol'sk
Шоссейный
Šossejnyj
Дорожное
Dorožnoje
Луговое
Lugovoje
Рыбное
Rybnoje
Oz. Voron'e
Березовка
Berezovka
Прибрежное
Pribrežnoje
Лесной
Lesnoj
Отважное
Otvažnoje
Kaliningradskij Zaliv
ROSSIJA
Цветково
Cvetkovo
Поддубное
Poddubnoje
Зеленополье
Zelenopol'e
Каштановка
Kaštanovka
Ушаково
Ušakovo
G. Pesčanaja
Ладыгино
Ladygino
Яблоневка
Jablonevka
Нивенское
Nivenskoje
Партизанское
Partizanskoje
Семеново
Semionovo
Береговое
Beregovoje
Новомосковский
Novomoskovskij
Светлое
Svetloje
Заречное
Zarečnoje
Марийское
Marijskoje
Мушкино
Muškino
Prochladnaja
Майское
Majskoje
Владимирово
Vladimirovo
Солнечное
Solnečnoje
Южный
Južnyj
Чехово
Čechovo
Приморское Новое
Primorskaje Novoje
Ладушкин
LADUŠKIN
Сосновка
Sosnovka
Раздольное
Razdol'noje
Совхозное
Sovchoznoje
Большедорожное
Bol'šedorožnoje
Советский
Sovetskij
Медовое
Medovoje
Победа
Pobeda
Стрельня
Strel'n'a
Солдатское
Soldatskoje
Тишино
Tišino
Пятидорожное
Piatidorožnoje
Садовое
Sadovoje
Славское
Slavskoje
Гвардейское
Gvardejskoje
Грушевка
Gruševka
Ильичевка
Il'ičevka
Краснознаменское
Krasnoznamenskoje
Ильюшино
Il'jušino
Gora Ivanovo
Каштаново
Kaštanovo
Филипповка
Filipovka
Побережье
Pobereż'e
Грушевка
Gruševka
Пушкино
Puškino
Прудки
Prudki
Новоселки
Novosiolki
Сосновка
Sosnovka
Богдановка
Bogdanovka
Новоселово
Novoselovo
Михайловка
Michajlovka
Каменка
Kamenka
Лермонтово
Lermontovo
Зайцево
Zajcevo
Липовка
Lipovka
Корнево
Kornevo
Долгоруково
Dolgorukovo
Песочное
Pesočnoje
Пограничное
Pograničnoje
Les Skvoznoj
Березовка
Berezovka
Домново
Domnovo
Пограничное
Pograničnoje
Орехово
Orechovo
Рябиновка
R'abinovka
Grzechotki
Квишен
Kvišen
Дубровка
Dubrovka
Знаменское
Znamenskoje
Надеждино
Nadeždino
Богатово
Bogatovo
Багратионовск
BAGRATIONOVSK
Żelazna Góra
Jez. Głębockie
Широкое
Širokoje
Ягодное
Jagodnoje
Jachowo
Grębock
Jarzeń
Augamy
Rez. florystyczny Jez. Martwe
Солдатово
Soldatovo
Krzewno
Grzędowo
Zagaje
Grabowiec
Żywkowo
Warszkajty
Posłusze
Bieńkowo
Sówki
Staw II
Toprzyny
Parkoszewo
Wyszkowo
Sągnity
Zamkowa Góra
Kumkiejmy
Styligi
Basze
Krzekoty
Gałajny
Bezledy
Nw. Witki
Białczyn
Miłaki
Lelkowo
Dzikowo Iławeckie
Krasnołąka
Nw. Wieś Iławecka
Żydowo
Kiertyny Wlk.
Przewarszyty
Kwiatkowo
Kamińsk
Wojmiany
Woryny
Zydlung
Piotrowiec
Dębowiec
Kandyty
Leginy
Wołowo
Grotowo
Barciszewo
Skitno
Wysoka Braniewska
Sawity
Wilknity
Dobrzynka
Bukowiec
Górowo Iławeckie
Wiewiórki
Topilkajmy
Piasek
Dwór Markiny
Markiny
Dąbrowa
Wirwilty
Pluty
Zięby
Piasty Wlk.
Wójciechy
Spytajny
Bartoszyce
Żugienie
Pełty
Wągródka
Dwórzno
Worgielity
Wajsnory
Pał. v. Tettow
Tolko
Kość. Św. Jana
Ardany
Połęcze
Pakosze
Łajsy
Walsza
Pieniężno
Łożnik
Zielenica
Elma
Jez. Kinkajmskie
Kajmity
Różaniec
Lubianka
Pawły
Glady
Janikowo
Rodnowo
Kiersity
Rez. krajobrazowy, Dolina Rzeki Wałszy
Stabunity
Pieszkowo
Piaseczno
Burkarty
Osieka
Wlk. Kierpajny
Szwarunki
Wojnity
Radziejewo
Lechowo
Lusiny
Minty
Rezerwat ssaków, Ostoja bobrów
Drwęca
Workiejmy
Jagoty
Samolubie
Krawczuki
Glebisko
Henrykowo
Wola Lipecka
Jesionowo
Nw. Wieś Wlk.
Koniewo
Pałac Eulenburgów
Jez. Taftowo
Miłkowo
Babiak
Rogóż
Krekole
Galiny
Augustyny
Mingajny
Wielochowo
Chwalęcin
Kumajny
Miejska Wola
Runowo
Ignalin
Redy
Napraty
Jez. Wielochowskie
Drwęca Warmińska
Kaszuny
Markajmy
Knipy
Kiersnowo
Połapin
Nw. Dwór
Sanktuarium maryjne
Krzykały
Bażyny
Szeląg
Krosno
Lidzbark Warmiński
Zamek biskupi
Sarnowo
Kościół i klasztor pobernardyński
Stoczek Klasztorny
Trutnowo
Orneta
Drwęczno
Ratusz i kośc. Św. Jana
Bobrownik
Stoczek
Kierwiny
19
Dobre Miasto
Biskupiec

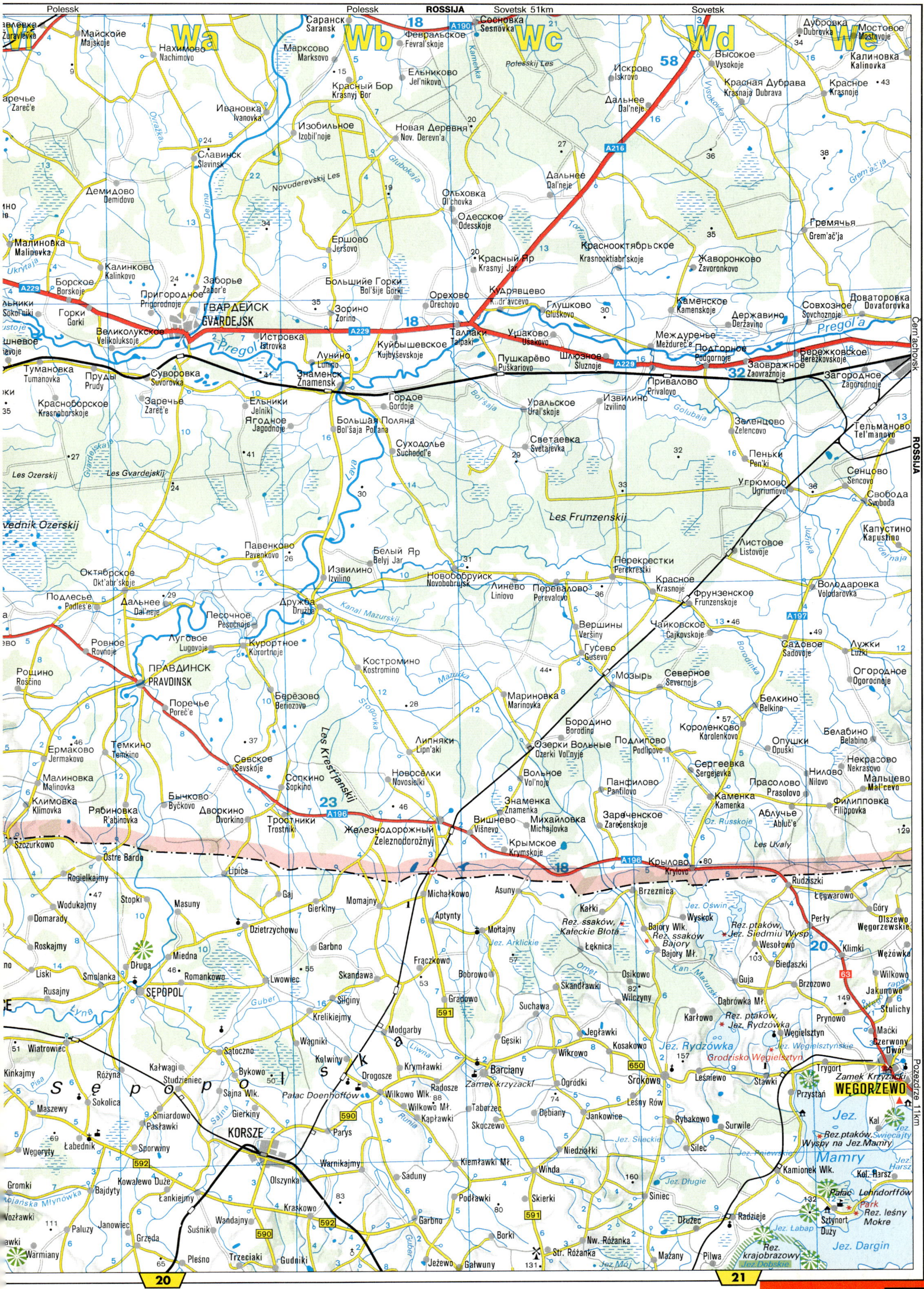
Polessk
Polessk
ROSSIJA
Sovetsk 51km
Sovetsk
Wa
Wb
Wc
Wd
We
Саранск
Saransk
Сосновка
Sosnovka
Февральское
Fevral'skoje
Майское
Majskoje
Нахимово
Nachimovo
Марксово
Marksovo
Ельниково
Jel'nikovo
Polesskij Les
Искрово
Iskrovo
Высокое
Vysokoje
Дубровка
Dubrovka
Мостовое
Mostovoje
Калиновка
Kalinovka
Красный Бор
Krasnyj Bor
Красная Дубрава
Krasnaja Dubrava
Красное
Krasnoje
Ивановка
Ivanovka
Изобильное
Izobil'noje
Новая Деревня
Nov. Derevn'a
Дальнее
Dal'neje
Славинск
Slavinsk
Novoderevskij Les
Демидово
Demidovo
Ольховка
Ol'chovka
Одесское
Odesskoje
Гремячья
Grem'ač'ja
Малиновка
Malinovka
Ершово
Jeršovo
Красный Яр
Krasnyj Jar
Краснооктябрьское
Krasnooktiabr'skoje
Жаворонково
Žavoronkovo
Калинково
Kalinkovo
Борское
Borskoje
Заборье
Zabor'e
Пригородное
Prigorodnoje
Большие Горки
Bol'šije Gorki
Орехово
Orechovo
Кудрявцево
Kudr'avcevo
Глушково
Gluškovo
Каменское
Kamenskoje
Совхозное
Sovchoznoje
Доваторовка
Dovatorovka
Державино
Deržavino
Горки
Gorki
ГВАРДЕЙСК
GVARDEJSK
Зорино
Zorino
Великолукское
Velikolukskoje
Истровка
Istrovka
Талпаки
Talpaki
Ушаково
Ušakovo
Междуречье
Meždureč'e
Подгорное
Podgornoje
Pregol'a
Куйбышевское
Kujbyševskoje
Лунино
Lunino
Пушкарёво
Puškarёvo
Шлюзное
Šluznoje
Бережковское
Berežkovskoje
Заовражное
Zaovražnoje
Тумановка
Tumanovka
Пруды
Prudy
Суворовка
Suvorovka
Знаменск
Znamensk
Привалово
Privalovo
Загородное
Zagorodnoje
Černiachovsk
Гордое
Gordoje
Ельники
Jelniki
Красноборское
Krasnoborskoje
Заречье
Zareč'e
Ягодное
Jagodnoje
Большая Поляна
Bol'šaja Poljana
Уральское
Ural'skoje
Извилино
Izvilino
Зеленцово
Zelencovo
Тельманово
Tel'manovo
Суходолье
Suchodol'e
Светаевка
Svetajevka
Пеньки
Pen'ki
ROSSIJA
Les Ozerskij
Les Gvardejskij
Угрюмово
Ugriumovo
Сенцово
Sencovo
Свобода
Svoboda
Les Frunzenskij
Zapovednik Ozerskij
Капустино
Kapustino
Листовое
Listovoje
Павенкого
Pavenkovo
Белый Яр
Belyj Jar
Перекрестки
Perekrestki
Октябрьское
Okt'abr'skoje
Извилино
Izvilino
Новобобруйск
Novobobrujsk
Линёво
Liniovo
Перевалово
Perevalovo
Красное
Krasnoje
Володаровка
Volodarovka
Подлесье
Podles'e
Дальнее
Dal'neje
Дружба
Družba
Kanal Mazurskij
Фрунзенское
Frunzenskoje
Песочное
Pesočnoje
Вершины
Veršiny
Чайковское
Čajkovskoje
Садовое
Sadovoje
Лужки
Lužki
Ровное
Rovnoje
Луговое
Lugovoje
Курортное
Kurortnoje
Гусево
Gusevo
Рощино
Roščino
ПРАВДИНСК
PRAVDINSK
Костромино
Kostromino
Мозырь
Северное
Severnoje
Огородное
Ogorodnoje
Поречье
Poreč'e
Берёзово
Beriozovo
Мариновка
Marinovka
Белкино
Belkino
Бородино
Borodino
Короленково
Korolenkovo
Белабино
Belabino
Ермаково
Jermakovo
Темкино
Temkino
Les Krest'janskij
Липняки
Lipn'aki
Озерки
Ozerki
Вольные
Vol'nyje
Подлипово
Podlipovo
Опушки
Opuški
Некрасово
Nekrasovo
Малиновка
Malinovka
Севское
Sevskoje
Сергеевка
Sergejevka
Нилово
Nilovo
Мальцево
Mal'cevo
Сопкино
Sopkino
Новосёлки
Novosiolki
Вольное
Vol'noje
Панфилово
Panfilovo
Прасолово
Prasolovo
Климовка
Klimovka
Бычково
Byčkovo
Знаменка
Znamenka
Каменка
Kamenka
Филипповка
Filippovka
Рябиновка
R'abinovka
Дворкино
Dvorkino
Тростники
Trostniki
Железнодорожный
Železnodorožnyj
Вишнево
Višnevo
Михайловка
Michajlovka
Заречёнское
Zarečenskoje
Аблучье
Abluč'e
Крымское
Krymskoje
Les Uvaly
Oz. Russkoje
Szczurkowo
Ostre Bardo
Lipica
Крылово
Krylovo
Rudziszki
Rogielkajmy
Gaj
Gierkiny
Momajny
Michałkowo
Asuny
Brzeznica
Ęgwarowo
Wodukajmy
Stopki
Masuny
Aptynty
Kałki
Jez. Oświn
Wyskok
Perły
Góry
Domarady
Dzietrzychowo
Mołtajny
Rez. ssaków, Kałeckie Błota
Bajory Wlk.
Rez. ssaków Bajory
Rez. ptaków, Jez. Siedmiu Wysp
Olszewo Węgorzewskie
Jez. Arklickie
Łęknica
Bajory Mł.
Wesołowo
Klimki
Roskajmy
Garbno
Węgówka
Druga
Miedna
Frączkowo
Omet
Biedaszki
Liski
Romankowo
Lwowiec
Skandawa
Bobrowo
Osikowo
Kan. Mazurski
Wilkowo
Smolanka
Guja
Brzozowo
Jakunowo
Rusajny
SĘPOPOL
Siligny
Gradowo
Skandławki
Wilczyny
Dąbrówka Mł.
Stulichy
Łyna
Guber
Krelikiejmy
Suchawa
Karłowo
Rez. ptaków, Jez. Rydzówka
Prynowo
Węgielsztyn
Maćki
Wiatrowiec
Modgarby
Gęsiki
Jegławki
Jez. Rydzówka
Jez. Węgielsztyńskie
Czerwony Dwór
Sątoczno
Wągniki
Liwna
Kosakowo
Wikrowo
Grodzisko Węgielsztyn
Trygort
Zamek Krzyżacki
Kałwagi
Kolwiny
Krymławki
Barciany
Kinkajmy
Różyna
Studzieniec
Bykowo
Drogosze
Zamek krzyżacki
Radosze
Ogródki
Srokowo
Leśniewo
Stawki
Przystań
WĘGORZEWO
Pasłęk
Sokolica
Sajna Wlk.
Pałac Doenhoffów
Wilkowo Wlk.
Wilkowo Mł.
Taborzec
Leśny Rów
Pisa
Maszewy
Smiardowo
Gierkiny
Kapławki
Dębiany
Jankowice
Rybakowo
Surwile
Jez.
Kal
Paslawki
Skoczewo
Rez. ptaków, Wyspy na Jez. Mamry
Łabędnik
Parys
Jez. Stręckie
Jez. Święcajty
Węgoryty
Sporwiny
KORSZE
Warnikajmy
Niedziałki
Silec
Jez. Pniewskie
Mamry
Kowalewo Duże
Kiemławki Mł.
Jez. Harsz
Gromki
Bajdyty
Olszynka
Saduny
Winda
Kamionek Wlk.
Kol. Harsz
Łankiejmy
Podławki
Skierki
Siniec
Jez. Długie
Pałac Lehndorffów
Mojańska Młynówka
Kraskowo
Park
Rez. leśny Mokre
Nozławki
Paluzy
Janowiec
Wandajny
Garbno
Dłużec
Radzieje
Sztynort Duży
Grzęda
Suśnik
Borki
Nw. Różanka
Jez. Łabap
Wawki
Warmiany
Pleśno
Trzeciaki
Gudniki
Jeżewo
Gałwuny
Str. Różanka
Mażany
Pilwa
Rez. krajobrazowy Jez. Dobskie
Jez. Dargin
Jez. Mój
Pozezdrze 11km
20
21

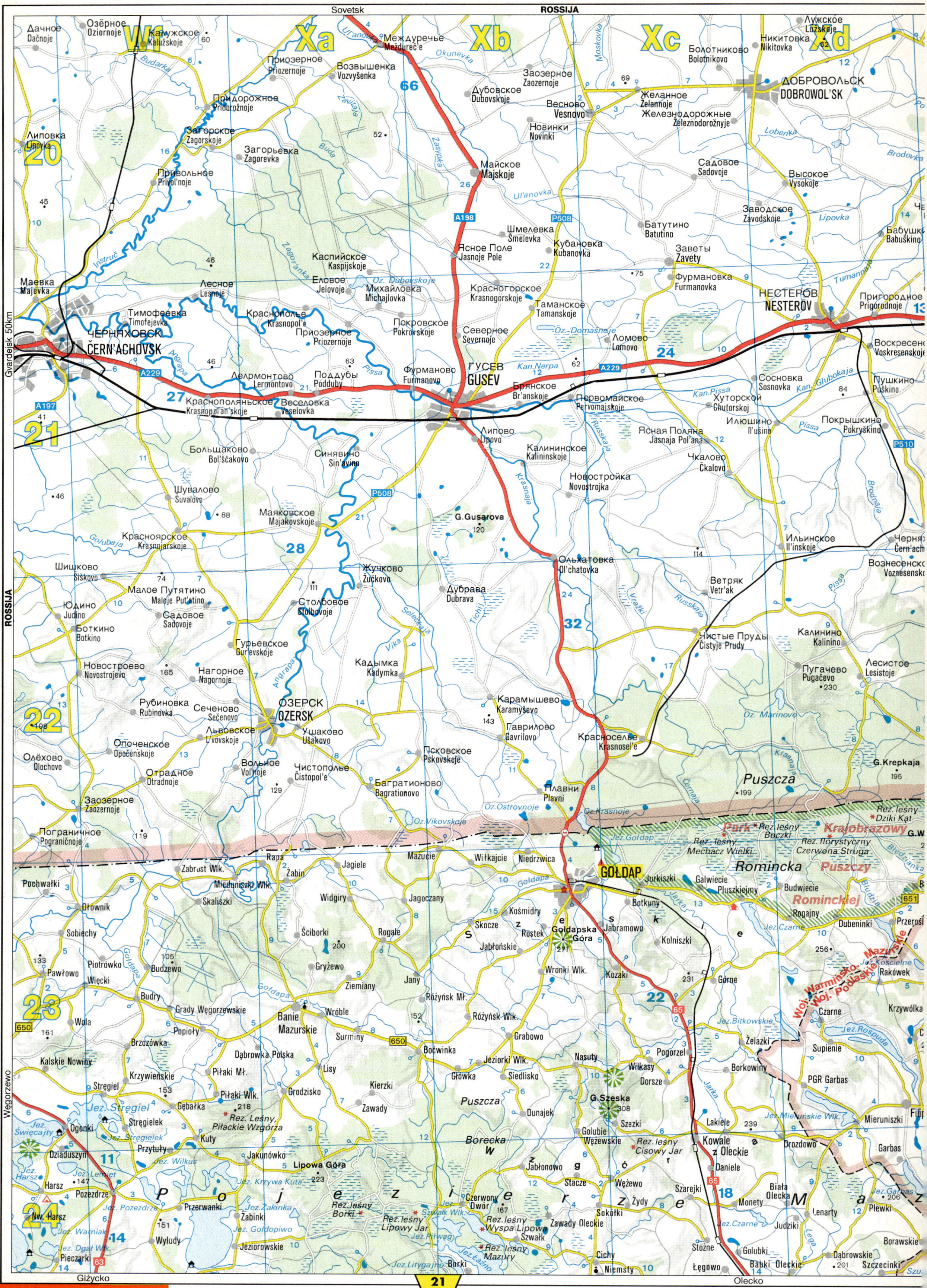
Sovetsk
ROSSIJA
Wi
Xa
Xb
Xc
Xd
Дачное
Dačnoje
Озёрное
Oziornoje
Калужское
Kalužskoje
Приозерное
Priozernoje
Междуречье
Meždureč'e
Возвышенка
Vozvyšenka
Заозерное
Zaozernoje
Дубовское
Dubovskoje
Болотниково
Bolotnikovo
Никитовка
Nikitovka
Лужское
Lužskoje
Весново
Vesnovo
Желанное
Želannoje
Железнодорожные
Železnodorožnyje
ДОБРОВОЛЬСК
DOBROWOL'SK
Придорожное
Pridorožnoje
Загорское
Zagorskoje
Загорьевка
Zagorevka
Липовка
Lipovka
Новинки
Novinki
Майское
Majskoje
Садовое
Sadovoje
Высокое
Vysokoje
Привольное
Privol'noje
Заводское
Zavodskoje
Шмелевка
Šmelevka
Кубановка
Kubanovka
Батутино
Batutino
Бабушкино
Babuškino
Ясное Поле
Jasnoje Pole
Заветы
Zavety
Каспийское
Kaspijskoje
Маевка
Majevka
Лесное
Lesnoje
Еловое
Jelovoje
Михайловка
Michajlovka
Красногорское
Krasnogorskoje
Фурмановка
Furmanovka
НЕСТЕРОВ
NESTEROV
Пригородное
Prigorodnoje
Тимофеевка
Timofejevka
Краснополье
Krasnopol'e
Приозерное
Priozernoje
Покровское
Pokrovskoje
Таманское
Tamanskoje
ЧЕРНЯХОВСК
ČERN'ACHOVSK
Северное
Severnoje
Ломово
Lomovo
Воскресенское
Voskresenskoje
Поддубы
Podduby
Фурманово
Furmanovo
ГУСЕВ
GUSEV
Брянское
Br'anskoje
Сосновка
Sosnovka
Пушкино
Puškino
Лермонтово
Lermontovo
Краснополянськое
Krasnopol'an'skoje
Веселовка
Veselovka
Первомайское
Pervomajskoje
Хуторской
Chutorskoj
Илюшино
Il'jušino
Покрышкино
Pokryškino
Липово
Lipovo
Ясная Поляна
Jasnaja Pol'ana
Большаково
Bol'šakovo
Синявино
Sin'avino
Калининское
Kalininskoje
Чкалово
Čkalovo
Новостройка
Novostrojka
Шувалово
Suvalovo
Маяковское
Majakovskoje
G.Gusarova
Красноярское
Krasnojarskoje
Ильинское
Il'inskoje
Ольхатовка
Ol'chatovka
Шишково
Šiškovo
Жучково
Žučkovo
Малое Путятино
Maloje Put'atino
Дубрава
Dubrava
Ветряк
Vetr'ak
Юдино
Judino
Садовое
Sadovoje
Столбовое
Stolbovoje
Боткино
Botkino
Гурьевское
Gur'evskoje
Чистые Пруды
Čistyje Prudy
Калинино
Kalinino
Кадымка
Kadymka
Новострoево
Novostrojevo
Нагорное
Nagornoje
Пугачево
Pugačevo
Лесистое
Lesistoje
Рубиновка
Rubinovka
Сеченово
Sečenovo
ОЗЕРСК
OZERSK
Карамышево
Karamyševo
Львовское
L'vovskoje
Ушаково
Ušakovo
Гаврилово
Gavrilovo
Красноселье
Krasnosel'e
Олёхово
Olochovo
Опоченское
Opočenskoje
Вольное
Vol'noje
Псковское
Pskovskoje
Отрадное
Otradnoje
Чистополье
Čistopol'e
Багратионово
Bagrationovo
Плавни
Plavni
Puszcza
G.Krepkaja
Заозерное
Zaozernoje
Пограничное
Pograničnoje
Oz.Vikovskoje
Oz.Ostrovnoje
Oz.Krasnoje
Park
Krajobrazowy
Rez. leśny Boczki
Rez. leśny Mechacz Wielki
Rez. florystyczny Czerwona Struga
Rez. leśny Dziki Kąt
Romincka
Puszczy
Rominckiej
Zabrost Wlk.
Rapa
Żabin
Jagiele
Mazucie
Wiłkajcie
Niedrzwica
GOŁDAP
Jurkiszki
Galwiecie
Pluszkiejmy
Budwiecie
Pochwałki
Mieduniszki Wlk.
Skaliszki
Widgiry
Jagoczany
Botkuny
Rogajny
Dubeninki
Przerośl
Dłownik
Sobiechy
Ściborki
Rogale
Skocze
Kośmidry
Rostek
Gołdapska Góra
Jabramowo
Kolniszki
Jabłońskie
Pawłowo
Piotrówko
Budzewo
Gryżewo
Ziemiany
Jany
Wronki Wlk.
Kozaki
Górne
Rakówek
Więcki
Budry
Różyńsk Mł.
Różyńsk Wlk.
Grady Węgorzewskie
Banie Mazurskie
Wróble
Czarne
Krzywólka
Woja
Popioły
Surminy
Grabowo
Jez. Bitkowskie
Żelazki
Jez. Rospuda
Brzozówka
Dąbrowka Polska
Boćwinka
Jeziorki Wlk.
Nasuty
Pogorzel
Supienie
Kalskie Nowiny
Piłaki Mł.
Lisy
Główka
Siedlisko
Wilkasy
Dorsze
Borkowiny
PGR Garbas
Krzywieńskie
Stręgiel
Grodzisko
Kierzki
G.Szeska
Piłaki Wlk.
Jez. Stręgiel
Gębałka
Zawady
Puszcza
Dunajek
Szeszki
Lakiele
Mieruniszki
Filipów
Ogonki
Stręgielek
Rez. Leśny Piłackie Wzgórza
Kuty
Golubie Węzewskie
Rez. leśny Cisowy Jar
Kowale Oleckie
Drozdowo
Garbas
Dzładuszyn
Przytuły
Jakunówko
Lipowa Góra
Borecka
Jabłonowo
Daniele
Harsz
Pozezdrze
Stacze
Wężewo
Szarejki
Biała Olecka
Jez. Garbas
Plewki
Nw. Harsz
Przerwanki
Żabinki
Rez.leśny Borki
Rez.leśny Lipowy Jar
Czerwony Dwór
Żydy
Monety
Lenarty
Judziki
Wyłudy
Jeziorowskie
Rez.leśny Wyspa Lipowa
Szwałk
Zawady Oleckie
Sokółki
Rez.leśny Mazury
Stożne
Golubki
Borawskie
Pieczarki
Borki
Cichy
Niemsty
Łęgowo
Babki Oleckie
Dąbrowskie
Szczecinki
Pojezierze
Mazurskie
Woj. Warmińsko-Mazurskie
Woj. Podlaskie
Giżycko
Olecko
Węgorzewo
Gvardejsk 50km
A229
A198
A197
P508
P510
20
21
22
23
24
650
651
63
65

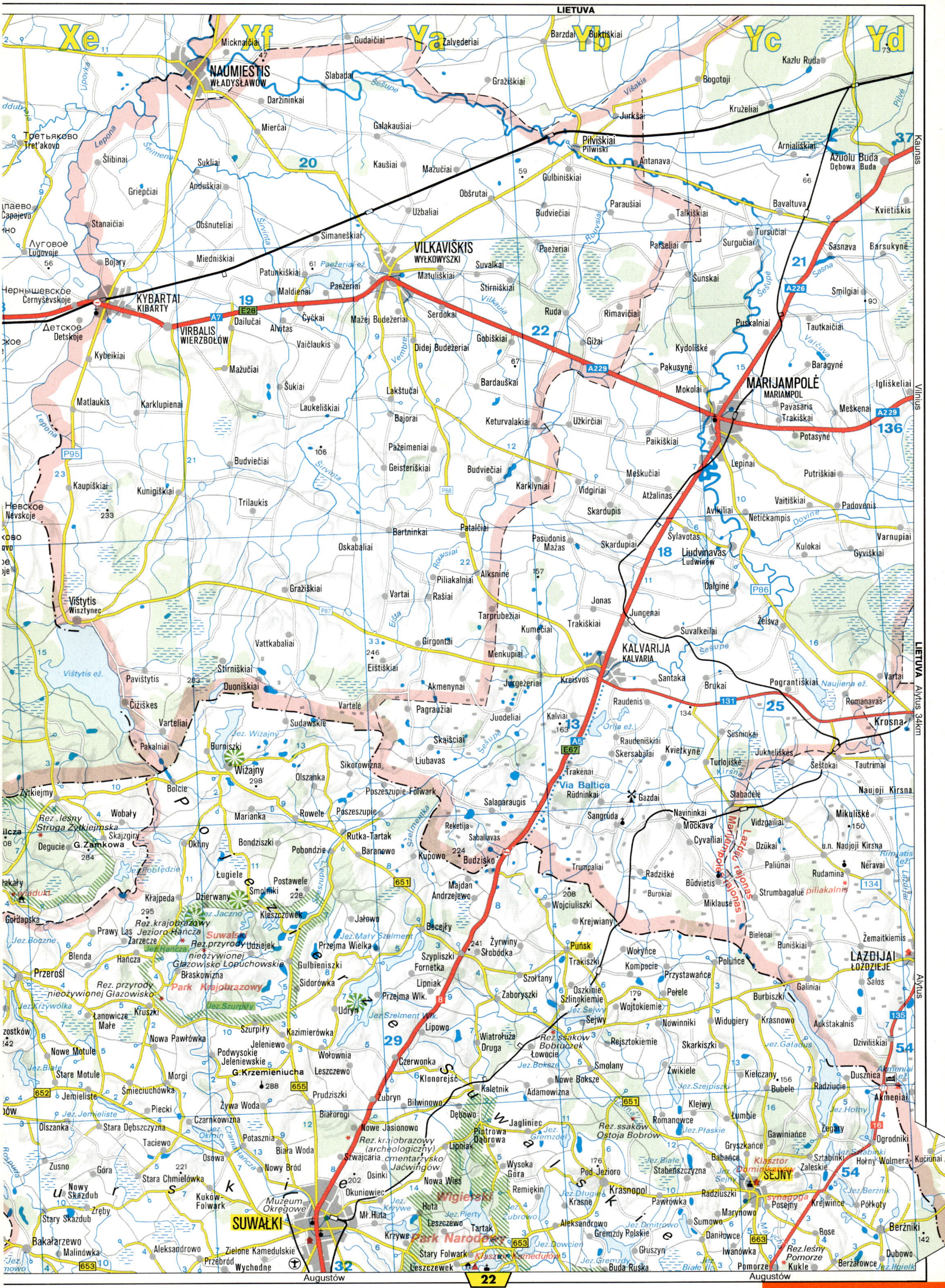
LIETUVA
Xe
Xf
Ya
Yb
Yc
Yd
NAUMIESTIS
WŁADYSŁAWÓW
Micknaičiai
Gudaičiai
Zalvederiai
Barzdai
Buktiškiai
Kazlu Ruda
Slabadai
Šešupė
Gražiškiai
Bogotoji
Daržininkai
Jurkšai
Kruželiai
Mierčiai
Galakaušiai
Pilviškiai
Pilwiski
Arniališkiai
Šlibinai
Sukiai
Kaušiai
Mažučiai
Antanava
Ažuolu Buda
Dębowa Buda
Kaunas
Griepčiai
Anduškiai
Gulbiniškiai
Obšrutai
Paraušiai
Bavaltuva
Kvietiškis
Stanaičiai
Obšnuteliai
Užbaliai
Budviečiai
Talkiškiai
Tursučiai
Simaneškiai
VILKAVIŠKIS
WYŁKOWYSZKI
Surgučiai
Sasnava
Barsukynė
Bojary
Miedniškiai
Paežeriai
Parseliai
Suvalkai
Patunkiškiai
Matuliškiai
Šunskai
Smilgiai
KYBARTAI
KIBARTY
Maldėnai
Stirniškiai
Rimavičiai
Puskalniai
Tautkaičiai
VIRBALIS
WIERZBOŁÓW
Dailučiai
Alvitas
Cyčkai
Mažej Budežeriai
Serdokai
Ruda
Gižai
Kydoliškė
Kybeikiai
Vaičlaukis
Didej Budežeriai
Gobiškiai
Pakusynė
Baragynė
Mažučiai
Šukiai
Lakštučai
Bardauškai
Mokolai
MARIJAMPOLĖ
MARIAMPOL
Igliškeliai
Vilnius
Matlaukis
Karklupienai
Laukeliškiai
Bajorai
Keturvalakiai
Užkirčiai
Pavasaris
Trakiškai
Meškenai
Potasynė
Paikiškiai
Pažeimeniai
Budviečiai
Geisteriškiai
Budviečiai
Karklyniai
Vidgiriai
Meškučiai
Lepinai
Putriškiai
Kaupiškiai
Kunigiškiai
Trilaukis
Skardupis
Atžalinas
Avikiliai
Vaitiškiai
Padovėnis
Netičkampis
Dovinė
Bartninkai
Patalčiai
Pasudonis
Mažas
Skardupiai
Sylavotas
Liudvinavas
Ludwinów
Varnupiai
Kulokai
Gyviškiai
Oskabaliai
Piliakalniai
Alksninė
Dalginė
Gražiškiai
Vartai
Rašiai
Jonas
Vištytis
Wisztyniec
Tarprubežiai
Trakiškiai
Jungėnai
Želsva
Kumečiai
Suvalkeliai
Girgoniai
Menkupiai
Vattkabaliai
Eištiškiai
KALVARIJA
KALVARIA
Vištytis ež.
Pavištytis
Stirniškiai
Jurgežeriai
Kreivsvos
Santaka
Brukai
Pograntiškiai
Naujiena ež.
Vartai
Duoniškiai
Akmenynai
Raudenis
Romanavas
Čižiškes
Vartelė
Pagraužiai
Juodeliai
Kalviai
Krosna
Varteliai
Sudawskie
Skaiščiai
Raudeniškiai
Sušninkai
Pakalniai
Burniszki
Liubavas
Skersabalai
Kvietkynė
Turlojiškė
Jukneliškės
Šeštokai
Tautrimai
Wiżajny
Sikorowizna
Trakėnai
Via Baltica
Rūdninkai
Gazdai
Slabadėlė
Naujoji Kirsna
Żytkiejmy
Bolcie
Olszanka
Poszeszupie-Folwark
Salaparaugis
Navininkai
Vidzgailiai
Mikuliškė
Wobały
Marianka
Rowele
Poszeszupie
Reketija
Sabaliavas
Sangrūda
Mockava
Cyvailiai
Dzūkai
u.n. Naujoji Kirsna
Rez. leśny Struga Żytkiejmska
Skajzgiry
Deguciė
G.Zamkowa
Oklny
Bondziszki
Pobondzie
Rutka-Tartak
Baranowo
Kupowo
Budzisko
Trumpaliai
Radziškė
Paliūnai
Neravai
Rudamina
Ługiele
Postawele
Smolniki
Majdan
Andrzejewo
Wojciuliszki
Būdvietis
Burokiai
Miklausė
Strumbagaluė
piliakalnis
Krajpeda
Dzierwany
Kleszczówek
Jałowo
Krejwiany
Bielėnai
Gołdapska
Prawy Las
Rez. krajobrazowy Jezioro Hańcza
Zarzecze
Suwalski
Rez. przyrody nieożywionej Głazowisko Łopuchowskie
Udziejek
Przejma Wielka
Becejły
Żyrwiny
Słobódka
Puńsk
Wołyńce
Kompocie
Buniškiai
Žemaitkiemis
LAZDIJAI
ŁOŹDZIEJE
Blenda
Hańcza
Bryskowizna
Gulbieniszki
Szypliszki
Fornetka
Lipniak
Trakiszki
Przystawańce
Poluńce
Przerośl
Rez. przyrody nieożywionej Głazowisko
Park Krajobrazowy
Sidorówka
Przejma Wlk.
Szurpiły
Szurpiły
Zaboryszki
Oszkinie
Szlinokiemie
Wojtokiemie
Pełele
Burbiszki
Galiniai
Salos
Alytus
Łanowicze Małe
Kruszki
Udryń
Sejwy
Nowinniki
Widugiery
Krasnowo
Aukštakalnis
Nowa Pawłówka
Podwysokie Jeleniewskie
Jeleniewo
Kazimierówka
Lipowo
Wiatrołuża
Druga
Rez. ssaków Bobruczek
Łowocie
Rejsztokiemie
Skarkiszki
Dziviliškiai
Nowe Motule
Stare Motule
Morgi
G.Krzemieniucha
Wołownia
Leszczewo
Czerwonka
Klonorejść
Smolany
Żwikiele
Kielczany
Bubele
Radziucie
Dusznica
Jemieliste
Śmieciuchówka
Prudziszki
Zubryn
Kaletnik
Adamowizna
Nowe Boksze
Akmeniai
Olszanka
Stara Dębszczyzna
Piecki
Żywa Woda
Czarnkowizna
Białorogi
Bilwinowo
Dębowo
Jagliniec
Klejwy
Łumbie
Romanowce
Rez. ssaków Ostoja Bobrów
Żegary
Ogrodniki
Taciewo
Potasznia
Nowe Jasionowo
Rez. krajobrazowy (archeologiczny) Szwajcaria cmentarzysko Jaćwingów
Lipniak
Piotrowa Dąbrowa
Gawiniańce
Gryszkańce
Babańce
Klasztor Dominikanów
SEJNY
Szabiński
Zaleskie
Hołny Wolmera
Kučiūnai
Zusno
Góra
Stara Chmielówka
Osowa
Biała Woda
Nowy Bród
Osinki
Nowa Wieś
Wysoka Góra
Pod Jeziorem
Krasnopol
Stabieńszczyzna
Radziuszki
synagoga
Krejwińce
Połkoty
Nowy Skazdub
Zręby
Kuków-Folwark
Muzeum Okręgowe
Okuniowiec
Huta
Wigierski
Remięskin
Krasne
Pawłówka
Marynowo
Posejny
Stary Skazdub
SUWAŁKI
Mł.Huta
Leszczewo
Tartak
Aleksandrowo
Gremzdy Polskie
Sumowo
Daniłowce
Bose
Beržniki
Bakałarzewo
Malinówka
Aleksandrowo
Zielone Kamedulskie
Krzywe
Park Narodowy
Stary Folwark
Klasztor Kamedułów
Gruszyn
Iwanówka
Rez. leśny Pomorze
Dubowo
Przebród
Wychodne
Leszczewek
Buda Ruska
Pomorze
Kukle
Berżałowce
Augustów
Augustów
22
Third Suwalski: Pojezierze Wschodniosuwalskie
Puszcza Romincka
Suwalski

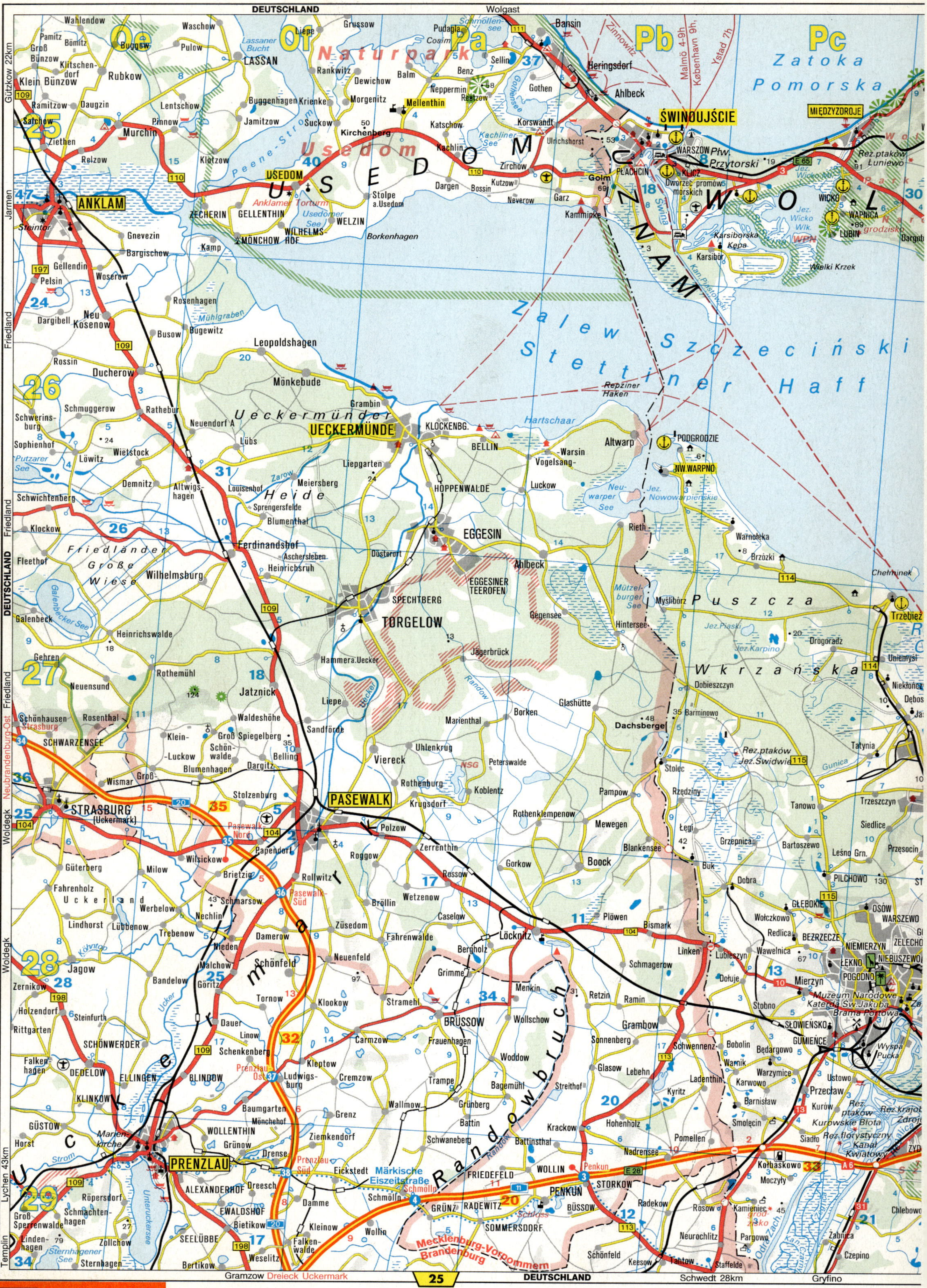

DEUTSCHLAND
Wolgast
Gützkow 22km
Jarmen
Friedland
Neubrandenburg-Ost
Woldegk
Lychen 43km
Templin
Gramzow
Dreieck Uckermark
Schwedt 28km
Gryfino
Oe
Of
Pa
Pb
Pc
Naturpark
Usedom
USEDOM
Zatoka Pomorska
ŚWINOUJŚCIE
MIĘDZYZDROJE
WOLIN
Zalew Szczeciński
Stettiner Haff
Ueckermünder Heide
Friedländer Große Wiese
Puszcza Wkrzańska
Uckermark
Randowbruch
Wahlendow
Pamitz
Bömitz
Buggow
Groß Bünzow
Klein Bünzow
Klitschendorf
Rubkow
Ramitzow
Daugzin
Murchin
Ziethen
Relzow
ANKLAM
Gnevezin
Bargischow
Gellendin
Pelsin
Woserow
Dargibell
Neu Kosenow
Rossin
Ducherow
Schmuggerow
Rathebur
Schwerinsburg
Sophienhof
Löwitz
Wietstock
Demnitz
Schwichtenberg
Klockow
Fleethof
Galenbeck
Heinrichswalde
Gehren
Neuensund
Rothemühl
Jatznick
Schönhausen
Rosenthal
Strasburg
SCHWARZENSEE
Wismar
STRASBURG (Uckermark)
Güterberg
Milow
Fahrenholz
Lindhorst
Lübbenow
Werbelow
Trebenow
Jagow
Bandelow
Zernikow
Holzendorf
Rittgarten
Steinfurth
SCHÖNWERDER
DEDELOW
ELLINGEN
KLINKOW
GÜSTOW
Horst
Marienkirche
PRENZLAU
ALEXANDERHOF
EWALDSHOF
Röpersdorf
Schmachtenhagen
Groß Sperrenwalde
Lindenhagen
Zollchow
Sternhagen
Bertikow
SEELÜBBE
Bietikow
Weselitz
Waschow
Pulow
LASSAN
Lassaner Bucht
Lentschow
Pinnow
Buggenhagen
Jamitzow
Klotzow
Peene-Strom
Krienke
Suckow
Liepe
Grussow
Rankwitz
Dewichow
Morgenitz
Mellenthin
Kirchenberg
ZECHERIN
GELLENTHIN
WILHELMSHÖF
MÖNCHOW HOF
Kamp
Stolpe a.Usedom
WELZIN
Usedomer See
Borkenhagen
Anklamer Torturm
Rosenhagen
Mühlgraben
Busow
Bugewitz
Leopoldshagen
Mönkebude
Grambin
Neuendorf A
Lübs
UECKERMÜNDE
KLOCKENBG.
Liepgarten
Louisenhof
Meiersberg
Sprengersfelde
Blumenthal
Altwigshagen
Ferdinandshof
Aschersleben
Heinrichsruh
Wilhelmsburg
Pudagla
Cosim
Schmollensee
Benz
Balm
Neppermin
Reetzow
Katschow
Kachlin
Sellin
Gothen
Korswandt
Ulrichshorst
Zirchow
Dargen
Bossin
Kutzow
Neverow
Garz
Golm
Kamminke
Bansin
Heringsdorf
Ahlbeck
Zinnowitz
Malmö 4-9h
København 9h
Ystad 7h
WARSZOW
Phw. Przytorski
PŁACHCIN
KLICZ
Dworzec promów morskich
Karsibórska Kępa
Karsibór
Kanał Piastowski
WICKO
WAPNICA
LUBIN
Jez. Wicko Wlk.
Rez. ptaków Unieworo
Wielki Krzek
Dargobądz
Repziner Haken
Hartschaar
BELLIN
Warsin
Vogelsang
Altwarp
PODGRODZIE
NW.WARPNO
Jez. Nowowarpieńskie
HOPPENWALDE
Luckow
Neuwarper See
Rieth
EGGESIN
Ahlbeck
EGGESINER TEEROFEN
Düsterort
SPECHTBERG
TORGELOW
Hammera.Uecker
Jägerbrück
Gegensee
Hintersee
Mützelburger See
Myślibórz
Warnołęka
Brzózki
Chełminek
Trzebież
Jez. Piaski
Jez. Karpino
Drogoradz
Dobieszczyn
Uniemyśl
Niekłończyca
Dębostrów
Barminowo
Glashütte
Dachsberge
Borken
Marienthal
Liepe
Sandförde
Waldeshöhe
Klein-Luckow
Groß Spiegelberg
Schönwalde
Belling
Blumenhagen
Dargitz
Groß-
Stolzenburg
PASEWALK
Pasewalk Nord
Papendorf
Viereck
Uhlenkrug
Peterswalde
Rothenburg
Koblentz
Krugsdorf
Polzow
Zerrenthin
Rothenklempenow
Mewegen
Pampow
Blankensee
Boock
Gorkow
Rossow
Wetzenow
Brüllin
Roggow
Rollwitz
Brietzig
Wilsickow
Schmarsow
Nechlin
Pasewalk Süd
Züsedom
Caselow
Fahrenwalde
Damerow
Neuenfeld
Rieden
Malchow
Göritz
Schönfeld
Tornow
Dauer
Linow
Schenkenberg
BLINDOW
Prenzlau Ost
Ludwigsburg
Kleptow
Cremzow
Carmzow
Klockow
Stramehl
BRÜSSOW
Frauenhagen
Bergholz
Grimme
Löcknitz
Menkin
Wollschow
Woddow
Bagemühl
Trampe
Wallmow
Grünberg
Battin
Baumgarten
Mönchehof
WOLLENTHIN
Grünow
Drense
Ziemkendorf
Grenz
Schwaneberg
Battinsthal
Streithof
Krackow
Hohenholz
Nadrensee
Pomellen
Eickstedt
Märkische Eiszeitstraße
Schmölln
Prenzlau Süd
Dreesch
Damme
Kleinow
Wollin
Falkenwalde
FRIEDEFELD
GRÜNZ
RADEWITZ
SOMMERSDORF
Schloss
WOLLIN
Penkun
PENKUN
STORKOW
BÜSSOW
Radekow
Keesow
Tantow
Schönfeld
Mecklenburg-Vorpommern
Brandenburg
Plöwen
Bismark
Schmagerow
Retzin
Ramin
Grambow
Sonnenberg
Glasow
Lebehn
Ladenthin
Schwennenz
Linken
Lubieszyn
Dołuje
Kyritz
Rosow
Neurochlitz
Staffelde
Kamieniec
Pargowo
Gryfino
Stolec
Rzędziny
Łęgi
Buk
Grzepnica
Dobra
Bartoszewo
Tanowo
Rez. ptaków Jez. Świdwie
Gunica
Tatynia
Trzeszczyn
Siedlice
Leśno Grn.
Przęsocin
PILCHOWO
GŁĘBOKIE
Wołczkowo
Redlica
BEZRZECZE
Wawelnica
OSÓW
WARSZEWO
ZELECHOWO
NIEMIERZYN
ŁĘKNO
NIEBUSZEWO
POGODNO
Mierzyn
Stobno
SŁOWIEŃSKO
GUMIEŃCE
Muzeum Narodowe
Katedra Św. Jakuba
Brama Portowa
Wyspa Pucka
Bobolin
Będargowo
Warnik
Warzymice
Karwowo
Barnisław
Smolęcin
Przecław
Ustowo
Kurów
Rez. ptaków Kurowskie Błota
Rez. florystyczny Kanał Kwiatowy
Siadło
Kołbaskowo
Moczyły
Czepino
Żabnica
Chlebowo
Odra Zach.
A6
E28
E65
109
110
111
197
198
104
113
114
115
31

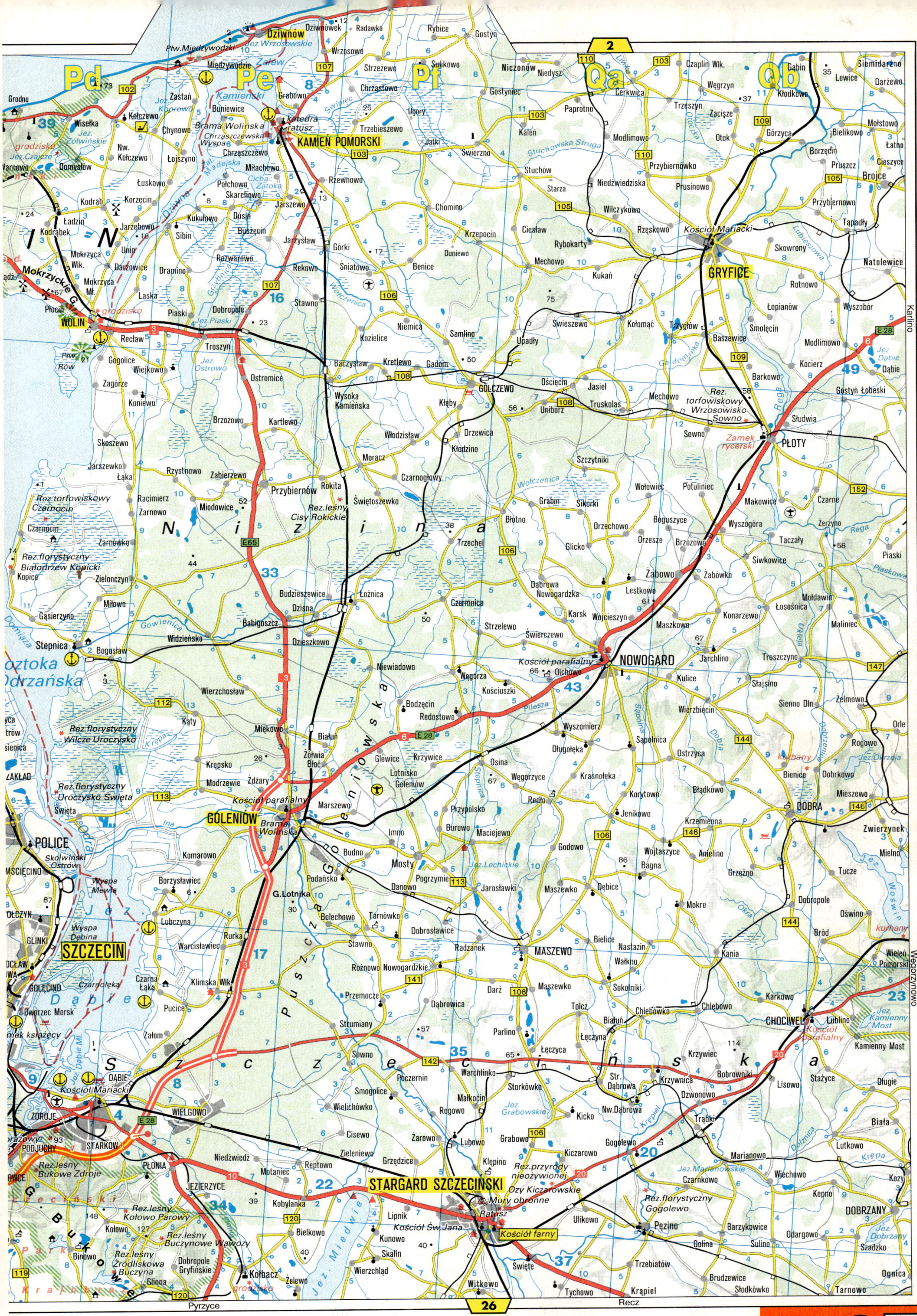
Dziwnów
Dziwnówek
Rewal
Rybice
Gostyń
Pobierowo
Pustkowo
Trzęsacz
Międzywodzie
Wrzosowo
Jez. Wrzosowskie
Zalew Kamieński
Grabowo
Strzeżewo
Chrząstowo
Sulikowo
Niczonów
Niedysz
Czaplin Wlk.
Węgrzyn
Gąbin
Lewice
Siemidarżno
Darżewo
Grodno
Pd
Pe
Pf
Qa
Qb
Zastań
Buniewice
Katedra
ratusz
KAMIEŃ POMORSKI
Jez. Koprowo
Wisełka
Jez. Żółwińskie
Kołczewo
Chynowo
Brama Wolińska
Chrząszczewska Wyspa
Chrząszczewo
Trzebieszewo
Ugory
Jatki
Gostyniec
Kałeń
Paprotno
Cerkwica
Trzeszyn
Zacisze
Otok
Kłodkowo
Górzyca
Bielikowo
Mołstowo
Borzęcin
Pruszcz
Cieszyce
Brojce
Nw. Kołczewo
Łojszyno
Międzyzdroje
Warnowo
Jez. Czajcze
Domysłów
Łuskowo
Miłachowo
Połchowo
Cicha Zatoka
Skarchowo
Rzewnowo
Świerzno
Chomino
Stuchowo
Starza
Stuchowska Struga
Modlimowo
Niedźwiedziska
Przybiernówko
Prusinowo
Przybiernowo
Tąpadły
Kodrąb
Korzęcin
Ładzin
Kodrąbek
Jarzębowo
Unin
Kukułowo
Sibin
Dusin
Buszęcin
Jarszewo
Jarzysław
Wolin
Górki
Śniatowo
Krzepocin
Duniewo
Ciesław
Rybokarty
Wilczykowo
Rzęskowo
Kościół Mariacki
GRYFICE
Skowrony
Rotnowo
Natolewice
Mokrzyca Wlk.
Mokrzyca Mł.
Darżowice
Dramino
Rozwarowo
Rekowo
Benice
Mechowo
Kukań
Łopianów
Smolęcin
Wyszobór
Karlino
Modlimowo
Kocierz
Dąbie
Gostyń Łobeski
Laska
Piaski
Dobropole
Jez. Piaski
Stawno
Niemica
Samlino
Upadły
Świeszewo
Kołomąć
Trzygłów
Baszewice
Barkowo
Płocin
WOLIN
grodzisko
Recław
Troszyn
Jez. Ostrowo
Ostromice
Gogolice
Wiejkowo
Zagórze
Koniewo
Baczysław
Kretlewo
Gadom
GOLCZEWO
Kłęby
Oscięcin
Jasiel
Uniborz
Truskolas
Mechowo
Rez. torfowiskowy Wrzosowisko Sowno
Sowno
Zamek rycerski
PŁOTY
Słudwia
Wysoka Kamieńska
Brzozowo
Kartlewo
Włodzisław
Drzewica
Kłodzino
Skoszewo
Jarszewko
Łąka
Rzystnowo
Zabierzewo
Przybiernów
Rokita
Moracz
Czarnogłowy
Szczytniki
Wołowiec
Potuliniec
Makowice
Czarne
Rez. torfowiskowy Czarnocin
Czarnocin
Racimierz
Żarnowo
Miodowice
Rez. leśny Cisy Rokickie
Świętoszewko
Wołczenica
Grabin
Sikorki
Błotno
Trzechel
Orzechowo
Boguszyce
Orzesze
Brzozowo
Wyszogóra
Taczały
Żerzyno
Rega
Żarnówko
Rez. florystyczny Białodrzew Kopicki
Kopice
Zielonczyn
N i z i n a
Glicko
Żabowo
Żabówko
Siwkowice
Piaski
Łożnica
Budzieszewice
Dzisna
Dąbrowa Nowogardzka
Lestkowo
Łosośnica
Mołdawin
Miłowo
Gąsierzyno
Gowienica
Babigoszcz
Czermnica
Karsk
Wojcieszyn
Maszkowo
Konarzewo
Maliniec
Stepnica
Bogusław
Widzieńsko
Dzieszkowo
Strzelewo
Świerczewo
Kościół parafialny
Olchowo
NOWOGARD
Jarchlino
Troszczyno
Zalew Szczeciński
Wierzchosław
Niewiadowo
Wągorza
Kościuszki
Bodzęcin
Redostowo
Kulice
Słajsino
Sienno Dln.
Żelmowo
Kąty
Miękowo
Białuń
Pilesza
Wyszomierz
Długołęka
Sąpolnica
Wierzbięcin
Dobra
Orle
Rez. florystyczny Wilcze Uroczysko
Krępa
Krępsko
Żółwia Błoć
Glewice
Krzywice
Lotnisko Goleniów
Osina
Węgorzyce
Krasnołęka
Ostrzyca
Kurhany
Bienice
Dobrkowo
Rogowo
Jez. Okrzeja
Modrzewie
Żdżary
Rez. florystyczny Uroczysko Święta
Święta
Kościół parafialny
Marszewo
Redło
Korytowo
Błądkowo
DOBRA
Mieszewo
POLICE
Skolwiński Ostrów
GOLENIÓW
Brama Wolińska
Imno
Przypólsko
Burowo
Maciejewo
Jenikowo
Krzemienna
Zwierzynek
Mielno
Komarowo
Budno
Mosty
Jez. Lechickie
Godowo
Wojtaszyce
Bagna
Anielino
Grzęzno
Tucze
Wysna Mewia
Borzysławiec
Podańsko
Pogrzymie
Dąbrowa
Jarosławki
Maszewko
Dębice
Mokre
Dobropole
Oświno
Wyspa Dębina
G. Lotnika
Bolechowo
Tarnówko
Dobrosławiec
Okra
Jez. Woświn
Bród
Glinki
SZCZECIN
Lubczyna
Warcisławiec
Rurka
Stawno
Radzanek
MASZEWO
Bielice
Nastazin
Wałkno
Kania
Wielen Pomorski
Węgorzynowo
Gocław
Gołęcino
Czarnołęka
Czarna Łąka
Klińska Wlk.
Rożnowo Nowogardzkie
Darż
Sokolniki
Chlebowo
Karkowo
Przemocze
Dąbrowica
Tolcz
Jez. Kamienny Most
Dąbie
Puszcza Goleniowska
Pucice
Strumiany
Parlino
Białuń
Łęczyca
Chlebówko
CHOCIWEL
Kościół parafialny
Lublino
Kamienny Most
Żarnowo Morsk
Załom
Sowno
Łęczyca
Krzywiec
Bobrowniki
Stażyce
Długie
Puszcza Goleniowska
Poczernin
Warchlinko
Storkówko
Str. Dąbrowa
Krzywnica
Dzwonowo
Lisowo
Kościół Mariacki
Smogolice
Małkocin
Nw. Dąbrowa
Trąbki
Biała
Zdroje
Wielgowo
Wielichówko
Rogowo
Jez. Grabowskie
Kicko
Krępiel
Lutkowo
Podjuchy
Starków
Cisewo
Żarowo
Lubowo
Grabowo
Kiczarowo
Gogolewo
Marianowo
Rez. leśny Bukowe Zdroje
Płonia
Niedźwiedź
Zieleniewo
Grędzice
Klępino
Rez. przyrody nieożywionej Ozy Kiczarowskie
Krępa
Wiechowo
Kozy
Motaniec
Reptowo
STARGARD SZCZECIŃSKI
Mury obronne
Rez. florystyczny Gogolewo
Jez. Marianowskie
Czarnkowo
Jezierzyce
Kobylanka
Ratusz
Kościół farny
Kępno
Dobrzany
Rez. leśny Kołowo Parowy
Kołowo
Rez. leśny Buczynowe Wąwozy
Bielkowo
Lipnik
Kościół Św. Jana
Kunowo
Ulikowo
Pęzino
Barzykowice
Odargowo
Szadzko
Rez. leśny Źródliskowa Buczyna
Dobropole Gryfińskie
Jez. Miedwie
Skalin
Święte
Golina
Sulino
Jez. Dobrzany
Binowo
Kołbacz
Wierzchląd
Trzebiatów
Brudzewice
Słodkówko
Ognica
Glinna
Żelewo
Witkowo
Tychowo
Krąpiel
Tarnowo
Pyrzyce
Recz
grodzisko
Park Krajobrazowy Puszcza Bukowa

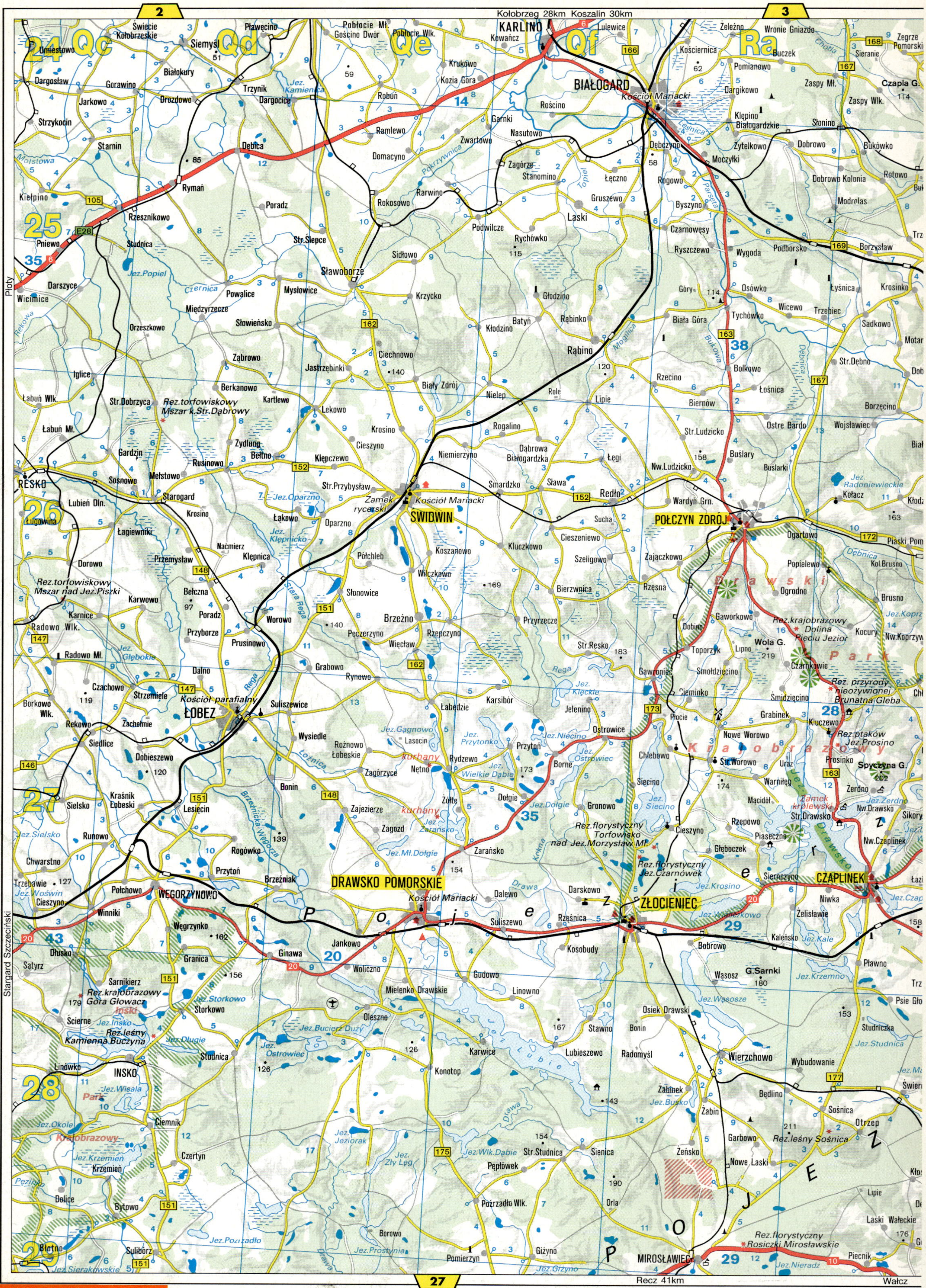

Kołobrzeg 28km Koszalin 30km
2
3
24 Qc
Qd
Qe
Qf
Ra
25
26
27
28
29
KARLINO
BIAŁOGARD
Kościół Mariacki
Świecie Kołobrzeskie
Umiestowo
Siemyśl
Pławęcino
Pobłocie Mł.
Gościno Dwór
Pobłocie Wlk.
Kowańcz
Lulewice
Zeleźno
Wronie Gniazdo
Zegrze Pomorskie
Sieranie
Buczek
Kościernica
Pomianowo
Dargosław
Gorawino
Białokury
Trzynik
Dargocice
Krukowo
Kozia Góra
Dargikowo
Zaspy Mł.
Czaplą G.
Zaspy Wlk.
Jarkowo
Drozdowo
Robuń
Rościno
Strzykocin
Ramlewo
Garnki
Nasutowo
Klępino Białogardzkie
Słonino
Starnin
Dębica
Zwartowo
Dębczyno
Żytelkowo
Dobrowo
Bukówko
Domacyno
Zagórze
Stanomino
Moczyłki
Rymań
Łęczno
Rogowo
Dobrowo Kolonia
Rotowo
Kiełpino
Poradz
Rarwino
Gruszewo
Byszyno
Modrolas
Rokosowo
Laski
Rzesznikowo
Podwilcze
Czarnowęsy
Pniewo
Studnica
Str.Słęcze
Rychówko
Ryszczewo
Wygoda
Podborsko
Borzysław
Sidłowo
Sławoborze
Płoty
Darszyce
Jez.Popiel
Wicimice
Powalice
Mysłowice
Głodzino
Góry
Osówko
Łyśnica
Krosinko
Krzycko
Międzyrzecze
Tychówko
Wicewo
Trzebiec
Rąbinko
Biała Góra
Sadkowo
Batyń
Orzeszkowo
Słowieńsko
Kłodzino
Ciechnowo
Rąbino
Ząbrowo
Jastrzębniki
Bolkowo
Str.Dębno
Iglice
Biały Zdrój
Rzecino
Łośnica
Berkanowo
Nielep
Role
Lipie
Biernów
Borzęcino
Łabuń Wlk.
Str.Dobrzyca
Kartlewo
Lekowo
Rez.torfowiskowy Mszar k.Str.Dąbrowy
Krosino
Rogalino
Str.Ludzicko
Wojsławiec
Łabuń Mł.
Ostre Bardo
Gardzin
Żydlino
Cieszyno
Dąbrowa Białogardzka
Niemierzyno
Rusinowo
Bełtno
Klępczewo
Łęgi
Nw.Ludzicko
Buślary
Resko
Sosnowo
Mełstowo
Str.Przybysław
Smardzko
Sława
Redło
Wardyń Grn.
Jez.Oparzno
Zamek rycerski
Kościół Mariacki
ŚWIDWIN
Jez.Radomiewieckie
Kołacz
Lubień Dln.
Starogard
Krosino
Łakowo
Oparzno
Sucha
POŁCZYN ZDRÓJ
Ługowina
Łagiewniki
Jez.Klępnicko
Kluczkowo
Cieszeniewo
Ogartowo
Szeligowo
Zajączkowo
Popielewo
Piaski Pom.
Nacmierz
Koszanowo
Kol.Brusno
Dorowo
Przemysław
Klępnica
Wilczkowo
Bierzwnica
Rzęsna
Ogrodno
Brusno
Rez.torfowiskowy Mszar nad Jez.Piszki
Bełczna
Półchleb
Drawski
Karwowo
Słonowice
Przyrzecze
Gawrokowo
Rez.krajobrazowy Dolina Pięciu Jezior
Karnice
Poradz
Brzeżno
Radowo Wlk.
Przyborze
Worowo
Peczerzyno
Rzepczyno
Dobino
Wola G.
Kocury
Prusinowo
Wiecław
Str.Resko
Toporzyk
Lipno
Radowo Mł.
Jez.Głębokie
Grabowo
Gawroniec
Smołdzięcino
Czarkowie
Park
Dalno
Rynowo
Rez. przyrody nieożywionej Brunatna Gleba
Czachowo
Strzemiele
Karsibór
Cieminko
Borkowo Wlk.
Kościół parafialny
ŁOBEZ
Suliszewice
Łabędzie
Jeleniino
Smidzięcino
Grabinek
Rekowo
Zachełmie
Jez.Gagnowo
Lasocin
Jez.Przytonko
Przytoń
Jez.Niecino
Ostrowice
Płocie
Kluczewo
Siedlice
Wysiedle
Rożnowo Łobeskie
kurhany
Rydzewo
Chlebowo
Nowe Worowo
Dobieszewo
Zagórzyce
Netno
Jez.Wielkie Dąbie
Borne
Jez.Ostrowiec
Str.Worowo
Prosinko
Spyczyna G.
Bonin
Żołte
Dołgie
Siecino
Warniłęg
Żerdno
Kraśnik Łobeski
Lesięcin
Zajezierze
kurhany
Gronowo
Jez.Dołgie
Jez.Siecino
Macidół
Zamek królewski
Str.Drawsko
Nw.Drawsko
Sielsko
Jez.Sielsko
Runowo
Zagozd
Jez.Zarańsko
Rez.florystyczny Torfowisko nad Jez.Morzysław Mł.
Cieszyno
Rzepowo
Piaseczno
Sikory
Rogówko
Głęboczek
Nw.Czaplinek
Chwarstno
Przytoń
Jez.Mł.Dołgie
Zarańsko
Rez.florystyczny Jez.Czarnówek
Trzebawie
Jez.Woświn
Cieszyno
Połchowo
WĘGORZYNO
Brzeźniak
DRAWSKO POMORSKIE
Kościół Mariacki
Dalewo
Darskowo
ZŁOCIENIEC
Jez.Krosino
Siemczyno
CZAPLINEK
Winniki
Węgorzynko
Suliszewo
Rzęśnica
Jez.Wielkowo
Niwka
Żelisławie
Jankowo
Kosobudy
Bobrowo
Kaleńsko
Jez.Kale
Dłusko
Granica
Ginawa
Woliczno
Gudowo
Pławno
Sątyrz
Sarnikierz
Rez.krajobrazowy Góra Głowacz
Mielenko Drawskie
Linowno
Wąsosz
G.Sarnki
Jez.Krzemno
Jez.Storkowo
Storkowo
Jez.Wąsosze
Psie Głowy
Ścierne
Jez.Insko
Ińsko
Olszeno
Jez.Bucierz Duży
Osiek Drawski
Stawno
Bonin
Rez.leśny Kamienna Buczyna
Jez.Długie
Jez.Ostrowiec
Karwice
Jez.Lubie
Lubieszewo
Radomyśl
Wierzchowo
Studnica
Wybudowanie
Linówko
INSKO
Konotop
Jez.Wisala
Park
Krajobrazowy
Żabinek
Jez.Busko
Bedlino
Jez.Okole
Ciemnik
Żabin
Sośnica
Otrzep
Jez.Krzemień
Krzemień
Czertyn
Jez.Jeziorak
Jez.Wlk.Dąbie
Str.Studnica
Sienica
Garbowo
Rez.Leśny Sośnica
Jez.Zły Ług
Pęplówek
Żeńsko
Nowe Laski
Pezino
Dolice
Bytowo
Pożrzadło Wlk.
Orla
Lipie
Laski Wałeckie
Jez.Pożrzadło
Borowo
Rez.florystyczny Rosiczki Mirosławskie
Błotno
Sulibórz
Jez.Prostynia
Pomierzyn
Giżyno
MIROSŁAWIEC
Piecnik
Jez.Sierakowskie
Jez.Giżyno
Jez.Nieradź
27
Recz 41km
Wałcz
Stargard Szczeciński
Pojezierze Drawskie

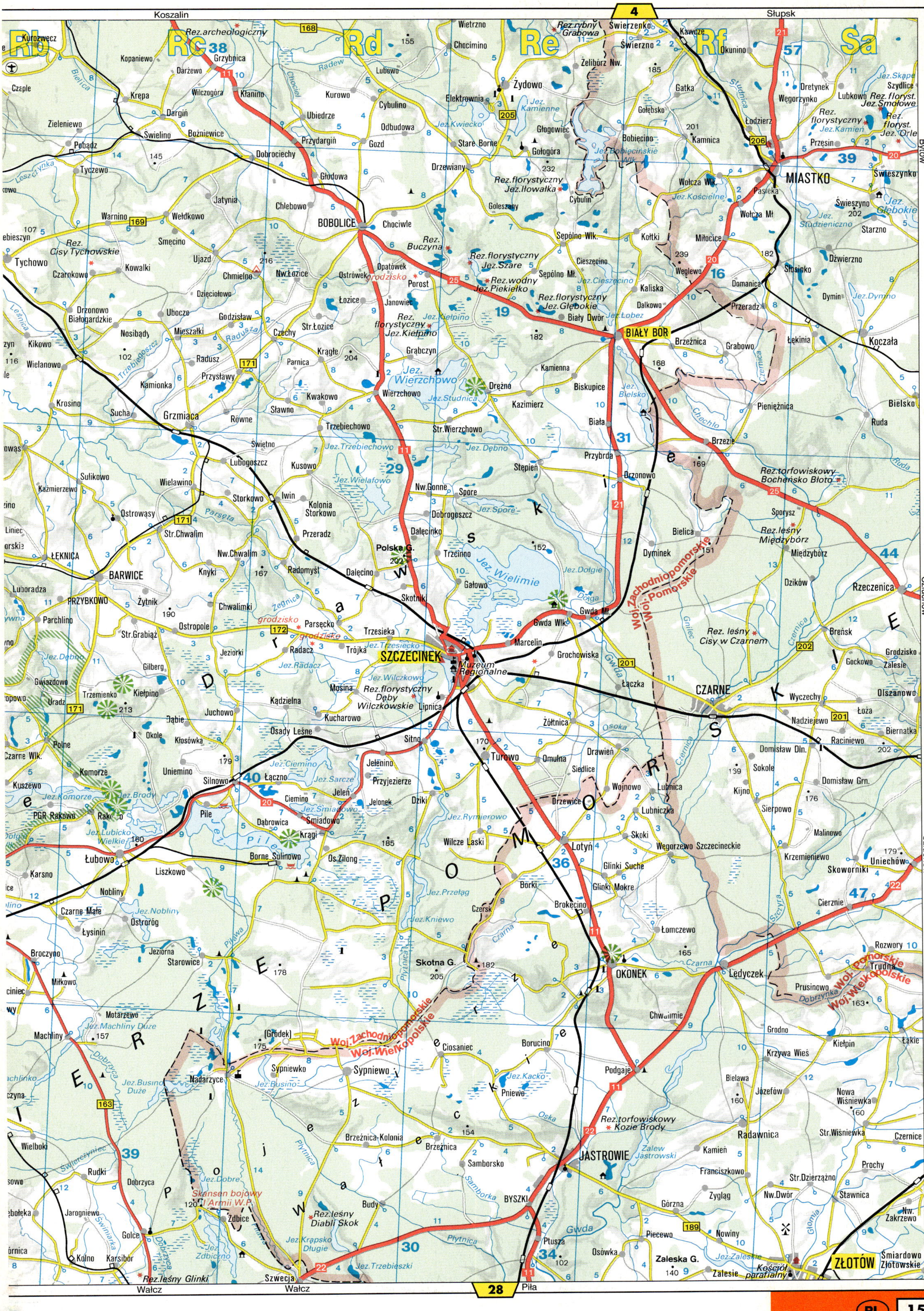

Koszalin
4
Słupsk
Rb
Rc
Rd
Re
Rf
Sa
Rez.archeologiczny
Rez.rybny Grabowa
Świerzenko
Kurowzecz
Grzybnica
Chocimino
Wietrzno
Okunino
Darżewo
Kopaniewo
Żydowo
Elektrownia
Jez.Kamienne
Gatka
Dretynek
Lubkowo
Krępa
Wilczogóra
Kłanino
Kurowo
Cybulino
Żelibórz Nw.
Węgorzynko
Dargiń
Ubiedrze
Odbudowa
Głogowiec
Bobięcino
Kamnica
Łodzierz
Zieleniewo
Świelino
Bożniewice
Przydargiń
Gozd
Stare Borne
Głogóra
Jez.Bobięcińskie
Przęsin
Pobądz
Dobrociechy
Drzewiany
Tyczewo
Głodowa
Rez.florystyczny Jez.Iłowatka
Wołcza Wlk.
MIASTKO
Świeszynko
Jatynia
Cybulin
Pasieka
Warnino
Wełdkowo
Chlebowo
BOBOLICE
Chociwle
Goleszany
Jez.Kościelne
Wołcza Mł.
Świeszyno
Tychowo
Smęcino
Rez.Buczyna
Sępolno Wlk.
Kotłki
Miłocice
Dźwierzno
Rez.Cisy Tychowskie
Ujazd
Opatówek
Rez.florystyczny Jez.Szare
Cieszeniewo
Kowalki
Chmielno
Nw.Łozice
Ostrówek
grodzisko
Porost
Rez.wodny Jez.Piekiełko
Sępolno Mł.
Jez.Cieszęcino
Węglewo
Słosinko
Domanica
Czarnkowo
Dziećiołowo
Łozice
Janowiec
19
Kaliska
Dymin
Jez.Dymno
Drzonowo Białogardzkie
Ubocze
Godzisław
Rez.florystyczny Jez.Kiełpino
Jez.Kiełpino
Rez.florystyczny Jez.Głębokie
Dalkowo
Przeradz
Nosibądy
Mieszałki
Czechy
Str.Łozice
Biały Dwór
Jez.Łobez
BIAŁY BÓR
Łękinia
Koczała
Kikowo
Radusz
Kręgle
Grabczyn
Brzeźnica
Grabowo
Wielanowo
Przystawy
Parnica
Kamienna
Jez.Wierzchowo
Drężno
Biskupice
Jez.Bielsko
Kamionka
Kwakowo
Wierzchowo
Jez.Studnica
Kazimierz
Pieniężnica
Bielsko
Krosino
Sucha
Grzmiąca
Sławno
Trzebiechowo
Str.Wierzchowo
Biała
Ruda
Równe
Jez.Trzebiechowo
Jez.Dębno
Przybrda
Brzezie
Świętno
Lubogoszcz
Kusowo
Stępień
Drzonowo
Rez.torfowiskowy Bocheńsko Błoto
Sulikowo
Wielawino
Iwin
Storkowo
Jez.Wielatowo
Nw.Gonne
Spore
Jez.Spore
Sporysz
Kazimierzewo
Ostrowąsy
Kolonia Storkowo
Dobrogoszcz
Bielica
Rez.leśny Międzybórz
Str.Chwalim
Przeradz
Dalęcinko
Polska G.
Trzcinno
Jez.Wielimie
Dyminek
Międzybórz
ŁEKNICA
Nw.Chwalim
Radomyśl
Dalęcino
Gałowo
Jez.Dołgie
Dzików
Rzeczenica
Luboradza
BARWICE
Knyki
Skotniki
Woj.Zachodniopomorskie
Woj.Pomorskie
PRZYBKOWO
Żytnik
Chwalimki
Gwda Mł.
Gwda Wlk.
Parchlino
Ostropole
grodzisko
Parsęcko
Trzesieka
Marcelin
Rez. leśny Cisy w Czarnem
Brenśk
Str.Grabiąż
Jeziorki
Radacz
Trójka
Jez.Trzesiecko
SZCZECINEK
Muzeum Regionalne
Grochowiska
Grodzisko
Gockowo
Zalesie
Jez.Dębno
Jez.Radacz
Gilberg
Jez.Wilczkowo
Łączka
CZARNE
Gwiazdowo
Trzemienko
Kiełpino
Kądzielna
Mosina
Rez.florystyczny Dęby Wilczkowskie
Lipnica
Wyczechy
Olszanowo
Uradz
Dąbie
Juchowo
Kucharowo
Żółtnica
Nadziejewo
Łoża
Okole
Kłosówka
Osady Leśne
Sitno
Osoka
Biernatka
Polne
Turowo
Omulna
Drawień
Domisław Dln.
Raciniewo
Czarne Wlk.
Uniemino
Jez.Ciemino
Jeleniino
Siedlice
Sokole
Komorze
Silnowo
Łączno
Jez.Sarcze
Przyjezierze
Wojnowo
Lubnica
Kijno
Domisław Grn.
Kuszewo
Jez.Komorze
Jez.Brody
Ciemino
Jeleń
Jelonek
Dziki
Drzewice
Lubniczka
Sierpowo
PGR Rakowo
Rakowo
Pile
Dąbrowica
Jez.Śmiadowo
Śmiadowo
Jez.Rymierowo
Jez.Lubicko Wielkie
Kręgi
Wilcze Laski
Lotyń
Skoki
Węgorzewo Szczecineckie
Malinowo
Łubowo
Borne Sulinowo
Os.Żilong
Glinki Suche
Krzemieniewo
Uniechów
Karsno
Liszkowo
Borki
Glinki Mokre
Skoworniki
Nobliny
Jez.Nobliny
Jez.Przełag
Brokęcino
Cierznie
Czarne Małe
Ostrorog
Czersk
Łysinin
Jez.Kniewo
Łomczewo
Rozwory
Broczyno
Jeziorna
Starowice
Skotna G.
Trudna
Okonek
Ledyczek
Miłkowo
Woj.Pomorskie
Woj.Wielkopolskie
Prusinowo
Dobrzynka
Motarzewo
Jez.Machliny Duże
Chwalimie
Machliny
(Grodek)
Grodno
Woj.Zachodniopomorskie
Woj.Wielkopolskie
Borucino
Kiełpin
Sypniewko
Sypniewo
Ciosaniec
Krzywa Wieś
Nadarzyce
Jez.Busino
Jez.Busino Duże
Podgaje
Jez.Kacko
Bielawa
Piniewo
Józefów
Nowa Wiśniewka
Rez.torfowiskowy Kozie Brody
Wielboki
Brzeźnica-Kolonia
Brzeźnica
Radawnica
Str.Wiśniewka
Czernice
Rudki
JASTROWIE
Zalew Jastrowski
Kamień
Dobrzyca
Jez.Dobre
Samborsko
Franciszkowo
Prochy
Jaroginiewo
Skansen bojowy I Armii W.P.
Zygląg
Nw.Dwór
Str.Dzierzązno
Stawnica
Rez.leśny Diabli Skok
Budy
Byszki
Górzna
Nw.Zakrzewo
Golce
Zdbice
Jez.Krąpsko Długie
Gwda
Piecewo
Nowiny
Kolno
Karsibór
Jez.Zdbiczno
Płytnica
Ptusza
Osówka
Zaleska G.
Jez.Zaleskie
Smiardowo Złotowskie
Rez.leśny Glinki
Szwecja
Jez.Trzebieszki
Zalesie
Kościół parafialny
ZŁOTÓW
Wałcz
Wałcz
28
Piła
Bytów
Człuchów
Człuchów

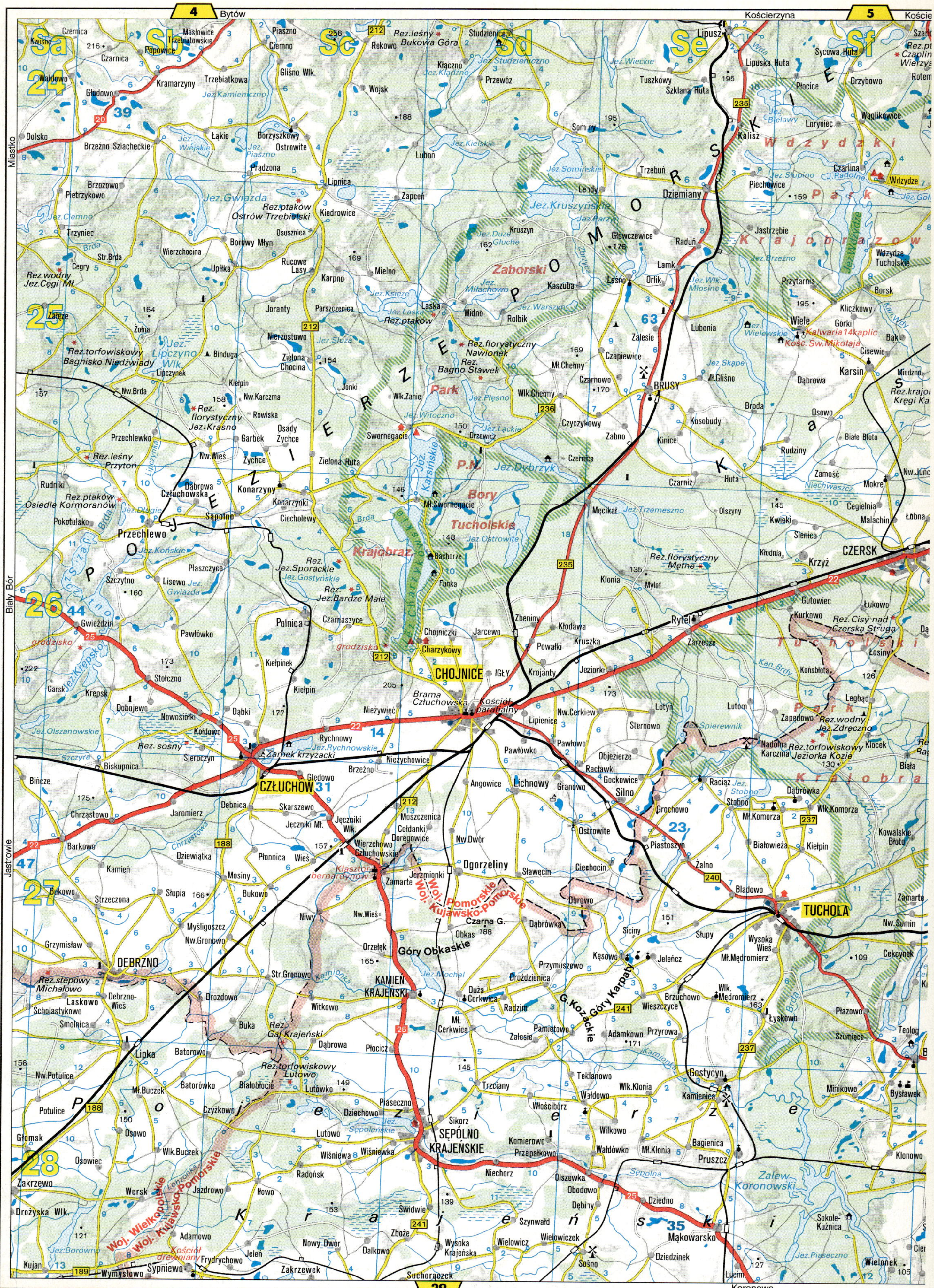
4
Bytów
Kościerzyna
5
29
Miastko
Biały Bór
Jastrowie
Sucharaczek
Koronowo
Sa
Sb
Sc
Sd
Se
Sf
24
25
26
27
28
CZŁUCHÓW
CHOJNICE
CZERSK
TUCHOLA
BRUSY
SĘPÓLNO KRAJEŃSKIE
KAMIEŃ KRAJEŃSKI
DEBRZNO
Charzykowy
Rytel
Lipusz
Tuszkowy
Szklana Huta
Sycowa Huta
Płocice
Loryniec
Kalisz
Wdzydze
Piechowice
Jastrzębie
Przytarnia
Wiele
Karsin
Lubonia
Dziemiany
Zalesie
Leśno
Orlik
Łamk
Raduń
Głowczewice
Kruszyn
Kaszuba
Rolbik
Widno
Laska
Mielno
Karpno
Lipnica
Zapceń
Lubon
Wojsk
Rekowo
Studzienice
Kłączno
Przewóz
Borzyszkowy
Ostrowite
Prądzona
Kiedrowice
Osusznica
Rucowe Lasy
Wierzchocina
Upiłka
Joranty
Parszczenica
Nierostowo
Zielona Chocina
Binduga
Lipczynek
Kiełpin
Nw.Karczma
Rowiska
Garbek
Osady Zychce
Zychce
Nw.Wieś
Konarzyny
Sąpolno
Ciecholewy
Zielona Huta
Swornegacie
Mł.Swornegacie
Bachorze
Fojka
Chojniczki
Jarcewo
Krojanty
Kłodawa
Kruszka
Powałki
Jeziorki
Lipienice
Nw.Cerkiew
Pawłowo
Objezierze
Racławki
Gockowice
Silno
Lichnowy
Granowo
Angowice
Pawłówko
Ostrowite
Ciechocin
Ogorzeliny
Sławęcin
Dąbrówka
Obrowo
Jerzmionki
Zamarte
Nw.Wieś
Orzełek
Obkas
Czarna G.
Góry Obkaskie
Przymuszewo
Drożdzienica
Duża Cerkwica
Mł. Cerkwica
Radzim
Zalesie
Pamiętowo
Adamkowo
Przyrowa
Teklanowo
Trzciany
Wałdowo
Wlk.Klonia
Włościbórz
Wilkowo
Komierowo
Przepałkowo
Wałdówko
Mł.Klonia
Niechorz
Olszewka
Obodowo
Dębiny
Dziedno
Mąkowarsko
Dziedzinek
Wielowiczek
Sośno
Szynwałd
Wielowicz
Wysoka Krajeńska
Zboże
Świdwie
Dałkowo
Nowy Dwór
Zakrzewek
Jelen
Frydrychowo
Adamowo
Sypniewo
Wymysłowo
Kujan
Drożyska Wlk.
Zakrzewo
Wersk
Jazdrowo
Iłowo
Radońsk
Wiśniewa
Wiśniewka
Lutowo
Dziechowo
Więcbork
Sikorz
Płocicz
Dąbrowa
Witkowo
Buka
Drozdowo
Str.Gronowo
Nw.Gronowo
Myśligoszcz
Słupia
Bukowo
Mosiny
Płonnica
Wieś
Skarszewo
Jeczniki Mł.
Jeczniki Wlk.
Wierzchowo Człuchowskie
Mosznica
Cołdanki
Doręgowice
Nw.Dwór
Brzeźno
Nieżychowice
Głodowo
Debnica
Jaromierz
Dziewiątka
Chrząstowo
Barkowo
Bincze
Biskupnica
Sieroczyn
Kołdowo
Rychnowy
Nieżywięć
Brama Człuchowska
Kościół parafialny
IGŁY
Zamek krzyżacki
Klasztor bernardynów
Krępsk
Dobojewo
Nowosiółki
Dąbki
Kiełpinek
Kiełpin
Stołczno
Pawłówko
Gwieździn
Szczytno
Lisewo
Płaszczyca
Przechlewo
Dąbrowa Człuchowska
Rudniki
Pokotulsko
Przechlewko
Nw.Brda
Żołna
Zależe
Cegry
Trzyniec
Brzozowo
Pietrzykowo
Dolsko
Brzeźno Szlacheckie
Waldowo
Głodowo
Czarnica
Kramarzyny
Trzebiatkowa
Łąkie
Masłowice Trzebiatowskie
Piaszno
Ciemno
Gliśno Wlk.
Popowice
Zabno
Czyczykowy
Czernica
Wlk.Chełmy
Mł.Chełmy
Czarnowo
Czapiewice
Kinice
Kosobudy
Czarniż
Huta
Olszyny
Męcikał
Klonia
Mylof
Zbeniny
Rudziny
Osowo
Dąbrowa
Broda
Zamość
Mokre
Cegielnia
Malachin
Kwiski
Sieniec
Kłodnia
Krzyż
Gutowiec
Kurkowo
Łukowo
Łosiny
Kosobłota
Legbąd
Lutom
Zapędowo
Sternowo
Lotyń
Nadolna Karczma
Klocek
Bława
Raciąż
Stobno
Mł.Komorza
Wlk.Komorza
Dąbrówka
Grochowo
Piastoszyn
Żalno
Bladowo
Białowieża
Kiełpin
Kowalskie Błota
Zamarte
Nw.Sumin
Cekcyn
Wysoka Wieś
Mł.Mędromierz
Wlk. Mędromierz
Łyskowo
Płazowo
Szumiąca
Teolog
Bysławek
Minikowo
Klonowo
Gostycyn
Kamienica
Pruszcz
Bagienica
Sokole-Kuźnica
Wielonek
Lucim
Brzuchowo
Wieszczyce
Słupy
Sicinny
Jeleńcz
Kęsowo
Debrzno-Wieś
Laskowo
Scholastykowo
Smolnica
Lipka
Batorowo
Batorówko
Mł.Buczek
Wlk.Buczek
Osowo
Osowiec
Potulice
Nw.Potulice
Głomsk
Białobłocie
Czyżkowo
Lutówko
Zalew Koronowski
Pojezierze Krajeńskie
Pojezierze Kaszubskie
Zaborski Park Krajobrazowy
Wdzydzki Park Krajobrazowy
Tucholski Park Krajobrazowy
Park Krajobrazowy Bory Tucholskie
P.N. Bory Tucholskie
Woj. Pomorskie
Woj. Kujawsko-Pomorskie
Woj. Wielkopolskie
Rez. florystyczny Nawionek
Rez. Bagno Stawek
Rez. ptaków Jez. Laska
Rez. leśny Bukowa Góra
Rez. ptaków Ostrów Trzebielski
Rez. wodny Jez. Cęgi Mł.
Rez. torfowiskowy Bagnisko Niedźwiady
Rez. florystyczny Jez. Krasno
Rez. leśny Przytoń
Rez. ptaków Osiedle Kormoranów
Rez. Jez. Sporackie
Rez. Jez. Bardze Małe
Rez. sosny
Rez. stepowy Michałowo
Rez. Gaj Krajeński
Rez. torfowiskowy Lutowo
Rez. florystyczny Mętne
Rez. Cisy nad Czerską Strugą
Rez. wodny Jez. Zdręczno
Rez. torfowiskowy Jeziorka Kozie
Kalwaria 14 kaplic
Kość. Sw. Mikołaja
G. Kozackie
Góry Karpaty
Jez. Charzykowskie
Jez. Karsińskie
Jez. Dybrzyk
Jez. Kruszyńskie
Jez. Gwiazda
Jez. Wdzydze
Jez. Kamieniczno
grodzisko
Kościół drewniany
22
25
20
212
235
236
237
240
241
188
189
195

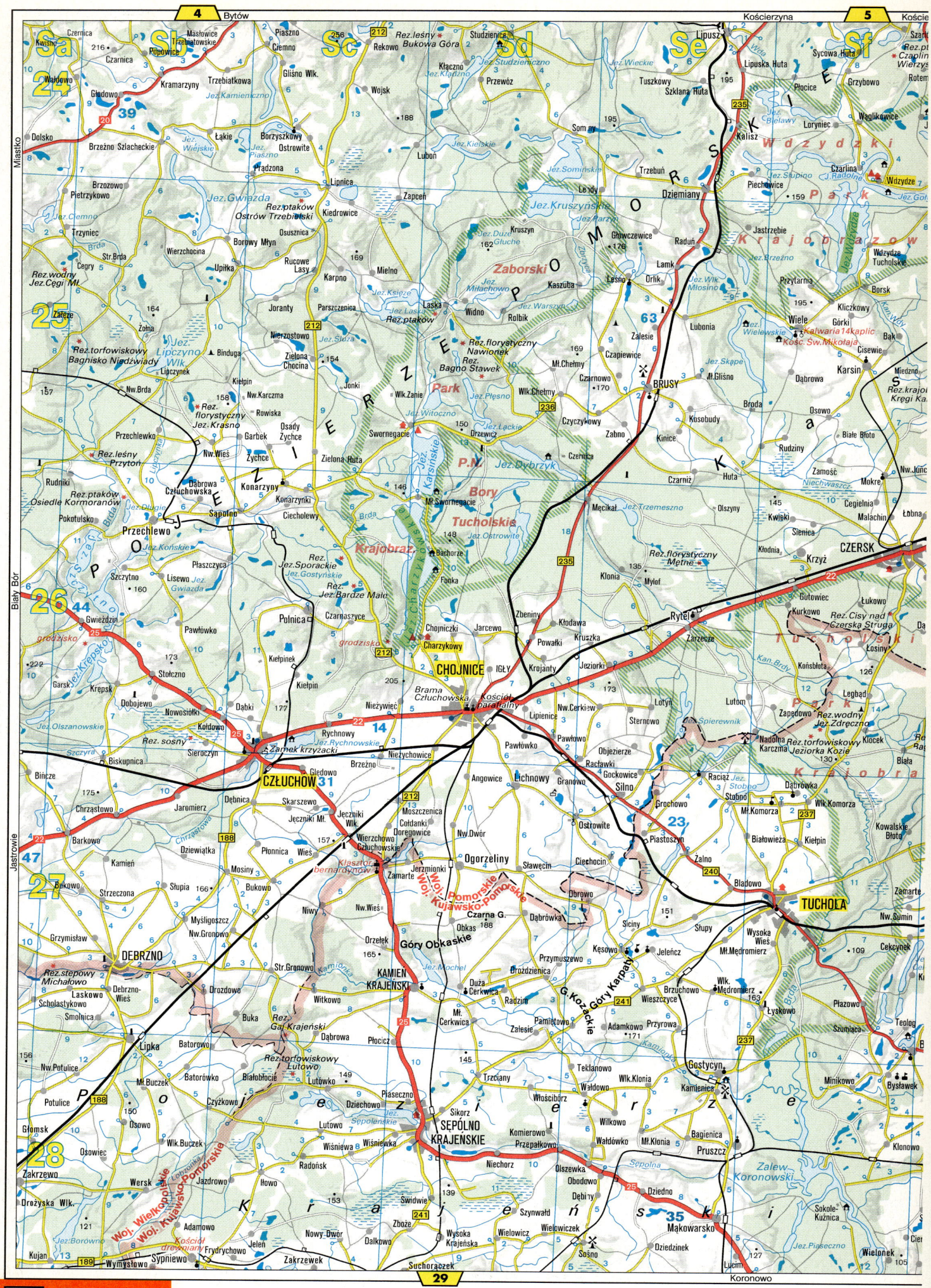

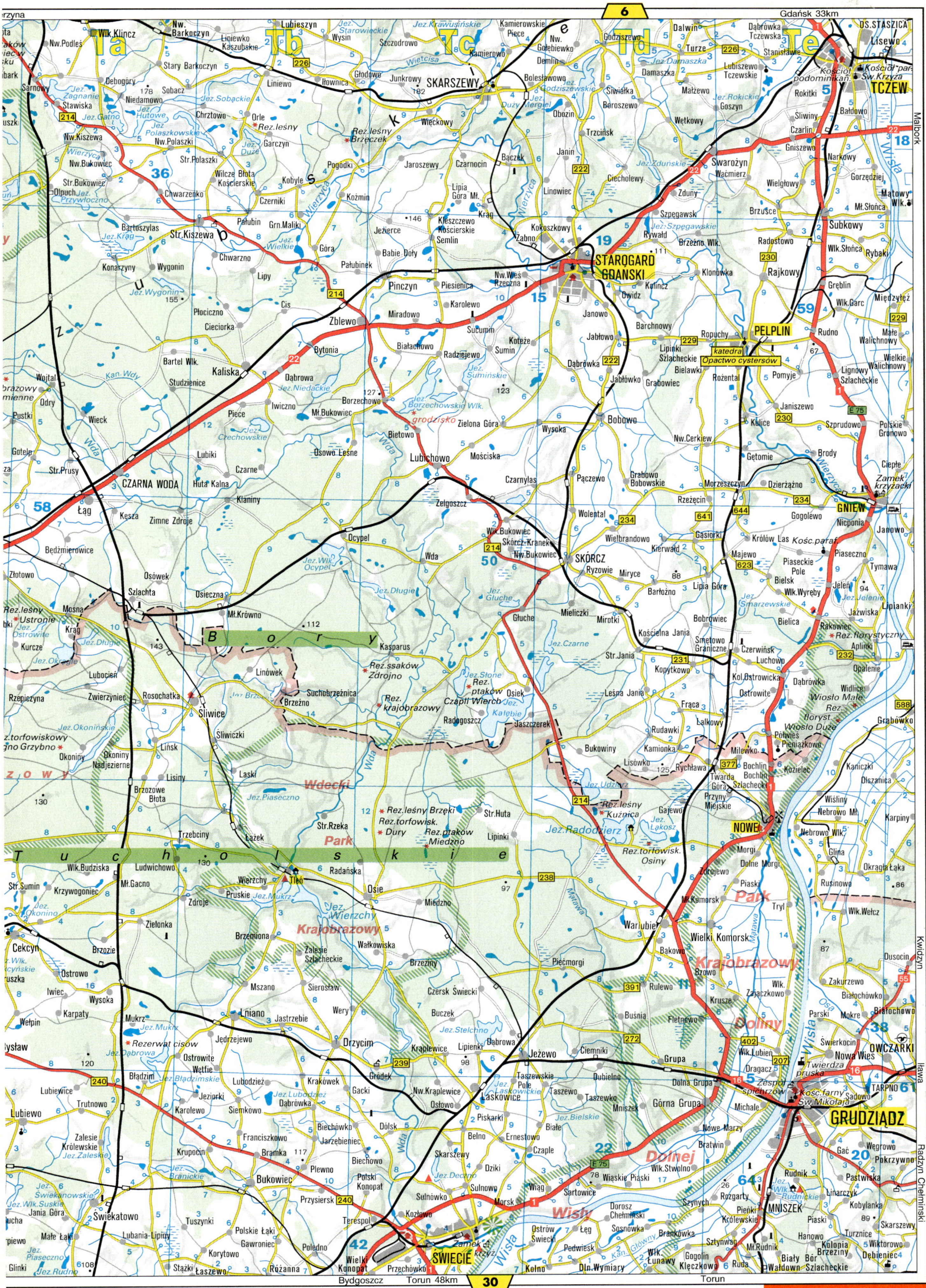
Gdańsk 33km
6
Malbork
Kwidzyn
Iława
Radzyń Chełmiński
Bydgoszcz
Toruń 48km
30
Toruń
TCZEW
SKARSZEWY
STAROGARD GDAŃSKI
PELPLIN
Opactwo cystersów
GNIEW
Zamek krzyżacki
SKÓRCZ
CZARNA WODA
Kaliska
Zblewo
Lubichowo
Osiek
NOWE
Tleń
Osie
Warlubie
Jeżewo
Drzycim
Bukowiec
Świekatowo
ŚWIECIE
GRUDZIĄDZ
MNISZEK
Cekcyn
Łąg
Bory
Tucholskie
Wdecki
Park
Krajobrazowy
Doliny
Dolnej
Wisły
Wisła
Wda
Jez. Wierzchy
Jez. Radodzierz
Jez. Wielkie
Jez. Krąg
Jez. Wygonin
Jez. Wdzydze
E 75
22
1
5
91
214
222
229
230
231
232
234
238
239
240
272
377
391
402
623
641
644

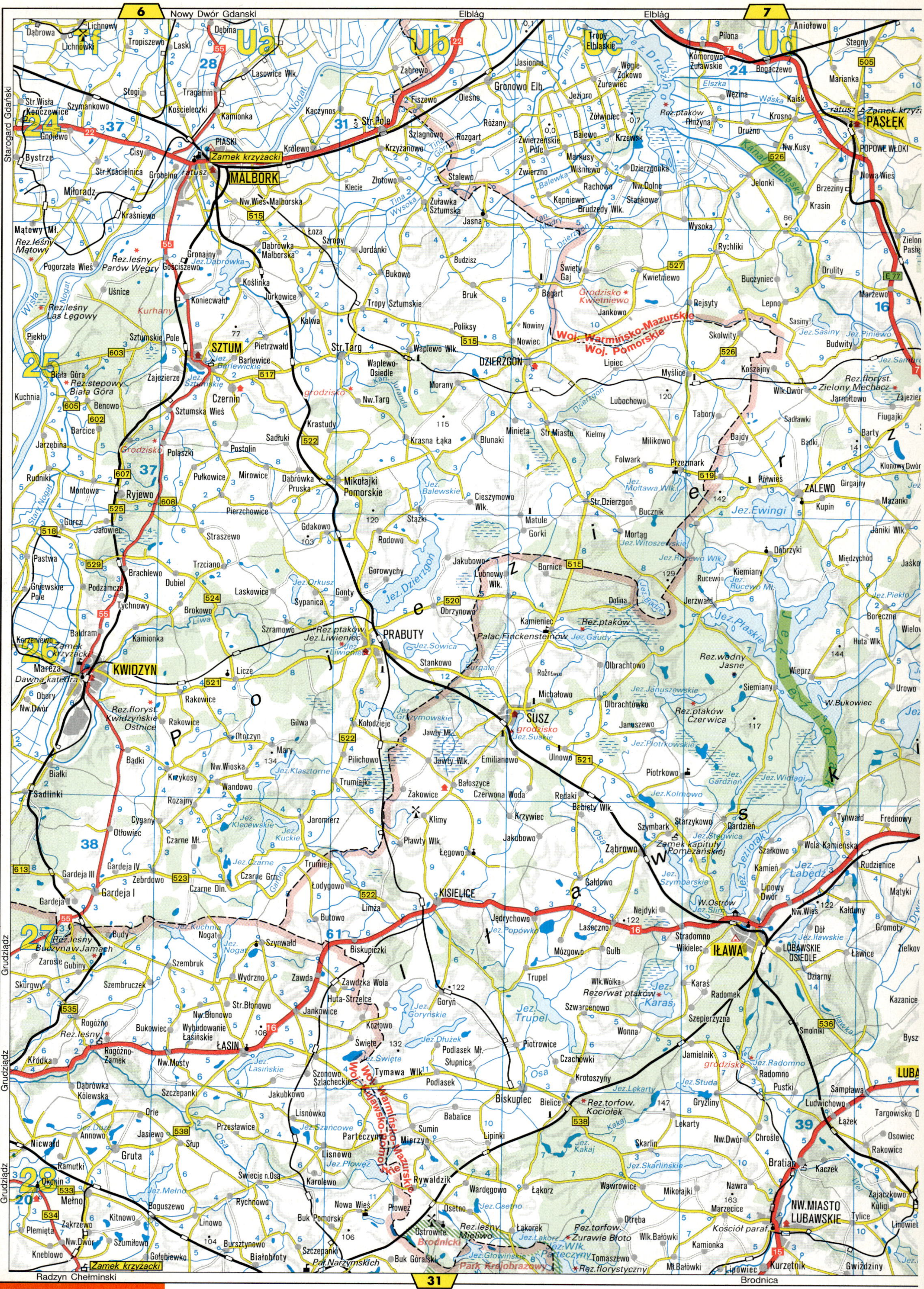

6
Nowy Dwór Gdanski
Elbląg
Elbląg
7
Ua
Ub
Uc
Ud
Starogard Gdański
Tczew
Dąbrowa
Lichnowy
Tropiszewo
Laski
Dębina
Tragamin
Lasowice Wlk.
Stogi
Kościeleczki
Kamionka
Szymankowo
Str.Wisła
Kończewice
Gnojewo
Bystrze
Cisy
Str.Kościelnica
Grobelno
PIASKI
Zamek krzyżacki
MALBORK
Królewo
Kaczynos
Str.Pole
Zabrowo
Fiszewo
Oleśno
Gronowo Elb.
Jasionno
Tropy Elbląskie
Węgle-Żukowo
Żurawiec
Jezioro
Żółwiniec
Krzewsk
Pilona
Aniołowo
Stegny
Komorowo Żuławskie
Bogaczewo
Marianka
Elszka
Wężina
Kalsk
Krosno
Drużno
PASŁĘK
Zamek krzyż.
ratusz
Nw.Kusy
POPOWE WŁOKI
Kanał Elbląski
Rez.ptaków Drużno
Szlagnowo
Rozgart
Różany
Zwierzeńskie Pole
Balewo
Markusy
Wiśniewo
Dzierzgonka
Zwierzno
Rachowo
Nw.Dolne
Kępniewo
Stankowo
Brudzędy Wlk.
Jelonki
Brzeziny
Krasin
Nowa Wieś
Krzyżanowo
Złotowo
Stalewo
Klecie
Żuławka Sztumska
Jasna
Miłoradz
Krasniewo
Nw.Wieś Malborska
Mątowy Mł.
Rez.leśny Mątowy
Pogorzała Wieś
Rez.leśny Parów Węgry
Gościszewo
Gronajny
Dąbrówka Malborska
Łoza
Szropy
Jordanki
Budzisz
Bukowo
Wysoka
Rychliki
Święty Gaj
Kwietniewo
Grodzisko Kwietniewo
Buczyniec
Drulity
Marzewo
Zielono Pasłęckie
Koślinka
Koniecwałd
Jurkowice
Tropy Sztumskie
Bruk
Bągart
Jankowo
Lepno
Rejsyty
Sasiny
Jez.Sasiny
Jez.Piniewo
Budwity
Usnice
Rez.leśny Las Łęgowy
Kurhany
Kalwa
Poliksy
Nowiny
Nowiec
Woj. Warmińsko-Mazurskie
Woj. Pomorskie
Skolwity
Piekło
Sztumskie Pole
SZTUM
Pietrzwałd
Str.Targ
Waplewo Wlk.
DZIERZGOŃ
Lipiec
Koszajny
Jez.Sambród
Biała Góra
Rez.stepowy Biała Góra
Barlewice
Jez.Barlewickie
Zajezierze
Jez.Sztumskie
Czernin
Waplewo-Osiedle
Morany
Myślice
Wlk.Dwór
Rez.floryst. Zielony Mechacz
Jarnołtowo
Kuchnia
Benowo
Sztumska Wieś
Nw.Targ
grodzisko
Dzierzgoń
Lubochowo
Taborý
Sadławki
Fiugajki
Barcice
Krastudy
Krasna Łąka
Blunaki
Minięta
Str.Miasto
Kielmy
Bajdy
Barty
Jarzębina
Grodzisko
Połaszki
Postolin
Sadłuki
Milikowo
Folwark
Przezmark
Rudniki
Montowo
Ryjewo
Pułkowice
Mirowice
Dąbrówka Pruska
Mikołajki Pomorskie
Jez.Balewskie
Cieszymowo Wlk.
Str.Dzierzgoń
Bucznik
Pólwieś
ZALEWO
Kupin
Girgajny
Mazanki
Jez.Ewingi
Gurcz
Jałowiec
Pierzchowice
Stążki
Matule
Gorki
Mortąg
Jez.Witoszewskie
Straszewo
Gdakowo
Rodowo
Pastwa
Trzciano
Jakubowo
Lubnowy Wlk.
Bornice
Dobrzyki
Międzychód
Brachlewo
Dubiel
Jez.Dzierzgoń
Gorowychy
Jez.Orkusz
Kiemiany
Rucewo
Jez.Rucewo Mł.
Gniewskie Pole
Podzamcze
Laskowice
Sypanica
Gonty
Jerzwałd
Tychnowy
Brokowo
Obrzynowo
Dolina
Kamieniec
Rez.ptaków
Jez.Gaudy
Jez.Płaskie
Jez.Jeziorak
Bałdram
Kamionka
Szramowo
Rez.ptaków Jez.Liwieniec
PRABUTY
Pałac Finckensteinów
Korzeniewo
Zamek krzyżacki
KWIDZYN
Mareza
Dawna katedra
Licze
Stankowo
Olbrachtowo
Rez.wodny Jasne
Wieprz
Obory
Nw.Dwór
Rakowice
Rez.floryst. Kwidzyńskie Ostnice
Rożnowo
Michałowo
Jez.Januszewskie
Siemiany
W.Bukowiec
Jez.Grzymowskie
SUSZ
Olbrachtówko
Rez.ptaków Czerwica
Gilwa
Kołodzieje
Jawty Mł.
Jez.Suskie
Januszewo
Otłoczyn
Mały
Jawty Wlk.
Emilianowo
Jez.Piotrkowskie
Badki
Nw.Wioska
Pilichowo
Ulnowo
Piotrkowo
Jez.Gardzień
Jez.Widągi
Białki
Krzykosy
Jez.Klasztorne
Sadlinki
Wandowo
Trumiejki
Bałoszyce
Żakowice
Czerwona Woda
Redaki
Jez.Kolmowo
Rozajny
Klimy
Bebisty Wlk.
Cygany
Jaromierz
Krzywiec
Otłowiec
Jez.Kleczewskie
Jez.Kuckie
Pławty Wlk.
Jakobowo
Szymbark
Starzykowo
Gardzień
Tynwałd
Fredrowy
Czarne Mł.
Łęgowo
Zamek kapituły pomezańskiej
Zabrowo
Jez.Stęgwica
Wola Kamieńska
Rudzienice
Gardeja III
Gardeja IV
Jez.Czarne
Czarne Gm.
Trumieje
Zebrdowo
Czarne Dln.
Łodygowo
Kamień
Jez.Łabędź
Jez.Szymbarskie
Gardeja II
Gardeja I
KISIELICE
Gałdowo
Lipowy Dwór
Mątyki
Butowo
Limża
Jędrychowo
Nejdyki
W.Ostrów
Jez.Ślin
Nw.Wieś
Kałduny
Budy
Jez.Kuchnia
Jez.Popówko
Łasecznо
Stradomno
Dół
Gromoty
Rez.leśny Buczyna w Jamach
Nogat
Jez.Nogat
Szynwałd
Biskupiczki
Mózgowo
Gulb
Wikielec
IŁAWA
LUBAWSKIE OSIEDLE
Zielkowo
Zarośle
Gubiny
Szembruk
Wydrzno
Zawda
Jez.Iławskie
Trupel
Łaka
Skurgwy
Szembruczek
Zawdzka Wola
Huta-Strzelce
Goryń
Wlk.Wólka
Rezerwat ptaków Jez.Karaś
Karaś
Radomek
Kazanice
Str.Błonowo
Nw.Błonowo
Jez.Goryńskie
Jez.Trupel
Szwarcenowo
Szeplerzyzna
Smolniki
Rogóźno
Rez.leśny
Bukowiec
Wybudowanie Łasińskie
Jankowice
Kozłowo
Wonna
Jez.Dłużek
Świętę
Podlasek Mł.
Piotrowice
Jamielnik
grodzisko
Jez.Radomno
Radomno
Kłódka
Rogóźno-Zamek
Nw.Mosty
ŁASIN
Jez.Święte
Tymawa Wlk.
Słupnica
Czachówki
Jez.Lasińskie
Szonowo Szlacheckie
Woj. Warmińsko-Mazurskie
Woj. Kujawsko-Pomorskie
Podlasek
Osa
Krotoszyny
Jez.Studa
Pustki
Sampława
LUBAWA
Dąbrówka Kolewska
Szczepanki
Jakubkowo
Jez.Łękarty
Gryźliny
Ludwichowo
Targowisko
Orle
Lisnówko
Babalice
Biskupiec
Bielice
Rez.torfow. Kociołek
Przesławice
Jez.Szarcowe
Partęczyny
Sumin
Lekarty
Nw.Dwór
Chrośle
Łążek
Jez.Duże
Jez.Kakaj
Skarlin
39
Osowiec
Annowo
Jasiewo
Słup
Mierzyn
Lipinki
Niewałd
Gruta
Lisnowo
Jez.Płowęż
Jez.Skarlińskie
Bratian
Rakowice
Świecie n.Osą
Rywałdzik
Ramutki
Jez.Mełno
Wardęgowo
Łąkorz
Wawrowice
Mikołajki
Nawra
Kaczek
Zajączkowo
Okonin
Karolewo
Rychnowo
Nowa Wieś
Płowęż
Osetno
Jez.Osetno
Marzęcice
NW.MIASTO LUBAWSKIE
Tylice
Kuligi
Mełno
Boguszewo
Kitnowo
Linowo
Buk Pomorski
Ostrowite
Łąkorek
Rez.torfow. Żurawie Błoto
Otręba
Kościół paraf.
Linówiec
Plemięta
Zakrzewo
Szumiłowo
Rez.leśny Mieliwo
Jez.Łąkorz
Jez.Wlk. Partęczyny
Wlk.Bałówki
Kamionka
Nw.Dwór
Bursztynowo
Brodnicki
Jez.Głowińskie
Tomaszewo
Kneblowo
Gołębiewko
Białobłoty
Szczepanki
Buk Góralski
Park Krajobrazowy
Rez.florystyczny
Mł.Bałówki
Lipowiec
Kurzętnik
Gwiździny
Zamek krzyżacki
Pod.Narzymskich
Grudziądz
Radzyn Chełminski
31
Brodnica

8

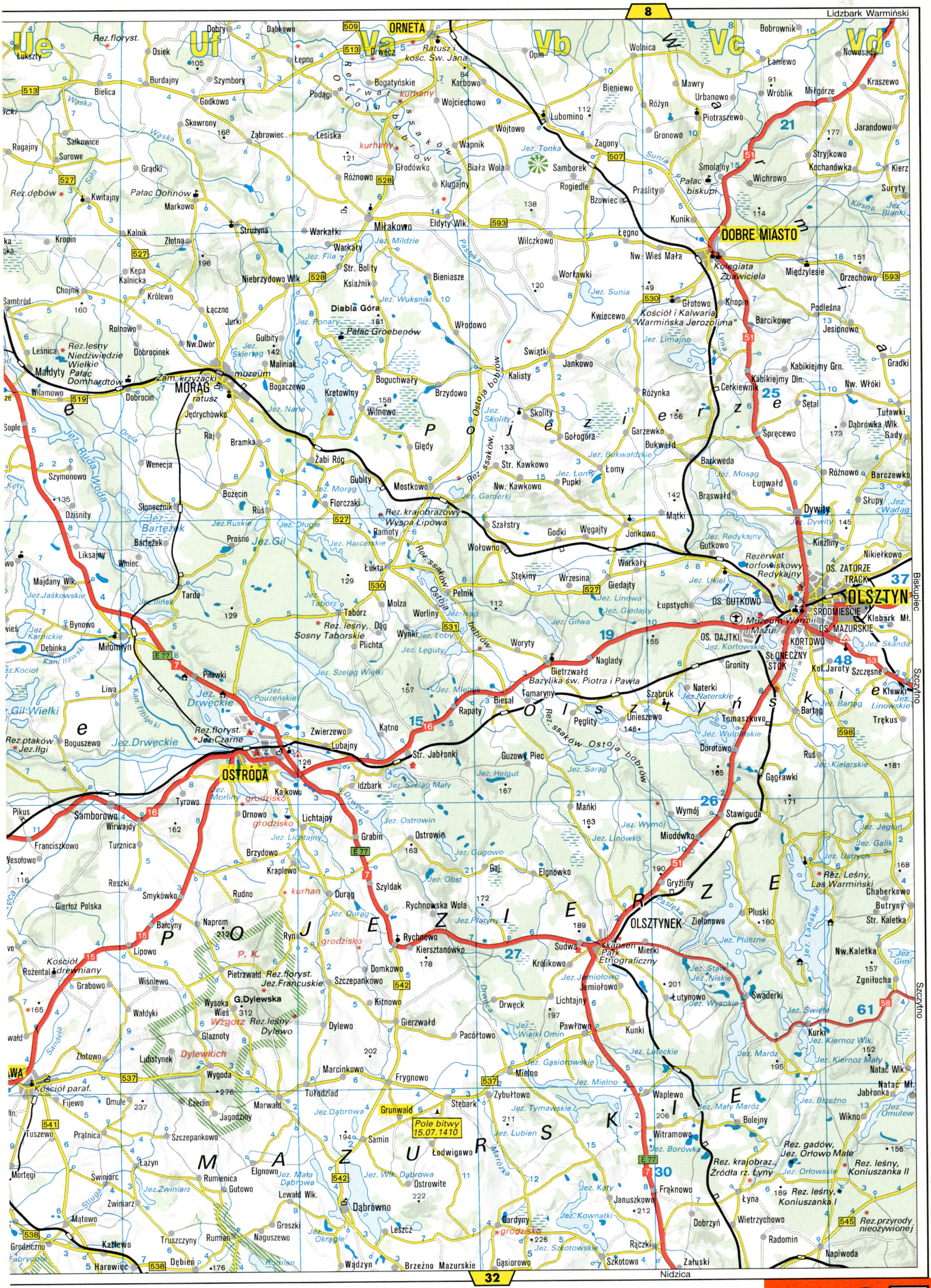

Lidzbark Warmiński
Ue
Uf
Va
Vb
Vc
Vd
ORNETA
DOBRE MIASTO
MORĄG
OSTRÓDA
OLSZTYN
OLSZTYNEK
Grunwald
Pole bitwy 15.07.1410
Dąbrówno
Miłakowo
Miłomłyn
Łukta
Gietrzwałd
Stawiguda
Barczewo
Dywity
Łukszty
Dobry
Dąbkowo
Osiek
Burdajny
Bielica
Szymbory
Godkowo
Skowrony
Zabrowiec
Sałkowice
Rogajny
Surowe
Grądki
Kwitajny
Pałac Dohnów
Markowo
Strużyna
Warkałki
Kalnik
Złotna
Kępa Kalnicka
Królewo
Chojnik
Rolnowo
Łączno
Jurki
Niebrzydowo Wlk.
Gulbity
Maliniak
Bogaczewo
Kretowiny
Wilnowo
Boguchwały
Brzydowo
Nw.Dwór
Dobrocinek
Leśnica
Małdyty
Wilamowo
Dobrocin
Jędrychówko
Raj
Bramka
Żabi Róg
Gubity
Mostkowo
Florczaki
Ramoty
Wenecja
Bożęcin
Ruś
Prosno
Słonecznik
Bartężek
Szymonowo
Dziśnity
Liksajny
Wólka
Majdany Wlk.
Tarda
Bynowo
Dębinka
Liwa
Pilawki
Boguszewo
Zwierzewo
Lubajny
Idzbark
Kajkowo
Tyrowo
Samborowo
Wirwajdy
Pikus
Franciszkowo
Turznica
Ornowo
Lichtajny
Grabin
Ostrowin
Brzydowo
Kraplewo
Reszki
Smykówko
Gierłoż Polska
Rudno
Durąg
Szyldak
Rychnowska Wola
Naprom
Ryn
Rychnowo
Kiersztanówko
Batcyny
Lipowo
Rożental
Grabowo
Wiśniewo
Pietrzwałd
Szczepankowo
Domkowo
Kitnowo
G.Dylewska
Wysoka Wieś
Wałdyki
Glaznoty
Dylewo
Gierzwałd
Lubstynek
Wygoda
Złotowo
Marcinkowo
Frygnowo
Pacółtowo
Tułodziad
Stębark
Zybułtowo
Fijewo
Omule
Czerlin
Jagodziny
Marwałd
Tuszewo
Prątnica
Szczepankowo
Łążyn
Samin
Łodwigowo
Świniarc
Rumienica
Gutowo
Elgnowo
Lewałd Wlk.
Ostrowite
Zwiniarz
Mortęgi
Matowo
Grodziczno
Katlewo
Truszczyny
Rumian
Naguszewo
Groszki
Leszcz
Harowiec
Dębień
Wądzyn
Brzeźno Mazurskie
Gąsiorowo
Szkotowo
Gardyny
Januszkowo
Rączki
Załuski
Nidzica
Dobrzyń
Fąknowo
Łyna
Wietrzychowo
Radomin
Napiwoda
Witramowo
Bolejny
Waplewo
Mielno
Kunki
Pawłowo
Lichtajny
Jemiołowo
Drwęck
Królikowo
Sudwa
Mierki
Łutynowo
Swaderki
Kurki
Natać Wlk.
Jabłonka
Wikno
Elgnówko
Gaj
Mańki
Wymój
Miodówko
Gryźliny
Zielonowo
Pluski
Nw.Kaletka
Zgniłocha
Butryny
Str. Kaletka
Chaberkowo
Gągławki
Dorotowo
Tomaszkowo
Bartąg
Ruś
Trękus
Klewki
Szczęsne
Unieszewo
Pęglity
Szabruk
Naterki
Gronity
Tomaryny
Bieśal
Rapaty
Kątno
Str. Jabłonki
Guzowy Piec
Naglady
Woryty
Wynki
Worliny
Plichta
Molza
Tabórz
Pelnik
Stękiny
Wrzesina
Giedajty
Łupstych
Warkały
Jonkowo
Węgajty
Godki
Szałstry
Wołowno
Mątki
Gutkowo
Bęsweda
Brąswałd
Barkweda
Ługwałd
Kieźliny
Nikielkowo
Różnowo
Słupy
Barczewko
Tuławki
Dąbrówka Wlk.
Sady
Nw. Włóki
Gradki
Kabikiejmy Grn.
Kabikiejmy Dln.
Setal
Sprecewo
Cerkiewnik
Bukwałd
Garzewko
Różynka
Gołogóra
Skolity
Łomy
Pupki
Nw. Kawkowo
Str. Kawkowo
Ględy
Kalisty
Jankowo
Świątki
Włodowo
Bieniasze
Książnik
Str. Bolity
Warkały
Diabla Góra
Pałac Groebenów
Kwiecewo
Worławki
Wilczkowo
Eldyty Wlk.
Klugajny
Głodówko
Różnowo
Wapnik
Biała Wola
Wójtowo
Samborek
Rogiedle
Bzowiec
Praślity
Zagony
Lubomino
Wojciechowo
Karbowo
Bogatyńskie
Podągi
Lesiska
Łępno
Drwęcz
Opin
Wolnica
Bieniewo
Różyn
Gronowo
Mawry
Urbanowo
Piotraszewo
Smolajny
Pałac biskupi
Kunik
Łęgno
Nw. Wieś Mała
Kolegiata Zbawiciela
Grotowo
Kościół i Kalwaria "Warmińska Jerozolima"
Knopin
Barcikowo
Międzylesie
Orzechowo
Podleśna
Jesionowo
Bobrownik
Łaniewo
Wróblik
Miłogórze
Nowosady
Kraszewo
Jarandowo
Stryjkowo
Kochanówka
Wichrowo
Kierz
Suryty
OS. ZATORZE
OS. GUTKOWO
ŚRÓDMIEŚCIE
OS. MAZURSKIE
OS. DAJTKI
KORTOWO
SŁONECZNY STOK
Klebark Mł.
Kol.Jaroty
Muzeum Warmii i Mazur
Biskupiec
Szczytno
Bazylika św. Piotra i Pawła
Skansen Park Etnograficzny
Zam. krzyżacki
muzeum
ratusz
Ratusz i kośc. Św. Jana
Pałac Domhardtów
Rez.floryst.
Rez.dębów
Rez.leśny Niedźwiedzie Wielkie
Rez. krajobrazowy Wyspa Lipowa
Rez. leśny Sosny Taborskie
Rezerwat torfowiskowy Redykajny
Rez.florystyczny Jez.Czarne
Rez.ptaków Jez.Iłgi
Rez.florystyczny Jez.Francuskie
Rez.leśny Dylewo
Rez. Leśny Las Warmiński
Rez. gadów Jez. Orłowo Małe
Rez. leśny Koniuszanka II
Rez. leśny Koniuszanka I
Rez. krajobraz. Źródła rz. Łyny
Rez.przyrody nieożywionej
Ostoja bobrów
Rez. ssaków Ostoja bobrów
Kościół drewniany
Kościół paraf.
kurhany
grodzisko
Wzgórz Dylewskich
P. K.
Jez. Drwęckie
Jez. Drwęckie
Jez.Gil
Jez. Ruda Woda
Jez. Bartężek
Jez. Sunia
Jez. Tonka
Jez. Ukiel
Jez. Wulpińskie
Jez. Łańskie
Jez. Pluszne
Jez. Dąbrowa Wlk.
Jez. Mała Dąbrowa
Kan. Elbląski
Kan. Iławski
Pasłęka
Łyna
Drwęca
Wąska
P o j e z i e r z e
O l s z t y ń s k i e
P O J E Z I E R Z E
M A Z U R S K I E
E 77
7
16
15
51
53
527
593
507
509
513
528
530
531
537
538
541
542
545
598
19
21
25
26
27
30
37
48
61

32

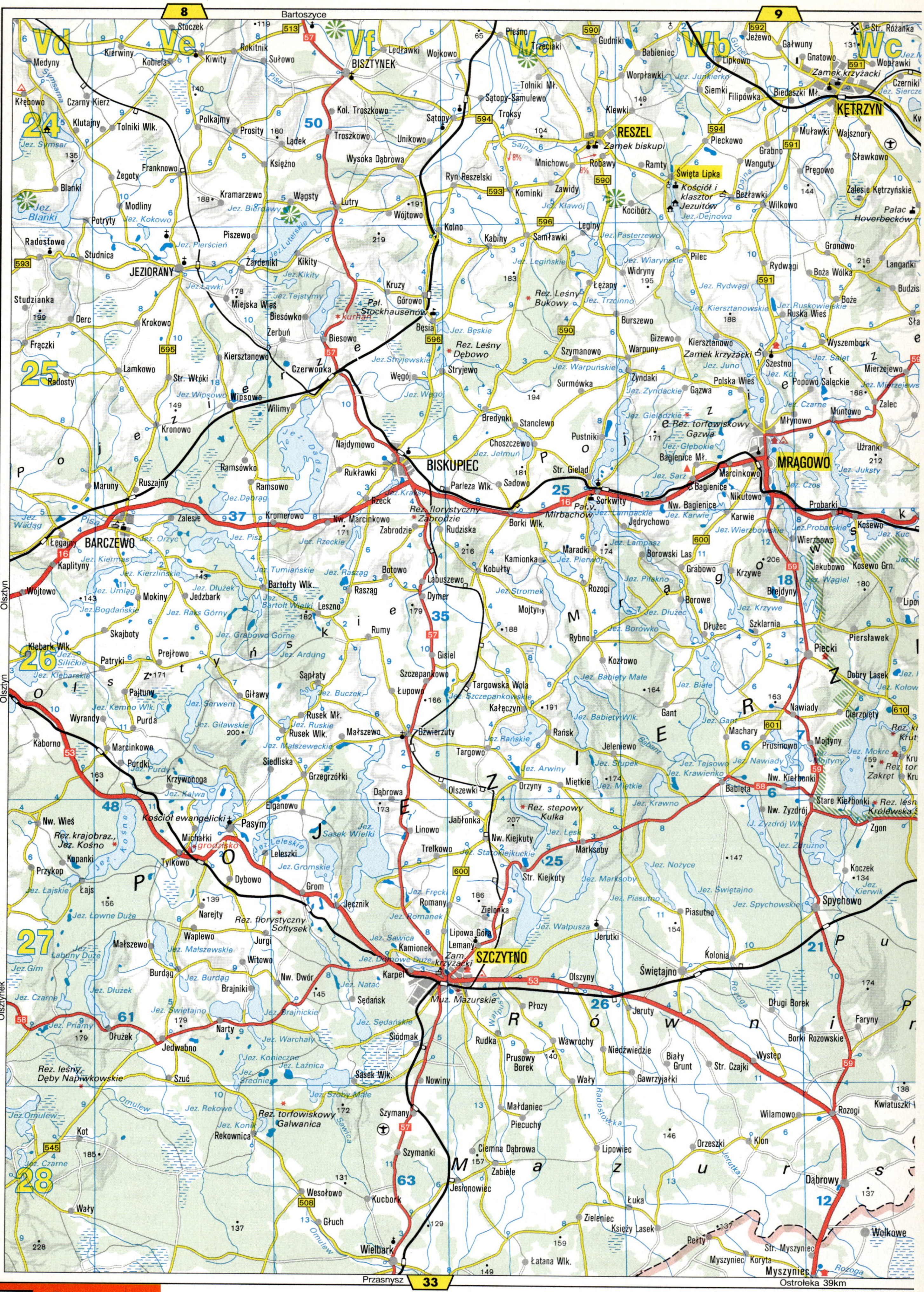
8
9
Bartoszyce
Stoczek
Rokitnik
Sułowo
BISZTYNEK
Łędławki
Wojkowo
Pleśno
Trzeciaki
Gudniki
Babieniec
Jeżewo
Lipkowo
Gałwuny
Gnatowo
Str. Różanka
Wopławki
Zamek krzyżacki
Czerniki
Medyny
Kierwiny
Kobiela
Kiwity
Tolniki Mł.
Worpławki
Jez. Juńkierko
Siemki
Filipówka
Biedaszki Mł.
KĘTRZYN
Krębowo
Czarny Kierz
Klutajny
Tolniki Wlk.
Polkajmy
Prosity
Kol. Troszkowo
Sątopy-Samulewo
Sątopy
Troksy
Klewki
RESZEL
Zamek biskupi
Pieckowo
Mułowki
Wajsznory
Jez. Symsar
Łądek
Troszkowo
Unikowo
Mnichowo
Robawy
Ramty
Święta Lipka
Kościół i klasztor Jezuitów
Wanguty
Grabno
Sławkowo
Franknowo
Żegoty
Księżno
Wysoka Dąbrowa
Ryn Reszelski
Zawidy
Bezławki
Pręgowo
Zalesie Kętrzyńskie
Blanki
Kramarzewo
Wągsty
Lutry
Kominki
Kocibórz
Wilkowo
Jez. Blanki
Modliny
Jez. Bierdawy
Wójtowo
Jez. Kławój
Jez. Dejnowa
Pałac Hoverbecków
Potryty
Jez. Kokowo
Kolno
Samławki
Leginy
Jez. Pasterzewo
Radostowo
Piszewo
Kabiny
Gronowo
Jez. Pierścień
Studnica
Żardeniki
Kikity
Jez. Leginskie
Jez. Wiarynskie
Pilec
Rydwągi
Langanki
JEZIORANY
Jez. Kikity
Widryny
Boża Wólka
Jez. Ławki
Miejska Wieś
Jez. Tejstymy
Kruzy
Gorowo
Rez. Leśny Bukowy
Łężany
Jez. Rydwągi
Budzisk
Studzianka
Pał. Stockhausenów
Jez. Trzcinno
Jez. Kiersztanowskie
Ruska Wieś
Boże
Derc
Krokowo
Biesówko
Kurhan
Bęsia
Jez. Bęskie
Burszewo
Jez. Ruskowiejskie
Żerbuń
Biesowo
Rez. Leśny Dębowo
Gizewo
Kiersztanowo
Wyszembork
Frączki
Kiersztanowo
Czerwonka
Jez. Stryjewskie
Stryjewo
Szymanowo
Warpuny
Zamek krzyżacki
Szestno
Mierzejewo
Lamkowo
Węgój
Jez. Warpuńskie
Jez. Juno
Jez. Salet
Radosty
Str. Włóki
Wipsowo
Surmówka
Żyndaki
Polska Wieś
Jez. Kot
Popowo Salęckie
Jez. Wipsowo
Wilimy
Jez. Wego
Jez. Zyndackie
Gązwa
Jez. Mierzejews
Kronowo
Bredynki
Stanclewo
Pustniki
Jez. Gielądzkie
Rez. torfowiskowy Gązwa
Mrągowo
Muntowo
Zalec
Młynowo
Najdymowo
Choszczewo
Jez. Jełmuń
Jez. Głębokie
Bagienice Mł.
MRĄGOWO
Użranki
BISKUPIEC
Ramsówko
Rukławki
Str. Giełąd
Jez. Sarz
Bagienice
Marcinkowo
Jez. Juksty
Maruny
Ruszajny
Ramsowo
Parleza Wlk.
Sadowo
Sorkwity
Nikutowo
Jez. Dąbrąg
Rzeck
Jez. Krasy
Rez. florystyczny Zabrodzie
Pał. Mirbachów
Nw. Bagienice
Probarki
Jez. Czos
Jez. Wadąg
Zalesie
Kromerowo
Nw. Marcinkowo
Zabrodzie
Rudziska
Borki Wlk.
Jez. Lampackie
Jędrychowo
Jez. Karwie
Karwie
Kosewo
Łęgajny
BARCZEWO
Jez. Orzyc
Jez. Pisz
Jez. Rzeckie
Maradki
Jez. Lampasz
Borowski Las
Jez. Wierzbowskie
Jez. Probarskie
Jez. Kuc
Kaplityny
Jez. Kiermas
Jez. Tumiańskie
Botowo
Kamionka
Jez. Pierwój
Grabowo
Wierzbowo
Jakubowo
Kosewo Grn.
Jez. Kierzlinskie
Jez. Dłużek
Bartołty Wlk.
Jez. Rasząg
Labuszewo
Kobułty
Rozogi
Jez. Piłakno
Krzywe
Bzejdyny
Jez. Wagiel
Wójtowo
Jez. Umląg
Mokiny
Jedzbark
Bartołt Wielki
Leszno
Rasząg
Dymer
Jez. Stromek
Mojtyny
Borowe
Jez. Krzywe
Jez. Bogdańskie
Jez. Raks Górny
Rumy
Rybno
Jez. Dłużec
Dłużec
Szklarnia
Skajboty
Jez. Grabowo Górne
Pierławek
Kiebark Wlk.
Patryki
Prejłowo
Jez. Ardung
Gisiel
Kozłowo
Piecki
Jez. Silickie
Jez. Klebarskie
Pajtuny
Sąpłaty
Szczepankowo
Targowska Wola
Jez. Babięty Małe
Jez. Białe
Dobry Lasek
Jez. Kołow
Jez. Buczek
Łupowo
Jez. Szczepankowskie
Kałęczyn
Gant
Nawiady
Olsztyn
Wyrandy
Jez. Kemno Wlk.
Purda
Jez. Serwent
Giławy
Rusek Mł.
Rusek Wlk.
Jez. Ruskie
Jez. Babięty Wlk.
Jez. Gant
Machary
Cierzpięty
Jez. Giławskie
Małszewo
Dźwierzuty
Rańsk
Jeleniewo
Prusinowo
Mojtyny
Kaborno
Marcinkowo
Jez. Małszeweckie
Targowo
Jez. Rańskie
Jez. Nawiady
Jez. Mokre
Rez. torf. Zakręt
Purdki
Jez. Purdy
Siedliska
Jez. Stupek
Jez. Tejsowo
Jez. Krawienko
Nw. Kiełbonki
Krzywonoga
Grzegrzółki
Olszewki
Orzyny
Jez. Arwiny
Miętkie
Jez. Miętkie
Babięta
Stare Kiełbonki
Rez. leśny Królewska S.
Jez. Kalwa
Dąbrowa
Rez. stepowy Kulka
Jez. Krawno
Nw. Zyndrój
Nw. Wieś
Kościół ewangelicki
Pasym
Elganowo
Jabłonka
J. Zyzdrój Wlk.
Zgon
Rez. krajobraz. Jez. Kosno
Michałki
Leleszki
Jez. Leleskie
Sasek Wielki
Linowo
Nw. Kiejkuty
Marksoby
Jez. Zdruzno
Kopanki
Grodzisko
Jez. Gromskie
Trelkowo
Jez. Starokiejkuckie
Jez. Nożyce
Koczek
Przykop
Tylkowo
Dybowo
Str. Kiejkuty
Jez. Marksoby
Jez. Święcajno
Jez. Kierwik
Jez. Łajskie
Łajs
Grom
Jez. Fręcki
Jez. Piasutno
Jez. Spychowskie
Spychowo
Narejty
Jeżnik
Romany
Zielonka
Jez. Łowne Duże
Rez. florystyczny Sołtysek
Jez. Romanek
Jez. Wałpusza
Piasutno
Małszewo
Waplewo
Jurgi
Jez. Sasek
Lipowa Góra
Jerutki
Jez. Małszewskie
Kamionek
Lemany
SZCZYTNO
Kolonia
Jez. Łabuny Duże
Witowo
Zam. krzyżacki
Świętajno
Jez. Gim
Burdąg
Jez. Burdąg
Jez. Domowe Duże
Karpel
Olszyny
Jez. Dłużek
Brajniki
Nw. Dwór
Jez. Natać
Muz. Mazurskie
Przeździęk
Długi Borek
Jez. Czarne
Jez. Świętajno
Jez. Brajnickie
Sędańsk
Płozy
Jeruty
Faryny
Jez. Sędańskie
Jez. Piamy
Dłużek
Narty
Rozoga
Wawrochy
Borki Rozowskie
Jedwabno
Jez. Warchały
Rudka
Prusowy Borek
Niedźwiedzie
Biały Grunt
Str. Czajki
Występ
Rez. leśny Dęby Napiwkowskie
Jez. Konieczne
Jez. Łaźnica
Sasek Wlk.
Wały
Gawrzyjałki
Jez. Średnie
Nowiny
Jez. Szoby Małe
Mańdaniec
Radostówka
Wilamowo
Kwiatuszki
Jez. Omulew
Jez. Rekowe
Piecuchy
Rozogi
Jez. Konik
Rez. torfowiskowy Galwanica
Szymany
Kot
Rekownica
Szymanki
Ciemna Dąbrowa
Lipowiec
Orzeszki
Klon
Jez. Czarne
Zabiele
Dąbrowy
Wesołowo
Kucbork
Jesionowiec
Łuka
Wały
Gruch
Omulew
Zieleniec
Księży Lasek
Wolkowe
Wielbark
Łatana Wlk.
Przasnysz
Perty
Myszyniec Koryta
Str. Myszyniec
Myszyniec
Rozoga
33
Ostrołęka 39km
Olsztyn
Olsztynek

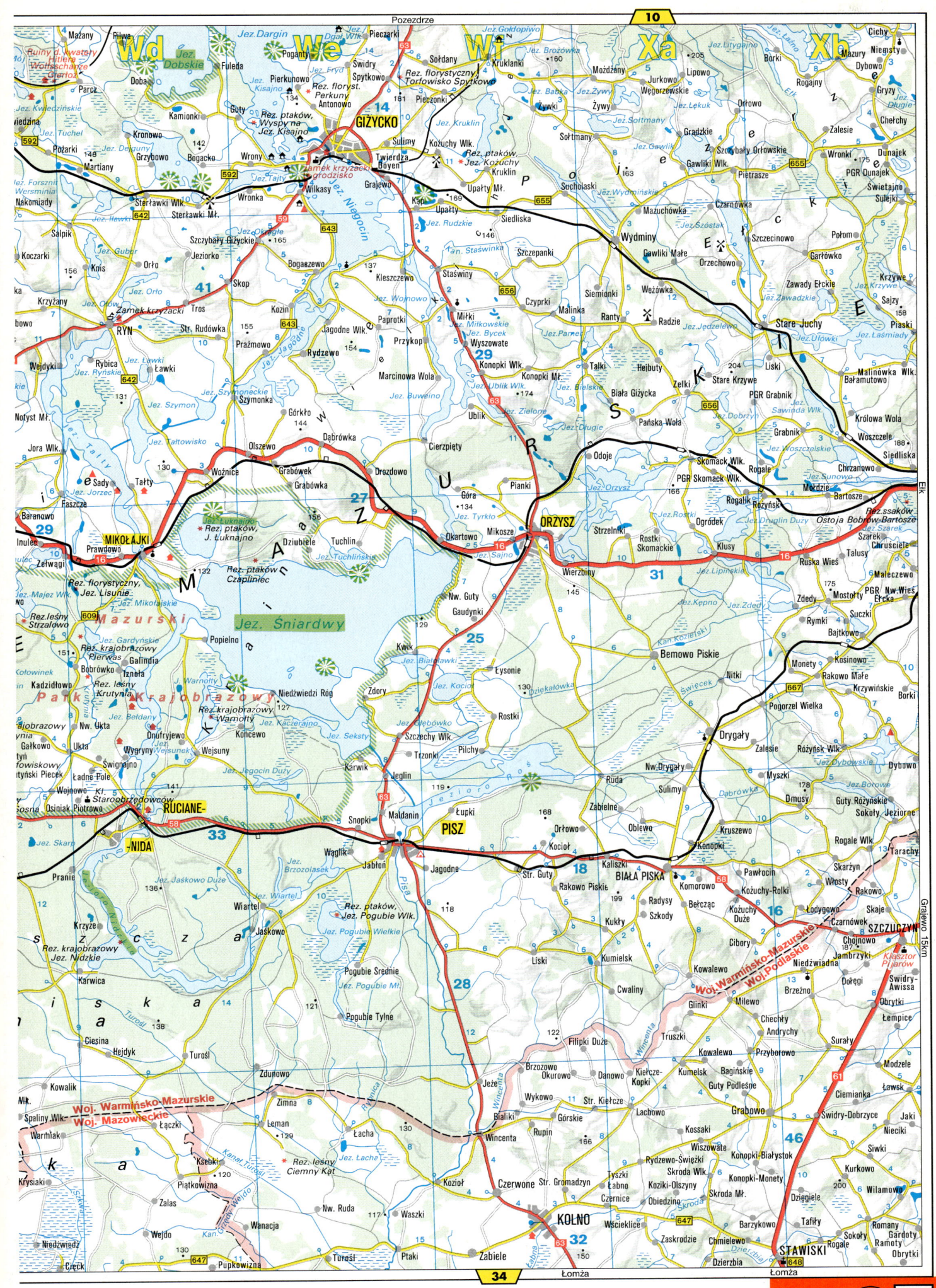
Pozezdrze
10
Wd
We
Wf
Xa
Xb
Jez. Dargin
Jez. Dobskie
Jez. Gołdopiwo
Giżycko
Jez. Niegocin
Wilkasy
Ryn
Mikołajki
Jez. Śniardwy
Orzysz
Wydminy
Stare Juchy
Ruciane-Nida
Pisz
Biała Piska
Szczuczyn
Kolno
Stawiski
Grajewo 15km
Ełk
Łomża
34
Woj. Warmińsko-Mazurskie
Woj. Mazowieckie
Woj. Podlaskie
Park Krajobrazowy
Mazurski
Kraina Wielkich Jezior Mazurskich
Puszcza Piska
Puszcza Kurpiowska
Pojezierze Ełckie
Rez. florystyczny Torfowisko Spytkowo
Rez. ptaków Wyspy na Jez. Kisajno
Rez. ptaków J. Łuknajno
Rez. krajobrazowy Jez. Nidzkie
Rez. leśny Ciemny Kąt
Ruiny d. kwatery Hitlera Wolfsschanze Gierłoż
Zamek krzyżacki
Klasztor Pijarów
Jez. Roś
Bemowo Piskie
Drygały
Sztynort
59
63
16
58
61
642
643
655
656
667
592
609
647
648

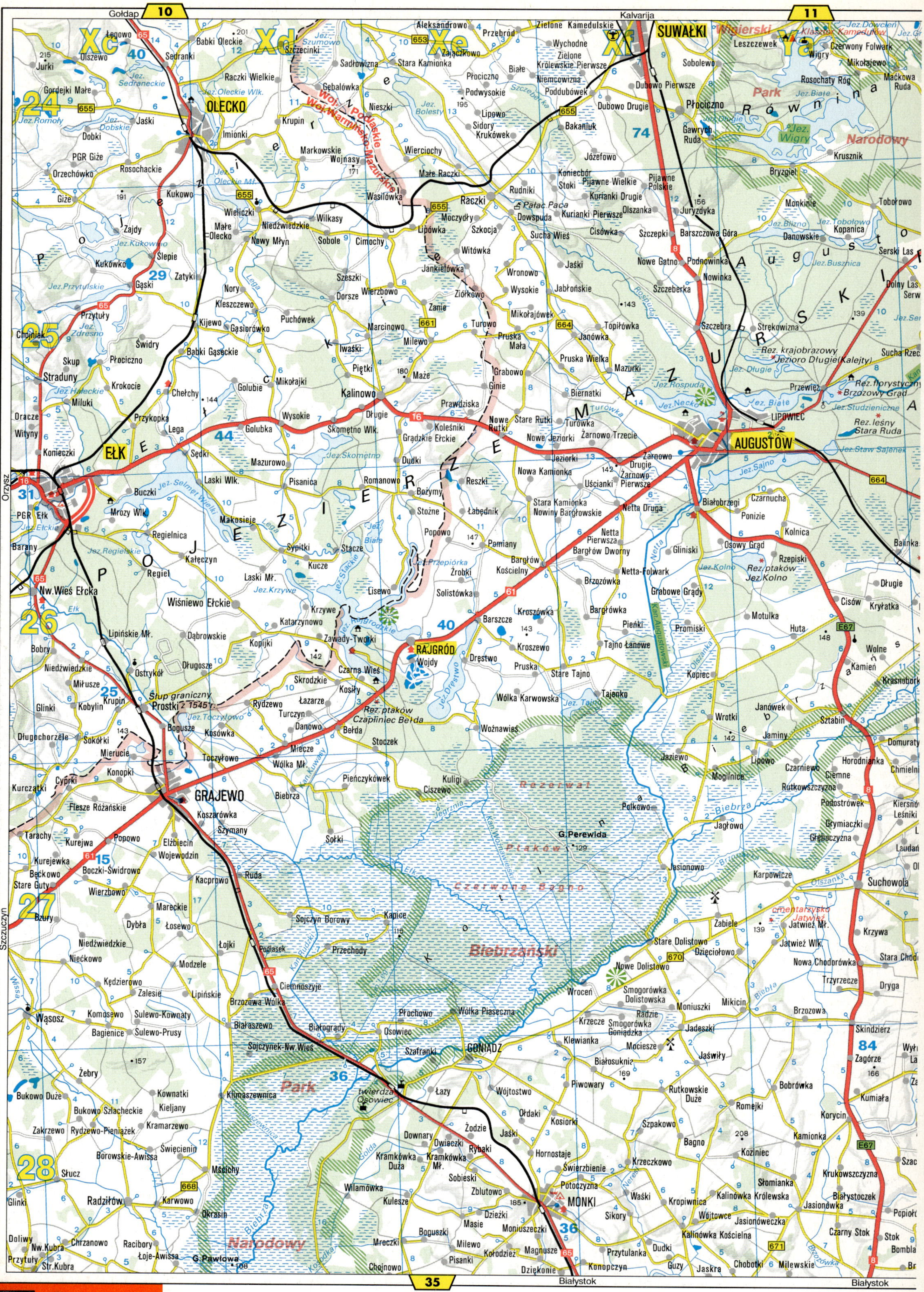

Gołdap
10
Kalvarija
11
Xc
Xd
Xe
Xf
Ya
24
25
26
27
28
OLECKO
SUWAŁKI
EŁK
AUGUSTÓW
RAJGRÓD
GRAJEWO
GONIĄDZ
MOŃKI
Park Wigierski
Park Krajobrazowy Puszczy Rominckiej
Równina Augustowska
Pojezierze Mazurskie
Pojezierze Ełckie
Woj. Podlaskie
Woj. Warmińsko-Mazurskie
Jez. Wigry
Jez. Rospuda
Jez. Necko
Jez. Białe
Jez. Sajno
Jez. Selmęt Wielki
Jez. Ełckie
Jez. Rajgrodzkie
Jez. Dręstwo
Jez. Tajno
Jez. Skomętno
Rez. krajobrazowy Jezioro Długie (Kalejty)
Rez. ptaków Czapliniec Bełda
Rez. ptaków Jez. Kolno
Rez. florystyczny Brzozowy Grąd
Rez. leśny Stara Ruda
Słup graniczny z 1545 r.
Cmentarzysko Jaćwięży
Twierdza Osowiec
Biebrzański Park Narodowy
Czerwone Bagno
Rozlewisko Ptaków
Biebrza
Netta
Kanał Augustowski
E67
8
16
61
65
655
661
664
668
670
671
Orzysz
Szczuczyn
Białystok
35

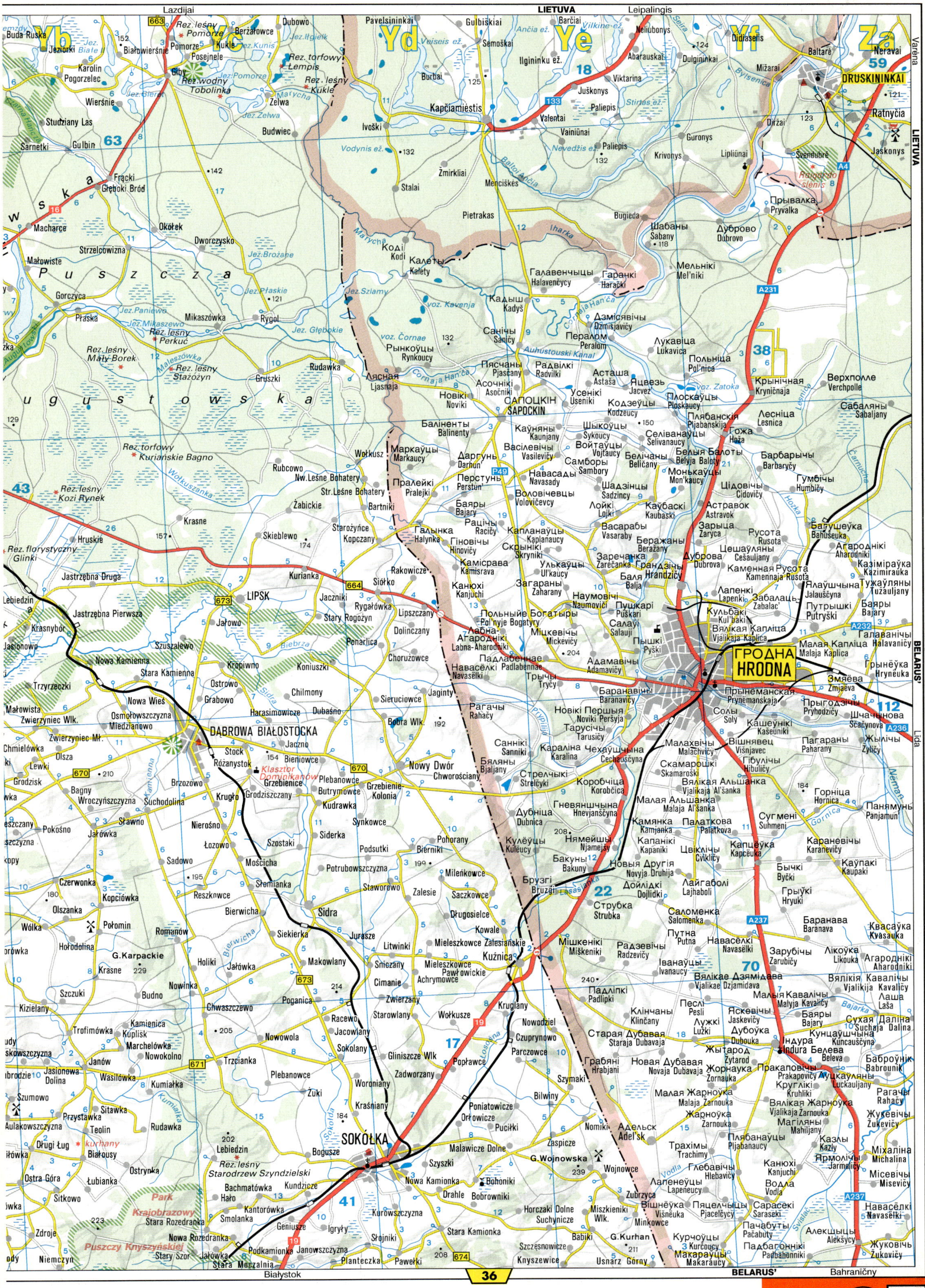
Lazdijai
LIETUVA
Leipalingis
Yb
Yc
Yd
Ye
Yf
Za
59
DRUSKININKAI
Ratnyčia
Baltarė
Neravai
Varėna
Gulbiškiai
Kapčiamiestis
Sejny
Giby
Dubowo
Berżałowce
Pomorze
Posejnele
Studziany Las
Sarnetki
Gulbin
Frącki
Głęboki Bród
63
18
Puszcza Augustowska
Macharce
Okółek
Dworczysko
Strzelcowizna
Gorczyca
Płaska
Mikaszówka
Rygol
Rudawka
Gruszki
Krasne
Kurianka
Jastrzębna Druga
Jastrzębna Pierwsza
LIPSK
Jałowo
Krasnybór
Nowa Kamienna
Stara Kamienna
Trzyrzeczki
Płaska
DĄBROWA BIAŁOSTOCKA
Stock
Różanystok
Jaczno
Bieniowce
Nowy Dwór
Chworościany
Grzebienie
Sidra
Kuźnica
Kruglany
Szymaki
Nomiki
Sokolany
Zwierzany
Kowale
Szczuki
Budno
Nowinka
Chwaszczewo
Janów
SOKÓŁKA
Bogusze
Nowa Kamionka
Bobrowniki
Stara Kamionka
Knyszewice
Planteczka
Białystok
36
BELARUS'
Bahraničny
ГРОДНА
HRODNA
Сапоцкін
Sapockin
Пералом
Адамавічы
Adamavičy
Барanavічы
Тарусічы
Поречье
Гожа
Hoža
Лесніца
Верхполле
Сабаляны
Барбарычы
Гумбічы
Гібулічы
Вішнявец
Скамарошкі
Вялікая Альшанка
Малая Альшанка
Дубніца
Гневяншчына
Новая Другія
Дойлідкі
Строгі
Саломенка
Путна
Навасёлкі
Зарубічы
Індура
Белева
Прыгодзічы
Шчачынова
Lida
Пагараны
Панямунь
Гожа
Друскінінкай
A231
A237
A236
A232
A4
38
112
70
17
22
41
19
16
673
663
664
670
671
674
133
P49

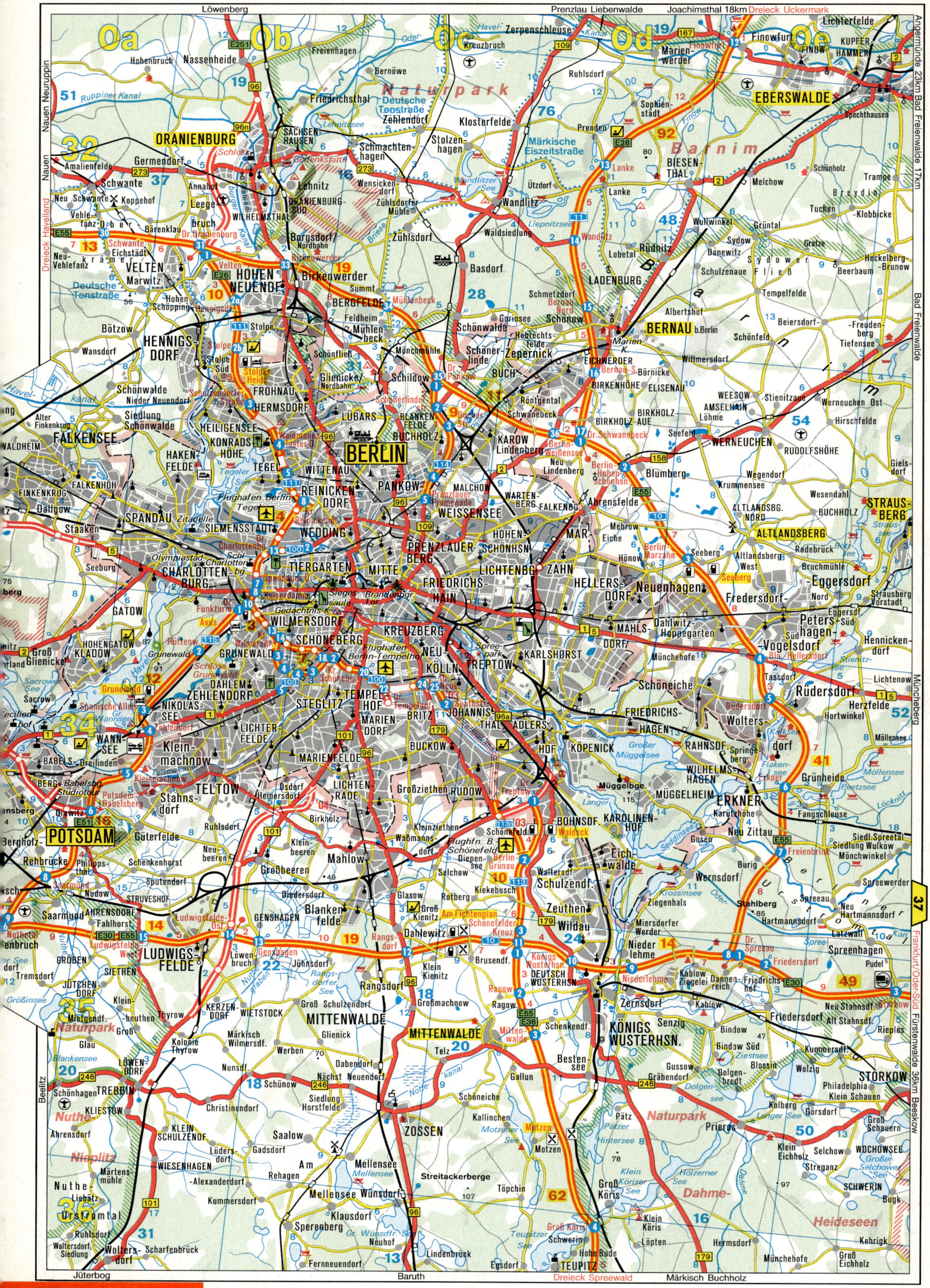
Löwenberg
Prenzlau Liebenwalde
Joachimsthal 18km Dreieck Uckermark
Angermünde 23km Bad Freienwalde 17km
Bad Freienwalde
Müncheberg
Frankfurt/Oder-Süd Fürstenwalde 36km Beeskow
Jüterbog
Baruth
Dreieck Spreewald
Märkisch Buchholz
Beelitz
Nauen Neuruppin
Nauen
Dreieck Havelland
Oa
Ob
Oc
Od
Oe
ORANIENBURG
EBERSWALDE
BERNAU
BERLIN
ALTLANDSBERG
STRAUSBERG
POTSDAM
MITTENWALDE
HENNIGSDORF
FALKENSEE
SPANDAU
CHARLOTTENBURG
TIERGARTEN
MITTE
WEDDING
REINICKENDORF
PANKOW
WEISSENSEE
PRENZLAUER BERG
FRIEDRICHSHAIN
KREUZBERG
SCHÖNEBERG
WILMERSDORF
LICHTENBERG
HELLERSDORF
MARZAHN
STEGLITZ
TEMPELHOF
NEUKÖLLN
TREPTOW
KÖPENICK
ZEHLENDORF
TELTOW
Kleinmachnow
Stahnsdorf
LUDWIGSFELDE
ZOSSEN
KÖNIGS WUSTERHSN.
STORKOW
ERKNER
Rüdersdorf
Eggersdorf
Neuenhagen
Werneuchen
Birkenwerder
HOHEN NEUENDORF
VELTEN
Wandlitz
Zepernick
Schönefeld
Blankenfelde
Mahlow
Rangsdorf
Zeuthen
Wildau
Schulzendorf
Eichwalde
Gosen
Grünheide
Naturpark
Barnim
Dahme-Heideseen

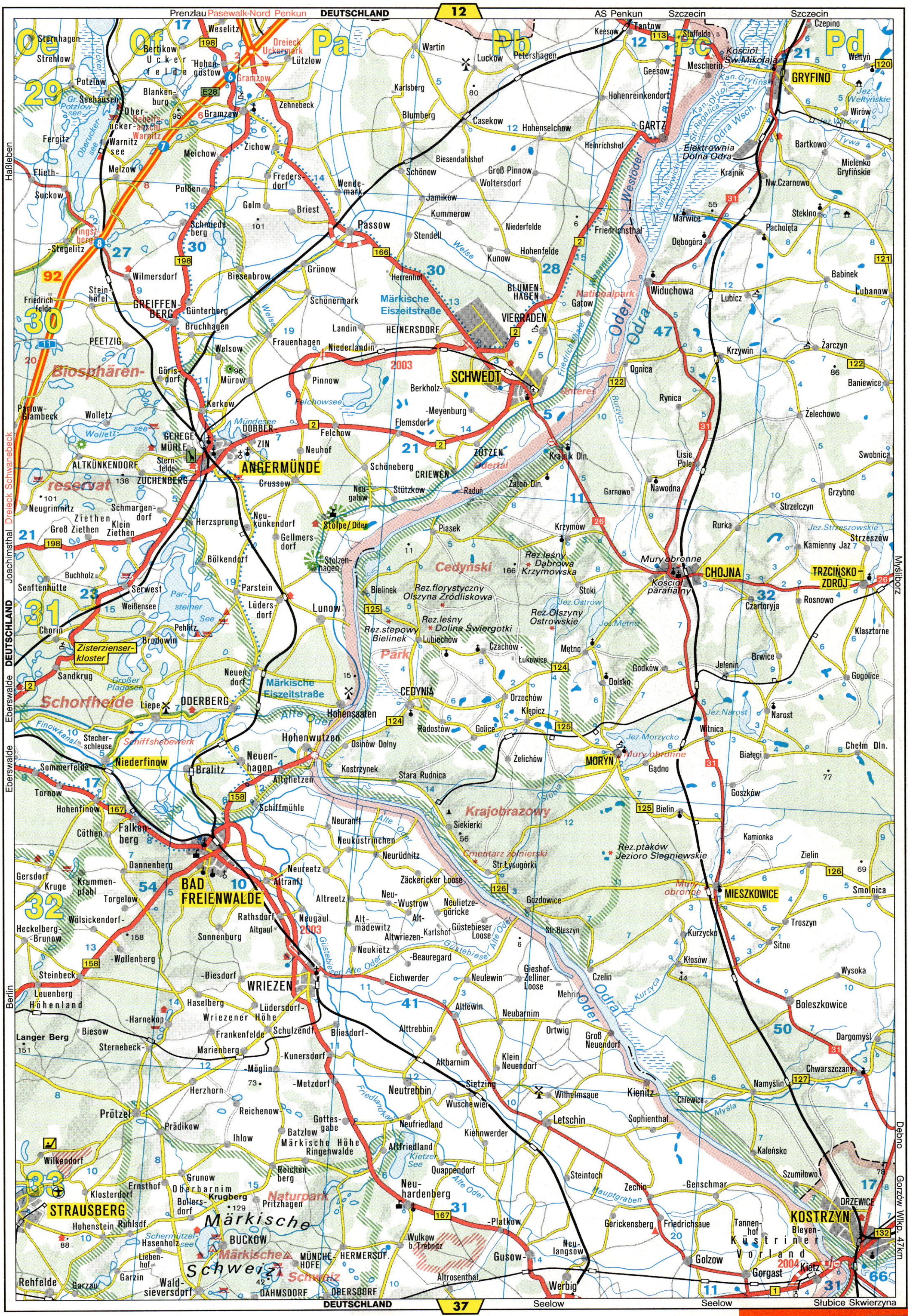

Prenzlau
Pasewalk-Nord
Penkun
DEUTSCHLAND
12
AS Penkun
Szczecin
Szczecin
Oe
Of
Pa
Pb
Pc
Pd
29
30
31
32
33
Weselitz
Dreieck Uckermark
Lützlow
Wartin
Luckow
Petershagen
Tantow
Staffelde
Czepino
Mescherin
Kościół Św.Mikołaja
GRYFINO
Gramzow
Zehnebeck
Karlsberg
Blumberg
Casekow
Hohenselchow
Hohenreinkendorf
GARTZ
Geesow
Sternhagen
Strehlow
Potzlow
Seehausen
Bertikow
Uckerfelde
Blankenburg
Oberuckersee
Warnitz
Fergitz
Meichow
Zichow
Flieth
Suckow
Melzow
Polßen
Fredersdorf
Wendemark
Golm
Briest
Passow
Schönow
Jamikow
Kummerow
Groß Pinnow
Woltersdorf
Heinrichshof
Biesendahlshof
Elektrownia Dolna Odra
Krajnik
Nw.Czarnowo
Bartkowo
Mielenko Gryfińskie
Westoder
Schmiedeberg
Stendell
Niederfelde
Friedrichsthal
Marwice
Debogóra
Pacholęta
Steklno
Wilmersdorf
Grünow
Kunow
Hohenfelde
Stegelitz
Ringsberg
Friedrichfelde
Steinhöfel
GREIFFENBERG
Günterberg
Bruchhagen
Biesenbrow
Schönermark
Märkische Eiszeitstraße
Herrenhof
BLUMENHAGEN
Gatow
Nationalpark
Widuchowa
Lubicz
Babinek
Łubanow
PEETZIG
Biosphären-
Welsow
Frauenhagen
Landin
HEINERSDORF
VIERRADEN
Niederlandin
Oder
Odra
Krzywin
Żarczyn
Baniewice
Görlsdorf
Mürow
Pinnow
2003
SCHWEDT
Berkholz-Meyenburg
Ognica
Rynica
Zelechowo
Parlow-Glambeck
Wolletz
Wolletzsee
Kerkow
Mündesee
DOBBER
Felchow
Flemsdorf
Criewen
Krajnik Dln.
Lisie Pole
Swobnica
GERSDORF
GEBERSDORF
ZIN
ANGERMÜNDE
Neuhof
Zützen
Odertal
Schöneberg
Stützkow
Raduń
Zatoń Dln.
Garnowo
Nawodna
Grzybno
ALTKÜNKENDORF
ZUCHENBERG
Crussow
Neugalow
Stolpe/Oder
Piasek
Krzymów
Strzelczyn
reservat
Neugrimnitz
Schmargendorf
Ziethen
Klein Ziethen
Groß Ziethen
Herzsprung
Neukünkendorf
Gellmersdorf
Rurka
Kamienny Jaz
Strzeszów
Jez. Strzeszowskie
Bölkendorf
Stolzenhagen
Cedyński
Rez.leśny Dąbrowa Krzymowska
Mury obronne
Kościół parafialny
CHOJNA
TRZCIŃSKO-ZDRÓJ
Rosnowo
Czartoryja
Buchholz
Senftenhütte
Serwest
Parstein
Lüdersdorf
Lunow
Bielinek
Rez.florystyczny Olszyna Źródliskowa
Rez.leśny Dolina Świergotki
Rez.stepowy Bielinek
Rez.Olszyny Ostrowskie
Jez.Ostrów
Jez.Mętno
Stoki
Klasztorne
Weißensee
Parsteiner See
Pehlitz
Chorin
Brodowin
Zisterzienserkloster
Lubiechów
Czachow
Łukowice
Mętno
Godków
Dołsko
Jelenin
Brwice
Gogolice
Sandkrug
Großer Plagesee
Schorfheide
Liepe
ODERBERG
Neuendorf
Märkische Eiszeitstraße
Alte Oder
Hohensaaten
CEDYNIA
Park
Orzechów
Klępicz
Radostów
Golice
Jez.Narost
Narost
Witnica
Stechерschleuse
Schiffshebewerk
Finowkanal
Hohenwutzen
Osinów Dolny
Jez.Morzycko
MORYŃ
Mury obronne
Gądno
Białęgi
Chełm Dln.
Niederfinow
Sommerfelde
Eberswalde
Bralitz
Neuenhagen
Kostrzynek
Żelichów
Stara Rudnica
Altglietzen
Schiffmühle
Tornow
Hohenfinow
Falkenberg
Cöthen
Krajobrazowy
Siekierki
Neuranft
Neukünstrinchen
Cmentarz żołnierski
Str.Łysogórki
Rez.ptaków Jezioro Słegniewskie
Bielin
Goszków
Kamionka
Dannenberg
Gersdorf
Kruge
Krummenpfahl
Torgelow
BAD FREIENWALDE
Neureetz
Altranft
Zäckericker Loose
Gozdowice
MIESZKOWICE
Zielin
Smolnica
Wölsickendorf
Heckelberg-Brunow
Altreetz
Neuwustrow
Altwustrow
Neulietzegöricke
Gustebieser Loose
Karlshof
Rathsdorf
Altgaul
Neugaul
Altmädewitz
Altwriezen
Sonnenberg
Wollenberg
Neukietz
Beauregard
Str.Błeszyn
Kurzycko
Troszyn
Sitno
Steinbeck
Leuenberg
Höhenland
Biesdorf
WRIEZEN
Eichwerder
Neulewin
Gieshof-Zelliner Loose
Czelin
Kłosów
Wysoka
Boleszkowice
Berlin
Langer Berg
Biesow
Harnekop
Haselberg
Wriezener Höhe
Lüdersdorf
Frankenfelde
Schulzendorf
Bliesdorf
Alttrebbin
Altlewin
Neubarnim
Ortwig
Groß Neuendorf
Mehrin
Odra
Dargomyśl
Sternebeck
Marienberg
Kunersdorf
Möglin
Altbarnim
Klein Neuendorf
Chwarszczany
Herzhorn
Metzdorf
Neutrebbin
Sietzing
Wilhelmsaue
Kienitz
Chlewice
Namyślin
Prötzel
Prädikow
Reichenow
Ihlow
Batzlow
Gottesgabe
Märkische Höhe
Ringenwalde
Wuschewier
Neufriedland
Altfriedland
Kietzer See
Kiehnwerder
Letschin
Sophienthal
Mysla
Kaleńsko
Wilkendorf
Strausberg
Ernsthof
Klosterdorf
Grunow
Oberbarnim
Krugberg
Bollersdorf
Pritzhagen
Naturpark
Reichenberg
Neuhardenberg
Quappendorf
Steintoch
Zechin
Hauptgraben
Genschmar
Szumiłowo
Drzewice
STRAUSBERG
Hohenstein
Ruhlsdf.
Schermützelsee
Hasenholz
Märkische
Schweiz
BUCKOW
Münchehofe
Hermersdorf
Wulkow b.Trebnitz
Platkow
Gusow
Neulangsow
Gerickensberg
Friedrichsaue
Tannenhof
Küstriner Vorland
Golzow
KOSTRZYN
Bleyen
Gorgast
Kietz
2004
Rehfelde
Garzau
Garzin
Waldsieversdorf
DAHMSDORF
OBERSDORF
Altrosenthal
Werbig
DEUTSCHLAND
37
Seelow
Seelow
Słubice Skwierzyna
Myślibórz
Dębno
Gorzów Wlkp. 47km
Haßleben
Dreieck Schwanebeck
Joachimsthal
Eberswalde
Eberswalde

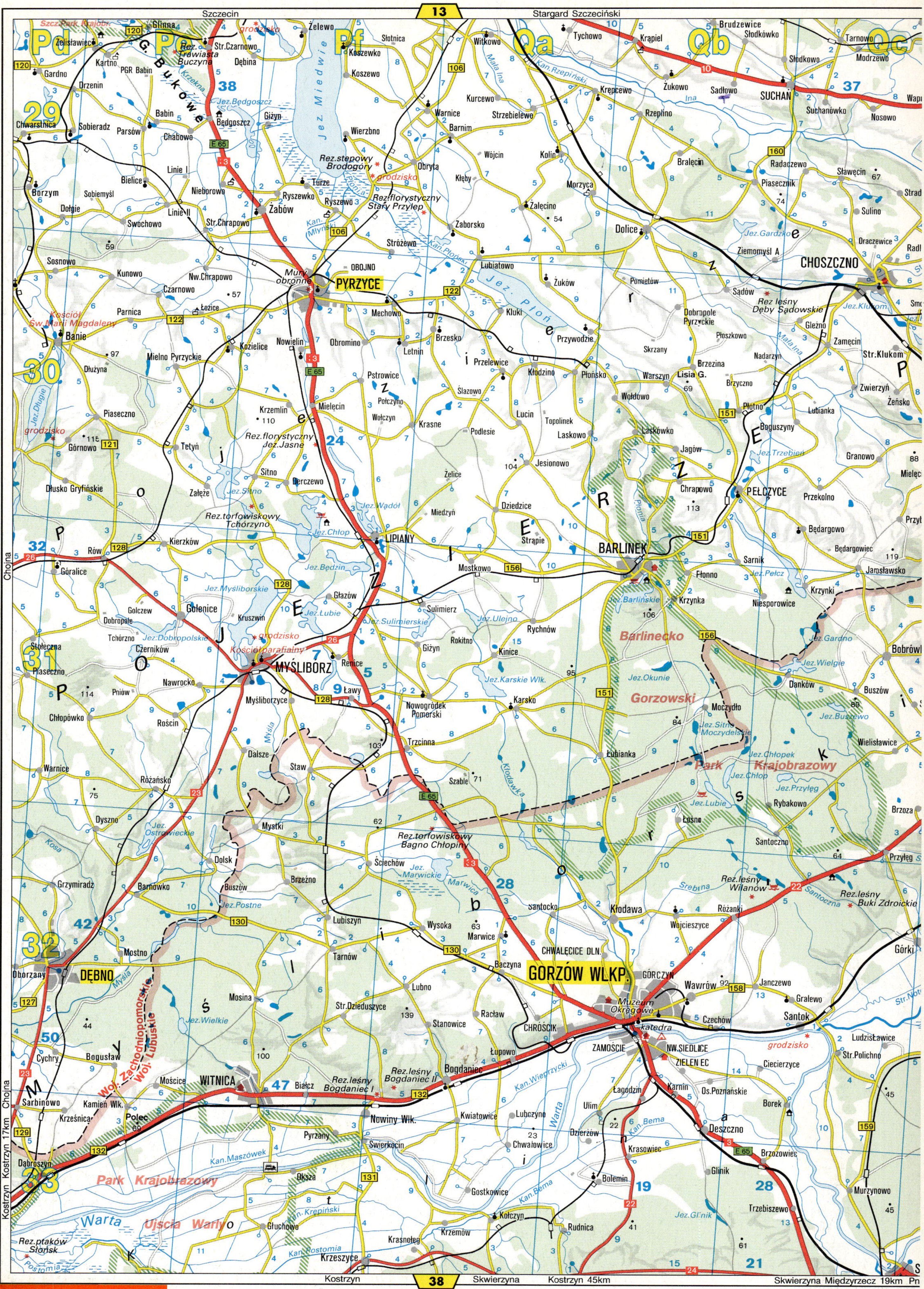

Szczecin
13
Stargard Szczeciński
Pd
Pe
Pf
Qa
Qb
Qc
29
30
31
32
33
37
PYRZYCE
CHOSZCZNO
BARLINEK
MYŚLIBÓRZ
LIPIANY
PEŁCZYCE
DĘBNO
WITNICA
GORZÓW WLKP.
SUCHAŃ
Glinna
Żelisławiec
Kartno
Gardno
Drzenin
PGR Babin
Babin
Chwarstnica
Sobieradz
Parsów
Chabowo
Borzym
Bielice
Linie I
Linie II
Nieborowo
Sobiemyśl
Dołgie
Swochowo
Str.Czarnowo
Dębina
Będgoszcz
Giżyn
Str.Chrapowo
Żabów
Ryszewko
Ryszewo
Turze
Żelewo
Słotnica
Koszewko
Koszewo
Wierzbno
Obryta
Jez. Miedwie
Rez. stepowy Brodogóry
Rez. florystyczny Stary Przylep
Rez. Trawiasta Buczyna
Buk Gukowe
grodzisko
Sosnowo
Kunowo
Czarnowo
Nw.Chrapowo
Mury obronne
OBOJNO
Mechowo
Łożice
Parnica
Kościół Św. Marii Magdaleny
Banie
Kozielice
Nowielin
Obromino
Letnin
Brzesko
Pstrowice
Połczyno
Wołczyn
Krasne
Słazowo
Podlesie
Żelice
Miedzyń
Dłużyna
Mielno Pyrzyckie
Piaseczno
Górnowo
Tetyń
Krzemlin
Mielęcin
Rez. florystyczny Jez. Jasne
Dłusko Gryfińskie
Załęże
Sitno
Derczewo
Rez. torfowiskowy Tchórzyno
Jez. Chłop
Jez. Wądół
Kierzków
Rów
Góralice
Chojna
Jez. Będzin
Jez. Myśliborskie
Golczew
Dobropole
Tchórzno
Jez. Dobropolskie
Golenice
Kruszwin
Jez. Lubie
Głazów
Jez. Sulimierskie
Sulimierz
Rokitno
Giżyn
Remice
Ławy
Nowogródek Pomorski
Kościół parafialny
Czerników
Stołeczna
Pławno
Pniów
Nawrocko
Myśliborzyce
Chłopówko
Rościn
Dalsze
Staw
Trzcinna
Szablé
Warnice
Różańsko
Dyszno
Jez. Ostrowieckie
Mystki
Rez. torfowiskowy Bagno Chłopiny
Kosa
Dolsk
Buszów
Brzeżno
Ściechów
Jez. Marwickie
Marwice
Grzymiradz
Barnówko
Jez. Postne
Lubiszyn
Wysoka
Marwice
Santocko
Mostno
Tarnów
Baczyna
Oborzany
Myśla
Woj. Zachodniopomorskie
Woj. Lubuskie
Mosina
Jez. Wielkie
Str.Dzieduszyce
Lubno
Stanowice
Racław
Chróścik
Bogusław
Cychry
Mościce
Białcz
Rez. leśny Bogdaniec I
Rez. leśny Bogdaniec II
Bogdaniec
Łupowo
Sarbinowo
Kamień Wlk.
Krześnica
Polecko
Nowiny Wlk.
Kwiatowice
Lubczyno
Chwałowice
Pyrzany
Świerkocin
Dąbroszyn
Kan. Maszówek
Park Krajobrazowy Ujście Warty
Warta
Oksza
Gostkowice
Kołczyn
Rudnica
Gluchowo
Kan. Krępiński
Krasnołęg
Krzemów
Krzeszyce
Rez. ptaków Słońsk
Postomia
Kan. Postomia
Kostrzyn
Kostrzyn 17km
Kostrzyn 45km
38
Skwierzyna
Skwierzyna Międzyrzecz 19km
Witkowo
Tychowo
Krąpiel
Brudzewice
Słodkówko
Tarnowo
Modrzewo
Kan. Rzepiński
Mała Ina
Kurcewo
Strzebielewo
Warnice
Barnim
Wójcin
Kłęby
Kolin
Morzyca
Załęcino
Zaborsko
Krępcewo
Rzeplino
Żukowo
Sadłowo
Słodkowo
Suchanówko
Nosowo
Brałęcin
Radaczewo
Piasecznik
Sławęcin
Sulino
Draczewice
Dolice
Ziemomyśl A
Jez. Gardzko
Lubiatowo
Żuków
Kan. Płonka
Jez. Płoń
Kluki
Przywodzie
Pomietów
Dobropole Pyrzyckie
Sądów
Rez. leśny Dęby Sądowskie
Jez. Klukom
Głęzno
Zamęcin
Str.Klukom
Płoszkowo
Nadarzyn
Przelewice
Kłodzino
Płońsko
Skrzany
Warszyn
Lisia G.
Brzezina
Brzyczno
Zwierzyń
Żeńsko
Lucin
Topolinek
Laskowo
Wołdowo
Laskówko
Płotno
Lubianka
Boguszyny
Jez. Trzebień
Granowo
Jesionowo
Jagów
Chrapowo
Przekolno
Dziedzice
Strąpie
Będargowo
Będargowiec
Mostkowo
Płonno
Sarnik
Jez. Pełcz
Jarosławsko
Krzynka
Niesporowice
Krzynki
Jez. Barlińskie
Barlinecko
Gorzowski
Park Krajobrazowy
Rychnów
Jez. Ulejno
Kinice
Jez. Karskie Wlk.
Karsko
Jez. Okunie
Moczydło
Jez. Sitno Moczydelskie
Danków
Buszów
Jez. Buszewo
Jez. Gardno
Jez. Wielgie
Bobrówko
Wielisławice
Łubianka
Kłodawka
Jez. Chłopek
Jez. Chłop
Jez. Lubie
Jez. Przyłęg
Rybakowo
Łośno
Brzoza
Santoczno
Przyłęg
Srebrna
Rez. leśny Wilanów
Różanki
Santoczna
Rez. leśny Buki Zdroickie
Kłodawa
Wojcieszyce
Górki
CHWALĘCICE DLN.
GÓRCZYN
Wawrów
Janczewo
Gralewo
Santok
Muzeum Okręgowe
katedra
Czechów
ZAMOŚCIE
NW.SIEDLICE
ZIELENIEC
Ciecierzyce
Ludzisławice
Str.Polichno
Kan. Wieprzycki
Łagodzin
Karnin
Os.Poznańskie
Borek
Ulim
Dzierżów
Kan. Bema
Krasowiec
Deszczno
Brzozowiec
Glinik
Bolemin
Murzynowo
Trzebiszewo
Jez. Gliník
Warta
Noteć
E 65

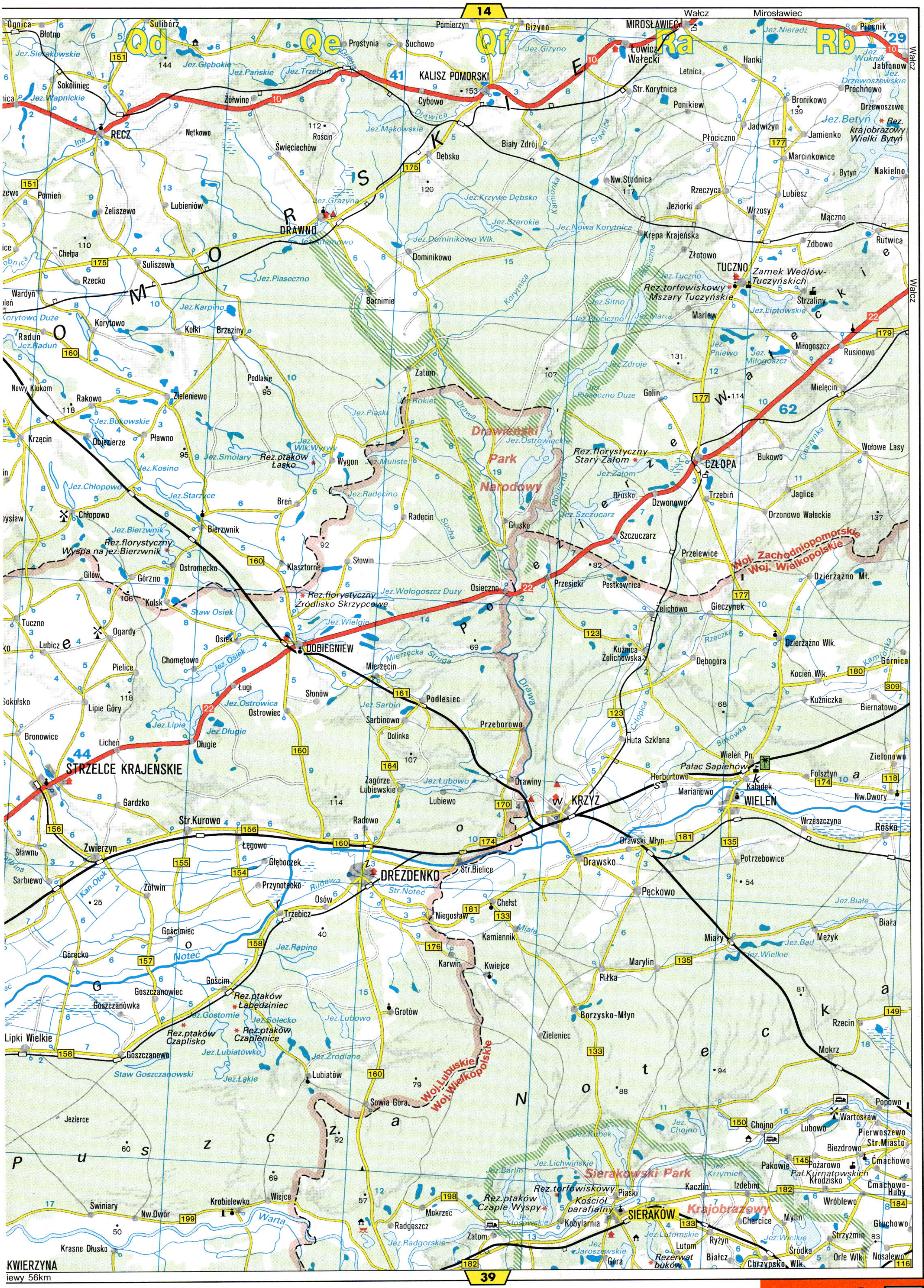
14
Qd
Qe
Qf
Ra
Rb
Wałcz
Mirosławiec
Ognica
Błotno
Sulibórz
Prostynia
Suchowo
Pomierzyn
Giżyno
MIROSŁAWIEC
Łowicz Wałecki
Piesnik
Jabłonowo
Jez. Głębokie
Jez. Pańskie
Jez. Trzebuń
KALISZ POMORSKI
Cybowo
Drawica
Letnica
Hanki
Str.Korytnica
Ponikiew
Bronikowo
Prochnowo
Drzewoszewo
Sokoliniec
Jez. Wapnickie
Żółwino
RECZ
Nętkowo
Rościn
Świeciechów
Jez. Makowskie
Biały Zdrój
Jez.Betyń
Rez. krajobrazowy Wielki Bytyń
Jadwiżyn
Jamienko
Płociczno
Marcinkowice
Bytyń
Nakielno
Dębsko
Nw.Studnica
Rzeczyca
Lubiesz
Jeziorki
Wrzosy
Mączno
Pomień
Żeliszewo
Lubieniów
Jez.Grażyna
DRAWNO
Jez.Krzywe Dębsko
Jez.Szerokie
Jez.Nowa Korytnica
Krępa Krajeńska
Zdbowo
Rutwica
Chełpa
Suliszewo
Dominikowo
Złotowo
TUCZNO
Zamek Wedlów-Tuczyńskich
Rzecko
Jez.Piaseczno
Rez.torfowiskowy Mszary Tuczyńskie
Strzaliny
Wardyń
Barnimie
Jez.Sitno
Marlew
Korytowo
Jez.Karpino
Kołki
Brzeziny
Jez.Liptowskie
Raduń
Jez.Raduń
Jez.Zdroje
Miłogoszcz
Rusinowo
Nowy Klukom
Rakowo
Podlasie
Zatom
Jez.Rokiet
Jez.Piaseczno Duże
Golin
Mielęcin
Zieleniewo
Jez.Bukowskie
Krzęcin
Objezierze
Pławno
Jez.Piaski
Drawieński Park Narodowy
Jez.Ostrowieckie
Rez.florystyczny Stary Załom
CZŁOPA
Bukowo
Wołowe Lasy
Jez.Smolary
Rez.ptaków Łasko
Wygon
Jez.Muliste
Jez.Kosino
Jez.Chłopowo
Jez.Starzyce
Breń
Jez.Radęcino
Jez.Załom
Drusko
Dzwonowo
Trzebiń
Jaglice
Chłopowo
Jez.Bierzwnik
Bierzwnik
Radęcin
Głusko
Jez.Szczucarz
Szczucarz
Drzonowo Wałeckie
Rez.florystyczny Wyspa na jez.Bierzwnik
Ostromęcko
Klasztorne
Słowin
Przelewice
Woj. Zachodniopomorskie
Woj. Wielkopolskie
Giłów
Górzno
Kolsk
Rez.florystyczny Źródlisko Skrzypcowe
Jez.Wołogoszcz Duży
Osieczno
Przesieki
Pestkownica
Dzierżążno Mł.
Staw Osiek
Żelichowo
Gieczynek
Tuczno
Ogardy
Jez.Wielgie
Osiek
DOBIEGNIEW
Kuźnica Żelichowska
Dzierżążno Wlk.
Lubicz
Chomętowo
Jez.Osiek
Mierzęcin
Mierzęcka Struga
Dębogóra
Kocień Wlk.
Górnica
Pielice
Sokolsko
Lipie Góry
Ługi
Słonów
Podlesiec
Kuźniczka
Biernatowo
Jez.Ostrowica
Ostrowiec
Jez.Sarbin
Sarbinowo
Drawa
Bronowice
Jez.Lipie
Jez.Długie
Dolinka
Przeborowo
Huta Szklana
Zielonowo
Licheń
Długie
Wieleń Pn.
Pałac Sapiehów
STRZELCE KRAJEŃSKIE
Zagórze Lubiewskie
Jez.Łubowo
Lubiewo
Drawiny
KRZYŻ
Herburtowo
Marianowo
Kaładek
WIELEŃ
Folsztyn
Nw.Dwory
Gardzko
Radowo
Str.Kurowo
Łęgowo
Drawski Młyn
Wrzeszczyna
Rośko
Sławno
Zwierzyn
Głęboczek
Drawsko
Potrzebowice
Sarbiewo
DREZDENKO
Str.Bielice
Kan.Otok
Żółwin
Przynotecko
Osów
Rudawa
Str.Noteć
Pęckowo
Trzebicz
Niegosław
Chełst
Jez.Białe
Biała
Gościmiec
Kamiennik
Miała
Mały
Jez.Bąd
Mężyk
Górecko
Noteć
Jez.Rapino
Karwin
Kwiejce
Marylin
Jez.Wielkie
Gościm
Goszczanowiec
Rez.ptaków Łabędziniec
Piłka
Goszczanówka
Jez.Gostomie
Jez.Solecko
Jez.Lubowo
Grotów
Borzysko-Młyn
Rzecin
Lipki Wielkie
Rez.ptaków Czaplisko
Rez.ptaków Czaplenice
Zieleniec
Mokrz
Goszczanowo
Jez.Lubiatówko
Jez.Źródlane
Staw Goszczanowski
Lubiatów
Jez.Łąkie
Woj.Lubuskie
Woj.Wielkopolskie
Sowia Góra
Popowo
Wartosław
Jezierce
Jez.Chojno
Chojno
Lubowo
Pierwoszewo
Str.Miasto
Biezdrowo
Jez.Kubek
Pakowie
Pożarowo
Chmachowo
Pał.Kurnatowskich
Kłodzisko
Jez.Lichwińskie
Sierakowski Park Krajobrazowy
Jez.Barlin
Kaczlin
Izdebno
Chmachowo-Huby
Rez.torfowiskowy
Rez.ptaków Czaple Wyspy
Piaski
Kościół parafialny
Wróblewo
Świniary
Wiejce
Krobielewko
Mokrzec
SIERAKÓW
Nw.Dwór
Warta
Kobylarnia
Charcice
Mylin
Głuchowo
Radgoszcz
Zatom
Jez.Lutomskie
Ryżyn
Strzyżmin
Lutom
Jez.Wielkie
Krasne Dłusko
Jez.Radgorskie
Jez.Jaroszewskie
Rezerwat buków
Góra
Białcz
Śródka
Orle Wlk.
Nosalewo
Chrzypsko Wlk.
KWIERZYNA
39

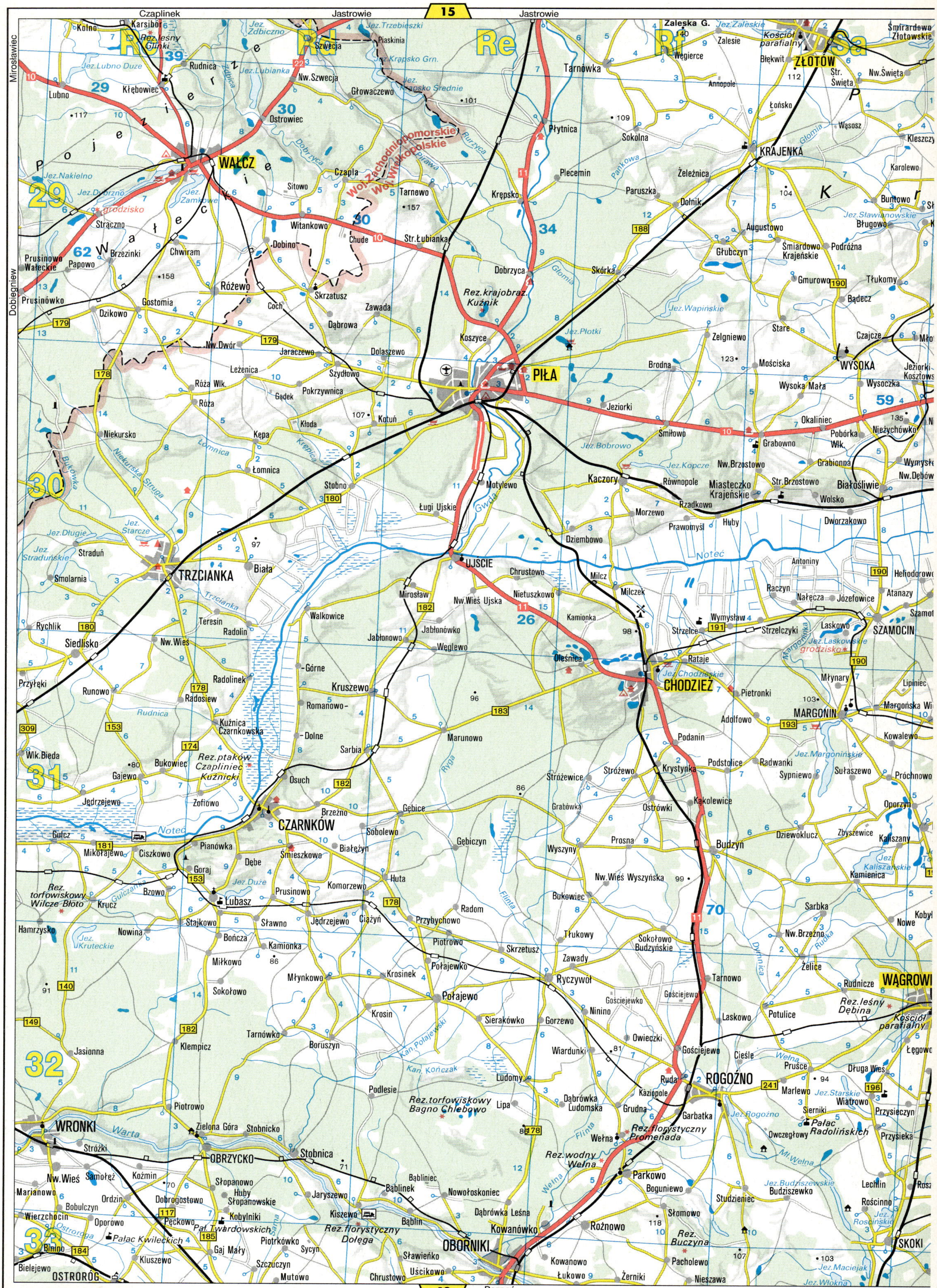
Czaplinek
Jastrowie
15
Jastrowie
Zaleska G.
Śmiardowo Złotowskie
Mirosławiec
Kolno
Karsibór
Rez. leśny Glinki
39
Szwecja
Piaskinia
Re
Rf
Sa
Rudnica
Nw.Szwecja
Krąpsko Grn.
Głowaczewo
Tarnówka
Węgierce
Zalesie
Kościół parafialny
Błękwit
ZŁOTÓW
Lubno
29
Kłębowice
Ostrowiec
Płytnica
Sokolna
Annopole
Łońsko
Nw.Święta
Wąsosz
Kleszczyna
WAŁCZ
Sitowo
Czapla
Tarnowo
Krępsko
Plecemin
Paruszka
Żeleźnica
KRAJENKA
Karolewo
Buntowo
Pojezierze Wałeckie
Wał. zachodniopomorskie
Woj. wielkopolskie
Strączno
Witankowo
Chude
Str.Łubianka
34
Dolnik
Augustowo
Bługowo
Prusinowo Wałeckie
Papowo
Brzezinki
Chwiram
Dobino
Dobrzyca
Skórka
Głubczyn
Śmiardowo Krajeńskie
Podróżna
Różewo
Skrzatusz
Rez. krajobraz. Kuźnik
Gmurowo
Tłukomy
Prusinówko
Dzikowo
Gostomia
Coch
Zawada
Bądecz
Dąbrowa
Stare
Koszyce
Zelgniewo
Czajcze
Nw.Dwór
Jaraczewo
Dolaszewo
Brodna
Mościska
WYSOKA
Leżenica
Szydłowo
PIŁA
Wysoka Mała
Wysoczka
Róża Wlk.
Gądek
Pokrzywnica
Jeziorki
59
Róża
Kotuń
Okaliniec
Niekursko
Kłoda
Śmiłowo
Grabowno
Pobórka Wlk.
Kępa
Łomnica
Nw.Brzostowo
Grabionna
Stobno
Kaczory
Rownopole
Miasteczko Krajeńskie
Str.Brzostowo
Białośliwie
Motylewo
Wolsko
Ługi Ujskie
Rzadkowo
Morzewo
Prawomyśl
Huby
Dworzakowo
Straduń
Dziembowo
Noteć
Antoniny
TRZCIANKA
Biała
UJŚCIE
Chrustowo
Milcz
Smolarnia
Mirosław
Nietuszkowo
Milczek
Raczyn
Nałęcza
Józefowice
Nw.Wieś Ujska
Atanazy
Walkowice
Kamionka
Wymysłow
Rychlik
Teresin
Radolin
Jabłonowo
Strzelce
Strzelczyki
Laskowo
SZAMOCIN
Siedlisko
Nw.Wieś
Węglewo
26
Oleśnica
Rataje
Górne
CHODZIEŻ
Pietronki
Przyłęki
Radolinek
Kruszewo
Runowo
Radosiew
Romanowo
Margonińska Wieś
Rudnica
Kuźnica Czarnkowska
Dolne
Marunowo
Podanin
Adolfowo
MARGONIN
Kowalewo
Wlk.Bieda
Sarbia
Stróżewice
Stróżewo
Krystynka
Podstolice
Radwanki
Sypniewo
Sułaszewo
Próchnowo
Rez. ptaków Czapliniec Kuźnicki
Bukowiec
Gajewo
31
Osuch
Ostrówki
Kąkolewice
Jędrzejewo
Zofiowo
Brzeźno
Grabówka
Oporzyn
Gębice
CZARNKÓW
Sobolewo
Budzyń
Dziewoklucz
Zbyszewice
Kalisany
Gulcz
Mikołajewo
Ciszkowo
Pianówka
Śmieszkowo
Białężyn
Gębiczyn
Wyszyny
Prosna
Dębe
Goraj
Huta
Kamienica
Rez. torfowiskowy Wilcze Błoto
Krucz
Bzowo
Lubasz
Prusinowo
Komorzewo
Nw.Wieś Wyszyńska
Bukowiec
Radom
70
Sarbka
Hamrzysko
Nowina
Stajkowo
Sławno
Jędrzejewo
Ciążyń
Przybychowo
Tłukowy
Sokołowo Budzyńskie
Nw.Brzeźno
Nowe
Bończa
Kamionka
Piotrowo
Skrzetusz
Zawady
Żelice
Miłkowo
Krosinek
Połajewko
Ryczywół
Tarnowo
Rudnicze
WĄGROWIEC
Młynkowo
Połajewo
Niniono
Gościejewko
Laskowo
Potulice
Rez. leśny Dębina
Sokołowo
Krosin
Sieraków
Gorzewo
Owieczki
Kościół parafialny
Tarnówko
Klempicz
Boruszyn
Wiardunki
Gościejewo
Ciesle
Łęgowo
32
Jasionna
Kan. Kończak
Ruda
ROGOŹNO
Prusce
Druga Wieś
Lucimy
Marlewo
Podlesie
Rez. torfowiskowy Bagno Chlebowo
Lipa
Dąbrówka Ludomska
Kaziopole
Grudna
Garbatka
Wiatrowo
Przysieczyn
Sierniki
Piotrowo
Pałac Radolińskich
WRONKI
Zielona Góra
Stobnicko
Wełna
Rez. florystyczny Promenada
Owczegłowy
Przysieka
Stróżki
Rez. wodny Wełna
OBRZYCKO
Stobnica
Nw.Wieś
Samołęż
Koźmin
Bąbliniec
Parkowo
Boguniewo
Studzieniec
Budziszewko
Lechlin
Marianowo
Stopanowo
Huby Słopanowskie
Jaryszewo
Bąblinek
Nowołoskoniec
Słomowo
Rościnno
Bobulczyn
Ordzin
Dobrogostowo
Kobylniki
Kiszewo
Dąbrówka Leśna
Wierzchocin
Oporowo
Peckowo
Pał. Twardowskich
Bąblin
Kowanówko
Rożnowo
Rez. Buczyna
33
Pałac Kwileckich
Gaj Mały
Piotrkówko
Sycyn
Rez. florystyczny Dołęga
OBORNIKI
SKOKI
Bielejewo
Binino
OSTRORÓG
Kluszewo
Szczuczyn
Mutowo
Chrustowo
Sławieńko
Uścikowo
Kowanowo
Łukowo
Żerniki
Pacholewo
Nieszawa
40
Poznań

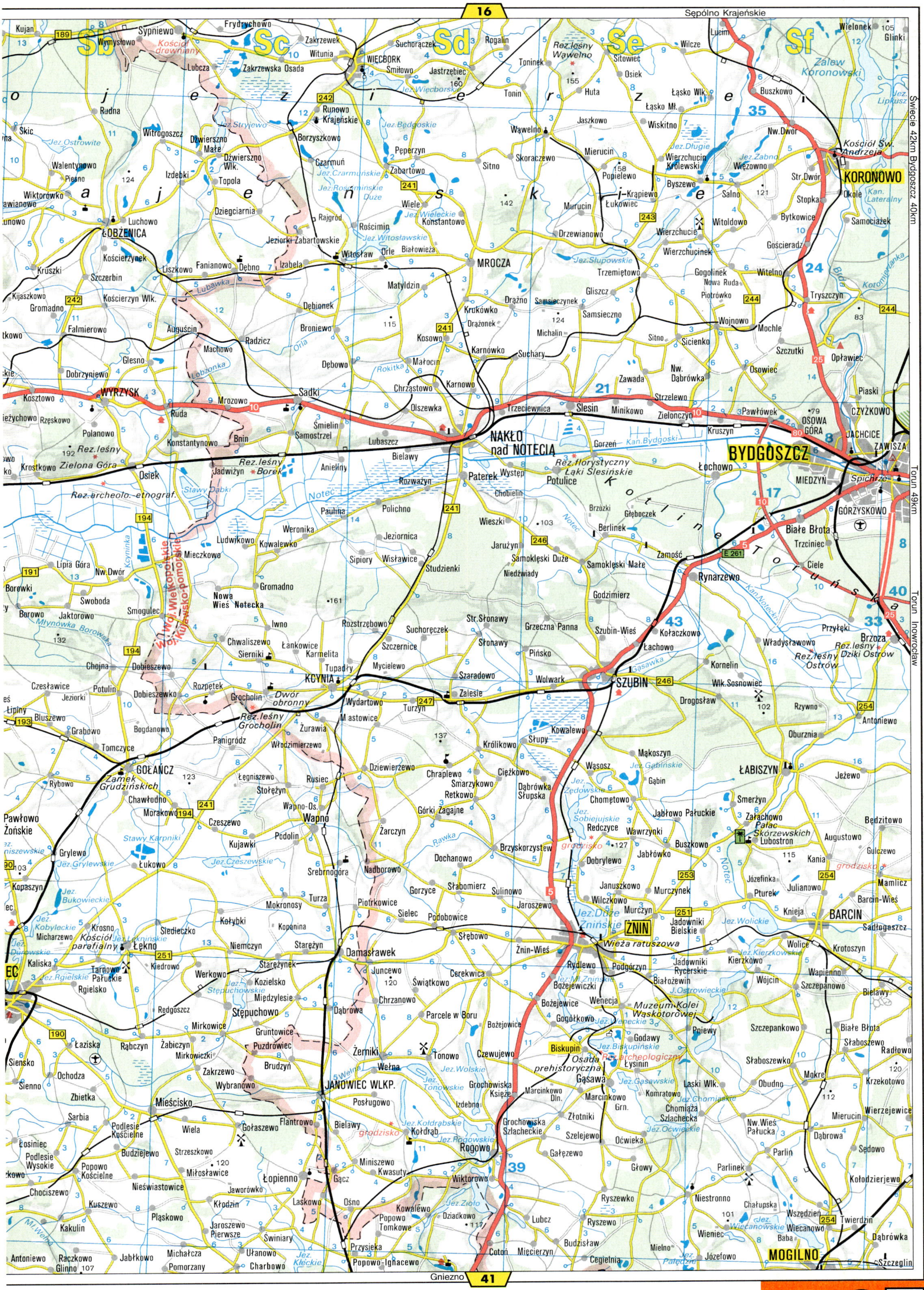
16
41
Sępólno Krajeńskie
Gniezno
Świecie 42km Bydgoszcz 40km
Toruń 49km
Toruń Inowrocław
Sb
Sc
Sd
Se
Sf
Pojezierze Krajeńskie
Kotlina Toruńska
Zalew Koronowski
WIĘCBORK
MROCZA
ŁOBŻENICA
WYRZYSK
NAKŁO nad NOTECIĄ
BYDGOSZCZ
KORONOWO
SZUBIN
KCYNIA
ŁABISZYN
BARCIN
ŻNIN
GOŁAŃCZ
JANOWIEC WLKP.
MOGILNO
Sadki
Sicienko
Białe Błota
Rynarzewo
Kcynia
Wapno
Damasławek
Gąsawa
Rogowo
Biskupin
Osada prehistoryczna
Rez.archeologiczny
Muzeum Kolei Wąskotorowej
Wieża ratuszowa
Pałac Skórzewskich
Zamek Grudzińskich
Kościół parafialny
Kościół drewniany
Kościół Św. Andrzeja
Rez.leśny Wawelno
Rez.leśny Zielona Góra
Rez.leśny Borek
Rez.leśny Grocholin
Rez.leśny Dziki Ostrów
Rez.florystyczny Łąki Ślesińskie
Rez.archeolo.-etnograf.
Dwór obronny
Woj. Wielkopolskie
Woj. Kujawsko-pomorskie
Kan. Bydgoski
Noteć
Jez. Więcborskie
Jez. Słupowskie
Jez. Duże Żnińskie
Jez. Biskupińskie
Jez. Gąsawskie
Jez. Wolskie
Jez. Rogowskie
Jez. Kołdrąbskie
Jez. Wolickie
Jez. Gąbińskie
Jez. Czeszewskie
Jez. Grylewskie
Jez. Bukowieckie
Jez. Kobyleckie
Stawy Karpniki
Stawy Dąbki
grodzisko
Kujan
Sypniewo
Wymysłowo
Lubcza
Zakrzewska Osada
Wituna
Zakrzewek
Suchorączek
Rogalin
Toniņek
Sitowiec
Osiek
Wilcze
Lucim
Wielonek
Glinki
Buszkowo
Łąsko Wlk.
Łąsko Mł.
Wiskitno
Huta
Tonin
Jastrzębiec
Smiłowo
Runowo Krajeńskie
Rudna
Skic
Witrogoszcz
Dźwierszno Małe
Dźwierszno Wlk.
Topola
Izdebki
Borzyszkowo
Czarmuń
Peperzyn
Zabartowo
Sitno
Wawelno
Skoraczewo
Mierucin
Popielewo
Wierzchucin Królewski
Byszewo
Więzowno
Salno
Nw.Dwór
Str.Dwór
Okole
Stopka
Bytkowice
Samociążek
Walentynowo
Piesno
Wiktorówko
Luchowo
Dziegciarnia
Rajgród
Rościmin
Wiele
Konstantowo
Murucin
Łukowiec
Krąpiewo
Wierzchucie
Witoldowo
Gościeradz
Drzewianowo
Trzemiętowo
Wierzchucinek
Gogolinek
Nowa Ruda
Piotrówko
Witelno
Tryszczyn
Kruszki
Kościerzynek
Szczerbin
Kościerzyn Wlk.
Liszkowo
Fanianowo
Dębno
Izabela
Jeziorki Zabartowskie
Witosław
Orle
Białowieża
Matyldzin
Dębionek
Krukówko
Drążonek
Drążno
Samsieczynek
Samsieczno
Gliszcz
Michalin
Wojnowo
Mochle
Kijaszkowo
Gromadno
Falmierowo
Auguścin
Radzicz
Machowo
Broniewo
Kosowo
Karnówko
Suchary
Sitno
Szczutki
Opławiec
Glesno
Dobrzyniewo
Dębowo
Małocin
Chrząstowo
Karnowo
Zawada
Nw. Dąbrówka
Osowiec
Piaski
Kosztowo
Mrozowo
Smielin
Olszewka
Trzeciewnica
Ślesin
Minikowo
Strzelewo
Zielonczyn
Pawłówek
Osowa Góra
Czyżkowo
Jachcice
Zawisza
Rzęskowo
Polanowo
Ruda
Konstantynowo
Bnin
Samostrzel
Lubaszcz
Bielawy
Gorzeń
Kruszyn
Łochowo
Miedzyń
Spichrze
Krostkowo
Osiek
Jadwiżyn
Anieliny
Rozwarzyn
Paterek
Występ
Potulice
Chobielin
Brzózki
Głęboczek
Berlinek
Zamość
Górzyskowo
Trzciniec
Ciele
Paulina
Polichno
Wieszki
Jarużyn
Samoklęski Duże
Samoklęski Małe
Niedźwiady
Weronika
Jeziornica
Ludwikowo
Kowalewko
Mieczkowo
Sipiory
Wisławice
Studzienki
Godzimierz
Lipia Góra
Nw.Dwór
Swoboda
Borowki
Borowo
Jaktorowo
Smogulec
Nowa Wieś Notecka
Gromadno
Iwno
Rozstrzębowo
Suchoręczek
Str.Słonawy
Słonawy
Grzeczna Panna
Szubin-Wieś
Kołaczkowo
Łachowo
Władysławowo
Przyłęki
Brzoza
Chojna
Dobieszewo
Chwaliszewo
Sierniki
Łankowice
Karmelita
Szczerbice
Mycielewo
Tupadły
Pińsko
Kornelin
Czesławice
Jeziorki
Potulin
Dobieszewko
Rozpętek
Grocholin
Wydartowo
Turzyn
Zalesie
Szaradowo
Wolwark
Wlk.Sosnowiec
Drogosław
Rzywno
Antoniewo
Bluszewo
Grabowo
Bogdanowo
Panigródz
Żurawia
Mastowice
Królikowo
Kowalewo
Słupy
Oburznia
Tomczyce
Włodzimierzewo
Dziewierzewo
Chraplewo
Smarzykowo
Retkowo
Ciężkowo
Dąbrówka Słupska
Wąsosz
Mąkoszyn
Gąbin
Jeżewo
Rybowo
Łegniszewo
Stołężyn
Rusiec
Chwałkowo
Morakowo
Chomętowo
Jabłowo Pałuckie
Smerzyn
Załachowo
Lubostroń
Będzitowo
Augustowo
Pawłowo Żońskie
Czeszewo
Wapno-Os.
Górki Zagajne
Żarczyn
Redczyce
Wawrzynki
Buszkowo
Grylewo
Kujawki
Podolin
Brzyskorzystew
Dobrylewo
Jabłówko
Kania
Gulczewo
Łukowo
Srebrnogóra
Nadborowo
Dochanowo
Januszkowo
Murczynek
Józefinka
Julianowo
Mamlicz
Kopaszyn
Turza
Słabomierz
Gorzyce
Sulinowo
Jaroszewo
Wilczkowo
Murczyn
Pturek
Knieja
Barcin-Wieś
Mokronosy
Piotrkowice
Sielec
Podobowice
Jadowniki Bielskie
Sadłogoszcz
Krosno
Micharzewo
Łekno
Siedleczko
Kołybki
Kopanina
Niemczyn
Starężyn
Stębowo
Żnin-Wieś
Rydlewo
Podgórzyn
Wolice
Krotoszyn
Kaliska
Tarnowo Pałuckie
Kiedrowo
Werkowo
Starężynek
Juncewo
Cerekwica
Bożejewiczki
Jadowniki Rycerskie
Kierzkowo
Wapienno
Rgielsko
Kozielsko
Międzylesie
Świątkowo
Białożewin
Wójcin
Szczepanowo
Bielawy
Redgoszcz
Mirkowice
Dąbrowa
Chrzanowo
Parcele w Boru
Bożejewice
Wenecja
Gogółkowo
Pniewy
Szczepankowo
Biała Błota
Słaboszewo
Radłowo
Łaziska
Rąbczyn
Żabiczyn
Gruntowice
Puzdrowiec
Żerniki
Tonowo
Czewujewo
Godawy
Łysinin
Słaboszewko
Krzekotowo
Siensko
Sienno
Ochodza
Mirkowiczki
Zakrzewo
Brudzyń
Wełna
Grochowiska Księże
Marcinkowo Dln.
Marcinkowo Grn.
Komratowo
Laski Wlk.
Obudno
Mokre
Zbietka
Wybranowo
Posługowo
Izdebno
Chomiąża Szlachecka
Nw.Wieś Pałucka
Mierucin
Wierzejewice
Sarbia
Mieścisko
Podlesie Kościelne
Wiela
Gołaszewo
Flantrowo
Bielawy
Kołdrąb
Grochowiska Szlacheckie
Złotniki
Szelejewo
Ocwieka
Dąbrowa
Łosiniec
Podlesie Wysokie
Budziejewo
Strzeszkowo
Gałęzewo
Parlin
Sędowo
Popowo Kościelne
Miłosławice
Łopienno
Gącz
Miniszewo
Kwasuty
Wiktorowo
Głowy
Parlinek
Kołodziejewo
Chociszewo
Nieświastowice
Jaworówko
Kłodzin
Laskowo
Ośno
Kowalewo
Dziadkowo
Ryszewko
Niestronno
Chałupska
Wszedzień
Twierdzin
Kuszewo
Kakulin
Pląskowo
Jaroszewo Pierwsze
Świniary
Popowo Tomkowe
Lubcz
Ryszewo
Wieniec
Wiecanowo
Baba
Dąbrówka
Antoniewo
Rączkowo
Glinno
Jabłkowo
Michałcza
Pomorzany
Ułanowo
Charbowo
Przysieka
Popowo-Ighacewo
Coton
Mięcierzyn
Budzisław
Cegielnia
Mielno
Józefowo
Szczeglin
Jez. Kłeckie
E 261
10
5
25
80
189
242
241
243
244
246
247
191
193
194
190
251
253
254
35
24
21
17
8
40
43
33
39

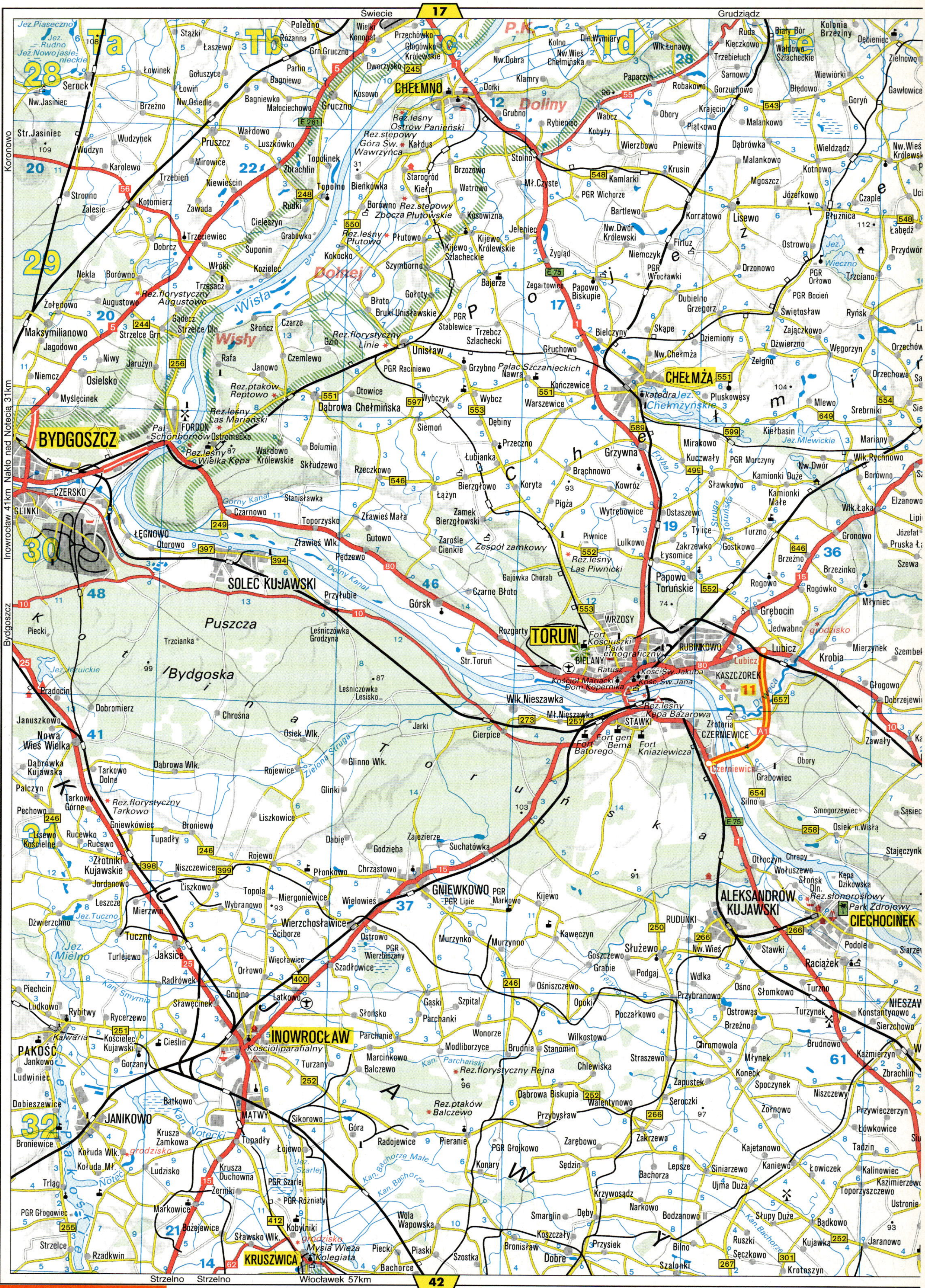

Świecie
17
Grudziądz
Ta
Tb
Tc
Td
Te
28
29
30
31
32
20
22
12
17
19
36
37
41
42
46
48
61
CHEŁMNO
Doliny
Dolnej
Wisły
Wisła
BYDGOSZCZ
FORDON
SOLEC KUJAWSKI
Puszcza
Bydgoska
TORUŃ
CHEŁMŻA
Jez. Chełmżyńskie
Pojezierze Chełmińskie
Kotlina Toruńska
ALEKSANDRÓW KUJAWSKI
CIECHOCINEK
Park Zdrojowy
INOWROCŁAW
Kościół parafialny
KRUSZWICA
Mysia Wieża
Kolegiata
GNIEWKOWO
JANIKOWO
PAKOŚĆ
GLINKI
CZERSKO
ŁĘGNOWO
Otorowo
Czarnowo
Unisław
Dąbrowa Chełmińska
Ostromecko
Rez.stepowy Góra Św. Wawrzyńca
Rez.leśny Ostrów Panieński
Rez.florystyczny Augustowo
Rez.ptaków Reptowo
Rez.leśny Las Mariański
Rez.leśny Wielka Kępa
Rez.leśny Las Piwnicki
Rez.leśny Kępa Bazarowa
Rez.florystyczny Tarkowo
Rez.florystyczny Rejna
Rez.ptaków Balczewo
Rez.słonoroślowy
Zespół zamkowy
Pałac Szczanieckich
Fort Kościuszki
Park etnograficzny
Kościół Mariacki
Dom Kopernika
Ratusz
Kość. Św. Jakuba
Kość. Św. Jana
RUBINKOWO
KASZCZOREK
Lubicz
STAWKI
BIELANY
WRZOSY
Fort Bema
Fort Batorego
Fort Kniaziewicza
Złotoria
CZERNIEWICE
Czerniewice
Wlk.Nieszawka
Mł.Nieszawka
Rozgarty
Str.Toruń
Papowo Toruńskie
Grębocin
Krobia
Obory
Grabowiec
Otłoczyn
Wołuszewo
Słońsk Dln.
Racidżek
Nieszawa
Kowal
Zławieś Wlk.
Górsk
Przyłubie
Pędzewo
Cierpice
Kaczkowo
Lisewo
Papowo Biskupie
Wąbrzeźno
E 75
E 261
1
5
10
15
25
62
80
248
249
250
252
254
255
256
266
267
273
301
397
398
399
400
412
543
546
548
550
551
552
553
554
589
597
599
649
652
654
657
Koronowo
Inowrocław 41km
Nakło nad Notecią 31km
Bydgoszcz
Strzelno
Włocławek 57km
Jez. Pakoskie
Noteć
Kan. Noteci
Kan. Bachorze
Drwęca
Kujawy

18

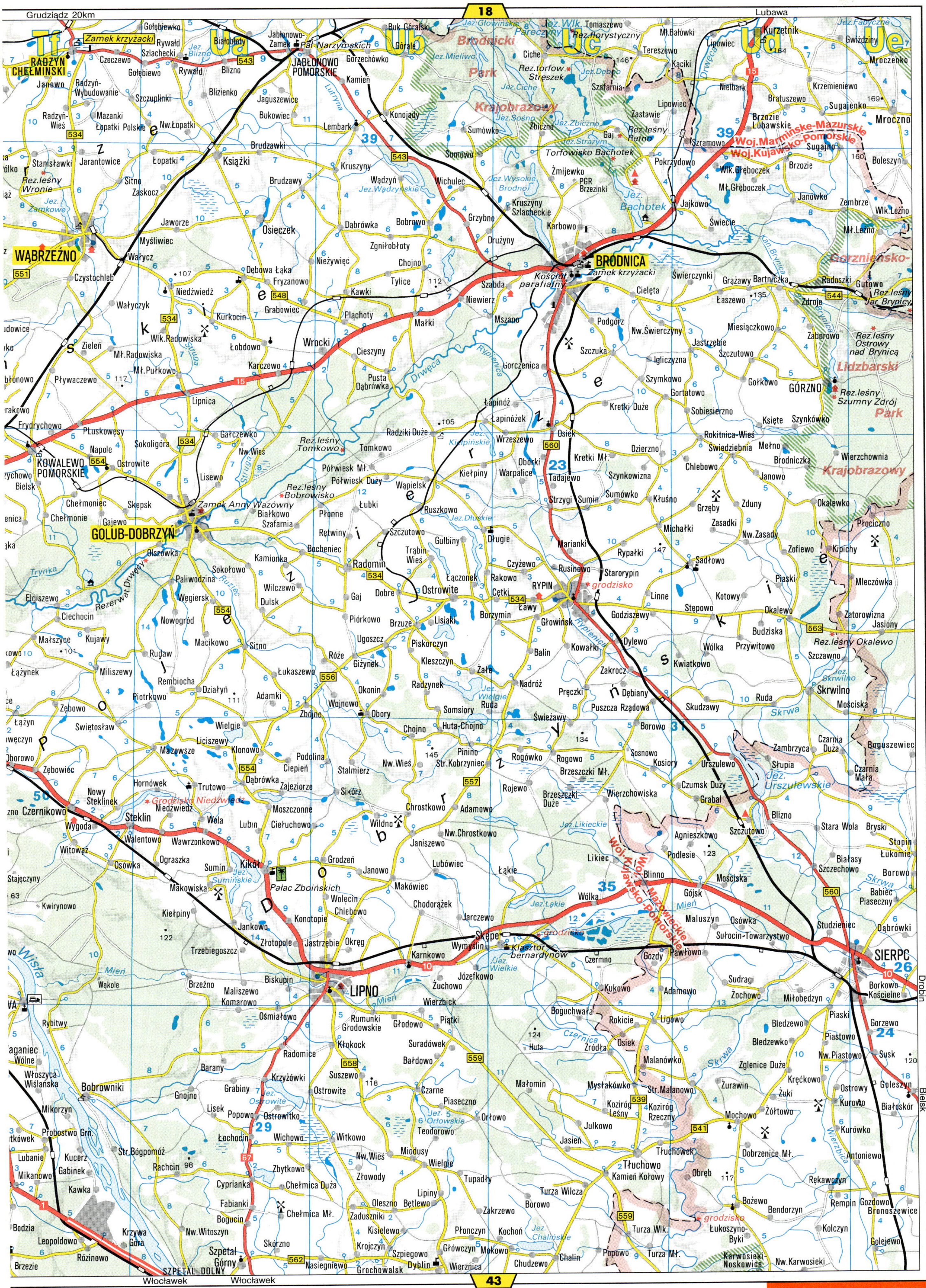
Grudziądz 20km
Lubawa
Zamek krzyżacki
RADZYŃ CHEŁMIŃSKI
JABŁONOWO POMORSKIE
Brodnicki Park Krajobrazowy
Kurzętnik
Woj. Warmińsko-Mazurskie
Woj. Kujawsko-Pomorskie
WĄBRZEŹNO
BRODNICA
Kościół parafialny
Zamek krzyżacki
Torfowisko Bachotek
Jez. Bachotek
Górznieńsko-Lidzbarski Park Krajobrazowy
GÓRZNO
Rez.leśny Szumny Zdrój
KOWALEWO POMORSKIE
GOLUB-DOBRZYŃ
Zamek Anny Wazówny
Rez.leśny Tomkowo
Rez.leśny Bobrowisko
Drwęca
RYPIN
grodzisko
Rez.leśny Okalewo
Skrwilno
Skrwa
Jez. Urszulewskie
Grodzisko Niedźwiedź
Kikół
Pałac Zboińskich
Woj. Mazowieckie
Woj. Kujawsko-Pomorskie
SIERPC
LIPNO
Skępe
Klasztor bernardynów
Wisła
Bobrowniki
Mień
Tłuchowo
SZPETAL DOLNY
Włocławek
Drobin
Bielsk
Dobrzyńskie

43

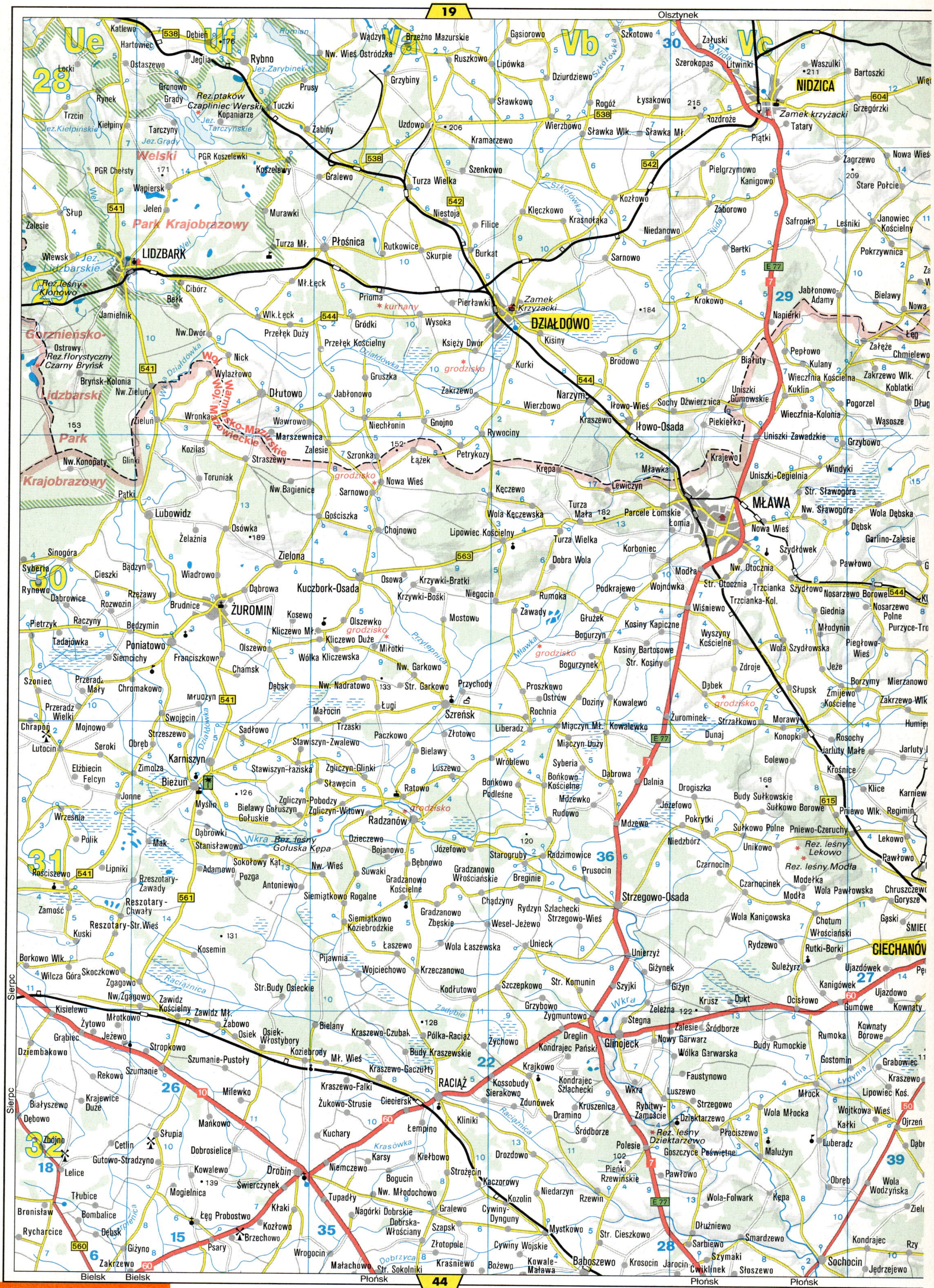
19
Olsztynek
Ue
Uf
Va
Vb
Vc
28
29
30
31
32
LIDZBARK
DZIAŁDOWO
NIDZICA
MŁAWA
ŻUROMIN
CIECHANÓW
Bieżuń
Szreńsk
Radzanów
Raciąż
Glinojeck
Drobin
Baboszewo
Strzegowo-Osada
Iłowo-Osada
Płośnica
Rybno
Dłutowo
Lubowidz
Kuczbork-Osada
Zamek Krzyżacki
Park Krajobrazowy
Welski
Górznieńsko-
Lidzbarski
Park
Krajobrazowy
Woj. Warmińsko-Mazurskie
Woj. Mazowieckie
Rez. ptaków Czapliniec Werski
Rez. leśny Kronowo
Rez. florystyczny Czarny Bryńsk
Rez. leśny Gołuska Kępa
Rez. leśny Lekowo
Rez. leśny Modła
Rez. leśny Dziektarzewo
Jez. Zarybinek
Jez. Kiełpińskie
Jez. Lidzbarskie
Wkra
Działdówka
Szkotówka
Nida
Mławka
Przylepnica
Raciążnica
Krasówka
Zadebie
Łydynia
grodzisko
kurhany
E77
7
10
60
538
541
542
544
560
561
563
604
615
Sierpc
Bielsk
Płońsk
44

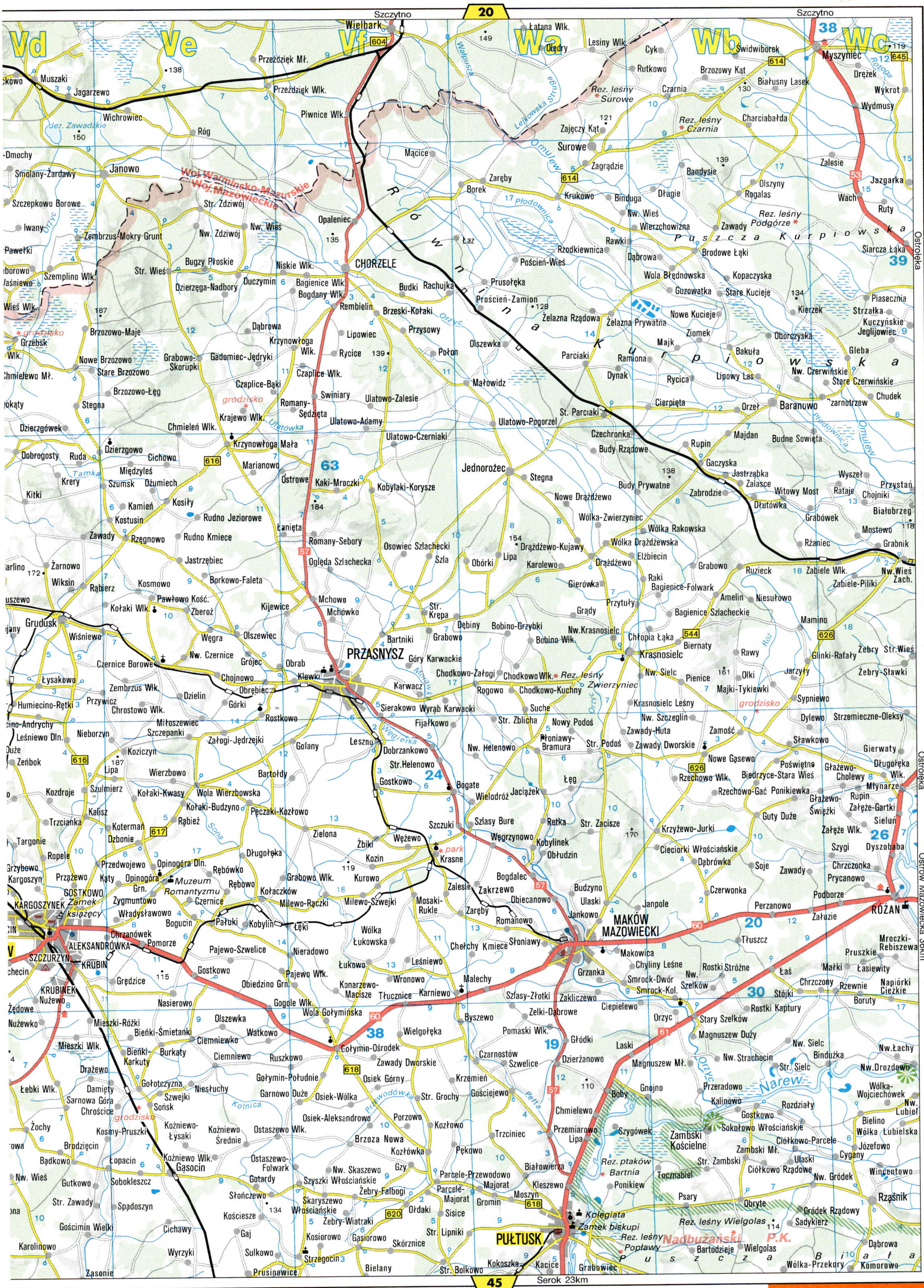

Szczytno
20
Szczytno
Vd
Ve
Vf
Wa
Wb
Wc
38
Wielbark
604
Łatana Wlk.
Olędry
Lesiny Wlk.
Cyk
Świdwiborek
Myszyniec
645
Muszaki
Jagarzewo
Przeździęk Mł.
Przeździęk Wlk.
Piwnice Wlk.
Rutkowo
Brzozowy Kąt
Białusny Lasek
Drężek
Wykrot
Wydmusy
Czarnia
Rez. leśny Surowe
Rez. leśny Czarnia
Charciabałda
Wichrowiec
Jez. Zawadzkie
Róg
Zajęczy Kąt
Surowe
Omulew
Mącice
Zagrądzie
Zalesie
Jazgarka
Dmochy
Janowo
Woj. Warmińsko-Mazurskie
Woj. Mazowieckie
Smolany-Żardawy
Szczepkowo Borowe
Str. Zdziwój
Nw. Zdziwój
Nw. Wieś
Zareby
Borek
614
Krukowo
Binduga
Bandysie
Olszyny
Rogalas
Wach
Ruty
Długie
Nw. Wieś
Wierzchowizna
Zawady
Rez. leśny Podgórze
Puszcza Kurpiowska
Ostrołęka
Siarcza Łąka
39
Iwany
Zembrzus-Mokry Grunt
Opaleniec
Łaz
Rzodkiewnica
Rawki
Dąbrowa
Brodowe Łąki
Pawełki
Szemplino Wlk.
Str. Wieś
Bugzy Płoskie
Niskie Wlk.
CHORZELE
Prusinowo
Poścień-Wieś
Wola Błędnowska
Kopaczyska
Dzierzęga-Nadbory
Duczymin
Bagienice Wlk.
Bogdany Wlk.
Budki
Rachujka
Prusofęka
Proścień-Zamion
Guzowatka
Stare Kucieje
Kierzek
Piasecznia
Strzałka
Kuczyńskie
Jeglijowiec
Rembielin
Brzeski-Kołaki
Żelazna Rządowa
Żelazna Prywatna
Nowe Kucieje
Brzozowo-Maje
Dąbrowa
Krzynowłoga Wlk.
Lipowiec
Przysowy
Olszewka
Ziomek
Oborczyska
Grzebsk
Nowe Brzozowo
Stare Brzozowo
Grabowo-Skorupki
Gadomiec-Jędryki
Rycice
Połoń
Parciaki
Ramiona
Majk
Bakuła
Gleba
Nw. Czerwińskie
Stare Czerwińskie
Chmielewo Mł.
Czaplice Wlk.
Czaplice-Bąki
Swiniary
Ulatowo-Zalesie
Małowidz
Dynak
Rycica
Lipowy Las
Chudek
Brzozowo-Łęg
Stegna
grodzisko
Romany-Sędzięta
Krajewo Wlk.
Ulatowo-Adamy
St. Parciaki
Cierpięta
Orzeł
Baranowo
Czarnotrzew
Dzierzgówek
Chmielen Wlk.
Krzynowłoga Mała
Ulatówka
Ulatowo-Czerniaki
Ulatowo-Pogorzel
Czechronka
Rupin
Majdan
Budne Sowięta
Dobrogosty
Ruda
Dzierzgowo
Cichowo
Budy Rządowe
Gaczyska
616
Marianowo
Jastrząbka
Zalesie
Przystań
Tamka
Międzyleś
Krery
Szumsk
Ożumiech
Ostrowe
63
Kaki-Mroczki
Kobylaki-Korysze
Jednorożec
Stegna
Budy Prywatne
Zabrodzie
Witowy Most
Wyszeł
Rataje
Chojniki
Kitki
Kosiły
Nowe Drążdżewo
Dłutówka
Białobrzeg
Kamień
Kostusin
Rudno Jeziorowe
Wólka-Zwierzyniec
Grabówek
Mostowo
Zawady
Rzęgnowo
Rudno Kmiece
Łanięta
Wólka Rakowska
Rżaniec
Grabnik
Romany-Sebory
Drążdżewo-Kujawy
Wólka Drążdżewska
Osowiec Szlachecki
Lipa
Elżbiecin
Jastrzębiec
Ogleda Szlachecka
Szla
Obórki
Karolewo
Drążdżewo
Grabowo
Ruzieck
Zabiele Wlk.
Nw. Wieś
Zabiele-Piliki
Zach.
Żarnowo
Wiksin
Borkowo-Faleta
Raki
Bagienice-Folwark
Gierówka
Rąbierz
Kosmowo
Amelin
Niesułowo
Pawłowo Kość.
Mchowo
Mchówko
Kołaki Wlk.
Zberoż
Kijewice
Przytuły
Grady
Bagienice Szlacheckie
Str. Krępa
Dębiny
Bobino-Grzybki
Mamino
Grudusk
Nw. Krasnosielc
Chłopia Łąka
544
626
Wiśniewo
Węgra
Olszewiec
Bartniki
Grabowo
Bobino-Wlk.
Biernaty
Rawy
Żebry
Str. Wieś
Glinki-Rafały
Nw. Czernice
PRZASNYSZ
Krasnosielc
Czernice Borowe
Grójec
Obrąb
Klewki
Góry Karwackie
Nw. Sielc
Pienice
Olki
Jarzyły
Żebry-Sławki
Łysakowo
Chojnowo
Chodkowo-Załogi
Chodkowo Wlk.
Rez. leśny Zwierzyniec
Zembrzus Wlk.
Obrębiec
Karwacz
Rogowo
Chodkowo-Kuchny
Majki-Tykiewki
Humięcino-Retki
Przywicz
Chrostowo Wlk.
Dzielin
Górki
Sierakowo
Wyrąb Karwacki
Suche
Krasnosielc Leśny
Sypniewo
Andrychy
Nieborzyn
Miłoszewiec
Rostkowo
Fijałkowo
Str. Zblicha
Nowy Podoś
Nw. Szczeglin
Dylewo
Strzemieczne-Oleksy
Leśniewo Dln.
Szczepanki
Załogi-Jędrzejki
Golany
Leszno
Dobrzankowo
Płoniawy-Bramura
Str. Podoś
Zawady-Huta
Zawady Dworskie
Zamość
Sławkowo
Gierwaty
Zeńbok
Koziczyn
616
Nw. Helenowo
Str. Helenowo
Łęg
Nowe Gąsewo
Poświętne
Głażewo-Cholewy
Długołęka Wlk.
Lipa
Wierzbowo
Bartołdy
Gostkowo
24
Bogate
Wielodróż
Jaciążek
Rzechowo Wlk.
Biedrzyce-Stara Wieś
Młynarze
Kozdroje
Szulmierz
Kołaki-Kwasy
Wola Wierzbowska
Rzechowo-Gać
Ponikiewka
Głażewo-Święcki
Rupin
Załęże-Gartki
Kalisz
Kołaki-Budzyno
Pęczaki-Kozłowo
Szlasy Bure
Rętka
Str. Zacisze
Guty Duże
Trzcianka
Koterman
Rąbież
Szczuki
Węgrzynowo
Krzyżewo-Jurki
Załęże Wlk.
Sieluń
Targonie
Dzbonie
617
Zielona
Żbiki
Węzewo
Kobylinek
Obłudzin
Cieciorki Włościańskie
Szygi
Dyszobaba
Ropele
Długołęka
Kozin
park
Krasne
Dąbrówka
Soje
Zawady
Chrzczonka
Grzybowo
Przedwojewo
Opinogóra Dln.
Rębówko
Grabowo Wlk.
Kurowo
Bogdalec
Budzyno
Prycanowo
Kargoszyn
Przążewo
Kąty
Opinogóra Grn.
Muzeum Romantyzmu
Rębowo
Kołaczków
Zalesie
Zakrzewo
Ulaski
Czerwonka
Podborze
Ostrów Mazowiecka 36km
KARGOSZYNEK
GOSTKOWO
Zamek książęcy
Zygmuntowo
Czernice
Milewo-Rączki
Milewo-Szwejki
Mosaki-Rukle
Zaręby
Obiecanowo
Jankowo
Janpole
Perzanowo
RÓŻAN
Władysławowo
Boguicin
Pałuki
Kobylin
Łęki
Romanowo
MAKÓW MAZOWIECKI
20
Załuzie
Mroczki-Rebiszewa
ALEKSANDRÓWKA
Chrzanówek
Pomorze
Wólka Łukowska
Chełchy Kmiece
Słoniawy
Tłuszcz
SZCZURZYN
KRUBIN
Pajewo-Szwelice
Nieradowo
Łukowo
Leśniewo
Makowica
Chyliny Leśne
Rostki Strożne
Łaś
Pruszkie
Łasiewity
Grędzice
Gostkowo
Pajewo Wlk.
Konarzewo-Macisze
Wronowo
Malechy
Grzanka
Smrock-Dwór
Nw. Szelków
Chrzczony
Małki
Rzewnie
Napiórki Ciężkie
KRUBINEK
Nużewo
Nasierowo
Obiedzino Grn.
Gogole Wlk.
Tłucznice
Karniewo
Szlasy-Złotki
Zakliczewo
Smrock-Kol.
30
Stójki
Boruty
Żedowe
Wola Gołymińska
60
Zelki-Dąbrowe
Ciepielewo
Orzyc
Rostki Kaptury
Mieszki-Różki
Olszewka
Byszewo
Stary Szelków
Nużewko
Bieńki-Śmietanki
Ciemniewko
Watkowo
38
Wielgołęka
Pomaski Wlk.
Głódki
Laski
Magnuszew Duży
Mieszki Wlk.
Bieńki-Karkuty
Burkaty
Ciemniewo
Gołymin-Ośrodek
19
Dzierżanowo
Nw. Strachocin
Nw. Sielc
Bindużka
Nw. Łachy
Drażewo
Ruszkowo
Zawady Dworskie
Czarnostów
Szwelice
Magnuszew Mł.
Str. Sielc
Nw. Drozdowo
Gołotczyzna
Gołymin-Południe
618
Osiek Górny
Krzemień
Narew
Wólka-Wojciechówek
Łebki Wlk.
Damięty
Niesłuchy
Szwejki
Garnowo Duże
Osiek-Wólka
Str. Grochy
Gościejewo
Pełta
Przeradowo
Kalinowo
Rozdziały
Nw. Lubiel
Sarnowa Góra
Sońsk
Chrościce
Kolnica
Chmielewo
Boby
Gnojno
Gostkowo
Bielino
Żochy
grodzisko
Koźniewo-Łysaki
Koźniewo Średnie
Ostaszewo Wlk.
Osiek-Aleksandrowo
Porzowo
Kozłowo
Trzciniec
Przemiarowo
Szygówek
Zambski Kościelne
Sokołowo Włościańskie
Wólka Lubielska
Kosmy-Pruszki
Brodzięcin
Brzoza Nowa
Kozłówka
Lipa
Ciółkowo-Parcele
Józefowo
Bądkowo
Łopacin
Koźniewo Wlk.
Ostaszewo-Folwark
Pękowo
Białowierza
Zambski Mł.
Cygany
Nw. Wieś
Gutkowo
Soboklęszcz
Gąsocin
Nw. Skaszewo
Szyszki Włościańskie
Gzy
Parcele-Przewodowo
Rez. ptaków Bartnia
Str. Zambski
Ulaski
Ciółkowo Rządowe
Nw. Gródek
Wincentowo
Gotardy
Żebry-Falbogi
Parcele-Majorat
Majorat
Kleszewo
Ponikiew
Tocznabiel
Str. Zawady
Spądoszyn
Słończewo
Skaryszewo Włościańskie
Sisice
Gromin
Moszyn
618
Psary
Obryte
Rząśnik
Kościesze
Żebry-Wiatraki
620
Ordaki
Kolegiata
Zamek biskupi
Rez. leśny Wielgolas
Gródek Rządowy
Sadykierz
Gościmin Wielki
Cichawy
Gaj
Kosiorowo
Gąsiorowo
Str. Lipniki
PUŁTUSK
Rez. leśny Popławy
Nadbużański P.K.
Bartodzieje
Wielgolas
Dąbrowa
Karolinowo
Wyrzyki
Sulkowo
Strzegocin
Skórznice
Puszcza Biała
Komorowo
Zasonie
Prusinowice
Bielany
Str. Bolkowo
Kokoszka
Kacice
Grabowiec
Wólka-Przekory
45
Serok 23km

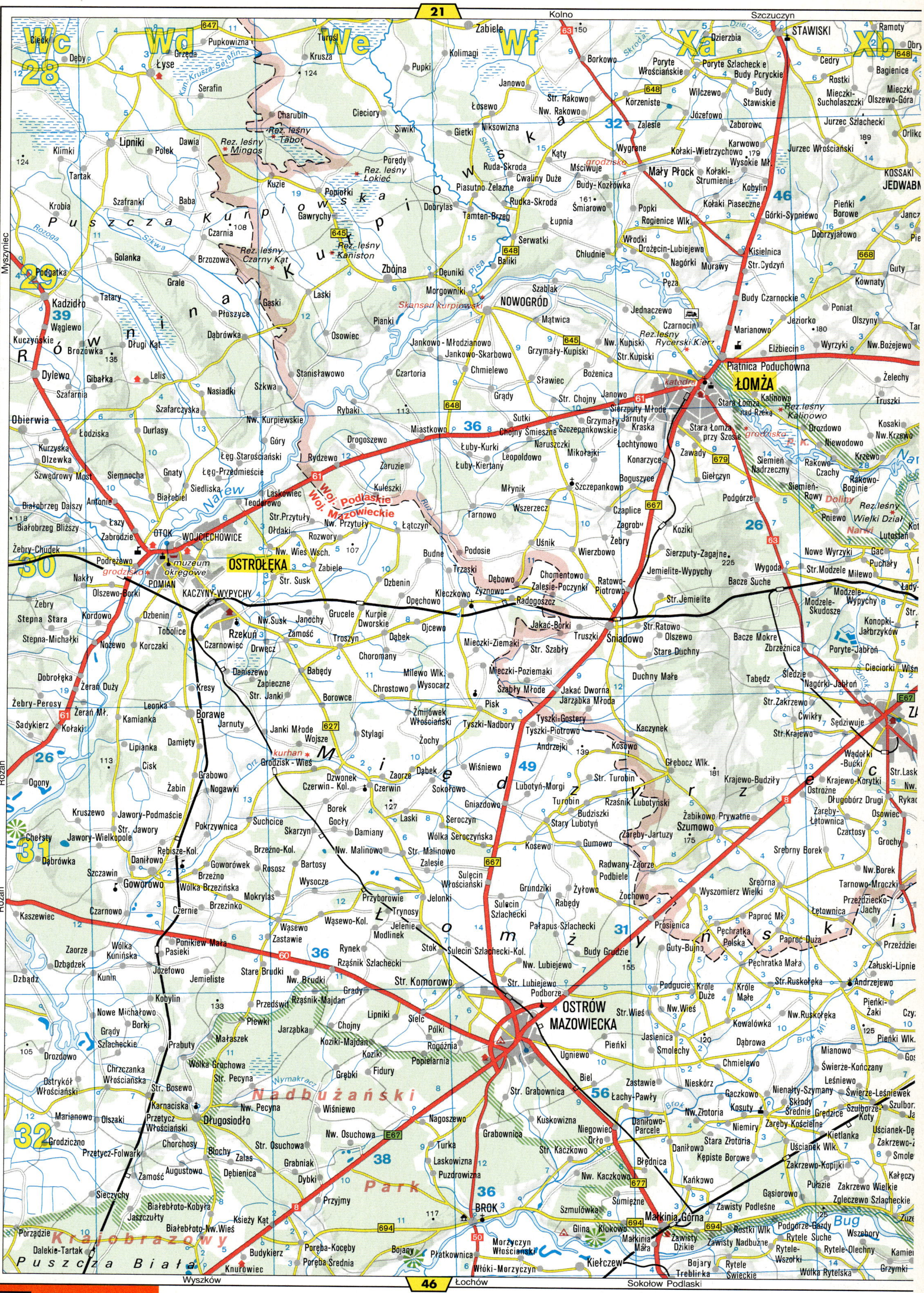
21
Kolno
Szczuczyn
Wc
Wd
We
Wf
Xa
Xb
28
STAWISKI
Łyse
Turośl
Zabiele
Kolimagi
Pupkowizna
Serafin
Lipniki
Dawia
Rez. leśny Mingos
Rez. leśny Tabór
Charubin
Cieciory
Siwiki
Poręby
Rez. leśny Łokieć
Nikosowizna
Ruda-Skroda
Kąty
Wygrane
Mały Płock
Kołaki-Strumienie
Kobylin
46
JEDWABNE
Puszcza Kurpiowska
Czarnia
Brzozowa
Rez. leśny Czarny Kąt
Gawrychy
Rez. leśny Kaniston
Zbójna
Dobrylas
Tamten-Brzeg
Baliki
Łupnia
Chludnie
Myszyniec
Kadzidło
Wach
Dylewo
Gąski
Pianki
Morgowniki
Skansen kurpiowski
NOWOGRÓD
Szablak
Mątwica
Jankowo-Młodzianowo
Jankowo-Skarbowo
Chmielewo
Grzymały-Kupiskie
Nw. Kupiski
Str. Kupiski
Rez. leśny Rycerski Kierz
Piątnica Poduchowna
ŁOMŻA
Elżbiecin
Wyrzyki
Nw. Bożejewo
Stanisławowo
Czartoria
Lelis
Nasiadki
Szkwa
Rybaki
Miastkowo
36
Sutki
Chojny Śmieszne
Jarnuty
Kraska
Stara Łomża przy Szosie
Stara Łomża nad Rzeką
Rez. leśny Kalinowo
Drozdowo
Obierwia
Durlasy
Nw. Kurpiewskie
Góry
Rydzewo
Drogoszewo
Łuby-Kurki
Łuby-Kiertany
Leopoldowo
Mikołajki
Łochtynowo
Konarzyce
Zawady
Giełczyn
Siemień Nadrzeczny
Rakowo-Czachy
Łęg Starościański
Łęg-Przedmieście
Siedliska
Narew
Gnaty
Zaruzie
Kuleszki
Młynik
Szczepankowo
Boguszyce
Podgórze
Czaplice
Zagroby
Żebry
Koziki
Woj. Podlaskie
Woj. Mazowieckie
Łątczyn
Tarnowo
Wszerzecz
Uśnik
Wierzbowo
Sierzputy-Zagajne
Jemielite-Wypychy
26
Wygoda
Bacze Suche
Nowe Wyrzyki
Str. Modzele
Milewo
Białobrzeg Dalszy
Białobrzeg Bliższy
Żebry-Chudek
Zabrodzie
OTOK
WOJCIECHOWICE
OSTROŁĘKA
muzeum okręgowe
POMIAN
KACZYNY-WYPYCHY
30
Podrężewo
Olszewo-Borki
Nw. Przytuły
Str. Przytuły
Ołdaki
Rozwory
Nw. Wieś Wsch.
Zabiele
Str. Susk
Dzbenin
Budne
Podosie
Trzaski
Kleczkowo
Zyznowo
Dębowo
Chomentowo
Zalesie-Poczynki
Ratowo-Piotrowo
Radogoszcz
Str. Jemielite
Modzele-Skudosze
Żebry
Kordowo
Stepna Stara
Stepna-Michałki
Tobolice
Rzekuń
Nw. Susk
Janochy
Grucele
Kurpie Dworskie
Opęchowo
Ojcewo
Jakać-Borki
Truszki
Śniadowo
Str. Ratowo
Olszewo
Stare Duchny
Bacze Mokre
Zbrzeźnica
Poryte-Jabłoń
Nożewo
Korczaki
Czarnowiec
Drwęcz
Zamość
Troszyn
Dąbek
Choromany
Mieczki-Ziemaki
Str. Szabły
Dobrołęka
Żeran Duży
Daniszewo
Zapieczne
Str. Janki
Babędy
Chrostowo
Milewo Wlk.
Wysocarz
Mieczki-Poziemaki
Szabły Młode
Jakać Dworna
Jarząbka Młoda
Duchny Małe
Tabędz
Śledzie
Nagórki-Jabłoń
Żebry-Perosy
Sadykierz
Żeran Mł.
Leonka
Kamianka
Kresy
Borawe
Jarnuty
Borowce
Żmijówek Włościański
Pisk
Tyszki-Nadbory
Tyszki-Gostery
Tyszki-Piotrowo
Andrzejki
Kaczynek
Str. Zakrzewo
Ćwikły
Sędziwuje
Str. Krajewo
Różan
26
Lipianka
Damięty
Cisk
Janki Młode
Wojsze
kurhan
Grodzisk-Wieś
Stylagi
Żochy
Wiśniewo
49
Lubotyń-Morgi
Str. Turobin
Głęboczek Wlk.
Krajewo-Budziły
Wądołki-Bućki
Ogony
Żabin
Grabowo
Nogawki
Dzwonek
Czerwin-Kol.
Czerwin
Zaorze
Dąbek
Sokołowo
Gniazdowo
Turobin
Rząśnik Lubotyński
Żabikowo Prywatne
Szumowo
Krajewo-Korytki
Ostrożne
Długobórz Drugi
Kruszewo
Jawory-Podmaście
Str. Jawory
Jawory-Wielkopole
Pokrzywnica
Suchcice
Skarzyn
Borek
Gocły
Damiany
Laski
Seroczyn
Wólka Seroczyńska
Budziszki
Stary Lubotyń
Zaręby-Jartuzy
Gumowo
Zaręby-Łętownica
Czartosy
Chełsty
31
Dąbrówka
Daniłowo
Rębisze-Kol.
Goworówek
Brzeźno-Kol.
Rososz
Nw. Malinowo
Str. Malinowo
Zalesie
Kosewo
Radwany-Zaorze
Podbiele
Srebrny Borek
Szczawin
Goworowo
Brzeźno
Wólka Brzezińska
Bartosy
Wysocze
Przyborowie
Sulęcin Włościański
Grundziki
Żyłowo
Żochowo
Wyszomierz Wielki
Srebrna
Tarnowo-Mroczki
Kaszewiec
Czarnowo
Czernie
Brzezinko
Mokrylas
Trynosy
Jelonki
Sulęcin Szlachecki
Rąbędy
Paproć Mł.
Łętownica
Jelenie
Wąsewo
Wąsewo-Kol.
Modlinek
Pałapus Szlachecki
Prosienica
Pęchratka Polska
Paproć Duża
Zaorze
Wólka Kunińska
Ponikiew Mała
Pasieki
Zastawie
Rynek
Rząśnik Szlachecki
Stok
Sulęcin Szlachecki-Kol.
Budy Grudzie
Guty-Bujno
Pęchratka Mała
Dzbądzek
Dzbądz
Kunin
Józefowo
Jemieliste
Stare Brudki
Nw. Brudki
Grady
Str. Komorowo
Nw. Lubiejewo
Str. Lubiejewo
Podborze
Podgucie
Króle Duże
Króle Małe
Str. Ruskołęka
Andrzejewo
Kobylin
Przedświt
Rząśnik-Majdan
Lipniki
Sielc
OSTRÓW MAZOWIECKA
Str. Wieś
Nw. Wieś
Kowalówka
Nw. Ruskołęka
Nowe Michałowo
Borki
Grady Szlacheckie
Plewki
Jarząbka
Chojny
Koziki-Majdan
Koziki
Pólki
Rogóźnia
Popielarnia
Ugniewo
Pieńki
Jasienica
Smolechy
Dąbrowa
Mianowo
Drozdowo
Prabuty
Małaszek
Wólka Grochowa
Str. Pecyna
Nadbużański
Fidury
Grębki
Biel
Zastawie
56
Łachy-Pawły
Nieskórz
Chmielewo
Świerże-Kończany
Ostrykół Włościański
Chrzczanka Włościańska
Str. Bosewo
Karnaciska
Przetycz Włościański
Długosiodło
Nw. Pecyna
Wiśniewo
Str. Grabownica
Kuskowizna
Niegowiec
Orło
Daniłowo-Parcele
Nw. Złotoria
Kosuty
Gaczkowo
Niemiry
Nienałty-Szymany
Skłody Średnie
Zaręby Kościelne
Grędzice
Kietlanka
32
Marianowo
Olszaki
Grodziczno
Przetycz-Folwark
Chorchosy
Blochy
Zalas
Str. Osuchowa
Nw. Osuchowa
Nagoszewo
Grabownica
Str. Kaczkowo
Daniłowo
Stara Złotoria
Kępiste Borowe
Uścianek Wlk.
Zakrzewo-Kopijki
Pułazie
Zamość
Augustowo
Dębienica
Grabniak
38
Dybki
Turka
Laskowizna
Puzdrowizna
Brędnica
Nw. Kaczkowo
Kańkowo
Gąsiorowo
Sieczychy
Białebłoto-Kobyla
Jaszczułty
Białebłoto-Nw.Wieś
Księży Kąt
Przyjmy
Park
36
BROK
Szmulówka
Sumiężne
Małkinia Górna
Zawisty Podleśne
Bug
Porządzie
Dalekie-Tartak
Krajobrazowy
Puszcza Biała
Budykierz
Knurowiec
Poręba-Kocęby
Poręba Średnia
Bojany
Prątkownica
Morzyczyn Włościański
Włóki-Morzyczyn
Glina
Klukowo
Kiełczew
Małkinia Mała
Zawisty Dzikie
Zawisty Nadbużne
Bojary
Treblinka
Rytele Święckie
Rostki Wlk.
Rytele Suche
Rytele-Wszołki
Rytele-Olechny
Wólka Rytelska
Wszebory
Wyszków
46
Łochów
Sokołów Podlaski

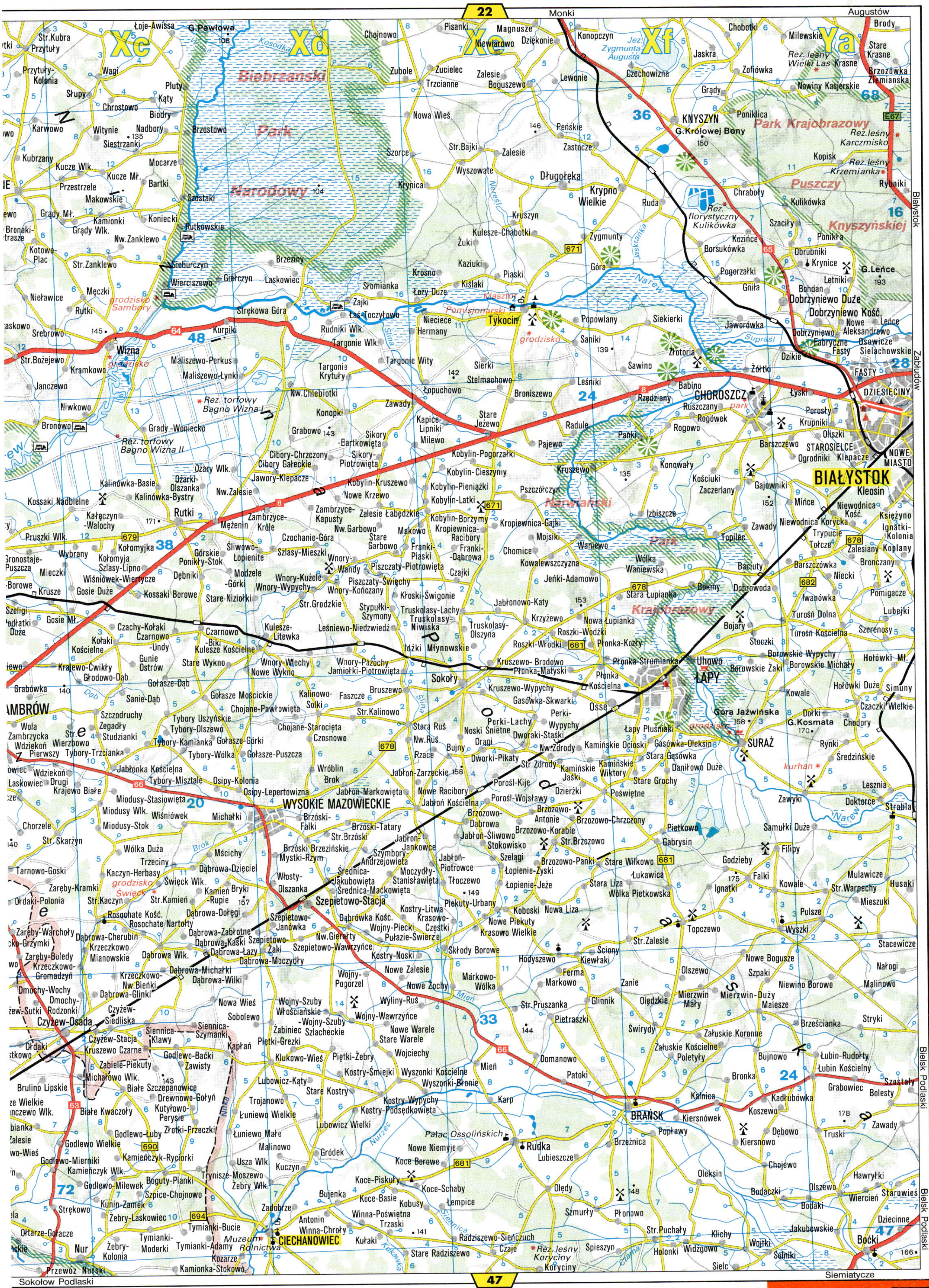
22
47
Monki
Augustów
Białystok
Zabłudów
Bielsk Podlaski
Siemiatycze
Sokołow Podlaski
Xc
Xd
Xe
Xf
Ya
Biebrzański
Park
Narodowy
Park Krajobrazowy
Puszczy
Knyszyńskiej
Narwiański
Park
Krajobrazowy
Tykocin
KNYSZYN
G.Królowej Bony
CHOROSZCZ
BIAŁYSTOK
DZIESIĘCINY
NOWE MIASTO
STAROSIELCE
FASTY
Kleosin
Wizna
Rutki
ŁAPY
SURAŻ
Sokoły
WYSOKIE MAZOWIECKIE
Szepietowo-Stacja
Czyżew-Osada
CIECHANOWIEC
BRAŃSK
Rudka
Pałac Ossolińskich
Muzeum Rolnictwa
Klasztor Pomisjonarski
Rez. florystyczny Kulikówka
Rez. torfowy Bagno Wizna
Rez. torfowy Bagno Wizna II
Rez. leśny Wielki Las Krasne
Rez. leśny Karczmisko
Rez. leśny Krzemianka
Rez. leśny Koryciny
grodzisko Sambory
grodzisko
kurhan
Góra Jaźwinska
G.Lence
G.Kosmata
G.Pawłowa
Narew
Supraśl
Nereśl
Ślina
Mień
Nurzec
Dąb
Brok
Liza
Zambrów
Dobrzyniewo Duże
Dobrzyniewo Kość.
Wasilków
Juchnowiec
Zawady
Niewodnica Korycka
Turośń Kościelna
Turośń Dolna
Wyszki
Poświętne
Nowe Piekuty
Kulesze Kościelne
Kobylin-Borzymy
Klukowo
Czyżew
Nur
Boćki
64
65
66
8
63
E67
671
678
679
681
682
690
694
24
28
33
36
38
47
48
68
72
16
20
24

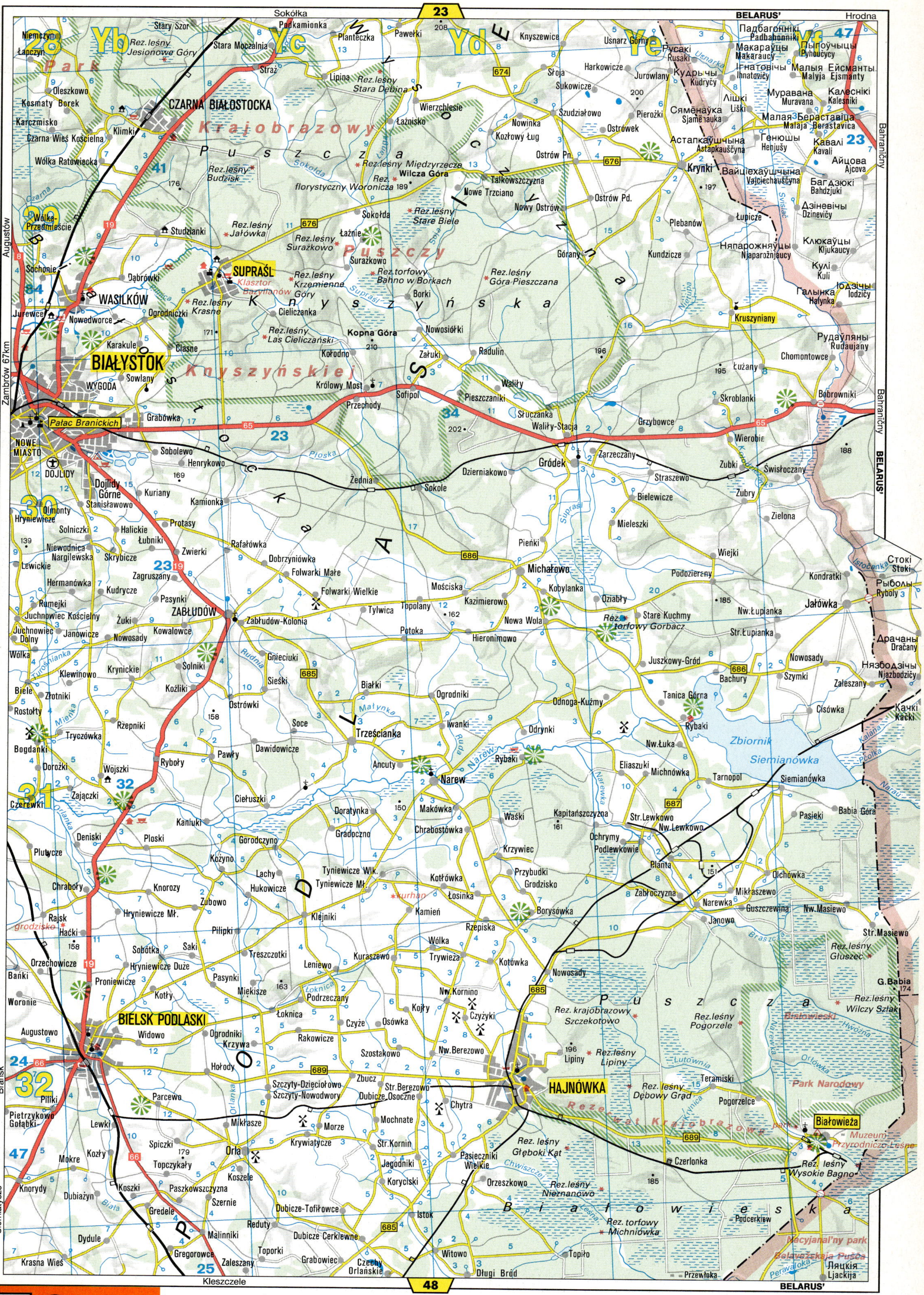
23
48
BELARUS'
Hrodna
Sokółka
Kleszczele
Bahranicny
Barnarlany
Augustów
Zambrów 67km
Brańsk
Siemiatycze
Yb
Yc
Yd
Ye
Yf
Puszcza Knyszyńska
Park Krajobrazowy Puszczy Knyszyńskiej
Wysoczyzna
Równina Bielska
Podlasie
Puszcza Białowieska
CZARNA BIAŁOSTOCKA
SUPRAŚL
WASILKÓW
BIAŁYSTOK
Pałac Branickich
NOWE MIASTO
DOJLIDY
WYGODA
ZABŁUDÓW
BIELSK PODLASKI
HAJNÓWKA
Białowieża
Krynki
Kruszyniany
Gródek
Michałowo
Narew
Trześcianka
Orla
Zbiornik Siemianówka
Park Narodowy
Muzeum Przyrodniczo-Leśne
Rezerwat Krajobrazowy
Nacyjanal'ny park Belavezhskaja Pushcha
Kopna Góra
Krasna Wieś
Dubicze Cerkiewne
Czeremcha

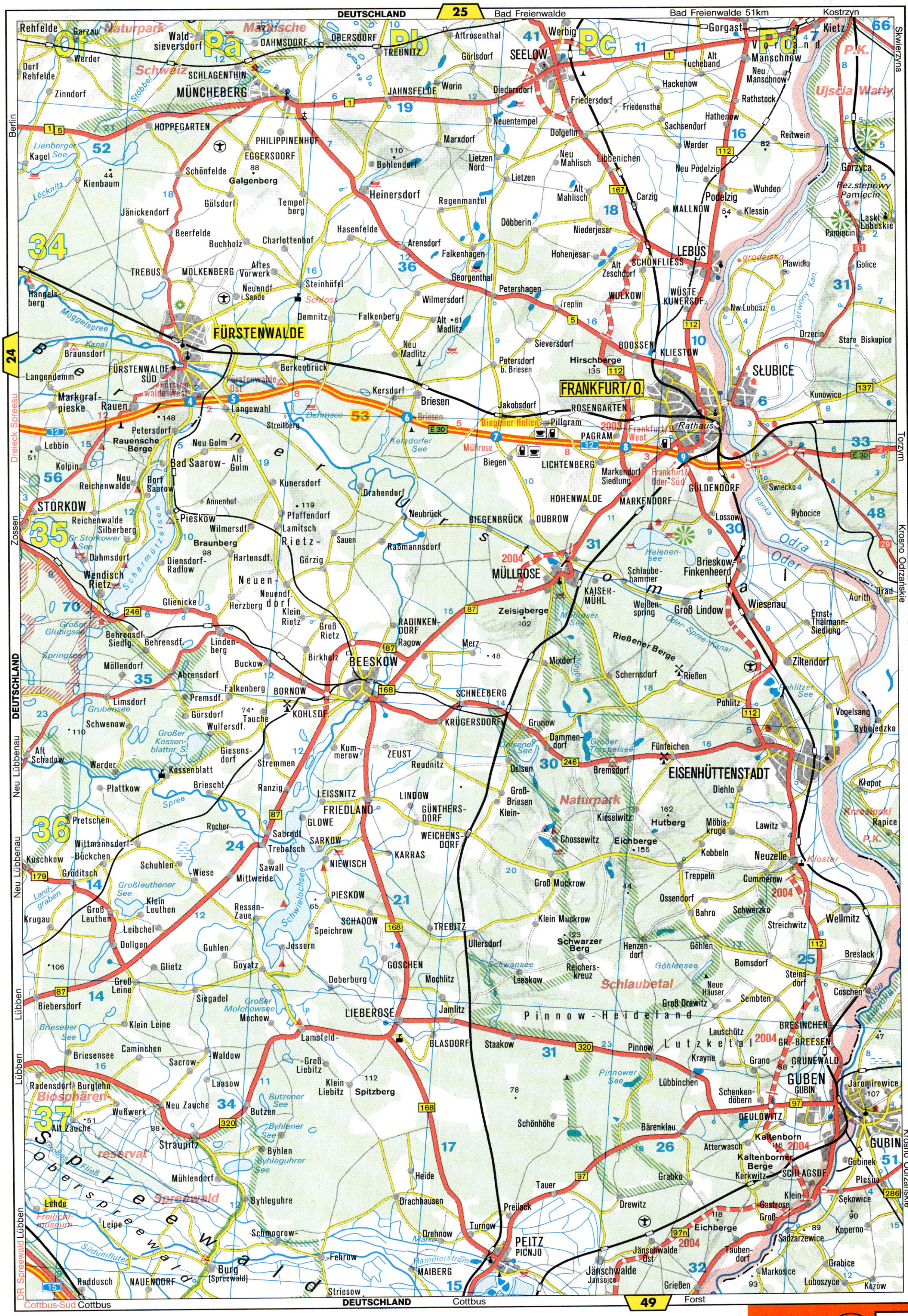
DEUTSCHLAND
25
Bad Freienwalde
Bad Freienwalde 51km
Kostrzyn
Rehfelde
Garzau
Naturpark
Märkische
Schweiz
Wald-sieversdorf
DAHMSDORF
OBERSDORF
TREBNITZ
Altrosenthal
Werbig
Gorgast
Kietz
Manschnow
Dorf Rehfelde
Werder
SCHLAGENTHIN
MÜNCHEBERG
JAHNSFELDE
Görlsdorf
SEELOW
Alt Tucheband
Neu Manschnow
Rathstock
Hackenow
Zinndorf
Worin
Diedersdorf
Friedersdorf
Friedensthal
Sachsendorf
Hathenow
Reitwein
Werder
Neuentempel
Dolgelin
HOPPEGARTEN
PHILIPPINENHOF
Marxdorf
Lietzen Nord
Lietzen
Neu Mahlisch
Libbenichen
Neu Podelzig
Podelzig
Wuhden
Górzyca
Rez. stepowy Pamięcin
Kagel
Lienberger See
Kienbaum
EGGERSDORF
Galgenberg
Schönfelde
Behlendorf
Heinersdorf
Regenmantel
Alt Mahlisch
Carzig
MALLNOW
Klessin
Laski Lubuskie
Pamięcin
Löcknitz
Jänickendorf
Gölsdorf
Tempelberg
Döbberin
Niederjesar
Beerfelde
Buchholz
Charlottenhof
Hasenfelde
Arensdorf
Falkenhagen
Hohenjesar
LEBUS
SCHÖNFLIESS
Alt Zeschdorf
Golice
Plawidło
TREBUS
MOLKENBERG
Altes Vorwerk
Neuendorf i. Sande
Steinhöfel
Georgenthal
Petershagen
WULKOW
WÜSTE-KUNERSDORF
Nw. Lubusz
Czerwony Kan.
Hangelsberg
Müggelspree
Schloss
Demnitz
Wilmersdorf
Falkenberg
Alt Madlitz
Treplin
FÜRSTENWALDE
Neu Madlitz
Sieversdorf
BOOSSEN
KLIESTOW
Drzecin
Stare Biskupice
Braunsdorf
Kanal
Berkenbrück
Petersdorf b. Briesen
Hirschberge
FÜRSTENWALDE SÜD
Fürstenwalde Ost
Fürstenwalde West
Langendamm
SŁUBICE
FRANKFURT/O.
Kersdorf
Briesen
Jakobsdorf
ROSENGARTEN
Kunowice
Markgrafpieske
Rauen
Langewahl
Dehmsee
Streitberg
Biegener Hellen
Pillgram
Frankfurt West
Rathaus
Petersdorf
Rauensche Berge
Kersdorfer See
Müllrose
PAGRAM
Lebbin
Neu Golm
Bad Saarow-
Alt Golm
Biegen
LICHTENBERG
Markendorf Siedlung
Frankfurt/ Oder-Süd
Torzym
Kolpin
Dreieck Spreeau
Neu
Reichenwalde
Dorf Saarow
Kunersdorf
Drahendorf
HOHENWALDE
MARKENDORF
GÜLDENDORF
Świecko
Rybocice
STORKOW
Reichenwalde
Annenhof
Pfaffendorf
Neubrück
Lamitsch
BIEGENBRÜCK
DUBROW
Lossow
Ilanka
Odra
Oder
Krosno Odrzańskie
Silberberg
Pieskow
Wilmersdf.
Braunberg
Sauen
Raßmannsdorf
Helenensee
Brieskow-Finkenheerd
Zossen
Gr. Storkower See
Dahmsdorf
Diensdorf-Radlow
Hartensdf.
Görzig
MÜLLROSE
Schlaubehammer
Wendisch Rietz
Neuendorf
Klein Rietz
KAISERMÜHL
Weißenspring
Groß Lindow
Wiesenau
Aurith
Ernst-Thälmann-Siedlung
Glienicke
Herzberg
Zeisigberge
Groß Rietz
RADINKENDORF
Ragow
Großer Glubigsee
Behrensdorf Siedlg
Behrensdf.
Lindenberg
Birkholz
Merz
Rießener Berge
Oder-Spree-Kanal
Rießen
Ziltendorf
Springsee
Möllendorf
Ahrensdorf
Buckow
BEESKOW
SCHNEEBERG
Mixdorf
Schernsdorf
Brieskower See
Limsdorf
Grubensee
Falkenberg
BORNOW
Premsdf.
Görsdorf
Wulfersdf.
Tauche
KOHLSDF.
KRÜGERSDORF
Grunow
Dammendorf
Großer Treppelsee
Pohlitz
Vogelsang
Rybojedzko
Schwenow
Großer Kossenblatter See
Giesensdorf
Kummerow
ZEUST
Reudnitz
Oelser See
Oelsen
Bremsdorf
Fünfeichen
EISENHÜTTENSTADT
Alt Schadow
Werder
Kossenblatt
Stremmen
Diehlo
Kropot
Neu Lübbenau
Plattkow
Briescht
Ranzig
LEISSNITZ
FRIEDLAND
LINDOW
GÜNTHERSDORF
Groß-Briesen
Klein-
Naturpark
Kieselwitz
Hutberg
Möbiskruge
Lawitz
Krzesiński P.K.
Rapice
Pretschen
Rocher
Sabrodt
GLOWE
WEICHENSDORF
Chossewitz
Eichberge
Kobbeln
Neuzelle
Kloster
Wittmannsdorf-Bückchen
Trebatsch
SARKOW
Kuschkow
Schuhlen-
Wiese
Sawall
Mittweide
NIEWISCH
KARRAS
Groß Muckrow
Treppeln
Cummerow
Gröditsch
Großleuthener See
Klein Leuthen
PIESKOW
Ossendorf
Bahro
Schwerzko
Landgraben
Groß Leuthen
Ressen-Zaue
Schwielochsee
SCHADOW
TREBITZ
Klein Muckrow
Streichwitz
Wellmitz
Krugau
Leibchel
Speichrow
Ullersdorf
Schwarzer Berg
Henzendorf
Göhlen
Dollgen
Guhlen
Jessern
GOSCHEN
Schwansee
Reichersk reuz
Göhlensee
Bomsdorf
Breslack
Glietz
Goyatz
Mochlitz
Leeskow
Schlaubetal
Neue Häuser
Steinsdorf
Groß Leine
Siegadel
Großer Mochowsee
Mochow
Doberburg
Groß Drewitz
Sembten
Coschen
Biebersdorf
LIEBEROSE
Jamlitz
Pinnow-Heideland
Nysa Łużycka
Lübben
Klein Leine
Lamsfeld-
BLASDORF
Staakow
Pinnow
Lutzketal
Lauschütz
BRESINCHEN
GR. BREESEN
Briesener See
Briesensee
Caminchen
Sacrow-
Waldow
Groß Liebitz
Klein Liebitz
Spitzberg
Pinnower See
Lübbinchen
Krayne
Grano
GRUNEWALD
GUBEN
GUBIN
Jaromirowice
Radensdorf
Burglehn
Biosphären
Laasow
Butzener See
Schenkendöbern
Wußwerk
Alt Zauche
Neu Zauche
Butzen
Schönhöhe
DEULOWITZ
reservat
Straupitz
Byhlener See
Byhlen
Byhleguhrer See
Bärenklau
Atterwasch
Kaltenborn
Kaltenborner Berge
Kerkwitz
SCHLAGSDF.
GUBIN
Gubinek
Plesno
Mühlendorf
Spreewald
Heide
Tauer
Grabko
Drewitz
Klein-
Gastrose
Sękowice
Lehde
Freilichtmuseum
Leipe
Byhleguhre
Drachhausen
Preilack
Groß-
Koperno
Oberspreewald
Schmogrow-
Drehnow
Turnow
Eichberge
Sadzarzewice
Südumfluter
Burg (Spreewald)
Fehrow
Hammerstrom
PEITZ
PICNJO
Jänschwalde Ost
Taubendorf
Grabice
Raddusch
NAUENDORF
MAIBERG
Jänschwalde
Jansojce
Grießen
Markosice
Luboszyce
Kozów
Striesow
DR Spreewald
Cottbus-Süd
Cottbus
49
Forst
E 30
2004
2007

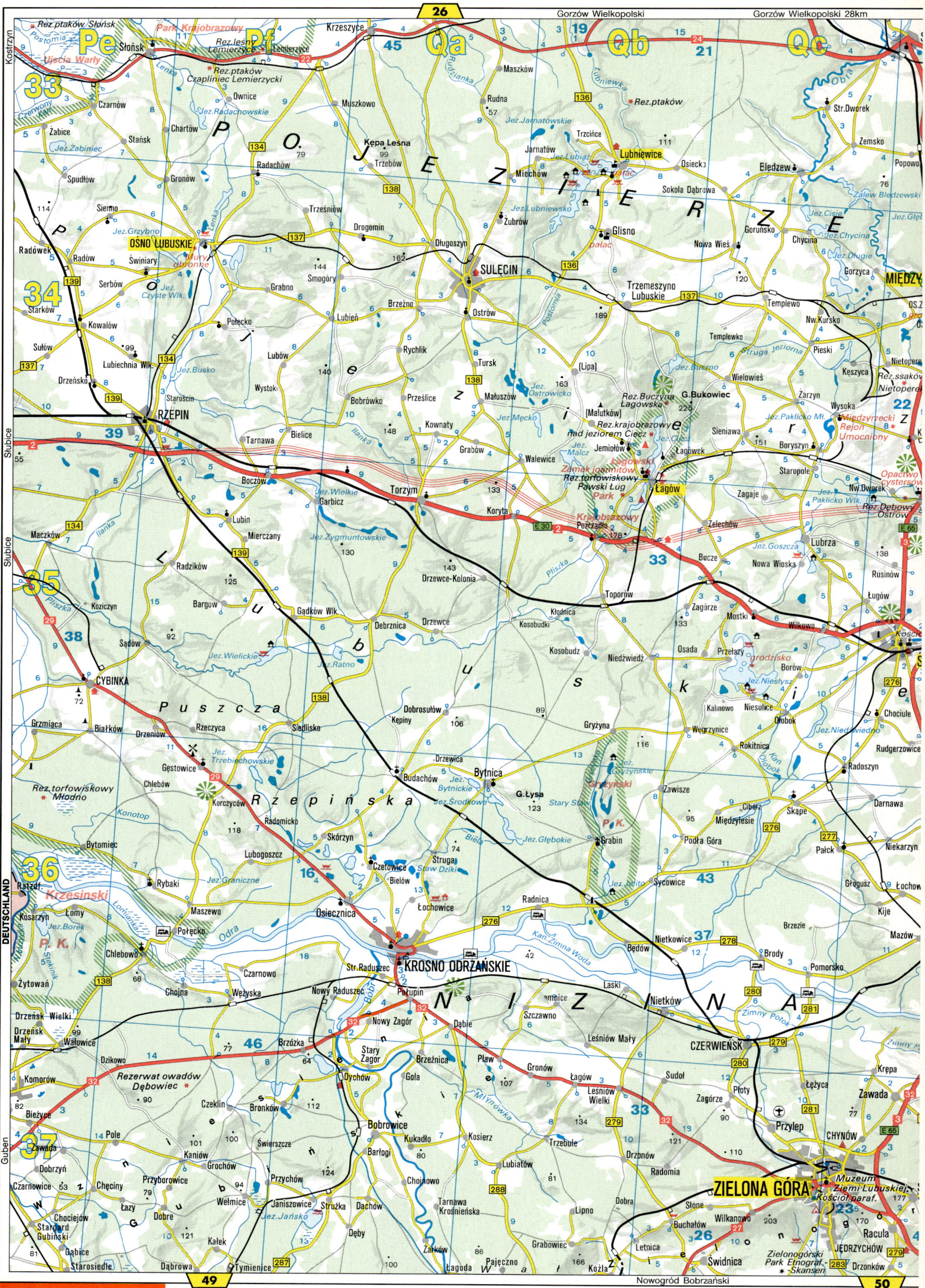
26
Gorzów Wielkopolski
Gorzów Wielkopolski 28km
Kostrzyn
Słubice
Guben
DEUTSCHLAND
49
Nowogród Bobrzański
50
Pe
Pf
Qa
Qb
Qc
Rez.ptaków Słońsk
Park Krajobrazowy
Rez.leśny Lemierzyce
Lemierzyce
Słońsk
Postomia
Ujście Warty
Rez.ptaków Czapliniec Lemierzycki
Krzeszyce
Maszków
Rudna
Muszkowo
Czarnów
Ownice
Jez.Radachowskie
Chartów
Żabice
Jez.Żabiniec
Stańsk
Radachów
Kępa Leśna
Trzebów
Jarnatów
Jez.Lubiąż
Lubniewice
Trzciniec
Rez.ptaków
Jez.Jarnatowskie
Miechów
Osieck
Sokola Dąbrowa
Bledzew
Str.Dworek
Zemsko
Popowo
Zalew Bledzewski
Spudłów
Gronów
Trześniów
Drogomin
Długoszyn
Zubrów
Jez.Lubniewsko
Glisno
pałac
Nowa Wieś
Goruńsko
Chycina
Jez.Cisie
Jez.Chycina
Jez.Długie
Gorzyca
MIĘDZY
Siemo
Jez.Grzybno
OŚNO LUBUSKIE
Mury obronne
Radówek
Radów
Świniary
Serbów
Jez.Czyste Wlk.
Grabno
Smogóry
SULĘCIN
Trzemeszyno Lubuskie
Templewo
Nw.Kursko
Starków
Kowalów
Połęcko
Lubień
Brzeźno
Ostrów
Postomia
Templewko
Struga Jeziorna
Pieski
Nietopers
Sułów
Lubiechnia Wlk.
Jez.Busko
Lubów
Rychlik
Tursk
(Lipa)
Jez.Buszno
Wielowieś
Keszyca
Rez.ssaków Nietoperek
Drzeńsko
Staroście
RZEPIN
Wystok
Bobrówko
Prześlice
Małuszów
Jez.Ostrowicko
(Malutków)
Rez.Buczyna Łagowska
G.Bukowiec
Żarzyn
Wysoka
Jez.Paklicko Mł.
Międzyrzecki Rejon Umocniony
Jez.Męcko
Rez.krajobrazowy nad jeziorem Ciecz
Jez.Ciecz
Sieniawa
Boryszyn
Tarnawa
Bielice
Kownaty
Jemiołów
Jez.Malcz
Łagowiec
Grabów
Walewice
Łagowski Zamek joannitów
Rez.torfowiskowy Pawski Ług
Park Krajobrazowy
Łagów
Staropole
Zagaje
Nw.Dworek
Jez.Paklicko Wlk.
Opactwo cystersów
Rez.Dębowy Ostrów
Boczów
Jez.Wielkie
Garbicz
Torzym
Koryta
Pożrzadło
Lubin
Mierczany
Jez.Zygmuntowskie
Zełechów
Jez.Goszcza
Lubrza
Nowa Wioska
Rusinów
Maczków
Ilanka
Radzików
Drzewce-Kolonia
Pliszka
Toporów
Bucze
Ługów
Zagórze
Mostki
Wilkowo
Koście
Koziczyn
Bargów
Gądków Wlk.
Debrznica
Drzewce
Kłodnica
Kosobudki
Kosobudz
Niedźwiedź
Osada
Przełazy
grodzisko
Borów
Sądów
Jez.Wielickie
Jez.Ratno
Jez.Niesłysz
Niesulice
CYBINKA
Puszcza
Dobrosułów
Kępiny
Kalinowo
Ołobok
Chociule
Grzmiąca
Białków
Drzeniów
Rzeczyca
Siedlisko
Gryżyna
Węgrzynice
Jez.Niedźwiedno
Rokitnica
Rudgerzowice
Gęstowice
Jez.Trzebiechowskie
Drzewica
Bytnica
Gryżyński
Radoszyn
Rez.torfowiskowy Młodno
Chlebów
Budachów
Jez.Bytnickie
G.Łysa
Stary Staw
Zawisze
Skąpe
Darnawa
Korczyców
Rzepińska
Jez.Srodkowe
Cibórz
Międzylesie
Konotop
Radomicko
Skórzyn
Jez.Głębokie
Grabin
Podła Góra
Pałck
Niekarzyn
Bytomiec
Lubogoszcz
Czetowice
Struga
Staw Dziki
Sycowice
Grabiny
Rybaki
Jez.Graniczne
Bielów
Głogusz
Łochowice
Ratzdf.
Krzesiński
Łomy
Kosarzyn
Jez.Borek
P. K.
Maszewo
Połęcko
Osiecznica
Łochowice
Radnica
Kije
Brzezie
Mazów
Odra
Chlebowo
KROSNO ODRZAŃSKIE
Kan.Zimna Woda
Będów
Nietkowice
Brody
Pomorsko
Str.Raduszec
Czarnowo
Żytowań
Chojna
Węzyska
Nowy Raduszec
Połupin
Laski
Nietków
Szczawno
Bóbr
Drzeńsk Wielki
Drzeńsk Mały
Wałowice
Nowy Zagór
Dąbie
Leśniów Mały
Zimny Potok
CZERWIEŃSK
Brzózka
Stary Zagór
Brzeźnica
Dychów
Gola
Pław
Gronów
Łagów
Sudoł
Ploty
Krępa
Łężyca
Zawada
Rezerwat owadów Dębowiec
Dzikowo
Komorów
Leśniów Wielki
Zagórze
Czeklin
Bronków
Młynówka
Przylep
Bieżyce
Pole
Bobrowice
Kukadło
Kosierz
Trzebule
CHYNÓW
Zawada
Kaniów
Grochów
Świerszcze
Bartogi
Drzonów
Radomia
Dobrzyń
Czarnowice
Chęciny
Przyborowice
Przychów
Chojnowo
Lubiatów
ZIELONA GÓRA
Muzeum Ziemi Lubuskiej
Kościół paraf.
Łazy
Wełmice
Janiszowice
Stużka
Dachów
Tarnawa Krośnieńska
Lipno
Dobra
Stone
Wilkanowo
Chociejów
Stargard Gubiński
Dobre
Jez.Jańsko
Buchałów
Racula
Gębice
Kałek
Dęby
Żarków
Pajęczno
Grabowiec
Letnica
Świdnica
Zielonogórski Park Etnograf. - Skansen
JĘDRZYCHÓW
Starosiedle
Dąbrowa
Tymienice
Łagoda
Koźla
Drzonków
POJEZIERZE
Pojezierze Lubuskie
Puszcza Rzepińska
NIZINA
E 30
E 65

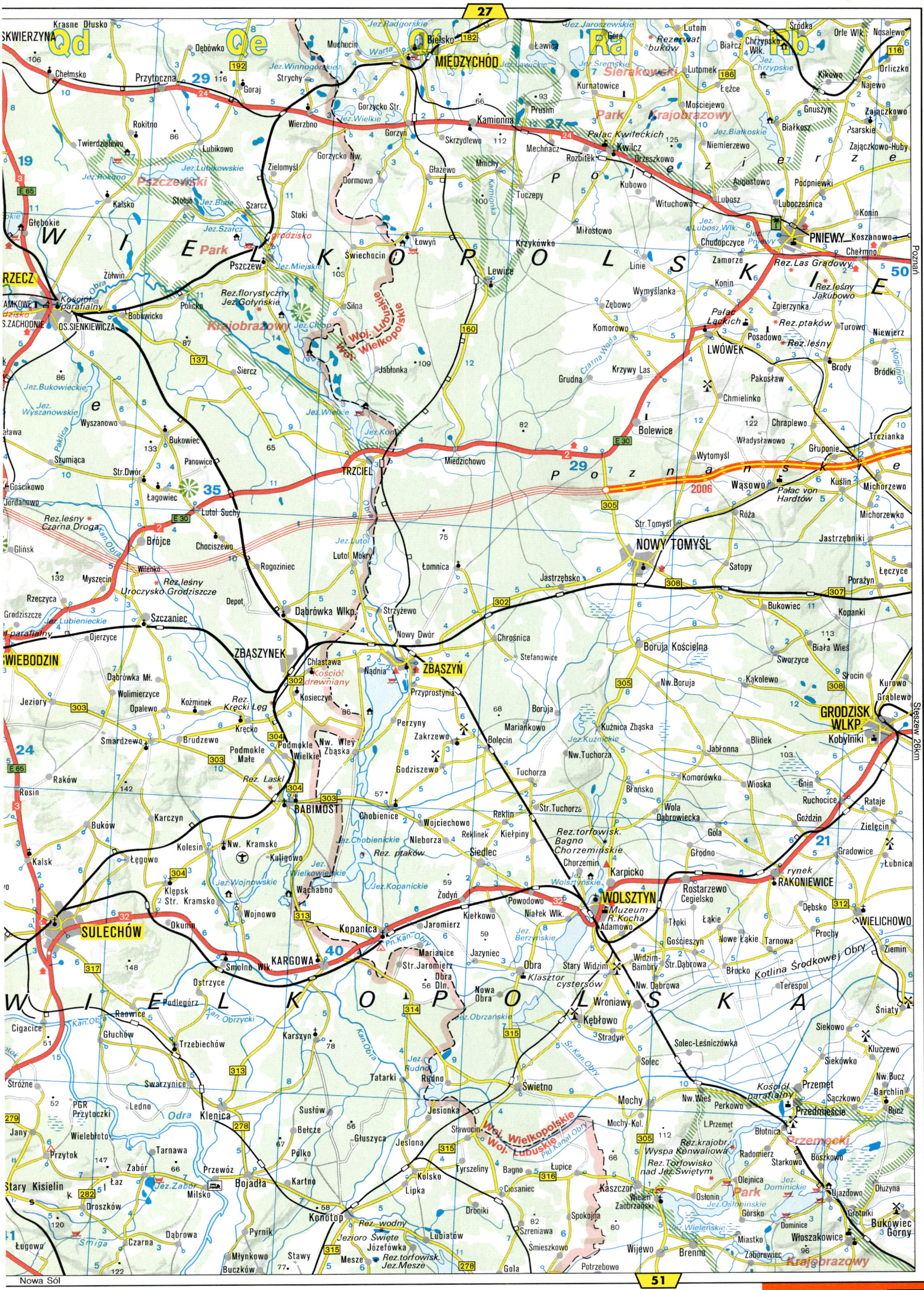

27
Qd
Qe
Qf
Ra
Rb
SKWIERZYNA
Krasne Dłusko
Dębówko
Muchocin
Bielsko
182
MIĘDZYCHÓD
Ławica
Góra
Rezerwat buków
Lutom
Chrzypsko Wlk.
Śrótka
Orle Wlk.
Nosalewo
116
Chełmsko
Przytoczna
29
116
Goraj
192
Jez. Winnogórskie
Strychy
Jez. Radgorskie
Warta
Jez. Sremskie
Sierakowski
Lutomek
186
Łężce
Kikowo
Orliczko
Najewo
Kurnatowice
Mościejewo
Park
Krajobrazowy
Gnuszyn
Zajączkowo
Rokitno
Wierzbno
Gorzycko Str.
Jez. Wielkie
Kamionna
Prusim
24
27
Pałac Kwileckich
Kwilcz
Niemierzewo
Jez. Białkoskie
Białokosz
Psarskie
Zajączkowo-Huby
Twierdzielewo
Lubikowo
Gorzyń
Skrzydlewo
112
Mechnacz
Rozbitek
Orzeszkowo
Jez. Lubikowskie
Zielomyśl
Gorzycko Nw.
Głażewo
Mnichy
Kubowo
Augustowo
Podpniewki
Jez. Rokitno
Pszczewski
Dormowo
Kamionka
Tuczępy
Witachowo
Lubosz
Lubocześnica
19
Kalsko
Stołuń
Jez. Białe
Szarcz
Stoki
Jez. Szarcz
Grodzisko
Łowyń
Miłostowo
Jez. Lubosz Wlk.
Jez. Pniewy
PNIEWY
Koszanowo
Chełmno
Konin
Głębokie
W
I
E
Park
L
K
O
P
O
L
S
K
I
E
Pszczew
Jez. Miejskie
Świechocin
Krzykówko
Lewice
Linie
Chudopczyce
Zamorze
Rez. Las Grądowy
Rez. leśny Jakubowo
Poznań
50
RZECZ
Żółwin
Kościół parafialny
Rez. florystyczny Jez. Gołyńskie
103
Silna
Woj. Lubuskie
Woj. Wielkopolskie
Wymyślanka
Konin
Zgierzynka
Pałac Łąckich
Rez. ptaków
Turowo
Niewierz
Bobowicko
Policko
Krajobrazowy
Jez. Chłop
Zębowo
Komorowo
Posadowo
Rez. leśny
OS. SIENKIEWICZA
OS. ZACHODNIE
160
87
137
LWÓWEK
Brody
Jabłonka
109
Czarna Woda
Krzywy Las
Sierczu
Grudna
Pakosław
Bródki
86
Jez. Bukowieckie
Chmielinko
Jez. Wyszanowskie
Jez. Wielkie
Jez. Kopanica
Wyszanowo
82
Bolewice
122
Chraplewo
E 30
Władysławowo
Trzcianka
Bukowiec
133
65
Głuponie
Pałac
Szumiąca
Panowice
TRZCIEL
Międzichowo
Wytomyśl
2
29
P
o
z
n
a
ń
s
k
i
e
Str. Dwór
35
Wąsowo
Pałac von Hardtów
Kuślin
Michorzewo
Gościkowo
Łagowice
2006
305
Jordanowo
Lutol Suchy
Róża
Rez. leśny Czarna Droga
E 30
Michorzewo
Brójce
Chociszewo
Str. Tomyśl
75
Jastrzębniki
Glińsk
Lutol Mokry
Jez. Lutol
NOWY TOMYŚL
Łomnica
Łęczyce
132
Myszęcin
Wilenko
Rez. leśny Uroczysko Grodziszcze
Rogoziniec
Jastrzębsko
Satopy
308
Porażyn
Rzeczyca
Depot
Dąbrówka Wlkp.
Strzyżewo
302
307
Grodziszcze
Jez. Lubienieckie
Szczaniec
Bukowiec
Kopanki
Kościół parafialny
Ojerzyce
Nowy Dwór
Chrośnica
113
ŚWIEBODZIN
ZBĄSZYNEK
Chlastawa
Stefanowice
Boruja Kościelna
Biała Wieś
Sworzyce
Dąbrówka Mł.
302
Nądnia
Kościół drewniany
ZBĄSZYŃ
305
Nw. Boruja
Kąkolewo
Stocin
Kurowo
Wolimierzyce
Przyprostynia
Grąblewo
Jeziory
303
Opalewo
Koźminek
Rez. Kręcki Łęg
Kosieczyn
308
GRODZISK WLKP.
Kobylniki
Kręcko
86
Perzyny
68
Boruja
Kuźnica Zbąska
Steszew 26km
Smardzewo
Brudzewo
304
Podmokle Wielkie
Nw. Wiey Zbąska
Zakrzewo
Mariankowo
Bolęcin
Jez. Kuźnickie
Blinek
24
Podmokle Małe
303
Nw. Tuchorza
Jabłonna
103
E 65
Rez. Laski
304
Godziszewo
Tuchorza
Komorówko
Raków
142
BABIMOST
303
57
Bronsko
Wioska
Gnin
Rosin
Chobienice
Wojciechowo
Reklin
Str. Tuchorza
Wola Dąbrowiecka
Ruchocice
Rataje
Gola
Zielęcin
Karczyn
Reklinek
Kiełpiny
Gożdzin
Buków
Kolesin
Nw. Kramsko
Jez. Chobienickie
Nieborza
Rez. torfowisk. Bagno Chorzemińskie
Chorzemin
Głodno
21
Gradowice
Łubnica
Kuligowo
Rez. ptaków
Siedlec
Łęgowo
Jez. Wielkowiejskie
Karpicko
Rostarzewo
RAKONIEWICE
Kalsk
304
Jez. Wojnowskie
59
Jez. Wolsztyńskie
Cegielsko
Kłępsk
Jez. Kopanickie
Żodyń
Powodowo
32
WOLSZTYN
Dębsko
312
Str. Kramsko
Wąchabno
Kiełkowo
Niałek Wlk.
Muzeum R. Kocha
Tłoki
Łąkie
WIELICHOWO
Wojnowo
Adamowo
Prochy
SULECHÓW
32
Okunin
313
Kopanica
Jaromierz
59
Jez. Berzyńskie
Gościeszyn
Nowe Łąkie
Tarnowa
Kotlina Środkowej Obry
Ziemin
40
Pn. Kan. Obry
Marianice
Jazyniec
Obra
Stary Widzim
Widzim-Bambry
Str. Dąbrowa
Błocko
Smolno Wlk.
KARGOWA
Str. Jaromierz
Klasztor cystersów
317
148
Nw. Dąbrowa
Terespol
Ostrzyce
56
Obra Dln.
Nowa Obra
W
I
E
L
K
O
P
O
L
S
K
A
Podlegórz
314
Wroniawy
Śniaty
Kan. Obry
Raowice
Kan. Obrzycki
Jez. Obrzańskie
Kębłowo
Siekowo
Cigacice
Głuchów
315
Stradyń
Solec-Leśniczówka
Kluczewo
51
Trzebiechów
Karszyn
78
Kan. Obra
Śr. Kan. Obry
Siekówko
313
Jez. Rudno
Tatarki
Rudno
Solec
Nw. Bucz
Stróżne
52
Swarzynice
Świętno
Mochy
Nw. Wieś
Kościół parafialny
Przemęt
Barchlin
PGR Przytoczki
Ledno
Odra
Klenica
Sustów
Jesionka
Perkowo
Przedmieście
Sączkowo
Bucz
279
Jany
Wielobłoto
278
Bełcze
56
Głuszyca
Sławocin
Woj. Wielkopolskie
Woj. Lubuskie
Pld. Kanał Obry
Mochy-Kol.
112
L. Przemęt
Błotnica
Przemęcki
Tarnawa
67
Jesiona
315
305
Rez. krajobr. Wyspa Konwaliowa
Radomierz
Starkowo
Boszkowo
Przytok
147
Zabór
66
Przewóz
Pólko
Tyrszeliny
Bagno
Łupice
66
Rez. Torfowisko nad Jez. Świętym
Olejnica
Jez. Dominickie
Park
Stary Kisielin
282
Łaz
Jez. Zaborskie
Milsko
Bojadła
Kartno
Kolsko
Lipka
316
Ciosaniec
Kaszczor
Wieleń Zaobrzański
Osłonin
Jez. Osłonińskie
Ujazdowo
Dłużyna
Droszków
Konotop
58
Drożki
Spokojna
80
Górsko
Grotniki
Bukowiec Górny
120
Dąbrowa
Pyrnik
Rez. wodny Jezioro Święte
Lubiatów
82
Szreniawa
Jez. Wieleńskie
Dominice
Miastko
Włoszakowice
Ługowo
Śmiga
Czarna
Młynkowo
Józefówka
Śmieszkowo
Wijewo
Brenno
96
Zaborowiec
Krajobrazowy
122
Buczków
Stawy
77
315
Mesze
Rez. torfowisk Jez. Mesze
278
Gola
Potrzebowo
Nowa Sól
51

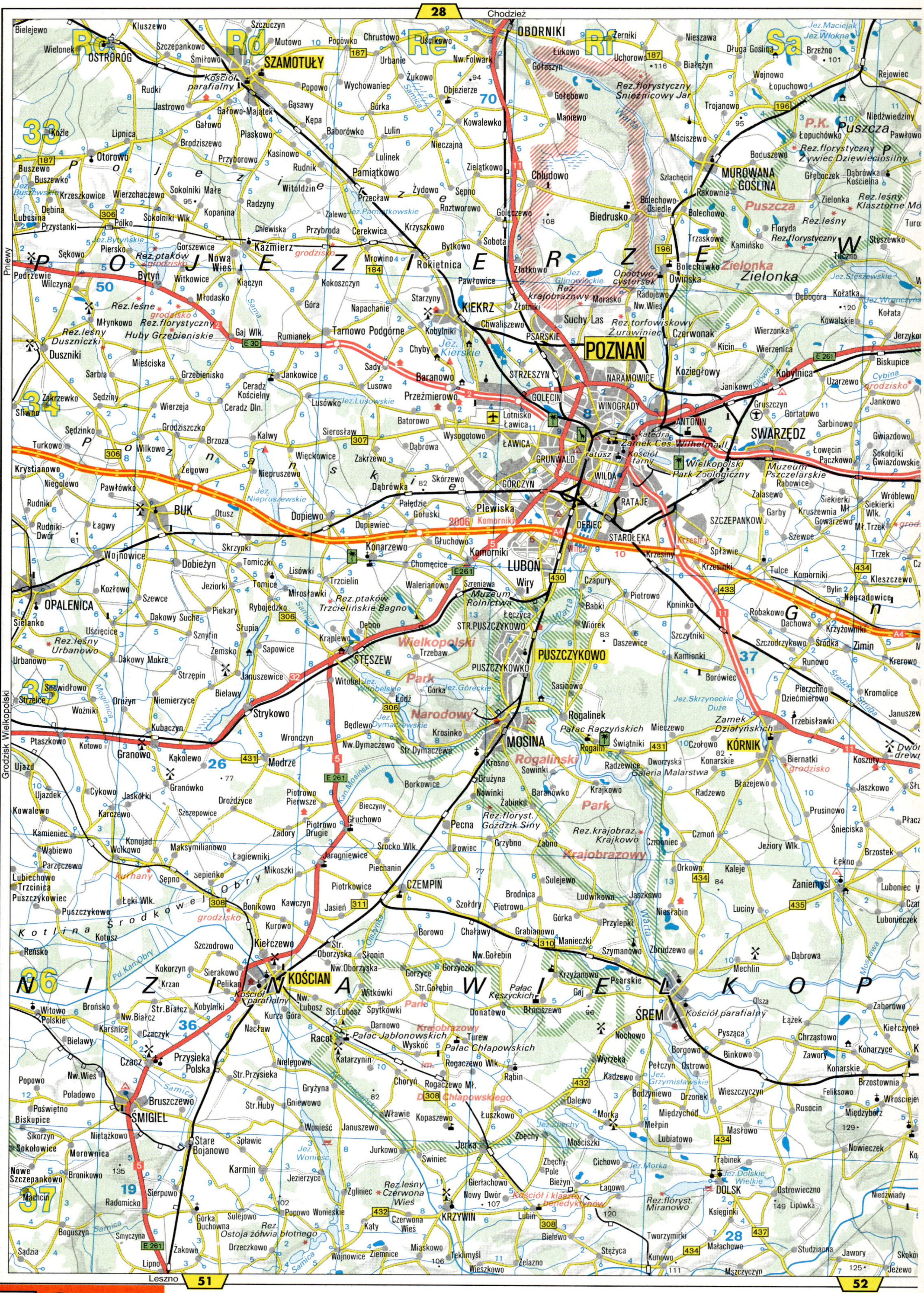
28
Chodzież
OBORNIKI
SZAMOTUŁY
OSTRORÓG
Kościół parafialny
Rez. florystyczny Śnieżnicowy Jar
MUROWANA GOŚLINA
Puszcza Zielonka
P.K. Puszcza Zielonka
Rez. florystyczny Żywiec Dziewięciosilny
P O J E Z I E R Z E W
Rez. ptaków grodzisko
Bytyń
Rokietnica
KIEKRZ
Rez. krajobrazowy Morasko
Opactwo cystersek
Owińska
Suchy Las
Rez. torfowiskowy Żurawiniec
Czerwonak
Kobylnica
Rez. leśny Duszniki
Rez. florystyczny Huby Grzebieniskie
Dusznik
Tarnowo Podgórne
Jez. Kierskie
POZNAŃ
NARAMOWICE
STRZESZYN
WINOGRADY
GOLĘCIN
Lotnisko Ławica
ŁAWICA
ANTONIN
SWARZĘDZ
Katedra
Zamek Ces. Wilhelma
ratusz
Kościół farny
Wielkopolski Park Zoologiczny
Muzeum Pszczelarskie
GRUNWALD
WILDA
RATAJE
Przeźmierowo
Lusówko
Jez. Lusowskie
Buk
Opalenica
Stęszew
Komorniki
LUBOŃ
DĘBIEC
STAROŁĘKA
SZCZEPANKOWO
Krzesiny
Kleszczewo
Muzeum Rolnictwa
Rez. ptaków Trzcielińskie Bagno
Wielkopolski Park Narodowy
PUSZCZYKOWO
Jez. Góreckie
Jez. Dymaczewskie
MOSINA
Rogalinek
Pałac Raczyńskich
Rogalin
Rogaliński Park Krajobrazowy
Zamek Działyńskich
KÓRNIK
Galeria Malarstwa
Rez. florystyczny Goździk Siny
Rez. krajobraz. Krajkowo
Granowo
Grodzisk Wielkopolski
Rez. leśny Urbanowo
CZEMPIŃ
KOŚCIAN
Kościół parafialny
Kotlina Środkowej Obry
N I Z I N A W I E L K O P
Racot
Pałac Jabłonowskich
Pałac Chłapowskich
Krajobrazowy Park im. D. Chłapowskiego
Pałac Koszyckich
ŚREM
Kościół parafialny
Przysieka Polska
ŚMIGIEL
Stare Bojanowo
Rez. leśny Czerwona Wieś
KRZYWIŃ
Kościół i klasztor benedyktynów
Ostoja żółwia błotnego
Jez. Dolskie Wielkie
DOLSK
Rez. floryst. Mirosłowo
Leszno
51
52
E 30
E 261
A4
5
11
32
306
307
184
187
196
305
308
310
311
430
431
432
433
434
435
437

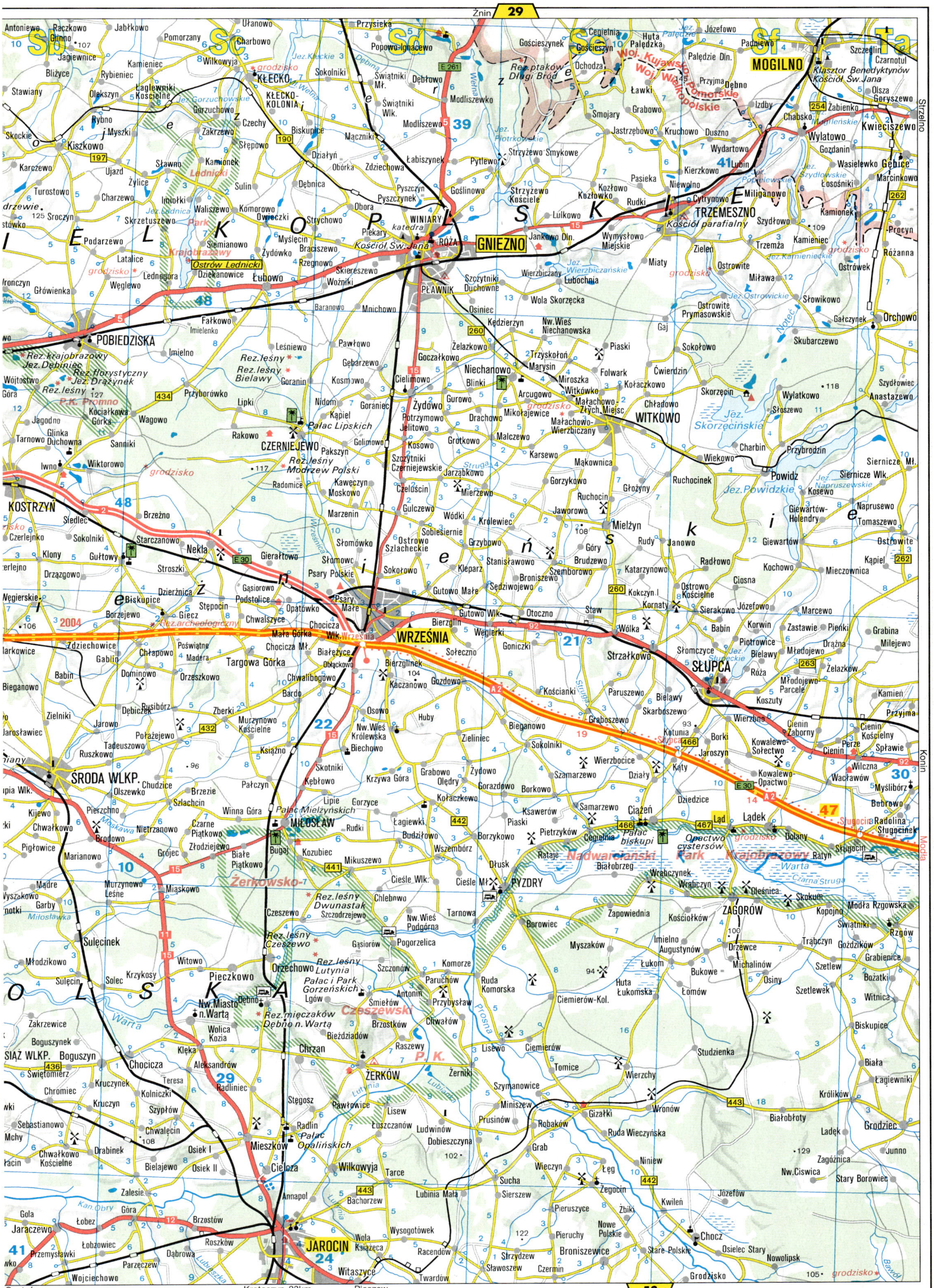
Żnin
29
Sb
Sc
Sd
Se
Sf
Ta
MOGILNO
Klasztor Benedyktynów
Kościół Św. Jana
Strzelno
KŁECKO
KŁECKO-KOLONIA
Woj. Kujawsko-Pomorskie
Woj. Wielkopolskie
Rez. ptaków Długi Bród
Gościeszyn
Modliszewko
Modliszewo
Łabiszynek
Wylatowo
Kwieciszewo
Gozdanin
Gębice
Kiszkowo
Lednicki
Park
Krajobrazowy
Ostrów Lednicki
TRZEMESZNO
Kościół parafialny
GNIEZNO
WINIARY
katedra
Kościół Św. Jana
RÓŻA
PŁAWNIK
Jankowo Dln.
Wymysłowo Miejskie
Miąty
Zieleń
Ostrowite
Procyn
Różanna
Ostrówek
POBIEDZISKA
Rez. krajobrazowy
Jez. Dębiniec
Rez. Horysztyczny
Jez. Drążynek
Rez. leśny
P.K. Promno
CZERNIEJEWO
Pałac Lipskich
Rez. leśny Modrzew Polski
Niechanowo
Witkowo
Chładowo
Jez. Skorzęcińskie
Skorzęcin
Wylatkowo
Anastazewo
Powidz
Jez. Powidzkie
Orchowo
Gałczynek
Skubarczewo
KOSTRZYŃ
Nekla
E 30
Gierałtowo
Psary Polskie
WRZEŚNIA
Wrześnica
Rez. archeologiczny
Mała Górka
Targowa Górka
Słomczyce
SŁUPCA
Strzałkowo
Konin
30
Wilczna
Myślibórz
Bobrowo
Sługocin
Służewo
Ląd
Lądek
Opactwo cystersów
Pałac biskupi
Nadwarciański Park Krajobrazowy
Warta
PYZDRY
ZAGORÓW
Ciążeń
ŚRODA WLKP.
MIŁOSŁAW
Pałac Mielżyńskich
Żerkowsko-Czeszewski
P. K.
Rez. leśny Dwunastak
Rez. leśny Czeszewo
Rez. leśny Lutynia
Pałac i Park Gorzeńskich
Rez. mięczaków Dębno n. Wartą
Nw. Miasto n. Wartą
Sulęcinek
Chocicza
ŻERKÓW
Pałac Opalińskich
Mieszków
Cielcza
Radlin
JAROCIN
Witaszyce
Wilkowyja
Lubinia Mała
Gizałki
Grodziec
Chocz
Kwileń
Broniszewice
Stare Polskie
Nowolipsk
Bawół
Prosna
Lutynia
Lubiatka
gródzisko
Gostyń
Krotoszyn 33km
Pleszew
53
A 2
E 30
2004
47
92
442
443
436
441
466
467
263
260
262
254
190
197
434
432

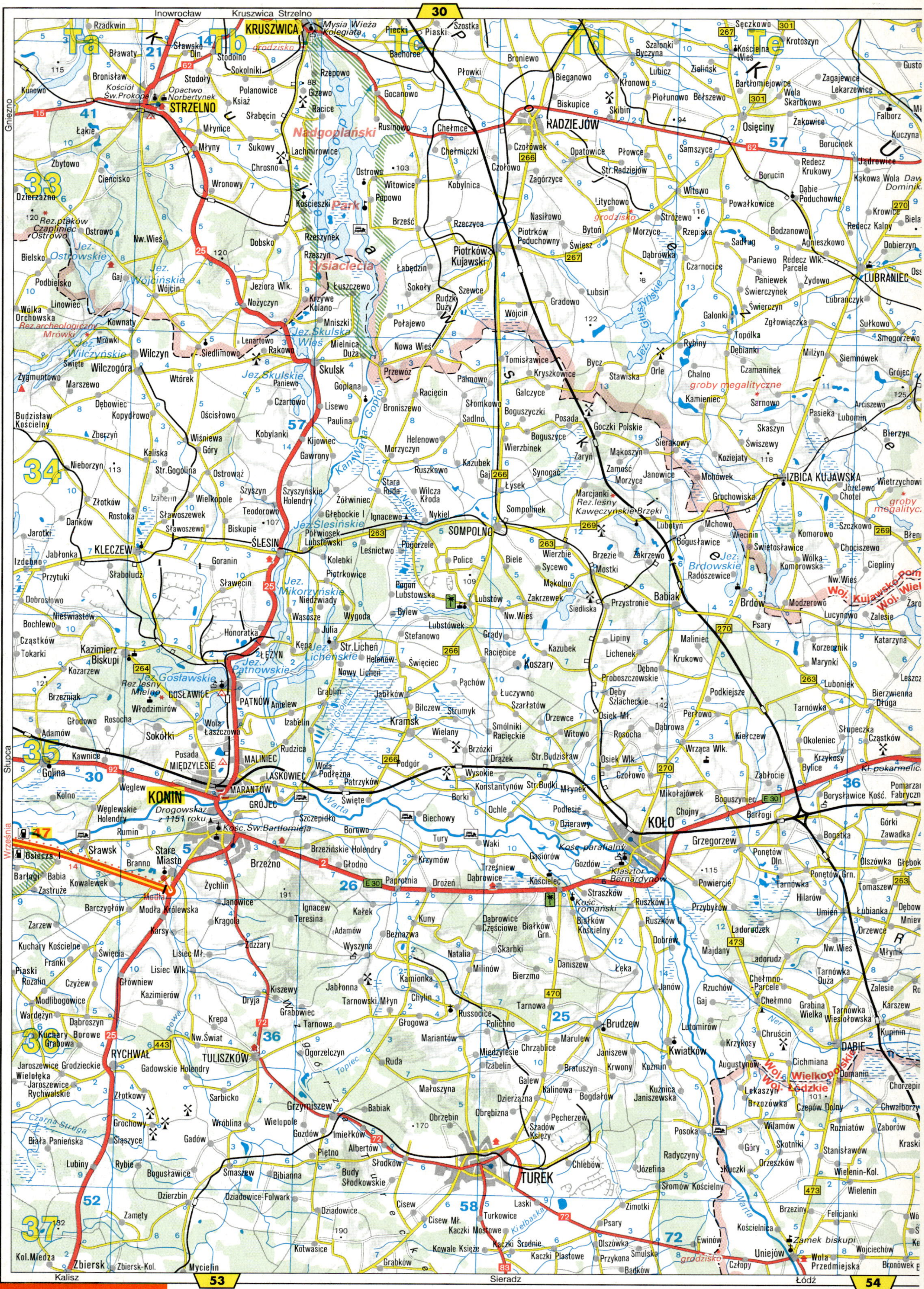

Inowrocław
Kruszwica Strzelno
30
KRUSZWICA
Mysia Wieża Kolegiata
STRZELNO
RADZIEJÓW
Nadgoplański Park Tysiąclecia
Gniezno
Piotrków Kujawski
LUBRANIEC
Osięciny
Skulsk
Wilczyn
Kleczew
ŚLESIN
SOMPOLNO
IZBICA KUJAWSKA
Babiak
Brdów
Jez. Gosławskie
Jez. Pątnowskie
Jez. Licheńskie
Jez. Mikorzyńskie
Jez. Ślesińskie
Jez. Skulskie
Jez. Wilczyńskie
Jez. Ostrowskie
Jez. Brdowskie
Jez. Głuszyńskie
Str. Licheń
KONIN
Drogowskaz z 1151 roku
Kośc. Św. Bartłomieja
GOŚLAWICE
PĄTNOW
MALINIEC
MIĘDZYLESIE
MARANTÓW
LASKOWIEC
GRÓJEC
Golina
Słupca
Września
Stare Miasto
Słupca
KOŁO
Kośc. parafialny
Klasztor Bernardynów
Kośc. romański
Kramsk
Krzymów
Brudzew
Kłodawa
Grzegorzew
Dąbie
Kwiatków
Przedecz
Tuliszków
Rychwał
Grzymiszew
TUREK
Kaczki Plastowe
Uniejów
Zamek biskupi
Wola Przedmiejska
Woj. Kujawsko-Pomorskie
Woj. Wielkopolskie
Woj. Wielkopolskie
Woj. Łódzkie
groby megalityczne
Rez. ptaków Czapliniec Ostrowo
Rez. archeologiczny Mrówki
Marcjanki Rez. leśny Kawęczyńskie Brzęki
Kl. pokarmelicki
Kośc. Fabryczny
Kalisz
Sieradz
Łódź
53
54
Ta
Tb
Tc
Td
Te
33
34
35
36
37

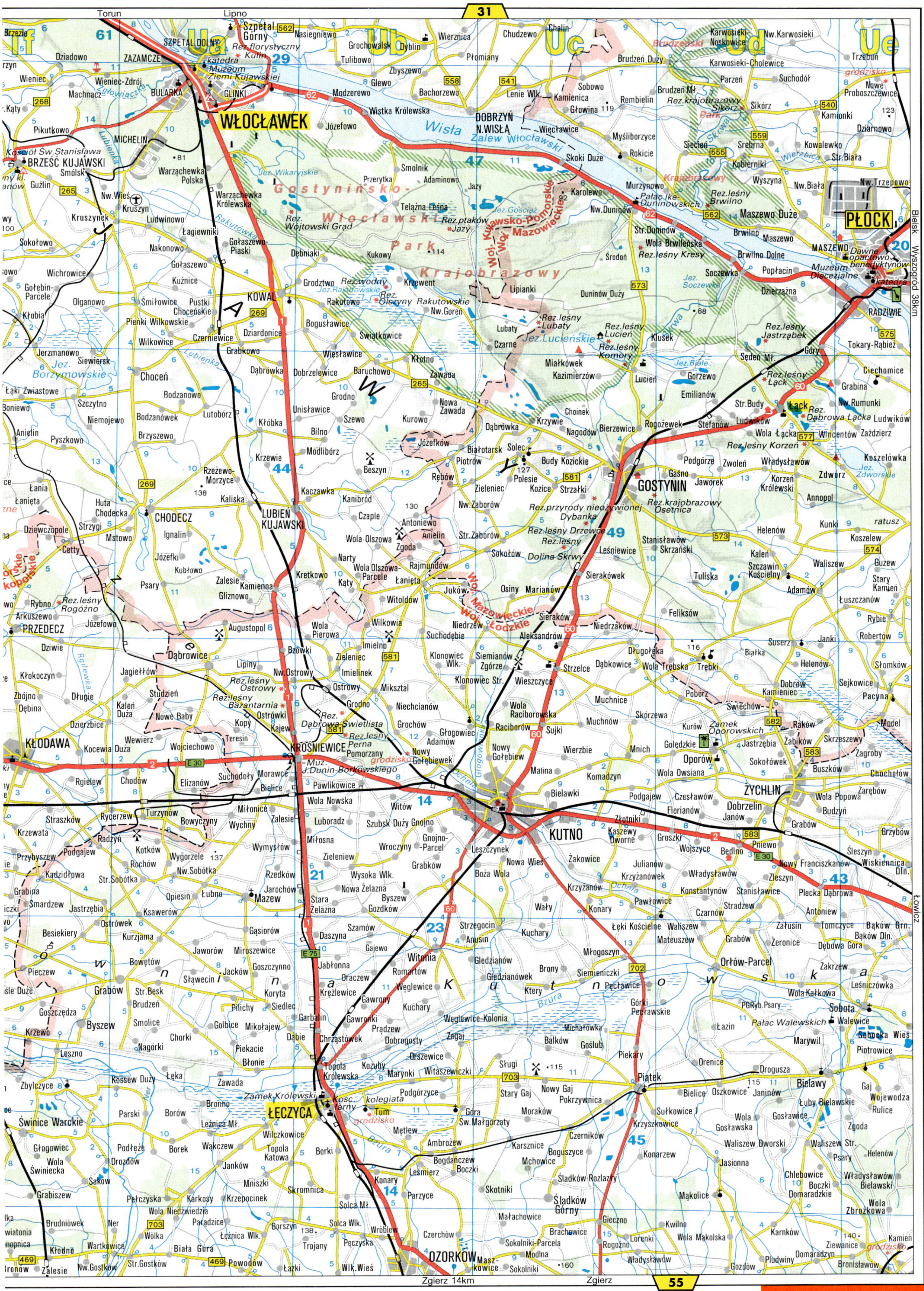
31
Torun
Lipno
WŁOCŁAWEK
PŁOCK
BRZEŚĆ KUJAWSKI
KOWAL
DOBRZYŃ N.WISŁA
Wisła
Zalew Włocławski
Gostynińsko-Włocławski Park Krajobrazowy
GOSTYNIN
ŁĄCK
RADZIWIE
CHODECZ
LUBIEŃ KUJAWSKI
PRZEDECZ
KŁODAWA
KROŚNIEWICE
KUTNO
ŻYCHLIN
ŁĘCZYCA
PIĄTEK
OZORKÓW
Bzura
Zgierz 14km
Zgierz
55
Bielsk Wyszogród 38km
Łowicz
Jez. Lucieńskie
Jez. Zdworskie
Jez. Borzymowskie
Woj. Kujawsko-Pomorskie
Woj. Mazowieckie
Woj. Łódzkie
Sobota
Bielawy
Orłów-Parcel
Witonia
Dąbrowice
Chodów
Strzelce
Oporów
Daszyna
Grabów
Świnice Warckie
Topola Królewska
Dobrzelin
Stary Gaj
Sanniki
Kawęczyn

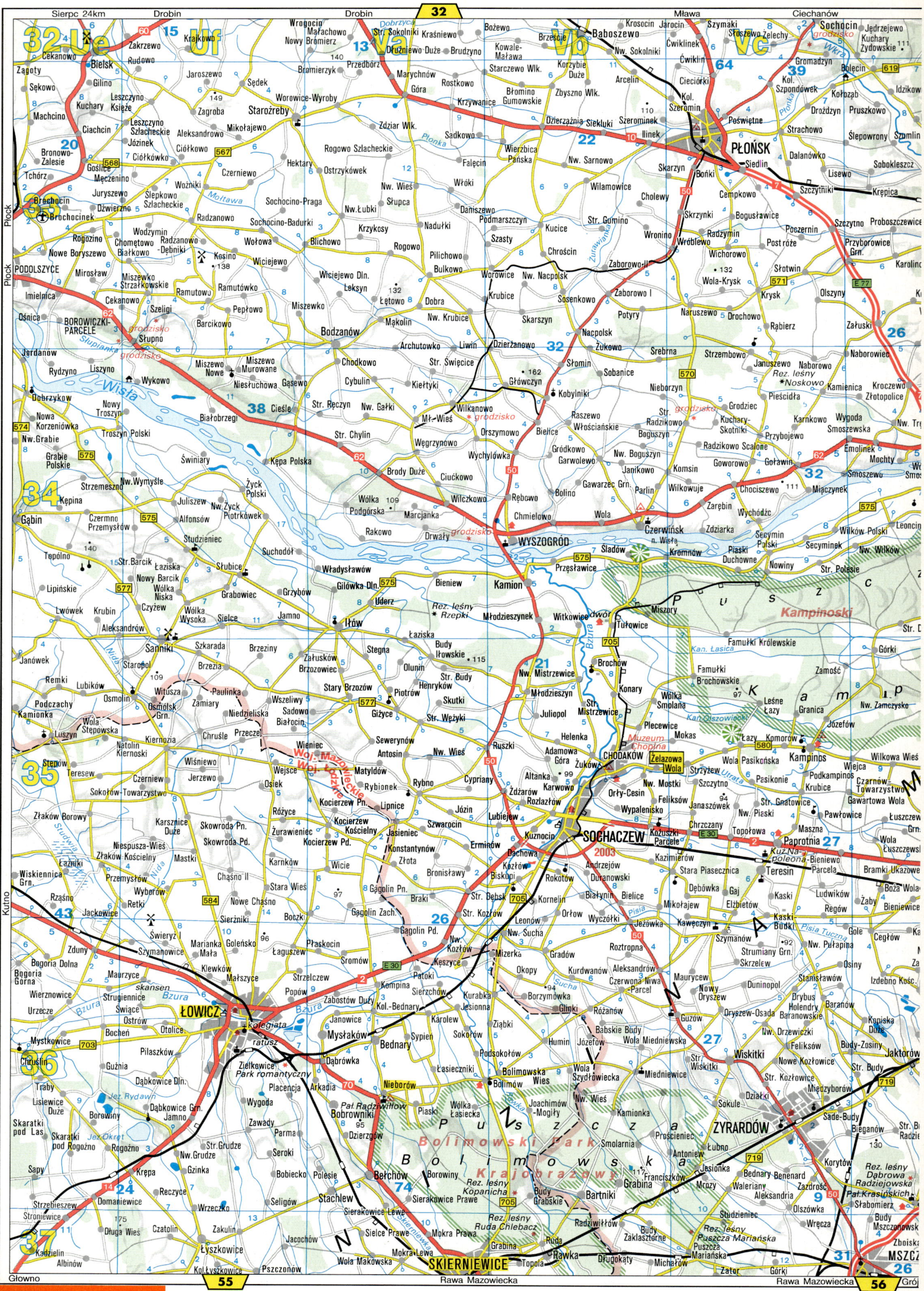
32
Sierpc 24km
Drobin
Drobin
Mława
Ciechanów
32 Ue
Uf
Va
Vb
Vc
Bielsk
Staroźreby
Baboszewo
Sochocin
PŁOŃSK
Płock
PODOLSZYCE
Płock
Brochocin
Bodzanów
Wisła
Wyszogród
WYSZOGRÓD
Czerwińsk n. Wisłą
Kamion
Iłów
Sanniki
Gąbin
Kampinoski
Puszcza
Kampinos
Chodaków
CHODAKÓW
Żelazowa Wola
SOCHACZEW
Teresin
ŁOWICZ
Kolegiata
ratusz
Zielkowice Park romantyczny
Nieborów
Bolimowski Park Krajobrazowy
Puszcza Bolimowska
Bolimów
ŻYRARDÓW
Bełchów
SKIERNIEWICE
Łyszkowice
Kutno
Głowno
Rawa Mazowiecka
Rawa Mazowiecka
MSZCZ
Woj. Mazowieckie
Woj. Łódzkie
Rez. leśny Rzepki
Rez. leśny Noskowo
Rez. leśny Kopanicha
Rez. leśny Ruda Chlebacz
Rez. leśny Puszcza Mariańska
Rez. leśny Dąbrowa Radziejowska
Muzeum Chopina
Brochów
Famułki Królewskie
Kan. Łasica
Bzura
Nida
Słudwia
Rawka
Sucha
Pisia
Płonka
Wkra
Łąkarzewka
Skrwa
grodzisko
62
50
60
10
70
E30
E77
575
577
567
568
570
571
574
580
584
619
703
705
719
7
55
56
Grój

33

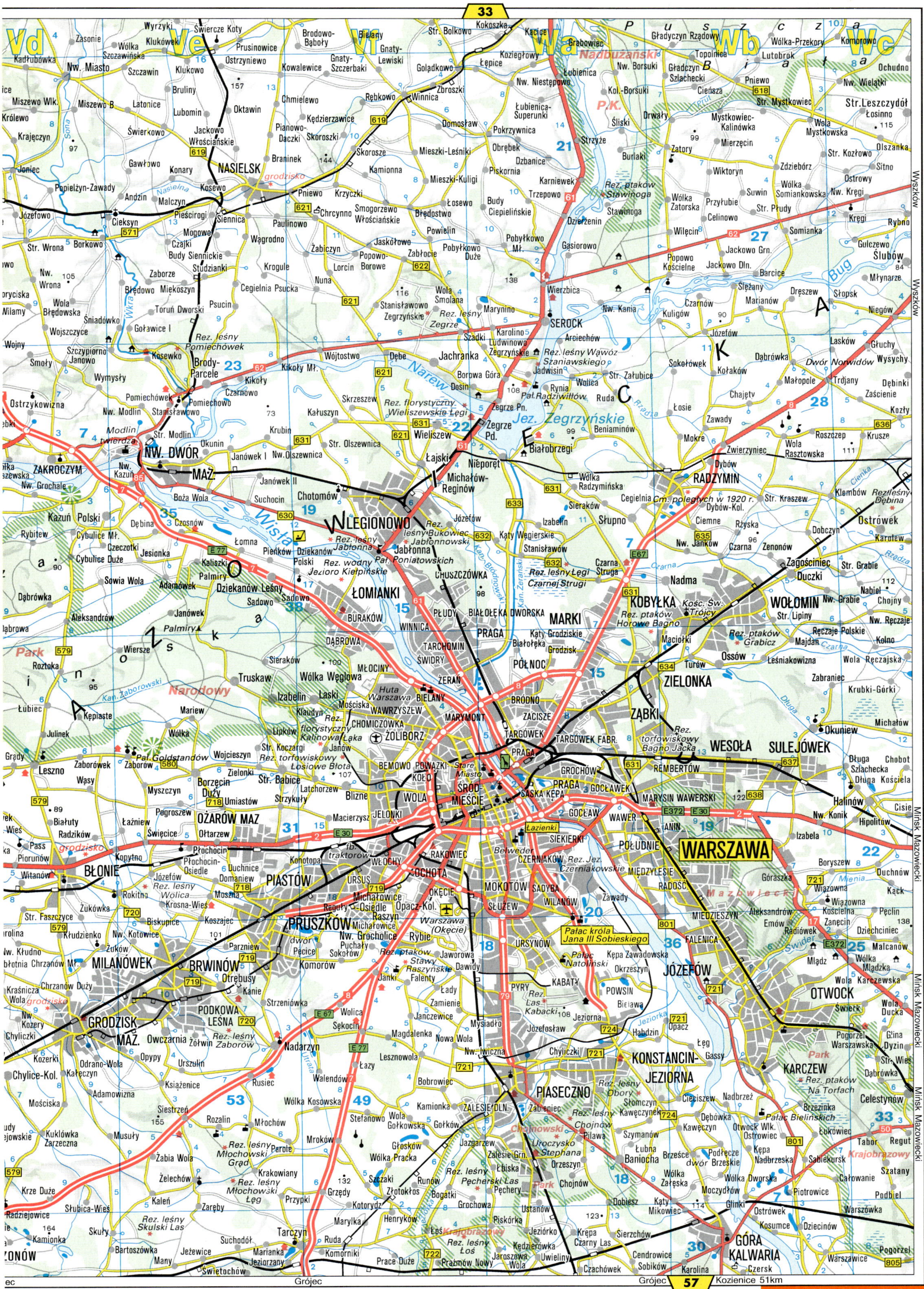

Vd
Ve
Vf
Wa
Wb
Wc
NASIELSK
Nw. Miasto
Serock
SEROCK
Jez. Zegrzyńskie
Narew
Wisła
Bug
Nw. DWÓR MAZ.
ZAKROCZYM
LEGIONOWO
ŁOMIANKI
RADZYMIN
MARKI
KOBYŁKA
WOŁOMIN
ZIELONKA
ZĄBKI
SULEJÓWEK
WESOŁA
WARSZAWA
PRAGA
ŻOLIBORZ
BIELANY
WOLA
ŚRÓDMIEŚCIE
MOKOTÓW
URSUS
WŁOCHY
OCHOTA
BEMOWO
TARGÓWEK
REMBERTÓW
WAWER
URSYNÓW
WILANÓW
PIASTÓW
PRUSZKÓW
BŁONIE
OŻARÓW MAZ.
MILANÓWEK
BRWINÓW
GRODZISK MAZ.
PODKOWA LEŚNA
PIASECZNO
KONSTANCIN-JEZIORNA
JÓZEFÓW
OTWOCK
KARCZEW
GÓRA KALWARIA
Tarczyn
Nadarzyn
Raszyn
Łazienki
Belweder
Pałac króla Jana III Sobieskiego
Kampinoski
Puszcza Biała
Nadbużański
Mazowiecki
Chojnowski
Wyszków
Mińsk Mazowiecki
Grójec
Kozienice 51km

57

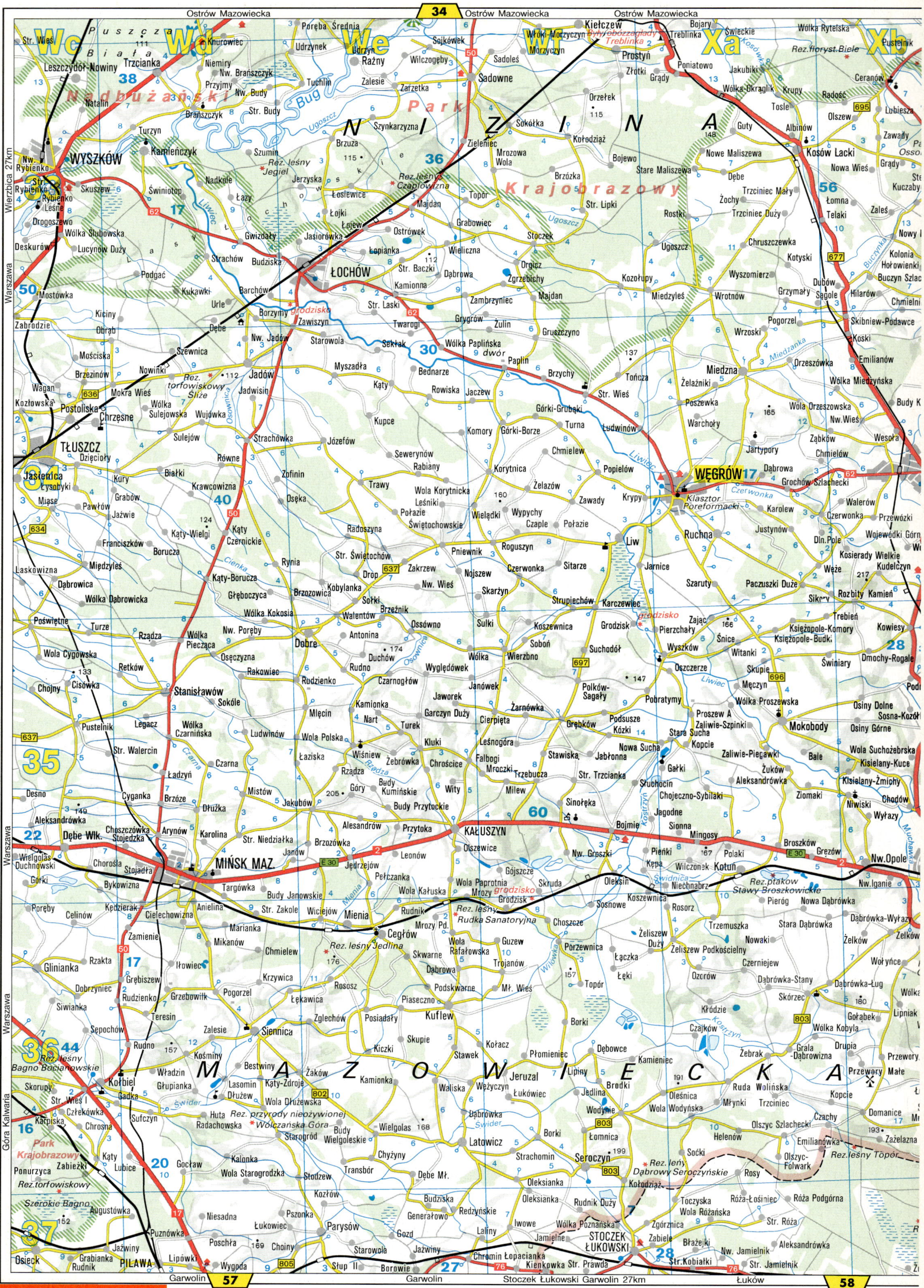

Ostrów Mazowiecka
34
Ostrów Mazowiecka
Ostrów Mazowiecka
Wc
Wd
We
Wf
Xa
Xb
Puszcza Biała
Nadbużański
Park Krajobrazowy
NIZINA
MAZOWIECKA
WYSZKÓW
ŁOCHÓW
WĘGRÓW
TŁUSZCZ
MIŃSK MAZ.
KAŁUSZYN
STOCZEK ŁUKOWSKI
PILAWA
Kosów Lacki
Sadowne
Jadów
Liw
Dobre
Stanisławów
Cegłów
Mrozy
Kuflew
Latowicz
Seroczyn
Siennica
Kołbiel
Mokobody
Kotuń
Wierzbno
Korytnica
Grębków
Jerzuł
Parysów
Nw. Opole
Klasztor Poreformacki
Rez. leśny Jegiel
Rez. leśny Czaplowizna
Rez. torfowiskowy Śliże
Rez. leśny Jedlina
Rez. leśny Rudka Sanatoryjna
Rez. przyrody nieożywionej Wolczańska Góra
Rez. leśny Dąbrowy Seroczyńskie
Rez. leśny Topór
Rez. florystyczny Biele
Rez. ptaków Stawy Broszkowickie
Rez. leśny Bagno Bocianowskie
Rez. torfowiskowy
Szerokie Bagno
Wyrki-Mołczyn
Byłe obozy zagłady Treblinka
Bug
Liwiec
Kostrzyń
Świder
Wierzbica 27km
Warszawa
Góra Kalwaria
E 30
Garwolin
57
Garwolin
Stoczek Łukowski Garwolin 27km
Łuków
58

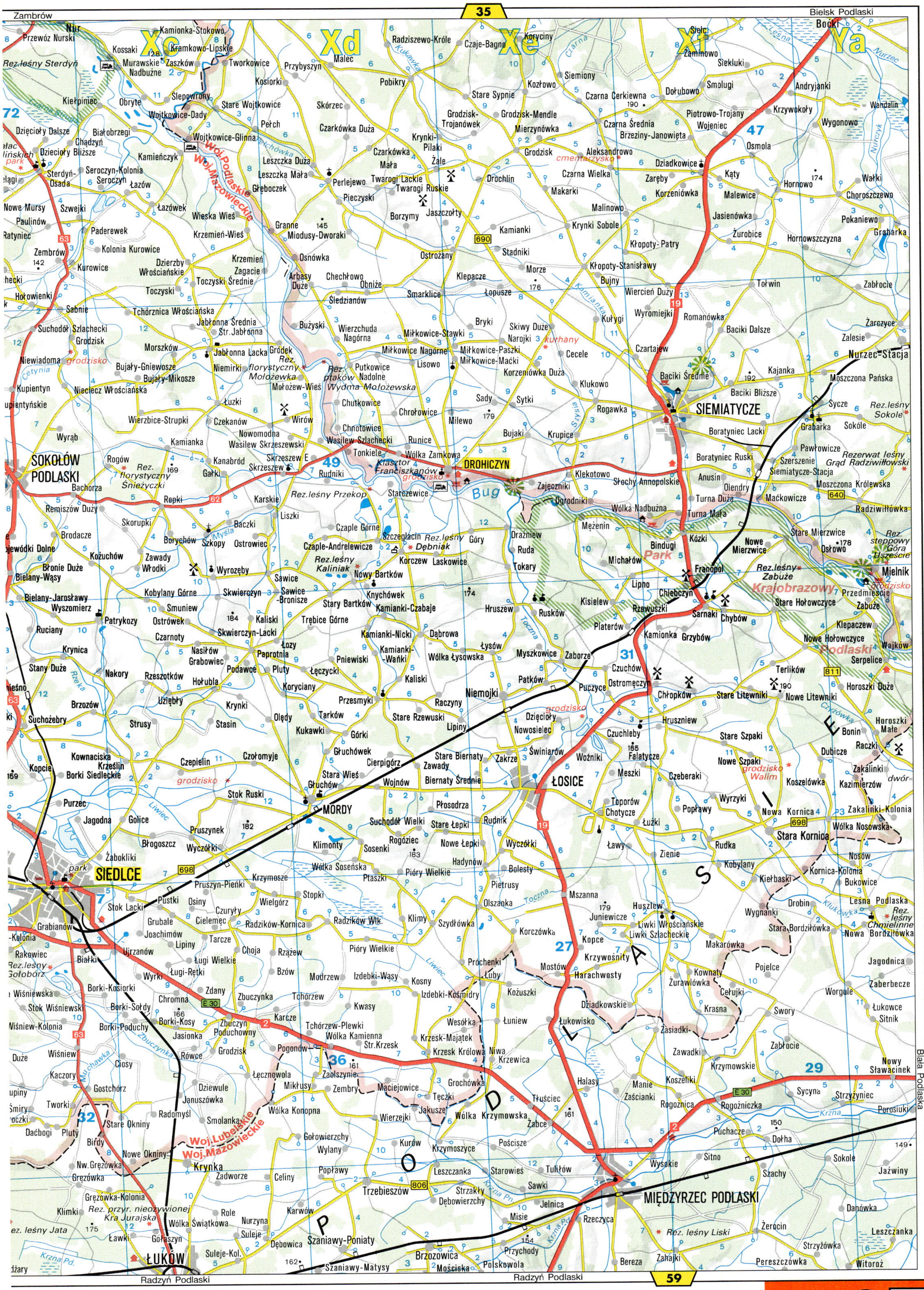
Zambrów
35
Bielsk Podlaski
Xc
Xd
Xe
Xf
Ya
72
47
49
31
27
29
32
36
7
SOKOŁÓW PODLASKI
DROHICZYN
SIEMIATYCZE
SIEDLCE
ŁOSICE
MORDY
MIĘDZYRZEC PODLASKI
ŁUKÓW
Nurzec-Stacja
Mielnik
Bug
Woj.Podlaskie
Woj.Mazowieckie
Woj.Lubelskie
Woj.Mazowieckie
Podlaski Park Krajobrazowy
P O D L A S I E
Rez.leśny Sterdyń
Rez.leśny Przekop
Rez.leśny Dębniak
Rez.leśny Kaliniak
Rez.leśny Zabuże
Rez.leśny Sokole
Rezerwat leśny Grąd Radziwiłłowski
Rez. florystyczny Śnieżyczki
Rez. florystyczny Mołożewka
Rez. ptaków Wydma Mołożewska
Klasztor Franciszkanów
Rez. przyr. nieożywionej Kra Jurajska
Rez. leśny Liski
Rez. leśny Chmielinne
Rez. steppowy Góra Uszeście
Siemiatycze-Stacja
Stare Biernaty
Radzyń Podlaski
Radzyń Podlaski
59
Biała Podlaska

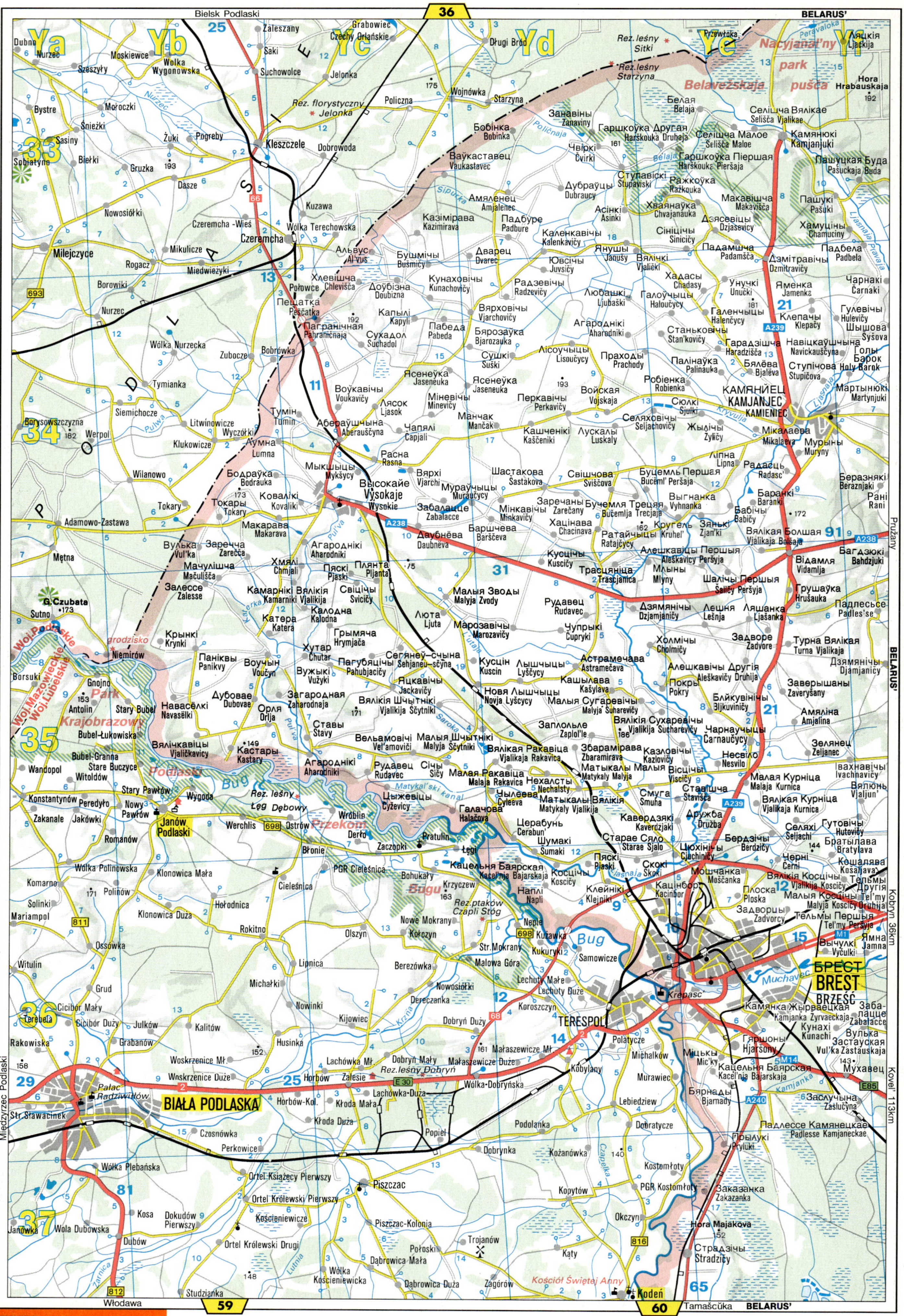
Bielsk Podlaski
36
BELARUS'
Ya
Yb
Yc
Yd
Ye
Yf
Dubno
Nurzec
Moskiewce
Wólka Wygonowska
Zaleszany
Saki
Suchowolce
Grabowiec
Czechy Orlańskie
Jelonka
Rez. florystyczny Jelonka
Policzna
Wojnówka
Starzyna
Długi Brod
Rez. leśny Sitki
Rez. leśny Starzyna
Nacyjanal'ny park
Belaveżskaja pušča
Ljackija
Hora Hrabauskaja
Szeszyły
Bystre
Mołoczki
Śnieżki
Sasiny
Sobiatyno
Bielki
Żuki
Pogreby
Kleszczele
Dobrowoda
Gruzka
Dasze
Kuzawa
Nowosiółki
Czeremcha-Wieś
Czeremcha
Wólka Terechowska
Milejczyce
Mikulicze
Rogacz
Miedwieżyki
Borowiki
Nurzec
Wólka Nurzecka
Zubocze
Bobrówka
Połowce
Tymianka
Siemichocze
Litwinowicze
Wyczółki
Klukowicze
Borysowszczyzna
Werpol
Wilanowo
Tokary
Adamowo-Zastawa
Mętna
G. Czubata
Sutno
Woj. Podlaskie
Woj. Mazowieckie
Woj. Lubelskie
Niemirów
Borsuki
Gnojno
Antolin
Stary Bubel
Park Krajobrazowy Podlaski Przełom Bugu
Bubel-Łukowiska
Bubel-Granna
Stare Buczyce
Wandopol
Witoldów
Konstantynów
Peredyło
Stary Pawłów
Nowy Pawłów
Wygoda
Zakanale
Jaków
Janów Podlaski
Romanów
Werchlis
Ostrów
Rez. leśny Łęg Dębowy
Wólka Polinowska
Klonowica Mała
Klonowica Duża
Komarno
Polinów
Solinki
Mariampol
Hołodnica
Rokitno
Ossówka
Witulin
Grud
Cicibór Mały
Cicibór Duży
Terebela
Julków
Kalitów
Rakowiska
Grabanów
Woskrzenice Mł.
Woskrzenice Duże
Pałac Radziwiłłów
BIAŁA PODLASKA
Str. Sławacinek
Czosnówka
Perkowice
Wólka Plebańska
Kosa
Dokudów Pierwszy
Janówka
Wola Dubowska
Dubów
Ortel Książęcy Pierwszy
Ortel Królewski Pierwszy
Ortel Królewski Drugi
Kościeniewicze
Studzianka
Włodawa
59
Wólka Kościeniewicka
Błonie
PGR Cieleśnica
Cieleśnica
Lipnica
Michałki
Nowinki
Husinka
Kijowiec
Berezówka
Olszyn
Bohukały
Krzyczew
Rez. ptaków Czapli Stóg
Nowe Mokrany
Kołczyn
Str. Mokrany
Malowa Góra
Nowosiółki
Dereczanka
Dobryń Duży
Dobryń Mały
Lachówka Mł.
Zalesie
Horbów
Horbów-Kol.
Kłoda Mała
Kłoda Duża
Lachówka Duża
Rez. leśny Dobryń
Małaszewicze Mł.
Małaszewicze Duże
Wólka Dobryńska
Popiel
Dobrynka
Podolanka
Kożanówka
Piszczac
Piszczac-Kolonia
Trojanów
Połoski
Dąbrowica Mała
Dąbrowica Duża
Zagórów
Kościół Świętej Anny
Kodeń
60
Tamašcuka
Kąty
Okczyn
Kopytów
Kostomłoty
PGR Kostomłoty
Dobratycze
Lebiedziew
Murawiec
Michałków
Polatycze
Kobylany
TERESPOL
Koroszczyn
Lechuty Małe
Lechuty Duże
Samowicze
Kukuryki
Kuźawka
Neple
Bug
Wróblin
Derło
Pratulin
Zaczopki
Łęgi
Кацельня Баярская
Напілі
Napli
Касцюкі
Kościuki
Клейнікі
Klejniki
Пяскі
Piaski
Скокі
Skoki
Кацінбор
Kacinbor
Мошчанка
Moščanka
Плоска
Ploska
Задворцы
Zadvorcy
Вялікія Косічы
Малыя Косічы
Тэльмы Першыя
Tel'my Peršyja
Тэльмы Другія
Вычулкі
Vyčulki
Ямна
Jamna
БРЭСТ
BREST
BRZEŚĆ
Крэпасць
Muchaviec
Камянка Жырвецкая
Kamjanka Žyrvieckaja
Кунахі
Kunachi
Гершоны
Hjaršony
Мухавец
Забалацце
Вулька Застаўская
Мыцькі
Mic'ki
Кацельня Баярская
Kacel'nia Bajarskaja
Барнады
Bjarnady
Заслучына
Zasłučyna
Паддессе Камянецкае
Прылукі
Pryluki
Заказанка
Zakazanka
Гора Маякова
Hora Majakova
Страдзічы
Stradzičy
Kobryn 36km
Kovel' 113km
M1
M14
E30
E85
A239
A240
A238
Тэрэспаль
Каменец
КАМЯНЕЦ
KAMJANEC
KAMIENIEC
Мікалаева
Mikalaeva
Мурыны
Muryny
Мартынюкі
Martynjuki
Сюлкі
Sjulki
Жыдічы
Zyličy
Селяховічы
Seljachovičy
Лускалы
Luskaly
Кашчэнікі
Kaščeniki
Манчак
Mančak
Чапялі
Čapjali
Абераўшчына
Aberaŭščyna
Тумін
Tumin
Аумна
Lumna
Бодраўка
Bodrauka
Коваліс
Kovaliki
Токары
Tokary
Макарава
Makarava
Вулька
Vul'ka
Зарэчча
Zarečča
Мачулішча
Mačuliśča
Залессе
Zalesse
Крынкі
Krynki
Панікі
Panikvy
Воучын
Voučyn
Дубовае
Dubovae
Навасёлкі
Navasëlki
Вялічкавічы
Vjaličkavičy
Кастары
Kastary
Орля
Orlja
Ставы
Stavy
Агароднікі
Aharodniki
Загародная
Zaharodnaja
Вужыкі
Vužyki
Хутар
Chutar
Грымяча
Hrymjača
Катэра
Katera
Камарнікі
Kamarniki
Вялікія
Vjalikija
Калодна
Kalodna
Свіцічы
Sviciči
Пяскі
Pjaski
Плянта
Pljanta
Хмялі
Chmjali
Агароднікі
Aharodniki
Даубнёва
Daubneva
Высокае
Wysokie
Vysokaje
Мыкшыцы
Mykšycy
Расна
Rasna
Вярхі
Vjarchi
Мураўчыцы
Muraŭčycy
Забалацце
Zabalacce
Шастакова
Šastakova
Сьвісчова
Sviščova
Бучамль Першая
Бучамля Трэцяя
Вугнанка
Vyhnanka
Бабічы
Babičy
Баранкі
Baranki
Радасць
Radasc'
Бараньзякі
Berazjnaki
Рані
Rani
Вялікая Бoлшая
Vjalikaja Bolšaja
Пружаны
Pružany
Відамля
Vidamlja
Грушаўка
Hrušauka
Падлессе
Padles'se
Багдзюкі
Bahdzjuki
Турна Вялікая
Turna Vjalikaja
Дзямянічы
Djamjaničy
Завершаны
Zaveršany
Амяліна
Amjalina
Зелянец
Zeljanec
Івахнавічы
Ivachnavičy
Вялюнь
Vjaljun'
Вялікая Курніца
Vjalikaja Kurnica
Малая Курніца
Malaja Kurnica
Селяхі
Seljachi
Гутовічы
Hutovičy
Братылава
Bratylava
Кашалёва
Kosaljava
Чэрні
Černi
Бердзічы
Berdzičy
Цюхінічы
Cichiničy
Старае Сяло
Staroe Sjalo
Каверзякі
Kaverdzjaki
Дружба
Družba
Ставішча
Staviśča
Смуга
Smuha
Матыкалы Вялікія
Matykaly Vjalikija
Матыкалы Малыя
Matykaly Malyja
Нехалсты
Nechalsty
Шумакі
Šumaki
Цэрабунь
Cerabun'
Галачова
Halačova
Цыжэвічы
Cyževicy
Малая Ракавіца
Malaja Rakavica
Вялікая Ракавіца
Vjalikaja Rakavica
Сіцы
Sicy
Рудавец
Rudavec
Вельямовічы
Vel'amoviči
Малыя Шчытнікі
Malyja Ščytniki
Вялікія Шчытнікі
Vjalikija Ščytniki
Ячкавічы
Jackavičy
Пагубяцічы
Pahubjaciči
Сегянеў-сцына
Кусцін
Kuscin
Лышчыцы
Lyščycy
Нова Лышчыцы
Novja Lyščycy
Малыя Сугаравічы
Вялікія Сухаравічы
Заплоль'е
Zapljol'e
Збарамірава
Zbaramirava
Казловічы
Kazlovičy
Вісцічы
Viscičy
Несвіло
Nesvilo
Чарнаучыцы
Čarnaučycy
Блікувінічы
Bljkuviničy
Алешкавічы Другія
Покры
Pokry
Холмічы
Cholmičy
Астрамечава
Astramečava
Кашылава
Kašylava
Марозавічы
Marozavičy
Лютa
Ljuta
Малыя Зводы
Malyja Zvody
Рудавец
Rudavec
Чупрыкі
Cupryki
Дзямянічы
Djamjaničy
Лешня
Lešnja
Ляшанка
Ljašanka
Задворе
Zadvore
Шалічы Першыя
Šaličy Peršyja
Млыны
Mlyny
Трасцяніца
Trascjanica
Кусцічы
Kusciču
Алешкавічы Першыя
Кругель
Kruhel'
Зянькі
Zjan'ki
Ратайчыцы
Ratajčycy
Хацінава
Chacinava
Зарэчаны
Zarečany
Мінкавічы
Minkavičy
Баршчэва
Barščeva
Лісоучыцы
Lisoučycy
Проходы
Prachody
Робенка
Robienka
Палінаўка
Palinauka
Бялёва
Bjalëva
Гарадзішча
Haradzišča
Навіцкаўшчына
Navickauščyna
Ступічова
Stupičova
Голы Барок
Holy Barok
Гулевічы
Hulevičy
Шышова
Šyšova
Клепачы
Klepačy
Чарнакі
Čarnaki
Ямянка
Jamenka
Уннучкі
Unučki
Галенчыцы
Halenčycy
Станьковічы
Stan'kovičy
Агароднікі
Aharodniki
Галоўчыцы
Haloučycy
Любашкі
Ljubaški
Хадасы
Chadasy
Дзмітравічы
Dzmitravičy
Падбела
Padbela
Падамшча
Padamšča
Сінічыцы
Siničycy
Вялікі
Vjaliki
Янушы
Janusy
Юсвічы
Jusvičy
Каленкавічы
Kalenkavičy
Асінкі
Asinki
Дзясевіцы
Dzjasevicy
Хамуціны
Chamuciny
Пашкі
Paški
Макавішча
Makaviśča
Хваянаўка
Chvajanauka
Ражкоўка
Ražkouka
Ступавіскі
Stupaviski
Гаршкоўка Першая
Harškouka Pieršaja
Гаршкоўка Другая
Harškouka Druhaja
Селішча Малое
Seliśča Maloe
Селішча Вялікае
Seliśča Vjalikae
Камянюкі
Kamjanjuki
Пашуцкая Буда
Pašuckaja Buda
Белая
Belaja
Занавіны
Zanaviny
Бобінка
Bobinka
Ваўкаставец
Vaukastavec
Чвіркі
Cvirki
Дубраўцы
Dubraucy
Амяленец
Amjalenec
Падбурэ
Padbure
Казімірава
Kazimirava
Бушмічы
Bušmičy
Дварэц
Dvarec
Альвус
Al'vus
Хлевішча
Chleviśča
Пяшчатка
Pešcatka
Пагранічная
Pahraničnaja
Доўбізна
Doubizna
Кунахочвічы
Kunachovičy
Радзевічы
Radzevičy
Вярховічы
Vjarchovičy
Бярозаўка
Bjarozauka
Сушкі
Suški
Пабеда
Pabeda
Капылі
Kapyli
Сухадол
Suchadol
Ясянеўка
Jaseneuka
Вяркавічы
Voukavičy
Лясок
Ljasok
Мінявічы
Minevičy
Перкавічы
Perkavičy
Войская
Vojskaja
Ліпна
Lipna
Буцэмль Першая
Цыжэвічы
Тэрэспаль
Woj. Mazowieckie
Lutnia
Krzna
Czapelka
Bug
Zielawa
Pulwa
Nurzec
Pulva
Lesnaja
Kamjanka
Lesnaja pravaja
Perevolka
Polićnaja
Sipurka
Rudawka
Rudaŭka

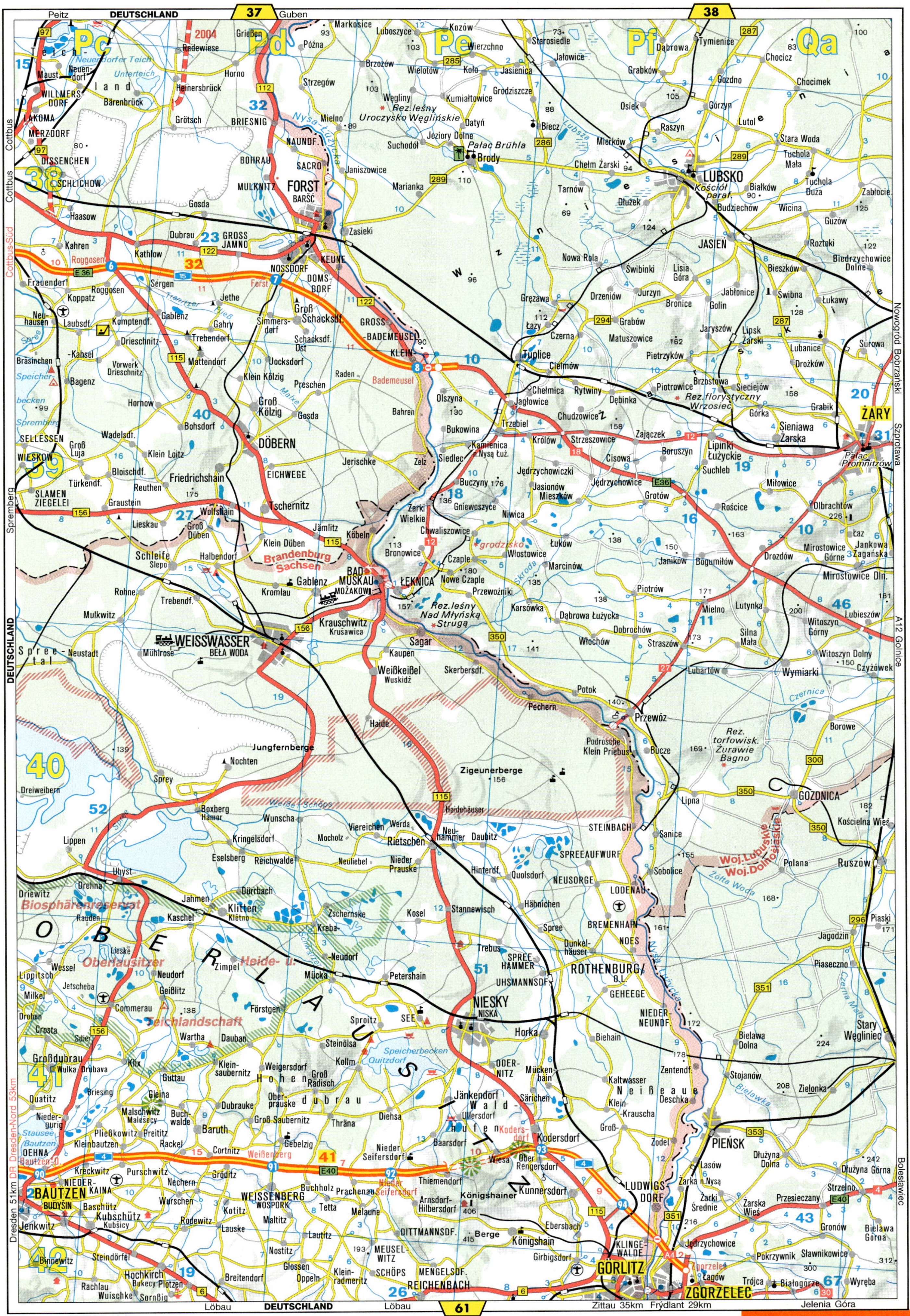

Peitz
DEUTSCHLAND
37
Guben
38
Pc
Pd
Pe
Pf
Qa
FORST
BARŠĆ
LUBSKO
JASIEŃ
ŻARY
Pałac Brühla
Brody
Rez. leśny Uroczysko Węglińskie
Nysa Łużycka
DÖBERN
Friedrichshain
Tschernitz
Schleife
Slepo
WEISSWASSER
BĚŁA WODA
Krauschwitz
BAD MUSKAU
MUŽAKOW
ŁĘKNICA
Rez. leśny Nad Młyńską Strugą
Brandenburg
Sachsen
Przewóz
GOZDNICA
Rez. torfowisk. Żurawie Bagno
Woj. Lubuskie
Woj. Dolnośląskie
Jungfernberge
Zigeunerberge
Rietschen
ROTHENBURG/O.L.
NIESKY
NISKA
Biosphärenreservat
Oberlausitzer Heide- u. Teichlandschaft
O B E R L A U S I T Z
Hohendubrau
Waldhufen
Speicherbecken Quitzdorf
PIEŃSK
BAUTZEN
BUDYŠIN
WEISSENBERG
WOSPORK
Kubschütz
LUDWIGSDORF
GÖRLITZ
ZGORZELEC
REICHENBACH
Löbau
61
Zittau 35km
Frýdlant 29km
Jelenia Góra
Dresden 51km
Nowogród Bobrzański
Szprotawa
A12 Golnice
Bolesławiec
Cottbus
Spremberg

38 Zielona Góra
Świebodzin

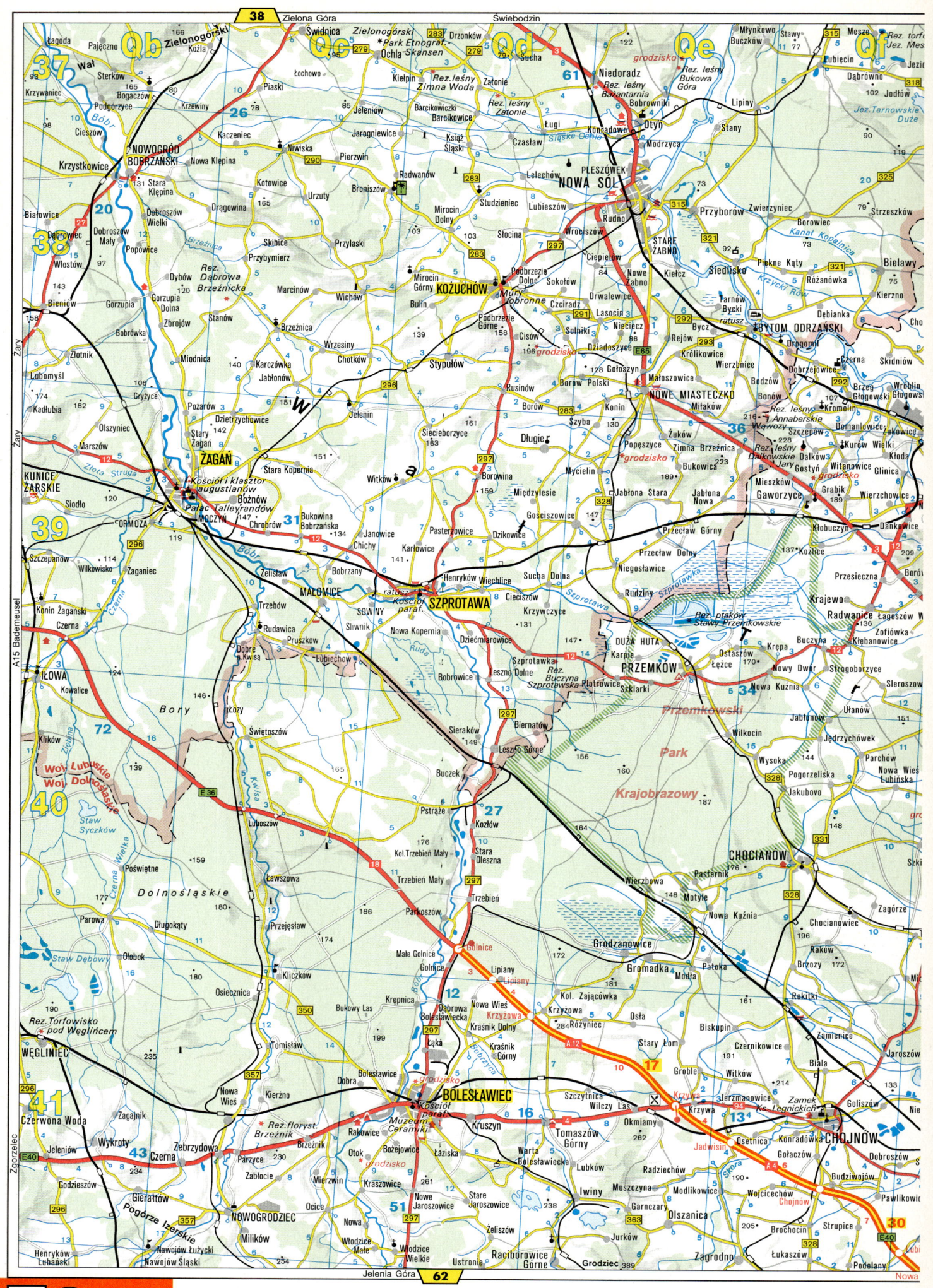
Qb
Qc
Qd
Qe
Qf
37
38
39
40
41
Zielonogórski
Świdnica
Zielonogórski Park Etnograf. Ochla Skansen
Drzonków
Sucha
Niedoradz
grodzisko
Rez. leśny Bukowa Góra
Rez. leśny Bażantarnia
Bobrowniki
Otyń
Konradowo
Modrzyca
Łagoda
Pajęczno
Kożla
Wał
Sterków
Bogaczów
Krzywaniec
Podgórzyce
Krzewiny
Piaski
Łochowo
Kiełpin
Rez. leśny Zimna Woda
Zatonie
Rez. leśny Zatonie
Barcikowiczki
Barcikowice
Jeleniów
Jarogniewice
Książ Śląski
Czasław
Łęgi
Cieszów
Bóbr
Kaczenice
Niwiska
NOWOGRÓD BOBRZAŃSKI
Krzystkowice
Nowa Klępina
Stara Klępina
Pierzwin
Radwanów
Broniszów
Lelechów
PLESZÓWEK
NOWA SÓL
Kotowice
Urzuty
Dragowina
Dobroszów Wielki
Dobroszów Mały
Białowice
Dąbrowiec
Włostów
Popowice
Brzeźnica
Mirocin Dolny
Studzieniec
Lubieszów
Rudno
Przyborów
Zwierzyniec
Borowiec
Kanał Kopanica
Streszków
Bielawy
Słocina
Wrociszów
Ciepielów
STARE ŻABNO
Nowe Żabno
Kiełcz
Siedlisko
Piękne Kąty
Różanówka
Kierzno
Krzycki Rów
Skibice
Przybymierz
Przylaski
Dybów
Rez. Dąbrowa Brzeźnicka
Bieniów
Gorzupia
Gorzupia Dolna
Zbrojów
Marcinów
Wichów
Mirocin Górny
KOŻUCHÓW
Mury obronne
Podbrzezie Dolne
Sokołów
Czciradz
Drwalewice
Lasocin
Tarnów Bycki
ratusz
BYTOM ODRZAŃSKI
Dębianka
Bobrówka
Stanów
Bulin
Podbrzezie Górne
Cisów
Solniki
Niecieczyce
Dziadoszyce
Bycz
Rejów
Królikowice
Drogomil
Czerna
Skidniów
Złotnik
Lubomyśl
Miodnica
Karczówka
Jabłonów
Wrzesiny
Chotków
Stypułów
grodzisko
Gołoszyn
Małoszowice
Wierzbnice
Dobrzejowice
Bodzów
Brzeg Głogowski
Wróblin Głogowski
Kadłubia
Gryżyce
Pożarów
Dzietrzychowice
Jelenin
Siecieborzyce
Rusinów
Borów Polski
Borów
Konin
Szyba
NOWE MIASTECZKO
Miłaków
Bonów
Rez. leśny Annaberskie Wąwozy
Kromolin
Szczepów
Żukowice
Olszyniec
Stary Żagań
Witków
Borowina
Długie
Popęszyce
Żuków
Zimna Brzeźnica
Bukowica
Rez. leśny Dalkowskie Jary
Dalków
Gostyń
Kurów Wielki
Kłoda
Marszów
ŻAGAŃ
Kościół i klasztor augustianów
Pałac Talleyrandów
Stara Kopernia
Międzylesie
Mycielin
Jabłona Stara
Jabłona Nowa
Mieszków
Gaworzyce
Grabik
Witanowice
Glinica
Wierzchowice
KUNICE ŻARSKIE
Złota Struga
Siodło
Bożnów
MOCZYŃ
Chrobrów
Bukowina Bobrzańska
Janowice
Chichy
Pasterzowice
Dzikowice
Gościszowice
Przecław Górny
Przecław Dolny
Kłobuczyn
Dankowice
Kożlice
ŁORMOZA
Szczepanów
Wilkowisko
Żaganiec
Karlowice
Henryków
Wiechlice
Sucha Dolna
Niegosławice
Przesieczna
Borów
Bobrzany
Żelisław
MAŁOMICE
SOWINY
Śliwnik
ratusz
Kościół paraf.
SZPROTAWA
Cieciszów
Krzywczyce
Rudziny
Szprotawa
Rez. ptaków Stawy Przemkowskie
Krajewo
Radwanice
Łagoszów Wielki
Zofiówka
Konin Żagański
Czerna
Trzebów
Rudawica
Pruszków
Dobre Kwisa
Lubiechów
Nowa Kopernia
Dziećmiarowice
Ruda
DUŻA HUTA
Karpie
PRZEMKÓW
Ostaszów
Łężce
Krępa
Nowy Dwór
Buczyna
Strogoborzyce
Kłębanowice
Sleroszów
IŁOWA
Kowalice
Bobrowice
Leszno Dolne
Szprotawka
Rez. Buczyna Szprotawska
Piotrowice
Szklarki
Nowa Kuźnia
Ułanów
Przemkowski
Park
Krajobrazowy
Łozy
Bory
Biernatów
Jabłonów
Klików
Wilkocin
Jędrzychówek
Woj. Lubuskie
Woj. Dolnośląskie
Świętoszów
Sieraków
Leszno Górne
Wysoka
Pogorzeliska
Parchów
Nowa Wieś Lubińska
Jakubowo
Staw Syczków
Kwisa
Buczek
Pstrąże
Kozłów
Luboszów
Stara Oleszna
Kol. Trzebień Mały
Trzebień Mały
Trzebień
CHOCIANÓW
Pasternik
Wierzbowa
Motyle
Poświętne
Ławszowa
Dolnośląskie
Czerna Wielka
Nowa Kuźnia
Chocianowiec
Zagórze
Parkoszów
Grodzanowice
Parowa
Długokąty
Przejęsław
Gromadka
Modła
Pałoka
Raków
Brzozy
Staw Dębowy
Ołobok
Kliczków
Gołnice
Małe Gołnice
Lipiany
Kol. Zajączkowa
Osiecznica
Bukowy Las
Krępnica
Dąbrowa Bolesławiecka
Nowa Wieś
Krzyżowa
Kraśnik Dolny
Kraśnik Górny
Rożyniec
Osła
Biskupin
Rakitki
Rez. Torfowisko pod Węglińcem
WĘGLINIEC
Tomisław
Łąka
Bobrzyca
Stary Łom
Czernikowice
Zamienice
Jaroszów
Groble
Witków
Biała
Dobra
Bolesławice
Szczytnica
Wilczy Las
Jerzmanowice
Zamek ks. Legnickich
Goliszów
Nowa Wieś
Kierżno
BOLESŁAWIEC
Kościół paraf.
Muzeum Ceramiki
Kruszyn
Tomaszów Górny
Okmiany
Krzywa
Osetnica
Konradówka
CHOJNÓW
Czerwona Woda
Zagajnik
Wykroty
Rez. florist. Brzeźnik
Brzeźnik
Rakowice
Bożejowice
Łaziska
Warta Bolesławiecka
Jadwisin
Skora
Gołaczów
Dobroszów
Jeleniów
Czerna
Zebrzydowa
Parzyce
Otok
Lubków
Radziechów
Budziwojów
Godzieszów
Zabłocie
Mierzwin
Kraszowice
Iwiny
Muszczyna
Modlikowice
Wojciechów
Chojnów
Pawlikowice
Gierałtów
Pogórze Izerskie
NOWOGRODZIEC
Ocice
Nowe Jaroszowice
Stare Jaroszowice
Garnczary
Olszanica
Brochocin
Strupice
Milików
Nowa
Żeliszów
Jurków
Henryków Lubański
Nawojów Łużycki
Nawojów Śląski
Włodzice Małe
Włodzice Wielkie
Ustronie
Raciborowice Górne
Grodziec
Zagrodno
Łukaszów
Podolany
Żary
Zgorzelec
A15 Bademeusel
A12
A4
E36
E40
E65

Jelenia Góra 62

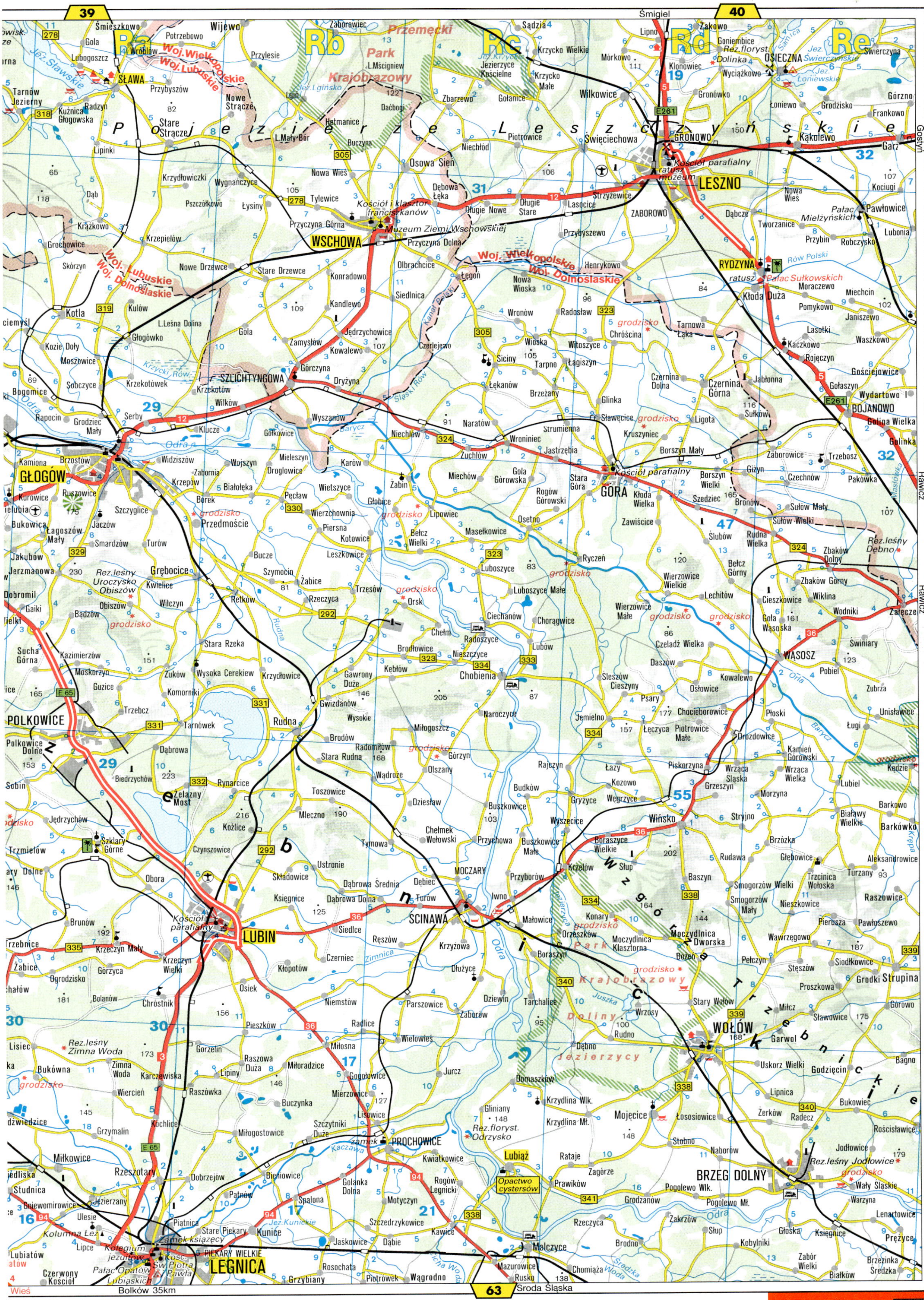
39
40
63
Ra
Rb
Rc
Rd
Re
Śmigiel
Przemęcki
Park
Krajobrazowy
Pojezierze Leszczyńskie
Woj. Wielkopolskie
Woj. Lubuskie
Woj. Dolnośląskie
SŁAWA
Wschowa
WSCHOWA
Kościół i klasztor franciszkanów
Muzeum Ziemi Wschowskiej
LESZNO
Kościół parafialny
ratusz
muzeum
GRONOWO
OSIECZNA
Rez.floryst. Dolinka
RYDZYNA
Pałac Sułkowskich
Pałac Mielżyńskich
Kłoda Duża
BOJANOWO
Rawicz
Gostyń
SZLICHTYNGOWA
GŁOGÓW
POLKOWICE
GÓRA
WĄSOSZ
Rez.leśny Uroczysko Obiszów
Rez.leśny Dębno
grodzisko
Chobienia
Rudna
LUBIN
ŚCINAWA
WOŁÓW
BRZEG DOLNY
PROCHOWICE
LEGNICA
Lubiąż
Opactwo cystersów
Rez.floryst. Odrzysko
Park Krajobrazowy Doliny Jezierzycy
Wzgórza Trzebnickie
Rez.leśny Zimna Woda
Rez.leśny Jodłowice
Kolegium jezuitów
Pałac Opatów Lubiąskich
Zamek książęcy
Kość. Św. Piotra i Pawła
Kolumna Lez.
PIEKARY WIELKIE
Środa Śląska
Bolków 35km
Odra
Barycz
Orla
Krzycki Rów
Śląski Rów
Kanał Obrzycki
Zimnica
Kaczawa
Jez. Sławskie
Jez. Lgińsko
Jez. Krzycko
Jez. Łoniewskie
Jez. Święcierzyńskie
Jez. Kunickie
E65
E261
3
5
12
36
94
278
305
318
319
323
324
329
330
331
332
333
334
335
338
339
340
341
292

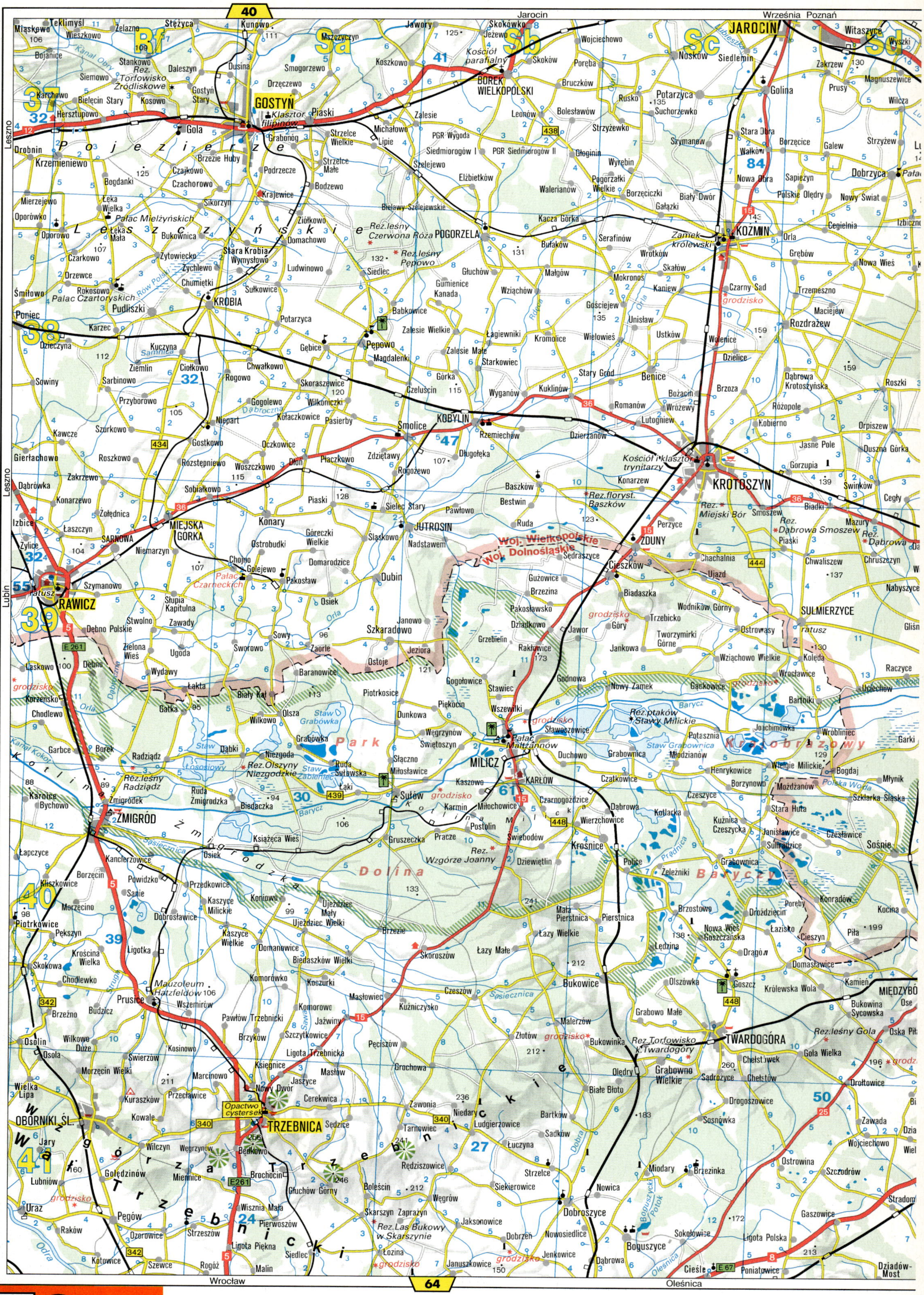
40
Jarocin
Września Poznań
JAROCIN
Witaszyce
GOSTYŃ
Klasztor filipinów
BOREK WIELKOPOLSKI
Kościół parafialny
Pojezierze Leszczyńskie
Pałac Mielżyńskich
Pałac Czartoryskich
Stara Krobia
KROBIA
Rez. leśny Czerwona Róża
Rez. leśny Pępowo
POGORZELA
Pępowo
KOŹMIN
Zamek królewski
Czarny Sad
grodzisko
Rozdrażew
Dobrzyca
KOBYLIN
Smolice
KROTOSZYN
Kościół i klasztor trynitarzy
Rez. Miejski Bór
Rez. Dąbrowa Smoszew
Rez. floryst. Baszków
JUTROSIN
ZDUNY
MIEJSKA GÓRKA
Sarnowa
RAWICZ
Ratusz
Woj. Wielkopolskie
Woj. Dolnośląskie
Cieszków
SULMIERZYCE
Milicz
Pałac Maltzannów
Karłów
Rez. ptaków Stawy Milickie
Park Krajobrazowy
Dolina Baryczy
Staw Grabówka
Rez. Olszyny Niezgodzkie
Rez. leśny Radziądz
Żmigródek
ŻMIGRÓD
Kotlina Żmigrodzka
Sułów
Rez. Wzgórze Joanny
Krośnice
Twardogóra
Rez. Torfowisko k. Twardogóry
Rez. leśny Gola
MIĘDZYBÓRZ
Mauzoleum Hatzfeldów
Prusice
TRZEBNICA
Opactwo cysterek
OBORNIKI ŚL.
Wzgórza Trzebnickie
Rez. Las Bukowy w Skarszynie
Dobroszyce
Boguszyce
Oleśnica
Wrocław
Lubin
Leszno
64

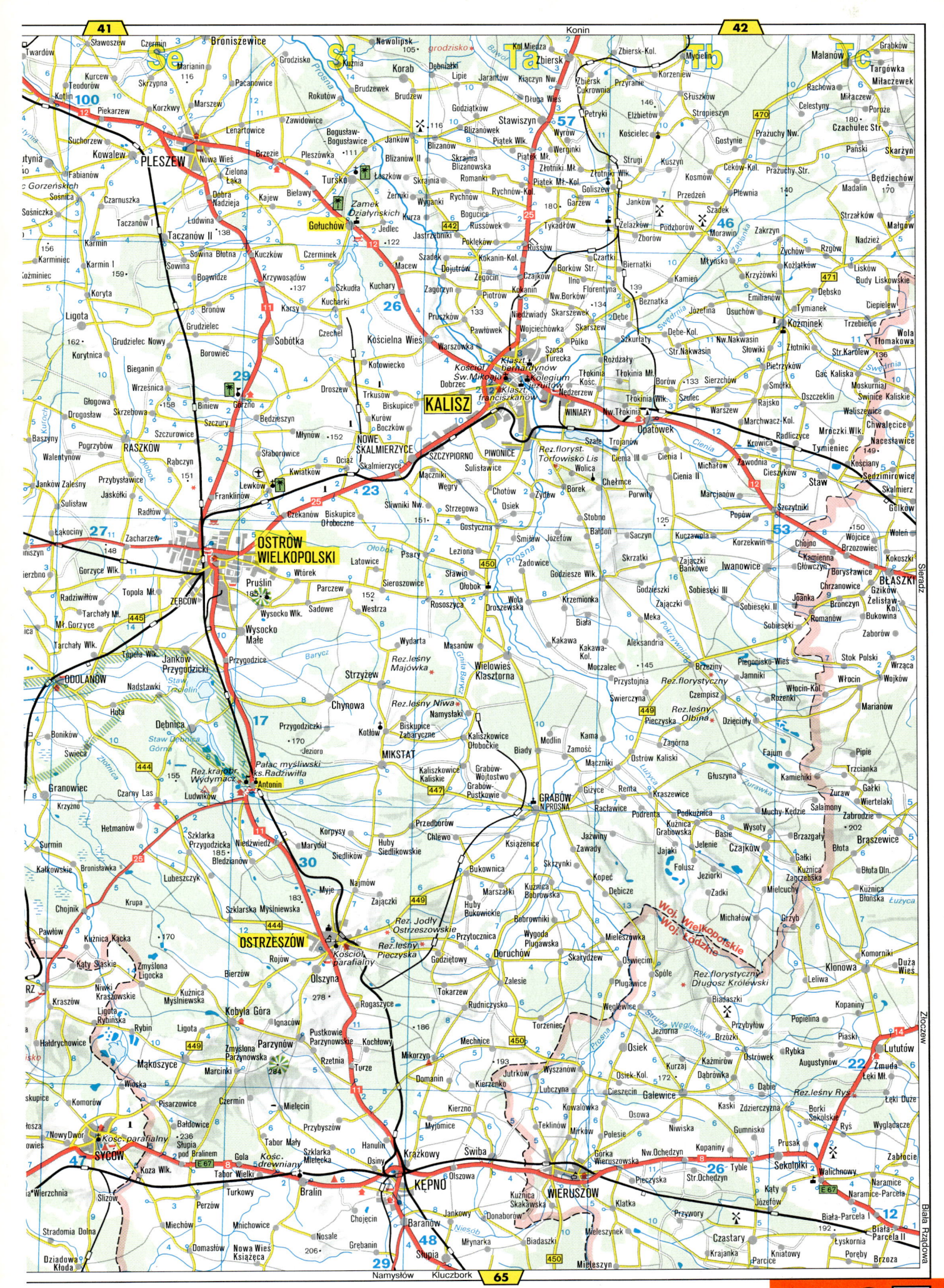
41
42
Konin
Se
Sf
Ta
Tb
Tc
PLESZEW
Broniszewice
Gołuchów
Zamek Działyńskich
Stawiszyn
Zbiersk
Koźminek
KALISZ
Kościół Św. Mikołaja
Klaszt. bernardynów
Kolegium jezuitów
Klaszt. franciszkanów
Opatówek
NOWE SKALMIERZYCE
SZCZYPIORNO
PIWONICE
WINIARY
RASZKÓW
OSTRÓW WIELKOPOLSKI
Przygodzice
ODOLANÓW
Sobótka
Rez. florystyczny
Rez. leśny Olbina
Rez. leśny Majówka
Rez. leśny Niwa
Wielowieś Klasztorna
MIKSTAT
Pałac myśliwski ks. Radziwiłła
Antonin
GRABÓW n. PROSNĄ
Staw
BŁASZKI
Sieradz
OSTRZESZÓW
Kościół parafialny
Rez. Jodły Ostrzeszowskie
Rez. leśny Pieczyska
Doruchów
Woj. Wielkopolskie
Woj. Łódzkie
Rez. florystyczny Długosz Królewski
Złoczew
Lututów
SYCÓW
Kośc. parafialny
Kość. drewniany
KĘPNO
WIERUSZÓW
Sokolniki
Biała Rządowa
Namysłów
Kluczbork
65

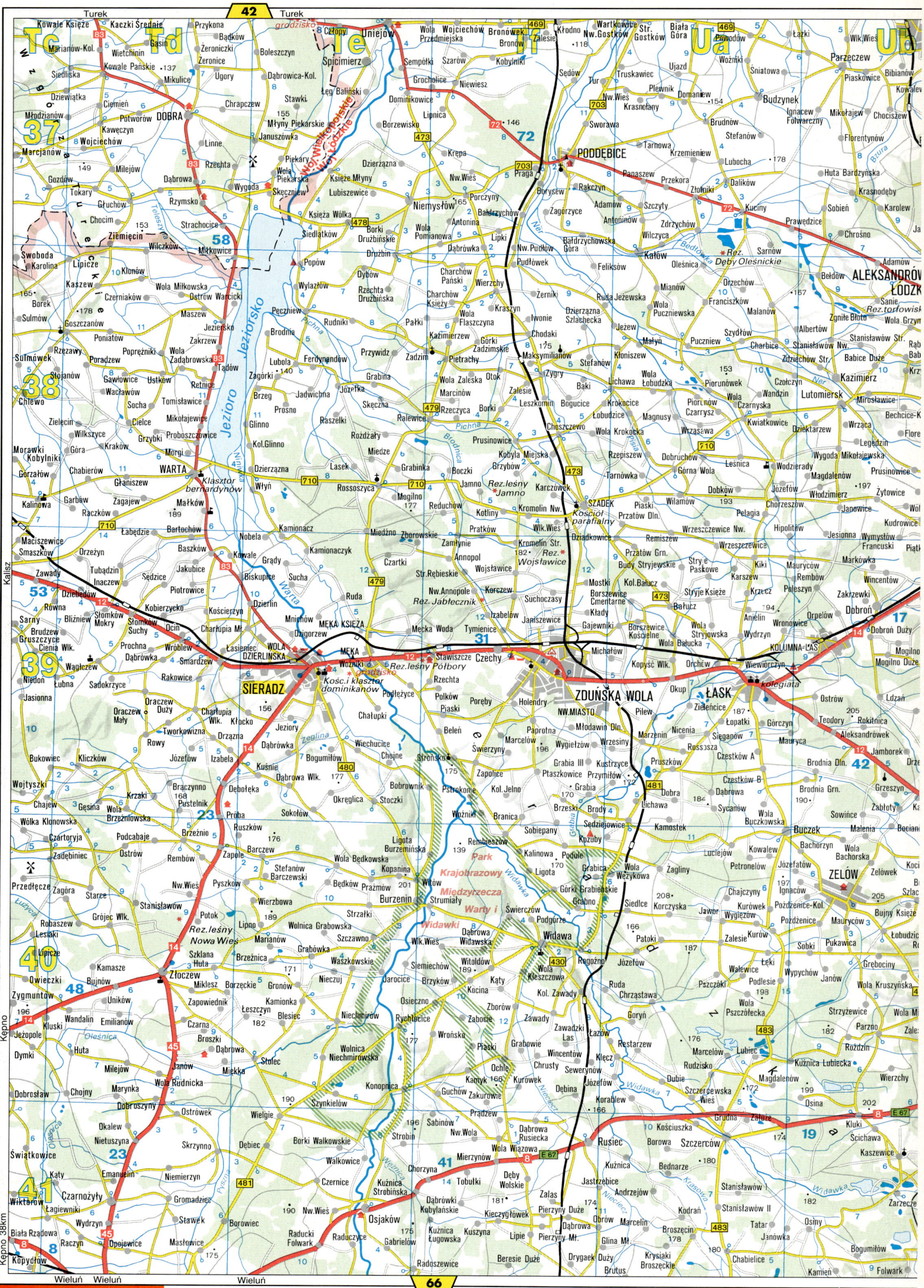

Turek
42
Turek
Tc
Td
Te
Tf
Ua
Ub
Uniejów
Dobra
Spicimierz
Poddębice
Aleksandrów Łódzki
Warta
Jeziorsko
Zadzim
Szadek
Sieradz
Zduńska Wola
Łask
Zelów
Złoczew
Widawa
Burzenin
Rusiec
Szczerców
Wola Dzierlińska
Męka
Mikołajewice
Kazimierz
Lutomiersk
Dobroń
Kolumna-Las
Park Krajobrazowy Międzyrzecza Warty i Widawki
Rez. leśny Półbory
Rez. Jabłecznik
Rez. Wojsławice
Rez. Dęby Oleśnickie
Rez. leśny Nowa Wieś
Kościół parafialny
Klasztor bernardynów
Kość. i klasztor dominikanów
Kolegiata
Warta
Widawka
Ner
Pichna
Grabia
Wzg. Tureckie
Kalisz
Kępno
Kępno 38km
Wieluń
Wieluń
Wieluń
66
37
38
39
40
41

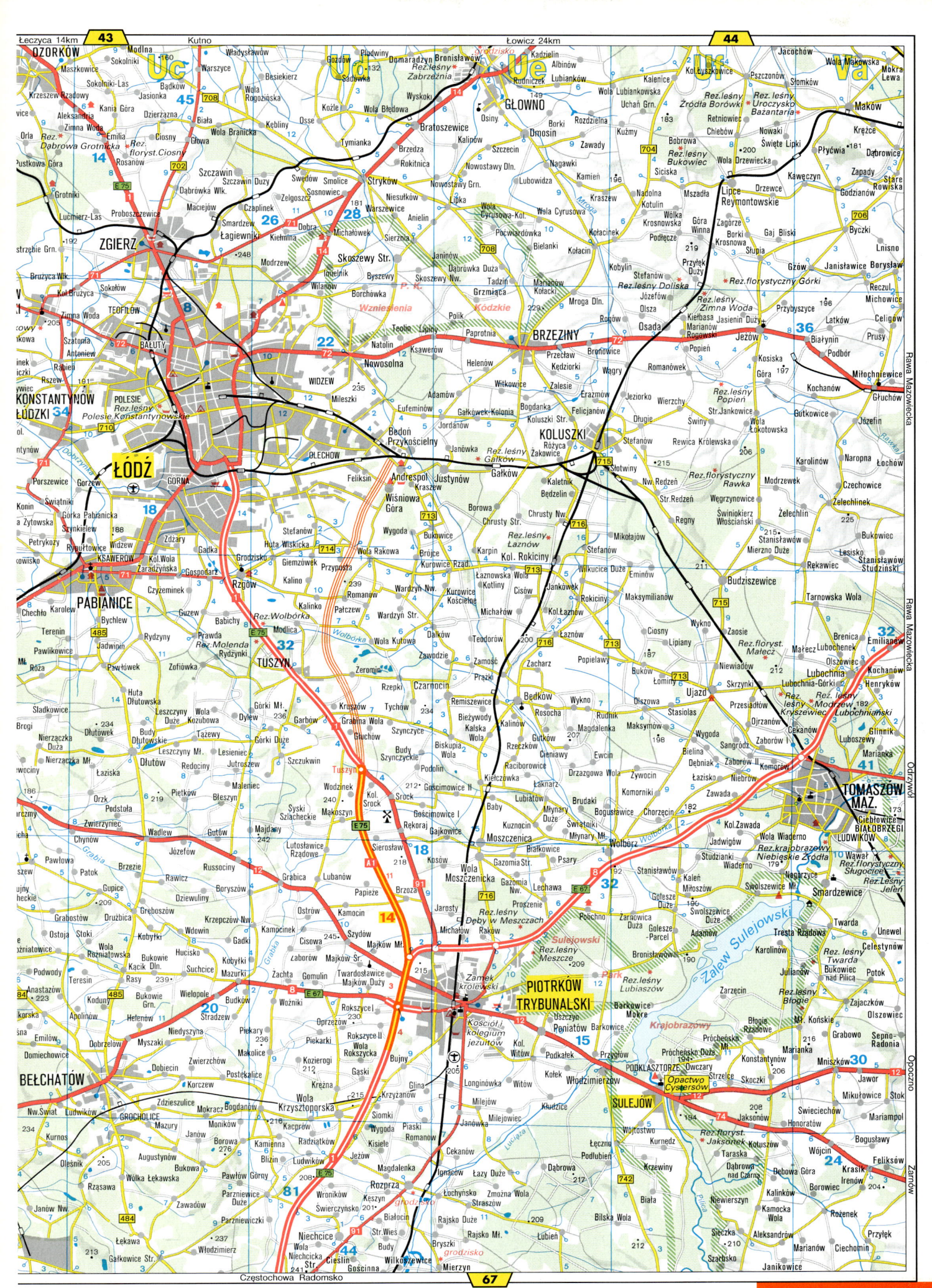

Łeczyca 14km
43
Kutno
Łowicz 24km
44
Uc
Ud
Ue
Uf
Va
OZORKÓW
ZGIERZ
GŁOWNO
Stryków
BRZEZINY
KONSTANTYNÓW ŁÓDZKI
ŁÓDŹ
KOLUSZKI
PABIANICE
TUSZYN
Rzgów
Andrespol
TOMASZÓW MAZ.
PIOTRKÓW TRYBUNALSKI
BEŁCHATÓW
SULEJÓW
Wola Krzysztoporska
Rawa Mazowiecka
Odrzywół
Opoczno
Żarnów
Zalew Sulejowski
Częstochowa Radomsko
67

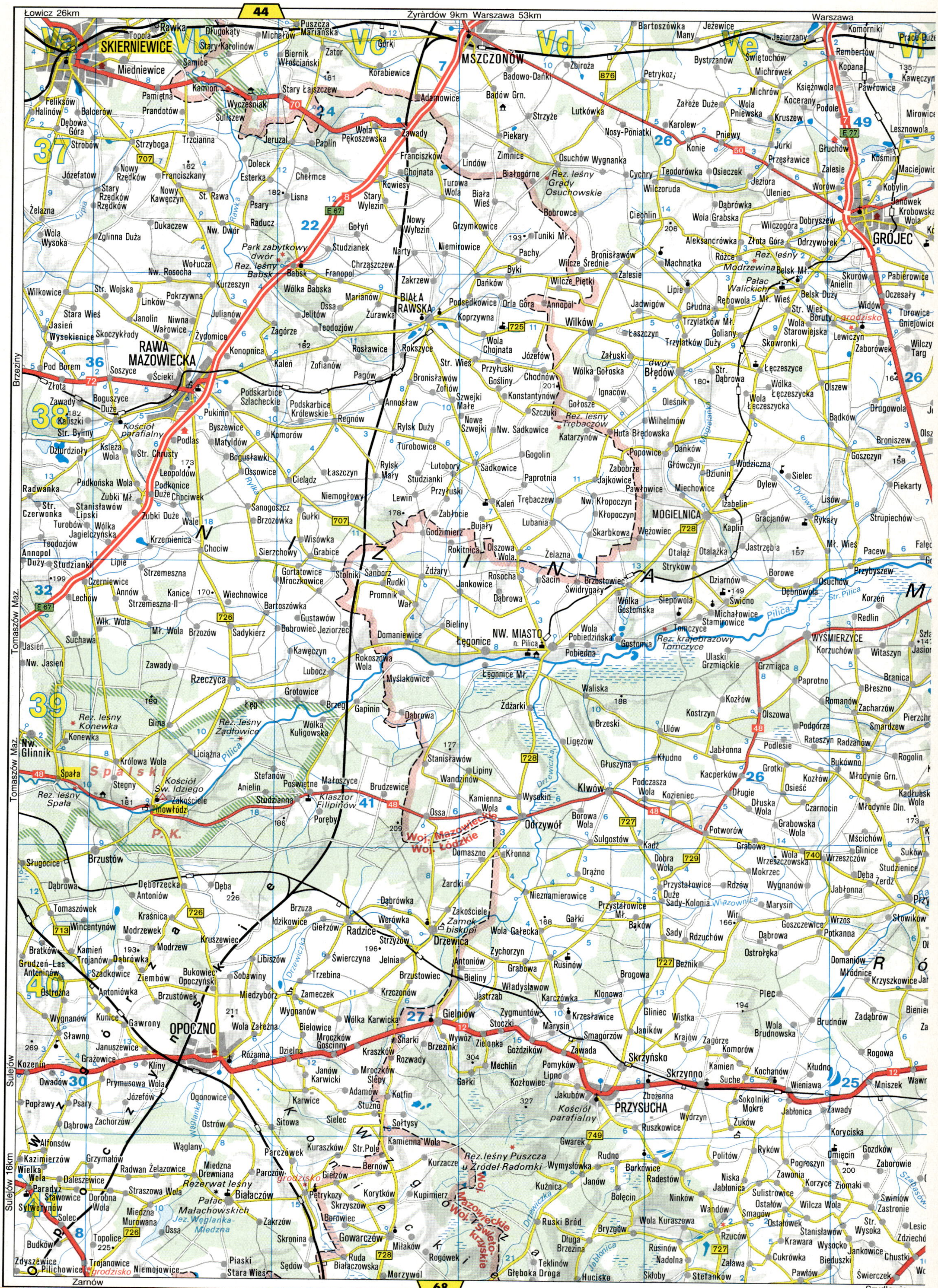

Łowicz 26km
44
Żyrardów 9km Warszawa 53km
Warszawa
SKIERNIEWICE
MSZCZONÓW
GRÓJEC
BIAŁA RAWSKA
RAWA MAZOWIECKA
MOGIELNICA
NW. MIASTO n. Pilicą
WYSMIERZYCE
Odrzywół
Klwów
Drzewica
Gielniów
OPOCZNO
PRZYSUCHA
Skrzyńsko
Spała
Inowłódz
Tomaszów Maz.
Brzeziny
Sulejów
Sulejów 16km
Zarnów
Szydłowiec
68
Woj. Mazowieckie
Woj. Łódzkie
Woj. Mazowieckie
Woj. Świętokrzyskie
Rez. leśny Puszcza u Źródeł Radomki
Park zabytkowy dwór
Rez. krajobrazowy Tomczyce
Pilica
E 67
E 77

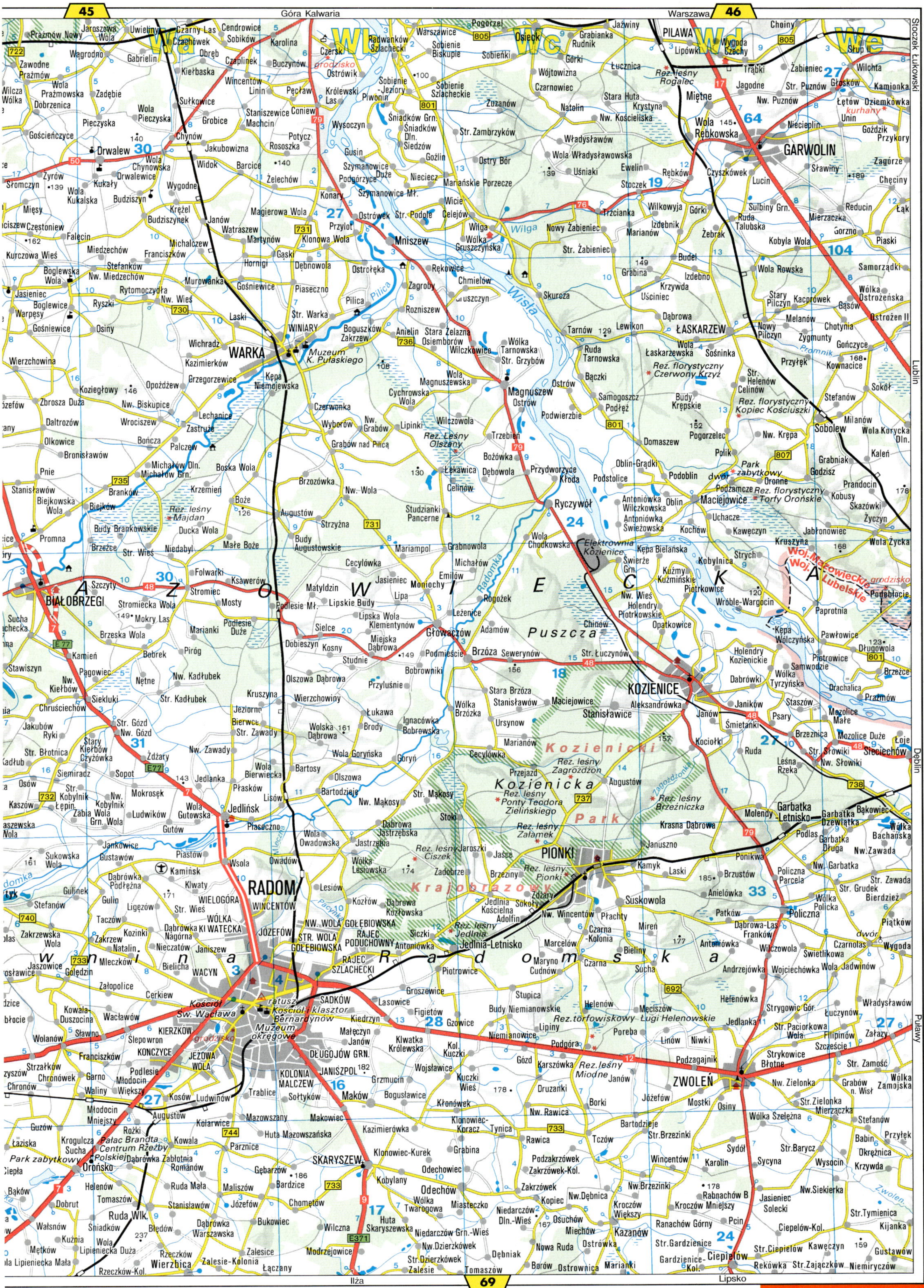
45
Góra Kalwaria
Warszawa
46
Stoczek Łukowski
Wl
Wc
Wj
We
GARWOLIN
Pilawa
Mniszew
Wisła
Pilica
WARKA
Muzeum K. Pułaskiego
Magnuszew
ŁASKAREW
Sobolew
Maciejowice
Ryczywół
Elektrownia Kozienice
BIAŁOBRZEGI
KOZIENICE
Puszcza Kozienicka
Kozienicki Park Krajobrazowy
Woj. Mazowieckie
Woj. Lubelskie
Lublin
Dęblin
RADOM
PIONKI
Jedlnia-Letnisko
Równina Radomska
Garbatka-Letnisko
Policzna
ZWOLEŃ
SKARYSZEW
Jedlińsk
Pułtusk
Orońsko
Ruda Wlk.
Wierzbica
Iłża
69
Lipsko
Puławy

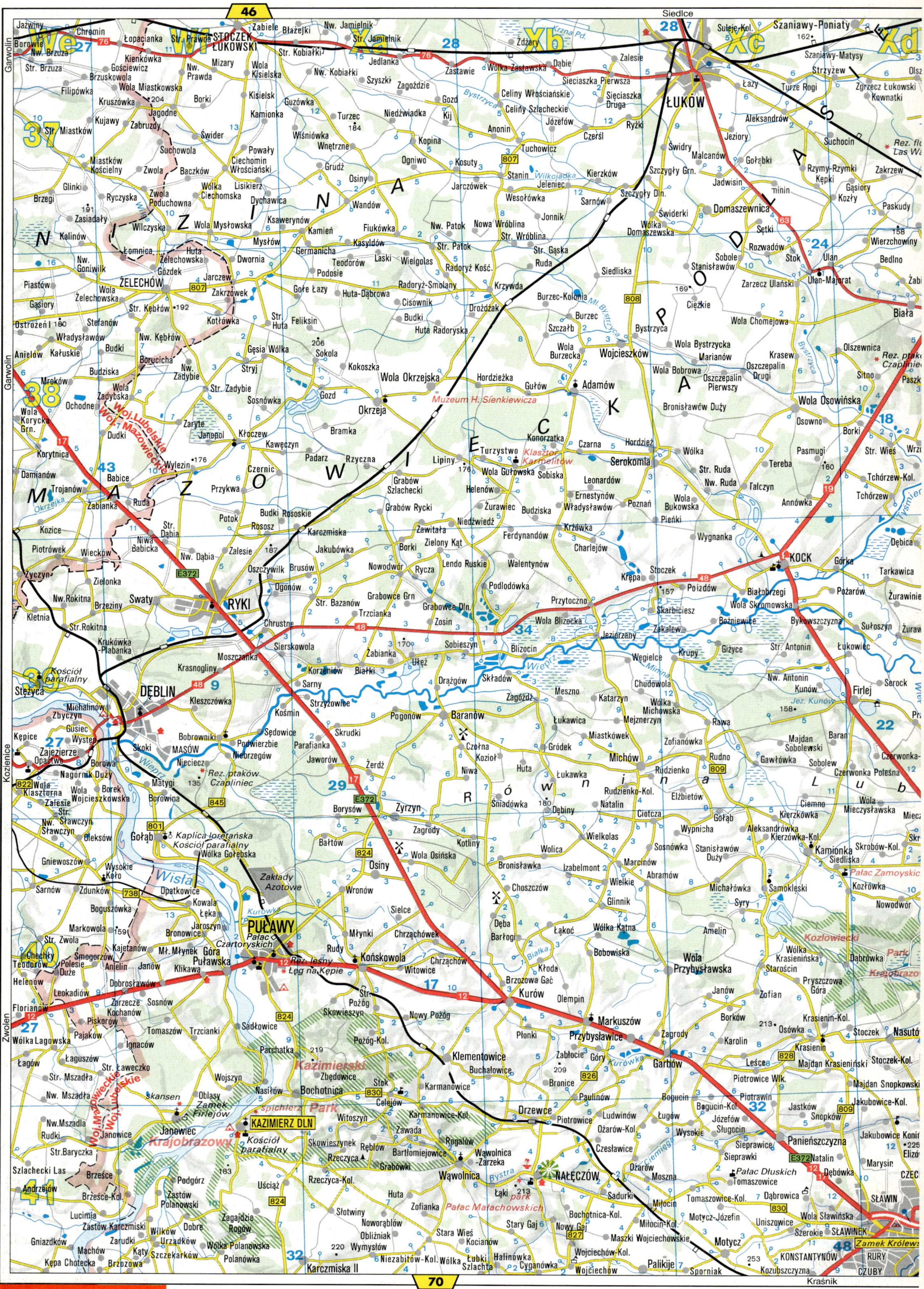
46
Siedlce
ŁUKÓW
STOCZEK ŁUKOWSKI
ŻELECHÓW
Garwolin
Okrzeja
RYKI
DĘBLIN
KOCK
Serokomla
Adamów
Firlej
Baranów
Michów
PUŁAWY
Kurów
Markuszów
Garbów
KAZIMIERZ DLN
NAŁĘCZÓW
Wąwolnica
ŚWIDNIK
Kraśnik
Zwoleń
Kozienice
Wisła
Wieprz
Bystrzyca
Tyśmienica
Wola Okrzejska
Muzeum H. Sienkiewicza
Pałac Zamoyskich
Pałac Małachowskich
Kazimierski Park Krajobrazowy
Kozłowiecki Park Krajobrazowy
Zakłady Azotowe
W I Z I N A
P O D L A S K A
R ó w n i n a   L u b.
MAZOWIECKA
Woj. Lubelskie
Woj. Mazowieckie
70

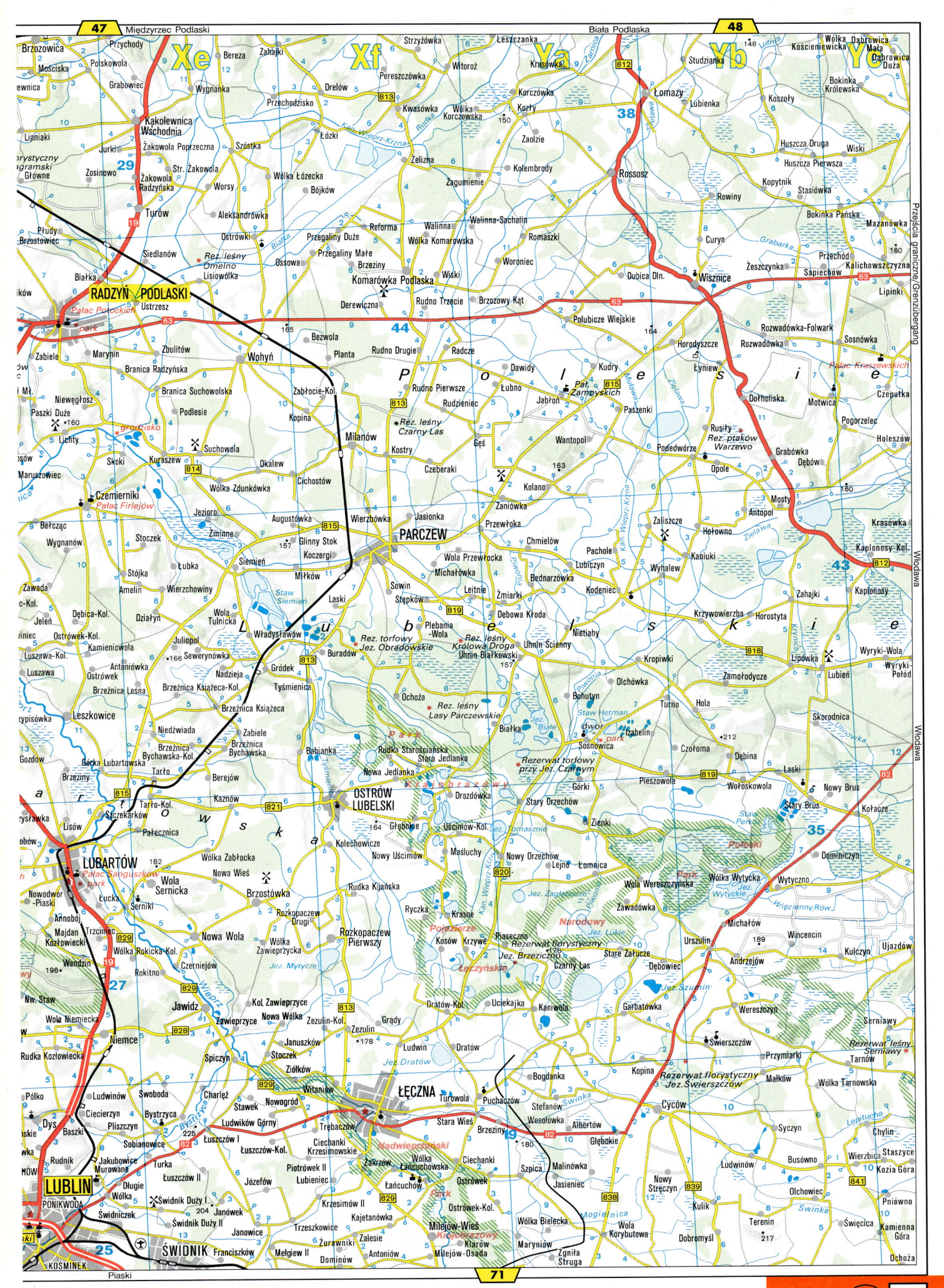
47
Międzyrzec Podlaski
Biała Podlaska
48
Xe
Xf
Ya
Yb
Yc
Brzozowica
Przychody
Bereza
Zahajki
Strzyżówka
Łeszczanka
Studzianka
Wólka Dobrowica
Kościeniewicka
Mała Dobrowica Duża
Mościska
Polskowola
Grabowiec
Wygnanka
Drelów
Pereszczówka
Witoroż
Krasówka
Łomazy
Lubienka
Bokinka Królewska
Przechodzisko
Kwasówka
Wólka Korczowska
Korczówka
Kozły
Koszoły
Kąkolewnica Wschodnia
Łózki
Zaolzie
Lipniaki
Jurki
Żakowola Poprzeczna
Szóstka
Żelizna
Kolembrody
Huszcza Druga
Wiski
Huszcza Pierwsza
Zosinowo
Str. Żakowola
Żakowola Radzyńska
Worsy
Wólka Łózecka
Bójków
Zagumienie
Rossosz
Kopytnik
Stasiówka
Rowiny
Turów
Aleksandrówka
Walinna-Sachalin
Bokinka Pańska
Mazanówka
Przejścia graniczne/Grenzübergang
Płudy
Brzostowiec
Ostrówki
Reforma
Walinna
Wólka Komarowska
Romaszki
Curyn
Grabarka
Siedlanów
Rez. leśny Omelno
Lisiowólka
Przegaliny Duże
Przegaliny Małe
Ossowa
Brzeziny
Woroniec
Żeszczynka
Przechód
Kalichowszczyzna
Białka
RADZYŃ PODLASKI
Komarówka Podlaska
Wiski
Dubica Dln.
Wisznice
Sapiechów
Lipinki
Pałac Potockich
Ustrzesz
Derewiczna
Rudno Trzecie
Brzozowy Kąt
park
Polubicze Wiejskie
Zabiele
Zbulitów
Bezwola
Rozwadówka-Folwark
Rozwadówka
Sosnówka
Marynin
Wohyń
Planta
Rudno Drugie
Radcze
Horodyszcze
Branica Radzyńska
Dawidy
Kudry
Łyniew
Pałac Kraszewskich
Branica Suchowolska
Zabłocie-Kol.
Rudno Pierwsze
Łubno
Jabłoń
Pał. Zamoyskich
Czeputka
Niewęgłosz
Paszki Duże
Podlesie
Kopina
Rudzieniec
Paszenki
Dołholiska
Motwica
Rez. leśny Czarny Las
Pogorzelec
Lichty
grodzisko
Milanów
Rusiły
Rez. ptaków Warzewo
Holeszów
Suchowola
Kostry
Gęś
Wantopol
Podedwórze
Skoki
Kuraszew
Okalew
Czeberaki
Opole
Grabówka
Dębów
Maruszowiec
Cichostów
Kolano
Wólka Zdunkowska
Czemierniki
Pałac Firlejów
Zaniówka
Mosty
Antopol
Bełcząc
Jeziora
Augustówka
Wierzbówka
Jasionka
Zaliszcze
Krasówka
Zmiarki
Przewłoka
Hołowno
Kaplonosy-Kol.
Wygnanów
Stoczek
Zminne
Glinny Stok
PARCZEW
Chmielów
Zielawa
Koczergi
Pachole
Kaniuki
Siemień
Wola Przewłocka
Lubiczyn
Łubka
Michałówka
Wynalew
Stójka
Miłków
Bednarzówka
Włodawa
Zawada
Amelin
Wierzchowiny
Staw Siemień
Sowin
Leitnie
Żmiarki
Kodeniec
Zahajki
Kaplonosy
Jeleń
Dębica-Kol.
Laski
Stępków
Wola Tulnicka
Dziatyn
Plebania -Wola
Dębowa Kłoda
Nietiahy
Krzywowierzba
Horostyta
Ostrówek-Kol.
Juliopol
Władysławów
Rez. torfowy Jez. Obradowskie
Rez. leśny Królowa Droga
Uhnin Białkowski
Uhnin Ścienny
Wyryki-Wola
Kamieniowola
Sewerynówka
Buradów
Kropiwki
Lipówka
Lubień
Wyryki-Połód
Luszawa-Kol.
Antoniówka
Gródek
Luszawa
Ostrówek
Nadzieja
Tyśmienica
Olchówka
Zamołodycze
Brzeźnica Leśna
Brzeźnica Książęca-Kol.
Ochoża
Bohutyn
Turno
Hola
Skorodnica
Leszkowice
Brzeźnica Książęca
Rez. leśny Lasy Parczewskie
Staw Hetman
Niedźwiada
Zabiele
Białka
dwór
Izabelin
Brzeźnica Bychawska
Sosnowica
park
Czołoma
Dębina
Gozdów
Górka Lubartowska
Brzeźnica Bychawska-Kol.
Babianka
Rudka Starościańska
Stara Jedlanka
Rezerwat torfowy przy Jez. Czarnym
Tarło
Nowa Jedlanka
Pieszowola
Wołoskowola
Laski
Nowy Brus
Brzeziny
Berejów
Drozdówka
Górki
Stary Brus
Kołacze
Kaznów
OSTRÓW LUBELSKI
Stary Orzechów
Tarło-Kol.
Szczekarków
Pałecznica
Głębokie
Uścimów-Kol.
Jez. Tomaszne
Zienki
Lisów
Kolechowice
Masłuchy
Nowy Orzechów
Dominiczyn
LUBARTÓW
Wólka Zabłocka
Nowy Uścimów
Lejno
Łomnica
Pałac Sanguszków
park
Nowa Wieś
Wola Sernicka
Brzostówka
Rudka Kijańska
Wola Wereszczyńska
Wólka Wytycka
Wytyczno
Nowodwór -Piaski
Łucka
Serniki
Ryczka
Krasne
Jez. Zagłębocze
Zawadówka
Jez. Wytyckie
Annobór
Rozkopaczew Drugi
Narodowy
Michałów
Majdan Kozłowiecki
Trzciniec
Nowa Wola
Rozkopaczew Pierwszy
Pojezierze
Piaseczno
Jez. Łukie
Wincencin
Wólka Zawieprzycka
Kosów
Krzywe
Rezerwat florystyczny
Stare Załucze
Urszulin
Kulczyn
Ujazdów
Wandzin
Wólka Rokicka-Kol.
Jez. Brzeziczno
Czarny Las
Andrzejów
Rokitno
Czerniejów
Jez. Mytycze
Łęczyński
Dębowiec
Jez. Szumin
Nw. Staw
Jawidz
Kol. Zawieprzyce
Dratów-Kol.
Uciekajka
Kaniwola
Garbatówka
Wereszczyn
Wola Niemiecka
Zawieprzyce
Nowa Wólka
Zezulin-Kol.
Grądy
Serniawy
Niemce
Zezulin
Świerszczów
Rezerwat leśny Serniawy
Rudka Kozłowiecka
Januszków
Ludwin
Dratów
Przymiarki
Tarnów
Spiczyn
Stoczek
Jez. Dratów
Bogdanka
Kopina
Rezerwat florystyczny Jez. Świerszczów
Małków
Ziółków
Wólka Tarnowska
Ludwinów
Swoboda
Charlęż
Witaniów
ŁĘCZNA
Turowola
Puchaczów
Pólko
Stawek
Nowogród
Stefanów
Cycow
Ciecierzyn
Bystrzyca
Wesołówka
Albertów
Dys
Pliszczyn
Ludwików Górny
Trębaczów
Stara Wieś
Syczyn
Baszki
Brzeziny
Chylin
Sobianowice
Łuszczów I
Ciechanki Krzesimowskie
Nadwieprzański
Głębokie
Staszyce
Rudnik
Jakubowice Murowane
Łuszczów-Kol.
Zakrzów
Wólka Łańcuchowska
Ciechanki
Szpica
Malinówka
Ludwinów
Busówno
Wierzbica
Kozia Góra
Turka
Piotrówek II
Łańcuchów
Ostrówek
Jasieniec
Nowy Stręczyn
LUBLIN
Długie
Łuszczów II
Józefów
Lubieniec
park
Olchowiec
Pniówno
PONIKWODA
Wólka
Świdnik Duży I
Krzesimów II
Ostrówek-Kol.
Kulik
Świdniczek
Świdnik Duży II
Janówek
Kajetanówka
Milejów-Wieś
Wólka Bielecka
Mogielnica
Wola Korybutowa
Terenin
Swinka
Święcica
Kamienna Góra
Janowice
Trzeszkowice
Żurawniki
Zalesie
Krajobrazowy
Kłarów
Maryniów
Dobromyśl
ŚWIDNIK
Franciszków
Mełgiew II
Dominów
Antoniów
Milejów-Osada
Zgniła Struga
KOŚMINEK
Piaski
71
Ochoża

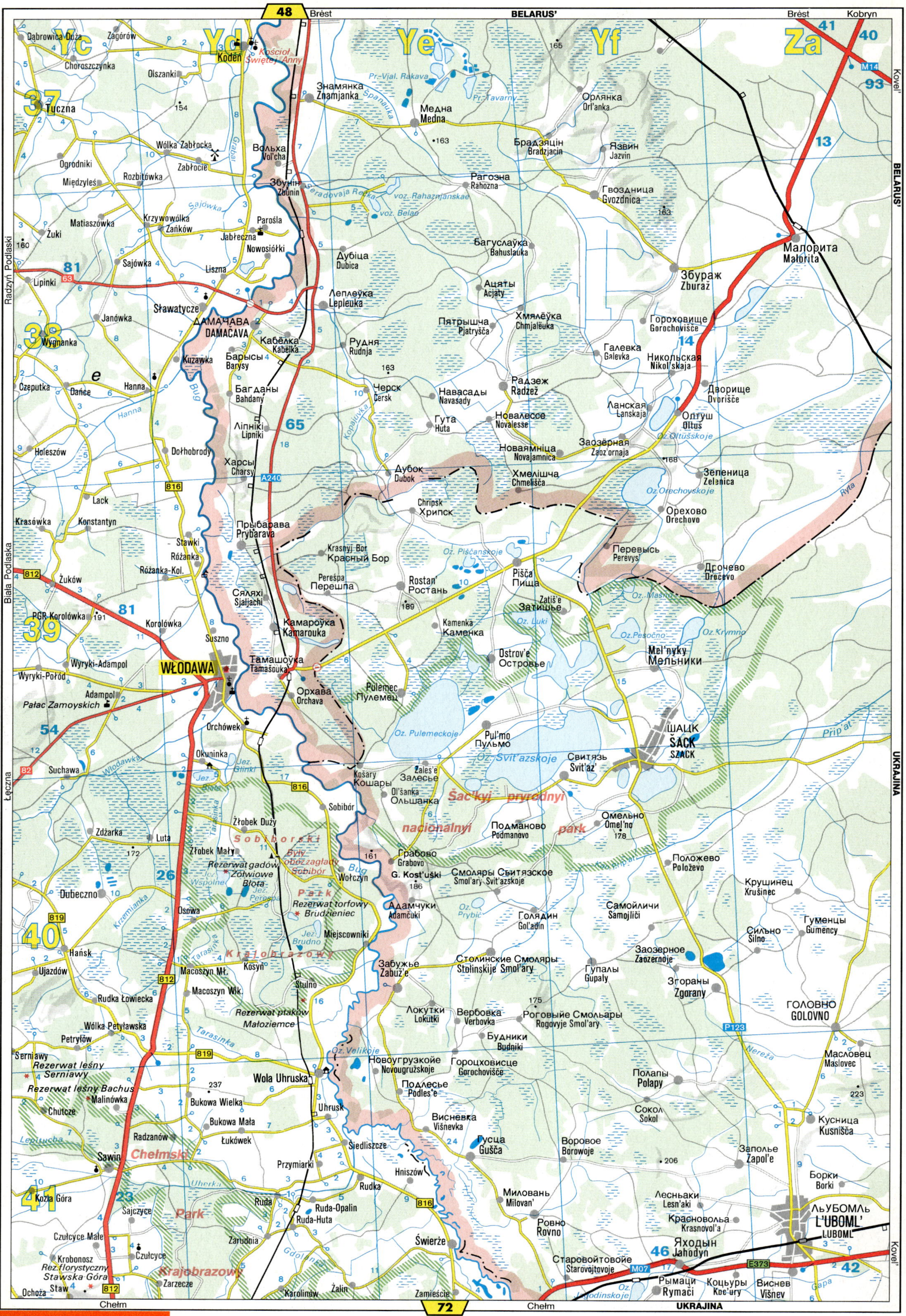

48
Brest
BELARUS'
Brest
Kobryn
41
40
Yc
Yd
Ye
Yf
Za
Dąbrowica Duża
Zagórów
Koden
Kościół Świętej Anny
Choroszczynka
Olszanki
Знамянка
Znamjanka
Pr.-Vial. Rakava
Pr. Tavarny
165
Арлянка
Orl'anka
M14
Kovel'
93
37
Tuczna
154
Медна
Medna
163
Брадзяцін
Bradzjacin
Язвін
Jazvin
13
Wólka Zabłocka
Zabłocie
Вольха
Vol'cha
Ogrodniki
Międzyleś
Rozbitówka
Збунін
Zbunin
voz. Rahaznjanskae
voz. Belae
Рагозна
Rahozna
Гвозднiца
Gvozdnica
163
BELARUS'
Krzywowólka
Zańków
Sajówka
Matiaszówka
Żuki
160
Parośla
Jabłeczna
Nowosiółki
Багуслаўка
Bahuslauka
Малорита
Malorita
Radzyń Podlaski
81
Lipinki
63
Sajówka
Liszna
Дубіца
Dubica
Ацяты
Acjaty
Збураж
Zburaž
Sławatycze
Лепляўка
Lepleuka
Janówka
Дамачава
Damačava
Хмялёўка
Chmjalëuka
Пятрышча
Pjatryšča
Гороховище
Gorochovišče
38
Wygnanka
Кабелка
Kabelka
Рудня
Rudnja
Галевка
Galevka
Никольская
Nikol'skaja
14
Kuzawka
Барысы
Barysy
163
Czeputka
Dańce
Hanna
Багданы
Bahdany
Черск
Čersk
Навасады
Navasady
Радзеж
Radzež
Дворище
Dvorišče
Hanna
Bug
Ліпнікі
Lipniki
65
Гута
Huta
Новалессе
Novalesse
Ланская
Lanskaja
Олтуш
Oltuš
Oz. Oltušskoje
Holeszów
Dołhobrody
18
Новаямніца
Novajamnica
Заозёрная
Zaoz'ornaja
168
816
Харсы
Charsy
A240
Дубок
Dubok
Хмелішча
Chmelišča
Зеленица
Zelenica
Lack
Chripsk
Хрипск
Oz. Orechovskoje
Орехово
Orechovo
Krasówka
Konstantyn
Прыбарава
Prybarava
Ryta
Biała Podlaska
Stawki
Różanka
Różanka-Kol.
Krasnyj Bor
Красный Бор
Oz. Piščanskoje
Перевысь
Perevys'
Дрочево
Dročevo
812
Żuków
Perešpa
Перешпа
Rostan'
Ростань
Pišča
Пища
Zatiš'e
Затишье
Oz. Mašno
PGR Korolówka
191
81
Сяляхі
Sjaljachi
189
39
Korolówka
Камароўка
Kamarouka
Kamenka
Каменка
Oz. Luki
Oz. Pesočno
Oz. Krymno
Suszno
Wyryki-Adampol
Тамашоўка
Tamašouka
Ostrov'e
Островье
Mel'nyky
Мельники
Wyryki-Połód
WŁODAWA
Adampol
Pałac Zamoyskich
Орхава
Orchava
Pulemec
Пулемец
15
54
Orchówek
Oz. Pulemeckoje
Pul'mo
Пульмо
ШАЦК
ŠACK
SZACK
Prip'at'
Okuninka
Jez. Glinki
Oz. Svit'azskoje
Свитязь
Svit'az'
UKRAJINA
Łęczna
82
Suchawa
Włodawka
Jez.
17
816
Košary
Кошары
Zales'e
Залесье
Ol'šanka
Ольшанка
Šac'kyj
pryrodnyj
Sobibór
Żłobek Duży
nacionalnyj
Подманово
Podmanovo
park
Омельно
Omel'no
178
Zdżarka
Luta
Sobiborski
Żłobek Mały
172
Rezerwat gadów Żółwiowe Błota
Były obóz zagłady Sobibór
Грабово
Grabovo
Положево
Položevo
26
Wspólne
Jez. Perespa
Włodawka
Bug
161
G. Kost'uški
186
Смоляры Свитязское
Smol'ary Svit'azskoje
Крушинец
Krušinec
Dubeczno
Rezerwat torfowy Brudzieniec
Адамчуки
Adamčuki
Oz. Prybic
Голядин
Gol'adin
Самойличи
Samojliči
819
Osowa
Krzemianka
Jez. Brudno
Miejscowniki
Сильно
Silno
Гуменцы
Gumency
40
Hańsk
Tarasinka
Krajobrazowy
Kosyń
Забужье
Zabuž'e
Столинские Смоляры
Stolinskije Smol'ary
Гупалы
Gupaly
Заозерное
Zaozernoje
Ujazdów
812
Macoszyn Mł.
Stulno
Згораны
Zgorany
Rudka Łowiecka
Macoszyn Wlk.
16
Локутки
Lokutki
Верболка
Verbovka
175
Роговые Смольяры
Rogovyje Smol'ary
ГОЛОВНО
GOLOVNO
Wólka Petyławska
Rezerwat ptaków Małoziemce
Tarasinka
Будники
Budniki
P123
Nereža
Petryłów
Oz. Velikoje
Serniawy
Rezerwat leśny Serniawy
819
Новоугрузкойе
Novougruzkoje
Горохховисце
Gorochovišče
Масловец
Maslovec
Rezerwat leśny Bachus
Malinówka
237
Wola Uhruska
Полапы
Polapy
Bukowa Wielka
Подлесье
Podles'e
223
Chutcze
Uhrusk
Сокол
Sokol
Bukowa Mała
Висневка
Višnevka
Кусница
Kusnišča
Radzanów
Łukówek
Гусча
Gušča
Воровое
Borowoje
Lepitucha
Siedliszcze
Заполье
Zapol'e
Sawin
Chełmski
Przymiarki
Hniszów
206
Borki
Борки
41
Kozia Góra
23
Uherka
Rudka
Милован
Milovan'
Лесьньки
Lesn'aki
Ruda
Ruda-Opalin
816
ЛЬУБОМЛЬ
L'UBOML'
LUBOML
Sajczyce
Park
Ruda-Huta
Красноволья
Krasnovol'a
Czułczyce Małe
Ровно
Rovno
Czułczyce
Zarudnia
Świerże
Яходын
Jahodyn
Krobonosz
Rez. florystyczny Stawska Góra
Gdolanka
Старовойтовойе
Starovojtovoje
46
Kovel'
Krajobrazowy
M07
E373
42
Staw
Zarzecze
11
Ochoża
812
Karolinów
Żalin
Zamieście
Рымачи
Rymači
Коцьуры
Koc'ury
Висневs
Višnev
Oz. Jagodinskoje
Gapa
Chełm
72
Chełm
UKRAJINA

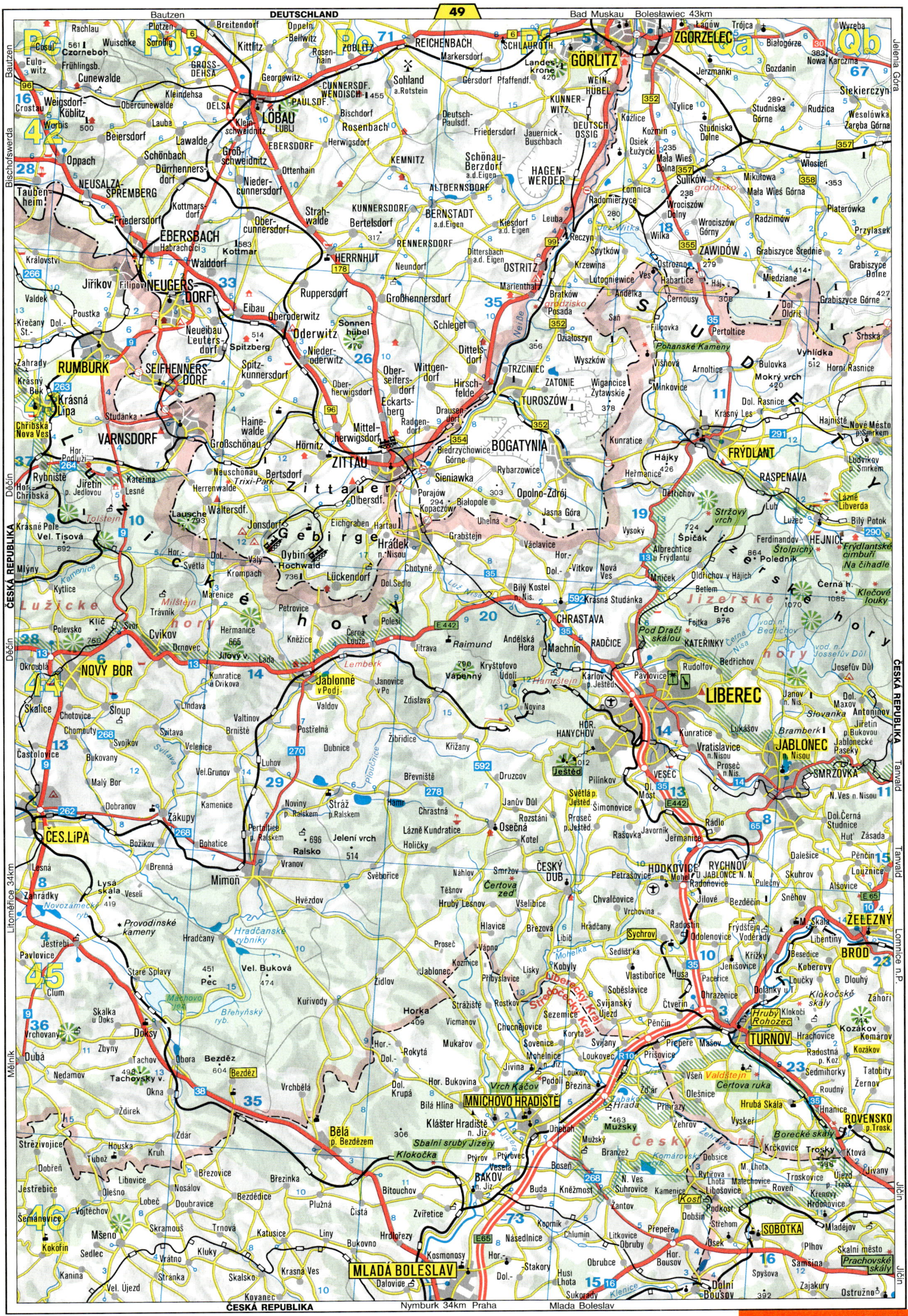

49
DEUTSCHLAND
Bautzen
Bad Muskau
Bolesławiec 43km
ČESKÁ REPUBLIKA
Nymburk 34km
Praha
Mlada Boleslav
ZGORZELEC
GÖRLITZ
REICHENBACH
LÖBAU
NEUSALZA-SPREMBERG
EBERSBACH
NEUGERSDORF
HERRNHUT
OSTRITZ
ZITTAU
BOGATYNIA
TUROSZÓW
RUMBURK
SEIFHENNERSDORF
VARNSDORF
FRÝDLANT
RASPENAVA
HEJNICE
Zittauer Gebirge
Lužické hory
Jizerské hory
SUDETY
CHRASTAVA
LIBEREC
JABLONEC n. Nisou
NOVÝ BOR
ČES. LIPA
Mimoň
Jablonné v Podj.
Hrádek n. Nisou
ČESKÝ DUB
HODKOVICE n. Mohelk
TURNOV
ŽELEZNÝ BROD
ROVENSKO p. Trosk.
MNICHOVO HRADIŠTĚ
BAKOV n. Jiz.
MLADÁ BOLESLAV
SOBOTKA
Doksy
Bělá p. Bezdězem
Český ráj
Ještěd

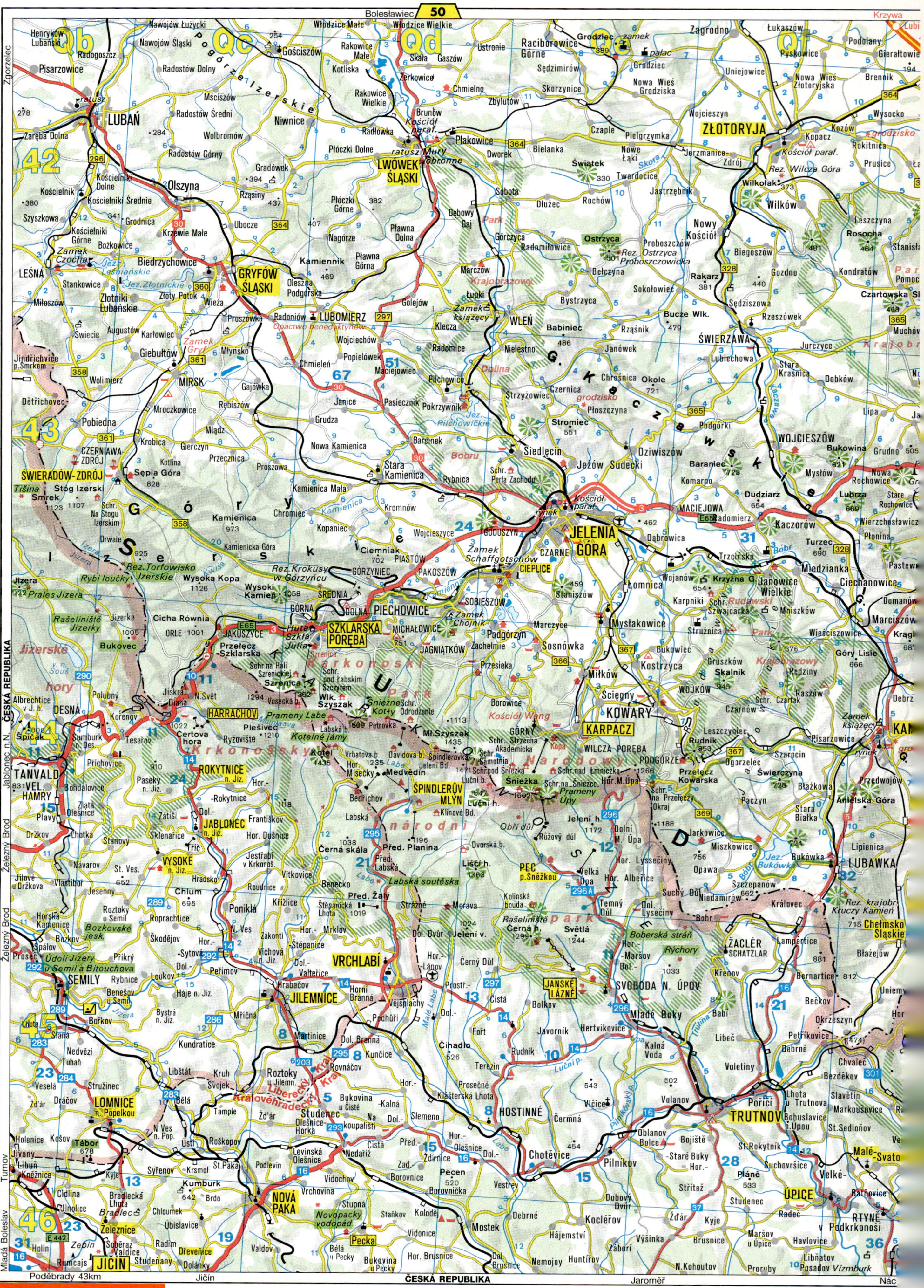
Bolesławiec 50
Qb
Qc
Qd
Qe
Qf
42
43
44
45
46
Zgorzelec
Lubań
Pisarzowice
Olszyna
Leśna
Gryfów Śląski
Lwówek Śląski
Lubomierz
Złotoryja
Wleń
Pogórze Izerskie
Góry Kaczawskie
Góry Izerskie
Mirsk
Świeradów-Zdrój
Stara Kamienica
Jelenia Góra
Cieplice
Piechowice
Szklarska Poręba
Podgórzyn
Karpacz
Kowary
Mysłakowice
Wojcieszów
Bolków
Lubawka
Kamienna Góra
Karkonosze
Karkonoski Park Narodowy
Śnieżka
Krkonošský národní park
Harrachov
Rokytnice n. Jiz.
Jablonec n. Jiz.
Vysoké n. Jiz.
Špindlerův Mlýn
Pec p. Sněžkou
Janské Lázně
Vrchlabí
Jilemnice
Semily
Tanvald
Lomnice n. Popelkou
Nová Paka
Jičín
Hostinné
Trutnov
Úpice
Žacléř
Svoboda n. Úpou
Česká Republika
Liberecký Kraj
Královéhradecký Kraj
Poděbrady 43km
Jaroměř
Náchod

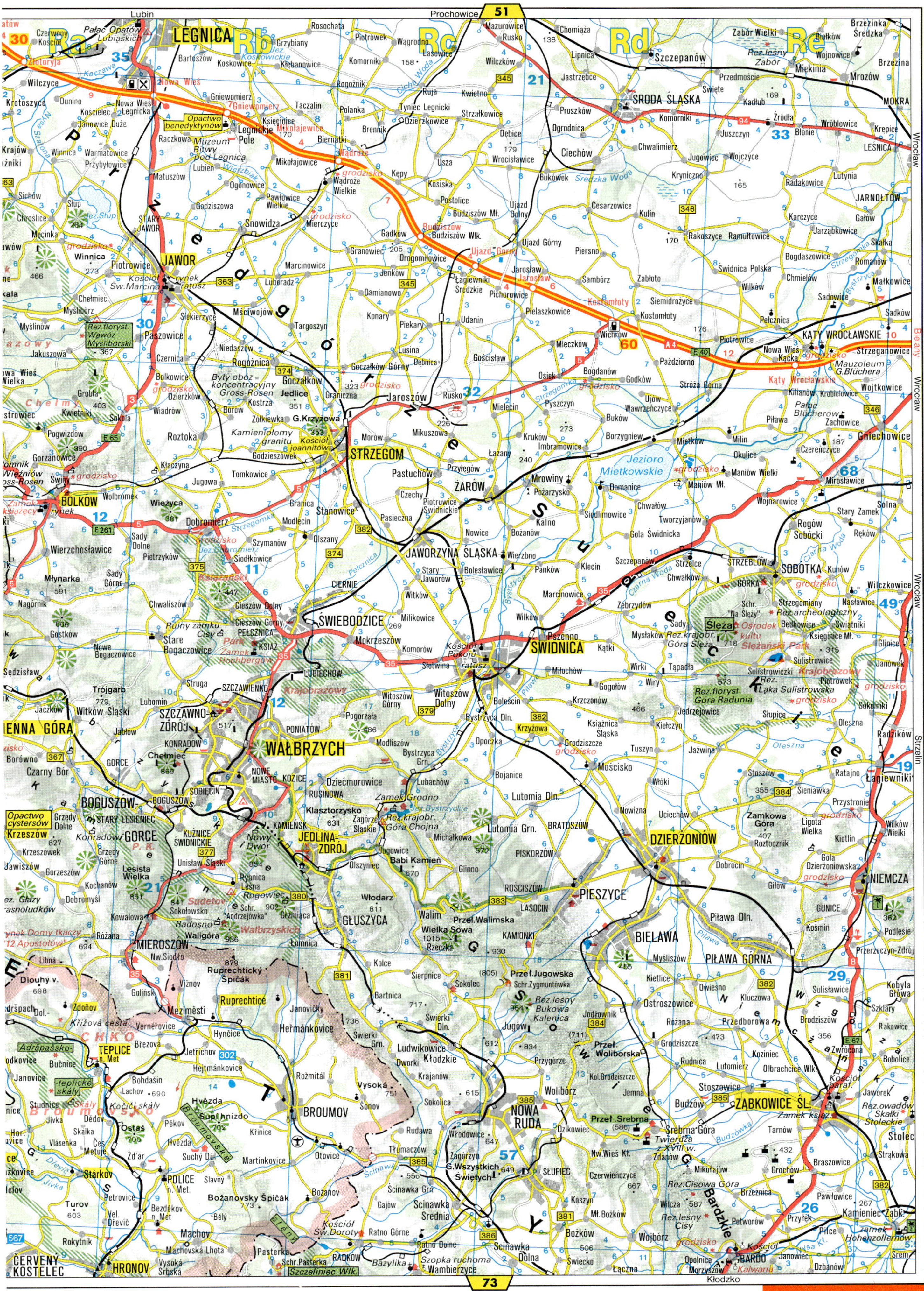
Lubin
Prochowice
51
LEGNICA
Rb
Rc
Rd
Re
Złotoryja
Szczepanów
ŚRODA ŚLĄSKA
Legnickie Pole
Opactwo benedyktynów
Mikołajowice
Wądroże Wielkie
Budziszów Wlk.
Ujazd Górny
Jarosław
Kostomłoty
Ciechów
Wrocław
LEŚNICA
JARNOŁTÓW
JAWOR
Kościół Sw.Marcina
Męcinka
Paszowice
Mściwojów
Udanin
Wichrów
KĄTY WROCŁAWSKIE
Mauzoleum G.Blüchera
Bolków
Rogoźnica
Gross-Rosen
Jaroszów
STRZEGOM
Kościół joannitów
BOLKÓW
Żarów
Jezioro Mietkowskie
Mietków
Sobótka
Jaworzyna Śląska
ŚWIEBODZICE
ŚWIDNICA
Kościół Pokoju
Ślęża
Ślężański Park Krajobrazowy
Wałbrzych
SZCZAWNO-ZDRÓJ
KAMIENNA GÓRA
BOGUSZÓW-GORCE
Opactwo cystersów Krzeszów
Jedlina-Zdrój
Zamek Grodno
DZIERŻONIÓW
PIESZYCE
BIELAWA
PIŁAWA GÓRNA
NIEMCZA
MIEROSZÓW
Głuszyca
Walim
Wielka Sowa
Sokolec
Przeł.Jugowska
Ludwikowice Kłodzkie
NOWA RUDA
ZĄBKOWICE ŚL.
Srebrna Góra
Twierdza XVIII w.
BARDO
Kłodzko
Kalwaria
BROUMOV
TEPLICE n. Met.
HRONOV
ČERVENÝ KOSTELEC
Police n. Met.
Machov
Radków
Szczeliniec Wlk.
Wambierzyce
Ścinawka Średnia
Słupiec
Bożków
Strzelin
Bielany
73

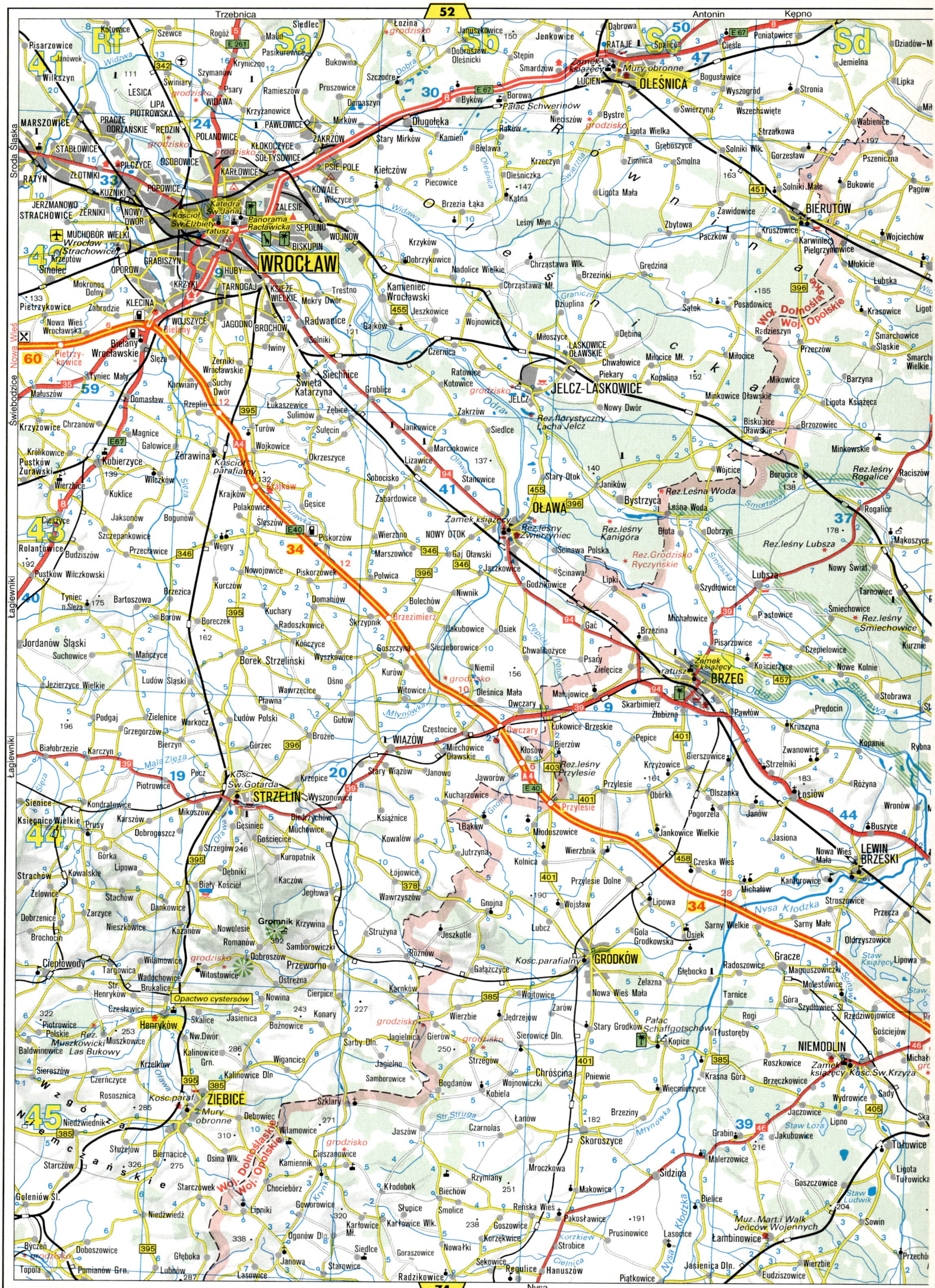

Trzebnica
52
Antonin
Kępno
Rf
Sa
Sb
Sc
Sd
41
42
43
44
45
Pisarzowice
Wilkszyn
Szewce
Rogóż
Malin
Siedlec
Pasikurowice
Łozina
Januszkowice
Jenkowice
Dąbrowa
Rataje
Spalice
Ciesle
Poniatowice
Dziadów-M
Jemielna
Lipka
Kryniczno
Szymanów
Bukowina
Szczodre
Dobroszów Oleśnicki
Stępin
Smardzów
Zamek książęcy
Mury obronne
Łucień
OLEŚNICA
Bogusławice
Stronia
Świniary
Lesica
Lipa Piotrowska
Psary
Widawa
Ramiszów
Pruszowice
Domaszyn
Byków
Borowa
Pałac Schwerinów
Bystre
Wyszogród
Wszechświęte
Swierzyna
Marszowice
Pracze Odrzańskie
Redzin
Krzyżanowice
Pawłowice
Mirków
Długołęka
Stary Mirków
Kamień
Rakow
Nieciszów
Ligota Wielka
Wabienice
Strzałkowa
Gorzesław
Pszenicznа
Stabłowice
Polanowice
Kłokoczyce
Sołtysowice
Zakrzów
Bielawa
Krzeczyn
Zimnica
Grębiszyce
Smolna
Solniki Wlk.
Pilczyce
Osobowice
Karłowice
Psie Pole
Kiełczów
Oleśniczka
Solniki Małe
Bukowie
Ratyń
Złotniki
Kuźniki
Popowice
Kowale
Wilczyce
Piecowice
Ligota Mała
Pągów
Jerzmanowo
Strachowice
Żerniki
Nowy Dwór
Katedra Św.Jana
Kościół Św.Elżbiety
Panorama Racławicka
Zalesie
Sępolno
Brzezia Łąka
Katna
Zawidowice
Bierutów
Muchobór Wielki
Wrocław (Strachowice)
Krzeptów
Smolec
Oporów
Grabiszyn
ratusz
WROCŁAW
Biskupin
Wojnów
Krzyków
Dobrzykowice
Leśny Młyn
Zbytowa
Paczków
Kruszowice
Karwiniec
Pielgrzymowice
Wojciechów
Mokronos Dolny
Pietrzykowice
Zabrodzie
Klecina
Krzyki
Huby
Tarnogaj
Księże Wielkie
Kamieniec Wrocławski
Nadolice Wielkie
Chrząstawa Wlk.
Chrząstawa Mł.
Brzezinki
Grędzina
Młokicie
Lubska
Nowa Wieś Wrocławska
Wojszyce
Jagodno
Mokry Dwór
Trestno
Jeszkowice
Dziuplina
Sałok
Posadowice
Krasowice
Ligota
Bielany Wrocławskie
Brochów
Radwanice
Bajków
Wojnowice
Dębina
Radzieszyn
Woj. Dolnośląskie
Woj. Opolskie
Smarchowice Śląskie
Iwiny
Solniki
Czernica
Miłoszyce
Laskowice Oławskie
Chwałowice
Miłocice Mł.
Miłocice
Przeczów
Pietrzykowice
Ślęza
Żerniki Wrocławskie
Siechnice
Ratowice
Kotowice
Piekary
Kopalina
Tyniec Mały
Suchy Dwór
Święta Katarzyna
Groblice
JELCZ-LASKOWICE
Jelcz
Nowy Dwór
Mikowice
Barzyna
Małuszów
Domasław
Karwiany
Rzeplin
Łukaszowice
Żerniki
Zakrzów
Minkowice Oławskie
Ligota Książęca
Sulimów
Zębice
Rez.florystyczny Łacha Jelcz
Krzyżowice
Chrzanów
Magnice
Turów
Sulęcin
Jankowice
Siedlce
Biskupice Oławskie
Brzozowiec
Królikowice
Pustków Żurawski
Kobierzyce
Galowice
Żórawina
Wojkowice
Okrzeszyce
Marcinkowice
Lizawice
Minkowskie
Wierzbice
Wilczków
Kościół parafialny
Sobocisko
Stanowice
Stary Otok
Janików
Wójcice
Borucice
Rez.leśny Rogalice
Raciszów
Kuklice
Krajków
Zabardowice
OŁAWA
Bystrzyca
Rez.Leśna Woda
Leśna Woda
Rogalice
Ciężyce
Jaksonów
Bogunów
Polakowice
Gęsice
Zamek książęcy
Rez.leśny Zwierzyniec
Rez.leśny Kanigóra
Dobrzyń
Rez.leśny Lubsza
Szczepankowice
Ślęża
Ślęszów
Piskorzów
Wierzbno
Nowy Otok
Błota
Makoszyce
Rolantowice
Budziszów
Przecławice
Węgry
Marszowice
Gaj Oławski
Św. Katarzyna
Jaczkowice
Sienawa Polska
Ścinawa
Rez.Grodziska Ryczyńskie
Lubsza
Nowy Świat
Pustków Wilczkowski
Nowojowice
Piskorzówek
Polwica
Lipki
Szydłowice
Tarnowiec
Tyniec n.Ślęzą
Bartoszowa
Brzezica
Kurczów
Domaniów
Niwnik
Godzikowice
Śmiechowice
Borów
Kuchary
Radoszkowice
Skrzypnik
Bolechów
Brzezimierz
Michałowice
Pisarzowice
Rez.leśny Śmiechowice
Jordanów Śląski
Boreczek
Kończyce
Jakubowice
Osiek
Gać
Brzezina
Kurznie
Suchowice
Mańczyce
Borek Strzeliński
Wyszkowice
Goszczyna
Siecieborowice
Chwalibożyce
Psary
Czepielowice
Ludów Śląski
Kurów
Niemil
Zielęcice
Zamek książęcy
BRZEG
Kościerzyce
Nowe Kolnie
Jezierzyce Wielkie
Wawrzęcice
Ośno
Witowice
Oleśnica Mała
Małujowice
Skarbimierz
Stobrawa
Podgaj
Zielenice
Warkocz
Pławna
Ludów Polski
Gułów
Częstocice
Owczary
Łukowice Brzeskie
Żłobizna
Pawłów
Prędocin
Gregorzów
Bierzyn
Górzec
Brożec
WIĄZÓW
Miechowice Oławskie
Bierzów
Pępice
Kruszyna
Kopanie
Białobrzezie
Karczyn
Mała Ślęza
Stary Wiązów
Janowo
Kłosów
Rez.leśny Przylesie
Gierszowice
Zwanowice
Rybna
Piotrowice
Pęcz
Kośc. Św.Gotarda
STRZELIN
Krzepice
Jaworów
Przylesie
Krzyżowice
Strzelniki
Sienice
Kondratowice
Wyszonowice
Kucharzowice
Obórki
Olszanka
Łosiów
Różyna
Księgnice Wielkie
Prusy
Karszów
Mikoszów
Biedrzychów
Muchowice
Książnice
Bąków
Młodoszowice
Jankowice Wielkie
Pogorzela
Janów
Wronów
Buszyce
Dobrogoszcz
Gęsiniec
Gościęcice
Kowalów
Wierzbnik
Jasiona
LEWIN BRZESKI
Górka
Strzegów
Kuropatnik
Jutrzyna
Kolnica
Czeska Wieś
Nowa Wieś Mała
Lipowa
Dębniki
Łojowice
Przylesie Dolne
Strachów
Kowalskie
Biały Kościół
Kaczów
Wawrzyszów
Michałów
Kantorowice
Stroszowice
Żelowice
Stachów
Jegłowa
Gnojna
Wojsław
Lipowa
Sarny Wielkie
Sarny Małe
Przecza
Dobrzenice
Zarzyce
Dankowice
Gromnik
Krzywina
Nysa Kłodzka
Brochocin
Nieszkowice
Kazanów
Nowolesie
Samborowiczki
Strużyna
Jeszkotle
Lubcz
Osiek
Gola Grodkowska
Oldrzyszowice
Romanów
Rożnów
Gracze
Cieplowody
Targowica
Wilamowice
Dobroszów
Przeworno
Kośc.parafialny
GRODKÓW
Radoszowice
Magnuszowice
Lipowa
Wadochowice
Witostowice
Gałążczyce
Głębocko
Molestowice
Str. Henryków
Brukalice
Ostrężna
Karnków
Żelazna
Tarnice
Opactwo cystersów
Nowina
Cierpice
Wojtowice
Nowa Wieś Mała
Góra
Szydłowiec Śl.
Czesławice
Henryków
Skalice
Jasienica
Konary
Wierzbie
Jędrzejów
Żarów
Stary Grodków
Pałac Schaffgotschów
Rogi
Rzędziwojowice
Piotrowice Polskie
Rez. Muszkowicki Las Bukowy
Muszkowice
Nw.Dwór
Bożnowice
Sarby Dln.
Jagielnica
Gierów
Sieroszów Dln.
Kopice
Tłustoręby
Gościejów
Baldwinowice
Krzelków
Kalinowice Grn.
Wigancice
Jagielno
Strzegów
Chróścina
Pniewie
Krasna Góra
Roszkowice
NIEMODLIN
Zamek książęcy
Kośc.Św.Krzyża
Sieroszów
Czerńczyce
Kalinowice Dln
Samborowice
Bogdanów
Wojnowiczki
Więcmierzyce
Brzęczkowice
Michałów
Wzgórza Niemczańskie
Rososznica
ZIĘBICE
Kośc.paraf.
Mury obronne
Szklary
Kobiela
Łanów
Brzeziny
Jaczowice
Wydrowice
Sady
Niedźwiednik
Debowiec
Wilamowice
Str.Struga
Czarnolas
Skoroszyce
Grabin
Jakubowice
Lipno
Tułowice
Stużejów
Biernacice
Osina Wlk.
Cieszanowice
Jaszów
Mrozkowa
Sidzina
Malerzowice
Ligota Tułowicka
Starczów
Starczówek
Kamiennik
Kłodobok
Rzymiany
Makowice
Goszczowice
Woj. Dolnośląskie
Woj. Opolskie
Chociebórz
Biechów
Bielice
Staw Ludwik
Goleniów Śl.
Niedźwiedź
Lipniki
Gowarowice
Słupice
Smolice
Reńska Wieś
Pakosławice
Sowin
Karłowice Mł.
Karłowice Wlk.
Goszowice
Korzękwice
Prusinowice
Lasocice
Muz. Mart.i Walk Jeńców Wojennych
Łambinowice
Byczeń
Doboszowice
Ogonów Dl.
Nowałki
Strobice
Głęboka
Janowa
Siedlce
Goraszowice
Sękowice
Hanuszów
Jasienica Dln.
Wierzbie
Przechód
Topola
Pomianów Grn.
Lubnów
Lasowice
Starowice
Radzikowice
Regulice
Piątkowice
Eudziszowice
Nysa
74

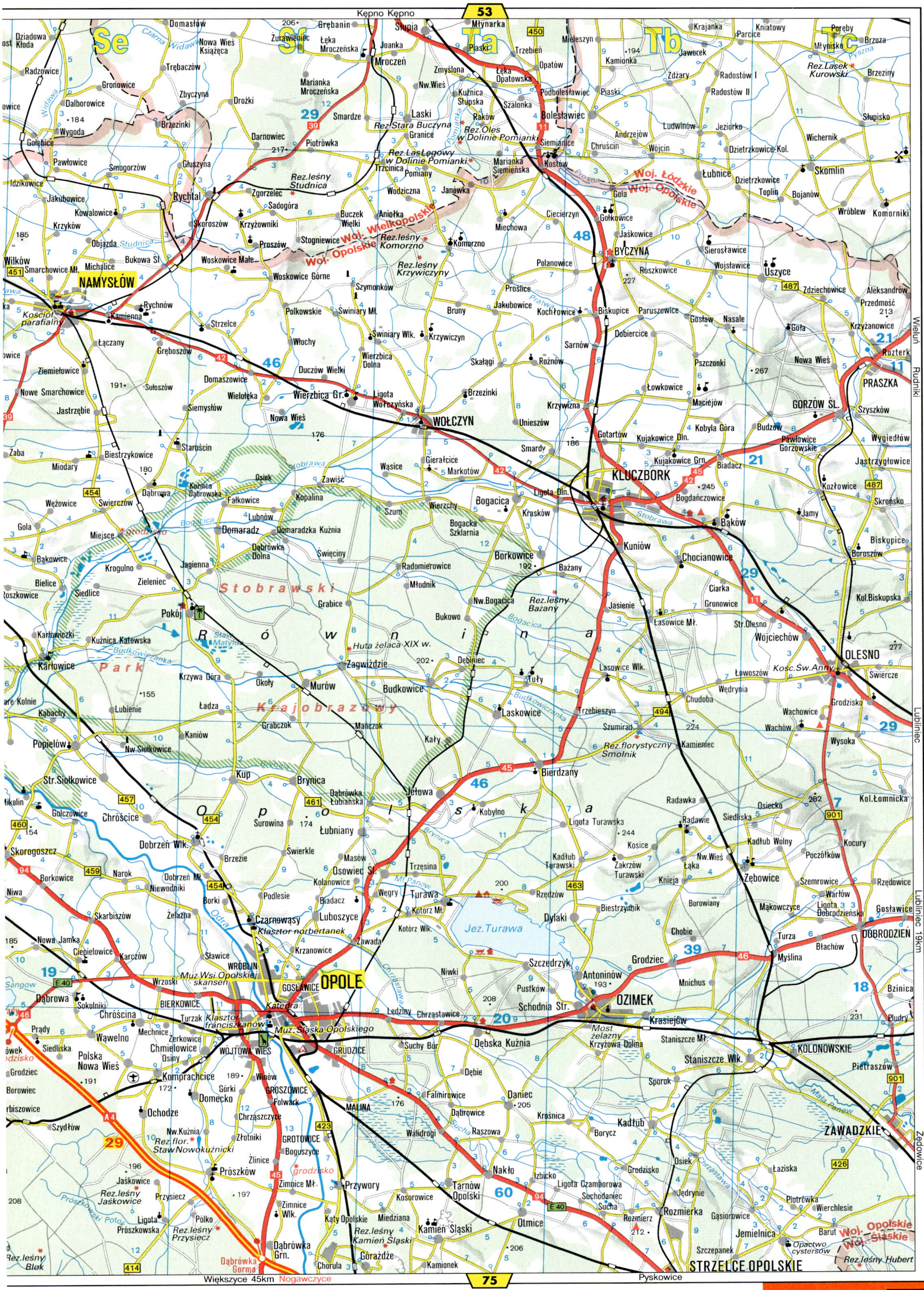

Kępno Kępno
53
Se
Sf
Ta
Tb
Tc
NAMYSŁÓW
Woj. Wielkopolskie
Woj. Opolskie
Woj. Łódzkie
Woj. Opolskie
BYCZYNA
WOŁCZYN
KLUCZBORK
GORZÓW ŚL.
PRASZKA
OLESNO
Stobrawski
Park
Krajobrazowy
Równina
Opolska
Jez.Turawa
OPOLE
OZIMEK
DOBRODZIEŃ
KOLONOWSKIE
ZAWADZKIE
STRZELCE OPOLSKIE
Wieluń
Rudniki
Lubliniec
Lubliniec 19km
Zędowice
Pyskowice
Większyce 45km Nogawczyce
75
Woj. Opolskie
Woj. Śląskie

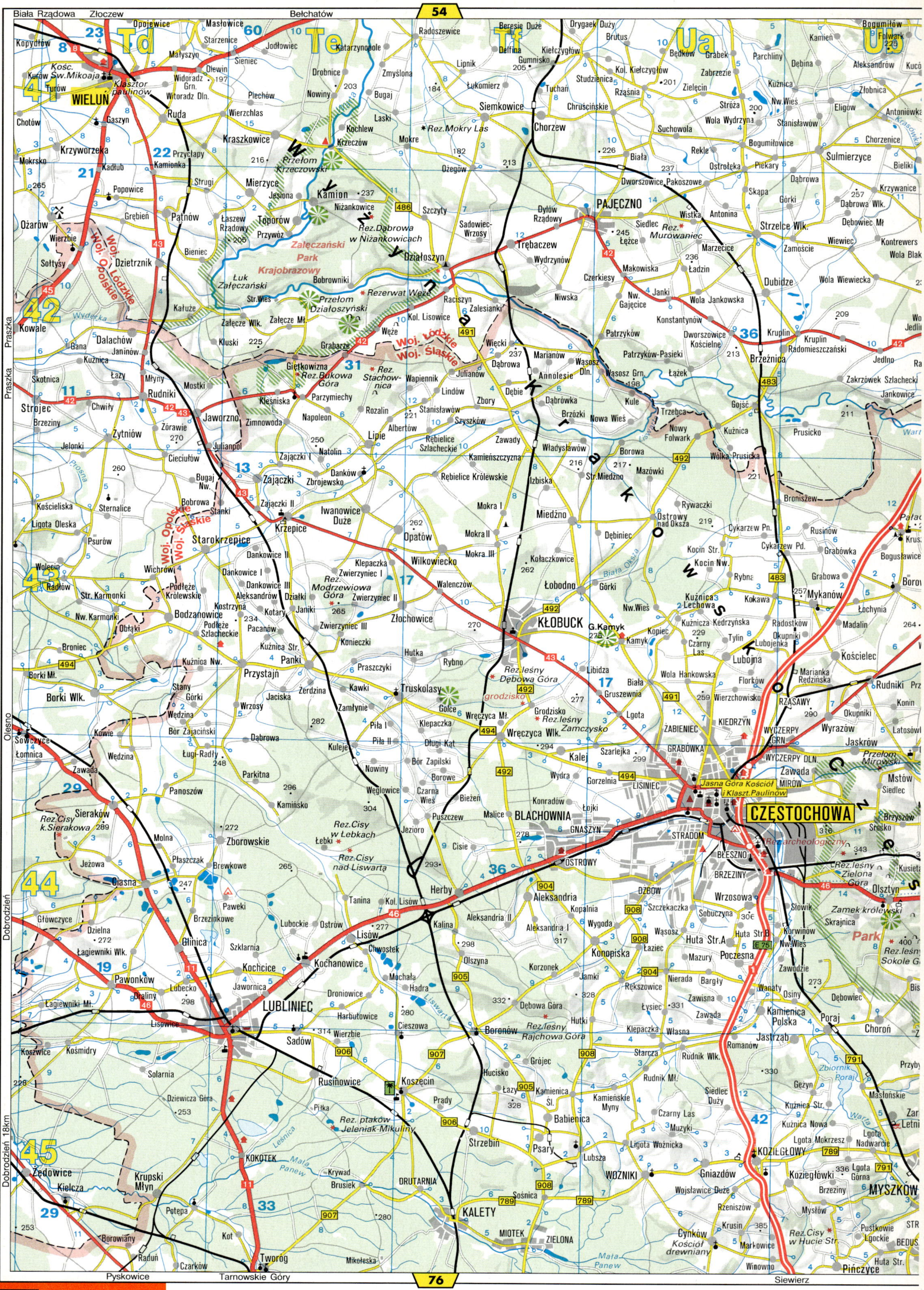

Biała Rządowa
Złoczew
Bełchatów
54
Td
Te
Tf
Ua
Ub
WIELUŃ
Kość. Św.Mikołaja
Klasztor paulinów
Ruda
Krzyworzeka
Kraszkowice
Mierzyce
Toporów
Kamion
Wyżyna
Załęczański Park Krajobrazowy
Łuk Załęczański
Przełom Krzeczowski
Rez.Dąbrowa w Niżankowicach
Działoszyn
Przełom Działoszyński
Rezerwat Węże
Siemkowice
Chorzew
Rez.Mokry Las
PAJĘCZNO
Trębaczew
Strzelce Wlk.
Dubidze
Brzeźnica
Kruplin Radomieszczański
Sulmierzyce
Rez. Murowaniec
Woj. Łódzkie
Woj. Śląskie
Woj. Opolskie
Woj. Łódzkie
Woj. Opolskie
Woj. Śląskie
Praszka
Kowale
Dalachów
Rudniki
Strojec
Jaworzno
Krzepice
Starokrzepice
Zajączki
Iwanowice Duże
Opatów
Wilkowiecko
Lipie
Rez. Bukowa Góra
Rez. Stachowinica
Krakowsko-Częstochowska
Miedźno
KŁOBUCK
Łobodno
G.Kamyk
Mykanów
Przystajń
Panki
Złochowice
Rez. Modrzewiowa Góra
Truskolasy
Rez.leśny Dębowa Góra
Rez.leśny Zamczysko
Wręczyca Wlk.
Olesno
Borki Wlk.
Herby
BLACHOWNIA
Gnaszyn
Ostrowy
Jasna Góra Kościół i Klaszt.Paulinów
CZĘSTOCHOWA
Rez.archeologiczny
Stradom
Błeszno
Rez.Cisy k.Sierakowa
Sieraków
Zborowskie
Rez.Cisy w Łebkach
Rez.Cisy nad Liswartą
Aleksandria
Konopiska
Poczesna
Olsztyn
Zamek królewski
Rez.leśny Zielona Góra
Rez.leśny Sokole Góry
Park
Pawonków
Kochcice
Kochanowice
LUBLINIEC
Boronów
Rez.leśny Rajchowa Góra
Kamienica Polska
Poraj
Choroń
Jastrząb
Koszęcin
Rez. ptaków Jeleniak-Mikuliny
Strzebiń
Psary
Woźniki
Kozięgłowy
Gniazdów
Koziegłówki
MYSZKÓW
Żędowice
Krupski Młyn
Kokotek
KALETY
Miotek
Zielona
Tworóg
Rez.Cisy w Hucie Str.
Cynków Kościół drewniany
Pińczyce
Dobrodzień
Dobrodzień 18km
Pyskowice
Tarnowskie Góry
76
Siewierz

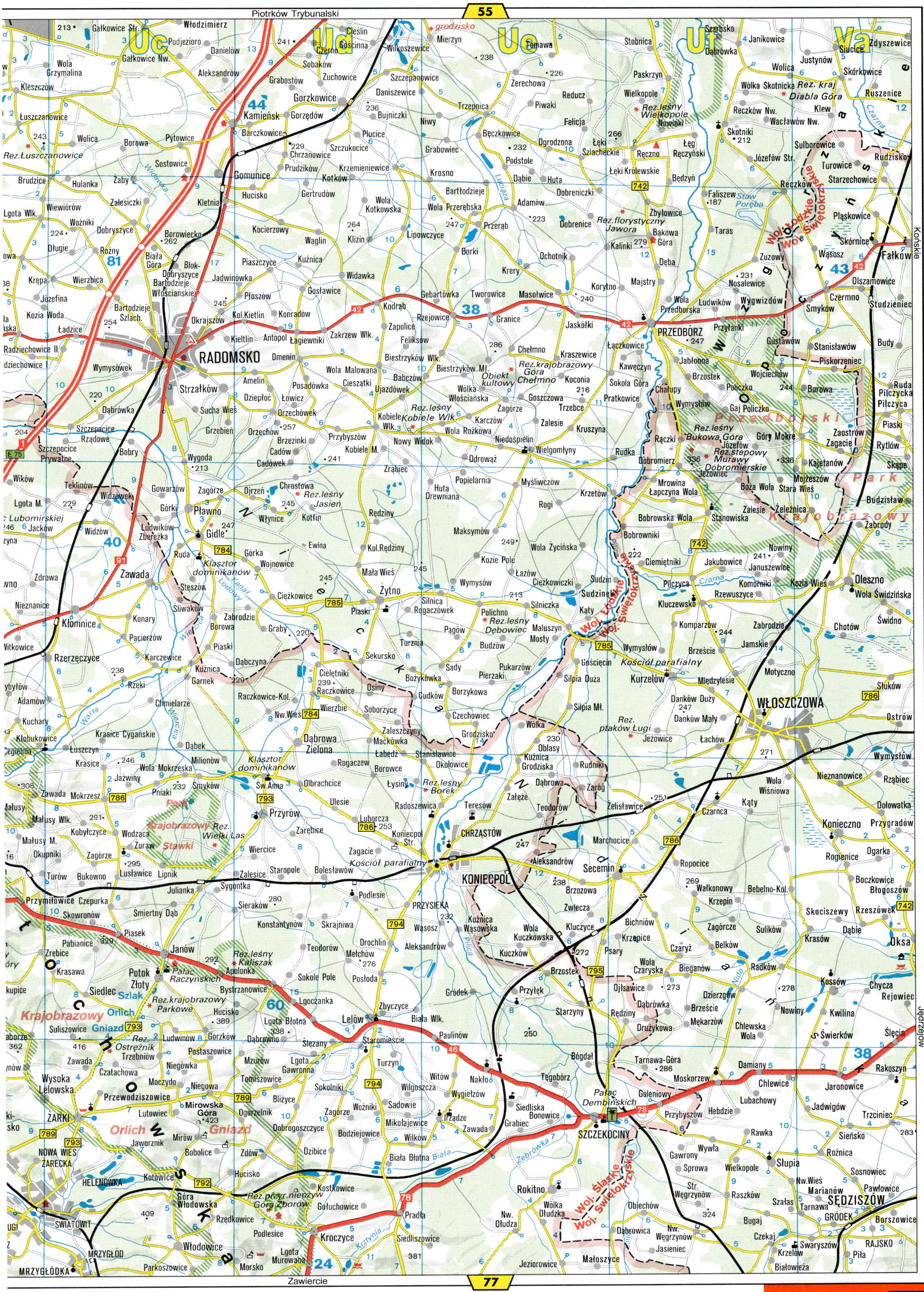
Piotrków Trybunalski
55
Uc
Ud
Ue
Uf
Va
RADOMSKO
Kamieńsk
Gomunice
Gorzkowice
Strzałków
PRZEDBÓRZ
Konskie
Gidle
Pławno
Kłomnice
Rzerzęczyce
Zawada
Włodzimierz
Dabrowa Zielona
Przyrów
Janów
Żytno
Secemin
Kurzelów
WŁOSZCZOWA
Oleszno
CHRZĄSTÓW
KONIECPOL
PRZYSIEKA
Lelów
SZCZEKOCINY
SĘDZISZÓW
Słupia
Oksa
Koniecznо
ŻARKI
NOWA WIEŚ ZARECKA
HELENÓWKA
ŚWIATOWIT
MRZYGŁÓD
MRZYGŁÓDKA
Kroczyce
Pradła
Żarnowiec
Woj. Łódzkie
Woj. Świętokrzyskie
Woj. Śląskie
Przedborski Park Krajobrazowy
Krajobrazowy Orlich Gniazd
Orlich Gniazd
Park Krajobrazowy Stawki
Klasztor dominikanów
Kościół parafialny
Pałac Dembińskich
Pałac Raczyńskich
Jędrzejów
Zawiercie
77
38
42
44
40
43
60
24
46
78
91
742
784
785
786
789
792
793
794
795
E75

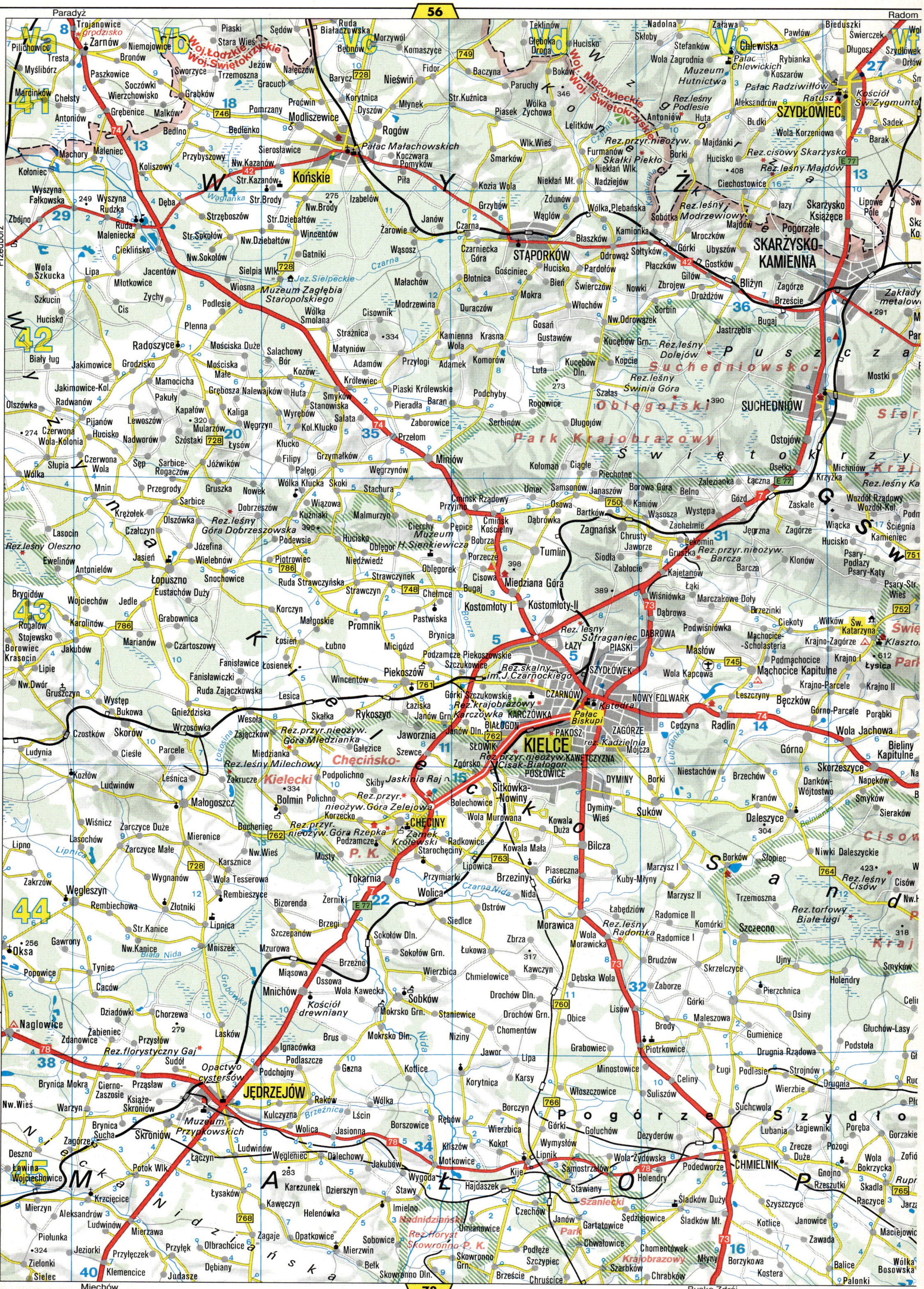
56
Paradyż
Radom
Przedbórz
Szczekociny
78
Miechów
Busko-Zdrój
Trojanowice
Żarnów
Pilichowice
Tresta
Myślibórz
Niemojowice
Bronów
Paszkowice
Soczówki
Wierzchowisko
Grębenice
Malków
Chełsty
Antoniów
Bedlno
Machory
Maleniec
Koliszowy
Kołoniec
Wyszyna Fałkowska
Wyszyna Rudzka
Zbójno
Ruda Maleniecka
Cieklińsko
Wola Szkucka
Lipa
Szkucin
Hucisko
Biały ług
Jakimowice
Grodzisko
Jakimowice-Kol.
Radwanów
Olszówka
Czerwona Wola-Kolonia
Pijanów
Słupia
Wólka
Mnin
Przegrody
Krężołek
Czałczyn
Lasocin
Jasień
Ewelinów
Antonielów
Łopuszno
Eustachów Duży
Brygidów
Wojciechów
Jedle
Rogalów
Stojewsko
Karolinów
Borowiec
Krasocin
Lipie
Jakubów
Nw.Dwór
Gruszczyn
Występ
Bukowa
Czostków
Skorów
Ludynia
Ciesle
Kozłów
Ludwinów
Wiśnicz
Lasochów
Lipno
Zakrzów
Węgleszyn
Rembiechowa
Oksa
Gawrony
Popowice
Tyniec
Caców
Dziadówki
Naglowice
Zdanowice
Brynica Mokra
Warzyn
Nw.Wieś
Zagórze
Deszno
Ławina
Wojciechowice
Mierzyn
Aleksandrów
Piołunka
Jeziorki
Zielonki
Sielec
Klemencice
Piaski
Stara Wieś
Sędów
Ruda Białaczowska
Bębnów
Jeżów
Trzemoszna
Gracuch
Nałęczów
Sworzyce
Grabków
Pomrżany
Bedlenko
Prócwin
Modliszewice
Przybyszowy
Sierosławice
Nw.Kazanów
Str.Kazanów
Końskie
Str.Brody
Nw.Brody
Dęba
Strzęboszów
Str.Dziebałtów
Str.Sokołów
Nw.Dziebałtów
Nw.Sokołów
Wincentów
Gatniki
Jacentów
Młotkowice
Zychy
Cis
Sielpia Wlk.
Jez.Sielpieckie
Wiosna
Muzeum Zagłębia Staropolskiego
Podlesie
Wólka Smolana
Plenna
Radoszyce
Mościska Duże
Mościska Małe
Salachowy Bór
Kozów
Mamocicha
Pakuły
Kapałów
Mularzów
Szóstaki
Grębosza
Nalewajków
Huta
Kaliga
Lewoszów
Nadworów
Sęp
Sarbice-Rogaczów
Józefków
Gruszka
Nowek
Sarbice
Olszówka
Rez.leśny Góra Dobrzeszowska
Józefina
Wielebnów
Snochowice
Grabownica
Czartoszowy
Marianów
Fanisławice
Fanisławiczki
Ruda Zajączkowska
Gnieździska
Wrzosówka
Wesoła
Zajączków
Miedzianka
Rez.leśny Milechowy
Parcele
Leśnica
Małogoszcz
Zakrucze
Bolmin
Kielecki
Żarczyce Duże
Żarczyce Małe
Mieronice
Karsznice
Wola Tesserowa
Rembieszyce
Wygnanów
Złotniki
Lipnica
Str.Kanice
Nw.Kanice
Mniszek
Chorzewa
Żabieniec
Przysłów
Rez.florystyczny Gaj
Sudół
Ciemo-Zaszosie
Przasław
Książe-Skroniów
Brynica Sucha
Skroniów
Muzeum Przypkowskich
Potok Wlk.
Krzcięcice
Ludwinów
Mierzawa
Przyłęczek
Przyłęk
Judasze
Olbrachcice
Dębiany
Jędrzejów
Opactwo cystersów
Podchojny
Ignacówka
Podlaszcze
Mnichów
Kościół drewniany
Mząsowa
Ossowa
Wola Kawecka
Brus
Łysaków
Karczunek
Kawęczyn
Dzierszyn
Helenówka
Opatkowice
Zagaje
Rakow
Kulczyzna
Wolica
Jasionna
Ludwinów
Węgleniec
Dalechowy
Łączyn
Gęzna
Morzywół
Komaszyce
Barycz
Nieświń
Fidor
Korytnica
Dyszów
Młynek
Rogów
Pałac Małachowskich
Koczwara
Pomyków
Piła
Izabelów
Janów
Żarowie
Wąsosz
Czarna
Małachów
Modrzewina
Cisownik
Strażnica
Matyniów
Adamów
Królewiec
Piaski Królewskie
Pieradła
Baran
Zaborowice
Przełom
Salata
Smyków
Stanowiska
Wyrębów
Kol.Kłucko
Kłucko
Filipy
Pałęgi
Grzymałków
Węgrzynów
Wólka Kłucka
Skoki
Stachura
Wiązowa
Kuźniaki
Malmurzyn
Podewsie
Hucisko
Oblęgor
Muzeum H.Sienkiewicza
Niedźwiedź
Piotrowiec
Ruda Strawczyńska
Strawczynek
Strawczyn
Chełmce
Oblęgorek
Korczyn
Małogoskie
Promnik
Łosień
Łubno
Micigózd
Pastwiska
Brynica
Łosienek
Wincentów
Piekoszów
Podzamcze Piekoszowskie
Szczukowice
Rez.skalny im.J.Czarnockiego
Górki Szczukowskie
Łaziska
Janów Grn.
Karczówka
Skałka
Rykoszyn
Rez.przyr.nieożyw. Góra Miedzianka
Chęcińsko-
Jaworznia
Szewce
Gałęzice
Zgórsko
Jaskinia Raj
Skiby
Podpolichno
Polichno
Rez.przyr. nieożyw. Góra Zelejowa
Korzecko
Bocheniec
Rez.przyr. nieożyw. Góra Rzepka
Podzamcze
Chęciny
Zamek Królewski
Starochęciny
Radkowice
Mosty
P. K.
Tokarnia
Przymiarki
Wolica
Żerniki
Brzegi
Bizorenda
Szczepanów
Mzurowa
Breżno
Sokołów Dln.
Sokołów Grn.
Sobków
Mokrsko Grn.
Mokrsko Dln.
Nida
Wierzbica
Staniewice
Niziny
Chmielowice
Drochów Dln.
Drochów Grn.
Chomentów
Jawor
Lipa
Kotlice
Karsy
Korytnica
Wólka
Łścin
Borszowice
Rębów
Kliszów
Motkowice
Kokot
Wierzbica
Borczyn
Jakubów
Wygoda
Hajdaszek
Kije
Stawy
Imielno
Nadnidziański
Rez.floryst. Skowronno P.K.
Umianowice
Sobowice
Mierzwin
Bełk
Skowronno Dln.
Skowronno Grn.
Brzeście
Podłęże
Szczypiec
Chruściec
Czechów
Teklinów
Głęboka Droga
Hucisko
Baczyna
Bokow
Paruchy
Wólka Zychowa
Piasek
Str.Kuźnica
Lelitków
Wlk.Wieś
Smarków
Niekłań Mł.
Kozia Wola
Zdunów
Nadziejów
Grzybów
Wąglów
Czarniecka Góra
Stąporków
Gościniec
Błotnica
Mokra
Bień
Hucisko
Pardołów
Duraczów
Kamienna Wola
Krasna
Adamek
Komorów
Przyłogi
Gosań
Gustawów
Luta
Podchyby
Rogowice
Serbinów
Park Krajobrazowy
Kołomań
Ciągłe
Umer
Samsonów
Przyjmo
Ćmińsk Rządowy
Ćmińsk Kościelny
Pępice
Cierchy
Muzeum
Bobrza
Porzecze
Cisowa
Bugaj
Miedziana Góra
Kostomłoty I
Kostomłoty II
Tumlin
Dąbrówka
Osowa
Janaszów
Bartków
Zagnańsk
Siodła
Chrusty
Jaworze
Zabłocie
Rez.leśny Sufraganiec
Łazy
Piaski
Szydłówek
Czarnów
Pałac Biskupi
Katedra
Karczówka
Białogon
Słowik
Kielce
Pakosz
Zagórze
Rez.przyr.nieożyw. Kadzielnia
Rez.przyr.nieożyw. Cisak-Białogon
Kawetczyzna
Posłowice
Dyminy
Sitkówka-Nowiny
Bolechowice
Wola Murowana
Kowala Duża
Kowala Mała
Dyminy-Wieś
Bilcza
Lipowica
Brzeziny
Piaseczna Górka
Nida
Ostrów
Siedlce
Łukowa
Zbrza
Kawczyn
Dębska Wola
Morawica
Wola Morawicka
Obice
Grabowiec
Minostowice
Włoszczowice
Wymysłów
Lipnik
Górki
Pogórze
Samostrzałów
Stawiany
Szaniecki
Park
Krajobrazowy
Jarnów
Gartatowice
Chwałowice
Szarbków
Chomentówek
Chrabków
Nadolna
Skłoby
Stefanków
Wola Zagrodnia
Muzeum Hutnictwa
Rez.leśny Podlesie
Antoniów
Huta
Rez.przyr.nieożyw. Skałki Piekło
Furmanów
Niekłań Wlk.
Borki
Wólka Plebańska
Sobótka
Kamionka
Błaszków
Sołtyków
Odrowąż
Płaczków
Gilów
Świerczów
Nowki
Zbrojew
Włochów
Sorbin
Nw.Odrowążek
Kucębów Grn.
Kucębów Dln.
Kopcie
Rez.leśny Dolejów
Rez.leśny Świnia Góra
Szałas
Długojów
Obłegorski
Piechotne
Borowa Góra
Kaniów
Wąsosza
Zachełmie
Grzywka
Rez.przyr.nieożyw. Barcza
Kajetanów
Łęki
Wiśniówka
Marczakowe Doły
Dąbrowa
Podwiśniówka
Masłów
Wola Kapcowa
Nowy Folwark
Cedzyna
Radlin
Mójcza
Lubrzanka
Niestachów
Borki
Suków
Daleszyce
Marzysz I
Marzysz II
Kuby-Młyny
Łabędziów
Radomice II
Radomice I
Komórki
Rez.leśny Radomka
Brudzów
Zaborze
Lisów
Górki
Brody
Maleszowa
Piotrkowice
Celiny
Suliszów
Dzierdzerów
Wola Żydowska
Holendry
Podedworze
Chmielnik
Śladków Duży
Śladków Mł.
Sędziejowice
Mlyny
Borzykowa
Kostera
Zaława
Chlewiska
Pałac Chlewickich
Koszarów
Pałac Radziwiłłów
Rybianka
Aleksandrów
Ratusz
Kościół Św.Zygmunta
Szydłowiec
Wola Korzeniowa
Majdanki
Hucisko
Rez.cisowy Skarżysko
Rez.leśny Majdów
Ciechostowice
Łazy
Rez.leśny Modrzewiowy
Majdów
Mroczków
Ubyszów
Gostków
Bliżyn
Skarżysko Książęce
Pogorzałe
Skarżysko-Kamienna
Zagórze
Brzeście
Bugaj
Jastrzębia
Puszcza
Suchedniowsko-
Suchedniów
Mostki
Ostojów
Osełka
Łączna
Zalezianka
Belno
Gózd
Występa
Jęgrzna
Zagórze
Klonów
Barcza
Zaskale
Brzezinki
Ciekoty
Machocice-Scholasteria
Podmachocice
Machocice Kapitulne
Leszczyny
Bęczków
Krajno-Parcele
Górno
Górno-Parcele
Wola Jachowa
Skorzeszyce
Dańków-Wójtostwo
Brzechów
Kranów
Niwki Daleszyckie
Słopiec
Borków
Trzemoszna
Rez.torfowy Białe ługi
Szczecno
Ujny
Skrzelczyce
Pierzchnica
Osiny
Gumienice
Drugnia Rządowa
Podlesie
Strojnów
Drugnia
Wierzbie
Suchowola
Lubania
Łagiewniki
Zrecze Duże
Pożogi
Gnojno
Rzeszutki
Szyszczyce
Kotlice
Janowice
Zawada
Balice
Palonki
Bieduszki
Świerczek
Pawłów
Długosz
Sadek
Barak
Lipowe Pole
Michniów
Krzyżka
Wzdół Rządowy
Wzdół-Kol.
Wiącka
Hucisko
Kamieniec
Ściegnia
Psary-Podłazy
Psary-Kąty
Wilków
Św. Katarzyna
Krajno-Zagórze
Krajno I
Krajno II
Klasztor
Łysica
Porąbki
Bieliny Kapitulne
Napęków
Smyków
Sieraków
Cisów
Rez.leśny Cisów
Holendry
Gluchów-Lasy
Podstoła
Poręba
Wola Bokrzycka
Skadla
Raczyce
Maciejowice
Wólka Bosowska
Zakłady metalowe
Wyżyna Przedborska
Wzgórza Łopuszniańskie
Kielecka
Wyżyna Miechowska
Płaskowyż Jędrzejowski
Niecka Nidziańska
Pogórze Szydłowskie
Góry Świętokrzyskie
Puszcza Suchedniowsko-Oblęgorski Park Krajobrazowy
Świętokrzyski Park Narodowy
Cisowsko-Orłowiński Park Krajobrazowy
Woj.Łódzkie
Woj.Świętokrzyskie
Woj.Mazowieckie
Woj.Świętokrzyskie
Czarna
Wąglanka
Nida
Biała Nida
Czarna Nida
Bobrza
Łososina
Lubrzanka
Brzeźnica
E77
74
73
42
728
746
786
762
761
748
763
760
766
764
751
752
745
765
750
749
768
Va
Vb
Vc
Vd
Ve
Vf
41
42
43
44
45

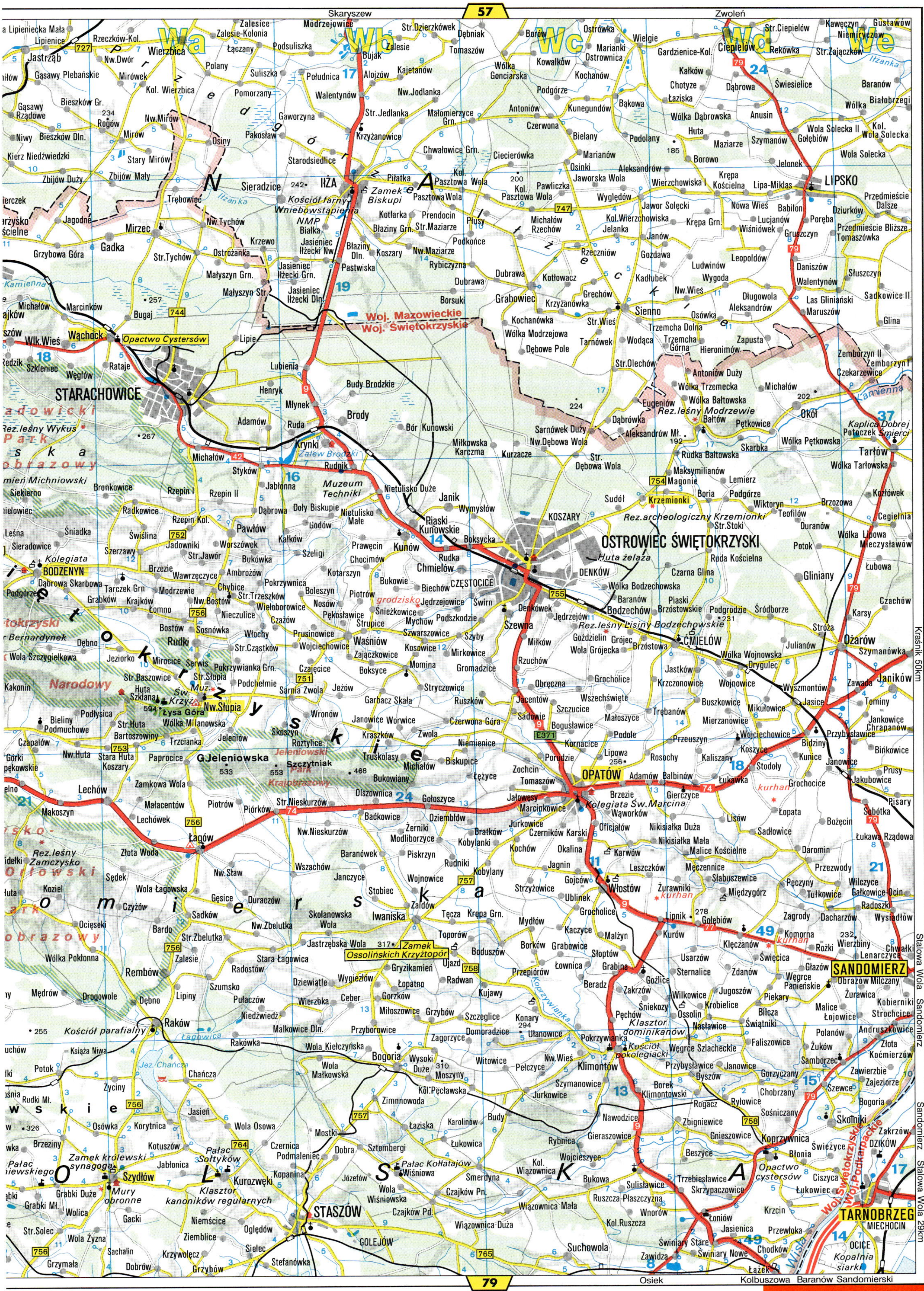
57
Skaryszew
Zwoleń
Wa
Wb
Wc
Wd
We
IŁŻA
LIPSKO
Woj. Mazowieckie
Woj. Świętokrzyskie
STARACHOWICE
Wąchock
Opactwo Cystersów
Brody
Kunów
Muzeum Techniki
OSTROWIEC ŚWIĘTOKRZYSKI
Huta żelaza
Rez.archeologiczny Krzemionki
Krzemionki
Ćmielów
Tarłów
Ożarów
Bodzentyn
Kolegiata
Nowa Słupia
Łysa Góra
Święty Krzyż
OPATÓW
Kolegiata Św.Marcina
Łagów
Klimontów
Ujazd
Zamek Ossolińskich Krzyżtopór
Włostów
SANDOMIERZ
Koprzywnica
Opactwo cystersów
TARNOBRZEG
Woj. Świętokrzyskie
Woj. Podkarpackie
STASZÓW
Szydłów
Zamek królewski synagoga
Raków
Kościół parafialny
Bogoria
Kraśnik 50km
Stalowa Wola Sandomierz
Sandomierz Stalowa Wola 29km
79
Osiek
Kolbuszowa
Baranów Sandomierski

58

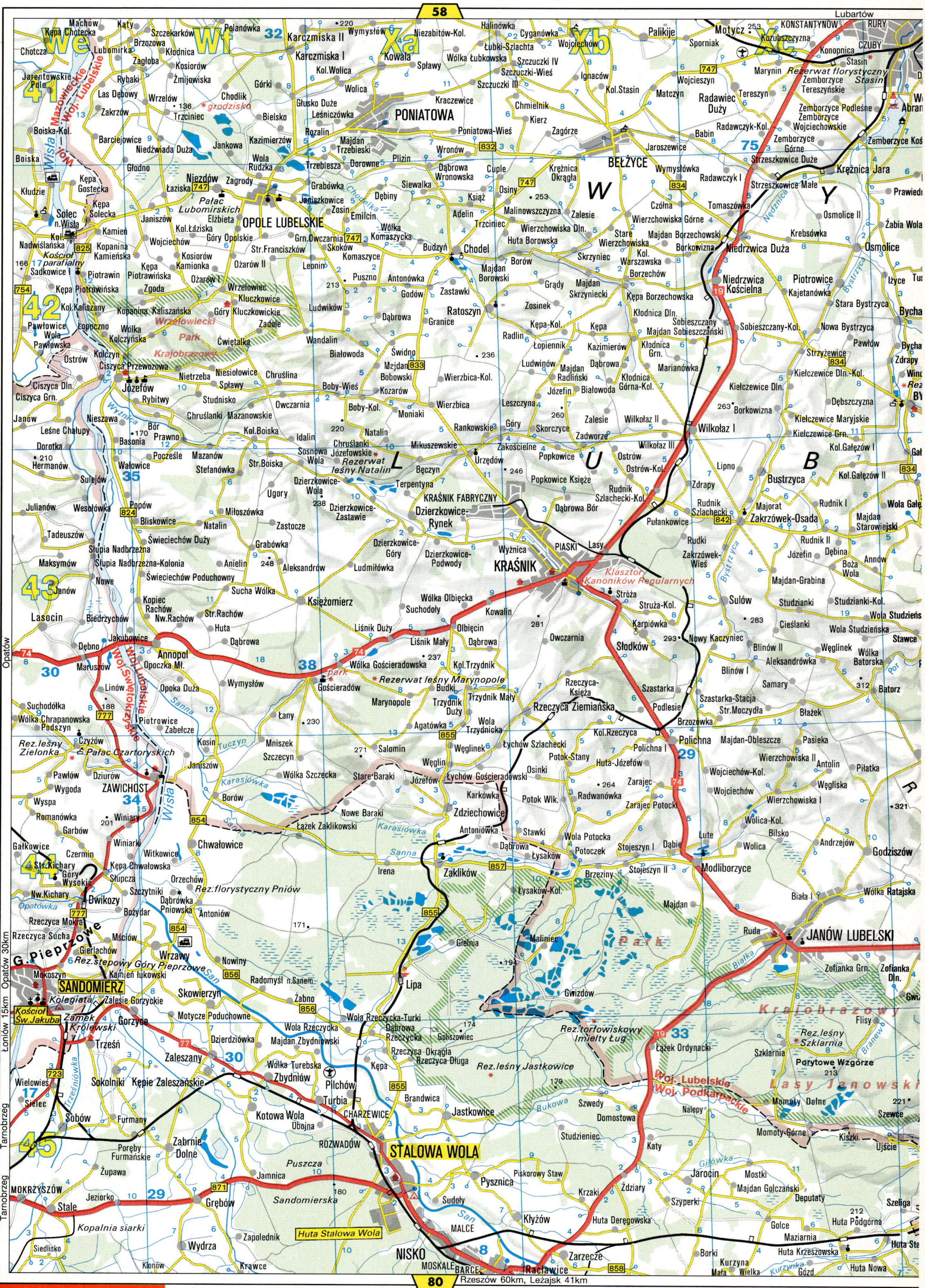

We
Wf
Xa
Xb
41
42
43
44
45
Lubartów
KONSTANTYNÓW
RURY
CZUBY
PONIATOWA
BEŁŻYCE
OPOLE LUBELSKIE
Chodel
Niedrzwica Duża
Józefów
KRAŚNIK FABRYCZNY
KRAŚNIK
Wilkołaz I
Zakrzówek-Osada
Annopol
Gościeradów
ZAWICHOST
SANDOMIERZ
Dwikozy
Zaklików
Modliborzyce
JANÓW LUBELSKI
STALOWA WOLA
NISKO
Pysznica
Rozwadów
Charzewice
Zbydniów
Radomyśl n.Sanem
Gorzyce
Skowierzyn
Annopol
Lipa
Pilchów
Wola Rzeczycka
Szczecyn
Potok Wlk.
Godziszów
Opatów
Tarnobrzeg
Wisła
San
Sanna
Park Krajobrazowy Wrzelowiecki
Kościół parafialny
Pałac Lubomirskich
Klasztor Kanoników Regularnych
Rezerwat leśny Natalin
Rezerwat leśny Marynopole
Rez.florystyczny Pniów
Rez.stepowy Góry Pieprzowe
Rez.torfowiskowy Imielty Ług
Rez.leśny Jastkowice
Rez.leśny Szklarnia
Rezerwat florystyczny Stasin
Rez.leśny Zielonka
Pałac Czartoryskich
Kolegiata
Kościół Sw.Jakuba
Huta Stalowa Wola
Puszcza Sandomierska
Kopalnia siarki
Park Krajobrazowy Lasy Janowskie
Woj. Lubelskie
Woj. Podkarpackie
Woj. Mazowieckie
Woj. Świętokrzyskie
G.Pieprzowe
Łoniów 15km Opatów 30km
Rzeszów 60km, Leżajsk 41km

80

59

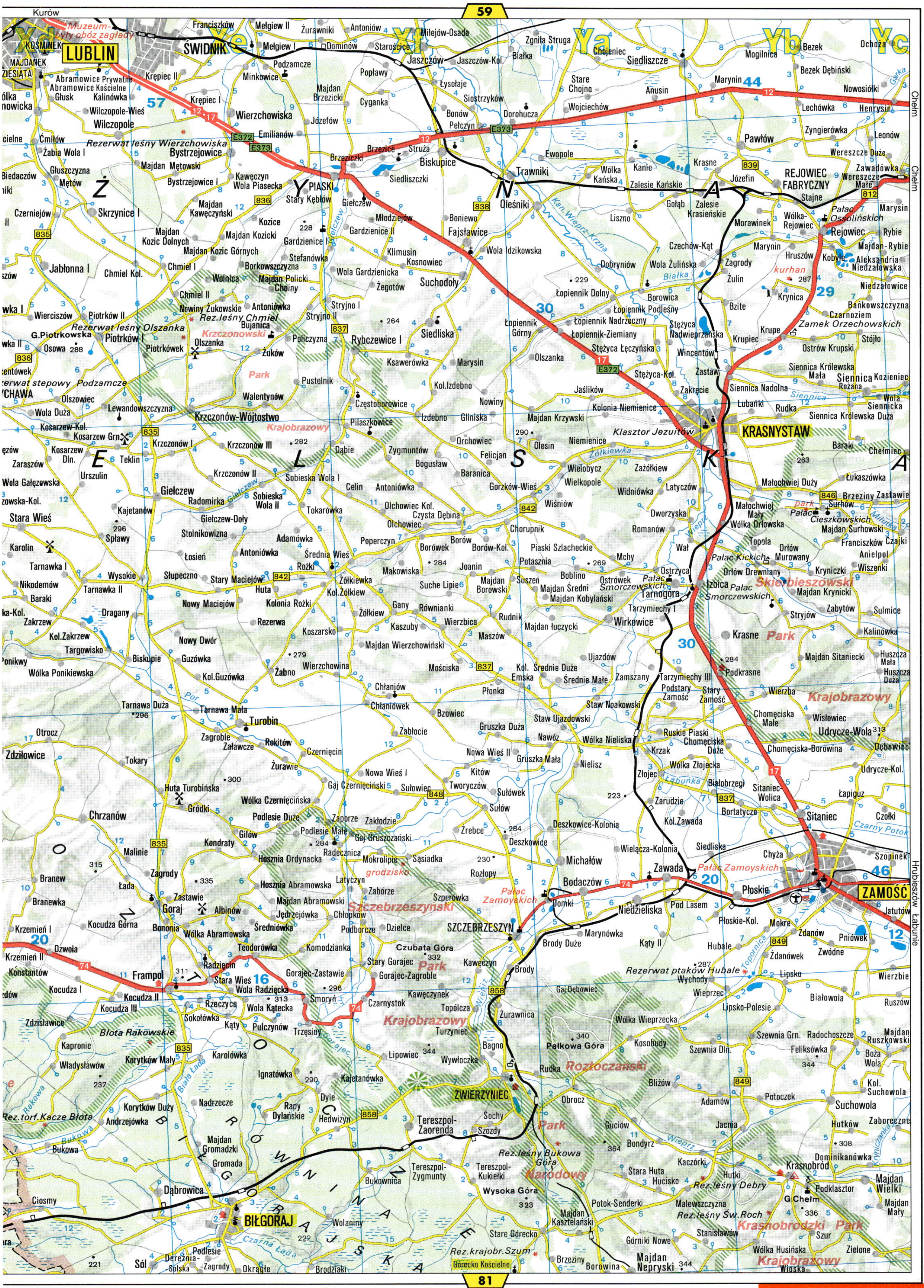
LUBLIN
ŚWIDNIK
Kurów
Muzeum-były obóz zagłady
MAJDANEK
Mełgiew
Piaski
Trawniki
Biskupice
Jaszczów
Milejów-Osada
Siedliszcze
Rejowiec Fabryczny
Rejowiec
Chełm
KRASNYSTAW
Klasztor Jezuitów
Izbica
Turobin
Żółkiewka
Bychawa
Krzczonów
Wysokie
Gorzków-Wieś
Siennica Różana
Łopiennik Górny
Fajsławice
Rybczewice I
Piotrków I
Rezerwat leśny Wierzchowiska
Rezerwat leśny Olszanka
Rezerwat stepowy Podzamcze
Krzczonowski Park Krajobrazowy
Skierbieszowski Park Krajobrazowy
Krasne
Stary Zamość
Sitaniec
ZAMOŚĆ
Pałac Zamoyskich
Płoskie
Zawada
Michałów
Bodaczów
Mokrelipie
Szczebrzeszyński Park Krajobrazowy
SZCZEBRZESZYN
Radecznica
Gorajec-Zastawie
Goraj
Frampol
Biłgoraj
ZWIERZYNIEC
Roztoczański Park Narodowy
Rez. leśny Bukowa Góra
Krasnobród
Krasnobrodzki Park Krajobrazowy
Rez. leśny Debry
Rez. leśny Św. Roch
Rezerwat ptaków Hubale
Hrubieszów
Łabunie
Równina Biłgorajska
Wyżyna Lubelska
Blota Rakowskie
Rez. torf. Kacze Błoto
Rez. krajobr. Szum
Górecko Kościelne
Tereszpol-Zaorenda
Wieprz
Żółkiewka
Łabunka
Por
Gorajec
Czarna Łada
Xd
Ye
Yf
Ya
Yb
Yc

81

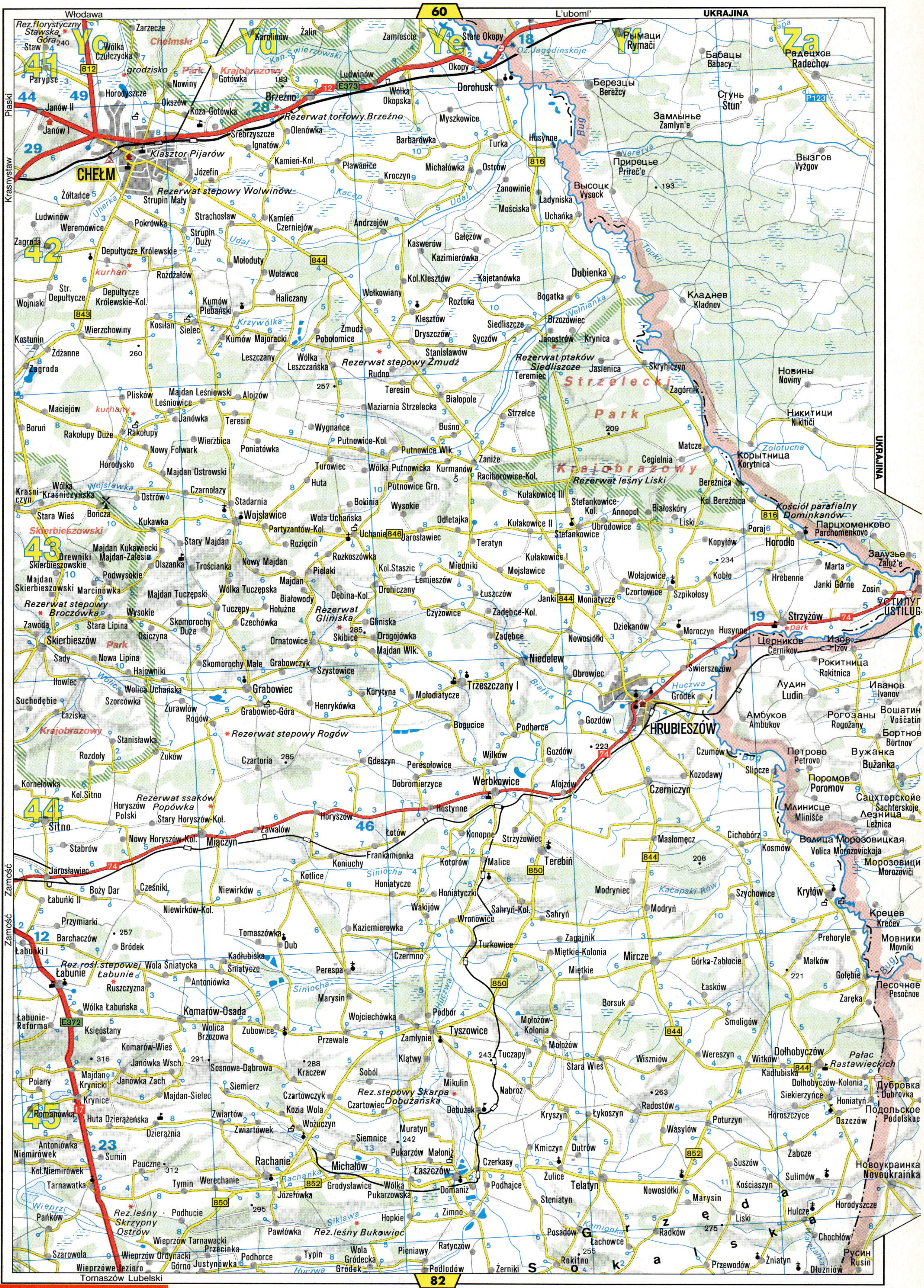
60
82
Włodawa
L'uboml'
UKRAJINA
Piaski
Krasnystaw
Zamość
Tomaszów Lubelski
Chełm
Klasztor Pijarów
Rezerwat stepowy Wolwinów
Rezerwat torfowy Brzeźno
Brzeźno
Chełmski Park Krajobrazowy
Kan. Świerżowski
Dorohusk
Okopy
Stare Okopy
Oz. Jagodinskoje
Рымачи
Rymači
Радехов
Radechov
Бабацы
Babacy
Березцы
Berežcy
Ступь
Stun'
Замлыне
Zamlyn'e
Вызгов
Vyžgov
Высоцк
Vysock
Bug
Husynne
Turka
Ostrów
Kroczyn
Pławanice
Michałówka
Zanowinie
Ladyniska
Mościska
Uchańka
Dubienka
Кладнев
Kladnev
Strzelecki Park Krajobrazowy
Rezerwat ptaków Siedliszcze
Rezerwat stepowy Żmudź
Żmudź
Skryhiczyn
Новины
Noviny
Никитици
Nikitiči
Zagórnik
Matcze
Корытница
Korytnica
Rezerwat leśny Liski
Kościół parafialny Dominkanów
Horodło
Парцхоменково
Parchomenkovo
Залузье
Zaluz'e
Устилуг
Ustilug
Strzyżów
Hrubieszów
Черников
Černikov
Изов
Izov
Рокитница
Rokitnica
Лудин
Ludin
Иванов
Ivanov
Амбуков
Ambukov
Рогозаны
Rogožany
Вошатин
Voščatin
Бортнов
Bortnov
Петрово
Petrovo
Вужанка
Bužanka
Поромов
Poromov
Сачтерское
Sachterskoje
Млинисче
Mliniśče
Лезница
Ležnica
Волица Морозовицкая
Volica Morozovickaja
Морозовици
Morozoviči
Кречев
Krečev
Мовники
Movniki
Песочное
Pesočnoe
Дубровка
Dubrovka
Подольское
Podolskoe
Новоукраинка
Novoukrainka
Русин
Rusin
Wojsławice
Uchanie
Skierbieszów
Grabowiec
Trzeszczany I
Niedelew
Werbkowice
Rezerwat stepowy Rogów
Rezerwat ssaków Popówka
Rezerwat Gliniska
Rez. stepowy Skarpa Dobużańska
Rez. leśny Bukowiec
Rez. leśny Skrzypny Ostrów
Rez. rośl. stepowej Łabunie
Łabunie
Miączyn
Sitno
Komarów-Osada
Tyszowce
Łaszczów
Telatyn
Mircze
Dołhobyczów
Pałac Rastawieckich
Rachanie
Michałów
Terebiń
Czerniczyn
Krynice
Grzęda Sokalska
Huczwa
Wieprz
Siniocha
Kacapski Rów
Skierbieszowski Park Krajobrazowy
Krajobrazowy
41
42
43
44
45
Yc
Yd
Ye
Yf
Za
E372
E373
12
17
19
23
28
29
46
74
812
816
843
844
846
850
852
P123

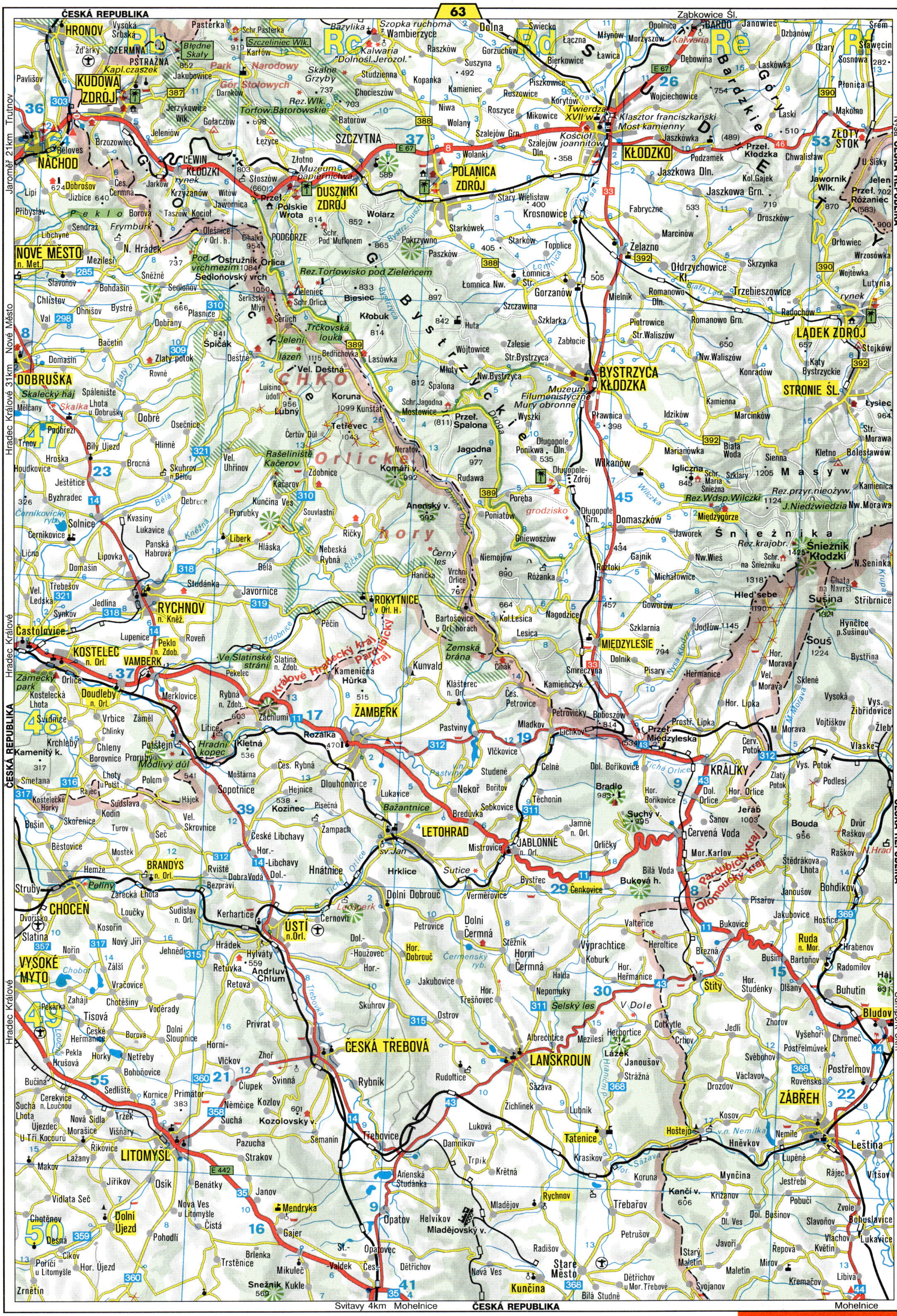
ČESKÁ REPUBLIKA
Ząbkowice Śl.
HRONOV
KUDOWA ZDRÓJ
NÁCHOD
Góry Stołowe
Park Narodowy Gór Stołowych
Szczeliniec Wlk.
Błędne Skały
Wambierzyce
Szopka ruchoma
Kalwaria
Bardo
Dolna
Łączna
Opolnica
Morzyszów
Kalwaria
SZCZYTNA
POLANICA ZDRÓJ
DUSZNIKI ZDRÓJ
LEWIN KŁODZKI
KŁODZKO
Twierdza XVII w.
Klasztor franciszkański
Most kamienny
Kościół joannitów
ZŁOTY STOK
Góry Bardzkie
NOVÉ MĚSTO n. Met.
Peklo
Frymburk
Ostružník
Orlica
Sedloňovský vrch
Rez. Torfowisko pod Zieleńcem
Góry Bystrzyckie
LĄDEK ZDRÓJ
STRONIE ŚL.
BYSTRZYCA KŁODZKA
Muzeum Filumenistyczne
Mury obronne
DOBRUŠKA
Skalecký háj
Orlické hory
CHKO
Rašeliniště Kačerov
Przeł. Spalona
Jagodna
Masyw Śnieżnika
Śnieżnik Kłodzki
Rez. Wdsp. Wilczki
Międzygórze
RYCHNOV n. Kněž.
KOSTELEC n. Orl.
VAMBERK
Doudleby n. Orl.
ROKYTNICE v Orl. H.
ŽAMBERK
MIĘDZYLESIE
Przeł. Międzyleska
Zemská brána
Králové Hradecký kraj
Pardubický kraj
Olomoucký kraj
KRÁLÍKY
Potštejn
LETOHRAD
JABLONNÉ n. Orl.
Bažantnice
BRANDÝS n. Orl.
CHOCEŇ
ÚSTÍ n. Orl.
VYSOKÉ MÝTO
ČESKÁ TŘEBOVÁ
LANŠKROUN
ZÁBŘEH
Bludov
LITOMYŠL
Třebovice
Hostějn
Mendryka
Dolní Újezd
Mladějovský v.
Rychnov
Kunčina
Staré Město
Jaroměř 21km
Trutnov
Hradec Králové 31km
Nova Ruda
Šumperk 5km
Svitavy 4km
Mohelnice
Nysa

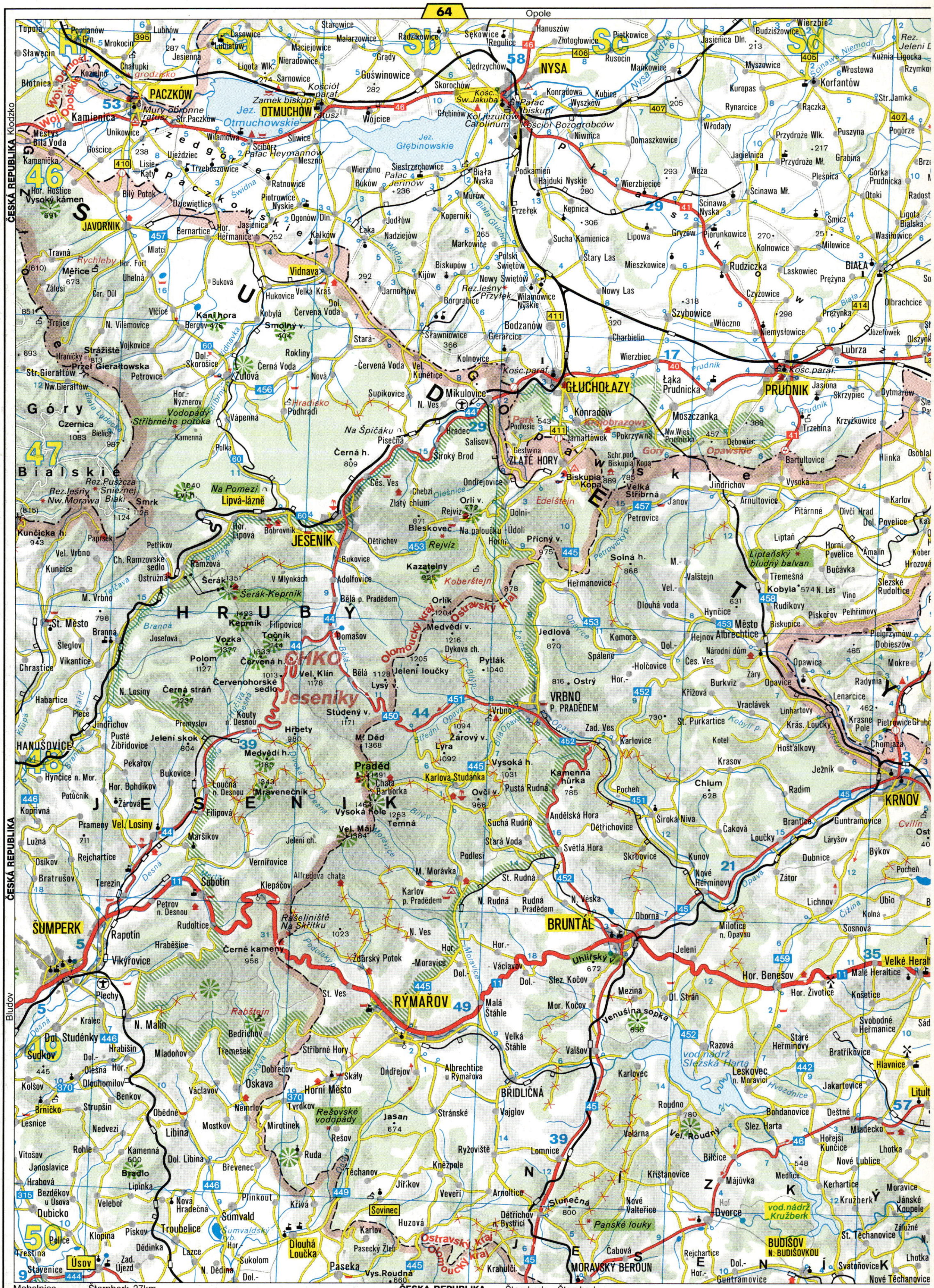

Opole
PACZKÓW
OTMUCHÓW
Jez. Otmuchowskie
NYSA
Jez. Głębinowskie
JAVORNÍK
Vidnava
GŁUCHOŁAZY
PRUDNIK
ZLATÉ HORY
JESENÍK
Lipová-lázně
H R U B Ý
J E S E N Í K
CHKO Jeseníky
Praděd
Karlova Studánka
VRBNO P. PRADĚDEM
KRNOV
Město Albrechtice
ŠUMPERK
BRUNTÁL
RÝMAŘOV
BRIDLIČNÁ
HANUŠOVICE
Vel. Losiny
Sobotín
Šumvald
Dlouhá Loučka
MORAVSKÝ BEROUN
BUDIŠOV N. BUDIŠOVKOU
Hor. Benešov
Vel. Heraltice
Hlavnice
Úsov
Sovinec
Paseka
Dvorce
Góry Bialskie
Góry Opawskie
ČESKÁ REPUBLIKA
Mohelnice
Šternberk 27km
Šternberk

65

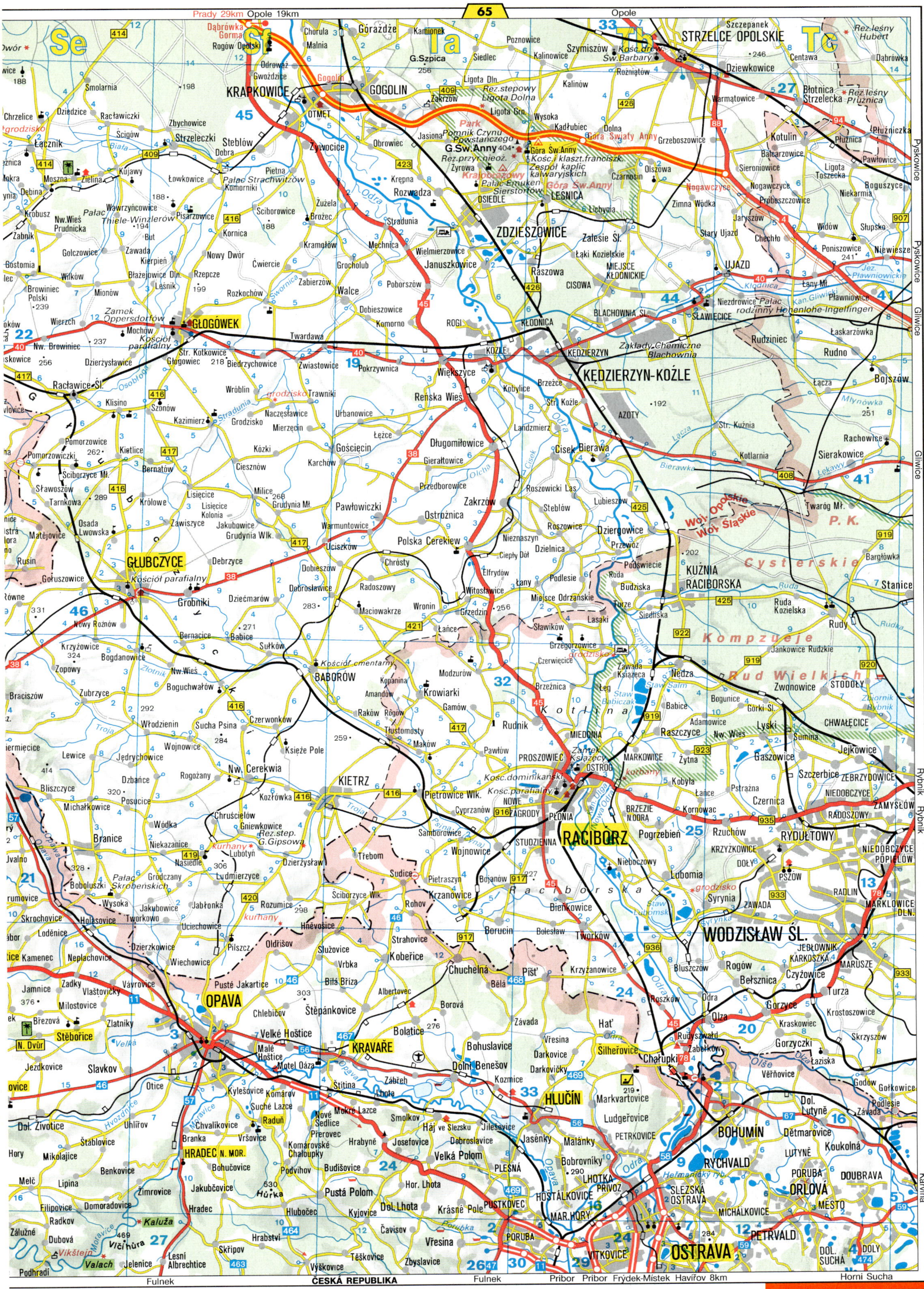
Prądy 29km Opole 19km
Opole
Se
Sf
Ta
Tb
Tc
STRZELCE OPOLSKIE
KRAPKOWICE
GOGOLIN
Góra Świętej Anny
ZDZIESZOWICE
UJAZD
GŁOGÓWEK
KĘDZIERZYN-KOŹLE
GŁUBCZYCE
KUŹNIA RACIBORSKA
BABORÓW
KIETRZ
RACIBÓRZ
RYDUŁTOWY
WODZISŁAW ŚL.
OPAVA
KRAVAŘE
HLUČÍN
BOHUMÍN
ORLOVÁ
OSTRAVA
HRADEC N. MOR.
Pyskowice
Gliwice
Rybnik
Karviná
Fulnek
ČESKÁ REPUBLIKA
Příbor
Frýdek-Místek
Havířov 8km
Horní Suchá

66

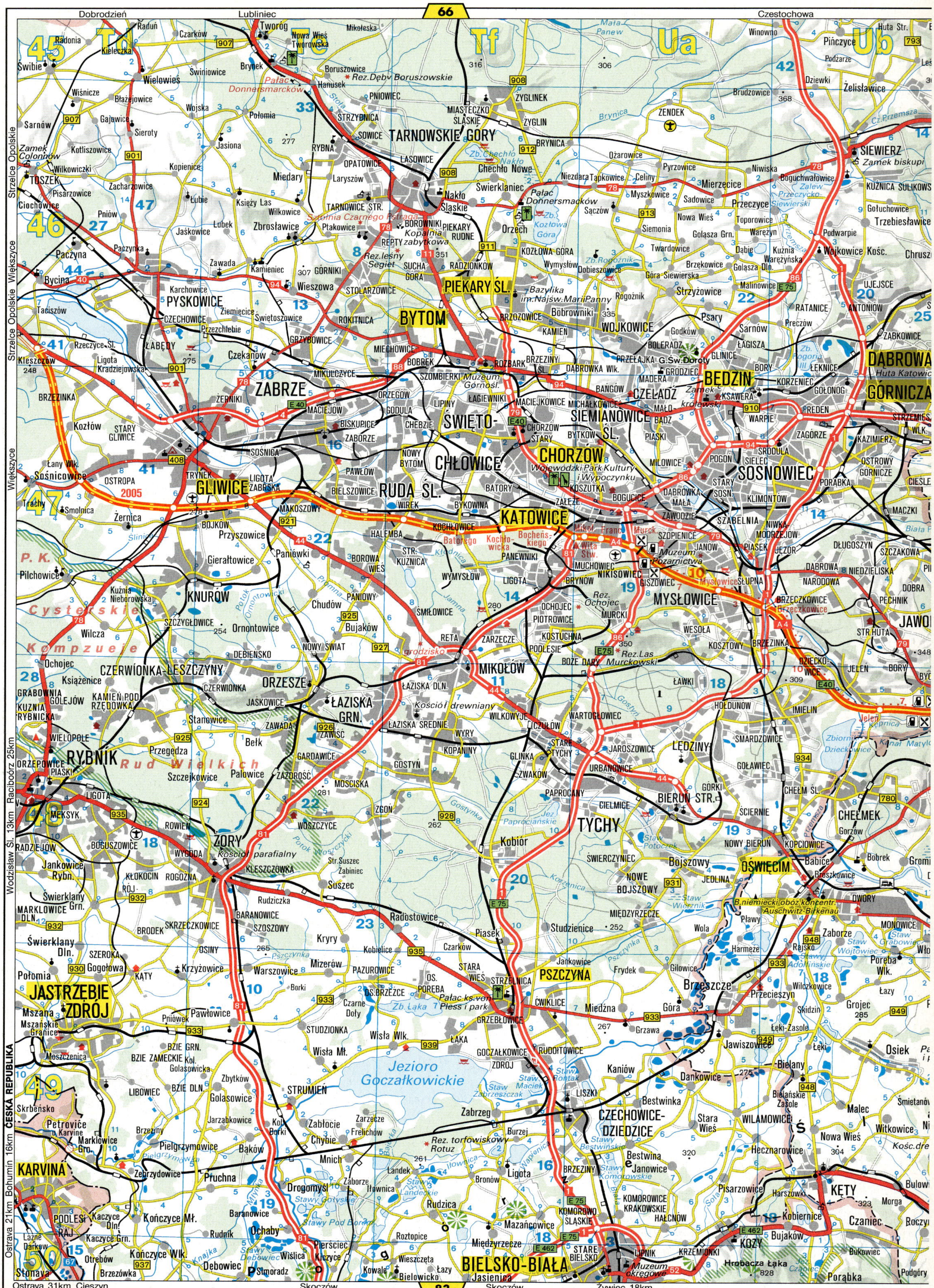
Dobrodzień
Lubliniec
Częstochowa
Strzelce Opolskie
Większyce
Wodzisław Śl. 13km
Racibórz 25km
Ostrava 21km
Bohumín 16km
ČESKÁ REPUBLIKA
Ostrava 31km
Cieszyn
Skoczów
Żywiec 18km
TARNOWSKIE GÓRY
Radzionków
PIEKARY ŚL.
BYTOM
Zabrze
GLIWICE
PYSKOWICE
Knurów
Czerwionka-Leszczyny
Rybnik
Żory
Jastrzębie Zdrój
KARVINÁ
Ruda Śl.
Świętochłowice
Chorzów
Siemianowice Śl.
Katowice
Mikołów
Łaziska Grn.
Orzesze
Tychy
Mysłowice
Sosnowiec
Będzin
Czeladź
Wojkowice
Dąbrowa Górnicza
Siewierz
Lędziny
Bieruń Str.
Oświęcim
Pszczyna
Brzeszcze
Czechowice-Dziedzice
Bielsko-Biała
Kęty
Jezioro Goczałkowickie
Wojewódzki Park Kultury i Wypoczynku
Muzeum Pożarnictwa
Pałac Donnersmarcków
Zamek biskupi
Pałac ks. von Pless i park
B. niemiecki obóz koncentr. Auschwitz-Birkenau
Sztolnia Czarnego Pstrąga
Rez. Dęby Borusowskie
Bazylika im. Najśw. Marii Panny
Muzeum okręgowe
Rud Wielkich
Kompzuele
Cysterskie
Td
Te
Tf
Ua
Ub
45
46
47
48
49
50

67

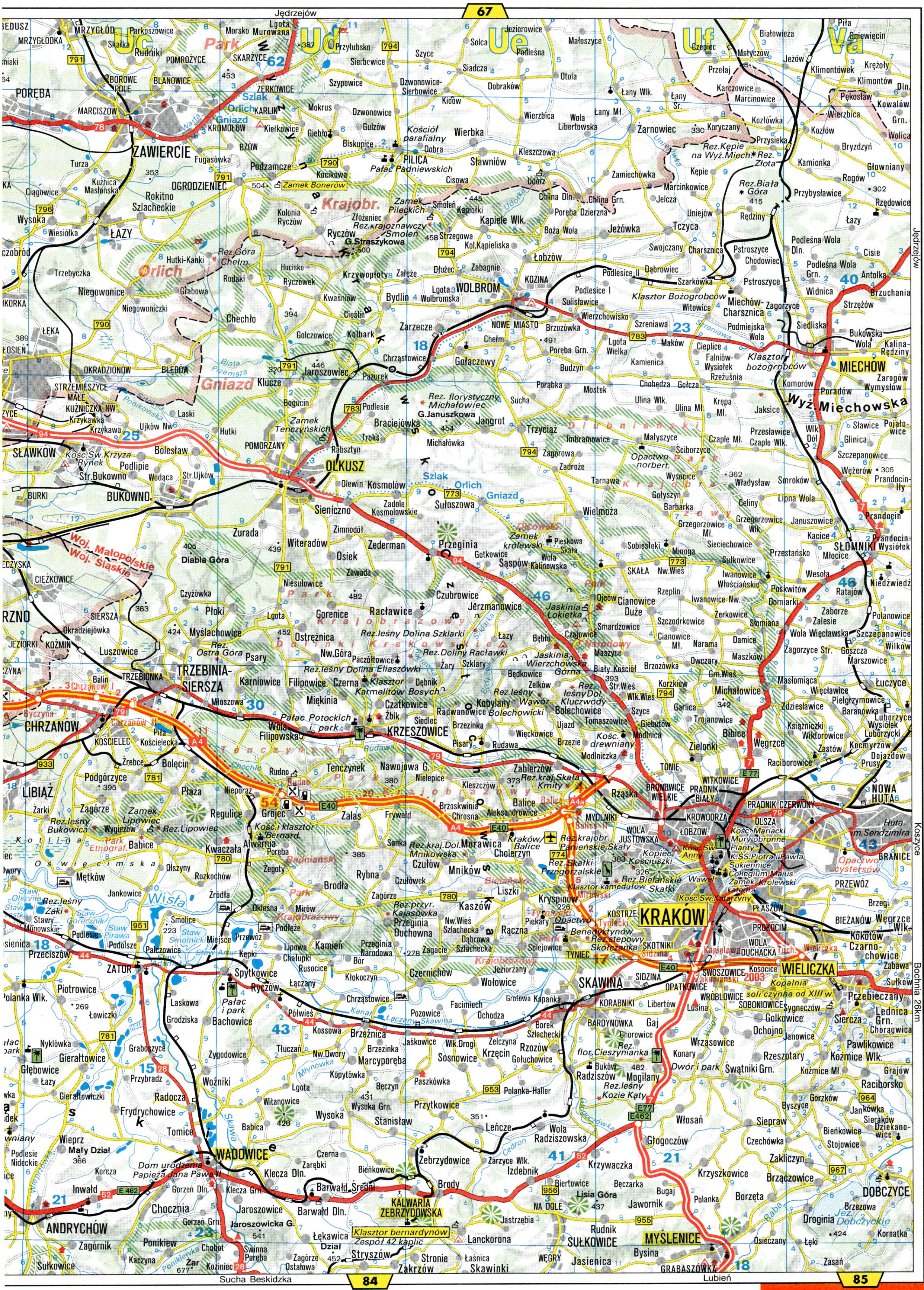
Jędrzejów
Zawiercie
Pilica
Wolbrom
Miechów
Olkusz
Bukowno
Sławków
Słomniki
Trzebinia-Siersza
Chrzanów
Krzeszowice
Libiąż
Alwernia
Zator
Skawina
Kraków
Nowa Huta
Wieliczka
Wadowice
Kalwaria Zebrzydowska
Andrychów
Myślenice
Sułkowice
Dobczyce
Woj. Małopolskie
Woj. Śląskie
Zamek Bonerów
Pałac Padniewskich
Klasztor bożogrobców
Zamek królewski
Opactwo cystersów
Kopalnia soli czynna od XIII w.
Klasztor bernardynów Zespół 42 kaplic
Dom urodzenia Papieża Jana Pawła II
Sucha Beskidzka
Lubień
Bochnia 26 km
Koszyce

84
85

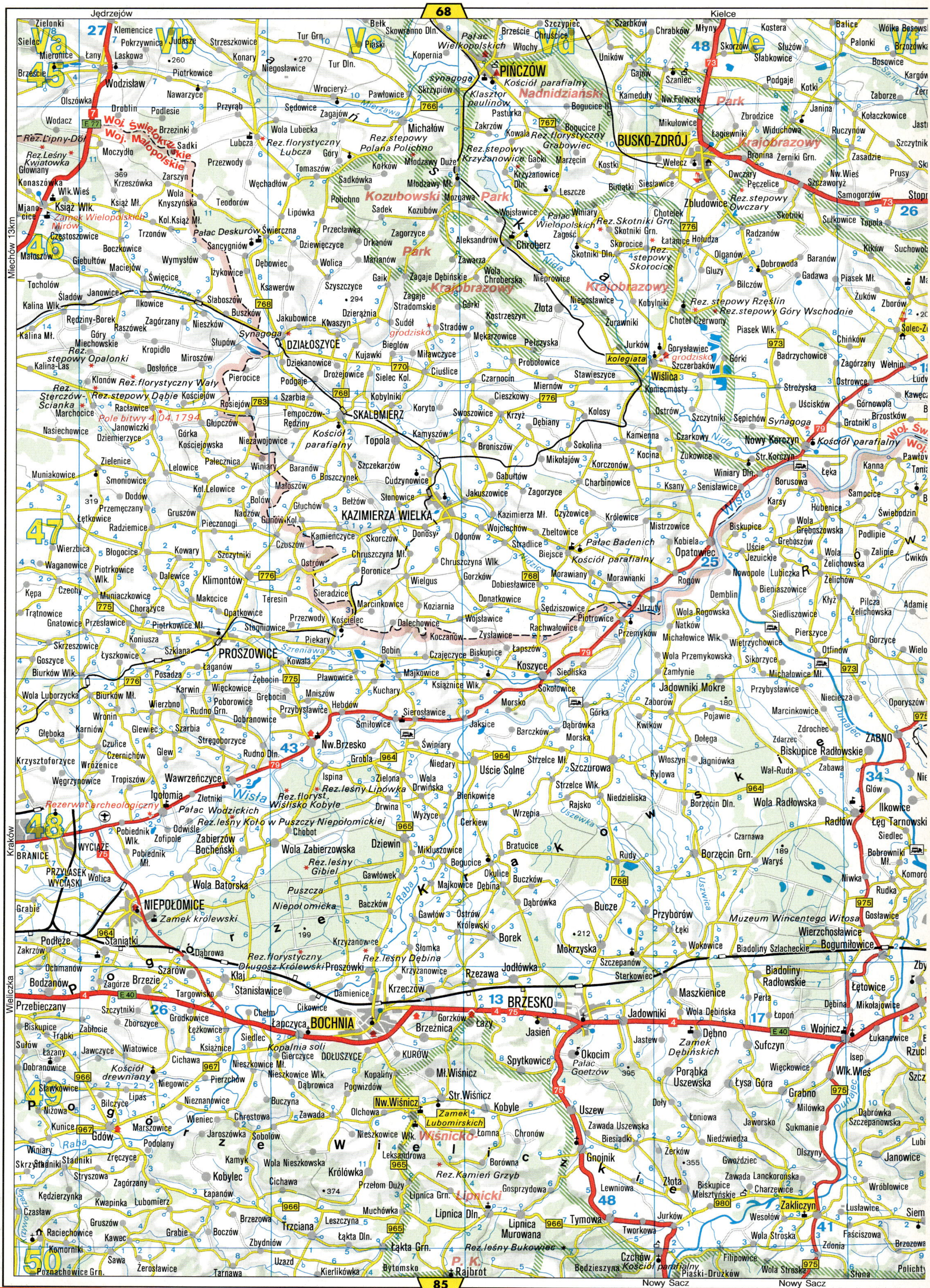
68
85
Jędrzejów
Kielce
Nowy Sacz
Kraków
Wieliczka
Miechów 13km
PIŃCZÓW
Kościół parafialny
Nadnidziański Park Krajobrazowy
BUSKO-ZDRÓJ
Kozubowski Park Krajobrazowy
Woj. Świętokrzyskie
Woj. Małopolskie
Książ Wlk.
Zamek Wielopolskich
Chroberz
Pałac Wielopolskich
Rez. Skotniki Grn.
Rez. stepowy Skorocice
Rez. stepowy Polana Polichno
Rez. stepowy Krzyżanowice
Rez. florystyczny Grabowiec
Rez. stepowy Owczary
Złota
Kolegiata
Wiślica
DZIAŁOSZYCE
Synagoga
SKALBMIERZ
Kościół parafialny
KAZIMIERZA WIELKA
Pałac Deskurów
Rez. stepowy Opalonki
Rez. florystyczny Wały
Rez. stepowy Dąbie
Pole bitwy 4.04.1794
Rez. Sterczów-Ścianka
Nowy Korczyn
Pałac Badenich
Kościół parafialny
Opatowiec
Wisła
PROSZOWICE
Koszyce
Nw.Brzesko
Rezerwat archeologiczny
Igołomia
Pałac Wodzickich
Rez. florystyczny Wiślisko Kobyle
Rez. leśny Lipówka
Rez. leśny Koło w Puszczy Niepołomickiej
Rez. leśny Gibiel
Puszcza Niepołomicka
NIEPOŁOMICE
Zamek królewski
Rez. florystyczny Długosz Królewski
Rez. leśny Dębina
BOCHNIA
Kopalnia soli
BRZESKO
Okocim
Pałac Goetzów
Zamek Dębińskich
Dębno
Muzeum Wincentego Witosa
Wierzchosławice
Uście Solne
Szczurowa
Radłów
Żabno
Nw.Wiśnicz
Zamek Lubomirskich
Wiśnicko-Lipnicki P.K.
Rez. Kamień Grzyb
Rez. leśny Bukowiec
Lipnica Murowana
Gnojnik
Zakliczyn
Czchów
Kościół parafialny
Gdów
Kościół drewniany
Pogórze Wielickie
Rajbrot
Dunajec
Raba
Nida

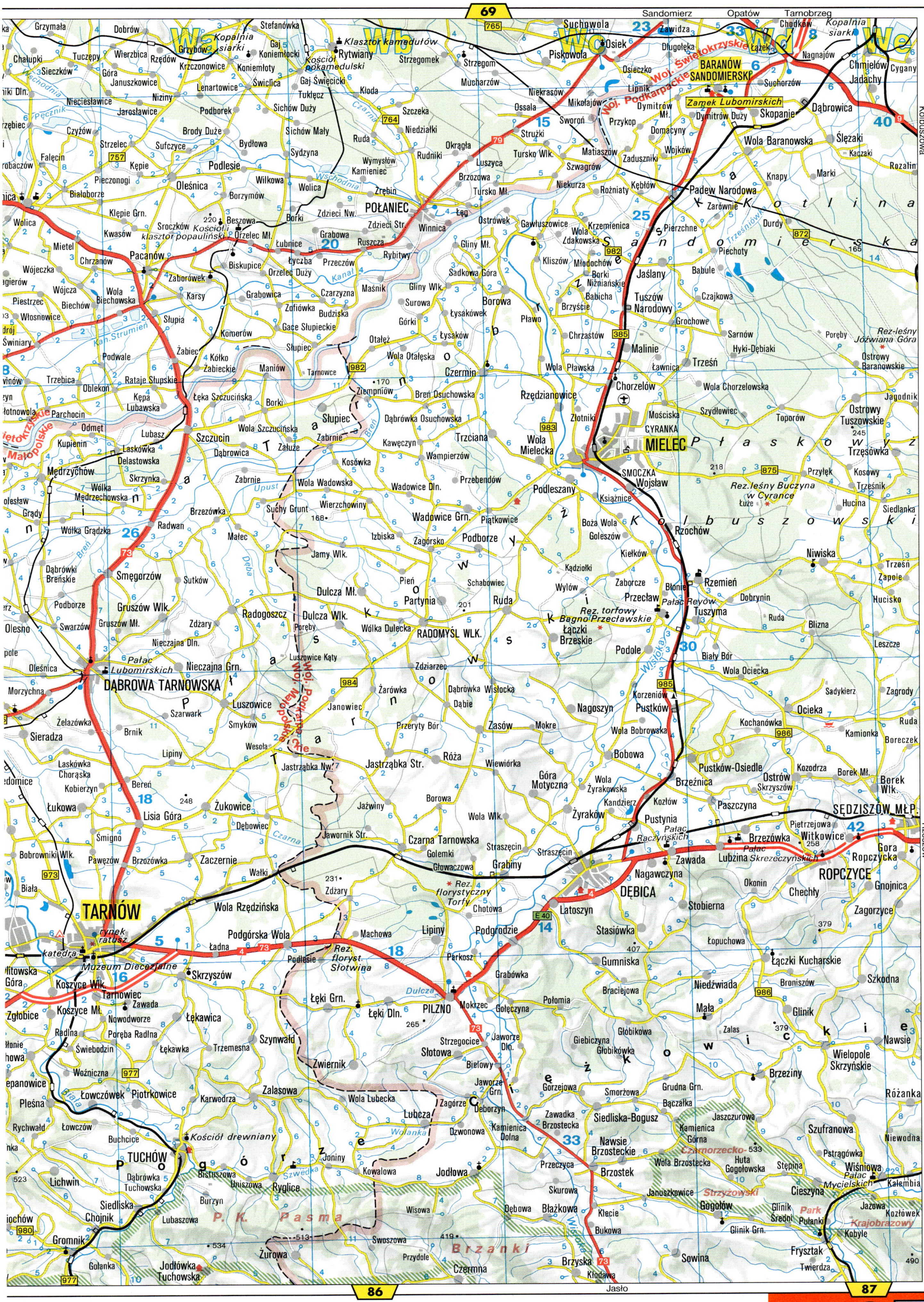
69
Sandomierz
Opatów
Tarnobrzeg
Kolbuszowa
Rzeszów
Jasło
86
87
Kopalnia siarki
Klasztor kamedułów
Rytwiany
Kościół pokamedulski
Suchowola
Osiek
Zawidza
Chodków
Łazek
Nagnajów
Chmielów
Jadachy
Cygany
Woj. Świętokrzyskie
Woj. Podkarpackie
BARANÓW SANDOMIERSKI
Zamek Lubomirskich
Dąbrowica
Skopanie
Dymitrów Duży
Wola Baranowska
Ślęzaki
Padew Narodowa
Knapy
Marki
Rozalin
Połaniec
Strzegom
Strzegomek
Mucharzów
Niekrasów
Ossala
Sworoń
Struzki
Turska Wlk.
Matiaszów
Szwagrów
Niekurza
Rożniaty
Kępie
Olesnica
Podlesie
Sydzyna
Pacanów
Kościół klasztor popauliński
Szczucin
Mielec
CYRANKA
SMOCZKA
Wojsław
Kotlina Sandomierska
Płaskowyż Kolbuszowski
Rez. leśny Buczyna w Cyrance
Rez. leśny Jóźwiana Góra
Rez. torfowy Bagno Przecławskie
Przecław
Pałac Reyów
Tuszyma
Rzemień
Borowa
Trzciana
Wola Mielecka
Radomyśl Wlk.
Dąbrowa Tarnowska
Pałac Lubomirskich
Nieczajna Grn.
Woj. Podkarpackie
Woj. Małopolskie
Równina Tarnowska
Pustków
Pustków-Osiedle
Ocieka
Sędziszów Młp.
Ropczyce
Pałac Skrzeczyńskich
Pałac Raczyńskich
Dębica
Zawada
Lubzina
Brzeźnica
Czarna Tarnowska
Grabiny
Rez. florystyczny Torfy
Rez. floryst. Słotwina
Tarnów
rynek ratusz
katedra
Muzeum Diecezjalne
Zbylitowska Góra
Koszyce Wlk.
Tarnowiec
Pilzno
Łęki Dln.
Skrzyszów
Żukowice
Lisia Góra
Wola Rzędzińska
Podgórska Wola
Ładna
Tuchów
Kościół drewniany
Pogórze Ciężkowickie
Ryglice
Jodłowa
Brzostek
Nawsie Brzosteckie
Siedliska-Bogusz
Czarnorzecko-Strzyżowski
Park Krajobrazowy
Pałac Mycielskich
Wiśniowa
Frysztak
Brzyska
Kołaczyce
Żurowa
Jodłówka Tuchowska
Gromnik
Pasma Brzanki
Wisłoka
E 40

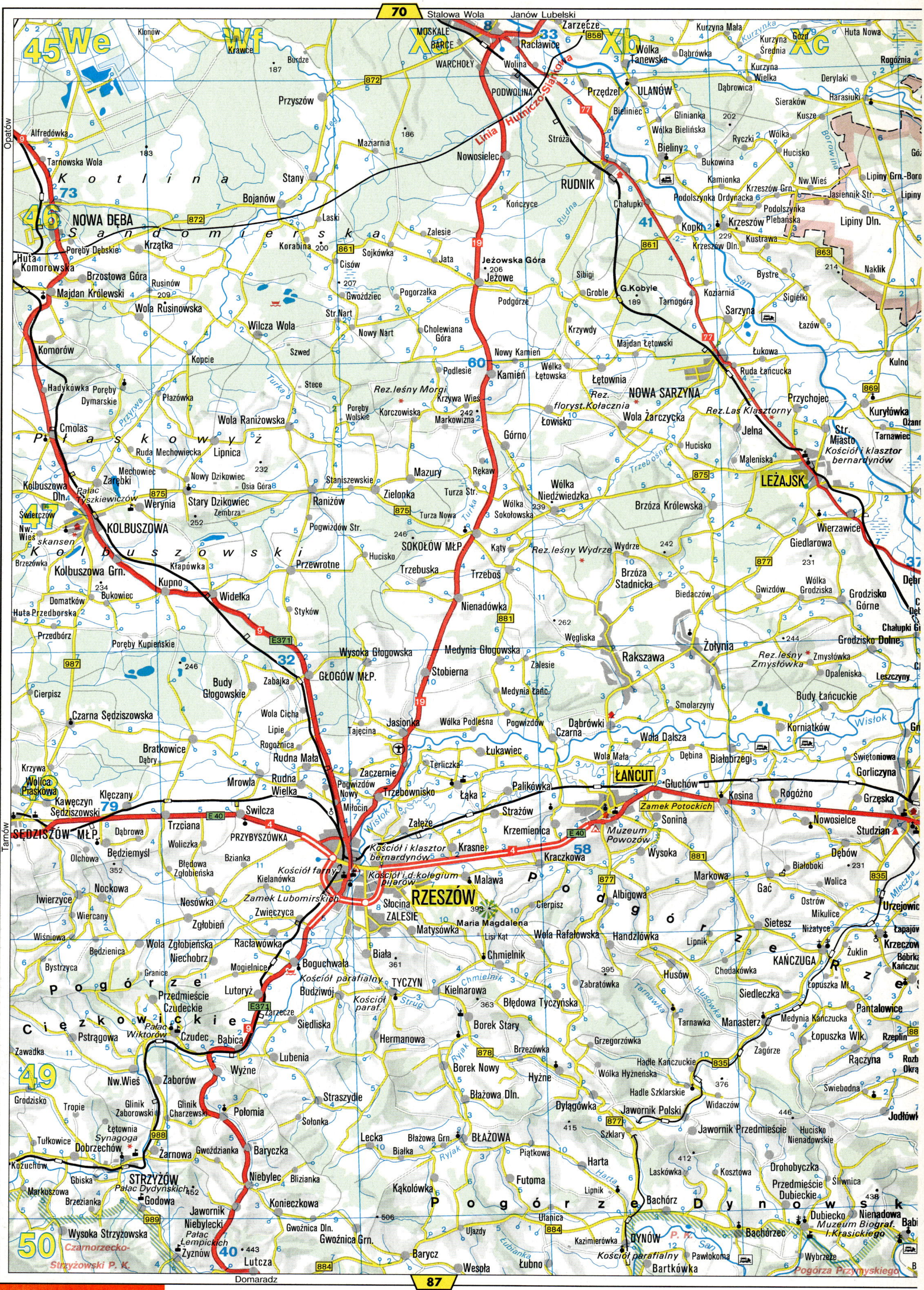

70
Stalowa Wola
Janów Lubelski
87
Domaradz
Opatów
Tarnów
45
We
Wf
Xa
Xb
Xc
46
47
49
50
Klonów
Krawce
Bordze
Przyszów
Stany
Bojanów
Maziarnia
Nowosielec
Moskale
Bârce
Warchoły
Zarzecze
Racławice
Wolina
Podwolina
Linia Hutnicza Szerokotorowa
Przędzel
ULANÓW
Bieliniec
Stróża
RUDNIK
Chałupki
Kończyce
Wólka Tanewska
Dąbrówka
Kurzyna Mała
Kurzyna Średnia
Kurzyna Wielka
Huta Nowa
Rogóźnia
Dąbrowica
Derylaki
Harasiuki
Sieraków
Kusze
Glinianka
Wólka Bielińska
Bieliny
Ryczki
Wólka
Hucisko
Bukowina
Kamionka
Nw.Wieś
Krzeszów Grn.
Jasiennik Str.
Lipiny Grn.-Borowina
Lipiny Dln.
Podolszynka Ordynacka
Podolszynka Plebańska
Kopki
Krzeszów
Krzeszów Dln.
Kustrawa
Bystre
Naklik
Koziarnia
Sigiełki
Sarzyna
Łazów
G.Kobyle
Tarnogóra
Groble
Sibigi
Majdan Łętowski
Łukowa
Ruda Łańcucka
Kulno
Alfredówka
Tarnowska Wola
Kotlina Sandomierska
NOWA DĘBA
Poręby Dębskie
Krzątka
Huta Komorowska
Brzostowa Góra
Majdan Królewski
Rusinów
Wola Rusinowska
Wilcza Wola
Komorów
Szwed
Kopcie
Hadykówka
Poręby Dymarskie
Płazówka
Cmolas
Ruda Mechowiecka
Lipnica
Wola Raniżowska
Laski
Korabina
Sojkówka
Cisów
Gwoździec
Str.Nart
Nowy Nart
Zalesie
Jata
Pogorzałka
Cholewiana Góra
Jeżowska Góra
Jeżowe
Podgórze
Krzywdy
Nowy Kamień
Podlesie
Kamień
Wólka Łętowska
Łętownia
NOWA SARZYNA
Rez. florysty. Kołacznia
Wola Żarczycka
Rez. Las Klasztorny
Przychojec
Kuryłówka
Jelna
Str. Miasto
Kościół i klasztor bernardynów
LEŻAJSK
Maleniska
Hucisko
Tarnawiec
Rez. leśny Morgi
Korczowiska
Krzywa Wieś
Markowizna
Poręby Wolskie
Stece
Łowisko
Górno
Rękaw
Mazury
Zielonka
Turza Str.
Turza Nowa
Staniszewskie
Raniżów
Wólka Niedźwiedzka
Wólka Sokołowska
Brzóza Królewska
Wierzawice
Giedlarowa
Mechowiec
Zarębki
Pałac Tyszkiewiczów
Nowy Dzikowiec
Osia Góra
Stary Dzikowiec
Zembrza
Weryńia
Kolbuszowa Dln.
Świerczów
Nw. Wieś
skansen
KOLBUSZOWA
Płaskowyż Kolbuszowski
Brzezówka
Kolbuszowa Grn.
Kłapówka
Przewrotne
Pogwizdów Str.
Hucisko
SOKOŁÓW MŁP.
Trzebuska
Trzeboś
Kąty
Rez. leśny Wydrze
Wydrze
Brzóza Stadnicka
Biedaczów
Wólka Grodziska
Grodzisko Górne
Gwizdów
Kupno
Widełka
Bukowiec
Domatków
Huta Przedborska
Przedbórz
Styków
Nienadówka
Węgliska
Żołynia
Grodzisko Dolne
Chałupki Dębniańskie
Poręby Kupieńskie
Budy Głogowskie
Zabajka
GŁOGÓW MŁP.
Wysoka Głogowska
Medynia Głogowska
Stobierna
Zalesie
Medynia Łańc.
Rakszawa
Rez. leśny Zmysłówka
Zmysłówka
Opaleniska
Leszczyny
Budy Łańcuckie
Smolarzyny
Cierpisz
Czarna Sędziszowska
Wola Cicha
Lipie
Rogóżnica
Rudna Mała
Tajęcina
Jasionka
Wólka Podleśna
Pogwizdów
Dąbrówki
Czarna
Wola Dalsza
Korniaktów
Bratkowice
Dąbry
Krzywa
Wolica Piaskowa
Kawęczyn Sędziszowski
Kleczany
Mrowla
Rudna Wielka
Zaczernie
Terliczka
Łukawiec
Pogwizdów Nowy
Trzebownisko
Łąka
Palikówka
Wola Mała
ŁAŃCUT
Głuchów
Dębina
Białobrzegi
Kosina
Rogóżno
Świętoniowa
Gorliczyna
Grzęska
Zamek Potockich
Sonina
Nowosielce
Studzian
SĘDZISZÓW MŁP.
Dąbrowa
Trzciana
Świlcza
PRZYBYSZÓWKA
Mitoczyn
Zalęże
Strażów
Krzemienica
Muzeum Powozów
Wysoka
Woliczka
Będziemyśl
Olchowa
Błędowa Zgłobieńska
Bzianka
Kościół i klasztor bernardynów
Krasne
Kraczkowa
Markowa
Dębów
Białoboki
Kościół farny
Kościół i d.kolegium pijarów
Malawa
Kielanówka
RZESZÓW
Zamek Lubomirskich
Słocina
ZALESIE
Cierpisz
Albigowa
Gać
Wolica
Urzejowice
Iwierzyce
Nockowa
Wiercany
Nosówka
Zwięczyca
Matysówka
Maria Magdalena
Wola Rafałowska
Handzlówka
Sietesz
Ostrów
Mikulice
Niżatyce
Wiśniowa
Zgłobień
Wola Zgłobieńska
Racławówka
Niechobrz
Lisi Kąt
Chmielnik
Lipnik
KAŃCZUGA
Żuklin
Krzeczowice
Bystrzyca
Będzienica
Granice
Mogielnica
Boguchwała
Kościół parafialny
Biała
TYCZYN
Kielnarowa
Zabratówka
Husów
Chodakówka
Łopuszka Mł.
Pogórze Strzyżowskie
Przedmieście Czudeckie
Lutoryż
Budziwój
Kościół paraf.
Siedleczka
Błędowa Tyczyńska
Pantalowice
Ciężkowice
Pałac Wiktorów
Czudec
Babica
Zarzecze
Siedliska
Borek Stary
Tarnawka
Manasterz
Medynia Kańczucka
Łopuszka Wlk.
Rzeplin
Pstrągowa
Zawadka
Wyżne
Lubenia
Hermanowa
Brzezówka
Grzegorzówka
Hadle Kańczuckie
Zagórze
Rączyna
Nw.Wieś
Zaborów
Borek Nowy
Hyżne
Wólka Hyżneńska
Hadle Szklarskie
Świebodna
Grodzisko
Tropie
Glinik Zaborowski
Glinik Charzewski
Połomia
Straszydle
Błażowa Dln.
Dylągówka
Jawornik Polski
Widacze
Łętownia
Synagoga
Sołonka
Szklary
Jawornik Przedmieście
Hucisko Nienadowskie
Jodłówka
Tułkowice
Dobrzechów
Żarnowa
Gwoździanka
Baryczka
Lecka
Błażowa Grn.
BŁAŻOWA
Białka
Piątkowa
Harta
Łaskówka
Kosztowa
Drohobyczka
Kożuchów
Gbiska
STRZYŻÓW
Pałac Dydyńskich
Niebylec
Blizianka
Futoma
Przedmieście Dubieckie
Śliwnica
Markuszowa
Brzezianka
Godowa
Konieczkowa
Kąkolówka
Lipnik
Bachórz
Pogórze Dynowskie
Nienadowa
Jawornik
Niebylecki
Pałac Lempickich
Gwoźnica Dln.
Gwoźnica Grn.
Ujazdy
Ulanica
Dubiecko
Muzeum Biograf. I. Krasickiego
Babice
Wysoka Strzyżowska
Czarnorzecko-Strzyżowski P. K.
Żyznów
Lutcza
Barycz
Wesoła
Łubno
Kazimierówka
DYNÓW
Kościół parafialny
Pawłokoma
Bachórzec
Bartkówka
Wybrzeże
Pogórza Przemyskiego
P. K. San
Wisłok
San
Tanew
Turka
Trzebośnica
Wisłok
Mleczka
Łęg
Przywra
Rudna
Ryjak
Chmielnik
Strug
Tarnawka
Husówka
Lubienka
Borowina
Kurzynka
Harta

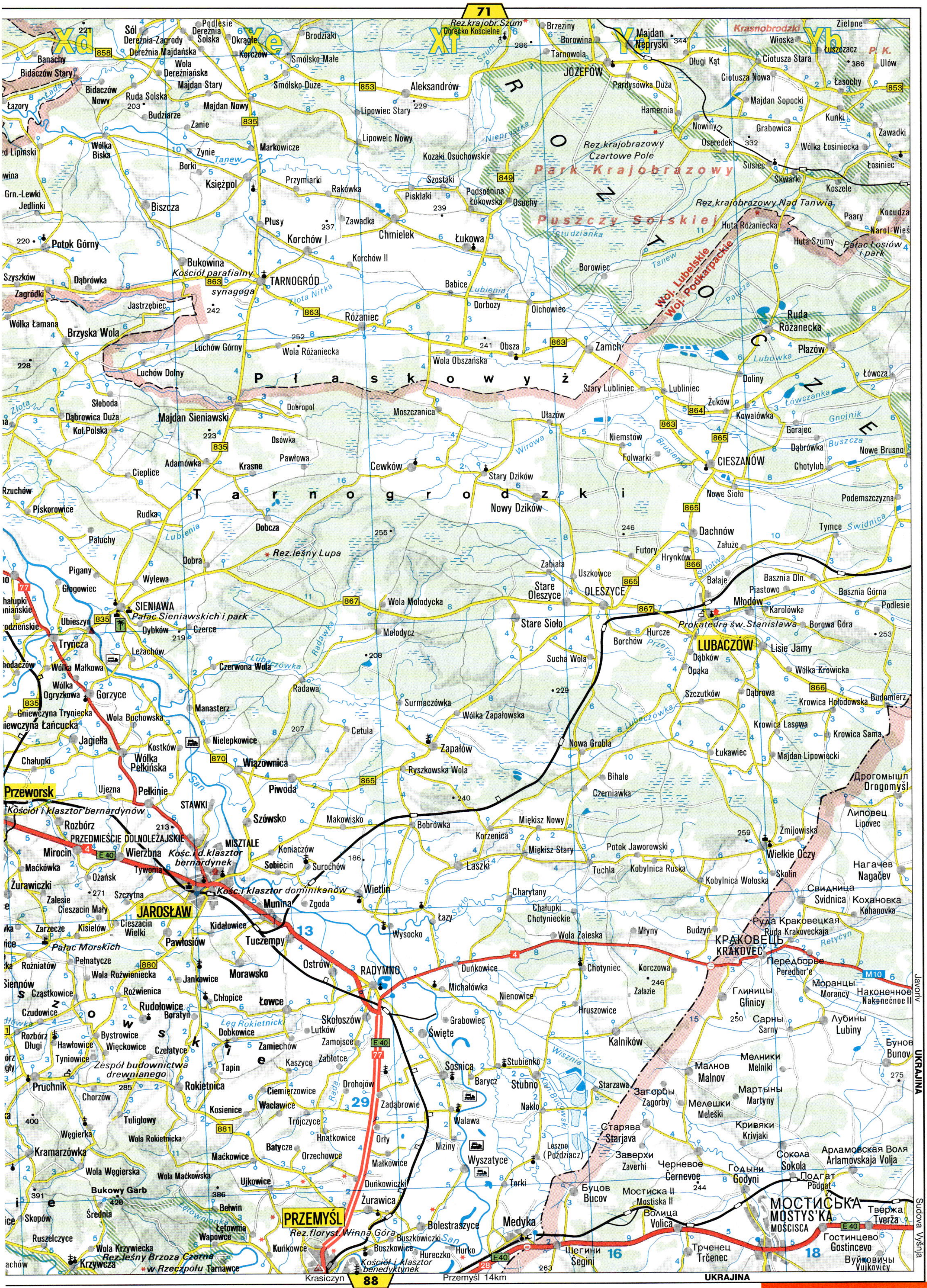
Xd
Xe
Xf
Yb
71
88
Płaskowyż
Tarnogrodzki
Park Krajobrazowy
Puszczy Solskiej
ROZTOCZE
Woj. Lubelskie
Woj. Podkarpackie
JÓZEFÓW
TARNOGRÓD
Księżpol
Biszcza
Chmielek
Łukowa
Różaniec
Obsza
Zamch
CIESZANÓW
Nowe Sioło
Dachnów
Oleszyce
LUBACZÓW
Prokatedra św. Stanisława
SIENIAWA
Pałac Sieniawskich i park
Przeworsk
Kościół i klasztor bernardynów
JAROSŁAW
Kośc.i klasztor dominikanów
Munina
Tuczempy
Radymno
Wiązownica
Laszki
Wielkie Oczy
KRAKOVEC
КРАКОВЕЦЬ
Medyka
PRZEMYŚL
Rez.floryst. Winna Góra
Kościół i klasztor benedyktynek
Krasiczyn
Przemyśl 14km
МОСТИСЬКА
MOSTYS'KA
MOŚCISCA
Шегини
Šegini
UKRAJINA
Rez.leśny Lupa
Pruchnik
Zespół budownictwa drewnianego
Pałac Morskich
Rez.leśny Brzoza Czarna
Krzywcza
Drogomyśl
Дрогомишл
Ruda Różaniecka
Płazów
Narol
Pałac Łosiów i park
E40
M10

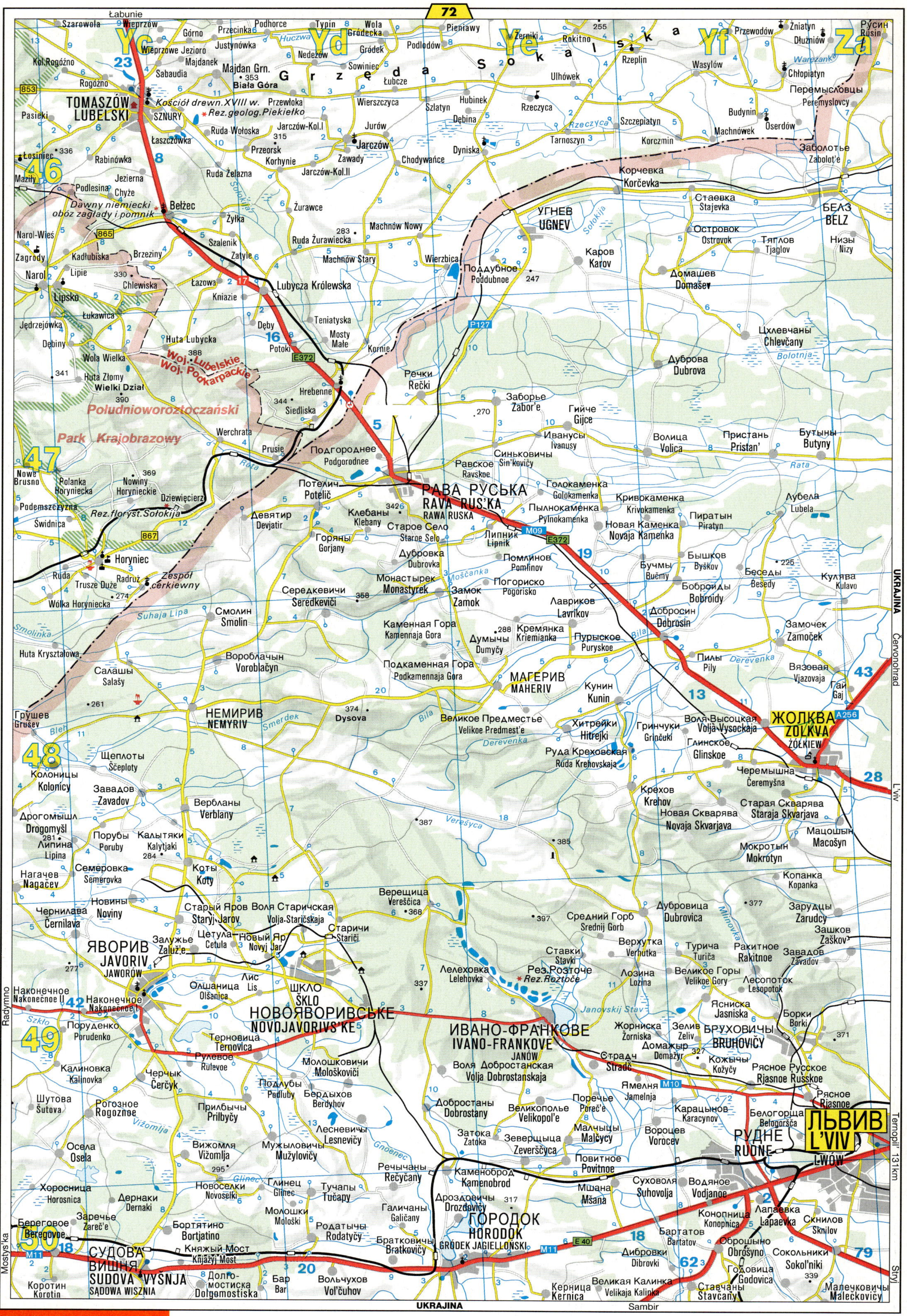
72
Yc
Yd
Ye
Yf
Za
Grzęda Sokalska
Łabunie
Szarowola
Wieprzów
Górno
Przecinka
Podhorce
Typin
Wola Gródecka
Pieniany
Żerniki
Rokitno
Przewodów
Żniatyn
Rusin
Kol.Rogóźno
Wieprzowe Jeziorо
Justynówka
Huczwa
Nedeżów
Gródek
Podlodów
Rzeplin
Dłuzniów
Majdanek
Majdan Grn.
Biała Góra
Sowiniec
Łubcze
Ulhówek
Wasylów
Warężanka
Chłopiatyn
Sabaudia
Rogóźno
TOMASZÓW LUBELSKI
Kościół drewn. XVIII w.
Rez.geolog.Piekiełko
Przewłoka
Wierszczyca
Hubinek
Rzeczyca
Перемысловцы
Peremyslovcy
Pasieki
SZNURY
Ruda Wołoska
Jarczów-Kol.I
Szlatyn
Dębina
Szczepiatyn
Budynin
Osierdów
Łaszczówka
Jurów
Jarczów
Dyniska
Tarnoszyn
Korczmin
Machnówek
Заболотье
Zabolot'e
Łosiniec
Rabinówka
Przeorsk
Korhynie
Zawady
Chodywańce
Jezierna
Ruda Żelazna
Jarczów-Kol.II
Корчевка
Korčevka
Mazily
Podlesina
Chyże
Dawny niemiecki obóz zagłady i pomnik
Bełżec
Żurawce
Ставкa
Stajevka
УГНЕВ
UGNEV
БЕЛЗ
BELZ
Narol-Wieś
Żyłka
Machnów Nowy
Островок
Ostrovok
Тяглов
Tjaglov
Низы
Nizy
Zagrody
Kadłubiska
Brzeziny
Szalenik
Zatyle
Ruda Żurawiecka
Machnów Stary
Wierzbica
Поддубное
Poddubnoe
Каров
Karov
Narol
Lipie
Chlewiska
Łazowa
Lubycza Królewska
Домашев
Domašev
Lipsko
Kniazie
Łukawica
Dęby
Teniatyska
Jędrzejówka
Huta Lubycka
Potoki
Mosty Małe
Kornie
Цхлевчаны
Chlevčany
Dębiny
Woj. Lubelskie
Woj. Podkarpackie
Wola Wielka
Huta Złomy
Wielki Dział
Hrebenne
Речки
Rečki
Дуброва
Dubrova
Bolotnja
Siedliska
Заборье
Zabor'e
Гийче
Gijce
Południoworoztoczański Park Krajobrazowy
Werchrata
Иванусы
Ivanusy
Волица
Volica
Пристань
Pristan'
Бутыны
Butyny
Prusie
Подгороднее
Podgorodnee
Синьковичи
Sin'koviči
Равское
Ravskoe
Rata
Nowe Brusno
Polanka Horyniecka
Nowiny Horynieckie
Dziewięcierz
Потелич
Potelič
РАВА РУСЬКА
RAVA RUS'KA
RAWA RUSKA
Голокаменка
Golokamenka
Кривокаменка
Krivokamenka
Лубела
Lubela
Podemszczyzna
Rez.floryst.Sołokija
Девятир
Devjatir
Клебаны
Klebany
Старое Село
Staroe Selo
Липник
Lipnik
Пылнокаменка
Pylnokamenka
Новая Каменка
Novaja Kamenka
Пиратын
Piratyn
Świdnica
Горяны
Gorjany
Дубровка
Dubrovka
Помлинов
Pomlinov
Бышков
Byškov
Беседы
Besedy
Кулява
Kulavo
Horyniec
Ruda
Trusze Duże
Radruż
Zespół cerkiewny
Монастырек
Monastyrek
Погориско
Pogorisko
Бучмы
Bučmy
Бобронды
Bobroidy
Wólka Horyniecka
Середкевичи
Seredkeviči
Замок
Zamok
Лавриков
Lavrikov
Доброcин
Dobrosin
Замочек
Zamoček
Suhaja Lipa
Смолин
Smolin
Smolinka
Каменная Гора
Kamennaja Gora
Думыны
Dumyčy
Кремянка
Kriemianka
Пурыское
Puryskoe
Huta Krysztalowa
Вороблачин
Voroblačin
Пилы
Pily
Вязовая
Vjazovaja
Гаи
Gaj
Салашы
Salašy
Подкаменная Гора
Podkamennaja Gora
МАГЕРИВ
MAHERIV
Кунин
Kunin
Грушев
Grušev
НЕМИРИВ
NEMYRIV
Smerdek
Dysova
Великое Предместье
Velikoe Predmest'e
Хитрейки
Hitrejki
Гринчуки
Grinčuki
Воля Высоцкая
Volja Vysockaja
ЖОЛКВА
ZOLKVA
ŻÓŁKIEW
Глинское
Glinskoe
Щеплоты
Ščeploty
Derevenka
Руда Креховская
Ruda Krehovskaja
Черемышна
Čeremyšna
Колоницы
Kolonicy
Завадов
Zavadov
Крехов
Krehov
Старая Скварява
Staraja Skvarjava
Новая Скварява
Novaja Skvarjava
Верблянй
Verblany
Дрогомышл
Drogomyšl
Липина
Lipina
Порубы
Poruby
Калытяки
Kalytjaki
Vereščya
Мацошын
Macošyn
Мокротын
Mokrotyn
Семеровка
Semerovka
Коты
Koty
Нагачев
Nagačev
Копанка
Kopanka
Верещица
Vereščica
Новины
Noviny
Чернилава
Černilava
Старый Яров
Staryj Jarov
Воля Старичская
Volja-Staričskaja
Средний Горб
Srednij Gorb
Дубровица
Dubrovica
Зарудцы
Zarudcy
Зашков
Zaškov
Старичи
Stariči
Цетула
Cetula
Новый Яр
Novyj Jar
Верхутка
Verhutka
Турича
Turiča
Ракитное
Rakitnoe
Завадов
Zavadov
ЯВОРИВ
JAVORIV
JAWORÓW
Залужье
Zaluž'e
Ставки
Stavki
Лелеховка
Lelehovka
Рез.Розточе
Rez.Roztoče
Лозина
Lozina
Великое Горы
Velikoe Gory
Лесопоток
Lesopotok
Наконечное I
Nakonečnoe I
Наконечное
Nakonečnoe
Лис
Lis
Ольшаница
Olšanica
ШКЛО
ŠKLO
НОВОЯВОРИВСЬКЕ
NOVOJAVORIVS'KE
Janovskij Stav
Ясниска
Jasniska
Борки
Borki
Radymno
Szkło
Поруденко
Porudenko
Терновица
Ternovica
ИВАНО-ФРАНКОВЕ
IVANO-FRANKOVE
JANÓW
Жорниска
Zorniska
Зелив
Zeliv
Домажыр
Domažyr
БРУХОВИЧЫ
BRUHOVIČY
Рулевое
Rulevoe
Молошковичи
Mološkoviči
Воля Добростанская
Volja Dobrostanskaja
Страдч
Stradč
Кожычы
Kožyčy
Рясное Русское
Rjasnoe Russkoe
Калиновка
Kalinovka
Черчык
Čerčyk
Подлубы
Podluby
Бердыхов
Berdyhov
Ямелня
Jamelnja
Рясное
Rjasnoe
Шутова
Šutova
Рогозное
Rogoznoe
Прилбычы
Prilbyčy
Добростаны
Dobrostany
Великополье
Velikopol'e
Поречье
Poreč'e
Карацынов
Karacynov
Белогорща
Belogorša
ЛЬВИВ
L'VIV
LWÓW
Vižomlja
Лесневичи
Lesneviči
Осела
Osela
Вижомля
Vižomlja
Мужыловичи
Mužyloviči
Gnoenec
Затока
Zatoka
Зеверщица
Zeveršcica
Малчыцы
Malčycy
Вороцев
Vorocev
РУДНЕ
RUDNE
Речычаны
Rečyčany
Повитное
Povitnoe
Хоросница
Horosnica
Дернаки
Dernaki
Новоселки
Novoselki
Глинец
Glinec
Тучапы
Tučapy
Каменоброд
Kamenobrod
Мшана
Mšana
Суховоля
Suhovolja
Водяное
Vodjanoe
Заречье
Zareč'e
Молошки
Mološki
Галичаны
Galičany
Дроздовичи
Drozdoviči
Конопница
Konopnica
Лапаевка
Lapaevka
Скнилов
Sknilov
Береговое
Beregovoe
Бортятино
Bortjatino
Родатычы
Rodatyčy
ГОРОДОК
HORODOK
GRÓDEK JAGIELLOŃSKI
Барттатов
Bartatov
Оброшыно
Obrošyno
Сокольники
Sokol'niki
Mostys'ka
Княжый Мост
Knjažyj Most
Братковичи
Bratkovičy
Дибровки
Dibrovki
Годовица
Godovica
СУДОВА ВИШНЯ
SUDOVA VYSNJA
SĄDOWA WISZNIA
Долгомостиска
Dolgomostiska
Бар
Bar
Вольчухов
Vol'čuhov
Керница
Kernica
Великая Калинка
Velikaja Kalinka
Ставчаны
Stavčany
Малечковичы
Malečkovičy
Коротин
Korotin
UKRAJINA
Sambir
Červonohrad
L'viv
Ternopil' 131 km
Stryj
46
47
48
49
50
43
28
79
42
62

76

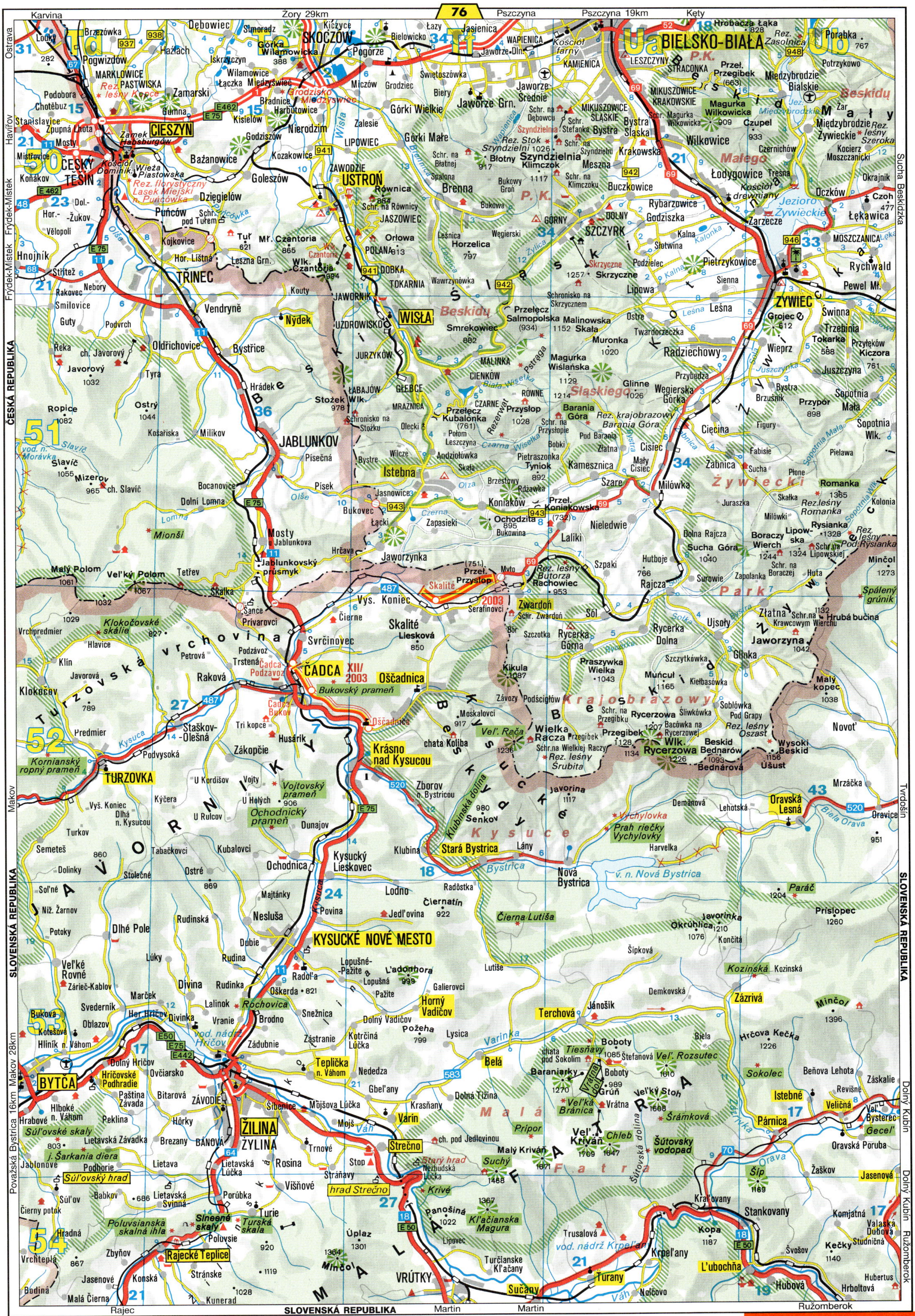
Karvina
Žory 29km
Pszczyna
Pszczyna 19km
Kęty
Ostrava
Havířov
Frýdek-Místek
Sucha Beskidzka
ČESKÁ REPUBLIKA
SLOVENSKÁ REPUBLIKA
Makov
Považská Bystrica 16km Makov 28km
Tvrdošín
Dolný Kubín
Ružomberok
Rajec
Martin
BIELSKO-BIAŁA
SKOCZÓW
CIESZYN
ČESKÝ TĚŠÍN
USTROŃ
WISŁA
SZCZYRK
ŻYWIEC
TRINEC
JABLUNKOV
ČADCA
Oščadnica
Krásno nad Kysucou
TURZOVKA
KYSUCKÉ NOVÉ MESTO
Stará Bystrica
Terchová
BYTČA
ŽILINA
Rajecké Teplice
VRÚTKY
Sučany
Turany
Ľubochňa
Istebna
Milówka
Węgierska Górka
Nový Targ
Beskid Śląski
Beskid Mały
Żywiecki Park Krajobrazowy
Kysucké Beskydy
Javorníky
Turzovská vrchovina
Malá Fatra
Kysuce
Zwardoń
Skalité
Wielka Racza
Wielka Rycerzowa
Oravská Lesná
Jeziore Żywieckie

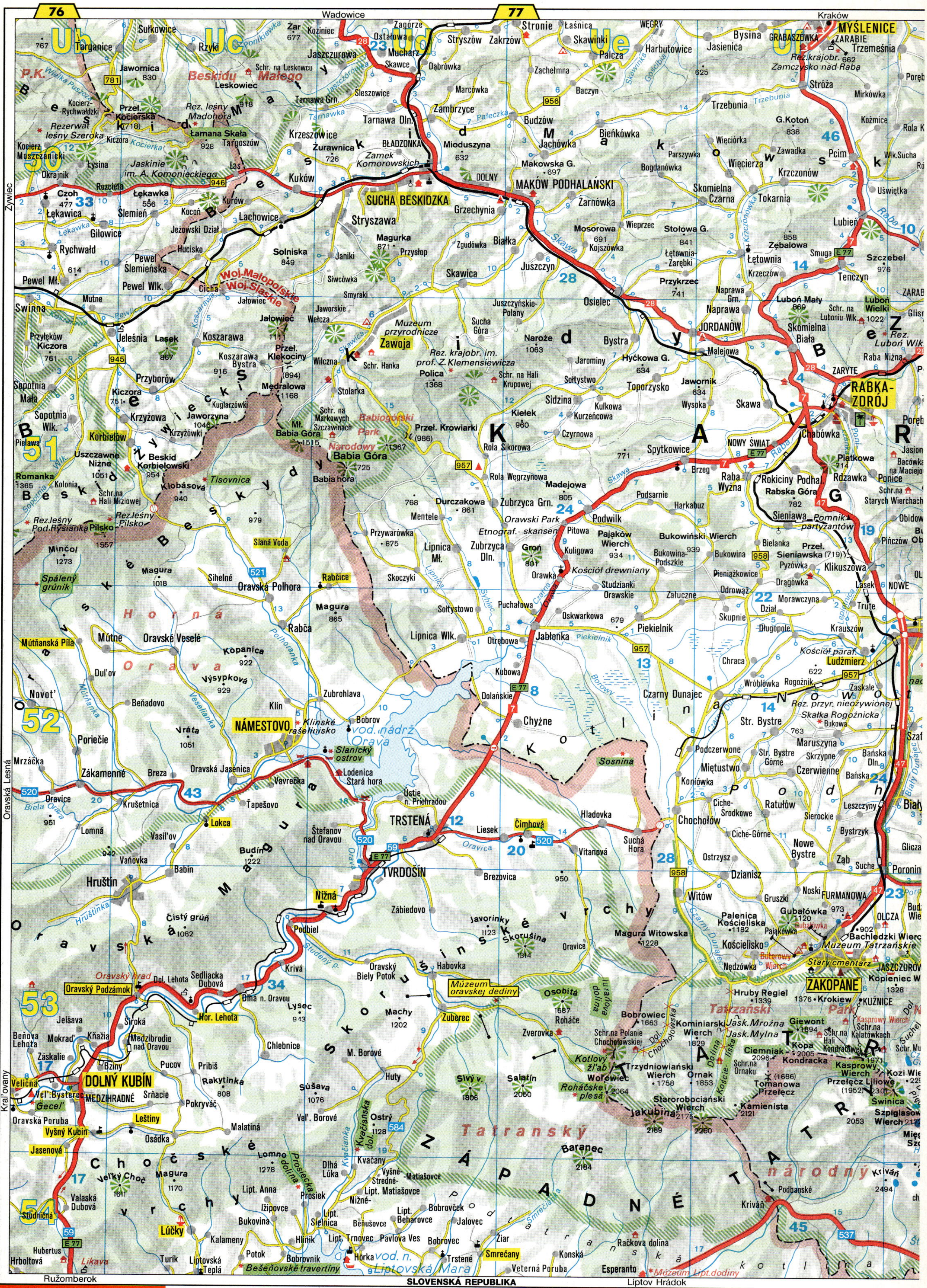

76
77
Wadowice
Kraków
MYŚLENICE
Żywiec
Sułkowice
Targanice
Rzyki
Jaszczurowa
Ostałowa
Zagórze
Stronie
Łaśnica
Skawinki
Palcza
Harbutowice
Jasienica
Bysina
Trzemeśnia
Beskidu Małego
Leskowiec
Jawornica
Stryszów
Zakrzów
Dąbrówka
Zachełmna
Mucharz
Skawce
Tarnawa Dln.
Zambrzyce
Budzów
Baczyn
Stróża
Mirkówka
Trzebunia
Krzeszowice
Marcówka
Jachówka
Bieńkowka
Więciórka
Więcierza
Pcim
Zawadka
Krzczonów
Kocierska
Łamana Skała
Rezerwat leśny Szeroka
Żurawnica
Zamek Komorowskich
Mioduszyna
Makowska G.
MAKÓW PODHALAŃSKI
Bogdanówka
Skomielna Czarna
Tokarnia
Kuków
Łysina
Okrajnik
Czoh
Łękawica
Rzeczka
Łękawka
Ślemień
Kurów
SUCHA BESKIDZKA
Grzechynia
Żarnówka
Lubień
Stryszawa
Lachowice
Gilowice
Rychwałd
Pewel Slemieńska
Pewel Wlk.
Pewel Mł.
Solniska
Magurka
Przysłop
Zgudówka
Białka
Juszczyn
Mosorowa
Kojszówka
Wieprzec
Stołowa G.
Łętownia-Zarębki
Łętownia
Zębalowa
Krzeczów
Smuga
Szczebel
Tenczyn
Przykrzec
Naprawa
Osielec
JORDANÓW
Skomielna Biała
Woj. Małopolskie
Woj. Śląskie
Jaworskie
Jałowiec
Skawica
Museum przyrodnicze
Zawoja
Sucha Góra
Naroże
Bystra
Jarominy
Hyćkowa G.
Toporzysko
Malejowa
ZARYTE
RABKA-ZDRÓJ
Swinna
Przyłęków
Kiczora
Jeleśnia
Lasek
Koszarawa
Koszarawa Bystra
Przeł. Klekociny
Mędralowa
Rez. krajobr. im. prof. Z. Klemensiewicza
Polica
Sołtystwo
Sidzina
Kulkowa
Kurzeńcowa
Jawornik
Wysoka
Skawa
Przyborów
Kiczora
Krzyżowa
Jaworzyna
Stolarka
Babiogórski Park
Narodowy
Babia Góra
Przeł. Krowiarki
Kiełek
Czyrnowa
Spytkowice
NOWY ŚWIAT
Chabówka
Sopotnia Wlk.
Korbielów
Uszczawne Niżne
Beskid Korbielowski
Tisovnica
Rola Sikorowa
Rola Węgrzynowa
Madejowa
Podsarnie
Harkabuz
Brzeg
Raba Wyżna
Rokiciny Podhal.
Rabska Góra
Piątkowa
Rdzawka
Ponice
Romanka
Kolonia
Klobásová
Durczakowa
Zubrzyca Grn.
Mentele
Orawski Park Etnograf.-skansen
Podwilk
Pajaków Wierch
Bukowinki Wierch
Sieniawa
Przeł. Sieniawska
Klikuszowa
Rez. leśny Pod Rysianka
Pilsko
Przywarówka
Lipnica Mł.
Zubrzyca Dln.
Groń
Pitowa
Kuligowa
Kościół drewniany
Bukowina
Bukowina-Podszkle
Pieniążkowice
Pyzówka
Dragówka
Lasek
Mincol
Slaná Voda
Magura
Oravská Polhora
Rabčice
Sihelné
Skoczyki
Orawka
Studzianki Orawskie
Załuczne
Odrzważ
Dział
Morawczyna
Spálený grúnik
Horná
Rabča
Magura
Sołtystowo
Puchałowa
Oskwarkowa
Piekielnik
Skupnie
Długopole
Krauszów
Trute
Mútnanská Píla
Mútne
Oravské Veselé
Kopanica
Lipnica Wlk.
Otrębowa
Jabłonka
Chraca
Kościół paraf.
Ludźmierz
Orava
Výsypková
Kubowa
Dolańskie
Czarny Dunajec
Wróblówka
Rogoźnik
Zaskale
Nowot'
Beňadovo
Klin
Zubrohlava
Rez. przyr. nieożywionej Skałka Rogoźnicka
Vráta
NÁMESTOVO
Klinské rašelinisko
Bobrov
vod. nádrž Orava
Chyżne
Str. Bystre
Maruszyna
Poriečie
Slanický ostrov
Sosnina
Podczerwone
Miętustwo
Str. Bystre Górne
Skrzypne
Czerwienne
Bańska Dln.
Mrzáčka
Zákamenné
Breza
Oravská Jasenica
Lodenica Stará hora
Koniówka
Ciche-Srodkowe
Ratułów
Bańska
Oravice
Krušetnica
Vavrečka
Ťapešovo
Ústie n. Priehradou
Hladovka
Chochołów
Sierockie
Leszczyny
Lokca
TRSTENÁ
Liesek
Čimhová
Ciche-Górne
Bystrzyk
Lomná
Vasil'ov
Štefanov nad Oravou
Orava
Vitanová
Sucha Hora
Nowe Bystre
Vaňovka
Budin
Ostrysz
Ząb
Suche
Poronin
Hruštín
Babín
TVRDOŠÍN
Brezovica
Dzianisz
Nižná
Witów
Gruszki
Noski
FURMANOWA
Čistý grúň
Zábiedovo
Javorinky
Skorušina
Palenica Kościeliska
Gubałówka
OLCZA
Bachledzki Wierch
Muzeum Tatrzańskie
Oravice
Magura Witowska
Kościelisko
Podbiel
Nedzówka
Stary cmentarz
ZAKOPANE
Oravský hrad
Dol. Lehota
Sedliacka Dubová
Krivá
Oravský Biely Potok
Habovka
Múzeum oravskej dediny
Osobitá
Oravský Podzámok
Hor. Lehota
Dlhá n. Oravou
Lysec
Machy
Zuberec
Roháče
Bobrowiec
Kominiarski Wierch
Jask. Mroźna
Jask. Mylna
Hruby Regiel
Krokiew
KUŹNICE
Giewont
Kasprowy Wierch
Jelšava
Široká
Medzibrodie nad Oravou
Zverovka
Schr. na Polanie Chochołowskiej
Ciemniak
Kopa Kondracka
Kasprowy Wierch
Kozi Wierch
Przełęcz Liliowe
Mokraď
Kňažia
Pucov
Pribiš
M. Borové
Kotlový žľab
Trzydniowiański Wierch
Ornak
Tomanowa Przełęcz
Świnica
Szpiglasowy Wierch
Beňova Lehota
Záskalie
Bziny
DOLNÝ KUBÍN
MEDZIHRADNÉ
Sňacie
Rakytinka
Huty
Sivý v.
Salatín
Roháčske plesá
Wołowiec
Starorobociański Wierch
Jakubina
Kamienista
Kraľovany
Veličná
Vel'.Bystrerec
Gecel'
Pokryváč
Šúšava
Oravská Poruba
Vyšný Kubín
Leštiny
Malatiná
Veľ. Borové
Ostrý
Kvačianska dol.
Tatranský
Jasenová
Osádka
Chočské
Lomno dolina
Prosiecka dolina
Dlhá Lúka
Kvačany
Vyšné-Matiašovce
Stredné-Matiašovce
Lipt. Matiašovce
Baranec
národný
Kriváň
Veľký Choč
Magura
Lipt. Anna
Prosiek
Nižné
Lipt. Beharovce
Bobrovček
ZÁPADNÉ
TATRY
Podbanské
Valaská Dubová
Stodnička
Ižipovce
Bukovina
Lipt. Sielnica
Beňušovce
Jalovec
Lúčky
Kalameny
Hlinik
Lipt. Trnovec
Pavlova Ves
Bobrovec
Žiar
Rackova dolina
Hubertus
Hrboltová
Likava
Turík
Potok
Liptovská Teplá
Bobrovník
Beševošské travertíny
Hôrka
vod. n. Liptovská Mara
Trstené
Smrečany
Konská
Veterná Poruba
Esperanto
Muzeum Lipt. dediny
Ružomberok
SLOVENSKÁ REPUBLIKA
Liptov Hrádok

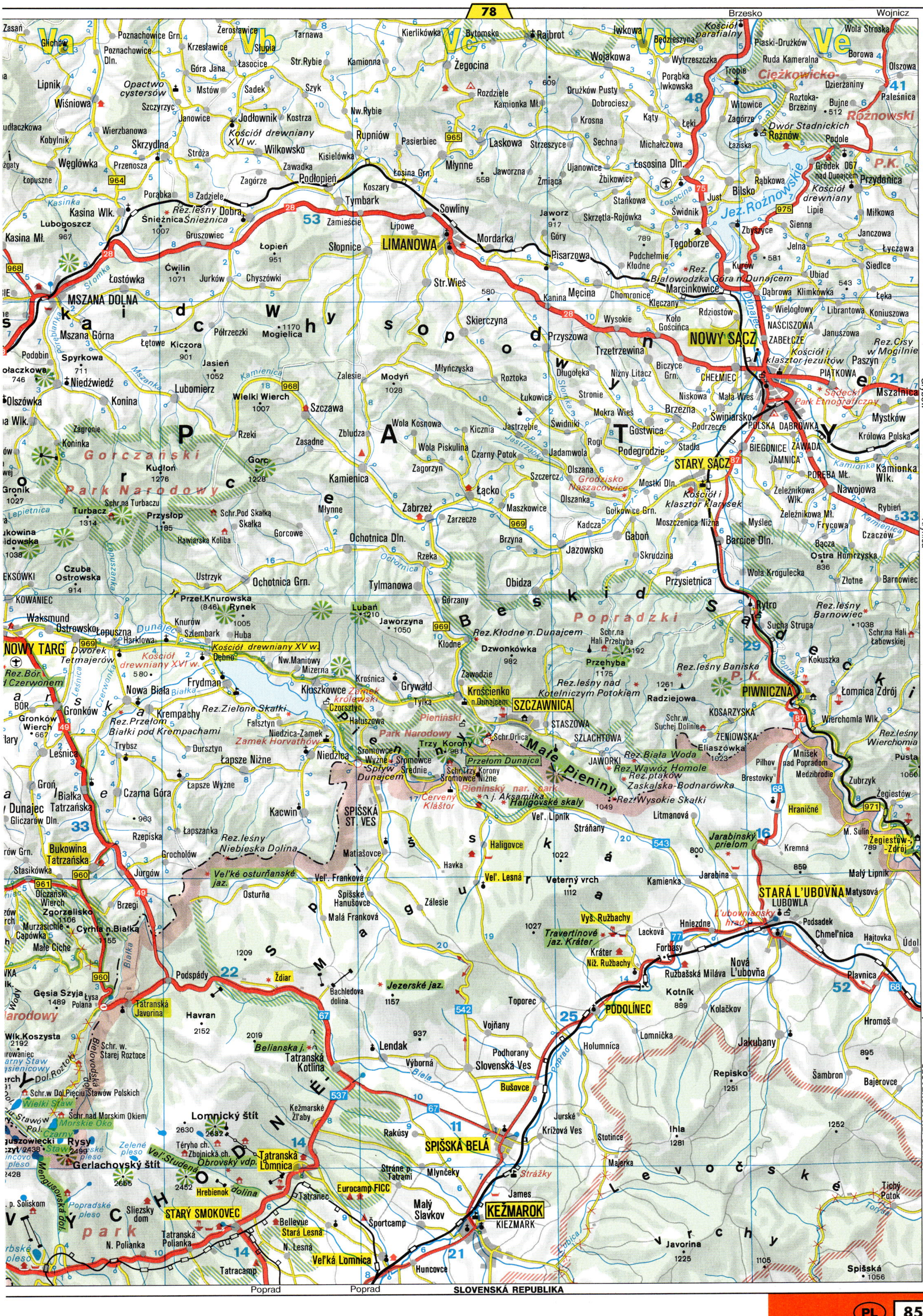
78
Brzesko
Wojnicz
Va
Vb
Vc
Vd
Ve
Tarnawa
Kamionna
Rajbrot
Żegocina
Wojakowa
Iwkowa
Wola Stroska
Borowa
Olszowa
Ciężkowice
Rożnowski
Pałesnica
Dworzec Stadnickich
Rożnów
Przydonica
Lipnik
Wiśniowa
Kobylnik
Węglówka
Skrzydlna
Wilkowsko
Jodłownik
Kościół drewniany XVI w.
Rupniów
Laskowa
Młynne
Tymbark
Podłopień
Zagórze
Kasina Wlk.
Dobra
Łopień
LIMANOWA
Mordarka
Sowliny
Pisarzowa
Łososina Dln.
Tęgoborze
Bilsko
Jez. Rożnowskie
Just
Mszana Dolna
MSZANA DOLNA
Mszana Górna
Łostówka
Ćwilin
Mogielica
Kamienica
Str.Wieś
Męcina
Marcinkowice
NOWY SĄCZ
Chełmiec
Kościół i klasztor jezuitów
Piątkowa
Paszyn
Mszalnica
Podobin
Spytkowa
Niedźwiedź
Lubomierz
Wielki Wierch
Szczawa
Modyń
Skierczyna
Przyszowa
Stronie
Długołęka
Tęgoborze
Olszówka
Konina
Gorczański Park Narodowy
Turbacz
Kudłoń
Gorc
Przysłop
Zbludza
Zalesie
Jastrzębie
Podegrodzie
Gostwica
Brzezna
Stary Sącz
STARY SĄCZ
Kościół i klasztor klarysek
Biegonice
Nawojowa
Kamionka Wlk.
Mystków
Królowa Polska
Kamienica
Zabrzeż
Łącko
Olszana
Gołkowice Grn.
Moszczenica Niżna
Barcice Dln.
Czaczów
Rybień
Zarzecze
Maszkowice
Ochotnica Dln.
Brzyna
Jazowsko
Gaboń
Skrudzina
Łabowa
Ochotnica Grn.
Tylmanowa
Obidza
Przysietnica
Wola Krogulecka
Złotne
Barnowiec
Beskid Sądecki
Poprad
Popradzki
Rytro
Sucha Struga
Rez.Kłodne n.Dunajcem
Dzwonkówka
Przehyba
Radziejowa
PIWNICZNA
Kokuszka
Łomnica Zdrój
Ostrowsko
Łopuszna
Knurów
Waksmund
Harklowa
Dębno
Kościół drewniany XV w.
NOWY TARG
Frydman
Nowa Biała
Krempachy
Kluszkowce
Krościenko
SZCZAWNICA
Jaworki
Szlachtowa
Wierchomla Wlk.
Niedzica
Czorsztyn
Zamek Horwathów
Sromowce Wyżne
Trzy Korony
Pieniński Park Narodowy
Przełom Dunajca
Małe Pieniny
Rez.Wąwóz Homole
Rez.Biała Woda
Rez.Wysokie Skałki
Łapsze Niżne
Łapsze Wyżne
Kacwin
Czarna Góra
Biały Dunajec
Bukowina Tatrzańska
Červený Kláštor
Haligovské skaly
Spišská St.Ves
Veľ. Lipník
Litmanová
Jarabinský prielom
Hraničné
Mníšek nad Popradom
Zubrzyk
Żegiestów
Żegiestów-Zdrój
Matiašovce
Haligovce
Veľ. Lesná
Veterný vrch
Kamienka
Jarabina
STARÁ ĽUBOVŇA
Ľubovniansky hrad
Podsadek
Chmeľnica
Hajtovka
Údol
Jurgów
Veľké osturňanské jaz.
Osturňa
Spišské Hanušovce
Malá Franková
Zálesie
Vyš. Ružbachy
Travertinové jaz. Kráter
Niž. Ružbachy
Lacková
Forbasy
Nová Ľubovňa
Plavnica
Hromoš
Ždiar
Jezerské jaz.
Toporec
PODOLÍNEC
Kotník
Kolačkov
Havran
Tatranská Javorina
Podspády
Belianska j.
Tatranská Kotlina
Lendak
Vojňany
Podhorany
Slovenská Ves
Holumnica
Jakubany
Repisko
Šambron
Bajerovce
Lomnický štít
Kežmarské Žľaby
Rakúsy
SPIŠSKÁ BELÁ
Bušovce
Jurské
Krížová Ves
Stotince
Ihla
Tatranská Lomnica
Gerlachovský štít
Rysy
Hrebienok
Eurocamp FICC
Strážky
Levočské vrchy
STARÝ SMOKOVEC
Tatranské Polianka
Športcamp
Malý Slavkov
KEŽMAROK
KIEZMARK
Veľká Lomnica
Huncovce
Javorina
Tichý Potok
Spišská
Poprad
SLOVENSKÁ REPUBLIKA
Grybów
Krynica
Bardejov

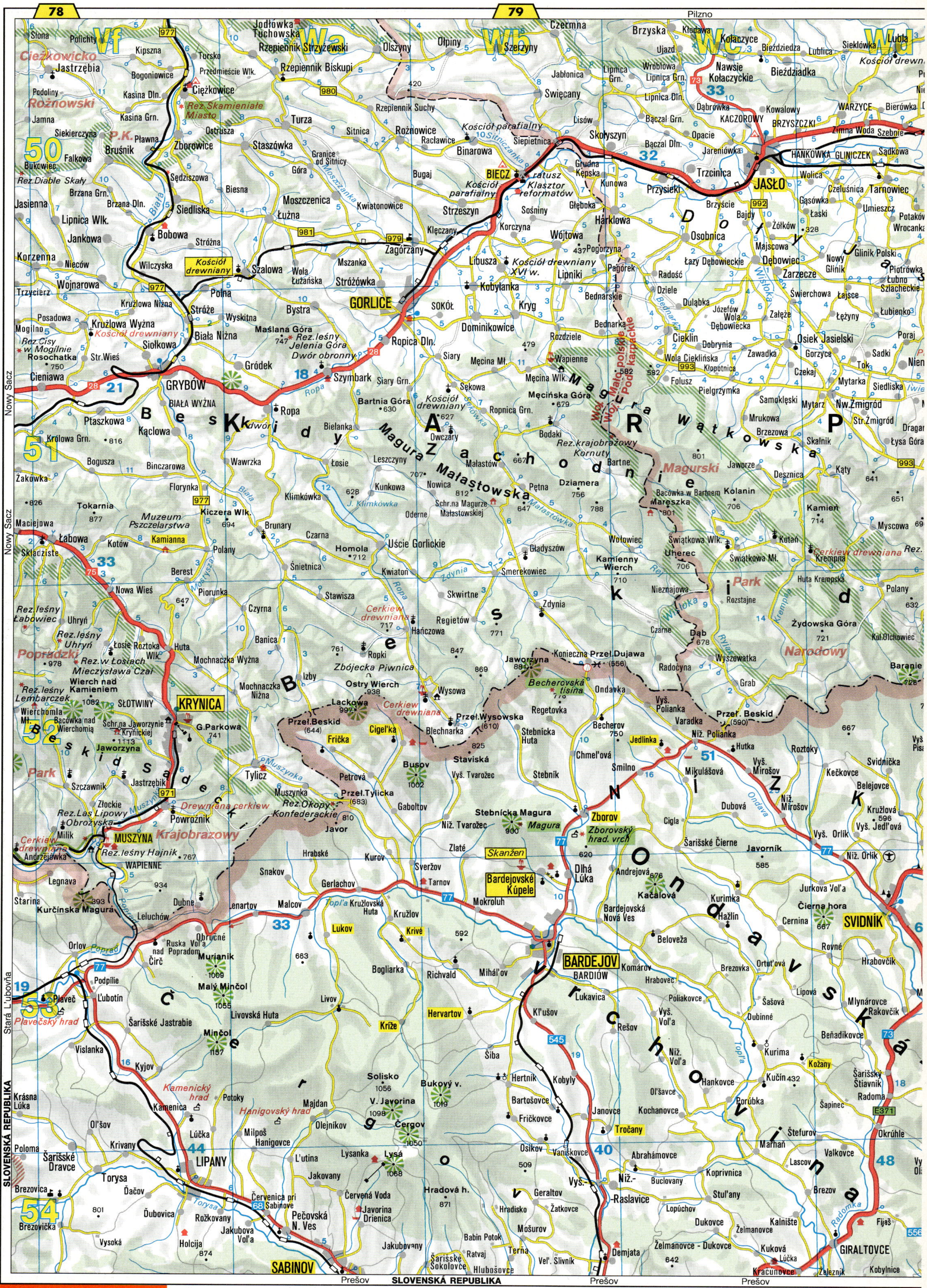

78
79
Pilzno
Ciężkowice
Jastrzębia
Rożnowski
P.K.
Biecz
Gorlice
Jasło
Grybów
Ropa
Beskid Niski
Magurski Park Narodowy
Rez. Skamieniałe Miasto
Kościół drewniany
Kościół parafialny
Klasztor reformatów
Nowy Żmigród
Krynica
Muszyna
Tylicz
Wysowa
Łabowa
Kamianna
Muzeum Pszczelarstwa
Kiczera Wlk.
Klimkówka
Uście Gorlickie
Sękowa
Szymbark
Bobowa
Zagórzany
Biała Niżna
Wojnarowa
Krużlowa Wyżna
Beskid Sądecki
Popradzki
Rez. Okopy Konfederackie
Drewniana cerkiew
Krajobrazowy
Przeł. Beskid
Przeł. Tylicka
Przeł. Wysowska
Przeł. Dujawa
Przeł. Beskid
Magura Małastowska
Dukla
Jedlinka
Zborov
Zborovský hrad. vrch
Skanzen
Bardejovské Kúpele
Bardejov
Bardiów
Nízke Beskydy
Ondavská vrchovina
Čergov
Lipany
Sabinov
Plaveč
Plavečský hrad
Kamenický hrad
Hanigovský hrad
Raslavice
Giraltovce
Svidník
Čierna hora
Magura
Stebnícka Magura
Becherovská tiesňa
Hervartov
Krivé
Lukov
Kríže
Trnov
Trnov
Ľubotín
Stará Ľubovňa
Nowy Sącz
Slovenská republika
Prešov

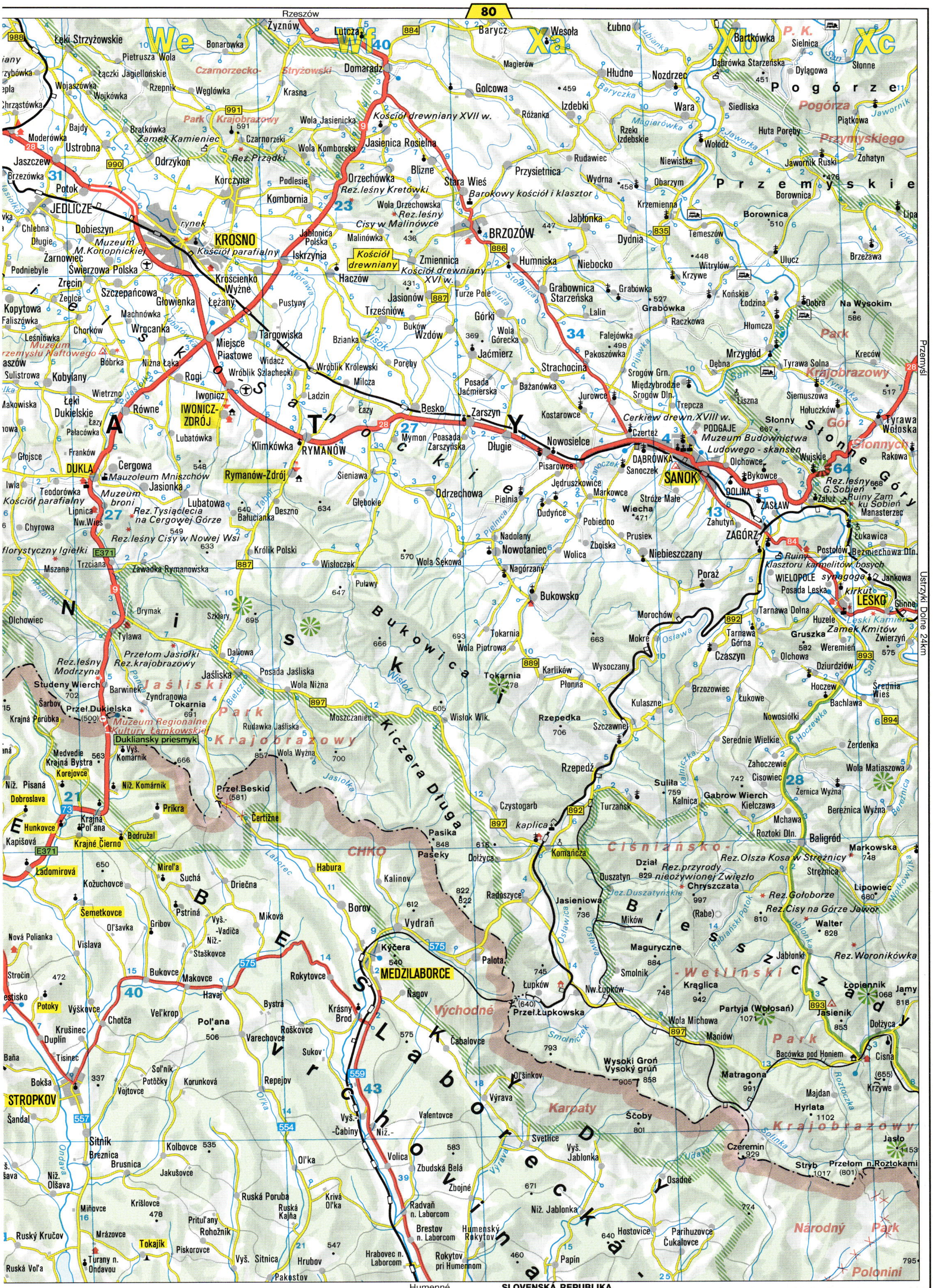
80
Rzeszów
Przemyśl
Ustrzyki Dolne 24km
Humenné
SLOVENSKÁ REPUBLIKA
We
Wf
Xa
Xb
Xc
KROSNO
JEDLICZE
BRZOZÓW
SANOK
ZAGÓRZ
LESKO
DUKLA
RYMANÓW
IWONICZ-ZDRÓJ
Rymanów-Zdrój
MEDZILABORCE
STROPKOV
Jasło
Domaradz
Dukliansky priesmyk
Przeł.Dukielska
Przeł.Beskid
Przeł.Łupkowska
Komańcza
Baligród
Cisna
Wetlina
Bukowsko
Nowotaniec
Besko
Zarszyn
Haczów
Humniska
Jasienica Rosielna
Odrzykoń
Korczyna
Miejsce Piastowe
Pogórze Przemyskie
Beskid Niski
Bukowica
Kiczera Długa
Laborecká vrchovina
Bieszczady
Cisniańsko-Wetliński Park Krajobrazowy
Jaśliski Park Krajobrazowy
Park Krajobrazowy Gór Słonnych
Góry Słonne
Czarnorzecko-Strzyżowski Park Krajobrazowy
Východné Karpaty CHKO
Národný Park Poloniny
Kościół drewniany XVII w.
Barokowy kościół i klasztor
Muzeum M.Konopnickiej
Kościół parafialny
Muzeum Budownictwa Ludowego - skansen
Cerkiew drewn.XVIII w.
Mauzoleum Mniszchów
Muzeum broni
Zamek Kamieniec
Rez.Prządki
Ruiny klasztoru karmelitów bosych
Zamek Kmitów

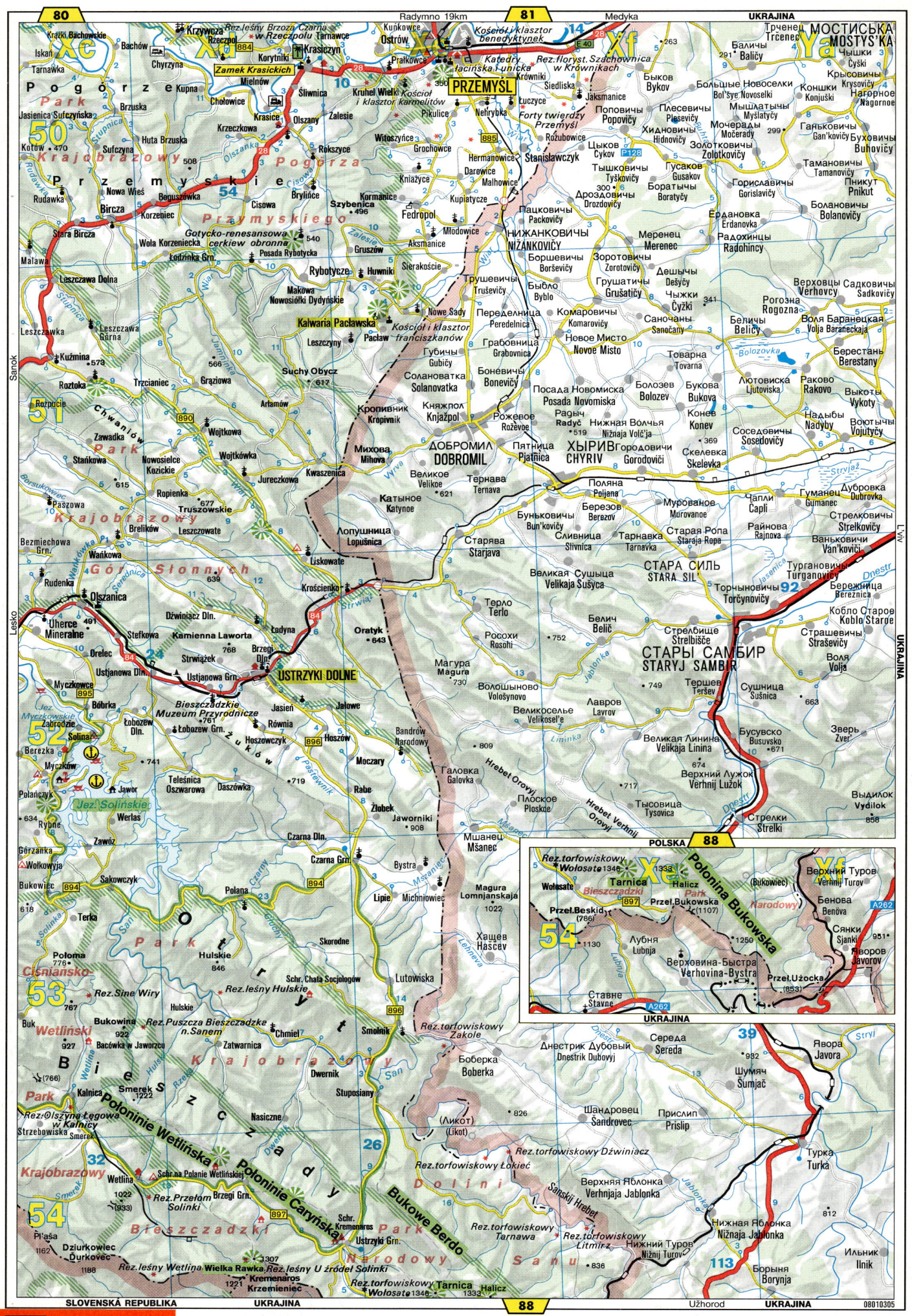

80
81
Radymno 19km
Medyka
UKRAJINA
Krzywcza
Rzeczpol
Krasiczyn
Zamek Krasickich
Rez.leśny Brzoza Czarna w Rzeczpolu Tarnawce
Kuńkowce
Ostrów
Kościół i klasztor benedyktynek
Katedry łacińska i unicka
Rez.floryst. Szachownica w Krównikach
PRZEMYŚL
Pogórze
Park
Krajobrazowy
Przemyskie
Pogórza
Przemyskiego
Bircza
Stara Bircza
Gotycko-renesansowa cerkiew obronna
Kalwaria Pacławska
Kościół i klasztor franciszkanów
Rybotycze
Fredropol
Nowe Sady
Forty twierdzy Przemyśl
Kruhel Wielki
Kościół i klasztor karmelitów
Tarnawka
Bachów
Chyrzyna
Kupna
Brzuska
Huta Brzuska
Sufczyna
Kotów
Rudawka
Nowa Wieś
Boguszówka
Korzeniec
Wola Korzeniecka
Łodzinka Grn.
Posada Rybotycka
Cisowa
Bryliñce
Krasice
Olszany
Zalesie
Rokszyce
Kormanice
Szybenica
Gruszów
Huwniki
Sierakoście
Makowa
Nowosiółki Dydyńskie
Leszczyny
Pacław
Suchy Obycz
Kuźmina
Roztoka
Trzcianiec
Grąziowa
Arłamów
Wojtkowa
Wojtkówka
Jureczkowa
Kwaszenina
Nowosielce Kozickie
Ropienka
Truszowskie
Leszczowate
Liskowate
Krościenko
Chwaniów
Park
Krajobrazowy
Gór Słonnych
Olszanica
Uherce Mineralne
Stefkowa
Kamienna Laworta
Łodyna
Brzegi Dln.
Ustjanowa Grn.
USTRZYKI DOLNE
Bieszczadzkie Muzeum Przyrodnicze
Łobozew Dln.
Łobozew Grn.
Równia
Hoszowczyk
Hoszów
Jałowe
Bandrów Narodowy
Moczary
Rabe
Żłobek
Jaworniki
Czarna Dln.
Czarna Grn.
Bystra
Lipie
Michniowiec
Polana
Sakowczyk
Teleśnica Oszwarowa
Daszówka
Werlas
Zawóz
Solina
Myczkowce
Jez. Myczkowskie
Jez. Solińskie
Polańczyk
Rybne
Wołkowyja
Bukowiec
Terka
Otryt
Park
Hulskie
Skorodne
Lutowiska
Schr. Chata Socjologów
Rez. leśny Hulskie
Cisna
Rez. Sine Wiry
Wetliński
Bukowina
Rez. Puszcza Bieszczadzka n.Sanem
Chmiel
Zatwarnica
Smolnik
Dwernik
Stuposiany
Nasiczne
Bieszczady
Połoninie Wetlińskie
Połoninie Caryńska
Bukowe Berdo
Smerek
Kalnica
Rez. Olszyna Łęgowa w Kalnicy
Strzebowiska
Wetlina
Schr.na Połonie Wetlińskiej
Rez. Przełom Solinki
Brzegi Grn.
Schr. Kremenaros
Ustrzyki Grn.
Krajobrazowy
Bieszczadzki
Narodowy
Pszasa
Dziurkowiec
Rez.leśny Wetlina
Wielka Rawka
Rez.leśny U źródeł Solinki
Kremenaros
Krzemieniec
Rez.torfowiskowy Tarnica
Wołosate
Halicz
Rez.torfowiskowy Zakole
Боберка Boberka
(Ликот) (Likot)
Rez.torfowiskowy Dźwiniacz
Rez.torfowiskowy Łokieć
Dolini
Rez.torfowiskowy Tarnawa
Rez.torfowiskowy Litmirz
Sanskij Hrebet
Sanu
Нижанковичи Nižankoviči
Добромил Dobromil
Хырив Chyriv
Стара Силь Stara Sil'
Старый Самбир Staryj Sambir
Мостиська Mostys'ka
Быков Bykov
Поповичи Popovyči
Цыков Cykov
Дроздовичи Drozdovyči
Пацковичи Packovyči
Трушевичи Truševyči
Переделница Peredelnica
Грабовница Grabovnica
Губичи Gubiči
Солановатка Solanovatka
Боневичи Bonevyči
Княжпол Knjažpol
Кропивник Kropivnik
Михова Mihova
Великое Velikoe
Тернава Ternava
Катыное Katynoe
Лопушница Lopušnica
Старява Starjava
Терло Terlo
Росохи Rosohi
Магура Magura
Волошиново Vološynovo
Великосельє Velikosel'e
Лавров Lavrov
Галовка Galovka
Плоское Ploskoe
Мшанец Mšanec
Хащев Haščev
Пятница Pjatnica
Рожевое Roževoe
Поляна Poljana
Березов Berezov
Бунковичи Bun'kovyči
Сливница Slivnica
Тарнавка Tarnavka
Старая Ропа Staraja Ropa
Мурованое Murovanoe
Великая Сушица Velikaja Sušyca
Белич Belič
Стрелбище Strelbišče
Тершев Teršev
Великая Линина Velikaja Linina
Верхний Лужок Verhnij Lužok
Тысовица Tysovica
Хребет Оровий
Хребет Верхний Оровий
Днестр Dnestr
Стрелки Strelki
Бусувско Busuvsko
Сушница Sušnica
Воля Volja
Страшевичи Straševyči
Торчиновичи Torčynovyči
Турганович Turganovyči
Бережница Bereznica
Кобло Старое Koblo Staroe
Ванковичи Van'koviči
Стрелковичи Strelkovyči
Гуманец Gumanec
Дубровка Dubrovka
Чапли Čapli
Райнова Rajnova
Соседовичи Sosedovyči
Скелевка Skelevka
Конев Konev
Букова Bukova
Болозев Bolozev
Посада Новомиська Posada Novomiska
Радыч Radyč
Нижняя Вольча Nižnaja Volč'ja
Городовичи Gorodoviči
Товарна Tovarna
Новое Мисто Novoe Misto
Комаровичи Komarovyči
Санoчаны Sanočany
Чижки Čyžki
Грушатичи Grušatyči
Дешычы Dešyči
Зоротовичи Zorotovyči
Борщевичи Borševyči
Быбло Byblo
Меренец Merenec
Радохинцы Radohincy
Ерданoвка Erdanovka
Боратычы Boratyči
Гусаков Gusakov
Тышковичи Tyškovyči
Золотковичи Zolotkovyči
Хидновичи Hidnovyči
Плесевичи Plesevyči
Мочерады Močerady
Мышлатычи Myšlatyči
Большие Новоселки Bol'šye Novoselki
Балычи Baliči
Трченец Trčenec
Чышки Čyški
Крысовичи Krysovyči
Конюшки Konjuški
Нагорное Nagornoe
Ганьковичи Gan'kovyči
Буховичи Buhovyči
Тамановичи Tamanovyči
Горисавичи Gorisavyči
Пникут Pnikut
Болановичи Bolanovyči
Верховцы Verhovcy
Садковичи Sadkovyči
Рогозна Rogozna
Воля Баранецкая Volja Baraneckaja
Беличы Beliči
Берестань Berestany
Лютовиска Ljutoviska
Раково Rakovo
Выкоты Vykoty
Надыбы Nadyby
Воютычы Vojutyči
Зверь Zver'
Выдилок Vydilok
Stanisławczyk
Hermanowice
Malhowice
Kupiatycze
Darowice
Mlodowice
Aksmanice
Grochowce
Witoszyńce
Kniażyce
Pikulice
Nehrybka
Łuczyce
Siedliska
Jaksmanice
Krówniki
Rożubowice
Sanok
Lesko
L'viv
UKRAJINA
POLSKA
88
Rez.torfowiskowy Wołosate
Tarnica
Halicz
Połonina Bukowska
Bieszczadzki
Park
Narodowy
Przeł.Beskid
Przeł.Bukowska
Лубня Lubnja
Верховина-Быстра Verhovina-Bystra
Przeł.Użocka
Ставне Stavne
Верхний Туров Verhnij Turov
Бенова Benova
Сянки Sjanki
Яворов Javorov
UKRAJINA
Днестрик Дубовый Dnestrik Dubovyj
Середа Sereda
Шумяч Šumjač
Явора Javora
Шандровец Šandrovec
Прислип Prislip
Турка Turka
Верхняя Яблонка Verhnjaja Jablonka
Нижняя Яблонка Nižnaja Jablonka
Нижний Туров Nižnij Turov
Ильник Ilnik
Борыня Borynja
SLOVENSKÁ REPUBLIKA
UKRAJINA
Užhorod
UKRAJINA
08010305

Skorowidz miejscowości · Ortsnamenverzeichnis
Index of place names · Elenco dei nomi di località
Índice de topónimos · Índice dos topónimos
Index des localités · Register van plaatsnamen
Regstřík sídel · Helységnévjegzek
Stednavnsfortegnelse · Ortnamnsförteckning

Abramów	**LBL**	58	Xb 40
①	②	③	④

	①	②	③	④
(PL)	Nazwa miejscowości	Województwo	Numer strony	Współrzędne skorowidzowe
(D)	Ortsname	Woiwodschaft	Seitenzahl	Suchfeldangabe
(GB)	Place name	Voivodship	Page number	Grid search reference
(I)	Località	Voivodato	N° di pagina	Riquadro nel quale si trova il nome
(E)	Topónimo	Voivodato	Nro. de página	Coordenadas de la casilla de localización
(P)	Topónimo	Voivodato	Nº de página	Coordenadas de localização
(F)	Localité	Voïvodie	N° de page	Coordonnées
(NL)	Plaatsnaam	Wojwodschap	Paginanummer	Zoekveld-gegevens
(CZ)	Městská jména	Voivodstvi	Čislo strany	Údaje hledacího čtverce
(H)	Helységnév	Vajdaság	Oldalszám	Keresőhálózat megadása
(DK)	Stednavn	Voivodskab	Sidetal	Kvadratangivelse
(S)	Ortnamn	Voivodskap	Sidnummer	Kartrudangivelse

②

DLS	województwo dolnośląskie	**PDL**	województwo podlaskie
KPM	województwo kujawsko-pomorskie	**PKR**	województwo podkarpackie
LBL	województwo lubelskie	**POM**	województwo pomorskie
LBU	województwo lubuskie	**SLK**	województwo śląskie
ŁDZ	województwo łódzkie	**SWK**	województwo świętokrzyskie
MAZ	województwo mazowieckie	**WKP**	województwo wielkopolskie
MPŁ	województwo małopolskie	**WMZ**	województwo warmińsko-mazurskie
OPL	województwo opolskie	**ZPM**	województwo zachodniopomorskie

A

Abramowice Kościelne **LBL** 71 Xd 41
Abramowice Prywatne **LBL** 71 Xd 41
Abramów **LBL** 58 Xb 40
Abstett **OPL** 75 Sf 48
Achrymowce **PDL** 23 Yd 27
Adamek **SWK** 68 Vd 42
Adamierz **MŁP** 78 Vf 47
Adamki **KPM** 31 Ua 30
Adamkowo **KPM** 16 Se 27
Adamowa Góra **MAZ** 44 Vb 35
Adamowice **MAZ** 56 Vc 37
Adamowice **SLK** 75 Tb 48
Adamowizna **MAZ** 45 Vd 36
Adamowizna **PDL** 11 Ya 23
Adamowo **KPM** 16 Sb 28
Adamowo **KPM** 31 Ub 31
Adamowo **MAZ** 31 Uc 31
Adamowo **MAZ** 32 Ue 31
Adamowo **WKP** 39 Ra 36
Adamowo, Jeńki- **PDL** 35 Xe 30
Adamowo-Zastawa **PDL** 48 Ya 34
Adamów **ŁDZ** 43 Ub 35
Adamów **ŁDZ** 54 Ua 37
Adamów **ŁDZ** 54 Ub 37
Adamów **ŁDZ** 55 Ue 38
Adamów **ŁDZ** 55 Uf 40
Adamów **ŁDZ** 56 Vc 40
Adamów **ŁDZ** 67 Ue 42
Adamów **LBL** 58 Xb 38
Adamów **LBL** 71 Ya 45
Adamów **MAZ** 43 Ud 34
Adamów **MAZ** 57 Wc 39
Adamów **SLK** 67 Uc 43
Adamów **SWK** 68 Vc 42
Adamów **SWK** 69 Wa 42
Adamów **SWK** 69 Wc 44
Adamów **WKP** 42 Ta 35
Adamówek **MAZ** 45 Ve 34
Adamówka **LBL** 71 Xe 43
Adamówka **PKR** 81 Xe 47
Adampol **LBL** 60 Yc 39
Adampol, Wyryki- **LBL** 60 Yc 39
Adamy, Jabłonowo- **WMZ** 32 Vc 29
Adamy, Tymianki- **MAZ** 35 Xc 32
Adamy, Ulatowo- **MAZ** 33 Vf 29
Adelin **LBL** 70 Xa 42
Adolfin **MAZ** 57 Wc 40
Adolfowo **WKP** 28 Sa 31
Adryjanki **PDL** 47 Xf 33
Agatówka **LBL** 70 Xa 43
Agnieszkowo **KPM** 42 Te 33
Agnieszkowo **MAZ** 31 Ud 31
Aksmanice **PKR** 88 Xe 50
Albertów **ŁDZ** 54 Ub 38
Albertów **LBL** 59 Ya 41
Albertów **SLK** 66 Te 42
Albertów **WKP** 42 Tc 36
Albigowa **PKR** 80 Xb 48
Albinów **ŁDZ** 44 Ue 37
Albinów **LBL** 71 Xe 44
Albinów **MAZ** 46 Xa 33
Aleksandria **ŁDZ** 55 Uc 37
Aleksandria **MAZ** 44 Vc 36
Aleksandria **SLK** 66 Tf 44
Aleksandria **WKP** 53 Tb 39
Aleksandria Druga **SLK** 66 Tf 44
Aleksandria Niedziałowska **LBL** 71 Yc 42
Aleksandria Pierwsza **SLK** 66 Tf 44
Aleksandrowice **DLS** 51 Re 40
Aleksandrowice **MŁP** 77 Ue 48
Aleksandrowo **MAZ** 44 Uf 33
Aleksandrowo **PDL** 11 Xe 24
Aleksandrowo **PDL** 11 Ya 24
Aleksandrowo **PDL** 47 Xe 33
Aleksandrowo, Osiek- **MAZ** 33 Vf 32
Aleksandrów **ŁDZ** 43 Uc 35
Aleksandrów **ŁDZ** 55 Uf 41
Aleksandrów **ŁDZ** 66 Ub 41
Aleksandrów **ŁDZ** 67 Uc 41
Aleksandrów **LBL** 58 Xc 37
Aleksandrów **LBL** 70 Wf 43
Aleksandrów **LBL** 81 Xf 46
Aleksandrów **MAZ** 43 Ud 35
Aleksandrów **MAZ** 44 Vb 36
Aleksandrów **MAZ** 45 Vd 34
Aleksandrów **MAZ** 45 Wb 35
Aleksandrów **MAZ** 68 Ve 41
Aleksandrów **MAZ** 69 Wd 42
Aleksandrów **OPL** 65 Tc 42
Aleksandrów **SLK** 66 Te 43
Aleksandrów **SLK** 67 Ue 44
Aleksandrów **SWK** 68 Va 45
Aleksandrów **SWK** 78 Vd 46
Aleksandrów **WKP** 41 Sc 36
Aleksandrówek **ŁDZ** 54 Ub 39
Aleksandrówka **LBL** 46 Xa 37
Aleksandrówka **LBL** 58 Xc 40
Aleksandrówka **LBL** 59 Xe 37
Aleksandrówka **LBL** 70 Xc 43
Aleksandrówka **MAZ** 33 Vd 31
Aleksandrówka **MAZ** 46 Wc 35
Aleksandrówka **MAZ** 46 Xa 35
Aleksandrówka **MAZ** 56 Ve 37
Aleksandrówka **MAZ** 57 Wd 39
Aleksandrów Kujawski **KPM** 30 Te 31
Aleksandrów Łódzki **ŁDZ** 55 Ub 38
Aleksandrów Mały **MAZ** 69 Wc 42
Alesandrów **MAZ** 46 We 35
Alfonsów **ŁDZ** 56 Va 41
Alfonsów **MAZ** 44 Uf 34
Alfredówka **PKR** 80 We 46
Alojzów **LBL** 72 Yd 43
Alojzów **LBL** 72 Ye 44
Alojzów **MAZ** 69 Wb 41
Altanka **MAZ** 44 Vb 35
Alwernia **MŁP** 77 Ud 48
Ambrożew **ŁDZ** 43 Ub 36
Ambrożów **SWK** 69 Wa 43
Amelin **ŁDZ** 67 Ud 42
Amelin **LBL** 58 Xc 40
Amelin **LBL** 59 Xe 39
Amelin **MAZ** 33 Wb 30
Anastazewo **WKP** 41 Ta 34
Anastazów **ŁDZ** 55 Ub 40
Ancuty **PDL** 36 Yc 31
Andrelewicze, Czaple- **MAZ** 47 Xd 34
Andrespol **ŁDZ** 55 Ud 38
Andruszkowice **SWK** 69 We 44
Andrychów **MŁP** 77 Uc 49
Andrychy **PDL** 21 Xa 27
Andrychy, Humięcino- **MAZ** 33 Vd 30
Andrzejewo **MAZ** 34 Xb 32
Andrzejewo **PDL** 11 Ya 23
Andrzejki **MAZ** 34 Wf 31
Andrzejowięta, Szymbory- **PDL** 35 Xd 31
Andrzejów **ŁDZ** 54 Ua 41
Andrzejów **ŁDZ** 65 Tb 41
Andrzejów **LBL** 59 Yb 40
Andrzejów **LBL** 70 Xc 44
Andrzejów **LBL** 72 Ye 42
Andrzejów **MAZ** 58 We 41
Andrzejów Duranowski **MAZ** 44 Vb 35
Andrzejówka **LBL** 71 Xd 45
Andrzejówka **MAZ** 57 Wd 40
Andrzejówka **MŁP** 86 Ve 52
Andzin **MAZ** 45 Ve 33
Andziołówka **SLK** 83 Tf 51
Angowice **POM** 16 Sd 27
Anielew **WKP** 42 Tb 35
Anielin **KPM** 43 Tf 34
Anielin **ŁDZ** 43 Ub 34
Anielin **ŁDZ** 54 Ua 39
Anielin **ŁDZ** 55 Ue 37
Anielin **ŁDZ** 56 Vb 39
Anielin **LBL** 58 We 40
Anielin **LBL** 70 Wf 43
Anielin **MAZ** 56 Vf 38
Anielin **MAZ** 57 Wb 38
Anielina **MAZ** 46 Wd 36
Anielino **ZPM** 13 Qb 27
Anieliny **KPM** 29 Sc 30
Anielów **MAZ** 58 We 38
Anielówka **MAZ** 57 Wd 40
Anielpol **LBL** 71 Yb 43
Anin **MAZ** 45 Wb 35
Aniołka **WKP** 65 Ta 42
Aniołowo **WMZ** 7 Ud 24
Annapol **WKP** 41 Sd 37
Annobój **LBL** 59 Xd 40
Annolesie **SLK** 66 Tf 42
Annopol **LBL** 70 Wf 43
Annopol **LBL** 72 Yf 43
Annopol **MAZ** 43 Ud 34
Annopol **MAZ** 56 Vd 38
Annopol Duży **ŁDZ** 56 Va 38
Annosław **ŁDZ** 56 Vc 38
Annowo **KPM** 18 Tf 28
Annów **ŁDZ** 56 Vb 39
Annów **LBL** 70 Xc 43
Annówka **LBL** 58 Xc 38
Anonin **LBL** 58 Xb 37
Antolin **LBL** 48 Ya 35
Antolin **LBL** 70 Xc 44
Antolka **MŁP** 77 Va 46
Antonie **MAZ** 34 Wd 30
Antonie, Brzozowo- **PDL** 35 Xe 31
Antonielów **SWK** 68 Vb 43
Antoniew **ŁDZ** 43 Ue 35
Antoniew **ŁDZ** 55 Uc 38
Antoniew **MAZ** 44 Vc 36
Antoniewo **KPM** 29 Sf 31
Antoniewo **KPM** 43 Ub 34
Antoniewo **MAZ** 31 Ue 32
Antoniewo **MAZ** 32 Ue 31
Antoniewo **WKP** 28 Sb 33
Antonin **PDL** 35 Xd 32
Antonin **WKP** 40 Rf 34
Antonin **WKP** 41 Sd 36
Antonin **WKP** 53 Sf 39
Antonina **ŁDZ** 54 Tf 37
Antonina **ŁDZ** 66 Ua 42
Antonina **MAZ** 46 We 35
Antoninów **ŁDZ** 54 Ua 37
Antoninów **ŁDZ** 56 Va 40
Antoninów **OPL** 65 Tb 44
Antoniów **ŁDZ** 56 Vb 40
Antoniów **ŁDZ** 68 Vb 41
Antoniów **LBL** 59 Xf 41
Antoniów **MAZ** 56 Vd 40
Antoniów **MAZ** 68 Ve 41
Antoniów **MAZ** 69 Wc 41
Antoniów **PKR** 70 Wf 44
Antoniów **SLK** 76 Ub 46
Antoniów Duży **SWK** 69 Wd 42
Antoniówka **ŁDZ** 56 Va 40
Antoniówka **ŁDZ** 66 Ub 41
Antoniówka **LBL** 59 Xe 39
Antoniówka **LBL** 71 Xe 42
Antoniówka **LBL** 71 Xe 43
Antoniówka **LBL** 71 Xf 43
Antoniówka **LBL** 72 Yc 45
Antoniówka **MAZ** 57 Wb 40
Antoniówka **MAZ** 57 Wd 40
Antoniówka **PKR** 70 Xa 44
Antoniówka Świeżowska **MAZ** 57 Wc 38
Antoniówka Wilczkowska **MAZ** 57 Wc 38
Antonowo **WMZ** 21 We 24
Antonówka **LBL** 70 Xa 42
Antopol **ŁDZ** 67 Ud 42
Antopol **LBL** 59 Yb 39
Antosin **MAZ** 44 Va 35
Anusin **ŁDZ** 43 Ub 36
Anusin **LBL** 71 Ya 41
Anusin **MAZ** 69 Wd 41
Anusin **PDL** 47 Xf 34
Aplinki **POM** 17 Te 26
Apolinów **ŁDZ** 55 Uc 40
Apolonka **SLK** 67 Uc 44
Aptynty **WMZ** 9 Wb 23
Arbasy Duże **PDL** 47 Xd 33
Arcelin **MAZ** 44 Vb 33
Archutówko **MAZ** 44 Va 33
Arciechów **MAZ** 45 Wa 34
Arcugowo **WKP** 41 Se 34
Ardany **WMZ** 8 Ve 23
Arkadia **ŁDZ** 44 Va 36
Arkuszewo **WKP** 43 Tf 34
Arynów **MAZ** 46 Wd 35
Asuny **WMZ** 9 Wc 23
Atanazyn **WKP** 28 Sa 30
Augamy **WMZ** 8 Vc 22
Augustopol **ŁDZ** 43 Ua 34
Augustowo **KPM** 30 Ta 29
Augustowo **MAZ** 34 Wd 32
Augustowo **PDL** 36 Ya 32
Augustowo **WKP** 28 Rf 29
Augustowo **WKP** 39 Rb 33
Augustów **DLS** 62 Qc 43
Augustów **MAZ** 57 Wa 40
Augustów **MAZ** 57 Wb 38
Augustów **MAZ** 57 Wc 39
Augustów **PDL** 22 Xf 25
Augustówka **LBL** 59 Xe 39
Augustówka **MAZ** 46 Wd 37
Augustynów **ŁDZ** 53 Tc 40
Augustynów **ŁDZ** 55 Uc 41
Augustynów **WKP** 41 Sf 36
Augustynów **WKP** 42 Te 36
Augustyny **WMZ** 8 Va 24
Auguścin **WKP** 29 Sc 29
Aulakowszczyzna **PDL** 22 Ya 28
Awissa, Borowskie- **PDL** 22 Xc 28
Awissa, Łoje- **PDL** 22 Xc 28
Awissa, Świdry- **PDL** 21 Xb 27
Azoty **OPL** 75 Tb 47

B

Baba **MAZ** 34 Wd 29
Babalice **WMZ** 18 Ub 28
Babańce **PDL** 11 Yb 24
Babczów **ŁDZ** 67 Ue 42
Babędy **MAZ** 34 We 30
Babia **WKP** 42 Ta 35
Babia Góra **PDL** 36 Yf 31
Babiak **WKP** 42 Tc 36
Babiak **WKP** 42 Te 34
Babiak **WMZ** 8 Vc 23
Babianka **LBL** 59 Xe 39
Babica **MŁP** 77 Ud 49
Babica **PKR** 80 Wf 49
Babice **LBL** 81 Xf 46
Babice **MAZ** 58 Wf 38
Babice **MŁP** 76 Ub 48
Babice **MŁP** 77 Uc 48
Babice **OPL** 75 Sf 47
Babice **PKR** 80 Xc 50
Babice **SLK** 75 Tb 48
Babice Duże **ŁDZ** 54 Ub 38
Babicha **PKR** 79 Wc 46
Babichy **ŁDZ** 55 Uc 39
Babiczki **ŁDZ** 54 Ub 38
Babi Dół **POM** 6 Tc 23
Babiec Piaseczny **MAZ** 31 Ue 31
Babie Doły **POM** 17 Tc 25
Babie Doły **POM** 6 Td 21
Babienica **SLK** 66 Tf 45
Babieniec **WMZ** 20 Wb 24
Babięta **WMZ** 20 Wb 26
Babięty Wielkie **WMZ** 18 Uc 27
Babigoszcz **ZPM** 13 Pe 26
Babiki **PDL** 23 Ye 28
Babilon **MAZ** 69 Wd 42
Babimost **LBU** 39 Qe 36
Babin **LBL** 70 Xc 41
Babin **MAZ** 57 We 41
Babin **WKP** 41 Sb 35
Babin **WKP** 41 Sf 35
Babin **ZPM** 26 Pe 29
Babinek **ZPM** 25 Pd 29
Babino **PDL** 35 Xf 30
Babki **WKP** 40 Rf 35
Babki Gąseckie **WMZ** 22 Xc 25
Babki Oleckie **WMZ** 22 Xd 24
Babkowice **WKP** 52 Sa 38
Baborów **OPL** 75 Sf 48
Baborówko **WKP** 40 Rd 33
Baboszewo **MAZ** 32 Vb 32
Babsk **ŁDZ** 56 Vc 37
Babskie Budy **MAZ** 44 Vb 36
Babule **PKR** 79 Wd 46
Baby **ŁDZ** 55 Ue 39
Bachlawa **PKR** 87 Xc 52
Bachmatówka **PDL** 23 Yc 28
Bachorce **KPM** 30 Tc 33
Bachorza **KPM** 30 Td 32
Bachorza **MAZ** 47 Xb 34
Bachorzew **WKP** 41 Sd 37
Bachorzewo **KPM** 43 Ub 33
Bachorzyn **ŁDZ** 54 Ub 40
Bachowice **MŁP** 77 Uc 49
Bachórz **PKR** 80 Xb 49
Bachórzec **PKR** 80 Xc 50
Bachów **PKR** 81 Xc 50
Bachury **PDL** 36 Ye 31
Baciki Bliższe **PDL** 47 Xf 34
Baciki Dalsze **PDL** 47 Xf 34
Baciki Średnie **PDL** 47 Xf 34
Baciuty **PDL** 35 Xf 30
Bacze Mokre **PDL** 34 Xa 30
Bacze Suche **PDL** 34 Xa 30
Baczki **MAZ** 47 Xc 34
Baczków **LBL** 58 Wf 37
Baczków **MŁP** 78 Vc 48
Baczyn **MŁP** 84 Ue 50
Baczyna **LBU** 26 Qa 32
Baczyna **SWK** 68 Vd 41
Baczysław **ZPM** 13 Pf 25
Baćki, Godlewo- **MAZ** 35 Xc 32
Baćkowice **SWK** 69 Wb 44
Badowo-Dańki **MAZ** 56 Vd 37

Badów Górny – Blochy

Blok-Dobryszyce **ŁDZ** 67 Uc 42
Blunaki **POM** 18 Ub 25
Bluszczów **SLK** 75 Tb 49
Bluszewo **WKP** 29 Sb 31
Błachów **OPL** 65 Tc 44
Bładnice **SLK** 83 Te 50
Błaskowizna **PDL** 11 Xe 23
Błaszki **ŁDZ** 53 Tc 39
Błaszków **SWK** 68 Vd 42
Bławaty **KPM** 42 Ta 33
Błaziny Dolne **MAZ** 69 Wb 42
Błaziny Górne **MAZ** 69 Wb 42
Błażejewo **WKP** 40 Sa 35
Błażejki **LBL** 46 Xa 37
Błażejowice **SLK** 76 Td 46
Błażejowice Dolne **OPL** 75 Se 46
Błażejów **DLS** 62 Ra 45
Błażek **LBL** 70 Xc 43
Błażkowa **DLS** 62 Qf 44
Błażkowa **PKR** 79 Wc 49
Błażowa **PKR** 80 Xa 49
Błażowa Dolna **PKR** 80 Xa 49
Błażowa Górna **PKR** 80 Xa 49
Błądkowo **ZPM** 13 Qb 27
Błądzikowo **POM** 6 Tc 20
Błądzim **KPM** 17 Ta 28
Błądzonka **MŁP** 84 Ud 50
Błąkały **WMZ** 10 Xd 23
Błenna **KPM** 42 Tf 34
Błeszno **MAZ** 56 Vf 39
Błeszno **SLK** 66 Ua 44
Błeszyn **ŁDZ** 55 Uc 39
Błędnica **MAZ** 34 Xa 32
Błędostwo **MAZ** 45 Vf 33
Błędowa Tyczyńska **PKR** 80 Xb 49
Błędowa Zgłobieńska **PKR** 80 Wf 48
Błędowo **KPM** 30 Te 28
Błędowo **MAZ** 45 Ve 33
Błędów **MAZ** 56 Ve 38
Błędów **MAZ** 57 Wa 41
Błędów **SLK** 77 Uc 46
Błękwit **WKP** 28 Sa 28
Błociszewo **WKP** 40 Rf 36
Błocko **WKP** 39 Rb 36
Błogie Rządowe **ŁDZ** 55 Uf 40
Błogocice **MŁP** 78 Vb 47
Błogoszcz **MAZ** 47 Xc 35
Błogoszów **SWK** 67 Va 44
Błomino Gumowskie **MAZ** 44 Vb 33
Błonia **SWK** 69 Wd 45
Błonie **DLS** 63 Re 42
Błonie **ŁDZ** 43 Ua 36
Błonie **LBL** 48 Yb 35
Błonie **MAZ** 45 Vd 35
Błonie **MŁP** 78 Vf 49
Błonie **PKR** 79 Wc 47
Błonie, Wyszonki- **PDL** 35 Xd 32
Błonie Duże **MAZ** 47 Xb 34
Błońsko **WKP** 39 Ra 35
Błota **ŁDZ** 53 Tc 40
Błota **OPL** 64 Sc 43
Błota Dolne **ŁDZ** 53 Tc 40
Błotnia **POM** 6 Tc 23
Błotnica **DLS** 74 Rf 46
Błotnica **SWK** 68 Vd 42
Błotnica **WKP** 39 Rb 37
Błotnica Strzelecka **OPL** 75 Tc 46
Błotnik **POM** 6 Tf 23
Błotno **ZPM** 13 Qa 26
Błotno **ZPM** 14 Qc 29
Błotnowola **SWK** 79 Vf 47
Błoto **KPM** 30 Tc 29
Błudowo **WMZ** 7 Ue 23
Bługowo **WKP** 28 Sa 29
Bnin **KPM** 29 Sc 30
Bobiecko **ŁDZ** 44 Uf 36
Bobięcino **POM** 15 Rf 24
Bobin **MŁP** 78 Vc 47
Bobino-Grzybki **MAZ** 33 Wa 30
Bobino Wielkie **MAZ** 33 Wa 30
Boblino **LBL** 71 Ya 43
Bobolice **DLS** 63 Rf 45
Bobolice **SLK** 67 Uc 45
Bobolice **ZPM** 15 Rd 25
Bobolin **ZPM** 12 Pc 28
Bobolin **ZPM** 3 Rc 22
Boboluszki **OPL** 75 Se 48
Boboszów **DLS** 73 Re 48
Bobowa **MŁP** 86 Vf 50
Bobowa **PKR** 79 Wc 48
Bobowicko **LBU** 39 Qd 34
Bobowiska **LBL** 58 Xb 40
Bobowo **POM** 17 Td 25
Bobra Wielka **PDL** 23 Yd 27
Bobrek **MAZ** 57 Wa 39
Bobrek **MŁP** 76 Ub 48
Bobrek **SLK** 76 Tf 46
Bobrowa **ŁDZ** 55 Uf 37
Bobrowa **OPL** 66 Td 43
Bobrowce **MAZ** 56 Vd 37
Bobrowice **LBU** 38 Qa 37
Bobrowice **LBU** 50 Qd 39
Bobrowice **ZPM** 4 Rd 22
Bobrowiczki **ZPM** 4 Rd 22
Bobrowiec **ŁDZ** 56 Vc 39
Bobrowiec **MAZ** 45 Vf 36
Bobrowiec **POM** 17 Td 26
Bobrowiec **WMZ** 7 Uf 22
Bobrownik **ŁDZ** 54 Tf 39
Bobrownik **WMZ** 8 Vc 24
Bobrowniki **ŁDZ** 44 Va 36
Bobrowniki **ŁDZ** 66 Te 42
Bobrowniki **LBL** 58 Wf 39
Bobrowniki **LBU** 50 Qe 37
Bobrowniki **MAZ** 57 Wb 39
Bobrowniki **PDL** 23 Yd 28
Bobrowniki **PDL** 36 Yf 30
Bobrowniki **POM** 4 Sc 21
Bobrowniki **SLK** 76 Tf 46
Bobrowniki **SWK** 67 Uf 43
Bobrowniki **WKP** 53 Ta 40
Bobrowniki **ZPM** 13 Qb 28
Bobrowniki Małe **MŁP** 78 Vf 48
Bobrowniki Wielkie **MŁP** 79 Vf 48
Bobrowo **KPM** 31 Vb 29
Bobrowo **WKP** 41 Ta 35
Bobrowo **WMZ** 9 Wc 23
Bobrowo **ZPM** 14 Ra 27
Bobrowska Wola **SWK** 67 Uf 43
Bobrówka **PDL** 22 Ya 28
Bobrówka **PDL** 48 Yb 34
Bobrówka **PKR** 81 Xf 48
Bobrówko **LBU** 26 Qc 31
Bobrówko **LBU** 38 Qa 34
Bobrówko **WMZ** 21 Wd 26
Bobry **ŁDZ** 67 Uc 42
Bobry **WMZ** 22 Xc 26
Bobrza **SWK** 68 Vd 43
Bobrzany **LBU** 50 Qc 39
Boby **MAZ** 33 Wa 32
Boby-Kolonia **LBL** 70 Xa 42
Boby-Wieś **LBL** 70 Xa 42
Bocheniec **KPM** 31 Ua 30
Bocheniec **SWK** 68 Vb 44
Bocheń **ŁDZ** 44 Ue 36
Bochlewo **WKP** 42 Ta 35
Bochlin **KPM** 17 Te 26
Bochlin Szlachecki **KPM** 17 Te 26
Bochnia **MŁP** 78 Vc 49
Bochotnica **LBL** 58 Wf 40
Bochotnica **LBL** 58 Xa 40
Bochotnica-Kolonia **LBL** 58 Xb 41
Bochowo **POM** 5 Se 22
Bocianicha **ŁDZ** 54 Ub 39
Boczki **ŁDZ** 43 Ub 36
Boczki **ŁDZ** 44 Va 35
Boczki **ŁDZ** 54 Tf 38
Boczki Domaradzkie **ŁDZ** 43 Ud 36
Boczki-Świdrowo **PDL** 22 Xc 27
Boczkowice **MŁP** 78 Vb 46
Boczkowice **SWK** 67 Va 44
Boczków **WKP** 53 Sf 38
Boczów **LBU** 38 Pf 35
Boczów **MŁP** 78 Vb 49
Boćki **PDL** 35 Ya 33
Boćwinka **WMZ** 10 Xa 23
Bodaczki **PDL** 35 Xf 32
Bodaczów **LBL** 71 Ya 44
Bodaki **MŁP** 86 Wb 51
Bodaki **PDL** 35 Xf 32
Boduszewo **WKP** 40 Sa 33
Boduszów **SWK** 69 Wc 44
Bodzanowice **OPL** 66 Td 43
Bodzanowo **KPM** 42 Te 33
Bodzanowo **KPM** 43 Ua 34
Bodzanowo II **KPM** 30 Te 32
Bodzanów **MAZ** 44 Va 33
Bodzanów **MŁP** 78 Va 49
Bodzanów **OPL** 74 Sc 46
Bodzanówek **KPM** 43 Ua 34
Bodzechów **SWK** 69 Wc 43
Bodzentyn **SWK** 69 Vf 43
Bodzewo **WKP** 52 Sa 37
Bodzęcin **ZPM** 13 Pf 27
Bodzia **KPM** 30 Tf 32
Bodziejówka **SLK** 67 Ud 45
Bodzów **LBU** 50 Qf 38
Bodzyniewo **WKP** 40 Sa 36
Bogacica **OPL** 65 Ta 43
Bogacka Szklarnia **OPL** 65 Ta 43
Bogacko **WMZ** 21 Wd 24
Bogaczewo **WMZ** 18 Ud 24
Bogaczewo **WMZ** 19 Uf 25
Bogaczewo **WMZ** 21 We 25
Bogaczów **LBU** 50 Qb 37
Bogate **MAZ** 33 Vf 31
Bogatka **LBL** 72 Yf 42
Bogatka **POM** 6 Te 23
Bogatka **WKP** 42 Te 35
Bogatki **MAZ** 45 Vf 36
Bogatynia **DLS** 61 Pf 43
Bogatyńskie **WMZ** 19 Va 24
Bogdaj **WKP** 52 Sd 39
Bogdalec **MAZ** 33 Wa 31
Bogdałów **WKP** 42 Td 36
Bogdaniec **LBU** 26 Qa 32
Bogdanka **ŁDZ** 55 Ue 38
Bogdanka **LBL** 59 Ya 41
Bogdanki **PDL** 36 Ya 31
Bogdanki **WKP** 52 Rf 37
Bogdanowice **OPL** 75 Sf 48
Bogdanów **DLS** 63 Rd 42
Bogdanów **ŁDZ** 55 Ud 40
Bogdanów **OPL** 64 Sb 45
Bogdanówka **MŁP** 85 Ue 50
Bogdany Wielkie **MAZ** 33 Vf 29
Bogdańczew **ŁDZ** 43 Ub 36
Bogdańczowice **OPL** 65 Tb 43
Bogdaszowice **DLS** 63 Re 42
Boginie, Rakowo- **PDL** 34 Xb 30
Boglewice **MAZ** 57 Vf 38
Boglewska Wola **MAZ** 57 Vf 38
Bogomice **DLS** 51 Ra 38
Bogoniowice **MŁP** 86 Vf 50
Bogoria **SWK** 69 Wb 45
Bogoria **SWK** 69 We 45
Bogoria Dolna **ŁDZ** 44 Ue 36
Bogoria Górna **ŁDZ** 44 Ue 36
Boguchwała **KPM** 31 Uc 32
Boguchwała **PKR** 80 Wf 49
Boguchwałowice **SLK** 76 Ub 46
Boguchwałów **OPL** 75 Sf 48
Boguchwały **WMZ** 19 Va 25
Bogucice **ŁDZ** 54 Tf 38
Bogucice **LBL** 72 Ye 44
Bogucice **MŁP** 78 Vc 48
Bogucice **SLK** 76 Ua 47
Bogucice **WKP** 53 Ta 37
Bogucice Drugie **SWK** 78 Vd 46
Bogucice Pierwsze **SWK** 78 Vd 46
Bogucin **KPM** 31 Ua 32
Bogucin **LBL** 58 Xc 41
Bogucin **MAZ** 32 Va 32
Bogucin **MAZ** 33 Ve 31
Bogucin **MŁP** 77 Ud 47
Bogucin-Kolonia **LBL** 58 Xc 41
Bogucino **ZPM** 2 Qd 24
Bogumice **SLK** 75 Tc 48
Bogumiłowice **ŁDZ** 66 Ua 41
Bogumiłowice **MŁP** 78 Vf 48
Bogumiłów **ŁDZ** 54 Te 39
Bogumiłów **ŁDZ** 54 Ub 41
Bogumiłów **LBU** 49 Qa 39
Boguniewo **WKP** 28 Rf 32
Bogunów **DLS** 64 Sa 43
Bogurzyn **MAZ** 32 Vb 30
Bogurzynek **MAZ** 32 Vb 30
Bogusław **LBL** 71 Xf 43
Bogusław **ZPM** 13 Pd 27
Bogusław **ZPM** 26 Pe 32
Bogusław-Bogusławice **WKP** 53 Sf 37
Bogusławice **DLS** 64 Sc 41
Bogusławice **KPM** 43 Ub 33
Bogusławice **ŁDZ** 55 Ue 39
Bogusławice **MAZ** 44 Vc 33
Bogusławice **MAZ** 57 Wb 40
Bogusławice **SLK** 63 Ub 43
Bogusławice **SWK** 69 Wc 43
Bogusławice **WKP** 42 Tb 36
Bogusławice **WKP** 42 Td 34
Bogusławice, Bogusław- **WKP** 53 Sf 37
Bogusławki **ŁDZ** 56 Vb 38
Bogusławy **ŁDZ** 55 Va 41
Bogusz, Siedliska- **PKR** 79 Wc 49
Bogusza **MŁP** 86 Vf 51
Bogusze **PDL** 23 Yc 28
Bogusze **WMZ** 22 Xc 26
Boguszewiec **MAZ** 31 Ue 31
Boguszewo **KPM** 18 Ua 28
Boguszewo **PDL** 35 Xe 28
Boguszewo **WMZ** 19 Ue 26
Boguszki **PDL** 22 Xe 28
Boguszowice **SLK** 76 Td 48
Boguszów **DLS** 63 Rb 44
Boguszów **MAZ** 57 Wb 38
Boguszów-Gorce **DLS** 63 Rb 44
Boguszówka **MAZ** 58 We 40
Boguszówka **PKR** 88 Xd 50
Boguszyce **DLS** 52 Sc 41
Boguszyce **ŁDZ** 43 Uc 36
Boguszyce **OPL** 65 Sf 45
Boguszyce **PDL** 34 Xa 30
Boguszyce **SLK** 75 Td 46
Boguszyce **WKP** 42 Td 34
Boguszyce **ZPM** 13 Qb 26
Boguszyce Duże **ŁDZ** 56 Vb 38
Boguszyczki **WKP** 42 Td 34
Boguszyn **MAZ** 44 Vb 34
Boguszyn **WKP** 40 Rc 37
Boguszyn **WKP** 41 Sb 36
Boguszynek **WKP** 41 Sb 36
Boguszyniec **WKP** 42 Te 35
Boguszyny **ZPM** 26 Qc 30
Boguty-Pianki **MAZ** 35 Xc 32
Bogwidze **WKP** 53 Se 38
Bohdan **PDL** 35 Ya 29
Bohoniki **PDL** 23 Yd 28
Bohukały **LBL** 48 Yc 36
Bohutyn **LBL** 59 Ya 39
Boiska **MAZ** 70 We 41
Boiska, Kolonia **LBL** 70 Wf 42
Boiska-Kolonia **MAZ** 70 We 41
Bojadła **LBU** 39 Qe 37
Bojan **POM** 6 Tc 22
Bojanice **DLS** 63 Rd 44
Bojanice **WKP** 52 Re 37
Bojanowo **MAZ** 32 Va 31
Bojanowo **WKP** 51 Re 38
Bojanów **ŁDZ** 65 Tc 42
Bojanów **PKR** 80 Wf 46
Bojanów **SLK** 75 Tb 48
Bojany **MAZ** 34 We 32
Bojary **MAZ** 34 Xa 32
Bojary **PDL** 35 Xf 30
Bojewo **MAZ** 46 Wf 33
Bojków **SLK** 76 Te 47
Bojmie **MAZ** 46 Wf 35
Bojszowy **SLK** 76 Ua 48
Bojszów **SLK** 75 Tc 46
Bokinia **LBL** 72 Yd 43
Bokinka Królewska **LBL** 59 Yc 37
Bokinka Pańska **LBL** 59 Yc 38
Bokiny **PDL** 35 Xf 30
Boków **SWK** 68 Vd 41
Boksyce **SWK** 69 Wb 43
Boksycka **SWK** 69 Wc 43
Bolcie **PDL** 11 Xe 22
Bolechowice **MŁP** 77 Ue 48
Bolechowice **SWK** 68 Vd 44
Bolechowo **WKP** 40 Rf 33
Bolechowo **ZPM** 13 Pf 27
Bolechowo-Osiedle **WKP** 40 Rf 33
Bolechów **DLS** 64 Sb 43
Bolechówko **WKP** 40 Rf 33
Bolejny **WMZ** 19 Vc 28
Bolemin **LBU** 26 Qb 33
Boleradz **SLK** 76 Ua 46
Bolesław **MŁP** 77 Uc 47
Bolesław **MŁP** 78 Vf 47
Bolesław **SLK** 75 Tb 48
Bolesławice **DLS** 50 Qd 41
Bolesławice **DLS** 63 Rc 43
Bolesławice **POM** 4 Rf 22
Bolesławiec **DLS** 50 Qd 41
Bolesławiec **ŁDZ** 65 Tb 41
Bolesławowo **POM** 17 Tc 24
Bolesławów **DLS** 73 Rf 47
Bolesławów **SLK** 67 Ud 44
Bolesławów **WKP** 52 Sb 37
Bolestraszyce **PKR** 81 Xf 50
Bolesty **MAZ** 47 Xe 36
Bolesty **PDL** 35 Ya 32
Boleszczyn **WKP** 54 Te 37
Boleszewo **ZPM** 4 Rd 22
Boleszkowice **ZPM** 25 Pd 32
Boleszyn **SWK** 69 Wb 43
Boleszyn **WMZ** 31 Ue 29
Boleścin **DLS** 52 Sa 41
Boleścin **DLS** 63 Rd 44
Bolewice **WKP** 39 Ra 34
Bolewo **MAZ** 32 Vc 31
Bolęcin **MAZ** 44 Vd 33
Bolęcin **MAZ** 56 Vd 41
Bolęcin **MŁP** 77 Uc 48
Bolęcin **WKP** 39 Ra 35
Bolędy, Zaręby- **PDL** 34 Xb 31
Bolimów **ŁDZ** 44 Va 36
Bolino **MAZ** 44 Vb 34
Bolkowice **DLS** 63 Rb 43
Bolkowo **ZPM** 14 Ra 25
Bolków **DLS** 63 Ra 43
Bolmin **SWK** 68 Vc 44
Bolów **MŁP** 78 Vb 47
Bolszewo **POM** 5 Tb 21
Bolumin **KPM** 30 Tb 30
Bombalice **MAZ** 32 Ue 32
Bombla **PDL** 22 Ya 28
Bonarówka **PKR** 87 We 50
Bondyrz **LBL** 71 Ya 45
Bondziszki **PDL** 11 Xf 23
Boniewo **KPM** 42 Tf 34
Boniewo **LBL** 71 Xf 42
Bonikowo **WKP** 40 Rd 36
Boników **WKP** 53 Sd 39
Bonin **MAZ** 47 Ya 35
Bonin **ZPM** 14 Qd 27
Bonin **ZPM** 3 Rb 24
Bononia **LBL** 71 Xe 44
Bonowice **SLK** 67 Ue 45
Bonów **LBL** 71 Xf 41
Bonów **LBU** 50 Qf 38
Bończa **LBL** 72 Yc 43
Bończa **MAZ** 57 Wa 38
Bończa **WKP** 28 Rd 32
Bońki **MAZ** 44 Vc 33
Bońkowo Kościelne **MAZ** 32 Vb 31
Bońkowo Podleśne **MAZ** 32 Vb 31
Boraszyce Wielkie **DLS** 51 Rd 40
Boraszyn **DLS** 52 Rc 40
Boratyniec Lacki **PDL** 47 Xf 34
Boratyniec Ruski **PDL** 47 Xf 34
Boratyń **PKR** 81 Xd 49
Borawe **MAZ** 34 Wd 31
Borawskie **WMZ** 10 Xd 24
Borchów **PKR** 81 Ya 48
Borchówka **ŁDZ** 55 Ud 38
Borcz **POM** 6 Tb 23
Borczyn **SWK** 68 Vd 45
Boreczek **DLS** 64 Sa 43
Boreczek **PKR** 79 We 48
Boreczno **WMZ** 18 Ue 26
Borek **DLS** 51 Rb 39
Borek **DLS** 52 Rf 39
Borek **ŁDZ** 43 Ua 36
Borek **ŁDZ** 54 Tc 38
Borek **LBU** 26 Qc 32
Borek **MAZ** 33 Wa 29
Borek **MAZ** 34 We 31
Borek **MAZ** 58 We 39
Borek **MŁP** 78 Vd 48
Borek **WKP** 53 Ta 38
Borek, Rędziny- **SWK** 78 Vb 46
Borek Klimontowski **SWK** 69 Wc 45
Borek Mały **PKR** 79 Wd 48
Borek Nowy **PKR** 80 Xa 49
Borek Stary **PKR** 80 Xa 49
Borek Strzeliński **DLS** 64 Sa 43
Borek Szlachecki **MŁP** 77 Ue 49
Borek Wielki **PKR** 79 Wd 48
Borek Wielkopolski **WKP** 52 Sb 37
Boręty **POM** 6 Tf 24
Borgowo **WKP** 40 Sa 36
Boria **SWK** 69 Wd 43
Borki **ŁDZ** 43 Ub 36
Borki **ŁDZ** 54 Tf 38
Borki **ŁDZ** 55 Ue 37
Borki **ŁDZ** 55 Uf 37
Borki **ŁDZ** 67 Ue 42
Borki **LBL** 58 Wf 37
Borki **LBL** 58 Xa 39
Borki **LBL** 58 Xd 38
Borki **LBL** 81 Xe 46
Borki **MAZ** 34 Wd 32
Borki **MAZ** 46 Wf 36
Borki **MAZ** 57 Wc 40
Borki **MAZ** 68 Ve 41
Borki **MŁP** 79 Wa 47
Borki **OPL** 65 Sf 44
Borki **PDL** 36 Yd 29
Borki **PKR** 70 Xb 45
Borki **SWK** 68 Ve 44
Borki **SWK** 79 Wb 46
Borki **WKP** 15 Re 27
Borki **WKP** 41 Sf 35
Borki **WKP** 42 Tc 35
Borki **WMZ** 21 Xb 24
Borki **WMZ** 21 Xb 26
Borki **WMZ** 9 Wc 24
Borki, Jakać- **PDL** 34 Wf 30
Borki, Olszewo- **MAZ** 33 Wd 30
Borki, Rutki- **MAZ** 32 Vc 31
Borki Drużbińskie **ŁDZ** 54 Te 37
Borki-Kosiorki **MAZ** 47 Xb 36
Borki-Kosy **MAZ** 47 Xc 36
Borki Małe **OPL** 66 Tc 43
Borki Niżniańskie **PKR** 79 Wc 46
Borki-Poduchy **MAZ** 47 Xc 36
Borki Rozowskie **WMZ** 20 Wc 27
Borki Siedleckie **MAZ** 47 Xb 35
Borki Sokolskie **ŁDZ** 53 Tc 41
Borki-Sołdy **MAZ** 47 Xc 36
Borki Walkowskie **ŁDZ** 54 Te 41
Borki Wielkie **OPL** 66 Td 43
Borki Wielkie **WMZ** 20 Wa 26
Borkowice **MAZ** 56 Ve 41
Borkowice **OPL** 65 Se 44
Borkowice **OPL** 65 Ta 43
Borkowice **WKP** 40 Re 35
Borkowice **ZPM** 3 Qf 23
Borkowiny **WMZ** 10 Xc 23
Borkowizna **LBL** 70 Xc 42
Borkowo **MAZ** 45 Vd 33
Borkowo **PDL** 34 Wf 28
Borkowo **POM** 6 Td 22
Borkowo **POM** 6 Td 23
Borkowo **WKP** 41 Se 35
Borkowo **ZPM** 4 Rd 23
Borkowo-Falęta **MAZ** 33 Ve 30
Borkowo Kościelne **MAZ** 31 Ue 31
Borkowo Lęborskie **POM** 5 Se 20
Borkowo Wielkie **MAZ** 32 Ue 31
Borkowo Wielkie **ZPM** 14 Qc 27
Borkowszczyzna **LBL** 71 Xe 42
Borków **LBL** 58 Xc 40
Borków **SWK** 68 Ve 44
Borków **SWK** 69 Wc 44
Borków Stary **WKP** 53 Ta 38
Borne **ZPM** 14 Qf 27
Borne Sulinowo **ZPM** 15 Rd 27
Bornice **WMZ** 18 Uc 26
Boronice **SWK** 78 Vc 47
Boronów **SLK** 66 Tf 44
Boroszewo **POM** 17 Td 24
Boroszów **OPL** 65 Tc 43
Borowa **DLS** 64 Sb 41
Borowa **ŁDZ** 54 Ua 41
Borowa **ŁDZ** 55 Ue 38
Borowa **ŁDZ** 67 Uc 41
Borowa **ŁDZ** 67 Uc 43
Borowa **ŁDZ** 67 Va 42
Borowa **LBL** 58 Wf 39
Borowa **MŁP** 85 Ve 50
Borowa **PKR** 79 Wb 48
Borowa **PKR** 79 Wc 46
Borowa **SLK** 66 Ua 42
Borowa Góra **MAZ** 45 Wa 34
Borowa Góra **PKR** 81 Yb 48
Borowa Góra **SWK** 68 Ve 43
Borowa Wieś **SLK** 76 Te 47
Borowa Wola **MAZ** 56 Vd 39
Borowce **MAZ** 34 We 31
Borowce **SLK** 67 Ud 44
Borowe **LBU** 49 Qa 40
Borowe **MAZ** 56 Ve 39
Borowe **SLK** 66 Tf 44
Borowe **WMZ** 20 Wb 26
Borowe, Kępiste- **MAZ** 34 Xa 32
Borowe, Łady- **PDL** 34 Xb 30
Borowe, Popowo- **MAZ** 45 Vf 33
Borowe Pole **SLK** 77 Uc 45
Borowiany **SLK** 66 Td 45
Borowica **LBL** 71 Ya 42
Borowice **DLS** 62 Qe 44
Borowiczki-Parcele **MAZ** 44 Ue 33
Borowie **MAZ** 57 We 37
Borowiec **ŁDZ** 54 Td 41
Borowiec **ŁDZ** 55 Va 41
Borowiec **LBL** 81 Ya 46
Borowiec **LBU** 50 Qf 38
Borowiec **OPL** 64 Se 45
Borowiec **POM** 5 Sf 23
Borowiec **SWK** 56 Vc 41
Borowiec **SWK** 68 Va 43
Borowiec **WKP** 41 Se 36
Borowiec **WKP** 53 Se 38
Borowiecko **ŁDZ** 67 Uc 42
Borowiki **PDL** 48 Yb 34
Borowina **LBL** 58 Wf 39
Borowina **LBL** 71 Ya 46
Borowina **LBU** 50 Qd 39
Borowina **POM** 6 Tb 24
Borowina, Chomęciska- **LBL** 71 Yb 44
Borowina, Lipiny Górne- **LBL** 80 Xc 46
Borowiny **ŁDZ** 44 Ue 36
Borowiny **ŁDZ** 44 Va 36
Borowki **WKP** 28 Sb 30
Borownica **PKR** 87 Xb 50
Borowniki **KPM** 31 Tf 32
Borowno **SLK** 66 Ub 43
Borowo **KPM** 31 Uc 31
Borowo **KPM** 31 Uc 32
Borowo **MAZ** 31 Ue 31
Borowo **MAZ** 69 Wd 41
Borowo **POM** 6 Tb 23
Borowo **WKP** 29 Sb 30
Borowo **WKP** 40 Re 36
Borowo **WKP** 42 Tc 35
Borowskie-Awissa **PDL** 22 Xc 28
Borowskie Michały **PDL** 35 Ya 31
Borowskie Wypychy **PDL** 35 Xf 30
Borowskie Żaki **PDL** 35 Xf 31
Borowski Las **WMZ** 20 Wb 26
Borowy Las **POM** 5 Se 23
Borowy Młyn **POM** 16 Sb 25
Borów **DLS** 50 Qf 39
Borów **DLS** 63 Rb 43
Borów **DLS** 64 Rf 43
Borów **ŁDZ** 43 Ua 36
Borów **LBL** 70 Wf 44
Borów **LBL** 70 Xb 42
Borów **LBL** 71 Xf 43
Borów **LBU** 38 Qc 35
Borów **LBU** 50 Qd 38
Borów **MAZ** 57 Wc 41
Borów **WKP** 53 Tb 38
Borówek **LBL** 71 Xf 43
Borówiec **WKP** 40 Sa 35
Borów-Kolonia **LBL** 71 Xf 43
Borówna **MŁP** 78 Vd 49
Borówno **DLS** 63 Ra 44
Borówno **KPM** 30 Ta 29
Borówno **KPM** 30 Tc 29
Borówno **KPM** 30 Te 30
Borów Polski **LBU** 50 Qe 38
Borsk **POM** 16 Sf 25
Borsuk **LBL** 72 Yf 45
Borsuki **MAZ** 48 Ya 35
Borsuki **MAZ** 69 Wb 42
Borsuki-Kolonia **MAZ** 45 Wa 33
Borsukówka **PDL** 35 Xf 29
Borszewice Cmentarne **ŁDZ** 54 Ua 39
Borszewice Kościelne **ŁDZ** 54 Ua 39
Borszowice **SWK** 67 Va 45
Borszowice **SWK** 68 Vc 45
Borszyn **ŁDZ** 43 Ua 37
Borszyn Mały **DLS** 51 Rd 38
Borszyn Wielki **DLS** 51 Rd 38
Bortatycze **LBL** 71 Yb 44
Borucice **OPL** 64 Sd 43
Borucicha **LBL** 58 Wf 38
Borucin **KPM** 42 Te 33
Borucin **SLK** 75 Ta 48
Borucinek **KPM** 42 Te 33
Borucino **POM** 5 Sf 23
Borucino **WKP** 15 Re 28
Borucza **MAZ** 46 Wd 34
Borucza, Kąty- **MAZ** 46 Wd 34
Boruja **WKP** 39 Ra 35
Boruja Kościelna **WKP** 39 Ra 35
Boruń **LBL** 72 Yc 43
Borusowa **MŁP** 78 Ve 47
Boruszowice **SLK** 76 Te 45
Boruszyn **LBU** 49 Pf 39
Boruszyn **WKP** 28 Rd 32
Boruty **MAZ** 33 Wc 31
Boruty **MAZ** 33 Wc 32
Boruty **MAZ** 56 Vf 38
Bory **SLK** 76 Ua 46
Bory **SLK** 76 Ub 47
Borychów **MAZ** 47 Xc 34
Borycz **OPL** 65 Tb 45
Borysew **ŁDZ** 54 Tf 37
Borysław **ŁDZ** 55 Va 37
Borysławice **ŁDZ** 53 Tc 39
Borysławice Kościelne **WKP** 42 Te 35
Borysowszczyzna **PDL** 48 Ya 34
Borysów **LBL** 58 Xa 39
Borysówka **PDL** 36 Yd 31
Boryszew **MAZ** 45 Wb 35
Boryszewo **ZPM** 3 Rc 22
Boryszów **ŁDZ** 55 Ud 40
Boryszyn **LBU** 38 Qc 34
Borza Nowa **MAZ** 33 Vf 32
Borze, Górki- **MAZ** 46 Wf 34
Borzechowo **MAZ** 32 Uf 32
Borzechowo **POM** 17 Tc 25
Borzechów **LBL** 70 Xb 42
Borzejewo **WKP** 41 Sb 35
Borzestowo **POM** 5 Sf 23
Borzestowska Huta **POM** 5 Ta 23
Borzewisko **ŁDZ** 54 Te 37
Borzęcice **WKP** 52 Sd 37
Borzęciczki **WKP** 52 Sc 37
Borzęcin **DLS** 52 Rf 40
Borzęcin **ZPM** 13 Qb 25
Borzęcin Dolny **MŁP** 78 Ve 48
Borzęcin Duży **MAZ** 45 Ve 35
Borzęcin Górny **MŁP** 78 Ve 48
Borzęcino **POM** 4 Sb 22
Borzęcino **ZPM** 14 Rb 25
Borzęckie **ŁDZ** 54 Td 40
Borzęta **MŁP** 78 Uf 49
Borzygniew **DLS** 63 Rd 43
Borzykowa **ŁDZ** 67 Ue 43
Borzykowa **SWK** 68 Ve 45
Borzykowo **WKP** 41 Sd 35
Borzym **ZPM** 26 Pd 29
Borzymin **KPM** 31 Uc 30
Borzymów **SWK** 79 Wa 46
Borzymówka **MAZ** 44 Vb 36
Borzymy **MAZ** 32 Vd 30
Borzymy **MAZ** 46 Wd 33
Borzymy **PDL** 47 Xd 33
Borzymy, Kobylin- **PDL** 35 Xe 30
Borzynowo **DLS** 52 Sc 39
Borzynowo **WMZ** 7 Ud 24
Borzysław **POM** 4 Re 23
Borzysław **ZPM** 14 Rb 25
Borzysławiec **ZPM** 13 Pe 27
Borzyszkowo **KPM** 29 Sc 29
Borzyszkowo **ZPM** 4 Rd 22
Borzyszkowy **POM** 16 Sc 24
Borzytuchom **POM** 4 Sc 23
Bose **PDL** 11 Yc 24
Boska Wola **MAZ** 57 Wa 38
Bosowice **SWK** 78 Vf 45
Bostów **SWK** 69 Wa 43
Boszczynek **SWK** 78 Vc 47
Boszkowo **WKP** 39 Rb 37
Bośki, Krzywki- **MAZ** 32 Va 30
Botkuny **WMZ** 10 Xc 23
Botowo **WMZ** 20 Vf 26
Bowętów **ŁDZ** 43 Ua 36
Bowyczyny **WKP** 43 Ua 35
Bożacin **WKP** 52 Sc 38
Bożanka **POM** 4 Sa 24
Bożanów **DLS** 63 Rd 43
Bożatki **WKP** 41 Ta 36
Boża Wola **ŁDZ** 43 Uc 35
Boża Wola **LBL** 70 Xc 43
Boża Wola **LBL** 71 Yb 45
Boża Wola **MAZ** 44 Vd 35
Boża Wola **MAZ** 45 Ve 34
Boża Wola **MŁP** 77 Ue 46
Boża Wola **PKR** 79 Wc 47
Boża Wola **SWK** 67 Uf 43
Boża Wólka **WMZ** 20 Wc 25
Boże **MAZ** 57 Wa 38
Boże **WMZ** 20 Wc 25
Boże Dary **SLK** 76 Ua 47
Bożejewice **KPM** 29 Se 32
Bożejewice **KPM** 30 Tb 32
Bożejewiczki **KPM** 29 Se 32
Bożejowice **DLS** 50 Qd 41
Bożenica **PDL** 34 Wf 29
Bożenice **ZPM** 4 Rd 23
Bożeń **DLS** 51 Rd 40
Boże Pole Królewskie **POM** 6 Tc 24
Bożepole Małe **POM** 5 Sf 21
Bożepole Wielkie **POM** 5 Sf 21
Bożewo **MAZ** 31 Ud 32
Bożewo **MAZ** 32 Va 32
Bożęcin **SWK** 69 Wd 44
Bożęcin **WMZ** 19 Uf 25
Bożkowice **DLS** 62 Qb 42
Bożków **DLS** 63 Rd 45
Bożków, Mały **DLS** 63 Rd 45
Bożniewice **LBL** 58 Xc 39
Bożniewice **ZPM** 15 Rc 24
Bożnowice **DLS** 64 Sa 45
Bożnów **LBU** 50 Qc 39
Bożówka **MAZ** 57 Wc 38
Boży Dar **LBL** 72 Yc 44
Bożydar **SWK** 70 We 44
Bożykówka **ŁDZ** 67 Ud 43
Bożymy **WMZ** 22 Xe 26
Bóbrka **PKR** 87 We 51
Bóbrka **PKR** 88 Xc 52
Bóbrka Kańczucka **PKR** 80 Xc 49
Bógdał **SLK** 67 Ue 45
Bójków **LBL** 59 Xf 37
Bór **LBL** 70 Wf 42
Bór **MŁP** 77 Ud 48
Bór **MŁP** 85 Va 52
Bór, Dąbrowa **LBL** 70 Xb 43
Bór Kunowski **SWK** 69 Wb 42
Bór Zajaciński **SLK** 66 Td 43
Bór Zapilski **SLK** 66 Tf 44
Brachlewo **POM** 18 Tf 26
Brachowice **ŁDZ** 43 Uc 37
Braciejowa **PKR** 79 Wc 49
Braciejówka **MŁP** 77 Ue 47
Braciszewo **WKP** 41 Sd 33
Braciszów **OPL** 75 Se 48
Brajniki **WMZ** 20 Ve 27
Braki **MAZ** 44 Va 35
Bralęcin **ZPM** 26 Qb 29
Bralin **WKP** 53 Sf 41
Bramka **KPM** 17 Tb 28
Bramka **LBL** 58 Xa 38
Bramka **WMZ** 19 Uf 25
Bramki Ukazowe **MAZ** 44 Vd 35
Bramura, Płoniawy- **MAZ** 33 Wa 31
Brandwica **PKR** 70 Xa 45
Branew **LBL** 71 Xd 44
Branewka **LBL** 71 Xd 44
Branica **ŁDZ** 54 Tf 39
Branica **MAZ** 56 Vf 39
Branica Radzyńska **LBL** 59 Xe 38
Branica Suchowolska **LBL** 59 Xe 38
Branice **MŁP** 77 Va 48
Branice **OPL** 75 Se 48
Braniewo **WMZ** 7 Ue 22
Braninek **MAZ** 45 Ve 33
Branków **MAZ** 57 Wa 38
Brankówka **KPM** 17 Td 28
Branno **WKP** 42 Tb 35
Brańsk **PDL** 35 Xf 32
Brańszczyk **MAZ** 46 Wd 33
Braszowice **DLS** 63 Re 45
Bratian **WMZ** 18 Ud 28
Bratki, Krzywki- **MAZ** 32 Va 30
Bratkowice **PKR** 80 Wf 48
Bratków **DLS** 61 Pf 42
Bratków **ŁDZ** 56 Va 40
Bratków **SWK** 69 Wc 44
Bratkówka **PKR** 87 We 50
Bratoszewice **ŁDZ** 55 Ud 37
Bratoszów **DLS** 63 Rd 44
Bratucice **MŁP** 78 Vd 48
Bratuszewo **WMZ** 31 Ud 28
Bratuszyn **WKP** 42 Td 36
Bratwin **KPM** 17 Te 28
Brąchnowo **KPM** 30 Td 30
Brączynno **ŁDZ** 54 Td 39
Brąswałd **WMZ** 19 Vc 25
Brąszewice **ŁDZ** 53 Tc 40
Brdów **WKP** 42 Te 34
Bredynki **WMZ** 20 Wa 25
Breginie **MAZ** 32 Vb 31
Brejdyny **WMZ** 20 Wb 26
Brelików **PKR** 88 Xc 51
Brenica **ŁDZ** 55 Va 39
Brenna **SLK** 83 Tf 50
Brennik **DLS** 62 Qf 41
Brennik **DLS** 63 Rc 42
Brenno **WKP** 39 Rb 37
Breń **ZPM** 27 Qe 30
Breń Osuchowska **PKR** 79 Wb 47
Breńsk **POM** 15 Sa 26
Brewkowe **SLK** 66 Te 44
Breźnica **ŁDZ** 67 Ub 42
Brnik **MŁP** 79 Wa 48
Brochocin **DLS** 50 Qf 41
Brochocin **DLS** 52 Sa 41
Brochocin **DLS** 64 Rf 44
Brochocin **MAZ** 44 Ue 33
Brochocinek **MAZ** 44 Ue 33
Brochów **DLS** 64 Sa 42
Brochów **MAZ** 44 Vb 35
Broczyna **POM** 4 Rf 24
Broczyno **ZPM** 15 Rb 27
Broda **POM** 16 Se 25
Brodacze **MAZ** 47 Xb 34
Brodek **SLK** 76 Td 48
Brodki **MAZ** 46 Wf 36
Brodła **MŁP** 77 Ud 48
Brodłowice **DLS** 51 Rc 39
Brodna **WKP** 28 Rf 30
Brodnia **ŁDZ** 54 Te 38
Brodnia Dolna **ŁDZ** 54 Ub 39
Brodnia Górna **ŁDZ** 54 Ub 39
Brodnica **KPM** 31 Uc 29
Brodnica **WKP** 40 Rf 36
Brodnica Dolna **POM** 5 Ta 23
Brodnica Górna **POM** 5 Ta 23
Brodniczka **KPM** 31 Ud 30
Brodno **DLS** 51 Rd 41
Brodowe Łąki **MAZ** 33 Wb 29
Brodowo **WKP** 41 Sb 35
Brodowo **WMZ** 32 Vb 29
Brodowo, Kruszewo- **PDL** 35 Xe 30
Brodowo-Bąboły **MAZ** 45 Vf 32
Brodów **DLS** 51 Rb 39
Brody **ŁDZ** 54 Tf 39
Brody **LBL** 71 Xf 44
Brody **LBU** 38 Qc 36
Brody **LBU** 49 Pe 38
Brody **MAZ** 57 Wb 39
Brody **MŁP** 77 Ue 49
Brody **PDL** 22 Ya 28
Brody **POM** 17 Te 25
Brody **SWK** 68 Ve 44
Brody **SWK** 69 Wb 42
Brody **WKP** 39 Rb 34
Brody Duże **LBL** 71 Xf 44
Brody Duże **MAZ** 44 Va 34
Brody Duże **SWK** 79 Wa 46
Brody-Parcele **MAZ** 45 Ve 34
Brodziaki **LBL** 71 Xe 45
Brodzięcin **MAZ** 33 Vd 32
Brodziszewo **WKP** 40 Rd 33
Brodziszów **DLS** 63 Re 45
Brogi **ŁDZ** 54 Ub 39
Brogowa **MAZ** 56 Vd 40
Brojce **ZPM** 13 Qc 25
Brok **MAZ** 34 Wf 32
Brok **PDL** 35 Xd 31
Brokęcino **WKP** 15 Re 27
Brokowo **POM** 18 Ua 26
Bromierzyk **MAZ** 44 Va 33
Bronaki-Pietrasze **PDL** 34 Xb 29
Bronczany **PDL** 35 Ya 30
Bronczyn **ŁDZ** 53 Tc 39
Bronice **LBL** 58 Xb 40
Bronice **LBU** 49 Pf 38
Broniec **OPL** 66 Td 43
Broniewice **KPM** 30 Ta 32
Broniewo **KPM** 29 Sc 29
Broniewo **KPM** 30 Tb 31
Broniewo **KPM** 42 Td 33
Bronikowo **WKP** 40 Rc 37
Bronikowo **ZPM** 27 Rb 29
Bronina **SWK** 78 Ve 46
Bronisław **KPM** 30 Td 32
Bronisław **KPM** 42 Ta 33
Bronisław **MAZ** 32 Ue 32
Bronisławka **LBL** 58 Xb 40
Bronisławów **ŁDZ** 43 Ue 37
Bronisławów **ŁDZ** 55 Uf 40
Bronisławów **ŁDZ** 56 Vc 38
Bronisławów **MAZ** 56 Vd 37
Bronisławów **MAZ** 57 Vf 38
Bronisławów Duży **LBL** 58 Xc 38
Bronisławy **MAZ** 44 Va 35
Bronisze, Sawice- **MAZ** 47 Xc 35
Broniszew **MAZ** 56 Vf 38
Broniszew **SLK** 67 Ub 43
Broniszewice **WKP** 41 Se 37
Broniszewo **PDL** 35 Xe 30
Broniszewo **WKP** 41 Se 34
Broniszewo **WKP** 42 Tc 34
Broniszów **LBU** 50 Qc 38
Broniszów **PKR** 79 Wd 49
Broniszów **SWK** 78 Vd 47
Bronka **PDL** 35 Xf 32
Bronkowice **SWK** 69 Wa 43
Bronków **LBU** 38 Qa 37
Bronno **ŁDZ** 43 Ua 36
Bronoszewice **MAZ** 31 Ue 32
Bronowice **ŁDZ** 55 Ue 38
Bronowice **LBL** 58 Wf 40
Bronowice **LBU** 27 Qd 31
Bronowice **LBU** 49 Pe 39
Bronowice Wielkie **MŁP** 77 Uf 48
Bronowo **PDL** 35 Xb 30
Bronowo **POM** 4 Sa 23
Bronowo **POM** 6 Ua 23
Bronowo-Zalesie **MAZ** 44 Ue 33
Bronów **DLS** 51 Rd 39
Bronów **ŁDZ** 54 Tf 37
Bronów **ŁDZ** 68 Vb 41
Bronów **SLK** 76 Tf 49
Bronów **WKP** 53 Se 38
Bronówek **ŁDZ** 42 Tf 37
Brony **ŁDZ** 43 Uc 36
Brońsko **WKP** 40 Rd 36
Broszęcin **ŁDZ** 54 Ua 41
Broszki **ŁDZ** 54 Td 40
Broszkowice **MŁP** 76 Ub 48
Broszków **MAZ** 46 Xa 35
Browiniec, Nowy **OPL** 75 Se 46
Browiniec Polski **OPL** 75 Se 46
Brożec **DLS** 64 Sa 44
Brożec **OPL** 75 Sf 46
Bród **ZPM** 13 Qc 27

Bródek LBL 72 Yc 44
Bródki WKP 39 Rc 34
Bródno MAZ 45 Wa 35
Brójce ŁDZ 55 Ud 38
Brójce LBU 39 Qe 35
Bruczków WKP 52 Sb 37
Brudaki ŁDZ 55 Ue 39
Brudnia KPM 30 Td 32
Brudnice MAZ 32 Uf 30
Brudniówek ŁDZ 42 Tf 37
Brudnowo KPM 30 Te 32
Brudnów ŁDZ 54 Ua 37
Brudnów MAZ 56 Ve 40
Brudzawki KPM 31 Va 29
Brudzawy KPM 31 Va 29
Brudzeń ŁDZ 43 Ua 36
Brudzeń Duży MAZ 43 Ud 32
Brudzew ŁDZ 54 Td 39
Brudzew WKP 42 Td 36
Brudzew WKP 53 Sf 37
Brudzewek WKP 53 Sf 37
Brudzewice ŁDZ 56 Vc 39
Brudzewice ZPM 13 Qb 29
Brudzewo LBU 39 Qe 35
Brudzewo POM 6 Tc 20
Brudzewo WKP 41 Se 34
Brudzędy Wielkie WMZ 18 Uc 24
Brudzice ŁDZ 67 Uc 41
Brudzowice SLK 76 Ub 45
Brudzów SWK 68 Ve 44
Brudzyno MAZ 44 Va 32
Brudzyń KPM 29 Sc 32
Bruk POM 18 Ub 25
Brukalice DLS 64 Sa 45
Bruki Unisławskie KPM 30 Tc 29
Brulino Lipskie MAZ 35 Xb 32
Bruliny MAZ 45 Ve 33
Brunary MŁP 86 Wa 51
Brunów DLS 51 Ra 40
Brunów DLS 62 Qd 42
Bruny OPL 65 Ta 42
Brus SWK 68 Vc 44
Brusiek SLK 66 Te 45
Bruskowo Małe POM 4 Rf 22
Bruskowo Wielkie POM 4 Rf 22
Brusno ZPM 14 Rb 26
Brusów LBL 58 Xa 39
Brusy POM 16 Se 25
Bruszczewo WKP 40 Rd 36
Bruszewo PDL 35 Xd 31
Bruśnik MŁP 86 Vf 50
Brutus ŁDZ 66 Ua 41
Brużyca ŁDZ 55 Ub 37
Brużyca, Kolonia ŁDZ 55 Uc 38
Brwice ZPM 25 Pd 31
Brwilno MAZ 43 Ud 33
Brwilno Dolne MAZ 43 Ud 33
Brwinów MAZ 45 Ve 36
Brygidów SWK 68 Va 43
Bryki PDL 35 Xc 31
Bryki PDL 47 Xe 34
Brylińce PKR 88 Xd 50
Brynek SLK 76 Te 45
Brynica OPL 65 Sf 44
Brynica SLK 76 Tf 46
Brynica Mokra SWK 68 Vb 45
Brynica Sucha SWK 68 Vb 45
Brynów SLK 76 Tf 47
Bryńsk-Kolonia WMZ 32 Ue 29
Bryski MAZ 31 Ue 31
Bryszki ŁDZ 55 Ue 41
Bryzdzyń MŁP 77 Va 46
Bryzgiel PDL 22 Ya 25
Bryzgów MAZ 56 Vd 41
Brzana Dolna MŁP 86 Vf 50
Brzana Górna MŁP 86 Vf 50
Brzazgały WKP 53 Tc 40
Brzączowice MŁP 77 Va 49
BrzeBznica MAZ 57 Wd 39
Brzechów SWK 68 We 44
Brzedza ŁDZ 55 Ud 37
Brzeg ŁDZ 54 Te 38
Brzeg ŁDZ 56 Vc 39
Brzeg MŁP 84 Uf 51
Brzeg OPL 64 Sc 43
Brzeg Dolny DLS 51 Re 41
Brzeg Głogowski DLS 50 Qf 38
Brzegi MAZ 58 We 37
Brzegi MŁP 77 Va 48
Brzegi MŁP 85 Va 53
Brzegi SWK 68 Vc 44
Brzegi Dolne PKR 88 Xd 52
Brzegi Górne PKR 88 Xd 54
Brzemiona KPM 17 Tb 27
Brzeska Wola MAZ 57 Wa 39
Brzeski MAZ 56 Vd 39
Brzeski-Kołaki MAZ 33 Vf 29
Brzesko MŁP 78 Vd 49
Brzesko ZPM 26 Qa 30
Brzeszcze MŁP 76 Ua 49
Brzeszczki Duże KPM 31 Uc 31
Brzeszczki Małe KPM 31 Uc 31
Brześce LBL 58 Wf 41
Brześce MAZ 45 Wb 36
Brześce-Kolonia LBL 58 Wf 41
Brześcianka PDL 35 Xf 32
Brzeście MAZ 44 Vb 32
Brzeście SWK 67 Uf 43
Brzeście SWK 67 Uf 44
Brzeście SWK 68 Vd 45
Brzeście SWK 68 Ve 42
Brzeście SWK 78 Va 45
Brzeście ZPM 4 Re 23
Brześć KPM 42 Tc 33
Brześć Kujawski KPM 43 Tf 33
Brzezia MAZ 44 Uf 35
Brzezia Łąka DLS 64 Sb 42
Brzezianka PKR 80 We 49
Brzezica DLS 64 Sa 43
Brzezice LBL 71 Xf 42
Brzeziczki LBL 71 Xf 42
Brzezie DLS 52 Sa 40
Brzezie KPM 30 Tf 32
Brzezie ŁDZ 55 Uc 40
Brzezie MŁP 77 Ue 48
Brzezie MŁP 78 Vb 49
Brzezie OPL 65 Sf 44
Brzezie POM 15 Rf 25
Brzezie SWK 69 Wa 43
Brzezie SWK 69 Wc 44
Brzezie WKP 41 Sc 35
Brzezie WKP 42 Td 34
Brzezie WKP 53 Sf 37
Brzezie Huby WKP 52 Rf 37
Brzezie nad Odrą SLK 75 Tb 48
Brzezina DLS 52 Sb 39
Brzezina DLS 63 Rf 41
Brzezina OPL 64 Sc 43
Brzezina ZPM 26 Qb 30
Brzezinka DLS 52 Sc 41
Brzezinka MAZ 45 Wb 36
Brzezinka MŁP 76 Ua 48
Brzezinka MŁP 77 Ud 49
Brzezinka MŁP 77 Ue 48
Brzezinka OPL 64 Sd 42
Brzezinka POM 5 Sd 23
Brzezinka SLK 76 Td 47
Brzezinka SLK 77 Ud 47
Brzezinka Średzka DLS 51 Re 41
Brzezinki DLS 64 Sc 42
Brzezinki ŁDZ 67 Ud 42
Brzezinki MAZ 56 Vc 40
Brzezinki OPL 65 Se 41
Brzezinki OPL 65 Ta 42
Brzezinki SWK 68 Ve 43
Brzezinki SWK 78 Vb 46
Brzezinki ZPM 28 Rc 29
Brzezinko KPM 30 Te 30
Brzezinko MAZ 34 Wd 31
Brzezinkowe SLK 66 Td 44
Brzezinów MAZ 46 Wc 34
Brzeziny KPM 17 Tc 27
Brzeziny ŁDZ 42 Te 37
Brzeziny ŁDZ 55 Ue 38
Brzeziny ŁDZ 65 Tc 41
Brzeziny LBL 58 We 39
Brzeziny LBL 59 Xd 39
Brzeziny LBL 59 Xe 38
Brzeziny LBL 59 Xf 41
Brzeziny LBL 70 Xb 44
Brzeziny LBL 71 Ya 45
Brzeziny LBL 71 Yb 43
Brzeziny LBL 82 Yc 46
Brzeziny MAZ 44 Uf 35
Brzeziny MAZ 57 Wc 40
Brzeziny OPL 64 Sc 45
Brzeziny OPL 66 Td 42
Brzeziny PDL 35 Xd 29
Brzeziny PKR 79 Wd 49
Brzeziny SLK 66 Ua 44
Brzeziny SLK 66 Ub 45
Brzeziny SLK 76 Td 49
Brzeziny SLK 76 Ua 49
Brzeziny SWK 68 Vd 44
Brzeziny SWK 69 Vf 45
Brzeziny WKP 53 Tb 39
Brzeziny WMZ 18 Ud 24
Brzeziny ZPM 27 Qe 30
Brzeziny, Roztoka- MŁP 78 Ve 50
Brzeziny-Janowięta PDL 47 Xf 33
Brzeziny Śląskie SLK 76 Tf 46
Brzezińskie Holendry WKP 42 Tc 35
Brzezna MŁP 85 Vd 51
Brzezowa MŁP 77 Va 49
Brzezowa MŁP 78 Vb 49
Brzezowa PKR 86 Wc 51
Brzezówka MŁP 79 Wa 47
Brzezówka PKR 79 Wd 48
Brzezówka PKR 80 Xa 49
Brzezówka PKR 86 Wd 50
Brzezówka SLK 76 Td 50
Brzeźce LBL 57 We 39
Brzeźce MAZ 57 Wa 38
Brzeźce OPL 75 Tb 47
Brzeźce, Osiedle SLK 76 Tf 49
Brzeźniak WKP 42 Ta 35
Brzeźniak ZPM 14 Qe 27
Brzeźnica DLS 63 Re 45
Brzeźnica ŁDZ 54 Te 40
Brzeźnica LBU 38 Qa 37
Brzeźnica LBU 50 Qc 38
Brzeźnica MŁP 77 Ud 49
Brzeźnica OPL 74 Se 46
Brzeźnica PDL 35 Xe 32
Brzeźnica PKR 79 Wc 48
Brzeźnica SLK 66 Ua 42
Brzeźnica SLK 75 Tb 48
Brzeźnica WKP 15 Re 28
Brzeźnica ZPM 15 Rf 25
Brzeźnica Bychawska LBL 59 Xe 39
Brzeźnica-Kolonia WKP 15 Rd 28
Brzeźnica Książęca-Kolonia LBL 59 Xe 39
Brzeźnica Leśna LBL 59 Xe 39
Brzeźnik DLS 50 Qc 41
Brzeźnik MAZ 46 We 35
Brzeźniki ZPM 3 Rb 24
Brzeźno ŁDZ 54 Td 40
Brzeźno DLS 52 Rf 40
Brzeźno KPM 17 Tb 26
Brzeźno KPM 30 Ta 28
Brzeźno KPM 30 Te 30
Brzeźno KPM 30 Te 32
Brzeźno KPM 31 Ua 31
Brzeźno LBL 72 Yd 42
Brzeźno LBU 26 Pf 32
Brzeźno LBU 38 Qa 34
Brzeźno MAZ 34 Wd 31
Brzeźno PDL 21 Xb 27
Brzeźno POM 16 Sc 27
Brzeźno POM 6 Td 22
Brzeźno SWK 68 Vc 44
Brzeźno WKP 28 Rd 31
Brzeźno WKP 40 Sa 33
Brzeźno WKP 42 Tb 35
Brzeźno ZPM 14 Qe 26
Brzeźno-Kolonia MAZ 34 Wd 31
Brzeźno Lęborskie POM 5 Sf 21
Brzeźno Mazurskie WMZ 19 Va 28
Brzeźno Szlacheckie POM 16 Sb 24
Brzeźno Wielkie POM 17 Td 25
Brzeżany DLS 51 Rc 38
Brzeżawa PKR 87 Xc 50
Brzeżno MŁP 78 Vc 49
Brzeżno WKP 41 Sc 34
Bręczkowice OPL 64 Sd 45
Bręczkowice SLK 76 Ub 47
Brękowice SLK 76 Ua 46
Brzoskwinia MŁP 77 Ue 48
Brzostek ŁDZ 67 Uf 42
Brzostek PKR 79 Wc 49
Brzostek SLK 67 Ue 44
Brzostek WKP 40 Sb 35
Brzostków SWK 78 Vf 47
Brzostków WKP 41 Sd 36
Brzostowa LBU 49 Qa 39
Brzostowa Góra PKR 80 We 46
Brzostowiec LBL 58 Xd 38
Brzostowiec MAZ 56 Vd 39
Brzostownia WKP 40 Sb 36
Brzostowo DLS 52 Sc 40
Brzostowo PDL 35 Xc 29
Brzostów DLS 51 Ra 39
Brzostów WKP 41 Sc 37
Brzostówka LBL 59 Xe 40
Brzoza KPM 29 Ta 30
Brzoza ŁDZ 55 Ud 40
Brzoza ŁDZ 65 Tc 41
Brzoza LBU 26 Qc 31
Brzoza WKP 40 Rd 34
Brzoza WKP 52 Sc 38
Brzozie KPM 17 Ta 27
Brzozie KPM 31 Ud 28
Brzozie KPM 31 Ud 29
Brzozie Lubawskie WMZ 31 Ud 28
Brzozowa LBL 58 Wf 41
Brzozowa MAZ 34 Wd 29
Brzozowa MŁP 78 Vf 49
Brzozowa SWK 67 Ue 44
Brzozowa SWK 69 Wd 43
Brzozowa SWK 79 Wb 46
Brzozowa, Kolonia SLK 76 Tf 49
Brzozowa Gać LBL 58 Xb 40
Brzozowa Wólka PDL 22 Xd 27
Brzozowe Błota WMZ 17 Ta 27
Brzozowica LBL 47 Xd 37
Brzozowica MAZ 46 We 34
Brzozowice SLK 76 Tf 46
Brzozowiec DLS 73 Rb 46
Brzozowiec ŁDZ 53 Tc 39
Brzozowiec LBL 72 Ye 42
Brzozowiec LBU 26 Qc 33
Brzozowiec OPL 64 Sd 42
Brzozowiec PKR 87 Xb 52
Brzozowo KPM 30 Tc 29
Brzozowo PDL 21 Wf 28
Brzozowo PDL 22 Ya 27
Brzozowo PDL 23 Yc 27
Brzozowo POM 16 Sb 25
Brzozowo WMZ 9 Wd 23
Brzozowo ZPM 13 Pe 26
Brzozowo ZPM 13 Qb 26
Brzozowo-Antonie PDL 35 Xe 31
Brzozowo-Chrzczony PDL 35 Xe 31
Brzozowo-Dąbrowa PDL 35 Xe 31
Brzozowo-Korabie PDL 35 Xe 31
Brzozowo-Łęg MAZ 33 Ve 29
Brzozowo-Maje MAZ 33 Vd 29
Brzozowo-Panki PDL 35 Xe 31
Brzozowy Kąt LBL 59 Ya 38
Brzozowy Kąt MAZ 33 Wb 28
Brzozów ŁDZ 56 Vb 39
Brzozów LBU 49 Pe 37
Brzozów MAZ 47 Xb 35
Brzozów PKR 87 Xa 50
Brzozówka ŁDZ 42 Te 36
Brzozówka ŁDZ 56 Vb 38
Brzozówka LBL 70 Xc 43
Brzozówka MAZ 33 Wc 29
Brzozówka MAZ 46 We 35
Brzozówka MŁP 77 Ue 46
Brzozówka MŁP 77 Uf 47
Brzozówka MŁP 79 Wa 48
Brzozówka PDL 22 Xf 26
Brzozówka SWK 79 Vf 45
Brzozówka WMZ 10 Wf 23
Brzozówka Ziemiańska PDL 35 Ya 28
Brzozy DLS 50 Qf 40
Brzóski Brzezińskie PDL 35 Xd 31
Brzóski-Falki PDL 35 Xd 31
Brzóski-Tatry PDL 35 Xd 31
Brzóstowa SWK 69 Wc 43
Brzóza MAZ 57 Wc 39
Brzóza Królewska PKR 80 Xb 47
Brzóza Stadnicka PKR 80 Xb 47
Brzóze MAZ 46 Wd 35
Brzózki DLS 51 Re 40
Brzózka LBU 38 Qa 37
Brzózka MAZ 46 Wf 33
Brzózki ŁDZ 53 Tb 40
Brzózki SLK 66 Tf 42
Brzózki WKP 42 Tc 35
Brzózki ZPM 12 Pc 26
Brzuchania MŁP 77 Va 46
Brzuchowo KPM 16 Se 27
Brzuska PKR 88 Xc 50
Brzuskowola MAZ 58 We 37
Brzustowiec ŁDZ 56 Vc 40
Brzustów ŁDZ 56 Va 40
Brzustów MAZ 57 Wd 40
Brzustówek ŁDZ 56 Vb 40
Brzuśce POM 17 Te 24
Brzuśnik SLK 83 Ub 51
Brzuza ŁDZ 56 Vc 40
Brzuza MAZ 46 We 33
Brzuze KPM 31 Ub 30
Brzychy MAZ 46 Wf 34
Brzydowo WMZ 19 Uf 27
Brzydowo WMZ 19 Va 25
Brzyków DLS 52 Sa 40
Brzyków ŁDZ 54 Tf 40
Brzyna MŁP 85 Vc 51
Brzyno POM 5 Ta 20
Brzyska PKR 79 Wc 50
Brzyska Wola PKR 81 Xd 47
Brzyskorzystew KPM 29 Sd 31
Brzyszczki PKR 86 Wd 50
Brzyszewo KPM 43 Ua 34
Brzyszów SLK 66 Ub 44
Brzyście PKR 79 Wc 46
Brzyście PKR 86 Wc 50
Bubele PDL 11 Yc 24
Bubel-Granna LBL 48 Ya 35
Bubel-Łukowiska LBL 48 Yb 35
Buchałowice LBL 58 Xb 40
Buchałów LBU 38 Qc 37
Buchcice MŁP 79 Wa 49
Bucie, Tymianki- MAZ 35 Xc 32
Bucz WKP 39 Rc 36
Bucze DLS 51 Rb 39
Bucze LBU 38 Qc 35
Bucze LBU 49 Pf 40
Bucze MŁP 78 Vd 48
Buczek DLS 50 Qd 40
Buczek KPM 17 Tc 27
Buczek ŁDZ 54 Ua 39
Buczek ZPM 14 Ra 24
Buczek Wielki WKP 65 Sf 42
Buczki WMZ 22 Xc 26
Buczkowice SLK 83 Ua 50
Buczków LBU 50 Qe 37
Buczków MŁP 78 Vd 48
Bucznik POM 18 Uc 25
Buczyna DLS 50 Qf 39
Buczyna MŁP 78 Vc 49
Buczyniec WMZ 18 Ud 25
Buczynka DLS 51 Rb 41
Buczynów MAZ 57 Wb 37
Buczyn Szlachecki MAZ 46 Xb 33
Buczyny LBU 49 Pe 39
Bućki, Wądołki- PDL 34 Xb 31
Budachów LBU 38 Qa 36
Budel MAZ 57 Wd 38
Budki LBL 58 Xa 38
Budki LBL 70 Xa 43
Budki MAZ 33 Vf 29
Budki MAZ 57 Wf 38
Budki MAZ 68 Ve 41
Budki, Kaski- ŁDZ 44 Vc 35
Budki, Księżopole- MAZ 46 Xa 35
Budki Rososkie LBL 58 Wf 38
Budkowice OPL 65 Ta 43
Budków DLS 51 Rc 40
Budków ŁDZ 56 Va 41
Budków MAZ 55 Uc 40
Budne MAZ 34 We 30
Budne Sowięta MAZ 33 Wc 30
Budno PDL 23 Yb 27
Budno ZPM 13 Pf 27
Budomierz PKR 81 Yb 48
Budowo POM 4 Sc 23
Budry WMZ 10 Wf 23
Budwiec PDL 23 Yc 24
Budwiecie WMZ 12 Xd 23
Budwity WMZ 18 Ud 25
Budy KPM 18 Tf 27
Budy ŁDZ 55 Ud 41
Budy SWK 67 Va 42
Budy SWK 69 Wc 45
Budy WKP 15 Rd 28
Budy, Sade MAZ 44 Vc 36
Budy Augustowskie MAZ 57 Wb 38
Budy Brankowskie MAZ 57 Wa 38
Budy Brodzkie SWK 69 Wb 42
Budy Ciepielińskie MAZ 45 Wa 33
Budy Czarnockie PDL 34 Xa 29
Budy Dłutowskie ŁDZ 55 Uc 39
Budy Głogowskie PKR 80 Wf 48
Budy Grabskie ŁDZ 44 Vb 36
Budy-Grudzie MAZ 34 Wf 31
Budy Iłowskie MAZ 44 Va 35
Budy Janowskie MAZ 46 Wd 35
Budykierz MAZ 34 Wd 32
Budy Kozickie MAZ 43 Uc 34
Budy-Kozłówka PDL 34 Wf 29
Budy Kraszewskie MAZ 32 Va 32
Budy Krępskie MAZ 57 Wd 38
Budy Kumińskie MAZ 46 We 35
Budy Kupientyńskie MAZ 46 Xb 34
Budy Liskowskie WKP 53 Tc 38
Budy Łańcuckie PKR 80 Xc 48
Budy Mszczonowskie MAZ 44 Vd 37
Budy Niemianowskie MAZ 57 Wc 40
Budynin LBL 82 Yf 46
Budy Poryckie PDL 34 Xa 28
Budy Prywatne MAZ 33 Wa 30
Budy Przytockie MAZ 46 We 35
Budy Rumockie MAZ 32 Vc 32
Budy Rządowe MAZ 33 Wa 30
Budy Siennickie MAZ 45 We 35
Budy Słodkowskie WKP 42 Tc 36
Budy Stawiskie PDL 34 Xa 28
Budy Stryjewskie ŁDZ 54 Ua 39
Budy Sułkowskie MAZ 32 Vc 31
Budy Szynczyckie ŁDZ 55 Ud 39
Budy Wielgoleskie MAZ 46 We 36
Budy Zaklasztorne MAZ 44 Vb 37
Budy-Zosiny MAZ 44 Vc 36
Budzewo WMZ 10 Wf 23
Budziarze LBL 81 Xd 46
Budzicz DLS 52 Rf 40
Budziechów LBU 49 Pf 38
Budziejewo WKP 29 Sb 32
Budzieszewice ZPM 13 Pf 26
Budziłowo WKP 41 Sd 35
Budziły, Krajewo- PDL 34 Xa 31
Budziska KPM 31 Ud 30
Budziska LBL 58 Xb 38
Budziska MAZ 46 Wd 33
Budziska MAZ 46 We 37
Budziska MAZ 58 Wf 38
Budziska SLK 75 Tb 47
Budziska SWK 79 Wb 46
Budziska WMZ 20 Wc 25
Budzisko PDL 11 Ya 23
Budzisław KPM 29 Se 32
Budzisław SWK 67 Va 43
Budzisław Kościelny WKP 42 Ta 34
Budzistowo ZPM 2 Qd 24
Budziszewice ŁDZ 55 Uf 39
Budziszewko WKP 28 Sa 32
Budziszki MAZ 34 Wf 31
Budziszowice OPL 64 Sd 45
Budziszów DLS 64 Rf 43
Budziszów Mały DLS 63 Rc 42
Budziszów Wielki DLS 63 Rc 42
Budziszyn MAZ 57 Wa 37
Budziszynek MAZ 57 Wa 37
Budziwojów DLS 50 Qf 41
Budziwój PKR 80 Wf 49
Budzów DLS 63 Re 45
Budzów ŁDZ 67 Ue 43
Budzów MŁP 85 Ue 50
Budzów OPL 65 Tc 42
Budzów Wierch MŁP 85 Va 53
Budzynek ŁDZ 54 Ua 37
Budzyno MAZ 33 Wa 31
Budzyno, Kołaki- MAZ 33 Ve 31
Budzyń ŁDZ 43 Ud 35
Budzyń LBL 70 Xa 42
Budzyń MŁP 77 Ue 46
Budzyń PKR 81 Ya 49
Budzyń WKP 28 Rf 31
Bugaj ŁDZ 66 Te 41
Bugaj MŁP 77 Uf 49
Bugaj MŁP 86 Wb 51
Bugaj SWK 67 Uf 45
Bugaj SWK 68 Vd 43
Bugaj SWK 68 Ve 42
Bugaj SWK 69 Wa 42
Bugaj WKP 41 Sc 35
Bugzy Płoskie MAZ 33 Ve 29
Bujak MAZ 69 Wb 41
Bujaki PDL 47 Xe 34
Bujaków SLK 76 Te 47
Bujaków SLK 77 Ub 49
Bujały ŁDZ 56 Vd 38
Bujały-Gniewosze MAZ 47 Xc 34
Bujały-Mikosze MAZ 47 Xc 34
Bujanica LBL 71 Xe 42
Bujenka PDL 35 Xd 32
Bujne MŁP 85 Ve 50
Bujniczki ŁDZ 67 Ud 41
Bujno, Gały- MAZ 34 Xa 31
Bujnowo PDL 35 Xf 32
Bujnów ŁDZ 54 Td 40
Bujny ŁDZ 55 Ud 40
Bujny PDL 35 Xe 31
Bujny PDL 47 Xe 33
Bujny Księże ŁDZ 54 Ub 40
Bujny Szlacheckie ŁDZ 54 Ub 40
Buk PKR 88 Xc 53
Buk WKP 40 Rd 34
Buk ZPM 12 Pc 28
Buka POM 16 Sc 27
Buk Góralski KPM 18 Ub 28
Bukowa ŁDZ 55 Uc 41
Bukowa LBL 71 Xd 45
Bukowa PKR 79 We 49
Bukowa POM 4 Sa 21
Bukowa SWK 68 Vb 43
Bukowa SWK 69 Wc 45
Bukowa Góra POM 5 Se 23
Bukowa Mała LBL 60 Yd 41
Bukowa Śląska OPL 65 Se 42
Bukowa Wielka LBL 60 Yd 41
Bukowe WKP 41 Sf 36
Bukowiany SWK 69 Wb 44
Bukowica DLS 51 Qf 39
Bukowica LBU 50 Qe 39
Bukowice DLS 52 Sc 40
Bukowice LBL 47 Ya 36
Bukowie OPL 64 Sd 42
Bukowie SWK 69 Wb 43
Bukowiec DLS 51 Re 41
Bukowiec DLS 62 Qe 44
Bukowiec KPM 17 Tb 28
Bukowiec KPM 18 Ua 27
Bukowiec KPM 31 Ua 28
Bukowiec ŁDZ 54 Td 39
Bukowiec ŁDZ 55 Ue 38
Bukowiec ŁDZ 55 Va 38
Bukowiec LBU 39 Qe 34
Bukowiec MAZ 57 Wa 41
Bukowiec MŁP 86 Vf 50
Bukowiec PKR 80 We 47
Bukowiec PKR 88 Xd 52
Bukowiec SLK 76 Ub 49
Bukowiec WKP 28 Rc 31
Bukowiec WKP 28 Rf 31
Bukowiec WKP 39 Rb 35
Bukowiec WMZ 8 Vc 23
Bukowiec nad Pilicą ŁDZ 55 Va 40
Bukowiec Opoczyński ŁDZ 56 Vb 40
Bukowie Dolne ŁDZ 55 Uc 40
Bukowie Górne ŁDZ 55 Uc 40
Bukowina DLS 64 Sa 41
Bukowina ŁDZ 53 Tc 39
Bukowina LBL 81 Xe 46
Bukowina LBU 49 Pe 39
Bukowina MŁP 84 Uf 51
Bukowina PKR 80 Xb 46
Bukowina POM 5 Sf 22
Bukowina Bobrzańska LBU 50 Qc 39
Bukowina-Podszkle MŁP 84 Ue 51
Bukowina Sycowska DLS 52 Sd 40
Bukowina Tatrzańska MŁP 85 Va 52
Bukowinka DLS 52 Sc 40
Bukowiny POM 17 Td 26
Bukownica LBL 71 Xf 45
Bukownica WKP 52 Rf 38
Bukownica WKP 53 Ta 40
Bukowno MŁP 77 Uf 46
Bukowno SLK 67 Uc 44
Bukowo OPL 65 Ta 43
Bukowo POM 16 Sb 27
Bukowo POM 16 Sc 27
Bukowo POM 18 Ub 25
Bukowo ZPM 27 Rb 30
Bukowo ZPM 4 Rd 23
Bukowo Duże PDL 22 Xc 28
Bukowo Morskie ZPM 3 Rc 22
Bukowo Szlacheckie PDL 22 Xc 28
Bukowska Wola MŁP 77 Va 46
Bukowsko PKR 87 Xa 52
Buków DLS 63 Rc 43
Buków ŁDZ 55 Uf 39
Buków LBU 39 Qd 36
Buków MŁP 77 Uf 49
Buków OPL 74 Sb 46
Buków PKR 87 Wf 51
Bukówek DLS 63 Rd 42
Bukówiec Górny WKP 39 Rc 37
Bukówka DLS 62 Qf 44
Bukówka POM 4 Sa 21
Bukówka SWK 69 Wa 43
Bukówko ZPM 14 Rb 25
Bukówna DLS 51 Ra 41
Bukówno MAZ 56 Vf 39
Buk Pomorski KPM 18 Ub 28
Bukwałd WMZ 19 Vc 25
Bularka KPM 43 Ua 33
Bulin LBU 50 Qd 38
Bulkowo MAZ 44 Va 33
Bulowice MŁP 76 Ub 49
Bułaków WKP 52 Sb 38
Buniewice ZPM 13 Pe 25
Buntowo WKP 28 Sa 29
Buradów LBL 59 Xf 39
Buraków MAZ 45 Vf 34
Burbiszki PDL 11 Yc 23
Burdajny WMZ 19 Uf 24
Burdąg WMZ 20 Ve 27
Burgrabice OPL 74 Sb 46
Burkarty WMZ 8 Vd 23
Burkat WMZ 32 Va 29
Burkaty MAZ 33 Ve 32
Burki MŁP 77 Uc 47
Burlaki MAZ 45 Wa 33
Burniszki PDL 11 Xf 22
Burowo ZPM 13 Pf 27
Burszewo WMZ 20 Wa 25
Bursztynowo KPM 18 Ua 28
Burzec LBL 58 Xb 38
Burzec-Kolonia LBL 58 Xb 38
Burzej SLK 76 Tf 49
Burzenin ŁDZ 54 Te 40
Burzyn MŁP 79 Wa 49
Busko-Zdrój SWK 78 Ve 46
Busówno LBL 59 Yb 41
Bustryk MŁP 84 Uf 52
Bustrzyca LBL 70 Xc 43
Buszewko WKP 40 Rc 33
Buszewo WKP 40 Rc 33
Buszęcin ZPM 13 Pe 25
Buszkowice DLS 51 Rc 40
Buszkowice PKR 81 Xe 50
Buszkowice SWK 69 Wd 43
Buszkowice Małe DLS 51 Rc 40
Buszkowiczki PKR 81 Xe 50
Buszkowo KPM 29 Se 31
Buszkowo KPM 29 Sf 28
Buszkowy Górne POM 6 Tc 23
Buszków ŁDZ 43 Ue 35
Buszków MŁP 78 Vb 46
Buszów LBU 26 Qc 31
Buszyce OPL 64 Sd 44
Buszyno ZPM 4 Re 23
Buślary ZPM 14 Ra 26
Buśnia KPM 17 Td 27
Buśno LBL 72 Ye 43
Butowo WMZ 18 Ua 27
Butrymowce PDL 23 Yc 27
Butryny WMZ 19 Vd 27
Bużyski PDL 47 Xd 34
Bychawa LBL 70 Xd 42
Bychawka Druga LBL 70 Xd 42
Bychawka Pierwsza LBL 70 Xd 42
Bychlew ŁDZ 55 Uc 39
Bychowo DLS 52 Rf 40
Bychowo POM 5 Sf 20
Bycina SLK 76 Td 46
Bycz KPM 42 Td 34
Bycz LBU 50 Qe 38
Byczeń DLS 64 Rf 45
Byczki ŁDZ 55 Va 37
Byczyna KPM 42 Td 33
Byczyna OPL 65 Tb 42
Byczyna SLK 76 Ub 47
Bydgoszcz KPM 30 Ta 30
Bydlin MŁP 77 Ud 46
Bydlino POM 4 Rf 21
Bydłowa SWK 79 Wa 46
Byki ŁDZ 56 Vd 38
Byki, Łukoszyno- MAZ 31 Ud 32
Bykowce PKR 87 Xb 51
Bykowina SLK 76 Tf 47
Bykowizna MAZ 46 Wc 35
Bykowo WMZ 9 Wa 23
Bykowszczyzna LBL 58 Xc 39
Byków DLS 64 Sb 41
Bylew WKP 42 Tc 34
Bylica ZPM 4 Rd 22
Bylice WKP 42 Te 35
Bynowo WMZ 19 Ue 26
Bysewo POM 6 Tc 22
Bysina MŁP 77 Uf 50
Bysław KPM 16 Sf 27
Bysławek KPM 16 Sf 28
Bystra MŁP 84 Ue 51
Bystra MŁP 86 Wa 51
Bystra PKR 88 Xe 53
Bystra POM 6 Te 23
Bystra SLK 83 Ub 51
Bystra Krakowska SLK 83 Ua 50
Bystra Śląska SLK 83 Ua 50
Bystre DLS 52 Sc 41
Bystre PDL 48 Ya 33
Bystre PKR 80 Xa 46
Bystrowice PKR 81 Xd 49
Bystry, Kalinówka- PDL 35 Xc 30
Bystrzanowice SLK 67 Ud 44
Bystrzanów MAZ 56 Ve 37
Bystrze POM 17 Tf 24
Bystrzejowice LBL 71 Xe 42
Bystrzejowice Pierwsze LBL 71 Xe 42
Bystrzyca DLS 62 Qe 42
Bystrzyca DLS 64 Sc 43
Bystrzyca LBL 58 Xb 38
Bystrzyca LBL 59 Xe 41
Bystrzyca PKR 80 We 49
Bystrzyca Dolna DLS 63 Rc 44
Bystrzyca Górna DLS 63 Rc 44
Bystrzyca Kłodzka DLS 73 Rd 47
Byszew ŁDZ 43 Tf 36
Byszew ŁDZ 43 Ub 35
Byszewice ŁDZ 56 Vb 38
Byszewo KPM 29 Se 29
Byszewo MAZ 33 Vf 32
Byszewo ZPM 2 Qc 24
Byszewy ŁDZ 43 Ud 37
Byszki WKP 15 Re 28
Byszów SWK 69 Wd 45
Byszwałd WMZ 19 Ue 27
Byszyce MŁP 77 Va 49
Byszyno ZPM 14 Ra 25
Bytkowice KPM 29 Sf 29
Bytkowo WKP 40 Re 33
Bytków SLK 76 Ua 47
Bytnica LBU 38 Qb 36
Bytom SLK 76 Tf 46
Bytomiec LBU 38 Pe 36
Bytom Odrzański LBU 50 Qe 38
Bytomsko MŁP 78 Vc 50
Bytonia POM 17 Tb 25
Bytoń KPM 42 Td 33
Bytowo ZPM 14 Qd 28
Bytów POM 5 Sc 23
Bytyń WKP 40 Rd 34
Bzianka PKR 80 Wf 48
Bzianka PKR 87 Wf 51
Bzie Dolne SLK 76 Td 49
Bzie Górne SLK 76 Td 49
Bzie Zameckie SLK 76 Td 49
Bzinica OPL 65 Tc 44
Bzite LBL 71 Yb 42
Bzowiec LBL 71 Xf 44
Bzowiec WMZ 19 Vb 24
Bzowo KPM 17 Td 27
Bzowo POM 17 Te 24
Bzowo WKP 28 Rc 31
Bzów MAZ 47 Xc 36
Bzów SLK 77 Ud 46
Bzówki ŁDZ 43 Ua 35
Bzrezinka SLK 76 Ua 47
Bzury PDL 22 Xc 27

C

Caców SWK 68 Vb 44
Cadów ŁDZ 67 Ud 42
Cadówek ŁDZ 67 Ud 42
Caje-Bagno PDL 35 Xe 33
Całowanie MAZ 45 Wb 36
Capówka MŁP 85 Va 53
Ceber SWK 69 Wb 44
Cecele PDL 47 Xe 34
Cecenowo POM 5 Sd 21
Cecylówka MAZ 57 Wb 39
Cecylówka MAZ 57 Wc 39
Cedry PDL 34 Xb 28
Cedry Małe POM 6 Tf 23
Cedry Wielkie POM 6 Tf 23
Cedynia ZPM 25 Pb 31
Cedzyna SWK 68 Ve 43
Cegielnia KPM 29 Se 33
Cegielnia LBL 72 Yf 43
Cegielnia MAZ 45 Wa 34
Cegielnia POM 16 Sf 26
Cegielnia SLK 66 Ub 43
Cegielnia SWK 69 We 43
Cegielnia WKP 41 Se 35
Cegielnia WKP 52 Sd 38
Cegielnia, Uniszki- MAZ 32 Vc 30
Cegielnia Psucka MAZ 45 Ve 33
Cegielsko WKP 39 Rb 36
Cegłów MAZ 44 Vd 36
Cegłów MAZ 46 We 36
Cegły WKP 52 Sd 38
Cekanowo MAZ 44 Ue 32
Cekanowo MAZ 44 Ue 33
Cekanów ŁDZ 55 Ue 41
Cekanów ŁDZ 55 Va 39
Cekcyn KPM 17 Ta 27
Cekcynek KPM 16 Sf 27
Ceków WKP 53 Tb 37
Celbowo POM 6 Tc 20
Celejów LBL 58 Xa 40
Celejów MAZ 57 Wc 37
Celestynów ŁDZ 55 Va 40
Celestynów MAZ 45 Wc 36
Celestyny WKP 53 Tc 37
Celigów ŁDZ 55 Va 38
Celin LBL 71 Xf 43
Celinowo MAZ 45 Wb 33
Celinów MAZ 46 Wc 36
Celinów MAZ 57 Wc 38
Celinów MAZ 57 Wd 38
Celiny LBL 47 Xc 37
Celiny MŁP 78 Uf 47
Celiny SLK 75 Ua 46
Celiny SWK 68 Ve 45
Celiny SWK 68 Vf 44
Celiny Szlacheckie LBL 58 Xb 37
Celiny Włościańskie LBL 58 Xb 37
Celujki LBL 47 Xf 36
Cempkowo MAZ 44 Vc 33
Cendrowice MAZ 45 Wa 37
Centawa OPL 75 Tc 45
Ceradz Dolny WKP 40 Rd 34
Ceradz Kościelny WKP 40 Rd 34
Ceranów MAZ 46 Xb 33
Cerekwia OPL 75 Sf 48
Cerekwica DLS 52 Sa 41
Cerekwica KPM 29 Sd 32
Cerekwica WKP 40 Re 33
Cergowa PKR 87 We 51
Cerkiew MAZ 57 Wa 40
Cerkiew MŁP 78 Vd 48
Cerkiewnik WMZ 19 Vc 25
Cerkwica ZPM 13 Qa 24
Cesarzowice DLS 63 Rd 42
Cesin, Orły- MAZ 44 Vb 35
Cetki KPM 31 Uc 30
Cetlin MAZ 32 Ue 30
Cetniewo POM 6 Tc 20
Cetty KPM 43 Tf 34
Cetula PKR 81 Xe 48
Cetuń ZPM 4 Rd 24
Cetyń POM 4 Sa 23
Cewice POM 5 Se 22
Cewków PKR 81 Xf 47
Cewlino ZPM 3 Rb 24
Chaberkowo WMZ 19 Vd 27
Chabielice ŁDZ 54 Ua 41
Chabierów ŁDZ 54 Td 38
Chabotki, Kulesze- PDL 35 Xe 29
Chabowo ZPM 26 Pe 29
Chabówka MŁP 84 Uf 51
Chabsko KPM 41 Sf 33
Chachalnia WKP 52 Sc 39
Chajczyny ŁDZ 54 Ua 40
Chajew ŁDZ 54 Tc 39
Chajęty MAZ 45 Wb 34
Chalin KPM 31 Uc 32
Chalno KPM 42 Te 34
Chaławy WKP 40 Rf 36
Chałupki DLS 74 Rf 46
Chałupki ŁDZ 54 Te 39
Chałupki MŁP 77 Ud 48
Chałupki PKR 80 Xb 46
Chałupki PKR 81 Xd 48
Chałupki SLK 75 Tb 49
Chałupki SWK 79 Vf 45
Chałupki Chotynieckie PKR 81 Xf 49
Chałupki Dębniańskie PKR 81 Xd 47
Chałupki Grodzieńskie PKR 80 Xd 48
Chałupy ŁDZ 67 Uf 42
Chałupy POM 6 Td 20
Chałupy ZPM 3 Rb 24
Chamsk MAZ 32 Uf 30
Chańcza SWK 69 Wa 45
Charbice ŁDZ 54 Ua 38
Charbielin OPL 74 Sc 46
Charbin WKP 41 Sf 34
Charbinowice SWK 78 Vd 47
Charbowo WKP 29 Sc 33
Charbrowo POM 5 Sd 20
Charchów Księży ŁDZ 54 Tf 38
Charchów Pański ŁDZ 54 Tf 38
Charciabałda MAZ 33 Wb 28
Charcice WKP 27 Rb 33
Charlejów LBL 58 Xb 39
Charłęż LBL 59 Xe 41
Charłupia Mała ŁDZ 54 Te 39
Charłupia Wielka ŁDZ 54 Td 39
Charnowo POM 4 Rf 21
Charsznica MŁP 77 Uf 46
Charsznica, Miechów- SWK 77 Uf 46
Chartów LBU 38 Pe 33
Charubin PDL 34 We 28
Charytany PKR 81 Xf 48
Charzewice MŁP 78 Ve 49
Charzewice PKR 70 Xa 45
Charzewo WKP 41 Sb 33
Charzykowy POM 16 Sd 26
Charzyno ZPM 2 Qd 24
Chawłodno WKP 29 Sb 31
Chądzyny MAZ 32 Va 31
Chądzyń MAZ 47 Xb 33
Chebzie SLK 76 Tf 47
Chechło ŁDZ 55 Ub 39
Chechło MŁP 77 Ud 46
Chechło SLK 75 Tc 46
Chechło Nowe SLK 76 Tf 46
Chechłowo PDL 47 Xd 33

Chechły **MAZ** 58 We 40
Chechły **PDL** 21 Xa 27
Chechły **PKR** 79 Wd 48
Chełchy **WMZ** 21 Xb 24
Chełchy **WMZ** 22 Xc 25
Chełdy Kmiece **MAZ** 33 Wb 31
Chełm **DLS** 51 Rc 39
Chełm **LBL** 72 Yc 42
Chełm **MŁP** 77 Ue 46
Chełm **MŁP** 78 Vb 49
Chełmce **KPM** 42 Tc 33
Chełmce **ŁDZ** 56 Vc 37
Chełmce **SWK** 68 Vc 43
Chełmce **WKP** 53 Tb 38
Chełm Dolny **ZPM** 25 Pd 31
Chełmek **MŁP** 76 Ub 48
Chełmek Wołowski **DLS** 51 Rc 40
Chełmica **LBU** 49 Pf 39
Chełmica Duża **KPM** 31 Ua 32
Chełmica Mała **KPM** 31 Ua 32
Chełmiczki **KPM** 42 Tc 33
Chełmiec **DLS** 63 Ra 42
Chełmiec **LBL** 71 Yc 43
Chełmiec **MŁP** 85 Ve 51
Chełmno **KPM** 30 Tc 28
Chełmno **ŁDZ** 67 Ue 42
Chełmno **WKP** 39 Rb 34
Chełmno **WKP** 42 Te 36
Chełmno-Parcele **WKP** 42 Te 36
Chełmonie **KPM** 31 Tf 30
Chełmoniec **KPM** 31 Tf 30
Chełmoniewo **ZPM** 3 Rb 23
Chełmsko **LBU** 39 Qd 33
Chełmsko Śląskie **DLS** 62 Ra 44
Chełm Śląski **SLK** 76 Ub 48
Chełmża **KPM** 30 Td 29
Chełm Żarski **LBU** 49 Pf 38
Chełst **LBU** 27 Qf 32
Chełstów **DLS** 52 Sc 40
Chełstówek **DLS** 52 Sc 40
Chełsty **ŁDZ** 68 Va 41
Chełsty **MAZ** 34 Wc 31
Cherubin, Dąbrowa- **PDL** 35 Xc 31
Chewnica **POM** 5 Sd 22
Chęciny **LBU** 38 Pf 37
Chęciny **MAZ** 57 We 37
Chęciny **SWK** 68 Vc 44
Chichy **LBU** 50 Qc 39
Chilmony **PDL** 23 Yc 26
Chinów **MAZ** 57 Wc 39
Chińków **SWK** 78 Vf 46
Chlastawa **LBU** 39 Qf 35
Chlebczyn **MAZ** 47 Xf 35
Chlebna **PKR** 87 Wd 50
Chlebowice **ŁDZ** 43 Ud 36
Chlebowo **KPM** 31 Ub 31
Chlebowo **KPM** 31 Ud 30
Chlebowo **LBU** 38 Pf 36
Chlebowo **WKP** 41 Sd 35
Chlebowo **ZPM** 12 Pd 29
Chlebowo **ZPM** 13 Qb 28
Chlebowo **ZPM** 14 Ra 27
Chlebowo **ZPM** 15 Rd 25
Chlebów **ŁDZ** 55 Uf 37
Chlebów **WKP** 42 Td 36
Chlebówka **POM** 6 Ua 24
Chlebówko **ZPM** 13 Qb 28
Chlewice **SWK** 67 Uf 45
Chlewice **SWK** 67 Va 45
Chlewiska **KPM** 30 Td 32
Chlewiska **MAZ** 68 Ve 41
Chlewiska **PKR** 82 Yc 46
Chlewo **ŁDZ** 54 Tc 38
Chlewo **WKP** 53 Ta 40
Chlewska Wola **SWK** 67 Uf 44
Chlina Dolna **SLK** 77 Ue 46
Chlina Górna **SLK** 77 Ue 46
Chludnie **PDL** 34 Wf 29
Chludowo **WKP** 40 Rf 33
Chładowo **WKP** 41 Se 34
Chłaniów **LBL** 71 Xf 43
Chłaniówek **LBL** 71 Xf 44
Chłapowo **POM** 6 Tc 20
Chłapowo **WKP** 41 Sc 35
Chłopia Łąka **MAZ** 33 Wb 30
Chłopiatyn **LBL** 82 Yf 46
Chłopice **PKR** 81 Xe 49
Chłopków **LBL** 71 Xe 44
Chłopków **MAZ** 47 Xf 35
Chłopowo **ZPM** 14 Rb 26
Chłopowo **ZPM** 27 Qd 30
Chłopówko **ZPM** 26 Pe 31
Chłopy **ZPM** 3 Qf 23
Chmiel **PKR** 88 Xd 53
Chmielarze **SLK** 67 Uc 43
Chmiel Drugi **LBL** 71 Xe 42
Chmielek **LBL** 81 Xf 46
Chmieleniec **POM** 5 Sf 21
Chmieleń **DLS** 62 Qc 43
Chmielew **MAZ** 46 Wd 36
Chmielew **MAZ** 46 Wf 34
Chmielewo **MAZ** 33 Wa 32
Chmielewo **MAZ** 34 Xa 32
Chmielewo **MAZ** 45 Ve 33
Chmielewo **PDL** 21 Xa 28
Chmielewo **PDL** 34 Wf 29
Chmielewo Małe **MAZ** 32 Vd 29
Chmielewo Wielkie **MAZ** 32 Vd 29
Chmielinko **WKP** 39 Rb 34
Chmiel Kolonia **LBL** 71 Xe 42
Chmielnik **LBL** 70 Xb 41
Chmielnik **PKR** 80 Xa 49
Chmielnik **SWK** 68 Ve 45
Chmielniki **MAZ** 46 Xb 33
Chmielniki **PDL** 22 Ya 27
Chmielno **DLS** 62 Qd 42
Chmielno **POM** 5 Ta 23
Chmielno **ZPM** 15 Rc 25
Chmielowice **OPL** 65 Sf 45
Chmielowice **SWK** 68 Vd 44
Chmielowo **MAZ** 44 Vb 34
Chmielów **DLS** 63 Re 42
Chmielów **LBL** 59 Ya 39
Chmielów **MAZ** 46 Xa 34
Chmielów **MAZ** 57 Wc 38
Chmielów **PKR** 79 We 45
Chmielów **SWK** 69 Wb 43
Chmielówka **PDL** 22 Ya 27
Chmiel Pierwszy **LBL** 71 Xe 42
Chnotowice **PDL** 47 Xd 34
Chobędza **MŁP** 77 Uf 46
Chobie **OPL** 65 Tb 44
Chobienia **DLS** 51 Rc 39
Chobienice **WKP** 39 Qf 36
Chobot **MAZ** 45 Wc 35
Chobot **MŁP** 77 Ud 49
Chobot **MŁP** 78 Vc 48
Chobotki **PDL** 22 Xf 28
Chobrzany **SWK** 69 Wd 45
Choceń **KPM** 43 Ua 34
Chochłów **LBL** 72 Za 46
Chochołów **ŁDZ** 43 Ue 35
Chochołów **MŁP** 84 Ue 52
Chocianowice **OPL** 65 Tb 43
Chocianowiec **DLS** 50 Qf 40
Chocianów **DLS** 50 Qf 40
Chocicz **LBU** 49 Qa 37
Chocicza **WKP** 41 Sc 36
Chocicza Mała **WKP** 41 Sd 35
Chocicza Wielka **WKP** 41 Sd 35
Chocieborowice **DLS** 51 Rd 39
Chociebórz **OPL** 64 Sa 45
Chociejów **LBU** 38 Pe 37
Chocielewko **POM** 5 Sd 21
Chociemyśl **DLS** 51 Ra 38
Chocieszów **DLS** 73 Rc 46
Chocim **WKP** 54 Td 37
Chocimek **LBU** 49 Qa 37
Chocimno **ZPM** 15 Rd 24
Chocimów **SWK** 69 Wb 43
Chociszew **ŁDZ** 54 Ub 37
Chociszewo **KPM** 42 Te 34
Chociszewo **LBU** 39 Qe 35
Chociszewo **MAZ** 44 Vc 34
Chociszewo **WKP** 29 Sb 32
Chociule **LBU** 38 Qd 35
Chociw **ŁDZ** 56 Vb 38
Chociwek **ŁDZ** 56 Vb 38
Chociwel **ZPM** 13 Qc 28
Chociwle **ZPM** 15 Rd 25
Chocz **WKP** 41 Sf 37
Choczewo **POM** 5 Sf 20
Chocznia **MŁP** 77 Uc 49
Choćmirówko **POM** 4 Sb 21
Chodaczów **PKR** 81 Xd 48
Chodaki **ŁDZ** 54 Tf 38
Chodaków **MAZ** 44 Vb 35
Chodakówka **PKR** 80 Xb 49
Chodecz **KPM** 43 Ua 34
Chodel **LBL** 70 Xa 42
Chodkowo **MAZ** 44 Va 34
Chodkowo-Kuchny **MAZ** 33 Wa 30
Chodkowo Wielkie **MAZ** 33 Wa 30
Chodkowo-Załogi **MAZ** 33 Wa 30
Chodków **SWK** 69 Wd 45
Chodlewko **DLS** 52 Rf 40
Chodlewo **DLS** 52 Rf 39
Chodlik **LBL** 70 Wf 41
Chodnów **ŁDZ** 56 Vd 38
Chodorążek **KPM** 31 Ub 31
Chodory **PDL** 35 Ya 31
Chodowiec **MŁP** 77 Uf 46
Chodów **MAZ** 46 Xb 35
Chodów **WKP** 43 Ua 35
Chodywańce **LBL** 82 Yd 46
Chodzież **WKP** 28 Rf 31
Choiny **LBL** 71 Xe 42
Choiny **MAZ** 46 Wd 37
Choja **MAZ** 47 Xc 36
Chojane-Pawłowięta **PDL** 35 Xd 31
Chojane-Starocięta **PDL** 35 Xd 31
Chojeczno-Sybilaki **MAZ** 46 Xa 35
Chojeniec **LBL** 71 Ya 41
Chojewo **PDL** 35 Xf 32
Chojęcin **WKP** 53 Sf 41
Chojna **LBU** 38 Pf 36
Chojna **WKP** 29 Sb 31
Chojna **ZPM** 25 Pc 31
Chojnata **ŁDZ** 56 Vc 37
Chojne **ŁDZ** 54 Te 39
Chojniak **WMZ** 22 Xc 25
Chojnice **POM** 16 Sd 26
Chojniczki **POM** 16 Sd 26
Chojnik **MŁP** 79 Vf 49
Chojnik **WKP** 53 Se 40
Chojnik **WMZ** 19 Ue 25
Chojniki **MAZ** 33 Wc 30
Chojno **KPM** 31 Ub 31
Chojno **KPM** 31 Vb 29
Chojno **WKP** 27 Rb 32
Chojno **WKP** 52 Sa 39
Chojno **WKP** 53 Tc 39
Chojno, Huta- **KPM** 31 Ub 31
Chojnowo **LBU** 38 Qa 37
Chojnowo **MAZ** 32 Va 30
Chojnowo **MAZ** 33 Ve 30
Chojnowo **PDL** 21 Xb 27
Chojnowo **PDL** 22 Xd 28
Chojnowo **WMZ** 7 Ud 23
Chojnowo, Szpice- **MAZ** 35 Xc 32
Chojnów **DLS** 50 Qf 41
Chojnów **MAZ** 45 Wa 36
Chojny **ŁDZ** 54 Td 40
Chojny **MAZ** 34 We 32
Chojny **MAZ** 45 Wc 34
Chojny **MAZ** 46 Wc 35
Chojny **WKP** 42 Te 35
Chojny Śmieszne **PDL** 34 Wf 30
Cholerzyn **MŁP** 77 Ue 48
Cholewiana Góra **PKR** 80 Xa 46
Cholewice, Karwosieki- **MAZ** 31 Ud 32
Cholewy **MAZ** 44 Vb 33
Cholewy, Głażewo- **MAZ** 33 Wc 31
Chołowice **PKR** 88 Xd 50
Chomentowo **PDL** 34 Wf 30
Chomentów **SWK** 68 Vd 44
Chomentówek **SWK** 68 Ve 45
Chomęcice **WKP** 40 Re 35
Chomęciska-Borowina **LBL** 71 Yb 44
Chomęciska Duże **LBL** 71 Yb 44
Chomęciska Małe **LBL** 71 Yb 44
Chomętowo **KPM** 29 Se 31
Chomętowo **LBU** 27 Qd 31
Chomętowo **MAZ** 44 Ue 33
Chomętowo **ZPM** 2 Qb 24
Chomętów **MAZ** 57 Wb 41
Chomiaża **OPL** 74 Se 48
Chomiąża **DLS** 51 Rd 41
Chomiąża Szlachecka **KPM** 29 Sf 32
Chomice **PDL** 35 Xe 30
Chomiczówka **MAZ** 45 Vf 35
Chomino **ZPM** 13 Pf 25
Chomontowce **PDL** 36 Yf 30
Chomronice **MŁP** 85 Vd 50
Chorągwica **MŁP** 77 Va 49
Chorągwice **DLS** 51 Rc 39
Chorążówka **POM** 6 Ua 23
Chorążyce **MŁP** 78 Vb 47
Chorchosy **MAZ** 34 Wd 32
Chorki **ŁDZ** 43 Ua 36
Chorków **PKR** 87 We 51
Choromany **MAZ** 34 We 30
Choroń **SLK** 66 Ub 44
Choroszcz **PDL** 35 Xf 30
Choroszczewo **PDL** 47 Ya 33
Choroszczynka **LBL** 60 Yc 37
Chorośla **MAZ** 46 Wc 35
Chorowice **MŁP** 77 Uf 49
Chorówko **POM** 4 Re 23
Chorula **OPL** 75 Sf 45
Chorupnik **LBL** 71 Xf 43
Chorużowce **PDL** 23 Yd 26
Choryń **WKP** 40 Re 36
Chorzele **MAZ** 33 Vf 29
Chorzele **PDL** 35 Xb 31
Chorzelów **PKR** 79 Wc 47
Chorzemin **WKP** 39 Ra 36
Chorzenice **ŁDZ** 66 Ub 41
Chorzepin **ŁDZ** 42 Tf 36
Chorzeszów **ŁDZ** 54 Ua 38
Chorzew **ŁDZ** 66 Tf 41
Chorzewa **SWK** 68 Vb 44
Chorzęcin **ŁDZ** 55 Uf 39
Chorzów **PKR** 81 Xd 49
Chorzów **SLK** 76 Tf 47
Chorzów Stary **SLK** 76 Tf 47
Chorzyna **ŁDZ** 54 Tf 41
Choszcze **MAZ** 46 Wf 36
Choszczewo **ŁDZ** 54 Tf 38
Choszczewo **WMZ** 20 Wa 25
Choszczno **ZPM** 26 Qc 29
Choszczów **LBL** 58 Xb 40
Choszczówka **MAZ** 45 Vf 34
Choszczówka Stojedzka **MAZ** 46 Wd 35
Chośnica **POM** 5 Se 23
Chotcza **MAZ** 58 We 41
Chotel **KPM** 42 Te 34
Chotel Czerwony **SWK** 78 Ve 46
Chotelek **SWK** 78 Ve 46
Chotkowo **POM** 4 Sc 24
Chotków **LBU** 50 Qc 38
Chotomów **MAZ** 45 Vf 34
Chotowa **PKR** 79 Wb 48
Chotów **ŁDZ** 66 Tc 41
Chotów **SWK** 67 Va 43
Chotów **WKP** 53 Ta 38
Chotum Włościański **MAZ** 32 Vc 31
Chotycze **MAZ** 47 Xe 35
Chotylub **PKR** 81 Yb 47
Chotynia **MAZ** 57 We 38
Chotyniec **PKR** 81 Ya 49
Chotyze **MAZ** 69 Wd 41
Chrabały **PDL** 35 Xf 29
Chrabków **SWK** 68 Ve 45
Chraboły **PDL** 36 Yb 31
Chrabostówka **PDL** 36 Yd 31
Chraca **MŁP** 84 Uf 52
Chrapanów **SWK** 69 We 43
Chrapczew **WKP** 54 Td 37
Chraplewo **KPM** 29 Sd 31
Chraplewo **WKP** 39 Rb 34
Chrapoń **MAZ** 31 Ue 31
Chrapowo **ZPM** 26 Qb 30
Chrcynno **MAZ** 45 Vf 33
Chroberz **SWK** 78 Vd 46
Chrobrów **LBU** 50 Qc 39
Chrołowice **PDL** 47 Xd 34
Chroły, Winna- **PDL** 35 Xd 32
Chromakowo **MAZ** 32 Ue 30
Chromiec **DLS** 62 Qd 43
Chromiec **WKP** 41 Sb 36
Chromin **MAZ** 46 We 37
Chromna **MAZ** 47 Xc 36
Chromowola **KPM** 30 Te 32
Chronów **MAZ** 57 Vf 40
Chronów **MŁP** 78 Vd 49
Chronówek **MAZ** 57 Vf 40
Chrosna **MAZ** 46 Wc 36
Chrosna **MŁP** 77 Ue 48
Chrosno **KPM** 42 Tb 33
Chrostkowo **KPM** 31 Ub 31
Chrostowa **ŁDZ** 67 Ud 43
Chrostowa **MŁP** 78 Vb 49
Chrostowo **MAZ** 34 We 30
Chrostowo **PDL** 35 Xc 28
Chrostowo Wielkie **MAZ** 33 Ve 30
Chróścice **MAZ** 33 Ve 32
Chróścice **MAZ** 46 We 35
Chróścin **MAZ** 44 Vb 33
Chróśle **WMZ** 18 Ud 28
Chróślice **DLS** 63 Ra 42
Chrośna **KPM** 30 Tb 31
Chrośnica **DLS** 62 Qe 43
Chrośnica **WKP** 39 Ra 35
Chrośno **ŁDZ** 54 Ub 37
Chróstnik **DLS** 51 Ra 40
Chrósty **OPL** 75 Ta 47
Chrósty Wysińskie **POM** 6 Tb 24
Chróście **OPL** 65 Se 44
Chróścik **LBU** 26 Qa 32
Chróścina **DLS** 51 Rd 38
Chróścina **OPL** 64 Sc 45
Chróścina **OPL** 65 Se 45
Chrustne **LBL** 58 Wf 39
Chrustowo **WKP** 28 Re 30
Chrustowo **WKP** 40 Re 33
Chrusty **ŁDZ** 54 Tf 40
Chrusty **SWK** 68 Ve 43
Chrusty Nowe **ŁDZ** 55 Ue 38
Chrusty Stare **ŁDZ** 55 Ue 38
Chruszczewka **MAZ** 46 Xa 33
Chruszczewo **MAZ** 32 Vd 31
Chruszczobród **SLK** 77 Ub 46
Chruszczyn **WKP** 52 Sd 39
Chruszczyna Mała **SWK** 78 Vc 47
Chruszczyna Wielka **SWK** 78 Vc 47
Chruścice **SWK** 68 Vd 45
Chruściechów **MAZ** 57 Vf 39
Chruściel **WMZ** 7 Ue 23
Chruściele **WMZ** 21 Xb 26
Chruścielów **OPL** 75 Sf 48
Chruścin **ŁDZ** 65 Tb 41
Chruścin **WKP** 42 Te 36
Chruścińskie **ŁDZ** 66 Ua 41
Chruślanki Józefowskie **LBL** 70 Xa 43
Chruślanki Mazanowskie **LBL** 70 Wf 42
Chruśle **ŁDZ** 44 Uf 35
Chruślin **ŁDZ** 44 Ue 36
Chruślina **LBL** 70 Wf 42
Chrzan **WKP** 41 Sd 36
Chrzanowice **ŁDZ** 53 Tc 39
Chrzanowice **ŁDZ** 67 Ud 41
Chrzanowo **KPM** 29 Sd 32
Chrzanowo **PDL** 22 Xc 28
Chrzanowo **POM** 5 Sf 21
Chrzanowo **WMZ** 21 Xb 25
Chrzanów **DLS** 64 Rf 43
Chrzanów **LBL** 71 Xd 44
Chrzanów **MŁP** 77 Uc 48
Chrzanów **SWK** 79 Vf 46
Chrzanów Duży **MAZ** 45 Vd 36
Chrzanówek **MAZ** 33 Vd 31
Chrzanów Mały **MAZ** 45 Vd 36
Chrzastów **PKR** 79 Wc 46
Chrząblice **WKP** 42 Td 36
Chrząchów **LBL** 58 Xa 40
Chrząchówek **LBL** 58 Xa 40
Chrząstawa **ŁDZ** 54 Ua 40
Chrząstawa Mała **DLS** 64 Sb 42
Chrząstawa Wielka **DLS** 64 Sb 42
Chrząstawice **OPL** 65 Ta 44
Chrząstowice **MŁP** 77 Ud 49
Chrząstowice **MŁP** 77 Ue 46
Chrząstowice **OPL** 65 Ta 45
Chrząstowo **KPM** 29 Sd 29
Chrząstowo **KPM** 30 Tc 31
Chrząstowo **POM** 16 Sb 27
Chrząstowo **WKP** 40 Sa 36
Chrząstowo **ZPM** 13 Pf 25
Chrząstów **SLK** 67 Ue 44
Chrząstówek **ŁDZ** 43 Ub 36
Chrząstówka **PKR** 87 Wd 50
Chrząszczew **ŁDZ** 56 Vc 37
Chrząszczewo **ZPM** 13 Pe 25
Chrząszczyce **OPL** 65 Sf 45
Chrząśno II **ŁDZ** 44 Uf 35
Chrzczanka Włościańska **MAZ** 34 Wd 32
Chrzczany **MAZ** 44 Vc 35
Chrzczonka **MAZ** 33 Wc 31
Chrzczony **MAZ** 33 Wb 31
Chrzczony, Brzozowo- **PDL** 35 Xe 31
Chrzczony, Cibory- **PDL** 35 Xd 30
Chrzelice **OPL** 75 Se 46
Chrzęsne **MAZ** 46 Wc 34
Chrztowo **POM** 17 Tb 24
Chrzypsko Wielkie **WKP** 27 Rb 33
Chudaczewko **ZPM** 4 Rd 22
Chudaczewo **ZPM** 4 Rd 22
Chudek **MAZ** 33 Wc 29
Chudek, Żebry- **MAZ** 34 Wc 30
Chudoba **OPL** 65 Tb 43
Chudopczyce **WKP** 39 Rb 33
Chudowola **LBL** 58 Xb 39
Chudów **SLK** 76 Te 47
Chudzewo **KPM** 31 Uc 32
Chudzice **WKP** 41 Sc 35
Chudzowice **LBU** 49 Pf 39
Chumiętki **WKP** 52 Rf 38
Chustki **MAZ** 56 Vf 41
Chutcze **LBL** 60 Yc 41
Chutkowice **PDL** 47 Xd 34
Chwalborzyce **ŁDZ** 42 Tf 36
Chwalęcice **ŁDZ** 54 Tc 38
Chwalęcice Dolne **LBU** 26 Qb 32
Chwalęcin **WKP** 41 Sc 36
Chwalęcin **WMZ** 8 Va 24
Chwalibogowo **WKP** 41 Sd 35
Chwalibożyce **DLS** 64 Sb 43
Chwalimie **WKP** 15 Rf 27
Chwalimierz **DLS** 63 Rd 42
Chwalimki **ZPM** 15 Rc 26
Chwalisław **DLS** 73 Re 46
Chwaliszew **WKP** 52 Sd 39
Chwaliszewo **KPM** 29 Sc 30
Chwaliszewo **WKP** 40 Re 34
Chwaliszowice **LBU** 49 Pe 39
Chwaliszów **DLS** 63 Rb 43
Chwalszyce **WKP** 41 Sc 35
Chwałęcice **SLK** 75 Tc 48
Chwałki **SWK** 69 We 44
Chwałkowo **WKP** 41 Sb 35
Chwałkowo **WKP** 52 Sa 38
Chwałkowo Kościelne **WKP** 41 Sb 36
Chwałków **DLS** 63 Re 43
Chwałowice **DLS** 64 Sc 42
Chwałowice **LBU** 26 Qa 33
Chwałowice **PKR** 70 Wf 44
Chwałowice **SLK** 76 Td 48
Chwałowice **SWK** 68 Vd 45
Chwałowice Górne **MAZ** 69 Wb 41
Chwałów **DLS** 63 Rd 43
Chwałów **WKP** 41 Sd 36
Chwały, Rzeszotary- **MAZ** 32 Ue 31
Chwarstnica **ZPM** 26 Pd 29
Chwarstno **ZPM** 14 Qc 27
Chwarszczany **ZPM** 25 Pd 32
Chwarzenko **POM** 17 Ta 24
Chwarzno **POM** 17 Tb 25
Chwarzno **POM** 6 Tc 21
Chwaszczewo **PDL** 23 Yc 28
Chwaszczyno **POM** 6 Tc 22
Chwiły **OPL** 66 Td 42
Chwiram **ZPM** 28 Rc 29
Chworościany **PDL** 23 Yd 27
Chwostek **SLK** 66 Te 44
Chybice **SWK** 69 Wa 43
Chybie **SLK** 76 Te 49
Chybów **MAZ** 47 Xf 35
Chyby **WKP** 40 Re 34
Chycina **LBU** 38 Qc 34
Chycza **SWK** 67 Va 44
Chylice-Kolonia **MAZ** 44 Vd 36
Chyliczki **MAZ** 44 Vd 36
Chyliczki **MAZ** 45 Wa 36
Chylin **LBL** 59 Yb 41
Chylin **WKP** 42 Tc 36
Chyliny Leśne **MAZ** 33 Wa 31
Chylonia **POM** 6 Tc 21
Chynowa **WKP** 53 Sf 39
Chynowie **POM** 5 Ta 21
Chynowo **ZPM** 13 Pd 25
Chynów **ŁDZ** 55 Uc 39
Chynów **LBU** 39 Qd 37
Chynów **MAZ** 57 Wa 37
Chyrowa **PKR** 87 Wd 51
Chyrzyna **PKR** 88 Xd 50
Chyszówki **MŁP** 85 Vb 50
Chytra **PDL** 36 Yd 32
Chyża **LBL** 71 Yb 44
Chyże **LBL** 82 Yc 46
Chyżne **MŁP** 84 Ue 52
Chyżyny **MAZ** 46 We 36
Ciachcin **MAZ** 44 Ue 33
Cianowice Duże **MŁP** 77 Uf 47
Cianowice Małe **MŁP** 77 Uf 47
Ciarka **OPL** 65 Tb 43
Ciasna **SLK** 66 Td 44
Ciasne **PDL** 36 Yb 29
Ciągłe **SWK** 68 Vd 42
Ciągowice **SLK** 77 Uc 46
Ciążeń **WKP** 41 Se 35
Ciążyń **WKP** 28 Rd 31
Cibory **WMZ** 21 Xa 27
Cibory-Chrzczony **PDL** 35 Xd 30
Cibory Gałeckie **PDL** 35 Xd 30
Cibórz **WMZ** 32 Uf 29
Cicha **SLK** 84 Uc 50
Cichawa **MŁP** 78 Vb 49
Cichawa **MŁP** 78 Vc 49
Cichawy **MAZ** 33 Ve 32
Ciche **KPM** 31 Uc 28
Ciche Górne **MŁP** 84 Uf 52
Ciche Środkowe **MŁP** 84 Uf 52
Cichobórz **LBL** 72 Yf 44
Cichostów **LBL** 59 Xe 38
Cichowo **MAZ** 33 Ve 30
Cichowo **WKP** 40 Rf 37
Cichy **WMZ** 21 Xb 24
Cicibór Duży **LBL** 48 Ya 36
Cicibór Mały **LBL** 48 Ya 36
Ciebłowice **ŁDZ** 55 Va 39
Ciechanki **LBL** 59 Xf 41
Ciechanki Krzesimowskie **LBL** 59 Xf 41
Ciechanowice **DLS** 62 Qf 43
Ciechanowiec **PDL** 35 Xc 32
Ciechanów **DLS** 51 Rc 39
Ciechanów **MAZ** 33 Vd 31
Ciechlin **MAZ** 56 Vd 37
Ciechnowo **ZPM** 14 Qe 25
Ciechocin **KPM** 31 Tf 30
Ciechocin **POM** 16 Se 27
Ciechocinek **KPM** 30 Te 31
Ciecholewy **POM** 15 Sc 26
Ciecholewy **POM** 17 Td 24
Ciecholub **POM** 4 Rf 23
Ciechomice **MAZ** 43 Ue 34
Ciechomin **ŁDZ** 55 Va 41
Ciechomin Włościański **LBL** 58 Wf 37
Ciechostowice **MAZ** 68 Ve 42
Ciechów **DLS** 63 Rd 42
Ciecierówka **MAZ** 69 Wc 41
Ciecierski **MAZ** 32 Va 32
Ciecierzyce **LBU** 26 Qc 32
Ciecierzyn **LBL** 59 Xd 41
Ciecierzyn **OPL** 65 Ta 42
Cieciorka **POM** 17 Tb 25
Cieciorki **PDL** 34 Xb 30
Cieciorki Włościańskie **MAZ** 33 Wb 31
Cieciory **PDL** 34 We 28
Cieciórki **MAZ** 44 Vc 33
Cieciszew **MAZ** 45 Wb 36
Cieciszów **LBU** 50 Qd 39
Cieciułów **OPL** 66 Td 42
Cieklin **PKR** 86 Wc 51
Cieklińsko **SWK** 68 Vb 42
Ciekocino **POM** 5 Se 20
Ciekoty **SWK** 68 Ve 43
Cieksyn **MAZ** 45 Ve 33
Cielądz **ŁDZ** 56 Vc 38
Cielce **ŁDZ** 54 Td 38
Cielcza **WKP** 41 Sc 36
Ciele **KPM** 29 Sf 30
Cielechowizna **MAZ** 46 Wd 36
Cielemęc **MAZ** 47 Xc 36
Cieleszyn **KPM** 30 Ta 29
Cieleśnica **LBL** 48 Yb 36
Cieleśnica, Państwowe Gospodarstwo Rolne **LBL** 48 Yc 36
Cielęta **KPM** 31 Uc 29
Cielętniki **SLK** 67 Ud 43
Cieliczanka **PDL** 36 Yc 29
Cielimowo **WKP** 41 Sd 34
Cielmice **SLK** 76 Ua 48
Cielmów **LBU** 49 Pf 38
Ciełuchowo **KPM** 31 Ua 31
Ciełuszki **PDL** 36 Yc 31
Ciemiana **WKP** 42 Te 36
Ciemianka **PDL** 21 Xb 28
Ciemień **WKP** 54 Td 37
Ciemierów **WKP** 41 Se 36
Ciemierów-Kolonia **WKP** 41 Se 36
Ciemięrzowice **PKR** 81 Xe 49
Ciemiętniki **SWK** 67 Uf 43
Cieminko **ZPM** 14 Ra 27
Ciemino **POM** 5 Sc 21
Ciemna Dąbrowa **WMZ** 20 Wa 28
Ciemne **MAZ** 45 Wb 34
Ciemne **PDL** 22 Ya 27
Ciemnice **LBU** 38 Qb 36
Ciemniewko **MAZ** 33 Ve 32
Ciemniewo **MAZ** 33 Ve 32
Ciemnik **ZPM** 14 Qd 28
Ciemniki **KPM** 17 Td 27
Ciemno **LBL** 58 Xc 39
Ciemno **POM** 16 Sc 24
Ciemnoszyje **PDL** 22 Xd 27
Cienia Druga **WKP** 53 Tb 38
Cienia Pierwsza **WKP** 53 Tb 38
Cienia Trzecia **WKP** 53 Tb 38
Cieniawa **MŁP** 86 Vf 51
Cienia Wielka **ŁDZ** 54 Tc 39
Cieniawy **ŁDZ** 55 Ue 39
Cienin **WKP** 41 Sf 35
Cienin Kościelny **WKP** 41 Ta 35
Cienin Zaborny **WKP** 41 Sf 35
Cienków **SLK** 83 Tf 51
Cieńcisko **KPM** 42 Ta 33
Cieńsza **MAZ** 45 Wb 33
Ciepelew **WKP** 53 Tc 38
Ciepelów-Kolonia **MAZ** 57 Wd 41
Ciepielewo **MAZ** 33 Wa 32
Ciepielowice **OPL** 65 Se 44
Ciepielów **LBU** 50 Qe 38
Ciepielów **MAZ** 57 Wd 41
Ciepień **KPM** 31 Ua 31
Cieplewo **POM** 6 Td 23
Cieplice **DLS** 62 Qe 43
Cieplice **MŁP** 77 Uf 46
Cieplice **PKR** 81 Xd 47
Cieplice **WMZ** 7 Uc 23
Ciepliny **KPM** 42 Tf 34
Ciepła **MAZ** 56 Vf 41
Ciepłe **POM** 17 Tf 25
Ciepłowody **DLS** 64 Rf 44
Cierchy **SWK** 68 Vc 43
Ciermięcice **OPL** 75 Se 48
Ciernie **DLS** 63 Rc 43
Cierno-Zaszosie **SWK** 68 Vb 45
Cierpice **DLS** 64 Sb 44
Cierpice **KPM** 30 Tc 31
Cierpiewo **KPM** 16 Sf 28
Cierpięta **MAZ** 33 Wb 29
Cierpięta **MAZ** 46 Wf 35
Cierpigórz **MAZ** 47 Xd 35
Cierpisz **PKR** 80 We 48
Cierpisz **PKR** 80 Xa 48
Cierznie **POM** 15 Sa 27
Cierzpięty **WMZ** 20 Wc 26
Cierzpięty **WMZ** 21 Wf 25
Ciesina **WMZ** 21 Wd 27
Ciesław **ZPM** 13 Qa 25
Cieszacin Mały **PKR** 81 Xd 49
Cieszacin Wielki **PKR** 81 Xd 49
Cieszanowice **OPL** 64 Sb 45
Cieszanów **PKR** 81 Ya 47
Cieszątki **ŁDZ** 67 Ud 42
Cieszenie **POM** 5 Ta 22
Cieszeniewo **ZPM** 14 Qf 26
Cieszęcin **ŁDZ** 53 Tb 40
Cieszki **MAZ** 32 Ue 30
Cieszkowice **DLS** 51 Re 39
Cieszkowy **SWK** 78 Vd 47
Cieszków **DLS** 52 Sc 39
Cieszków **OPL** 75 Sf 47
Cieszowa **SLK** 66 Tf 44
Cieszów **LBU** 50 Qb 38
Cieszów Dolny **DLS** 63 Rb 43
Cieszów Górny **DLS** 63 Rb 43
Cieszyce **DLS** 64 Rf 43
Cieszyków **WKP** 53 Tc 38
Cieszymowo Wielkie **POM** 18 Ub 25
Cieszymy, Kobylin- **PDL** 35 Xe 30
Cieszyn **SLK** 83 Td 50
Cieszyn **WKP** 52 Sd 40
Cieszyn **ZPM** 3 Ra 23
Cieszyna **PKR** 79 Wd 49
Cieszyno **ZPM** 14 Qc 27
Cieszyno **ZPM** 14 Qe 26
Cieszyno **ZPM** 14 Ra 27
Cieszyny **DLS** 51 Rd 39
Cieszyny **KPM** 31 Vb 29
Cieślanki **SWK** 70 Xc 43
Cieśle **DLS** 64 Sc 41
Cieśle **MAZ** 44 Uf 34
Cieśle **SLK** 76 Ub 47
Cieśle **SWK** 68 Vb 43
Cieśle **WKP** 28 Sa 32
Cieśle Małe **WKP** 41 Sd 35
Cieśle Wielkie **WKP** 41 Sd 35
Cieślin **KPM** 30 Tb 32
Cieślin **ŁDZ** 67 Ud 41
Cieślin **MŁP** 77 Ud 46
Cięcina **SLK** 83 Ua 51
Cięćk **MAZ** 21 Wc 28
Ciężkie **LBL** 58 Xc 38
Ciężkowice **ŁDZ** 67 Ud 43
Ciężkowice **MŁP** 86 Vf 50
Ciężkowice **SLK** 77 Uc 47
Ciężkowiczki **SLK** 67 Ue 43
Ciężkowo **KPM** 29 Sd 31
Cigacice **LBU** 39 Qd 36
Cikowice **MŁP** 78 Vc 49
Cimanie **PDL** 23 Yd 27
Cimochy **WMZ** 22 Xe 25
Ciochowice **SLK** 76 Td 46
Ciołkowo **WKP** 52 Rf 38
Ciosaniec **LBU** 39 Ra 37
Ciosaniec **WKP** 15 Re 28
Ciosmy **LBL** 71 Xd 45
Ciosna **WKP** 41 Sf 34
Ciosny **ŁDZ** 55 Uc 37
Ciosny **ŁDZ** 55 Uf 39
Ciosy **MAZ** 47 Xc 36
Ciotcza **LBL** 58 Xb 40
Ciotusza Nowa **LBL** 81 Yb 46
Ciotusza Stara **LBL** 81 Yb 46
Ciółkowo **MAZ** 44 Uf 33
Ciółkowo-Parcele **MAZ** 33 Wb 32
Ciółkowo Rządowe **MAZ** 33 Wb 32
Ciółkówko **MAZ** 44 Uf 33
Cis **POM** 17 Tb 25
Cis **SWK** 68 Vb 42
Cisek **OPL** 75 Tb 47
Cisew **WKP** 42 Tc 37
Cisewie **POM** 16 Sf 25
Cisew Mały **WKP** 42 Tc 37
Cisewo **ZPM** 13 Pf 28
Cisie **MAZ** 45 Wc 35
Cisie **MŁP** 77 Va 46
Cisie **SLK** 66 Tf 44
Cisiec **SLK** 83 Ua 51
Cisk **MAZ** 34 Wd 31
Cisna **PKR** 87 Xb 53
Cisowa **ŁDZ** 55 Ud 40
Cisowa **LBU** 49 Pf 39
Cisowa **OPL** 75 Tb 46
Cisowa **PKR** 88 Xd 50
Cisowa **POM** 6 Tc 21
Cisowa **SLK** 77 Ue 46
Cisowa **SWK** 68 Vd 43
Cisowiec **PKR** 87 Xb 52
Cisownica **SLK** 83 Te 50
Cisownik **LBL** 58 Xa 38
Cisownik **SWK** 68 Vc 42
Cisowo **ZPM** 3 Rc 22
Cisów **ŁDZ** 55 Ue 39
Cisów **LBU** 50 Qd 38
Cisów **PDL** 22 Ya 26
Cisów **PKR** 80 Xa 46
Cisów **SWK** 68 Vf 44
Cisówek **PDL** 22 Xf 25
Cisówka **MAZ** 46 Wc 35
Cisy **POM** 18 Tf 24
Ciszewo **PDL** 22 Xe 27
Ciszkowo **WKP** 28 Rc 31
Ciszyca **SWK** 69 Wd 45
Ciszyca Dolna **MAZ** 70 We 42
Ciszyca Górna **MAZ** 70 We 42
Ciszyca Przewozowa **MAZ** 70 We 42
Ciśniawy **MŁP** 84 Ud 51
Ciućkowo **MAZ** 44 Va 34
Ciuślice **SWK** 78 Vc 46
Cmolas **PKR** 80 We 47
Cołdanki **POM** 16 Sd 27
Coniew **MAZ** 57 Wb 37
Cotoń **KPM** 29 Sd 32
Cudków **SLK** 67 Ud 43
Cudnów **MAZ** 57 Wc 40
Cudzynowice **SWK** 78 Vc 47
Cukrownia, Zbiersk- **WKP** 42 Ta 37
Cukrówka **MAZ** 56 Ve 41
Cuple **LBL** 70 Xb 42
Curyn **LBL** 59 Yb 38
Cwaliny **WMZ** 21 Xa 27
Cwaliny Duże **PDL** 34 Wf 29
Cybinka **LBU** 38 Pe 35
Cybowo **ZPM** 27 Qf 29
Cybulice Duże **MAZ** 45 Vd 34
Cybulice Małe **MAZ** 45 Vd 34
Cybulin **MAZ** 44 Va 34
Cybulino **ZPM** 15 Rd 24
Cychrowa Wola **MAZ** 57 Wb 38
Cychry **MAZ** 56 Vd 37
Cychry **ZPM** 26 Pe 32
Cyców **LBL** 59 Ya 41
Cyganka **LBL** 71 Xf 41
Cyganka **MAZ** 46 Wd 35
Cyganówka **LBL** 58 Xb 41
Cygany **MAZ** 33 Wc 32
Cygany **PKR** 79 We 45
Cygany **POM** 18 Ua 27
Cyk **MAZ** 33 Wb 28
Cykarzew Południowy **SLK** 66 Ub 43
Cykarzew Północny **SLK** 66 Ua 43
Cykowo **WKP** 40 Rc 35
Cynków **SLK** 66 Ua 45
Cyprianka **KPM** 31 Ua 32
Cypriany **MAZ** 44 Va 35
Cyprki **PDL** 22 Xc 27
Cyprzanów **SLK** 75 Ta 48
Cyranka **PKR** 79 Wc 47
Cytrynowo **WKP** 41 Sf 33
Cywiny-Dynguny **MAZ** 32 Vb 32
Cywiny Wojskie **MAZ** 32 Vb 32
Czabaje, Kamianki- **MAZ** 47 Xd 35
Czachowo **WKP** 52 Rf 37
Czachowo **ZPM** 14 Qc 27
Czachów **SWK** 69 We 43
Czachów **ZPM** 25 Pb 31
Czachówek **MAZ** 57 Wa 37
Czachówki **WMZ** 18 Uc 27
Czachulec Stary **WKP** 53 Tc 37
Czachy **MAZ** 46 Xa 36
Czachy-Kołaki **PDL** 35 Xc 30
Czacz **WKP** 40 Rd 36
Czaczki Wielkie **PDL** 35 Ya 31
Czaczów **MŁP** 85 Ve 51
Czaczyk **WKP** 40 Rd 36
Czajcze **WKP** 28 Sa 29
Czaje **PDL** 35 Xe 33
Czajęcice **SWK** 69 Wb 43
Czajęczyce **MŁP** 78 Vc 47
Czajki **LBL** 71 Yc 43
Czajki **MAZ** 45 Ve 33
Czajki **PDL** 35 Xe 30
Czajkowa **PKR** 79 Wd 46
Czajkowo **WKP** 52 Rf 37
Czajków **MAZ** 46 Xa 36
Czajków **WKP** 53 Ta 38
Czajków **WKP** 53 Tb 40
Czajków Południowy **SWK** 69 Wb 45
Czajków Północny **SWK** 69 Wb 45
Czajowice **MŁP** 77 Ue 47
Czałczyn **SWK** 68 Vb 43
Czamaninek **KPM** 42 Te 34
Czaniec **SLK** 76 Ub 49
Czapalów **SWK** 69 Vf 43
Czapelsko **POM** 6 Tc 23
Czapiewice **POM** 16 Se 25
Czapla **ZPM** 28 Rd 29
Czaple **DLS** 62 Qe 42
Czaple **KPM** 17 Td 28
Czaple **KPM** 30 Te 29
Czaple **KPM** 43 Ub 34
Czaple **LBU** 49 Pe 39
Czaple **MAZ** 46 Wf 34
Czaple **POM** 6 Tc 22
Czaple-Andrelewicze **MAZ** 47 Xd 34
Czaple Górne **MAZ** 47 Xd 34
Czaple Małe **MŁP** 77 Uf 47
Czaple Wielkie **MŁP** 78 Uf 47
Czaplice **PDL** 34 Wf 30
Czaplice-Bąki **MAZ** 33 Ve 29
Czaplice Wielkie **MAZ** 33 Vf 29
Czaplinek **ŁDZ** 55 Uc 37
Czaplinek **MAZ** 57 Wa 37
Czaplinek **ZPM** 14 Rb 27
Czaplin Wielki **ZPM** 13 Qa 24
Czapury **WKP** 40 Rf 35
Czarkowo **WKP** 52 Rf 38
Czarkowy **SWK** 78 Ve 47
Czarków **SLK** 76 Td 45
Czarków **SLK** 76 Tf 48
Czarkówka Duża **PDL** 47 Xd 33
Czarkówka Mała **PDL** 47 Xd 33
Czarlin **POM** 17 Te 24
Czarlina **POM** 16 Sf 24
Czarmuń **KPM** 29 Sc 29
Czarna **ŁDZ** 54 Td 40
Czarna **LBL** 58 Xb 38
Czarna **LBU** 39 Qe 37
Czarna **MAZ** 45 Wb 34
Czarna **MAZ** 46 Wd 35
Czarna **MAZ** 57 Wc 40
Czarna **MŁP** 86 Wa 51
Czarna **PKR** 80 Xb 48
Czarna **SWK** 68 Vd 42
Czarna Białostocka **PDL** 36 Yb 29
Czarna Cerkiewna **PDL** 47 Xe 33
Czarna Dąbrowa **POM** 5 Sd 24
Czarna Dąbrówka **POM** 5 Sd 22
Czarna Dolna **PKR** 88 Xd 53
Czarna Glina **SWK** 69 Wd 43
Czarna Góra **MŁP** 85 Va 52
Czarna Górna **PKR** 88 Xe 53
Czarna-Kolonia **MAZ** 57 Wc 40
Czarna Łąka **ZPM** 13 Pe 28
Czarna Sędziszowska **PKR** 80 We 48
Czarna Struga **MAZ** 45 Wa 34
Czarna Średnia **PDL** 47 Xe 33
Czarna Tarnowska **PKR** 79 Wb 48
Czarna Wielka **PDL** 47 Xe 33
Czarna Wieś **PDL** 22 Xd 26
Czarna Wieś **SLK** 66 Tf 44
Czarna Wieś Kościelna **PDL** 36 Yb 29
Czarna Woda **POM** 17 Ta 25
Czarnca **SWK** 67 Uf 44
Czarne **KPM** 31 Ub 32
Czarne **KPM** 43 Uc 33
Czarne **PDL** 10 Xd 23
Czarne **POM** 15 Rf 26
Czarne **POM** 17 Tb 25
Czarne **ZPM** 13 Qb 26
Czarne Błoto **KPM** 30 Tc 30
Czarne Dolne **POM** 18 Ua 27
Czarne Doły **SLK** 76 Te 49
Czarne Górne **POM** 18 Ua 27
Czarne Małe **POM** 18 Ua 27
Czarne Małe **ZPM** 15 Rc 27
Czarne Piątkowo **WKP** 41 Sc 35
Czarne Wielkie **ZPM** 15 Rb 27
Czarnia **MAZ** 33 Wb 28
Czarnia **MAZ** 34 Wd 29

Czarnia Duża **KPM** 31 Ud 31
Czarnia Mała **KPM** 31 Ud 31
Czarnica **POM** 16 Sb 24
Czarniecka Góra **SWK** 68 Vd 42
Czarniewo **PDL** 22 Ya 27
Czarniówka **WMZ** 21 Xa 25
Czarniż **POM** 16 Se 25
Czarnkowie **ZPM** 14 Ra 26
Czarnkowizna **PDL** 11 Xe 24
Czarnkowo **ZPM** 13 Qb 28
Czarnków **WKP** 28 Rd 31
Czarnochowice **MŁP** 77 Va 48
Czarnocice **KPM** 42 Te 33
Czarnocin **ŁDZ** 55 Ue 39
Czarnocin **MAZ** 32 Vc 31
Czarnocin **MAZ** 56 Ve 39
Czarnocin **PDL** 34 Xa 29
Czarnocin **POM** 17 Tc 24
Czarnocin **SWK** 78 Vd 46
Czarnocin **ZPM** 13 Pd 26
Czarnocinek **MAZ** 32 Vc 31
Czarnogłowy **ZPM** 13 Pf 26
Czarnogłów **MAZ** 46 We 35
Czarnogoździce **DLS** 52 Sb 40
Czarnolas **MAZ** 56 Ve 40
Czarnolas **MAZ** 56 We 40
Czarnolas **OPL** 64 Sb 45
Czarnołazy **LBL** 72 Yd 43
Czarnorzeki **PKR** 87 We 50
Czarnosin **OPL** 75 Tb 46
Czarnostów **MAZ** 33 Wa 32
Czarnoszyce **POM** 15 Sc 26
Czarnotki **WKP** 40 Sb 36
Czarnotrzew **MAZ** 33 Wc 29
Czarnotul **KPM** 30 Ta 33
Czarnoty **MAZ** 47 Xc 35
Czarnowąsy **OPL** 65 Sf 44
Czarnowęsy **ZPM** 14 Ra 25
Czarnowice **LBU** 38 Pe 37
Czarnowiec **MAZ** 34 Wd 30
Czarnowiec **MAZ** 57 Wc 37
Czarnowo **KPM** 30 Tb 30
Czarnowo **LBU** 38 Pf 36
Czarnowo **MAZ** 34 Wd 31
Czarnowo **MAZ** 45 Ve 34
Czarnowo **POM** 16 Se 25
Czarnowo **ZPM** 26 Pe 30
Czarnowo-Biki **PDL** 35 Xc 30
Czarnowo-Undy **PDL** 35 Xc 30
Czarnoziem **LBL** 71 Yb 42
Czarnożyły **ŁDZ** 54 Td 41
Czarnów **DLS** 62 Qf 44
Czarnów **LBU** 38 Pe 33
Czarnów **MAZ** 45 Wb 33
Czarnów **SWK** 68 Vd 43
Czarnówek **PDL** 21 Xb 27
Czarnówko **POM** 5 Se 21
Czarnów-Towarzystwo **MAZ** 44 Vd 35
Czarnucha **PDL** 22 Ya 26
Czarnusz **ŁDZ** 54 Ua 38
Czarnuszka **WKP** 53 Se 37
Czarny Bór **DLS** 63 Ra 44
Czarny Dunajec **MŁP** 84 Uf 52
Czarny Kierz **WMZ** 20 Vd 24
Czarny Las **LBL** 59 Ya 40
Czarny Las **MAZ** 45 Wa 37
Czarny Las **SLK** 66 Ua 43
Czarny Las **SLK** 66 Ua 45
Czarny Las **WKP** 53 Se 39
Czarnylas **POM** 17 Tc 25
Czarny Potok **MŁP** 85 Vc 51
Czarny Sad **WKP** 52 Sc 38
Czarny Stok **PDL** 22 Ya 28
Czarnystok **LBL** 71 Xf 45
Czartajew **PDL** 47 Xf 34
Czartki **ŁDZ** 54 Te 39
Czartki **WKP** 53 Ta 37
Czartoria **LBL** 72 Yd 44
Czartoria **PDL** 34 We 29
Czartoryja **ŁDZ** 54 Tc 40
Czartoryja **ZPM** 25 Pd 31
Czartosy **PDL** 34 Xb 31
Czartoszowy **SWK** 68 Vb 43
Czartowczyk **LBL** 72 Yd 45
Czartowiec **LBL** 72 Yd 45
Czartowo **WKP** 42 Tb 34
Czaryż **SWK** 67 Uf 44
Czarze **KPM** 30 Ta 29
Czarzyzna **SWK** 79 Wb 46
Czasław **LBU** 50 Qd 37
Czasław **MŁP** 78 Va 49
Czastary **ŁDZ** 53 Tb 41
Czaszyn **PKR** 87 Xb 52
Czatachowa **SLK** 67 Uc 45
Czatkowice **DLS** 52 Sc 39
Czatkowice **MŁP** 77 Ud 48
Czatolin **ŁDZ** 44 Uf 37
Czaźów **SWK** 69 Wa 43
Cząstkowice **PKR** 81 Xd 49
Cząstków **WKP** 42 Ta 35
Cząstków **WKP** 42 Tf 35
Czchów **MŁP** 78 Ve 49
Czciradz **LBU** 50 Qd 38
Czeberaki **LBL** 59 Xe 38
Czeberaki **MAZ** 47 Xf 35
Czechel **WKP** 53 Sf 38
Czechnów **WKP** 51 Re 39
Czechowice **ŁDZ** 55 Va 38
Czechowice **SLK** 76 Td 46
Czechowice-Dziedzice **SLK** 76 Ua 49
Czechowiec **ŁDZ** 67 Ue 43
Czechowizna **PDL** 35 Xf 28
Czechów **LBL** 58 Xd 41
Czechów **LBU** 26 Qb 32
Czechów **SWK** 68 Vd 45
Czechówka **LBL** 72 Yd 43
Czechówka **MŁP** 77 Va 49
Czechów-Kąt **LBL** 71 Yb 42
Czechronka **MAZ** 33 Wa 30
Czechy **DLS** 63 Rc 43
Czechy **ŁDZ** 54 Tf 39
Czechy **MAZ** 57 Wd 37
Czechy **MŁP** 78 Va 47
Czechy **WKP** 41 Sc 33
Czechy **ZPM** 15 Rd 25
Czechy, Rakowo- **PDL** 34 Xb 30
Czechy Orlańskie **PDL** 36 Yc 33
Czeczewo **KPM** 31 Tf 28
Czeczewo **POM** 6 Tb 22
Czeczotki **MAZ** 45 Vd 34
Czekaj **PKR** 86 Wc 51
Czekaj **SWK** 67 Uf 45
Czekanów **MAZ** 47 Xc 34
Czekanów **SLK** 76 Te 46
Czekanów **WKP** 53 Sf 38
Czekarzewice **MAZ** 69 We 42
Czeklin **LBU** 38 Pf 37
Czeladź **SLK** 76 Ua 47
Czeladź Wielka **DLS** 51 Rd 39
Czelatyce **PKR** 81 Xd 49
Czelin **ZPM** 25 Pc 32
Czeluścin **WKP** 41 Sd 34
Czeluścin **WKP** 52 Sb 38
Czeluśnica **PKR** 86 Wd 50
Czemierniki **LBL** 59 Xd 38
Czemlewo **KPM** 30 Ta 29
Czempiń **WKP** 40 Re 36
Czempisz **WKP** 53 Tb 39
Czepiec **SWK** 77 Uf 45
Czepielin **MAZ** 47 Xc 35
Czepielowice **OPL** 64 Sd 43
Czepino **ZPM** 12 Pd 29
Czepów Dolny **ŁDZ** 42 Te 36
Czepurka **SLK** 67 Uc 44
Czeputka **LBL** 59 Yc 38
Czerce **PKR** 81 Xe 48
Czerchów **ŁDZ** 43 Ub 37
Czeremcha **PDL** 48 Yc 33
Czeremcha-Wieś **PDL** 48 Yb 33
Czereńczyce **DLS** 63 Re 43
Czerewki **PDL** 36 Ya 31
Czerkasy **LBL** 72 Ye 45
Czerkiesy **ŁDZ** 66 Ua 42
Czerlanka **PDL** 36 Ye 32
Czerlejnko **WKP** 41 Sb 34
Czerlejno **WKP** 40 Sb 34
Czerlin **WMZ** 19 Uf 28
Czermin **PKR** 79 Wb 46
Czermin **SWK** 70 We 44
Czermin **WKP** 41 Se 37
Czermin **WKP** 53 Sf 40
Czermin **ZPM** 3 Qe 24
Czerminek **WKP** 53 Sf 38
Czermna **DLS** 63 Rb 46
Czermna **PKR** 79 Wb 50
Czermnica **ZPM** 13 Pf 26
Czermno **LBL** 72 Ye 45
Czermno **MAZ** 44 Ue 34
Czermno **SWK** 67 Va 42
Czerna **DLS** 50 Qc 41
Czerna **DLS** 50 Qf 38
Czerna **LBU** 49 Pf 38
Czerna **LBU** 50 Qb 39
Czerna **MŁP** 77 Ud 48
Czerna **MŁP** 77 Ud 49
Czerniaki, Ulatowo- **MAZ** 33 Vf 30
Czerniaków **ŁDZ** 54 Td 38
Czerniaków **MAZ** 45 Wa 35
Czerniawa-Zdrój **DLS** 62 Qb 43
Czerniawka **PKR** 81 Ya 48
Czernic **LBL** 58 Wf 38
Czernic **LBL** 58 Xa 38
Czernica **DLS** 62 Qe 43
Czernica **DLS** 63 Rb 42
Czernica **DLS** 64 Sb 42
Czernica **SLK** 75 Tc 48
Czernica **SWK** 69 Wa 45
Czernice **ŁDZ** 54 Te 41
Czernice **MAZ** 33 Ve 31
Czernice **PDL** 21 Wf 28
Czernice **WKP** 15 Sa 28
Czernice Borowe **MAZ** 33 Ve 30
Czernichów **MŁP** 77 Ue 49
Czernichów **MŁP** 78 Vb 48
Czernichów **SLK** 83 Ub 50
Czerniczyn **LBL** 72 Yf 44
Czernie **MAZ** 34 Wd 31
Czerniec **DLS** 51 Rb 40
Czerniejew **MAZ** 46 Xa 36
Czerniejewo **WKP** 41 Sc 34
Czerniejów **LBL** 59 Xe 40
Czerniejów **LBL** 71 Xd 42
Czerniejów **LBL** 72 Yd 42
Czerniew **ŁDZ** 44 Uf 35
Czerniewice **KPM** 30 Td 31
Czerniewice **KPM** 43 Ua 33
Czerniewice **ŁDZ** 56 Va 39
Czerniewo **MAZ** 44 Uf 33
Czerniewo **POM** 6 Tc 23
Czernięcin **LBL** 71 Xe 44
Czerniki **POM** 17 Tb 24
Czerniki **WMZ** 20 Wc 24
Czernikowice **DLS** 50 Qf 41
Czernikowo **KPM** 31 Tf 31
Czerników **ŁDZ** 43 Uc 36
Czerników **ZPM** 26 Pe 31
Czerników Karski **SWK** 69 Wc 44
Czernin **POM** 18 Ua 25
Czernina **DLS** 51 Rd 38
Czernina Dolna **DLS** 51 Rd 38
Czerno **ŁDZ** 67 Ud 41
Czerńczyce **DLS** 64 Rf 45
Czersk **MAZ** 57 Wb 37
Czersk **POM** 16 Sf 26
Czersko **KPM** 30 Ta 30
Czersk Świecki **KPM** 17 Tc 27
Czerśl **LBL** 58 Xb 37
Czerteż **PKR** 87 Xa 51
Czertyn **ZPM** 14 Qd 28
Czeruchy, Pniewo- **MAZ** 32 Vc 31
Czerwieniec **POM** 5 Sd 21
Czerwienne **MŁP** 84 Uf 52
Czerwieńczyce **DLS** 63 Rd 45
Czerwieńsk **LBU** 38 Qc 36
Czerwin **MAZ** 34 We 31
Czerwin-Kolonia **MAZ** 34 We 31
Czerwińsk Luchowo **POM** 17 Te 26
Czerwińsk nad Wisłą **MAZ** 44 Vb 34
Czerwionka-Leszczyny **SLK** 76 Td 48
Czerwona **MAZ** 69 Wc 41
Czerwona Góra **MŁP** 69 Wb 43
Czerwonak **WKP** 40 Rf 34
Czerwona Niwa-Parcel **MAZ** 44 Vb 36
Czerwona Wieś **WKP** 40 Re 37
Czerwona Woda **DLS** 50 Qb 41
Czerwona Woda **WMZ** 18 Uc 26
Czerwona Wola **PKR** 81 Xe 48
Czerwona Wola **SWK** 68 Vd 42
Czerwona Wola-Kolonia **SWK** 68 Vb 42
Czerwone **PDL** 21 Wf 28
Czerwonka **MAZ** 33 Wb 31
Czerwonka **MAZ** 46 Wf 34
Czerwonka **MAZ** 46 Xa 34
Czerwonka **MAZ** 57 Wb 38
Czerwonka **PDL** 11 Ya 23
Czerwonka **PDL** 23 Yb 27
Czerwonka **WMZ** 20 Vf 25
Czerwonka-Gozdów **LBL** 58 Xd 39
Czerwonka Poleśna **LBL** 58 Xd 39
Czerwonków **OPL** 75 Sf 48
Czerwony Dwór **WMZ** 10 Xb 24
Czerwony Dwór **WMZ** 9 We 23
Czerwony Folwark **PDL** 22 Ya 24
Czerwony Kościół **DLS** 63 Ra 41
Czeska Wieś **OPL** 64 Sc 44
Czesławice **DLS** 64 Rf 45
Czesławice **LBL** 58 Xb 41
Czesławice **WKP** 29 Sb 31
Czesławice **WKP** 52 Sd 40
Czesławów **ŁDZ** 43 Ud 35
Czestków A **ŁDZ** 54 Ua 39
Czestków B **ŁDZ** 54 Ua 39
Czeszewo **WKP** 29 Sc 31
Czeszewo **WKP** 41 Sd 36
Czeszów **DLS** 52 Sb 40
Czeszyce **DLS** 52 Sc 40
Cześniki **LBL** 72 Yc 44
Czetowice **LBU** 38 Qa 36
Czewujewo **KPM** 29 Se 32
Częstki, Krasowo- **PDL** 35 Xe 31
Częstkowo **POM** 5 Ta 21
Częstoborowice **LBL** 71 Xf 42
Częstochowa **SLK** 66 Ua 44
Częstocice **DLS** 64 Sb 44
Częstocice **SWK** 69 Wc 43
Częstoniew **MAZ** 57 Vf 37
Częstoszowice **MŁP** 78 Va 46
Człekówka **MAZ** 46 Wc 36
Człopa **ZPM** 27 Ra 30
Człopy **ŁDZ** 42 Te 37
Człuchów **POM** 15 Sc 26
Człuchy **POM** 4 Sb 21
Czmoniec **WKP** 40 Sa 35
Czmoń **WKP** 40 Sa 35
Czochanie-Góra **PDL** 35 Xd 30
Czołczyn **ŁDZ** 54 Ub 38
Czołki **LBL** 71 Yb 44
Czołna **LBL** 58 Xa 39
Czołoma **LBL** 59 Yb 39
Czołomyje **MAZ** 47 Xc 35
Czołowo **KPM** 42 Tc 33
Czołowo **WKP** 40 Sa 35
Czołowo **WKP** 42 Td 35
Czołówek **KPM** 42 Td 33
Czorsztyn **MŁP** 85 Vb 52
Czortowice **LBL** 72 Yf 43
Czosnowo **PDL** 35 Xd 31
Czosnów **MAZ** 45 Ve 34
Czosnówka **LBL** 48 Yb 36
Czostków **PDL** 10 Xd 23
Czostków **SWK** 68 Va 43
Czółna **LBL** 70 Xc 42
Czubak, Kraszewo- **MAZ** 32 Va 32
Czubrowice **MŁP** 77 Ue 47
Czuby **LBL** 70 Xd 41
Czuchleby **MAZ** 47 Xe 35
Czuchów **MAZ** 47 Xe 35
Czudec **PKR** 80 Wf 49
Czudowice **PKR** 81 Xd 49
Czulice **MŁP** 78 Vb 48
Czułczyce **LBL** 60 Yc 41
Czułczyce Małe **LBL** 60 Yc 41
Czułów **MŁP** 77 Ue 48
Czułów **SLK** 76 Tf 48
Czułówek **MŁP** 77 Ue 48
Czumów **LBL** 72 Yf 44
Czumsk Duży **KPM** 31 Ud 31
Czuprynowo **PDL** 23 Yd 28
Czurymy **MAZ** 47 Xc 36
Czuszów **MŁP** 78 Vc 47
Czyczykowy **POM** 16 Se 25
Czymanowo **POM** 5 Sf 20
Czyprki **WMZ** 21 Wf 25
Czyrna **MŁP** 86 Wa 52
Czyrnowa **MŁP** 84 Ue 51
Czysta **POM** 4 Sa 21
Czysta Dębina **LBL** 71 Xf 43
Czystochleb **KPM** 31 Tf 29
Czystogarb **PKR** 87 Xa 52
Czyszkówek **MAZ** 57 Wd 37
Czyże **PDL** 36 Yc 32
Czyżemin **ŁDZ** 55 Uc 39
Czyżeminek **ŁDZ** 55 Uc 39
Czyżew **MAZ** 44 Uf 34
Czyżew **WKP** 42 Ta 36
Czyżewo **KPM** 31 Uc 30
Czyżew-Osada **PDL** 35 Xb 32
Czyżew-Siedliska **PDL** 35 Xc 32
Czyżew-Stacja **PDL** 35 Xc 32
Czyżew-Sutki **PDL** 35 Xb 32
Czyżkowo **KPM** 29 Sf 30
Czyżkowo **WKP** 16 Sb 28
Czyżowice **LBL** 72 Ye 43
Czyżowice **OPL** 74 Sd 46
Czyżowice **SLK** 75 Tc 49
Czyżowice **SWK** 78 Vd 47
Czyżów **SWK** 69 Wa 44
Czyżów **SWK** 70 We 44
Czyżów **SWK** 79 Vf 46
Czyżówek **LBU** 49 Qa 39
Czyżówka **MAZ** 57 Vf 39
Czyżówka **MŁP** 77 Uc 47
Czyżyki **PDL** 36 Yd 32

Ć

Ćmachowo **WKP** 27 Rb 32
Ćmachowo-Huby **WKP** 28 Rc 32
Ćmielów **SWK** 69 Wd 43
Ćmiłów **LBL** 71 Xd 42
Ćmińsk Kościelny **SWK** 68 Vd 43
Ćmińsk Rządowy **SWK** 68 Vd 43
Ćwierce **OPL** 75 Sf 46
Ćwierdzin **WKP** 41 Se 34
Ćwiętalka **LBL** 70 Wf 42
Ćwiklice **SLK** 76 Tf 49
Ćwiklin **MAZ** 44 Vc 33
Ćwiklinek **MAZ** 32 Vc 32
Ćwikły **PDL** 34 Xa 31
Ćwikły, Krajewo- **PDL** 35 Xb 30
Ćwików **MŁP** 79 Vf 47

D

Dacharzów **SWK** 69 Wd 44
Dachnów **PKR** 81 Ya 47
Dachowa **MAZ** 44 Vb 35
Dachowa **WKP** 40 Sa 35
Dachów **LBU** 38 Qa 37
Daczki, Pianowo- **MAZ** 45 Ve 33
Daćbogi **MAZ** 47 Xb 36
Dady, Wojtkowice- **PDL** 47 Xc 33
Dajlidy Górne **PDL** 36 Yb 30
Dakowy Mokre **WKP** 40 Rc 35
Dakowy Suche **WKP** 40 Rd 35
Dalachów **OPL** 66 Td 42
Dalanówko **MAZ** 44 Vc 33
Dalborowice **DLS** 65 Se 41
Dalechowice **SWK** 78 Vc 47
Dalechowy **SWK** 68 Vc 45
Dalekie-Tartak **MAZ** 34 Wc 32
Daleszewice **ŁDZ** 56 Va 41
Daleszyce **SWK** 68 Ve 44
Daleszyn **WKP** 52 Rf 37
Dalewice **MŁP** 78 Vb 47
Dalewo **WKP** 40 Rf 36
Dalewo **ZPM** 14 Qf 27
Dalęcinko **ZPM** 15 Rd 26
Dalęcino **ZPM** 15 Rd 26
Dalików **ŁDZ** 54 Ua 37
Daliowa **PKR** 87 We 52
Dalkowo **KPM** 16 Sc 28
Dalkowo **ZPM** 4 Rd 24
Dalków **DLS** 50 Qf 39
Dalków **ŁDZ** 55 Ue 39
Dalnia **MAZ** 32 Vb 31
Dalno **ZPM** 14 Qd 27
Dalsze **ZPM** 26 Pf 31
Daltrozów **MAZ** 57 Vf 38
Dalwin **POM** 6 Td 24
Damasławek **WKP** 29 Sd 31
Damaszka **POM** 6 Td 24
Damianów **MAZ** 58 We 38
Damiany **MAZ** 34 We 31
Damiany **SWK** 67 Uf 45
Damice **MŁP** 77 Uf 47
Damienice **MŁP** 78 Vc 49
Damięty **MAZ** 33 Vd 32
Damięty **MAZ** 34 Wd 31
Damnica **POM** 4 Sb 21
Damno **POM** 4 Sb 21
Daniec **OPL** 65 Ta 45
Daniele **WMZ** 10 Xc 24
Danielów **ŁDZ** 67 Uc 41
Daniłowice **PDL** 11 Yb 24
Daniłowo **MAZ** 34 Wd 31
Daniłowo **MAZ** 34 Xa 32
Daniłowo Duże **PDL** 35 Xf 31
Daniłowo-Parcele **MAZ** 34 Xa 32
Daniszew **WKP** 42 Td 36
Daniszewice **ŁDZ** 67 Ue 41
Daniszewo **MAZ** 34 Wd 30
Daniszewo **MAZ** 44 Va 33
Daniszów **MAZ** 69 Wd 42
Dankowice **DLS** 50 Qf 39
Dankowice **DLS** 64 Sa 44
Dankowice **SLK** 76 Ua 49
Dankowice Drugie **SLK** 66 Te 43
Dankowice Pierwsze **SLK** 66 Te 43
Dankowice Trzecie **SLK** 66 Te 43
Danków **LBU** 26 Qc 31
Danków **SLK** 66 Te 43
Danków **WKP** 42 Ta 34
Danków Duży **SWK** 67 Uf 43
Danków Mały **SWK** 67 Uf 43
Danków-Wójtostwo **SWK** 68 Vf 44
Danowo **PDL** 21 Wf 28
Danowo **PDL** 22 Xd 26
Danowo **ZPM** 13 Pf 27
Danowskie **PDL** 22 Ya 25
Danówka **LBL** 47 Xf 37
Dańce **LBL** 60 Yc 38
Dańki, Badowo- **MAZ** 44 Vd 37
Dańków **ŁDZ** 56 Vd 38
Dańków **MAZ** 56 Ve 38
Dargikowo **ZPM** 14 Ra 24
Dargiń **ZPM** 15 Rc 24
Dargobądź **ZPM** 13 Pd 25
Dargocice **ZPM** 14 Qd 25
Dargoleza **POM** 5 Sd 21
Dargomyśl **ZPM** 25 Pd 32
Dargosław **ZPM** 14 Qc 24
Darłowo **ZPM** 3 Rc 22
Darłówko **ZPM** 3 Rc 22
Darnawa **LBU** 38 Qd 36
Darnowiec **WKP** 53 Sf 41
Darnowo **POM** 4 Rf 24
Darnowo **WKP** 40 Re 36
Daromin **SWK** 69 Wd 44
Darowice **PKR** 88 Xe 50
Darskowo **ZPM** 14 Qf 27
Darskowo **ZPM** 4 Rd 23
Darszyce **ZPM** 14 Qc 25
Daruszyn **WKP** 53 Sd 39
Darzowice **ZPM** 13 Pd 25
Darż **ZPM** 13 Qa 28
Darżewo **POM** 5 Sd 22
Darżewo **ZPM** 13 Qc 24
Darżkowo **POM** 4 Sb 23
Darżlubie **POM** 6 Tb 20
Darżyno **POM** 5 Sc 22
Dasze **PDL** 48 Yb 33
Daszewice **WKP** 40 Rf 35
Daszewo **ZPM** 3 Qf 24
Daszów **DLS** 51 Rd 39
Daszówka **PKR** 88 Xd 52
Daszyna **ŁDZ** 43 Ub 36
Datyń **LBU** 49 Pe 38
Dawia **MAZ** 34 Wd 29
Dawidowicze **PDL** 36 Yc 31
Dawidy **LBL** 59 Ya 38
Dawidy **MAZ** 45 Vf 36
Dąb, Głodowo- **PDL** 35 Xc 30
Dąb, Gołasze- **PDL** 35 Xc 30
Dąb, Sanie- **PDL** 35 Xc 31
Dąbcze **WKP** 51 Rd 38
Dąbczyca **SLK** 67 Uc 43
Dąbek **MAZ** 32 Vc 30
Dąbek **MAZ** 34 We 30
Dąbek **MAZ** 34 We 31
Dąbek **SLK** 67 Uc 43
Dąbie **DLS** 51 Rc 41
Dąbie **KPM** 30 Tc 31
Dąbie **ŁDZ** 43 Ua 36
Dąbie **ŁDZ** 67 Ue 41
Dąbie **LBL** 58 Xb 37
Dąbie **LBL** 70 Xb 44
Dąbie **LBL** 71 Xf 43
Dąbie **LBU** 38 Qa 36
Dąbie **PKR** 79 Wb 48
Dąbie **POM** 5 Sc 23
Dąbie **SLK** 75 Ua 46
Dąbie **SWK** 67 Va 44
Dąbie **WKP** 42 Te 36
Dąbie **WKP** 53 Tb 40
Dąbie **ZPM** 13 Pe 28
Dąbie **ZPM** 13 Qc 25
Dąbie **ZPM** 15 Rc 27
Dąbie Poduchowne **KPM** 42 Te 33
Dąbki **POM** 15 Sc 26
Dąbki **POM** 16 Sf 26
Dąbki **ZPM** 3 Rb 22
Dąbkowice **ŁDZ** 43 Uc 35
Dąbkowice Dolne **ŁDZ** 44 Uf 36
Dąbkowice Górne **ŁDZ** 44 Uf 36
Dąbków **PKR** 81 Ya 48
Dąbroszyn **LBU** 26 Pe 33
Dąbroszyn **WKP** 42 Ta 36
Dąbrowa **DLS** 51 Ra 40
Dąbrowa **DLS** 52 Sc 40
Dąbrowa **DLS** 52 Sc 41
Dąbrowa **KPM** 16 Se 27
Dąbrowa **KPM** 17 Tc 27
Dąbrowa **KPM** 29 Sf 32
Dąbrowa **ŁDZ** 54 Td 40
Dąbrowa **ŁDZ** 54 Tf 41
Dąbrowa **ŁDZ** 54 Ua 39
Dąbrowa **ŁDZ** 55 Uc 39
Dąbrowa **ŁDZ** 55 Ue 41
Dąbrowa **ŁDZ** 56 Va 40
Dąbrowa **ŁDZ** 66 Ub 41
Dąbrowa **LBL** 70 Wf 43
Dąbrowa **LBL** 70 Xa 42
Dąbrowa **LBL** 70 Xa 43
Dąbrowa **LBL** 70 Xb 42
Dąbrowa **LBU** 38 Qe 37
Dąbrowa **LBU** 49 Pf 37
Dąbrowa **MAZ** 32 Uf 30
Dąbrowa **MAZ** 32 Vb 31
Dąbrowa **MAZ** 32 Vd 32
Dąbrowa **MAZ** 33 Ve 29
Dąbrowa **MAZ** 33 Wb 29
Dąbrowa **MAZ** 33 Wc 32
Dąbrowa **MAZ** 34 Xa 32
Dąbrowa **MAZ** 45 Vf 35
Dąbrowa **MAZ** 46 We 33
Dąbrowa **MAZ** 46 We 36
Dąbrowa **MAZ** 46 Xa 34
Dąbrowa **MAZ** 47 Xd 35
Dąbrowa **MAZ** 56 Vc 39
Dąbrowa **MAZ** 56 Vd 39
Dąbrowa **MAZ** 56 Ve 40
Dąbrowa **MAZ** 57 Wd 38
Dąbrowa **MAZ** 69 Wd 41
Dąbrowa **MŁP** 78 Vb 48
Dąbrowa **MŁP** 85 Ve 50
Dąbrowa **OPL** 65 Se 43
Dąbrowa **OPL** 65 Se 44
Dąbrowa **PKR** 70 Xa 44
Dąbrowa **PKR** 80 We 48
Dąbrowa **PKR** 81 Ya 48
Dąbrowa **POM** 16 Sf 25
Dąbrowa **POM** 17 Tb 25
Dąbrowa **POM** 5 Sf 23
Dąbrowa **POM** 6 Tf 24
Dąbrowa **SLK** 66 Te 43
Dąbrowa **SLK** 66 Tf 42
Dąbrowa **SLK** 67 Ue 44
Dąbrowa **SWK** 68 Vd 43
Dąbrowa **SWK** 68 Ve 43
Dąbrowa **SWK** 69 Wa 43
Dąbrowa **WKP** 28 Rd 29
Dąbrowa **WKP** 29 Sc 32
Dąbrowa **WKP** 40 Re 34
Dąbrowa **WKP** 40 Sa 36
Dąbrowa **WKP** 41 Sc 37
Dąbrowa **WKP** 42 Td 35
Dąbrowa **WKP** 54 Td 37
Dąbrowa **WMZ** 20 Vf 26
Dąbrowa **WMZ** 7 Uc 23
Dąbrowa **WMZ** 7 Uf 23
Dąbrowa **WMZ** 8 Ve 23
Dąbrowa **ZPM** 3 Rc 23
Dąbrowa, Brzozowo- **PDL** 35 Xe 31
Dąbrowa, Franki- **PDL** 35 Xe 30
Dąbrowa, Huta- **LBL** 58 Xa 38
Dąbrowa, Sosnowa- **LBL** 72 Yd 45
Dąbrowa Białogardzka **ZPM** 14 Qf 26
Dąbrowa Białostocka **PDL** 23 Yc 27
Dąbrowa Biskupia **KPM** 30 Td 32
Dąbrowa Bolesławiecka **DLS** 50 Qd 41
Dąbrowa Bór **LBL** 70 Xb 43
Dąbrowa Chełmińska **KPM** 30 Tb 29
Dąbrowa-Cherubin **PDL** 35 Xc 31
Dąbrowa Człuchowska **POM** 15 Sb 26
Dąbrowa Dolna **DLS** 51 Rc 40
Dąbrowa-Dołęgi **PDL** 35 Xc 31
Dąbrowa-Dzięciel **PDL** 35 Xc 31
Dąbrowa-Glinki **PDL** 35 Xc 32
Dąbrowa Górnicza **SLK** 76 Ub 47
Dąbrowa Jastrzębska **MAZ** 57 Wb 39
Dąbrowa-Kaski **PDL** 35 Xc 31
Dąbrowa Kozłowska **MAZ** 57 Wb 40
Dąbrowa Krotoszyńska **WKP** 52 Sd 38
Dąbrowa-Las **MAZ** 57 Wd 40
Dąbrowa-Łazy **PDL** 35 Xc 31
Dąbrowa Łużycka **LBU** 49 Pf 39
Dąbrowa-Michałki **PDL** 35 Xc 32
Dąbrowa-Moczydły **PDL** 35 Xd 31
Dąbrowa nad Czarną **ŁDZ** 55 Uf 41
Dąbrowa Narodowa **ŚLK** 76 Ub 47
Dąbrowa Nowogardzka **ZPM** 13 Qa 26
Dąbrowa Rusiecka **ŁDZ** 54 Tf 40
Dąbrowa Rzeczycka **PKR** 70 Xa 45
Dąbrowa Skarbowa **SWK** 69 Vf 43
Dąbrowa Szlachecka **MŁP** 77 Ue 48
Dąbrowa Średnia **DLS** 51 Rb 40
Dąbrowa Tarnowska **MŁP** 79 Vf 47
Dąbrowa Widawska **ŁDZ** 54 Tf 40
Dąbrowa Wielka **KPM** 30 Tb 31
Dąbrowa Wielka **ŁDZ** 54 Te 39
Dąbrowa Wielka **ŁDZ** 66 Ub 42
Dąbrowa Wielka **PDL** 35 Xd 31
Dąbrowa-Wilki **PDL** 35 Xc 32
Dąbrowa Wisłocka **PKR** 79 Wc 48
Dąbrowa Wronowska **LBL** 70 Xa 42
Dąbrowa-Zabłotne **PDL** 35 Xc 31
Dąbrowa Zielona **SLK** 67 Ud 43
Dąbrowica **DLS** 62 Qe 43
Dąbrowica **LBL** 58 Xc 41
Dąbrowica **LBL** 71 Xd 45
Dąbrowica **MAZ** 46 Wc 34
Dąbrowica **MŁP** 78 Vc 49
Dąbrowica **MŁP** 79 Wa 47
Dąbrowica **PKR** 79 Wd 46
Dąbrowica **PKR** 80 Xc 46
Dąbrowica **SWK** 67 Uf 45
Dąbrowica **ZPM** 13 Pf 28
Dąbrowica Duża **LBL** 48 Yc 37
Dąbrowica Duża **PKR** 81 Xd 47
Dąbrowica-Kolonia **WKP** 54 Te 37
Dąbrowica Mała **LBL** 48 Yc 37
Dąbrowice **ŁDZ** 43 Ua 35
Dąbrowice **ŁDZ** 55 Va 37
Dąbrowice **MAZ** 32 Ue 30
Dąbrowice **OPL** 65 Ta 45
Dąbrowice **WKP** 42 Td 35
Dąbrowice Częściowe **WKP** 42 Tc 36
Dąbrowiec **LBU** 50 Qb 38
Dąbrowiec **MŁP** 77 Uf 46
Dąbrowizna, Grala- **MAZ** 46 Xa 36
Dąbrowno **SLK** 67 Ud 44
Dąbrowskie **WMZ** 10 Xd 24
Dąbrowskie **WMZ** 22 Xc 26
Dąbrowy **WMZ** 20 Wc 28
Dąbrówka **KPM** 16 Sd 27
Dąbrówka **KPM** 17 Tb 28
Dąbrówka **KPM** 29 Tc 32
Dąbrówka **KPM** 30 Te 29
Dąbrówka **KPM** 31 Ua 31
Dąbrówka **KPM** 31 Vb 29
Dąbrówka **KPM** 42 Td 33
Dąbrówka **KPM** 43 Ua 34
Dąbrówka **ŁDZ** 44 Va 36
Dąbrówka **ŁDZ** 53 Tb 40
Dąbrówka **ŁDZ** 54 Td 39
Dąbrówka **ŁDZ** 54 Te 39
Dąbrówka **ŁDZ** 55 Uf 41
Dąbrówka **ŁDZ** 56 Vb 40
Dąbrówka **ŁDZ** 56 Vc 40
Dąbrówka **ŁDZ** 67 Uc 42
Dąbrówka **LBL** 58 Xc 40
Dąbrówka **LBL** 81 Xd 46
Dąbrówka **MAZ** 33 Wb 31
Dąbrówka **MAZ** 34 Wc 31
Dąbrówka **MAZ** 34 Wd 29
Dąbrówka **MAZ** 43 Uc 34
Dąbrówka **MAZ** 45 Vd 34
Dąbrówka **MAZ** 45 Wb 34
Dąbrówka **MAZ** 45 Wc 36
Dąbrówka **MAZ** 46 We 36
Dąbrówka **MAZ** 56 Ve 37
Dąbrówka **MAZ** 69 Wc 42
Dąbrówka **MŁP** 78 Vd 48
Dąbrówka **MŁP** 84 Ud 50
Dąbrówka **PKR** 80 Xb 45
Dąbrówka **PKR** 81 Yb 47
Dąbrówka **PKR** 86 Wc 50
Dąbrówka **PKR** 87 Xa 51
Dąbrówka **POM** 17 Td 25
Dąbrówka **POM** 17 Te 26
Dąbrówka **POM** 4 Sc 24
Dąbrówka **POM** 5 Sc 21
Dąbrówka **POM** 5 Sf 21
Dąbrówka **POM** 5 Tb 21
Dąbrówka **SLK** 66 Tf 42
Dąbrówka **SLK** 75 Tc 45
Dąbrówka **SWK** 67 Uf 44
Dąbrówka **SWK** 68 Vd 43
Dąbrówka **WKP** 40 Re 34
Dąbrówka **WKP** 52 Re 39
Dąbrówka **WMZ** 21 We 25
Dąbrówka Dolna **OPL** 65 Sf 43
Dąbrówka Duża **ŁDZ** 55 Ue 37
Dąbrówka Górna **OPL** 65 Sf 45
Dąbrówka Kościelna **PDL** 35 Xd 31
Dąbrówka Kościelna **WKP** 40 Sb 33
Dąbrówka Kolewska **KPM** 18 Tf 28
Dąbrówka Kujawska **KPM** 30 Ta 31
Dąbrówka Leśna **WKP** 28 Re 32
Dąbrówka Ludomska **WKP** 28 Rf 32
Dąbrówka Łubiańska **OPL** 65 Ta 44
Dąbrówka-Ług **MAZ** 46 Xa 36
Dąbrówka Malborska **POM** 18 Ua 25
Dąbrówka Mała **LBU** 39 Qe 35
Dąbrówka Mała **SLK** 76 Ua 47
Dąbrówka Mała **WMZ** 9 Wd 23
Dąbrówka Morska **MŁP** 78 Vd 48
Dąbrówka Nagórna **MAZ** 57 Wa 40
Dąbrówka Osuchowska **PKR** 79 Wb 47
Dąbrówka Pniowska **PKR** 70 Wf 44
Dąbrówka Podłężna **MAZ** 57 Wa 40
Dąbrówka Polska **MŁP** 85 Ve 51
Dąbrówka Polska **WMZ** 10 Wf 23
Dąbrówka Polska **WMZ** 10 Xa 23
Dąbrówka Pruska **POM** 18 Ua 25
Dąbrówka Słupska **KPM** 29 Se 31
Dąbrówka-Stany **MAZ** 46 Xa 36
Dąbrówka Starzeńska **PKR** 87 Xb 50
Dąbrówka Szczepanowska **MŁP** 78 Vf 49
Dąbrówka Tczewska **POM** 6 Te 24
Dąbrówka Tuchowska **MŁP** 79 Wa 49
Dąbrówka Warszawska **MAZ** 57 Wa 41
Dąbrówka Wielka **ŁDZ** 55 Uc 37
Dąbrówka Wielka **SLK** 76 Ua 46
Dąbrówka Wielka **WMZ** 19 Vd 25
Dąbrówka Wielkopolska **LBU** 39 Qe 35
Dąbrówka-Wyłazy **MAZ** 46 Xb 36
Dąbrówka Zabłotnia **MAZ** 57 Wa 41
Dąbrówki **MAZ** 31 Ue 31
Dąbrówki **MAZ** 32 Ue 31
Dąbrówki **MAZ** 57 Wd 39
Dąbrówki **PDL** 36 Yb 29
Dąbrówki **PKR** 80 Xb 48
Dąbrówki Breńskie **MŁP** 79 Vf 47
Dąbrówki Kobylańskie **ŁDZ** 54 Tf 41
Dąbrówno **LBU** 50 Qf 37
Dąbrówno **POM** 5 Sc 22
Dąbrówno **WMZ** 19 Va 28
Dąg **WMZ** 19 Va 26
Dąrówka **KPM** 16 Sf 27
Dębina **LBU** 38 Qa 35
Deborzyn **PKR** 79 Wb 49
Debrznica **LBU** 38 Qa 35
Debrznik **DLS** 62 Ra 44
Debrzno **POM** 16 Sb 27
Debrzno-Wieś **WKP** 16 Sb 27
Debrzyce **OPL** 75 Sf 47
Degucie **WMZ** 11 Xe 23
Delfina **ŁDZ** 66 Tf 41
Demblin **MŁP** 78 Ve 47
Demlin **POM** 17 Td 24
Demptowo **POM** 6 Tc 21
Deniski **PDL** 36 Yb 31
Denków **SWK** 69 Wd 43
Denkówek **SWK** 69 Wc 43
Depułtycze Królewskie **LBL** 72 Yc 42
Depułtycze Królewskie-Kolonia **LBL** 72 Yc 42
Deputaty **PKR** 70 Xc 45
Derc **WMZ** 20 Vd 25
Derczewo **ZPM** 26 Pf 30
Dereczanka **LBL** 48 Yc 36
Derewiczna **LBL** 59 Xe 38
Dereźnia Majdańska **LBL** 81 Xe 46
Dereźnia Solska **LBL** 71 Xe 45
Dereźnia-Zagrody **LBL** 71 Xe 45
Derło **LBL** 48 Yc 35
Derylaki **PKR** 80 Xc 46
Deskurów **MAZ** 46 We 33
Desno **MAZ** 46 Wc 35
Deszczno **LBU** 26 Qb 32
Deszkowice **LBL** 71 Xf 44
Deszkowice-Kolonia **LBL** 71 Ya 44
Desznica **PKR** 86 Wc 51
Deszno **PKR** 87 Wf 51
Deszno **SWK** 68 Va 45
Dezyderów **SWK** 68 Ve 45
Dęba **ŁDZ** 56 Vb 40
Dęba **ŁDZ** 67 Uf 42
Dęba **LBL** 58 Xb 40
Dęba **MAZ** 56 Vf 40
Dęba **SWK** 68 Vb 42
Dębczyno **ZPM** 14 Ra 25
Dębe **MAZ** 45 Vf 34
Dębe **MAZ** 46 Wd 33
Dębe **MAZ** 46 Xa 33
Dębe **WKP** 28 Rd 31
Dębe **WKP** 53 Tb 38
Dębe-Kolonia **WKP** 53 Tb 38
Dębe Małe **MAZ** 46 Wc 36
Dębe Wielkie **MAZ** 46 Wc 35
Dębiaki, Hyki- **PKR** 79 Wd 46
Dębianka **LBU** 50 Qf 38
Dębianki **KPM** 42 Te 34
Dębiany **KPM** 31 Uc 30
Dębiany **SWK** 68 Vb 45
Dębiany **SWK** 78 Vd 47
Dębiany **WMZ** 9 Wc 23
Dębica **LBL** 58 Xd 39
Dębica **PKR** 79 Wc 48
Dębica **ZPM** 14 Qd 25
Dębica-Kolonia **LBL** 59 Xd 39
Dębice **DLS** 63 Rc 42
Dębice **ZPM** 13 Qa 27
Dębicze **WKP** 53 Tb 40
Dębiczek **WKP** 41 Sc 35
Dębie **OPL** 65 Ta 45
Dębie **SLK** 66 Tf 42
Dębiec **DLS** 51 Rc 40
Dębiec **ŁDZ** 54 Te 41
Dębiec **WKP** 40 Rf 34
Dębienica **MAZ** 34 Wd 32
Dębieniec **KPM** 17 Tf 28
Dębień **WMZ** 19 Uf 28
Dębieńsko **SLK** 76 Te 47
Dębina **DLS** 63 Sc 42
Dębina **ŁDZ** 54 Tf 40
Dębina **ŁDZ** 66 Ub 41
Dębina **LBL** 59 Yb 39
Dębina **LBL** 71 Xc 43
Dębina **LBL** 82 Ye 46
Dębina **MAZ** 45 Ve 34
Dębina **MŁP** 78 Vd 48
Dębina **MŁP** 78 Vf 49
Dębina **OPL** 75 Se 46
Dębina **PKR** 80 Xb 48
Dębina **POM** 4 Sa 21
Dębina **POM** 6 Ua 24
Dębina **SLK** 76 Td 49
Dębina **WKP** 40 Rc 33
Dębina **ZPM** 26 Pe 29
Dębina-Kolonia **LBL** 72 Yd 43
Dębiniec **OPL** 65 Ta 43
Dębiniec **SLK** 66 Ua 43
Dębinka **LBU** 49 Pf 39
Dębinka **WMZ** 19 Ue 26
Dębinka, Uścianek- **MAZ** 35 Xb 32
Dębinki **MAZ** 45 Vc 34
Dębiny **KPM** 16 Se 28
Dębiny **KPM** 30 Tc 30
Dębiny **LBL** 58 Xb 39
Dębiny **LBL** 70 Xa 42
Dębiny **MAZ** 33 Vf 30
Dębiny **PKR** 82 Yc 47
Dębiny **WMZ** 7 Uf 23
Dębionek **KPM** 29 Sc 29
Dębki **POM** 5 Ta 20
Dęblin **LBL** 58 Wf 39
Dębłowo **WKP** 41 Sd 33
Dębna **PKR** 87 Xb 51
Dębniak **ŁDZ** 55 Uf 39
Dębniak **MAZ** 57 Wc 41
Dębniaki **KPM** 43 Ub 33
Dębniałki **WKP** 53 Ta 37
Dębnica **POM** 6 Tc 21
Dębnica **WKP** 41 Sc 33
Dębnica **WKP** 53 Se 39
Dębnica Kaszubska **POM** 4 Sa 22
Dębnik **MŁP** 77 Ue 48
Dębniki **DLS** 64 Sa 44
Dębniki **PDL** 34 We 29
Dębniki **PDL** 35 Xc 30
Dębniki, Radzanowo- **MAZ** 44 Uf 33
Dębno **DLS** 51 Rd 40
Dębno **DLS** 52 Rf 39
Dębno **KPM** 41 Sf 33
Dębno **MŁP** 78 Ve 49
Dębno **MŁP** 85 Vb 52
Dębno **PKR** 81 Xd 47
Dębno **SWK** 69 Vf 43
Dębno **SWK** 69 Wa 44
Dębno **SWK** 70 We 43
Dębno **WKP** 29 Sc 29
Dębno **WKP** 40 Re 35
Dębno **WKP** 41 Sc 36
Dębno **ZPM** 26 Pe 32
Dębno Polskie **WKP** 52 Rf 39
Dębno Proboszczowskie **WKP** 42 Td 35
Dębnowola **MAZ** 56 Ve 39
Dębnowola **MAZ** 57 Wb 37
Dębogard **ZPM** 3 Qe 24
Dębogóra **WKP** 27 Ra 31
Dębogóra **WKP** 40 Sa 34
Dębogóra **ZPM** 25 Pc 29
Dębogóry **POM** 17 Ta 24
Dębołęka **POM** 6 Tc 21
Dębołęka **ŁDZ** 54 Td 39
Dębołęka **ZPM** 15 Rb 28
Dęborzeczka **ŁDZ** 56 Vb 40
Dębostrów **ZPM** 12 Pd 27
Dębowa **PKR** 79 Wc 49
Dębowa Góra **ŁDZ** 43 Ue 36
Dębowa Góra **ŁDZ** 55 Uf 41

Dzięcioły MAZ 47 Xe 35
Dzięcioły WKP 53 Tb 39
Dzięcioły Bliższe MAZ 47 Xb 33
Dzięcioły Dalsze MAZ 47 Xb 33
Dzięgiele PDL 21 Xb 28
Dzięgielów SLK 83 Te 50
Dziękonie PDL 22 Xe 28
Dzigorzew ŁDZ 54 Te 39
Dziki KPM 17 Tc 28
Dziki ZPM 15 Re 27
Dzikie PDL 35 Ya 29
Dzikowice LBU 50 Qd 39
Dzikowiec DLS 63 Rd 45
Dzikowo ZPM 28 Rc 29
Dzikowo Iłowieckie WMZ 8 Vc 23
Dzików PKR 69 We 45
Dzików POM 15 Sa 26
Dzisna ZPM 13 Pf 26
Dziśnity WMZ 19 Ue 25
Dziubiele WMZ 21 We 26
Dziunin MAZ 56 Ve 38
Dziuplina DLS 64 Sc 42
Dziurawieniec, Nasierowo- MAZ 33 Ve 31
Dziurdziewo WMZ 32 Vb 28
Dziurdzioły ŁDZ 56 Va 38
Dziurdziów PKR 87 Xb 52
Dziurków MAZ 69 We 42
Dziurów SWK 70 We 44
Dziwie WKP 43 Tf 35
Dziwiszów DLS 62 Qe 43
Dziwnów ZPM 13 Pe 24
Dziwnówek ZPM 13 Pe 24
Dzwola LBL 71 Xd 44
Dzwonek MAZ 34 We 31
Dzwonowa PKR 79 Wb 49
Dzwonowice SLK 77 Ud 46
Dzwonowice-Sierbowice SLK 77 Ud 45
Dzwonowo ZPM 13 Qb 28
Dzwonowo ZPM 27 Ra 30
Dźwierszno Małe WKP 29 Sc 29
Dźwierszno Wielkie WKP 29 Sc 29
Dźwierzchno KPM 30 Ta 31
Dźwierznia WMZ 32 Vc 29
Dźwierzno KPM 30 Te 29
Dźwierzno MAZ 44 Ue 33
Dźwierzno POM 15 Sa 25
Dźwierzuty WMZ 20 Vf 26
Dźwiniacz Dolny PKR 88 Xd 52
Dźwirzyno ZPM 2 Qc 24
Dżbów SLK 66 Ua 44

E

Egiertowo POM 5 Tb 23
Elbląg WMZ 7 Uc 24
Eldyty Wielkie WMZ 19 Va 24
Elektrownia ZPM 15 Re 24
Elganowo POM 6 Tc 24
Elganowo WMZ 20 Vf 27
Elgiszewo KPM 31 Tf 30
Elgnowo WMZ 19 Uf 28
Elgnówko WMZ 19 Vb 27
Eliaszki PDL 36 Ye 31
Eligów ŁDZ 66 Ub 41
Elizanów WKP 43 Ua 35
Elizówka LBL 59 Xd 41
Elzanowo KPM 30 Tf 30
Elżbiecin MAZ 32 Ue 31
Elżbiecin MAZ 33 Wa 30
Elżbiecin MAZ 33 Wa 31
Elżbiecin PDL 22 Xc 27
Elżbiecin PDL 34 Xa 29
Elżbieta LBL 70 Wf 42
Elżbietków WKP 52 Sb 37
Elżbietowo POM 6 Td 22
Elżbietów LBL 58 Xc 39
Elżbietów MAZ 44 Vc 35
Elżbietów WKP 53 Tb 37
Ełk WMZ 22 Xc 26
Ełk, Państwowe Gospodarstwo Rolne WMZ 22 Xb 26
Emanuelin ŁDZ 65 Td 41
Emilcin LBL 70 Xa 42
Emilia ŁDZ 55 Uc 37
Emilianowo WMZ 18 Uc 26
Emilianów ŁDZ 54 Td 40
Emilianów ŁDZ 55 Va 39
Emilianów LBL 71 Xe 42
Emilianów MAZ 43 Ud 34
Emilianów MAZ 46 Xb 34
Emilianów PDL 35 Xc 30
Emilianów WKP 53 Tb 38
Emilianówka MAZ 46 Xa 36
Emilów ŁDZ 55 Ub 40
Emilów MAZ 57 Wc 39
Eminów ŁDZ 55 Uf 38
Emolinek MAZ 44 Vd 34
Emów MAZ 45 Wb 36
Emska, Kolonia LBL 71 Xf 43
Erazmów ŁDZ 55 Ue 38
Erminów MAZ 44 Va 35
Ernestowo KPM 17 Tc 28
Ernestynów LBL 58 Xb 38
Esterka ŁDZ 56 Vb 37
Eufeminów ŁDZ 55 Ud 38
Eugeniów MAZ 69 Wc 42
Eustachów Duży SWK 68 Vb 43
Ewcin ŁDZ 55 Ue 39
Ewelin MAZ 57 Wd 37
Ewelinów SWK 68 Va 43
Ewinów WKP 42 Te 37
Ewopole LBL 71 Ya 42

F

Fabianki KPM 31 Ua 32
Fabianów WKP 53 Sd 37
Fabryczne DLS 73 Re 46
Facimiech MŁP 77 Ue 49
Fajsławice LBL 71 Xf 42
Fajum WKP 53 Tc 39
Falatycze MAZ 47 Xe 35
Falbogi MAZ 46 We 35
Falbogi, Żebry- MAZ 33 Vf 32
Falborz KPM 42 Tf 33
Falejówka PKR 87 Xa 51
Falenica MAZ 45 Wb 36
Falenty MAZ 45 Vf 36
Falęcice MAZ 56 Vf 38
Falęcin MAZ 44 Va 33
Falęcin MAZ 57 Vf 37
Falęcin SWK 79 Vf 46
Falęta, Borkowo- MAZ 33 Ve 30
Faliszew ŁDZ 67 Uf 42
Faliszowice SWK 69 Wd 45
Faliszówka PKR 87 Wd 51
Falki PDL 35 Xf 31
Falki, Brzóski- PDL 35 Xd 31
Falki, Kraszewo- MAZ 32 Va 32
Falkowa MŁP 86 Vf 50
Falmierowo WKP 29 Sb 29
Falmirowice OPL 65 Ta 45
Falniów-Wysiołek MŁP 77 Uf 46
Falsztyn MŁP 85 Vb 52
Fałkowice OPL 65 Sf 43
Fałkowo WKP 41 Sc 34
Fałków SWK 67 Va 42
Famułki Brochowskie MAZ 44 Vc 35
Famułki Królewskie MAZ 44 Vc 35
Fanianowo WKP 29 Sc 29
Fanisławice SWK 68 Vb 43
Fanisławiczki SWK 68 Vb 43
Farnetka PDL 11 Ya 23
Faryny WMZ 20 Wc 27
Fasty PDL 35 Ya 29
Fasty PDL 35 Ya 30
Faszcze PDL 35 Xd 31
Faszcze WMZ 21 Wc 25
Faściszowa MŁP 78 Vf 49
Faustynowo MAZ 32 Vc 32
Fedropol PKR 88 Xe 50
Felicja ŁDZ 55 Ue 41
Felicjan LBL 71 Xf 43
Felicjanki ŁDZ 42 Te 37
Felicjanów ŁDZ 55 Uf 38
Feliksin ŁDZ 55 Ud 38
Feliksin LBL 58 Xa 38
Feliksów ŁDZ 54 Tf 38
Feliksów ŁDZ 55 Va 41
Feliksów ŁDZ 56 Va 37
Feliksów ŁDZ 67 Ud 42
Feliksów MAZ 43 Ud 34
Feliksów MAZ 44 Vb 35
Feliksówka LBL 71 Yb 45
Ferdynandów ŁDZ 54 Te 38
Ferdynandów LBL 58 Xb 39
Ferma PDL 35 Xe 32
Fidor SWK 68 Vc 41
Fidury MAZ 34 We 32
Figietów MAZ 57 Wb 40
Fijałkowo MAZ 33 Vf 31
Fijewo WMZ 19 Ue 28
Filice WMZ 32 Va 29
Filipinów MAZ 58 We 40
Filipki Duże WMZ 21 Wf 27
Filipowice MŁP 77 Ud 48
Filipowice MŁP 78 Ve 49
Filipów PDL 10 Xd 23
Filipówka MAZ 58 We 37
Filipówka WMZ 20 Wb 24
Filipy PDL 35 Xf 31
Filipy SWK 68 Vc 42
Firlej LBL 58 Xd 39
Firluz KPM 30 Td 29
Firoga POM 6 Tc 22
Fiszewo WMZ 18 Ub 24
Fiugajki WMZ 18 Ue 25
Fiukówka LBL 58 Xa 37
Flantrowo KPM 29 Sc 32
Flesze Różańskie PDL 22 Xc 27
Fletnowo KPM 17 Td 27
Flisy LBL 70 Xc 45
Florczaki WMZ 19 Va 25
Florentyna WKP 53 Tb 38
Florentynów ŁDZ 54 Ub 37
Florentynów ŁDZ 54 Ub 38
Florianów ŁDZ 43 Ud 35
Florianów MAZ 58 We 40
Florków SLK 66 Ua 43
Floryda WKP 40 Sa 33
Florynka MŁP 86 Vf 51
Folsztyn WKP 27 Rb 31
Folusz PKR 86 Wc 51
Folusz WKP 53 Tb 40
Folwark ŁDZ 66 Ub 41
Folwark OPL 65 Sf 45
Folwark POM 18 Uc 25
Folwark WKP 41 Se 34
Folwark, Bagienice- MAZ 33 Wb 30
Folwark, Dziadowice- WKP 53 Tc 37
Folwark, Kuków- PDL 11 Xe 24
Folwark, Netta- PDL 22 Xf 26
Folwark, Niepoczołowice- POM 5 Sf 22
Folwark, Olszyc- MAZ 46 Xa 36
Folwark, Ostaszewo- MAZ 33 Vf 32
Folwark, Poszeszupie- PDL 11 Ya 22
Folwark, Rozwadówka- LBL 59 Yb 38
Folwark, Wola- MAZ 32 Vc 32
Folwarki MAZ 57 Wa 39
Folwarki PKR 81 Ya 47
Folwarki Małe PDL 36 Yc 30
Folwarki Wielkie PDL 36 Yc 30
Fordon KPM 30 Tb 30
Formoza LBU 50 Qb 39
Foshuta POM 17 Ta 24
Frampol LBL 71 Xe 44
Franciszkany ŁDZ 56 Vb 37
Franciszkowo KPM 17 Tb 28
Franciszkowo MAZ 32 Uf 30
Franciszkowo WKP 15 Rf 28
Franciszkowo WMZ 19 Ue 27
Franciszków ŁDZ 54 Ua 38
Franciszków ŁDZ 56 Vc 37
Franciszków LBL 59 Xe 41
Franciszków LBL 71 Yb 43
Franciszków MAZ 44 Vb 36
Franciszków MAZ 46 Wc 34
Franciszków MAZ 57 Wa 37
Franciszków MAZ 57 Wa 40
Frankamionka LBL 72 Yd 44
Franki WKP 42 Ta 36
Franki-Dąbrowa PDL 35 Xe 30
Franki-Piaski PDL 35 Xd 30
Franklinów WKP 53 Se 38
Franknowo WMZ 20 Ve 24
Frankowo WKP 51 Re 37
Franków MAZ 57 Wd 40
Franopol ŁDZ 56 Vc 38
Franopol MAZ 47 Xf 35
Frąca POM 17 Td 26
Frącki PDL 23 Yb 25
Frączki WMZ 20 Vd 25
Frączkowo WMZ 9 Wb 23
Frąknowo WMZ 19 Vb 28
Frednowy WMZ 18 Ue 27
Frelichów SLK 76 Te 49
Frombork WMZ 7 Ue 22
Frycowa MŁP 85 Ve 51
Frydek SLK 76 Ua 49
Frydman MŁP 85 Vb 52
Frydrychowice MŁP 77 Uc 49
Frydrychowo KPM 16 Sc 28
Frydrychowo KPM 31 Tf 30
Frygnowo WMZ 19 Va 27
Frysztak PKR 79 Wd 49
Frywałd MŁP 77 Ud 48
Fryzanowo KPM 31 Va 29
Fugasówka SLK 77 Uc 46
Fuleda WMZ 21 Wd 24
Furmanowa MŁP 84 Uf 53
Furmanów SWK 68 Vd 41
Furmany PKR 70 We 45
Futoma PKR 80 Xa 49
Futory PKR 81 Ya 47

G

Gablin WKP 41 Sb 35
Gaboń MŁP 85 Vd 51
Gabrielin MAZ 57 Wa 37
Gabrielów ŁDZ 54 Te 41
Gabrysin PDL 35 Xf 31
Gabułtów SWK 78 Vd 47
Gace Słupieckie SWK 79 Wa 46
Gacki KPM 17 Tb 28
Gacki SWK 69 Wa 45
Gacki SWK 78 Vd 46
Gaczkowo MAZ 34 Xa 32
Gaczułty, Kraszewo- MAZ 32 Va 32
Gaczyska MAZ 33 Wb 30
Gać DLS 64 Sc 43
Gać KPM 17 Te 28
Gać PKR 80 Xc 48
Gać POM 4 Rf 22
Gać POM 5 Sc 20
Gać, Rzechowo- MAZ 33 Wb 31
Gać Kaliska WKP 53 Tc 38
Gadawa SWK 78 Ve 46
Gadka ŁDZ 55 Uc 38
Gadka MAZ 46 Wc 36
Gadka SWK 69 Wa 42
Gadki ŁDZ 55 Uc 40
Gadom ZPM 13 Pf 25
Gadomiec-Jędryki MAZ 33 Ve 29
Gadowskie Holendry WKP 42 Tb 36
Gadów WKP 42 Tb 36
Gady WMZ 19 Vd 25
Gaik SWK 78 Vc 46
Gaiki DLS 51 Ra 39
Gaj KPM 31 Ub 30
Gaj KPM 31 Uc 28
Gaj KPM 42 Ta 33
Gaj ŁDZ 43 Ue 36
Gaj ŁDZ 67 Uf 42
Gaj MAZ 33 Ve 32
Gaj MAZ 44 Vc 35
Gaj MŁP 77 Uf 49
Gaj WKP 40 Rf 36
Gaj WKP 41 Se 33
Gaj WKP 42 Tc 34
Gaj WKP 42 Te 36
Gaj WMZ 19 Vb 27
Gaj WMZ 9 Wa 23
Gaj Czernięciński LBL 71 Xe 44
Gajewniki ŁDZ 54 Ua 39
Gajewo KPM 17 Td 27
Gajewo KPM 31 Tf 30
Gajewo WKP 28 Rc 31
Gaj Gruszczański LBL 71 Xf 44
Gajki, Kropiewnica- PDL 35 Xe 30
Gaj Koniemłocki SWK 79 Wa 45
Gajkowice ŁDZ 55 Ue 39
Gajków DLS 64 Sb 42
Gaj Mały WKP 28 Rd 33
Gajnik DLS 73 Re 47
Gaj Oławski DLS 64 Sb 43
Gajowice SLK 76 Td 46
Gajowniki PDL 35 Xf 30
Gajów SWK 78 Vd 45
Gajówka DLS 62 Qc 43
Gaj Święcicki SWK 79 Wb 45
Gaj Wielki WKP 40 Rd 34
Galczyce WKP 42 Td 34
Galew WKP 42 Td 36
Galew WKP 52 Sd 37
Galewice ŁDZ 53 Tb 40
Galiny WMZ 8 Ve 24
Galonki KPM 42 Te 33
Galowice DLS 64 Sa 43
Galwiecie WMZ 10 Xc 23
Gałajny WMZ 8 Vd 22
Gałązki WKP 52 Sc 37
Gałążnia Mała POM 4 Sb 23
Gałążnia Wielka POM 4 Sb 23
Gałążczyce OPL 64 Sb 44
Gałczewko KPM 31 Ua 30
Gałdowo WMZ 18 Uc 27
Gałęzewo KPM 29 Se 32
Gałęzice SWK 68 Vc 43
Gałęzinowo POM 4 Rf 21
Gałęzów LBL 70 Xd 43
Gałęzów LBL 72 Ye 42
Gałęzów POM 5 Sc 23
Gałęzów Drugi, Kolonia LBL 70 Xc 43
Gałęzów Pierwszy, Kolonia LBL 70 Xc 43
Gałki ŁDZ 53 Tc 39
Gałki MAZ 46 Xa 35
Gałki MAZ 47 Xc 34
Gałki MAZ 56 Vd 40
Gałki WKP 53 Tc 40
Gałkowice SWK 70 We 44
Gałkowice-Ocin SWK 69 We 44
Gałkowo WMZ 21 Wc 26
Gałków ŁDZ 55 Ue 38
Gałkówek-Kolonia ŁDZ 55 Ue 38
Gałowo WKP 40 Rd 33
Gałowo-Majątek WKP 40 Rd 33
Gałuszki PDL 34 Xb 30
Gałwuny WMZ 20 Wb 24
Gamów SLK 75 Ta 48
Gana OPL 66 Td 42
Gant WMZ 20 Wb 26
Gany LBL 71 Xf 43
Gapinin ŁDZ 56 Vc 39
Gapowo POM 5 Sf 23
Garbacz Skała SWK 69 Wb 43
Garbalin ŁDZ 43 Ub 36
Garbas PDL 10 Xd 24
Garbas, Państwowe Gospodarstwo Rolne PDL 10 Xd 23
Garbatka WKP 28 Rf 32
Garbatka Długa MAZ 57 We 40
Garbatka Dziewiątka MAZ 57 We 40
Garbatka-Letnisko MAZ 57 Wd 40
Garbatówka LBL 59 Ya 40
Garbce DLS 52 Rf 39
Garbek POM 16 Sc 25
Garbicz LBU 38 Pf 35
Garbno WMZ 9 Wb 23
Garbno WMZ 9 Wb 24
Garbno ZPM 4 Rd 24
Garbowo ZPM 14 Ra 28
Garbów ŁDZ 54 Td 38
Garbów ŁDZ 55 Ud 39
Garbów LBL 58 Xc 40
Garbów SWK 70 We 44
Garby WKP 40 Sa 34
Garby WKP 41 Sb 36
Garcz POM 5 Ta 22
Garczegorze POM 5 Se 21
Garczyn POM 17 Tb 24
Garczyn Duży MAZ 46 We 35
Gardawice SLK 76 Te 48
Gardeja Czwarta POM 18 Tf 27
Gardeja Druga POM 18 Tf 27
Gardeja Pierwsza POM 18 Tf 27
Gardeja Trzecia POM 18 Tf 27
Gardkowice POM 5 Sf 20
Gardna POM 4 Sb 21
Gardno ZPM 26 Pd 29
Gardoty PDL 21 Xb 28
Gardyny WMZ 19 Vb 28
Gardzienice Drugie LBL 71 Xf 42
Gardzienice-Kolonia MAZ 57 Wd 41
Gardzienice Pierwsze LBL 71 Xf 42
Gardzień WMZ 18 Ud 27
Gardzin ZPM 14 Qc 26
Gardzko LBU 27 Qd 31
Garki WKP 53 Sd 39
Garlica MŁP 77 Uf 48
Garlino MAZ 32 Vd 30
Garlino-Zalesie MAZ 32 Vd 30
Garłówko WMZ 21 Xb 25
Garnczary DLS 50 Qe 41
Garnek SLK 67 Uc 43
Garnki ZPM 14 Qe 25
Garno MAZ 57 Vf 40
Garnowo Duże MAZ 33 Vf 32
Gartatowice SWK 68 Vd 45
Gartki, Załęże- MAZ 33 Wc 31
Garwol DLS 51 Re 40
Garwolewo MAZ 44 Vb 34
Garwolin MAZ 57 Wd 37
Garzew WKP 53 Ta 37
Garzewko WMZ 19 Vb 25
Garzyn WKP 51 Re 37
Gaski, Tarnowo- PDL 34 Xb 31
Gassy MAZ 45 Wb 36
Gaszowice DLS 52 Sd 41
Gaszowice SLK 75 Tc 48
Gaszów DLS 62 Qd 42
Gaszyn ŁDZ 54 Td 41
Gaśno MAZ 43 Ud 34
Gatka DLS 52 Rf 39
Gatka POM 15 Rf 24
Gatniki SWK 68 Vc 42
Gaudynki WMZ 21 Wf 26
Gawartowa Wola MAZ 44 Vc 35
Gawartów-Holendry WKP 41 Sf 34
Gawarzec Górny MAZ 44 Vb 34
Gawinianće PDL 11 Yc 24
Gawliki Małe WMZ 21 Xa 25
Gawliki Wielkie WMZ 21 Xa 24
Gawłowice KPM 31 Tf 28
Gawłowice ŁDZ 54 Td 38
Gawłowo MAZ 45 Ve 33
Gawłów MŁP 78 Vc 48
Gawłówek MŁP 78 Vc 48
Gawłówka LBL 58 Xc 39
Gawłuszowice PKR 79 Wc 46
Gaworkowo ZPM 14 Ra 26
Gaworzyce DLS 50 Qf 39
Gaworzyna MAZ 69 Wb 41
Gawroniec KPM 17 Tb 28
Gawroniec ZPM 14 Ra 26
Gawronki ŁDZ 43 Ub 36
Gawrony ŁDZ 43 Ub 36
Gawrony ŁDZ 56 Vb 40
Gawrony SWK 67 Uf 45
Gawrony SWK 68 Wa 44
Gawrony WKP 42 Tc 34
Gawrony Duże DLS 51 Rb 39
Gawrych Ruda PDL 22 Xf 24
Gawrychy PDL 34 We 29
Gawrzyjałki WMZ 20 Wb 27
Gazdy, Podgórze- MAZ 34 Xa 32
Gąbin MAZ 44 Ue 34
Gąbin ZPM 13 Qb 24
Gąbinek KPM 31 Tf 32
Gąbino POM 4 Sa 21
Gącz KPM 29 Sd 32
Gądecz KPM 30 Tb 29
Gądkowice DLS 52 Sc 39
Gądków DLS 63 Rc 42
Gądków Wielki LBU 38 Pf 35
Gądno ZPM 25 Pc 31
Gągławki WMZ 19 Vc 26
Gągolin Południowy ŁDZ 44 Va 36
Gągolin Północny ŁDZ 44 Va 35
Gągolin Zachodni ŁDZ 44 Va 35
Gąsawa KPM 29 Se 32
Gąsawy WKP 40 Rd 33
Gąsawy Plebańskie MAZ 69 Vf 41
Gąsawy Rządowe MAZ 69 Vf 41
Gąsewo MAZ 44 Uf 34
Gąsierzyno ZPM 13 Pd 26
Gąsin WKP 54 Td 37
Gąsiorki POM 17 Td 26
Gąsiorowice OPL 65 Tc 45
Gąsiorowo MAZ 33 Vf 32
Gąsiorowo MAZ 34 Xa 32
Gąsiorowo MAZ 45 Wa 33
Gąsiorowo WMZ 19 Vb 28
Gąsiorów ŁDZ 43 Ua 36
Gąsiorów WKP 42 Td 35
Gąsiorówko WMZ 22 Xd 25
Gąsiory LBL 54 Ua 41
Gąsiory MAZ 58 We 38
Gąski KPM 30 Tc 32
Gąski ŁDZ 55 Ud 40
Gąski MAZ 32 Vd 31
Gąski MAZ 34 Wd 29
Gąski MAZ 57 Wb 37
Gąski WMZ 22 Xc 25
Gąski ZPM 3 Qf 23
Gąskowo ZPM 3 Qe 24
Gąsocin MAZ 33 Ve 32
Gąsów MAZ 57 We 38
Gąsówka PKR 86 Wd 50
Gąsówka-Oleksin PDL 35 Xf 31
Gąsówka-Skwarki PDL 35 Xe 31
Gązwa WMZ 20 Wb 25
Gbiska PKR 80 We 49
Gdakowo POM 18 Ua 26
Gdańsk POM 6 Td 22
Gdeszyn LBL 72 Yd 44
Gdów MŁP 78 Vb 49
Gdynia POM 6 Td 21
Gebartówka ŁDZ 67 Ue 42
Generałowo MAZ 46 We 37
Geniusze PDL 23 Yc 28
Germanicha LBL 58 Xa 37
Gertrudów ŁDZ 67 Ud 41
Gębałówka PDL 22 Xd 24
Gębałka WMZ 10 Wf 23
Gębarzewo WKP 41 Sd 34
Gębarzów MAZ 57 Wb 41
Gębice KPM 41 Ta 33
Gębice LBU 38 Pe 37
Gębice WKP 28 Re 31
Gębice WKP 52 Sa 38
Gębiczyn WKP 28 Re 31
Gęsia Wólka LBL 58 Wf 38
Gęsice DLS 64 Sa 43
Gęsice SWK 69 Wa 44
Gęsiki WMZ 9 Wc 23
Gęsina ŁDZ 54 Td 39
Gęsiniec DLS 64 Sa 44
Gęstowice LBU 38 Pf 36
Gęś LBL 59 Ya 38
Gęś POM 5 Sd 21
Gętomie POM 17 Te 25
Gężyn SLK 66 Ub 45
Gibałka MAZ 34 Wd 29
Giby PDL 23 Yc 24
Gidle ŁDZ 67 Uc 43
Giebiczyna PKR 79 Wc 49
Giebło SLK 77 Ud 46
Giebułtów DLS 62 Qc 43
Giebułtów MŁP 77 Uf 48
Giebułtów MŁP 78 Vb 46
Giecz WKP 41 Sc 35
Gieczno ŁDZ 43 Uc 37
Gieczynek WKP 27 Ra 30
Giedajty WMZ 19 Vb 26
Giedlarowa PKR 80 Xc 47
Giednia MAZ 32 Vc 30
Gielnia PKR 70 Xa 44
Gielniów MAZ 56 Vc 40
Giełczew LBL 71 Xe 43
Giełczew LBL 71 Xf 42
Giełczew-Doły LBL 71 Xe 43
Giełczyn PDL 34 Xa 30
Giełczyn PDL 35 Xc 29
Giełzów ŁDZ 56 Vc 40
Giełzów SWK 56 Vc 41
Giemlice POM 6 Tf 23
Giemzówek ŁDZ 55 Ud 38
Gierałcice OPL 65 Ta 43
Gierałcice OPL 74 Sb 46
Gierałtowice MŁP 77 Uc 49
Gierałtowice MŁP 77 Ue 47
Gierałtowice OPL 74 Se 46
Gierałtowice SLK 76 Td 48
Gierałtowice SLK 76 Te 47
Gierałtowiczki MŁP 77 Uc 49
Gierałtowiec DLS 62 Qf 41
Gierałtowo WKP 41 Sc 34
Gierałtów DLS 50 Qb 41
Gieraszowice SWK 69 Wc 45
Gierczyce MŁP 78 Vc 49
Gierczyce SWK 69 Wd 44
Gierczyn DLS 62 Qc 43
Gierkiny WMZ 9 Wa 23
Gierkiny WMZ 9 Wb 23
Gierłachów SWK 70 We 44
Gierłachowo WKP 40 Rf 37
Gierłachowo WKP 52 Re 38
Gierłoż Polska WMZ 19 Ue 27
Gierów OPL 64 Sb 45
Gierówka MAZ 33 Wa 30
Gierszowice OPL 64 Sd 44
Gierwaty MAZ 33 Wc 31
Gierzwałd WMZ 19 Va 27
Gietki PDL 34 Wf 29
Gietrzwałd WMZ 19 Vb 26
Giewartów WKP 41 Sf 34
Giewartów-Holendry WKP 41 Sf 34
Giezkowo ZPM 3 Ra 24
Gilino MAZ 44 Ue 33
Gilowice SLK 76 Ua 49
Gilowice SLK 84 Ub 50
Gilów DLS 63 Re 44
Gilów LBL 71 Xe 44
Gilów SWK 68 Ve 42
Gilówka Dolna MAZ 44 Va 34
Gilwa POM 18 Ua 26
Giławy WMZ 20 Ve 26
Ginawa ZPM 14 Qe 27
Ginie WMZ 22 Xe 25
Gisiel WMZ 20 Vf 26
Giszowiec SLK 76 Ua 47
Gizałki WKP 42 Se 36
Gizewo WMZ 20 Wb 25
Giże WMZ 22 Xc 25
Giże, Państwowe Gospodarstwo Rolne WMZ 22 Xc 24
Giżewo KPM 42 Tb 33
Giżyce LBL 58 Xc 39
Giżyce MAZ 44 Va 35
Giżyce WKP 53 Ta 39
Giżycko WMZ 21 We 24
Giżyn MAZ 32 Vb 31
Giżyn WKP 51 Rd 38
Giżyn ZPM 26 Pf 29
Giżyn ZPM 26 Qa 31
Giżynek KPM 31 Ub 30
Giżynek MAZ 32 Vb 31
Giżyno MAZ 32 Ue 32
Giżyno ZPM 14 Qf 28
Glanów MŁP 77 Ue 47
Glaznoty WMZ 19 Uf 27
Glądy WMZ 8 Vc 23
Glebisko WMZ 8 Va 23
Gledzianów ŁDZ 43 Ub 36
Gledzianówek ŁDZ 43 Uc 36
Glesno WKP 29 Sb 29
Glew MŁP 78 Vb 48
Glewice ZPM 13 Pf 27
Glewiec MŁP 78 Vb 48
Glewo KPM 43 Ub 33
Gleźno ZPM 26 Qc 30
Gleźnowo ZPM 3 Rb 23
Ględowo POM 16 Sc 27
Ględy WMZ 19 Va 25
Glichów MŁP 85 Va 50
Glicko ZPM 13 Qa 26
Gliczarów Dolny MŁP 85 Va 52
Gliczarów Górny MŁP 85 Va 52
Glina ŁDZ 55 Ud 40
Glina ŁDZ 56 Vb 39
Glina MAZ 34 Wf 32
Glina MAZ 45 Wc 36
Glina MAZ 69 We 42
Glina POM 17 Te 27
Glina Mała ŁDZ 54 Ua 41
Glinianka MAZ 46 Wc 36
Glinianka PKR 80 Xb 46
Gliniany DLS 51 Rc 41
Gliniany SWK 69 Wd 43
Glinica DLS 50 Qf 39
Glinica MAZ 57 Wb 39
Glinica SLK 66 Td 44
Glinice DLS 63 Rf 43
Glinice MAZ 56 Vf 40
Glinice SLK 76 Ua 46
Gliniczek PKR 86 Wd 50
Gliniec MAZ 56 Ve 40
Glinik LBU 26 Qb 33
Glinik PKR 79 Wd 49
Glinik Charzewski PKR 80 Wf 49
Glinik Górny PKR 79 Wd 49
Glinik Polski PKR 86 Wd 50
Glinik Średni PKR 79 Wd 49
Glinik Zaborowski PKR 80 We 49
Gliniska LBL 71 Xf 43
Gliniska LBL 72 Yd 43
Gliniski PDL 22 Xf 26
Gliniszcze Wielkie PDL 23 Yd 28
Glinka DLS 51 Rd 38
Glinka SLK 76 Tf 48
Glinka SLK 83 Ub 52
Glinka Duchowna WKP 41 Sb 34
Glinki KPM 17 Ta 28
Glinki KPM 30 Ta 30
Glinki KPM 30 Tc 31
Glinki KPM 43 Ua 33
Glinki MAZ 44 Vb 36
Glinki MAZ 45 Wb 36
Glinki MAZ 58 We 37
Glinki PDL 21 Xa 27
Glinki PDL 22 Xb 28
Glinki WMZ 22 Xc 26
Glinki ZPM 13 Pd 28
Glinki, Dąbrowa- PDL 35 Xc 32
Glinki, Zgliczyn- MAZ 32 Va 31
Glinki Mokre WKP 15 Rf 27
Glinki-Rafały MAZ 33 Wb 30
Glinki Suche WKP 15 Rf 27
Glinna ZPM 13 Pe 29
Glinna, Wojtkowice- PDL 47 Xc 33
Glinne PKR 87 Xc 52
Glinnik ŁDZ 55 Va 39
Glinnik LBL 58 Xb 40
Glinnik PDL 35 Xe 32
Glinno DLS 63 Rc 44
Glinno ŁDZ 54 Te 38
Glinno WKP 29 Sb 33
Glinno, Kolonia ŁDZ 54 Te 38
Glinno Wielkie KPM 30 Tc 31
Glinny Stok LBL 59 Xe 39
Glinojeck MAZ 32 Vb 32
Gliny Małe PKR 79 Wb 46
Gliny Wielkie PKR 79 Wb 46
Glińsk LBU 39 Qd 35
Glisne MŁP 84 Va 51
Glisno LBU 38 Qb 34
Gliszcz KPM 29 Se 29
Gliśnica WKP 53 Sd 39
Gliśno Wielkie POM 16 Sc 24
Gliwice SLK 76 Td 47
Glizinowo KPM 43 Ua 34
Glów MŁP 78 Vf 48
Gluzy SWK 78 Ve 47
Gładczyn Szlachecki MAZ 45 Wb 33
Gładyczyn Rządowy MAZ 45 Wb 32
Gładyszów MŁP 86 Wb 51
Głaniszew ŁDZ 54 Td 38
Głazica POM 5 Tb 21
Głazów SWK 69 Wd 44
Głazów ZPM 26 Pf 31
Głażewo WKP 39 Qf 33
Głażewo-Cholewy MAZ 33 Wc 31
Głażewo-święźki MAZ 33 Wb 31
Głębacz Wielki PDL 34 Xa 31
Głębce SLK 83 Tf 51
Głębocice DLS 51 Rb 39
Głębock WMZ 8 Vb 22
Głębockie I WKP 42 Tc 34
Głębocko OPL 64 Sc 44
Głęboczek LBU 27 Qe 31
Głęboczek PDL 47 Xc 33
Głęboczek WKP 40 Sa 33
Głęboczek ZPM 14 Ra 27
Głęboczyca MAZ 46 Wd 34
Głęboczyca PDL 22 Ya 27
Głęboka DLS 64 Sa 45
Głęboka MŁP 78 Va 48
Głęboka PKR 86 Wb 50
Głęboka Droga MAZ 56 Vd 41
Głęboki Bród PDL 23 Yb 25
Głębokie LBL 59 Xf 40
Głębokie LBL 59 Ya 41
Głębokie LBU 39 Qd 34
Głębokie PKR 87 Wf 51
Głębokie WKP 43 Tf 35
Głębokie ZPM 12 Pc 28
Głębowice DLS 51 Re 40
Głębowice MŁP 77 Uc 49
Głobice DLS 51 Rc 39
Głobikowa PKR 79 Wc 49
Głobikówka PKR 79 Wc 49
Głobino POM 4 Sa 22
Głodnica POM 5 Sf 22
Głodno LBL 70 Wf 41
Głodno WKP 39 Rb 36
Głodno WKP 42 Tc 35
Głodowa ZPM 15 Rd 25
Głodowo KPM 31 Ub 32
Głodowo POM 16 Sb 24
Głodowo POM 17 Tb 24
Głodowo WKP 42 Ta 35
Głodowo-Dąb PDL 35 Xc 30
Głodówko WMZ 19 Va 24
Głodzino ZPM 14 Qf 25
Głoginin WKP 52 Sb 37
Głogoczów MŁP 77 Uf 49
Głogowa WKP 42 Tc 36
Głogowa WKP 53 Se 38
Głogowiec ŁDZ 43 Tf 36
Głogowiec ŁDZ 43 Ub 35
Głogowiec OPL 75 Sf 46
Głogowiec PKR 81 Xd 47
Głogowiec ZPM 15 Re 24
Głogowo KPM 30 Te 30
Głogów DLS 51 Ra 39
Głogówek OPL 75 Sf 46
Głogówko DLS 51 Ra 38
Głogówko Królewskie KPM 17 Tc 28
Głogów Małopolski PKR 80 Wf 48
Głojsce PKR 87 Wd 51
Głomsk WKP 16 Sb 28
Głoska DLS 51 Re 41
Głosków MAZ 45 Vf 36
Głosków MAZ 57 We 37
Głotowo WMZ 19 Vc 25
Głowa ŁDZ 55 Uc 37
Głowaczewo ZPM 28 Rd 29
Głowaczowa PKR 79 Wb 48
Głowaczów MAZ 57 Wb 39
Głowiany MŁP 78 Va 46
Głowienka PKR 87 We 51
Głowina MAZ 43 Uc 33
Głowińsk KPM 31 Uc 30
Głowno ŁDZ 55 Ue 37
Głowy KPM 29 Se 32
Głożyny WKP 41 Se 34
Główki MAZ 33 Wa 32
Główczewice POM 16 Se 25
Główczyce OPL 66 Td 44
Główczyce POM 4 Sc 21
Główczyn KPM 31 Ub 32
Główczyn MAZ 44 Vb 34
Główczyn MAZ 56 Ve 38
Główczyn WKP 53 Tc 39
Główienka WKP 41 Sb 33
Główka WMZ 10 Xb 23
Główne LBL 58 Xd 37
Główniew WKP 42 Tb 36
Głubczyce OPL 75 Se 47
Głubczyn WKP 28 Rf 29
Głuch WMZ 20 Vf 28
Głuche POM 17 Tc 26
Głuchołazy OPL 74 Sc 47
Głuchowo KPM 30 Td 29
Głuchowo LBU 26 Pf 33
Głuchowo WKP 28 Rb 33
Głuchowo WKP 40 Re 34
Głuchowo WKP 40 Re 35
Głuchów ŁDZ 54 Tf 40
Głuchów ŁDZ 55 Ud 39
Głuchów ŁDZ 55 Va 38
Głuchów LBU 39 Qe 36
Głuchów MAZ 47 Xd 35
Głuchów MAZ 56 Vf 37
Głuchów PKR 80 Xb 48
Głuchów SWK 68 Vf 45
Głuchów SWK 78 Vc 47
Głuchów WKP 52 Sb 38
Głuchów WKP 54 Td 37
Głuchówek MAZ 47 Xd 35
Głuchów Górny DLS 52 Sa 41
Głuchów-Lasy SWK 68 Vf 44
Głuchy MAZ 45 Wc 34
Głudna MAZ 56 Ve 38
Głupczów MŁP 78 Vb 47
Głupianka MAZ 46 Wd 36
Głupice ŁDZ 55 Uc 40
Głuponie WKP 39 Rb 34
Głusino POM 5 Ta 22
Głusk LBL 71 Xd 41
Głusko LBU 27 Qf 30
Głusko Duże LBL 58 Xa 41
Głusko Duże LBL 70 Wf 41
Głuszczyzna LBL 71 Xd 42
Głuszyca DLS 63 Rc 44
Głuszyn PDL 11 Yb 24
Głuszyna MAZ 56 Vd 39
Głuszyna OPL 65 Se 42
Głuszyna WKP 53 Tb 39
Głuszynko POM 5 Sc 22
Głuszyno POM 5 Sc 22
Głużek MAZ 32 Vb 30
Gmurowo WKP 28 Sa 29
Gnaszyn SLK 66 Ua 44
Gnatowice MŁP 78 Vb 47
Gnatowo WMZ 20 Wc 24
Gnaty MAZ 34 Wd 30
Gnaty-Lewiski MAZ 45 Vf 33
Gnaty-Szczerbaki MAZ 45 Vf 33
Gniazdków MAZ 58 We 41
Gniazdowo MAZ 34 Wf 31
Gniazdowo POM 6 Tf 23
Gniazdowo ZPM 3 Ra 23
Gniazdów SLK 66 Ua 45
Gniechowice DLS 63 Rf 43
Gnieciuki PDL 36 Yc 31
Gniejowice MAZ 56 Vf 38
Gnieszowice SWK 69 Wd 45
Gniew POM 17 Te 25
Gniewczyna Łańcucka PKR 80 Xc 48
Gniewczyna Tryniecka PKR 81 Xd 48
Gniewięcin SWK 67 Va 45
Gniewino POM 5 Ta 20
Gniewkowice OPL 75 Sf 48
Gniewkowo KPM 30 Tc 31
Gniewkówiec KPM 30 Ta 31
Gniewomierz DLS 63 Rb 42
Gniewomirowice DLS 51 Ra 41
Gniewosze, Bujały- MAZ 47 Xc 34
Gniewoszów DLS 73 Rd 47
Gniewoszów MAZ 56 Ve 40
Gniewoszyce LBU 49 Pe 39
Gniewowo POM 6 Tb 21
Gniewowo WKP 40 Re 36
Gniewskie Pole POM 18 Tf 26
Gniezno WKP 41 Sd 33
Gnieździska SWK 68 Vb 43
Gnieżdżewo POM 6 Tc 20
Gniła PDL 35 Xf 29
Gnin WKP 39 Rb 35
Gniszewo POM 17 Te 24
Gnojewo POM 18 Tf 24
Gnojna OPL 64 Sb 44
Gnojnica PKR 79 Wd 48
Gnojnik MŁP 78 Vd 49
Gnojno KPM 30 Tb 32

Gnojno **KPM** 31 Ua 32
Gnojno **ŁDZ** 43 Ub 35
Gnojno **LBL** 48 Ya 35
Gnojno **MAZ** 33 Wa 32
Gnojno **SWK** 68 Vf 45
Gnojno **WMZ** 32 Va 29
Gnojno-Parcel **ŁDZ** 43 Ub 35
Gnuszyn **WKP** 39 Rb 33
Gocanowo **KPM** 42 Tc 33
Gockowice **POM** 16 Se 27
Gocław **MAZ** 45 Wa 35
Gocław **MAZ** 46 Wd 36
Gocław **ZPM** 13 Pd 28
Gocławek **MAZ** 45 Wa 35
Gocławice **ZPM** 2 Qa 24
Gocły **MAZ** 34 We 31
Goczałkowice Zdrój **SLK** 76 Tf 49
Goczałkowo **WKP** 41 Sd 34
Goczałków **DLS** 63 Rb 42
Goczałków Górny **DLS** 63 Rc 42
Goczki Polskie **WKP** 42 Td 34
Godawy **KPM** 29 Se 32
Godętowo **POM** 5 Sf 21
Godki **WMZ** 19 Vb 26
Godkowo **WMZ** 19 Uf 24
Godków **DLS** 63 Rd 42
Godków **SLK** 76 Ua 46
Godków **ZPM** 25 Pc 31
Godlewo-Baćki **MAZ** 35 Xc 32
Godlewo-Łuby **MAZ** 35 Xc 32
Godlewo-Mierniki **MAZ** 35 Xb 32
Godlewo-Milewek **MAZ** 35 Xb 32
Godlewo Wielkie **MAZ** 35 Xb 32
Godnowa **DLS** 52 Sc 39
Godowa **PKR** 80 We 49
Godowo **ZPM** 13 Qa 27
Godów **LBL** 70 Xa 42
Godów **SLK** 75 Tc 49
Godów **SWK** 69 Wb 43
Godula **SLK** 76 Tf 47
Godzianów **ŁDZ** 55 Va 37
Godziątków **WKP** 53 Ta 37
Godzieby **PDL** 35 Xf 31
Godziesze Wielkie **WKP** 53 Tb 39
Godzieszki **WKP** 53 Tb 39
Godzieszów **DLS** 50 Qb 41
Godzieszówek **DLS** 63 Rb 43
Godzięba **KPM** 30 Tc 31
Godzięcin **DLS** 51 Re 41
Godziętowy **WKP** 53 Ta 40
Godzikowice **DLS** 64 Sb 43
Godzimierz **KPM** 29 Se 30
Godzimierz **MAZ** 56 Vc 38
Godzisz **MAZ** 57 Wd 38
Godziszewo **POM** 6 Td 24
Godziszewo **WKP** 39 Qf 35
Godziszewy **KPM** 31 Uc 30
Godziszka **SLK** 83 Ua 50
Godziszowa **DLS** 63 Rb 42
Godziszów **LBL** 70 Xc 44
Godziszów **SLK** 83 Te 50
Gogole Wielkie **MAZ** 33 Ve 32
Gogolewko **POM** 5 Sc 22
Gogolewo **POM** 17 Te 26
Gogolewo **POM** 5 Sc 22
Gogolewo **WKP** 52 Sa 38
Gogolewo **ZPM** 13 Qb 28
Gogolice **ZPM** 13 Pd 26
Gogolice **ZPM** 25 Pd 31
Gogolin **KPM** 17 Td 28
Gogolin **ŁDZ** 56 Vd 38
Gogolin **OPL** 75 Ta 46
Gogolinek **KPM** 29 Sf 29
Gogołowa **SLK** 76 Td 49
Gogołowice **DLS** 51 Rb 41
Gogołowice **DLS** 52 Sb 39
Gogołów **DLS** 63 Rd 44
Gogołów **PKR** 79 Wd 49
Gogółkowo **KPM** 29 Se 32
Gojców **SWK** 69 Wc 44
Gojść **ŁDZ** 66 Ua 42
Gola **LBU** 38 Qa 37
Gola **LBU** 51 Ra 37
Gola **LBU** 51 Rb 38
Gola **OPL** 65 Se 43
Gola **OPL** 65 Tb 42
Gola **WKP** 39 Rb 36
Gola **WKP** 41 Sb 37
Gola **WKP** 52 Rf 37
Gola **WKP** 53 Sf 41
Gola Dzierżoniowska **DLS** 63 Re 44
Gola Górwoska **DLS** 51 Rc 39
Gola Grodkowska **OPL** 64 Sc 44
Golanka **MAZ** 34 Wd 29
Golanka **MŁP** 79 Vf 49
Golanka Dolna **DLS** 51 Rb 41
Golany **MAZ** 33 Vf 31
Golasowice **SLK** 76 Te 49
Gola Świdnicka **DLS** 63 Rd 43
Gola Wąsowska **DLS** 51 Re 39
Gola Wielka **DLS** 52 Sd 40
Golądkowo **MAZ** 45 Vf 33
Golasza Dolna **SLK** 76 Ua 46
Golasza Górna **SLK** 75 Ua 46
Golbice **ŁDZ** 43 Ua 36
Golce **PKR** 70 Xc 45
Golce **SLK** 66 Tf 43
Golce **ZPM** 15 Rc 28
Golcowa **PKR** 87 Xa 50
Golczewo **ZPM** 13 Pf 26
Golczowice **MŁP** 77 Ud 46
Golczowice **OPL** 65 Se 44
Golczowice **OPL** 75 Se 46
Gole **MAZ** 44 Vc 36
Golejewo **MAZ** 31 Ue 32
Golejewo **WKP** 52 Sa 39
Golejów **DLS** 62 Qd 42
Golejów **SLK** 76 Td 48
Golejów **SWK** 69 Wb 45
Golemki **PKR** 79 Wb 48
Golenice **ZPM** 26 Pe 31
Goleniowy **SLK** 67 Uf 45
Goleniów **ZPM** 13 Pe 27
Goleniów Śląski **DLS** 64 Rf 45
Goleńsko **ŁDZ** 44 Uf 36
Golesze **ŁDZ** 55 Uf 40
Golesze-Parcela **ŁDZ** 55 Uf 40
Goleszów **PKR** 79 Wc 47
Goleszów **SLK** 83 Te 50
Goleszyn **MAZ** 31 Ue 32
Golęcin **WKP** 40 Rf 34
Golęcino **ZPM** 12 Pd 28
Golęczewo **WKP** 40 Re 33
Golędzin **MAZ** 57 Vf 40
Golędzinów **DLS** 52 Rf 41
Golędzkie **ŁDZ** 43 Ud 35
Goliany **MAZ** 56 Ve 38
Golica **ZPM** 3 Ra 24
Golice **LBU** 37 Pd 34
Golice **MAZ** 47 Xc 35
Golice **ZPM** 25 Pb 31
Golin **LBU** 49 Pf 38
Golin **ZPM** 27 Ra 30
Golina **WKP** 42 Ta 35
Golina **WKP** 52 Sc 37
Golina **ZPM** 13 Qb 28
Golina Wielka **WKP** 51 Re 38
Golinka **WKP** 51 Re 38
Golińsk **DLS** 63 Rb 45
Goliszew **WKP** 53 Tb 37
Goliszów **DLS** 50 Qf 41
Golkowice **MŁP** 78 Uf 49
Golków **ŁDZ** 53 Tc 38
Golnice **DLS** 50 Qd 40
Golub-Dobrzyń **KPM** 31 Ua 30
Golubie **WMZ** 22 Xd 25
Golubie Wężewskie **WMZ** 10 Xb 23
Golubka **WMZ** 22 Xd 25
Golubki **WMZ** 10 Xc 24
Goluchów **SWK** 68 Vd 45
Goła **OPL** 65 Tc 42
Gołacze, Ołtarze- **MAZ** 34 Xb 32
Gołaczewy **MŁP** 77 Ue 46
Gołaczów **DLS** 50 Qf 41
Gołaczów **DLS** 73 Rb 46
Gołanice **WKP** 51 Rc 37
Gołańcz **WKP** 29 Sb 31
Gołańcz Pomorska **ZPM** 2 Qc 24
Gołasze-Dąb **PDL** 35 Xc 30
Gołasze-Górki **PDL** 35 Xc 31
Gołasze Mościckie **PDL** 35 Xc 31
Gołasze-Puszcza **PDL** 35 Xc 31
Gołaszewo **KPM** 43 Ua 33
Gołaszewo **WKP** 29 Sc 32
Gołaszewo-Piaski **KPM** 43 Ua 33
Gołaszyn **LBL** 47 Xc 37
Gołaszyn **WKP** 40 Rf 33
Gołaszyn **WKP** 51 Re 38
Gołąwice Pierwsze **MAZ** 45 Ve 33
Gołąwiec **SLK** 76 Ua 48
Gołąwin **MAZ** 44 Vc 34
Gołąb **LBL** 58 Wf 40
Gołąb **LBL** 58 Xc 40
Gołąb **LBL** 71 Ya 42
Gołąbek **MAZ** 46 Xb 36
Gołąbki **LBL** 58 Xc 37
Gołąbki-Pietrzykowo **PDL** 35 Ya 32
Gołcza **MŁP** 77 Uf 46
Gołdap **WMZ** 10 Xb 23
Gołe Łazy **LBL** 58 Xa 38
Gołębice **DLS** 53 Se 41
Gołębie **LBL** 72 Za 45
Gołębiewko **KPM** 18 Tf 28
Gołębiewko **POM** 6 Td 24
Gołębiewo **KPM** 31 Ua 28
Gołębiewo **POM** 6 Td 24
Gołębiewo Średnie **POM** 6 Td 24
Gołębin-Parcele **KPM** 43 Tf 33
Gołębiów **MAZ** 69 Wd 41
Gołębiów **SWK** 69 Wd 44
Gołębowo **WKP** 40 Rf 33
Gołęczyna **PKR** 79 Wc 49
Gołkowice **SLK** 75 Td 49
Gołkowice **WKP** 65 Tb 42
Gołkowice Górne **MŁP** 85 Vd 51
Gołkowo **KPM** 31 Ud 29
Gołków **MAZ** 45 Vf 36
Gołogóra **WMZ** 19 Vb 25
Gołogóra **ZPM** 15 Re 24
Gołonóg **SLK** 77 Ub 46
Gołosze **MAZ** 56 Vd 38
Gołoszyce **SWK** 69 Wb 44
Gołoszyn **LBU** 50 Qe 38
Gołotczyzna **MAZ** 33 Ve 32
Gołoty **KPM** 30 Tc 29
Gołowierzchy **LBL** 47 Xc 36
Gołubie **POM** 5 Ta 23
Gołuchowice **MŁP** 77 Ue 49
Gołuchowice **SLK** 67 Ud 45
Gołuchowice **SLK** 76 Ub 46
Gołuchów **WKP** 53 Sf 37
Gołuski **WKP** 40 Re 34
Gołuszowice **OPL** 75 Se 47
Gołuszyce **KPM** 30 Tb 28
Gołuszyn **MAZ** 32 Ue 31
Gołymin-Ośrodek **MAZ** 33 Vf 32
Gołymin-Południe **MAZ** 33 Vf 32
Gołyń **ŁDZ** 56 Vc 37
Gołyń, Drewnowo- **MAZ** 35 Xc 32
Gołyszyn **MŁP** 77 Uf 47
Gomulin **ŁDZ** 55 Ud 40
Gomunice **ŁDZ** 67 Uc 41
Goniądz **PDL** 22 Xe 28
Goniczki **WKP** 41 Se 35
Goniembice **WKP** 51 Rd 37
Gonty **POM** 18 Ub 26
Gończyce **MAZ** 57 We 38
Goplana **WKP** 42 Tc 34
Goraj **LBL** 71 Xd 44
Goraj **LBU** 39 Qe 33
Goraj **WKP** 28 Rd 31
Gorajec **PKR** 81 Yb 47
Gorajec-Zagroble **LBL** 71 Xf 44
Gorajec-Zastawie **LBL** 71 Xe 44
Goraniec **WKP** 41 Sd 34
Goranin **WKP** 41 Sc 34
Goranin **WKP** 42 Tb 34
Gorawino **ZPM** 14 Qc 25
Gorazdowo **WKP** 41 Se 35
Gorce **DLS** 63 Rb 44
Gorce, Boguszów- **DLS** 63 Rb 44
Gorcowe **MŁP** 85 Vb 51
Gorczenica **KPM** 31 Uc 29
Gorczyca **PDL** 23 Yb 25
Gordejki Małe **WMZ** 22 Xc 24
Gorenice **MŁP** 77 Ud 47
Goręczyno **POM** 5 Ta 23
Gorlice **MŁP** 86 Wa 51
Gorliczyna **PKR** 80 Xc 48
Gorodczyno **PDL** 36 Yc 31
Gorowychy **POM** 18 Ub 26
Gorszewice **WKP** 40 Rd 33
Gortatowice **ŁDZ** 56 Vc 39
Gortatowo **KPM** 31 Uc 29
Gortatowo **WKP** 40 Sa 34
Goruńsko **LBU** 38 Qc 34
Goryń **KPM** 30 Te 28
Goryń **ŁDZ** 54 Ua 40
Goryń **MAZ** 57 Wb 39
Goryń **WMZ** 18 Ub 27
Gorysławiec **SWK** 78 Ve 46
Gorysze **MAZ** 32 Vd 31
Goryszewo **KPM** 41 Ta 33
Gorzakiew **SWK** 68 Vf 45
Gorzałów **ŁDZ** 54 Tc 38
Gorzanów **DLS** 73 Rd 46
Gorzany **KPM** 30 Ta 32
Gorzebądz **ZPM** 3 Rb 23
Gorzechówko **KPM** 31 Ub 28
Gorzejowa **PKR** 79 Wc 49
Gorzelin **DLS** 51 Rb 41
Gorzelnia **SLK** 66 Ua 44
Gorzeń **KPM** 29 Se 30
Gorzeń Dolny **MŁP** 77 Uc 49
Gorzeń Górny **MŁP** 77 Uc 49
Gorzesław **DLS** 64 Sd 42
Gorzeszów **DLS** 63 Ra 44
Gorzew **ŁDZ** 55 Uc 38
Gorzewo **MAZ** 31 Ue 32
Gorzewo **MAZ** 43 Ud 34
Gorzewo **WKP** 28 Re 32
Gorzędziej **POM** 17 Te 24
Gorzkowice **ŁDZ** 67 Ud 41
Gorzków **MŁP** 77 Va 49
Gorzków **MŁP** 78 Vc 49
Gorzków **SLK** 67 Uc 44
Gorzków **SWK** 69 Wb 44
Gorzków **SWK** 78 Vd 47
Gorzków-Wieś **LBL** 71 Ya 43
Gorzów **MŁP** 77 Ub 48
Gorzów Śląski **OPL** 65 Tc 42
Gorzów Wielkopolski **LBU** 26 Qb 32
Gorzuchowo **KPM** 30 Te 28
Gorzuchowo **WKP** 41 Sc 33
Gorzuchów **DLS** 73 Rd 46
Gorzupia **LBU** 50 Qb 38
Gorzupia **WKP** 52 Sd 38
Gorzupia Dolna **LBU** 50 Qb 38
Gorzyca **LBU** 38 Qc 34
Gorzyca **ZPM** 3 Rc 23
Gorzyce **KPM** 29 Sd 31
Gorzyce **MŁP** 78 Vf 47
Gorzyce **PKR** 70 We 44
Gorzyce **PKR** 81 Xd 48
Gorzyce **PKR** 86 Wd 51
Gorzyce **SLK** 75 Tc 49
Gorzyce **WKP** 40 Re 36
Gorzyce **WKP** 41 Sd 35
Gorzyce Małe **WKP** 53 Se 39
Gorzyce Wielkie **WKP** 53 Se 39
Gorzycko Nowe **LBU** 39 Qe 33
Gorzycko Stare **WKP** 39 Qf 33
Gorzyczany **SWK** 69 Wd 45
Gorzyczki **SLK** 75 Tc 49
Gorzyczki **WKP** 40 Re 36
Gorzykowo **WKP** 41 Se 34
Gorzyń **WKP** 39 Qf 33
Gorzysław **ZPM** 2 Qb 24
Gosań **SWK** 68 Vd 42
Gosie Duże **PDL** 35 Xc 30
Gosie Małe **PDL** 35 Xc 30
Gosław **OPL** 65 Tb 42
Gosław **ZPM** 2 Qc 24
Gosławice **ŁDZ** 43 Ud 36
Gosławice **ŁDZ** 67 Ud 42
Gosławice **MŁP** 78 Vf 48
Gosławice **OPL** 65 Sf 44
Gosławice **OPL** 65 Tc 44
Gosławice **WKP** 42 Tb 35
Gospodarz **ŁDZ** 55 Uc 39
Gosprzydowa **MŁP** 78 Vd 49
Gostchórz **MAZ** 47 Xb 36
Gostery, Tyszki- **MAZ** 34 Wf 31
Gostkowice **LBU** 26 Qa 33
Gostkowo **KPM** 30 Te 30
Gostkowo **MAZ** 33 Vd 31
Gostkowo **MAZ** 33 Ve 31
Gostkowo **MAZ** 33 Vf 31
Gostkowo **MAZ** 33 Wb 32
Gostkowo **MAZ** 34 Xb 32
Gostkowo **POM** 5 Sc 21
Gostkowo **POM** 5 Sc 23
Gostkowo **WKP** 52 Rf 38
Gostków **DLS** 63 Ra 43
Gostków **SWK** 68 Ve 42
Gostomia **MAZ** 56 Vd 39
Gostomia **OPL** 75 Se 46
Gostomia **ZPM** 28 Rc 29
Gostomie **POM** 5 Sf 23
Gostomin **MAZ** 32 Vd 32
Gostomko **POM** 5 Se 24
Gostwica **MŁP** 85 Vd 51
Gostycyn **KPM** 16 Se 28
Gostyczna **WKP** 53 Ta 38
Gostynie **WKP** 53 Tb 37
Gostyniec **ZPM** 13 Pf 25
Gostynin **MAZ** 43 Uc 34
Gostyń **DLS** 50 Qf 39
Gostyń **SLK** 76 Tf 48
Gostyń **WKP** 52 Sa 37
Gostyń **ZPM** 2 Pf 24
Gostyń Łobeski **ZPM** 13 Qc 26
Gostyń Stary **WKP** 52 Rf 37
Goszcz **DLS** 52 Sc 40
Goszcza **MŁP** 77 Va 47
Goszczanowiec **LBU** 27 Qd 32
Goszczanowo **LBU** 27 Qd 32
Goszczanów **ŁDZ** 54 Td 38
Goszczanówka **LBU** 27 Qd 32
Goszczewice **MAZ** 56 Ve 40
Goszczewo **KPM** 30 Td 31
Goszczędza **WKP** 43 Tf 36
Goszczowa **ŁDZ** 67 Ue 42
Goszczyce Poświętne **MAZ** 32 Vc 32
Goszczyn **MAZ** 56 Vf 38
Goszczyna **DLS** 64 Sb 43
Goszczynno **ŁDZ** 43 Ua 36
Goszczyno **POM** 5 Ta 20
Goszków **ZPM** 25 Pd 31
Goszowice **OPL** 64 Sb 45
Goszyce **MŁP** 78 Va 47
Goszyn **POM** 17 Td 24
Gościce **OPL** 74 Rf 46
Gościcino **POM** 5 Tb 21
Gościejew **WKP** 52 Sc 38
Gościejewko **WKP** 28 Rf 32
Gościejewo **MAZ** 33 Wa 32
Gościejewo **WKP** 28 Rf 32
Gościejowice **WKP** 51 Re 38
Gościejów **OPL** 64 Sd 45
Gościeńczyce **MAZ** 57 Vf 37
Gościeradów **LBL** 70 Xa 43
Gościeradz **KPM** 29 Sf 29
Gościeszyn **KPM** 29 Se 33
Gościeszyn **WKP** 39 Rb 36
Gościeszynek **KPM** 29 Se 33
Gościewicz **MAZ** 58 Wf 37
Gościęcice **DLS** 64 Sa 44
Gościęcin **OPL** 75 Ta 47
Gościęcin **SWK** 67 Ue 43
Gościęcino **POM** 5 Se 20
Gościkowo **LBU** 39 Qd 34
Gościm **LBU** 27 Qe 32
Gościmin Wielki **MAZ** 33 Vd 32
Gościmowice Drugie **ŁDZ** 55 Ue 39
Gościmowice Pierwsze **ŁDZ** 55 Ud 39
Gościniec **LBU** 27 Qd 32
Gościniec **SWK** 68 Vd 42
Gościnna **ŁDZ** 67 Ud 41
Gościno **ZPM** 2 Qd 24
Gościno Dwór **ZPM** 14 Qe 24
Gościsław **DLS** 63 Rd 42
Gościszewo **POM** 18 Ua 25
Gościszka **MAZ** 32 Va 30
Gościszowice **LBU** 50 Qe 39
Gościszów **DLS** 62 Qc 42
Goślice **MAZ** 44 Ue 33
Goślinowo **WKP** 41 Sd 33
Gośliny **ŁDZ** 56 Vd 38
Goślub **ŁDZ** 43 Uc 36
Gośniewice **MAZ** 57 Vf 38
Gośniewice **MAZ** 57 Wa 38
Goświnowice **OPL** 74 Sb 46
Gotardy **MAZ** 33 Ve 32
Gotartowice **SLK** 76 Td 48
Gotartów **OPL** 65 Tb 42
Gotelp **POM** 17 Ta 25
Gotkowice **MŁP** 77 Ue 47
Gotówka **LBL** 72 Yd 41
Gotówka, Koza- **LBL** 72 Yd 42
Gowarczów **SWK** 56 Vc 41
Gowarzewo **WKP** 40 Sa 34
Gowarzów **ŁDZ** 67 Uc 43
Gowidlino **POM** 5 Se 23
Goworowice **OPL** 64 Sa 45
Goworowo **MAZ** 34 Wd 31
Goworowo **MAZ** 44 Vc 34
Goworów **DLS** 73 Re 47
Goworówek **MAZ** 34 Wd 31
Gozd **LBL** 58 Xa 37
Gozd **LBL** 58 Xa 38
Gozd **ZPM** 15 Rd 24
Gozdanin **DLS** 61 Qa 42
Gozdanin **KPM** 41 Sf 33
Gozdawa **MAZ** 69 Wd 42
Gozdawa **POM** 7 Ub 23
Gozdków **ŁDZ** 43 Ub 35
Gozdków **MAZ** 56 Vf 41
Gozdnica **LBU** 49 Qa 40
Gozdno **DLS** 62 Qf 42
Gozdno **LBU** 49 Pf 37
Gozdowice **ZPM** 25 Pb 32
Gozdowo **MAZ** 31 Ue 32
Gozdowo **WKP** 41 Se 35
Gozdów **ŁDZ** 43 Ud 37
Gozdów **LBL** 72 Ye 44
Gozdów **LBL** 72 Yf 44
Gozdów **WKP** 42 Tc 36
Gozdów **WKP** 42 Td 35
Gozdów **WKP** 54 Tc 37
Gozdów, Czerwonka- **LBL** 59 Xd 39
Gozdy **ŁDZ** 54 Td 40
Gozdy **MAZ** 31 Uc 31
Gozna **SWK** 68 Vc 45
Goździelin **SWK** 69 Wc 43
Goździk **MAZ** 57 We 37
Goździków **MAZ** 56 Vd 40
Goździków **WKP** 41 Ta 36
Goździn **WKP** 39 Rb 35
Goźlice **SWK** 69 Wc 44
Goźlin **MAZ** 57 Wb 37
Gójsk **MAZ** 31 Ud 31
Gójszcze **MAZ** 46 Wf 35
Gółczewo **POM** 5 Sd 23
Góra **DLS** 51 Rd 38
Góra **KPM** 30 Tc 32
Góra **ŁDZ** 54 Td 38
Góra **ŁDZ** 55 Uf 38
Góra **MAZ** 44 Va 33
Góra **MŁP** 86 Wa 50
Góra **OPL** 64 Sd 44
Góra **PDL** 11 Xe 24
Góra **PDL** 35 Xf 29
Góra **POM** 17 Tb 25
Góra **POM** 5 Ta 21
Góra **SLK** 76 Ua 49
Góra **SWK** 79 Wa 45
Góra **WKP** 27 Ra 33
Góra **WKP** 40 Rd 34
Góra **WKP** 40 Sb 34
Góra **WKP** 41 Sc 37
Góra **WMZ** 21 Wf 25
Góra, Czochanie- **PDL** 35 Xd 30
Góra, Grabowiec- **LBL** 72 Yd 44
Góra, Olszewo- **PDL** 34 Xb 28
Góra, Tarnawa- **SLK** 67 Uf 45
Góra Jana **MŁP** 85 Vb 50
Góra Kalwaria **MAZ** 45 Wb 37
Górale **KPM** 31 Ub 28
Góralice **ZPM** 26 Pe 31
Góra Motyczna **PKR** 79 Wc 48
Górany **PDL** 36 Ye 29
Góra Puławska **LBL** 58 Wf 40
Góra Ropczycka **PKR** 79 We 48
Góra Siewierska **SLK** 75 Ua 46
Góraszka **MAZ** 45 Wb 35
Góra Świętej Anny **OPL** 75 Tb 46
Góra Świętej Małgorzaty **ŁDZ** 43 Ub 36
Góra Włodowska **SLK** 67 Uc 45
Górażdże **OPL** 65 Ta 45
Górczyca **DLS** 62 Qe 42
Górczyn **ŁDZ** 54 Ua 39
Górczyn **LBU** 26 Qb 32
Górczyn **WKP** 40 Rf 34
Górczyna **LBU** 51 Rb 38
Górecko **LBU** 27 Qd 32
Góreczki Wielkie **WKP** 52 Sa 39
Górka **DLS** 63 Re 43
Górka **DLS** 64 Rf 44
Górka **ŁDZ** 67 Ud 43
Górka **LBL** 58 Xc 39
Górka **LBU** 49 Qa 39
Górka **MŁP** 78 Vd 48
Górka **WKP** 40 Re 33
Górka **WKP** 40 Rf 36
Górka **WKP** 52 Sb 38
Górka Duchowna **WKP** 40 Rd 37
Górka Kościejowska **MŁP** 78 Vb 47
Górka Lubartowska **LBL** 59 Xd 39
Górka Pabianicka **ŁDZ** 55 Ub 38
Górka Prudnicka **OPL** 74 Sd 46
Górka Przednicka **OPL** 75 Se 46
Górka Wieruszowska **ŁDZ** 53 Tb 41
Górka-Zabłocie **LBL** 72 Yf 45
Górki **ŁDZ** 67 Uc 43
Górki **LBL** 59 Ya 40
Górki **LBL** 70 Wf 41
Górki **LBU** 26 Qc 32
Górki **MAZ** 33 Ve 30
Górki **MAZ** 44 Vc 37
Górki **MAZ** 44 Vd 35
Górki **MAZ** 46 Wc 35
Górki **MAZ** 47 Xd 35
Górki **MAZ** 57 Wc 37
Górki **MAZ** 57 Wd 37
Górki **OPL** 65 Sf 45
Górki **PKR** 79 Wb 46
Górki **PKR** 87 Xa 51
Górki **POM** 16 Sf 25
Górki **POM** 18 Uc 26
Górki **SLK** 66 Td 43
Górki **SLK** 66 Ua 43
Górki **SLK** 66 Ub 42
Górki **SLK** 76 Ua 48
Górki **SWK** 68 Vd 45
Górki **SWK** 68 Ve 42
Górki **SWK** 68 Ve 44
Górki **SWK** 78 Vd 46
Górki **SWK** 78 Ve 46
Górki **WKP** 42 Tf 35
Górki **ZPM** 13 Pe 25
Górki, Gołasze- **PDL** 35 Xc 31
Górki, Krubki- **MAZ** 45 Wc 35
Górki, Lubochnia- **ŁDZ** 56 Va 39
Górki, Modzele- **PDL** 35 Xc 30
Górki-Borze **MAZ** 46 Wf 34
Górki Duże **ŁDZ** 55 Ud 39
Górki Grabieńskie **ŁDZ** 54 Tf 40
Górki-Grubaki **MAZ** 46 Wf 34
Górki Małe **ŁDZ** 55 Ud 39
Górki Małe **SLK** 83 Tf 50
Górki Napękowskie **SWK** 68 Vf 43
Górki Pęcławskie **ŁDZ** 43 Ud 36
Górki-Sypniewo **PDL** 34 Xa 29
Górki Szczukowskie **SWK** 68 Vd 43
Górki Śląskie **SLK** 75 Tc 48
Górki Wielkie **SLK** 83 Tf 50
Górki Wschodnie **POM** 6 Te 22
Górki Zachodnie **POM** 6 Te 22
Górki Zadzimskie **ŁDZ** 54 Tf 38
Górki Zagajne **KPM** 29 Sd 31
Górkło **WMZ** 21 We 25
Górna Grupa **KPM** 17 Te 28
Górna Owczarnia **LBL** 70 Wf 42
Górna Wieś **MAZ** 44 Vd 35
Górna Wieś **MŁP** 77 Uf 48
Górna Wola **ŁDZ** 54 Ua 38
Górna Wola **MAZ** 57 Wa 39
Górne **WMZ** 10 Xc 23
Górne Gruczno **KPM** 30 Tb 28
Górne Maliki **POM** 17 Tb 25
Górnica **WKP** 27 Rb 31
Górnica **ZPM** 14 Rb 28
Górniki **SLK** 76 Te 46
Górniki Nowe **LBL** 71 Ya 45
Górno **LBL** 72 Yc 46
Górno **PKR** 80 Xa 47
Górno **SWK** 68 Ve 43
Górno-Parcele **SWK** 68 Ve 43
Górnowo **ZPM** 26 Pe 30
Górnowola **SWK** 78 Vf 47
Górny **SLK** 83 Ua 50
Górowo **DLS** 51 Re 40
Górowo **WMZ** 20 Vf 25
Górowo Iławieckie **WMZ** 8 Vc 23
Górsk **KPM** 30 Tc 30
Górskie **PDL** 21 Wf 28
Górskie Ponikły-Stok **PDL** 35 Xc 30
Górsko **WKP** 39 Rb 37
Górsko **ZPM** 4 Re 21
Góry **DLS** 52 Sc 39
Góry **ŁDZ** 42 Te 36
Góry **LBL** 58 Xb 40
Góry **LBL** 70 Xb 42
Góry **MAZ** 34 We 30
Góry **MAZ** 43 Ud 33
Góry **MAZ** 46 We 35
Góry **MAZ** 47 Xe 34
Góry **MAZ** 56 Vf 38
Góry **MŁP** 85 Vd 50
Góry **SWK** 78 Vc 46
Góry **WKP** 41 Se 34
Góry **WKP** 42 Tb 34
Góry **WMZ** 9 We 23
Góry, Dzierzkowice- **LBL** 70 Xa 43
Góry Karwackie **MAZ** 33 Vf 30
Góry Kluczkowickie **LBL** 70 Wf 42
Góry Miechowskie **MŁP** 78 Vb 46
Góry Mokre **ŁDZ** 67 Va 42
Góry Opolskie **LBL** 70 Wf 42
Góry Wysokie **SWK** 70 We 44
Górzanka **PKR** 88 Xc 53
Górzany **MŁP** 85 Vc 52
Górzec **DLS** 64 Sa 44
Górzna **WKP** 15 Rf 28
Górzno **KPM** 31 Ud 29
Górzno **MAZ** 57 We 37
Górzno **WKP** 51 Re 37
Górzno **WKP** 53 Sf 38
Górzyca **DLS** 51 Ra 40
Górzyca **LBU** 37 Pd 34
Górzyca **ZPM** 13 Qb 25
Górzyce **ZPM** 3 Ra 24
Górzyn **DLS** 51 Rc 39
Górzyn **LBU** 49 Pf 38
Górzyniec **DLS** 62 Qd 43
Górzyno **POM** 5 Sc 21
Górzyno **ZPM** 27 Qd 30
Górzyskowo **KPM** 29 Sf 30
Gózd **MAZ** 57 Wc 40
Gózd **PKR** 70 Xc 45
Gózd **SWK** 68 Ve 43
Gózd Lipiński **LBL** 81 Xd 46
Grab **PKR** 86 Wc 52
Grab **WKP** 41 Se 36
Grabal **KPM** 31 Ud 31
Grabanów **LBL** 48 Ya 36
Grabarka **PDL** 47 Xf 34
Grabarka **PDL** 47 Ya 33
Grabarze **SLK** 66 Te 42
Grabaszówka **MŁP** 77 Uf 50
Grabczok **OPL** 65 Sf 43
Grabek **ŁDZ** 66 Ua 41
Grabia **ŁDZ** 54 Tf 39
Grabianka **MAZ** 46 Wc 37
Grabianowo **WKP** 40 Rf 36
Grabianów **MAZ** 46 Xb 36
Grabia Trzecia **ŁDZ** 54 Tf 39
Grabica **ŁDZ** 54 Tf 40
Grabica **ŁDZ** 55 Ud 40
Grabice **ŁDZ** 56 Vc 38
Grabice **LBU** 38 Pe 37
Grabice **OPL** 65 Sf 43
Grabie **KPM** 30 Td 31
Grabie **MŁP** 78 Va 48
Grabie **MŁP** 78 Vb 49
Grabiec **SLK** 67 Ue 45
Grabienice **WKP** 41 Ta 36
Grabie Polskie **MAZ** 44 Ue 34
Grabik **DLS** 50 Qf 39
Grabik **LBU** 49 Qa 39
Grabin **LBU** 38 Qb 36
Grabin **OPL** 64 Sd 45
Grabin **POM** 4 Sa 22
Grabin **WMZ** 19 Va 27
Grabin **ZPM** 13 Qa 26
Grabina **ŁDZ** 44 Vb 37
Grabina **ŁDZ** 54 Te 38
Grabina **MAZ** 43 Ud 34
Grabina **MAZ** 44 Vb 36
Grabina **MAZ** 57 Wb 41
Grabina **MAZ** 57 Wd 38
Grabina **OPL** 74 Sd 46
Grabina **SWK** 69 Wc 44
Grabina **WKP** 41 Ta 35
Grabina **WKP** 43 Tf 35
Grabina, Majdan- **LBL** 70 Xc 43
Grabina Wielka **WKP** 42 Te 36
Grabina Wola **ŁDZ** 55 Ud 39
Grabinek **ZPM** 14 Ra 27
Grabinka **ŁDZ** 54 Te 38
Grabiny **KPM** 31 Ua 32
Grabiny **PKR** 79 Wc 48
Grabiny-Zameczek **POM** 6 Te 23
Grabionna **WKP** 28 Sa 30
Grabiszew **ŁDZ** 43 Tf 36
Grabiszyce Dolne **DLS** 61 Qb 42
Grabiszyce Górne **DLS** 61 Qb 42
Grabiszyce Średnie **DLS** 61 Qb 42
Grabiszyn **DLS** 64 Rf 42
Grabki Duże **SWK** 69 Vf 45
Grabki Małe **SWK** 69 Vf 45
Grabkowo **KPM** 43 Ua 34
Grabków **ŁDZ** 43 Ub 35
Grabków **LBU** 49 Pf 37
Grabków **SWK** 68 Vb 41
Grabków **SWK** 69 Wa 43
Grabniak **MAZ** 34 We 32
Grabniak **MAZ** 57 We 38
Grabnik **MAZ** 33 Wc 30
Grabnik **WMZ** 21 Xb 25
Grabno **ŁDZ** 54 Tf 40
Grabno **LBU** 38 Pf 34
Grabno **MŁP** 78 Ve 49
Grabno **POM** 4 Rf 21
Grabno **WMZ** 20 Wb 24
Grabnowola **MAZ** 57 Wb 39
Grabonóg **WKP** 52 Sa 37
Grabostów **ŁDZ** 55 Ub 40
Grabostów **ŁDZ** 67 Ud 41
Graboszewo **WKP** 41 Se 35
Graboszyce **MŁP** 77 Uc 49
Grabowa **MAZ** 56 Vd 40
Grabowa **MAZ** 56 Ve 39
Grabowa **SLK** 66 Ub 43
Grabowa **SLK** 77 Uc 46
Grabowa **SWK** 79 Wb 46
Grabowa **WKP** 42 Ta 36
Grabowce Dolne **LBL** 58 Xa 39
Grabowce Górne **LBL** 58 Xa 39
Grabowczyk **LBL** 72 Yd 44
Grabowe Grądy **PDL** 22 Xf 26
Grabowica **LBL** 81 Yb 46
Grabowica **SWK** 79 Wa 46
Grabowice **SWK** 69 Wc 44
Grabowie **ŁDZ** 54 Tf 40
Grabowiec **KPM** 30 Te 31
Grabowiec **ŁDZ** 67 Ue 41
Grabowiec **LBL** 59 Xe 37
Grabowiec **LBL** 72 Yd 44
Grabowiec **LBU** 38 Qb 37
Grabowiec **MAZ** 32 Vd 32
Grabowiec **MAZ** 33 Wa 32
Grabowiec **MAZ** 44 Uf 34
Grabowiec **MAZ** 46 We 33
Grabowiec **MAZ** 47 Xc 35
Grabowiec **MAZ** 69 Wc 42
Grabowiec **PDL** 35 Ya 32
Grabowiec **PDL** 36 Yc 33
Grabowiec **PKR** 81 Xf 49
Grabowiec **POM** 17 Td 25
Grabowiec **SWK** 68 Vd 44
Grabowiec **WKP** 42 Tc 36
Grabowiec **WMZ** 8 Vb 22
Grabowiec-Góra **LBL** 72 Yd 44
Grabownia **SLK** 76 Td 48
Grabownica **DLS** 52 Sc 39
Grabownica **DLS** 52 Sc 40
Grabownica **MAZ** 34 Wf 32
Grabownica **SWK** 68 Vb 43
Grabownica Starzeńska **PKR** 87 Xa 51
Grabowno **WKP** 28 Sa 30
Grabowno Wielkie **DLS** 52 Sc 40
Grabowo **ŁDZ** 55 Va 40
Grabowo **MAZ** 33 Vf 30
Grabowo **MAZ** 33 Wb 30
Grabowo **MAZ** 34 Wd 31
Grabowo **PDL** 21 Xa 28
Grabowo **PDL** 22 Xe 25
Grabowo **PDL** 23 Yc 26
Grabowo **PDL** 35 Xd 30
Grabowo **WKP** 29 Sb 31
Grabowo **WKP** 41 Sd 35
Grabowo **WKP** 41 Se 33
Grabowo **WMZ** 10 Xb 23
Grabowo **WMZ** 19 Ue 27
Grabowo **WMZ** 20 Wb 26
Grabowo **ZPM** 13 Pe 25
Grabowo **ZPM** 13 Qa 28
Grabowo **ZPM** 14 Qe 26
Grabowo **ZPM** 15 Rf 25
Grabowo **ZPM** 3 Rc 23
Grabowo Bobowskie **POM** 17 Td 25
Grabowo Kościerskie **POM** 5 Ta 24
Grabowo Małe **DLS** 52 Sc 40
Grabowo-Skorupki **MAZ** 33 Ve 29
Grabowo Wielkie **MAZ** 33 Ve 31
Grabowska Huta **POM** 5 Tb 23
Grabowska Wola **MAZ** 56 Ve 39
Grabów **ŁDZ** 43 Ua 36
Grabów **ŁDZ** 43 Ud 35
Grabów **ŁDZ** 43 Ud 36
Grabów **LBU** 38 Qa 34
Grabów **LBU** 49 Pf 38
Grabów **MAZ** 46 Wd 34
Grabów **MAZ** 57 We 40
Grabówek **MAZ** 33 Wb 30
Grabówek **WMZ** 21 We 25
Grabówiec **KPM** 31 Va 29
Grabówka **DLS** 52 Sa 39
Grabówka **ŁDZ** 54 Te 40
Grabówka **LBL** 59 Yb 38
Grabówka **LBL** 70 Wf 43
Grabówka **LBL** 70 Xa 42
Grabówka **PDL** 35 Xb 31
Grabówka **PDL** 36 Yb 30
Grabówka **PKR** 79 Wc 49
Grabówka **PKR** 87 Xa 51
Grabówka **SLK** 66 Ua 43
Grabówka **SLK** 66 Ub 43
Grabówka **WMZ** 21 We 25
Grabówki **LBL** 58 Xa 41
Grabówko **POM** 17 Tf 26
Grabówko **POM** 5 Tb 24
Grabówko **ZPM** 3 Rc 23
Grabów nad Pilicą **MAZ** 57 Wb 38
Grabów nad Prosną **WKP** 53 Ta 39
Grabów-Pustkowie **WKP** 53 Ta 39
Grabów Szlachecki **LBL** 58 Xa 38
Grabów-Wójtostwo **WKP** 53 Ta 39
Graby **ŁDZ** 67 Ud 43
Gracjanów **MAZ** 56 Ve 38
Gracuch **SWK** 68 Vc 41
Gracze **OPL** 64 Sd 44
Gradki **WMZ** 19 Vd 25
Gradoczno **PDL** 36 Yc 31
Gradowice **WKP** 39 Rb 36
Gradowo **KPM** 42 Td 33
Gradowo **WMZ** 9 Wb 23
Gradów **MAZ** 44 Vb 36
Gradówek **DLS** 62 Qc 42
Gradzanowo Kościelne **MAZ** 32 Va 31
Gradzanowo Włościańskie **MAZ** 32 Va 31
Gradzanowo Zbęskie **MAZ** 32 Va 31
Grajewo **PDL** 22 Xc 27
Grajewo **WMZ** 21 We 24
Grajów **MŁP** 77 Va 49
Grala-Dąbrowizna **MAZ** 46 Xa 36
Grale **MAZ** 34 Wd 29
Gralewo **LBU** 26 Qc 32
Gralewo **MAZ** 32 Va 32
Gralewo **WMZ** 32 Va 29
Granica **DLS** 63 Rb 43
Granica **MAZ** 44 Vc 35
Granica **ZPM** 14 Qd 27
Granice **ŁDZ** 67 Ue 42
Granice **LBL** 70 Xa 42
Granice **WKP** 65 Ta 41
Graniczna **DLS** 63 Rc 43
Graniczna Wieś **POM** 6 Tc 24
Granna, Bubel- **LBL** 48 Ya 35
Granne **PDL** 47 Xd 33
Granowiec **DLS** 63 Rc 42
Granowiec **WKP** 53 Sd 39
Granowo **POM** 16 Sd 27
Granowo **WKP** 40 Rd 35
Granowo **ZPM** 26 Qc 30
Granówko **WKP** 40 Rd 35
Grapice **POM** 5 Sc 21
Grażowice **ŁDZ** 56 Vb 40
Grażyce **DLS** 51 Rd 40
Grąbczyn **ZPM** 15 Rd 25
Grąbiec **MAZ** 32 Ue 32
Grąbkowo **POM** 5 Sc 22
Grąbkowo Kolonia **POM** 5 Sc 22
Grąbków **WKP** 53 Tc 37
Grąblewo **WKP** 39 Rc 35
Grąblin **WKP** 42 Tc 35
Grąd **MAZ** 46 Xb 33
Grądki **WMZ** 19 Uf 24
Grądki, Oblin- **MAZ** 57 Wd 38
Grądy **ŁDZ** 54 Te 39
Grądy **LBL** 59 Xf 40
Grądy **LBL** 70 Xb 42
Grądy **MAZ** 33 Wa 30
Grądy **MAZ** 34 We 32
Grądy **MAZ** 44 Vd 35
Grądy **MAZ** 46 Xa 33
Grądy **MŁP** 79 Vf 47
Grądy **OPL** 74 Sb 46
Grądy **PDL** 34 Wf 29
Grądy **PDL** 35 Xf 29
Grądy **WKP** 42 Td 35
Grądy **WMZ** 32 Uf 28
Grądy Małe **PDL** 35 Xc 29
Grądy Szlacheckie **MAZ** 34 Wd 32
Grądy Węgorzewskie **WMZ** 10 Wf 23
Grądy Wielkie **PDL** 35 Xc 29
Grądy-Woniecko **PDL** 35 Xc 30
Grądzkie **WMZ** 21 Xa 24
Grądzkie Ełckie **WMZ** 22 Xe 25
Grąsino **POM** 4 Sa 22
Grąziowa **PKR** 88 Xd 51
Grążawy **KPM** 31 Ud 29
Grechów **MAZ** 69 Wc 42
Gredele **PDL** 36 Yb 32
Gregorowce **PDL** 36 Yb 33
Gremzdy Polskie **PDL** 11 Yb 24
Grębanin **WKP** 53 Sf 41
Grębenice **ŁDZ** 68 Vb 41
Grębień **ŁDZ** 66 Td 42
Grębiszew **MAZ** 46 Wd 36
Grębki **MAZ** 34 We 32
Grębków **MAZ** 46 Wf 35
Gręblin **POM** 17 Te 25
Grębocin **KPM** 30 Te 30
Grębocin **MŁP** 78 Vc 48
Grębociny **ŁDZ** 54 Ub 40
Grębosza **SWK** 68 Vb 42
Gręboszów **ŁDZ** 55 Uc 40
Gręboszów **MŁP** 78 Ve 47
Gręboszów **OPL** 65 Se 42
Gręboszyce **DLS** 64 Sc 41
Grębów **PKR** 70 Wf 45
Grębów **WKP** 52 Sd 38
Grędzice **MAZ** 33 Ve 31
Grędzice **MAZ** 34 Xb 32
Grędzina **DLS** 64 Sc 42
Gręzawa **LBU** 49 Pf 38
Gręzki, Piętki- **PDL** 35 Xd 32
Gręzów **MAZ** 46 Xa 35
Gręzówka **LBL** 47 Xb 37
Gręzówka-Kolonia **LBL** 47 Xb 37
Gręzówka **MAZ** 47 Xb 36
Grobelno **POM** 18 Ua 24

Grobla **DLS** 63 Ra 43
Grobla **MŁP** 78 Vc 48
Groble **DLS** 50 Qe 41
Groble **PKR** 80 Xb 46
Groblica **POM** 6 Tf 23
Groblice **DLS** 64 Sb 42
Grobniki **OPL** 75 Sf 47
Grochocice **SWK** 69 Wd 44
Grocholice **ŁDZ** 54 Tf 37
Grocholice **ŁDZ** 55 Uc 40
Grocholice **SWK** 69 Wc 43
Grocholice **SWK** 69 Wc 44
Grocholin **KPM** 29 Sc 31
Grocholów **MŁP** 85 Vb 52
Grocholub **OPL** 75 Ta 46
Grochowa **DLS** 52 Sb 40
Grochowa **MAZ** 45 Vf 36
Grochowalsk **KPM** 31 Ub 32
Grochowce **PKR** 88 Xe 50
Grochowe **PKR** 79 Wc 46
Grochowice **DLS** 51 Ra 38
Grochowiska **KPM** 42 Te 34
Grochowiska **ZPM** 15 Re 26
Grochowiska Księże **KPM** 29 Se 32
Grochowiska Szlacheckie **KPM** 29 Se 32
Grochowo **KPM** 16 Se 27
Grochowy **WKP** 42 Tb 36
Grochów **DLS** 63 Re 45
Grochów **ŁDZ** 43 Ub 35
Grochów **LBU** 38 Pf 37
Grochów **MAZ** 45 Wa 35
Grochówka **MAZ** 47 Xd 36
Grochów Szlachecki **MAZ** 46 Xa 34
Grochy **PDL** 34 Xb 31
Grodki **DLS** 51 Re 40
Grodkowice **MŁP** 78 Vb 49
Grodków **OPL** 64 Sc 44
Grodnica **DLS** 62 Qb 42
Grodno **KPM** 43 Ub 34
Grodno **ŁDZ** 43 Ub 35
Grodysławice **LBL** 72 Yd 45
Grodzanowice **DLS** 50 Qe 40
Grodzanów **DLS** 51 Rd 41
Grodzeń **KPM** 31 Ub 31
Grodziczno **MAZ** 34 Wc 32
Grodziczno **WMZ** 19 Ue 28
Grodziec **DLS** 62 Qe 41
Grodziec **MAZ** 44 Vc 34
Grodziec **OPL** 64 Se 45
Grodziec **OPL** 65 Tb 44
Grodziec **SLK** 76 Ua 46
Grodziec **SLK** 83 Tf 50
Grodziec **WKP** 41 Ta 36
Grodziec Mały **DLS** 51 Ra 38
Grodzisk **MAZ** 45 Wa 35
Grodzisk **MAZ** 46 Wf 35
Grodzisk **MAZ** 46 Wf 36
Grodzisk **MAZ** 47 Xb 34
Grodzisk **MAZ** 47 Xc 36
Grodzisk **PDL** 23 Yb 27
Grodzisk **PDL** 47 Xe 33
Grodziska **MŁP** 77 Uc 49
Grodzisk Mazowiecki **MAZ** 45 Vd 36
Grodzisk-Mendle **PDL** 47 Xe 33
Grodzisko **ŁDZ** 55 Ud 38
Grodzisko **ŁDZ** 67 Ue 43
Grodzisko **OPL** 65 Tb 45
Grodzisko **OPL** 65 Tc 43
Grodzisko **OPL** 75 Sf 47
Grodzisko **PDL** 36 Yd 31
Grodzisko **PKR** 80 We 49
Grodzisko **SLK** 66 Tf 43
Grodzisko **SWK** 68 Vb 42
Grodzisko **WKP** 41 Sf 37
Grodzisko **WKP** 51 Re 37
Grodzisko **WMZ** 10 Xa 23
Grodzisko Dolne **PKR** 80 Xc 48
Grodzisko Górne **PKR** 80 Xc 47
Grodzisk-Trojanówek **PDL** 47 Xe 33
Grodzisk Wielkopolski **WKP** 39 Rc 35
Grodzisk-Wieś **MAZ** 34 We 31
Grodzisław **ZPM** 15 Rc 25
Grodziszczany **PDL** 23 Yc 27
Grodziszcze **DLS** 63 Rd 44
Grodziszcze **DLS** 63 Rd 45
Grodziszcze **LBU** 39 Qd 35
Grodziszcze **LBU** 49 Pe 38
Grodziszczko **WKP** 40 Rd 34
Grojec **MŁP** 76 Ub 49
Grojec **MŁP** 77 Ud 48
Grom **WMZ** 20 Vf 27
Gromada **LBL** 71 Xe 45
Gromadka **DLS** 50 Qe 40
Gromadno **KPM** 29 Sc 30
Gromadno **WKP** 29 Sb 29
Gromadzice **SWK** 69 Wc 43
Gromadziec **ŁDZ** 54 Td 41
Gromadzyn **MAZ** 44 Vc 32
Gromadzyń, Krzeczkowo- **PDL** 35 Xb 31
Gromiec **MŁP** 76 Ub 48
Gromin **MAZ** 33 Wa 32
Gromki **WMZ** 8 Vf 24
Gromnik **MŁP** 79 Vf 49
Gromoty **WMZ** 18 Ue 27
Gronajny **POM** 18 Ua 25
Gronity **WMZ** 19 Vc 26
Gronków **MŁP** 85 Va 52
Gronostaje-Puszcza **PDL** 35 Xb 30
Gronowice **DLS** 65 Se 41
Gronowice **OPL** 65 Tb 43
Gronowo **KPM** 30 Te 30
Gronowo **WKP** 51 Rd 37
Gronowo **WMZ** 19 Vc 24
Gronowo **WMZ** 20 Wc 25
Gronowo **WMZ** 32 Uf 28
Gronowo **WMZ** 7 Uf 22
Gronowo **ZPM** 14 Qf 27
Gronowo Elbląskie **WMZ** 18 Ub 24
Gronowo Górne **WMZ** 7 Uc 24
Gronów **DLS** 49 Qa 41
Gronów **ŁDZ** 54 Te 40
Gronów **LBU** 38 Pe 34
Gronów **LBU** 38 Qb 37
Gronówko **WKP** 51 Rd 37
Groń **MŁP** 85 Va 52
Groszki **ŁDZ** 43 Ud 35
Groszki **WMZ** 19 Uf 28
Groszkowice **OPL** 65 Sf 45
Groszowice **MAZ** 57 Wb 40
Grotki **MAZ** 56 Ve 39
Grotkowo **WKP** 41 Sd 34
Grotniki **ŁDZ** 55 Ub 37
Grotniki **SWK** 78 Vf 47
Grotniki **WKP** 39 Rc 37
Grotowice **ŁDZ** 56 Vc 39
Grotowice **OPL** 65 Sf 45
Grotowo **WMZ** 8 Vb 23
Grotów **LBU** 27 Qf 32
Grotów **LBU** 49 Pf 39
Gród, Juszkowy- **PDL** 36 Ye 31
Gródczany **OPL** 75 Sf 48
Gródek **KPM** 17 Tc 27
Gródek **LBL** 58 Xb 39
Gródek **LBL** 59 Xe 39
Gródek **LBL** 72 Yf 44
Gródek **LBL** 82 Yd 46
Gródek **MŁP** 86 Wa 51
Gródek **PDL** 35 Xd 32
Gródek **PDL** 36 Ye 30
Gródek **SLK** 67 Ue 44
Gródek **SWK** 67 Va 45
Gródek nad Dunajcem **MŁP** 85 Ve 50
Gródek Rządowy **MAZ** 33 Wb 32
Gródki **LBL** 71 Xe 44
Gródki **WMZ** 32 Va 29
Gródkowo **MAZ** 44 Vb 34
Grójec **KPM** 42 Tf 34
Grójec **MAZ** 33 Ve 30
Grójec **MAZ** 56 Vf 37
Grójec **SLK** 66 Tf 45
Grójec **SWK** 69 Wc 43
Grójec **WKP** 41 Sc 35
Grójec **WKP** 42 Tb 35
Grójec Wielki **ŁDZ** 54 Td 40
Grubaki, Górki- **MAZ** 46 Wf 34
Grubale **MAZ** 47 Xc 36
Grubno **KPM** 30 Tc 28
Grucele **MAZ** 34 We 30
Gruczno **KPM** 30 Tb 28
Grud **LBL** 48 Ya 36
Grudna **ŁDZ** 54 Ua 40
Grudna **WKP** 28 Rf 32
Grudna **WKP** 39 Ra 34
Grudna Dolna **MŁP** 79 Wc 49
Grudna Górna **PKR** 79 Wc 49
Grudna Kępska **MŁP** 86 Wb 50
Grudno **DLS** 62 Ra 43
Grudusk **MAZ** 33 Vd 30
Grudynia Mała **OPL** 75 Sf 47
Grudynia Wielka **OPL** 75 Sf 47
Grudza **DLS** 62 Qd 43
Grudzeń-Las **ŁDZ** 56 Va 40
Grudziądz **KPM** 17 Te 28
Grudzice **OPL** 65 Sf 45
Grudzie, Budy- **MAZ** 34 Wf 31
Grudzielec **WKP** 53 Se 38
Grudzielec Nowy **WKP** 53 Se 38
Grudź **LBL** 58 Xa 37
Grundziki **MAZ** 34 Wf 31
Gruntowice **WKP** 29 Sc 32
Grunwald **WKP** 40 Rf 34
Grunwald **WMZ** 19 Va 28
Gruszczyce **ŁDZ** 54 Tc 39
Gruszczyn **MAZ** 57 Wc 38
Gruszczyn **MAZ** 69 Wd 42
Gruszczyn **SWK** 68 Va 43
Gruszczyn **WKP** 40 Sa 34
Gruszczyno **MAZ** 46 Wf 34
Gruszeczka **DLS** 52 Sa 40
Gruszewnia **SLK** 66 Ua 43
Gruszewo **ZPM** 14 Qf 25
Gruszka **SWK** 68 Vb 43
Gruszka **SWK** 68 Ve 43
Gruszka **WMZ** 32 Va 29
Gruszka Duża **LBL** 71 Xf 44
Gruszka Mała **LBL** 71 Xf 44
Gruszki **MŁP** 84 Uf 53
Gruszki **PDL** 23 Yc 25
Gruszków **DLS** 62 Qf 44
Gruszowiec **MŁP** 85 Vb 50
Gruszów **MŁP** 78 Vb 47
Gruszów **MŁP** 78 Vb 49
Gruszów **PKR** 88 Xe 50
Gruszów Mały **MŁP** 79 Wa 47
Gruszów Wielki **MŁP** 79 Wa 47
Gruta **KPM** 18 Tf 28
Gruzka **PDL** 48 Yb 33
Grybów **MŁP** 86 Vf 51
Gryfice **ZPM** 13 Qb 25
Gryfino **ZPM** 25 Pc 29
Gryfów Śląski **DLS** 62 Qc 42
Grygrów **MAZ** 46 Wf 33
Grylewo **WKP** 29 Sb 31
Grymiaczki **PDL** 22 Ya 27
Gryszkańce **PDL** 11 Yc 24
Grywałd **MŁP** 85 Vc 52
Gryzikamień **SWK** 69 Wb 44
Gryzy **WMZ** 21 Xb 24
Gryźliny **WMZ** 18 Ud 28
Gryźliny **WMZ** 19 Vc 27
Gryżewo **WMZ** 10 Xa 23
Gryżów **OPL** 74 Sd 46
Gryżyna **LBU** 38 Qb 35
Gryżyna **WKP** 40 Re 36
Grzanka **MAZ** 33 Wa 31
Grzawa **SLK** 76 Ua 49
Grzebienice **PDL** 23 Yc 27
Grzebienie-Kolonia **PDL** 23 Yd 27
Grzebienisko **WKP** 40 Rd 34
Grzebień **ŁDZ** 67 Uc 42
Grzebłowice **SLK** 76 Tf 49
Grzeboszowice **OPL** 75 Tb 46
Grzebowilk **MAZ** 46 Wd 36
Grzebsk **MAZ** 33 Vd 29
Grzechotki **WMZ** 8 Va 22
Grzechynia **MŁP** 84 Ud 50
Grzeczna Panna **KPM** 29 Se 30
Grzegorz **KPM** 30 Te 29
Grzegorzew **WKP** 42 Te 35
Grzegorzewice **MAZ** 57 Wa 38
Grzegorzowice **SLK** 75 Tb 47
Grzegorzowice Małe **MŁP** 77 Uf 47
Grzegorzowice Wielkie **MŁP** 78 Uf 47
Grzegorzów **DLS** 64 Rf 44
Grzegorzówka **PKR** 80 Xb 49
Grzegórzki **WMZ** 32 Vd 28
Grzegrzółki **WMZ** 20 Vf 26
Grzepnica **ZPM** 12 Pc 27
Grzeszyn **DLS** 51 Rd 40
Grzeszyn **ŁDZ** 54 Ub 39
Grzęby **KPM** 31 Ud 30
Gręda **MAZ** 34 Wd 28
Gręda **WMZ** 9 Wa 24
Grzędowo **WMZ** 8 Va 22
Grzędy **MAZ** 45 Vf 36
Grzędy Dolne **DLS** 63 Ra 44
Grzędy Górne **DLS** 63 Ra 44
Grzędzice **ZPM** 13 Pf 28
Grzędzin **OPL** 75 Ta 47
Grzęska **PKR** 80 Xc 48
Grzężno **ZPM** 13 Qb 27
Grzmiąca **DLS** 63 Rc 44
Grzmiąca **ŁDZ** 55 Ue 38
Grzmiąca **LBU** 38 Pe 36
Grzmiąca **MAZ** 56 Ve 39
Grzmiąca **POM** 5 Sc 23
Grzmiąca **ZPM** 15 Rc 25
Grzmucin **MAZ** 57 Wb 40
Grzyb **ŁDZ** 54 Tc 40
Grzybiany **DLS** 63 Rb 41
Grzybiny **WMZ** 32 Va 28
Grzybki **ŁDZ** 54 Td 38
Grzybki, Bobino- **MAZ** 33 Wa 30
Grzybnica **ZPM** 15 Rc 24
Grzybno **KPM** 30 Tc 29
Grzybno **KPM** 31 Vb 29
Grzybno **POM** 5 Tb 22
Grzybno **WKP** 40 Rf 35
Grzybno **ZPM** 25 Pd 30
Grzybowa **POM** 16 Sf 24
Grzybowa Góra **SWK** 69 Vf 42
Grzybowce **PDL** 36 Ye 30
Grzybowice **SLK** 76 Te 46
Grzybowo **MAZ** 32 Vb 31
Grzybowo **MAZ** 32 Vc 30
Grzybowo **MAZ** 32 Vd 31
Grzybowo **WKP** 41 Sd 34
Grzybowo **WMZ** 21 Wd 24
Grzybów **ŁDZ** 43 Ue 35
Grzybów **ŁDZ** 54 Tf 38
Grzybów **MAZ** 44 Uf 34
Grzybów **MAZ** 47 Xf 35
Grzybów **SWK** 68 Vd 42
Grzybów **SWK** 69 Wa 45
Grzybów **SWK** 69 Wb 44
Grzymalin **DLS** 51 Ra 41
Grzymała **SWK** 69 Vf 45
Grzymałków **SWK** 68 Vc 42
Grzymałów **ŁDZ** 56 Vb 41
Grzymały **MAZ** 46 Xa 33
Grzymały-Kupiski **PDL** 34 Wf 29
Grzymały Szczepankowskie **PDL** 34 Wf 30
Grzymiradz **ZPM** 26 Pe 32
Grzymisław **POM** 16 Sb 27
Grzymiszew **WKP** 42 Tc 36
Grzymki **MAZ** 34 Xb 32
Grzymki, Przeździecko- **PDL** 34 Xb 31
Grzymkowice **ŁDZ** 56 Vd 37
Grzywna **KPM** 30 Td 30
Gubin **LBU** 37 Pe 37
Gubinek **LBU** 37 Pe 37
Gubiny **KPM** 18 Tf 27
Gubity **WMZ** 19 Va 25
Guciów **LBL** 71 Ya 45
Gudniki **WMZ** 20 Wa 24
Gudowo **ZPM** 14 Qf 28
Gugny **PDL** 22 Xd 28
Guja **WMZ** 9 Wd 23
Gulb **WMZ** 18 Uc 27
Gulbieniszki **PDL** 11 Xf 23
Gulbiny **KPM** 31 Ub 30
Gulbity **WMZ** 19 Uf 25
Gulcz **WKP** 28 Rc 31
Gulczewo **MAZ** 45 Wc 33
Gulczewo **WKP** 41 Sd 34
Gulin **MAZ** 57 Wa 40
Gulinek **MAZ** 57 Vf 40
Gulzów **SLK** 77 Ud 46
Gułki **ŁDZ** 56 Vc 38
Gułów **DLS** 64 Sb 44
Gułów **LBL** 58 Xb 38
Gułtowy **WKP** 41 Sb 34
Guły-Bujno **MAZ** 34 Xa 31
Gumienice **SWK** 68 Ve 44
Gumienice **WKP** 52 Sb 38
Gumieniec **POM** 4 Sa 23
Gumieńce **ZPM** 12 Pc 28
Gumna **SLK** 83 Te 50
Gumniska **PKR** 79 Wc 49
Gumnisko **ŁDZ** 53 Tb 41
Gumnisko **ŁDZ** 66 Tf 41
Gumowe **MAZ** 32 Vc 31
Gumowo **MAZ** 34 Wf 31
Gunice **DLS** 63 Re 44
Gunie-Ostrów **PDL** 35 Xc 30
Gunów Kolonia **SWK** 78 Vc 47
Gurcz **POM** 18 Tf 26
Gurowo **WKP** 41 Sd 34
Gusiec **MAZ** 58 We 39
Gusin **MAZ** 57 Wb 37
Gustawów **ŁDZ** 56 Vc 39
Gustawów **MAZ** 57 Wa 40
Gustawów **MAZ** 57 We 41
Gustawów **SWK** 67 Uf 42
Gustawów **SWK** 68 Vd 42
Gustorzyn **KPM** 42 Tf 33
Guszczewina **PDL** 36 Ye 31
Gutkowice **ŁDZ** 55 Ua 38
Gutkowo **MAZ** 33 Vd 32
Gutkowo **WMZ** 19 Vc 26
Gutków **ŁDZ** 55 Ue 39
Gutowiec **POM** 16 Sf 26
Gutowo **KPM** 30 Tc 30
Gutowo **KPM** 31 Ue 29
Gutowo **WMZ** 19 Uf 28
Gutowo Małe **WKP** 41 Sd 34
Gutowo-Stradzyno **MAZ** 32 Uf 32
Gutowo Wielkie **WKP** 41 Sd 35
Gutów **ŁDZ** 55 Uc 39
Gutów **MAZ** 57 Wa 39
Guty **MAZ** 46 Xa 33
Guty **PDL** 34 Xb 29
Guty **WMZ** 21 We 24
Guty Duże **MAZ** 33 Wb 31
Guty Podleśne **PDL** 21 Xa 28
Guty Różyńskie **WMZ** 21 Xb 27
Guzdek **MAZ** 58 Wf 38
Guzew **ŁDZ** 55 Uc 39
Guzew **MAZ** 43 Ue 34
Guzew **MAZ** 46 Wf 36
Guzice **DLS** 51 Ra 39
Guzowatka **MAZ** 33 Wb 29
Guzowy Piec **WMZ** 19 Vb 26
Guzów **LBU** 49 Qa 38
Guzów **MAZ** 44 Vc 36
Guzów **MAZ** 57 Vf 40
Guzówka **LBL** 58 Xa 37
Guzówka **LBL** 71 Xe 43
Guzówka, Kolonia **LBL** 71 Xe 43
Guzy **PDL** 22 Xf 28
Guźlin **KPM** 43 Tf 33
Guźnia **ŁDZ** 44 Ue 36
Guzowice **DLS** 52 Sb 39
Gwarek **MAZ** 56 Vd 41
Gwda Mała **ZPM** 15 Re 26
Gwda Wielka **ZPM** 15 Re 26
Gwiazdowo **WKP** 40 Sb 34
Gwiazdowo **ZPM** 4 Re 23
Gwieździn **POM** 15 Sb 26
Gwizdały **MAZ** 46 Wd 33
Gwizdanów **DLS** 51 Rb 39
Gwizdów **LBL** 70 Xb 44
Gwizdów **LBL** 70 Xd 44
Gwizdów **PKR** 80 Xc 47
Gwiżdziny **WMZ** 18 Ud 28
Gwoździanka **PKR** 80 Wf 49
Gwoździany **SLK** 66 Td 44
Gwoździce **OPL** 75 Sf 45
Gwoździec **MŁP** 78 Ve 49
Gwoździec **PKR** 80 Xa 46
Gwoźnica Dolna **PKR** 80 Wf 49
Gwoźnica Górna **PKR** 80 Wf 50
Gzików **ŁDZ** 53 Tc 39
Gzin **KPM** 30 Ta 29
Gzinka **ŁDZ** 44 Uf 36
Gzowice **MAZ** 57 Wb 40
Gzów **ŁDZ** 55 Va 37
Gzy **MAZ** 33 Vf 32

H

Habdzin **MAZ** 45 Wa 36
Haczów **PKR** 87 Wf 50
Haćki **PDL** 36 Yb 31
Hadle Kańczuckie **PKR** 80 Xb 49
Hadle Szklarskie **PKR** 80 Xb 49
Hadra **SLK** 66 Tf 44
Hadykówka **PKR** 80 We 47
Hadynów **MAZ** 47 Xe 35
Hajdaszek **SWK** 68 Vd 45
Hajduki Nyskie **OPL** 74 Sc 46
Hajnówka **PDL** 36 Yd 32
Hajowniki **LBL** 72 Yc 43
Halasy **LBL** 47 Xe 36
Halemba **SLK** 76 Te 47
Halickie **PDL** 36 Yb 30
Haliczany **LBL** 72 Yd 42
Halinów **ŁDZ** 56 Va 37
Halinów **MAZ** 45 Wc 35
Halinówka **LBL** 58 Xb 41
Haller, Polanka- **MŁP** 77 Ue 49
Halnów **SLK** 76 Ua 49
Haldrychowice **DLS** 53 Sd 40
Hało **PDL** 23 Yb 26
Haluszowa **MŁP** 85 Vc 52
Hamernia **LBL** 81 Ya 46
Hamrzysko **WKP** 28 Rc 32
Handzlówka **PKR** 80 Xb 49
Hanki **ZPM** 27 Ra 29
Hankówka **PKR** 86 Wd 50
Hanna **LBL** 60 Yc 38
Hanowo **KPM** 17 Te 28
Hanulin **WKP** 53 Sf 41
Hanusek **SLK** 76 Te 45
Hanuszów **OPL** 64 Sc 45
Hańcza **PDL** 11 Xe 23
Hańczowa **MŁP** 86 Wa 52
Hańsk **LBL** 60 Yc 40
Harachwasty **MAZ** 47 Xe 36
Harasimowicze **PDL** 23 Yc 27
Harasiuki **PKR** 80 Xc 46
Harbułtowice **SLK** 66 Te 44
Harbutowice **MŁP** 77 Ue 50
Harbutowice **SLK** 83 Te 50
Harkabuz **MŁP** 84 Ue 51
Harklowa **MŁP** 85 Vb 52
Harklowa **PKR** 86 Wc 50
Harkowicze **PDL** 36 Ye 29
Harmęże **MŁP** 76 Ua 48
Harsz **WMZ** 10 We 24
Harszówki **MŁP** 76 Ub 49
Harta **PKR** 80 Xb 49
Hartowiec **WMZ** 19 Uf 28
Hawłowice **PKR** 81 Xd 49
Hawryłki **PDL** 35 Ya 32
Hażlach **SLK** 83 Td 50
Hebdów **MŁP** 78 Vc 48
Hebdzie **SWK** 67 Uf 45
Hecznarowice **SLK** 76 Ub 49
Hedwiżyn **LBL** 71 Xe 45
Hejbuty **WMZ** 21 Xa 25
Hejdyk **WMZ** 21 Wd 27
Hejtus **POM** 5 Tb 22
Hektary **MAZ** 44 Uf 33
Hel **POM** 6 Te 21
Helenka **MAZ** 44 Vb 35
Helenowo **WKP** 42 Tc 34
Helenów **ŁDZ** 55 Uc 40
Helenów **ŁDZ** 55 Ue 38
Helenów **LBL** 58 Xb 38
Helenów **MAZ** 43 Ud 34
Helenów **MAZ** 43 Ud 35
Helenów **MAZ** 46 Xa 36
Helenów **MAZ** 57 Wa 41
Helenów **MAZ** 57 Wc 40
Helenów **MAZ** 58 We 40
Helenów **WKP** 42 Tc 35
Helenówka **MAZ** 57 Wd 40
Helenówka **SLK** 67 Uc 45
Helenówka **SWK** 68 Vc 45
Heliodorowo **WKP** 28 Sb 30
Henryk **SWK** 69 Wa 42
Henrykowice **DLS** 52 Sc 39
Henrykowo **PDL** 36 Yb 30
Henrykowo **WKP** 51 Rd 38
Henrykowo **WMZ** 8 Va 23
Henryków **DLS** 64 Sa 45
Henryków **ŁDZ** 55 Va 39
Henryków **LBU** 50 Qd 39
Henryków **MAZ** 44 Va 35
Henryków **MAZ** 45 Vf 37
Henrykówka **LBL** 72 Yd 44
Henryków Lubański **DLS** 50 Qb 42
Henrysin **LBL** 71 Yc 41
Herbasy, Kaczyn- **PDL** 35 Xc 31
Herburtowo **WKP** 27 Ra 31
Herby **SLK** 66 Tf 44
Hermanowa **PKR** 80 Xa 49
Hermanowice **PKR** 88 Xe 50
Hermanów **SWK** 70 We 43
Hermanówka **PDL** 36 Yb 30
Hermany **PDL** 35 Xe 29
Herszupowo **WKP** 52 Rf 37
Hetmanice **LBU** 51 Rb 37
Hetmanów **WKP** 53 Se 40
Hieronimowo **PDL** 36 Yd 31
Hieronimów **MAZ** 69 Wd 42
Hilarów **MAZ** 46 Xb 33
Hilarów **WKP** 42 Te 35
Hipolitów **ŁDZ** 54 Ub 38
Hipolitów **MAZ** 45 Wc 35
Hłomcza **PKR** 87 Xb 51
Hłudno **PKR** 87 Xa 50
Hnatkowice **PKR** 81 Xe 49
Hniszów **LBL** 60 Ye 41
Hoczew **PKR** 87 Xb 52
Hodyszewo **PDL** 35 Xe 32
Hola **LBL** 59 Yb 39
Holendry **ŁDZ** 54 Tf 39
Holendry **SWK** 68 Vd 44
Holendry **SWK** 68 Vf 44
Holendry, Giewartów- **WKP** 41 Sf 34
Holendry Baranowskie **MAZ** 44 Vc 36
Holendry Kozienickie **MAZ** 57 Wc 39
Holendry Piotrkowskie **MAZ** 57 Wd 39
Holeszów **LBL** 59 Yc 38
Holiki **PDL** 23 Yc 27
Holonki **PDL** 35 Xf 33
Holubeck **SLK** 76 Ua 48
Holny Wolmera **PDL** 11 Yc 24
Hołodnica **LBL** 48 Yb 36
Hołodolina **PDL** 23 Yb 27
Hołody **PDL** 36 Yb 32
Hołowienki **MAZ** 46 Xb 33
Hołowno **LBL** 59 Yb 39
Hołówki Małe **PDL** 35 Ya 31
Hołubla **MAZ** 47 Xc 35
Hołuczków **PKR** 87 Xb 51
Hołudza **SWK** 78 Ve 46
Hołużne **LBL** 72 Yd 43
Homrzyska **MŁP** 85 Ve 51
Honiatycze **LBL** 72 Yd 44
Honiatyczki **LBL** 72 Ye 44
Honiatyń **LBL** 72 Za 45
Honoratka **WKP** 42 Tb 35
Honoratów **ŁDZ** 55 Uf 40
Hopkie **LBL** 72 Ye 45
Hopowo **POM** 5 Tb 23
Hopy **POM** 5 Tb 22
Horbów **LBL** 48 Yb 36
Horbów-Kolonia **LBL** 48 Yb 36
Horczaki Dolne **PDL** 23 Yd 28
Hordzież **LBL** 58 Xb 38
Hordzieżka **LBL** 58 Xb 38
Hornigi **MAZ** 57 Wa 37
Horniki Dolne **POM** 5 Tb 24
Hornostaje **PDL** 22 Xe 28
Hornowo **PDL** 47 Xf 33
Hornowszczyzna **PDL** 47 Ya 33
Hornówek **KPM** 31 Ua 31
Horodło **LBL** 72 Za 43
Horodnianka **PDL** 22 Ya 27
Horodysko **LBL** 72 Yc 43
Horodyszcze **LBL** 59 Yb 38
Horodyszcze **LBL** 72 Yc 41
Horodyszcze **LBL** 72 Za 45
Horostyta **LBL** 59 Yb 39
Horoszczyce **LBL** 72 Za 45
Horoszki Duże **MAZ** 47 Ya 35
Horoszki Małe **MAZ** 47 Ya 35
Horyniec **PKR** 82 Yc 47
Horyszów **LBL** 72 Yd 44
Horyszów Polski **LBL** 72 Yc 44
Hostynne **LBL** 72 Ye 44
Hosznia Abramowska **LBL** 71 Xe 44
Hosznia Ordynacka **LBL** 71 Xe 44
Hoszowczyk **PKR** 88 Xd 52
Hoszów **PKR** 88 Xd 52
Hrebenne **LBL** 72 Za 43
Hrebenne **LBL** 82 Yd 47
Hrubieszów **LBL** 72 Yf 44
Hruskie **PDL** 23 Yc 28
Hruszew **MAZ** 47 Xe 35
Hruszniew **MAZ** 47 Xf 35
Hruszowice **PKR** 81 Xf 49
Hruszów **LBL** 71 Yb 42
Hryniewicze **PDL** 35 Ya 30
Hryniewicze Duże **PDL** 36 Yb 32
Hryniewicze Małe **PDL** 36 Yb 31
Hrynków **PKR** 81 Ya 47
Huba **MŁP** 85 Vb 52
Hubale **LBL** 71 Yb 44
Hubenice **MŁP** 78 Ve 47
Hubinek **LBL** 82 Ye 46
Huby **DLS** 64 Sa 42
Huby **WKP** 28 Rf 30
Huby, Ćmachowo- **WKP** 28 Rc 32
Huby, Zajączkowo **WKP** 39 Rc 33
Huby Bukownickie **WKP** 53 Ta 40
Huby Siedlikowskie **WKP** 53 Sf 40
Huby Słopanowskie **WKP** 28 Rd 32
Hucina **PKR** 79 Wd 47
Hucisko **ŁDZ** 55 Uc 40
Hucisko **ŁDZ** 67 Ud 42
Hucisko **LBL** 71 Ya 45
Hucisko **MAZ** 56 Vd 41
Hucisko **MAZ** 68 Ve 41
Hucisko **MŁP** 84 Uc 50
Hucisko **PKR** 79 We 47
Hucisko **PKR** 80 Xa 47
Hucisko **PKR** 80 Xb 47
Hucisko **PKR** 80 Xc 46
Hucisko **SLK** 66 Tf 45
Hucisko **SLK** 67 Uc 45
Hucisko **SLK** 67 Ud 44
Hucisko **SWK** 68 Va 42
Hucisko **SWK** 68 Vb 42
Hucisko **SWK** 68 Vc 43
Hucisko **SWK** 68 Vd 42
Hucisko **SWK** 68 Vf 43
Hucisko Nienadowskie **PKR** 80 Xc 49
Hukowicze **PDL** 36 Yc 31
Hulanka **ŁDZ** 67 Uc 41
Hulcze **LBL** 72 Za 46
Humięcino-Andrychy **MAZ** 33 Vd 30
Humięcino-Retki **MAZ** 32 Vd 30
Humin **MAZ** 44 Vb 36
Humniska **PKR** 87 Xa 50
Hurcze **PKR** 81 Ya 48
Hureczko **PKR** 81 Xf 50
Husaki **PDL** 35 Ya 31
Husinka **LBL** 48 Yb 36
Husów **PKR** 80 Xb 49
Husynne **LBL** 72 Yf 42
Husynne **LBL** 72 Yf 43
Huszcza Druga **LBL** 59 Yb 37
Huszcza Duża **LBL** 71 Yb 43
Huszcza Mała **LBL** 71 Yb 43
Huszcza Pierwsza **LBL** 59 Yb 37
Huszlew **MAZ** 47 Xf 36
Huta **KPM** 29 Se 28
Huta **ŁDZ** 54 Td 40
Huta **ŁDZ** 67 Ue 41
Huta **LBL** 58 Xa 41
Huta **LBL** 58 Xb 39
Huta **LBL** 70 Wf 43
Huta **LBL** 71 Xe 43
Huta **LBL** 72 Yd 43
Huta **MAZ** 68 Ve 41
Huta **MAZ** 69 Wd 41
Huta **MŁP** 86 Vf 52
Huta **PDL** 11 Ya 24
Huta **PDL** 22 Ya 26
Huta **POM** 16 Se 25
Huta **SWK** 68 Vc 42
Huta **WKP** 28 Rb 31
Huta **WKP** 53 Se 39
Huta, Ruda- **LBL** 60 Yd 41
Huta, Zawady- **MAZ** 33 Wa 31
Huta Bardzyńska **ŁDZ** 54 Ub 37
Huta Błędowska **MAZ** 56 Vd 38
Huta Borowska **LBL** 70 Xb 42
Huta Brzuska **PKR** 88 Xd 50
Huta Chodecka **KPM** 43 Ua 34
Huta-Chojno **KPM** 31 Ub 31
Huta-Dąbrowa **LBL** 58 Xa 38
Huta Deręgowska **PKR** 70 Xb 45
Huta Dłutowska **ŁDZ** 55 Uc 39
Huta Drewniana **ŁDZ** 67 Ue 43
Huta Dzierążeńska **LBL** 72 Yc 45
Huta Gogołowska **PKR** 79 Wd 49
Huta Górna **POM** 6 Tc 23
Huta-Józefów **LBL** 70 Xb 44
Huta Kalna **POM** 17 Tb 25
Huta Komorowska **PKR** 80 We 46
Huta Krysztalowa **PKR** 82 Yb 48
Huta Krzeszowska **PKR** 70 Xc 45
Huta Lubycka **LBL** 82 Yc 47
Huta Łukomska **WKP** 41 Se 36
Huta Mazowszańska **MAZ** 57 Wa 41
Huta Nowa **PKR** 70 Xc 45
Huta Pałędzka **KPM** 29 Se 33
Huta Podgórna **PKR** 70 Xc 45
Huta Poręby **PKR** 87 Xb 50
Huta Przedborska **PKR** 80 We 47
Huta Radachowska **MAZ** 46 Wd 36
Huta Radoryska **LBL** 58 Xa 38
Huta Różaniecka **PKR** 81 Yb 46
Huta Skaryszewska **MAZ** 57 Wb 41
Huta Stara **PKR** 70 Xc 45
Huta Stara **SLK** 66 Ub 45
Huta Stara A **SLK** 66 Ua 44
Huta Stara B **SLK** 66 Ua 44
Huta-Strzelce **KPM** 18 Ub 27
Huta Szklana **SWK** 69 Wa 43
Huta Szklana **WKP** 27 Ra 31
Huta Szumy **LBL** 81 Yb 46
Huta Turobińska **LBL** 71 Xe 44
Huta Wiskicka **ŁDZ** 55 Ud 38
Huta Złomy **PKR** 82 Yc 47
Huta Żelechowska **MAZ** 58 Wf 38
Hutboje **SLK** 83 Ua 51
Hutka **SLK** 66 Tf 43
Hutki **LBL** 71 Yb 45
Hutki **MŁP** 77 Uc 47
Hutki **SLK** 66 Ua 44
Hutki-Kanki **SLK** 77 Uc 46
Hutków **LBL** 71 Yb 45
Huwniki **PKR** 88 Xe 51
Huzele **PKR** 87 Xb 52
Hyki-Dębiaki **PKR** 79 Wd 46
Hyżne **PKR** 80 Xb 49

I

Ibramowice **DLS** 63 Rd 43
Idalin **LBL** 70 Wf 42
Idzbark **WMZ** 19 Va 26
Idzikowice **ŁDZ** 56 Vc 40
Idzikowice **MAZ** 44 Vd 33
Idzikowice **OPL** 65 Se 42
Idzików **DLS** 73 Re 47
Idźki Młynowskie **PDL** 35 Xe 30
Iglice **ZPM** 14 Qc 26
Igliczyzna **KPM** 31 Uc 29
Igły **POM** 16 Sd 26
Ignacew Folwarczny **ŁDZ** 54 Ub 37
Ignacewo **WKP** 42 Tc 34
Ignacewo, Popowo- **WKP** 29 Sd 33
Ignaców **ŁDZ** 54 Ub 40
Ignaców **ŁDZ** 55 Ue 41
Ignaców **LBL** 70 Xb 41
Ignaców **MAZ** 56 Vd 38
Ignaców **MAZ** 58 Wf 40
Ignaców **WKP** 53 Sf 40
Ignacówka **SWK** 68 Vc 44
Ignacówka Bobrowska **MAZ** 57 Wb 39
Ignalin **KPM** 43 Ua 34
Ignalin **WMZ** 8 Vc 24
Ignatki **PDL** 35 Xf 31
Ignatki-Kolonia **PDL** 35 Ya 30
Ignatów **LBL** 72 Yd 42
Ignatówka **LBL** 71 Xe 45
Igołomia **MŁP** 78 Vb 48
Igryły **PDL** 23 Yc 28
Ilinek **MAZ** 44 Vb 33
Ilkowice **MŁP** 78 Vb 46
Ilkowice **MŁP** 78 Vf 48
Ilno **WKP** 53 Ta 38
Iława **WMZ** 18 Ud 27
Iłowa **LBU** 50 Qb 39
Iłowiec **LBL** 72 Yc 44
Iłowiec **MAZ** 46 Wd 36
Iłowiec **WKP** 40 Re 35
Iłownica **POM** 17 Tb 24
Iłownica **SLK** 76 Tf 49
Iłowo **KPM** 16 Sc 28
Iłowo-Osada **WMZ** 32 Vb 29
Iłowo-Wieś **WMZ** 32 Vb 29
Iłów **MAZ** 44 Va 34
Iłża **MAZ** 69 Wb 42
Imbramowice **MŁP** 77 Uf 47
Imielenko **WKP** 41 Sc 34
Imielin **SLK** 76 Ub 48
Imielinek **ŁDZ** 43 Ub 35
Imielnica **MAZ** 44 Ue 33
Imielnik **ŁDZ** 43 Ud 37
Imielno **ŁDZ** 43 Ua 35
Imielno **SWK** 68 Vc 45
Imielno **WKP** 41 Sc 34
Imielno **WKP** 41 Sf 36
Imiełków **WKP** 42 Tc 36
Imiołki **WKP** 41 Sc 33
Imionki **WMZ** 22 Xd 24
Imno **ZPM** 13 Pf 27
Inaczew **ŁDZ** 54 Td 39
Inowłódz **ŁDZ** 56 Vb 39
Inowrocław **KPM** 30 Tb 32
Insko **ZPM** 14 Qd 28
Inulec **WMZ** 21 Wc 26
Inwałd **MŁP** 77 Uc 49
Irena **PKR** 70 Xa 44
Irenów **ŁDZ** 55 Va 41
Irządze **SLK** 67 Ue 45
Isep **MŁP** 78 Vf 49
Iskań **PKR** 88 Xc 50
Iskrzyczyn **SLK** 83 Te 50
Iskrzynia **PKR** 87 Wf 50
Ispina **MŁP** 78 Vc 48
Istebna **SLK** 83 Tf 51
Istok **PDL** 36 Yc 33
Iwaniska **SWK** 69 Wb 44
Iwanki **PDL** 36 Yd 31
Iwanowice **WKP** 53 Tb 39
Iwanowice Duże **SLK** 66 Te 43
Iwanowice Nowe **MŁP** 77 Uf 47
Iwanowice Włościańskie **MŁP** 78 Uf 47
Iwanówka **PDL** 11 Yb 24
Iwanówka **PDL** 35 Ya 30
Iwany **WMZ** 33 Vd 29
Iwaśki **WMZ** 22 Xd 25
Iwiczno **POM** 17 Tb 25
Iwiec **KPM** 17 Ta 27
Iwierzyce **PKR** 80 We 48
Iwięcino **ZPM** 3 Rb 23
Iwin **ZPM** 15 Rd 26
Iwiny **DLS** 50 Qe 41
Iwiny **DLS** 64 Sa 42
Iwkowa **MŁP** 78 Vd 50
Iwla **PKR** 87 Wd 51
Iwno **DLS** 51 Rc 40
Iwno **KPM** 29 Sc 30
Iwno **WKP** 41 Sb 34
Iwonicz **PKR** 87 We 51
Iwonicz-Zdrój **PKR** 87 We 51
Iwonie **ŁDZ** 54 Tf 38
Iwowe **MAZ** 46 Wf 37
Izabela **KPM** 29 Sc 29
Izabela **ŁDZ** 54 Td 39
Izabela **MAZ** 45 Wb 35
Izabelin **LBL** 59 Ya 39
Izabelin **MAZ** 45 Ve 35
Izabelin **MAZ** 45 Wa 34
Izabelin **MAZ** 56 Ve 38
Izabelin **WKP** 42 Tb 34
Izabelin **WKP** 42 Tc 35
Izabelin **WKP** 42 Td 36
Izabelmont **LBL** 58 Xb 40
Izabelów **ŁDZ** 54 Tf 39
Izbica **LBL** 71 Ya 43
Izbica **POM** 5 Sc 20
Izbica Kujawska **KPM** 42 Te 34
Izbice **WKP** 52 Re 39
Izbicko **OPL** 65 Ta 45
Izbiczno **WKP** 52 Sd 37
Izbiska **PKR** 79 Wb 47
Izbiska **POM** 6 Ua 23
Izbiska **SLK** 66 Tf 43
Izbiszcze **PDL** 35 Xf 30
Izby **MŁP** 86 Wa 52
Izdby **KPM** 41 Sf 33
Izdebki **PKR** 87 Xa 50
Izdebki **WKP** 29 Sb 29
Izdebki-Kośmidry **MAZ** 47 Xd 36
Izdebki-Wąsy **MAZ** 47 Xd 36
Izdebnik **MAZ** 57 Wd 37
Izdebnik **MŁP** 77 Ue 49
Izdebno **LBL** 71 Xf 42
Izdebno **MAZ** 57 Wd 38
Izdebno **WKP** 27 Rb 33
Izdebno **WKP** 42 Ta 34
Izdebno, Kolonia **LBL** 71 Xf 42
Izdebno Kościelne **MAZ** 44 Vd 36
Iżyce **LBL** 70 Xd 42
Iżykowice **SWK** 78 Vb 46

J

Jabłeczna **LBL** 60 Yd 38
Jabłkowo **WKP** 29 Sb 33
Jabłków **WKP** 42 Tc 35
Jabłona Nowa **LBU** 50 Qe 39
Jabłona Stara **LBU** 50 Qe 39
Jabłonica **MAZ** 56 Ve 40
Jabłonica **PKR** 86 Wb 50
Jabłonica **SWK** 69 Wa 45
Jabłonica Polska **PKR** 87 Wf 50
Jabłonice **LBU** 49 Qa 38
Jabłoniec **POM** 4 Sa 23
Jabłonka **MAZ** 84 Ue 52
Jabłonka **OPL** 75 Sf 48
Jabłonka **PKR** 87 Xa 50
Jabłonka **WKP** 39 Qf 34
Jabłonka **WKP** 42 Ta 34
Jabłonka **WMZ** 19 Vd 28
Jabłonka **WMZ** 20 Wa 27
Jabłonka Kościelna **PDL** 35 Xc 31
Jabłonki **PKR** 87 Xb 53
Jabłonki **ŁDZ** 43 Ub 36
Jabłonna **ŁDZ** 67 Uf 42
Jabłonna **MAZ** 45 Vf 34
Jabłonna **MAZ** 46 Wf 35
Jabłonna **MAZ** 56 Ve 39
Jabłonna **MAZ** 56 Vf 40
Jabłonna **SWK** 69 Wa 43
Jabłonna **WKP** 39 Rb 35
Jabłonna **WKP** 42 Tc 36
Jabłonna **WKP** 51 Rd 38
Jabłonna Lacka **MAZ** 47 Xc 34
Jabłonna Pierwsza **LBL** 71 Xd 42
Jabłonna Średnia **MAZ** 47 Xc 34
Jabłonowiec **MAZ** 57 We 38
Jabłonowo **WKP** 28 Re 30
Jabłonowo **WMZ** 10 Xb 24
Jabłonowo **WMZ** 32 Va 29
Jabłonowo **ZPM** 27 Rb 29
Jabłonowo-Adamy **WMZ** 32 Vc 29
Jabłonowo-Kąty **PDL** 35 Xe 30
Jabłonowo Pomorskie **KPM** 31 Ua 28
Jabłonowo-Zamek **KPM** 31 Ua 28
Jabłonów **DLS** 50 Qf 39
Jabłonów **LBU** 50 Qc 38
Jabłonów **MAZ** 58 We 40
Jabłonówko **WKP** 28 Re 30
Jabłoń **LBL** 59 Ya 38

98 (PL) Grobla – Jabłoń

Jabłoń, Nagórki- **PDL** 34 Xb 31
Jabłoń, Poryte- **PDL** 34 Xb 30
Jabłoń-Jankowce **PDL** 35 Xd 31
Jabłoń Kościelna **PDL** 35 Xd 31
Jabłoń-Markowięta **PDL** 35 Xd 31
Jabłoń-Piotrowce **PDL** 35 Xd 31
Jabłońskie **PDL** 22 Xf 25
Jabłońskie **WMZ** 10 Xb 23
Jabłoń-Śliwowo **PDL** 35 Xe 31
Jabłoń-Zarzeckie **PDL** 35 Xd 31
Jabłowo **POM** 17 Td 25
Jabłowo Pałuckie **KPM** 29 Se 31
Jabłów **DLS** 63 Rb 44
Jabłówko **KPM** 29 Se 31
Jabłówko **POM** 17 Td 25
Jabramowo **WMZ** 10 Xb 23
Jacentów **SWK** 68 Vb 42
Jacentów **SWK** 69 Wc 43
Jachcice **KPM** 29 Sf 30
Jachowo **WMZ** 8 Va 22
Jachówka **MŁP** 77 Ue 50
Jachranka **MAZ** 45 Vf 34
Jaciążek **MAZ** 33 Wa 31
Jacinki **ZPM** 4 Rd 24
Jaciska **SLK** 66 Te 43
Jackowice **ŁDZ** 44 Ue 35
Jackowo **POM** 5 Sf 20
Jackowo Dolne **MAZ** 45 Wb 33
Jackowo Górne **MAZ** 45 Wb 33
Jackowo Włościańskie **MAZ** 45 Ve 33
Jacków **ŁDZ** 43 Ua 36
Jacków **SLK** 67 Ub 43
Jacnia **LBL** 71 Yb 45
Jacochów **ŁDZ** 44 Uf 37
Jacowlany **PDL** 23 Yc 28
Jaczew **MAZ** 46 Wf 34
Jaczkowice **DLS** 64 Sb 43
Jaczków **DLS** 63 Ra 44
Jaczniki **PDL** 23 Yc 26
Jaczno **PDL** 23 Yc 27
Jaczowice **OPL** 64 Sd 45
Jaczów **DLS** 51 Ra 39
Jaćmierz **PKR** 87 Xa 51
Jadachy **PKR** 79 We 46
Jadamwola **MŁP** 85 Vd 51
Jadeszki **PDL** 22 Xf 27
Jadowniki **MŁP** 78 Vd 49
Jadowniki **SWK** 69 Wa 43
Jadowniki Bielskie **KPM** 29 Sf 31
Jadowniki Mokre **MŁP** 78 Ve 47
Jadowniki Rycerskie **KPM** 29 Sf 31
Jadów **MAZ** 46 Wd 34
Jadwichna **ŁDZ** 54 Te 38
Jadwigów **ŁDZ** 55 Uf 39
Jadwigów **MAZ** 56 Vd 38
Jadwigów **SWK** 67 Va 45
Jadwinin **ŁDZ** 55 Uc 39
Jadwinówka **ŁDZ** 67 Ud 42
Jadwisin **LBL** 58 Xc 37
Jadwisin **MAZ** 45 Wa 34
Jadwisin **MAZ** 46 Wd 34
Jadwiżyn **KPM** 29 Sc 30
Jadwiżyn **ZPM** 27 Ra 29
Jagaczany **WMZ** 10 Xa 23
Jagarzewo **WMZ** 33 Vd 28
Jagatowo **POM** 6 Td 23
Jagiele **WMZ** 10 Xa 23
Jagielnica **DLS** 64 Sb 45
Jagielnica **OPL** 74 Sd 46
Jagielno **DLS** 64 Sb 45
Jagiełła **PKR** 81 Xd 48
Jagiełłów **WKP** 43 Ua 35
Jagienna **OPL** 65 Sf 43
Jagiewnice **WKP** 29 Sb 33
Jaginty **PDL** 23 Yd 26
Jaglice **ZPM** 27 Rb 30
Jagliniec **PDL** 11 Ya 24
Jagłowice **LBU** 49 Pe 39
Jagłowo **PDL** 22 Xf 27
Jagniątków **DLS** 62 Qd 44
Jagnin **SWK** 69 Wc 44
Jagniówka **MŁP** 78 Ve 48
Jagodna **MAZ** 47 Xb 35
Jagodne **LBL** 58 Wf 37
Jagodne **MAZ** 46 Wf 35
Jagodne **MAZ** 57 Wd 37
Jagodne **SWK** 69 Vf 42
Jagodne **WMZ** 21 Wf 27
Jagodne Wielkie **WMZ** 21 We 25
Jagodnica **LBL** 47 Ya 36
Jagodnik **PKR** 79 We 47
Jagodnik **WMZ** 7 Uc 23
Jagodniki **PDL** 36 Yc 32
Jagodno **DLS** 64 Sa 42
Jagodowo **KPM** 30 Ta 29
Jagodowo **WKP** 41 Sb 34
Jagodzin **DLS** 49 Qa 40
Jagodziny **WMZ** 19 Uf 28
Jagoty **WMZ** 8 Vd 23
Jagów **ZPM** 26 Qb 30
Jaguszewice **KPM** 31 Ua 28
Jajaki **WKP** 53 Tb 40
Jajkowice **ŁDZ** 56 Vd 38
Jajkowo **KPM** 31 Ud 29
Jakać-Borki **PDL** 34 Wf 30
Jakać Dworna **PDL** 34 Wf 30
Jaki **PDL** 21 Xb 28
Jakimowice **SWK** 68 Vb 42
Jakimowice-Kolonia **SWK** 68 Vb 42
Jakówki **LBL** 48 Ya 35
Jaksice **KPM** 30 Tb 31
Jaksice **MŁP** 77 Va 47
Jaksice **MŁP** 78 Vd 48
Jaksmanice **PKR** 88 Xf 50
Jaksonowice **DLS** 52 Sb 41
Jaksonów **DLS** 64 Rf 43
Jaksonów **ŁDZ** 55 Uf 40
Jaktorowo **WKP** 29 Sb 30
Jaktorów **MAZ** 44 Vd 36
Jakubice **ŁDZ** 54 Td 39
Jakubiki **MAZ** 46 Xa 33
Jakubkowo **KPM** 18 Ua 27
Jakubowice **DLS** 64 Sb 43
Jakubowice **DLS** 73 Rb 46
Jakubowice **LBL** 70 Wf 43
Jakubowice **OPL** 64 Sd 45
Jakubowice **OPL** 65 Se 42
Jakubowice **OPL** 65 Ta 42
Jakubowice **OPL** 75 Sf 47
Jakubowice **OPL** 75 Sf 48
Jakubowice **SWK** 67 Uf 43
Jakubowice **SWK** 69 We 44
Jakubowice **SWK** 78 Vc 46
Jakubowice-Kolonia **LBL** 58 Xd 41
Jakubowice Konińskie **LBL** 58 Xd 41
Jakubowice Murowane **LBL** 59 Xd 41
Jakubowięta, Średnica- **PDL** 35 Xd 31
Jakubowizna **MAZ** 57 Wa 37
Jakubowo **DLS** 50 Qf 40
Jakubowo **POM** 18 Ub 26
Jakubowo **WMZ** 18 Uc 27
Jakubowo **WMZ** 20 Wc 26
Jakubowskie **PDL** 35 Ya 33
Jakubów **DLS** 51 Ra 39
Jakubów **MAZ** 46 We 35
Jakubów **MAZ** 57 Vf 39
Jakubów **SWK** 68 Vb 43
Jakubów **SWK** 68 Vc 45
Jakubówka **LBL** 58 Xa 39
Jakunowo **WMZ** 9 We 23
Jakunówko **WMZ** 10 Wf 24
Jakusze **LBL** 47 Xd 36
Jakuszowa **DLS** 63 Ra 42
Jakuszowice **SWK** 78 Vd 47
Jakuszyce **DLS** 62 Qc 44
Jałbrzyków, Konopki- **PDL** 34 Xb 30
Jałowe **PKR** 88 Xd 52
Jałowęsy **SWK** 69 Wc 44
Jałowice **LBU** 49 Pf 37
Jałowiec **POM** 18 Tf 26
Jałowo **PDL** 11 Xf 23
Jałowo **PDL** 23 Yc 26
Jałówka **PDL** 23 Yb 27
Jałówka **PDL** 23 Yc 27
Jałówka **PDL** 23 Yc 28
Jałówka **PDL** 36 Yf 30
Jamborek **ŁDZ** 54 Ub 39
Jambrzyki **PDL** 21 Xb 27
Jamielne **LBL** 46 Wf 37
Jamielnik **WMZ** 18 Ud 27
Jamielnik **WMZ** 32 Ue 29
Jamienko **ZPM** 27 Rb 29
Jaminy **PDL** 22 Ya 27
Jamiołki-Piotrowięta **PDL** 35 Xd 31
Jamki **SLK** 66 Tf 44
Jamna **MŁP** 86 Vf 50
Jamnica **MŁP** 85 Ve 51
Jamnica **PKR** 70 Wf 45
Jamniki **WKP** 53 Tb 39
Jamno **ŁDZ** 44 Uf 36
Jamno **ŁDZ** 54 Tf 38
Jamno **MAZ** 44 Uf 34
Jamno **POM** 5 Sd 23
Jamno **ZPM** 3 Rb 23
Jamskie **SWK** 67 Uf 43
Jamy **OPL** 65 Tc 43
Jamy Wielkie **PKR** 79 Wb 47
Janaszów **SWK** 68 Vd 43
Janczewice **MAZ** 45 Vf 36
Janczewo **LBU** 26 Qc 32
Janczewo **PDL** 34 Xb 29
Janczewo Wielkie **MAZ** 34 Xb 32
Janczowa **MŁP** 85 Ve 50
Janczyce **SWK** 69 Wb 44
Jangrot **MŁP** 77 Ue 47
Jania Góra **KPM** 17 Ta 28
Janice **DLS** 62 Qd 43
Janiewice **ZPM** 4 Re 23
Janik **SWK** 69 Wb 43
Janiki **MŁP** 84 Ud 50
Janiki **SLK** 66 Te 43
Janiki Wielkie **WMZ** 18 Ue 26
Janikowice **ŁDZ** 55 Uf 41
Janikowo **KPM** 30 Ta 32
Janikowo **MAZ** 44 Vb 34
Janikowo **WKP** 40 Sa 34
Janikowo **WMZ** 8 Vc 23
Janików **DLS** 64 Sc 43
Janików **LBU** 49 Pf 39
Janików **MAZ** 56 Vd 40
Janików **MAZ** 57 Wd 39
Janików **SWK** 69 We 43
Janin **POM** 17 Td 24
Janina **SWK** 78 Vf 46
Janinów **ŁDZ** 43 Ud 36
Janinów **ŁDZ** 55 Ue 37
Janinów **OPL** 66 Td 42
Janisławice **ŁDZ** 55 Va 37
Janisławice **WKP** 52 Sd 40
Janiszew **MAZ** 57 Wa 40
Janiszew **WKP** 42 Td 36
Janiszewice **ŁDZ** 54 Tf 39
Janiszewo **KPM** 31 Ub 31
Janiszewo **POM** 17 Te 25
Janiszewo **WKP** 51 Re 38
Janiszkowice **LBL** 70 Wf 42
Janiszowice **LBU** 38 Qa 37
Janiszowice **LBU** 39 Pd 38
Janiszów **LBL** 70 Wf 42
Janiszów **LBL** 70 Wf 44
Janiszpol **MAZ** 57 Wb 40
Janki **ŁDZ** 66 Ua 42
Janki **LBL** 72 Ye 43
Janki **MAZ** 43 Ud 35
Janki **MAZ** 45 Vf 36
Jankielówka **PDL** 22 Xe 25
Janki Górne **LBL** 72 Za 43
Janki Młode **MAZ** 34 Wd 31
Jankowa **DLS** 52 Sc 39
Jankowa **LBL** 70 Wf 41
Jankowa **MŁP** 86 Vf 50
Jankowa **PKR** 87 Xc 52
Jankowa Żagańska **LBU** 49 Qb 39
Jankowce, Jabłoń- **PDL** 35 Xd 31
Jankowice **DLS** 64 Sb 43
Jankowice **KPM** 18 Ua 27
Jankowice **ŁDZ** 66 Ub 42
Jankowice **MAZ** 56 Vd 39
Jankowice **MAZ** 56 Vf 41
Jankowice **MAZ** 57 Wa 40
Jankowice **MŁP** 77 Uc 48
Jankowice **PKR** 81 Xd 49
Jankowice **SLK** 76 Tf 48
Jankowice **SWK** 69 We 43
Jankowice **WKP** 40 Rd 34
Jankowice **WMZ** 9 Wc 23
Jankowice Rudzkie **SLK** 75 Tc 47
Jankowice Rybnickie **SLK** 76 Td 48
Jankowice Wielkie **OPL** 64 Sc 44
Jankowo **KPM** 30 Ta 32
Jankowo **KPM** 31 Ua 31
Jankowo **MAZ** 33 Wa 31
Jankowo **WKP** 40 Sb 34
Jankowo **WMZ** 19 Vb 25
Jankowo **ZPM** 14 Qe 27
Jankowo Dolne **WKP** 41 Se 33
Jankowo-Młodzianiowo **PDL** 34 We 29
Jankowo-Skarbowo **PDL** 34 We 29
Jankowy **WKP** 53 Ta 41
Janków **DLS** 64 Sa 43
Janków **ŁDZ** 43 Ua 36
Janków **WKP** 53 Sd 38
Janków **WKP** 53 Sf 37
Janków **WKP** 53 Tb 37
Jankówek **ŁDZ** 55 Ue 39
Jankówka **MŁP** 77 Va 49
Janków Przygodzicki **WKP** 53 Se 39
Janochy **MAZ** 34 We 30
Janolin **ŁDZ** 56 Vb 38
Janopol **LBL** 58 Wf 38
Janostrów **LBL** 72 Yf 42
Janowa **OPL** 64 Sa 45
Janowice **ŁDZ** 44 Va 36
Janowice **ŁDZ** 54 Ub 38
Janowice **LBL** 58 Wf 41
Janowice **LBL** 59 Xe 41
Janowice **LBU** 50 Qc 39
Janowice **MŁP** 77 Va 49
Janowice **MŁP** 78 Vb 46
Janowice **MŁP** 78 Vf 49
Janowice **MŁP** 85 Vb 50
Janowice **POM** 5 Sd 21
Janowice **SLK** 76 Ua 49
Janowice **SWK** 68 Vf 45
Janowice **SWK** 69 Wb 43
Janowice **SWK** 69 Wd 44
Janowice **SWK** 69 Wd 45
Janowice **WKP** 42 Td 34
Janowice Duże **DLS** 63 Ra 42
Janowice Wielkie **DLS** 62 Qf 43
Janowicze **PDL** 36 Yb 30
Janowiczki **MŁP** 78 Vb 47
Janowiczki **POM** 5 Sd 21
Janowiec **DLS** 63 Re 45
Janowiec **LBL** 58 Wf 41
Janowiec **PKR** 79 Wb 48
Janowiec **WMZ** 9 Wa 24
Janowiec Kościelny **WMZ** 32 Vd 29
Janowiec Wielkopolski **KPM** 29 Sc 32
Janowięta, Brzeziny- **PDL** 47 Xf 33
Janowo **DLS** 64 Sb 44
Janowo **KPM** 30 Tb 29
Janowo **KPM** 31 Tf 28
Janowo **KPM** 31 Ub 31
Janowo **KPM** 31 Ud 30
Janowo **MAZ** 45 Vd 34
Janowo **PDL** 34 Wf 28
Janowo **PDL** 34 Wf 29
Janowo **PDL** 36 Ye 32
Janowo **POM** 17 Td 25
Janowo **POM** 17 Tf 26
Janowo **WKP** 41 Se 34
Janowo **WKP** 52 Sb 39
Janowo **WMZ** 33 Ve 29
Janowo **WMZ** 7 Ub 23
Janowszczyzna **PDL** 23 Yc 28
Janów **ŁDZ** 43 Ud 35
Janów **ŁDZ** 54 Td 40
Janów **ŁDZ** 54 Ub 40
Janów **ŁDZ** 55 Uc 41
Janów **LBL** 58 Wf 40
Janów **LBL** 58 Xc 40
Janów **MAZ** 45 Vf 35
Janów **MAZ** 46 Wd 35
Janów **MAZ** 56 Vd 41
Janów **MAZ** 57 Wa 37
Janów **MAZ** 57 Wc 40
Janów **MAZ** 57 Wd 39
Janów **MAZ** 69 Wc 42
Janów **MAZ** 70 We 42
Janów **OPL** 64 Sd 44
Janów **PDL** 23 Yb 28
Janów **SLK** 67 Uc 44
Janów **SLK** 76 Ua 47
Janów **SWK** 68 Vc 42
Janów **SWK** 68 Vd 45
Janów **WKP** 42 Td 36
Janów Dolny **SWK** 68 Vd 43
Janów Drugi **LBL** 72 Yc 42
Janówek **DLS** 62 Qe 43
Janówek **DLS** 63 Rf 43
Janówek **LBL** 59 Xe 41
Janówek **MAZ** 44 Ue 35
Janówek **MAZ** 45 Ve 34
Janówek **MAZ** 46 We 35
Janówek **MAZ** 56 Vf 37
Janówek **PDL** 22 Ya 26
Janówek Drugi **MAZ** 45 Ve 34
Janówek Pierwszy **MAZ** 45 Ve 34
Janów Górny **SWK** 68 Vc 43
Janówka **ŁDZ** 54 Ub 41
Janówka **ŁDZ** 55 Ue 38
Janówka **ŁDZ** 55 Ue 40
Janówka **LBL** 48 Ya 37
Janówka **LBL** 60 Yc 38
Janówka **LBL** 72 Yc 43
Janówka **OPL** 65 Ta 42
Janówka **PDL** 22 Xf 25
Janówka, Szepietowo- **PDL** 35 Xd 31
Janów Karwicki **ŁDZ** 56 Vc 40
Janówka Wschodnia **LBL** 72 Yc 45
Janówka Zachodnia **LBL** 72 Yc 45
Janówko **KPM** 31 Ud 29
Janów Lubelski **LBL** 70 Xc 44
Janów Nowy **ŁDZ** 55 Ub 41
Janów Pierwszy **LBL** 72 Yc 42
Janów Podlaski **LBL** 48 Yb 35
Janpole **MAZ** 33 Wa 31
Jantar **POM** 6 Ua 22
Januszewek **MAZ** 44 Vc 35
Januszewice **ŁDZ** 56 Vb 40
Januszewice **SWK** 67 Uf 43
Januszewice **WKP** 40 Rd 35
Januszewo **MAZ** 44 Vc 34
Januszewo **WKP** 40 Re 36
Januszewo **WKP** 40 Sb 35
Januszewo **WMZ** 18 Uc 26
Januszkowice **DLS** 64 Sb 41
Januszkowice **OPL** 75 Ta 46
Januszkowice **PKR** 79 Wc 49
Januszkowice **SWK** 79 Wa 45
Januszkowo **KPM** 29 Se 31
Januszkowo **KPM** 30 Ta 31
Januszkowo **WMZ** 19 Vb 28
Januszków **LBL** 59 Xe 40
Januszno **MAZ** 57 Wd 40
Januszowa **MŁP** 85 Ve 51
Januszowice **MŁP** 77 Va 47
Januszówka **MAZ** 47 Xc 36
Januszówka **WKP** 54 Te 37
Jany **LBU** 39 Qd 37
Jany **WMZ** 10 Xa 23
Jaraczewo **WKP** 28 Rd 30
Jaraczewo **WKP** 41 Sb 37
Jarandowo **WMZ** 19 Vd 24
Jaranowo **KPM** 30 Tf 32
Jarantowice **KPM** 31 Tf 29
Jarantów **WKP** 53 Ta 37
Jarcewo **POM** 16 Sd 26
Jarchlino **ZPM** 13 Qb 26
Jarczew **LBL** 58 Wf 38
Jarczewo **KPM** 31 Ub 31
Jarczów **LBL** 82 Yd 46
Jarczówek **LBL** 58 Xb 37
Jarczów-Kolonia Druga **LBL** 82 Yd 46
Jarczów-Kolonia Pierwsza **LBL** 82 Yd 46
Jareniówka **PKR** 86 Wc 50
Jarentowskie Pole **MAZ** 58 We 41
Jarkowice **DLS** 62 Qf 44
Jarkowo **ZPM** 14 Qc 25
Jarluty Duże **MAZ** 32 Vd 31
Jarluty Małe **MAZ** 32 Vd 31
Jarnałtówek **OPL** 74 Sc 47
Jarnatów **LBU** 38 Qb 33
Jarnice **MAZ** 46 Wf 34
Jarnołtowo **WMZ** 18 Ud 25
Jarnołtów **DLS** 63 Rf 42
Jarnołtów **OPL** 74 Sb 46
Jarnuty **MAZ** 34 Wd 31
Jarnuty **PDL** 34 Xa 30
Jarochów **ŁDZ** 43 Ub 35
Jarocice **ŁDZ** 54 Te 40
Jarocin **MAZ** 32 Vc 32
Jarocin **PKR** 70 Xb 45
Jarocin **WKP** 41 Sd 37
Jarogniewice **LBU** 50 Qc 38
Jarogniewice **WKP** 40 Re 36
Jaromierz **POM** 16 Sb 27
Jaromierz **POM** 18 Ua 27
Jaromierz **WKP** 39 Qf 36
Jarominy **MŁP** 84 Ue 51
Jaromirowice **LBU** 37 Pe 37
Jaronowice **SWK** 67 Va 45
Jarosław **DLS** 63 Rd 42
Jarosław **PKR** 81 Xe 48
Jarosławice **MAZ** 56 Vf 40
Jarosławice **SWK** 79 Wa 46
Jarosławiec **LBL** 72 Yc 44
Jarosławiec **LBL** 72 Ye 43
Jarosławiec **WKP** 41 Sb 35
Jarosławiec **ZPM** 4 Rd 21
Jarosławki **ZPM** 13 Qa 27
Jarosławsko **ZPM** 26 Qc 30
Jarosławy, Bielany- **MAZ** 47 Xb 34
Jarosty **ŁDZ** 55 Ue 40
Jaroszewice **LBL** 70 Xb 41
Jaroszewice Grodzieckie **WKP** 42 Ta 36
Jaroszewice Rychwalskie **WKP** 42 Ta 36
Jaroszewo **KPM** 29 Se 31
Jaroszewo Biskupie **MAZ** 44 Uf 33
Jaroszewo Pierwsze **WKP** 29 Sc 32
Jaroszewy **POM** 17 Tc 24
Jaroszki **MAZ** 57 Wc 40
Jaroszowa Wola **MAZ** 45 Wa 37
Jaroszowice **MŁP** 77 Ud 49
Jaroszowice **SLK** 76 Ua 48
Jaroszowiec **MŁP** 77 Ud 46
Jaroszów **DLS** 63 Rc 43
Jaroszówka **DLS** 50 Qf 41
Jaroszówka **MŁP** 78 Vb 49
Jaroszyn **LBL** 58 Wf 40
Jaroszyn **WKP** 41 Sf 35
Jarotki **WKP** 42 Ta 34
Jaroty, Kolonia **WMZ** 19 Vd 26
Jarowo **WKP** 41 Sb 35
Jarszewko **ZPM** 13 Pd 26
Jarszewo **ZPM** 13 Pe 25
Jartuzy, Zaręby- **PDL** 34 Xa 31
Jartypory **MAZ** 46 Xa 34
Jarużyn **KPM** 29 Sd 30
Jarużyn **KPM** 30 Ta 29
Jary **DLS** 52 Rf 41
Jaryszewo **WKP** 28 Rd 32
Jaryszów **LBU** 49 Pf 38
Jaryszów **OPL** 75 Tc 46
Jarząbka **MAZ** 34 We 32
Jarząbki **SWK** 69 Vf 45
Jarząbkowice **DLS** 63 Re 42
Jarząbkowice **SLK** 76 Te 49
Jarząbkowo **WKP** 41 Sd 34
Jarzeń **WMZ** 8 Vb 22
Jarzębieniec **KPM** 17 Tb 28
Jarzębina **POM** 18 Tf 25
Jarzębowo **ZPM** 13 Pd 25
Jarzyły **MAZ** 33 Wb 30
Jarzysław **ZPM** 13 Pe 25
Jasice **SWK** 69 Wd 43
Jasiel **ZPM** 13 Qa 25
Jasienica **DLS** 64 Sa 45
Jasienica **LBL** 72 Yf 42
Jasienica **LBU** 49 Pe 37
Jasienica **MAZ** 34 Xa 32
Jasienica **MAZ** 46 Wc 34
Jasienica **MŁP** 77 Uf 50
Jasienica **OPL** 74 Sa 46
Jasienica **SLK** 83 Tf 50
Jasienica **SWK** 69 Wd 45
Jasienica **ZPM** 12 Pd 27
Jasienica Dolna **OPL** 74 Sd 45
Jasienica Rosielna **PKR** 87 Wf 50
Jasienica Sufczyńska **PKR** 88 Xc 50
Jasienie **OPL** 65 Tb 43
Jasieniec **LBL** 59 Ya 41
Jasieniec **MAZ** 44 Va 35
Jasieniec **MAZ** 56 Vf 38
Jasieniec **MAZ** 57 Wb 39
Jasieniec **SWK** 67 Uf 45
Jasieniec Iłżecki Dolny **MAZ** 69 Wb 42
Jasieniec Iłżecki Górny **MAZ** 69 Wb 42
Jasieniec Iłżecki Nowy **MAZ** 69 Wb 42
Jasieniec Solecki **MAZ** 57 Wd 41
Jasienin Duży **ŁDZ** 55 Uf 38
Jasienna **MŁP** 86 Ve 50
Jasiennik Stary **LBL** 80 Xc 46
Jasienówka **PDL** 47 Xf 33
Jasień **KPM** 31 Uc 32
Jasień **ŁDZ** 56 Va 38
Jasień **ŁDZ** 56 Va 39
Jasień **LBU** 49 Qa 38
Jasień **MŁP** 78 Vd 49
Jasień **PKR** 88 Xd 52
Jasień **POM** 5 Sd 23
Jasień **POM** 6 Td 22
Jasień **SWK** 68 Vb 43
Jasień **SWK** 69 Wa 45
Jasień **WKP** 40 Re 36
Jasiewo **KPM** 18 Ua 28
Jasiona **OPL** 64 Sd 44
Jasiona **OPL** 74 Sd 47
Jasiona **OPL** 75 Ta 46
Jasionka **ŁDZ** 55 Uc 37
Jasionka **LBL** 59 Xf 39
Jasionka **MAZ** 47 Xc 36
Jasionka **PKR** 80 Xa 48
Jasionka **PKR** 87 We 51
Jasionka **SLK** 76 Te 46
Jasionna **ŁDZ** 43 Ud 36
Jasionna **ŁDZ** 54 Tc 39
Jasionna **MAZ** 56 Vf 39
Jasionna **SWK** 68 Vc 45
Jasionna **WKP** 28 Rc 32
Jasionno **WMZ** 18 Uc 24
Jasionowa Dolina **PDL** 23 Yb 28
Jasionowo **PDL** 22 Xf 27
Jasionowo **PDL** 22 Yb 26
Jasionów **LBU** 49 Pf 39
Jasionów **MŁP** 85 Va 51
Jasionów **PKR** 87 Wf 51
Jasionóweczka **PDL** 22 Ya 28
Jasionówka **PDL** 22 Ya 28
Jasiony **MAZ** 31 Ue 30
Jasiorówka **MAZ** 46 We 33
Jasiowa Huta **POM** 5 Tb 23
Jaskółki **ŁDZ** 67 Ue 42
Jaskółki **WKP** 40 Rd 35
Jaskółki **WKP** 53 Se 38
Jaskółowo **MAZ** 45 Vf 33
Jaskra **PDL** 22 Xf 28
Jaskrów **SLK** 66 Ub 43
Jasło **PKR** 86 Wc 50
Jasna **POM** 18 Ub 24
Jasna Góra **DLS** 61 Pf 43
Jasne Pole **WKP** 52 Sd 38
Jasnowice **SLK** 83 Tf 51
Jastarnia **POM** 6 Te 20
Jastew **MŁP** 78 Ve 49
Jastkowice **PKR** 70 Xa 45
Jastków **LBL** 58 Xc 41
Jastków **SWK** 69 Wd 43
Jastrowie **WKP** 15 Re 28
Jastrowiec **DLS** 62 Ra 43
Jastrowo **WKP** 40 Rd 33
Jastrząb **MAZ** 56 Vd 40
Jastrząb **MAZ** 57 Vf 41
Jastrząb **SLK** 66 Ub 44
Jastrząbka **MAZ** 33 Wb 30
Jastrząbka Nowa **MŁP** 79 Wa 48
Jastrząbka Stara **PKR** 79 Wb 48
Jastrzębce **DLS** 63 Rd 41
Jastrzębia **DLS** 51 Rc 38
Jastrzębia **ŁDZ** 43 Tf 35
Jastrzębia **ŁDZ** 43 Ud 35
Jastrzębia **MAZ** 56 Ve 38
Jastrzębia **MAZ** 57 Wb 40
Jastrzębia **MŁP** 77 Ue 49
Jastrzębia **MŁP** 86 Vf 50
Jastrzębia **SWK** 68 Ve 42
Jastrzębia Góra **POM** 6 Tb 20
Jastrzębice **ŁDZ** 54 Ua 41
Jastrzębie **KPM** 17 Tb 27
Jastrzębie **KPM** 31 Ub 31
Jastrzębie **KPM** 31 Ud 29
Jastrzębie **MŁP** 85 Vc 51
Jastrzębie **OPL** 65 Se 42
Jastrzębie **POM** 16 Se 25
Jastrzębiec **KPM** 29 Sd 28
Jastrzębiec **MAZ** 33 Ve 30
Jastrzębiec **PKR** 81 Xd 46
Jastrzębiec **SWK** 79 Vf 46
Jastrzębie Górne **ŁDZ** 55 Ub 37
Jastrzębie Górne **SLK** 76 Td 49
Jastrzębie-Zdrój **SLK** 76 Td 49
Jastrzębik **MŁP** 86 Vf 52
Jastrzębinki **ZPM** 14 Qe 25
Jastrzębna Druga **PDL** 23 Yb 26
Jastrzębna Pierwsza **PDL** 23 Yb 26
Jastrzębnik **DLS** 62 Qf 42
Jastrzębniki **WKP** 39 Rc 35
Jastrzębniki **WKP** 53 Ta 37
Jastrzębowo **WKP** 41 Se 33
Jastrzębska Wola **SWK** 69 Wb 44
Jastrzębsko **WKP** 39 Ra 35
Jastrzygłowice **OPL** 65 Tc 43
Jaszczerek **POM** 17 Tc 26
Jaszczew **PKR** 87 Wd 50
Jaszczoły **PDL** 47 Xe 33
Jaszczów **LBL** 71 Xf 41
Jaszczów-Kolonia **LBL** 71 Xf 41
Jaszczułty **MAZ** 34 Wd 32
Jaszczurowa **MŁP** 84 Ud 50
Jaszczurowa **PKR** 79 Wd 49
Jaszczurówka **MŁP** 84 Va 53
Jaszkowa Dolna **DLS** 73 Re 46
Jaszkowa Górna **DLS** 73 Re 46
Jaszkowo **WKP** 40 Rf 36
Jaszkowo **WKP** 40 Sb 35
Jaszkówka **DLS** 73 Re 46
Jaszowice **MAZ** 57 Vf 40
Jaszowiec **SLK** 83 Tf 50
Jaszów **OPL** 64 Sb 45
Jaszyce **DLS** 52 Sa 41
Jaśce **MAZ** 57 Wc 40
Jaśki **PDL** 22 Xe 28
Jaśki **WMZ** 22 Xc 24
Jaśki **WMZ** 22 Xe 25
Jaśkowice **DLS** 51 Rb 41
Jaśkowice **MŁP** 77 Ue 49
Jaśkowice **OPL** 65 Se 45
Jaśkowice **SLK** 76 Td 46
Jaśkowice **SLK** 76 Te 48
Jaśkowice **WKP** 65 Tb 42
Jaśkowo **WMZ** 19 Ue 26
Jaśkowo **WMZ** 21 We 27
Jaślany **PKR** 79 Wc 46
Jaślików **LBL** 71 Ya 42
Jaśliska **PKR** 87 We 52
Jaświły **PDL** 22 Xf 28
Jata **PKR** 80 Xa 46
Jatutów **LBL** 71 Yb 44
Jatwież Wielka **PDL** 22 Ya 27
Jatynia **ZPM** 15 Rc 25
Jawczyce **MŁP** 78 Vb 49
Jawidz **LBL** 59 Xe 40
Jawiszowice **MŁP** 76 Ua 49
Jawiszów **DLS** 62 Ra 44
Jawor **DLS** 52 Sc 39
Jawor **DLS** 63 Rb 42
Jawor **ŁDZ** 54 Ua 40
Jawor **ŁDZ** 55 Va 40
Jawor **SWK** 68 Vd 44
Jaworek **DLS** 63 Rf 45
Jaworek **DLS** 73 Re 47
Jaworek **ŁDZ** 65 Tb 41
Jaworek **MAZ** 43 Ud 34
Jaworek **MAZ** 46 We 35
Jaworki **MŁP** 85 Vd 52
Jawornica **DLS** 63 Rb 46
Jawornica **SLK** 66 Te 44
Jawornik **MŁP** 77 Uf 49
Jawornik **SLK** 83 Tf 51
Jawornik Niebylecki **PKR** 80 Wf 49
Jawornik Polski **PKR** 80 Xb 49
Jawornik Przedmieście **PKR** 80 Xb 49
Jawornik Ruski **PKR** 87 Xb 50
Jawornik Stary **PKR** 79 Wb 48
Jaworowa **MAZ** 45 Vf 36
Jaworowo **WKP** 41 Se 34
Jaworów **DLS** 64 Sb 44
Jaworów **ŁDZ** 43 Ua 36
Jaworów **LBL** 58 Xa 39
Jaworówka **PDL** 35 Xf 29
Jaworska Wola **MAZ** 69 Wc 42
Jaworsko **MŁP** 78 Ve 49
Jawor Solęcki **MAZ** 69 Wc 42
Jawory **POM** 5 Sc 23
Jawory **WKP** 40 Sb 37
Jawory-Klepacze **PDL** 35 Xd 30
Jawory-Podmaście **MAZ** 34 Wd 31
Jawory-Wielkopole **MAZ** 34 Wd 31
Jaworze **KPM** 31 Va 29
Jaworze **PKR** 86 Wc 51
Jaworze **SWK** 68 Ve 43
Jaworze Dolne **PKR** 79 Wc 49
Jaworze Dolne **SLK** 83 Tf 50
Jaworze Górne **PKR** 79 Wc 49
Jaworze Górne **SLK** 83 Tf 50
Jaworze Średnie **SLK** 83 Tf 50
Jaworzna **MŁP** 85 Vc 50
Jaworznia **SWK** 68 Vc 43
Jaworznik **SLK** 67 Uc 45
Jaworzno **OPL** 66 Td 42
Jaworzno **SLK** 76 Ub 47
Jaworzyna **MŁP** 86 Wb 52
Jaworzyna Śląska **DLS** 63 Rc 43
Jaworzynka **SLK** 83 Tf 51
Jawty Wielkie **WMZ** 18 Ub 26
Jazdrowo **KPM** 16 Sc 28
Jazgarka **MAZ** 33 Wc 29
Jazgarzew **MAZ** 45 Vf 36
Jaziewo **PDL** 22 Xf 27
Jazowa **PKR** 79 Wd 49
Jazowa **POM** 7 Ub 23
Jazowsko **MŁP** 85 Vd 51
Jazy **ZPM** 3 Qe 24
Jazyniec **WKP** 39 Ra 36
Jaźwie **MAZ** 46 Wc 34
Jaźwina **DLS** 63 Re 44
Jaźwiny **DLS** 52 Sa 40
Jaźwiny **LBL** 47 Ya 37
Jaźwiny **MAZ** 46 Wc 37
Jaźwiny **MAZ** 46 We 37
Jaźwiny **PKR** 79 Wb 48
Jaźwiny **SLK** 67 Uc 44
Jaźwiny **WKP** 53 Tb 40
Jaźwiska **POM** 17 Te 26
Jądrowice **KPM** 42 Te 33
Jedlanka **LBL** 58 Xa 37
Jedlanka **MAZ** 57 Wa 39
Jedlanka **MAZ** 57 Wd 40
Jedle **SWK** 68 Vb 43
Jedlec **WKP** 53 Sf 37
Jedlicze **PKR** 87 Wd 50
Jedlina **MAZ** 46 Wf 36
Jedlina **SLK** 76 Ua 48
Jedlina-Zdrój **DLS** 63 Rc 44
Jedlinki **LBL** 81 Xd 46
Jedlińsk **MAZ** 57 Wa 39
Jedlnia Kościelna **MAZ** 57 Wc 40
Jedlnia-Letnisko **MAZ** 57 Wb 40
Jedlno **ŁDZ** 66 Ub 42
Jedłownik **SLK** 75 Tc 49
Jednaczewo **PDL** 34 Xa 29
Jednorożec **MAZ** 33 Wa 30
Jedwabne **PDL** 35 Xb 29
Jedwabno **KPM** 30 Te 30
Jedwabno **WMZ** 20 Ve 27
Jedzbark **WMZ** 20 Ve 26
Jeglia **WMZ** 32 Uf 28
Jeglijowiec **MAZ** 33 Wc 29
Jeglin **WMZ** 21 We 26
Jegławki **WMZ** 9 Wc 23
Jegłowa **DLS** 64 Sa 44
Jegłownik **WMZ** 7 Ub 24
Jejkowice **SLK** 75 Tc 48
Jelanka **MAZ** 69 Wc 42
Jelcz **DLS** 64 Sb 42
Jelcza **MŁP** 77 Uf 46
Jelcz-Laskowice **DLS** 64 Sb 42
Jeldzino **POM** 5 Ta 20
Jelenia Góra **DLS** 62 Qe 43
Jelenie **MAZ** 34 We 31
Jelenie **WKP** 53 Tb 40
Jeleniec **KPM** 30 Tc 29
Jeleniec **LBL** 58 Xb 37
Jeleniewo **PDL** 11 Xf 23
Jeleniewo **WMZ** 20 Wa 26
Jelenin **LBU** 50 Qc 38
Jelenin **ZPM** 25 Pc 31
Jelenino **ZPM** 14 Qf 27
Jelenino **ZPM** 15 Rd 27
Jeleniów **DLS** 50 Qb 41
Jeleniów **DLS** 73 Rb 46
Jeleniów **LBU** 50 Qc 37
Jeleniów **SWK** 69 Wa 43
Jeleń **KPM** 16 Sc 28
Jeleń **LBL** 59 Xd 39
Jeleń **POM** 17 Te 26
Jeleń **SLK** 76 Ub 47
Jeleń **WMZ** 32 Uf 29
Jeleń **ZPM** 15 Rd 27
Jeleńcz **KPM** 16 Se 27
Jeleńcz **POM** 5 Sd 23
Jeleńska Huta **POM** 5 Tb 22
Jeleśnia **SLK** 84 Ub 51
Jelitkowo **POM** 6 Td 22
Jelitowo **WKP** 41 Sd 34
Jelitów **ŁDZ** 56 Vc 38
Jelna **MŁP** 85 Ve 50
Jelna **PKR** 80 Xc 47
Jelnia **ŁDZ** 56 Vc 40
Jelnica **LBL** 47 Xe 37
Jelno-Kolonia **ŁDZ** 54 Tf 39
Jelonek **MAZ** 69 Wd 41
Jelonka **PDL** 48 Yc 33
Jelonki **MAZ** 34 We 31
Jelonki **MAZ** 45 Vf 35
Jelonki **OPL** 66 Td 42
Jelonki **WMZ** 18 Ud 24
Jełowa **OPL** 65 Ta 44
Jemieliste **MAZ** 34 Wd 31
Jemieliste **PDL** 11 Xe 23
Jemielite-Wypychy **PDL** 34 Xa 30
Jemielna **DLS** 64 Sd 41
Jemielnica **OPL** 65 Tc 45
Jemielno **DLS** 51 Rd 39
Jemiołowo **WMZ** 19 Vb 27
Jemiołów **LBU** 38 Qb 34
Jemna **DLS** 63 Rd 45
Jenikowo **ZPM** 13 Qa 27
Jenkowice **DLS** 52 Sb 41
Jenków **DLS** 63 Rc 42
Jeńki-Adamowo **PDL** 35 Xe 30
Jerka **WKP** 40 Rf 36
Jerka **WKP** 40 Rf 37
Jerutki **WMZ** 20 Wa 27
Jeruty **WMZ** 20 Wb 27
Jeruzal **ŁDZ** 56 Vc 37
Jeruzal **MAZ** 46 Wf 36
Jerze, Łopienie- **PDL** 35 Xe 31
Jerzewo **ŁDZ** 44 Uf 35
Jerzkowice **POM** 5 Sd 23
Jerzmanice-Zdrój **DLS** 62 Qf 42
Jerzmanki **DLS** 61 Qa 42
Jerzmanowice **DLS** 50 Qf 41
Jerzmanowice **MŁP** 77 Ue 47
Jerzmanowo **DLS** 64 Rf 42
Jerzmanowo **KPM** 43 Tf 34
Jerzmanowowa **DLS** 51 Ra 39
Jerzmionki **KPM** 16 Sd 27
Jerzów **ŁDZ** 55 Uf 38
Jerzwałd **WMZ** 18 Ud 26
Jerzykowice Wielkie **DLS** 73 Rb 46
Jerzykowo **WKP** 40 Sb 34
Jerzyska **MAZ** 46 We 33
Jesienna **DLS** 74 Sa 46
Jesiona **ŁDZ** 66 Te 42
Jesiona **LBU** 39 Qf 37
Jesionka **LBU** 39 Qf 37
Jesionka **MAZ** 44 Vc 36
Jesionka **MAZ** 45 Ve 34
Jesionna **ŁDZ** 44 Va 36
Jesionna **ŁDZ** 54 Ub 38
Jesionowiec **WMZ** 20 Wa 28
Jesionowo **WMZ** 19 Vd 25
Jesionowo **WMZ** 8 Vb 23
Jesionowo **ZPM** 26 Qa 30
Jeszkotle **OPL** 64 Sb 44
Jeszkowice **DLS** 64 Sb 42
Jezierce **POM** 17 Tc 25
Jezierna **LBL** 82 Yc 46
Jeziernik **POM** 6 Tf 23
Jeziersko **ŁDZ** 54 Td 38
Jezierzany **DLS** 51 Ra 41
Jezierzany **ZPM** 4 Rd 21
Jezierze **POM** 4 Sb 23
Jezierzyce **POM** 4 Sa 22
Jezierzyce **WKP** 40 Re 37
Jezierzyce **ZPM** 13 Pe 28
Jezierzyce Kościelne **WKP** 51 Rc 37
Jezierzyce Wielkie **DLS** 64 Rf 43
Jeziora **MAZ** 56 Ve 37
Jeziora **WKP** 52 Sb 39
Jeziorany **WMZ** 20 Ve 25
Jeziora Wielkie **KPM** 42 Tb 33
Jeziorki **KPM** 17 Tb 28
Jeziorki **PDL** 22 Xe 25
Jeziorki **PDL** 23 Yb 24
Jeziorki **POM** 16 Se 26
Jeziorki **SLK** 77 Ub 47
Jeziorki **SWK** 68 Vb 45
Jeziorki **WKP** 28 Rf 30
Jeziorki **WKP** 40 Rd 35
Jeziorki **WKP** 53 Tb 40
Jeziorki **ZPM** 27 Ra 29
Jeziorki Kosztowskie **WKP** 28 Sa 30
Jeziorki Wielkie **WMZ** 10 Xb 23
Jeziorki Zabartowskie **KPM** 29 Sc 29
Jeziorko **ŁDZ** 55 Uf 38
Jeziorko **ŁDZ** 65 Tb 41
Jeziorko **PDL** 34 Xa 29
Jeziorko **PKR** 70 We 45
Jeziorko **SWK** 69 Wa 43
Jeziorko **WMZ** 21 Wd 25
Jeziorna **ŁDZ** 53 Tb 40
Jeziorna **LBU** 50 Qf 37
Jeziorna **MAZ** 45 Wa 36
Jeziorna, Konstancin- **MAZ** 45 Wa 36
Jeziornica **KPM** 29 Sd 30
Jeziorno **MAZ** 57 Wa 39
Jezioro **LBL** 59 Xe 39
Jezioro **SLK** 66 Tf 44
Jezioro **WMZ** 18 Uc 24
Jeziorowice **SLK** 77 Ue 45
Jeziorowskie **WMZ** 10 Wf 24
Jeziory **ŁDZ** 54 Te 39
Jeziory **LBL** 58 Xc 37
Jeziory **LBU** 39 Qd 35
Jeziory, Sobienie- **MAZ** 45 Wb 37
Jeziory Dolne **LBU** 49 Pe 38
Jeziory Wielkie **WKP** 40 Sa 35
Jeziorzany **LBL** 58 Xb 39
Jeziorzany **MAZ** 45 Ve 37
Jeziorzany **MŁP** 77 Ue 49
Jeziorzec **ŁDZ** 56 Vc 39
Jeziórko **MAZ** 45 Wa 37
Jeże **MAZ** 32 Vc 30
Jeże **WMZ** 21 Wf 28
Jeżew **ŁDZ** 54 Ua 38
Jeżewice **MAZ** 45 Ve 37
Jeżewo **KPM** 17 Tc 27
Jeżewo **KPM** 29 Sf 31
Jeżewo **MAZ** 32 Ue 32
Jeżewo **WKP** 40 Sb 37
Jeżewo **WMZ** 20 Wb 24
Jeżewo-Wesel **MAZ** 32 Va 31
Jeżopole **ŁDZ** 54 Tc 40
Jeżowa **SLK** 66 Td 44
Jeżowa Wola **MAZ** 57 Wa 40
Jeżowe **PKR** 80 Xa 46
Jeżowice **SWK** 67 Uf 43
Jeżowiec **SWK** 67 Uf 43
Jeżowski Dział **MŁP** 84 Uc 50
Jeżów **ŁDZ** 55 Ud 41
Jeżów **ŁDZ** 55 Uf 38
Jeżów **SWK** 68 Vc 41
Jeżów **SWK** 69 Wb 43
Jeżów **SWK** 77 Va 45
Jeżówka **MAZ** 44 Vb 35
Jeżówka **MŁP** 77 Uf 46
Jeżów Sudecki **DLS** 62 Qe 43
Jeżyce **ZPM** 3 Rc 22
Jeżyczki **ZPM** 3 Rc 22
Jęcznik **WMZ** 20 Vf 27
Jęczniki Małe **POM** 16 Sc 27

Jabłoń, Nagórki- – Jęczniki Małe (PL) **99**

Jęczniki Wielkie **POM** 16 Sc 27
Jędruszkowice **PKR** 87 Xa 51
Jędrychowice **OPL** 75 Se 48
Jędrychowo **WMZ** 18 Uc 27
Jędrychowo **WMZ** 20 Wb 26
Jędrychowo **WMZ** 7 Ue 23
Jędrychówko **WMZ** 19 Uf 25
Jędryki, Gadomiec- **MAZ** 33 Ve 29
Jędrynie **OPL** 65 Tb 45
Jędrzejewo **KPM** 17 Tb 27
Jędrzejewo **MAZ** 32 Vd 32
Jędrzejewo **WKP** 28 Rc 31
Jędrzejewo **WKP** 28 Rd 31
Jędrzejki, Załogi- **MAZ** 33 Ve 31
Jędrzejowice **DLS** 63 Rd 44
Jędrzejowice **SWK** 69 Wb 43
Jędrzejów **MAZ** 46 We 35
Jędrzejów **OPL** 64 Sb 45
Jędrzejów **SWK** 68 Vb 45
Jędrzejów **SWK** 69 Wc 43
Jędrzejówka **LBL** 71 Xe 44
Jędrzejówka **PKR** 82 Yc 47
Jędrzychowice **DLS** 49 Qa 41
Jędrzychowice **LBU** 49 Pf 39
Jędrzychowice **LBU** 51 Rb 38
Jędrzychowiczki **LBU** 49 Pf 39
Jędrzychów **DLS** 51 Ra 40
Jędrzychów **LBU** 38 Qd 37
Jędrzychów **OPL** 74 Sb 46
Jędrzychówek **DLS** 50 Qf 40
Jęgrzna **SWK** 68 Ve 43
Jęzor **SLK** 76 Ua 47
Joachimów **MAZ** 47 Xc 36
Joachimów-Mogiły **ŁDZ** 44 Vb 36
Joanin **LBL** 71 Xf 43
Joanka **WKP** 53 Tc 39
Joanka **WKP** 65 Ta 41
Jodłowa **PKR** 79 Wb 49
Jodłowice **DLS** 51 Re 41
Jodłowiec **ŁDZ** 66 Te 41
Jodłownik **DLS** 63 Rd 45
Jodłownik **MŁP** 85 Vb 50
Jodłowno **POM** 6 Tc 23
Jodłów **DLS** 73 Re 48
Jodłów **OPL** 74 Sb 46
Jodłówka **MŁP** 78 Vd 49
Jodłówka **PKR** 80 Xc 49
Jodłówka Tuchowska **MŁP** 79 Wa 50
Joniec **MAZ** 45 Vd 33
Joniny **MŁP** 79 Wb 49
Jonkowo **WMZ** 19 Vb 26
Jonne **MAZ** 32 Ue 31
Jonnik **LBL** 58 Xb 37
Joranty **POM** 16 Sc 25
Jora Wielka **WMZ** 21 Wc 25
Jordanki **POM** 18 Ub 25
Jordanowo **KPM** 30 Ta 31
Jordanowo **LBU** 38 Qd 35
Jordanów **ŁDZ** 55 Ue 38
Jordanów **MAZ** 44 Ue 34
Jordanów **MŁP** 84 Uf 51
Jordanów Śląski **DLS** 64 Rf 43
Józefatów **ŁDZ** 54 Ub 40
Józefatów **ŁDZ** 56 Va 37
Józefin **ŁDZ** 55 Va 38
Józefin **LBL** 70 Xb 42
Józefin **LBL** 70 Xc 43
Józefin **LBL** 71 Yb 42
Józefin **LBL** 72 Yd 42
Józefin, Motycz- **LBL** 58 Xc 41
Józefina **ŁDZ** 67 Ub 42
Józefina **SWK** 68 Vb 43
Józefina **WKP** 42 Td 36
Józefina **WKP** 53 Tb 38
Józefka **ŁDZ** 54 Te 38
Józefki **KPM** 43 Ua 34
Józefkowo **KPM** 30 Te 29
Józefkowo **KPM** 31 Ub 31
Józefków **MAZ** 43 Ub 34
Józefosław **MAZ** 45 Wa 36
Józefowice **WKP** 28 Sa 30
Józefowo **KPM** 29 Sf 32
Józefowo **KPM** 43 Ub 33
Józefowo **MAZ** 32 Va 31
Józefowo **MAZ** 32 Vb 31
Józefowo **MAZ** 33 Wc 32
Józefowo **MAZ** 34 Wd 31
Józefowo **MAZ** 45 Vd 33
Józefowo **PDL** 22 Xf 24
Józefowo **PDL** 34 Xa 28
Józefowo **WKP** 41 Sf 34
Józefowo **WKP** 43 Tf 34
Józefów **ŁDZ** 44 Vb 36
Józefów **ŁDZ** 53 Tc 41
Józefów **ŁDZ** 54 Td 39
Józefów **ŁDZ** 54 Ua 38
Józefów **ŁDZ** 55 Uc 39
Józefów **ŁDZ** 55 Ue 38
Józefów **ŁDZ** 56 Vb 40
Józefów **ŁDZ** 56 Vd 38
Józefów **ŁDZ** 67 Uf 42
Józefów **LBL** 58 Xc 41
Józefów **LBL** 59 Xe 41
Józefów **LBL** 70 We 42
Józefów **LBL** 81 Ya 46
Józefów **MAZ** 44 Vc 35
Józefów **MAZ** 45 Ve 35
Józefów **MAZ** 45 Vf 34
Józefów **MAZ** 45 Wb 33
Józefów **MAZ** 45 Wb 36
Józefów **MAZ** 46 We 34
Józefów **MAZ** 56 Vf 38
Józefów **MAZ** 57 Wa 40
Józefów **MAZ** 57 Wa 41
Józefów **MAZ** 57 Wd 40
Józefów **PKR** 70 Xa 44
Józefów **WKP** 15 Sa 28
Józefów **WKP** 41 Sf 37
Józefów **WKP** 53 Ta 38
Józefów, Huta- **LBL** 70 Xb 44
Józefówka **LBL** 72 Yd 45
Józefówka **LBU** 39 Qf 37
Józin **MAZ** 44 Va 35
Józinek **MAZ** 44 Uf 33
Jóźwików **SWK** 68 Vb 42
Jrząbka Młoda **PDL** 34 Wf 31
Juchnowiec Dolny **PDL** 36 Ya 30
Juchnowiec Kościelny **PDL** 36 Ya 30
Juchowo **ZPM** 15 Rc 26
Judasze **SWK** 68 Vb 45
Judziki **WMZ** 10 Xd 24
Jugoszów **SWK** 69 Wd 44
Jugowa **DLS** 63 Rb 43
Jugowice **DLS** 63 Rc 44
Jugowiec **DLS** 63 Rd 42
Jugów **DLS** 63 Rd 45
Juków **ŁDZ** 43 Ub 34
Julia **WKP** 42 Tc 35
Julianka **SLK** 67 Uc 44
Julianowo **KPM** 29 Sf 31
Julianów **ŁDZ** 43 Ud 35
Julianów **ŁDZ** 55 Va 40
Julianów **ŁDZ** 56 Vb 38
Julianów **SLK** 66 Tf 42
Julianów **SWK** 69 Wd 43
Julianów **SWK** 70 We 43
Julianpol **OPL** 66 Td 42
Juliopol **LBL** 59 Xe 39
Juliopol **MAZ** 44 Vb 35
Juliszew **MAZ** 44 Uf 34
Julkowo **KPM** 31 Uc 32
Julków **LBL** 48 Yb 36
Juncewo **KPM** 29 Sd 32
Juniewicze **MAZ** 47 Xe 36
Junkrowy **POM** 17 Tc 24
Junno **WKP** 41 Ta 36
Junoszyno **POM** 6 Ua 23
Jurasze **PDL** 23 Yc 27
Jurata **POM** 6 Te 20
Jurcz **DLS** 51 Rc 41
Jureczkowa **PKR** 88 Xd 51
Jurgi **WMZ** 20 Ve 27
Jurgów **MŁP** 85 Va 52
Jurki **LBL** 59 Xe 37
Jurki **MAZ** 56 Ve 37
Jurki **WMZ** 19 Uf 25
Jurki **WMZ** 22 Xc 24
Jurki, Krzyżewo- **MAZ** 33 Wb 31
Jurkiszki **WMZ** 10 Xc 23
Jurkowice **POM** 18 Ua 25
Jurkowice **SWK** 69 Wc 44
Jurkowice **SWK** 69 Wc 45
Jurkowo **WKP** 40 Re 37
Jurkowo Węgorzewskie **WMZ** 21 Xa 24
Jurków **DLS** 50 Qe 41
Jurków **MŁP** 78 Ve 49
Jurków **MŁP** 85 Vb 50
Jurków **SWK** 78 Vd 46
Jurowce **PDL** 36 Ya 29
Jurowce **PKR** 87 Xa 51
Jurowlany **PDL** 36 Ye 29
Jurów **LBL** 82 Yd 46
Juryszewo **MAZ** 44 Ue 33
Juryzdyka **PDL** 22 Xf 25
Jurzec Szlachecki **PDL** 34 Xb 29
Jurzec Włościański **PDL** 34 Xb 29
Jurzyn **LBU** 49 Pf 38
Just **MŁP** 85 Vd 50
Justynów **ŁDZ** 55 Ue 38
Justynów **ŁDZ** 67 Va 41
Justynów **MAZ** 46 Xa 34
Justynówka **LBL** 72 Yc 46
Juszczyn **DLS** 63 Re 42
Juszczyn **MŁP** 85 Ue 50
Juszczyna **SLK** 83 Ub 51
Juszczyńskie-Polany **SLK** 84 Ue 51
Juszki **POM** 16 Sf 24
Juszkowo **POM** 6 Td 23
Juszkowy-Gród **PDL** 36 Ye 31
Jutrków **ŁDZ** 53 Ta 40
Jutrosin **WKP** 52 Sb 39
Jutroszew **ŁDZ** 55 Uc 39
Jutrzenka **POM** 4 Sc 23
Jutrzyna **DLS** 64 Sb 44
Jźefów **LBL** 58 Xb 37

K

Kabachy **OPL** 65 Se 43
Kabaty **MAZ** 45 Wa 36
Kabikiejmy Dolne **WMZ** 19 Vc 25
Kabikiejmy Górne **WMZ** 19 Vc 25
Kabiny **WMZ** 20 Wa 25
Kaborno **WMZ** 20 Vd 26
Kacice **MAZ** 33 Wa 32
Kacice **MŁP** 77 Va 47
Kacperków **MAZ** 56 Ve 39
Kacprowo **PDL** 22 Xc 27
Kacprów **ŁDZ** 55 Ud 40
Kacprówek **MAZ** 57 Wd 38
Kacza Górka **WKP** 52 Sb 38
Kaczanowo **WKP** 41 Sd 35
Kaczawka **KPM** 43 Ub 34
Kaczek **WMZ** 18 Ud 28
Kaczeniec **LBU** 50 Qc 38
Kaczki **POM** 6 Td 23
Kaczki Mostowe **WKP** 42 Td 37
Kaczki Plastowe **WKP** 42 Td 37
Kaczki Średnie **WKP** 42 Td 37
Kaczkowo **POM** 5 Sf 21
Kaczkowo **WKP** 51 Re 38
Kaczlin **WKP** 27 Ra 33
Kaczorowy **MAZ** 32 Va 32
Kaczorowy **PKR** 86 Wc 50
Kaczorów **DLS** 62 Qf 43
Kaczory **MAZ** 47 Xb 36
Kaczory **WKP** 28 Rf 30
Kaczórki **LBL** 71 Ya 45
Kaczów **DLS** 64 Sa 44
Kaczyce **SWK** 69 Wc 44
Kaczyce Dolne **SLK** 76 Td 49
Kaczyce Górne **SLK** 76 Td 49
Kaczyna **MŁP** 77 Uc 50
Kaczynek **PDL** 34 Xa 31
Kaczyn-Herbasy **PDL** 35 Xc 31
Kaczynos **POM** 18 Ua 24
Kaczyny-Wypychy **MAZ** 34 Wd 30
Kaćwin **MŁP** 85 Vb 52
Kadcza **MŁP** 85 Vd 51
Kadłub **DLS** 63 Re 41
Kadłub **ŁDZ** 54 Td 41
Kadłub **MAZ** 57 Vf 39
Kadłub **OPL** 65 Tb 45
Kadłubek **MAZ** 69 Wd 42
Kadłubia **LBU** 50 Qb 39
Kadłubiec **OPL** 75 Tb 46
Kadłubiska **LBL** 72 Yd 45
Kadłubiska **LBL** 72 Za 45
Kadłubiska **PKR** 82 Yc 46
Kadłubówka **MAZ** 45 Vd 33
Kadłubówka **PDL** 35 Xf 32
Kadłubska Wola **MAZ** 56 Vf 39
Kadłub Turawski **OPL** 65 Tb 44
Kadłub Wolny **OPL** 65 Tc 44
Kadyny **WMZ** 7 Uc 23
Kadzewo **WKP** 40 Rf 36
Kadzidło **MAZ** 34 Wc 29
Kadzidłowa **ŁDZ** 43 Tf 35
Kadzielin **ŁDZ** 44 Ue 37
Kadź **MAZ** 56 Vd 39
Kajanka **PDL** 47 Xf 34
Kajetanowo **KPM** 30 Te 32
Kajetanów **ŁDZ** 67 Va 42
Kajetanów **LBL** 58 Wf 40
Kajetanów **LBL** 71 Xd 43
Kajetanów **MAZ** 69 Wb 41
Kajetanów **SWK** 68 Ve 43
Kajetanówka **LBL** 59 Xf 41
Kajetanówka **LBL** 70 Xc 42
Kajetanówka **LBL** 71 Xe 45
Kajetanówka **LBL** 72 Ye 42
Kajew **ŁDZ** 43 Ua 35
Kajew **WKP** 53 Sf 37
Kajkowo **WMZ** 19 Uf 26
Kajmity **WMZ** 8 Va 23
Kakawa **WKP** 53 Ta 39
Kakawa-Kolonia **WKP** 53 Tb 39
Kaki-Mroczki **MAZ** 33 Vf 30
Kakonin **SWK** 68 Vf 43
Kakulin **WKP** 29 Sb 32
Kal **WMZ** 9 We 23
Kalej **SLK** 66 Tf 43
Kaleje **WKP** 40 Sa 36
Kalembia **PKR** 79 We 49
Kalenice **ŁDZ** 44 Uf 37
Kaleń **ŁDZ** 55 Uf 40
Kaleń **ŁDZ** 56 Vb 38
Kaleń **ŁDZ** 56 Vd 38
Kaleń **MAZ** 43 Ud 34
Kaleń **MAZ** 45 Ve 36
Kaleń **MAZ** 57 We 38
Kaleń **ZPM** 13 Qa 25
Kaleń Duża **WKP** 43 Ua 35
Kaleńsko **ZPM** 25 Pd 33
Kaletnik **ŁDZ** 55 Ue 38
Kaletnik **PDL** 11 Ya 23
Kalety **SLK** 66 Tf 45
Kalichowszczyzna **LBL** 59 Yc 38
Kaliga **SWK** 68 Vb 42
Kalina **SLK** 66 Tf 44
Kalina-Las **MŁP** 78 Va 46
Kalina Mała **MŁP** 78 Va 46
Kalina-Rędziny **MŁP** 77 Va 46
Kalina Wielka **MŁP** 78 Va 46
Kalinki **ŁDZ** 67 Uf 42
Kalinko **ŁDZ** 55 Ud 39
Kalinków **ŁDZ** 55 Uf 41
Kalino **ŁDZ** 55 Ud 39
Kalinowa **ŁDZ** 54 Tc 38
Kalinowa **ŁDZ** 54 Tf 40
Kalinowa **WKP** 42 Td 36
Kalinowce Dolne **DLS** 64 Sa 45
Kalinowce Górne **DLS** 64 Sa 45
Kalinowice **OPL** 75 Tb 45
Kalinowiec **KPM** 30 Te 32
Kalinowo **MAZ** 33 Wb 32
Kalinowo **PDL** 34 Xa 29
Kalinowo **WMZ** 22 Xe 25
Kalinowo-Solki **PDL** 35 Xd 31
Kalinów **ŁDZ** 55 Ue 37
Kalinów **ŁDZ** 55 Ue 39
Kalinów **MAZ** 58 We 37
Kalinów **OPL** 75 Tb 45
Kalinówka **LBL** 71 Xe 41
Kalinówka **LBL** 71 Yb 43
Kalinówka-Basie **PDL** 35 Xc 30
Kalinówka-Bystry **PDL** 35 Xc 30
Kalinówka Kościelna **PDL** 22 Xf 28
Kalinówka Królewska **PDL** 22 Xf 28
Kalinówko, Mystkowiec- **MAZ** 45 Wb 33
Kaliska **KPM** 43 Ua 34
Kaliska **POM** 17 Tb 25
Kaliska **WKP** 29 Sb 32
Kaliska **WKP** 42 Tb 34
Kaliska **ZPM** 15 Rf 25
Kaliska Kościerskie **POM** 5 Ta 24
Kaliski **MAZ** 47 Xc 35
Kaliski **MAZ** 47 Xd 35
Kalisty **WMZ** 19 Vb 25
Kalisz **MAZ** 33 Vd 31
Kalisz **POM** 16 Se 24
Kalisz **WKP** 53 Ta 38
Kaliszany **SWK** 69 Wd 44
Kaliszany **WKP** 28 Sa 31
Kaliszany, Kolonia **LBL** 70 We 42
Kaliszki **ŁDZ** 56 Va 38
Kaliszki **MAZ** 45 Ve 34
Kaliszki **WMZ** 21 Xa 27
Kaliszkowice Kaliskie **WKP** 53 Ta 39
Kaliszkowice Ołobockie **WKP** 53 Ta 39
Kalisz Pomorski **ZPM** 27 Qf 29
Kalitów **LBL** 48 Yb 36
Kalna **SLK** 83 Ua 50
Kalnica **PDL** 35 Xf 32
Kalnica **PKR** 87 Xb 52
Kalnica **PKR** 88 Xc 53
Kalnik **WMZ** 19 Uf 24
Kalników **PKR** 81 Ya 49
Kalno **DLS** 63 Rd 43
Kalonka **MAZ** 46 Wd 36
Kalsk **LBU** 39 Qd 36
Kalsk **WMZ** 18 Ud 24
Kalska Wola **ŁDZ** 55 Ue 39
Kalskie Nowiny **WMZ** 10 We 23
Kalsko **LBU** 39 Qd 33
Kalwa **POM** 18 Ua 25
Kalwaria **KPM** 30 Ta 32
Kalwaria Pacławska **PKR** 88 Xe 51
Kalwaria Zebrzydowicka **MŁP** 77 Ue 49
Kalwy **WKP** 40 Rd 34
Kaława **LBU** 38 Qd 34
Kałądek **WKP** 27 Rb 31
Kałduny **WMZ** 18 Ud 27
Kałdus **KPM** 30 Tc 29
Kałek **LBU** 38 Pf 37
Kałek **WKP** 42 Tc 36
Kałęczyn **MAZ** 34 Xb 32
Kałęczyn **MAZ** 45 Vd 36
Kałęczyn **WMZ** 20 Wa 26
Kałęczyn **WMZ** 22 Xc 26
Kałęczyn-Walochy **PDL** 35 Xc 30
Kałki **MAZ** 32 Vc 32
Kałki **WMZ** 9 Wc 23
Kałkowskie **WKP** 53 Se 40
Kałków **MAZ** 69 Wd 41
Kałków **OPL** 74 Sb 46
Kałków **SWK** 69 Wb 43
Kałów **ŁDZ** 54 Ua 37
Kałuskie **MAZ** 58 We 38
Kałuszyn **MAZ** 45 Vf 34
Kałuszyn **MAZ** 46 We 35
Kałuże **ŁDZ** 66 Td 42
Kałwągi **WMZ** 9 Wa 23
Kały **OPL** 65 Ta 43
Kama **WKP** 53 Tb 39
Kamasze **ŁDZ** 54 Td 40
Kameduły **SWK** 78 Vd 45
Kamela **POM** 5 Tb 23
Kamesznica **SLK** 83 Ua 51
Kamianka **MAZ** 47 Xc 34
Kamianki **PDL** 47 Xe 33
Kamianki-Czabaje **MAZ** 47 Xd 35
Kamianki-Nicki **MAZ** 47 Xd 35
Kamianki-Wańki **MAZ** 47 Xd 35
Kamianna **MŁP** 86 Vf 51
Kamienica **DLS** 73 Rf 47
Kamienica **KPM** 16 Se 28
Kamienica **KPM** 43 Uc 33
Kamienica **MAZ** 44 Vc 34
Kamienica **MŁP** 77 Uf 46
Kamienica **MŁP** 85 Vc 51
Kamienica **OPL** 74 Rf 46
Kamienica **PDL** 23 Yb 28
Kamienica **SLK** 83 Ua 50
Kamienica **WKP** 28 Sa 31
Kamienica Dolna **PKR** 79 Wc 49
Kamienica Górna **PKR** 79 Wc 49
Kamienica Królewska **POM** 5 Sf 22
Kamienica Mała **DLS** 62 Qd 43
Kamienica nad Nysą Łużycką **LBU** 49 Pe 39
Kamienica Polska **SLK** 66 Ua 44
Kamienica Szlachecka **POM** 5 Sf 23
Kamienica Śląska **SLK** 66 Tf 45
Kamieniec **DLS** 73 Rd 46
Kamieniec **KPM** 42 Te 34
Kamieniec **MAZ** 43 Ud 35
Kamieniec **MAZ** 46 Wf 36
Kamieniec **OPL** 65 Tb 44
Kamieniec **SLK** 76 Te 46
Kamieniec **SWK** 68 Vf 43
Kamieniec **SWK** 79 Wb 46
Kamieniec **WKP** 40 Rc 36
Kamieniec **WKP** 41 Sc 33
Kamieniec **WKP** 41 Sf 33
Kamieniec **WMZ** 18 Uc 26
Kamieniec **ZPM** 12 Pc 29
Kamieniec Wrocławski **DLS** 64 Sb 42
Kamieniec Ząbkowicki **DLS** 63 Rf 45
Kamieniki **ŁDZ** 53 Tc 39
Kamieniowola **LBL** 59 Xd 39
Kamienna **KPM** 43 Ua 34
Kamienna **ŁDZ** 53 Tc 39
Kamienna **ŁDZ** 55 Ud 41
Kamienna **OPL** 65 Se 42
Kamienna **SWK** 78 Vd 47
Kamienna, Skarżysko- **SWK** 68 Vf 42
Kamienna Góra **DLS** 62 Ra 44
Kamienna Góra **LBL** 59 Yb 41
Kamienna Góra **POM** 6 Td 21
Kamienna Wola **MAZ** 56 Vd 39
Kamienna Wola **SWK** 56 Vc 41
Kamienna Wola **SWK** 68 Vc 42
Kamiennik **LBU** 27 Qf 32
Kamiennik **OPL** 64 Sa 45
Kamiennik Wielki **WMZ** 7 Ud 23
Kamienny Jaz **ZPM** 25 Pd 31
Kamienny Most **ZPM** 13 Qc 28
Kamienny Potok **POM** 6 Td 22
Kamien pod Rzędowka **SLK** 76 Td 48
Kamień **DLS** 52 Sd 40
Kamień **DLS** 64 Sb 41
Kamień **KPM** 31 Ub 28
Kamień **ŁDZ** 43 Ue 37
Kamień **ŁDZ** 55 Ue 37
Kamień **ŁDZ** 56 Va 40
Kamień **ŁDZ** 66 Ub 41
Kamień **LBL** 58 Xa 37
Kamień **LBL** 70 We 42
Kamień **LBL** 72 Yd 42
Kamień **MAZ** 33 Ve 30
Kamień **MAZ** 56 Ve 40
Kamień **MAZ** 57 Vf 39
Kamień **MŁP** 77 Ud 48
Kamień **PDL** 22 Ya 26
Kamień **PDL** 36 Yc 31
Kamień **PKR** 80 Xa 47
Kamień **POM** 16 Sb 27
Kamień **POM** 6 Tb 22
Kamień **SLK** 76 Td 48
Kamień **SLK** 76 Tf 46
Kamień **WKP** 15 Rf 28
Kamień **WKP** 41 Ta 35
Kamień **WKP** 53 Tb 38
Kamień **WMZ** 18 Ud 27
Kamieńczyce **SWK** 78 Vc 47
Kamieńczyk **DLS** 73 Rd 48
Kamieńczyk **MAZ** 46 Wd 33
Kamieńczyk **MAZ** 47 Xc 33
Kamieńczyk-Ryciorki **MAZ** 35 Xc 32
Kamieńczyk Wielki **MAZ** 35 Xc 32
Kamieńczyk Wielki **PDL** 35 Xb 32
Kamień Górowski **DLS** 51 Re 39
Kamień-Kolonia **LBL** 72 Yd 42
Kamień Kołowy **KPM** 31 Uc 32
Kamień Krajeński **KPM** 16 Sd 27
Kamień Łukowski **SWK** 70 We 44
Kamień Pomorski **ZPM** 13 Pe 25
Kamień-Rupie **PDL** 35 Xc 31
Kamieńsk **DLS** 63 Rb 44
Kamieńsk **ŁDZ** 67 Uc 41
Kamieńskie **MAZ** 34 Xb 32
Kamieńskie Młyny **SLK** 66 Ua 45
Kamieńszczyzna **SLK** 66 Tf 42
Kamień Śląski **OPL** 65 Ta 45
Kamień Wielki **LBU** 26 Pe 33
Kamierowo **POM** 17 Tc 24
Kamierowskie Piece **POM** 17 Tc 24
Kamińsk **MAZ** 57 Wa 40
Kamińsk **WMZ** 8 Vc 23
Kamińskie Jaśki **PDL** 35 Xe 31
Kamińskie Ocioski **PDL** 35 Xe 31
Kamińskie Wiktory **PDL** 35 Xe 31
Kamińsko **SLK** 66 Te 44
Kamińsko **WKP** 40 Sa 33
Kamion **ŁDZ** 66 Te 42
Kamion **MAZ** 44 Vb 34
Kamion **MAZ** 56 Vb 37
Kamiona **DLS** 51 Ra 39
Kamionacz **ŁDZ** 54 Te 38
Kamionaczyk **ŁDZ** 54 Te 39
Kamionek **KPM** 41 Sf 33
Kamionek **OPL** 75 Ta 45
Kamionek **WKP** 41 Sc 33
Kamionek **WMZ** 20 Vf 27
Kamionek Wielki **WMZ** 7 Uc 23
Kamionek Wielki **WMZ** 9 Wd 24
Kamionka **KPM** 31 Ua 30
Kamionka **ŁDZ** 54 Te 40
Kamionka **ŁDZ** 65 Tb 41
Kamionka **ŁDZ** 66 Td 41
Kamionka **LBL** 58 Wf 37
Kamionka **LBL** 58 Xc 40
Kamionka **LBL** 70 Wf 42
Kamionka **MAZ** 44 Ue 35
Kamionka **MAZ** 44 Vb 36
Kamionka **MAZ** 45 Vd 37
Kamionka **MAZ** 45 Vf 36
Kamionka **MAZ** 46 We 35
Kamionka **MAZ** 46 We 36
Kamionka **MAZ** 47 Xf 35
Kamionka **MAZ** 57 We 37
Kamionka **MŁP** 77 Va 46
Kamionka **PDL** 22 Ya 28
Kamionka **PDL** 36 Yc 30
Kamionka **PKR** 79 Wd 48
Kamionka **PKR** 80 Xc 46
Kamionka **POM** 17 Td 26
Kamionka **POM** 18 Tf 26
Kamionka **POM** 18 Ua 24
Kamionka **SWK** 68 Ve 42
Kamionka **WKP** 28 Rd 32
Kamionka **WKP** 42 Tc 36
Kamionka **WMZ** 18 Ud 28
Kamionka **WMZ** 20 Wa 26
Kamionka **ZPM** 15 Rc 25
Kamionka, Tybory- **PDL** 35 Xc 31
Kamionka Mała **MŁP** 85 Vd 50
Kamionka-Stokowo **MAZ** 35 Xc 33
Kamionka Wielka **MŁP** 85 Ve 51
Kamionki **DLS** 63 Rd 44
Kamionki **MAZ** 43 Ud 33
Kamionki **WKP** 40 Rf 35
Kamionki **WMZ** 21 Wd 24
Kamionki Duże **KPM** 30 Te 30
Kamionki Małe **KPM** 30 Te 30
Kamionn **MAZ** 46 We 33
Kamionna **MAZ** 45 Vf 33
Kamionna **MŁP** 85 Vc 50
Kamionna **WKP** 39 Qf 33
Kamlarki **KPM** 30 Td 29
Kamnica **POM** 15 Rf 24
Kamocin **ŁDZ** 55 Ud 40
Kamocinek **ŁDZ** 55 Ud 40
Kamocka Wola **ŁDZ** 55 Uf 41
Kamostek **ŁDZ** 54 Ua 39
Kampinos **MAZ** 44 Vc 35
Kamyk **ŁDZ** 54 Tf 40
Kamyk **MAZ** 57 Wc 40
Kamyk **MŁP** 78 Vb 49
Kamyk **SLK** 66 Ua 43
Kamyszów **SWK** 78 Vc 47
Kanabród **MAZ** 47 Xc 34
Kanada **WKP** 52 Sb 38
Kanclerzowice **DLS** 52 Rf 40
Kandlewo **LBU** 51 Rb 38
Kandyty **WMZ** 8 Vc 23
Kandzierz **PKR** 79 Wc 48
Kania **KPM** 29 Sf 31
Kania **ZPM** 13 Qb 27
Kania Góra **ŁDZ** 55 Uc 37
Kanibród **KPM** 43 Ub 34
Kanice **ŁDZ** 56 Vb 39
Kaniczki **POM** 17 Te 26
Kanie **LBL** 71 Ya 42
Kanie **MAZ** 45 Ve 36
Kaniew **WKP** 52 Sc 38
Kaniewo **KPM** 30 Te 32
Kanigowo **WMZ** 32 Vc 29
Kanigówek **MAZ** 32 Vc 31
Kanin **ZPM** 4 Rd 22
Kanina **MŁP** 85 Vd 51
Kaniów **LBU** 38 Pf 37
Kaniów **OPL** 65 Sf 44
Kaniów **SLK** 76 Ua 49
Kaniów **SWK** 68 Vd 43
Kaniuki **LBL** 59 Yb 39
Kaniuki **PDL** 36 Yb 31
Kaniwola **LBL** 59 Ya 40
Kanki, Hutki- **SLK** 77 Uc 46
Kanna **MŁP** 78 Vf 47
Kantorowice **OPL** 64 Sd 44
Kantorówka **PDL** 23 Yc 28
Kańczuga **PKR** 80 Xc 49
Kańkowo **MAZ** 34 Xa 32
Kapałów **SWK** 68 Vb 42
Kapice **PDL** 22 Xd 27
Kapice-Lipniki **PDL** 35 Xe 30
Kapitańszczyzna **PDL** 36 Yd 31
Kaplin **MAZ** 56 Ve 38
Kaplityny **WMZ** 20 Vd 26
Kaplonosy **LBL** 59 Yc 39
Kaplonosy-Kolonia **LBL** 59 Yc 39
Kapłań **MAZ** 35 Xc 32
Kapronie **LBL** 71 Xd 45
Kapusty, Zambrzyce- **PDL** 35 Xd 30
Karakule **PDL** 36 Yb 29
Karaś **WMZ** 18 Ud 27
Karbowo **KPM** 31 Uc 29
Karbowo **WMZ** 19 Vb 24
Karchowice **SLK** 76 Td 46
Karchowo **WKP** 52 Re 37
Karchów **OPL** 75 Ta 47
Karcino **ZPM** 2 Qc 24
Karcze **MAZ** 47 Xc 36
Karczemki **POM** 6 Tc 22
Karczew **MAZ** 45 Wb 36
Karczewice **SLK** 67 Uc 43
Karczewiec **MAZ** 46 Wf 34
Karczewiska **DLS** 51 Ra 41
Karczewo **KPM** 31 Va 29
Karczewo **WKP** 40 Rc 35
Karczewo **WKP** 41 Sb 33
Karczmiska **LBL** 58 Xa 38
Karczmiska **LBL** 70 Wf 41
Karczmiska Drugie **LBL** 58 Xa 41
Karczmisko **PDL** 36 Yb 29
Karczmy **ŁDZ** 54 Ub 39
Karczowice **MŁP** 77 Uf 45
Karczowiska Górne **WMZ** 7 Uc 24
Karczów **ŁDZ** 67 Ue 42
Karczów **OPL** 65 Se 44
Karczówek **ŁDZ** 54 Tf 38
Karczówka **LBU** 50 Qc 38
Karczówka **MAZ** 56 Vd 40
Karczówka **SWK** 68 Vd 43
Karczunek **SWK** 68 Vc 45
Karczyce **DLS** 63 Re 42
Karczyn **DLS** 64 Rf 44
Karczyn **LBU** 39 Qe 36
Kargoszyn **MAZ** 33 Vd 31
Kargoszynek **MAZ** 33 Vd 31
Kargowa **LBU** 39 Qf 36
Kargów **SWK** 79 Vf 45
Karkosy **ŁDZ** 43 Ua 36
Karkoszka **SLK** 75 Tc 49
Karkowo **ZPM** 13 Qb 28
Karkówka **PKR** 70 Xa 44
Karkuty, Bieńki- **MAZ** 33 Ve 32
Karlikowo **POM** 5 Ta 20
Karlikowo Lęborskie **POM** 5 Se 21
Karlików **PKR** 87 Xa 52
Karlin **SLK** 77 Ud 46
Karlino **ZPM** 14 Qf 24
Karłowice **DLS** 64 Sa 42
Karłowice **LBU** 50 Qd 39
Karłowice **OPL** 65 Se 43
Karłowice Małe **OPL** 64 Sb 45
Karłowice Wielkie **OPL** 64 Sb 45
Karłowiczki **OPL** 65 Se 43
Karłowiec **DLS** 62 Qc 43
Karłowo **WMZ** 9 Wd 23
Karłów **DLS** 52 Sb 39
Karłów **DLS** 73 Rc 46
Karmanowice **LBL** 58 Xa 40
Karmanowice-Kolonia **LBL** 58 Xa 41
Karmelita **KPM** 29 Sc 30
Karmin **DLS** 52 Sb 40
Karmin **WKP** 40 Rd 37
Karmin **WKP** 53 Se 37
Karminiec **WKP** 53 Sd 38
Karmin Pierwszy **WKP** 53 Se 38
Karmonki Nowe **OPL** 66 Td 43
Karmonki Stare **OPL** 66 Td 43
Karnaciska **MAZ** 34 Wd 32
Karnice **DLS** 52 Rf 40
Karnice **ZPM** 14 Qc 26
Karnice **ZPM** 2 Qa 24
Karnieszewice **ZPM** 3 Rc 23
Karniewek **MAZ** 45 Wa 33
Karniewo **MAZ** 32 Vd 31
Karniewo **MAZ** 33 Vf 31
Karnin **LBU** 26 Qb 32
Karniowice **MŁP** 77 Ud 48
Karniów **MŁP** 78 Vb 48
Karniszyn **MAZ** 32 Ue 31
Karnkowo **KPM** 31 Ub 31
Karnkowo **MAZ** 44 Vc 34
Karnków **DLS** 64 Sb 44
Karnków **ŁDZ** 43 Ud 37
Karnków **ŁDZ** 44 Uf 35
Karnowo **KPM** 29 Sd 29
Karnówko **KPM** 29 Sd 29
Karolew **ŁDZ** 44 Va 36
Karolew **ŁDZ** 54 Ub 37
Karolew **ŁDZ** 55 Ub 39
Karolew **MAZ** 45 Wc 34
Karolew **MAZ** 46 Xa 34
Karolew **MAZ** 56 Ve 37
Karolewo **KPM** 17 Tb 28
Karolewo **KPM** 18 Ua 28
Karolewo **KPM** 30 Ta 29
Karolewo **MAZ** 33 Wa 30
Karolewo **MAZ** 43 Uc 33
Karolewo **POM** 17 Tc 25
Karolin **LBL** 58 Xc 40
Karolin **LBL** 71 Xd 43
Karolin **MAZ** 57 Wd 41
Karolin **PDL** 23 Yb 24
Karolina **ŁDZ** 54 Tc 38
Karolina **MAZ** 44 Vd 36
Karolina **MAZ** 45 Wb 37
Karolina **MAZ** 46 Wd 35
Karolino **MAZ** 45 Wa 33
Karolinowo **MAZ** 33 Vd 32
Karolinowo **MAZ** 44 Vd 33
Karolinów **ŁDZ** 55 Uf 40
Karolinów **ŁDZ** 55 Va 38
Karolinów **LBL** 60 Yd 41
Karolinów **SWK** 68 Va 43
Karolówka **LBL** 71 Xe 45
Karolówka **PKR** 81 Yb 48
Karów **DLS** 51 Rb 39
Karp **PDL** 35 Xe 32
Karpacz **DLS** 62 Qe 44
Karpaty **KPM** 17 Ta 27
Karpicko **WKP** 39 Ra 36
Karpie **DLS** 50 Qe 39
Karpin **ŁDZ** 55 Ue 38
Karpiny **POM** 17 Tf 27
Karpiówka **LBL** 70 Xb 43
Karpiska **MAZ** 46 Wc 36
Karpniki **DLS** 62 Qf 43
Karpno **POM** 16 Sc 25
Karpowicze **PDL** 22 Ya 27
Karsewo **WKP** 41 Se 34
Karsibór **ZPM** 12 Pb 25
Karsibór **ZPM** 14 Qf 27
Karsibór **ZPM** 15 Rc 28
Karsin **POM** 16 Sf 25
Karsino **ZPM** 3 Qe 24
Karsino **ZPM** 4 Rd 22
Karsk **ZPM** 13 Qa 26
Karskie **MAZ** 47 Xc 34
Karsko **ZPM** 26 Qa 31
Karsno **ZPM** 15 Rb 27
Karsówka **LBU** 49 Pf 39
Karsy **MAZ** 32 Va 32
Karsy **MŁP** 78 Ve 47
Karsy **SWK** 68 Vd 45
Karsy **SWK** 69 We 43
Karsy **SWK** 79 Wa 46
Karsy **WKP** 42 Tb 36
Karsy **WKP** 53 Sf 38
Karszew **ŁDZ** 54 Ua 39
Karszew **WKP** 42 Tf 36
Karszewo **WMZ** 7 Ud 23
Karsznice **ŁDZ** 43 Uc 36
Karsznice **SWK** 68 Vb 44
Karsznice Duże **ŁDZ** 44 Uf 35
Karszów **DLS** 64 Rf 44
Karszówka **MAZ** 57 Wc 40
Karszyn **LBU** 39 Qf 36
Karśnice **WKP** 40 Rc 36
Kartlewo **ZPM** 13 Pe 26
Kartno **LBU** 39 Qf 37
Kartno **ZPM** 26 Pe 29
Kartuzy **POM** 5 Tb 22
Karwacz **MAZ** 33 Vf 30
Karwia **POM** 5 Tb 20
Karwiany **DLS** 64 Sa 42
Karwica **POM** 5 Se 22
Karwica **WMZ** 21 Wd 27
Karwice **ŁDZ** 56 Vc 40
Karwice **ZPM** 14 Qf 28
Karwice **ZPM** 4 Rd 23
Karwie **WMZ** 20 Wb 26
Karwieńskie Błoto **POM** 5 Ta 20
Karwik **WMZ** 21 We 26
Karwin **LBU** 27 Qf 32
Karwin **MŁP** 78 Vb 48
Karwiniec **DLS** 64 Sd 42
Karwiny **POM** 6 Td 22
Karwiny **WMZ** 7 Ue 24
Karwno **POM** 5 Sd 22
Karwodrza **MŁP** 79 Wa 49
Karwosieki-Cholewice **MAZ** 43 Ud 32
Karwosieki-Noskowice **MAZ** 31 Ud 32
Karwowo **MAZ** 44 Vb 35
Karwowo **PDL** 22 Xc 28
Karwowo **PDL** 34 Xa 29
Karwowo **PDL** 35 Xb 29
Karwowo **ZPM** 12 Pc 28
Karwowo **ZPM** 14 Qd 26
Karwów **LBL** 47 Xc 37
Karwów **SWK** 69 Wc 44
Karzcino **POM** 4 Sa 21
Karzec **WKP** 52 Rf 38
Karżnica **POM** 4 Sc 22
Karżniczka **POM** 4 Sb 22
Kasina Dolna **MŁP** 86 Vf 50
Kasina Górna **MŁP** 86 Vf 50
Kasina Mała **MŁP** 85 Va 50
Kasina Wielka **MŁP** 85 Va 50
Kasinowo **WKP** 40 Rd 33
Kaski **ŁDZ** 53 Tb 40
Kaski **MAZ** 44 Vc 35
Kaski, Dąbrowa- **PDL** 35 Xc 31
Kaski-Budki **MAZ** 44 Vc 35
Kasparus **POM** 17 Tc 26
Kasuty **MAZ** 34 Xa 32
Kaswerów **LBL** 72 Ye 42
Kasyldów **LBL** 58 Xa 37
Kaszczor **WKP** 39 Ra 37
Kaszczorek **KPM** 30 Te 30
Kaszew **ŁDZ** 54 Td 38
Kaszewice **ŁDZ** 54 Ub 41
Kaszewiec **MAZ** 33 Wc 31
Kaszewska Wola **MAZ** 56 Vf 39
Kaszewy Dworne **ŁDZ** 43 Uc 35
Kaszowo **DLS** 52 Sb 39
Kaszów **MAZ** 57 Vf 39
Kaszów **MŁP** 77 Ue 48
Kaszuba **POM** 16 Sd 25
Kaszuby **LBL** 71 Xf 43
Kaszuny **POM** 8 Vb 24
Kaszyce **PKR** 81 Xe 49
Kaszyce Milickie **DLS** 52 Sa 40
Kaszyce Wielkie **DLS** 52 Sa 40
Katarzyn **LBL** 58 Xb 39
Katarzyna **WKP** 42 Tf 35
Katarzynin **WKP** 40 Re 36
Katarzynopole **ŁDZ** 66 Te 41
Katarzynowo **WKP** 41 Se 34
Katarzynowo **WMZ** 22 Xd 26
Katarzynów **ŁDZ** 56 Vd 38
Katlewo **WMZ** 19 Ue 28
Katowice **SLK** 76 Ua 47
Katy **PKR** 70 Xb 45
Kawcze **POM** 4 Rf 24
Kawcze **WKP** 52 Rf 38
Kawczyn **SWK** 68 Vd 44
Kawczyn **WKP** 40 Re 36
Kawec **MŁP** 78 Vb 49
Kawetczyzna **SWK** 68 Vd 43
Kawęczyn **KPM** 30 Td 31
Kawęczyn **KPM** 30 Tf 31
Kawęczyn **ŁDZ** 55 Va 37
Kawęczyn **ŁDZ** 56 Vc 39
Kawęczyn **ŁDZ** 67 Uf 42
Kawęczyn **LBL** 58 Wf 38
Kawęczyn **LBL** 71 Xe 42
Kawęczyn **LBL** 71 Xf 44
Kawęczyn **MAZ** 44 Vc 35
Kawęczyn **MAZ** 45 Wb 36
Kawęczyn **MAZ** 56 Vf 37
Kawęczyn **MAZ** 57 Wd 38
Kawęczyn **MAZ** 57 Wd 41
Kawęczyn **PKR** 79 Wb 47
Kawęczyn **SWK** 68 Vc 45
Kawęczyn **SWK** 78 Vf 47
Kawęczyn **WKP** 41 Sd 34
Kawęczyn **WKP** 54 Td 37
Kawęczynek **LBL** 71 Xf 45
Kawęczynek **MAZ** 45 Wa 36
Kawęczyn Sędziszowski **PKR** 80 We 48
Kawice **DLS** 51 Rc 41
Kawka **KPM** 31 Tf 32
Kawki **KPM** 31 Vb 29
Kawki **SLK** 66 Te 43
Kawnice **WKP** 42 Ta 35
Kawno **ZPM** 3 Rc 23
Kazanice **WMZ** 18 Ue 27
Kazanów **DLS** 64 Sa 44
Kazanów **MAZ** 57 Wc 41
Kaziemierowka **LBL** 72 Yd 44
Kazimierków **MAZ** 57 Wa 38
Kazimierowo **PDL** 36 Yd 30
Kazimierów **LBL** 70 Xb 42
Kazimierów **MAZ** 44 Vb 35
Kazimierówka **LBL** 72 Ye 42
Kazimierówka **MAZ** 57 Wb 41
Kazimierówka **PDL** 11 Xf 23
Kazimierz **ŁDZ** 54 Ub 38
Kazimierz **OPL** 75 Sf 47
Kazimierz **POM** 6 Tc 21
Kazimierz **SLK** 76 Ub 47
Kazimierz **ZPM** 15 Re 25
Kazimierza Mała **SWK** 78 Vd 47
Kazimierza Wielka **SWK** 78 Vc 47
Kazimierz Biskupi **WKP** 42 Ta 35
Kazimierz Dolny **LBL** 58 Wf 41
Kazimierzew **ŁDZ** 54 Tf 38
Kazimierzewo **KPM** 31 Tf 32
Kazimierzewo **WMZ** 7 Uc 23
Kazimierzów **DLS** 51 Ra 39
Kazimierzów **ŁDZ** 56 Va 41
Kazimierzów **LBL** 70 Wf 41
Kazimierzów **MAZ** 43 Uc 34
Kazimierzów **MAZ** 47 Ya 35
Kazimierz Pomorski **ZPM** 3 Ra 23
Kaziuki **PDL** 35 Xe 29
Kaznów **LBL** 59 Xe 40
Kazubek **WKP** 42 Tc 34
Kazubek **WKP** 42 Td 35
Kazuń Polski **MAZ** 45 Vd 34
Kaźmierz **WKP** 40 Rd 33
Kaźmierzyn **KPM** 30 Tf 32
Kaźmirów **ŁDZ** 53 Tb 40

100 (PL) Jęczniki Wielkie – Kaźmirów

Każyno **PDL** 36 Yb 31
Kącik **ŁDZ** 55 Uc 40
Kąciki **WMZ** 31 Uc 28
Kąck **MAZ** 45 Wc 35
Kąclowa **MŁP** 86 Vf 51
Kądzielna **ZPM** 15 Rd 26
Kądzielno **ZPM** 2 Qd 23
Kąkolewice **WKP** 28 Rf 31
Kąkolewnica Wschodnia **LBL** 59 Xe 37
Kąkolewo **WKP** 39 Rb 35
Kąkolewo **WKP** 40 Rd 35
Kąkolewo **WKP** 51 Re 37
Kąkolówka **PKR** 80 Xa 49
Kąkowa Wola **KPM** 42 Tf 33
Kąp **WMZ** 21 Wf 24
Kąpiel **WKP** 41 Sd 34
Kąpiel **WKP** 41 Ta 34
Kąpiele Wielkie **MŁP** 77 Ue 46
Kąpieliska, Kolonia **MŁP** 77 Ue 46
Kąpino **POM** 5 Tb 21
Kąpiołki **MŁP** 77 Ue 46
Kąpławki **WMZ** 9 Wb 23
Kąt, Czechów- **LBL** 71 Yb 42
Kątki **DLS** 63 Rd 43
Kątna **DLS** 64 Sb 42
Kątno **WMZ** 19 Va 26
Kąty **KPM** 43 Ub 34
Kąty **ŁDZ** 53 Tc 41
Kąty **ŁDZ** 54 Td 41
Kąty **ŁDZ** 54 Tf 40
Kąty **ŁDZ** 67 Ue 43
Kąty **LBL** 48 Yd 37
Kąty **LBL** 58 Wf 41
Kąty **LBL** 71 Xe 45
Kąty **MAZ** 33 Ve 31
Kąty **MAZ** 45 Wb 36
Kąty **MAZ** 46 Wc 36
Kąty **MAZ** 46 We 34
Kąty **MŁP** 85 Vd 50
Kąty **PDL** 34 Wf 29
Kąty **PDL** 35 Xc 28
Kąty **PDL** 47 Xf 33
Kąty **PKR** 80 Xa 47
Kąty **PKR** 86 Wd 51
Kąty **SLK** 76 Td 49
Kąty **SWK** 67 Uf 44
Kąty **WKP** 40 Re 37
Kąty **WKP** 41 Sf 35
Kąty **ZPM** 13 Pe 27
Kąty, Jabłonowo- **PDL** 35 Xe 30
Kąty, Lubowicz- **PDL** 35 Xd 32
Kąty, Psary- **SWK** 69 Vf 43
Kąty-Borucza **MAZ** 46 Wd 34
Kąty Bystrzyckie **DLS** 73 Rf 47
Kąty Czernickie **MAZ** 46 Wd 34
Kąty Drugie **LBL** 71 Ya 44
Kąty Grodziskie **MAZ** 45 Wa 35
Kąty Opolskie **OPL** 65 Sf 45
Kąty Rybackie **POM** 7 Ub 22
Kąty Śląskie **WKP** 53 Se 40
Kąty Węgierskie **MAZ** 45 Wa 34
Kąty-Wielgi **MAZ** 46 Wd 34
Kąty Wrocławskie **DLS** 63 Re 42
Kąty-Zdroje **MAZ** 46 Wd 36
Kcynia **KPM** 29 Sc 31
Kczewo **POM** 4 Rf 22
Kédzierowo **PDL** 22 Xc 27
Kębliny **ŁDZ** 55 Ud 37
Kębłowo **WKP** 39 Ra 36
Kębłowo **WKP** 41 Sd 35
Kębłów **DLS** 51 Rc 39
Kębłów **PKR** 79 Wc 46
Kęczewo **MAZ** 32 Va 30
Kędrzyno **ZPM** 2 Qc 24
Kędzie **DLS** 51 Re 39
Kędzie, Muchy- **WKP** 53 Tb 39
Kędzierak **MAZ** 46 Wd 36
Kędzierówka **MAZ** 45 Wa 37
Kędzierzawice **MAZ** 45 Vf 33
Kędzierzyn **OPL** 75 Tb 46
Kędzierzyn **WKP** 41 Se 34
Kędzierzyn **ZPM** 3 Rb 23
Kędzierzynka **MŁP** 78 Va 49
Kędzierzyn-Koźle **OPL** 75 Tb 46
Kędziorki **ŁDZ** 55 Ue 38
Kępa **LBL** 70 Xb 42
Kępa **MAZ** 32 Vc 32
Kępa **MAZ** 46 Wf 35
Kępa **MŁP** 78 Va 47
Kępa **PKR** 70 Xa 45
Kępa **WKP** 28 Rd 30
Kępa **WKP** 40 Rd 33
Kępa **WKP** 42 Tb 35
Kępa Bielańska **MAZ** 57 Wd 39
Kępa Borzechowska **LBL** 70 Xb 42
Kępa Chotecka **LBL** 58 We 41
Kępa Chwałowska **SWK** 70 We 44
Kępa Gostecka **MAZ** 70 We 42
Kępa Kalnicka **WMZ** 19 Uf 25
Kępa-Kolonia **LBL** 70 Xb 42
Kępa Lubawska **SWK** 79 Wa 47
Kępa Nadbrzeska **MAZ** 45 Wb 36
Kępa Niemojewska **MAZ** 57 Wb 38
Kępa Piotrawińska **LBL** 70 Wf 42
Kępa Piotrowińska **MAZ** 70 We 42
Kępa Polska **MAZ** 44 Uf 34
Kępa Rybacka **WMZ** 7 Ub 23
Kępa Solecka **MAZ** 70 We 42
Kępa Wólczyńska **MAZ** 57 Wd 39
Kępa Zawadowska **MAZ** 45 Wa 36
Kępiaste **MAZ** 45 Vd 35
Kępice **MAZ** 58 We 39
Kępice **POM** 4 Rf 23
Kępie **MŁP** 77 Uf 46
Kępie **SWK** 79 Wa 46
Kępie Zaleszańskie **PKR** 70 Wf 45
Kępina **MAZ** 44 Ue 34
Kępiny Małe **POM** 7 Ub 23
Kępiny Wielkie **WMZ** 7 Ub 23
Kępiste-Borowe **MAZ** 34 Xa 32
Kępki **LBL** 58 Xc 37
Kępki **MŁP** 77 Ud 48
Kępki **POM** 7 Ub 23
Kępnica **OPL** 74 Sc 46
Kępniewo **WMZ** 18 Uc 24
Kępno **WKP** 53 Sf 41
Kępno **ZPM** 13 Qc 28
Kępy **DLS** 63 Rc 42
Kęsowo **KPM** 16 Se 27
Kęsza **POM** 17 Ta 26
Kęszyca **LBU** 38 Qc 34
Kęszyca **LBU** 38 Qd 34
Kęszyce **ŁDZ** 44 Va 36
Kęszyn **ŁDZ** 55 Ud 41
Kętrzyn **WMZ** 20 Wc 24
Kętrzyno **POM** 5 Sf 22
Kęty **MŁP** 76 Ub 49
Kiączyn **WKP** 40 Rd 34
Kiączyn Nowy **WKP** 53 Ta 37
Kicin **WKP** 40 Sa 34
Kiciny **MAZ** 46 Wd 33
Kicko **ZPM** 13 Qa 28
Kiczarowo **ZPM** 13 Qa 28
Kiczki **MAZ** 46 We 36
Kicznia **MŁP** 85 Vc 51
Kiczyce **SLK** 83 Te 50
Kidałowice **PKR** 81 Xe 49
Kidów **SLK** 77 Ue 45
Kiedrowice **POM** 16 Sc 25
Kiedrzyn **MAZ** 57 Wb 40
Kiedrzyn **SLK** 66 Ua 43
Kiekrz **WKP** 40 Re 34
Kielanówka **PKR** 80 Wf 48
Kielce **SWK** 68 Vd 43
Kielcza **OPL** 66 Td 45
Kielczany **PDL** 11 Yc 23
Kieleczka **SLK** 76 Td 45
Kieleńska Huta **POM** 6 Tb 22
Kieljany **PDL** 22 Xc 28
Kielnarowa **PKR** 80 Xa 49
Kielno **POM** 6 Tc 22
Kieltlin **ŁDZ** 67 Uc 42
Kiełbasa **ŁDZ** 55 Uf 38
Kiełbasin **KPM** 30 Te 29
Kiełbaska **MAZ** 57 Wa 37
Kiełbaski **MAZ** 47 Xf 36
Kiełbowo **MAZ** 32 Va 32
Kiełcz **LBU** 50 Qe 38
Kiełczawa **PKR** 87 Xb 52
Kiełcze-Kopki **PDL** 21 Xa 28
Kiełczew **MAZ** 34 Wf 32
Kiełczew **WKP** 42 Te 35
Kiełczewice Dolne **LBL** 70 Xc 42
Kiełczewice Dolne-Kolonia **LBL** 70 Xc 42
Kiełczewice Górne **LBL** 70 Xc 42
Kiełczewice Maryjskie **LBL** 70 Xc 42
Kiełczewo **WKP** 40 Rd 36
Kiełczów **DLS** 64 Sb 42
Kiełczówka **ŁDZ** 55 Ue 39
Kiełczygłów **ŁDZ** 66 Tf 41
Kiełczygłówek **ŁDZ** 54 Tf 41
Kiełczygłów-Kolonia **ŁDZ** 66 Ua 41
Kiełczyn **DLS** 63 Rd 44
Kiełczynek **WKP** 40 Sb 36
Kiełkowice **SLK** 77 Ud 46
Kiełkowo **WKP** 39 Ra 36
Kiełków **PKR** 79 Wc 47
Kiełmina **ŁDZ** 55 Ud 37
Kiełp **KPM** 30 Tc 29
Kiełpin **KPM** 16 Sf 27
Kiełpin **LBU** 50 Qd 37
Kiełpin **POM** 15 Sc 26
Kiełpin **WKP** 15 Sa 28
Kiełpino **POM** 5 Tb 23
Kiełpino **ZPM** 14 Qc 25
Kiełpino **ZPM** 15 Rc 26
Kiełpino Górne **POM** 6 Td 22
Kiełpiny **KPM** 31 Ua 31
Kiełpiny **KPM** 31 Ub 30
Kiełpiny **WKP** 39 Ra 36
Kiełpiny **WMZ** 32 Ue 28
Kiełtyki **MAZ** 44 Va 34
Kiemiany **WMZ** 18 Ud 26
Kiemławki Małe **WMZ** 9 Wb 24
Kienkówka **LBL** 58 Wf 37
Kierlikówka **MŁP** 78 Vc 50
Kiernozia **ŁDZ** 44 Uf 35
Kierpień **OPL** 75 Sf 46
Kiersity **WMZ** 8 Ve 23
Kiersnowo **PDL** 35 Xf 32
Kiersnowo **WMZ** 8 Ve 24
Kiersnówek **PDL** 35 Xf 32
Kiersnówka **PDL** 22 Ya 27
Kiersztanowo **WMZ** 20 Ve 25
Kiersztanowo **WMZ** 20 Wb 25
Kiersztanówko **WMZ** 19 Va 27
Kiertany, Łuby- **PDL** 34 Wf 30
Kiertyny Wielkie **WMZ** 8 Ve 23
Kierwałd **POM** 17 Td 26
Kierwiny **WMZ** 20 Ve 24
Kierz **LBL** 70 Xb 41
Kierz **WMZ** 19 Vd 24
Kierzek **MAZ** 33 Wb 29
Kierzenko **WKP** 53 Ta 40
Kierzki **WMZ** 10 Xa 23
Kierzkowo **KPM** 29 Sf 31
Kierzkowo **POM** 5 Sf 20
Kierzkowo **POM** 6 Tc 24
Kierzkowo **WKP** 41 Se 33
Kierzków **LBL** 58 Xb 37
Kierzków **MAZ** 57 Wa 40
Kierzków **ZPM** 25 Pe 31
Kierzkówka **LBL** 58 Xc 40
Kierzkówka-Kolonia **LBL** 58 Xc 40
Kierz Niedźwiedzki **MAZ** 69 Vf 41
Kierzno **LBU** 50 Qf 38
Kierzno **WKP** 53 Ta 41
Kierzówka-Kolonia **LBL** 58 Xc 40
Kierżno **DLS** 50 Qc 41
Kietlanka **MAZ** 34 Xb 32
Kietlice **DLS** 63 Re 45
Kietlice **OPL** 75 Se 47
Kietlin **DLS** 63 Re 44
Kietlin, Kolonia **ŁDZ** 67 Ud 42
Kietrz **OPL** 75 Ta 48
Kiewłaki **PDL** 35 Xe 32
Kiezmark **POM** 6 Tf 23
Kij **LBL** 58 Xa 37
Kijanka **MAZ** 57 We 41
Kije **LBU** 38 Qd 36
Kije **SWK** 68 Vd 45
Kije, Porośl- **PDL** 35 Xe 31
Kijewice **MAZ** 33 Vf 30
Kijewo **KPM** 30 Td 31
Kijewo **WKP** 41 Sb 35
Kijewo **WMZ** 22 Xc 25
Kijewo Królewskie **KPM** 30 Tc 29
Kijewo Szlacheckie **KPM** 30 Tc 29
Kijno **POM** 15 Rf 27
Kijowiec **LBL** 48 Yc 36
Kijowiec **WKP** 42 Tb 34
Kijów **OPL** 74 Sb 46
Kiki **ŁDZ** 54 Ua 39
Kikity **WMZ** 20 Vf 25
Kikoły **MAZ** 45 Ve 34
Kikoły Małe **MAZ** 45 Ve 34
Kikowo **WKP** 39 Rb 33
Kikowo **ZPM** 15 Rb 25
Kikół **KPM** 31 Ua 31
Kików **SWK** 78 Vf 46
Kilianów **DLS** 63 Re 42
Kinice **POM** 16 Se 25
Kinice **ZPM** 26 Qa 31
Kinkajmy **WMZ** 8 Vf 23
Kipichy **MAZ** 31 Ud 30
Kipszna **MŁP** 86 Vf 50
Kisewo **POM** 5 Se 21
Kisielany-Kuce **MAZ** 46 Xb 35
Kisielany-Zmichy **MAZ** 46 Xb 35
Kisiele **ŁDZ** 55 Ud 41
Kisielew **MAZ** 47 Xe 35
Kisielewo **KPM** 31 Ub 32
Kisielewo **MAZ** 32 Ue 32
Kisielice **WMZ** 18 Ub 27
Kisielnica **PDL** 34 Xa 29
Kisielów **PKR** 81 Xd 49
Kisielów **SLK** 83 Te 50
Kisielówka **MŁP** 85 Vc 50
Kisielsk **LBL** 58 Wf 37
Kisiny **WMZ** 32 Vb 29
Kistowo **POM** 5 Se 23
Kistówko **POM** 5 Se 23
Kiszewo **WKP** 28 Re 32
Kiszewy **WKP** 42 Tb 36
Kiszki **LBL** 70 Xc 45
Kiszkowo **WKP** 41 Sb 33
Kiślaki **PDL** 35 Xe 29
Kitki **MAZ** 33 Vd 30
Kitnowo **KPM** 18 Tf 28
Kitnowo **WMZ** 19 Va 27
Kitów **LBL** 71 Xf 44
Kiwity **WMZ** 20 Ve 24
Kizielany **PDL** 23 Yb 27
Klamry **KPM** 30 Td 28
Klaniny **POM** 17 Tb 26
Klarów **LBL** 59 Xf 41
Klasztorne **ZPM** 27 Qe 30
Klatka **ŁDZ** 53 Tb 41
Klaudyn **MAZ** 45 Vf 35
Klawy, Siennica- **PDL** 35 Xc 32
Klątwy **LBL** 72 Ye 45
Klebark Mały **WMZ** 19 Vd 26
Klebark Wielki **WMZ** 20 Vd 26
Klecie **PKR** 79 Wc 49
Klecin **DLS** 63 Rd 43
Klecina **DLS** 64 Rf 42
Klecza **DLS** 62 Qd 42
Klecza Dolna **MŁP** 77 Ud 49
Klecza Górna **MŁP** 77 Ud 49
Kleczew **WKP** 42 Tb 34
Kleczkowo **MAZ** 34 Wf 30
Klejniki **PDL** 36 Yc 31
Klejwy **PDL** 11 Yb 24
Klemencice **SWK** 68 Vb 45
Klementowice **LBL** 58 Xa 40
Klementynów **MAZ** 57 Wb 39
Klempicz **WKP** 28 Rc 32
Klenica **LBU** 39 Qe 37
Kleosin **PDL** 35 Ya 30
Klepacze **PDL** 35 Ya 30
Klepacze **PDL** 47 Xe 33
Klepacze, Jawory- **PDL** 35 Xd 30
Klepaczew **MAZ** 47 Ya 35
Klepaczka **SLK** 66 Te 43
Klepaczka **SLK** 66 Tf 43
Klepaczka **SLK** 66 Ua 44
Kleparz **WKP** 41 Sd 34
Kleszcze **ZPM** 3 Rb 23
Kleszczele **PDL** 48 Yb 33
Kleszczewko **POM** 6 Td 23
Kleszczewo **POM** 6 Td 23
Kleszczewo **WKP** 40 Sb 35
Kleszczewo **WMZ** 21 We 25
Kleszczewo **WMZ** 22 Xd 25
Kleszczewo Kościerskie **POM** 17 Tc 25
Kleszczowa **SLK** 77 Ue 46
Kleszczów **ŁDZ** 67 Ub 41
Kleszczów **MŁP** 77 Ue 48
Kleszczów **SLK** 76 Td 46
Kleszczówek **PDL** 11 Xf 23
Kleszczówka **LBL** 58 Wf 39
Kleszczówka **SLK** 76 Te 48
Kleszczyn **KPM** 31 Ub 30
Kleszczyna **WKP** 28 Sa 29
Kleszczyniec **POM** 5 Sd 22
Kleszewo **MAZ** 33 Wa 32
Klesztów **LBL** 72 Ye 42
Klesztów, Kolonia **LBL** 72 Ye 42
Kleśniska **SLK** 66 Te 42
Kletkowo **PDL** 47 Xe 34
Kletnia **ŁDZ** 67 Uc 42
Kletnia **LBL** 58 We 39
Kletno **DLS** 73 Rf 47
Klew **ŁDZ** 67 Va 41
Klewianka **PDL** 22 Xe 28
Klewinowo **PDL** 36 Yb 31
Klewki **MAZ** 33 Vf 30
Klewki **WMZ** 19 Vd 26
Klewki **WMZ** 20 Wb 24
Klewków **ŁDZ** 44 Ud 36
Klębów **MAZ** 45 Wb 34
Klęcino **POM** 4 Sc 21
Klęcz **ŁDZ** 54 Ua 40
Klęczanów **SWK** 69 Wd 44
Klęczany **MŁP** 85 Vd 50
Klęczany **MŁP** 86 Wb 50
Klęczany **PKR** 80 We 48
Klęczkowo **KPM** 17 Te 28
Klęczkowo **WMZ** 32 Vb 29
Klęka **WKP** 41 Sc 36
Klępczewo **ZPM** 14 Qe 26
Klępicz **ZPM** 25 Pb 31
Klępie Dolne **SWK** 79 Wa 46
Klępie Górne **SWK** 79 Wa 46
Klępino **ZPM** 13 Qa 28
Klępino Białogardzkie **ZPM** 14 Ra 24
Klępnica **ZPM** 14 Qd 26
Klępsk **LBU** 39 Qe 36
Klice **MAZ** 32 Vd 31
Klichy **PDL** 35 Xf 33
Klicz **ZPM** 12 Pb 25
Kliczewo Duże **MAZ** 32 Va 30
Kliczewo Małe **MAZ** 32 Va 30
Kliczkowy **POM** 16 Sf 25
Kliczków **DLS** 50 Qc 40
Kliczków **ŁDZ** 54 Td 39
Klikawa **LBL** 58 Wf 40
Klików **LBU** 50 Qb 40
Klikuszowa **MŁP** 84 Uf 51
Klimaszewnica **PDL** 22 Xd 28
Klimki **LBL** 47 Xb 37
Klimki **MAZ** 34 Wc 29
Klimki **PDL** 36 Yb 29
Klimkówka **MŁP** 85 Ve 50
Klimkówka **MŁP** 86 Wa 51
Klimkówka **PKR** 87 We 51
Klimontów **MŁP** 78 Vb 47
Klimontów **SLK** 76 Ua 47
Klimontów **SWK** 69 Wc 45
Klimontów **SWK** 77 Va 45
Klimontówek **SWK** 77 Va 45
Klimonty **MAZ** 47 Xd 35
Klimska Wielka **ZPM** 13 Pe 28
Klimusin **LBL** 71 Xf 42
Klimy **MAZ** 47 Xd 36
Klimy **WMZ** 18 Ub 27
Kliniki **MAZ** 32 Va 32
Kliny **ŁDZ** 56 Vb 40
Klisino **OPL** 75 Se 47
Kliszkowice **DLS** 52 Rf 40
Kliszów **PKR** 79 Wc 46
Kliszów **SWK** 68 Vd 45
Klizin **ŁDZ** 67 Ud 42
Klocek **KPM** 16 Sf 26
Klon **WMZ** 20 Wb 28
Klonia **POM** 16 Se 26
Klonorejść **PDL** 11 Ya 23
Klonowa **ŁDZ** 53 Tc 40
Klonowa **MAZ** 56 Vd 40
Klonowa Wola **MAZ** 57 Wb 37
Klonowica Duża **LBL** 48 Yb 36
Klonowica Mała **LBL** 48 Yb 36
Klonowiec **WKP** 51 Rd 37
Klonowiec-Koracz **MAZ** 57 Wc 41
Klonowiec-Kurek **MAZ** 57 Wb 41
Klonowiec Stary **ŁDZ** 43 Ub 35
Klonowiec Wielki **ŁDZ** 43 Ub 35
Klonowo **KPM** 16 Sf 28
Klonowo **KPM** 31 Ua 31
Klonowo Dolne **POM** 6 Tb 23
Klonów **ŁDZ** 54 Td 38
Klonów **MŁP** 78 Vb 46
Klonów **SWK** 68 Ve 43
Klonówka **POM** 17 Td 25
Klony **WKP** 41 Sb 34
Kluczbork **OPL** 65 Tb 43
Klucze **DLS** 51 Ra 38
Klucze **MŁP** 77 Ud 46
Kluczewo **WKP** 39 Rc 36
Kluczewo **ZPM** 14 Rb 27
Kluczewsko **SWK** 67 Uf 43
Kluczkowice **LBL** 70 Wf 42
Kluczkowo **ZPM** 14 Qf 26
Kluczowa **DLS** 63 Re 45
Kluczyce **SWK** 67 Ue 44
Klugajny **WMZ** 19 Va 24
Kluki **ŁDZ** 54 Ub 40
Kluki **MAZ** 46 We 35
Kluki **POM** 4 Sc 20
Kluki **ZPM** 26 Qa 30
Klukowa Huta **POM** 5 Sf 23
Klukowicze **PDL** 48 Yb 34
Klukowo **MAZ** 34 Wf 32
Klukowo **MAZ** 45 Ve 33
Klukowo **PDL** 47 Xe 34
Klukowo **POM** 6 Tc 22
Klukowo-Wieś **PDL** 35 Xd 32
Klukówek **MAZ** 45 Ve 32
Klusek **MAZ** 43 Uc 33
Kluski **ŁDZ** 54 Td 40
Kluski **ŁDZ** 66 Td 42
Klusy **WMZ** 21 Xa 26
Kluszewo **MAZ** 32 Vd 30
Kluszewo **WKP** 28 Rb 33
Kluszkowce **MŁP** 85 Vb 52
Klutajny **WMZ** 20 Vd 24
Klwatka Królewska **MAZ** 57 Wb 40
Klwaty **MAZ** 57 Wa 40
Klwów **MAZ** 56 Vd 39
Kłaczyna **DLS** 63 Rb 43
Kładno **ZPM** 3 Qf 23
Kłady **ŁDZ** 54 Tf 39
Kłaj **MŁP** 78 Vb 49
Kłajpeda **PDL** 11 Xe 23
Kłaki **MAZ** 32 Uf 32
Kłanino **POM** 5 Tb 20
Kłanino **ZPM** 15 Rc 24
Kłapówka **PKR** 80 Wf 47
Kłączno **POM** 16 Sd 24
Kłecko **WKP** 41 Sc 33
Kłecko-Kolonia **WKP** 41 Sc 33
Kłębanowice **DLS** 50 Qf 39
Kłębanowice **DLS** 63 Rb 41
Kłębowiec **ZPM** 28 Rc 29
Kłębowo **WMZ** 20 Vd 24
Kłęby **ZPM** 13 Pf 26
Kłobia **KPM** 43 Tf 33
Kłobuck **SLK** 66 Tf 43
Kłobuczyn **DLS** 50 Qf 39
Kłobuczyno **POM** 5 Ta 23
Kłobukowice **SLK** 67 Ub 43
Kłocko **ŁDZ** 54 Te 39
Kłoczew **LBL** 58 Wf 38
Kłoda **DLS** 50 Qf 39
Kłoda **LBL** 58 Xb 40
Kłoda **MAZ** 57 Wc 38
Kłoda **SWK** 79 Wb 46
Kłoda Duża **LBL** 48 Yb 36
Kłoda Duża **WKP** 51 Rd 38
Kłoda Mała **LBL** 48 Yc 36
Kłodawa **LBU** 26 Qb 32
Kłodawa **PKR** 79 Wc 50
Kłodawa **POM** 16 Sd 26
Kłodawa **POM** 6 Td 23
Kłodawa **WKP** 43 Tf 35
Kłoda Wielka **DLS** 51 Rd 39
Kłodkowo **ZPM** 13 Qb 24
Kłodne **MŁP** 85 Vc 52
Kłodne **MŁP** 85 Vd 50
Kłodnica **LBL** 70 Wf 41
Kłodnica **OPL** 75 Tb 46
Kłodnica Dolna **LBL** 70 Xb 42
Kłodnica Górna **LBL** 70 Xb 42
Kłodnica Górna-Kolonia **LBL** 70 Xb 42
Kłodno **ŁDZ** 43 Tf 37
Kłodobok **OPL** 64 Sb 45
Kłodzin **WKP** 29 Sc 32
Kłodzino **ZPM** 13 Pf 26
Kłodzino **ZPM** 14 Qe 25
Kłodzino **ZPM** 14 Rb 26
Kłodzino **ZPM** 26 Qa 30
Kłodzisko **WKP** 27 Rb 32
Kłodzko **DLS** 73 Rd 46
Kłokcin **SLK** 76 Td 48
Kłokocin **SLK** 76 Td 48
Kłokock **KPM** 31 Ub 32
Kłokoczyce **DLS** 64 Sa 42
Kłokoczyn **MŁP** 77 Ud 49
Kłokoczyn **WKP** 43 Tf 35
Kłomnice **SLK** 67 Uc 43
Kłoniszew **ŁDZ** 54 Ua 38
Kłonna **MAZ** 56 Vd 40
Kłonowo **KPM** 42 Td 33
Kłonówek **MAZ** 57 Wc 40
Kłopot **LBU** 37 Pe 36
Kłopotowo **ZPM** 3 Qe 24
Kłopotów **DLS** 51 Rb 40
Kłopoty-Stanisławy **PDL** 47 Xe 33
Kłos **ZPM** 3 Rb 23
Kłoski-Świgonie **PDL** 35 Xd 30
Kłosowo **POM** 6 Tb 22
Kłosowo **ZPM** 14 Rb 28
Kłosów **DLS** 64 Sb 44
Kłosów **ZPM** 25 Pc 32
Kłosy **POM** 5 Sd 23
Kłotno **KPM** 43 Ub 34
Kłóbka **KPM** 43 Ua 34
Kłódka **KPM** 18 Tf 27
Kłódzie **MAZ** 46 Xa 36
Kłucko **SWK** 68 Vc 42
Kłucko, Kolonia **SWK** 68 Vc 42
Kłudno **MAZ** 56 Ve 39
Kłudno **MAZ** 56 Ve 40
Kłudzice **ŁDZ** 55 Ue 40
Kłudzie **MAZ** 70 We 42
Kłudzienko **MAZ** 45 Vd 36
Kłuśno **KPM** 31 Uc 30
Kłyczów **PKR** 70 Xa 45
Kłyż **MŁP** 78 Vf 47
Kmiczyn **LBL** 72 Ye 45
Kmiecin **POM** 6 Ua 23
Knapy **PKR** 79 Wd 46
Kneblowo **KPM** 18 Tf 28
Kniatowy **ŁDZ** 53 Tc 41
Kniazie **LBL** 82 Yc 46
Kniażyce **PKR** 88 Xe 50
Knieja **KPM** 29 Sf 31
Knieja **OPL** 65 Tb 44
Knipy **WMZ** 8 Vd 24
Knis **WMZ** 21 Wd 25
Knopin **WMZ** 19 Vc 25
Knorozy **PDL** 36 Yb 31
Knorydy **PDL** 36 Ya 32
Knurowiec **MAZ** 34 Wd 32
Knurów **MŁP** 85 Vb 52
Knurów **SLK** 76 Te 47
Knychówek **MAZ** 47 Xd 34
Knyki **ZPM** 15 Rc 26
Knyszewicze **PDL** 23 Ye 28
Knyszyn **PDL** 35 Xf 29
Kobiela **OPL** 64 Sb 45
Kobiela **SWK** 78 Ve 47
Kobiela **WMZ** 20 Ve 24
Kobiele Małe **ŁDZ** 67 Ud 42
Kobiele Wielkie **ŁDZ** 67 Ud 42
Kobielice **SLK** 76 Tf 48
Kobiernice **SLK** 76 Ub 49
Kobierniki **MAZ** 43 Ud 33
Kobierniki **SWK** 69 We 44
Kobierno **WKP** 52 Sc 38
Kobierzyce **DLS** 64 Rf 43
Kobierzycko **ŁDZ** 54 Td 39
Kobierzyn **MŁP** 79 Vf 48
Kobiór **SLK** 76 Tf 48
Koblatki **MAZ** 32 Vd 29
Kobło **LBL** 72 Yf 43
Koboski **PDL** 35 Xe 31
Kobułty **WMZ** 20 Wa 26
Kobusy **MAZ** 57 We 38
Kobusy **PDL** 35 Xd 32
Kobyla Głowa **DLS** 63 Rf 45
Kobyla Góra **SLK** 65 Tb 42
Kobyla Góra **WKP** 53 Sf 40
Kobyla Kępa **POM** 7 Ub 23
Kobylaki-Korysze **MAZ** 33 Vf 30
Kobyla Miejska **ŁDZ** 54 Tf 38
Kobylanka **KPM** 17 Te 28
Kobylanka **MAZ** 46 We 34
Kobylanka **MŁP** 86 Wb 50
Kobylanka **PDL** 36 Yd 30
Kobylanka **ZPM** 13 Pf 28
Kobylanki **SWK** 69 Wc 44
Kobylanki **WKP** 42 Tb 34
Kobylany **LBL** 48 Yd 36
Kobylany **MAZ** 47 Xf 36
Kobylany **MAZ** 57 Wb 41
Kobylany **MŁP** 77 Ue 48
Kobylany **PKR** 87 Wd 51
Kobylany **SWK** 69 Wc 44
Kobylany Górne **MAZ** 47 Xc 35
Kobylarnia **WKP** 27 Ra 33
Kobylasz **POM** 5 Sf 22
Kobyla Wola **MAZ** 57 Wd 37
Kobyle **LBL** 71 Yb 42
Kobyle **MŁP** 78 Vd 49
Kobyle **PKR** 79 Wd 49
Kobyle **POM** 17 Tb 24
Kobylec **MŁP** 78 Vb 49
Kobylec **WKP** 29 Sb 31
Kobylice **OPL** 75 Tb 47
Kobylin **ŁDZ** 55 Uf 37
Kobylin **MAZ** 33 Ve 31
Kobylin **MAZ** 34 Wd 32
Kobylin **MAZ** 56 Vf 37
Kobylin **PDL** 34 Xa 29
Kobylin **WKP** 52 Sb 38
Kobylin **WMZ** 22 Xc 26
Kobylin-Borzymy **PDL** 35 Xe 30
Kobylin-Cieszymy **PDL** 35 Xe 30
Kobylinek **MAZ** 33 Wa 31
Kobylin-Kruszewo **PDL** 35 Xd 30
Kobylin-Latki **PDL** 35 Xe 30
Kobylin-Pieniążki **PDL** 35 Xe 30
Kobylin-Pogorzałki **PDL** 35 Xe 30
Kobylnica **KPM** 42 Tc 33
Kobylnica **MAZ** 57 Wd 39
Kobylnica **POM** 4 Sa 22
Kobylnica **WKP** 40 Sa 34
Kobylnica Ruska **PKR** 81 Ya 48
Kobylnica Wołoska **PKR** 81 Ya 48
Kobylnik **MŁP** 85 Va 50
Kobylniki **DLS** 51 Re 41
Kobylniki **KPM** 30 Tb 32
Kobylniki **ŁDZ** 54 Tc 38
Kobylniki **ŁDZ** 54 Tf 37
Kobylniki **MAZ** 44 Vb 34
Kobylniki **SWK** 78 Vc 47
Kobylniki **SWK** 78 Vd 46
Kobylniki **WKP** 28 Rd 32
Kobylniki **WKP** 39 Rc 35
Kobylniki **WKP** 40 Rd 36
Kobylniki **WKP** 40 Re 34
Kobylno **OPL** 65 Ta 44
Kobyła **SLK** 75 Tb 48
Kobyła, Białebłoto- **MAZ** 34 Wd 32
Kobyłczyce **SLK** 67 Uc 44
Kobyłka **MAZ** 45 Wb 34
Kobyłki **ŁDZ** 55 Uc 40
Kobyłki **ŁDZ** 55 Ud 40
Kobysewo **POM** 6 Tb 22
Koce-Basie **PDL** 35 Xd 32
Koce Borowe **PDL** 35 Xd 32
Koce-Piskuły **PDL** 35 Xd 32
Kocerany **MAZ** 56 Ve 37
Koce-Schaby **PDL** 35 Xd 32
Kocewia Duża **WKP** 43 Tf 35
Kocęby, Poręba- **MAZ** 34 We 32
Kochanowice **SLK** 66 Te 44
Kochanów **DLS** 63 Ra 44
Kochanów **ŁDZ** 55 Va 38
Kochanów **ŁDZ** 55 Va 39
Kochanów **LBL** 58 Wf 40
Kochanów **MAZ** 56 Ve 40
Kochanów **MAZ** 69 Wc 41
Kochanówka **MAZ** 69 Wc 42
Kochanówka **PKR** 79 Wd 48
Kochcice **SLK** 66 Te 44
Kochlew **ŁDZ** 66 Te 41
Kochlice **DLS** 51 Ra 41
Kochłowice **OPL** 65 Tb 42
Kochłowice **SLK** 76 Tf 47
Kochłowy **WKP** 53 Sf 40
Kochoń **KPM** 31 Uc 32
Kochowo **WKP** 41 Sf 34
Kochów **MAZ** 57 Wd 38
Kochów **SWK** 69 Wc 44
Kociałkowa Górka **WKP** 41 Sb 34
Kocianów **LBL** 58 Xa 41
Kocibórz **WMZ** 20 Wb 24
Kocień Wielki **WKP** 27 Rb 31
Kocierz **ZPM** 13 Qb 25
Kocierzew Kościelny **ŁDZ** 44 Va 35
Kocierzew Południowy **ŁDZ** 44 Va 35
Kocierzew Północny **ŁDZ** 44 Va 35
Kocierz Moszczanicki **SLK** 84 Ub 50
Kocierzowy **ŁDZ** 67 Ud 42
Kocikowa **SLK** 77 Ud 46
Kocina **ŁDZ** 54 Tf 40
Kocina **SWK** 78 Ve 47
Kocina **WKP** 52 Sd 40
Kocin Nowy **SLK** 66 Ua 43
Kocin Stary **SLK** 66 Ua 43
Kocioł **DLS** 63 Rb 46
Kocioł **WMZ** 21 Wf 27
Kociołki **MAZ** 57 Wd 39
Kociszew **ŁDZ** 55 Ub 40
Kociszew **MAZ** 56 Vf 37
Kociugi **WKP** 51 Re 37
Kock **LBL** 58 Xc 39
Kocmyrzów **MŁP** 77 Va 48
Koconia **ŁDZ** 67 Ue 42
Kocoń **SLK** 84 Uc 50
Kocudza **LBL** 81 Yb 46
Kocudza Druga **LBL** 71 Xd 44
Kocudza Górna **LBL** 71 Xd 44
Kocudza Pierwsza **LBL** 71 Xd 44
Kocudza Trzecia **LBL** 71 Xd 45
Kocury **OPL** 65 Tc 44
Kocury **ZPM** 14 Rb 26
Koczała **POM** 15 Sa 25
Koczanów **SWK** 78 Vc 47
Koczarki **WMZ** 20 Wc 25
Koczek **WMZ** 20 Wc 27
Koczergi **LBL** 59 Xf 39
Koczurki **DLS** 52 Sa 40
Koczwara **SWK** 68 Vc 41
Koćmierzów **SWK** 69 We 45
Kodeniec **LBL** 59 Ya 39
Kodeń **LBL** 60 Yd 37
Kodłutowo **MAZ** 32 Va 31
Kodrań **ŁDZ** 54 Ua 41
Kodrąb **ŁDZ** 67 Ud 42
Kodrąb **ZPM** 13 Pd 25
Kodrąbek **ZPM** 13 Pd 25
Kojły **PDL** 36 Yc 32
Kojszówka **MŁP** 85 Ue 50
Kokanin **WKP** 53 Ta 38
Kokanin-Kolonia **WKP** 53 Ta 37
Kokawa **SLK** 66 Ua 43
Kokocko **KPM** 30 Ta 29
Kokorzyn **WKP** 40 Rd 36
Kokoszczyn **WKP** 40 Rd 34
Kokoszka **LBL** 58 Xa 38
Kokoszka **MAZ** 33 Wa 32
Kokoszki **ŁDZ** 53 Tc 39
Kokoszki **POM** 6 Tc 22
Kokoszkowy **POM** 17 Td 25
Kokot **SWK** 68 Vd 45
Kokotek **SLK** 66 Te 45
Kokotów **MŁP** 77 Va 48
Kokuszka **MŁP** 85 Ve 52
Kolano **LBL** 59 Ya 38
Kolanowice **OPL** 65 Sf 44
Kolbark **MŁP** 77 Ud 46
Kolbudy Dolne **POM** 6 Tc 23
Kolbudy Górne **POM** 6 Tc 23
Kolbuszowa **PKR** 80 We 47
Kolbuszowa Dolna **PKR** 80 We 47
Kolbuszowa Górna **PKR** 80 We 47
Kolce **DLS** 63 Rc 45
Kolczyn **LBL** 70 We 42
Kolczyn **MAZ** 31 Ud 32
Kolebki **WKP** 42 Tc 34
Kolechowicze **LBL** 59 Xf 40
Koleczkowo **POM** 6 Tc 22
Kolembrody **LBL** 59 Ya 37
Kolesin **LBU** 39 Qe 36
Koleśniki **WMZ** 22 Xe 25
Kolęda **DLS** 52 Sd 39
Kolimagi **PDL** 34 Wf 28
Kolin **ZPM** 26 Qa 29
Kolincz **POM** 17 Td 25
Koliszowy **SWK** 68 Vb 41
Kolnia, Horbów- **LBL** 48 Yb 36
Kolnica **OPL** 64 Sc 44
Kolnica **PDL** 22 Ya 26
Kolniczki **WKP** 41 Sc 36
Kolnik **POM** 6 Te 24
Kolniszki **WMZ** 10 Xc 23
Kolno **KPM** 17 Td 28
Kolno **MAZ** 45 Wc 35
Kolno **PDL** 21 Wf 28
Kolno **WKP** 42 Ta 35
Kolno **WMZ** 20 Vf 25
Kolno **ZPM** 15 Rc 28
Kolnowice **OPL** 74 Sd 46
Kolonia **POM** 5 Ta 22
Kolonia **WMZ** 20 Wb 27
Kolonia **ZPM** 4 Re 22
Kolonia, Bałucz- **ŁDZ** 54 Ua 39
Kolonia, Bebelno- **SWK** 67 Uf 44
Kolonia, Bechcice- **ŁDZ** 55 Ub 38
Kolonia, Bednary- **ŁDZ** 44 Va 36
Kolonia, Boby- **LBL** 70 Xa 42
Kolonia, Bochotnica- **LBL** 58 Xb 41
Kolonia, Bogucin- **LBL** 58 Xc 41
Kolonia, Boiska- **MAZ** 70 We 41
Kolonia, Borów- **LBL** 71 Xf 43
Kolonia, Borsuki- **MAZ** 45 Wa 33
Kolonia, Bryńsk- **MAZ** 32 Ue 29
Kolonia, Brzeście- **LBL** 58 Wf 41
Kolonia, Brzeźnica- **WKP** 15 Rd 28
Kolonia, Brzeźnica Bychawska- **LBL** 59 Xe 39
Kolonia, Brzeźnica Książęca- **LBL** 59 Xe 39
Kolonia, Brzeźno- **MAZ** 34 Wd 31
Kolonia, Ceków- **WKP** 53 Tb 37
Kolonia, Chmiel **LBL** 71 Xe 42
Kolonia, Chylice- **MAZ** 44 Vd 36
Kolonia, Ciepielów- **MAZ** 57 Wd 41
Kolonia, Czarna- **MAZ** 57 Wc 40
Kolonia, Czerwin- **MAZ** 34 We 31
Kolonia, Czerwona Wola- **SWK** 68 Vb 42
Kolonia, Dąbrowica- **WKP** 54 Te 37
Kolonia, Depułtycze Królewskie- **LBL** 72 Yc 42
Kolonia, Deszkowice- **LBL** 71 Ya 44
Kolonia, Dębe- **WKP** 53 Tb 38
Kolonia, Dębica- **LBL** 59 Xd 39
Kolonia, Dębina- **LBL** 72 Yd 43
Kolonia, Dołhobyczów- **LBL** 72 Za 45
Kolonia, Dratów- **LBL** 59 Xf 40
Kolonia, Dybów- **MAZ** 45 Wb 34
Kolonia, Dzietrzkowice- **ŁDZ** 65 Tb 41
Kolonia, Gałkówek- **ŁDZ** 55 Ue 38
Kolonia, Gardzienice- **MAZ** 57 Wd 41
Kolonia, Ignatki- **PDL** 35 Ya 30
Kolonia, Jakimowice- **SWK** 68 Vb 42
Kolonia, Jakubowice- **LBL** 59 Xd 41
Kolonia, Jaszczów- **LBL** 59 Xf 41
Kolonia, Jelno- **ŁDZ** 54 Tf 39
Kolonia, Kakawa- **WKP** 53 Tb 39
Kolonia, Kamień- **LBL** 72 Yd 42
Kolonia, Kaplonosy- **LBL** 60 Yc 39
Kolonia, Karmanowice- **LBL** 58 Xa 41
Kolonia, Kępa- **LBL** 70 Xb 42
Kolonia, Kiełczewice Dolne- **LBL** 70 Xc 42
Kolonia, Kiełczygłów- **ŁDZ** 54 Ua 41
Kolonia, Kierzkówka- **LBL** 58 Xc 40
Kolonia, Kłecko- **WKP** 41 Sc 33
Kolonia, Kłodnica Górna **LBL** 70 Xb 42
Kolonia, Kokanin- **WKP** 53 Ta 37
Kolonia, Kornica- **MAZ** 47 Xf 36
Kolonia, Kosarzew- **LBL** 71 Xd 43
Kolonia, Krasienin- **LBL** 58 Xc 40
Kolonia, Kuczki- **MAZ** 57 Wc 40
Kolonia, Lisowice- **ŁDZ** 66 Tf 42
Kolonia, Lisów- **SLK** 66 Te 44
Kolonia, Luszawa- **LBL** 59 Xd 39
Kolonia, Łuszczów- **LBL** 59 Xe 41
Kolonia, Łysaków- **PKR** 70 Xb 44
Kolonia, Marchwacz- **WKP** 53 Tb 38
Kolonia, Marianów- **WKP** 54 Td 37
Kolonia, Miętkie- **LBL** 72 Ye 45
Kolonia, Miłocin- **LBL** 58 Xb 41
Kolonia, Mołożów- **LBL** 72 Ye 45
Kolonia, Niewirków- **LBL** 72 Yc 44
Kolonia, Niezabitów- **LBL** 58 Xa 41
Kolonia, Nowy Horyszów- **LBL** 72 Yc 44
Kolonia, Olchowiec **LBL** 71 Xf 43
Kolonia, Opacz- **MAZ** 45 Vf 35
Kolonia, Osiek- **ŁDZ** 53 Tb 40
Kolonia, Osipy- **PDL** 35 Xc 31
Kolonia, Ostrów- **LBL** 70 Xb 43
Kolonia, Ostrówek- **LBL** 59 Xd 39
Kolonia, Ostrówek- **LBL** 59 Xf 41
Kolonia, Ożarów- **LBL** 58 Xb 41
Kolonia, Partyzantów- **LBL** 72 Yd 43
Kolonia, Piątek Mały- **WKP** 53 Ta 37
Kolonia, Piszczac- **LBL** 48 Yc 37
Kolonia, Płoskie- **LBL** 71 Ya 44
Kolonia, Pożdżenice- **ŁDZ** 54 Ub 40
Kolonia, Pożóg **LBL** 58 Xa 40
Kolonia, Przytuły- **PDL** 34 Xb 28
Kolonia, Putnowice- **LBL** 72 Yd 43
Kolonia, Raciborowice- **LBL** 72 Ye 43
Kolonia, Raczkowice- **SLK** 67 Ud 43
Kolonia, Radawczyk- **LBL** 70 Xc 41
Kolonia, Rębisze- **MAZ** 34 Wd 31
Kolonia, Rokiciny- **ŁDZ** 55 Ue 38
Kolonia, Różanka- **LBL** 60 Yd 39
Kolonia, Rudnik Szlachecki- **LBL** 70 Xb 43
Kolonia, Rudzienko- **LBL** 58 Xb 39
Kolonia, Rychnów- **WKP** 53 Ta 37
Kolonia, Rzeczków- **MAZ** 57 Wa 41
Kolonia, Rzeczyca- **LBL** 58 Xa 41
Kolonia, Rzepin **SWK** 69 Wa 43
Kolonia, Sady- **MAZ** 56 Ve 40
Kolonia, Sahryń- **LBL** 72 Ye 44
Kolonia, Seroczyn- **MAZ** 47 Xc 33
Kolonia, Skrobów- **LBL** 59 Xd 40
Kolonia, Słupia Nadbrzeżna- **SWK** 70 We 43
Kolonia, Smrock- **MAZ** 33 Wb 31
Kolonia, Sobieszczany- **LBL** 70 Xc 42
Kolonia, Stary Horyszów- **LBL** 72 Yc 44
Kolonia, Stefankowice- **LBL** 72 Yf 43
Kolonia, Stężyca- **LBL** 71 Ya 42
Kolonia, Stoczek- **LBL** 59 Xd 40
Kolonia, Struża- **LBL** 70 Xb 43
Kolonia, Studzianki- **LBL** 70 Xc 43
Kolonia, Suleje- **LBL** 47 Yc 37
Kolonia, Sulęcin Szlachecki- **MAZ** 34 Wf 31
Kolonia, Tarło- **LBL** 59 Xe 39
Kolonia, Tchórzew- **LBL** 59 Xd 38
Kolonia, Trzcianka- **MAZ** 32 Vc 30
Kolonia, Udrycze- **LBL** 71 Yb 44
Kolonia, Uścimów- **LBL** 59 Xf 40
Kolonia, Wąsewo- **MAZ** 34 We 31
Kolonia, Węglewice- **ŁDZ** 43 Ub 36
Kolonia, Wieczfnia- **MAZ** 32 Vc 29
Kolonia, Wielącza- **LBL** 71 Ya 44
Kolonia, Wielenin **ŁDZ** 42 Te 36
Kolonia, Wierzbica- **LBL** 70 Xa 42
Kolonia, Wiśniew- **MAZ** 47 Xb 36
Kolonia, Włocin- **ŁDZ** 53 Tc 39

Kolonia, Woda Studzieńska- **SWK** 70 Xc 43
Kolonia, Wojciechów- **LBL** 58 Xb 41
Kolonia, Wojciechów- **LBL** 70 Xc 44
Kolonia, Wola Cyrusowa- **ŁDZ** 55 Ue 37
Kolonia, Wola Gałęzowska- **LBL** 70 Xd 43
Kolonia, Wolica- **LBL** 70 Xc 44
Kolonia, Wozdół- **SWK** 68 Vf 43
Kolonia, Wólka Rockicka- **LBL** 59 Xd 40
Kolonia, Zabłocie- **LBL** 59 Xe 38
Kolonia, Zabłudów- **PDL** 36 Yc 30
Kolonia, Zadębce- **LBL** 72 Ye 43
Kolonia, Zakalinki- **LBL** 47 Ya 35
Kolonia, Zakrzówek- **MAZ** 57 Wc 41
Kolonia, Zalesie- **MAZ** 57 Wa 41
Kolonia, Zawady- **ŁDZ** 54 Tf 40
Kolonia, Zbiersk- **WKP** 42 Tb 37
Kolonia, Zezulin- **LBL** 59 Xf 40
Kolonia, Żebry- **MAZ** 35 Xc 32
Kolonia, Żelisław- **ŁDZ** 54 Tc 39
Kolonia, Żelków- **MAZ** 46 Xb 36
Kolonia, Żurawiniec- **LBL** 59 Xd 39
Kolonia Bereźnica **LBL** 72 Za 43
Kolonia Biskupska **OPL** 65 Tc 43
Kolonia Boiska **LBL** 70 Wf 42
Kolonia Boleszewo **ZPM** 4 Rd 22
Kolonia Borki **SLK** 76 Te 49
Kolonia Brużyca **ŁDZ** 55 Uc 38
Kolonia Brzeziny **KPM** 17 Te 28
Kolonia-Burzec **LBL** 58 Xb 38
Kolonia Druga, Jarczów- **LBL** 82 Yd 46
Kolonia Emska **LBL** 71 Xf 43
Kolonia Gałęzów Drugi **LBL** 70 Xc 43
Kolonia Gałęzów Pierwszy **LBL** 70 Xc 43
Kolonia Glinno **ŁDZ** 54 Te 38
Kolonia Głobino **POM** 4 Sa 22
Kolonia Golasowicka **SLK** 76 Te 49
Kolonia Guzówka **LBL** 71 Xe 43
Kolonia Harsz **WMZ** 9 We 24
Kolonia Hołowienki **MAZ** 46 Xb 33
Kolonia Izdebno **LBL** 71 Xf 42
Kolonia Jaroty **WMZ** 19 Vd 26
Kolonia Jeżyce **ZPM** 3 Rc 22
Kolonia Kaliszany **LBL** 70 We 42
Kolonia Kąpieliska **MŁP** 77 Ue 46
Kolonia-Kierzkówka **LBL** 58 Xc 40
Kolonia Kietlin **ŁDZ** 67 Ud 42
Kolonia Klesztów **LBL** 72 Ye 42
Kolonia Kłucko **SWK** 68 Vc 42
Kolonia Książ Mały **MŁP** 78 Vb 46
Kolonia Kurowice **MAZ** 47 Xc 33
Kolonia Lelowice **MŁP** 78 Vb 47
Kolonia Lesica **DLS** 73 Rd 48
Kolonia Łaziska **LBL** 70 Wf 42
Kolonia Łaznów **ŁDZ** 55 Ue 39
Kolonia Łomnicka **OPL** 65 Tc 44
Kolonia Łyszkowice **ŁDZ** 44 Uf 37
Kolonia Malczew **MAZ** 57 Wb 40
Kolonia Mielenko **ZPM** 3 Ra 23
Kolonia Nadwiślańska **MAZ** 70 We 42
Kolonia Niemienice **LBL** 71 Ya 43
Kolonia Niemirówek **LBL** 72 Yc 45
Kolonia Ostrowicka **POM** 17 Te 26
Kolonia Pasztowa Wola **MAZ** 69 Wc 42
Kolonia Pecławska **SWK** 69 Wb 45
Kolonia Pierwsza, Jarczów- **LBL** 82 Yd 46
Kolonia Polska **PKR** 81 Xd 47
Kolonia Rędziny **ŁDZ** 67 Ud 43
Kolonia Rogóżno **LBL** 82 Yc 46
Kolonia Rożki **LBL** 71 Xe 43
Kolonia Ruszcza **SWK** 69 Wc 45
Kolonia Ryczów **SLK** 77 Ud 46
Kolonia Rzeczyca **LBL** 70 Xb 43
Kolonia Sitno **LBL** 72 Yc 44
Kolonia Srock **ŁDZ** 55 Ud 39
Kolonia Starkowo **POM** 4 Re 21
Kolonia Stasin **LBL** 70 Xb 41
Kolonia Staszic **LBL** 72 Ye 43
Kolonia Storkowo **ZPM** 15 Rd 26
Kolonia Suchowola **LBL** 71 Yb 45
Kolonia Szeromin **MAZ** 44 Vc 33
Kolonia Szpondówek **MAZ** 44 Vc 33
Kolonia Troszkowo **WMZ** 20 Vf 24
Kolonia Trzydnik **LBL** 70 Xa 43
Kolonia-Uścimów **LBL** 59 Xf 40
Kolonia Warszawska **LBL** 70 Xb 42
Kolonia Wiązownica **SWK** 69 Wc 45
Kolonia Wierzbica **MAZ** 69 Wa 41
Kolonia Wierzchowiska **MAZ** 69 Wd 42
Kolonia Wola Solecka **MAZ** 69 We 41
Kolonia Wola Zaradzyńska **ŁDZ** 55 Uc 39
Kolonia Wolica **LBL** 70 Xa 41
Kolonia Wozławki **WMZ** 8 Vf 24
Kolonia-Wólka Rokicka **LBL** 59 Xd 40
Kolonia Zającówka **DLS** 50 Qe 40
Kolonia Zakrzew **LBL** 71 Xd 43
Kolonia Zawada **ŁDZ** 55 Uf 39
Kolonia Zawada **LBL** 71 Ya 44
Kolonia-Zawieprzyce **LBL** 59 Xe 40
Kolonia Zębowo **POM** 4 Rf 22
Kolonia Żółkiew **LBL** 71 Xe 43
Kolonowskie **OPL** 65 Tc 45
Kolosy **SWK** 78 Vd 47
Kolsk **ZPM** 27 Qd 31
Kolsko **LBU** 39 Qf 37
Kolumna-Las **ŁDZ** 54 Ub 39
Koluszki **ŁDZ** 55 Ue 38
Koluszki Stare **ŁDZ** 55 Ue 38
Kołacin **ŁDZ** 55 Ue 37
Kołacin **WKP** 41 Sb 36
Kołacinek **ŁDZ** 55 Uf 37
Kołacz **MAZ** 46 We 36
Kołacz **ZPM** 14 Rb 26
Kołacze **LBL** 59 Yc 40
Kołaczkowice **SLK** 66 Tf 43
Kołaczkowice **SWK** 78 Vf 46
Kołaczkowice **WKP** 52 Sa 38
Kołaczkowo **KPM** 29 Se 30
Kołaczkowo **WKP** 41 Sd 35
Kołaczkowo **WKP** 41 Se 34
Kołaczków **MAZ** 33 Ve 31
Kołaczyce **PKR** 79 Wc 50
Kołaki **MAZ** 34 Wc 31
Kołaki, Brzeski- **MAZ** 33 Vf 29
Kołaki, Czachy- **PDL** 35 Xc 30
Kołaki-Budzyno **MAZ** 33 Ve 31
Kołaki Kościelne **PDL** 35 Xc 30
Kołaki-Kwasy **MAZ** 33 Ve 31
Kołaki Piaseczne **PDL** 34 Xa 29
Kołaki-Strumienne **PDL** 34 Xa 29
Kołaki Wielkie **MAZ** 33 Ve 30
Kołaki-Wietrzychowo **PDL** 34 Xa 29
Kołaków **MAZ** 45 Wb 34
Kołata **WKP** 40 Sb 34
Kołatka **WKP** 40 Sa 34
Kołbacz **ZPM** 13 Pe 29
Kołbaskowo **ZPM** 12 Pc 28
Kołbiel **MAZ** 46 Wc 36
Kołczewo **ZPM** 13 Pd 25
Kołczygłowy **POM** 4 Sb 23
Kołczygłówki **POM** 4 Sb 23
Kołczyn **LBL** 48 Yc 36
Kołczyn **LBU** 26 Qa 33
Kołdowo **POM** 15 Sb 26
Kołdowo Piaski **POM** 15 Sc 26
Kołdrąb **KPM** 29 Sd 32
Kołduny **ŁDZ** 55 Uc 40
Kołek **ŁDZ** 55 Ue 40
Kołki **ZPM** 27 Qd 30
Kołków **SWK** 78 Vc 46
Koło **ŁDZ** 55 Ue 40
Koło **LBU** 49 Pe 37
Koło **MAZ** 45 Vf 35
Koło **WKP** 42 Td 35
Kołobrzeg **ZPM** 2 Qd 23
Kołodno **PDL** 36 Yc 30
Kołodziąż **MAZ** 46 Wf 33
Kołodziąż **MAZ** 46 Wf 36
Kołodzieje **POM** 18 Ub 26
Kołodzieje **POM** 5 Se 23
Kołodziejewo **KPM** 29 Ta 32
Kołodzież **PDL** 22 Xe 28
Koło Gościńca **MŁP** 85 Vd 51
Kołomań **SWK** 68 Vd 42
Kołomąć **ZPM** 13 Qa 25
Kołomyja **PDL** 35 Xc 30
Kołomyjka **PDL** 35 Xc 30
Kołoniec **SWK** 68 Va 41
Kołowo **ZPM** 13 Pe 29
Kołoząb **MAZ** 44 Vc 33
Kołpiniec **MAZ** 47 Xc 33
Kołtki **POM** 15 Rf 25
Kołuda Mała **KPM** 30 Ta 32
Kołuda Wielka **KPM** 30 Ta 32
Kołybki **WKP** 29 Sc 31
Komadzyn **ŁDZ** 43 Uc 35
Komańcza **PKR** 87 Xa 52
Komarno **DLS** 62 Qf 43
Komarno **LBL** 48 Ya 36
Komarowo **KPM** 31 Ua 32
Komarowo **ZPM** 13 Pe 27
Komarówka Podlaska **LBL** 59 Xe 38
Komarów-Osada **LBL** 72 Yc 45
Komarów-Wieś **LBL** 72 Yc 45
Komaszewo **POM** 5 Se 20
Komaszyce **LBL** 70 Xa 42
Komaszyce **SWK** 68 Vc 41
Kombornia **PKR** 87 Wf 50
Komierowo **KPM** 16 Sd 28
Komiłowo **POM** 4 Sa 22
Kominki **WMZ** 20 Wa 24
Komodzianka **LBL** 71 Xe 44
Komorczyn **POM** 4 Rf 22
Komorna **SWK** 69 Wd 44
Komorniki **DLS** 51 Ra 39
Komorniki **DLS** 63 Rc 41
Komorniki **DLS** 63 Rd 42
Komorniki **ŁDZ** 53 Tc 40
Komorniki **ŁDZ** 55 Uf 39
Komorniki **ŁDZ** 65 Tc 42
Komorniki **MAZ** 45 Vf 37
Komorniki **MŁP** 78 Va 49
Komorniki **OPL** 75 Sf 46
Komorniki **SWK** 67 Uf 43
Komorniki **WKP** 40 Re 34
Komorniki **WKP** 40 Sa 35
Komorno **OPL** 75 Ta 46
Komorowice Krakowskie **SLK** 76 Ua 49
Komorowo **DLS** 52 Sa 40
Komorowo **KPM** 42 Te 34
Komorowo **MAZ** 33 Wc 32
Komorowo **WKP** 39 Ra 34
Komorowo **WKP** 41 Sc 33
Komorowo **WMZ** 21 Xa 27
Komorowo **ZPM** 4 Rd 23
Komorowo Śląskie **SLK** 76 Ua 49
Komorowo Żuławskie **WMZ** 18 Ud 24
Komorów **DLS** 53 Se 41
Komorów **DLS** 63 Rc 43
Komorów **ŁDZ** 55 Uf 39
Komorów **ŁDZ** 56 Vb 38
Komorów **LBU** 38 Pe 37
Komorów **MAZ** 44 Vc 35
Komorów **MAZ** 45 Ve 36
Komorów **MAZ** 56 Ve 40
Komorów **MŁP** 77 Va 46
Komorów **MŁP** 79 Vf 48
Komorów **PKR** 80 We 46
Komorów **SWK** 68 Vd 42
Komorów **SWK** 79 Wa 46
Komorówko **DLS** 52 Sa 40
Komorówko **WKP** 39 Rb 35
Komory **MAZ** 46 We 34
Komory, Księżopole- **MAZ** 46 Xa 35
Komorze **WKP** 41 Sd 36
Komorze **ZPM** 15 Rc 27
Komorzewo **WKP** 28 Rd 31
Komorzno **OPL** 65 Ta 42
Komosewo **PDL** 22 Xc 27
Komórki **SWK** 68 Ve 44
Komparzów **SWK** 67 Uf 43
Kompina **ŁDZ** 44 Va 36
Kompocie **PDL** 11 Yb 23
Komprachcice **OPL** 65 Se 45
Komsin **MAZ** 44 Vc 34
Konarskie **WKP** 40 Sa 35
Konarskie **WKP** 40 Sb 36
Konary **DLS** 51 Rd 40
Konary **DLS** 63 Rc 42
Konary **DLS** 64 Sa 45
Konary **KPM** 30 Tc 32
Konary **ŁDZ** 43 Ub 36
Konary **ŁDZ** 43 Uc 35
Konary **MAZ** 44 Vb 35
Konary **MAZ** 45 Ve 33
Konary **MAZ** 57 Wb 37
Konary **MŁP** 77 Uf 49
Konary **SLK** 67 Uc 43
Konary **SWK** 69 Wc 44
Konary **SWK** 78 Vb 45
Konary **WKP** 52 Sa 39
Konarzew **ŁDZ** 43 Uc 36
Konarzew **WKP** 52 Sc 38
Konarzewo **WKP** 40 Re 35
Konarzewo **WKP** 52 Rf 39
Konarzewo **ZPM** 13 Qb 26
Konarzewo **ZPM** 2 Qa 24
Konarzewo-Macisze **MAZ** 33 Vf 31
Konarzyce **PDL** 34 Xa 30
Konarzyce **WKP** 40 Sb 36
Konarzynki **POM** 15 Sc 26
Konarzyny **POM** 15 Sc 26
Konarzyny **POM** 17 Ta 25
Konaszówka **MŁP** 78 Va 46
Kondrajec **MAZ** 32 Vd 32
Kondrajec Pański **MAZ** 32 Vb 32
Kondrajec Szlachecki **MAZ** 32 Vb 32
Kondratki **PDL** 36 Yf 30
Kondratowice **DLS** 64 Rf 44
Kondratów **DLS** 62 Qf 42
Kondraty **LBL** 71 Xe 44
Koneck **KPM** 30 Te 32
Konewka **ŁDZ** 56 Va 39
Koniaczów **PKR** 81 Xe 48
Koniaków **SLK** 83 Tf 51
Konie **MAZ** 56 Ve 37
Koniecbór **PDL** 22 Xf 25
Koniecmosty **SWK** 78 Vd 46
Koniecpol **SLK** 67 Ue 44
Koniecwałd **POM** 18 Ua 25
Konieczki **SLK** 66 Te 43
Konieczki **WMZ** 22 Xc 25
Konieczkowa **PKR** 80 Wf 49
Konieczna **MŁP** 86 Wb 52
Konieczno **SWK** 67 Va 44
Koniemłoty **SWK** 79 Wa 45
Koniewo **WMZ** 8 Vd 23
Konikowo **ZPM** 3 Rb 24
Konin **ŁDZ** 54 Ub 38
Konin **LBU** 50 Qe 38
Konin **SLK** 66 Ub 43
Konin **WKP** 39 Rb 33
Konin **WKP** 39 Rb 34
Konin **WKP** 42 Tb 35
Konina **MŁP** 85 Va 51
Koninka **MŁP** 85 Va 51
Koninko **WKP** 40 Sa 35
Konin Żagański **LBU** 50 Qb 39
Koniowo **DLS** 52 Sa 40
Koniówka **MŁP** 84 Ue 52
Koniuchy **LBL** 72 Yd 44
Koniusza **MŁP** 78 Vb 47
Koniuszki **PDL** 23 Yc 26
Koniuszowa **MŁP** 85 Ve 51
Konojad **WKP** 40 Rd 36
Konojady **KPM** 31 Ub 28
Konopczyn **PDL** 22 Xf 28
Konopiska **SLK** 66 Ua 44
Konopki **MAZ** 32 Vc 31
Konopki **PDL** 22 Xc 27
Konopki **PDL** 35 Xd 30
Konopki **WMZ** 21 Xa 27
Konopki-Białystok **PDL** 21 Xa 28
Konopki-Jałbrzyków **PDL** 34 Xb 30
Konopki Małe **WMZ** 21 Wf 25
Konopki-Monety **PDL** 21 Xa 28
Konopki Wielkie **WMZ** 21 Wf 25
Konopne **LBL** 72 Ye 44
Konopnica **ŁDZ** 43 Tf 37
Konopnica **ŁDZ** 54 Te 40
Konopnica **ŁDZ** 56 Vb 38
Konopnica **LBL** 58 Xc 41
Konorzatka **LBL** 58 Xb 38
Konotop **LBU** 39 Qf 37
Konotop **ZPM** 14 Qe 28
Konotopa **MAZ** 45 Ve 35
Konotopie **KPM** 31 Ua 31
Konowały **PDL** 35 Xf 30
Konradowa **OPL** 74 Sc 46
Konradowo **LBU** 39 Qe 37
Konradowo **LBU** 51 Rb 38
Konradów **DLS** 63 Rb 44
Konradów **DLS** 73 Re 47
Konradów **ŁDZ** 67 Ud 42
Konradów **OPL** 74 Sc 47
Konradów **SLK** 66 Tf 44
Konradów **WKP** 52 Sd 40
Konradówka **DLS** 50 Qf 41
Konstancin-Jeziorna **MAZ** 45 Wa 36
Konstantowo **KPM** 29 Sd 29
Konstantów **LBL** 71 Xd 44
Konstantyn **LBL** 60 Yc 39
Konstantynowo **KPM** 30 Te 32
Konstantynowo **WKP** 29 Sc 30
Konstantynów **ŁDZ** 43 Ud 35
Konstantynów **ŁDZ** 55 Uf 40
Konstantynów **ŁDZ** 56 Vd 38
Konstantynów **ŁDZ** 66 Ua 42
Konstantynów **LBL** 48 Ya 35
Konstantynów **LBL** 58 Xc 41
Konstantynów **MAZ** 44 Ue 34
Konstantynów **MAZ** 44 Va 35
Konstantynów **SLK** 67 Ud 44
Konstantynów **WKP** 42 Td 35
Konstantynów Łódzki **ŁDZ** 55 Ub 38
Kontrewers **ŁDZ** 66 Ub 42
Końcewo **WMZ** 21 Wd 26
Kończany, Świerże- **PDL** 34 Xb 32
Kończany, Wnory- **PDL** 35 Xd 30
Kończewice **KPM** 30 Td 29
Kończewice **POM** 18 Tf 24
Kończewo **POM** 4 Rf 22
Kończyce **DLS** 64 Sa 43
Kończyce **MAZ** 57 Wa 40
Kończyce **PKR** 80 Xa 46
Kończyce Małe **SLK** 76 Td 49
Kończyce Wielkie **SLK** 76 Td 50
Końskie **PKR** 87 Xb 51
Końskie **SWK** 68 Vc 41
Końskowola **LBL** 58 Xa 40
Kopacz **DLS** 62 Qf 42
Kopaczów **DLS** 61 Pf 43
Kopaczyska **MAZ** 33 Wb 29
Kopalina **DLS** 64 Sc 42
Kopalina **OPL** 65 Sf 43
Kopalino **POM** 5 Sf 20
Kopaliny **MŁP** 78 Vc 49
Kopalnia **SLK** 66 Tf 44
Kopana **MAZ** 56 Vf 37
Kopaniarze **WMZ** 32 Uf 28
Kopanica **PDL** 22 Ya 25
Kopanica **WKP** 39 Qf 36
Kopanie **OPL** 64 Sd 44
Kopaniec **DLS** 62 Qd 43
Kopanina **ŁDZ** 54 Te 40
Kopanina **SWK** 69 Wb 45
Kopanina **WKP** 40 Rd 33
Kopanina Kaliszańska **LBL** 70 Wf 42
Kopanina Kamieńska **LBL** 70 Wf 42
Kopaniny **ŁDZ** 53 Tc 40
Kopaniny **ŁDZ** 65 Tb 41
Kopaniny **SLK** 76 Tf 48
Kopanka **DLS** 73 Rc 46
Kopanka **MŁP** 77 Ue 49
Kopanki **WKP** 39 Rb 35
Kopanki **WMZ** 20 Vd 27
Kopań **ZPM** 3 Rc 22
Kopaszewo **WKP** 40 Re 36
Kopaszyn **WKP** 29 Sb 31
Kopce **MAZ** 47 Xe 36
Kopcie **MAZ** 46 Xa 35
Kopcie **MAZ** 46 Xa 36
Kopcie **MAZ** 47 Xb 35
Kopcie **PKR** 80 Wf 46
Kopcie **SWK** 68 Vd 42
Kopciowice **SLK** 76 Ub 48
Kopciówka **PDL** 23 Yb 27
Kopczany **PDL** 23 Yd 26
Kopeć **WKP** 53 Ta 40
Kopernia **SWK** 78 Vc 45
Koperniki **OPL** 74 Sb 46
Koperno **LBU** 37 Pe 37
Kopice **OPL** 64 Sc 45
Kopice **ZPM** 13 Pd 26
Kopiec **LBL** 70 Wf 43
Kopiec **MAZ** 57 Wc 41
Kopiec **PDL** 22 Xf 26
Kopiec **SLK** 66 Ua 43
Kopienice **SLK** 76 Td 46
Kopijki **WMZ** 22 Xd 26
Kopijki, Zakrzewo- **MAZ** 34 Xb 32
Kopina **LBL** 58 Xa 37
Kopina **LBL** 59 Xe 38
Kopina **LBL** 59 Ya 41
Kopisk **PDL** 35 Ya 29
Kopiska Duże **MAZ** 44 Vd 36
Kopki **PKR** 80 Xb 46
Kopki, Kiełcze- **PDL** 21 Xa 28
Koplany **PDL** 35 Ya 30
Kopnica **ZPM** 3 Rc 22
Kopojno **WKP** 41 Sf 36
Koprzywna **ŁDZ** 56 Vc 38
Koprzywnica **SWK** 69 Wd 45
Kopy **ŁDZ** 43 Ua 35
Kopydłowo **WKP** 42 Tb 34
Kopydłów **ŁDZ** 66 Tc 41
Kopyłów **LBL** 72 Yf 43
Kopyść Wielka **ŁDZ** 54 Ua 39
Kopytkowo **POM** 17 Td 26
Kopytnik **LBL** 59 Yb 37
Kopytno **MAZ** 45 Vd 35
Kopytowa **PKR** 87 Wd 51
Kopytów **LBL** 48 Yd 37
Kopytówka **MŁP** 77 Ud 49
Korab **WKP** 53 Sf 37
Korabie, Brzozowo- **PDL** 35 Xe 31
Korabiewice **MAZ** 44 Vc 37
Korabina **PKR** 80 Wf 46
Korablew **ŁDZ** 54 Ua 40
Korabniki **MŁP** 77 Uf 49
Koracz, Klonowiec- **MAZ** 57 Wc 41
Korbielów **SLK** 84 Ud 51
Korboniec **MAZ** 32 Vb 30
Korchów Drugi **LBL** 81 Xe 46
Korchów Pierwszy **LBL** 81 Xe 46
Korcza **MŁP** 77 Uc 49
Korczaki **MAZ** 34 Wd 30
Korczew **ŁDZ** 54 Tf 39
Korczew **ŁDZ** 55 Uc 40
Korczew **MAZ** 47 Xd 34
Korczmin **LBL** 82 Yf 46
Korczonów **SWK** 78 Vd 47
Korczowa **PKR** 81 Ya 49
Korczowiska **PKR** 80 Xa 47
Korczów **LBL** 81 Xe 46
Korczówka **LBL** 59 Ya 37
Korczówka **MAZ** 47 Xe 36
Korczyn **SWK** 68 Vc 43
Korczyna **MŁP** 86 Wb 50
Korczyna **PKR** 87 We 50
Korczyska **ŁDZ** 54 Ua 40
Kordowo **MAZ** 34 Wd 30
Korfantów **OPL** 74 Sd 46
Korhynie **LBL** 82 Yd 46
Korlino **ZPM** 4 Rd 21
Kormanice **PKR** 88 Xe 50
Kornacice **SWK** 69 Wc 44
Kornatka **MŁP** 77 Va 49
Kornatowo **KPM** 30 Td 29
Kornaty **WKP** 41 Sf 34
Korne **POM** 5 Sf 24
Kornelin **KPM** 29 Sf 30
Kornelin **MAZ** 44 Vb 35
Kornelówka **LBL** 72 Yc 44
Korniatków **PKR** 80 Xc 48
Kornica **OPL** 75 Sf 46
Kornica, Radzików- **MAZ** 47 Xd 36
Kornica-Kolonia **MAZ** 47 Xf 36
Kornie **LBL** 82 Yd 47
Kornowac **SLK** 75 Tb 48
Korolówka **LBL** 60 Yd 39
Koronowo **KPM** 29 Sf 29
Koroszczyn **LBL** 48 Yd 36
Korólówka, PGR **LBL** 60 Yc 39
Korpysy **WKP** 53 Sf 40
Korsze **WMZ** 9 Wa 23
Kortowo **WMZ** 19 Vc 26
Korwin **WKP** 41 Sf 35
Korwinów **SLK** 66 Ub 44
Koryciany **MAZ** 47 Xc 35
Korycin **PDL** 22 Ya 28
Koryciny **PDL** 35 Xe 33
Koryciska **MAZ** 44 Vd 33
Koryciska **MAZ** 56 Ve 40
Koryciski **PDL** 36 Yc 32
Koryczany **SLK** 77 Uf 46
Korysze, Kobylaki- **MAZ** 33 Vf 30
Koryta **KPM** 30 Tc 30
Koryta **ŁDZ** 43 Ua 36
Koryta **LBU** 38 Qb 35
Koryta **WKP** 53 Se 38
Koryta, Myszyniec- **MAZ** 20 Wb 28
Korytki, Krajewo- **PDL** 34 Xb 31
Korytków **SWK** 56 Vc 41
Korytków Duży **LBL** 71 Xd 45
Korytków Mały **LBL** 71 Xe 45
Korytnica **MAZ** 46 Wf 34
Korytnica **MAZ** 58 We 38
Korytnica **SWK** 68 Vc 41
Korytnica **SWK** 68 Vd 45
Korytnica **SWK** 69 Wa 45
Korytnica **WKP** 53 Se 38
Korytniki **PKR** 88 Xd 50
Korytno **ŁDZ** 67 Uf 42
Koryto **SWK** 78 Vc 47
Korytowo **KPM** 17 Tb 28
Korytowo **ZPM** 13 Qa 27
Korytowo **ZPM** 27 Qd 30
Korytów **DLS** 73 Rd 46
Korytów **MAZ** 44 Vc 36
Korytyna **LBL** 72 Yd 44
Korzecko **SWK** 68 Vc 44
Korzecznik **WKP** 42 Te 35
Korzekwin **WKP** 53 Tb 38
Korzenica **PKR** 81 Xf 48
Korzeniec **PKR** 88 Xd 50
Korzeniec **SLK** 77 Ub 46
Korzeniew **WKP** 53 Tb 37
Korzeniewo **POM** 18 Tf 26
Korzeniów **LBL** 58 Xa 39
Korzeniów **PKR** 79 Wc 48
Korzeniówka **PDL** 47 Xf 33
Korzeniówka Duża **PDL** 47 Xe 34
Korzeniste **PDL** 34 Xa 28
Korzenna **MŁP** 86 Vf 50
Korzeń **MAZ** 56 Vf 39
Korzeń Królewski **MAZ** 43 Ud 34
Korzeńsko **DLS** 52 Rf 39
Korzęcin **ZPM** 13 Pd 25
Korzękwice **OPL** 64 Sb 45
Korzkiew **MŁP** 77 Uf 48
Korzkwy **WKP** 53 Se 37
Korzonek **SLK** 66 Tf 44
Korzuchów **MAZ** 56 Vf 39
Korzybie **POM** 4 Rf 23
Korzybie Duże **MAZ** 44 Vb 33
Korzyce **MAZ** 56 Ve 41
Korzystno **ZPM** 2 Qd 24
Kosa **LBL** 48 Yb 37
Kosaki **PDL** 34 Xb 30
Kosakowo **POM** 6 Tc 21
Kosakowo **WMZ** 9 Wc 23
Kosarzew Dolny **LBL** 71 Xd 43
Kosarzew Górny **LBL** 71 Xd 43
Kosarzew-Kolonia **LBL** 71 Xd 43
Kosarzyn **LBU** 38 Pe 36
Kosarzyska **MŁP** 85 Vd 52
Kosemin **MAZ** 32 Ue 31
Kosewko **MAZ** 45 Ve 34
Kosewo **MAZ** 32 Uf 30
Kosewo **MAZ** 34 Wf 31
Kosewo **MAZ** 45 Ve 33
Kosewo **WKP** 41 Sf 34
Kosewo **WMZ** 20 Wc 26
Kosewo Górne **WMZ** 20 Wc 26
Kosice **OPL** 65 Tb 44
Kosieczyn **LBU** 39 Qe 35
Kosienice **PKR** 81 Xe 49
Kosierady Wielkie **MAZ** 46 Xb 34
Kosierz **LBU** 38 Qb 37
Kosierzewo **ZPM** 4 Re 23
Kosiłan **LBL** 72 Yc 42
Kosiły **MAZ** 33 Ve 30
Kosiły **PDL** 22 Xd 26
Kosin **LBL** 70 Wf 44
Kosina **PKR** 80 Xb 48
Kosino **MAZ** 44 Uf 33
Kosinowo **WMZ** 21 Xb 26
Kosiny Bartosowe **MAZ** 32 Vb 30
Kosiny Kapiczne **MAZ** 32 Vb 30
Kosiorki **PDL** 22 Xe 28
Kosiorki **PDL** 47 Xd 33
Kosiorki, Borki- **MAZ** 47 Xb 36
Kosiorowo **MAZ** 33 Vf 32
Kosiorów **LBL** 70 Wf 41
Kosiorów **LBL** 70 Wf 42
Kosiory **KPM** 31 Uc 31
Kosiska **DLS** 63 Rc 42
Kosiska **ŁDZ** 55 Uf 38
Koski **MAZ** 46 Xb 34
Koskowice **DLS** 63 Rb 41
Kosmaty Borek **PDL** 36 Yb 29
Kosmolów **MŁP** 77 Ud 47
Kosmowo **MAZ** 33 Ve 30
Kosmowo **WKP** 41 Sd 34
Kosmów **LBL** 72 Za 44
Kosmów **WKP** 53 Tb 37
Kosmy-Pruszki **MAZ** 33 Vd 32
Kosnowiec **LBL** 71 Xf 42
Kosny **MAZ** 47 Xd 36
Kosny **MAZ** 57 Wb 39
Kosobudy **LBL** 71 Ya 45
Kosobudy **POM** 16 Se 25
Kosobudy **ZPM** 14 Qf 27
Kosobudz **LBU** 38 Qb 35
Kosocice **MŁP** 78 Uf 49
Kosorowice **OPL** 65 Ta 45
Kosowice **SWK** 69 Wb 43
Kosowizna **KPM** 30 Tc 29
Kosowo **KPM** 29 Sd 29
Kosowo **KPM** 30 Tc 28
Kosowo **MAZ** 34 Wf 31
Kosowo **POM** 6 Tb 22
Kosowo **WKP** 41 Sd 34
Kosowo **WKP** 52 Rf 37
Kosowy **PKR** 79 Wd 47
Kosów **ŁDZ** 55 Ue 40
Kosów **LBL** 59 Xf 40
Kosów **MAZ** 57 Wa 40
Kosówka **PDL** 22 Xd 26
Kosówka **PKR** 79 Wb 47
Kosów Lacki **MAZ** 46 Xa 33
Kossaki **PDL** 21 Xa 28
Kossaki **PDL** 34 Xb 29
Kossaki Borowe **PDL** 35 Xc 30
Kossaki Nadbielne **PDL** 35 Xc 30
Kossew Duży **ŁDZ** 43 Ua 36
Kossobudy **MAZ** 32 Vb 32
Kossowa **MŁP** 77 Ud 49
Kossów **SWK** 67 Va 44
Kostarowce **PKR** 87 Xa 51
Kostera **SWK** 68 Ve 45
Kostki **SWK** 78 Vd 46
Kostkowice **SLK** 67 Ud 45
Kostkowo **POM** 5 Ta 20
Kostków **PKR** 81 Xd 48
Kostomłoty **DLS** 63 Rd 42
Kostomłoty **LBL** 48 Yd 37
Kostomłoty Drugie **SWK** 68 Vd 43
Kostomłoty PGR **LBL** 48 Yd 37
Kostomłoty Pierwsze **SWK** 68 Vd 43
Kostów **OPL** 53 Ta 41
Kostry **LBL** 59 Xe 38
Kostry-Litwa **PDL** 35 Xd 31
Kostry-Noski **PDL** 35 Xd 31
Kostry-Podsękowięta **PDL** 35 Xd 32
Kostry-Śmiejki **PDL** 35 Xd 32
Kostry-Wypychy **PDL** 35 Xd 32
Kostrza **DLS** 63 Rb 43
Kostrza **MŁP** 85 Vb 50
Kostrze **MŁP** 77 Uf 48
Kostrzeszyn **SWK** 78 Vd 46
Kostrzyca **DLS** 62 Qe 44
Kostrzyn **LBU** 25 Pd 33
Kostrzyn **MAZ** 56 Ve 39
Kostrzyna **SLK** 66 Te 43
Kostrzynek **ZPM** 25 Pa 32
Kostrzyń **WKP** 41 Sb 34
Kostuchna **SLK** 76 Tf 47
Kostunin **LBL** 72 Yc 42
Kostusin **MAZ** 33 Ve 30
Kosumce **MAZ** 45 Wb 37
Kosuty **LBL** 58 Xa 37
Kosy **POM** 5 Ta 23
Kosy, Borki- **MAZ** 47 Xc 36
Kosyń **LBL** 60 Yd 40
Koszajec **MAZ** 45 Ve 35
Koszajny **WMZ** 18 Ud 25
Koszalin **ZPM** 3 Rb 23
Koszanowo **WKP** 39 Rc 33
Koszanowo **ZPM** 14 Qe 26
Koszarawa **SLK** 84 Uc 51
Koszarawa Bystra **SLK** 84 Uc 51
Koszarów **MAZ** 68 Ve 41
Koszarówka **PDL** 22 Xc 27
Koszarsko **LBL** 71 Xf 43
Koszary **MAZ** 69 Wb 42
Koszary **MŁP** 85 Vc 50
Koszary **SWK** 69 Wc 43
Koszary **WKP** 42 Td 35
Koszary, Stara Huta **SWK** 69 Wa 43
Koszczały **KPM** 30 Td 32
Koszele **LBL** 81 Yb 46
Koszele **PDL** 36 Yb 32
Koszelew **MAZ** 43 Ue 34
Koszelewy **WMZ** 32 Uf 29
Koszeliki **LBL** 47 Xf 36
Koszelówka **MAZ** 43 Ue 34
Koszelówka **MAZ** 47 Xf 35
Koszewko **ZPM** 26 Pf 29
Koszewnica **MAZ** 46 Wf 35
Koszewo **PDL** 35 Xf 32
Koszewo **ZPM** 26 Pf 29
Koszęcin **SLK** 66 Tf 45
Koszki **PDL** 36 Yb 32
Koszkowo **WKP** 52 Sa 37
Koszoły **LBL** 59 Yb 37
Kosztowa **PKR** 80 Xb 49
Kosztowo **WKP** 29 Sb 30
Kosztowy **SLK** 76 Ua 47
Koszutka **SLK** 76 Ua 47
Koszuty **WKP** 40 Sb 35
Koszuty **WKP** 41 Sf 35
Koszwały **POM** 6 Te 23
Koszwice **SLK** 66 Td 45
Koszyce **MŁP** 78 Vd 47
Koszyce **SWK** 69 Wd 44
Koszyce **WKP** 28 Re 29
Koszyce Małe **MŁP** 79 Vf 49
Koszyce Wielkie **MŁP** 79 Vf 49
Koszyń **DLS** 63 Rd 45
Kościan **WKP** 40 Rd 36
Kościanki **WKP** 41 Se 35
Kościany **WKP** 53 Tc 38
Kościaszyn **LBL** 72 Yf 45
Kościejów **MŁP** 78 Vb 47
Kościelec **DLS** 63 Ra 42
Kościelec **MŁP** 77 Uc 48
Kościelec **MŁP** 78 Vc 47
Kościelec **SLK** 66 Ub 43
Kościelec **WKP** 42 Td 35
Kościelec **WKP** 53 Tb 37
Kościelec Kujawski **KPM** 30 Ta 32
Kościeleczki **POM** 18 Ua 24
Kościeliska **OPL** 66 Td 43
Kościelisko **MŁP** 84 Uf 53
Kościelna Jania **POM** 17 Td 26
Kościelna Wieś **DLS** 49 Qb 40
Kościelna Wieś **KPM** 30 Te 32
Kościelna Wieś **WKP** 53 Ta 38
Kościelnica **ŁDZ** 42 Te 37
Kościelnik **DLS** 62 Qb 42
Kościelniki Dolne **DLS** 62 Qb 42
Kościelniki Górne **DLS** 62 Qb 42
Kościelniki Średnie **DLS** 62 Qb 42
Kościeniewicze **LBL** 48 Yb 37
Kościernica **ZPM** 14 Ra 24
Kościernica **ZPM** 3 Rc 24
Kościerzyce **OPL** 64 Sd 43
Kościerzyn **ŁDZ** 54 Td 39
Kościerzyna **POM** 5 Sf 24
Kościerzynek **WKP** 29 Sb 29
Kościerzyn Wielki **WKP** 29 Sb 29
Kościesze **MAZ** 33 Ve 32
Kościeszki **KPM** 42 Tb 33
Kościołków **WKP** 41 Sf 36
Kościuszka **ŁDZ** 54 Ua 40
Kościuszki **PDL** 35 Xf 30
Kościuszki **ZPM** 13 Qa 27
Koślinka **POM** 18 Ua 25
Kośmidry **SLK** 66 Td 45
Kośmidry **WMZ** 10 Xb 23
Kośmidry, Izdebki- **MAZ** 47 Xd 36
Kośmin **DLS** 63 Re 44
Kośmin **LBL** 58 Wf 39
Kośmin **MAZ** 56 Vf 37
Kośminek **LBL** 59 Xd 41
Kośminy **MAZ** 46 Wd 36
Kot **SLK** 66 Te 45
Kot **WMZ** 20 Vd 28
Kotań **PKR** 86 Wc 51
Kotarszyn **SWK** 69 Wb 43
Kotarwice **MAZ** 57 Wa 40
Kotary **SLK** 66 Te 43
Kotermań **MAZ** 33 Ve 31
Koteże **POM** 17 Tc 25
Kotfin **ŁDZ** 67 Ud 43
Kotfin **MAZ** 56 Vc 40
Kotki **SWK** 78 Ve 45
Kotków **ŁDZ** 43 Ua 35
Kotla **DLS** 51 Ra 38
Kotlarka **DLS** 52 Sc 40
Kotlarka **MAZ** 69 Wb 42
Kotlarnia **OPL** 75 Tc 47
Kotlice **LBL** 72 Yd 44
Kotlice **SWK** 68 Vc 45
Kotlice **SWK** 68 Ve 45
Kotlin **WKP** 53 Sd 37
Kotliny **ŁDZ** 54 Tf 38
Kotliny **ŁDZ** 55 Ue 39
Kotliny **LBL** 58 Xa 40
Kotliska **DLS** 62 Qd 42
Kotliszowice **SLK** 76 Td 46
Kotłowacz **MAZ** 69 Wc 42
Kotłowo **ZPM** 3 Ra 24
Kotłów **WKP** 53 Sf 39
Kotłówka **MAZ** 58 Wf 38
Kotłówka **PDL** 36 Yd 31
Kotły **PDL** 36 Yb 32
Kotnowo **KPM** 30 Te 29
Kotomierz **KPM** 30 Ta 29
Kotorów **LBL** 72 Ye 44
Kotorydz **MAZ** 45 Vf 36
Kotowa Wola **PKR** 70 Wf 45
Kotowice **DLS** 51 Rb 39
Kotowice **DLS** 52 Rf 41
Kotowice **DLS** 64 Sb 42
Kotowice **LBU** 50 Qc 38
Kotowice **SLK** 67 Uc 45
Kotowiecko **WKP** 53 Sf 38
Kotowo **POM** 4 Sc 22
Kotowo-Plac **PDL** 35 Xb 29
Kotowy **KPM** 31 Ud 30
Kotórz Mały **OPL** 65 Ta 44
Kotów **MŁP** 86 Vf 51
Kotów **PKR** 88 Xc 50
Kotówka **PDL** 36 Yd 32
Kotulin **ŁDZ** 55 Uf 37
Kotulin **SLK** 75 Tc 46
Kotunia **WKP** 41 Sf 35
Kotuń **MAZ** 46 Xa 35
Kotuń **WKP** 28 Rd 30
Kotusz **WKP** 40 Rc 36
Kotuszewo **POM** 5 Sd 22
Kotuszów **ŁDZ** 55 Uf 41
Kotuszów **SWK** 69 Wa 45
Kotwasice **WKP** 42 Tc 37
Koty **PDL** 34 Xb 30
Koty, Szulborze- **MAZ** 34 Xb 32
Kotyski **MAZ** 46 Xa 33
Kowal **KPM** 43 Ua 33
Kowala **LBL** 58 Wf 40
Kowala **LBL** 70 Xa 41
Kowala **MAZ** 57 Wa 41
Kowala **MŁP** 78 Vc 47
Kowala **SWK** 78 Vd 46
Kowala-Duszocina **MAZ** 57 Vf 40
Kowala Duża **SWK** 68 Vd 44
Kowala Mała **SWK** 68 Vd 44
Kowale **DLS** 52 Rf 41
Kowale **DLS** 64 Sa 42
Kowale **ŁDZ** 54 Td 39
Kowale **OPL** 66 Tc 42
Kowale **PDL** 23 Yd 27
Kowale **PDL** 35 Xf 31
Kowale **POM** 6 Td 23
Kowale **SLK** 76 Tf 50
Kowale Księże **WKP** 42 Td 37
Kowale-Maława **MAZ** 32 Vb 32
Kowale Oleckie **WMZ** 10 Xc 24
Kowale Pańskie **WKP** 54 Td 37
Kowalew **ŁDZ** 54 Ua 40
Kowalew **WKP** 53 Se 37
Kowalewek **WKP** 42 Ta 35
Kowalewice **ŁDZ** 55 Ub 37
Kowalewice **MAZ** 45 Ve 33
Kowalewice **ZPM** 4 Rd 22
Kowalewiczki **ZPM** 4 Rd 22
Kowalewko **KPM** 29 Sc 30
Kowalewko **MAZ** 32 Vb 31
Kowalewko **MAZ** 43 Ud 33
Kowalewko **WKP** 40 Re 33
Kowalewo **DLS** 51 Rd 39
Kowalewo **KPM** 29 Se 31
Kowalewo **LBU** 51 Rb 38
Kowalewo **MAZ** 32 Uf 32
Kowalewo **MAZ** 32 Vb 30
Kowalewo **PDL** 21 Xa 28
Kowalewo **WKP** 28 Sa 31
Kowalewo **WKP** 29 Sd 32
Kowalewo **WKP** 40 Rc 35
Kowalewo **WMZ** 21 Xa 27
Kowalewo Duże **WMZ** 9 Wa 24
Kowalewo-Opactwo **WKP** 41 Sf 35
Kowalewo Pomorskie **KPM** 31 Tf 30
Kowalewo-Sołectwo **WKP** 41 Sf 35
Kowalewszczyzna **PDL** 35 Xe 30
Kowalik **WMZ** 21 Wc 28
Kowalin **LBL** 70 Xa 43
Kowalin **SWK** 70 Xa 43
Kowalki **ZPM** 15 Rc 25
Kowalków **MAZ** 69 Wc 41
Kowalowa **DLS** 63 Rb 44
Kowalowa **MŁP** 79 Wb 49
Kowalowce **PDL** 36 Yb 30
Kowalowice **OPL** 65 Se 42
Kowalowy **PKR** 86 Wc 50
Kowalów **DLS** 64 Sb 44
Kowalów **LBU** 38 Pe 34
Kowalów Dolny **SWK** 77 Va 45
Kowalów Górny **SWK** 77 Va 46
Kowalówka **ŁDZ** 53 Tb 40
Kowalówka **MAZ** 34 Xa 32
Kowalówka **PKR** 81 Yb 47
Kowalskie **DLS** 64 Rf 44
Kowalskie **WKP** 40 Sa 34
Kowalskie Błoto **KPM** 16 Sf 27
Kowałki **KPM** 31 Uc 30
Kowaniec **MŁP** 85 Va 52
Kowanowo **WKP** 28 Rf 33
Kowanówko **WKP** 28 Rf 32
Kowańcz **ZPM** 14 Qf 24
Kowary **DLS** 62 Qf 44
Kowary **MŁP** 78 Vb 47
Kowie **SLK** 66 Td 43
Kowiesy **ŁDZ** 56 Vc 37
Kowiesy **MAZ** 46 Xb 35
Kownacice **MAZ** 57 We 38
Kownaciska **MAZ** 47 Xc 35
Kownatki **LBL** 58 Xd 37
Kownatki **PDL** 22 Xc 28
Kownaty **LBU** 38 Qa 34
Kownaty **MAZ** 47 Xf 36
Kownaty **PDL** 34 Xb 29
Kownaty **WKP** 42 Ta 34
Kownaty, Sulewo- **PDL** 22 Xc 27
Kownaty Borowe **MAZ** 32 Vd 32
Kownaty Żędowe **MAZ** 32 Vd 31
Kowróz **KPM** 30 Td 30
Koza-Gotówka **LBL** 72 Yd 42
Kozaki **WMZ** 10 Xc 23
Kozaki Osuchowskie **LBL** 81 Xf 46
Kozakowice **SLK** 83 Te 50
Kozanów **DLS** 64 Rf 42
Kozarów **LBL** 70 Xa 42
Kozarze **PDL** 35 Xc 33
Kozarzew **WKP** 42 Ta 35
Koza Wielka **WKP** 53 Se 41
Kozdroje **MAZ** 33 Vd 31

102 (PL) Kolonia, Woda Studzieńska- – Kozdroje

Kozenin **LDZ** 56 Va 40
Kozia Góra **LBL** 59 Yc 41
Kozia Góra **POM** 6 Tc 23
Kozia Góra **ZPM** 14 Qe 24
Koziarnia **PKR** 80 Xb 46
Koziarnia **SWK** 78 Vc 47
Kozia Wieś **SWK** 67 Va 43
Kozia Woda **ŁDZ** 67 Ub 42
Kozia Wola **LBL** 72 Yd 45
Kozia Wola **SWK** 68 Vd 41
Kozice **DLS** 63 Rb 44
Kozice **LBL** 71 Xe 42
Kozice **MAZ** 43 Uc 34
Kozice **MAZ** 58 We 38
Koziczyn **MAZ** 33 Ve 31
Koziebrody **MAZ** 32 Uf 32
Kozie Doły **DLS** 51 Ra 38
Koziegłowy **MAZ** 45 Wa 33
Koziegłowy **MAZ** 57 Vf 38
Koziegłowy **SLK** 66 Ua 45
Koziegłowy **WKP** 40 Rf 34
Koziegłówki **SLK** 66 Ub 45
Koziejaty **KPM** 42 Te 34
Koziel **SWK** 69 Vf 44
Kozielec **KPM** 17 Te 26
Kozielec **KPM** 30 Ta 29
Kozielice **ZPM** 13 Pf 25
Kozielice **ZPM** 26 Pe 30
Kozielno **OPL** 64 Rf 46
Kozielsko **WKP** 29 Sc 32
Kozienice **MAZ** 57 Wd 39
Kozieniec **LBL** 71 Yc 42
Kozieniec **MAZ** 56 Ve 39
Kozie Pole **ŁDZ** 67 Ue 43
Kozierogi **ŁDZ** 55 Ud 40
Koziki **MAZ** 34 We 32
Koziki **PDL** 34 Xa 30
Koziki-Majdan **MAZ** 34 We 32
Koziki-Olszyny **PDL** 21 Xa 28
Kozilas **MAZ** 32 Uf 30
Kozin **MAZ** 33 Vf 31
Kozin **POM** 5 Sd 22
Kozin **WMZ** 21 We 25
Kozina **SLK** 77 Ue 46
Koziniec **DLS** 63 Re 45
Koziniec **MŁP** 77 Ud 50
Koziniec **PDL** 22 Xf 28
Kozinki **MAZ** 57 Wa 40
Kozińce **PDL** 35 Xf 29
Kozioł **LBL** 58 Xb 39
Kozioł **PDL** 21 Wf 28
Koziróg Leśny **KPM** 31 Uc 32
Koziróg Rzeczny **KPM** 31 Uc 32
Kozłowa Góra **SLK** 76 Tf 46
Kozłowice **OPL** 65 Tc 43
Kozłowiec **MAZ** 56 Vd 40
Kozłowo **KPM** 17 Tc 28
Kozłowo **KPM** 18 Ub 27
Kozłowo **MAZ** 32 Uf 32
Kozłowo **MAZ** 33 Vf 32
Kozłowo **PDL** 47 Xe 33
Kozłowo **WKP** 40 Rc 35
Kozłowo **WKP** 41 Se 33
Kozłowo **WMZ** 20 Wa 26
Kozłowo **WMZ** 32 Vb 29
Kozłowo, Pęczaki- **MAZ** 33 Ve 31
Kozłowy Ług **PDL** 36 Yd 29
Kozłów **DLS** 50 Qd 40
Kozłów **MAZ** 46 We 37
Kozłów **MAZ** 56 Ve 39
Kozłów **MAZ** 57 Wb 40
Kozłów **MŁP** 77 Va 46
Kozłów **PKR** 79 Wc 48
Kozłów **SLK** 76 Td 47
Kozłów **SWK** 68 Vb 44
Kozłów Biskupi **MAZ** 44 Vb 35
Kozłówek **PKR** 79 We 49
Kozłówek **SWK** 69 We 43
Kozłówka **LBL** 58 Xc 40
Kozłówka **LBL** 58 Xd 40
Kozłówka **MAZ** 33 Vf 32
Kozłówka **MŁP** 77 Uf 46
Kozłówka **OPL** 75 Sf 48
Kozłówka, Budy- **PDL** 34 Wf 29
Kozłówko **WKP** 41 Se 33
Kozły **LBL** 58 Xd 37
Kozły **LBL** 59 Ya 37
Kozły **MAZ** 45 Wc 34
Kozły **PDL** 36 Yb 32
Kozły, Płonka- **PDL** 35 Xe 30
Kozodawy **LBL** 72 Yf 44
Kozodrza **PKR** 79 Wd 48
Kozolin **MAZ** 32 Vb 32
Kozołupy **MAZ** 46 Wf 33
Kozowo **DLS** 51 Rd 40
Kozółki, Sosna- **MAZ** 46 Xb 35
Kozów **DLS** 62 Qf 42
Kozów **LBU** 37 Pe 37
Kozów **SWK** 68 Vc 42
Kozubiec **WKP** 41 Sd 35
Kozubów **SWK** 78 Vc 46
Kozubszczyzna **LBL** 70 Xc 41
Kozuby **ŁDZ** 43 Ub 36
Kozuby **ŁDZ** 54 Ua 39
Kozy **POM** 5 Sd 22
Kozy **SLK** 76 Ua 49
Kozy **ZPM** 13 Qc 28
Koźla **LBU** 50 Qb 37
Koźlątków **WKP** 53 Tb 37
Koźle **ŁDZ** 55 Ud 37
Koźle **OPL** 75 Ta 46
Koźle **WKP** 40 Rc 33
Koźle, Kędzierzyn- **OPL** 75 Tb 46
Koźlice **DLS** 49 Pf 42
Koźlice **DLS** 50 Qf 39
Koźlice **DLS** 51 Rb 40
Koźliki **PDL** 36 Yb 31
Koźliny **POM** 6 Te 24
Koźmice **MŁP** 86 Uf 50
Koźmice Małe **MŁP** 77 Va 49
Koźmice Wielkie **MŁP** 77 Va 49
Koźmin **DLS** 61 Qa 42
Koźmin **POM** 17 Tb 24
Koźmin **SLK** 77 Uc 47
Koźmin **WKP** 28 Rc 32
Koźmin **WKP** 42 Te 36
Koźmin **WKP** 52 Sc 38
Koźminek **LBU** 39 Qe 35
Koźminek **WKP** 53 Tc 38
Koźminiec **WKP** 52 Sd 38
Koźniewo-Łysaki **MAZ** 33 Ve 32
Koźniewo Średnie **MAZ** 33 Ve 32
Koźniewo Wielkie **MAZ** 33 Ve 32
Kożanówka **LBL** 48 Yd 37
Kożuchów **LBU** 50 Qd 38
Kożuchów **MAZ** 47 Xb 34
Kożuchów **PKR** 80 We 49
Kożuchy Duże **WMZ** 21 Xa 27
Kożuchy-Rolki **WMZ** 21 Xa 27
Kożuchy Wielkie **WMZ** 21 Wf 24
Kożuszki **LBL** 47 Xe 36
Kożuszki-Parcele **MAZ** 44 Vb 35
Kożyczkowo **POM** 5 Ta 22
Kółko Żabieckie **SWK** 79 Wa 46
Kórnik **WKP** 40 Sa 35
Kózki **MAZ** 46 Wf 35
Kózki **MAZ** 47 Xf 34
Kózki **OPL** 75 Sf 47
Kraczew **LBL** 72 Yd 45
Kraczewice **LBL** 70 Xa 41
Kraczkowa **PKR** 80 Xb 48
Krajanka **ŁDZ** 53 Tb 41
Krajanów **DLS** 63 Rc 45
Krajenka **WKP** 28 Rf 29
Krajewice **WKP** 52 Sa 37
Krajewice Duże **MAZ** 32 Ue 32
Krajewo **DLS** 50 Qf 39
Krajewo **MAZ** 32 Vc 30
Krajewo Białe **PDL** 35 Xc 31
Krajewo-Budziły **PDL** 34 Xa 31
Krajewo-Ćwikły **PDL** 35 Xb 30
Krajewo-Korytki **PDL** 34 Xb 31
Krajewo Wielkie **MAZ** 33 Ve 29
Krajęcin **KPM** 30 Te 28
Krajęczyn **MAZ** 45 Vd 33
Krajkowo **MAZ** 32 Vb 32
Krajkowo **MAZ** 44 Uf 32
Krajkowo **WKP** 40 Rf 35
Krajków **DLS** 64 Sa 43
Krajków **SWK** 69 Wa 43
Krajnik **ZPM** 25 Pc 29
Krajnik Dolny **ZPM** 25 Pb 30
Krajno Drugie **SWK** 68 Vf 43
Krajno-Parcele **SWK** 68 Vf 43
Krajno Pierwsze **SWK** 68 Vf 43
Krajno-Zagórze **SWK** 68 Vf 43
Krajów **DLS** 63 Ra 42
Krajów **MAZ** 56 Ve 40
Krakowiany **MAZ** 45 Ve 36
Kraków **ŁDZ** 54 Td 38
Kraków **MŁP** 77 Uf 48
Krakówek **KPM** 17 Tb 28
Krakulice **POM** 5 Sd 20
Kramarzewo **PDL** 22 Xc 28
Kramarzewo **WMZ** 20 Ve 24
Kramarzewo **WMZ** 32 Va 28
Kramarzówka **PKR** 81 Xd 49
Kramarzyny **POM** 16 Sb 24
Kramki, Zaręby- **PDL** 35 Xb 31
Kramkowo **PDL** 35 Xc 29
Kramkowo-Lipskie **MAZ** 47 Xc 33
Kramkówka Duża **PDL** 22 Xe 28
Kramkówka Mała **PDL** 22 Xe 28
Kramołów **OPL** 75 Sf 46
Kramsk **WKP** 42 Tc 35
Kranek, Skórcz- **POM** 17 Td 26
Kranów **SWK** 68 Ve 44
Krapkowice **OPL** 75 Sf 46
Kraplewo **WMZ** 19 Uf 27
Krasawa **SLK** 67 Uc 44
Krasew **LBL** 58 Xc 38
Krasice **PKR** 88 Xd 50
Krasice **SLK** 67 Uc 44
Krasice Cygańskie **SLK** 67 Uc 43
Krasiczyn **PKR** 88 Xd 50
Krasiejów **OPL** 65 Tb 44
Krasienin **LBL** 58 Xc 40
Krasienin-Kolonia **LBL** 58 Xc 40
Krasik **ŁDZ** 55 Va 41
Krasin **WMZ** 18 Ud 24
Kraska **PDL** 34 Xa 30
Kraski **ŁDZ** 43 Tf 36
Kraskowiec **SLK** 75 Tc 49
Kraskowo **WMZ** 7 Ue 23
Kraskowo **WMZ** 9 Wb 24
Krasków **OPL** 65 Tb 43
Krasna **MAZ** 47 Xf 36
Krasna **PKR** 87 Wf 50
Krasna **SWK** 68 Vd 42
Krasna Dąbrowa **MAZ** 57 Wd 40
Krasna Góra **OPL** 64 Sc 45
Krasna Łąka **POM** 18 Ub 25
Krasna Wieś **PDL** 36 Ya 33
Krasne **LBL** 59 Xf 40
Krasne **LBL** 71 Yb 42
Krasne **LBL** 71 Yb 43
Krasne **MAZ** 33 Vf 31
Krasne **PDL** 11 Ya 24
Krasne **PDL** 23 Yb 27
Krasne **PDL** 23 Yc 26
Krasne **PDL** 35 Ya 28
Krasne **PKR** 80 Xa 48
Krasne **PKR** 81 Xe 47
Krasne **ZPM** 26 Pf 30
Krasne Dłusko **LBU** 27 Qd 33
Krasne Pole **OPL** 74 Sd 48
Krasnoborki **PDL** 22 Ya 26
Krasnobród **LBL** 71 Yb 45
Krasnodęby **ŁDZ** 54 Ub 37
Krasnogliny **LBL** 58 Wf 39
Krasnołany **ŁDZ** 54 Ua 37
Krasnołąka **WMZ** 32 Vb 29
Krasnołąka **WMZ** 8 Vd 23
Krasnosiąg **LBU** 26 Qa 33
Krasnołęka **ZPM** 13 Qa 27
Krasnopol **PDL** 11 Yb 24
Krasnosielc **MAZ** 33 Wa 30
Krasnosielc Leśny **MAZ** 33 Wa 30
Krasnowo **PDL** 11 Yc 23
Krasnów **MAZ** 44 Vb 36
Krasnybór **PDL** 23 Yb 26
Krasnystaw **LBL** 72 Yb 43
Krasocin **SWK** 68 Va 43
Krasowice **OPL** 64 Sd 42
Krasowiec **LBU** 26 Qb 33
Krasowo-Częstki **PDL** 35 Xe 31
Krasowo Wielkie **PDL** 35 Xe 31
Krasów **SWK** 67 Va 44
Krasówka **LBL** 59 Ya 37
Krasówka **LBL** 59 Yc 39
Krastudy **POM** 18 Ua 25
Kraszew **ŁDZ** 55 Ud 38
Kraszew **ŁDZ** 55 Ue 37
Kraszewice **WKP** 53 Tb 39
Kraszewo **MAZ** 32 Vd 32
Kraszewo **WMZ** 19 Vd 24
Kraszewo **WMZ** 32 Vb 29
Kraszewo-Czubak **MAZ** 32 Va 32
Kraszewo-Falki **MAZ** 32 Va 32
Kraszewo-Gaczułty **MAZ** 32 Va 32
Kraszkowice **ŁDZ** 66 Te 41
Kraszków **ŁDZ** 56 Vc 40
Kraszków **SWK** 69 Wb 43
Kraszowice **DLS** 50 Qd 41
Kraszów **DLS** 53 Se 40
Kraszyn **ŁDZ** 54 Tf 38
Kraśniany **PDL** 23 Yc 28
Kraśnica **ŁDZ** 56 Vb 40
Kraśnicza Wola **MAZ** 44 Vd 36
Kraśniczyn **LBL** 72 Yc 43
Kraśniewo **MAZ** 32 Va 32
Kraśniewo **POM** 18 Tf 24
Kraśnik **LBL** 70 Xb 43
Kraśnik Dolny **DLS** 50 Qd 41
Kraśnik Fabryczny **LBL** 70 Xa 43
Kraśnik Górny **DLS** 50 Qd 41
Kraśnik Koszaliński **ZPM** 3 Qf 24
Kraśnik Łobeski **ZPM** 14 Qd 27
Krawara **MAZ** 56 Ve 41
Krawce **PKR** 70 Wf 45
Krawcowizna **MAZ** 46 Wd 34
Krawczuki **WMZ** 8 Ve 23
Krąg **POM** 17 Ta 26
Krąg **POM** 17 Tc 24
Krąg **ZPM** 4 Re 23
Krągi **ZPM** 15 Rc 27
Krągłe **ZPM** 15 Rd 25
Krągola **WKP** 42 Tb 36
Krąpiel **ZPM** 13 Qb 29
Krąpiewo **KPM** 29 Se 29
Krąplewice **KPM** 17 Tc 27
Krąplewo **WKP** 40 Re 35
Krążkowo **LBU** 51 Ra 38
Krebsówka **LBL** 70 Xc 42
Kreców **PKR** 87 Xc 51
Krejwiany **PDL** 11 Yb 23
Krejwińce **PDL** 11 Yc 24
Krekole **WMZ** 8 Ve 24
Krelikiejmy **WMZ** 9 Wb 23
Krempachy **MŁP** 85 Va 52
Krempna **PKR** 86 Wd 51
Krerowo **WKP** 40 Sb 35
Krery **ŁDZ** 67 Ue 42
Krery **MAZ** 33 Vd 30
Kresy **MAZ** 34 Wd 30
Kretki Duże **KPM** 31 Uc 29
Kretki Małe **KPM** 31 Uc 30
Kretkowo **KPM** 43 Ub 34
Kretlewo **ZPM** 13 Pf 26
Kretomino **ZPM** 3 Rb 24
Kretowiny **WMZ** 19 Va 25
Kręcko **LBU** 39 Qe 35
Kręćkowo **MAZ** 31 Ud 32
Kręgi **MAZ** 45 Wc 33
Krępa **DLS** 50 Qf 39
Krępa **ŁDZ** 43 Tf 37
Krępa **ŁDZ** 44 Uf 36
Krępa **ŁDZ** 67 Uc 42
Krępa **LBL** 58 Xb 39
Krępa **LBU** 38 Qd 36
Krępa **MAZ** 32 Vb 30
Krępa **MAZ** 45 Wa 37
Krępa **WKP** 42 Tb 36
Krępa **ZPM** 15 Rc 24
Krępa Górna **MAZ** 69 Wd 42
Krępa Górna **SWK** 69 Wc 44
Krępa Kaszubska **POM** 5 Sd 21
Krępa Kościelna **MAZ** 69 Wd 42
Krępa Krajeńska **ZPM** 27 Ra 29
Krępa Mała **MŁP** 77 Uf 47
Krępa Słupska **POM** 4 Sa 22
Krępcewo **ZPM** 26 Qa 29
Krępica **MAZ** 44 Vd 33
Krępice **DLS** 63 Re 42
Krępiec Drugi **LBL** 71 Xe 41
Krępiec Pierwszy **LBL** 71 Xe 41
Krępkowice **POM** 5 Se 22
Krępna **OPL** 75 Ta 46
Krępnica **DLS** 50 Qd 41
Krępsk **POM** 15 Sb 26
Krępsko **WKP** 28 Re 29
Krępsko **ZPM** 13 Pe 27
Krężelewice **ŁDZ** 43 Ub 36
Krężce **ŁDZ** 55 Va 37
Krężel **MAZ** 57 Wa 37
Krężna **ŁDZ** 55 Ud 40
Krężnica Jara **LBL** 70 Xc 42
Krężnica Okrągła **LBL** 70 Xb 42
Krężołek **SWK** 68 Vb 43
Krężoły **SWK** 77 Va 45
Krobanów **ŁDZ** 54 Ua 39
Krobia **KPM** 30 Te 30
Krobia **MAZ** 34 Wc 29
Krobia **WKP** 52 Rf 38
Krobica **DLS** 62 Qc 43
Krobielewko **LBU** 27 Qe 33
Krobielice **SWK** 69 Wd 44
Krobonosz **LBL** 60 Yc 41
Krobowska Wola **MAZ** 56 Vf 37
Krobusz **OPL** 75 Se 46
Kroczewo **MAZ** 44 Vd 34
Kroczów Mniejszy **MAZ** 57 Wd 41
Kroczów Większy **MAZ** 57 Wc 41
Kroczyce **SLK** 67 Ud 45
Kroczyn **LBL** 72 Ye 42
Krogulcza Sucha **MAZ** 57 Wa 41
Krogule **MAZ** 45 Ve 33
Krogulno **OPL** 65 Se 43
Krojanty **POM** 16 Sd 26
Krojczyn **KPM** 31 Ub 32
Krokocice **ŁDZ** 54 Tf 38
Krokocice **WMZ** 22 Xc 25
Krokowa **POM** 5 Ta 20
Krokowo **WMZ** 20 Ve 25
Krokowo **WMZ** 32 Vc 29
Kromerowo **WMZ** 20 Vf 26
Kromnów **DLS** 62 Qd 43
Kromnów **MAZ** 44 Vc 34
Kromolice **WKP** 40 Sb 35
Kromolice **WKP** 52 Sb 38
Kromolin **DLS** 50 Qf 38
Kromolin Nowy **ŁDZ** 54 Tf 38
Kromolin Stary **ŁDZ** 54 Tf 38
Kromołów **SLK** 77 Uc 46
Kronin **WMZ** 19 Ue 25
Kronowo **WMZ** 20 Ve 25
Kronowo **WMZ** 21 Wd 24
Kropidło **MŁP** 78 Vb 46
Kropiewnica-Gajki **PDL** 35 Xe 30
Kropiewnica-Racibory **PDL** 35 Xe 30
Kropiwki **LBL** 59 Ya 39
Kropiwnica **PDL** 22 Xf 28
Kropiwno **PDL** 23 Yc 26
Krosin **WKP** 28 Re 32
Krosinek **WKP** 28 Re 32
Krosinko **WKP** 40 Re 35
Krosinko **ZPM** 14 Rb 25
Krosino **ZPM** 14 Qe 26
Krosino **ZPM** 15 Rb 25
Krosna **MŁP** 85 Vd 50
Krosna-Wieś **MAZ** 45 Ve 35
Krosno **PDL** 35 Xe 29
Krosno **PKR** 87 We 50
Krosno **WMZ** 29 Sb 31
Krosno **WKP** 40 Re 35
Krosno **WMZ** 18 Ud 24
Krosno **WMZ** 8 Vb 24
Krosno Odrzańskie **LBU** 38 Qa 36
Krosnowa **ŁDZ** 55 Uf 37
Krosnowice **DLS** 73 Rd 46
Krosnowo **POM** 4 Sc 23
Krosocin **MAZ** 32 Vb 32
Krostkowo **WKP** 29 Sb 30
Krostoszowice **SLK** 75 Tc 49
Kroszewo **PDL** 22 Xe 26
Kroszówka **PDL** 22 Xe 26
Krościenko **PKR** 88 Xe 52
Krościenko nad Dunajcem **MŁP** 85 Vc 52
Krościenko Wyżne **PKR** 87 We 50
Krościna Wielka **DLS** 52 Rf 40
Krośnica **MŁP** 85 Vc 52
Krośnica **OPL** 65 Ta 45
Krośnice **DLS** 52 Sc 40
Krośnice **MAZ** 32 Vc 31
Krośniewice **ŁDZ** 43 Ub 35
Krotoszyce **DLS** 63 Ra 42
Krotoszyn **KPM** 29 Sf 31
Krotoszyn **KPM** 30 Te 32
Krotoszyn **WKP** 52 Sc 38
Krotoszyny **WMZ** 18 Uc 27
Krowiarki **SLK** 75 Ta 48
Krowica **WKP** 53 Tb 38
Krowica Hołodowska **PKR** 81 Yb 48
Krowica Lasowa **PKR** 81 Yb 48
Krowica Sama **PKR** 81 Yb 48
Krowice **KPM** 42 Tf 33
Krowice Łaki **POM** 6 Tb 23
Krowodrza **MŁP** 77 Uf 48
Króle, Radziszewo- **PDL** 35 Xd 33
Króle, Zambrzyce- **PDL** 35 Xd 30
Króle Duże **MAZ** 34 Xa 32
Króle Małe **MAZ** 34 Xa 32
Królewiec **SWK** 68 Vc 42
Królewiec **WKP** 41 Se 34
Królewo **MAZ** 44 Vd 33
Królewo **POM** 18 Ua 24
Królewo **WMZ** 19 Uf 25
Królewo **ZPM** 4 Rd 21
Królewska Wola **DLS** 52 Sd 40
Królewski Las **MAZ** 57 Wb 37
Królikowice **DLS** 64 Rf 43
Królikowice **LBL** 50 Qe 38
Królikowo **KPM** 29 Sd 31
Królikowo **WMZ** 19 Vb 27
Królików **WKP** 41 Ta 36
Królik Polski **PKR** 87 We 51
Królowa **OPL** 75 Sf 47
Królowa, Krzesk- **MAZ** 47 Xd 36
Królowa Górna **MŁP** 86 Vf 51
Królowa Polska **MŁP** 85 Ve 51
Królowa Wola **ŁDZ** 56 Vb 39
Królowa Wola **WMZ** 21 Xb 25
Królowice **SWK** 78 Vd 47
Królowy Most **PDL** 36 Yc 30
Królów **LBU** 49 Pf 39
Królówka **MŁP** 78 Vc 49
Królów Las **POM** 17 Te 26
Krówniki **PKR** 88 Xe 50
Krubice **MAZ** 44 Vb 33
Krubice **MAZ** 44 Vc 35
Krubin **MAZ** 33 Vd 31
Krubin **MAZ** 44 Ue 34
Krubin **MAZ** 45 Ve 34
Krubinek **MAZ** 33 Vd 31
Krubki-Górki **MAZ** 45 Wc 35
Kruchowo **WKP** 41 Se 33
Krucz **WKP** 28 Rc 31
Kruczyn **WKP** 41 Sb 36
Kruczynek **WKP** 41 Sb 36
Kruglany **PDL** 23 Yd 28
Krugło **PDL** 23 Yc 27
Kruhel Wielki **PKR** 88 Xe 50
Kruklanki **WMZ** 21 Wf 24
Kruklin **WMZ** 21 Wf 24
Krukowo **MAZ** 33 Wa 29
Krukowo **WKP** 42 Td 35
Krukowo **ZPM** 14 Qe 24
Krukowszczyzna **PDL** 22 Ya 28
Kruków **DLS** 63 Rd 43
Krukówek **PDL** 22 Xe 24
Krukówka-Plebanka **LBL** 58 Wf 39
Krukówko **KPM** 29 Sd 29
Krupe **LBL** 71 Yb 42
Krupice **PDL** 47 Xe 34
Krupiec **LBL** 71 Yb 42
Krupin **WMZ** 22 Xc 26
Krupin **WMZ** 22 Xd 24
Kruplin **ŁDZ** 66 Ub 42
Kruplin Radomieszczański **ŁDZ** 66 Ub 42
Krupniki **PDL** 35 Ya 30
Krupocin **KPM** 17 Tb 28
Krupski Młyn **SLK** 66 Td 45
Krupy **LBL** 58 Xc 39
Krupy **MAZ** 46 Xa 33
Krupy **ZPM** 4 Rd 22
Krusin **KPM** 30 Td 29
Krusin **SLK** 66 Ua 45
Krusz **MAZ** 32 Vc 31
Krusza **PDL** 34 We 28
Krusza Duchowna **KPM** 30 Tb 32
Krusza Zamkowa **KPM** 30 Tb 32
Krusze **KPM** 17 Te 27
Krusze **MAZ** 45 Wc 34
Krusze **PDL** 35 Xb 30
Kruszenica **MAZ** 32 Vb 32
Kruszew **MAZ** 56 Ve 37
Kruszewiec **ŁDZ** 56 Vb 40
Kruszewnia **WKP** 40 Sa 34
Kruszewo **MAZ** 34 Wc 31
Kruszewo **PDL** 35 Xe 30
Kruszewo **WKP** 28 Rd 31
Kruszewo **WMZ** 21 Xa 27
Kruszewo, Kobylin- **PDL** 35 Xd 30
Kruszewo-Brodowo **PDL** 35 Xe 30
Kruszewo Czarne **PDL** 35 Xc 32
Kruszewo-Wypychy **PDL** 35 Xe 31
Kruszka **KPM** 16 Sf 27
Kruszka **POM** 16 Se 26
Kruszki **PDL** 11 Xe 23
Kruszki **WKP** 29 Sb 29
Krusznik **PDL** 22 Ya 24
Kruszowice **DLS** 64 Sd 42
Kruszów **ŁDZ** 55 Ud 39
Kruszówka **MAZ** 58 Wf 37
Kruszwica **KPM** 30 Tb 32
Kruszyn **DLS** 50 Qd 41
Kruszyn **KPM** 29 Sf 30
Kruszyn **KPM** 43 Tf 33
Kruszyn **PDL** 35 Xe 29
Kruszyna **ŁDZ** 67 Ue 42
Kruszyna **MAZ** 57 Wb 39
Kruszyna **MAZ** 57 Wd 39
Kruszyna **OPL** 64 Sd 44
Kruszyna **POM** 4 Sa 22
Kruszyna **SLK** 66 Ub 43
Kruszynek **KPM** 43 Tf 33
Kruszyniany **PDL** 36 Ye 29
Kruszyniec **DLS** 51 Rd 38
Kruszyny **KPM** 31 Vb 29
Kruszyny Szlacheckie **KPM** 31 Uc 29
Krutyń **WMZ** 20 We 26
Krutyński Piecek **WMZ** 20 Wc 26
Kruzy **WMZ** 20 Vf 25
Kruzlowa Niżna **MŁP** 86 Vf 51
Kruzlowa Wyżna **MŁP** 86 Vf 51
Krwony **WKP** 42 Td 36
Kryg **MŁP** 86 Wb 51
Krytatka **PDL** 22 Ya 26
Krytów **LBL** 72 Za 44
Krymławki **WMZ** 9 Wb 23
Krynica **LBL** 71 Yb 42
Krynica **LBL** 72 Yf 42
Krynica **MAZ** 47 Xb 35
Krynica **MŁP** 86 Vf 52
Krynica **PDL** 35 Xe 29
Krynica Morska **POM** 7 Uc 22
Krynice **LBL** 72 Yc 45
Krynice **PDL** 35 Ya 29
Krynickie **PDL** 36 Yb 31
Kryniczki **LBL** 71 Yb 43
Kryniczno **DLS** 63 Re 42
Kryniczno **DLS** 64 Sa 41
Krynka **LBL** 47 Xc 36
Krynki **MAZ** 47 Xc 35
Krynki **PDL** 36 Ye 29
Krynki **SWK** 69 Wb 42
Krynki-Pilaki **PDL** 47 Xd 33
Krynki Sobole **PDL** 47 Xe 33
Krypno Wielkie **PDL** 35 Xf 29
Krypy **MAZ** 46 Wf 34
Kryry **SLK** 76 Te 48
Krysiaki **MAZ** 21 Wc 28
Krysiaki Broszęckie **ŁDZ** 54 Ua 41
Krysk **MAZ** 44 Vc 33
Krysk, Wola- **MAZ** 44 Vc 33
Kryspinów **MŁP** 77 Ue 48
Krystianowo **WKP** 40 Rc 34
Krystyna **MAZ** 57 Wd 37
Krystynka **WKP** 28 Rf 31
Kryszkowice **WKP** 42 Td 34
Kryszyn **LBL** 72 Ye 45
Krytno **ZPM** 4 Rd 23
Krytuły, Targonie **PDL** 35 Xd 29
Krywałd **SLK** 76 Td 47
Krywiatycze **PDL** 36 Yc 32
Krzak **LBL** 71 Ya 44
Krzaki **ŁDZ** 54 Td 39
Krzaki **PKR** 70 Xb 45
Krzanowice **OPL** 65 Sf 44
Krzanowice **SLK** 75 Ta 48
Krzątka **PKR** 80 We 46
Krzcięcice **SWK** 68 Vb 45
Krzcin **SWK** 69 Wd 45
Krzczonowice **SWK** 69 Wc 43
Krzczonowice **SWK** 79 Wa 45
Krzczonów **DLS** 63 Rd 44
Krzczonów **LBL** 71 Xe 42
Krzczonów **MAZ** 56 Vc 40
Krzczonów **MŁP** 85 Uf 50
Krzczonów Drugi **LBL** 71 Xe 43
Krzczonów Pierwszy **LBL** 71 Xe 43
Krzczonów Trzeci **LBL** 71 Xe 43
Krzczonów-Wójtostwo **LBL** 71 Xe 42
Krze **SLK** 77 Uc 47
Krzeczanowo **MAZ** 32 Va 31
Krzecze **PDL** 22 Xf 27
Krzeczkowo **PDL** 22 Xf 28
Krzeczkowo-Gromadzyń **PDL** 35 Xb 31
Krzeczkowo Mianowskie **PDL** 35 Xc 31
Krzeczkowo-Nowe Bieńki **PDL** 35 Xc 32
Krzeczowice **PKR** 80 Xc 49
Krzeczów **ŁDZ** 66 Te 41
Krzeczów **MŁP** 78 Vc 49
Krzeczów **MŁP** 85 Uf 50
Krzeczyn **DLS** 64 Sc 42
Krzeczyn Mały **DLS** 51 Ra 40
Krzeczyn Wielki **DLS** 51 Ra 40
Krze Duże **MAZ** 45 Vd 36
Krzekotowo **KPM** 29 Sf 32
Krzekotów **DLS** 51 Ra 38
Krzekotówek **DLS** 51 Ra 38
Krzekoty **WMZ** 8 Va 22
Krzelków **DLS** 64 Rf 45
Krzelów **DLS** 51 Rd 40
Krzelów **SWK** 67 Uf 45
Krzemienica **ŁDZ** 56 Vb 38
Krzemienica **PKR** 79 Wc 46
Krzemienica **PKR** 80 Xb 48
Krzemienica **ZPM** 4 Re 22
Krzemieniew **ŁDZ** 54 Ua 37
Krzemieniewice **ŁDZ** 67 Ud 41
Krzemieniewo **POM** 15 Sa 27
Krzemieniewo **WKP** 52 Rf 37
Krzemieniewo **WMZ** 31 Ud 28
Krzemienna **PKR** 87 Xb 50
Krzemienna **ZPM** 13 Qb 27
Krzemień **MAZ** 33 Vf 32
Krzemień **MAZ** 57 Wa 38
Krzemień **ZPM** 14 Qd 28
Krzemień Drugi **LBL** 70 Xd 44
Krzemień Pierwszy **LBL** 71 Xd 44
Krzemień Wieś **MAZ** 47 Xc 33
Krzemionka **WKP** 53 Ta 39
Krzemionki **SLK** 76 Ua 49
Krzemlin **ZPM** 26 Pf 30
Krzemów **LBU** 26 Qa 33
Krzepice **DLS** 64 Sa 44
Krzepice **SLK** 66 Te 43
Krzepice **SWK** 67 Uf 44
Krzepielów **LBU** 51 Ra 38
Krzepin **SWK** 67 Uf 44
Krzepocin **ZPM** 13 Pf 25
Krzepocinek **ŁDZ** 43 Ua 36
Krzepów **DLS** 51 Ra 39
Krzeptów **DLS** 64 Rf 42
Krzesimów Drugi **LBL** 59 Xe 41
Krzesinki **WKP** 40 Sa 34
Krzesiny **WKP** 40 Rf 34
Krzesk-Królowa **MAZ** 47 Xd 36
Krzesk-Majątek **MAZ** 47 Xd 36
Krzesławice **MAZ** 56 Vd 40
Krzesławice **MŁP** 85 Vb 50
Krzeszew Rządowy **ŁDZ** 55 Ub 37
Krzeszkowice **WKP** 40 Rc 33
Krzeszowice **MŁP** 77 Ud 48
Krzeszów **DLS** 62 Ra 44
Krzeszów **MŁP** 84 Uc 50
Krzeszów **PKR** 80 Xc 46
Krzeszów Dolny **PKR** 80 Xc 46
Krzeszówek **DLS** 63 Ra 44
Krzeszów Górny **PKR** 80 Xc 46
Krzeszówka **MŁP** 78 Vb 46
Krzeszyce **LBU** 26 Qa 33
Krześlin **MAZ** 47 Xc 35
Krześnica **ZPM** 26 Pe 33
Krzetów **ŁDZ** 67 Uf 43
Krzewata **WKP** 43 Tf 35
Krzewent **KPM** 43 Ub 33
Krzewica **LBL** 47 Ya 36
Krzewie **KPM** 43 Ua 34
Krzewie Małe **DLS** 62 Qc 42
Krzewina **DLS** 61 Pf 42
Krzewiny **ŁDZ** 55 Uf 41
Krzewno **WMZ** 8 Va 22
Krzewo **ŁDZ** 43 Tf 36
Krzewo **MAZ** 69 Wa 42
Krzewo **PDL** 34 Xb 30
Krzewsk **WMZ** 18 Uc 24
Krzęcin **MŁP** 77 Ue 49
Krzęcin **ZPM** 27 Qc 30
Krzucz **ŁDZ** 54 Ua 39
Krzycko **ZPM** 14 Qe 25
Krzycko Małe **WKP** 51 Rc 37
Krzycko Wielkie **WKP** 51 Rc 37
Krzyczew **LBL** 48 Yc 36
Krzyczki **MAZ** 45 Vf 33
Krzydlina Mała **DLS** 51 Rd 41
Krzydlina Wielka **DLS** 51 Rd 41
Krzydłowice **DLS** 51 Rb 39
Krzydłowiczki **LBU** 51 Ra 38
Krzykały **WMZ** 8 Va 24
Krzykawa **MŁP** 77 Uc 47
Krzykawka **MŁP** 77 Uc 47
Krzyki **DLS** 64 Sa 42
Krzykosy **MAZ** 44 Va 33
Krzykosy **POM** 18 Ua 26
Krzykosy **WKP** 41 Sc 36
Krzykosy **WKP** 42 Te 35
Krzykosy **WKP** 42 Te 36
Krzyków **DLS** 64 Sb 42
Krzyków **OPL** 65 Se 42
Krzymosze **MAZ** 47 Xc 36
Krzymoszyce **LBL** 47 Xd 36
Krzymowskie **LBL** 47 Xf 36
Krzymów **WKP** 42 Tc 35
Krzymów **ZPM** 25 Pc 31
Krzynka **ZPM** 26 Qb 31
Krzynki **ZPM** 27 Qc 31
Krzynowłoga Mała **MAZ** 33 Ve 30
Krzynowłoga Wielka **MAZ** 33 Vf 29
Krzystkowice **LBU** 50 Qb 38
Krzyszkowice **ŁDZ** 43 Uc 36
Krzyszkowice **MAZ** 56 Vf 40
Krzyszkowice **MŁP** 77 Uf 49
Krzyszkowo **WKP** 40 Re 33
Krzysztoforzyce **MŁP** 77 Va 48
Krzywa **DLS** 50 Qe 41
Krzywa **PDL** 22 Ya 27
Krzywa **PDL** 36 Yc 32
Krzywa **PKR** 80 We 48
Krzywaczka **MŁP** 77 Uf 49
Krzywa Góra **KPM** 31 Tf 32
Krzywa Góra **OPL** 65 Sf 43
Krzywa Góra **WKP** 41 Sd 35
Krzywanice **ŁDZ** 66 Ub 42
Krzywanice **MAZ** 44 Va 33
Krzywań **POM** 4 Sa 22
Krzywa Wieś **PKR** 80 Xa 47
Krzywa Wieś **WKP** 15 Sa 28
Krzywcza **PKR** 81 Xd 50
Krzywczyce **LBU** 50 Qd 39
Krzywda **LBL** 58 Xb 38
Krzywda **MAZ** 57 Wd 38
Krzywda **MAZ** 57 We 41
Krzywdy **PKR** 80 Xb 46
Krzywe **LBL** 59 Xf 40
Krzywe **PDL** 11 Ya 24
Krzywe **PKR** 87 Xb 51
Krzywe **PKR** 87 Xc 53
Krzywe **WMZ** 20 Wb 26
Krzywe **WMZ** 21 Xb 25
Krzywe **WMZ** 22 Xd 26
Krzywe Kolano **KPM** 42 Tb 33
Krzywe Koło **POM** 6 Te 23
Krzywica **MAZ** 46 Wd 36
Krzywice **ZPM** 13 Pf 27
Krzywiczyn **OPL** 65 Ta 42
Krzywie **MAZ** 43 Uc 34
Krzywiec **ŁDZ** 54 Ub 38
Krzywiec **PDL** 36 Yd 31
Krzywiec **WMZ** 18 Uc 27
Krzywiec **ZPM** 13 Qb 28
Krzywieńskie **WMZ** 10 Wf 23
Krzywin **ZPM** 25 Pc 29
Krzywina **DLS** 64 Sa 44
Krzywiń **WKP** 40 Re 37
Krzywińskie **WMZ** 21 Xb 26
Krzywizna **OPL** 65 Tb 42
Krzywki-Bośki **MAZ** 32 Va 30
Krzywki-Bratki **MAZ** 32 Va 30
Krzywnica **ZPM** 13 Qb 28
Krzywogoniec **KPM** 17 Ta 27
Krzywokoły **PDL** 47 Xf 33
Krzywołęcz **SWK** 69 Wa 45
Krzywonoga **WMZ** 20 Ve 26
Krzywopłoty **MŁP** 77 Ud 46
Krzyworzeka **ŁDZ** 54 Td 41
Krzywosądów **WKP** 53 Sf 38
Krzywosądz **KPM** 30 Td 32
Krzywowierzba **LBL** 59 Yb 39
Krzywośnity **MAZ** 47 Xe 36
Krzywólka **LBL** 60 Yd 38
Krzywólka **PDL** 10 Xd 23
Krzywy Las **WKP** 39 Ra 34
Krzyż **POM** 16 Sf 26
Krzyż **SWK** 78 Vd 47
Krzyż **WKP** 27 Ra 31
Krzyżanowice **DLS** 64 Sa 41
Krzyżanowice **MAZ** 69 Wb 41
Krzyżanowice **MŁP** 78 Vc 48
Krzyżanowice **MŁP** 78 Vc 49
Krzyżanowice **OPL** 65 Tc 42
Krzyżanowice **SLK** 75 Tb 49
Krzyżanowice Dolne **SWK** 78 Vd 46
Krzyżanowo **POM** 18 Ub 24
Krzyżanowo **WKP** 40 Rf 36
Krzyżanów **DLS** 73 Rb 46
Krzyżanów **ŁDZ** 43 Uc 35
Krzyżanów **ŁDZ** 55 Ud 40
Krzyżanówek **ŁDZ** 43 Uc 35
Krzyżanówka **MAZ** 69 Wc 42
Krzyżany **WMZ** 21 Wc 25
Krzyżewo **PDL** 35 Xe 30
Krzyżewo **WMZ** 7 Ud 23
Krzyżewo-Jurki **MAZ** 33 Wb 31
Krzyżka **SWK** 68 Ve 43
Krzyżkowice **OPL** 74 Se 47
Krzyżkowice **SLK** 75 Tc 48
Krzyżkówko **WKP** 39 Ra 34
Krzyżowa **DLS** 50 Qe 41
Krzyżowa **DLS** 52 Rc 40
Krzyżowa **DLS** 63 Rd 44
Krzyżowa **SLK** 84 Uc 51
Krzyżowa Dolina **OPL** 65 Tb 45
Krzyżowice **DLS** 64 Rf 43
Krzyżowice **OPL** 64 Sc 44
Krzyżowice **OPL** 75 Se 47
Krzyżowice **SLK** 76 Td 48
Krzyżowice **SLK** 76 Te 49
Krzyżowniki **WKP** 40 Sa 35
Krzyżowniki **WKP** 65 Sf 42
Krzyżówki **KPM** 31 Ua 32
Krzyżówki **SLK** 84 Uc 51
Krzyżówki **WKP** 53 Tb 38
Krzyżówka **LBL** 58 Xb 39
Ksany **SWK** 78 Ve 47
Ksawera **SLK** 76 Ua 47
Ksawerów **ŁDZ** 43 Ua 36
Ksawerów **ŁDZ** 55 Ue 38
Ksawerów **MAZ** 57 Wa 39
Ksawerów **SWK** 78 Vc 46
Ksawerów **WKP** 41 Se 35
Ksawerówka **LBL** 71 Xf 42
Ksawerynów **LBL** 58 Xa 37
Ksebki **PDL** 21 Wd 28
Książ **DLS** 63 Rb 43
Książ **KPM** 42 Tb 33
Książ **LBL** 70 Xa 42
Książenice **MAZ** 45 Ve 36
Książenice **SLK** 76 Td 48
Książenice **WKP** 53 Ta 40
Książe-Skroniów **SWK** 68 Vb 45
Książęca Wieś **DLS** 52 Sa 40
Książki **KPM** 31 Va 29
Książ Mały **MŁP** 78 Vb 46
Książnica Śląska **DLS** 63 Rd 44
Książnice **DLS** 64 Sb 44
Książnice **MŁP** 78 Vb 49
Książnice **PKR** 79 Wc 47
Książnice Wielkie **MŁP** 78 Vd 48
Książniczki **MŁP** 77 Va 48
Książnik **WMZ** 19 Va 25
Książno **WKP** 41 Sc 35
Książ Śląski **LBU** 50 Qd 38
Książ Wielki **MŁP** 78 Va 46
Książ Wielkopolski **WKP** 41 Sb 36
Księginice Małe **DLS** 63 Re 43
Księgnice **DLS** 51 Rb 40
Księgnice **DLS** 51 Re 41
Księgnice **DLS** 52 Sa 41
Księgnice **DLS** 63 Rb 42
Księgnice Wielkie **DLS** 64 Rf 44
Księgniki **WKP** 40 Sa 37
Księte **KPM** 31 Ud 29
Księża, Rzeczyca- **SWK** 70 Xb 43
Księża Wola **ŁDZ** 56 Vb 38
Księża Wólka **ŁDZ** 54 Te 37
Księże Młyny **ŁDZ** 54 Te 37
Księże Pole **OPL** 75 Sf 48
Księże Wielkie **DLS** 64 Sa 42
Księżno **WMZ** 20 Ve 24
Księżno **WMZ** 7 Uf 23
Księżomierz **LBL** 70 Wf 43
Księżopole-Budki **MAZ** 46 Xa 35
Księżopole-Komory **MAZ** 46 Xa 35
Księżostany **LBL** 72 Yc 45
Księżowola **MAZ** 56 Vf 37
Księżpol **LBL** 81 Xe 46
Księży Dwór **WMZ** 32 Va 29
Księży Kąt **MAZ** 34 Wd 32
Księży Las **SLK** 76 Te 46
Księży Lasek **WMZ** 20 Wb 28
Księżyno **PDL** 35 Ya 30
Ktery **ŁDZ** 43 Uc 36
Kubaczyn **WKP** 40 Rd 35
Kubice **OPL** 74 Sc 46
Kubowa **MŁP** 84 Ue 52
Kubowo **WKP** 39 Ra 33
Kubrzany **PDL** 35 Xb 29
Kuby-Młyny **SWK** 68 Vd 44
Kucbork **WMZ** 20 Vf 28
Kuce, Kisielany- **MAZ** 46 Xb 35
Kucerz **KPM** 31 Tf 32
Kucębów Dolny **SWK** 68 Vd 42
Kucębów Górny **SWK** 68 Vd 42
Kucharki **WKP** 53 Sf 38
Kucharowo **ZPM** 15 Rd 26
Kuchary **DLS** 64 Sa 43
Kuchary **ŁDZ** 43 Ub 36
Kuchary **ŁDZ** 43 Uc 36
Kuchary **MAZ** 32 Va 32
Kuchary **MAZ** 44 Ue 33
Kuchary **MŁP** 78 Vc 48
Kuchary **SLK** 66 Ub 43
Kuchary **SWK** 53 Sf 38
Kuchary Borowe **WKP** 42 Ta 36
Kuchary Kościelne **WKP** 42 Ta 36
Kuchary Rzydowskie **MAZ** 44 Vd 32
Kuchary-Skotniki **MAZ** 44 Vc 34
Kucharzowice **DLS** 64 Sb 44
Kuchnia **POM** 18 Tf 25
Kuchny, Chodkowo- **MAZ** 33 Wa 30
Kucice **MAZ** 44 Vb 33
Kuciny **ŁDZ** 54 Ua 37
Kucoby **SLK** 66 Td 43
Kuców **ŁDZ** 66 Ub 41
Kuczaby **MAZ** 47 Xb 33
Kuczawola **WKP** 53 Tb 38
Kuczbork-Osada **MAZ** 32 Va 30
Kucze **WMZ** 22 Xd 26
Kucze Małe **PDL** 35 Xc 29
Kucze Wielkie **PDL** 35 Xc 29
Kuczki **ŁDZ** 42 Te 36
Kuczki-Kolonia **MAZ** 57 Wc 40

Kuczki-Wieś **MAZ** 57 Wc 40
Kuczków **SWK** 67 Ue 44
Kuczków **WKP** 53 Sf 38
Kuczwały **KPM** 30 Td 30
Kuczyn **PDL** 35 Xd 32
Kuczyna **KPM** 42 Tf 33
Kuczyna **WKP** 52 Rf 38
Kuczyńskie **MAZ** 33 Wc 29
Kuczyzna **ŁDZ** 56 Vc 39
Kudelczyn **MAZ** 46 Xb 34
Kudowa Zdrój **DLS** 73 Rb 46
Kudrawka **PDL** 23 Yc 27
Kudrowice **ŁDZ** 54 Ub 38
Kudry **LBL** 59 Ya 38
Kudrycze **PDL** 36 Yb 30
Kuflew **MAZ** 46 We 36
Kujakowice Dolne **OPL** 65 Tb 42
Kujakowice Górne **OPL** 65 Tb 42
Kujan **WKP** 16 Sb 28
Kujawka **KPM** 30 Te 32
Kujawki **SWK** 78 Vc 46
Kujawki **WKP** 29 Sc 31
Kujawy **KPM** 31 Tf 30
Kujawy **MAZ** 58 We 37
Kujawy **OPL** 75 Se 46
Kujawy **SWK** 69 Wc 44
Kujawy, Drążdżewo- **MAZ** 33 Wa 30
Kukadło **LBU** 38 Qa 37
Kukały **MAZ** 57 Wa 37
Kukań **ZPM** 13 Qa 25
Kukawka **LBL** 72 Yc 43
Kukawki **MAZ** 46 Wd 33
Kukawki **MAZ** 47 Xd 35
Kukiełki, Tereszpol- **LBL** 71 Xf 45
Kukinia **ZPM** 3 Qe 23
Kukle **PDL** 23 Yc 24
Kuklice **DLS** 64 Rf 43
Kuklin **MAZ** 32 Vc 29
Kuklinów **WKP** 52 Sb 38
Kuklówka Zarzeczna **MAZ** 45 Vd 36
Kukły **WMZ** 21 Xa 27
Kukowo **KPM** 31 Uc 31
Kukowo **POM** 4 Sb 21
Kukowo **WMZ** 22 Xc 25
Kuków **MŁP** 84 Uc 50
Kuków-Folwark **PDL** 11 Xe 24
Kukówko **WMZ** 22 Xc 25
Kukułowo **ZPM** 13 Pe 25
Kulany **MAZ** 32 Vc 29
Kulaszne **PKR** 87 Xb 52
Kulczyn **LBL** 59 Yb 40
Kulczyzna **SWK** 68 Vc 45
Kule **SLK** 66 Ua 42
Kuleje **SLK** 66 Te 43
Kulesze **PDL** 22 Xe 28
Kulesze-Chabotki **PDL** 35 Xe 29
Kulesze Kościelne **PDL** 35 Xd 30
Kulesze-Litewka **PDL** 35 Xd 30
Kuleszewo **POM** 4 Rf 22
Kuleszki **PDL** 34 We 30
Kulice **POM** 17 Te 25
Kulice **ZPM** 13 Qb 27
Kuligi **PDL** 22 Xe 27
Kuligi **WMZ** 18 Ue 28
Kuligi, Mieszki- **MAZ** 45 Vf 33
Kuligowa **MŁP** 84 Ue 51
Kuligów **MAZ** 45 Wb 33
Kulik **LBL** 59 Yb 41
Kulikówka **PDL** 35 Ya 29
Kulin **DLS** 63 Rd 42
Kulkowa **MŁP** 84 Ue 51
Kulno **PKR** 80 Xc 47
Kulów **DLS** 51 Ra 38
Kułaki **PDL** 35 Xd 32
Kułakowice Drugie **LBL** 72 Ye 43
Kułakowice Pierwsze **LBL** 72 Ye 43
Kułakowice Trzecie **LBL** 72 Ye 43
Kułygi **PDL** 47 Xe 34
Kumajny **WMZ** 8 Vb 24
Kumelsk **PDL** 21 Xa 28
Kumiała **PDL** 22 Ya 28
Kumiałka **PDL** 23 Yb 28
Kumiałtowice **LBU** 49 Pe 38
Kumielsk **WMZ** 21 Wf 27
Kumkiejmy **WMZ** 8 Vd 22
Kumów Majoracki **LBL** 72 Yd 42
Kumów Plebański **LBL** 72 Yd 42
Kundzicze **PDL** 23 Yc 28
Kundzicze **PDL** 36 Ye 29
Kunegundów **MAZ** 69 Wc 41
Kunice **DLS** 51 Rb 41
Kunice **ŁDZ** 56 Vb 40
Kunice **MŁP** 78 Va 49
Kunice **SWK** 69 Wd 44
Kunice Żarskie **LBU** 50 Qb 39
Kunik **WMZ** 19 Vc 24
Kunin **MAZ** 34 Wc 31
Kunin-Zamek **MAZ** 35 Xc 32
Kuniów **OPL** 65 Tb 43
Kunki **LBL** 81 Yb 46
Kunki **MAZ** 43 Ud 34
Kunki **WMZ** 19 Vb 27
Kunkowa **MŁP** 86 Wa 51
Kunowa **PKR** 86 Wc 50
Kunowice **LBU** 37 Pd 34
Kunowo **WKP** 28 Sa 29
Kunowo **WKP** 40 Sa 37
Kunowo **ZPM** 13 Pf 29
Kunowo **ZPM** 26 Pe 30
Kunów **DLS** 63 Re 43
Kunów **LBL** 58 Xc 39
Kunów **SWK** 69 Wb 43
Kuny **WKP** 42 Tc 36
Kuńkowce **PKR** 81 Xe 50
Kup **OPL** 65 Sf 44
Kupce **MAZ** 46 We 34
Kupiatycze **PKR** 88 Xe 50
Kupienin **MŁP** 79 Vf 47
Kupietyn **MAZ** 47 Xb 34
Kupimierz **SWK** 56 Vc 41
Kupin **WMZ** 18 Ud 25
Kupinin **WKP** 42 Tf 36
Kupiski, Grzymały- **PDL** 34 Wf 29
Kuplisk **PDL** 23 Yb 28
Kupna **PKR** 88 Xd 50
Kupno **PKR** 80 Wf 47
Kupowo **PDL** 11 Ya 23
Kurabka **ŁDZ** 44 Vb 36
Kuraszew **LBL** 59 Xe 38
Kuraszewo **PDL** 36 Yc 32
Kuraszków **DLS** 52 Rf 41
Kuraszków **ŁDZ** 56 Vc 41
Kurcew **WKP** 53 Se 37
Kurcewo **ZPM** 26 Qa 29
Kurczątki **WMZ** 22 Xb 27
Kurcze **POM** 17 Ta 26
Kurczowa Wieś **MAZ** 57 Vf 37
Kurczów **DLS** 64 Sa 43
Kurdwanów **MAZ** 44 Vb 36
Kurejewka **PDL** 22 Xc 27
Kurejwa **PDL** 22 Xc 27
Kurek, Klonowiec- **MAZ** 57 Wb 41
Kurianka **PDL** 23 Yc 26
Kurianki Drugie **PDL** 22 Xf 25
Kurianki Pierwsze **PDL** 22 Xf 25
Kuriany **PDL** 36 Yb 30
Kurki **WMZ** 19 Vc 27
Kurki **WMZ** 32 Vb 29
Kurki, Łuby- **PDL** 34 Wf 30
Kurkocin **KPM** 31 Va 29
Kurkowo **PDL** 21 Xb 28
Kurkowo **POM** 16 Sf 26
Kurmanów **LBL** 72 Ye 43
Kurnatowice **WKP** 39 Ra 33
Kurnędz **ŁDZ** 55 Uf 41
Kurnos **ŁDZ** 54 Ub 41
Kuropas **OPL** 74 Sd 46
Kuropatnik **DLS** 64 Sa 44
Kurowice **DLS** 51 Ra 39
Kurowice **MAZ** 47 Xb 33
Kurowice Kościelne **ŁDZ** 55 Ue 39
Kurowice Rządowe **ŁDZ** 55 Ue 39
Kurowo **KPM** 43 Ub 34
Kurowo **MAZ** 31 Ud 32
Kurowo **MAZ** 33 Vf 31
Kurowo **POM** 5 Se 20
Kurowo **WKP** 39 Rc 35
Kurowo **WKP** 40 Rd 36
Kurowo **ZPM** 15 Rd 24
Kurowo Braniewskie **WMZ** 7 Ue 23
Kurowszczyzna **PDL** 23 Yd 28
Kurozwęcz **ZPM** 15 Rb 24
Kurozwęki **SWK** 69 Wa 45
Kurów **DLS** 64 Sb 43
Kurów **ŁDZ** 54 Ua 40
Kurów **ŁDZ** 66 Tc 41
Kurów **LBL** 47 Xd 36
Kurów **LBL** 58 Xb 40
Kurów **MŁP** 78 Vc 49
Kurów **MŁP** 84 Uc 50
Kurów **MŁP** 85 Vd 50
Kurów **SWK** 69 Wc 44
Kurów **WKP** 53 Sf 38
Kurów **ZPM** 12 Pd 28
Kurówek **ŁDZ** 54 Tf 40
Kurówek **ŁDZ** 54 Ua 40
Kurówko **MAZ** 31 Ud 32
Kurów Wielki **DLS** 50 Qf 39
Kurpie Dworskie **MAZ** 34 We 30
Kurpiki **PDL** 35 Xc 29
Kury **MAZ** 46 Wd 34
Kuryłówka **PKR** 80 Xc 47
Kurza **WKP** 53 Ta 37
Kurzacze **ŁDZ** 56 Vc 41
Kurzacze **SWK** 69 Wc 42
Kurza Góra **WKP** 40 Rd 36
Kurzaj **ŁDZ** 53 Tb 40
Kurzelów **SWK** 67 Uf 43
Kurzeńcowa **MŁP** 84 Ue 51
Kurzeszyn **ŁDZ** 56 Vb 38
Kurzętnik **WMZ** 18 Ud 28
Kurzjama **ŁDZ** 43 Ua 36
Kurznie **OPL** 64 Se 43
Kurzycko **ZPM** 25 Pc 32
Kurzyna Mała **PKR** 70 Xc 45
Kurzyna Średnia **PKR** 80 Xc 45
Kurzyna Wielka **PKR** 80 Xc 46
Kurzyska **MAZ** 34 Wc 30
Kusice **ZPM** 3 Rc 23
Kusięta **SLK** 66 Ub 44
Kuski **MAZ** 32 Ue 31
Kuskowizna **MAZ** 34 Wf 32
Kusowo **POM** 4 Sa 22
Kusowo **ZPM** 15 Rd 26
Kustrawa **PKR** 80 Xc 46
Kustrzyce **ŁDZ** 54 Ua 39
Kusze **PKR** 81 Xc 46
Kuszewo **WKP** 29 Sb 32
Kuszewo **ZPM** 15 Rb 27
Kuszyna **ŁDZ** 54 Tf 41
Kuszyń **WKP** 53 Tb 37
Kuślin **WKP** 39 Rb 34
Kuśnie **ŁDZ** 54 Te 39
Kutno **ŁDZ** 43 Uc 35
Kuty **WMZ** 10 Wf 23
Kutyłowo-Perysie **MAZ** 35 Xc 32
Kuzawa **PDL** 48 Yc 33
Kuzawka **LBL** 60 Yd 38
Kuzie **PDL** 34 We 29
Kuznocin **ŁDZ** 55 Ue 39
Kuznocin **MAZ** 44 Vb 35
Kuźmina **PKR** 88 Xc 51
Kuźmy **ŁDZ** 55 Uf 37
Kuźmy, Odnoga- **PDL** 36 Ye 31
Kuźmy Kuźmińskie **MAZ** 57 Wd 39
Kuźnia **MAZ** 57 Vf 41
Kuźnia **WKP** 53 Sf 37
Kuźniaki **SWK** 68 Vc 43
Kuźnia Ligocka **OPL** 74 Sd 45
Kuźnia Nieborowska **SLK** 76 Td 47
Kuźnia Raciborska **SLK** 75 Tb 47
Kuźnia Rybnicka **SLK** 76 Td 48
Kuźnia Warężyńska **SLK** 76 Ub 46
Kuźnica **ŁDZ** 54 Ua 41
Kuźnica **ŁDZ** 66 Ua 42
Kuźnica **ŁDZ** 66 Ub 41
Kuźnica **ŁDZ** 67 Uc 43
Kuźnica **ŁDZ** 67 Ud 42
Kuźnica **MAZ** 56 Vd 41
Kuźnica **OPL** 66 Td 42
Kuźnica **PDL** 23 Yd 27
Kuźnica **POM** 6 Td 20
Kuźnica, Sokole- **KPM** 16 Sf 28
Kuźnica Błońska **ŁDZ** 53 Tc 40
Kuźnica Bobrowska **WKP** 53 Ta 40
Kuźnica Czarnkowska **WKP** 28 Rd 31
Kuźnica Czeszycka **DLS** 52 Sc 40
Kuźnica Głogowska **LBU** 51 Ra 37
Kuźnica Grabowska **WKP** 53 Tb 39
Kuźnica Grodziska **SLK** 67 Ue 43
Kuźnica Janiszewska **WKP** 42 Te 36
Kuźnica Katowska **OPL** 65 Se 43
Kuźnica Kącka **WKP** 53 Se 40
Kuźnica Lechowa **SLK** 66 Ua 43
Kuźnica Lubiecka **ŁDZ** 55 Ub 40
Kuźnica Ługowska **ŁDZ** 54 Tf 41
Kuźnica Masłońska **SLK** 77 Uc 46
Kuźnica Myślniewska **WKP** 53 Se 40
Kuźnica Nowa **SLK** 66 Td 43
Kuźnica Nowa **SLK** 66 Ub 45
Kuźnica Skakawska **ŁDZ** 53 Ta 41
Kuźnica Słupska **WKP** 65 Ta 41
Kuźnica Stara **SLK** 66 Te 43
Kuźnica Stara **SLK** 66 Ub 45
Kuźnica Strobińska **ŁDZ** 54 Tf 41
Kuźnica Sulikowska **SLK** 76 Ub 46
Kuźnica Wąsowska **SLK** 67 Ue 44
Kuźnica Zagrzebska **ŁDZ** 54 Tc 40
Kuźnica Zbąska **WKP** 39 Ra 35
Kuźnica Żelichowska **WKP** 27 Ra 31
Kuźnice **KPM** 43 Ua 33
Kuźnice **MŁP** 84 Uf 53
Kuźnice Świdnickie **DLS** 63 Rb 44
Kuźnicza Kedrzyńska **SLK** 66 Ua 43
Kuźniczka **WKP** 27 Rb 31
Kuźniczka Nowa **SLK** 77 Uc 47
Kuźniczysko **DLS** 52 Sb 40
Kuźniki **DLS** 64 Rf 42
Kużawka **LBL** 48 Yd 36
Kużele, Wnory- **PDL** 35 Xd 30
Kwaczała **MŁP** 77 Ud 48
Kwakowo **POM** 4 Sa 22
Kwakowo **ZPM** 15 Rd 25
Kwapinka **MŁP** 78 Vb 49
Kwasowo **ZPM** 4 Re 23
Kwasów **SWK** 79 Wa 46
Kwasówka **LBL** 59 Xf 37
Kwasuty **KPM** 29 Sd 32
Kwasy **MAZ** 47 Xd 36
Kwasy, Kołaki- **MAZ** 33 Ve 31
Kwaszenica **PKR** 88 Xd 51
Kwaszyn **SWK** 78 Vc 46
Kwaśniów **MŁP** 77 Ud 46
Kwiatkowice **DLS** 51 Rc 41
Kwiatkowice **ŁDZ** 54 Ua 38
Kwiatkowo **KPM** 31 Ud 30
Kwiatkowo **WMZ** 8 Vb 23
Kwiatków **WKP** 42 Te 36
Kwiatków **WKP** 53 Sf 38
Kwiatonowice **MŁP** 86 Wa 50
Kwiatoń **MŁP** 86 Wb 51
Kwiatowice **LBU** 26 Qa 32
Kwiatuszki Wielkie **WMZ** 20 Wc 28
Kwidzyn **POM** 18 Tf 26
Kwiecewo **WMZ** 19 Vb 25
Kwieciszewo **KPM** 41 Ta 33
Kwiedzina **WMZ** 20 Wc 24
Kwiejce **LBU** 27 Qf 32
Kwiejce **WKP** 27 Ra 32
Kwieki **POM** 16 Sf 26
Kwielice **DLS** 51 Ra 39
Kwietniewo **WMZ** 18 Uc 25
Kwietnik **WMZ** 7 Ud 23
Kwietniki **DLS** 63 Ra 43
Kwietno **DLS** 63 Rc 41
Kwik **WMZ** 21 We 26
Kwików **MŁP** 78 Vd 48
Kwilcz **WKP** 39 Ra 33
Kwileń **WKP** 41 Sf 37
Kwilina **SWK** 67 Va 44
Kwilno **ŁDZ** 43 Ud 37
Kwitajny **WMZ** 19 Ue 24

L

Labuszewo **WMZ** 20 Vf 26
Lachmirowice **KPM** 42 Tb 33
Lachowice **MŁP** 84 Uc 50
Lachowo **PDL** 21 Xa 28
Lachówka Duża **LBL** 48 Yc 36
Lachówka Mała **LBL** 48 Yc 36
Lachy **PDL** 36 Yc 31
Lachy, Perki- **PDL** 35 Xe 31
Lack **LBL** 60 Yc 39
Lacki, Skwierczyn- **MAZ** 47 Xc 35
Ladorudz **WKP** 42 Te 36
Ladyniska **LBL** 72 Ye 42
Ladzin **PKR** 87 Wf 51
Lakiele **WMZ** 10 Xc 23
Lakowice **OPL** 75 Se 46
Laliki **SLK** 83 Ua 51
Lalin **PKR** 87 Xa 51
Laliny **MAZ** 46 We 37
Lalkowy **POM** 17 Te 26
Lamk **POM** 16 Se 25
Lamkowo **WMZ** 20 Ve 25
Lanckorona **MŁP** 77 Ue 49
Landek **SLK** 76 Tf 49
Landzmierz **OPL** 75 Tb 47
Langanki **WMZ** 20 Wc 25
Laryszów **SLK** 76 Te 46
Las **MAZ** 45 Wa 35
Las **SLK** 84 Uc 50
Las, Dąbrowa- **MAZ** 57 Wd 40
Las, Grudzień- **ŁDZ** 56 Va 40
Las, Kolumna- **ŁDZ** 54 Ub 39
Las, Lućmierz- **ŁDZ** 55 Uc 37
Las, Sokolniki- **ŁDZ** 43 Uc 37
Lasaki **SLK** 75 Tb 47
Las Dębowy **LBL** 70 We 41
Laseczno **WMZ** 18 Uc 27
Lasek **ŁDZ** 54 Te 38
Lasek **MŁP** 84 Uf 51
Las Gliniański **MAZ** 69 We 42
Laska **POM** 16 Sd 25
Laska **ZPM** 13 Pd 25
Laski **DLS** 63 Re 46
Laski **KPM** 17 Tb 26
Laski **ŁDZ** 66 Te 41
Laski **LBL** 58 Xa 38
Laski **LBL** 59 Xf 39
Laski **LBL** 59 Yb 40
Laski **LBU** 38 Qb 36
Laski **MAZ** 33 Wa 32
Laski **MAZ** 34 We 31
Laski **MAZ** 45 Vf 35
Laski **MAZ** 57 Wa 38
Laski **MAZ** 57 Wd 40
Laski **MŁP** 77 Uc 47
Laski **PDL** 34 We 29
Laski **PKR** 80 Wf 46
Laski **WKP** 42 Td 37
Laski **WKP** 65 Ta 41
Laski **ZPM** 14 Qf 25
Laski **ZPM** 4 Rd 23
Laski Koszalińskie **ZPM** 3 Ra 24
Laski Lubuskie **LBU** 37 Pe 34
Laski Małe **WMZ** 22 Xd 26
Laski Wałeckie **ZPM** 14 Rb 28
Laski Wielkie **KPM** 29 Sf 32
Laski Wielkie **WMZ** 22 Xc 26
Laskowa **MŁP** 77 Uc 49
Laskowa **MŁP** 85 Vc 50
Laskowa **SWK** 78 Vb 45
Laskowice **KPM** 17 Tc 28
Laskowice **MAZ** 47 Xd 34
Laskowice **OPL** 65 Ta 43
Laskowice **POM** 18 Ua 26
Laskowice, Jelcz- **DLS** 64 Sb 42
Laskowice Oławskie **DLS** 64 Sc 42
Laskowiec **MAZ** 34 Wd 30
Laskowiec **OPL** 74 Sd 46
Laskowiec **PDL** 35 Xd 29
Laskowiec, Żebry- **MAZ** 35 Xc 32
Laskowizna **MAZ** 34 We 32
Laskowizna **MAZ** 46 Wc 34
Laskowo **DLS** 52 Re 39
Laskowo **KPM** 29 Sc 32
Laskowo **WKP** 16 Sb 27
Laskowo **WKP** 28 Rf 32
Laskowo **WKP** 28 Sa 30
Laskowo **ZPM** 26 Qa 30
Laskowszczyzna **PDL** 23 Yb 28
Lasków **MAZ** 45 Wc 34
Lasków **SWK** 68 Vb 44
Laskówiec **WKP** 42 Tb 35
Laskówka **DLS** 73 Re 46
Laskówka **PKR** 80 Xb 49
Laskówka Chorąska **MŁP** 79 Vf 48
Laskówka Delastowska **MŁP** 79 Wa 47
Laskówko **ZPM** 26 Qb 30
Lasochów **SWK** 68 Vb 44
Lasocice **OPL** 64 Sc 45
Lasocice **WKP** 51 Rc 38
Lasocin **DLS** 63 Rd 44
Lasocin **LBU** 50 Qe 38
Lasocin **SWK** 68 Va 43
Lasocin **SWK** 70 We 43
Lasomin **MAZ** 46 Wd 36
Lasotki **WKP** 51 Re 38
Lasowice **DLS** 63 Rc 41
Lasowice **MAZ** 57 Wb 40
Lasowice **OPL** 64 Sa 45
Lasowice **SLK** 76 Tf 46
Lasowice Małe **OPL** 65 Tb 43
Lasowice Wielkie **OPL** 65 Tb 43
Lasowice Wielkie **POM** 18 Ua 24
Lasów **DLS** 49 Qa 41
Lasówka **DLS** 73 Rc 47
Lasy **LBL** 70 Xb 43
Lasy, Głuchów- **SWK** 68 Vf 44
Laszki **PKR** 81 Xf 48
Latalice **WKP** 41 Sb 33
Latchorzew **MAZ** 45 Vf 35
Latki, Kobylin- **PDL** 35 Xe 30
Latkowo **KPM** 30 Tb 32
Latków **ŁDZ** 55 Va 38
Latonice **MAZ** 45 Ve 33
Latosówka **SLK** 66 Ub 43
Latoszyn **PKR** 79 Wc 48
Latowice **WKP** 53 Sf 39
Latowicz **MAZ** 46 We 36
Latyczów **LBL** 71 Ya 43
Latyczyn **LBL** 71 Xf 44
Laudańszczyzna **PDL** 22 Ya 27
Ląd **WKP** 41 Sf 35
Lądek **WKP** 41 Sf 35
Lądek **WKP** 41 Ta 36
Lądek **WMZ** 20 Vf 24
Lądek Zdrój **DLS** 73 Rf 46
Ldzań **ŁDZ** 54 Ub 39
Lebiedziew **LBL** 48 Yd 36
Lebiedzin **PDL** 22 Yb 26
Lebiedzin **PDL** 23 Yc 28
Lechanice **MAZ** 57 Wa 38
Lechawa, Psary- **ŁDZ** 55 Ue 40
Lechitów **DLS** 51 Rd 39
Lechlin **WKP** 28 Sa 32
Lechowo **WMZ** 8 Vb 23
Lechów **ŁDZ** 56 Va 39
Lechów **SWK** 69 Wa 44
Lechówek **SWK** 69 Wa 44
Lechówka **LBL** 71 Yb 41
Lechuty Duże **LBL** 48 Yd 36
Lechuty Małe **LBL** 48 Yd 36
Lecka **PKR** 80 Xa 49
Lednica Górna **MŁP** 77 Va 49
Lednogóra **WKP** 41 Sc 33
Lega **WMZ** 22 Xc 25
Legacz **MAZ** 46 Wd 35
Legbąd **KPM** 16 Sf 26
Legędzin **ŁDZ** 54 Ub 38
Leginy **WMZ** 20 Wa 25
Leginy **WMZ** 8 Vf 23
Legionowo **MAZ** 45 Vf 34
Legnica **DLS** 51 Ra 41
Legnickie Pole **DLS** 63 Rb 42
Leitnie **LBL** 59 Xf 39
Lejkowo **ZPM** 4 Rd 23
Lejno **LBL** 59 Ya 40
Lekarty **WMZ** 18 Uc 28
Lekarzewice **KPM** 42 Te 33
Lekaszyn **ŁDZ** 42 Te 36
Lekomin **SWK** 68 Ve 43
Lekowo **MAZ** 32 Vd 31
Lekowo **ZPM** 14 Qe 26
Leksandrowa **MŁP** 78 Vc 49
Leksyn **MAZ** 44 Va 33
Lelechów **LBU** 50 Qd 38
Leleszki **WMZ** 20 Ve 27
Lelice **MAZ** 32 Ue 32
Lelis **MAZ** 34 Wd 29
Lelitków **SWK** 68 Vd 41
Leliwa **ŁDZ** 53 Tc 40
Lelkowo **WMZ** 8 Vb 23
Lelowice **MŁP** 78 Vb 47
Lelów **SLK** 67 Ud 44
Leluchów **MŁP** 86 Vf 53
Leman **PDL** 21 We 28
Lemany **POM** 5 Se 23
Lemany **WMZ** 20 Wa 27
Lembark **KPM** 31 Ub 28
Lemierz **SWK** 69 Wd 43
Lemierzyce **LBU** 38 Pf 33
Lemieszów **LBL** 72 Ye 43
Lenarcice **OPL** 74 Sd 48
Lenarczyce **SWK** 69 We 44
Lenartowice **DLS** 51 Re 41
Lenartowice **SWK** 79 Wa 45
Lenartowice **WKP** 53 Se 37
Lenarty **WMZ** 10 Xd 24
Lendo Ruskie **LBL** 58 Xb 39
Lendy **POM** 16 Se 24
Lenie Wielkie **KPM** 43 Uc 33
Leniewo **PDL** 36 Yc 32
Leńce **PDL** 35 Ya 29
Leńcze **MŁP** 77 Ue 49
Leokadiów **LBL** 58 We 40
Leonardów **LBL** 58 Xb 38
Leoncin **MAZ** 44 Vd 34
Leonin **LBL** 70 Xa 42
Leonka **MAZ** 34 Wd 30
Leonów **LBL** 71 Yb 42
Leonów **MAZ** 44 Vb 35
Leonów **MAZ** 46 We 35
Leonów **WKP** 52 Sb 37
Leopoldowo **KPM** 31 Tf 32
Leopoldowo **PDL** 34 Wf 30
Leopoldów **ŁDZ** 56 Vb 38
Leopoldów **MAZ** 69 Wd 42
Lepertowizna, Osipy- **PDL** 35 Xc 31
Lepno **WMZ** 18 Ud 25
Lepsze **KPM** 30 Td 32
Lesiaki **ŁDZ** 54 Tc 40
Lesica **DLS** 73 Rd 48
Lesica **MAZ** 56 Vf 41
Lesica **SWK** 68 Vc 43
Lesica, Kolonia **DLS** 73 Rd 48
Lesieniec **ŁDZ** 55 Uc 39
Lesięcin **ZPM** 14 Qd 27
Lesiny Wielkie **WMZ** 33 Wa 28
Lesiów **MAZ** 57 Wb 40
Lesiska **WMZ** 19 Va 24
Lesisko **ŁDZ** 55 Va 38
Lesko **PKR** 87 Xb 52
Lestkowo **ZPM** 13 Qa 26
Leszcz **WMZ** 19 Va 28
Leszczanka **LBL** 47 Xd 37
Leszczanka **LBL** 47 Ya 37
Leszczany **LBL** 72 Yd 42
Leszczany **PDL** 23 Yb 27
Leszczawa Dolna **PKR** 88 Xc 51
Leszczawa Górna **PKR** 88 Xc 51
Leszczawka **PKR** 88 Xc 51
Leszcze **KPM** 30 Ta 31
Leszcze **PKR** 79 We 47
Leszcze **SWK** 78 Vd 46
Leszcze **WKP** 42 Tf 35
Leszczewek **PDL** 22 Ya 24
Leszczewo **PDL** 11 Xf 23
Leszczewo **PDL** 11 Ya 24
Leszczka Duża **PDL** 47 Xd 33
Leszczka Mała **PDL** 47 Xd 33
Leszczków **SWK** 69 Wc 44
Leszczowate **PKR** 88 Xd 51
Leszczydół-Nowiny **MAZ** 46 Wc 33
Leszczyna **DLS** 62 Qf 42
Leszczyna **LBL** 70 Xb 42
Leszczyna **MŁP** 78 Vc 49
Leszczynek **ŁDZ** 43 Ub 35
Leszczyniec **DLS** 62 Qf 44
Leszczynki **POM** 5 Sf 23
Leszczyno Księże **MAZ** 44 Uf 33
Leszczyno Szlacheckie **MAZ** 44 Uf 33
Leszczyny **MŁP** 84 Uf 52
Leszczyny **MŁP** 86 Wa 51
Leszczyny **PKR** 80 Xc 48
Leszczyny **PKR** 88 Xe 51
Leszczyny **SLK** 76 Te 47
Leszczyny **SLK** 83 Ua 50
Leszczyny **SWK** 68 Ve 43
Leszczyny, Czerwionka **SLK** 76 Te 48
Leszczyny Duże **ŁDZ** 55 Uc 39
Leszczyny Małe **ŁDZ** 55 Uc 39
Leszkomin **ŁDZ** 54 Tf 38
Leszkowice **DLS** 51 Rb 39
Leszkowice **LBL** 59 Xd 39
Leszkowy **POM** 6 Tf 23
Leszna Górna **SLK** 83 Te 50
Lesznia **PDL** 35 Ya 31
Leszno **ŁDZ** 43 Tf 36
Leszno **MAZ** 33 Vf 31
Leszno **MAZ** 45 Vd 35
Leszno **WKP** 51 Rd 37
Leszno **WMZ** 20 Vf 26
Leszno Dolne **LBU** 50 Qd 39
Leszno Górne **LBU** 50 Qd 40
Lesznowola **MAZ** 45 Vf 36
Lesznowola **MAZ** 56 Vf 37
Leśce **LBL** 58 Xc 40
Leśmierz **ŁDZ** 43 Ub 36
Leśna **DLS** 62 Qb 42
Leśna **POM** 4 Sb 22
Leśna **SLK** 83 Ua 50
Leśna **SWK** 68 Vf 43
Leśna Jania **POM** 17 Td 26
Leśna Podlaska **LBL** 47 Ya 36
Leśna Rzeka **MAZ** 57 Wd 39
Leśna Woda **OPL** 64 Sc 43
Leśne Chałupy **MAZ** 70 We 42
Leśniaki **SLK** 67 Ub 45
Leśniakowizna **MAZ** 45 Wb 35
Leśnica **DLS** 63 Rf 42
Leśnica **ŁDZ** 54 Ua 38
Leśnica **MŁP** 85 Va 52
Leśnica **OPL** 75 Tb 46
Leśnica **SWK** 68 Vb 44
Leśnica **WMZ** 19 Ue 25
Leśnice **POM** 5 Se 21
Leśnictwo **WKP** 42 Tc 34
Leśniczówka **ŁDZ** 43 Ue 36
Leśniczówka **LBL** 70 Xa 41
Leśniczówka, Solec- **WKP** 39 Rb 36
Leśniewek, Świerże- **PDL** 34 Xb 32
Leśniewice **MAZ** 43 Uc 34
Leśniewo **MAZ** 33 Vf 31
Leśniewo **MAZ** 34 Xb 32
Leśniewo **POM** 5 Tb 20
Leśniewo **WKP** 41 Sc 34
Leśniewo **WMZ** 9 Wd 23
Leśniewo Dolne **MAZ** 33 Vd 31
Leśniewo-Niedźwiedź **PDL** 35 Xd 30
Leśnik **OPL** 75 Sf 46
Leśniki **MAZ** 46 We 34
Leśniki **PDL** 22 Ya 27
Leśniki **PDL** 35 Xe 30
Leśniki **WMZ** 32 Vc 29
Leśniki, Mieszki- **MAZ** 45 Vf 33
Leśniowice **LBL** 72 Yc 43
Leśniówka **PKR** 87 Wd 51
Leśniów Mały **LBU** 38 Qb 36
Leśniów Wielki **LBU** 38 Qb 37
Leśno **POM** 16 Se 25
Leśno **POM** 6 Tb 22
Leśnogóra **MAZ** 46 Wf 35
Leśno Górne **ZPM** 12 Pd 27
Leśny Rów **WMZ** 9 Wc 23
Letnica **LBU** 38 Qc 37
Letni Dwór **POM** 5 Tb 21
Letniki **PDL** 35 Ya 29
Letnin **ZPM** 26 Pf 30
Letnisko, Garbatka- **MAZ** 57 Wd 40
Letnisko, Jedlnia- **MAZ** 57 Wb 40
Letnisko, Żarki- **SLK** 67 Ub 45
Lewałd Wielki **WMZ** 19 Uf 28
Lewandowszczyzna **LBL** 71 Xd 42
Lewice **OPL** 75 Se 48
Lewice **WKP** 39 Qf 34
Lewice **ZPM** 13 Qb 24
Lewickie **PDL** 36 Ya 30
Lewiczyn **MAZ** 32 Vb 30
Lewiczyn **MAZ** 56 Vf 38
Lewikon **MAZ** 57 Wd 38
Lewin **ŁDZ** 56 Vc 38
Lewin Brzeski **OPL** 64 Sd 44
Lewin Kłodzki **DLS** 73 Rb 46
Lewino **POM** 5 Ta 22
Lewiski, Gnaty- **MAZ** 33 Vf 33
Lewki **PDL** 23 Yb 27
Lewki **PDL** 36 Yb 32
Lewków **WKP** 53 Sf 38
Lewniowa **MŁP** 78 Vd 49
Lewonie **PDL** 35 Xe 28
Lewoszów **SWK** 68 Vb 42
Leziona **WKP** 53 Ta 39
Leźnica Mała **ŁDZ** 43 Ua 36
Leźno **POM** 6 Tc 22
Leżachów **PKR** 81 Xd 48
Leżajsk **PKR** 80 Xc 47
Leżenica **WKP** 28 Rd 30
Leżenice **MAZ** 57 Wb 39
Lębork **POM** 5 Se 21
Lędławki **WMZ** 20 Vf 24
Lędowo **POM** 6 Te 23
Lędyczek **WKP** 15 Rf 27
Lędzin **ZPM** 2 Qa 24
Lędzina **DLS** 52 Sc 40
Lędziny **OPL** 65 Ta 44
Lędziny **SLK** 76 Ua 48
Lgiń **WKP** 51 Rb 37
Lgoczanka **SLK** 67 Ud 44
Lgota **MŁP** 77 Ud 47
Lgota **MŁP** 77 Ud 49
Lgota **SLK** 66 Ua 43
Lgota Błotna **SLK** 67 Ud 44
Lgota Gawronna **SLK** 67 Ud 45
Lgota Górna **SLK** 66 Ub 45
Lgota Mała **SLK** 67 Uc 43
Lgota Mokrzesz **SLK** 66 Ub 45
Lgota Murowana **SLK** 67 Ud 45
Lgota Nadwarcie **SLK** 66 Ub 45
Lgota Wielka **ŁDZ** 67 Ub 42
Lgota Wielka **MŁP** 77 Uf 46
Lgota Wolbromska **MŁP** 77 Ue 46
Lgów **WKP** 41 Sd 36
Liberadz **MAZ** 32 Vb 31
Libertów **MŁP** 77 Uf 49
Libiąż **MŁP** 77 Ub 48
Libidza **SLK** 66 Tf 43
Libiszów **ŁDZ** 56 Vb 40
Libowiec **SLK** 76 Td 49
Librantowa **MŁP** 85 Ve 51
Libusza **MŁP** 86 Wb 50
Lichawa **ŁDZ** 54 Ua 38
Lichawa **ŁDZ** 54 Ua 39
Lichenek **WKP** 42 Td 35
Licheń **LBU** 27 Qd 31
Lichnowy **POM** 16 Sd 27
Lichnowy **POM** 6 Tf 24
Lichnówki **POM** 18 Tf 24
Lichtajny **WMZ** 19 Va 27
Lichtajny **WMZ** 19 Vb 27
Lichty **LBL** 59 Xd 38
Lichwin **MŁP** 79 Vf 49
Lichynia **OPL** 75 Tb 46
Liciążna **ŁDZ** 56 Vb 39
Liciszewy **KPM** 31 Ua 31
Licze **POM** 18 Ua 26
Lidzbark **WMZ** 32 Ue 29
Lidzbark Warmiński **WMZ** 8 Vd 24
Ligęzów **MAZ** 56 Vd 39
Ligęzów **MAZ** 57 Wa 40
Lignowy Szlacheckie **POM** 17 Te 25
Ligota **DLS** 51 Rd 38
Ligota **ŁDZ** 54 Tf 40
Ligota **SLK** 76 Td 48
Ligota **SLK** 76 Tf 47
Ligota **SLK** 76 Tf 49
Ligota **WKP** 53 Se 38
Ligota **WKP** 53 Se 40
Ligota Bialska **OPL** 74 Se 46
Ligota Burzemińska **ŁDZ** 54 Tf 40
Ligota Czamborowa **OPL** 65 Tb 45
Ligota Dobrodzieńska **OPL** 65 Tc 44
Ligota Dolna **OPL** 65 Tb 43
Ligota Dolna **OPL** 75 Ta 46
Ligota Górna **OPL** 75 Ta 46
Ligota Kradziejowska **SLK** 76 Td 46
Ligota Książęca **OPL** 64 Sd 42
Ligota Mała **DLS** 64 Sc 42
Ligota Oleska **OPL** 66 Td 43
Ligota Piękna **DLS** 52 Sa 41
Ligota Polska **DLS** 52 Sd 41
Ligota Prószkowska **OPL** 65 Se 45
Ligota Rybińska **DLS** 53 Se 40
Ligota Toszecka **SLK** 75 Tc 46
Ligota Trzebnicka **DLS** 52 Sa 40
Ligota Tułowicka **OPL** 64 Sd 45
Ligota Turawska **OPL** 65 Tb 44
Ligota Wielka **DLS** 63 Re 44
Ligota Wielka **DLS** 64 Sc 41
Ligota Wielka **OPL** 74 Sa 46
Ligota Wołczyńska **OPL** 65 Ta 42
Ligota Woźnicka **SLK** 66 Ua 45
Ligota Zabrska **SLK** 76 Te 47
Ligotka **DLS** 52 Rf 40
Ligotka **OPL** 65 Se 42
Ligowo **KPM** 31 Uc 32
Likiec **KPM** 31 Uc 31
Liksajny **WMZ** 19 Ue 26
Limanowa **MŁP** 85 Vc 50
Limża **WMZ** 18 Ub 27
Linarczyk **KPM** 17 Te 28
Lindów **MAZ** 56 Vd 37
Lindów **SLK** 66 Tf 42
Linia **POM** 5 Sf 22
Linie **WKP** 39 Ra 34
Linie I **ZPM** 26 Pe 29
Linie II **ZPM** 26 Pe 29
Liniewko Kaszubskie **POM** 17 Tb 24
Liniewo **POM** 17 Tb 24
Linin **MAZ** 57 Wb 37
Linków **ŁDZ** 56 Vb 38
Linne **KPM** 31 Uc 30
Linne **WKP** 54 Td 37
Linowiec **POM** 17 Td 24
Linowiec **WKP** 42 Ta 33
Linowiec **WMZ** 19 Ue 28
Linowo **KPM** 18 Ua 28
Linowo **WMZ** 20 Vf 27
Linowo **ZPM** 14 Qf 28
Linów **MAZ** 57 Wd 40
Linów **SWK** 70 We 43
Linówek **KPM** 17 Tb 26
Linówko **ZPM** 14 Qc 28
Lińsk **KPM** 17 Ta 26
Lipa **DLS** 62 Ra 43
Lipa **MAZ** 33 Ve 31
Lipa **MAZ** 33 Wa 30
Lipa **MAZ** 33 Wa 32
Lipa **MAZ** 57 Wb 39
Lipa **PKR** 70 Xa 44
Lipa **PKR** 87 Xc 50
Lipa **SWK** 68 Vb 42
Lipa **SWK** 68 Vd 45
Lipa **WKP** 28 Re 32
Lipa-Miklas **MAZ** 69 Wd 42
Lipa Piotrowska **DLS** 64 Rf 41
Lipas **MŁP** 78 Vb 49
Lipce **DLS** 51 Ra 41
Lipce Reymontowskie **ŁDZ** 55 Uf 37
Lipia Góra **POM** 17 Td 26
Lipia Góra **WKP** 29 Sb 30
Lipia Góra Mała **POM** 17 Tc 24
Lipianka **MAZ** 34 Wd 31
Lipianki **MAZ** 43 Uc 33
Lipianki **POM** 17 Tf 26
Lipiany **DLS** 50 Qd 40
Lipiany **ŁDZ** 55 Uf 39
Lipiany **ZPM** 26 Pf 30
Lipica **WMZ** 9 Wa 22
Lipicze **ŁDZ** 54 Tc 40
Lipicze **ŁDZ** 54 Td 38
Lipie **ŁDZ** 54 Tf 41
Lipie **ŁDZ** 56 Vb 38
Lipie **MAZ** 56 Ve 38
Lipie **MŁP** 85 Ve 50
Lipie **PKR** 80 Wf 48
Lipie **PKR** 82 Yc 46
Lipie **PKR** 88 Xe 53
Lipie **SLK** 66 Te 42
Lipie **SWK** 68 Va 43
Lipie **SWK** 69 Wa 42
Lipie **WKP** 41 Sd 35
Lipie **WKP** 52 Sa 37
Lipie **WKP** 53 Ta 37
Lipie **ZPM** 14 Qf 26
Lipiec **POM** 18 Uc 25
Lipie Góry **LBU** 27 Qd 31
Lipienica **DLS** 62 Ra 44
Lipienica **KPM** 31 Tf 30
Lipienice **MAZ** 69 Vf 41
Lipienice **POM** 16 Sd 26
Lipienki **KPM** 17 Tc 27
Lipina **PDL** 36 Yc 29
Lipinka **POM** 6 Ua 24
Lipinki **KPM** 17 Tc 27
Lipinki **LBL** 59 Yc 38
Lipinki **LBU** 51 Ra 37
Lipinki **MAZ** 57 Wb 38
Lipinki **WMZ** 18 Ub 28
Lipinki Łużyckie **LBU** 49 Qa 39
Lipinki Szlacheckie **POM** 17 Td 25
Lipiny **DLS** 51 Rb 41
Lipiny **KPM** 31 Ub 32
Lipiny **ŁDZ** 43 Ua 35
Lipiny **ŁDZ** 55 Ue 38
Lipiny **LBL** 58 Xa 38
Lipiny **LBU** 50 Qe 37
Lipiny **MAZ** 46 Wf 36
Lipiny **MAZ** 47 Xc 36
Lipiny **MAZ** 47 Xd 35
Lipiny **MAZ** 56 Vd 39
Lipiny **MAZ** 57 Wc 40
Lipiny **MŁP** 79 Wa 48
Lipiny **PDL** 36 Yd 32
Lipiny **PKR** 79 Wb 48
Lipiny **SLK** 76 Tf 47
Lipiny **SWK** 69 Wa 44
Lipiny **WKP** 28 Sb 31
Lipiny **WKP** 42 Td 35
Lipiny, Lubania- **KPM** 17 Ta 28
Lipiny Dolne **LBL** 80 Xc 46
Lipiny Górne-Borowina **LBL** 80 Xc 46
Lipiny Górne-Lewki **LBL** 80 Xd 46
Lipińskie **MAZ** 44 Ue 34
Lipińskie **PDL** 22 Xc 27
Lipińskie Małe **WMZ** 22 Xc 26
Lipka **DLS** 64 Sd 41
Lipka **ŁDZ** 55 Ue 37
Lipka **LBU** 39 Qf 37
Lipka **WKP** 16 Sb 28
Lipki **ŁDZ** 54 Tf 37
Lipki **OPL** 64 Sc 43
Lipki **WKP** 41 Sc 34
Lipki Wielkie **LBU** 27 Qd 32
Lipkowo **WMZ** 20 Wb 24
Lipków **MAZ** 45 Ve 35
Lipna **LBU** 49 Qa 40
Lipna Wola **MŁP** 77 Va 47
Lipniak **MAZ** 46 Xb 36
Lipniak **PDL** 11 Ya 23
Lipniak **PDL** 11 Ya 24
Lipniaki **LBL** 58 Xd 37
Lipnica **DLS** 63 Rd 41
Lipnica **KPM** 31 Va 29
Lipnica **ŁDZ** 43 Tf 37
Lipnica **LBL** 48 Yb 36
Lipnica **PKR** 80 Wf 47
Lipnica **PKR** 87 We 51
Lipnica **POM** 16 Sc 25
Lipnica **SWK** 68 Vb 44
Lipnica **WKP** 40 Rc 33
Lipnica **ZPM** 15 Re 26
Lipnica Dolna **MŁP** 78 Vd 49
Lipnica Dolna **PKR** 86 Wc 50
Lipnica Górna **MŁP** 78 Vc 49
Lipnica Górna **PKR** 86 Wc 50
Lipnica Mała **SLK** 84 Ud 51
Lipnica Murowana **MŁP** 78 Vd 49
Lipnica Wielka **MŁP** 84 Ud 52
Lipnica Wielka **MŁP** 85 Vf 50
Lipnice **ŁDZ** 44 Va 35
Lipniczki **KPM** 30 Te 30
Lipniewo, Załuski- **PDL** 35 Xb 31
Lipnik **ŁDZ** 66 Tf 41
Lipnik **MŁP** 85 Va 50
Lipnik **PKR** 80 Xb 49
Lipnik **SLK** 67 Uc 44
Lipnik **SLK** 76 Ua 49
Lipnik **SLK** 76 Ua 50
Lipnik **SWK** 68 Vd 45
Lipnik **SWK** 69 Wc 44
Lipnik **SWK** 79 Wc 45

Ł

Łobez ZPM 14 Qd 27
Łobodno SLK 66 Tf 43
Łobozew Dolny PKR 88 Xc 52
Łobozew Górny PKR 88 Xd 52
Łobudzice ŁDZ 54 Ua 38
Łobudzice ŁDZ 54 Ub 40
Łobzowiec WKP 41 Sc 37
Łobzowo POM 4 Sb 24
Łobzów MŁP 77 Ue 46
Łobzów MŁP 77 Uf 48
Łobżenica WKP 29 Sb 29
Łochocin KPM 31 Ua 32
Łochowice LBU 38 Qa 36
Łochowo KPM 29 Sf 30
Łochowo LBU 38 Qd 36
Łochów ŁDZ 55 Va 38
Łochów MAZ 46 We 33
Łochtynowo PDL 34 Xa 30
Łochynia SLK 66 Ub 43
Łochyńsko ŁDZ 55 Ue 41
Łodwigowo WMZ 19 Va 28
Łodygowice SLK 83 Ua 50
Łodygowo WMZ 18 Ub 27
Łodygowo WMZ 21 Xb 27
Łodyna PKR 88 Xd 52
Łodzierz POM 4 Rf 24
Łodzina PKR 87 Xb 51
Łodzinka Górna PKR 88 Xd 50
Łodziska MAZ 34 Wc 30
Łoje MAZ 57 We 39
Łoje-Awissa PDL 22 Xc 28
Łojew MAZ 46 We 33
Łojewo KPM 30 Tb 32
Łojewo POM 4 Sc 21
Łojki MAZ 46 We 33
Łojki PDL 22 Xd 27
Łojki SLK 66 Tf 44
Łojowice DLS 64 Sb 44
Łojowice SWK 69 We 44
Łojszyno ZPM 13 Pe 25
Łokciowe POM 4 Sb 20
Łoknica PDL 36 Yc 32
Łomazy LBL 59 Yb 37
Łomczewo WKP 15 Rf 27
Łomia MAZ 32 Vc 30
Łomianki MAZ 45 Vf 34
Łominy ŁDZ 55 Uf 39
Łomna MAZ 45 Ve 34
Łomna MAZ 46 Xb 33
Łomna MŁP 78 Vd 49
Łomnica DLS 61 Qa 42
Łomnica DLS 62 Qe 43
Łomnica DLS 63 Rc 44
Łomnica LBL 59 Ya 40
Łomnica MAZ 46 Wf 36
Łomnica MAZ 58 Wf 38
Łomnica OPL 66 Td 44
Łomnica WKP 28 Rd 30
Łomnica WKP 39 Qf 35
Łomnica Nowa DLS 73 Rd 46
Łomnica Stara DLS 73 Rd 46
Łomnica Zdrój MŁP 85 Ve 52
Łomno SWK 69 Wa 43
Łomów WKP 41 Sf 36
Łomy LBU 38 Pe 36
Łomy WMZ 19 Vb 25
Łomża PDL 34 Xa 29
Łoniewo WKP 51 Re 37
Łoniowa MŁP 78 Ve 49
Łoniów SWK 69 Wd 45
Łopacianka MAZ 46 Wf 37
Łopacin MAZ 33 Vd 32
Łopata SWK 69 Wd 44
Łopatki KPM 31 Va 29
Łopatki ŁDZ 54 Ua 39
Łopatki Polskie KPM 31 Ua 28
Łopatno SWK 69 Wb 44
Łopianka MAZ 46 We 33
Łopianów ZPM 13 Qb 25
Łopienie-Jerze PDL 35 Xe 31
Łopienie-Zyski PDL 35 Xe 31
Łopienite, Śliwowo- PDL 35 Xd 30
Łopiennik LBL 70 Xb 42
Łopiennik Dolny LBL 71 Ya 42
Łopiennik Górny LBL 71 Ya 42
Łopiennik Nadrzeczny LBL 71 Ya 42
Łopiennik Podleśny LBL 71 Ya 42
Łopiennik-Ziemiany LBL 71 Ya 42
Łopienno WKP 29 Sc 32
Łopoczno LBL 70 We 42
Łopoń MŁP 78 Ve 49
Łopuchowa PKR 79 Wd 48
Łopuchowo PDL 35 Xe 30
Łopuchowo WKP 40 Sa 33
Łopuchówko WKP 40 Sa 33
Łopusze PDL 47 Xe 33
Łopuszka Mała PKR 80 Xc 49
Łopuszka Wielka PKR 80 Xc 49
Łopuszna MŁP 85 Va 52
Łopuszno SWK 68 Vb 43
Łosewo MAZ 45 Vf 33
Łosewo PDL 22 Xc 27
Łosewo PDL 34 Wf 28
Łosice MAZ 47 Xe 35
Łosie MAZ 45 Wb 34
Łosie MŁP 86 Vf 52
Łosie MŁP 86 Wa 51
Łosienek SWK 68 Vc 43
Łosienice POM 5 Sf 23
Łosień LBL 71 Xe 43
Łosień SLK 77 Ub 46
Łosień SWK 68 Vc 43
Łosiewice MAZ 46 We 33
Łosina Górna MŁP 85 Vc 50
Łosiniec LBL 81 Yb 46
Łosiniec WKP 29 Sb 32
Łosinka PDL 36 Yd 31
Łosinno MAZ 45 Wc 33
Łosino POM 4 Sa 22
Łosiowice DLS 51 Rd 41
Łosiów OPL 64 Sd 44
Łososina Dolna MŁP 85 Vd 50
Łosośnica ZPM 13 Qb 26
Łosośniki KPM 41 Sf 33
Łostowice POM 6 Td 23
Łostówka MŁP 85 Va 50
Łoś MAZ 45 Vf 37
Łośiniec, Róża- LBL 46 Xa 37
Łośnica ZPM 14 Ra 25
Łośno LBU 26 Qb 31
Łotów LBL 72 Ye 44
Łowce PKR 81 Xe 49
Łowcza LBL 60 Yc 41
Łowczów MŁP 79 Vf 49
Łowczówek MŁP 79 Vf 49
Łowęcin WKP 40 Sa 34
Łowicz ŁDZ 44 Uf 36
Łowicz ŁDZ 67 Ud 42
Łowiczek KPM 30 Te 32
Łowiczki MŁP 77 Uc 49
Łowicz Wałecki ZPM 27 Ra 29
Łowina SWK 68 Va 45
Łowinek KPM 30 Ta 28
Łowiń KPM 30 Tb 28
Łowisko PKR 80 Xb 47
Łowkowice OPL 65 Tb 42
Łowkowice OPL 75 Sf 46
Łownica SWK 69 Wc 44
Łowocie PDL 11 Ya 23
Łowoszów OPL 65 Tc 43
Łowyń WKP 39 Qf 34
Łoza POM 18 Ua 25
Łozice ZPM 15 Rd 25
Łozina DLS 52 Sb 41
Łozowo PDL 23 Yc 27
Łozy LBU 50 Qc 40
Łozy MAZ 47 Xc 35
Łozy Duże PDL 35 Xe 29
Łożnica ZPM 13 Pf 26
Łożnik WMZ 8 Vb 23
Łoża POM 15 Sa 26
Łódź ŁDZ 55 Uc 38
Łódź WKP 40 Re 35
Łówcz POM 5 Sf 21
Łówcza PKR 81 Yb 47
Łówkowice KPM 30 Te 32
Łózki LBL 59 Xf 37
Łubcze LBL 82 Yd 46
Łubiana POM 5 Sf 24
Łubianka KPM 30 Tc 30
Łubianka PDL 23 Yb 28
Łubianka WKP 42 Tf 36
Łubianka ZPM 26 Qb 31
Łubie SLK 76 Td 46
Łubiec MAZ 45 Vd 35
Łubienica MAZ 45 Wa 33
Łubienica-Superunki MAZ 45 Wa 33
Łubienko PKR 86 Wd 51
Łubin Kościelny PDL 35 Ya 32
Łubin-Rodołty PDL 35 Ya 32
Łubka LBL 59 Xe 39
Łubki KPM 31 Ub 30
Łubki-Szlachta LBL 58 Xa 41
Łubna ŁDZ 54 Td 39
Łubna MAZ 45 Wa 36
Łubna POM 16 Sf 26
Łubniany OPL 65 Ta 44
Łubnica WKP 39 Rc 36
Łubnice ŁDZ 65 Tb 42
Łubnice SWK 79 Wa 46
Łubniki PDL 36 Yb 30
Łubno ŁDZ 43 Ua 35
Łubno LBL 59 Ya 38
Łubno MAZ 44 Vc 36
Łubno PKR 80 Xb 50
Łubno POM 4 Sb 24
Łubno SWK 68 Vc 43
Łubno Szlacheckie PKR 86 Wd 50
Łubowa SWK 69 We 43
Łubowo WKP 41 Sc 33
Łubowo ZPM 15 Rc 27
Łuby LBL 47 Xe 36
Łuby, Godlewo- MAZ 35 Xc 32
Łuby Bielawskie ŁDZ 43 Ue 36
Łuby-Kiertany PDL 34 Wf 30
Łuby-Kurki PDL 34 Wf 30
Łucka LBL 59 Xd 40
Łucznica MAZ 57 Wc 37
Łuczyce MŁP 77 Va 48
Łuczyce PKR 88 Xe 50
Łuczyna DLS 52 Sb 41
Łuczynów MAZ 58 We 40
Łuczywno WKP 42 Td 35
Ług, Dąbrówka- MAZ 46 Xa 36
Ługi DLS 51 Re 39
Ługi LBU 27 Qe 31
Ługi LBU 50 Qd 37
Ługi MAZ 32 Va 30
Ługi SWK 68 Ve 45
Ługiele PDL 11 Xf 23
Ługi-Radły SLK 66 Td 43
Ługi-Rętki MAZ 47 Xc 36
Ługi Ujskie WKP 28 Re 30
Ługi Wielkie MAZ 47 Xc 36
Ługowina ZPM 14 Qc 26
Ługów LBL 58 Xb 41
Ługów LBU 38 Qd 35
Ługwałd WMZ 19 Vc 25
Łuka WMZ 20 Wa 28
Łukanowice MŁP 78 Vf 49
Łukaszewice DLS 64 Sa 42
Łukaszewo KPM 31 Ua 30
Łukaszów DLS 50 Qf 41
Łukaszówka LBL 71 Yb 43
Łukawa MAZ 57 Wb 39
Łukawa Rządowa SWK 69 We 44
Łukawica LBL 58 Xb 39
Łukawica PKR 82 Yc 47
Łukawica PKR 87 Xc 51
Łukawiec PKR 80 Xa 48
Łukawiec PKR 81 Ya 48
Łukawka LBL 58 Xb 39
Łukawka SWK 69 Wd 44
Łukawy LBU 49 Qa 38
Łukęcin ZPM 2 Pf 24
Łukocin POM 6 Te 24
Łukom WKP 41 Sf 36
Łukomie MAZ 31 Ue 31
Łukomierz ŁDZ 66 Tf 41
Łukoszyno-Byki MAZ 31 Ud 32
Łukowa LBL 81 Xf 46
Łukowa MŁP 79 Vf 48
Łukowa PKR 80 Xc 47
Łukowa SWK 68 Vd 44
Łukowce LBL 47 Ya 36
Łukowe PKR 87 Xb 52
Łukowica PDL 35 Xf 31
Łukowica SWK 69 Wb 45
Łukowice Brzeskie OPL 64 Sc 43
Łukowiec KPM 29 Se 29
Łukowiec LBL 58 Xd 39
Łukowiec MAZ 46 Wd 37
Łukowiec SWK 69 Wd 45
Łukowiska, Bubel- LBL 48 Yb 35
Łukowisko LBL 47 Xe 36
Łukowo MAZ 33 Vf 31
Łukowo POM 16 Sf 26
Łukowo WKP 29 Sb 31
Łukowo WKP 40 Rf 33
Łuków LBL 58 Xc 37
Łuków LBU 49 Pf 39
Łukówek LBL 60 Yd 41
Łukówiec MAZ 45 Wb 36
Łukówiec MAZ 46 Wf 36
Łukszty WMZ 19 Ue 24
Łukta WMZ 19 Va 26
Łumbie PDL 11 Yb 24
Łuniew LBL 47 Xe 36
Łuniewo Małe PDL 35 Xc 32
Łuniewo Wielkie PDL 35 Xc 32
Łupawa POM 5 Sc 22
Łupawsko POM 5 Sd 23
Łupice LBU 39 Ra 37
Łupicze PDL 36 Ye 29
Łupiny MAZ 47 Xb 36
Łupki DLS 62 Qd 42
Łupki WMZ 21 Wf 27
Łupków PKR 87 Xa 53
Łupnia PDL 34 Wf 29
Łupowo LBU 26 Qa 32
Łupowo WMZ 20 Vf 26
Łupstych WMZ 19 Vc 26
Łuskowo ZPM 13 Pe 25
Łuszczacz LBL 81 Yb 46
Łuszczanowice ŁDZ 67 Ub 41
Łuszczanów MAZ 43 Ue 34
Łuszczanów WKP 41 Sd 36
Łuszczewek MAZ 44 Vd 35
Łuszczewo WKP 42 Tc 33
Łuszczów LBL 72 Ye 43
Łuszczów Drugi LBL 59 Xe 41
Łuszczów-Kolonia LBL 59 Xe 41
Łuszczów Pierwszy LBL 59 Xe 41
Łuszczyn SLK 67 Uc 43
Łuszkowo WKP 40 Rf 36
Łutynowo WMZ 19 Vc 27
Łuzki MAZ 47 Xc 34
Łużki MAZ 47 Xe 35
Łużna MŁP 86 Wa 50
Łychów Gościeradowski LBL 70 Xa 44
Łychów Szlachecki LBL 70 Xa 44
Łyczawa MŁP 85 Ve 50
Łyczba SWK 79 Wb 46
Łykoszyn LBL 72 Ye 45
Łyna WMZ 19 Vc 28
Łyniew LBL 59 Yb 38
Łynki, Maliszewo- PDL 35 Xd 29
Łysa Góra MŁP 78 Ve 49
Łysa Góra PKR 86 Wd 51
Łysaki, Koźniewo- MAZ 33 Ve 32
Łysakowo MAZ 33 Vd 30
Łysakowo WMZ 32 Vb 28
Łysaków PKR 70 Xb 44
Łysaków PKR 79 Wb 46
Łysaków SWK 68 Vb 45
Łysakówek PKR 79 Wb 46
Łysaków-Kolonia PKR 70 Xb 44
Łyse MAZ 34 Wd 28
Łysek WKP 42 Td 34
Łysiec SLK 66 Ua 44
Łysina SLK 84 Ub 50
Łysinin KPM 29 Se 32
Łysinin ZPM 15 Rc 27
Łysiny LBU 51 Rb 38
Łysiny SLK 67 Ud 44
Łyski PDL 35 Ya 30
Łyskornia ŁDZ 53 Tc 41
Łyskowo KPM 16 Sf 27
Łysobyki MAZ 46 Wc 34
Łysołaje LBL 71 Xf 41
Łysomice KPM 30 Td 30
Łysomice POM 4 Sa 23
Łysonie WMZ 21 Wf 26
Łysów MAZ 47 Xe 35
Łysów SWK 68 Vb 42
Łyszkowice ŁDZ 44 Uf 37
Łyszkowice MŁP 78 Vb 47
Łyśnica ZPM 14 Rb 25
Łyśniewo Sierakowickie POM 5 Sf 22
Łyśniewo Wybudowanie POM 5 Se 22

M

Macew WKP 53 Sf 38
Macharce PDL 23 Yb 25
Machary WMZ 20 Wb 26
Machcin MAZ 57 Wa 37
Machcin WKP 40 Rc 37
Machcino MAZ 44 Ue 33
Machliny ZPM 15 Rc 28
Machnacz KPM 43 Tf 33
Machnatka MAZ 56 Ve 37
Machnówek LBL 82 Yf 46
Machnówka PKR 87 We 51
Machnów Nowy LBL 82 Yd 46
Machnów Stary LBL 82 Yd 46
Machory SWK 68 Vb 41
Machowa PKR 79 Wb 48
Machowinko POM 4 Sa 21
Machowino POM 4 Sa 21
Machów LBL 58 We 41
Maciejew WKP 52 Sd 38
Maciejewo ZPM 13 Qa 27
Maciejkowice SLK 76 Tf 47
Maciejowa DLS 62 Qf 43
Maciejowa MŁP 86 Ve 51
Maciejowice MAZ 47 Xd 36
Maciejowice MAZ 56 Vf 37
Maciejowice MAZ 57 Wc 39
Maciejowice MAZ 57 Wd 38
Maciejowice OPL 74 Sa 45
Maciejowice SWK 68 Vf 45
Maciejowiec DLS 62 Qd 43
Maciejów ŁDZ 55 Uc 37
Maciejów LBL 72 Yc 43
Maciejów MŁP 78 Vb 46
Maciejów OPL 65 Tb 42
Maciejów SLK 76 Te 47
Macierzysz MAZ 45 Vf 35
Macikowo KPM 31 Ua 30
Maciołki MAZ 45 Wb 35
Maciowakrze OPL 75 Ta 47
Macisze,Konarzewo- MAZ 33 Vf 31
Maciszewice ŁDZ 54 Tc 38
Macoszyn Mały LBL 60 Yd 40
Macoszyn Wielki LBL 60 Yd 40
Maczki SLK 76 Ub 47
Maczków LBU 38 Pe 35
Maćki WMZ 9 We 23
Maćki, Miłkowice- PDL 47 Xe 34
Maćkowa Ruda PDL 22 Yb 24
Maćkowice PKR 81 Xe 49
Maćkowicze PDL 47 Xf 34
Maćkowięta, Śrtednica- PDL 35 Xd 31
Maćkówka PKR 81 Xd 48
Maćkówka SLK 67 Ud 43
Madalin SLK 66 Ub 43
Madalin WKP 53 Tc 37
Madera SLK 76 Ua 46
Magdalenka ŁDZ 55 Ud 41
Magdalenka ŁDZ 55 Ue 39
Magdalenka MAZ 45 Vf 36
Magdalenki WKP 52 Sa 38
Magdalenów ŁDZ 54 Ua 40
Magdalenów ŁDZ 54 Ub 38
Magierowa Wola MAZ 57 Wb 37
Magierów SWK 79 Vf 46
Magnice DLS 64 Rf 43
Magnusy ŁDZ 54 Ua 38
Magnusze PDL 22 Xe 28
Magnuszew MAZ 57 Wc 38
Magnuszew Duży MAZ 33 Wb 32
Magnuszewice WKP 52 Sd 37
Magnuszew Mały MAZ 33 Wb 32
Magnuszowiczki OPL 64 Sd 44
Magonie SWK 69 Wd 43
Majątek, Gałowo- WKP 40 Rd 33
Majątek, Krzesk- MAZ 47 Xd 36
Majdan LBL 70 Xb 44
Majdan LBL 72 Yd 43
Majdan MAZ 33 Wb 30
Majdan MAZ 45 Wb 35
Majdan MAZ 46 We 33
Majdan MAZ 46 Wf 33
Majdan PDL 11 Ya 23
Majdan PKR 87 Xb 53
Majdan, Koziki- MAZ 34 We 32
Majdan, Rząśnik- MAZ 34 We 32
Majdan Abramowski LBL 71 Xe 44
Majdan Bobowski LBL 70 Xa 42
Majdan Borowski LBL 70 Xb 42
Majdan Borzechowski LBL 70 Xb 42
Majdan Brzezicki LBL 71 Xf 41
Majdanek LBL 82 Yc 46
Majdan Golczański PKR 70 Xc 45
Majdan Górny LBL 82 Yc 46
Majdan-Grabina LBL 70 Xc 43
Majdan Gromadzki LBL 71 Xe 45
Majdan Kasztelański LBL 71 Ya 45
Majdan Kawęczyński LBL 71 Xe 42
Majdanki MAZ 68 Ve 41
Majdan Kobylański LBL 71 Ya 43
Majdan Kozic Dolnych LBL 71 Xe 42
Majdan Kozic Górnych LBL 71 Xe 42
Majdan Kozicki LBL 71 Xe 42
Majdan Kozłowiecki LBL 59 Xd 40
Majdan Krasieński LBL 58 Xc 40
Majdan Królewski PKR 80 We 46
Majdan Krynicki LBL 71 Yb 43
Majdan Krynicki LBL 72 Yc 45
Majdan Krzywski LBL 71 Ya 42
Majdan Kukawiecki LBL 72 Yc 43
Majdan Leśniowski LBL 72 Yd 43
Majdan Lipowiecki PKR 81 Yb 48
Majdan Łętowski PKR 80 Xb 47
Majdan Łuczycki LBL 71 Ya 43
Majdan Mały LBL 71 Yb 45
Majdan Mętowski LBL 71 Xe 42
Majdan Nepryski LBL 71 Ya 46
Majdan Nowy LBL 81 Xe 46
Majdan-Obleszcze LBL 70 Xc 44
Majdan Ostrowski LBL 72 Yc 43
Majdan Policki LBL 71 Xe 42
Majdan Radliński LBL 70 Xb 42
Majdan Ruszkowski LBL 71 Yb 45
Majdan-Rybie LBL 71 Yc 42
Majdan-Sielec LBL 72 Yc 45
Majdan Sieniawski PKR 81 Xe 47
Majdan Sitaniecki LBL 71 Yb 43
Majdan Skierbieszowski LBL 72 Yc 43
Majdan Skrzyniecki LBL 70 Xb 42
Majdan Snopkowski LBL 58 Xc 40
Majdan Sobieszczański LBL 70 Xc 42
Majdan Sobolewski LBL 58 Xc 39
Majdan Sopocki LBL 81 Yb 46
Majdan Starowiejski LBL 70 Xc 43
Majdan Stary LBL 81 Xe 46
Majdan Surhowski LBL 71 Yb 43
Majdan Średni LBL 71 Ya 43
Majdan Trzebieski LBL 70 Xa 41
Majdan Tuczępski LBL 72 Yc 43
Majdan Wielki LBL 71 Yb 45
Majdan Wielki LBL 72 Yd 43
Majdan Wierzchowiński LBL 71 Xf 43
Majdany ŁDZ 55 Ud 39
Majdany WKP 42 Te 36
Majdany Wielkie WMZ 19 Ue 26
Majdan-Zalesie LBL 72 Yc 43
Majdan Zbydniowski PKR 70 Wf 45
Majdów SWK 68 Ve 42
Maje, Brzozowo- MAZ 33 Vd 29
Majewo POM 17 Te 26
Majewo WMZ 7 Ud 23
Majk MAZ 33 Wb 29
Majki-Tykiewki MAZ 33 Wb 30
Majkowice MŁP 78 Vc 48
Majków SWK 68 Vf 42
Majków Duży ŁDZ 55 Ud 40
Majków Mały ŁDZ 55 Ud 40
Majków Średni ŁDZ 55 Ud 40
Majorat MAZ 33 Wa 32
Majorat, Parcele- MAZ 33 Vf 32
Majorat, Ulan- LBL 58 Xc 38
Majscowa PKR 86 Wc 50
Majstry ŁDZ 67 Uf 42
Mak MAZ 32 Ue 31
Makarki PDL 47 Xe 33
Makarówka MAZ 47 Xf 36
Makocice MŁP 78 Vb 47
Makolice ŁDZ 55 Ud 40
Makosieje WMZ 22 Xd 26
Makoszowy SLK 76 Te 47
Makoszyn SWK 69 Vf 44
Makowa PKR 88 Xe 51
Makowica MAZ 33 Wa 31
Makowice OPL 64 Sc 45
Makowice ZPM 13 Qb 26
Makowiec MAZ 57 Wb 40
Makowiska KPM 31 Ua 31
Makowiska ŁDZ 66 Ua 42
Makowiska LBL 71 Xf 43
Makowiska PKR 86 Wd 51
Makowlany PDL 23 Yc 27
Makowo PDL 35 Xd 30
Makowskie PDL 35 Xc 29
Maków ŁDZ 55 Va 37
Maków MAZ 57 Wb 40
Maków MŁP 77 Uf 46
Maków SLK 75 Ta 48
Makówiec KPM 31 Ub 31
Makówka PDL 36 Yd 31
Maków Mazowiecki MAZ 33 Wa 31
Maków Podhalański MŁP 85 Ue 50
Maksymilianowo KPM 30 Ta 29
Maksymilianowo WKP 40 Rd 36
Maksymilianów ŁDZ 54 Tf 38
Maksymilianów ŁDZ 55 Uf 39
Maksymilianów SWK 69 Wd 43
Maksymów ŁDZ 55 Uf 39
Maksymów ŁDZ 67 Ue 43
Maksymów SWK 70 We 43
Malachin POM 16 Sf 26
Malankowo KPM 30 Te 28
Malankowo KPM 30 Te 29
Malanów ŁDZ 54 Ua 38
Malanów WKP 53 Tc 37
Malanówko KPM 31 Uc 32
Malarzowice OPL 74 Sb 45
Malawa PKR 80 Xa 48
Malawa PKR 88 Xc 50
Malawicze Dolne PDL 23 Yd 28
Malbork POM 18 Ua 24
Malcanów LBL 58 Xc 37
Malcanów MAZ 45 Wc 36
Malce PKR 70 Xa 45
Malczewo WKP 41 Sd 34
Malczkowo POM 4 Sc 22
Malczkówko POM 4 Sc 22
Malczyce DLS 51 Rc 41
Malczyn MAZ 45 Ve 33
Maldanin WMZ 21 We 27
Malec MŁP 76 Ub 49
Malec PDL 47 Xd 33
Malechowo ZPM 3 Rd 23
Malechówko ZPM 4 Rd 23
Malechy MAZ 33 Wa 31
Maleczewo WMZ 21 Xb 26
Malejowa MŁP 84 Uf 51
Malenia ŁDZ 54 Ub 39
Maleniec ŁDZ 55 Uc 39
Maleniec SWK 68 Vb 41
Malenin POM 6 Te 24
Maleniska PKR 80 Xc 47
Malerzowice OPL 64 Sc 45
Malerzów DLS 52 Sb 40
Malesze PDL 35 Xf 32
Maleszowa SWK 68 Ve 44
Malewice PDL 47 Xf 33
Malewszczyzna LBL 71 Ya 45
Malhowice PKR 88 Xe 50
Malice LBL 72 Ye 44
Malice SLK 66 Tf 44
Malice SWK 69 Wd 44
Malice Kościelne SWK 69 Wd 44
Malin DLS 64 Sa 41
Malina ŁDZ 43 Uc 35
Malina OPL 65 Sf 45
Maliniak WMZ 19 Uf 25
Malinie LBL 71 Xd 44
Malinie PKR 79 Wc 46
Maliniec LBL 70 Xb 44
Maliniec WKP 42 Tb 35
Maliniec WKP 42 Te 35
Maliniec ZPM 13 Qc 26
Malinka SLK 83 Tf 51
Malinka WMZ 21 Wf 25
Malinniki PDL 36 Yb 33
Malinowice SLK 76 Ua 46
Malinowo PDL 35 Xd 32
Malinowo PDL 35 Ya 32
Malinowo PDL 47 Xf 33
Malinowszczyzna LBL 70 Xb 42
Malinówka LBL 59 Ya 41
Malinówka LBL 60 Yc 41
Malinówka PDL 11 Xe 24
Malinówka PKR 87 Wf 50
Malinówka Wielka WMZ 21 Xb 25
Maliszewo KPM 31 Ua 31
Maliszewo-Łynki PDL 35 Xd 29
Maliszewo-Perkus PDL 35 Xc 29
Maliszów MAZ 57 Wa 41
Malkowice Dolne SWK 69 Wb 44
Malków ŁDZ 68 Vb 41
Malmurzyn SWK 68 Vc 43
Malnia OPL 75 Sf 45
Malowa Góra LBL 48 Yc 36
Maluszyn ŁDZ 67 Ue 43
Maluszyn MAZ 31 Ud 31
Malużyn MAZ 32 Vc 32
Malżyn SWK 69 Wc 44
Mała PKR 79 Wd 49
Małacentów SWK 69 Wa 44
Mała Cerkwica KPM 16 Sd 27
Małachowice ŁDZ 43 Uc 37
Małachowo MAZ 32 Va 32
Małachowo WKP 40 Sa 37
Małachowo-Wierzbiczany WKP 41 Se 34
Małachowo-Złych Miejsc WKP 41 Se 34
Małachów SWK 68 Vc 42
Mała Górka WKP 41 Sc 35
Mała Huta PDL 11 Xf 24
Mała Klonia KPM 16 Se 28
Mała Komorza KPM 16 Sf 27
Mała Nieszawka KPM 30 Td 31
Mała Pierstnica DLS 52 Sc 40
Małastów MŁP 86 Wb 51
Małaszek MAZ 34 Wd 32
Małaszewicze Duże LBL 48 Yd 36
Małaszewicze Małe LBL 48 Yd 36
Maława, Kowale- MAZ 32 Vb 32
Mała Wieś ŁDZ 67 Ud 43
Mała Wieś MAZ 32 Va 32
Mała Wieś MAZ 44 Va 34
Mała Wieś MAZ 46 Wf 36
Mała Wieś MAZ 56 Ve 38
Mała Wieś MŁP 85 Vd 51
Mała Wieś Dolna DLS 61 Qa 42
Mała Wieś Górna DLS 61 Qa 42
Mała Wola ŁDZ 56 Vb 39
Małdaniec WMZ 20 Wa 28
Małdyty WMZ 19 Ue 25
Małe Bałówki WMZ 18 Uc 28
Małe Boże MAZ 57 Wa 38
Małec MŁP 79 Wa 47
Małe Chełmy POM 16 Sd 25
Małe Ciche MŁP 85 Va 53
Małecz ŁDZ 55 Va 39
Małe Czyste KPM 30 Tc 29
Małe Gacno KPM 17 Ta 27
Małe Gliśno POM 16 Se 25
Małe Gowino POM 5 Tb 21
Małe Kąty KPM 43 Tf 33
Małe Końskie ŁDZ 55 Va 40
Małe Krówno POM 17 Tb 26
Małe Leźno KPM 31 Ue 29
Małe Łąki KPM 17 Ta 28
Małe Olecko WMZ 22 Xd 25
Małe Pułkowo KPM 31 Va 29
Małe Raczki PDL 22 Xe 24
Małe Radowiska KPM 31 Tf 29
Małe Słońca POM 17 Te 24
Małe Swornigacie POM 16 Sd 26
Małe Walichnowy POM 17 Tf 25
Małęczyn MAZ 57 Wb 40
Małgoskie SWK 68 Vc 43
Małgów WKP 52 Sb 38
Małgów WKP 53 Tc 37
Małki KPM 31 Vb 29
Małki MAZ 33 Wc 31
Małkinia Górna MAZ 34 Xa 32
Małkinia Mała MAZ 34 Xa 32
Małkocin ZPM 13 Qa 28
Małkowice DLS 63 Re 42
Małkowice PKR 81 Xe 49
Małkowo POM 6 Tc 22
Małków ŁDZ 54 Td 38
Małków LBL 59 Yb 41
Małków LBL 72 Za 45
Małobądz SLK 76 Ua 47
Małochwiej Duży LBL 71 Yb 43
Małochwiej Mały LBL 71 Yb 43
Małociechowo KPM 30 Tb 28
Małocin KPM 29 Sd 29
Małocin MAZ 32 Va 30
Małogoszcz SWK 68 Vb 44
Małomice LBU 50 Qc 39
Małomierzyce Górne MAZ 69 Wc 41
Małomin KPM 31 Uc 32
Małoniż LBL 72 Ye 45
Małopole MAZ 45 Wb 34
Małoszowice LBU 50 Qe 38
Małoszów MŁP 78 Va 46
Małoszów SWK 78 Vc 47
Małoszyce ŁDZ 56 Vc 39
Małoszyce SLK 77 Ue 45
Małoszyce SWK 69 Wc 43
Małoszyna WKP 42 Tc 36
Małowice DLS 52 Rc 40
Małowidz MAZ 33 Wa 29
Małowista PDL 22 Yb 26
Małowiste PDL 23 Yb 25
Małszewo WMZ 20 Ve 27
Małszewo WMZ 20 Vf 26
Małszyce KPM 31 Tf 30
Małszyce ŁDZ 44 Uf 36
Małujowice OPL 64 Sc 43
Małusy SLK 66 Ub 44
Małusy Małe SLK 67 Ub 44
Małusy Wielkie SLK 67 Ub 44
Małuszów DLS 64 Rf 42
Małuszów LBU 38 Qa 34
Mały Buczek WKP 16 Sb 28
Mały Bukowiec POM 17 Tb 25
Mały Cisiec SLK 83 Ua 51
Mały Głęboczek KPM 31 Ud 29
Mały Kack POM 6 Td 22
Mały Klincz POM 5 Ta 24
Mały Komorsk KPM 17 Te 27
Mały Łęck WMZ 32 Uf 29
Mały Mędromierz KPM 16 Se 27
Mały Młynek LBL 58 Wf 40
Małyń ŁDZ 54 Ua 38
Mały Płock PDL 34 Xa 29
Mały Rudnik KPM 17 Te 28
Małyszyce MŁP 77 Uf 47
Małyszyn ŁDZ 66 Td 41
Małyszyn Górny SWK 69 Wa 42
Małyszyn Stary SWK 69 Wa 42
Mały Trzek WKP 40 Sb 34
Mały Wiśnicz MŁP 78 Vc 49
Małżewo POM 17 Td 24
Mamino MAZ 33 Wb 30
Mamlicz KPM 29 Ta 31
Mamocicha SWK 68 Vb 42
Manasterz PKR 80 Xc 49
Manasterz PKR 81 Xe 48
Manasterzec PKR 87 Xc 51
Manie LBL 47 Xe 36
Manieczki WKP 40 Rf 36
Maniewo WKP 40 Rf 33
Maniów PKR 87 Xb 53
Maniów Mały DLS 63 Rd 43
Maniów Wielki DLS 63 Re 43
Manowo ZPM 3 Rb 24
Many MAZ 45 Ve 37
Mańczok OPL 65 Sf 43
Mańczyce DLS 64 Rf 43
Mańki WMZ 19 Vb 27
Mańkowice OPL 74 Sc 46
Mańkowo MAZ 32 Uf 32
Maradki WMZ 20 Wa 26
Marantów WKP 42 Tb 35
Marcelin ŁDZ 54 Ua 41
Marcelin ZPM 15 Re 26
Marcelów ŁDZ 54 Tf 39
Marcelów ŁDZ 54 Ua 40
Marcelów MAZ 57 Wc 40
Marcewo WKP 41 Sf 34
Marchelówka PDL 23 Yb 28
Marchocice MŁP 78 Vb 47
Marchocice SWK 67 Uf 44
Marchowo POM 6 Tb 22
Marchwacz-Kolonia WKP 53 Tb 38
Marcinki WKP 53 Sf 40
Marcinkowice DLS 64 Sb 43
Marcinkowice MŁP 77 Uf 46
Marcinkowice MŁP 78 Ve 48
Marcinkowice MŁP 85 Vd 50
Marcinkowice SWK 69 Wc 44
Marcinkowice SWK 78 Vc 47
Marcinkowice ZPM 27 Rb 29
Marcinkowo KPM 30 Tc 32
Marcinkowo KPM 41 Ta 33
Marcinkowo WMZ 19 Va 27
Marcinkowo WMZ 20 Ve 26
Marcinkowo WMZ 20 Wb 25
Marcinkowo Górne KPM 29 Se 32
Marcinków DLS 73 Re 47
Marcinków ŁDZ 68 Va 41
Marcinków SWK 69 Vf 42
Marcinowa Wola WMZ 21 Wf 25
Marcinowice DLS 63 Rb 42
Marcinowice DLS 63 Rd 43
Marcinowice MŁP 77 Uf 46
Marcinowo DLS 52 Sa 41
Marcinowo WMZ 22 Xd 25
Marcinów DLS 73 Re 46
Marcinów ŁDZ 54 Tf 38
Marcinów LBL 58 Xb 40
Marcinów LBU 49 Pf 39
Marcinów LBU 50 Qc 38
Marcinówka LBL 72 Yc 43
Marciszów DLS 62 Ra 43
Marciszów SLK 77 Uc 46
Marcjanka MAZ 44 Va 34
Marcjanki WKP 42 Td 34
Marcjanów WKP 53 Tb 38
Marcjanów WKP 54 Tc 37
Marcówka MŁP 84 Ud 50
Marcyporęba MŁP 77 Ud 49
Marczakowe Doły SWK 68 Ve 43
Marczów DLS 62 Qd 42
Marczyce DLS 62 Qe 43
Mareckie PDL 22 Xc 27
Mareza POM 18 Tf 26
Margonin WKP 28 Sa 31
Margońska Wieś WKP 28 Sa 31
Mariampol ŁDZ 55 Va 40
Mariampol LBL 48 Ya 36
Mariampol MAZ 57 Wb 39
Marianice WKP 39 Qf 36
Marianin WKP 53 Se 37
Marianka ŁDZ 55 Va 39
Marianka ŁDZ 55 Va 40
Marianka LBU 49 Pe 38
Marianka MAZ 45 Ve 37
Marianka MAZ 46 Wd 36
Marianka PDL 11 Xf 22
Marianka WMZ 18 Ud 24
Marianka Mała ŁDZ 44 Ud 36
Marianka Mroczeńska WKP 65 Sf 41
Marianka Rędzińska SLK 66 Ub 43
Marianka Siemieńska WKP 65 Ta 41
Marianki KPM 31 Uc 30
Marianki MAZ 57 Wa 39
Marianki MAZ 57 Wc 41
Mariankowo WKP 39 Ra 35
Marianowo MAZ 33 Ve 30
Marianowo MAZ 34 Wc 32
Marianowo PDL 34 Xa 29
Marianowo WKP 27 Ra 31
Marianowo WKP 27 Rc 32
Marianowo WKP 41 Sb 35
Marianowo ZPM 13 Qb 28
Marianów ŁDZ 53 Tc 39
Marianów ŁDZ 54 Te 40
Marianów ŁDZ 55 Va 41
Marianów ŁDZ 56 Vc 38
Marianów LBL 58 Xc 38
Marianów MAZ 43 Uc 34
Marianów MAZ 45 Wb 33
Marianów MAZ 57 Wc 39
Marianów MAZ 57 Wd 37
Marianów MAZ 69 Wc 41
Marianów SLK 66 Tf 42
Marianów SWK 67 Va 45
Marianów SWK 68 Vb 43
Marianów SWK 78 Vc 46
Marianówka DLS 73 Re 47
Marianówka LBL 70 Xb 42
Marianów-Kolonia WKP 54 Td 37
Marianów Kołacki ŁDZ 55 Ue 37
Marianów Rogowski ŁDZ 55 Uf 38
Mariantów WKP 42 Tc 36
Mariany KPM 30 Tf 30
Mariańskie Porzecze MAZ 57 Wc 37
Mariew MAZ 45 Ve 35
Markajmy WMZ 8 Vd 24
Marki MAZ 45 Wa 35
Marki PKR 79 Wd 46
Markiny WMZ 8 Ve 23
Marklowice SLK 75 Td 48
Marklowice SLK 76 Td 49
Markosice LBU 37 Pd 37
Markotów OPL 65 Ta 43
Markowa PKR 80 Xb 48
Markowce PKR 87 Xa 51
Markowice KPM 30 Tb 32
Markowice OPL 74 Sb 46
Markowice SLK 66 Ub 45
Markowice SLK 75 Tb 48
Markowice SLK 83 Td 50
Markowice WKP 41 Sb 35
Markowicze LBL 81 Xe 46
Markowięta, Jabłoń- PDL 35 Xd 31
Markowizna PKR 80 Xa 47
Markowo PDL 35 Xe 32
Markowo WMZ 19 Uf 24
Markowola MAZ 58 We 40
Markowo-Wólka PDL 35 Xe 32
Markowskie WMZ 22 Xd 24
Markówka ŁDZ 54 Ub 39
Marksoby WMZ 20 Wa 27
Markusy WMZ 18 Uc 24
Markuszowa PKR 80 We 49
Markuszów LBL 58 Xb 40
Marlew ZPM 27 Ra 29
Marlewo WKP 28 Sa 32
Marszałki WKP 53 Ta 40
Marszew WKP 53 Se 37
Marszewo POM 6 Tc 23
Marszewo WKP 42 Ta 34
Marszewo ZPM 13 Pf 27
Marszewo ZPM 4 Re 21
Marszkowice ŁDZ 55 Ub 37
Marszków MAZ 47 Xc 34
Marszowice DLS 64 Rf 41
Marszowice DLS 64 Sb 43
Marszowice MŁP 77 Va 47
Marszowice MŁP 78 Vb 49
Marszów LBU 50 Qb 39
Marta LBL 72 Za 43
Martiany WMZ 21 Wd 24
Martynów MAZ 57 Wa 37
Marulew WKP 42 Td 36
Marunowo WKP 28 Re 31
Maruny WMZ 20 Vd 25
Marusze SLK 75 Tc 49
Maruszowiec LBL 58 Xd 38
Maruszów MAZ 69 Wd 42
Maruszów SWK 70 We 43
Maruszyna MŁP 84 Uf 52
Marwałd WMZ 19 Uf 28
Marwice LBU 26 Qa 32
Marwice ZPM 25 Pc 29
Mary POM 18 Ua 26
Marychnów MAZ 44 Va 33
Marydół WKP 53 Sf 40
Marylin WKP 27 Ra 32
Marylka MAZ 45 Vf 37
Marymont MAZ 45 Vf 35
Marynin LBL 59 Xd 38

106 PL Łobez – Marynin

Marynin **LBL** 70 Xc 41
Marynin **LBL** 71 Yb 41
Marynin **LBL** 71 Yb 42
Marynino **MAZ** 45 Wa 33
Maryniów **LBL** 59 Ya 41
Marynka **ŁDZ** 54 Td 40
Marynki **ŁDZ** 43 Ub 36
Marynki **WKP** 42 Te 35
Maryno **MAZ** 57 Wc 40
Marynopole **LBL** 70 Xa 43
Marynowo **PDL** 11 Yb 24
Marynowy **POM** 6 Ua 24
Marynówka **LBL** 71 Ya 44
Marysin **LBL** 58 Xd 41
Marysin **LBL** 71 Xf 42
Marysin **LBL** 71 Yc 42
Marysin **LBL** 72 Yd 45
Marysin **LBL** 72 Yf 45
Marysin **MAZ** 56 Vd 40
Marysin **MAZ** 56 Ve 40
Marysin **WKP** 41 Se 34
Marysin Wawerski **MAZ** 45 Wa 35
Marywil **ŁDZ** 43 Ud 36
Marzenin **ŁDZ** 54 Ua 39
Marzenin **WKP** 41 Sd 34
Marzewo **WMZ** 18 Ue 25
Marzęcice **ŁDZ** 66 Ua 42
Marzęcice **WMZ** 18 Ud 28
Marzęcin **SWK** 78 Vd 46
Marzęcino **POM** 7 Ub 23
Marzysz Drugi **SWK** 68 Ve 44
Marzysz Pierwszy **SWK** 68 Ve 44
Masanów **WKP** 53 Ta 39
Masełkowice **DLS** 51 Rc 39
Masie **PDL** 22 Xe 28
Maskiewice **PDL** 36 Yb 33
Masłomęcz **LBL** 72 Yf 44
Masłomiąca **MŁP** 77 Va 48
Masłońskie **SLK** 66 Ub 45
Masłowice **ŁDZ** 54 Td 41
Masłowice **ŁDZ** 67 Ue 42
Masłowice **ZPM** 4 Rd 22
Masłowice Tuchomskie **POM** 4 Sb 24
Masłowiec **DLS** 52 Sb 40
Masłowo **WKP** 40 Sa 36
Masłowo **WKP** 52 Re 39
Masłów **DLS** 52 Sa 40
Masłów **SWK** 68 Ve 43
Masów **LBL** 58 Wf 39
Masów **OPL** 65 Sf 44
Mastki **ŁDZ** 44 Uf 35
Masuny **WMZ** 9 Wa 23
Maszczona Królewska **PDL** 47 Xf 34
Maszew **ŁDZ** 54 Td 38
Maszewko **POM** 5 Se 20
Maszewko **ZPM** 13 Qa 27
Maszewko **ZPM** 13 Qa 28
Maszewo **LBU** 38 Pf 36
Maszewo **MAZ** 43 Ud 33
Maszewo **MAZ** 43 Ue 33
Maszewo **ZPM** 13 Qa 28
Maszewo, Trynisze- **MAZ** 35 Xc 32
Maszewo Duże **MAZ** 43 Ud 33
Maszewo Lęborskie **POM** 5 Se 22
Maszewy **WMZ** 9 Ve 24
Maszkienice **MŁP** 78 Ve 49
Maszki Wojciechowskie **LBL** 58 Xb 41
Maszkowice **MŁP** 85 Vc 51
Maszkowo **ZPM** 13 Qb 26
Maszkowo **ZPM** 3 Rb 23
Maszków **LBU** 38 Qa 33
Maszna **MAZ** 44 Vc 35
Maszów **LBL** 71 Xf 43
Maszów **MŁP** 78 Uf 47
Maszyce **MŁP** 77 Uf 47
Maślice **DLS** 64 Rf 42
Maśluchy **LBL** 59 Xf 40
Maśnik **SWK** 79 Wb 46
Matcze **LBL** 72 Yf 43
Matczyn **LBL** 70 Xb 41
Mateuszew **ŁDZ** 43 Ud 36
Matiaszów **PKR** 79 Wc 46
Matiaszówka **LBL** 60 Yc 38
Matule **POM** 18 Uc 26
Matuszowice **LBU** 49 Pf 38
Matuszów **DLS** 63 Rb 42
Matygi **LBL** 58 Wf 39
Matyldów **ŁDZ** 56 Vb 38
Matyldów **MAZ** 44 Va 35
Matyldzin **KPM** 29 Sd 29
Matyldzin **MAZ** 57 Wb 39
Matyniów **SWK** 68 Vc 42
Matysiki, Płonka- **PDL** 35 Xe 31
Matysówka **PKR** 80 Xa 48
Matysy, Szaniawy- **MAZ** 47 Xd 37
Mauryca **ŁDZ** 54 Ub 39
Maurycew **MAZ** 44 Vc 36
Mauryców **ŁDZ** 54 Ub 39
Mauryców **ŁDZ** 54 Ub 40
Maurzyce **ŁDZ** 44 Ud 36
Mawry **WMZ** 19 Vc 24
Mazanki **KPM** 31 Tf 28
Mazanki **WMZ** 18 Ue 25
Mazanów **LBL** 70 Wf 42
Mazanówka **LBL** 59 Yc 38
Mazańcowice **SLK** 76 Tf 49
Mazew **ŁDZ** 43 Ua 35
Maziarnia **PKR** 70 Xc 45
Maziarnia **PKR** 80 Xa 46
Maziarnia Strzelecka **LBL** 72 Yd 43
Maziarze **MAZ** 69 Wd 41
Maziły **LBL** 82 Yb 46
Mazowszany **MAZ** 57 Wa 40
Mazów **LBU** 39 Qd 36
Mazów **ZPM** 4 Rd 22
Mazówki **SLK** 66 Ua 43
Mazuchówka **WMZ** 21 Xa 25
Mazurki **ŁDZ** 55 Uc 40
Mazurki **PDL** 22 Xf 25
Mazurowice **DLS** 51 Rc 41
Mazurowo **WMZ** 22 Xd 25
Mazury **ŁDZ** 55 Uc 40
Mazury **PKR** 80 Xa 47
Mazury **SLK** 66 Ua 44
Mazury **WKP** 52 Sd 39
Mazury **WMZ** 21 Xb 24
Mażany **WMZ** 21 Wd 24
Maże **WMZ** 22 Xe 25
Mażucie **WMZ** 10 Xb 22
Mąchocice Kapitulne **SWK** 68 Ve 43
Mąchocice-Scholasteria **SWK**
68 Ve 43
Mącice **MAZ** 33 Vf 29
Mączniki **WKP** 41 Sd 33
Mączniki **WKP** 53 Ta 38
Mączniki **WKP** 53 Tb 39
Mączno **ZPM** 27 Rb 29
Mądre **WKP** 41 Sb 36
Mądrzechowo **POM** 5 Sd 24
Mąkolice **ŁDZ** 43 Ue 36
Mąkolin **MAZ** 44 Va 33
Mąkolno **DLS** 73 Rf 46
Mąkolno **WKP** 42 Td 34
Mąkoszyce **OPL** 64 Sd 43
Mąkoszyce **WKP** 53 Se 40
Mąkoszyn **KPM** 29 Se 31
Mąkoszyn **ŁDZ** 55 Ud 39
Mąkoszyn **WKP** 42 Td 34
Mąkowarsko **KPM** 16 Se 28
Mąkowczyce **OPL** 65 Tc 44
Mąkownica **WKP** 41 Se 34
Mątki **WMZ** 19 Vc 25
Mątki **WMZ** 19 Vc 26
Mątowo **WMZ** 19 Ue 28
Mątowy Małe **POM** 18 Tf 25
Mątowy Wielkie **POM** 17 Tf 24
Mątwica **PDL** 34 Wf 29
Mątwy **KPM** 30 Tb 32
Mątyki **WMZ** 18 Ue 27
Mchawa **PKR** 87 Xb 52
Mchowice **ŁDZ** 43 Uc 36
Mchowo **MAZ** 33 Vf 30
Mchowo **WKP** 42 Te 34
Mchówek **KPM** 42 Te 34
Mchówko **MAZ** 33 Vf 30
Mchy **LBL** 71 Ya 43
Mchy **WKP** 41 Sb 36
Mdzewko **MAZ** 32 Vb 31
Mdzewo **MAZ** 32 Vb 31
Mechelinki **POM** 6 Td 21
Mechlin **MAZ** 56 Vd 40
Mechlin **WKP** 40 Sa 36
Mechnacz **WKP** 39 Ra 33
Mechnica **OPL** 75 Ta 46
Mechnice **OPL** 65 Se 45
Mechnice **WKP** 53 Ta 40
Mechowiec **PKR** 80 Wf 47
Mechowo **POM** 6 Tb 20
Mechowo **ZPM** 13 Qa 25
Mechowo **ZPM** 13 Qb 26
Mechowo **ZPM** 26 Pf 30
Medyka **PKR** 81 Xf 50
Medynia Głogowska **PKR** 80 Xa 48
Medynia Kańczucka **PKR** 80 Xc 49
Medynia Łańcucka **PKR** 80 Xa 48
Medyny **WMZ** 20 Vd 24
Mejznerzyn **LBL** 58 Xb 39
Meka **WKP** 53 Tb 39
Melanów **MAZ** 57 Wd 38
Mełchów **SLK** 67 Ud 44
Mełgiew Drugi **LBL** 59 Xe 41
Mełgiew Pierwszy **LBL** 71 Xe 41
Mełno **KPM** 18 Tf 28
Mełno **KPM** 31 Ud 30
Mełpin **WKP** 40 Rf 36
Mełstowo **ZPM** 14 Qd 26
Mendle, Grodzisk- **PDL** 47 Xe 33
Mentele **SLK** 84 Ud 51
Mesze **LBU** 50 Qf 37
Meszki **MAZ** 47 Xe 35
Meszna **SLK** 83 Ua 50
Meszno **LBL** 58 Xb 39
Meszno **OPL** 74 Sa 46
Mezowo **POM** 5 Tb 23
Męcikał **POM** 16 Se 26
Męcina **MŁP** 85 Vd 50
Męcina Mała **MŁP** 86 Wb 51
Męcina Wielka **MŁP** 86 Wb 51
Męcinka **DLS** 63 Ra 42
Męciszów **MAZ** 57 Wc 40
Męcka Wola **ŁDZ** 54 Te 39
Męczenino **MAZ** 44 Uf 33
Męczennice **SWK** 69 Wd 44
Męczki **PDL** 35 Xc 29
Męczyn **MAZ** 46 Xa 35
Mędrów **SWK** 69 Vf 44
Mędrzechów **MŁP** 79 Vf 47
Męka Księża **ŁDZ** 54 Te 39
Mękarzowice **SWK** 78 Vd 46
Mękarzów **SWK** 67 Uf 44
Mętków **MAZ** 57 Vf 41
Mętków **MŁP** 77 Uc 48
Mętlew **ŁDZ** 43 Ub 36
Mętna **PDL** 48 Ya 34
Mętno **ZPM** 25 Pc 31
Mętów **LBL** 71 Xd 42
Mężenin **MAZ** 47 Xe 34
Mężenin **PDL** 35 Xc 30
Mężyk **WKP** 27 Rb 32
Mgoszcz **KPM** 30 Te 29
Miakszówka **PDL** 23 Yc 25
Miałkówek **MAZ** 43 Uc 34
Miały **WKP** 27 Rb 32
Mianowice **POM** 4 Sb 22
Mianowo **MAZ** 34 Xb 32
Mianów **ŁDZ** 54 Ua 38
Miasteczko **MAZ** 57 Wc 41
Miasteczko Krajeńskie **WKP** 28 Sa 30
Miasteczko Śląskie **SLK** 76 Tf 46
Miastko **POM** 15 Rf 24
Miastko **WKP** 39 Rb 37
Miastkowo **PDL** 34 We 30
Miastkówek **LBL** 58 Xb 39
Miastków Kościelny **MAZ** 58 We 37
Miastowice **KPM** 29 Sd 31
Miaty **WKP** 41 Se 33
Miączyn Duży **MAZ** 32 Vb 31
Miączynek **MAZ** 44 Vc 34
Miączyn Mały **MAZ** 32 Vb 31
Miączyń **LBL** 72 Yd 44
Miąse **MAZ** 46 Wc 34
Miąskowo **WKP** 40 Re 37
Miąskowo **WKP** 41 Sc 36
Miąsowa **SWK** 68 Vc 44
Michalczew **MAZ** 57 Wa 37
Michale **KPM** 17 Te 28
Michalice **OPL** 65 Se 42
Michalin **POM** 6 Tb 23
Michalinów **LBL** 58 Wf 39
Michalinów **WKP** 41 Sf 36
Michalków **LBL** 48 Yb 36
Michałcza **WKP** 29 Sc 33
Michałczowa **MŁP** 85 Vd 50
Michałki **KPM** 31 Uc 30
Michałki **LBL** 48 Yb 36
Michałki **PDL** 35 Xc 31
Michałki **WMZ** 20 We 27
Michałki, Dąbrowa- **PDL** 35 Xc 32
Michałki, Stępna- **MAZ** 34 Wc 30
Michałkowa **DLS** 63 Rc 44
Michałkowice **OPL** 75 Se 48
Michałkowice **SLK** 76 Ua 47
Michałkowo **WMZ** 9 Wb 23
Michałowice **DLS** 62 Qd 44
Michałowice **DLS** 73 Re 47
Michałowice **MAZ** 45 Vf 36
Michałowice **MAZ** 56 Ve 39
Michałowice **MŁP** 78 Uf 48
Michałowice **OPL** 64 Sc 43
Michałowice Małe **MŁP** 78 Ve 47
Michałowice-Osiedle **MAZ** 45 Vf 35
Michałowice Wielkie **MŁP** 78 Ve 47
Michałowo **PDL** 36 Yd 30
Michałowo **WKP** 52 Sa 37
Michałowo **WMZ** 18 Uc 26
Michałowo Wielkie **PDL** 35 Xb 32
Michałów **DLS** 50 Ra 40
Michałów **ŁDZ** 54 Ua 39
Michałów **ŁDZ** 55 Ue 40
Michałów **LBL** 59 Yb 40
Michałów **LBL** 71 Ya 44
Michałów **LBL** 72 Yd 45
Michałów **MAZ** 44 Vb 37
Michałów **MAZ** 45 Wc 35
Michałów **MAZ** 47 Xe 34
Michałów **MAZ** 57 Wc 39
Michałów **MAZ** 69 Wc 42
Michałów **OPL** 64 Sd 44
Michałów **SWK** 69 Vf 42
Michałów **SWK** 69 Wa 42
Michałów **SWK** 69 Wb 44
Michałów **SWK** 69 Wd 42
Michałów **SWK** 78 Vc 46
Michałów **WKP** 53 Tb 38
Michałów **WKP** 53 Tb 40
Michałów Dolny **MAZ** 57 Wa 38
Michałówek **ŁDZ** 43 Ud 37
Michałówek **OPL** 64 Sd 45
Michałów Górny **MAZ** 57 Wa 38
Michałówka **LBL** 58 Xc 40
Michałówka **LBL** 59 Xf 39
Michałówka **LBL** 72 Ye 42
Michałówka **MŁP** 77 Ue 47
Michałówka **PKR** 81 Xf 49
Michałów-Reginów **MAZ** 45 Vf 34
Michelin **KPM** 43 Ua 33
Michniowiec **PKR** 88 Xe 53
Michniów **SWK** 68 Vf 42
Michnówka **PDL** 36 Ye 31
Michorzewko **WKP** 39 Rc 34
Michorzewo **WKP** 39 Rc 34
Michowice **ŁDZ** 56 Va 38
Michów **LBL** 58 Xb 39
Michrów **MAZ** 56 Ve 37
Michrówek **MAZ** 56 Ve 37
Micigózd **SWK** 68 Vc 43
Miczów **SLK** 76 Tf 50
Miechcin **WKP** 51 Re 38
Miechęcino **ZPM** 3 Qe 24
Miechocin **PKR** 69 We 45
Miechowa **OPL** 65 Ta 42
Miechowice **MAZ** 56 Ve 38
Miechowice **SLK** 76 Tf 46
Miechowice Oławskie **DLS** 64 Sb 44
Miechów **DLS** 51 Rc 39
Miechów **LBU** 38 Qa 33
Miechów **MAZ** 57 Wc 41
Miechów **MŁP** 77 Va 46
Miechów **WKP** 53 Se 41
Miechów-Charsznica **MŁP** 77 Uf 46
Miechucino **POM** 5 Ta 22
Miecze **PDL** 22 Xd 26
Mieczewo **WKP** 40 Sa 35
Mieczki **PDL** 34 Xb 28
Mieczki **PDL** 35 Xb 30
Mieczki-Poziemaki **MAZ** 34 Wf 30
Mieczki-Sucholaszczki **PDL** 34 Xb 28
Mieczki-Ziemaki **MAZ** 34 Wf 30
Mieczkowo **KPM** 29 Sc 30
Mieczków **DLS** 63 Rd 42
Mieczownica **WKP** 41 Sf 34
Mieczysławka **LBL** 58 Xd 40
Mieczysławów **SWK** 69 We 43
Miedary **SLK** 76 Te 46
Miedna **WMZ** 9 Wa 23
Miedniewice **ŁDZ** 56 Vb 37
Miedniewice **MAZ** 44 Vb 36
Miedniki **LBL** 72 Ye 43
Miedonia **SLK** 75 Tb 48
Mieduniszki Wielkie **WMZ** 10 Wf 23
Miedwieżyki **PDL** 48 Yb 33
Miedza, Kolonia **WKP** 42 Ta 37
Miedze **ŁDZ** 54 Te 38
Miedzechów **MAZ** 57 Wa 37
Miedziana **OPL** 65 Ta 45
Miedziana Góra **SWK** 68 Vd 43
Miedziane **DLS** 61 Qa 42
Miedzianka **DLS** 62 Qf 43
Miedzianka **SWK** 68 Vc 43
Miedzianowo **PDL** 23 Yb 27
Miedzichowo **WKP** 39 Qf 34
Miedzieszyn **MAZ** 45 Wb 35
Miedzna **MAZ** 46 Xa 34
Miedzna Drewniana **ŁDZ** 56 Vb 41
Miedzna Murowana **ŁDZ** 56 Vb 41
Miedzno **KPM** 17 Tc 27
Miedzyń **KPM** 29 Sf 30
Miedźna **SLK** 76 Ua 49
Miedźno **ŁDZ** 54 Te 38
Miedźno **SLK** 66 Tf 43
Miejsce **MŁP** 77 Ud 48
Miejsce **OPL** 65 Se 43
Miejsce Kłodnickie **OPL** 75 Tb 46
Miejsce Odrzańskie **OPL** 75 Tb 47
Miejsce Piastowe **PKR** 87 We 51
Miejscowniki **LBL** 60 Ye 40
Miejska Dąbrowa **MAZ** 57 Wb 39
Miejska Górka **WKP** 52 Rf 39
Miejska Wieś **WMZ** 20 Ve 25
Miejska Wola **WMZ** 8 Vc 24
Mielcuchy **WKP** 53 Tb 40
Mielec **PKR** 79 Wc 47
Mielenko **ZPM** 3 Ra 23
Mielenko Drawskie **ZPM** 14 Qe 28
Mielenko Gryfińskie **ZPM** 25 Pd 29
Mieleszki **PDL** 36 Ye 30
Mieleszkowce Pawłowickie **PDL**
23 Yd 27
Mieleszkowce Zalesiańskie **PDL**
23 Yd 27
Mieleszówka **WKP** 53 Tb 40
Mieleszyn **ŁDZ** 65 Tb 41
Mieleszynek **ŁDZ** 53 Tb 41
Mielęcin **DLS** 63 Rc 43
Mielęcin **WKP** 53 Sf 41
Mielęcin **ZPM** 26 Pf 30
Mielęcin **ZPM** 27 Qc 30
Mielęcin **ZPM** 27 Rb 30
Mieliczki **POM** 17 Td 26
Mielnica Duża **WKP** 42 Tc 34
Mielnik **DLS** 73 Rd 46
Mielnik **PDL** 47 Ya 34
Mielno **LBU** 39 Pd 38
Mielno **LBU** 49 Qa 39
Mielno **POM** 16 Sc 25
Mielno **POM** 4 Sa 23
Mielno **WMZ** 19 Vb 27
Mielno **ZPM** 13 Qc 27
Mielno **ZPM** 3 Ra 23
Mielno Pyrzyckie **ZPM** 26 Pe 30
Mielnów **PKR** 88 Xd 50
Mielżyn **WKP** 41 Se 34
Mienia **MAZ** 46 We 36
Miennice **DLS** 52 Sa 41
Mień **PDL** 35 Xe 32
Mierczany **LBU** 38 Pf 35
Mierczyce **DLS** 63 Rb 42
Miergoniewice **KPM** 30 Tb 31
Mierki **WMZ** 19 Vb 27
Mierków **LBU** 49 Pf 38
Mierniki, Godlewo- **MAZ** 35 Xb 32
Miernów **SWK** 78 Vd 46
Mieronice **SWK** 68 Vb 44
Mieronice **SWK** 78 Va 45
Mieroszów **DLS** 63 Rb 44
Mieroszyno **POM** 6 Tb 20
Mierucin **PDL** 22 Xc 26
Mierucin **KPM** 29 Se 29
Mierucin **KPM** 29 Sf 32
Mieruniszki **PDL** 10 Xd 23
Mierzanowice **SWK** 69 Wd 43
Mierzanowo **MAZ** 32 Vd 30
Mierzawa **SWK** 68 Vb 45
Mierzączka **MAZ** 57 We 37
Mierzejewo **WKP** 52 Re 37
Mierzejewo **WMZ** 20 Wc 25
Mierzeszyn **POM** 6 Tc 23
Mierzewo **WKP** 41 Sd 34
Mierzewo **WKP** 41 Se 34
Mierzęcice **SLK** 75 Ua 46
Mierzęcin **LBU** 27 Qf 31
Mierzęcin **MAZ** 45 Wb 33
Mierzęcin **OPL** 75 Sf 47
Mierzno **ŁDZ** 55 Uf 38
Mierzowice **DLS** 51 Rc 41
Mierzwin **DLS** 50 Qc 41
Mierzwin **KPM** 30 Ta 31
Mierzwin **SWK** 68 Vc 45
Mierzwin Duży **PDL** 35 Xf 32
Mierzwin Mały **PDL** 35 Xf 32
Mierzyce **ŁDZ** 66 Te 42
Mierzym **ZPM** 3 Rb 24
Mierzyn **ŁDZ** 67 Ue 41
Mierzyn **SWK** 68 Va 45
Mierzyn **WMZ** 18 Ub 28
Mierzyn **ZPM** 12 Pc 28
Mierzyn **ZPM** 3 Qf 24
Mierzynek **KPM** 30 Te 30
Mierzynko **POM** 5 Sf 20
Mierzyno **POM** 5 Sf 20
Mierzynów **ŁDZ** 54 Tf 41
Mierzynówka **PDL** 47 Xe 33
Mieszałki **ZPM** 15 Rc 25
Mieszewo **ZPM** 13 Qc 27
Mieszki, Szlasy- **PDL** 35 Xd 30
Mieszki-Kuligi **MAZ** 45 Vf 33
Mieszki-Leśniki **MAZ** 45 Vf 33
Mieszki-Różki **MAZ** 33 Vd 32
Mieszki Wielkie **MAZ** 33 Vd 32
Mieszkowice **OPL** 74 Sc 46
Mieszkowice **ZPM** 25 Pc 32
Mieszków **DLS** 50 Qf 39
Mieszków **LBU** 49 Pf 39
Mieszków **WKP** 41 Sc 36
Mieszuki **PDL** 35 Ya 31
Mieścin **POM** 6 Te 24
Mieściska **WKP** 40 Rc 34
Mieścisko **WKP** 29 Sb 32
Mietel **SWK** 79 Vf 46
Mietków **DLS** 63 Rd 43
Mięcierzyn **KPM** 29 Se 32
Międzyborów **MAZ** 44 Vc 36
Międzybórz **DLS** 53 Sd 40
Międzybórz **ŁDZ** 56 Vb 40
Międzybórz **POM** 15 Sa 26
Międzybórz **WKP** 40 Sb 36
Międzybrodzie **PKR** 87 Xb 51
Międzybrodzie Bialskie **SLK** 83 Ub 50
Międzybrodzie Żywieckie **SLK**
83 Ub 50
Międzychód **WKP** 39 Qf 33
Międzychód **WKP** 40 Sa 36
Międzygórze **DLS** 73 Re 47
Międzylesie **DLS** 73 Re 48
Międzylesie **LBU** 38 Qc 36
Międzylesie **LBU** 50 Qd 39
Międzylesie **MAZ** 45 Wa 35
Międzylesie **SWK** 67 Uf 43
Międzylesie **WKP** 29 Sc 32
Międzylesie **WKP** 42 Tb 35
Międzylesie **WKP** 42 Tc 36
Międzylesie **WMZ** 19 Vc 25
Międzyleś **MAZ** 46 Xa 33
Międzyleś **LBL** 60 Yc 37
Międzyleś **MAZ** 33 Ve 30
Międzyleś **MAZ** 46 Wc 34
Międzyłęż **POM** 17 Tf 25
Międzyrzec Podlaski **LBL** 47 Xe 37
Międzyrzecz **LBU** 39 Qd 34
Międzyrzecze **SLK** 76 Tf 49
Międzyrzecze **SLK** 76 Ua 48
Międzyrzecze **ZPM** 14 Qd 25
Międzyświeć **SLK** 83 Te 50
Międzywodzie **ZPM** 13 Pe 24
Międzyzdroje **ZPM** 12 Pc 25
Miękinia **DLS** 63 Re 41
Miękinia **MŁP** 77 Ud 48
Miękisze **PDL** 36 Yc 32
Miękisz Nowy **PKR** 81 Xf 48
Miękisz Stary **PKR** 81 Xf 48
Miękka **ŁDZ** 54 Td 40
Miękoszyn **MAZ** 45 Ve 33
Miękowo **ZPM** 13 Pe 27
Mięsy **MAZ** 57 Vf 37
Miętkie **LBL** 72 Yf 45
Miętkie **WMZ** 20 Wa 26
Miętkie-Kolonia **LBL** 72 Ye 45
Miętne **MAZ** 57 Wd 37
Miętustwo **MŁP** 84 Uf 52
Mikanowo **KPM** 31 Tf 32
Mikanów **MAZ** 46 Wd 36
Mikicin **PDL** 22 Xf 27
Miklas, Lipa- **MAZ** 69 Wd 42
Miklesz **ŁDZ** 54 Td 40
Mikluszowice **MŁP** 78 Vc 48
Mikłasze **PDL** 36 Yb 32
Mikłaszewo **PDL** 36 Ye 31
Mikłusy **LBL** 47 Xd 36
Mikolin **OPL** 65 Se 44
Mikołajew **ŁDZ** 43 Ua 36
Mikołajew **ŁDZ** 54 Ub 37
Mikołajew **MAZ** 44 Vb 35
Mikołajewice **ŁDZ** 54 Td 38
Mikołajewice **SLK** 67 Ud 45
Mikołajewice **WKP** 41 Se 34
Mikołajewo **MAZ** 44 Uf 33
Mikołajewo **PDL** 22 Ya 24
Mikołajewo **WKP** 28 Rc 31
Mikołajki **PDL** 34 Wf 30
Mikołajki **WMZ** 18 Ud 28
Mikołajki **WMZ** 21 Wd 26
Mikołajki **WMZ** 22 Xd 25
Mikołajki Pomorskie **POM** 18 Ub 25
Mikołajowice **DLS** 63 Rb 42
Mikołajowice **MŁP** 78 Vf 49
Mikołajów **DLS** 63 Re 45
Mikołajów **ŁDZ** 55 Uf 38
Mikołajów **SWK** 78 Vd 47
Mikołajów **SWK** 79 Wc 46
Mikołajówek **PDL** 22 Xe 25
Mikołajówek **WKP** 42 Te 35
Mikołów **SLK** 76 Tf 47
Mikorowo **POM** 5 Sd 22
Mikorzyn **KPM** 31 Tf 32
Mikorzyn **WKP** 53 Ta 40
Mikosze **WMZ** 21 Wf 26
Mikosze, Bujały- **MAZ** 47 Xc 34
Mikoszewo **POM** 6 Tf 22
Mikoszki **WKP** 40 Re 36
Mikoszów **DLS** 64 Sa 44
Mikowice **DLS** 73 Rd 46
Mikowice **OPL** 64 Sd 42
Mikowiec **MAZ** 45 Wb 37
Mików **PKR** 87 Xa 53
Mikstat **WKP** 53 Sf 39
Miksztal **ŁDZ** 43 Ub 35
Mikulczyce **SLK** 76 Te 46
Mikulice **PKR** 80 Xc 48
Mikulice **WKP** 54 Td 37
Mikulicze **PDL** 48 Yb 33
Mikulin **LBL** 72 Ye 45
Mikułowa **DLS** 61 Qa 42
Mikułowice **ŁDZ** 55 Va 40
Mikułowice **SWK** 69 Wd 43
Mikułowice **SWK** 78 Ve 46
Mikuszewo **WKP** 41 Sd 35
Mikuszewskie **LBL** 70 Xa 43
Mikuszowa **DLS** 63 Rc 43
Mikuszowice Krakowskie **SLK**
83 Ua 50
Mikuszowice Śląskie **SLK** 83 Ua 50
Milanów **LBL** 59 Xe 38
Milanówek **MAZ** 45 Vd 36
Milcz **WKP** 28 Rf 30
Milcza **PKR** 87 Wf 51
Milczany **SWK** 69 We 44
Milczek **WKP** 28 Rf 30
Milejczyce **PDL** 48 Ya 33
Milejewo **WKP** 41 Ta 35
Milejewo **WMZ** 7 Ud 23
Milejowiec **ŁDZ** 55 Ue 40
Milejów **ŁDZ** 54 Td 40
Milejów **ŁDZ** 55 Ue 40
Milejów **WKP** 54 Td 37
Milejów-Osada **LBL** 59 Xf 41
Milejów-Wieś **LBL** 59 Xf 41
Mileńkowce **PDL** 23 Yd 27
Mileszki **ŁDZ** 55 Ud 38
Milew **MAZ** 46 Wf 35
Milewek, Godlewo- **MAZ** 35 Xb 32
Milewko **KPM** 17 Te 26
Milewko **MAZ** 32 Uf 32
Milewo **PDL** 21 Xa 27
Milewo **PDL** 22 Xe 28
Milewo **PDL** 34 Xb 30
Milewo **PDL** 35 Xd 30
Milewo **PDL** 47 Xd 34
Milewo **WMZ** 22 Xe 25
Milewo-Rączki **MAZ** 33 Vf 31
Milewo-Szwejki **MAZ** 33 Vf 31
Milewo Wielkie **MAZ** 34 Wf 30
Milewskie **PDL** 22 Ya 28
Milice **OPL** 75 Sf 47
Milicz **DLS** 52 Sb 39
Miliganowo **WKP** 41 Sf 33
Milik **MŁP** 86 Vf 52
Milikowice **DLS** 63 Rc 43
Milikowo **POM** 18 Uc 25
Milków **DLS** 50 Qc 41
Milin **DLS** 63 Re 43
Milinów **WKP** 42 Tc 36
Milinów **SLK** 67 Uc 43
Miliszewy **KPM** 31 Tf 30
Milkowo **WKP** 28 Rd 32
Milowice **OPL** 74 Sd 46
Milowice **SLK** 76 Ua 47
Milówka **MŁP** 78 Ve 49
Milówka **SLK** 83 Ua 51
Milsko **LBU** 39 Qe 37
Miluki **WMZ** 22 Xc 25
Milwino **POM** 5 Ta 21
Milżyn **KPM** 42 Te 34
Miłachowo **ZPM** 13 Pe 25
Miłaczew **WKP** 53 Tc 37
Miłaczewek **WKP** 53 Tc 37
Miłaki **WMZ** 8 Vb 23
Miłakowo **WMZ** 19 Va 24
Miłaków **LBU** 50 Qe 38
Miłaków **SWK** 56 Vc 41
Miława **WKP** 41 Sf 33
Miławczyce **SWK** 78 Vc 46
Miłcz **DLS** 51 Re 40
Miłgórze **WMZ** 19 Vd 24
Miłki **WMZ** 21 Wf 25
Miłkowa **MŁP** 85 Ve 50
Miłkowice **DLS** 51 Ra 41
Miłkowice **WKP** 54 Td 37
Miłkowice-Maćki **PDL** 47 Xe 34
Miłkowice Nagórne **PDL** 47 Xd 34
Miłkowice-Paszki **PDL** 47 Xe 34
Miłkowice-Stawki **PDL** 47 Xd 34
Miłkowo **WMZ** 8 Vb 23
Miłkowo **ZPM** 15 Rc 27
Miłkowska Karczma **SWK** 69 Wc 42
Miłków **DLS** 62 Qe 44
Miłków **LBL** 59 Xe 39
Miłków **SWK** 69 Wc 43
Miłobądz **POM** 6 Te 24
Miłobędzyn **MAZ** 31 Ud 31
Miłochniewice **ŁDZ** 55 Va 38
Miłochowice **DLS** 52 Sb 40
Miłodary **DLS** 63 Rd 43
Miłocice **DLS** 64 Sc 42
Miłocice **POM** 15 Rf 25
Miłocice Małe **DLS** 64 Sc 42
Miłocin **LBL** 58 Xb 41
Miłocin **PKR** 80 Wf 48
Miłocin **POM** 6 Te 23
Miłocin-Kolonia **LBL** 58 Xb 41
Miłogostowice **DLS** 51 Rb 41
Miłogoszcz **DLS** 51 Re 39
Miłogoszcz **ZPM** 27 Rb 30
Miłogoszcz **ZPM** 3 Qf 23
Miłomłyn **WMZ** 19 Ue 26
Miłonice **ŁDZ** 43 Ua 35
Miłoradz **POM** 18 Tf 24
Miłoradzice **DLS** 51 Rb 41
Miłosław **WKP** 41 Sc 35
Miłosławice **DLS** 52 Sb 39
Miłosławice **WKP** 29 Sc 32
Miłosna **DLS** 51 Rb 41
Miłosna **ŁDZ** 43 Ub 35
Miłostowo **WKP** 39 Ra 33
Miłoszewiec **MAZ** 33 Ve 30
Miłoszewo **POM** 5 Ta 22
Miłoszowice **SWK** 69 Wb 44
Miłoszów **DLS** 62 Qb 42
Miłoszów **ŁDZ** 55 Uf 40
Miłoszówka **LBL** 70 Wf 43
Miłoszyce **DLS** 64 Sb 42
Miłotki **MAZ** 32 Va 30
Miłowice **DLS** 64 Sd 41
Miłowice **LBU** 49 Qa 39
Miłowo **POM** 6 Tc 23
Miłowo **ZPM** 13 Pd 26
Miłusze **WMZ** 22 Xc 26
Mingajny **WMZ** 8 Vb 24
Mingosy **MAZ** 45 We 36
Minięta **POM** 18 Uc 25
Minikowo **KPM** 16 Sf 28
Minikowo **KPM** 29 Se 30
Minów **SWK** 68 Vc 42
Miniszew **WKP** 41 Se 36
Miniszewo **KPM** 29 Sd 32
Minkowce **PDL** 23 Ye 28
Minkowice **DLS** 64 Sc 42
Minkowice **LBL** 71 Xe 41
Minkowice **POM** 5 Tb 20
Minkowskie **OPL** 64 Sd 43
Minoga **MŁP** 77 Uf 47
Minostowice **SWK** 68 Ve 45
Minty **WMZ** 8 Ve 23
Mińce **PDL** 35 Ya 30
Mińsk Mazowiecki **MAZ** 46 Wd 35
Miodary **DLS** 52 Sc 41
Miodary **OPL** 65 Se 43
Miodnica **LBU** 50 Qb 38
Miodowice **ZPM** 13 Pe 26
Miodówko **WMZ** 19 Vc 27
Miodusy **KPM** 31 Ub 32
Miodusy-Dworki **PDL** 47 Xd 33
Miodusy-Stasiowięta **PDL** 35 Xc 31
Miodusy-Stok **PDL** 35 Xc 31
Miodusy Wielkie **PDL** 35 Xc 31
Mionów **OPL** 75 Se 46
Miotek **SLK** 66 Tf 45
Mirachowo **POM** 5 Ta 22
Miradowo **POM** 17 Tc 25
Mirakowo **KPM** 30 Te 30
Mircze **LBL** 72 Yf 45
Mireń **MAZ** 57 Wd 40
Mirkowice **SWK** 69 Wb 43
Mirkowice **WKP** 29 Sc 32
Mirków **DLS** 64 Sa 41
Mirków **ŁDZ** 53 Ta 41
Mirkówka **MŁP** 84 Uf 50
Mirocice **SWK** 69 Wa 43
Mirocin **PKR** 81 Xd 48
Mirocin Dolny **LBU** 50 Qd 38
Mirocin Górny **LBU** 50 Qd 38
Mirosław **MAZ** 44 Ue 33
Mirosław **WKP** 28 Re 30
Mirosławice **DLS** 63 Re 43
Mirosławice **ŁDZ** 54 Ub 38
Mirosławiec **ZPM** 14 Ra 28
Mirosławki **WKP** 40 Rd 35
Mirostowice Dolne **LBU** 49 Qa 39
Mirostowice Górne **LBU** 49 Qa 39
Miroszewice **ŁDZ** 43 Ua 36
Miroszka **WKP** 41 Se 34
Miroszów **MŁP** 78 Vb 46
Mirotki **POM** 17 Td 26
Mirowice **KPM** 30 Ta 29
Mirowice **MAZ** 56 Vf 37
Mirowice **POM** 18 Ua 25
Mirowo **POM** 6 Ua 24
Mirowo Duże **POM** 6 Td 24
Mirów **MAZ** 69 Wa 41
Mirów **MŁP** 77 Ud 48
Mirów **SLK** 66 Ub 44
Mirów **SLK** 67 Uc 45
Mirówek **MAZ** 69 Wa 41
Mirsk **DLS** 62 Qc 43
Miryce **POM** 17 Td 26
Mirzec **SWK** 69 Wa 42
Misie **LBL** 47 Xe 37
Mistów **MAZ** 46 Wd 35
Mistrzowice **SWK** 78 Ve 47
Miszewko **MAZ** 44 Uf 33
Miszewo Strzałkowskie **MAZ** 44 Uf 33
Miszewo **POM** 4 Sa 23
Miszewo **POM** 6 Tc 22
Miszewo B **MAZ** 45 Vd 33
Miszewo Murowane **MAZ** 44 Uf 34
Miszewo Nowe **MAZ** 44 Uf 34
Miszewo Wielkie **MAZ** 45 Vd 33
Miszkieniki Wielkie **PDL** 23 Ye 28
Miszkowice **DLS** 62 Qf 44
Miszory **MAZ** 44 Vb 34
Misztale **PKR** 81 Xe 48
Misztale, Tybory- **PDL** 35 Xc 31
Mizary **LBL** 58 Wf 37
Mizerka **MAZ** 44 Vb 36
Mizerna **MŁP** 85 Vb 52
Mizerów **SLK** 76 Te 49
Mjanocice **MŁP** 78 Va 46
Mlądz **DLS** 62 Qc 43
Mlądz **MAZ** 45 Wb 36
Mleczków **MAZ** 57 Wa 40
Mleczno **DLS** 51 Rb 40
Mleczówka **MAZ** 31 Ue 30
Mlewo **KPM** 30 Te 29
Mlęcin **MAZ** 46 We 35
Mława **MAZ** 32 Vc 30
Mławka **MAZ** 32 Vc 30
Młochów **MAZ** 45 Ve 36
Młocice **MŁP** 77 Va 47
Młociny **MAZ** 45 Vf 35
Młock **MAZ** 32 Vc 32
Młodasko **WKP** 40 Rd 34
Młodawin Dolny **ŁDZ** 54 Tf 39
Młodnik **OPL** 65 Ta 45
Młodochów **PKR** 79 Wc 46
Młodocin Mniejszy **MAZ** 57 Wa 40
Młodocin Większy **MAZ** 57 Wa 40
Młodojewo **WKP** 41 Sf 35
Młodojewo-Parcele **WKP** 41 Sf 35
Młodoszowice **OPL** 64 Sb 44
Młodowice **PKR** 88 Xe 50
Młodów **PKR** 81 Ya 48
Młodynie Dolne **MAZ** 56 Vf 39
Młodynie Górne **MAZ** 56 Vf 39
Młodynin **MAZ** 32 Vc 30
Młodzawy Duże **SWK** 78 Vd 46
Młodzawy Małe **SWK** 78 Vd 46
Młodzianowo, Jankowo- **PDL**
34 We 29
Młodzianów **DLS** 52 Sc 39
Młodzianów **WKP** 54 Td 37
Młodziejów **LBL** 71 Xf 42
Młodzieszyn **MAZ** 44 Vb 35
Młodzieszynek **MAZ** 44 Vb 34
Młodzikowo **WKP** 41 Sb 36
Młogoszyn **ŁDZ** 43 Uc 36
Młokicie **OPL** 64 Sd 42
Młoszowa **MŁP** 77 Uc 48
Młotkowice **SWK** 68 Vb 42
Młotkowo **MAZ** 32 Ue 32
Młotkowo **WKP** 28 Sa 29
Młoty **DLS** 73 Rd 47
Młódnice **MAZ** 56 Vf 40
Młudzyn **MAZ** 32 Uf 30
Młynarka **WKP** 53 Ta 41
Młynarska Wola **WMZ** 7 Ue 23
Młynary **WKP** 28 Sa 31
Młynary **WMZ** 7 Ue 23
Młynary Duże **ŁDZ** 55 Ue 39
Młynary Małe **ŁDZ** 55 Ue 39
Młynarze **MAZ** 33 Wc 31
Młynarze **MAZ** 45 Wc 33
Młynek **KPM** 30 Te 32
Młynek **SWK** 68 Vc 41
Młynek **SWK** 69 Wb 42
Młynek **WKP** 42 Td 35
Młynice **KPM** 42 Tb 33
Młyniec **KPM** 30 Te 30
Młynik **PDL** 34 Wf 30
Młynik **WKP** 42 Tf 36
Młynik **WKP** 52 Sd 39
Młynisko **ŁDZ** 65 Tc 41
Młynki **LBL** 58 Xa 40
Młynki **MAZ** 46 Xa 36
Młynkowo **LBU** 39 Qe 37
Młynkowo **WKP** 28 Rd 32
Młynkowo **WKP** 40 Rc 34
Młynne **MŁP** 85 Vb 51
Młynne **MŁP** 85 Vc 50
Młynowo **WMZ** 20 Vc 25
Młynów **DLS** 73 Rd 46
Młynów **WKP** 53 Sf 38
Młyny **KPM** 42 Tb 33
Młyny **OPL** 66 Td 42
Młyny **PKR** 81 Ya 49
Młyny **SWK** 68 Ve 45
Młyny, Kuby- **SWK** 68 Vd 44
Młyny Piekarskie **WKP** 54 Te 37
Młyńczyska **MŁP** 85 Vc 51
Młyńsko **DLS** 62 Qc 43
Młyńsko **WKP** 53 Tb 37
Mnich **ŁDZ** 43 Uc 35
Mnich **SLK** 76 Te 49
Mnichowice **WKP** 53 Sf 41
Mnichowo **WKP** 41 Sd 33
Mnichowo **WMZ** 20 Wa 24
Mnichów **ŁDZ** 54 Te 39
Mnichów **SWK** 68 Vc 44
Mnichus **OPL** 65 Tb 44
Mnichy **WKP** 39 Qf 33
Mniewo **WKP** 43 Tf 36
Mników **MŁP** 77 Ue 48
Mnin **SWK** 68 Vb 43
Mniszek **KPM** 17 Td 28
Mniszek **KPM** 17 Te 28
Mniszek **LBL** 70 Wf 44
Mniszek **MAZ** 56 Vf 40
Mniszek **SWK** 68 Vb 44
Mniszew **MAZ** 57 Wb 37
Mniszki **ŁDZ** 43 Ua 36
Mniszki **WKP** 42 Tc 33
Mniszkowice **DLS** 62 Qf 43
Mniszków **ŁDZ** 55 Va 40
Mniszów **MŁP** 78 Vc 48
Mocarze **PDL** 35 Xc 29
Mochała **SLK** 66 Te 44
Mochle **KPM** 29 Sf 29
Mochnaczka Niżna **MŁP** 86 Wa 52
Mochnaczka Wyżna **MŁP** 86 Vf 52
Mochnate **PDL** 36 Yc 32
Mochowo **MAZ** 31 Ud 32
Mochów **OPL** 75 Sf 46
Mochty **MAZ** 44 Vd 34
Mochy **WKP** 39 Ra 37
Mochy **WKP** 39 Rb 36
Mocieszce **PDL** 22 Xf 28
Moczalec **WKP** 53 Tb 39
Moczary **DLS** 51 Rc 40
Moczary **PKR** 88 Xe 52
Moczydlnica Dworska **DLS** 51 Rd 40
Moczydlnica Klasztorna **DLS** 51 Rd 40
Moczydło **MŁP** 78 Vb 46
Moczydło **SLK** 67 Uc 45
Moczydło **ZPM** 26 Qb 31
Moczydłów **MAZ** 45 Wb 36
Moczydły **PDL** 22 Xe 25
Moczydły, Dąbrowa- **PDL** 35 Xd 31
Moczydły-Stanisławięta **PDL** 35 Xd 31
Moczyłki **ZPM** 14 Ra 25
Moczyły **ZPM** 12 Pc 29
Moczyn **LBU** 50 Qb 39
Model **MAZ** 43 Ue 35
Modełka **MAZ** 32 Vc 31
Moderki, Tymianki- **MAZ** 35 Xc 32
Moderówka **PKR** 87 Wd 50
Modgarby **WMZ** 9 Wb 23
Modlęcin **DLS** 63 Rb 43
Modlibogowice **WKP** 42 Ta 36
Modliborzyce **KPM** 30 Tc 32
Modliborzyce **LBL** 70 Xb 44

Modliborzyce SWK 69 Wb 44
Modlibórz KPM 43 Ub 34
Modlica ŁDZ 55 Ud 39
Modlikowice DLS 50 Qf 41
Modlimowo ZPM 13 Qa 25
Modlimowo ZPM 13 Qc 25
Modlin WKP 53 Ta 39
Modlinek MAZ 34 We 31
Modliny WMZ 20 Ve 24
Modliszewice SWK 68 Vc 41
Modliszewko WKP 41 Sd 33
Modliszewo WKP 41 Sd 33
Modliszów DLS 63 Rc 44
Modlna ŁDZ 43 Uc 37
Modlnica MŁP 77 Uf 48
Modlniczka MŁP 77 Uf 48
Modła DLS 50 Qe 40
Modła MAZ 32 Vc 30
Modła MAZ 32 Vc 31
Modła Królewska WKP 42 Tb 36
Modła Rzgowska WKP 41 Ta 36
Modrolas ZPM 14 Rb 25
Modryniec LBL 72 Yf 44
Modryń LBL 72 Yf 44
Modrze WKP 40 Rd 35
Modrzejewo POM 4 Sb 24
Modrzejowice MAZ 57 Wb 41
Modrzejów, Niwka- SLK 76 Ua 47
Modrzew ŁDZ 43 Ud 37
Modrzew ŁDZ 56 Vb 40
Modrzew MAZ 47 Xd 36
Modrzewek ŁDZ 55 Uf 38
Modrzewek ŁDZ 56 Vb 40
Modrzewie SWK 69 Wa 43
Modrzewie ZPM 13 Pe 27
Modrzewina SWK 68 Vc 42
Modrzewo ZPM 26 Qc 29
Modrzyca LBU 39 Qe 37
Modzele PDL 21 Xb 28
Modzele PDL 22 Xc 27
Modzele-Górki PDL 35 Xc 30
Modzele-Skudosze PDL 34 Xb 30
Modzele-Wypychy PDL 34 Xb 30
Modzerewo KPM 43 Ub 33
Modzerowo KPM 42 Te 34
Modzurów SLK 75 Ta 48
Mogielnica MAZ 32 Uf 32
Mogielnica MAZ 56 Ve 38
Mogielnice PKR 80 Wf 49
Mogilany MŁP 77 Uf 49
Mogilnica LBL 71 Yb 41
Mogilnice PDL 22 Xf 27
Mogilno KPM 29 Sf 33
Mogilno ŁDZ 54 Te 38
Mogilno MŁP 86 Ve 51
Mogilno Duże ŁDZ 54 Ub 39
Mogilno Małe ŁDZ 54 Ub 39
Mogiły, Joachimów- MAZ 44 Vb 36
Mogowo MAZ 45 Ve 33
Mojęcice DLS 51 Rd 41
Mojnowo MAZ 32 Ue 31
Mojsiki PDL 35 Xe 30
Mojsławice LBL 72 Ye 43
Mojtyny WMZ 20 Wa 26
Mojtyny WMZ 20 Wc 26
Mojusz POM 5 Sf 22
Mojuszewska Huta POM 5 Sf 23
Mojżeszów ŁDZ 67 Va 42
Mokas ŁDZ 44 Vc 35
Mokiny WMZ 20 Ve 26
Mokobody MAZ 46 Xa 35
Mokoszyn SWK 70 We 44
Mokotów MAZ 45 Wa 35
Mokowo KPM 31 Uc 32
Mokra DLS 63 Rf 41
Mokra OPL 75 Se 46
Mokra SWK 68 Vd 42
Mokracz ŁDZ 55 Uc 40
Mokra Druga SLK 66 Tf 43
Mokra Lewa ŁDZ 44 Va 37
Mokra Pierwsza SLK 66 Tf 43
Mokra Prawa ŁDZ 44 Va 37
Mokra Trzecia SLK 66 Tf 43
Mokra Wieś MAZ 46 Wd 34
Mokra Wieś MŁP 85 Vd 51
Mokre KPM 17 Te 27
Mokre KPM 29 Sf 32
Mokre ŁDZ 66 Te 41
Mokre LBL 71 Yb 44
Mokre MAZ 45 Wb 34
Mokre OPL 74 Se 48
Mokre PDL 36 Yb 32
Mokre PKR 79 Wc 48
Mokre PKR 87 Xb 52
Mokre POM 16 Sf 25
Mokre ZPM 13 Qb 27
Mokre ZPM 3 Rc 23
Mokrolipie LBL 71 Xf 44
Mokronos WKP 52 Sc 38
Mokronos Dolny DLS 64 Rf 42
Mokronosy WKP 29 Sc 31
Mokrosęk MAZ 57 Wa 39
Mokrsko ŁDZ 66 Tc 41
Mokrsko Dolne SWK 68 Vc 44
Mokrsko Górne SWK 68 Vc 44
Mokrus SLK 77 Ud 46
Mokry Dwór DLS 64 Sa 42
Mokry Dwór POM 6 Te 23
Mokry Grunt, Zembrzus- WMZ 33 Vd 29
Mokry Las MAZ 57 Wa 39
Mokrylas MAZ 34 We 31
Mokrz WKP 27 Rb 32
Mokrzec MAZ 56 Ve 40
Mokrzec PKR 79 Wb 49
Mokrzec WKP 27 Qf 33
Mokrzesz SLK 67 Uc 44
Mokrzeszów DLS 63 Rc 43
Mokrzyca Mała ZPM 13 Pd 25
Mokrzyca Wielka ZPM 13 Pd 25
Mokrzyn POM 5 Sd 24
Mokrzyska MŁP 78 Vd 48
Mokrzyszów PKR 70 We 45
Molendy MAZ 57 Wd 39
Molestowice OPL 64 Sd 44
Molna SLK 66 Td 44
Molza WMZ 19 Va 26
Mołdawin ZPM 13 Qc 26
Mołdzie WMZ 21 Xb 26
Mołoczki PDL 48 Yb 33
Mołodiatycze LBL 72 Ye 44
Mołoduty LBL 72 Yd 42
Mołodycz PKR 81 Xf 48
Mołożew-Wieś MAZ 47 Xd 34
Mołożów LBL 72 Ye 45
Mołożów-Kolonia LBL 72 Ye 45
Mołstowo ZPM 13 Qc 25
Mołtajny WMZ 9 Wc 23
Mołtowo ZPM 3 Qe 24
Momajny WMZ 9 Wb 23
Momina SWK 69 Wb 43
Momoty Dolne LBL 70 Xc 45
Momoty Górne LBL 70 Xc 45
Monety WMZ 10 Xc 24
Monety WMZ 21 Xb 26
Monety, Konopki- PDL 21 Xa 28
Moniaki LBL 70 Xa 42
Moniatycze LBL 72 Yf 43
Moników ŁDZ 55 Uc 40
Moniochy MAZ 57 Wb 39
Moniuszeczki PDL 22 Xe 28
Moniuszki PDL 22 Xf 27
Monkinie PDL 22 Ya 25
Monowice MŁP 76 Ub 48
Montowo POM 18 Tf 25
Mońki PDL 22 Xe 28
Moracz ZPM 13 Pf 26
Moraczewo WKP 51 Re 38
Morakowo WKP 29 Sc 31
Moraków ŁDZ 43 Uc 36
Morany POM 18 Ub 25
Morasko WKP 40 Rf 34
Morawce ŁDZ 43 Ua 35
Morawczyna MŁP 84 Uf 52
Morawianki SWK 78 Vd 47
Morawiany SWK 78 Vd 47
Morawica MŁP 77 Ue 48
Morawica SWK 68 Vd 44
Morawin WKP 53 Tb 37
Morawinek LBL 71 Yb 42
Morawki ŁDZ 54 Tc 38
Morawsko PKR 81 Xe 49
Morawy MAZ 32 Vc 31
Morąg WMZ 19 Uf 25
Mordarka MŁP 85 Vc 50
Mordy MAZ 47 Xd 35
Morga MŁP 76 Ub 49
Morgi KPM 17 Te 27
Morgi ŁDZ 54 Td 38
Morgi, Lubotyń- MAZ 34 Wf 31
Morgowniki PDL 34 Wf 29
Morka WKP 40 Rf 36
Morochów PKR 87 Xb 52
Moroczyn LBL 72 Yf 43
Morownica WKP 40 Rc 37
Morów DLS 63 Rc 43
Morsk KPM 17 Tc 28
Morsko MŁP 78 Vd 48
Morsko SLK 77 Ud 45
Mortąg POM 18 Uc 26
Mortęgi WMZ 19 Ue 28
Moryń ZPM 25 Pc 31
Morze PDL 36 Yc 32
Morze PDL 47 Xe 33
Morzeszczyn POM 17 Te 25
Morzewo WKP 28 Rf 30
Morzęcino DLS 52 Rf 40
Morzęcin Wielki DLS 52 Rf 41
Morzyca ZPM 26 Qa 29
Morzyce KPM 42 Td 33
Morzyce WKP 42 Td 34
Morzyce, Rzeżewo- KPM 43 Ua 34
Morzychna MŁP 79 Vf 48
Morzyczyn MAZ 46 Wf 33
Morzyczyn WKP 42 Tc 34
Morzyczyn Włościański MAZ 34 Wf 32
Morzyczyn-Włóki MAZ 34 Wf 32
Morzyna DLS 51 Re 40
Morzywół SWK 56 Vc 41
Mosaki-Rukle MAZ 33 Vf 31
Mosina LBU 26 Pf 32
Mosina WKP 40 Rf 35
Mosina ZPM 15 Rd 26
Mosiny POM 16 Sc 27
Moskale PKR 70 Xa 45
Moskorzew SWK 67 Uf 45
Moskorzyn DLS 51 Ra 39
Moskowo WKP 41 Sd 34
Moskurnia WKP 53 Tc 38
Mosna POM 17 Ta 26
Mostek MŁP 77 Uf 46
Mostki ŁDZ 54 Tf 39
Mostki LBU 38 Qc 35
Mostki MAZ 57 Wd 40
Mostki OPL 66 Td 42
Mostki PKR 70 Xc 45
Mostki SWK 68 Vf 42
Mostki SWK 69 Wb 45
Mostki WKP 42 Td 34
Mostki Dolne MŁP 85 Vd 51
Mostkowo WMZ 19 Va 25
Mostkowo ZPM 26 Qa 31
Mostno ZPM 26 Pe 32
Mostołty WMZ 21 Xb 26
Mostowice DLS 73 Rc 47
Mostowo MAZ 32 Va 30
Mostowo MAZ 33 Wc 30
Mostowo ZPM 3 Rc 24
Mostów MAZ 47 Xe 36
Mostówka MAZ 46 Wc 33
Mosty ŁDZ 67 Ue 43
Mosty LBL 59 Yb 39
Mosty MAZ 57 Wa 39
Mosty POM 5 Se 21
Mosty POM 6 Tc 21
Mosty SWK 68 Vc 44
Mosty ZPM 13 Pf 27
Mosty Małe LBL 82 Yd 47
Moszczanica PKR 81 Xf 47
Moszczanica SLK 83 Ub 50
Moszczaniec PKR 87 Wf 52
Moszczanka LBL 58 Wf 39
Moszczanka OPL 74 Sc 47
Moszczenica ŁDZ 55 Ue 39
Moszczenica MŁP 86 Wa 50
Moszczenica POM 16 Sc 27
Moszczenica SLK 76 Td 49
Moszczenica Niżna MŁP 85 Vd 51
Moszczona Pańska PDL 47 Ya 34
Moszczonne KPM 31 Ua 31
Moszna LBL 58 Xb 41
Moszna MAZ 45 Ve 35
Moszna OPL 75 Se 46
Moszowice DLS 51 Ra 38
Moszyn MAZ 33 Wa 32
Moszyny SWK 69 Wb 45
Mościce LBU 26 Pe 32
Mościcha PDL 23 Yc 27
Mościejewo WKP 39 Ra 33
Mościska KPM 31 Ud 30
Mościska LBL 59 Xd 37
Mościska LBL 71 Xf 43
Mościska LBL 72 Ye 42
Mościska MAZ 31 Ud 31
Mościska MAZ 45 Vd 36
Mościska MAZ 45 Vf 35
Mościska MAZ 46 Wc 34
Mościska PDL 36 Yd 30
Mościska PKR 79 Wc 47
Mościska POM 17 Tc 25
Mościska SLK 76 Te 48
Mościska WKP 28 Sa 29
Mościska Duże SWK 68 Vb 42
Mościska Małe SWK 68 Vb 42
Mościsko DLS 63 Rd 44
Mościszki WKP 40 Rf 36
Motaniec ZPM 13 Pf 28
Motarzyn ZPM 14 Rb 25
Motarzyno POM 4 Sb 23
Motkowice SWK 68 Vc 45
Motulka PDL 22 Ya 26
Motwica LBL 59 Yb 38
Motycz LBL 58 Xc 41
Motycze Poduchowne PKR 70 Wf 44
Motycz-Józefin LBL 58 Xc 41
Motyczno SWK 67 Uf 43
Motyczyn DLS 51 Rc 41
Motyle DLS 50 Qe 40
Motylewo WKP 28 Re 30
Mozgawa SWK 78 Vd 46
Mozolice Duże MAZ 57 We 39
Mozolice Małe MAZ 57 We 39
Możdżanowo POM 4 Re 21
Możdżanów WKP 52 Sd 39
Możdżany WMZ 21 Xa 24
Mójcza SWK 68 Ve 43
Mórkowo WKP 51 Rd 37
Mózgowo WMZ 18 Uc 27
Mrągowo WMZ 20 Wb 25
Mrocza KPM 29 Sd 29
Mroczenko WMZ 31 Ue 28
Mroczeń WKP 65 Sf 41
Mroczki MAZ 46 Wf 35
Mroczki MAZ 47 Xb 36
Mroczki PDL 22 Xe 28
Mroczki, Kaki- MAZ 33 Vf 30
Mroczki, Tarnowo- PDL 34 Xb 31
Mroczki-Rębiszewo MAZ 33 Wc 31
Mroczki Wielkie WKP 53 Tc 38
Mroczkowa OPL 64 Sc 45
Mroczkowice DLS 62 Qc 43
Mroczkowice ŁDZ 56 Vc 39
Mroczków SWK 68 Ve 42
Mroczków Gościnny ŁDZ 56 Vc 40
Mroczków Ślepy ŁDZ 56 Vc 40
Mroczno WMZ 31 Ue 28
Mroga Dolna ŁDZ 55 Ue 38
Mrokocin DLS 74 Rf 46
Mroków MAZ 45 Vf 36
Mroków MAZ 58 We 38
Mrowina SWK 67 Uf 43
Mrowino WKP 40 Re 33
Mrowiny DLS 63 Rd 43
Mrowla PKR 80 Wf 48
Mrozowa Wola MAZ 46 Wf 33
Mrozowo KPM 29 Sc 30
Mrozów DLS 63 Re 41
Mrozy MAZ 44 Vc 36
Mrozy MAZ 46 We 36
Mrozy POM 5 Sf 22
Mrozy Południowe MAZ 46 We 36
Mrozy Wielkie WMZ 22 Xc 26
Mrukowa PKR 86 Wc 51
Mrzezino POM 6 Tc 21
Mrzeżyno ZPM 2 Qb 24
Mrzygłód PKR 87 Xb 51
Mrzygłód SLK 67 Uc 45
Mrzygłódka SLK 77 Uc 45
Mstowo KPM 43 Ua 34
Mstów MŁP 85 Vb 50
Mstów SLK 66 Ub 44
Mstyczów SWK 77 Uf 45
Mszadła ŁDZ 55 Uf 37
Mszalnica MŁP 85 Ve 51
Mszana PKR 87 Wd 52
Mszana SLK 76 Td 49
Mszana Dolna MŁP 85 Va 50
Mszana Górna MŁP 85 Va 51
Mszanka MŁP 86 Wa 50
Mszanna MAZ 47 Xe 36
Mszano KPM 17 Tb 27
Mszano KPM 31 Vb 29
Mszańskie Granice SLK 76 Td 49
Mszczonów MAZ 44 Vd 37
Mszczyczyn WKP 40 Sa 37
Mścice ZPM 3 Ra 23
Mścichów MAZ 56 Vf 39
Mścichy PDL 22 Xc 28
Mścichy PDL 35 Xc 31
Mścięcino ZPM 13 Pd 27
Mściów SWK 70 We 44
Mściszewice POM 5 Sf 23
Mściszewo WKP 40 Rf 33
Mściszów DLS 62 Qc 42
Mściwojów DLS 63 Rb 42
Mściwuje PDL 34 Wf 29
Mucharz MŁP 84 Ud 50
Mucharzów SWK 79 Wc 45
Muchnice ŁDZ 43 Uc 35
Muchnów ŁDZ 43 Uc 35
Muchobór Wielki DLS 64 Rf 42
Muchocin WKP 39 Qf 33
Muchowice DLS 64 Sa 44
Muchowiec SLK 76 Tf 47
Muchów DLS 62 Ra 42
Muchówka MŁP 78 Vc 49
Muchy-Kędzie WKP 53 Tb 39
Mukrz KPM 17 Ta 27
Mularzów SWK 68 Vb 42
Mulawicze PDL 35 Ya 31
Muławki WMZ 20 Wc 24
Muniaczkowice MŁP 78 Vb 47
Muniakowice MŁP 78 Va 47
Munina PKR 81 Xe 49
Muntowo WMZ 20 Wc 25
Muratyn LBL 72 Ye 45
Murawiec LBL 48 Yd 36
Murawki WMZ 32 Uf 29
Murawskie Nadbużne MAZ 47 Xc 33
Murawy PDL 34 Xa 29
Murcki SLK 76 Ua 47
Murczyn KPM 29 Se 31
Murczynek KPM 29 Se 31
Murowana Goślina WKP 40 Sa 33
Murowanka MAZ 57 Wa 38
Murów OPL 65 Sf 43
Murów OPL 74 Sb 46
Murucin KPM 29 Se 29
Murzasichle MŁP 85 Va 53
Murzynko KPM 30 Tc 31
Murzynno KPM 30 Tc 31
Murzynowo LBU 26 Qc 33
Murzynowo MAZ 43 Ud 33
Murzynowo Kościelne WKP 41 Sc 35
Murzynowo Leśne WKP 41 Sc 36
Musuły MAZ 45 Vd 36
Muszaki WMZ 33 Vd 28
Muszczyna DLS 50 Qe 41
Muszkowice DLS 64 Rf 45
Muszkowo LBU 38 Pf 33
Muszyna MŁP 86 Vf 52
Muszynka MŁP 86 Wa 52
Mutne SLK 84 Ub 51
Mutowo WKP 40 Rd 33
Muzyki SLK 66 Ua 45
Mychów SWK 69 Wb 43
Mycielin LBU 50 Qe 39
Mycielin WKP 53 Tb 37
Myczkowce PKR 88 Xc 52
Myczków PKR 88 Xc 52
Mydlita POM 5 Se 23
Mydlniki MŁP 77 Uf 48
Mydłów SWK 69 Wc 44
Myje WKP 53 Sf 40
Myjomice WKP 53 Ta 41
Mykanów SLK 66 Ub 43
Mylin WKP 27 Rb 33
Mymon PKR 87 Wf 51
Myscowa PKR 86 Wd 51
Mysiadło MAZ 45 Wa 36
Mysłakowice DLS 62 Qe 43
Mysłaków DLS 63 Rd 43
Mysłaków ŁDZ 44 Va 36
Mysłakówko KPM 31 Uc 32
Mysłowice SLK 76 Ua 47
Mysłowice ZPM 14 Qd 25
Mysłów DLS 62 Qf 43
Mysłów LBL 58 Wf 37
Mysłów SLK 66 Ub 45
Mystki LBU 26 Pf 32
Mystki-Rzym PDL 35 Xd 31
Mystkowice ŁDZ 44 Ue 36
Mystkowiec-Kalinówko MAZ 45 Wb 33
Mystkowo MAZ 32 Vb 32
Mystków MŁP 85 Ve 51
Myszadła MAZ 46 We 34
Myszaki ŁDZ 55 Uc 40
Myszaków WKP 41 Se 36
Myszewko POM 6 Ua 23
Myszewo POM 7 Ua 24
Myszęcin LBU 39 Qd 35
Myszki WKP 41 Sb 33
Myszki WMZ 21 Xa 27
Myszkowice LBL 72 Ye 42
Myszkowice MAZ 47 Xe 35
Myszkowice SLK 75 Ua 46
Myszków SLK 67 Ub 45
Myszowice OPL 74 Sd 46
Myszyn MAZ 45 Ve 35
Myszyniec MAZ 20 Wc 28
Myszyniec-Koryta MAZ 20 Wb 28
Myślachowice MŁP 77 Uc 47
Myślakowice MAZ 56 Vc 39
Myślec MŁP 85 Ve 51
Myślenice MŁP 77 Uf 49
Myślęcin WKP 41 Sc 33
Myślęcinek KPM 30 Ta 29
Myśliborzyce MAZ 43 Uc 33
Myśliborzyce ZPM 26 Pf 31
Myślibórz DLS 63 Ra 42
Myślibórz ŁDZ 68 Va 41
Myślibórz WKP 41 Ta 35
Myślibórz ZPM 12 Pb 27
Myślibórz ZPM 26 Pf 31
Myślice POM 18 Ud 25
Myśligoszcz POM 16 Sb 27
Myślimierz POM 4 Sa 23
Myślin MAZ 32 Ue 31
Myślina OPL 65 Tc 44
Myślinów DLS 63 Ra 42
Myśliszów DLS 63 Rd 44
Myśliwczów ŁDZ 67 Ue 43
Myśliwiec KPM 31 Tf 29
Mytarka PKR 86 Wd 51
Mytarz PKR 86 Wd 51
Mzdowo POM 4 Re 24
Mzurowa SWK 68 Vc 44
Mzurów SLK 67 Ud 45

N

Nabiel MAZ 45 Wc 34
Naborowiec MAZ 44 Vd 34
Naborowo MAZ 44 Vc 34
Naborów DLS 51 Rd 41
Nabroż LBL 72 Ye 45
Nabyszyce WKP 53 Sd 39
Nacesławice ŁDZ 53 Tc 38
Naciecz Włościańska MAZ 47 Xb 34
Nacław WKP 40 Rd 36
Nacław ZPM 3 Rd 24
Nacpolsk MAZ 44 Vb 33
Naczęsławice OPL 75 Sf 47
Naćmierz ZPM 4 Rd 21
Nadarzyce WKP 15 Rc 28
Nadarzyn MAZ 45 Ve 36
Nadborowo KPM 29 Sd 31
Nadbory PDL 35 Xc 29
Nadbory, Dzierzęga- MAZ 33 Ve 29
Nadbory, Tyszki- MAZ 34 Wf 31
Nadbrzeż MAZ 45 Wb 36
Nadkole MAZ 46 Wd 33
Nadma MAZ 45 Wb 34
Nadolany PKR 87 Xa 51
Na Dole MŁP 77 Ue 49
Nadole POM 5 Ta 20
Nadolice Wielkie DLS 64 Sb 42
Nadolna ŁDZ 55 Uf 37
Nadolna MAZ 56 Ve 41
Nadolna Karczma POM 16 Sf 26
Nadróż KPM 31 Uc 30
Nadrzecze LBL 71 Xe 45
Nadstawem WKP 52 Sb 39
Nadstawki WKP 53 Se 39
Nadułki MAZ 44 Va 33
Nadworów SWK 68 Vb 42
Nadzieja LBL 59 Xe 39
Nadziejewo POM 15 Sa 26
Nadziejów OPL 74 Sb 46
Nadziejów SWK 68 Vd 42
Nadzież WKP 53 Tc 37
Nadzów MŁP 78 Vb 47
Nagawczyna PKR 79 Wc 48
Nagawki ŁDZ 55 Ue 37
Naglady WMZ 19 Vb 26
Nagłowice SWK 68 Va 43
Nagłowice SWK 68 Va 44
Nagnajów PKR 79 Wd 45
Nagodów MAZ 43 Uc 34
Nagodzice DLS 73 Rd 48
Nagoszewo MAZ 34 We 32
Nagoszyn PKR 79 Wc 48
Nagórki ŁDZ 43 Ua 36
Nagórki PDL 34 Xa 29
Nagórki Dobrskie MAZ 32 Va 32
Nagórki-Jabłoń PDL 34 Xb 31
Nagórnik DLS 63 Ra 43
Nagórnik Duży MAZ 58 We 39
Nagórzany PKR 87 Xa 52
Nagórze DLS 62 Qd 42
Nagórzyce ŁDZ 55 Uf 40
Nagradowice WKP 40 Sa 35
Naguszewo WMZ 19 Uf 28
Najdymowo WMZ 20 Vf 25
Najewo WKP 39 Rb 33
Najmów WKP 53 Sf 40
Nakielno ZPM 27 Rb 29
Nakla POM 5 Se 24
Naklik LBL 80 Xc 46
Nakło OPL 65 Ta 45
Nakło PKR 81 Xf 49
Nakło SLK 67 Ue 45
Nakło nad Notecią KPM 29 Sd 30
Nakło Śląskie SLK 76 Tf 46
Nakły MAZ 34 Wc 30
Nakomiady WMZ 20 Wc 24
Nakonowo KPM 43 Ua 33
Nakory MAZ 47 Xb 35
Nalewajków SWK 68 Vc 42
Nałęcza WKP 28 Sa 30
Nałęczów LBL 58 Xb 41
Nałęczów SWK 68 Vc 41
Nałogi PDL 35 Ya 32
Namysłaki WKP 53 Ta 39
Namysłów OPL 65 Se 42
Namyślin ZPM 26 Pd 32
Napachanie WKP 40 Re 34
Napęków SWK 68 Vf 44
Napierki WMZ 32 Vc 29
Napiórki Ciężkie MAZ 33 Wc 32
Napiwoda WMZ 19 Vc 28
Napole KPM 31 Tf 30
Napoleon SLK 66 Te 42
Napraty WMZ 8 Ve 24
Naprawa MŁP 84 Uf 51
Naprawa Górna MŁP 85 Uf 50
Naprom WMZ 19 Uf 27
Naprusewo WKP 41 Sf 34
Narama MŁP 77 Uf 47
Naramice ŁDZ 53 Tc 41
Naramice-Parcela ŁDZ 53 Tc 41
Naramowice WKP 40 Rf 34
Naratów DLS 51 Rc 38
Narejty WMZ 20 Ve 27
Narew PDL 36 Yd 31
Narewka PDL 36 Ye 31
Narkowo KPM 30 Td 32
Narkowy POM 17 Te 24
Naroczyce DLS 51 Rc 39
Narojki PDL 47 Xe 34
Narok OPL 65 Se 44
Narol PKR 82 Yb 46
Narol-Wieś PKR 81 Yb 46
Naropna ŁDZ 55 Va 38
Narost ZPM 25 Pd 31
Nart MAZ 46 We 35
Narty KPM 43 Ub 34
Narty ŁDZ 56 Vc 37
Narty WMZ 20 Ve 27
Naruszczki PDL 34 Wf 30
Naruszewo MAZ 44 Vc 33
Narzym WMZ 32 Vb 29
Nasale OPL 65 Tb 42
Nasiadki MAZ 34 Wd 29
Nasiczne PKR 88 Xd 53
Nasiechowice MŁP 78 Va 47
Nasiedle OPL 75 Sf 48
Nasiegniewo KPM 31 Ub 32
Nasielsk MAZ 45 Ve 33
Nasierowo-Dziurawieniec MAZ 33 Ve 31
Nasiłowo KPM 42 Td 33
Nasiłów LBL 58 Wf 40
Nasiłów MAZ 47 Xc 35
Nasławice DLS 63 Re 43
Nasławice SWK 69 Wd 44
Nastazin ZPM 13 Qb 27
Nasutowo ZPM 14 Qf 25
Nasutów LBL 58 Xd 40
Nasuty WMZ 10 Xb 23
Naściszowa MŁP 85 Ve 51
Natać Mała WMZ 19 Vd 28
Natać Wielka WMZ 19 Vd 27
Natalia WKP 42 Tc 36
Natalin LBL 58 Xb 39
Natalin LBL 58 Xc 41
Natalin LBL 70 Wf 43
Natalin LBL 70 Xa 42
Natalin MAZ 46 Wc 33
Natalin MAZ 57 Wa 40
Naterki WMZ 19 Vc 26
Natków MŁP 78 Ve 47
Natolewice ZPM 13 Qc 25
Natolin ŁDZ 55 Ud 38
Natolin MAZ 57 Wc 37
Natolin SLK 66 Te 42
Natolin Kiernoski ŁDZ 44 Ue 35
Nawarzyce SWK 78 Vb 45
Nawcz POM 5 Sf 21
Nawiady WMZ 20 Wb 26
Nawodna ZPM 25 Pc 29
Nawodzice SWK 69 Wc 45
Nawojowa MŁP 85 Ve 51
Nawojowa Góra MŁP 77 Ue 48
Nawojów Łużycki DLS 50 Qc 41
Nawojów Śląski DLS 62 Qb 42
Nawóz LBL 71 Ya 44
Nawra KPM 30 Tc 29
Nawra WMZ 18 Ud 28
Nawrocko ZPM 26 Pe 31
Nawsie PKR 79 Wd 49
Nawsie Brzosteckie PKR 79 Wc 49
Nawsie Kołaczyckie PKR 86 Wc 50
Nądnia WKP 39 Qf 35
Nebrowo Małe POM 17 Te 27
Nebrowo Wielkie POM 17 Te 27
Nedeżów LBL 82 Yd 46
Nehrybka PKR 88 Xe 50
Nejdyki WMZ 18 Uc 27
Nekla KPM 30 Ta 29
Nekla WKP 41 Sc 34
Neple LBL 48 Yd 36
Ner ŁDZ 43 Ua 37
Netta Druga PDL 22 Xf 26
Netta-Folwark PDL 22 Xf 26
Netta Pierwsza PDL 22 Xf 26
Nędza SLK 75 Tb 48
Nędzerzew WKP 53 Ta 38
Nędzówka MŁP 84 Uf 53
Nętne MAZ 57 Wa 39
Nętno ZPM 14 Qe 27
Niałek Wielki WKP 39 Ra 36
Nicenia ŁDZ 54 Ua 39
Nick WMZ 32 Uf 29
Nicki, Kamianki- MAZ 47 Xd 35
Nicponia POM 17 Te 26
Nicwałd KPM 18 Tf 28
Niczonów ZPM 13 Qa 24
Nida SWK 68 Vd 44
Nida, Ruciane- WMZ 21 Wd 27
Nidek MŁP 77 Ub 49
Nidom WKP 41 Sd 34
Nidzica WMZ 32 Vc 28
Niebędzino POM 5 Sd 21
Niebieszczany PKR 87 Xa 51
Niebocko PKR 87 Xa 50
Nieboczowy SLK 75 Tb 48
Nieborowice SLK 76 Td 47
Nieborowo ZPM 26 Pe 29
Nieborów ŁDZ 44 Va 36
Nieborza WKP 39 Qf 36
Nieborzyn MAZ 33 Ve 31
Nieborzyn MAZ 44 Vc 34
Nieborzyn WKP 42 Ta 34
Niebrów ŁDZ 55 Uf 39
Niebrzegów LBL 58 Wf 39
Niebuszewo ZPM 12 Pd 28
Niebylec PKR 80 Wf 49
Niechanowo WKP 41 Se 34
Niechcianów ŁDZ 43 Ub 35
Niechcice ŁDZ 55 Ud 41
Niechlów DLS 51 Rc 38
Niechłonin WMZ 32 Va 29
Niechłód WKP 51 Rc 37
Niechmirów ŁDZ 54 Te 40
Niechnabrz MAZ 46 Xa 35
Niechobrz PKR 80 Wf 49
Niechorz KPM 16 Sd 28
Niechorze ZPM 2 Qa 24
Nieciece PDL 35 Xe 29
Nieciecz LBL 58 Wf 39
Nieciecz LBU 50 Qe 38
Nieciecz MAZ 57 Wb 37
Niecieczа MŁP 78 Vf 48
Niecieplin MAZ 57 Wd 37
Niecieslawice SWK 79 Wa 45
Nieciki PDL 21 Xb 28
Nieciszów DLS 52 Sb 41
Niecki PDL 35 Ya 30
Nieckowo POM 5 Sd 21
Nieców MŁP 86 Vf 50
Nieczajna WKP 40 Re 33
Nieczajna Dolna MŁP 79 Wa 47
Nieczajna Górna MŁP 79 Wa 47
Nieczatów MAZ 57 Wa 40
Nieczuj ŁDZ 54 Te 40
Nieczulice SWK 69 Wa 43
Niećkowo PDL 22 Xc 27
Niedabyl MAZ 57 Wa 39
Niedalino ZPM 3 Rb 24
Niedamirów DLS 62 Qf 44
Niedamowo POM 17 Ta 24
Niedanowo WMZ 32 Vb 29
Niedarczów Dolny-Wieś MAZ 57 Wc 41
Niedarczów Górny-Wieś MAZ 57 Wc 41
Niedary DLS 52 Sb 41
Niedary MŁP 78 Vc 48
Niedarzyn MAZ 32 Vb 32
Niedarzyno POM 5 Sc 23
Niedaszów DLS 63 Rb 42
Niedobczyce SLK 75 Tc 48
Niedobczyce SLK 76 Td 48
Niedomice MŁP 78 Vf 48
Niedoń ŁDZ 54 Tc 39
Niedoradz LBU 50 Qe 37
Niedośpielin ŁDZ 67 Ue 42
Niedrzaków ŁDZ 43 Uc 34
Niedrzew ŁDZ 43 Uc 34
Niedrzwica WMZ 10 Xb 23
Niedrzwica Duża LBL 70 Xc 42
Niedrzwica Kościelna LBL 70 Xc 42
Niedysz ZPM 13 Qa 24
Niedyszyna ŁDZ 55 Uc 40
Niedzbórz MAZ 32 Vc 31
Niedziałki SWK 79 Wb 46
Niedziałki WMZ 9 Wc 23
Niedziałowice LBL 71 Yc 42
Niedzica MŁP 85 Vb 52
Niedzica-Zamek MŁP 85 Vb 52
Niedzieliska ŁDZ 44 Uf 35
Niedzieliska LBL 71 Ya 44
Niedzieliska MŁP 78 Vd 48
Niedzieliska SLK 76 Ub 47
Niedzielsko ŁDZ 54 Td 41
Niedźwiada LBL 59 Xe 39
Niedźwiada PKR 79 Wd 49
Niedźwiada Duża LBL 70 Wf 41
Niedźwiadek POM 5 Ta 22
Niedźwiadka LBL 58 Xa 37
Niedźwiadna PDL 21 Xb 27
Niedźwiady WKP 42 Tc 34
Niedźwiady WKP 53 Ta 38
Niedźwiednik DLS 64 Rf 45
Niedźwiedza MŁP 78 Ve 49
Niedźwiedzice DLS 51 Ra 41
Niedźwiedzie WMZ 20 Wa 27
Niedźwiedziówka POM 6 Tf 23
Niedźwiedzi Róg WMZ 21 We 26
Niedźwiedziska ZPM 13 Qa 25
Niedźwiedzkie PDL 22 Xc 27
Niedźwiedzkie WMZ 22 Xc 26
Niedźwiedzkie WMZ 22 Xd 25
Niedźwiedź DLS 64 Sa 45
Niedźwiedź KPM 31 Ua 31
Niedźwiedź LBL 58 Xa 38
Niedźwiedź LBU 38 Qb 35
Niedźwiedź MAZ 21 Wc 28
Niedźwiedź MŁP 77 Va 47
Niedźwiedź MŁP 85 Va 51
Niedźwiedź SWK 68 Vc 43
Niedźwiedź SWK 69 Wa 44
Niedźwiedź WKP 53 Sf 40
Niedźwiedź ZPM 13 Pe 28
Niedźwiedź, Leśniewo- PDL 35 Xd 30
Niedźwieniny WKP 40 Sa 33
Niedźwież KPM 31 Va 29
Niegocin MAZ 32 Vb 30
Niegolewo WKP 40 Rc 34
Niegosław LBU 27 Qf 32
Niegosławice LBU 50 Qe 39
Niegosławice SWK 78 Vb 45
Niegosławice SWK 78 Vd 46
Niegowa SLK 67 Uc 45
Niegowic MŁP 78 Vb 49
Niegowiec MAZ 34 Wf 32
Niegowonice SLK 77 Uc 46
Niegowoniczki SLK 77 Uc 46
Niegów MAZ 45 Wc 33
Niegówka SLK 67 Uc 45
Niekarmia SLK 75 Tc 46
Niekarzyn LBU 38 Qd 36
Niekazanice OPL 75 Sf 48
Niekłań Mały SWK 68 Vd 41
Niekłań Wielki SWK 68 Vd 41
Niekłonice ZPM 3 Ra 24
Niekłończyca ZPM 12 Pd 27
Niekrasów SWK 79 Wc 46
Niekursko WKP 28 Rc 30
Niekurza SWK 79 Wc 46
Nielbark WMZ 31 Ud 28
Nieledew LBL 72 Ye 44
Nieledwia SLK 83 Ua 51
Nielep ZPM 14 Qf 25
Nielepice MŁP 77 Ue 48
Nielepkowice PKR 81 Xe 48
Nielestno DLS 62 Qe 43
Nielęgowo WKP 40 Rd 36
Nielisz LBL 71 Ya 44
Nielubia DLS 51 Qf 39
Nieławice PDL 35 Xb 29
Niemarzyn WKP 52 Rf 39
Niemce LBL 59 Xd 40
Niemcowizna PDL 22 Xe 24
Niemcz KPM 30 Ta 29
Niemcza DLS 63 Rf 44
Niemczewo MAZ 32 Va 32
Niemczewo POM 4 Sb 23
Niemczyk KPM 30 Td 29
Niemczyn PDL 23 Yb 28
Niemczyn WKP 29 Sc 31
Niemianowice MAZ 57 Wc 40
Niemica ZPM 13 Pf 25
Niemica ZPM 3 Rc 23
Niemienice LBL 71 Ya 43
Niemienice SWK 69 Wb 44
Niemienice, Kolonia LBL 71 Ya 43
Niemierze ZPM 2 Qd 24
Niemierzewo WKP 39 Rb 33
Niemierzyce WKP 40 Rd 35
Niemierzyn ŁDZ 65 Td 41
Niemierzyn ZPM 12 Pd 28
Niemierzyno ZPM 14 Qe 26
Niemil DLS 64 Sb 43
Niemirki MAZ 47 Xc 34
Niemirowice ŁDZ 56 Vc 37
Niemirów PDL 48 Ya 35
Niemirówek LBL 72 Yc 45
Niemirówek, Kolonia- LBL 72 Yc 45
Niemiry MAZ 34 Xa 32
Niemiry MAZ 46 Wd 33
Niemiryczów MAZ 57 We 41
Niemodlin OPL 64 Sd 45
Niemogłowy ŁDZ 56 Vc 38
Niemojewo KPM 43 Tf 34
Niemojki MAZ 47 Xe 35
Niemojowice ŁDZ 56 Vb 41
Niemojów DLS 73 Rd 47
Niemstów DLS 51 Rb 40
Niemstów PKR 81 Ya 47
Niemsty WMZ 21 Xb 24
Niemścice SWK 69 Wa 45
Niemysłowice OPL 74 Sd 46
Niemysłów ŁDZ 54 Te 37
Nienadowa PKR 80 Xc 50
Nienadówka PKR 80 Xa 47
Nienałty-Szymany MAZ 34 Xa 32
Nienaszów PKR 86 Wd 51
Nienowice PKR 81 Xf 49
Niepart WKP 52 Rf 38
Niepla PKR 87 Wd 50
Niepoczołowice POM 5 Sf 22
Niepoczołowice-Folwark POM 5 Sf 22
Niepoględzie POM 4 Sc 23
Niepokalanów ŁDZ 44 Vc 35
Niepołomice MŁP 78 Vb 48
Nieporaz MŁP 77 Ud 48
Nieporęt MAZ 45 Wa 34
Nieprowice SWK 78 Vd 46
Niepruszewo WKP 40 Rd 34
Nierada SLK 66 Ua 44
Nieradowice OPL 74 Sb 46
Nieradowo MAZ 33 Ve 31
Nierodzim SLK 83 Te 50
Nierośno PDL 23 Yc 27
Nierzączka Duża ŁDZ 55 Ub 39
Nierzączka Mała ŁDZ 55 Ub 39
Nierzostowo POM 16 Sc 25
Niesadna MAZ 46 Wd 37
Niesiołowice LBL 70 Wf 42
Niesiołowice POM 5 Sf 23
Nieskórz MAZ 34 Xa 32
Niesłabin WKP 40 Sa 36
Niesłuchowa MAZ 44 Uf 34
Niesłuchy MAZ 33 Ve 32
Niesporowice ZPM 26 Qb 31
Niespusza-Wieś ŁDZ 44 Uf 35
Niestachów SWK 68 Ve 44
Niestępowo POM 6 Tc 23
Niestkowo POM 4 Rf 21
Niestoja WMZ 32 Va 29
Niestronno KPM 29 Se 32
Niesulice LBU 38 Qc 35
Niesułków ŁDZ 55 Ud 37
Niesułowice MŁP 77 Ud 47
Niesułowo MAZ 33 Wb 30
Nieszawa KPM 31 Tf 31
Nieszawa LBL 70 We 42
Nieszawa WKP 28 Rf 33
Nieszczyce DLS 51 Rc 39
Nieszki PDL 22 Xe 24
Nieszkowice DLS 51 Re 40
Nieszkowice DLS 64 Rf 44
Nieszkowice Małe MŁP 78 Vb 49

108 PL Modliborzyce – Nieszkowice Małe

O

Oblasy LBL 58 Wf 40
Oblasy SLK 67 Ue 43
Oblekoń SWK 79 Wa 47
Obleszcze, Majdan- LBL 70 Xc 44
Oblewo WMZ 21 Xa 27
Oblęgor SWK 68 Vc 43
Oblęgorek SWK 68 Vc 43
Oblin MAZ 57 Wd 38
Oblin-Grądki MAZ 57 Wd 38
Obliźniak LBL 58 Xa 41
Obłaki OPL 66 Td 43
Obłączkowo WKP 41 Sd 35
Obłęże POM 4 Rf 23
Obłudzin MAZ 33 Wa 31
Obłuże POM 6 Td 21
Obniże PDL 47 Xd 33
Obodowo KPM 16 Se 28
Obojna PKR 70 Wf 45
Obora DLS 51 Ra 40
Obora WKP 41 Sd 33
Oborczyska MAZ 33 Wb 29
Oborniki WKP 28 Re 33
Oborniki Śląskie DLS 52 Rf 41
Oborowo KPM 31 Tf 31
Obory KPM 30 Td 28
Obory KPM 31 Ub 30
Obory POM 18 Tf 26
Oborzany ZPM 25 Pe 32
Obozin POM 17 Td 24
Obórki MAZ 33 Wa 30
Obórki OPL 64 Sc 44
Obra WKP 39 Ra 36
Obra Dolna LBU 39 Qf 36
Obrazów SWK 69 Wd 44
Obrąb MAZ 33 Ve 30
Obrąb MAZ 46 Wd 34
Obręb MAZ 31 Ud 32
Obręb MAZ 32 Ue 31
Obręb MAZ 32 Vc 32
Obręb MAZ 57 Wa 37
Obrębek MAZ 45 Wa 33
Obrębiec MAZ 33 Ve 30
Obrębizna WKP 42 Td 36
Obręczna SWK 69 Wc 43
Obrocz LBL 71 Ya 45
Obromino ZPM 26 Pf 30
Obroty ZPM 2 Qd 24
Obrowiec LBL 72 Yf 44
Obrowiec OPL 75 Ta 46
Obrowo KPM 16 Se 27
Obrów ŁDZ 54 Ua 41
Obrubniki PDL 35 Ya 29
Obryta ZPM 26 Pf 29
Obryte MAZ 33 Wb 32
Obryte MAZ 47 Xc 33
Obrytki PDL 21 Xb 27
Obrytki PDL 21 Xb 28
Obrzębin WKP 42 Tc 36
Obrzycko WKP 28 Rd 32
Obrzynowo POM 18 Ub 26
Obsza LBL 81 Xf 47
Obudno KPM 29 Sf 32
Oburznia KPM 29 Sf 31
Ochaby SLK 76 Te 49
Ochla LBU 50 Qc 37
Ochle ŁDZ 54 Tf 40
Ochle WKP 42 Td 35
Ochmanów MŁP 78 Va 49
Ochodne MAZ 58 We 38
Ochodza MŁP 77 Ue 49
Ochodza WKP 29 Sb 32
Ochodza WKP 41 Se 33
Ochodze OPL 65 Se 45
Ochojec SLK 76 Td 47
Ochojec SLK 76 Tf 47
Ochojno MŁP 77 Uf 49
Ochota MAZ 45 Vf 35
Ochotnica Dolna MŁP 85 Vc 51
Ochotnica Górna MŁP 85 Vb 51
Ochotnik ŁDZ 67 Ue 42
Ochoża LBL 59 Xf 39
Ochoża LBL 59 Yc 41
Ochrymy PDL 36 Ye 31
Ochudno MAZ 45 Wc 33
Ociąż WKP 53 Sf 38
Ocice DLS 50 Qc 41
Ocice PKR 69 We 45
Ocieka PKR 79 Wd 48
Ocięseki SWK 69 Vf 44
Ocin ŁDZ 54 Td 39
Ocin, Gałkowice- SWK 69 We 44
Ocisłowo MAZ 32 Vc 31
Ocypel POM 17 Tb 26
Oczesały MAZ 56 Vf 38
Oczkowice WKP 52 Sa 38
Oczków SLK 83 Ub 50
Oćwieka KPM 29 Se 32
Odargowo POM 5 Sf 20
Odargowo ZPM 13 Qc 28
Odbudowa ZPM 15 Rd 24
Odechowiec MAZ 57 Wc 41
Odechów MAZ 57 Wc 41
Odletajka LBL 72 Ye 43
Odmęt MŁP 79 Vf 47
Odnoga-Kuźmy PDL 36 Ye 31
Odoje WMZ 21 Xa 25
Odolanów WKP 53 Se 39
Odonów SWK 78 Vc 47
Odra SLK 75 Tc 49
Odrano-Wola MAZ 45 Vd 36
Odrowąż ŁDZ 67 Ue 42
Odrowąż MŁP 84 Uf 52
Odrowąż OPL 75 Sf 45
Odrowąż SWK 68 Vd 42
Odry POM 17 Ta 25
Odrynki PDL 36 Yd 31
Odrzechowa PKR 87 Wf 51
Odrzykoń PKR 87 We 50
Odrzywołek MAZ 56 Vf 37
Odrzywół MAZ 56 Vd 39
Odwiśle MŁP 78 Vb 48
Oficjałów SWK 69 Wc 44
Ogardy LBU 27 Qd 31
Ogarka SWK 67 Va 44
Oględa Szlachecka MAZ 33 Vf 30
Oględów SWK 69 Wa 45
Ognica ZPM 13 Qc 29
Ognica ZPM 25 Pc 29
Ogniwo LBL 58 Xa 37
Ogonki WMZ 10 We 23
Ogonowice DLS 63 Rb 42
Ogonowice ŁDZ 56 Vb 40
Ogonów LBL 58 Wf 39
Ogonów Dolny OPL 64 Sb 45
Ogony MAZ 34 Wc 31
Ogorzelczyn WKP 42 Tc 36
Ogorzelec DLS 62 Qf 44
Ogorzeliny POM 16 Sd 27
Ogorzelnik SLK 67 Ud 45
Ograszka KPM 31 Ua 31
Ogrodnica DLS 63 Rd 42
Ogrodniczki PDL 36 Yb 29
Ogrodniki LBL 60 Yc 37
Ogrodniki PDL 11 Yc 24
Ogrodniki PDL 35 Ya 30
Ogrodniki PDL 36 Yb 32
Ogrodniki PDL 36 Yd 31
Ogrodniki PDL 47 Xe 34
Ogrodniki WMZ 7 Ud 23
Ogrodno ZPM 14 Ra 26
Ogrodzieniec SLK 77 Ud 46
Ogrodzisko DLS 51 Ra 40
Ogrodzona ŁDZ 67 Ue 41
Ogrodzona SLK 83 Te 50
Ogródek WMZ 21 Xa 26
Ogródki WMZ 9 Wc 23
Ojcewo MAZ 34 We 30
Ojców MŁP 77 Ue 47
Ojerzyce LBU 39 Qd 35
Ojrzanów ŁDZ 55 Uf 39
Ojrzeń ŁDZ 67 Ud 43
Ojrzeń MAZ 32 Vd 32
Ojsławice SWK 67 Uf 44
Okalew ŁDZ 65 Td 41
Okalew LBL 59 Xe 38
Okalewko KPM 31 Ud 30
Okalewo KPM 31 Ud 30
Okalina SWK 69 Wc 44
Okaliniec WKP 28 Sa 30
Okartowo WMZ 21 Wf 26
Okczyn LBL 48 Yd 37
Okęcie MAZ 45 Vf 35
Okleśna MŁP 77 Ud 48
Okliny PDL 11 Xe 23
Okmiany DLS 50 Qe 41
Okocim MŁP 78 Vd 49
Okole KPM 29 Sf 29
Okoleniec WKP 42 Te 35
Okołowice SLK 67 Ue 44
Okoły OPL 65 Sf 43
Okonek WKP 15 Rf 27
Okonin KPM 18 Tf 28
Okonin KPM 31 Ub 30
Okonin PKR 79 Wd 48
Okoniny KPM 17 Ta 26
Okoniny Nadjezierne KPM 17 Ta 26
Okopy LBL 72 Ye 41
Okopy MAZ 44 Vb 36
Okopy PDL 22 Ya 27
Okół SWK 69 Wd 42
Okółek PDL 23 Yc 25
Okradziejówka MŁP 77 Uc 47
Okradzionów SLK 77 Uc 46
Okrajnik SLK 84 Ub 50
Okrajszów ŁDZ 67 Uc 42
Okrasin PDL 22 Xc 28
Okrąglik, Wólka- MAZ 46 Xa 33
Okrągła SWK 79 Wb 46
Okrągła Łąka POM 17 Te 27
Okrągłe LBL 71 Xe 45
Okręg KPM 31 Ub 31
Okręglica ŁDZ 54 Te 39
Okrężnica MAZ 57 We 41
Okrzeja LBL 58 Xa 38
Okrzeszyce DLS 64 Sa 43
Okrzeszyn DLS 62 Ra 45
Okrzeszyn MAZ 45 Wa 36
Oksa SWK 67 Va 44
Oksywie POM 6 Td 21
Oksza LBU 26 Pf 33
Okszów LBL 72 Yc 42
Oktawin MAZ 45 Ve 33
Okulice DLS 63 Re 43
Okulice MŁP 78 Vd 48
Okuniew MAZ 45 Wb 35
Okunin LBU 39 Qe 36
Okunin MAZ 45 Ve 34
Okuninka LBL 60 Yd 39
Okunino POM 15 Rf 24
Okuniowiec PDL 11 Xf 24
Okup ŁDZ 54 Ua 39
Okupniki SLK 66 Ub 43
Okupniki SLK 67 Uc 44
Okurowo PDL 21 Wf 28
Olaszki MAZ 34 Wc 32
Olbięcin LBL 70 Xa 43
Olbrachcice LBU 51 Rc 38
Olbrachcice OPL 75 Se 46
Olbrachcice SLK 67 Ud 44
Olbrachcice Wielkie DLS 63 Re 45
Olbrachtowice DLS 63 Rf 43
Olbrachtowo WMZ 18 Uc 26
Olbrachtów LBU 49 Qa 39
Olbrachtówko WMZ 18 Uc 26
Olchowa MŁP 78 Vc 49
Olchowa PKR 80 We 48
Olchowa PKR 87 Xb 52
Olchowce PKR 87 Xb 51
Olchowiec LBL 59 Yb 41
Olchowiec LBL 71 Xf 43
Olchowiec LBL 81 Xf 46
Olchowiec PKR 87 Wd 52
Olchowiec Kolonia LBL 71 Xf 43
Olchowo ZPM 13 Qa 27
Olchówka LBL 59 Ya 39
Olchówka PDL 36 Ye 31
Olcza MŁP 84 Uf 53
Olczański Wierch MŁP 85 Va 52
Oldrzyszowice OPL 64 Sd 44
Olechny, Rytele- MAZ 34 Xb 32
Olechów ŁDZ 55 Ud 38
Olecko WMZ 22 Xd 24
Olejnica WKP 39 Rb 37
Oleksianka MAZ 46 Wf 36
Oleksianka MAZ 46 Wf 37
Oleksin MAZ 46 Wf 35
Oleksin PDL 35 Xf 32
Oleksin, Gąsówka- PDL 35 Xf 31
Oleksów MAZ 58 We 40
Oleksówki MŁP 85 Va 51
Oleksy, Strzemieczne- MAZ 33 Wc 31
Olekszyn WKP 41 Sb 33
Olempin LBL 58 Xb 40
Olendry PDL 47 Xf 34
Olenówka LBL 72 Yd 42
Olesin LBL 71 Ya 43
Olesno MŁP 79 Vf 47
Olesno OPL 65 Tc 43
Oleszkowo PDL 36 Yb 29
Oleszna DLS 63 Re 44
Oleszno KPM 31 Ub 32
Oleszno SWK 67 Va 43
Oleszno ZPM 14 Qe 28
Oleszyce PKR 81 Ya 47
Oleszyna Podgórska DLS 62 Qc 42
Oleśnica DLS 64 Sc 41
Oleśnica ŁDZ 54 Ua 38
Oleśnica MAZ 46 Wf 36
Oleśnica MŁP 79 Vf 47
Oleśnica SWK 79 Wa 46
Oleśnica WKP 28 Rf 31
Oleśnica WKP 41 Sf 35
Oleśnica Mała DLS 64 Sb 43
Oleśniczka DLS 64 Sb 42
Oleśnik ŁDZ 55 Uc 41
Oleśnik MAZ 56 Ve 38
Oleśniki LBL 71 Ya 42
Oleśno WMZ 18 Ub 24
Olewin ŁDZ 66 Td 41
Olewin MŁP 77 Ud 47
Olędry DLS 52 Sc 40
Olędry WKP 41 Sd 35
Olędry WMZ 20 Wa 28
Olędy MAZ 47 Xc 35
Olędy PDL 35 Xe 32
Olędzkie PDL 35 Xf 32
Olganowo KPM 43 Tf 33
Olganów SWK 78 Ve 46
Oliszki PDL 35 Ya 30
Oliwa POM 6 Td 22
Olki MAZ 33 Wb 30
Olkowice MAZ 57 Vf 38
Olkusz MŁP 77 Ud 47
Olmonty PDL 35 Ya 30
Olpuch POM 17 Ta 24
Olsza DLS 52 Sa 39
Olsza KPM 41 Ta 33
Olsza ŁDZ 55 Uf 38
Olsza MŁP 78 Uf 48
Olsza PDL 23 Yb 27
Olszamowice SWK 67 Va 42
Olszana MŁP 85 Vd 51
Olszanica DLS 50 Qe 41
Olszanica PKR 88 Xc 52
Olszanica POM 17 Tf 26
Olszanka LBL 71 Xe 42
Olszanka LBL 71 Ya 42
Olszanka LBL 72 Yc 43
Olszanka MAZ 45 Wc 33
Olszanka MAZ 47 Xe 36
Olszanka MŁP 85 Vd 51
Olszanka OPL 64 Sc 44
Olszanka PDL 11 Xe 24
Olszanka PDL 11 Xf 22
Olszanka PDL 22 Xf 25
Olszanka PDL 23 Yb 27
Olszanka POM 6 Tc 24
Olszanka, Ożarki- PDL 35 Xc 30
Olszanka, Włosty- PDL 35 Xd 31
Olszanki LBL 60 Yd 37
Olszanowo POM 15 Sa 26
Olszany DLS 51 Rc 40
Olszany DLS 63 Rb 43
Olszany MAZ 56 Vf 38
Olszany PKR 88 Xd 50
Olszew MAZ 46 Xb 33
Olszew MAZ 56 Ve 38
Olszewice MAZ 46 We 35
Olszewiec MAZ 33 Ve 30
Olszewka KPM 16 Se 28
Olszewka KPM 29 Sd 30
Olszewka MAZ 33 Wa 29
Olszewka MAZ 34 Wc 30
Olszewki MAZ 33 Ve 32
Olszewki WMZ 20 Vf 26
Olszewko WKP 41 Sc 35
Olszewnica LBL 58 Xd 37
Olszewnica LBL 58 Xd 38
Olszewo MAZ 32 Uf 30
Olszewo MAZ 32 Va 30
Olszewo PDL 34 Xa 30
Olszewo PDL 35 Xf 32
Olszewo PDL 35 Ya 32
Olszewo WMZ 21 We 25
Olszewo WMZ 22 Xc 24
Olszewo, Tybory- PDL 35 Xc 31
Olszewo-Borki MAZ 34 Wd 30
Olszewo-Góra PDL 34 Xb 28
Olszewo Węgorzewskie WMZ 9 We 23
Olszowa ŁDZ 55 Uf 39
Olszowa MAZ 56 Ve 39
Olszowa MAZ 57 Wb 39
Olszowa MŁP 85 Ve 50
Olszowa OPL 75 Tb 46
Olszowa WKP 53 Ta 41
Olszowa Dąbrowa MAZ 57 Wb 39
Olszowa Wola ŁDZ 56 Vd 38
Olszowiec ŁDZ 55 Va 39
Olszowiec ŁDZ 55 Va 40
Olszowiec LBL 71 Xd 42
Olszownica SWK 69 Wb 44
Olszówka DLS 52 Sc 40
Olszówka KPM 31 Ua 30
Olszówka MAZ 44 Vc 36
Olszówka MŁP 85 Va 51
Olszówka SWK 68 Va 42
Olszówka SWK 68 Vb 43
Olszówka SWK 78 Va 45
Olszówka WKP 42 Td 37
Olszówka WKP 42 Tf 35
Olsztyn SLK 66 Ub 44
Olsztyn WMZ 19 Vc 26
Olsztynek WMZ 19 Vb 27
Olszyc-Folwark MAZ 46 Xa 36
Olszyc Szlachecki MAZ 46 Xa 36
Olszyn LBL 48 Yc 36
Olszyna DLS 62 Qc 42
Olszyna LBU 49 Pe 39
Olszyna SLK 66 Tf 44
Olszyna WKP 53 Sf 40
Olszyna, Truskolay- PDL 35 Xe 30
Olszyniec DLS 63 Rc 44
Olszyniec LBU 50 Qb 39
Olszynka OPL 74 Se 46
Olszynka WMZ 9 Wb 24
Olszyny MAZ 33 Wb 29
Olszyny MAZ 44 Vc 33
Olszyny MŁP 77 Uc 48
Olszyny MŁP 78 Ve 49
Olszyny MŁP 86 Wa 50
Olszyny PDL 34 Xb 29
Olszyny WMZ 20 Wa 27
Olszyny, Koziki- PDL 21 Xa 28
Olunin MAZ 44 Va 35
Olza SLK 75 Tc 49
Oława DLS 64 Sb 43
Ołdaki MAZ 33 Vf 32
Ołdaki MAZ 34 We 30
Ołdaki MAZ 34 Xb 32
Ołdaki PDL 22 Xe 28
Ołdaki-Polonia MAZ 34 Xb 31
Ołdrzychowice Kłodzkie DLS 73 Re 46
Ołobok DLS 50 Qb 40
Ołobok LBU 38 Qc 35
Ołobok WKP 53 Ta 39
Ołownik WMZ 10 We 23
Ołpiny PKR 86 Wb 50
Ołtarze-Gołacze MAZ 34 Xb 32
Ołtarzew MAZ 45 Ve 35
Ołużna ZPM 2 Qd 24
Omięcin MAZ 56 Vf 41
Omule WMZ 19 Uf 28
Omulna ZPM 15 Re 27
Onufryjewo WMZ 21 Wd 26
Opacie PKR 86 Wc 50
Opactwo MAZ 58 We 39
Opactwo, Kowalewo- WKP 41 Sf 35
Opacz MAZ 45 Wb 36
Opacz-Kolonia MAZ 45 Vf 35
Opaka PKR 81 Ya 48
Opalenica WKP 40 Rc 35
Opalenie POM 17 Te 26
Opaleniec MAZ 33 Vf 29
Opaleniska PKR 80 Xc 48
Opalewo LBU 39 Qe 35
Opalin, Ruda- LBL 60 Yd 41
Oparzno ZPM 14 Qe 26
Opatkowice LBL 58 Wf 40
Opatkowice MAZ 57 Wd 39
Opatkowice MŁP 77 Uf 49
Opatkowice MŁP 78 Vb 47
Opatkowice SWK 68 Vc 45
Opatowice KPM 42 Td 33
Opatowice SLK 76 Te 46
Opatowiec SWK 78 Ve 47
Opatów SLK 66 Te 43
Opatów SWK 69 Wc 44
Opatów WKP 65 Ta 41
Opatówek WKP 53 Tb 38
Opatówko WKP 41 Sc 35
Opawa DLS 62 Qf 44
Opawica OPL 74 Sd 48
Opęchowo MAZ 34 We 30
Opiesin ŁDZ 43 Ua 35
Opin WMZ 19 Vb 24
Opinogora Dolna MAZ 33 Ve 31
Opinogóra MAZ 33 Ve 31
Opławiec KPM 29 Sf 29
Opoczka DLS 63 Rd 44
Opoczka Mała LBL 70 Wf 43
Opoczno ŁDZ 56 Vb 40
Opojewice ŁDZ 54 Td 41
Opoka Duża LBL 70 Wf 43
Opoki KPM 30 Td 32
Opole LBL 59 Yb 38
Opole OPL 65 Sf 44
Opole Lubelskie LBL 70 Wf 42
Opolnica DLS 63 Re 45
Opolno-Zdrój DLS 61 Pf 43
Oporowo WKP 28 Rb 33
Oporowo WKP 52 Rf 38
Oporów DLS 64 Rf 42
Oporów ŁDZ 43 Ud 35
Oporówko WKP 52 Re 38
Oporyszów MŁP 79 Vf 48
Oporzyn WKP 28 Sa 31
Opożdżew MAZ 57 Wa 38
Oprzężów ŁDZ 55 Ud 40
Opypy MAZ 45 Ve 36
Oracze WMZ 22 Xc 25
Oraczew ŁDZ 43 Ub 36
Oraczew Mały ŁDZ 54 Td 39
Orawka MŁP 84 Ue 51
Orchowiec LBL 71 Xf 43
Orchowo WKP 41 Ta 33
Orchów ŁDZ 54 Ua 39
Orchówek LBL 60 Yd 39
Ordzin WKP 28 Rc 32
Orelec PKR 88 Xc 52
Orenice ŁDZ 43 Ud 36
Orkowo WKP 40 Sa 36
Orla ŁDZ 55 Ub 37
Orla PDL 36 Yb 32
Orla WKP 52 Sd 38
Orla Góra ŁDZ 56 Vd 38
Orle KPM 18 Tf 28
Orle KPM 29 Sd 29
Orle KPM 42 Td 34
Orle POM 17 Tb 24
Orle POM 5 Tb 21
Orle ZPM 13 Qc 27
Orle Wielkie WKP 27 Rb 33
Orliczko WKP 27 Rb 33
Orlik POM 16 Se 25
Orlikowo PDL 34 Xb 29
Orliniec POM 7 Ub 23
Orło MAZ 34 Wf 32
Orło WMZ 21 Wd 25
Orłow MAZ 44 Vb 35
Orłowicze PDL 23 Yd 28
Orłowiec DLS 73 Rf 46
Orłowo KPM 30 Tb 31
Orłowo KPM 31 Ub 32
Orłowo POM 6 Td 22
Orłowo POM 6 Ua 23
Orłowo WMZ 21 Wf 27
Orłowo WMZ 21 Xa 24
Orłów MAZ 68 Vf 41
Orłów Drewniany LBL 71 Yb 43
Orłów Murowany LBL 71 Yb 43
Orłów-Parcel ŁDZ 43 Ud 36
Orły PKR 81 Xe 49
Orły-Cesin MAZ 44 Vb 35
Ornatowice LBL 72 Yd 43
Orneta WMZ 19 Va 24
Ornontowice SLK 76 Te 47
Ornowo WMZ 19 Uf 27
Oronne MAZ 57 Wd 38
Orońsko MAZ 57 Vf 41
Orpelów ŁDZ 54 Ub 39
Orpiszew WKP 52 Sd 38
Orsk DLS 51 Rc 39
Orszewice ŁDZ 43 Ub 36
Orszymowo MAZ 44 Va 34
Ortel Królewski Drugi LBL 48 Yb 37
Ortel Królewski Pierwszy LBL 48 Yb 37
Ortel Książęcy Pierwszy LBL 48 Yb 37
Orunia POM 6 Td 23
Oryszew-Osada MAZ 44 Vc 36
Orzech SLK 76 Tf 46
Orzechowce PKR 81 Xe 49
Orzechowicze PDL 36 Ya 32
Orzechowo KPM 30 Te 29
Orzechowo WKP 41 Sc 36
Orzechowo WMZ 19 Vd 25
Orzechowo WMZ 21 Xa 25
Orzechowo ZPM 13 Qa 26
Orzechów ŁDZ 54 Ua 38
Orzechów ŁDZ 67 Ud 42
Orzechów PKR 70 Wf 44
Orzechów ZPM 25 Pb 31
Orzechówek ŁDZ 67 Ud 42
Orzechówka PKR 87 Wf 50
Orzechówko KPM 30 Tf 29
Orzechówko WMZ 22 Xc 24
Orzegów SLK 76 Tf 47
Orzelec Duży SWK 79 Wa 46
Orzelec Mały SWK 79 Wa 46
Orzeł MAZ 33 Wb 29
Orzełek MAZ 46 Wf 33
Orzełęk KPM 16 Sc 27
Orzepowice SLK 76 Td 48
Orzesze SLK 76 Te 48
Orzesze ZPM 13 Qa 26
Orzeszki WMZ 20 Wb 28
Orzeszkowo PDL 36 Yd 32
Orzeszkowo WKP 39 Ra 33
Orzeszkowo WKP 41 Sc 35
Orzeszków DLS 51 Rd 40
Orzeszków ŁDZ 42 Te 36
Orzeszówka MAZ 46 Xa 34
Orzeszyn MAZ 45 Wa 36
Orzeżyn ŁDZ 54 Td 39
Orzk ŁDZ 55 Uc 39
Orzyc MAZ 33 Wb 32
Orzyny WMZ 20 Wa 26
Orzysz WMZ 21 Wf 26
Osada ŁDZ 55 Uf 38
Osada LBU 38 Qc 35
Osada, Czyżew- PDL 35 Xb 32
Osada, Iłowo- WMZ 32 Vb 29
Osada, Komarów- LBL 72 Yc 45
Osada, Kuczbork- MAZ 32 Va 30
Osada, Milejów- LBL 59 Xf 41
Osada, Oryszew- MAZ 44 Vc 36
Osada, Sterdyń- MAZ 47 Xb 33
Osada, Strzegowo- MAZ 32 Vb 31
Osada, Zakrzówek- LBL 70 Xc 43
Osada Lwowska OPL 75 Se 47
Osady Leśne ZPM 15 Rd 27
Osady Żychckie POM 16 Sc 25
Ose DLS 52 Sd 40
Osełka SWK 68 Ve 42
Oserdów LBL 82 Yf 46
Oseredek LBL 81 Ya 46
Osetnica DLS 50 Qf 41
Osetnik WMZ 7 Uf 24
Osetno DLS 51 Rc 39
Osetno WMZ 18 Ub 28
Osęczyzna MAZ 46 Wd 35
Osęka MAZ 46 Wd 34
Osice POM 6 Te 23
Osiczyna LBL 72 Yc 43
Osie KPM 17 Tc 27
Osieck MAZ 46 Wc 37
Osiecko LBU 38 Qb 33
Osiecko OPL 65 Tc 44
Osiecza I WKP 42 Ta 35
Osieczany MŁP 78 Uf 49
Osieczek KPM 31 Va 29
Osieczek MAZ 56 Ve 37
Osieczko SWK 79 Wc 45
Osieczna POM 17 Tb 26
Osieczna WKP 51 Re 37
Osiecznica DLS 50 Qc 41
Osiecznica LBU 38 Qa 36
Osieczno ŁDZ 54 Tf 40
Osieczno LBU 27 Qf 30
Osiedle OPL 75 Ta 46
Osiedle, Bolechowo- WKP 40 Rf 33
Osiedle, Michałowice- MAZ 45 Vf 35
Osiedle, Płochocin- MAZ 45 Ve 35
Osiedle, Pustków- PKR 79 Wd 48
Osiedle, Strzebielino- POM 5 Ta 21
Osiedle, Waplewo- POM 18 Ub 25
Osiedle Akademickie POM 4 Sa 22
Osiedle Batorego POM 4 Sa 22
Osiedle Dajtki WMZ 19 Vc 26
Osiedle Gutkowo WMZ 19 Vc 26
Osiedle Jezierzyce POM 4 Sa 21
Osiedle Mazurskie WMZ 19 Vc 26
Osiedle Poznańskie LBU 26 Qb 32
Osiedle Sienkiewicza LBU 39 Qd 34
Osiedle Staszica POM 17 Te 24
Osiedle Zachodnie LBU 39 Qd 34
Osiedle Zamkowe LBU 39 Qd 34
Osiedle Zatorze WMZ 19 Vc 26
Osiedle Zilong ZPM 15 Rd 27
Osiek DLS 51 Rb 40
Osiek DLS 52 Sa 40
Osiek DLS 63 Rd 42
Osiek DLS 64 Sb 43
Osiek KPM 29 Se 28
Osiek KPM 31 Uc 29
Osiek KPM 31 Uc 32
Osiek ŁDZ 44 Uf 35
Osiek ŁDZ 53 Tb 40
Osiek LBU 27 Qe 31
Osiek LBU 49 Pf 38
Osiek MAZ 32 Uf 32
Osiek MŁP 76 Ub 49
Osiek MŁP 77 Ud 47
Osiek OPL 64 Sc 44
Osiek OPL 65 Tb 45
Osiek POM 17 Tc 26
Osiek POM 5 Sf 22
Osiek SWK 79 Wc 45
Osiek WKP 29 Sb 30
Osiek WKP 52 Sa 39
Osiek WKP 53 Ta 38
Osiek WMZ 19 Uf 24
Osieka WMZ 8 Ve 23
Osiek-Aleksandrowo MAZ 33 Vf 32
Osiek Drawski ZPM 14 Ra 28
Osiek Drugi WKP 41 Sc 36
Osieki POM 5 Sc 23
Osieki ZPM 3 Rb 23
Osieki Lęborskie POM 5 Sf 20
Osiek Jasielski PKR 86 Wc 51
Osiek-Kolonia ŁDZ 53 Tb 40
Osiek Łużycki DLS 61 Pf 42
Osiek Mały WKP 42 Td 35
Osiek nad Wisłą KPM 30 Te 31
Osiek Pierwszy WKP 41 Sc 36
Osiek Wielki KPM 30 Tb 31
Osiek Wielki WKP 42 Td 35
Osiek-Włostybory MAZ 32 Uf 32
Osiek-Wólka MAZ 33 Vf 32
Osielec MŁP 84 Ue 50
Osielec Stary WKP 41 Sf 37
Osielsko KPM 30 Ta 29
Osiemborów MAZ 57 Wb 38
Osieść MAZ 56 Ve 39
Osięciny KPM 42 Te 33
Osikowo WMZ 9 Wc 23
Osina ŁDZ 54 Ub 40
Osina ZPM 13 Qa 27
Osina Wielka DLS 64 Sa 45
Osiniak Piotrowo WMZ 21 Wd 27
Osiniec WKP 41 Sd 33
Osinki LBL 70 Xb 44
Osinki MAZ 69 Wc 41
Osinki PDL 11 Xf 24
Osinów Dolny ZPM 25 Pa 31
Osiny ŁDZ 54 Ub 41
Osiny ŁDZ 55 Ue 37
Osiny LBL 58 Xa 37
Osiny LBL 58 Xa 40
Osiny LBL 70 Xb 42
Osiny MAZ 43 Uc 34
Osiny MAZ 44 Vc 36
Osiny MAZ 47 Xc 36
Osiny MAZ 57 Wa 38
Osiny MAZ 57 Wd 40
Osiny OPL 65 Sf 45
Osiny SLK 66 Ub 44
Osiny SLK 67 Ud 43
Osiny SLK 76 Te 48
Osiny SWK 68 Ve 44
Osiny SWK 69 Wa 41
Osiny WKP 41 Sf 36
Osiny WKP 53 Sf 41
Osiny Dolne MAZ 46 Xb 35
Osiny Górne MAZ 46 Xb 35
Osipy-Kolonia PDL 35 Xc 31
Osipy-Lepertowizna PDL 35 Xc 31
Osjaków ŁDZ 54 Te 41
Oska Piła DLS 52 Sd 40
Oskowo POM 5 Se 22
Oskwarkowa MŁP 84 Ue 52
Osła DLS 50 Qe 41
Osława Dąbrowa POM 5 Sd 24
Osłonin WKP 39 Rb 37
Osłonino POM 6 Tc 20
Osłowice DLS 51 Rd 39
Osłowo KPM 17 Tc 28
Osłowo PDL 47 Xf 34
Osmola PDL 47 Xf 33
Osmolice LBL 70 Xc 42
Osmolice Drugie LBL 70 Xc 42
Osmolin MAZ 44 Uf 35
Osmołowszczyzna PDL 23 Yc 26
Osmólsk Górny MAZ 44 Uf 35
Osnówka PDL 47 Xd 33
Osobnica PKR 86 Wc 50
Osobowice DLS 64 Rf 42
Osola DLS 52 Rf 40
Osolin DLS 52 Rf 40
Osowa ŁDZ 53 Tb 41
Osowa LBL 60 Yd 40
Osowa LBL 71 Xd 42
Osowa MAZ 32 Va 30
Osowa PDL 11 Xf 24
Osowa SWK 68 Vd 43
Osowa Góra KPM 29 Sf 30
Osowa Góra WKP 40 Re 35
Osowa Sień LBU 51 Rc 37
Osowicze PDL 35 Ya 29
Osowiec KPM 29 Sf 29
Osowiec PDL 22 Xd 27
Osowiec PDL 34 We 29
Osowiec PDL 34 Xb 31
Osowiec WKP 16 Sb 28
Osowiec WMZ 18 Ue 28
Osowiec Szlachecki MAZ 33 Vf 30
Osowiec Śląski OPL 65 Ta 44
Osowno LBL 58 Xc 38
Osowo POM 16 Sf 25
Osowo POM 4 Re 23
Osowo WKP 16 Sb 28
Osowo WKP 41 Sd 35
Osowo Leśne POM 17 Tb 25
Osowo Lęborskie POM 5 Se 22
Osowy Grąd PDL 22 Xf 26
Osów LBU 27 Qe 32
Osów MAZ 57 Vf 39
Osów ZPM 12 Pd 28
Osówek POM 17 Ta 26
Osówka KPM 31 Tf 31
Osówka LBL 58 Xc 40
Osówka MAZ 31 Ud 31
Osówka MAZ 32 Uf 30
Osówka MAZ 69 Wd 42
Osówka PDL 36 Yc 32
Osówka SWK 69 Vf 45
Osówka WKP 15 Rf 28
Osówko ZPM 14 Ra 25
Ossa ŁDZ 56 Vb 41
Ossa ŁDZ 56 Vc 38
Ossa MAZ 56 Vc 39
Ossala SWK 79 Wc 46
Osse ŁDZ 55 Ud 37
Osse PDL 35 Xf 31
Ossolin SWK 69 Wd 44
Ossowa LBL 59 Xe 38
Ossowa SWK 68 Vc 44
Ossowice ŁDZ 56 Vb 38
Ossowo KPM 43 Tf 33
Ossów MAZ 45 Wb 35
Ossówka LBL 48 Ya 36
Ossówno MAZ 46 We 35
Ostałowa MŁP 84 Ud 50
Ostałów MAZ 56 Ve 41
Ostałówek MAZ 56 Ve 41
Ostaszewo KPM 30 Td 30
Ostaszewo POM 6 Tf 23
Ostaszewo WMZ 32 Ue 28
Ostaszewo-Folwark MAZ 33 Vf 32
Ostaszewo Wielkie MAZ 33 Ve 32
Ostaszów DLS 50 Qe 39
Ostoja ŁDZ 55 Ub 40
Ostoje WKP 52 Sa 39
Ostojów SWK 68 Ve 42
Ostra Góra PDL 23 Ya 28
Ostre SLK 83 Ua 51
Ostre Bardo WMZ 9 Vf 22
Ostre Bardo ZPM 14 Ra 26
Ostrężna DLS 64 Sa 44
Ostrężnica MŁP 77 Ud 47
Ostrobudki WKP 52 Sa 39
Ostrołęka ŁDZ 66 Ua 41
Ostrołęka MAZ 34 Wd 30
Ostrołęka MAZ 56 Ve 40
Ostrołęka MAZ 57 Wb 38
Ostromecko KPM 30 Tb 30
Ostromęcko ZPM 27 Qd 30
Ostromęczyn MAZ 47 Xf 35
Ostromice ZPM 13 Pe 26
Ostropa SLK 76 Td 47
Ostropa SLK 77 Ud 47
Ostropole ZPM 15 Rc 26
Ostroróg WKP 40 Rb 33
Ostroróg ZPM 15 Rc 27
Ostroszowice DLS 63 Rd 45
Ostrowąs KPM 30 Te 32
Ostrowąsy DLS 52 Sc 39
Ostrowąsy ZPM 15 Rc 26
Ostrowąż WKP 42 Tb 34
Ostrowce SWK 78 Vf 46
Ostrowe MAZ 33 Vf 30
Ostrowice ZPM 14 Qf 27
Ostrowiec LBU 27 Qe 31
Ostrowiec MAZ 45 Wb 36
Ostrowiec MAZ 47 Xc 34
Ostrowiec ZPM 28 Rd 29
Ostrowiec ZPM 4 Re 23
Ostrowiec Świętokrzyski SWK 69 Wc 43
Ostrowieczno WKP 40 Sa 37
Ostrowin WMZ 19 Va 27
Ostrowina DLS 52 Sd 41
Ostrowite KPM 17 Tb 27
Ostrowite KPM 31 Tf 30
Ostrowite KPM 31 Ua 32
Ostrowite KPM 31 Ub 30
Ostrowite POM 16 Sc 24
Ostrowite POM 16 Se 27
Ostrowite POM 17 Te 26
Ostrowite WKP 41 Sf 33
Ostrowite WKP 41 Ta 34
Ostrowite WMZ 18 Ub 28
Ostrowite WMZ 19 Va 28
Ostrowite Prymasowskie WKP 41 Sf 33
Ostrowitko KPM 31 Ua 32
Ostrownica MAZ 69 Wc 41
Ostrowo KPM 17 Ta 27
Ostrowo KPM 30 Tc 31
Ostrowo KPM 30 Te 29
Ostrowo KPM 42 Ta 33
Ostrowo KPM 42 Tc 33
Ostrowo PDL 23 Yc 26
Ostrowo POM 5 Tb 20
Ostrowo WKP 40 Sa 36
Ostrowo Kościelne WKP 41 Sf 34
Ostrowo Szlacheckie WKP 41 Sd 34
Ostrowsko MŁP 85 Va 52
Ostrowy MAZ 31 Ud 32
Ostrowy MAZ 45 Wc 33
Ostrowy SLK 66 Tf 44
Ostrowy Górnicze SLK 76 Ub 47
Ostrowy nad Okszą SLK 66 Ua 43
Ostrowy Nowe ŁDZ 43 Ua 35
Ostrowy Tuszowskie PKR 79 Wd 47
Ostrożanka SWK 69 Wa 42
Ostrożany PDL 47 Xe 33
Ostrożeń Drugi MAZ 57 We 38
Ostrożeń Pierwszy MAZ 58 We 38
Ostrożna ŁDZ 56 Va 40
Ostrożne PDL 34 Xa 31
Ostrożnica OPL 75 Ta 47
Ostróda WMZ 19 Uf 26
Ostróg SLK 75 Tb 48
Ostrów ŁDZ 44 Uf 36
Ostrów ŁDZ 54 Td 40
Ostrów ŁDZ 54 Ub 39
Ostrów ŁDZ 55 Ud 40
Ostrów ŁDZ 56 Vb 40
Ostrów LBL 48 Yb 35
Ostrów LBL 70 Xb 43
Ostrów LBL 72 Yc 43
Ostrów LBL 72 Ye 42
Ostrów LBU 38 Qa 34
Ostrów MAZ 32 Vb 30
Ostrów MAZ 57 Wc 38
Ostrów MAZ 70 We 42
Ostrów MŁP 78 Vc 47
Ostrów PKR 79 Wd 48
Ostrów PKR 80 Xc 48
Ostrów PKR 81 Xe 49
Ostrów PKR 88 Xe 50
Ostrów POM 5 Sf 23
Ostrów SLK 66 Te 44
Ostrów SWK 67 Va 43
Ostrów SWK 68 Vd 44
Ostrów SWK 78 Ve 47
Ostrów, Gunie- PDL 35 Xc 30
Ostrówek KPM 41 Sf 33
Ostrówek ŁDZ 43 Tf 36
Ostrówek ŁDZ 53 Tb 40
Ostrówek ŁDZ 54 Td 40
Ostrówek ŁDZ 55 Ub 39
Ostrówek LBL 59 Xd 39
Ostrówek LBL 59 Xf 41
Ostrówek LBL 71 Ya 43
Ostrówek MAZ 45 Wb 37
Ostrówek MAZ 45 Wc 34
Ostrówek MAZ 46 We 33
Ostrówek MAZ 47 Xc 35
Ostrówek MAZ 57 Wb 37
Ostrówek PDL 36 Ye 29
Ostrówek PKR 79 Wc 46
Ostrówek-Kolonia LBL 59 Xd 39
Ostrówek-Kolonia LBL 59 Xf 41
Ostrówik MAZ 57 Wb 37
Ostrówka MAZ 57 Wc 41
Ostrów Kaliski WKP 53 Tb 39
Ostrówki ŁDZ 43 Ua 35
Ostrówki LBL 59 Xe 38
Ostrówki PDL 36 Yc 31
Ostrówki WKP 28 Rf 31
Ostrów-Kolonia LBL 70 Xb 43
Ostrów Królewski MŁP 78 Vd 48
Ostrów Krupski LBL 71 Yb 42
Ostrów Lubelski LBL 59 Xf 40
Ostrów Mazowiecka MAZ 34 Wf 32
Ostrów Południowy PDL 36 Ye 29
Ostrów Północny PDL 36 Ye 29
Ostrów Świecki KPM 17 Td 28
Ostrów Warcicki ŁDZ 54 Td 38
Ostrów Wielkopolski WKP 53 Se 39
Ostróżki POM 6 Tc 23
Ostrusza MŁP 86 Wa 50
Ostry Bór MAZ 57 Wc 37
Ostrykół WMZ 22 Xc 26
Ostrykół Włościański MAZ 34 Wc 32

Gazetteer index page — dense multi-column list of Polish place names with region codes and grid references. Full transcription omitted due to extreme density; representative entries from top of each column:

- Ostrynka PDL 23 Yb 28
- Ostrzeszów WKP 53 Sf 40
- Pakosław WKP 52 Sa 39
- Pakosławice OPL 64 Sc 45
- Parowa DLS 50 Qb 40
- Parsęczno ZPM 15 Rd 26
- Pawłów MŁP 78 Vf 47
- Pawłów OPL 64 Sd 43
- Piasek SLK 76 Ua 47
- Piasek SWK 68 Vd 41
- Pieniążek, Rydzewo- PDL 22 Xc 28
- Pieniążki, Kobylin- PDL 35 Xe 30

...

- Pakosław WKP 39 Rb 34
- Parośla LBL 60 Yd 38
- Pawłów MAZ 56 Ve 37
- Piasek SLK 76 Tf 48
- Pieniawy LBL 72 Ye 46
- Piłka WKP 27 Ra 22

Ostrynka – Piłka   PL   111

Pinczyn **POM** 17 Tc 25
Pinino **KPM** 31 Ub 31
Pińczów **MŁP** 84 Uf 51
Pińczów **SWK** 78 Vd 45
Pińczyce **SLK** 76 Ub 45
Pińsko **KPM** 29 Se 30
Piołunka **SWK** 68 Va 45
Piołunowo **KPM** 42 Td 33
Pionki **MAZ** 57 Wc 40
Piorunka **MŁP** 86 Vf 52
Piorunowice **OPL** 74 Sd 46
Piorunów **ŁDZ** 54 Ua 38
Piorunów **MAZ** 45 Vd 35
Piorunówek **ŁDZ** 54 Ua 38
Piotraszewo **WMZ** 19 Vc 24
Piotrawin **LBL** 58 Xc 41
Piotrawin **LBL** 70 We 42
Piotrkosice **DLS** 52 Sb 39
Piotrkowice **DLS** 52 Re 40
Piotrkowice **MAZ** 57 Wd 39
Piotrkowice **MŁP** 79 Wa 49
Piotrkowice **SWK** 68 Ve 44
Piotrkowice **SWK** 78 Vb 45
Piotrkowice **WKP** 29 Sd 31
Piotrkowice **WKP** 40 Re 36
Piotrkowice **WKP** 42 Tc 34
Piotrkowice Małe **MŁP** 78 Vb 47
Piotrkowice Wielkie **MŁP** 78 Vb 47
Piotrkowo **KPM** 31 Ua 30
Piotrkowo **WMZ** 18 Uc 26
Piotrków Drugi **LBL** 71 Xd 42
Piotrkówek **LBL** 71 Xe 42
Piotrkówek **MAZ** 44 Uf 34
Piotrkówko **WKP** 28 Rd 33
Piotrków Kujawski **KPM** 42 Tc 33
Piotrków Pierwszy **LBL** 71 Xd 42
Piotrków Poduchowny **KPM** 42 Td 33
Piotrków Trybunalski **ŁDZ** 55 Ue 40
Piotrowce, Jabłoń- **PDL** 35 Xd 31
Piotrowice **DLS** 50 Qe 39
Piotrowice **DLS** 63 Ra 42
Piotrowice **DLS** 63 Re 42
Piotrowice **DLS** 64 Sa 44
Piotrowice **DLS** 73 Re 46
Piotrowice **ŁDZ** 43 Ue 36
Piotrowice **ŁDZ** 54 Td 39
Piotrowice **LBL** 57 We 39
Piotrowice **LBL** 58 Xb 41
Piotrowice **LBL** 70 Xc 42
Piotrowice **LBU** 49 Pf 39
Piotrowice **MAZ** 45 Wb 36
Piotrowice **MAZ** 57 Wb 40
Piotrowice **MŁP** 77 Uc 49
Piotrowice **MŁP** 78 Vd 47
Piotrowice **SLK** 76 Tf 47
Piotrowice **SWK** 70 Wf 43
Piotrowice **WKP** 41 Sf 35
Piotrowice **WKP** 51 Rc 37
Piotrowice **WMZ** 18 Uc 27
Piotrowice **ZPM** 3 Qe 24
Piotrowice Małe **DLS** 51 Rd 39
Piotrowice Nyskie **OPL** 74 Sa 46
Piotrowice Polskie **DLS** 64 Rf 45
Piotrowice Świdnickie **DLS** 63 Rc 43
Piotrowice Wielkie **LBL** 58 Xc 40
Piotrowice Wielkie **SLK** 75 Ta 48
Piotrowiec **SWK** 68 Vc 43
Piotrowiec **WMZ** 8 Va 23
Piotrowięta, Jamiołki- **PDL** 35 Xd 31
Piotrowięta, Piszczaty- **PDL** 35 Xd 30
Piotrowięta, Sikory- **PDL** 35 Xd 30
Piotrowo **POM** 7 Ub 23
Piotrowo **WKP** 28 Rc 32
Piotrowo **WKP** 28 Re 31
Piotrowo **WKP** 40 Rf 35
Piotrowo **WKP** 40 Rf 36
Piotrowo, Osiniak **WMZ** 21 Wd 27
Piotrowo, Ratowo- **PDL** 34 Xa 30
Piotrowo, Tyszki- **MAZ** 34 Wf 31
Piotrowo Drugie **WKP** 40 Re 35
Piotrowo Pierwsze **WKP** 40 Re 35
Piotrowo-Trojany **PDL** 47 Xf 33
Piotrów **LBU** 49 Pf 39
Piotrów **MAZ** 43 Ub 34
Piotrów **MAZ** 44 Va 35
Piotrów **SWK** 69 Wa 44
Piotrów **WKP** 53 Ta 38
Piotrówek **DLS** 63 Rc 41
Piotrówek **DLS** 63 Re 44
Piotrówek **MAZ** 58 We 39
Piotrówek Drugi **LBL** 59 Xe 41
Piotrówka **OPL** 65 Tc 45
Piotrówka **PKR** 86 Wd 50
Piotrówka **WKP** 53 Sf 41
Piotrówko **WMZ** 10 Wf 23
Piórkowo **KPM** 31 Ub 30
Piórków **SWK** 69 Wa 44
Pióry Wielkie **MAZ** 47 Xd 36
Pipie **ŁDZ** 53 Tc 39
Piróg **MAZ** 57 Wa 39
Pisanica **WMZ** 22 Xd 26
Pisanki **PDL** 22 Xe 28
Pisarowce **PKR** 87 Xa 51
Pisary **DLS** 73 Re 48
Pisary **MŁP** 77 Ue 48
Pisary **SWK** 69 We 44
Pisarzowa **MŁP** 85 Vd 50
Pisarzowice **DLS** 62 Qb 42
Pisarzowice **DLS** 62 Qf 44
Pisarzowice **DLS** 64 Rf 41
Pisarzowice **OPL** 64 Sc 43
Pisarzowice **OPL** 75 Sf 46
Pisarzowice **SLK** 76 Td 46
Pisarzowice **SLK** 76 Ua 49
Pisarzowice **WKP** 53 Se 41
Pisk **MAZ** 34 Wf 31
Piskarki **KPM** 17 Tc 28
Pisklaki **LBL** 81 Xf 46
Piskorczyn **KPM** 31 Ub 30
Piskornia **MAZ** 45 Wa 33
Piskorowice **PKR** 81 Xd 47
Piskorów **LBL** 58 We 40
Piskorzeniec **ŁDZ** 67 Va 42
Piskorzów **DLS** 63 Rd 44
Piskorzów **DLS** 64 Sa 43
Piskorzówek **DLS** 64 Sa 43
Piskorzyna **DLS** 51 Rd 40
Piskowola **SWK** 79 Wc 45
Piskórka **MAZ** 45 Wa 37
Piskrzyn **SWK** 69 Wb 44
Piskuły, Koce- **PDL** 35 Xd 32
Pisz **WMZ** 21 We 27
Piszczac **LBL** 48 Yc 37
Piszczac-Kolonia **LBL** 48 Yc 37
Piszczaty-Piotrowięta **PDL** 35 Xd 30
Piszczaty-Święchy **PDL** 35 Xd 30
Piszewo **WMZ** 20 Ve 25
Piszkowice **DLS** 73 Rd 46
Pitowa **MŁP** 84 Ue 51
Piwaki **ŁDZ** 67 Ue 41
Piwnice Wielkie **WMZ** 33 Vf 28
Piwniczna **MŁP** 85 Ve 52
Piwoda **PKR** 81 Xe 48
Piwonice **WKP** 53 Ta 38
Piwonin **MAZ** 57 Wb 37
Piwowary **PDL** 22 Xe 28
Plabanka, Krukówka- **LBL** 58 Wf 39
Plac, Kotowo- **PDL** 35 Xb 29
Placencja **ŁDZ** 44 Uf 36
Planta **LBL** 59 Xe 38
Planta **PDL** 36 Ye 31
Planteczka **PDL** 23 Yc 28
Plaski **PDL** 36 Yb 31
Platerów **MAZ** 47 Xe 35
Platerówka **DLS** 61 Qb 42
Pląchoty **KPM** 31 Vb 29
Pląchowy **KPM** 17 Te 28
Pląskowice **SWK** 67 Va 42
Pląskowo **WKP** 29 Sc 32
Plebania-Wola **LBL** 59 Xf 39
Plebanowce **PDL** 23 Yc 27
Plebanowce **PDL** 23 Yc 28
Plebanów **PDL** 36 Ye 29
Plec **MAZ** 56 Ve 40
Plecemin **WKP** 28 Re 29
Plecewice **MAZ** 44 Vb 35
Płecka Dąbrowa **ŁDZ** 43 Ud 35
Plemięta **KPM** 18 Tf 28
Plenna **SWK** 68 Vb 42
Pleszew **WKP** 53 Se 37
Pleszówek **LBU** 50 Qe 38
Pleszówka **WKP** 53 Sf 37
Pleśna **MŁP** 79 Vf 49
Pleśnica **OPL** 74 Sd 46
Pleśno **LBU** 37 Pe 37
Pleśno **WMZ** 20 Wa 24
Plewiska **WKP** 40 Re 34
Plewki **MAZ** 34 Wd 32
Plewki **WMZ** 10 Xd 24
Plewki, Tchórzew- **MAZ** 47 Xd 36
Plewnia **WKP** 53 Tb 37
Plewnik **ŁDZ** 54 Ua 37
Plewno **KPM** 17 Tb 28
Plichta **WMZ** 19 Va 26
Plisków **LBL** 72 Yc 43
Pliszczyn **LBL** 59 Xd 41
Plizin **LBL** 70 Xa 42
Plucice **ŁDZ** 67 Ud 41
Pludry **OPL** 65 Tc 44
Pludwiny **ŁDZ** 43 Ud 37
Plugawice **WKP** 53 Tb 40
Pluski **WMZ** 19 Vc 27
Pluskowęsy **KPM** 30 Te 29
Płuskowęsy **KPM** 31 Tf 29
Pluszkiejmy **WMZ** 10 Xc 23
Pluśniaki **PDL** 35 Xf 31
Pluty **MAZ** 47 Xb 36
Pluty **MAZ** 47 Xc 35
Pluty **PDL** 35 Xc 28
Pluty **WMZ** 8 Vb 23
Plutycze **PDL** 36 Ya 31
Płachcin **ZPM** 12 Pb 25
Płachty **MAZ** 57 Wc 40
Płaciszewo **MAZ** 32 Vc 32
Płaczki **WKP** 40 Sb 35
Płaczkowo **WKP** 52 Sa 38
Płaczków **SWK** 68 Ve 42
Płakowice **DLS** 62 Qd 42
Płaska **PDL** 23 Yb 25
Płaskocin **ŁDZ** 44 Va 36
Płasków **MAZ** 57 Wa 39
Płaszczak **SLK** 66 Td 44
Płaszczyca **POM** 15 Sb 26
Płaszczyzna, Ruszcza- **SWK** 69 Wc 45
Płaszewko **POM** 4 Sa 22
Płaszewo **POM** 4 Sa 23
Płaszów **MŁP** 78 Uf 48
Płatkownica **MAZ** 34 Wf 32
Pław **LBU** 38 Qb 37
Pławanice **LBL** 72 Yd 42
Pławęcino **ZPM** 14 Qd 24
Pławidło **LBU** 37 Pd 34
Pławna **DLS** 64 Sa 43
Pławna **MŁP** 86 Vf 50
Pławna Dolna **DLS** 62 Qd 42
Pławna Górna **DLS** 62 Qd 42
Pławnica **DLS** 73 Re 47
Pławnik **WKP** 41 Sd 33
Pławniowice **SLK** 75 Tc 46
Pławno **ŁDZ** 67 Uc 43
Pławno **ZPM** 14 Rb 27
Pławno **ZPM** 27 Qd 30
Pławo **PKR** 79 Wc 46
Pławowice **MŁP** 78 Vc 47
Pławty Wielkie **WMZ** 18 Ub 27
Pławy **MŁP** 76 Ub 48
Płaza **MŁP** 77 Uc 48
Płazowo **KPM** 16 Sf 27
Płazów **PKR** 81 Yb 47
Płazówka **PKR** 80 Wf 47
Płochocin **MAZ** 45 Ve 35
Płochocin-Osiedle **MAZ** 45 Ve 35
Płochowo **PDL** 22 Xe 27
Płocice **POM** 16 Sf 24
Płocicz **KPM** 16 Sd 27
Płociczno **MAZ** 31 Ue 30
Płociczno **PDL** 22 Xe 24
Płociczno **PDL** 22 Xf 24
Płociczno **POM** 17 Tb 25
Płociczno **WMZ** 22 Xc 25
Płociczno **ZPM** 27 Ra 29
Płocin **ZPM** 13 Pd 25
Płock **MAZ** 43 Ue 33
Płocko **POM** 4 Re 24
Płoki **MŁP** 77 Ud 47
Płomiany **KPM** 43 Ub 32
Płomieniec **MAZ** 46 Wf 36
Płonczyn **KPM** 31 Ub 32
Płonia **SLK** 75 Tb 48
Płonia **ZPM** 13 Pe 28
Płoniawy-Bramura **MAZ** 33 Wa 31
Płonica **DLS** 73 Rf 46
Płonina **DLS** 62 Ra 43
Płonina **POM** 7 Ub 23
Płonka **LBL** 71 Xf 43
Płonka Kościelna **PDL** 35 Xe 31
Płonka-Kozły **PDL** 35 Xe 30
Płonka-Matyski **PDL** 35 Xe 31
Płonka-Strumianka **PDL** 35 Xf 30
Płonki **LBL** 58 Xb 40
Płonkowo **KPM** 30 Tb 31
Płonna **PKR** 87 Xa 52
Płonne **KPM** 31 Ub 30
Płonne **WMZ** 7 Ue 23
Płonnica **POM** 16 Sc 27
Płonno **ZPM** 26 Qb 31
Płonowo **PDL** 35 Xe 32
Płońsk **MAZ** 44 Vc 33
Płońsko **ZPM** 26 Qa 30
Płoski **DLS** 51 Re 39
Płoskie **LBL** 71 Yb 44
Płoskie-Kolonia **LBL** 71 Ya 44
Płoskinia **WMZ** 7 Uf 23
Płosodrza **MAZ** 47 Xd 35
Płoszczyna **DLS** 62 Qe 43
Płoszów **ŁDZ** 67 Ud 42
Płoszyce **MAZ** 34 Wd 29
Płośnia **SWK** 68 Vf 45
Płośnica **WMZ** 32 Va 29
Płotno **ZPM** 26 Qb 30
Płotowo Małe **POM** 5 Sc 24
Płoty **LBU** 38 Qc 37
Płoty **ZPM** 13 Qb 26
Płowce **KPM** 42 Td 33
Płowęż **KPM** 18 Ub 28
Płowki **KPM** 42 Tc 33
Płozy **WMZ** 20 Wa 27
Płóczki Dolne **DLS** 62 Qd 42
Płóczki Górne **DLS** 62 Qd 42
Płudy **LBL** 59 Xd 37
Płudy **MAZ** 45 Vf 34
Płusy **LBL** 81 Xe 46
Płusy **MAZ** 69 Wc 42
Płutowo **KPM** 30 Tc 29
Płużnica **KPM** 30 Te 29
Płużnica **OPL** 75 Tc 46
Płużniczka **SLK** 75 Tc 46
Płyćwia **ŁDZ** 55 Va 37
Płytnica **WKP** 28 Re 29
Pływaczewo **KPM** 31 Tf 29
Pniaki **SLK** 67 Uc 44
Pnie **MAZ** 57 Vf 38
Pniewie **OPL** 64 Sc 45
Pniewiski **MAZ** 47 Xd 35
Pniewite **KPM** 30 Td 29
Pniewnik **MAZ** 46 We 34
Pniewo **ŁDZ** 43 Ud 35
Pniewo **MAZ** 45 Vf 33
Pniewo **MAZ** 45 Wb 33
Pniewo **PDL** 34 Xb 30
Pniewo **WKP** 15 Re 28
Pniewo **ZPM** 14 Qc 25
Pniewo-Czeruchy **MAZ** 32 Vc 31
Pniewo Wielkie **MAZ** 32 Vc 31
Pniewy **KPM** 29 Se 32
Pniewy **MAZ** 56 Ve 37
Pniewy **WKP** 39 Rb 33
Pniowiec **SLK** 76 Te 46
Pniów **SLK** 76 Td 46
Pniówek **LBL** 71 Yb 44
Pniówek **SLK** 76 Td 49
Pniówno **LBL** 59 Yc 41
Pobądz **ZPM** 15 Rb 25
Pobiedna **DLS** 62 Qb 43
Pobiedna **MAZ** 56 Vd 39
Pobiednik Mały **MŁP** 78 Vb 48
Pobiednik Wielki **MŁP** 78 Vb 48
Pobiedno **PKR** 87 Xa 51
Pobiedziska **WKP** 41 Sb 34
Pobiel **DLS** 51 Re 39
Pobierowo **ZPM** 2 Pf 24
Pobikry **PDL** 47 Xd 33
Pobłocie **POM** 5 Sd 21
Pobłocie **POM** 5 Ta 22
Pobłocie Małe **ZPM** 14 Qe 24
Pobłocie Wielkie **ZPM** 14 Qe 24
Pobodzy, Zgliczyn- **MAZ** 32 Va 31
Pobołowice **LBL** 72 Yd 42
Pobondzie **PDL** 11 Xf 23
Poborowice **MŁP** 78 Vb 48
Poborowo **POM** 4 Sa 23
Poborszów **OPL** 75 Ta 46
Pobórka Wielka **WKP** 28 Sa 30
Pobórz **ŁDZ** 43 Ud 35
Pobratymy **MAZ** 46 Wf 35
Pobyłkowo Duże **MAZ** 45 Wa 33
Pobyłkowo Małe **MAZ** 45 Wa 33
Pochwałki **WMZ** 10 We 23
Poczałkowo **KPM** 30 Td 32
Poczernin **MAZ** 44 Vc 33
Poczernin **ZPM** 13 Pf 28
Poczesna **SLK** 66 Ua 44
Poczesle **LBL** 70 Wf 43
Poczółków **OPL** 65 Tc 44
Poczynki, Zalesie- **PDL** 34 Wf 30
Poćwiardówka **ŁDZ** 55 Ue 37
Podamirowo **ZPM** 3 Ra 23
Podanin **WKP** 28 Rf 31
Podańsko **ZPM** 13 Pf 27
Podarzewo **WKP** 41 Sb 33
Podawce **MAZ** 47 Xc 35
Podawce, Skibniew- **MAZ** 46 Xb 34
Podągi **WMZ** 19 Va 24
Podbiel **MAZ** 45 Wc 36
Podbiele **MAZ** 34 Wf 31
Podbielsko **WKP** 42 Ta 33
Podbolesławiec **ŁDZ** 65 Ta 41
Podborcze **LBL** 71 Xf 44
Podborek **SWK** 79 Wa 46
Pod Borem **ŁDZ** 56 Va 38
Podborsko **ZPM** 14 Ra 25
Podborze **MAZ** 33 Wc 31
Podborze **MAZ** 34 Wf 32
Podborze **MŁP** 79 Vf 47
Podborze **PKR** 79 Wb 47
Podbór **ŁDZ** 55 Va 38
Podbór **LBL** 72 Ye 45
Podbrzezie Dolne **LBU** 50 Qd 38
Podbrzezie Górne **LBU** 50 Qd 38
Podcabaje **ŁDZ** 54 Td 40
Podchełmie **MŁP** 85 Vd 50
Podchełmie **SWK** 69 Wa 43
Podchojny **SWK** 68 Vb 45
Podchyby **SWK** 68 Vd 42
Podczachy **MAZ** 44 Ue 35
Podczasza Wola **MAZ** 56 Ve 39
Podczerwone **MŁP** 84 Ue 52
Poddąbie **POM** 4 Rf 21
Poddębice **ŁDZ** 43 Tf 37
Poddubówek **PDL** 22 Xf 24
Podebłocie **MAZ** 57 We 39
Podedworze **SWK** 68 Ve 45
Podedwórze **LBL** 59 Yb 38
Podegrodzie **MŁP** 85 Vd 51
Podemszczyzna **PKR** 81 Yb 47
Podewsie **SWK** 68 Vc 43
Podgać **MAZ** 46 Wd 33
Podgaj **DLS** 64 Rf 44
Podgaj **KPM** 30 Td 31
Podgaje **PKR** 87 Xb 51
Podgaje **SWK** 78 Vc 46
Podgaje **SWK** 78 Ve 45
Podgaje **WKP** 15 Rf 28
Podgajew **ŁDZ** 43 Uc 35
Podgajew **WKP** 43 Tf 35
Podgatka **MAZ** 34 Wc 29
Podgór **WKP** 42 Tc 35
Podgóra **MAZ** 57 Wc 40
Podgórki **DLS** 62 Qf 43
Podgórki **ZPM** 4 Rd 23
Podgórska Wola **MŁP** 79 Wa 48
Podgóry **MŁP** 76 Ub 50
Podgóry **POM** 4 Re 23
Podgórz **KPM** 31 Uc 29
Podgórz **LBL** 58 Wf 41
Podgórze **DLS** 62 Qf 44
Podgórze **DLS** 73 Rc 46
Podgórze **ŁDZ** 54 Tf 40
Podgórze **MAZ** 43 Ud 34
Podgórze **MAZ** 56 Ve 39
Podgórze **MAZ** 69 Wc 41
Podgórze **PDL** 34 Xa 30
Podgórze **PKR** 80 Xb 46
Podgórze **SWK** 68 Vf 43
Podgórze-Gazdy **MAZ** 34 Xa 32
Podgórzyce **ŁDZ** 43 Ub 36
Podgórzyce **LBU** 50 Qb 37
Podgórzyce **MAZ** 57 Wb 37
Podgórzyce **MŁP** 77 Uc 48
Podgórzyn **DLS** 62 Qe 43
Podgórzyn **KPM** 29 Se 32
Podgrodzie **PKR** 79 Wd 48
Podgrodzie **SWK** 69 Wd 43
Podgrodzie **ZPM** 12 Pb 26
Podgucie **MAZ** 34 Xa 32
Podhajce **LBL** 72 Ye 45
Podhorce **LBL** 72 Yd 46
Podhorce **LBL** 72 Ye 44
Podhuście **LBL** 71 Ya 43
Podjazdy **POM** 5 Se 23
Pod Jezioro **PDL** 11 Yb 24
Podjezioro **ŁDZ** 67 Uc 41
Podjuchy **ZPM** 13 Pd 28
Podkałek **ŁDZ** 55 Ue 40
Podkamień **OPL** 74 Sc 46
Podkamionka **PDL** 23 Yc 28
Podkampinos **MAZ** 44 Vc 35
Podkiejsze **WKP** 42 Te 35
Podklasztor **LBL** 71 Yb 45
Podklasztorze **ŁDZ** 55 Uf 40
Podkomorzyce **POM** 5 Sd 22
Podkonice Duże **ŁDZ** 56 Vb 38
Podkońce **MAZ** 69 Wc 42
Podkońska Wola **ŁDZ** 56 Vb 38
Podkowa Leśna **MAZ** 45 Ve 36
Podkrajewo **MAZ** 32 Vb 30
Podkrasne **LBL** 71 Yb 43
Podkuźnica **WKP** 53 Tb 39
Podlas **ŁDZ** 56 Vb 38
Podlas **MAZ** 57 Wd 40
Podlasek **WMZ** 18 Ub 27
Podlasek Mały **WMZ** 18 Ub 27
Pod Lasem **LBL** 71 Ya 44
Podlaszcze **SWK** 68 Vc 45
Podlegórz **LBU** 39 Qe 36
Podlesice **SLK** 67 Ud 45
Podlesice Drugie **MŁP** 77 Uf 46
Podlesice Pierwsze **MŁP** 77 Uf 46
Podlesie **DLS** 63 Rf 44
Podlesie **ŁDZ** 54 Ua 40
Podlesie **LBL** 59 Xe 38
Podlesie **LBL** 70 Xb 43
Podlesie **LBL** 71 Xe 45
Podlesie **MAZ** 31 Uc 31
Podlesie **MAZ** 56 Ve 39
Podlesie **MAZ** 57 Wa 40
Podlesie **MŁP** 77 Uc 48
Podlesie **MŁP** 77 Ud 47
Podlesie **OPL** 65 Sf 44
Podlesie **OPL** 75 Tb 47
Podlesie **PKR** 79 Wb 48
Podlesie **PKR** 80 Xa 47
Podlesie **PKR** 81 Yb 48
Podlesie **PKR** 87 Wf 50
Podlesie **SLK** 67 Ud 44
Podlesie **SLK** 75 Td 49
Podlesie **SLK** 76 Tf 47
Podlesie **SWK** 68 Vb 42
Podlesie **SWK** 68 Ve 45
Podlesie **SWK** 78 Vb 46
Podlesie **SWK** 79 Wa 46
Podlesie **WKP** 28 Re 32
Podlesie **WKP** 42 Td 35
Podlesie Duże **LBL** 71 Xe 44
Podlesie Duże **MAZ** 57 Wa 39
Podlesie Kościelne **WKP** 29 Sb 32
Podlesie Małe **LBL** 71 Xe 44
Podlesie Małe **MAZ** 57 Wb 39
Podlesie Nideckie **MŁP** 77 Ub 49
Podlesie Wysokie **WKP** 29 Sb 32
Podlesina **PKR** 82 Yc 46
Podleszany **PKR** 79 Wc 47
Podleśna **SLK** 77 Ue 45
Podleśna **WMZ** 19 Vc 25
Podleśna Wola Dolna **MŁP** 77 Va 46
Podleśna Wola Górna **MŁP** 77 Va 46
Podlewkowie **PDL** 36 Ye 31
Podlipie **MŁP** 77 Uc 47
Podlipie **MŁP** 78 Vf 47
Podlodówek **LBL** 72 Ye 46
Podlodówka **LBL** 58 Xb 39
Podlubień **ŁDZ** 55 Ue 41
Podła Góra **LBU** 38 Qc 36
Podłatki Duże **PDL** 35 Xb 30
Podławki **WMZ** 9 Wb 24
Podłazie **SWK** 68 Ve 43
Podłazy, Psary- **SWK** 69 Vf 43
Podłęcze **ŁDZ** 55 Uf 37
Podłęcze Brzeskie **MAZ** 45 Wb 36
Podłęż **MAZ** 57 Wc 38
Podłęże **ŁDZ** 43 Ua 36
Podłęże **MŁP** 77 Ud 48
Podłęże **MŁP** 78 Vb 48
Podłęże **SWK** 68 Vd 45
Podłęże Królewskie **SLK** 66 Td 43
Podłęże Szlacheckie **SLK** 66 Td 43
Podłężyce **ŁDZ** 54 Te 39
Podłopień **MŁP** 85 Vb 50
Podłysica **SWK** 69 Vf 43
Podmaleniec **SWK** 69 Wb 45
Podmarszczyn **MAZ** 44 Vb 33
Podmaście, Jawory- **MAZ** 34 Wd 31
Podmąchocice **SWK** 68 Ve 43
Podmiejska Wola **MŁP** 77 Uf 46
Podmielowiec **SWK** 68 Vf 43
Podmieście **MAZ** 57 Wb 39
Podniebyle **PKR** 87 Wd 50
Podnieśno **MAZ** 46 Xb 35
Podnowinka **PDL** 22 Xf 25
Podobin **MŁP** 85 Va 51
Podoblin **MAZ** 57 Wd 38
Podobowice **KPM** 29 Sd 31
Podolanka **LBL** 48 Yd 36
Podolany **DLS** 62 Qf 41
Podolany **MAZ** 69 Wc 41
Podolany **MŁP** 78 Vb 49
Podole **KPM** 30 Tf 31
Podole **MAZ** 56 Vf 37
Podole **MŁP** 85 Ve 50
Podole **PKR** 79 Wc 47
Podole **SWK** 69 Wc 43
Podole Małe **POM** 4 Sb 22
Podole Wielkie **POM** 5 Sd 21
Podolin **ŁDZ** 55 Ud 39
Podolin **WKP** 29 Sc 31
Podolina **KPM** 31 Ub 31
Podolsze **MŁP** 77 Uc 48
Podolszyce **MAZ** 44 Ue 33
Podolszynka Ordynacka **PKR** 80 Xc 46
Podolszynka Plebańska **PKR** 80 Xc 46
Podosie **LBL** 58 Xa 38
Podosie **PDL** 34 Wf 30
Podostrówek **PDL** 22 Ya 27
Podozierany **PDL** 36 Ye 30
Podpniewki **WKP** 39 Rb 33
Podpolichno **SWK** 68 Ve 44
Podrenta **WKP** 53 Tb 39
Podrężewo **MAZ** 34 Wd 30
Podróżna **WKP** 28 Sa 29
Podrzeczany **PDL** 36 Yc 32
Podrzecze **MŁP** 85 Vd 51
Podrzecze **WKP** 52 Sa 37
Podrzewie **WKP** 40 Rc 34
Podsarnie **MŁP** 84 Ue 51
Podsędkowice **ŁDZ** 56 Vd 38
Podsękowięta, Kostry- **PDL** 35 Xd 32
Podskarbice Królewskie **ŁDZ** 56 Vc 38
Podskarbice Szlacheckie **ŁDZ** 56 Vc 38
Podskwarne **MAZ** 46 We 36
Podsokołów **ŁDZ** 44 Va 36
Podsośnina Łukowska **LBL** 81 Xf 46
Podstary Zamość **LBL** 71 Ya 44
Podstolce **ŁDZ** 67 Ue 41
Podstolice **MAZ** 57 Wc 38
Podstolice **WKP** 28 Rf 31
Podstolice **WKP** 41 Sc 35
Podstoła **ŁDZ** 55 Uc 39
Podstoła **SWK** 68 Vf 44
Podsuliszka **MAZ** 69 Wb 41
Podsusze **MAZ** 46 Wf 35
Podsutki **PDL** 23 Yd 27
Podszyn **SWK** 70 We 43
Podściglów **SLK** 83 Ua 52
Podświęcie **OPL** 75 Tb 47
Poduchy, Borki- **MAZ** 47 Xc 36
Podule **ŁDZ** 54 Tf 40
Podwale **SWK** 79 Wa 46
Podwarpie **SLK** 76 Ub 46
Podwierzbie **LBL** 58 Wf 39
Podwierzbie **MAZ** 57 Wc 38
Podwiesk **KPM** 17 Tb 28
Podwilcze **ZPM** 14 Qe 25
Podwilczyn **POM** 4 Sa 23
Podwilk **MŁP** 84 Ue 51
Podwody **ŁDZ** 55 Ub 40
Podwody, Dzierzkowice- **LBL** 70 Xa 43
Podwolina **PKR** 80 Xb 46
Podwysokie **LBL** 72 Yc 43
Podwysokie **PDL** 22 Xe 24
Podwysokie Jeleniewskie **PDL** 11 Xf 23
Podzagajnik **MAZ** 57 Wd 40
Podzakrzówek **MAZ** 57 Wc 41
Podzamcze **LBL** 71 Xe 41
Podzamcze **MAZ** 57 Wd 38
Podzamcze **POM** 18 Tf 26
Podzamcze **SLK** 77 Ud 46
Podzamcze **SWK** 68 Vc 44
Podzamcze Piekoszowskie **SWK** 68 Vc 43
Podzamek **DLS** 73 Re 46
Podzamek **KPM** 31 Ua 30
Podzborów **WKP** 53 Tb 37
Podzielec **SLK** 83 Ua 50
Poganica **PDL** 23 Yc 27
Poganice **POM** 5 Sc 22
Poganty **WMZ** 21 We 24
Pogodno **ZPM** 12 Pd 28
Pogolewo Małe **DLS** 51 Rd 41
Pogolewo Wielkie **DLS** 51 Rd 41
Pogonów **LBL** 58 Xa 39
Pogonów **MAZ** 47 Xc 36
Pogoń **SLK** 76 Ua 47
Pogoń Lubstowska **WKP** 42 Tc 34
Pogorszewo **POM** 5 Se 21
Pogorzała **DLS** 63 Rc 44
Pogorzała Wieś **POM** 18 Tf 25
Pogorzałe **MAZ** 68 Vf 42
Pogorzałka **PKR** 80 Xa 46
Pogorzałki **PDL** 35 Xf 29
Pogorzałki, Kobylin- **PDL** 35 Xe 30
Pogorzałki Wielkie **WKP** 52 Sc 37
Pogorzel **MAZ** 32 Vc 29
Pogorzel **MAZ** 45 Wc 37
Pogorzel **MAZ** 46 Wd 36
Pogorzel **MAZ** 46 Xa 34
Pogorzel **WMZ** 10 Xc 23
Pogorzel, Ulatowo- **MAZ** 33 Wa 29
Pogorzel, Wojny- **PDL** 35 Xd 32
Pogorzela **OPL** 64 Sc 44
Pogorzela **WKP** 52 Sb 38
Pogorzelce **PDL** 36 Ye 32
Pogorzele **WKP** 42 Tc 34
Pogorzelec **LBL** 59 Yc 38
Pogorzelec **MAZ** 57 Wd 38
Pogorzelec **PDL** 23 Yb 24
Pogorzelica **WKP** 41 Sd 36
Pogorzelica **ZPM** 2 Qa 24
Pogorzelice **POM** 5 Sd 22
Pogorzeliska **DLS** 50 Qf 40
Pogorzel Warszawska **MAZ** 45 Wc 36
Pogorzel Wielka **WMZ** 21 Xa 26
Pogorzyna **MŁP** 86 Wc 50
Pogódki **POM** 17 Tb 24
Pogórze **OPL** 74 Se 46
Pogórze **POM** 6 Tc 21
Pogórze **SLK** 83 Tf 50
Pogreby **PDL** 48 Yb 33
Pogrodzie **WMZ** 7 Ud 23
Pogroszew **MAZ** 45 Ve 35
Pogroszyn **MAZ** 56 Ve 41
Pogrzebień **SLK** 75 Tb 48
Pogrzybów **WKP** 53 Se 38
Pogrzymie **ZPM** 13 Pf 27
Pogubie Średnie **WMZ** 21 We 27
Pogubie Tylne **WMZ** 21 We 27
Pogwizdów **SLK** 83 Td 50
Pogwizdów **DLS** 63 Ra 43
Pogwizdów **MŁP** 78 Vc 49
Pogwizdów **PKR** 80 Xb 48
Pogwizdów **SLK** 83 Td 50
Pogwizdów Nowy **PKR** 80 Wf 48
Pogwizdów Stary **PKR** 80 Wf 47
Pohorany **PDL** 23 Yd 27
Poizdów **LBL** 58 Xc 39
Pojałowice **MŁP** 77 Va 47
Pojawie **MŁP** 78 Ve 48
Pojelce **LBL** 47 Xf 36
Pokaniewo **PDL** 47 Ya 33
Poklęków **WKP** 53 Ta 37
Pokośno **PDL** 23 Yb 27
Pokotulsko **POM** 15 Sb 26
Pokój **OPL** 65 Sf 43
Pokrówka **LBL** 72 Yc 42
Pokrytki **MAZ** 32 Vc 31
Pokrzydowo **KPM** 31 Uc 29
Pokrzywa **OPL** 74 Sc 47
Pokrzywianka **SWK** 69 Wc 44
Pokrzywianka Górna **SWK** 69 Wa 43
Pokrzywna **ŁDZ** 56 Vb 38
Pokrzywnica **ŁDZ** 43 Uc 36
Pokrzywnica **MAZ** 34 Wd 31
Pokrzywnica **MAZ** 45 Wa 33
Pokrzywnica **OPL** 75 Ta 46
Pokrzywnica **SWK** 68 Vb 45
Pokrzywnica **SWK** 69 Wa 43
Pokrzywnica **WKP** 28 Rd 30
Pokrzywnica **WMZ** 32 Vd 29
Pokrzywnik **DLS** 49 Qa 41
Pokrzywnik **DLS** 62 Qd 43
Pokrzywno **DLS** 73 Rd 46
Pokrzywno **KPM** 17 Tf 28
Poladowo **WKP** 40 Rc 36
Polaki **MAZ** 46 Xa 35
Polakowice **DLS** 64 Sa 43
Polana **DLS** 49 Qa 40
Polana **PKR** 88 Xd 53
Polana **SLK** 83 Tf 50
Polanica Zdrój **DLS** 73 Rd 46
Polanka **DLS** 63 Rc 42
Polanka **MŁP** 77 Uf 49
Polanka-Haller **MŁP** 77 Ue 49
Polanka Horyniecka **PKR** 82 Yb 47
Polanka Wielka **MŁP** 77 Ub 49
Polanowice **DLS** 64 Sa 42
Polanowice **KPM** 42 Tb 33
Polanowice **MŁP** 77 Va 47
Polanowice **OPL** 65 Tb 45
Polanowo **WKP** 29 Sb 30
Polanów **SWK** 69 Wd 45
Polanów **ZPM** 4 Re 24
Polanówka **LBL** 58 Wf 41
Polany **LBL** 72 Yc 45
Polany **MAZ** 69 Wa 41
Polany **MŁP** 86 Vf 51
Polany **PKR** 86 Wd 52
Polany, Juszczyńskie- **SLK** 84 Ue 51
Polańczyk **PKR** 88 Xc 52
Polaszki **POM** 18 Ua 25
Polatycze **LBL** 48 Yd 36
Pole **LBU** 38 Pf 37
Pole, Zbęchy- **WKP** 40 Rf 37
Poledno **KPM** 17 Tb 28
Polek **MAZ** 34 Wd 29
Polesie **ŁDZ** 44 Va 36
Polesie **ŁDZ** 53 Tb 41
Polesie **ŁDZ** 55 Uc 38
Polesie **MAZ** 32 Vb 32
Polesie **MAZ** 43 Uc 34
Polesie, Lipsko- **LBL** 71 Yb 45
Polesie Duże **LBL** 58 We 40
Poleszyn **ŁDZ** 54 Ub 39
Poletyły **PDL** 35 Xf 32
Police **DLS** 52 Sc 40
Police **WKP** 42 Tc 34
Police **ZPM** 13 Pd 27
Polichna **LBL** 70 Xb 44
Polichna Pierwsza **LBL** 70 Xb 44
Polichno **KPM** 29 Sd 30
Polichno **ŁDZ** 55 Ue 40
Polichno **ŁDZ** 67 Ue 43
Polichno **SWK** 68 Vc 44
Polichno **SWK** 78 Vc 46
Polichno **WKP** 42 Td 36
Polichty **MŁP** 78 Vf 50
Policko **LBU** 39 Qe 34
Policzko **ŁDZ** 67 Uf 42
Policzna **MAZ** 57 Wd 40
Policzna **PDL** 48 Yc 33
Policzna Parcela **MAZ** 57 Wd 40
Policzyzna **LBL** 71 Xe 42
Poligonów **LBL** 58 Xa 39
Polik **ŁDZ** 55 Ue 38
Polik **MAZ** 32 Ue 31
Polik **MAZ** 57 Wa 39
Poliksy **POM** 18 Ub 25
Polinów **LBL** 48 Yb 36
Politów **MAZ** 56 Ve 41
Polkajmy **WMZ** 20 Ve 24
Polkowice **DLS** 51 Ra 39
Polkowice Dolne **DLS** 51 Ra 39
Polkowo **PDL** 22 Xf 27
Polkowskie **OPL** 65 Sf 42
Polków **ŁDZ** 54 Tf 39
Polków-Sagały **MAZ** 46 Wf 35
Polna **MŁP** 86 Vf 50
Polne **ZPM** 15 Rb 27
Polnica **POM** 15 Sc 26
Polonia, Ołdaki- **MAZ** 34 Xb 31
Polowce **LBL** 48 Yc 34
Polska Cerkiew **OPL** 75 Ta 47
Polska Nowa Wieś **OPL** 65 Se 45
Polska Wieś **WMZ** 20 Wb 25
Polskie Gronowo **POM** 17 Tf 25
Polskie Łąki **KPM** 17 Tb 28
Polskie Olędry **WKP** 52 Sd 37
Polski Konopat **KPM** 17 Tc 28
Polski Świętów **OPL** 74 Sc 46
Polskowola **LBL** 59 Xd 37
Polubicze Wiejskie **LBL** 59 Ya 38
Połuńce **PDL** 11 Yb 23
Polwica **DLS** 64 Sb 43
Połajewko **WKP** 28 Re 32
Połajewo **KPM** 42 Tc 33
Połajewo **WKP** 28 Re 32
Połaniec **SWK** 79 Wb 46
Połapin **WMZ** 8 Ve 24
Połazie **MAZ** 46 Wf 34
Połazie Świętochowskie **MAZ** 46 We 34
Połażejewo **WKP** 41 Sc 35
Połchowo **POM** 6 Tc 21
Połchowo **ZPM** 13 Pe 25
Połchowo **ZPM** 14 Qd 27
Połczyno **POM** 6 Tc 20
Połczyn Zdrój **ZPM** 14 Ra 26
Połęcko **LBU** 38 Pf 34
Połęcko **LBU** 38 Pf 36
Połęcze **WMZ** 8 Ve 23
Połęczyno **POM** 5 Tb 23
Połom **WMZ** 21 Xb 25
Połomia **PKR** 79 Wc 49
Połomia **PKR** 80 Wf 49
Połomia **SLK** 76 Td 49
Połomia **SLK** 76 Te 46
Połomin **PDL** 23 Yb 27
Połoń **MAZ** 33 Vf 29
Połoski **LBL** 48 Yc 37
Połód **LBL** 60 Yc 39
Połód, Wyryki- **LBL** 60 Yc 39
Południca **MAZ** 69 Wb 41
Południe, Gołymin- **MAZ** 33 Vf 32
Połupin **LBU** 38 Qa 36
Połupino **POM** 5 Sd 22
Pomarzany Fabryczne **WKP** 42 Tf 35
Pomaski Wielkie **MAZ** 33 Wa 32
Pomian **MAZ** 34 Wd 30
Pomianowo **ZPM** 14 Ra 24
Pomianów Górny **DLS** 74 Rf 45
Pomiany **PDL** 22 Xe 26
Pomiany **WKP** 65 Ta 42
Pomiechowo **MAZ** 45 Ve 34
Pomiechówek **MAZ** 45 Ve 34
Pomieczyno **POM** 5 Tb 22
Pomieczyńska Huta **POM** 5 Tb 22
Pomień **ZPM** 27 Qc 29
Pomierzyn **ZPM** 14 Qf 28
Pomigacze **PDL** 35 Ya 30
Pomiłowo **ZPM** 4 Re 22
Pomlewo **POM** 6 Tc 23
Pomocne **DLS** 62 Ra 42
Pomorska Wieś **WMZ** 7 Ud 24
Pomorsko **LBU** 38 Qc 36
Pomorzany **ŁDZ** 43 Ub 35
Pomorzany **MAZ** 69 Wa 41
Pomorzany **MŁP** 77 Ud 47
Pomorzany **WKP** 29 Sc 33
Pomorze **MAZ** 33 Ve 31
Pomorze **PDL** 23 Yc 24
Pomorzowice **OPL** 75 Se 47
Pomorzowiczki **OPL** 75 Se 47
Pomrożyce **SLK** 77 Uc 45
Pomrzany **SWK** 68 Vc 41
Pomyje **POM** 17 Te 25
Pomykowo **WKP** 51 Re 38
Pomyków **MAZ** 56 Vd 40
Pomyków **SWK** 68 Vc 41
Pomysk Mały **POM** 5 Sd 23
Pomysk Wielki **POM** 5 Sd 23
Ponarlica **PDL** 23 Yd 26
Ponętów Górny **WKP** 42 Te 35
Ponętów Dolny **WKP** 42 Te 35
Poniat **PDL** 34 Xb 29
Poniatki-Nosy **MAZ** 56 Vd 37
Poniatowa **LBL** 70 Xa 41
Poniatowa-Wieś **LBL** 70 Xa 41
Poniatowice **DLS** 64 Sd 41
Poniatowice **PDL** 23 Yd 28
Poniatowo **MAZ** 32 Uf 30
Poniatowo **MAZ** 46 Xa 33
Poniatów **DLS** 63 Rb 44
Poniatów **DLS** 73 Rd 47
Poniatów **ŁDZ** 54 Td 38
Poniatów **ŁDZ** 55 Ue 40
Poniatówka **LBL** 72 Yd 43
Poniaty, Szaniawy- **MAZ** 47 Xd 37
Ponice **MŁP** 84 Uf 51
Poniec **WKP** 52 Re 38
Ponikiew **MAZ** 33 Wa 32
Ponikiew **MŁP** 77 Uc 50
Ponikiew **ZPM** 27 Ra 29
Ponikiewka **MAZ** 33 Wb 31
Ponikiew Mała **MAZ** 34 Wd 31
Ponikłica **PDL** 35 Xf 29
Ponikła **PDL** 35 Ya 29
Ponikwa **DLS** 73 Rd 47
Ponikwa **MAZ** 57 Wd 40
Ponikwoda **LBL** 59 Xd 41
Ponikwy **LBL** 71 Xd 43
Poniszowice **SLK** 75 Tc 46
Ponizie **PDL** 22 Ya 26
Ponurzyca **MAZ** 46 Wc 36
Poperczyn **LBL** 71 Xf 43
Popęszyce **LBU** 50 Qe 39
Popiel **LBL** 48 Yc 36
Popielarnia **ŁDZ** 67 Ue 42
Popielarnia **MAZ** 34 We 32
Popielawy **ŁDZ** 55 Ue 39
Popielewo **KPM** 29 Se 29
Popielewo **ZPM** 14 Rb 26
Popielina **ŁDZ** 53 Tc 40
Popielno **WMZ** 21 Wd 26
Popielów **MAZ** 46 Wf 34
Popielów **OPL** 65 Se 44
Popielów **SLK** 75 Td 48
Popielówek **DLS** 62 Qd 43
Popielżyn-Zawady **MAZ** 45 Vd 33
Popień **ŁDZ** 55 Uf 38
Popiołki **PDL** 34 We 29
Popiołówka **PDL** 22 Ya 28
Popioły **WMZ** 10 Wf 23
Popki **PDL** 34 Xa 29
Popkowice **LBL** 70 Xb 43
Popkowice Księże **LBL** 70 Xb 43
Popłacin **MAZ** 43 Ud 33
Popławce **PDL** 23 Yd 28
Popławy **ŁDZ** 56 Va 40
Popławy **LBL** 47 Xd 37
Popławy **LBL** 71 Xf 41
Popławy **MAZ** 47 Xf 35
Popławy **PDL** 35 Xf 32
Popowe Włóki **WMZ** 18 Ud 24
Popowice **DLS** 64 Rf 42
Popowice **ŁDZ** 66 Td 42

112 PL Pinczyn – Popowice

Popowice **LBU** 50 Qb 38
Popowice **MAZ** 56 Ve 38
Popowice **POM** 16 Sb 24
Popowice **SWK** 68 Va 44
Popowlany **PDL** 35 Xe 29
Popowo **KPM** 31 Ua 32
Popowo **KPM** 31 Uc 32
Popowo **KPM** 42 Tc 33
Popowo **LBU** 38 Qd 33
Popowo **PDL** 22 Xc 27
Popowo **PDL** 22 Xe 26
Popowo **POM** 5 Sf 22
Popowo **WKP** 27 Rb 32
Popowo **WKP** 40 Rc 36
Popowo **WKP** 40 Rd 33
Popowo **ZPM** 3 Ra 23
Popowo-Borowe **MAZ** 45 Vf 33
Popowo-Ignacewo **WKP** 29 Sd 33
Popowo Kościelne **MAZ** 45 Wb 33
Popowo Kościelne **WKP** 29 Sb 32
Popowo Salęckie **WMZ** 20 Wc 25
Popowo Tomkowe **WKP** 29 Sd 32
Popowo Wonieskie **WKP** 40 Re 37
Popów **ŁDZ** 44 Uf 36
Popów **ŁDZ** 54 Te 38
Popów **LBL** 70 Wf 43
Popów **WKP** 53 Tb 38
Popówko **KPM** 41 Se 33
Poprężniki **ŁDZ** 54 Td 38
Poradów **MŁP** 77 Va 46
Poradz **ZPM** 14 Qd 25
Poradz **ZPM** 14 Qd 26
Poradzew **ŁDZ** 54 Td 38
Poraj **LBL** 72 Yf 43
Poraj **PKR** 86 Wd 51
Poraj **SLK** 66 Ub 44
Porajów **DLS** 61 Pe 43
Poraż **PKR** 87 Xb 52
Porażyn **WKP** 39 Rc 35
Porąbka **MŁP** 77 Ue 46
Porąbka **MŁP** 85 Vb 50
Porąbka **SLK** 76 Ub 47
Porąbka **SLK** 83 Ub 50
Porąbka Iwkowska **MŁP** 85 Vd 50
Porąbka Uszewska **MŁP** 78 Ve 49
Porąbki **SWK** 68 Vf 43
Porczyny **ŁDZ** 54 Tf 37
Pordenewo **POM** 6 Tf 24
Poredy **PDL** 34 We 29
Poręba **DLS** 73 Rd 47
Poręba **MAZ** 57 Wc 40
Poręba **MAZ** 69 Wd 42
Poręba **MŁP** 77 Ud 48
Poręba **MŁP** 84 Va 50
Poręba **SLK** 77 Uc 46
Poręba **SWK** 68 Vf 45
Poręba **WKP** 52 Sb 37
Poręba, Osiedle **SLK** 76 Tf 49
Poręba Dzierzna **MŁP** 77 Ue 46
Poręba Górna **MŁP** 77 Ue 46
Poręba-Kocęby **MAZ** 34 We 32
Poręba Mała **MŁP** 85 Ve 51
Poręba Radlna **MŁP** 79 Wa 49
Poręba Średnia **MAZ** 34 We 32
Poręba Wielka **MŁP** 76 Ub 48
Poręba Wielka **MŁP** 85 Va 51
Poręby **ŁDZ** 54 Tf 39
Poręby **ŁDZ** 56 Vc 39
Poręby **ŁDZ** 65 Tc 41
Poręby **MAZ** 46 Wc 36
Poręby **PKR** 87 Wf 51
Poręby, Huta **PKR** 87 Xb 50
Poręby Dębskie **PKR** 80 We 46
Poręby Dymarskie **PKR** 80 We 47
Poręby Furmańskie **PKR** 70 We 45
Poręby Kupieńskie **PKR** 80 We 47
Poronin **MŁP** 84 Va 52
Porosiuki **LBL** 47 Ya 36
Porosły **PDL** 35 Ya 30
Porost **ZPM** 15 Rd 25
Porośl-Kije **PDL** 35 Xe 31
Porośl-Wojsławy **PDL** 35 Xe 31
Poroże **WKP** 53 Tc 37
Porszewice **ŁDZ** 55 Ub 38
Porudzie **SWK** 69 Wc 44
Porwity **WKP** 53 Tb 38
Poryte-Jabłoń **PDL** 34 Xb 30
Poryte Szlacheckie **PDL** 34 Xa 28
Poryte Włościańskie **PDL** 34 Xa 28
Porządzie **MAZ** 33 Wc 32
Porzecze **SWK** 68 Vd 43
Porzecze **ZPM** 3 Rc 22
Porzeski **ŁDZ** 54 Tf 39
Porzewnica **MAZ** 46 Wf 36
Porzowo **MAZ** 33 Vf 32
Posada **DLS** 61 Pf 43
Posada **WKP** 42 Tb 35
Posada **WKP** 42 Td 34
Posada Jaćmierska **PKR** 87 Xa 51
Posada Jaśliska **PKR** 87 We 52
Posada Leska **PKR** 87 Xb 52
Posada Zarszyńska **PKR** 87 Xa 51
Posadowa **MŁP** 86 Vf 51
Posadowice **DLS** 64 Sc 42
Posadowo **WKP** 39 Rb 34
Posadów **LBL** 72 Ye 46
Posadówka **ŁDZ** 67 Ud 42
Posadza **MŁP** 78 Vb 47
Poschła **MAZ** 46 Wd 37
Posejnele **PDL** 23 Yc 24
Posejny **PDL** 11 Yc 24
Posiadały **MAZ** 46 We 36
Poskwitów **MŁP** 77 Va 47
Posłoda **SLK** 67 Ud 44
Posłowice **SWK** 68 Vd 44
Posługowo **KPM** 29 Sd 32
Posłusze **WMZ** 8 Ve 22
Posoka **WKP** 42 Te 36
Postaszowice **SLK** 67 Uc 45
Postawele **PDL** 11 Xf 23
Postękalice **ŁDZ** 55 Uc 40
Postolice **DLS** 63 Rc 42
Postolin **DLS** 52 Sb 40
Postolin **POM** 18 Ua 25
Postoliska **MAZ** 46 Wc 34
Postołowo **POM** 6 Tc 24
Postołów **PKR** 87 Xb 52
Postomino **ZPM** 4 Re 22
Postuże **MAZ** 44 Vc 33
Posucice **OPL** 75 Se 48
Poszeszupie **PDL** 11 Ya 22
Poszeszupie-Folwark **PDL** 11 Ya 22
Poszewka **MAZ** 46 Xa 34
Poszkodzie **SWK** 69 Wc 43
Poścień-Wieś **MAZ** 33 Wa 29
Pościsze **LBL** 47 Xe 36
Poświętna, Winna- **PDL** 35 Xd 32
Poświętne **DLS** 50 Qb 40
Poświętne **ŁDZ** 56 Vc 39
Poświętne **MAZ** 33 Wb 31
Poświętne **MAZ** 44 Vc 33
Poświętne **MAZ** 46 Wc 35
Poświętne **PDL** 35 Xe 31
Poświętno **WKP** 40 Rc 36
Potakówka **PKR** 86 Wd 50
Potarzyca **WKP** 52 Sa 38
Potarzyca **WKP** 52 Sc 37
Potasznia **DLS** 52 Sc 39
Potasznia **LBL** 71 Ya 43
Potasznia **PDL** 11 Xf 24
Potęgowo **POM** 5 Sc 22
Potęgowo **POM** 5 Sf 22
Potępa **SLK** 66 Td 45
Potkanna **MAZ** 56 Ve 40
Potoczek **LBL** 70 Xb 44
Potoczek **LBL** 71 Yb 45
Potoczek **MAZ** 69 We 42
Potoczyzna **PDL** 22 Xf 28
Potok **ŁDZ** 54 Td 40
Potok **ŁDZ** 55 Va 40
Potok **LBL** 58 Wf 38
Potok **LBU** 49 Pf 40
Potok **PKR** 87 We 50
Potok **SWK** 69 Vf 45
Potok **SWK** 69 Wd 43
Potoka **PDL** 36 Yc 31
Potok Górny **LBL** 81 Xd 46
Potoki **LBL** 82 Yd 47
Potok Jaworowski **PKR** 81 Ya 48
Potok-Senderki **LBL** 71 Ya 45
Potok-Stany **LBL** 70 Xb 44
Potok Wielki **LBL** 70 Xb 44
Potok Wielki **SWK** 68 Vb 45
Potok Złoty **SLK** 67 Uc 44
Potrubowszczyzna **PDL** 23 Yc 27
Potryty **WMZ** 20 Vd 24
Potrzebowice **WKP** 27 Rb 31
Potrzebowo **WKP** 51 Ra 37
Potrzykowo **SLK** 83 Ub 50
Potrzymowo **WKP** 41 Sd 34
Potulice **KPM** 29 Se 30
Potulice **WKP** 16 Sb 28
Potulice **WKP** 28 Sa 32
Potulin **WKP** 29 Sb 31
Potuliniec **ZPM** 13 Qb 26
Poturzyn **LBL** 72 Yf 45
Potworów **DLS** 63 Re 45
Potworów **MAZ** 56 Ve 39
Potworów **WKP** 54 Td 37
Potycz **MAZ** 57 Wb 37
Potyry **MAZ** 44 Vb 33
Powalice **ZPM** 14 Qd 25
Powalina **POM** 7 Ub 23
Powałki **POM** 16 Sd 26
Powałkowice **KPM** 42 Te 33
Powały **LBL** 58 Wf 37
Powązki **MAZ** 45 Vf 35
Powidz **WKP** 41 Sf 34
Powidz **ZPM** 3 Rc 23
Powidzko **DLS** 52 Rf 40
Powielin **MAZ** 45 Vf 33
Powiercie **WKP** 42 Te 35
Powodowo **WKP** 39 Ra 36
Powodów **ŁDZ** 43 Ua 37
Powroźnik **MŁP** 86 Vf 52
Powsin **MAZ** 45 Wa 36
Pozezdrze **WMZ** 10 Wf 24
Poziemaki, Mieczki- **MAZ** 34 Wf 30
Poznachowice Dolne **MŁP** 85 Va 50
Poznachowice Górne **MŁP** 78 Va 50
Poznań **LBL** 58 Xb 38
Poznań **WKP** 40 Rf 34
Poznowice **OPL** 75 Ta 45
Pozowice **MŁP** 77 Ue 49
Poździacz **PKR** 81 Xf 49
Poźrzadło **LBU** 38 Qb 35
Poźrzadło Wielkie **ZPM** 14 Qf 28
Pożarki **WMZ** 21 Wc 24
Pożarowo **WKP** 27 Rb 32
Pożarów **LBL** 58 Xc 39
Pożarów **LBU** 50 Qb 39
Pożarzysko **DLS** 63 Rd 43
Pożdżenice **ŁDZ** 54 Ub 40
Pożdżenice-Kolonia **ŁDZ** 54 Ub 40
Pożogi **SWK** 68 Ve 45
Pożóg-Kolonia **LBL** 58 Xa 40
Pólka **WKP** 53 Ta 38
Pólka-Raciąż **MAZ** 32 Va 32
Pólki **MAZ** 34 We 32
Pólko **KPM** 30 Tf 29
Pólko **LBL** 58 Xd 41
Pólko **OPL** 65 Sf 45
Pólko **WKP** 40 Rc 33
Półchleb **ZPM** 14 Qe 26
Półczno **POM** 5 Sd 24
Półkoty **PDL** 11 Yc 24
Północ **ZPM** 3 Rb 23
Półrzeczki **MŁP** 85 Vb 51
Półwiesk Duży **KPM** 31 Ub 30
Półwiesk Mały **KPM** 31 Ub 30
Półwieś **MŁP** 77 Ud 49
Półwieś **POM** 17 Te 26
Półwieś **WMZ** 18 Ud 25
Półwiosek Lubstowski **WKP** 42 Tb 34
Późna **LBU** 49 Pd 37
Prabuty **MAZ** 34 Wd 32
Prabuty **POM** 18 Ub 26
Prace Duże **MAZ** 45 Vf 37
Pracze **DLS** 52 Sb 40
Pracze Odrzańskie **DLS** 64 Rf 42
Pradła **SLK** 67 Ud 45
Praga **ŁDZ** 43 Tf 37
Praga **MAZ** 45 Wa 35
Praga, Sochocino- **MAZ** 44 Uf 33
Praga Południe **MAZ** 45 Wa 35
Praga Północ **MAZ** 45 Wa 34
Prałkowce **PKR** 88 Xe 50
Prandocin **MAZ** 57 We 38
Prandocin **MŁP** 77 Va 47
Prandocin, Iły **MŁP** 77 Va 47
Prandocin-Iły **MŁP** 77 Va 47
Prandocin-Wysiółek **MŁP** 77 Va 47
Prandotów **ŁDZ** 56 Vb 37
Praszczyki **SLK** 66 Te 43
Praszka **OPL** 65 Tc 42
Praślity **WMZ** 19 Vc 24
Pratkowice **ŁDZ** 67 Uf 42
Pratków **ŁDZ** 54 Tf 38
Pratulin **LBL** 48 Yc 35
Prawda **ŁDZ** 55 Uc 39
Prawdowo **WMZ** 21 Wd 26
Prawdziska **WMZ** 22 Xe 25
Prawęcin **SWK** 69 Wb 43
Prawędzice **ŁDZ** 54 Ua 37
Prawiedniki **LBL** 70 Xd 42
Prawików **DLS** 51 Rd 41
Prawno **LBL** 70 Wf 42
Prawomyśl **WKP** 28 Rf 30
Prawy Las **PDL** 11 Xe 23
Prażmowo **WMZ** 21 We 25
Prażmów **ŁDZ** 54 Te 40
Prażmów **LBL** 57 We 39
Prażmów **MAZ** 57 Vf 37
Prażmów Nowy **MAZ** 45 Vf 37
Prażuchy Nowe **WKP** 53 Tb 37
Prażuchy Stare **WKP** 53 Tb 37
Prądnik Biały **MŁP** 77 Uf 48
Prądnik Czerwony **MŁP** 78 Uf 48
Prądocin **KPM** 30 Ta 31
Prądy **OPL** 65 Se 45
Prądy **SLK** 66 Tf 45
Prądzew **ŁDZ** 43 Ub 36
Prądzew **ŁDZ** 54 Tf 40
Prądzona **POM** 16 Sc 24
Prątnica **WMZ** 19 Ue 28
Prążki **ŁDZ** 55 Ue 39
Preczów **SLK** 77 Ub 46
Prehoryle **LBL** 72 Za 45
Prejłowo **WMZ** 20 Ve 26
Prendocin **MAZ** 69 Wb 42
Pręczki **KPM** 31 Uc 30
Prędocin **OPL** 64 Sd 43
Pręgowo **WMZ** 20 Wc 24
Pręgowo Dolne **POM** 6 Tc 23
Pręgowo Górne **POM** 6 Tc 23
Prężyce **DLS** 51 Re 41
Prężyna **OPL** 74 Sd 46
Prężynka **OPL** 74 Sd 46
Prioma **WMZ** 32 Va 29
Probarki **WMZ** 20 Wc 26
Probołowice **SWK** 78 Vd 46
Probostwo Górne **KPM** 31 Tf 32
Proboszczewice **ŁDZ** 55 Uc 37
Proboszczewice **MAZ** 44 Vd 33
Proboszczowice **ŁDZ** 54 Td 38
Proboszczowice **SLK** 75 Tc 46
Proboszczów **DLS** 62 Qe 42
Prochna **ŁDZ** 54 Td 39
Prochowice **DLS** 51 Rc 41
Prochy **WKP** 15 Sa 28
Prochy **WKP** 39 Rb 36
Procyń **KPM** 41 Ta 33
Proćwin **SWK** 68 Vc 41
Prokocim **MŁP** 78 Uf 48
Prokowo **POM** 5 Tb 22
Promiski **PDL** 22 Xf 26
Promna **MAZ** 57 Vf 38
Promnik **MAZ** 56 Vc 39
Promnik **SWK** 68 Vc 43
Proniewicze **PDL** 36 Yb 32
Prosienica **MAZ** 34 Xa 31
Prosinko **ZPM** 14 Rb 27
Prosity **WMZ** 20 Ve 24
Prosna **WKP** 28 Rf 31
Prosno **ŁDZ** 54 Te 38
Prostki **WMZ** 22 Xc 26
Prostynia **ZPM** 27 Qe 29
Prostyń **MAZ** 46 Wf 33
Proszenie **ŁDZ** 55 Ue 40
Proszew A **MAZ** 46 Xa 35
Proszkowa **DLS** 52 Re 40
Proszkowo **MAZ** 32 Vb 30
Proszków **DLS** 63 Rd 42
Proszowa **DLS** 62 Qc 43
Proszowice **MŁP** 78 Vb 47
Proszowiec **SLK** 75 Tb 48
Proszów **WKP** 65 Sf 42
Proszówka **DLS** 62 Qc 42
Proszówki **MŁP** 78 Vc 49
Prościeniec **MAZ** 44 Vb 36
Proścień-Zamion **MAZ** 33 Wa 29
Proślice **OPL** 65 Ta 42
Prośno **WMZ** 19 Uf 26
Protasy **PDL** 36 Yb 30
Próba **ŁDZ** 54 Td 39
Próchenki **MAZ** 47 Xd 36
Prócheńsko Duże **ŁDZ** 55 Uf 40
Prócheńsko Małe **ŁDZ** 55 Uf 40
Próchnik **WMZ** 7 Uc 23
Próchnowo **WKP** 28 Sa 31
Próchnowo **ZPM** 27 Rb 29
Prószków **OPL** 65 Sf 45
Pruchna **SLK** 76 Te 49
Pruchnik **PKR** 81 Xd 49
Prudnik **OPL** 74 Sd 47
Prudzików **ŁDZ** 67 Ud 41
Prudziszki **PDL** 11 Xf 23
Prusak **ŁDZ** 53 Tc 41
Prusice **DLS** 52 Rf 40
Prusice **DLS** 62 Qf 42
Prusicko **ŁDZ** 66 Ub 42
Prusie **PKR** 82 Yd 47
Prusiek **PKR** 87 Xa 51
Prusiewo **POM** 5 Sf 20
Prusim **WKP** 39 Ra 33
Prusinowice **ŁDZ** 54 Tf 38
Prusinowice **ŁDZ** 54 Ub 38
Prusinowice **MAZ** 33 Ve 32
Prusinowice **OPL** 64 Sc 45
Prusinowice **SWK** 69 Wb 43
Prusinowo **POM** 15 Sa 27
Prusinowo **WKP** 28 Rd 31
Prusinowo **WKP** 40 Sa 35
Prusinowo **WMZ** 20 Wb 26
Prusinowo **ZPM** 13 Qb 25
Prusinowo **ZPM** 14 Qd 26
Prusinowo Wałeckie **ZPM** 28 Rb 29
Prusinów **WKP** 41 Se 36
Prusinówko **ZPM** 28 Rb 29
Pruska **PDL** 22 Xe 26
Pruska Łąka **KPM** 30 Tf 30
Pruska Mała **PDL** 22 Xe 25
Pruska Wielka **PDL** 22 Xf 25
Pruskie **KPM** 17 Tb 27
Prusocin **MAZ** 32 Vb 31
Prusołęka **MAZ** 33 Wa 29
Prusowy Borek **WMZ** 20 Wa 27
Prusy **DLS** 64 Rf 44
Prusy **ŁDZ** 55 Va 38
Prusy **MŁP** 77 Va 48
Prusy **SWK** 69 We 44
Prusy **SWK** 78 Vf 46
Prusy **WKP** 52 Sd 37
Prusy **WMZ** 32 Uf 28
Prusy, Sulewo- **PDL** 22 Xc 27
Pruszcz **KPM** 16 Se 28
Pruszcz **KPM** 30 Ta 29
Pruszcz **ZPM** 13 Qb 25
Pruszcz Gdański **POM** 6 Td 23
Pruszki, Kosmy- **MAZ** 33 Vd 32
Pruszki Wielkie **PDL** 35 Xb 30
Pruszkowo **MAZ** 44 Vd 33
Pruszków **ŁDZ** 54 Ua 39
Pruszków **LBU** 50 Qc 39
Pruszków **MAZ** 45 Ve 35
Pruszków **WKP** 53 Ta 38
Pruszowice **DLS** 64 Sa 41
Pruszynek **MAZ** 47 Xc 35
Pruszyn-Pieńki **MAZ** 47 Xc 36
Pruśce **WKP** 28 Sa 32
Pruślin **WKP** 53 Sf 39
Prycanowo **MAZ** 33 Wc 31
Prymusowa Wola **ŁDZ** 56 Va 40
Prynowo **WMZ** 9 We 23
Pryszczowa Góra **LBL** 58 Xc 40
Przasnysz **MAZ** 33 Vf 30
Przatów Dolny **ŁDZ** 54 Ua 38
Przatów Górny **ŁDZ** 54 Ua 38
Prząsław **SWK** 68 Vb 45
Przążewo **MAZ** 33 Vd 31
Przebendów **PKR** 79 Wb 47
Przebędowo **POM** 5 Sf 20
Przebieczany **MŁP** 77 Va 49
Przeborowo **LBU** 27 Qf 31
Przebród **PDL** 22 Xe 24
Przechlewko **POM** 16 Sb 25
Przechlewo **POM** 15 Sb 26
Przechody **PDL** 22 Xd 27
Przechody **PDL** 36 Yc 30
Przechodzisko **LBL** 59 Xe 37
Przechód **LBL** 59 Yc 38
Przechód **OPL** 64 Se 45
Przechówko **KPM** 17 Tc 28
Przecieszyn **MŁP** 76 Ub 49
Przecinka **LBL** 72 Yc 46
Przeciszów **MŁP** 77 Uc 48
Przecław **ŁDZ** 55 Ue 38
Przecław **PKR** 79 Wc 47
Przecław **WKP** 40 Re 33
Przecław **ZPM** 12 Pc 28
Przecław Dolny **LBU** 50 Qe 39
Przecław Górny **LBU** 50 Qe 39
Przecławice **DLS** 52 Rf 41
Przecławice **DLS** 64 Rf 43
Przecławka **SWK** 78 Vc 46
Przecza **OPL** 64 Sd 44
Przecze **ŁDZ** 30 Ta 29
Przeczki, Złotki- **MAZ** 35 Xc 32
Przecznica **DLS** 62 Qc 43
Przeczno **KPM** 30 Ta 29
Przeczów **OPL** 64 Sd 42
Przeczów **SWK** 79 Wb 46
Przeczyca **PKR** 79 Wc 49
Przeczyce **SLK** 76 Ub 46
Przećmino **ZPM** 2 Qd 24
Przedborowa **DLS** 63 Re 45
Przedborowice **OPL** 75 Ta 47
Przedborów **WKP** 53 Ta 40
Przedbórz **ŁDZ** 67 Uf 42
Przedbórz **MAZ** 44 Va 33
Przedbórz **PKR** 80 We 47
Przedecz **WKP** 43 Tf 34
Przedkowice **DLS** 52 Rf 40
Przedłęcze **ŁDZ** 54 Tc 40
Przedmieście **PDL** 47 Ya 35
Przedmieście **WKP** 39 Rb 36
Przedmieście, Łęg- **MAZ** 34 Wd 30
Przedmieście, Wólka- **PDL** 36 Yb 29
Przedmieście Bliższe **MAZ** 69 We 42
Przedmieście Czudeckie **PKR** 80 We 49
Przedmieście Dalsze **MAZ** 69 We 42
Przedmieście Dolnoleżajskie **PKR** 81 Xe 48
Przedmieście Dubieckie **PKR** 80 Xc 49
Przedmoście **DLS** 51 Ra 39
Przedmoście **DLS** 63 Re 41
Przedmość **OPL** 65 Tc 42
Przedświt **MAZ** 34 Wd 32
Przedwojewo **MAZ** 33 Vd 31
Przedwojów **DLS** 62 Ra 44
Przedzeń **WKP** 53 Tb 37
Przegaliny Duże **LBL** 59 Xe 38
Przegaliny Małe **LBL** 59 Xe 38
Przegędza **SLK** 76 Td 48
Przeginia **MŁP** 77 Ue 47
Przeginia Duchowna **MŁP** 77 Ud 48
Przeginia Narodowa **MŁP** 77 Ud 48
Przegrody **SWK** 68 Vb 43
Przejazd **MAZ** 57 Wc 39
Przejazdowo **POM** 6 Te 23
Przejęsław **DLS** 50 Qc 40
Przejma Wielka **PDL** 11 Xf 23
Przekolno **ZPM** 26 Qc 30
Przekora **ŁDZ** 54 Ua 37
Przekory, Wólka- **MAZ** 33 Wb 32
Przelewice **ZPM** 26 Qa 30
Przelewice **ZPM** 27 Ra 30
Przełaj **SWK** 77 Uf 45
Przełajka **SLK** 76 Ua 46
Przełazy **LBU** 38 Qc 35
Przełęk **OPL** 74 Sc 46
Przełęk Duży **WMZ** 32 Uf 29
Przełęk Kościelny **WMZ** 32 Va 29
Przełom **SWK** 68 Vc 42
Przełom Duży **MŁP** 78 Vc 49
Przemęczany **MŁP** 78 Vb 47
Przemęt **WKP** 39 Rb 36
Przemiarowo **MAZ** 33 Wa 32
Przemków **DLS** 50 Qe 39
Przemocze **ZPM** 13 Pf 28
Przemyków **MŁP** 78 Vd 47
Przemysław **POM** 6 Tf 23
Przemysław **ZPM** 14 Qd 26
Przemysławki **WKP** 41 Sb 37
Przemysłów **ŁDZ** 30 Ta 29
Przemysłów **MAZ** 44 Uf 34
Przemyśl **PKR** 88 Xe 50
Przenosza **MŁP** 85 Va 50
Przeorsk **LBL** 82 Yd 46
Przepałkowo **KPM** 16 Sd 28
Przepiórów **SWK** 69 Wc 44
Przeradowo **MAZ** 33 Wb 32
Przeradz **POM** 15 Rf 25
Przeradz **ZPM** 15 Rd 26
Przeradz Mały **MAZ** 32 Ue 30
Przeradz Wielki **MAZ** 32 Ue 30
Przerąb **ŁDZ** 67 Ue 42
Przerośl **PDL** 11 Xd 23
Przerośl Gołdapska **WMZ** 10 Xd 23
Przerwanki **WMZ** 10 Wf 24
Przeryte **POM** 5 Se 22
Przeryty Bór **PKR** 79 Wb 48
Przerzeczyn-Zdrój **DLS** 63 Re 44
Przesiadłów **ŁDZ** 55 Uf 39
Przesieczany **DLS** 49 Qa 41
Przesieczna **DLS** 50 Qf 39
Przesieka **DLS** 62 Qe 44
Przesieki **WKP** 27 Qf 30
Przesławice **KPM** 18 Ua 28
Przesławice **MŁP** 77 Va 47
Przesławice **MŁP** 78 Vb 47
Przesmyki **MAZ** 47 Xd 35
Przestańsko **MŁP** 77 Va 47
Przestrzele **PDL** 35 Xc 29
Prześlice **LBU** 38 Qa 34
Przetoczyno **POM** 5 Tb 21
Przetycz Folwark **MAZ** 34 Wd 32
Przetycz Włościański **MAZ** 34 Wd 32
Przeuszyn **SWK** 69 Wd 44
Przewale **LBL** 72 Yd 45
Przewarszyty **WMZ** 8 Vf 23
Przewięź **PDL** 22 Ya 25
Przewłoka **LBL** 59 Ya 39
Przewłoka **LBL** 82 Yd 46
Przewłoka **POM** 4 Rf 21
Przewłoka **SWK** 69 Wd 45
Przewodowo, Parcele- **MAZ** 33 Vf 32
Przewodów **LBL** 72 Yf 46
Przewodziszowice **SLK** 67 Uc 45
Przeworno **DLS** 64 Sa 44
Przeworsk **PKR** 80 Xc 48
Przewory Duże **MAZ** 46 Xb 36
Przewory Małe **MAZ** 46 Xb 36
Przewoźniki **LBU** 49 Pe 39
Przewóz **KPM** 42 Tc 34
Przewóz **LBU** 39 Qe 37
Przewóz **LBU** 49 Pf 40
Przewóz **MŁP** 77 Ud 48
Przewóz **MŁP** 77 Va 48
Przewóz **OPL** 75 Tb 47
Przewóz **POM** 16 Sd 24
Przewózki **MAZ** 46 Xb 34
Przewóz Nurski **MAZ** 35 Xb 33
Przewrotne **PKR** 80 Wf 47
Przezchlebie **SLK** 76 Te 46
Przezmark **POM** 18 Uc 25
Przezmark **WMZ** 7 Ud 24
Przezwody **MŁP** 78 Vc 47
Przezwody **SWK** 69 Wd 44
Przezwody **SWK** 78 Vb 46
Przeździecko-Grzymki **MAZ** 34 Xb 31
Przeździecko-Łachy **MAZ** 34 Xb 31
Przeździęk Mały **WMZ** 33 Ve 28
Przeździęk Wielki **WMZ** 33 Ve 28
Przeźmierowo **WKP** 40 Re 34
Przędzel **PKR** 80 Xb 46
Przęsin **POM** 15 Sa 24
Przęsławice **MAZ** 44 Vb 34
Przęsławice **MAZ** 56 Ve 37
Przęsocin **ZPM** 12 Pd 27
Przodkowo **POM** 6 Tb 22
Przybędza **SLK** 83 Ua 51
Przybiernowo **ZPM** 13 Qb 25
Przybiernów **ZPM** 13 Pe 26
Przybiernówko **ZPM** 13 Qa 25
Przybin **WKP** 51 Re 38
Przybkowo **ZPM** 15 Rb 26
Przybojewo **MAZ** 44 Vc 34
Przyborowice **LBU** 38 Pf 37
Przyborowice **SWK** 69 Wb 44
Przyborowice Górne **MAZ** 44 Vd 33
Przyborowie **MAZ** 34 We 31
Przyborowo **PDL** 21 Xa 27
Przyborowo **WKP** 40 Rd 33
Przyborowo **WKP** 52 Rf 38
Przyborów **DLS** 51 Rc 40
Przyborów **LBU** 50 Qe 38
Przyborów **MŁP** 78 Ve 48
Przyborów **SLK** 84 Uc 51
Przyborówko **WKP** 41 Sc 34
Przyborze **ZPM** 14 Qd 26
Przybówka **PKR** 87 Wd 50
Przybradz **MŁP** 77 Uc 49
Przybranowo **KPM** 30 Td 32
Przybrda **ZPM** 15 Rf 26
Przybroda **WKP** 40 Rd 33
Przybrodzin **WKP** 41 Sf 34
Przybudki **PDL** 36 Yd 31
Przybychowo **WKP** 28 Re 31
Przybyłowice **DLS** 63 Ra 42
Przybyłowo **WMZ** 7 Ud 23
Przybyłów **ŁDZ** 53 Tb 40
Przybyłów **SLK** 67 Ub 43
Przybyłów **WKP** 42 Te 35
Przybymierz **LBU** 50 Qc 38
Przybynów **SLK** 67 Ub 45
Przybysław **KPM** 30 Td 32
Przybysław **WKP** 41 Sd 36
Przybysław **ZPM** 26 Qc 30
Przybysław, Stary **ZPM** 14 Qe 26
Przybysławice **LBL** 58 Xb 40
Przybysławice **MŁP** 77 Va 46
Przybysławice **MŁP** 78 Vc 48
Przybysławice **MŁP** 78 Ve 48
Przybysławice **SWK** 69 Wc 45
Przybysławice **SWK** 69 We 44
Przybysławice **WKP** 53 Se 38
Przybyszew **MAZ** 56 Vf 39
Przybyszew **WKP** 43 Tf 35
Przybyszewo **WKP** 51 Rc 38
Przybyszowy **SWK** 68 Vb 41
Przybyszów **ŁDZ** 67 Ud 42
Przybyszów **LBU** 51 Ra 37
Przybyszów **SWK** 67 Uf 45
Przybyszów **WKP** 53 Sf 41
Przybyszówka **PKR** 80 Wf 48
Przybyszyce **ŁDZ** 55 Uf 38
Przybyszyn **PDL** 47 Xd 33
Przychody **LBL** 47 Xe 37
Przychody **MAZ** 32 Va 30
Przychojec **PKR** 80 Xc 47
Przychowa **DLS** 51 Rc 40
Przychów **LBU** 38 Pf 37
Przycłapy **ŁDZ** 54 Td 41
Przyczyna Dolna **LBU** 51 Rc 38
Przyczyna Górna **LBU** 51 Rb 38
Przydargiń **ZPM** 15 Rd 24
Przydonica **MŁP** 85 Ve 50
Przydroże Małe **OPL** 74 Sd 46
Przydroże Wielkie **OPL** 74 Sd 46
Przydworzyce **MAZ** 57 Wc 38
Przydwórz **KPM** 30 Tf 29
Przygłów **ŁDZ** 55 Ue 40
Przygodzice **WKP** 53 Se 39
Przygodziczki **WKP** 53 Sf 39
Przygórze **DLS** 63 Rd 45
Przygradów **SWK** 67 Va 44
Przyjaźń **POM** 6 Tc 23
Przyjma **WKP** 41 Ta 35
Przyjmo **SWK** 68 Vd 43
Przyjmy **MAZ** 34 We 32
Przyjmy **MAZ** 46 Wd 33
Przykona **WKP** 42 Td 37
Przykop **PKR** 79 Wc 46
Przykop **WMZ** 20 Vd 27
Przykopka **WMZ** 22 Xc 25
Przykory **MAZ** 57 We 37
Przykwa **LBL** 58 Wf 38
Przylasek **DLS** 62 Qb 42
Przylasek Wyciąski **MŁP** 78 Va 48
Przylaski **LBU** 50 Qc 38
Przylep **LBU** 38 Qc 37
Przylepki **WKP** 40 Rf 36
Przylesie **OPL** 64 Sc 44
Przylesie **WKP** 51 Rb 37
Przylesie Dolne **OPL** 64 Sc 44
Przylot **MAZ** 57 Wb 37
Przyluśnie **MAZ** 57 Wb 39
Przylwicz **MAZ** 33 Vd 30
Przyłanki **ŁDZ** 67 Uf 42
Przyłęczek **SWK** 68 Vb 45
Przyłęg **LBU** 26 Qc 31
Przyłęgów **DLS** 63 Rc 43
Przyłęk **DLS** 63 Re 45
Przyłęk **ŁDZ** 55 Va 41
Przyłęk **MAZ** 57 Wd 38
Przyłęk **MAZ** 57 We 41
Przyłęk **PKR** 79 Wd 47
Przyłęk **SLK** 67 Ue 44
Przyłęk **SWK** 68 Vb 45
Przyłęk Duży **ŁDZ** 55 Uf 37
Przyłęki **KPM** 29 Sf 30
Przyłęki **WKP** 28 Rc 31
Przyłęków **SLK** 84 Ub 51
Przyłogi **SWK** 68 Vc 42
Przyłubie **KPM** 30 Tb 30
Przyłubie **MAZ** 45 Wb 33
Przyłubsko **SLK** 77 Ud 45
Przyłuski **ŁDZ** 56 Vc 38
Przyłuski **ŁDZ** 56 Vd 38
Przymiarki **LBL** 59 Yb 41
Przymiarki **LBL** 60 Yd 41
Przymiarki **LBL** 72 Yc 44
Przymiarki **LBL** 81 Xe 46
Przymiarki **SWK** 68 Vc 44
Przymiłowice **SLK** 67 Ub 44
Przymiłów **ŁDZ** 54 Ua 39
Przymorze **POM** 6 Td 22
Przymuszewo **KPM** 16 Sd 27
Przynotecko **LBU** 27 Qe 32
Przyny Miejskie **KPM** 17 Te 27
Przypisówka **LBL** 58 Xd 39
Przypki **MAZ** 45 Ve 36
Przypólsko **ZPM** 13 Pf 27
Przyprostynia **WKP** 39 Qf 35
Przypusta **ŁDZ** 55 Ud 38
Przyranie **WKP** 53 Tb 37
Przyrąb **SWK** 78 Vb 46
Przyrowa **KPM** 16 Se 27
Przyrowie **POM** 5 Sf 23
Przyrów **SLK** 67 Ud 44
Przyrzecze **ZPM** 14 Qf 26
Przysiecz **OPL** 65 Sf 45
Przysieczyn **WKP** 28 Sb 32
Przysiek **KPM** 30 Td 32
Przysieka **MŁP** 77 Uf 46
Przysieka **SLK** 67 Ud 44
Przysieka **WKP** 28 Sa 32
Przysieka **WKP** 29 Sd 33
Przysieka Polska **WKP** 40 Rd 36
Przysieki **PKR** 86 Wc 50
Przysiersk **KPM** 17 Tb 28
Przysietnica **MŁP** 85 Vd 51
Przysietnica **PKR** 87 Xa 50
Przysławy **ZPM** 15 Rc 25
Przysłop **MŁP** 84 Ud 50
Przysłów **SWK** 68 Vb 44
Przysłup **PKR** 88 Xc 53
Przysowy **MAZ** 33 Vf 29
Przystajń **SLK** 66 Te 43
Przystałowice Duże **MAZ** 56 Ve 40
Przystałowice Małe **MAZ** 56 Vd 40
Przystanki **WKP** 40 Rc 33
Przystań **MAZ** 33 Wc 30
Przystań **WMZ** 9 Wd 23
Przystawańce **PDL** 11 Yb 23
Przystawka **PDL** 23 Yb 28
Przystawy **ZPM** 3 Rc 23
Przystojnia **WKP** 53 Tb 39
Przystronie **DLS** 63 Re 44
Przystronie **WKP** 42 Td 34
Przysucha **MAZ** 56 Vd 40
Przyszowa **MŁP** 85 Vd 51
Przyszowice **SLK** 76 Te 47
Przyszów **PKR** 80 Wf 46
Przytarnia **POM** 16 Sf 25
Przytkowice **MŁP** 77 Ue 49
Przytoczna **LBU** 39 Qe 33
Przytocznica **WKP** 53 Ta 40
Przytoczno **LBL** 58 Xb 39
Przytok **LBU** 38 Qd 37
Przytoka **MAZ** 46 We 35
Przytoń **ZPM** 14 Qd 27
Przytoń **ZPM** 14 Qf 27
Przytuki **WKP** 42 Ta 34
Przytulanka **PDL** 22 Xf 28
Przytuły **MAZ** 33 Wa 30
Przytuły **PDL** 22 Xb 28
Przytuły **WMZ** 10 Wf 24
Przytuły **WMZ** 22 Xc 25
Przytuły-Kolonia **PDL** 34 Xb 28
Przytyk **MAZ** 56 Vf 40
Przywarówka **SLK** 84 Ud 51
Przywidz **ŁDZ** 54 Te 38
Przywidz **POM** 6 Tb 23
Przywieczerzyn **KPM** 30 Tf 32
Przywitowo **KPM** 31 Ud 30
Przywodzie **ZPM** 26 Qa 30
Przywory **ŁDZ** 53 Tb 41
Przywory **OPL** 65 Sf 45
Przywóz **ŁDZ** 66 Te 42
Psarskie **WKP** 39 Rb 33
Psarskie **WKP** 40 Rf 34
Psarskie **WKP** 40 Rf 36
Psary **DLS** 51 Rd 39
Psary **DLS** 64 Sa 41
Psary **DLS** 64 Sc 43
Psary **KPM** 43 Ua 34
Psary **ŁDZ** 43 Ud 36
Psary **ŁDZ** 56 Va 40
Psary **ŁDZ** 56 Vb 37
Psary **MAZ** 32 Uf 32
Psary **MAZ** 33 Wb 32
Psary **MAZ** 57 Wd 39
Psary **MŁP** 77 Ud 47
Psary **SLK** 66 Tf 45
Psary **SLK** 76 Ua 46
Psary **SWK** 67 Ue 44
Psary **WKP** 42 Td 37
Psary **WKP** 42 Te 34
Psary **WKP** 53 Ta 39
Psary-Kąty **SWK** 68 Vf 43
Psary-Lechawa **ŁDZ** 55 Ue 40
Psary Małe **WKP** 41 Sd 34
Psary-Podłazy **SWK** 68 Vf 43
Psary Polskie **WKP** 41 Sd 34
Psary-Stara Wieś **SWK** 68 Vf 43
Psary Witkowskie **ŁDZ** 55 Ue 40
Psie Głowy **ZPM** 14 Rb 28
Psie Pole **DLS** 64 Sa 42
Pstrągowa **PKR** 80 We 49
Pstrągówka **PKR** 79 Wd 49
Pstrąże **DLS** 50 Qd 40
Pstrążna **SLK** 75 Tc 48
Pstrokonie **ŁDZ** 54 Tf 39
Pstroszyce **MŁP** 77 Uf 46
Pstroszyce **MŁP** 77 Va 46
Pstrowice **ZPM** 26 Pf 30
Psucin **MAZ** 45 Ve 33
Psurów **OPL** 66 Td 43
Pszczew **LBU** 39 Qe 34
Pszczonki **OPL** 65 Tb 42
Pszczonów **ŁDZ** 44 Uf 37
Pszczółczyn **PDL** 35 Xe 30
Pszczółki **ŁDZ** 54 Ua 40
Pszczółki **POM** 6 Te 23
Pszczyna **SLK** 76 Tf 49
Pszeniczna **OPL** 64 Sd 42
Pszenno **DLS** 63 Rd 43
Pszonka **MAZ** 46 Wd 37
Pszów **SLK** 75 Tc 48
Ptaki **PDL** 21 We 28
Ptakowice **SLK** 76 Te 46
Ptaszki **MAZ** 47 Xd 35
Ptaszkowa **MŁP** 86 Vf 51
Ptaszkowice **ŁDZ** 54 Tf 39
Ptaszkowo **WKP** 40 Rc 35
Pturek **KPM** 29 Sf 31
Ptusza **WKP** 15 Re 28
Puc **POM** 17 Ta 24
Puchacze **LBL** 47 Xf 36
Puchaczów **LBL** 59 Xf 41
Puchałowa **MŁP** 84 Ue 52
Puchały **MAZ** 45 Vf 36
Puchały **PDL** 34 Xb 30
Puchówek **WMZ** 22 Xd 25
Pucice **ZPM** 13 Pe 28
Puciłki **PDL** 23 Yd 28
Puck **POM** 6 Tc 20
Puczniew **ŁDZ** 54 Ua 38
Puczyce **MAZ** 47 Xe 35
Pudliszki **WKP** 52 Rf 38
Pudłówek **ŁDZ** 54 Tf 38
Pukarzów **ŁDZ** 67 Ue 43
Pukarzów **LBL** 72 Yd 45
Pukawica **ŁDZ** 54 Ub 40
Pukinin **ŁDZ** 56 Vb 38
Pulczynów **LBL** 71 Xe 45
Pulsze **PDL** 35 Ya 31
Pułaczów **SWK** 69 Wa 44
Pułanki **PKR** 79 Wd 49
Pułankowice **LBL** 70 Xb 43
Puławy **LBL** 58 Wf 40
Pułazie **MAZ** 34 Xb 32
Pułazie-Świerże **PDL** 35 Xd 31
Pułkowice **POM** 18 Ua 25
Pułtusk **MAZ** 33 Wa 32
Puńców **SLK** 83 Te 50
Puńsk **PDL** 11 Yb 23
Pupki **PDL** 34 We 28
Pupki **WMZ** 19 Vb 25
Pupkowizna **MAZ** 21 Wd 28
Purdka **WMZ** 20 Ve 26
Purzec **MAZ** 47 Xb 35
Purzyce-Trojany **MAZ** 32 Vd 30
Pusta Dąbrówka **KPM** 31 Vb 29
Pustary **ZPM** 2 Qd 24
Pustelnik **ŁDZ** 54 Td 39
Pustelnik **LBL** 71 Xe 42
Pustelnik **MAZ** 46 Wc 35
Pustelnik **MAZ** 46 Xb 33
Pustki **MAZ** 47 Xc 36
Pustki **POM** 17 Sf 25
Pustki **WMZ** 18 Ud 27
Pustki Choceńskie **KPM** 43 Ua 33
Pustki Cisowskie **POM** 6 Tc 21
Pustkowa Góra **ŁDZ** 55 Ub 37
Pustkowie, Grabów- **WKP** 53 Ta 39
Pustkowie Lgockie **SLK** 66 Ub 45
Pustkowie Parzynowskie **WKP** 53 Sf 40
Pustkowo **ZPM** 3 Ra 24
Pustków **PKR** 79 Wc 48
Pustków-Osiedle **PKR** 79 Wd 48
Pustków Wilczkowski **DLS** 64 Rf 43
Pustków Żurawski **DLS** 64 Rf 43
Pustniki **WMZ** 20 Wa 25
Pustoły, Szumanie- **MAZ** 32 Uf 32
Pustowo **POM** 4 Re 24
Pustynia **PKR** 79 Wc 48
Pustyny **PKR** 87 Wf 51
Puszcza, Gołasze- **PDL** 35 Xc 31
Puszcza, Gronostaje- **PDL** 35 Xb 30
Puszcza Mariańska **MAZ** 44 Vc 37
Puszcza Rządowa **KPM** 31 Uc 30
Puszczew **SLK** 66 Tf 44
Puszczykowiec **WKP** 40 Rc 36
Puszczykowo **WKP** 40 Rc 36
Puszczykowo **WKP** 40 Rf 35
Puszczykówko **WKP** 40 Rf 35
Puszno **LBL** 70 Xa 42
Puszyna **OPL** 74 Sd 46
Putkowice Nadolne **PDL** 47 Xd 34
Putnowice Górne **LBL** 72 Ye 43
Putnowice-Kolonia **LBL** 72 Yd 43
Putnowice Wielkie **LBL** 72 Ye 43
Puzdrowiec **KPM** 29 Sc 32
Puzdrowizna **MAZ** 34 We 32
Puzdrowo **POM** 5 Sf 22
Puznówka **MAZ** 46 Wd 37
Pyrnik **LBU** 39 Qe 37
Pyry **MAZ** 45 Wa 36
Pyrzany **LBU** 26 Pf 33
Pyrzowice **SLK** 76 Ua 46
Pyrzyce **ZPM** 26 Pf 30
Pyskowice **DLS** 62 Qf 41

Pyskowice **SLK** 76 Td 46
Pysząca **WKP** 40 Sa 36
Pyszczyn **DLS** 63 Rc 43
Pyszczynek **WKP** 41 Sd 33
Pyszkow **ŁDZ** 54 Te 40
Pyszkowo **KPM** 43 Tf 34
Pysznica **PKR** 70 Xa 45
Pytlewo **WKP** 41 Sd 33
Pytowice **ŁDZ** 67 Uc 41
Pyzdry **WKP** 41 Se 35
Pyzówka **MŁP** 84 Uf 51

R

Rabacino **POM** 5 Sd 24
Raba Niżna **MŁP** 84 Va 51
Raba Wyżna **MŁP** 84 Uf 51
Rabe **PKR** 88 Xe 52
Rabędy **MAZ** 34 Wf 31
Rabiany **MAZ** 46 We 34
Rabinówka **LBL** 82 Yc 46
Rabka-Zdrój **MŁP** 84 Uf 51
Rabnachów B **MAZ** 57 Wd 41
Rabowice **WKP** 40 Sa 34
Rabsztyn **MŁP** 77 Ud 47
Racendów **WKP** 41 Sd 37
Racewo **PDL** 23 Yc 28
Rachanie **LBL** 72 Yd 45
Rachcin **KPM** 31 Ua 32
Rachowa **WKP** 53 Tc 37
Rachowice **SLK** 75 Tc 47
Rachowo **WMZ** 18 Uc 24
Rachów **LBL** 70 Wf 43
Rachujka **MAZ** 33 Vf 29
Rachwałowice **MŁP** 78 Vd 47
Raciąż **KPM** 16 Se 27
Raciąż **MAZ** 32 Va 32
Raciąż, Pólka- **MAZ** 32 Va 32
Raciążek **KPM** 30 Te 31
Raciborowice **ŁDZ** 55 Ue 39
Raciborowice **MŁP** 78 Va 48
Raciborowice Górne **DLS** 62 Qe 41
Raciborowice-Kolonia **LBL** 72 Ye 43
Raciborów **ŁDZ** 43 Uc 35
Raciborsko **MŁP** 77 Va 49
Racibory **PDL** 22 Xc 28
Racibory, Kropiewnica- **PDL** 35 Xe 30
Racibórz **SLK** 75 Tb 48
Racice **KPM** 42 Tb 33
Raciechowice **MŁP** 78 Va 49
Racięcice **WKP** 42 Tc 35
Racięcin **WKP** 42 Tc 34
Racimierz **ZPM** 13 Pd 26
Raciniewo **POM** 15 Sa 26
Raciszów **OPL** 64 Sd 43
Raciszyn **ŁDZ** 66 Tf 42
Racław **LBU** 26 Qa 32
Racławice **MŁP** 77 Ue 47
Racławice **MŁP** 78 Vb 47
Racławice **MŁP** 86 Wb 50
Racławice **PKR** 70 Xb 45
Racławice **WKP** 53 Tb 39
Racławice Śląskie **OPL** 75 Se 47
Racławiczki **OPL** 75 Se 46
Racławki **POM** 16 Se 26
Racławówka **PKR** 80 Wf 48
Racot **WKP** 40 Re 36
Racula **LBU** 38 Qd 37
Raczki **MAZ** 47 Ya 35
Raczki **PDL** 22 Xe 25
Raczki Elbląskie **WMZ** 7 Uc 24
Raczki Wielkie **WMZ** 22 Xd 24
Raczkowa **DLS** 63 Rb 42
Raczkowa **PKR** 87 Xb 51
Raczkowice **SLK** 67 Ud 43
Raczkowice-Kolonia **SLK** 67 Ud 43
Raczkowo **WKP** 29 Sb 33
Raczków **ŁDZ** 54 Td 38
Raczyce **SWK** 68 Vf 45
Raczyce **WKP** 52 Sd 39
Raczyn **ŁDZ** 54 Td 41
Raczyn **WKP** 28 Sa 30
Raczyny **MAZ** 32 Ue 30
Raczyny **MAZ** 47 Xd 35
Radachów **LBU** 38 Pf 34
Radacz **ZPM** 15 Rd 26
Radaczewo **ZPM** 26 Qc 29
Radańska **KPM** 17 Tc 27
Radawa **PKR** 81 Xe 48
Radawczyk-Kolonia **LBL** 70 Xc 41
Radawczyk Pierwszy **LBL** 70 Xc 42
Radawie **OPL** 65 Tb 44
Radawiec Duży **LBL** 70 Xc 41
Radawka **OPL** 65 Tb 44
Radawnica **WKP** 15 Rf 28
Radcze **LBL** 59 Xe 38
Radecz **DLS** 51 Re 41
Radecznica **LBL** 71 Xf 44
Radestów **MAZ** 56 Ve 41
Radęcin **LBU** 27 Qf 30
Radgoszcz **WKP** 27 Qf 33
Radiówek **MAZ** 45 Wb 36
Radkowice **SWK** 68 Vc 44
Radkowice **SWK** 69 Wa 43
Radków **DLS** 63 Rc 45
Radków **LBL** 72 Yf 46
Radków **SWK** 67 Uf 44
Radlice **DLS** 52 Rc 40
Radlice **ZPM** 27 Qc 29
Radliczyce **WKP** 53 Tc 38
Radlin **LBL** 70 Xb 42
Radlin **SLK** 75 Tc 48
Radlin **SWK** 68 Ve 43
Radlin **WKP** 41 Sd 36
Radliniec **WKP** 41 Sc 36
Radlna **MŁP** 79 Vf 49
Radłowo **KPM** 29 Ta 32
Radłowo **WKP** 41 Sf 34
Radłów **MŁP** 78 Vf 48
Radłów **OPL** 66 Td 43
Radłów **WKP** 53 Se 38
Radłówek **KPM** 30 Tb 32
Radłówka **DLS** 62 Qd 42
Radły, Ługi- **SLK** 66 Td 43
Radochoszcze **LBL** 71 Yb 45
Radochów **DLS** 73 Re 46
Radocyna **MŁP** 86 Wc 52
Radocza **MŁP** 77 Uc 49
Radogoszcz **DLS** 62 Qb 42
Radogoszcz **MAZ** 34 Wf 30
Radogoszcz **MŁP** 79 Wa 47
Radogoszcz **POM** 17 Tc 26
Radojewice **KPM** 30 Tc 32
Radojewo **WKP** 40 Rf 34
Radolin **WKP** 28 Rd 30
Radolina **WKP** 41 Ta 35
Radolinek **WKP** 28 Rd 31
Radom **MAZ** 57 Wa 40
Radom **WKP** 28 Re 31
Radomek **WMZ** 18 Ud 27
Radomia **LBU** 38 Qc 37
Radomice **DLS** 62 Qd 43
Radomice **KPM** 31 Ua 32
Radomice Drugie **SWK** 68 Ve 44
Radomice Pierwsze **SWK** 68 Ve 44
Radomicko **WKP** 40 Rd 37
Radomierowice **OPL** 65 Ta 43
Radomierz **DLS** 62 Qf 43
Radomierz **WKP** 39 Rb 37
Radomierzyce **DLS** 61 Pf 42
Radomiłowice **DLS** 62 Qe 42
Radomiłów **DLS** 51 Rc 39
Radomin **KPM** 31 Ub 30
Radomin **WMZ** 19 Vc 28
Radomirka **LBL** 71 Xe 43
Radomno **WMZ** 18 Ud 27
Radomsko **ŁDZ** 67 Uc 42
Radomyśl **MAZ** 47 Xc 36
Radomyśl **ZPM** 14 Ra 28
Radomyśl **ZPM** 15 Rd 26
Radomyśl nad Sanem **PKR** 70 Wf 44
Radomyśl Wielki **PKR** 79 Wb 47
Radonia **ŁDZ** 55 Uf 40
Radonia **SLK** 76 Td 45
Radonia, Sępno- **ŁDZ** 55 Va 40
Radoniów **DLS** 62 Qc 42
Radońsk **KPM** 16 Sc 28
Radoryż Kościelny **LBL** 58 Xa 38
Radoryż-Smolany **LBL** 58 Xa 38
Radosiew **WKP** 28 Rc 31
Radosław **DLS** 51 Rc 38
Radosław **POM** 5 Sd 21
Radosław **ZPM** 4 Re 22
Radostków **SLK** 66 Ua 43
Radostowice **SLK** 76 Tf 48
Radostowo **POM** 17 Te 25
Radostowo **WMZ** 20 Vd 25
Radostów **LBL** 72 Yf 45
Radostów **SWK** 69 Wa 44
Radostów **ZPM** 25 Pb 31
Radostów Dolny **DLS** 62 Qc 42
Radostów Drugi **ŁDZ** 65 Tb 41
Radostów Górny **DLS** 62 Qc 42
Radostów Pierwszy **ŁDZ** 65 Tb 41
Radostów Średni **DLS** 62 Qc 42
Radosty **WMZ** 20 Vd 25
Radostynia **OPL** 74 Se 46
Radosze **WMZ** 9 Wb 23
Radoszewica **SLK** 67 Ue 44
Radoszewice **ŁDZ** 66 Tf 41
Radoszewice **WKP** 42 Te 34
Radoszewo **POM** 6 Tb 20
Radoszki **KPM** 31 Ud 29
Radoszki **SWK** 69 We 44
Radoszkowice **DLS** 64 Sa 43
Radoszowice **OPL** 64 Sd 44
Radoszowo **POM** 4 Sa 21
Radoszowy **OPL** 75 Ta 47
Radoszowy **SLK** 75 Tc 48
Radoszyce **DLS** 51 Rc 39
Radoszyce **PKR** 87 Xa 53
Radoszyce **SWK** 68 Vb 42
Radoszyna **MAZ** 46 We 34
Radość **MAZ** 45 Wb 35
Radość **MAZ** 46 Xb 33
Radość **PKR** 86 Wc 50
Radowice **LBU** 39 Qe 36
Radowo **LBU** 27 Qe 31
Radowo Małe **ZPM** 14 Qc 27
Radowo Wielkie **ZPM** 14 Qc 26
Radów **LBU** 38 Pe 34
Radówek **LBU** 38 Pe 34
Radruż **PKR** 82 Yc 47
Raducki Folwark **ŁDZ** 54 Te 41
Raducz **ŁDZ** 56 Vb 37
Raduczyce **ŁDZ** 54 Te 41
Radule **PDL** 35 Xe 30
Radulin **PDL** 36 Yd 30
Radunica **POM** 6 Td 23
Raduń **POM** 16 Se 25
Raduń **SLK** 66 Td 45
Raduń **ZPM** 27 Qd 30
Radusz **POM** 4 Sb 23
Radusz **ZPM** 15 Rc 25
Raduszka **ZPM** 3 Rb 24
Radwan **ŁDZ** 56 Vb 41
Radwan **MŁP** 79 Wa 47
Radwan **SWK** 69 Wb 44
Radwanice **DLS** 50 Qf 39
Radwanice **DLS** 64 Sa 42
Radwanka **ŁDZ** 56 Va 38
Radwanki **WKP** 28 Sa 31
Radwanków Szlachecki **MAZ** 57 Wb 37
Radwanowice **MŁP** 77 Ue 48
Radwanów **LBU** 50 Qc 38
Radwanów **SWK** 68 Va 42
Radwanówka **LBL** 70 Xb 44
Radyczyny **WKP** 42 Te 36
Radymno **PKR** 81 Xe 49
Radynia **OPL** 74 Se 48
Radysy **WMZ** 21 Xa 27
Radzanek **ZPM** 13 Qa 27
Radzanowo **MAZ** 44 Uf 33
Radzanowo-Dębniki **MAZ** 44 Uf 33
Radzanów **LBL** 60 Yc 41
Radzanów **MAZ** 32 Va 31
Radzanów **MAZ** 56 Vf 39
Radzanów **SWK** 78 Ve 46
Radzewice **WKP** 40 Rf 35
Radzewo **WKP** 40 Sa 35
Radziądz **DLS** 52 Rf 39
Radziątków **ŁDZ** 55 Ud 41
Radzice **ŁDZ** 56 Vc 40
Radzicz **KPM** 29 Sc 29
Radzie **PDL** 22 Xf 27
Radzie **WMZ** 21 Xa 25
Radziechowice Drugie **ŁDZ** 67 Uc 42
Radziechowice Pierwsze **ŁDZ** 67 Ub 42
Radziechowy **SLK** 83 Ua 51
Radziechów **DLS** 50 Qe 41
Radzieje **WMZ** 9 Wd 24
Radziejewo **POM** 17 Tc 25
Radziejewo **WMZ** 8 Vb 23
Radziejowice **MAZ** 44 Vd 36
Radziejów **KPM** 42 Td 33
Radziejów **SLK** 76 Td 48
Radziemice **MŁP** 78 Vb 47
Radzieszyn **DLS** 64 Sd 42
Radzięcin **LBL** 71 Xe 44
Radziki Duże **KPM** 31 Ub 30
Radzikowice **OPL** 74 Sb 45
Radzikowo Scalone **MAZ** 44 Vc 34
Radzików **DLS** 63 Rf 44
Radzików **LBU** 38 Pf 35
Radzików **MAZ** 45 Vd 35
Radzików-Kornica **MAZ** 47 Xd 36
Radzików Wielki **MAZ** 47 Xd 36
Radziłów **PDL** 22 Xc 28
Radzim **KPM** 16 Sd 27
Radzimowice **MAZ** 32 Vb 31
Radzimów **DLS** 61 Qa 42
Radzionków **SLK** 76 Tf 46
Radziszewo-Króle **PDL** 47 Xd 33
Radziszewo-Sieńczuch **PDL** 35 Xe 32
Radziszów **MŁP** 77 Ue 49
Radziucie **PDL** 11 Yc 23
Radziuszki **PDL** 11 Yb 24
Radziwie **MAZ** 43 Ue 33
Radziwiłłów **MAZ** 44 Vb 37
Radziwiłłów **WKP** 53 Se 39
Radziwiłłówka **PDL** 47 Ya 34
Radzowice **DLS** 65 Se 41
Radzymin **MAZ** 44 Vc 33
Radzymin **MAZ** 45 Wb 34
Radzyny **WKP** 40 Rd 33
Radzyń **ŁDZ** 43 Tf 35
Radzyń **LBU** 51 Ra 37
Radzyń Chełmiński **KPM** 18 Tf 28
Radzyń Podlaski **LBL** 59 Xd 38
Radzyń-Wieś **KPM** 31 Tf 28
Radzyń-Wybudowanie **KPM** 31 Tf 28
Rafa **KPM** 30 Tb 29
Rafałówka **PDL** 36 Yc 30
Rafały, Glinki- **MAZ** 33 Wb 30
Raj **WMZ** 19 Uf 25
Rajbrot **MŁP** 78 Vc 50
Rajcza **SLK** 83 Ua 51
Rajczyn **DLS** 52 Rd 40
Rajec Poduchowny **MAZ** 57 Wb 40
Rajec Szlachecki **MAZ** 57 Wb 40
Rajgród **PDL** 22 Xe 26
Rajkowy **POM** 17 Te 25
Rajmundów **ŁDZ** 43 Ub 34
Rajsk **PDL** 36 Ya 31
Rajsko **MŁP** 76 Ub 48
Rajsko **MŁP** 78 Vd 48
Rajsko **SWK** 67 Va 45
Rajsko **WKP** 53 Tb 38
Rajsko Duże **ŁDZ** 55 Ue 41
Rajsko Małe **ŁDZ** 55 Ue 41
Raki **MAZ** 33 Wb 30
Rakłowice **DLS** 52 Sb 39
Rakołupy **LBL** 72 Yc 43
Rakołupy Duże **LBL** 72 Yc 43
Rakoniewice **WKP** 39 Rb 36
Rakoszyce **DLS** 63 Rd 42
Rakoszyn **SWK** 67 Va 45
Rakowa **PKR** 87 Xc 51
Rakowice **DLS** 50 Qd 41
Rakowice **DLS** 63 Rf 45
Rakowice **ŁDZ** 54 Td 39
Rakowice **POM** 18 Ua 26
Rakowice **WMZ** 18 Ue 28
Rakowice Małe **DLS** 62 Qd 42
Rakowice Wielkie **DLS** 62 Qd 42
Rakowicze **PDL** 23 Yd 26
Rakowicze **PDL** 36 Yc 32
Rakowiec **MAZ** 45 Vf 35
Rakowiec **MAZ** 46 Wd 35
Rakowiec **MAZ** 46 Xb 36
Rakowiec **POM** 17 Te 26
Rakowiska **POM** 7 Ub 24
Rakowisko **LBL** 48 Ya 36
Rakownia **WKP** 40 Sa 33
Rakowo **KPM** 31 Ub 30
Rakowo **MAZ** 44 Va 34
Rakowo **PDL** 21 Xb 27
Rakowo **WKP** 41 Sc 34
Rakowo **WKP** 42 Tb 34
Rakowo **WMZ** 7 Uc 23
Rakowo **ZPM** 15 Rc 27
Rakowo **ZPM** 27 Qd 30
Rakowo,Państwowe Gospodarstwo Rolne **ZPM** 15 Rb 27
Rakowo-Boginie **PDL** 34 Xb 30
Rakowo-Czechy **PDL** 34 Xb 30
Rakowo Małe **WMZ** 21 Xb 26
Rakowo Piskie **WMZ** 21 Wf 27
Raków **DLS** 50 Qf 40
Raków **DLS** 52 Rf 41
Raków **DLS** 64 Sb 41
Raków **ŁDZ** 55 Ue 40
Raków **MAZ** 43 Ud 35
Raków **SLK** 66 Ua 44
Raków **SLK** 75 Ta 48
Raków **SWK** 68 Vc 45
Raków **SWK** 69 Wa 44
Raków **WKP** 65 Ta 41
Rakówek **PDL** 10 Xd 23
Rakówka **LBL** 81 Xe 46
Rakówka **SWK** 69 Wa 44
Rakszawa **PKR** 80 Xb 48
Rakutowo **KPM** 43 Ub 33
Ralewice **ŁDZ** 54 Tf 38
Ramieszów **DLS** 64 Sa 41
Ramiona **MAZ** 33 Wb 29
Ramlewo **ZPM** 14 Qe 25
Ramlje **POM** 5 Ta 23
Ramoty **PDL** 21 Xb 28
Ramoty **WMZ** 19 Va 26
Ramsowo **WMZ** 20 Ve 25
Ramsówko **WMZ** 20 Ve 25
Ramty **WMZ** 20 Wb 24
Ramułtowice **DLS** 63 Re 42
Ramutki **KPM** 18 Tf 28
Ramutowo **MAZ** 44 Uf 33
Ramutówko **MAZ** 44 Uf 33
Ranachów Górny **MAZ** 57 Wd 41
Raniżów **PKR** 80 Wf 47
Rankowskie **LBL** 70 Xa 42
Ranty **WMZ** 21 Xa 25
Rańsk **WMZ** 20 Wa 26
Rapaty **WMZ** 19 Va 26
Rapocin **DLS** 51 Ra 38
Rapy Dylańskie **LBL** 71 Xe 45
Rarwino **ZPM** 14 Qe 25
Rasy **ŁDZ** 55 Uc 40
Rasząg **WMZ** 20 Vf 26
Raszczyce **SLK** 75 Tb 48
Raszelki **ŁDZ** 54 Te 38
Raszewo Włościańskie **MAZ** 44 Vb 34
Raszewy **WKP** 41 Sd 36
Raszków **DLS** 73 Rc 46
Raszków **SWK** 67 Uf 45
Raszków **WKP** 53 Se 38
Raszowa **OPL** 65 Ta 45
Raszowa **OPL** 75 Tb 46
Raszowa Duża **DLS** 51 Rb 41
Raszowice **DLS** 51 Re 40
Raszów **DLS** 62 Qf 44
Raszówek **MŁP** 78 Vb 46
Raszówka **DLS** 51 Rb 41
Raszyn **LBU** 49 Pf 38
Raszyn **MAZ** 45 Vf 36
Rataje **DLS** 51 Rd 41
Rataje **DLS** 64 Sc 41
Rataje **MAZ** 33 Wc 30
Rataje **SWK** 69 Wa 42
Rataje **WKP** 28 Rf 31
Rataje **WKP** 39 Rc 35
Rataje **WKP** 40 Rf 34
Rataje **WKP** 41 Se 35
Rataje Słupskie **SWK** 79 Wa 46
Ratajki **ZPM** 3 Rc 23
Ratajno **DLS** 63 Re 44
Ratajów **MŁP** 77 Va 47
Ratanice **SLK** 77 Ub 46
Ratno Dolne **DLS** 63 Rc 45
Ratno Górne **DLS** 63 Rc 45
Ratnowice **OPL** 74 Sa 46
Ratoszyn **LBL** 70 Xa 42
Ratoszyn **MAZ** 56 Ve 39
Ratowice **DLS** 64 Sb 42
Ratowo **MAZ** 32 Va 31
Ratowo-Piotrowo **PDL** 34 Xa 30
Ratułów **MŁP** 84 Uf 52
Ratyczów **LBL** 72 Ye 46
Ratyń **DLS** 64 Rf 42
Ratyń **WKP** 41 Sf 35
Rawa **LBL** 58 Xc 39
Rawa Mazowiecka **ŁDZ** 56 Vb 38
Rawica **MAZ** 57 Wc 41
Rawicz **ŁDZ** 55 Uc 40
Rawicz **WKP** 52 Rf 39
Rawka **ŁDZ** 44 Vb 37
Rawka **SWK** 67 Uf 45
Rawki **MAZ** 33 Wa 29
Rawy **MAZ** 33 Wb 30
Raźny **MAZ** 46 We 33
Rąb **POM** 5 Tb 22
Rąbczyn **WKP** 29 Sb 32
Rąbczyn **WKP** 53 Se 38
Rąbień **ŁDZ** 55 Ub 38
Rąbierz **MAZ** 33 Vd 30
Rąbierz **MAZ** 44 Vc 33
Rąbież **MAZ** 33 Ve 31
Rąbież, Tokary- **MAZ** 43 Ue 33
Rąbin **WKP** 40 Rf 36
Rąbinek **ŁDZ** 55 Ub 38
Rąbinko **ZPM** 14 Qf 25
Rąbino **ZPM** 14 Qf 25
Rąbkowa **MŁP** 85 Ve 50
Rączka **OPL** 74 Sd 46
Rączki **SWK** 67 Uf 42
Rączki **WMZ** 19 Vb 28
Rączki, Milewo- **MAZ** 33 Vf 31
Rączna **MŁP** 77 Ue 48
Rączyna **PKR** 80 Xc 49
Rąkczyn **ŁDZ** 54 Tf 37
Rąpice **LBU** 37 Pe 36
Rąty **POM** 5 Ta 23
Rdzawka **MŁP** 84 Uf 51
Rdziostów **MŁP** 85 Ve 51
Rdzów **MAZ** 56 Ve 40
Rdzuchów **MAZ** 56 Ve 40
Reblinko **POM** 4 Rf 22
Reblino **POM** 4 Rf 22
Recław **ZPM** 13 Pd 25
Recz **ZPM** 27 Qd 29
Reczul **ŁDZ** 55 Va 37
Reczyce **ŁDZ** 44 Uf 36
Reczyn **DLS** 61 Pf 42
Reda **POM** 6 Tc 21
Redaki **WMZ** 18 Uc 26
Redczyce **KPM** 29 Se 31
Redecz Kalny **KPM** 42 Te 33
Redecz Krukowy **KPM** 42 Te 33
Redecz Wielki-Parcele **KPM** 42 Te 33
Reden **SLK** 76 Ub 47
Redęcin **POM** 4 Rf 22
Redkowice **POM** 5 Sd 21
Redlica **ZPM** 12 Pc 28
Redlin **MAZ** 56 Vf 39
Redło **ZPM** 13 Qa 27
Redło **ZPM** 14 Qf 26
Redłowo **POM** 6 Td 22
Redociny **ŁDZ** 55 Uc 39
Redostowo **ZPM** 13 Pf 27
Reduchów **ŁDZ** 54 Tf 38
Reducin **MAZ** 57 We 37
Reducz **ŁDZ** 67 Ue 41
Reduty **PDL** 36 Yc 33
Redy **WMZ** 8 Vd 24
Redzik **SWK** 69 Vf 42
Redzyńskie **MAZ** 46 We 37
Reforma **LBL** 59 Xe 38
Reforma, Łabunie- **LBL** 72 Yc 45
Regiel **WMZ** 22 Xc 26
Regielnica **WMZ** 22 Xc 26
Regietów **MŁP** 86 Wb 52
Regimin **MAZ** 32 Vd 31
Reginów, Michałów- **MAZ** 45 Vf 34
Regnów **ŁDZ** 56 Vc 38
Regny **ŁDZ** 55 Uf 38
Regów **MAZ** 44 Vc 35
Regulice **MŁP** 77 Ud 48
Regulice **OPL** 74 Sb 45
Reguł **MAZ** 45 Wc 36
Reguły **MAZ** 45 Vf 35
Rejowiec **LBL** 71 Yb 42
Rejowiec **SWK** 67 Va 44
Rejowiec **WKP** 40 Sb 33
Rejowiec, Wólka- **LBL** 71 Yb 42
Rejowiec Fabryczny **LBL** 71 Yb 42
Rejów **LBU** 50 Qe 38
Rejsyty **WMZ** 18 Ud 25
Rejsztokiemie **PDL** 11 Yb 23
Rékawczyn **MAZ** 31 Ud 32
Rekcin **POM** 6 Td 23
Rekle **ŁDZ** 66 Ua 41
Reklin **WKP** 39 Ra 36
Rekownica **POM** 5 Ta 24
Rekownica **WMZ** 20 Ve 28
Rekowo **MAZ** 32 Ue 32
Rekowo **POM** 16 Sc 24
Rekowo **ZPM** 13 Pe 25
Rekowo **ZPM** 14 Qc 27
Rekowo **ZPM** 3 Rd 24
Rekowo Dolne **POM** 6 Tc 21
Rekowo Górne **POM** 6 Tc 21
Rekowo Lęborskie **POM** 5 Se 21
Rekówka **MAZ** 57 Wd 41
Rembertów **MAZ** 45 Wa 35
Rembertów **MAZ** 56 Vf 37
Rembiechowa **SWK** 68 Vb 44
Rembielin **MAZ** 33 Vf 29
Rembielin **MAZ** 43 Uc 33
Rembieszów **ŁDZ** 54 Tf 39
Rembieszyce **SWK** 68 Vb 44
Rembiocha **KPM** 31 Ua 30
Rembów **ŁDZ** 54 Td 40
Rembów **ŁDZ** 54 Ub 39
Rembów **SWK** 69 Wa 44
Remiękin **PDL** 11 Ya 24
Remiszew **ŁDZ** 54 Ua 38
Remiszewice **ŁDZ** 55 Ue 39
Remiszów Duży **MAZ** 47 Xc 34
Remki **MAZ** 44 Ue 35
Rempin **MAZ** 31 Ud 32
Renice **ZPM** 26 Pf 31
Renta **WKP** 53 Tb 39
Reńska Wieś **OPL** 64 Sc 45
Reńska Wieś **OPL** 75 Ta 47
Reńsko **WKP** 40 Rc 36
Repki **MAZ** 47 Xc 34
Reptowo **ZPM** 13 Pf 28
Repty **SLK** 76 Te 46
Resko **ZPM** 14 Qc 26
Resko, Stare **ZPM** 14 Qf 26
Reskowo **POM** 5 Ta 22
Restarzew **ŁDZ** 54 Ua 40
Reszel **WMZ** 20 Wa 24
Reszki **PDL** 22 Xe 26
Reszki **POM** 6 Tb 21
Reszki **WMZ** 19 Uf 27
Reszkowce **PDL** 23 Yc 27
Reta **SLK** 76 Tf 47
Retka **MAZ** 33 Wa 31
Retki **ŁDZ** 44 Uf 35
Retki, Humięcino- **MAZ** 32 Vd 30
Retkowo **KPM** 29 Sd 31
Retków **DLS** 51 Rb 39
Retków **MAZ** 46 Wd 35
Retnice **ŁDZ** 54 Td 38
Retniowiec **ŁDZ** 55 Uf 37
Rewa **POM** 6 Td 21
Rewal **ZPM** 2 Qa 24
Rewica Królewska **ŁDZ** 55 Uf 38
Rezerwa **LBL** 71 Xe 43
Rębiechowo **POM** 6 Tc 22
Rębielcz **POM** 6 Te 24
Rębielice Królewskie **SLK** 66 Tf 43
Rębielice Szlacheckie **SLK** 66 Tf 42
Rębiska **POM** 6 Tb 22
Rębisze-Kolonia **MAZ** 34 Wd 31
Rębiszewo, Mroczki- **MAZ** 33 Wc 31
Rębiszów **DLS** 62 Qc 43
Rębkowo **MAZ** 45 Vf 33
Rębków **MAZ** 57 Wd 37
Ręblów **LBL** 58 Xa 41
Ręboszewo **POM** 5 Ta 23
Rębowo **MAZ** 33 Ve 31
Rębowo **MAZ** 44 Vb 34
Rębowo **POM** 4 Sc 22
Rębowola **MAZ** 56 Ve 38
Rębów **MAZ** 43 Ub 34
Rębów **SWK** 68 Vd 45
Rębówko **MAZ** 33 Ve 31
Ręczaje Polskie **MAZ** 45 Wc 35
Ręczno **ŁDZ** 67 Uf 41
Rędzikowo **POM** 4 Sa 22
Rędzin **DLS** 64 Rf 42
Rędziny **DLS** 62 Qf 44
Rędziny **ŁDZ** 67 Ud 43
Rędziny **MŁP** 77 Uf 46
Rędziny **SLK** 66 Ub 43
Rędziny **SLK** 67 Uf 44
Rędziny, Kalina- **MŁP** 77 Va 46
Rędziny, Kolonia **ŁDZ** 67 Ud 43
Rędziny, Tempoczów- **SWK** 78 Vc 47
Rędziny-Borek **MŁP** 78 Vb 46
Rędziszowice **DLS** 52 Sb 41
Rękaw **PKR** 80 Xa 47
Rękawiec **ŁDZ** 55 Va 38
Rękoraj **ŁDZ** 55 Ud 39
Rękowice **MAZ** 57 Wb 38
Ręków **DLS** 63 Rf 43
Rększowice **SLK** 66 Ua 44
Ręszów **DLS** 52 Rc 40
Rętki, Ługi- **MAZ** 47 Xc 36
Rętwiny **KPM** 31 Ub 30
Rgielew **WKP** 43 Tf 35
Rgielsko **WKP** 29 Sb 32
Robakowo **KPM** 30 Td 28
Robakowo **POM** 5 Ta 21
Robakowo **WKP** 40 Sa 35
Robaków **WKP** 41 Se 36
Robaszew **ŁDZ** 54 Td 40
Robawy **WMZ** 20 Wa 24
Robczysko **WKP** 51 Re 38
Robertów **MAZ** 43 Ue 35
Robuń **ZPM** 14 Qe 24
Roby **ZPM** 2 Qb 24
Rochnia **MAZ** 32 Vb 30
Rochów **DLS** 62 Qe 42
Rochów **ŁDZ** 43 Ua 35
Roczyny **MŁP** 76 Ub 49
Rodaki **MŁP** 77 Ud 46
Rodakowice **DLS** 63 Re 42
Rodnowo **WMZ** 8 Vd 23
Rodołty, Łubin- **PDL** 35 Ya 32
Rodowo **POM** 18 Ub 26
Rodzonki, Dmochy- **PDL** 35 Xb 32
Rogacz **PDL** 48 Yb 33
Rogacz **SWK** 69 Wd 45
Rogaczew **SLK** 67 Ud 44
Rogaczewo Małe **WKP** 40 Re 36
Rogaczewo Wielkie **WKP** 40 Rf 36
Rogaczów, Sarbice- **SWK** 68 Vb 42
Rogaczówek **ŁDZ** 67 Ud 43
Rogajny **WMZ** 10 Xd 23
Rogajny **WMZ** 18 Ue 24
Rogajny **WMZ** 21 Xb 24
Rogalas **MAZ** 33 Wb 29
Rogale **PDL** 21 Xb 28
Rogale **WMZ** 10 Xa 23
Rogale **WMZ** 21 Xb 25
Rogale, Dmochy- **MAZ** 46 Xb 35
Rogale Wielkie **WMZ** 21 Xb 27
Rogalice **OPL** 64 Sd 43
Rogalik **WMZ** 21 Xa 26
Rogalin **KPM** 29 Sd 28
Rogalin **WKP** 40 Rf 35
Rogalinek **WKP** 40 Rf 35
Rogalino **ZPM** 14 Qf 26
Rogalów **LBL** 58 Xa 41
Rogalów **SWK** 68 Va 43
Rogaszyce **WKP** 53 Sf 40
Rogawica **POM** 4 Sa 21
Rogawka **PDL** 47 Xe 34
Rogi **ŁDZ** 67 Ue 43
Rogi **MŁP** 85 Vd 51
Rogi **OPL** 64 Sd 45
Rogi **OPL** 75 Ta 46
Rogi **PKR** 87 We 51
Rogiedle **WMZ** 19 Vb 24
Rogielkajmy **WMZ** 9 Vf 22
Rogienice **SWK** 67 Va 44
Rogienice Wielkie **PDL** 34 Xa 29
Rogity **WMZ** 7 Uf 22
Rogolin **MAZ** 56 Vf 39
Rogowa **MAZ** 56 Vf 40
Rogowice **SWK** 68 Vd 42
Rogowo **KPM** 29 Sd 32
Rogowo **KPM** 30 Te 30
Rogowo **KPM** 31 Uc 31
Rogowo **MAZ** 33 Wa 30
Rogowo **MAZ** 44 Va 33
Rogowo **PDL** 35 Xf 30
Rogowo **WKP** 52 Sa 38
Rogowo **ZPM** 13 Pf 28
Rogowo **ZPM** 13 Qc 27
Rogowo **ZPM** 14 Ra 25
Rogowo **ZPM** 2 Qc 24
Rogowo Szlacheckie **MAZ** 44 Va 33
Rogozina **ZPM** 2 Qa 24
Rogoziniec **LBU** 39 Qe 35
Rogozino **MAZ** 44 Ue 33
Rogoźna **SLK** 76 Td 48
Rogoźnica **DLS** 63 Rb 42
Rogoźnik **DLS** 63 Rc 41
Rogoźnik **SLK** 76 Ua 46
Rogoźno **ŁDZ** 43 Uc 37
Rogoźno **ŁDZ** 44 Ue 36
Rogoźno **ŁDZ** 54 Tf 40
Rogoźno **WKP** 28 Rf 32
Rogożany **OPL** 75 Sf 48
Rogożek **MAZ** 57 Wc 39
Rogożewek **MAZ** 43 Ud 34
Rogożewo **WKP** 52 Sa 38
Rogożnica **LBL** 47 Xf 36
Rogożnica **PKR** 80 Wf 48
Rogożniczka **LBL** 47 Xf 36
Rogożnik **MŁP** 84 Uf 52
Rogów **ŁDZ** 55 Uf 38
Rogów **LBL** 58 Wf 41
Rogów **LBL** 72 Yd 44
Rogów **MAZ** 47 Xc 34
Rogów **MAZ** 69 Wa 41
Rogów **MŁP** 77 Va 46
Rogów **SLK** 75 Tc 49
Rogów **SWK** 68 Vc 41
Rogów **SWK** 78 Ve 47
Rogówek **PDL** 35 Xf 30
Rogówek **SWK** 56 Vc 41
Rogów Górowski **DLS** 51 Rc 39
Rogówko **KPM** 30 Te 30
Rogówko **KPM** 31 Uc 31
Rogówko **ZPM** 14 Qd 27
Rogów Legnicki **DLS** 51 Rc 41
Rogów Opolski **OPL** 75 Sf 45
Rogów Sobócki **DLS** 63 Re 43
Rogóziec **MAZ** 47 Xd 35
Rogóźnia **MAZ** 34 Wf 32
Rogóźnia **PKR** 80 Xd 46
Rogóźno **KPM** 18 Tf 27
Rogóźno **LBL** 82 Yc 46
Rogóźno, Kolonia **LBL** 72 Yc 46
Rogóźno-Zamek **KPM** 18 Tf 27
Rogóż **DLS** 64 Sa 41
Rogóż **WMZ** 32 Vb 28
Rogóż **WMZ** 8 Vd 24
Rogóżno **PKR** 80 Xc 48
Roguszyn **MAZ** 46 Wf 34
Rojewice **KPM** 30 Tb 31
Rojewo **KPM** 30 Tb 31
Rojewo **KPM** 31 Uc 31
Rojęczyn **WKP** 51 Re 38
Rojów **WKP** 53 Sf 40
Rojówka, Skrzętla- **MŁP** 85 Vd 50
Rokicie **KPM** 31 Uc 32
Rokicie **MAZ** 43 Uc 33
Rokiciny **ŁDZ** 55 Ue 39
Rokiciny **POM** 5 Se 22
Rokiciny-Kolonia **ŁDZ** 55 Ue 38
Rokiciny Podhalańskie **MŁP** 84 Uf 51
Rokietnica **PKR** 81 Xd 49
Rokietnica **WKP** 40 Re 33
Rokita **ZPM** 13 Pf 26
Rokitki **DLS** 50 Qf 40
Rokitki **POM** 17 Te 24
Rokitki **POM** 5 Se 22
Rokitnica **DLS** 62 Qf 42
Rokitnica **ŁDZ** 54 Ub 39
Rokitnica **ŁDZ** 55 Ud 37
Rokitnica **MAZ** 56 Vc 38
Rokitnica **POM** 6 Te 23
Rokitnica **SLK** 76 Te 46
Rokitnica-Wieś **KPM** 31 Ud 30
Rokitnik **WMZ** 20 Ve 24
Rokitno **LBL** 48 Yb 36
Rokitno **LBL** 59 Xe 40
Rokitno **LBL** 72 Ye 46
Rokitno **LBU** 39 Qd 33
Rokitno **MAZ** 45 Ve 35
Rokitno **SLK** 67 Ue 45
Rokitno Szlacheckie **SLK** 77 Uc 46
Rokitów **LBL** 71 Xe 44
Rokity **POM** 5 Se 22
Rokosowo **WKP** 52 Rf 38
Rokosowo **ZPM** 14 Qe 25
Rokoszowa Wola **ŁDZ** 56 Vc 39
Rokotów **MAZ** 44 Vb 35
Rokszyce **ŁDZ** 55 Ud 40
Rokszyce **ŁDZ** 56 Vc 38
Rokszyce **PKR** 88 Xd 50
Rokutów **WKP** 53 Sf 37
Rola Kudłaczkowa **MŁP** 84 Va 50
Rolantowice **DLS** 64 Rf 43
Rola Sikorowa **SLK** 84 Ud 51
Rola Węgrzynowa **SLK** 84 Ud 51
Rolbik **POM** 16 Sd 25
Role **LBL** 47 Xc 37
Role **POM** 4 Sa 24
Rolki, Kożuchy- **WMZ** 21 Xa 27
Rolnowo **WMZ** 19 Uf 25
Romanki **WKP** 53 Ta 37
Romankowo **WMZ** 9 Wa 23
Romanowce **PDL** 11 Yb 24
Romanowo **MAZ** 33 Wa 31
Romanowo **WMZ** 22 Xd 26
Romanowo Dolne **DLS** 73 Re 46
Romanowo Dolne **WKP** 28 Rd 31
Romanowo Górne **DLS** 73 Re 46
Romanowo Górne **WKP** 28 Rd 31
Romanów **DLS** 63 Re 42
Romanów **DLS** 64 Sa 44
Romanów **ŁDZ** 53 Tc 39
Romanów **ŁDZ** 55 Ud 39
Romanów **ŁDZ** 55 Ud 41
Romanów **LBL** 48 Ya 35
Romanów **LBL** 71 Ya 43
Romanów **MAZ** 56 Ve 39
Romanów **MAZ** 57 Wa 41
Romanów **PDL** 23 Yb 27
Romanów **SLK** 66 Ua 44
Romanów **WKP** 52 Sc 38
Romanówek **ŁDZ** 55 Uf 38
Romanówka **LBL** 72 Yc 45
Romanówka **PDL** 47 Xf 34
Romanówka **SWK** 70 We 44
Romany **PDL** 21 Xb 28
Romany **WMZ** 20 Wa 27
Romany-Sebory **MAZ** 33 Vf 30
Romany-Sędzięta **MAZ** 33 Vf 29
Romartów **ŁDZ** 43 Ub 36
Romaszki **LBL** 59 Ya 38
Romejki **PDL** 22 Xf 28
Ronino **ZPM** 4 Rd 22
Ropa **MŁP** 86 Wa 51
Ropczyce **PKR** 79 Wd 48
Ropele **MAZ** 33 Vd 31
Ropica Dolna **MŁP** 86 Wa 51
Ropienka **PKR** 88 Xd 51
Ropki **MŁP** 86 Wa 52
Ropnica Górna **MŁP** 86 Wb 51
Ropocice **SWK** 67 Uf 44
Ropuchy **POM** 17 Td 25
Rosanów **ŁDZ** 55 Uc 37
Roscięcino **ZPM** 2 Qd 24
Rosiejów **SWK** 78 Vb 47
Rosin **LBU** 39 Qd 36
Roskajmy **WMZ** 9 Vf 23
Rosławice **ŁDZ** 56 Vc 38
Rosnowo **ZPM** 25 Pd 31
Rosnowo **ZPM** 3 Rb 24
Rosocha **ŁDZ** 55 Ue 39
Rosocha **MAZ** 56 Vd 39
Rosocha **WKP** 42 Ta 35
Rosocha **WKP** 42 Td 35
Rosocha **ZPM** 4 Rd 24
Rosochackie **WMZ** 22 Xc 24
Rosochata **DLS** 51 Rb 41
Rosochate Kościelne **PDL** 35 Xc 31
Rosochate Nartołty **PDL** 35 Xc 31
Rosochatka **KPM** 17 Ta 26
Rosochaty Róg **PDL** 22 Ya 24
Rosochy **MAZ** 32 Vc 31
Rosochy **SWK** 69 Wc 44
Rosorz **MAZ** 46 Xa 36
Rososz **LBL** 58 Wf 39
Rososz **MAZ** 34 Wd 31
Rososz **MAZ** 46 We 36
Rososzka **MAZ** 57 Wb 37
Rososznica **DLS** 64 Rf 45
Rososzyca **WKP** 53 Ta 39
Rosówek **ZPM** 12 Pc 29
Rossosz **LBL** 59 Ya 37
Rossosza **ŁDZ** 54 Ua 39
Rossoszyca **ŁDZ** 54 Te 38
Rostarzewo **WKP** 39 Rb 36
Rostek **WMZ** 10 Xb 23
Rostki **MAZ** 46 Xa 33
Rostki **PDL** 34 Xb 28
Rostki **WMZ** 21 Wf 26
Rostki Kaptury **MAZ** 33 Wb 32
Rostki Skomanckie **WMZ** 21 Xa 26
Rostki Stróżne **MAZ** 33 Wb 31
Rostki Wielkie **MAZ** 34 Xa 32
Rostkowo **MAZ** 33 Ve 30
Rostkowo **MAZ** 44 Va 33
Rostoka **WKP** 42 Tb 34
Rostołty **PDL** 35 Ya 31
Rosy **LBL** 46 Xa 36
Roszczep **MAZ** 45 Wb 34
Roszczyce **POM** 5 Se 20
Roszki **WKP** 52 Sd 38
Roszki-Włodki **PDL** 35 Xe 30
Roszki-Wodźki **PDL** 35 Xe 30
Roszkowice **OPL** 64 Sd 45
Roszkowice **OPL** 65 Se 43
Roszkowice **OPL** 65 Tb 42
Roszkowo **WKP** 28 Sb 32
Roszkowo **WKP** 52 Rf 38
Roszków **SLK** 75 Tb 49
Roszków **WKP** 41 Sc 37
Roszowice **OPL** 75 Tb 47
Roszowski Las **OPL** 75 Tb 47
Roszyce **DLS** 73 Rd 46
Rościce **LBU** 49 Qa 39
Rościmin **KPM** 29 Sc 29
Rościn **ZPM** 26 Pe 31
Rościnno **WKP** 28 Sa 32
Rościno **ZPM** 14 Qf 25
Rościsławice **DLS** 51 Re 41
Rościszewo **MAZ** 32 Ue 31
Rościszewo **POM** 6 Td 24
Rościszów **DLS** 63 Rd 44
Rośko **WKP** 27 Rb 31
Rośle Duże **WKP** 43 Tf 36
Rotembark **POM** 16 Sf 24
Rotnowo **ZPM** 13 Qb 25
Rotowo **ZPM** 14 Rb 25
Rowele **PDL** 11 Xf 22
Rowień **SLK** 76 Td 48
Rowiny **LBL** 59 Yb 37
Rowiska **MAZ** 46 We 34
Rowy **ŁDZ** 54 Td 39
Rowy **POM** 4 Sa 21
Rowy, Siemień- **PDL** 34 Xa 30
Rozajny **POM** 18 Ua 27
Rozalin **LBL** 70 Xa 41
Rozalin **MAZ** 45 Ve 36
Rozalin **PKR** 80 We 46
Rozalin **SLK** 66 Te 42
Rozalin **WKP** 42 Ta 36
Rozbark **SLK** 76 Tf 46
Rozbitek **WKP** 39 Ra 33
Rozbitówka **LBL** 60 Yd 37
Rozbórz **PKR** 81 Xd 48
Rozbórz Długi **PKR** 81 Xd 49
Rozbórz Okrągły **PKR** 80 Xc 49
Rozcięta **SLK** 84 Ub 50

Rozdoły LBL 72 Yc 44
Rozdrażew WKP 52 Sd 38
Rozdroże WMZ 32 Vc 28
Rozdziały MAZ 33 Wb 32
Rozdziele MŁP 85 Vc 50
Rozdziele MŁP 86 Wb 51
Rozdzielna ŁDZ 55 Ue 37
Rozewie POM 6 Tc 20
Rozgart WMZ 18 Ub 24
Rozgarty KPM 17 Te 28
Rozgarty KPM 30 Tc 30
Rozięcin LBL 72 Yd 43
Rozkochów MŁP 77 Uc 48
Rozkochów OPL 75 Sf 46
Rozkopaczew Drugi LBL 59 Xe 40
Rozkopaczew Pierwszy LBL 59 Xf 40
Rozkoszówka LBL 72 Yd 43
Rozlazłów MAZ 44 Vb 35
Rozłazino POM 5 Sf 21
Rozłopy LBL 71 Xf 44
Rozmierka OPL 65 Tb 45
Rozmierz OPL 65 Tb 45
Rozniszew MAZ 57 Wb 38
Rozogi WMZ 20 Wa 26
Rozogi WMZ 20 Wc 28
Rozpętek KPM 29 Sc 31
Rozprza ŁDZ 55 Ud 41
Rozpucie PKR 88 Xc 51
Rozstępniewo WKP 52 Rf 38
Rozstrzębowo KPM 29 Sd 30
Roztерk OPL 65 Tc 42
Roztocznik DLS 63 Re 44
Roztoka DLS 63 Rb 43
Roztoka LBL 72 Ye 42
Roztoka MAZ 45 Vd 35
Roztoka MŁP 85 Vc 51
Roztoka PKR 88 Xc 51
Roztoka-Brzeziny MŁP 85 Ve 50
Roztoka Wielka MŁP 86 Vf 52
Roztoki DLS 73 Re 47
Roztoki LBU 49 Qa 38
Roztoki Dolne PKR 87 Xb 52
Roztopice SLK 76 Tf 49
Roztropna MAZ 44 Vb 36
Roztworowo WKP 40 Re 33
Roztylice SWK 69 Wb 43
Rozumice OPL 75 Sf 48
Rozwadów LBL 58 Xc 38
Rozwadów PKR 70 Xa 45
Rozwadówka LBL 59 Yb 38
Rozwadówka-Folwark LBL 59 Yb 38
Rozwady MAZ 56 Vc 40
Rozwadza OPL 75 Ta 46
Rozwarowo ZPM 13 Pe 25
Rozważyn KPM 29 Sd 30
Rozwory MAZ 34 We 30
Rozwory POM 15 Sa 27
Rozwozin MAZ 32 Ue 30
Roździn ŁDZ 54 Ub 40
Rożniatów ŁDZ 42 Te 36
Roźwienica PKR 81 Xd 49
Roźdżałów LBL 72 Yd 42
Rożdżały ŁDZ 54 Te 38
Rożdżały WKP 53 Tb 38
Rożenek ŁDZ 55 Va 41
Rożenki WKP 53 Tb 39
Rożental POM 17 Te 25
Rożental WMZ 19 Ue 27
Rożki LBL 71 Xe 43
Rożki SWK 69 Wd 44
Rożki, Kolonia LBL 71 Xe 43
Rożniatowice ŁDZ 55 Ub 40
Rożniatów OPL 75 Tb 45
Rożniatów PKR 81 Xd 49
Rożniaty PKR 79 Wc 46
Rożnica SWK 67 Va 45
Rożnowice MŁP 86 Wa 50
Rożnowo WKP 28 Rf 32
Rożnowo Łobeskie ZPM 14 Qe 27
Rożnowo Nowogardzkie ZPM 13 Pf 28
Rożnów DLS 64 Sb 44
Rożnów MŁP 85 Ve 50
Rożnów OPL 65 Ta 42
Rożny ŁDZ 67 Uc 42
Rożubowice PKR 88 Xf 50
Rożyńsk WMZ 21 Xb 26
Róg WMZ 33 Ve 28
Rój SLK 76 Td 48
Rów ZPM 26 Pe 31
Rówce MAZ 47 Xc 36
Równa ŁDZ 54 Td 39
Równe MAZ 46 Wd 34
Równe OPL 75 Se 47
Równe PKR 87 We 51
Równe ZPM 15 Rc 25
Równia PKR 88 Xd 52
Równianki LBL 71 Xf 43
Równo POM 4 Sb 21
Równopole WKP 28 Rf 30
Różinowo KPM 31 Tf 32
Róża ŁDZ 55 Ub 39
Róża PKR 79 Wb 48
Róża WKP 28 Rc 30
Róża WKP 39 Rb 34
Róża WKP 41 Sd 33
Róża WKP 41 Sf 35
Róża-Łosiniec LBL 46 Xa 37
Różan MAZ 33 Wc 31
Różana DLS 63 Ra 44
Różaniec LBL 81 Xf 46
Różaniec WMZ 8 Vb 23
Różanka DLS 64 Sa 42
Różanka DLS 73 Rd 47
Różanka LBL 60 Yd 39
Różanka PKR 79 We 49
Różanka PKR 87 Xa 50
Różanka-Kolonia LBL 60 Yd 39
Różanki LBU 26 Qb 32
Różanna KPM 17 Tb 28
Różanna ŁDZ 56 Vb 40
Różanna WKP 41 Ta 33
Różanów MAZ 44 Vb 36
Różanówka LBU 50 Qf 38
Różany WMZ 18 Ub 24
Różanystok PDL 23 Yc 27
Różańsko ZPM 26 Pe 31
Róża Podgórna LBL 46 Xa 37
Róża Wielka WKP 28 Rc 30
Różce MAZ 56 Ve 37
Róże KPM 31 Ub 30
Różewo ZPM 28 Rc 29
Różki MAZ 57 Wa 40
Różki, Mieszki- MAZ 33 Vd 32
Różnowo WMZ 18 Uc 26
Różnowo WMZ 19 Va 24
Różnowo WMZ 19 Vd 25
Różopole WKP 52 Sd 38
Różyca ŁDZ 55 Ue 38
Różyce ŁDZ 44 Uf 35
Różyn WMZ 19 Vc 24
Różyna OPL 64 Sd 44
Różyna WMZ 9 Wa 23
Różyniec DLS 50 Qe 41
Różynka WMZ 19 Vb 25
Różyny POM 6 Te 23
Różyńsk Mały WMZ 10 Xa 23
Różyńsk Wielki WMZ 10 Xb 23
Różyńsk Wielki WMZ 21 Xb 26
Rszew ŁDZ 55 Ub 38
Rubcowo PDL 23 Yc 26
Rubinkowo KPM 30 Te 30
Rubno Wielkie WMZ 7 Uc 23
Rucewko KPM 30 Ta 31
Rucewo KPM 30 Ta 31
Ruchna MAZ 46 Xa 34
Ruchocice WKP 39 Rc 35
Ruchocin WKP 41 Se 34
Ruchocinek WKP 41 Se 34
Ruciane-Nida WMZ 21 Wd 27
Ruciany MAZ 47 Xb 35
Rucowe Lasy POM 16 Sc 25
Ruczynów SWK 78 Vf 46
Ruda KPM 17 Te 28
Ruda KPM 31 Ub 30
Ruda KPM 31 Ud 30
Ruda ŁDZ 44 Vb 37
Ruda ŁDZ 54 Td 41
Ruda ŁDZ 54 Te 39
Ruda ŁDZ 54 Ua 40
Ruda ŁDZ 67 Uc 43
Ruda LBL 58 Xb 38
Ruda LBL 60 Yd 41
Ruda LBL 70 Xc 44
Ruda MAZ 33 Vd 30
Ruda MAZ 45 Vf 37
Ruda MAZ 45 Wa 34
Ruda MAZ 47 Xe 34
Ruda MAZ 57 Wd 39
Ruda MAZ 58 Wf 38
Ruda PDL 22 Xd 27
Ruda PDL 35 Xf 29
Ruda PKR 79 Wc 47
Ruda PKR 79 We 48
Ruda PKR 82 Yc 47
Ruda POM 15 Sa 25
Ruda SWK 69 Wb 42
Ruda SWK 79 Wb 46
Ruda WKP 28 Rf 32
Ruda WKP 29 Sb 30
Ruda WKP 42 Tc 36
Ruda WKP 52 Sb 39
Ruda WMZ 21 Xa 27
Ruda, Wał- MŁP 78 Ve 48
Ruda Białaczowska SWK 56 Vc 41
Ruda-Huta LBL 60 Yd 41
Ruda Jeżewska ŁDZ 54 Tf 38
Ruda Kameralna MŁP 85 Ve 50
Ruda Komorska WKP 41 Se 36
Ruda Kościelna SWK 69 Wd 43
Ruda Kozielska SLK 75 Tc 47
Ruda Łańcucka PKR 80 Xc 47
Ruda Maleniecka SWK 68 Vb 42
Ruda Mała MAZ 57 Wa 41
Ruda Mechowiecka PKR 80 We 47
Ruda-Opalin LBL 60 Yd 41
Ruda Pilczycka SWK 67 Va 42
Ruda Różaniecka PKR 81 Yb 47
Ruda Ruska PDL 22 Yb 24
Ruda-Skroda PDL 34 Wf 29
Ruda Solska LBL 81 Xd 46
Ruda Strawczyńska SWK 68 Vc 43
Ruda Sułkowska DLS 52 Sa 39
Ruda Śląska SLK 76 Te 47
Ruda Talubska MAZ 57 Wd 37
Ruda Tarnowska MAZ 57 We 38
Rudaw KPM 31 Ua 30
Rudawa DLS 51 Re 40
Rudawa DLS 63 Rc 45
Rudawa DLS 73 Rd 47
Rudawa MŁP 77 Ue 48
Rudawica LBU 50 Qc 39
Rudawiec PKR 87 Xa 50
Ruda Wieczyńska WKP 41 Se 36
Ruda Wielka MAZ 57 Wa 41
Rudawka PDL 23 Yb 28
Rudawka PDL 23 Yd 25
Rudawka PKR 88 Xc 50
Rudawki POM 17 Td 26
Ruda Wolińska MAZ 46 Xa 36
Ruda Wołoska LBL 82 Yc 46
Ruda Zajączkowska SWK 68 Vb 43
Ruda Żelazna LBL 82 Yc 46
Ruda Żmigrodzka DLS 52 Sa 40
Ruda Żurawiecka LBL 82 Yd 46
Rudenka PKR 88 Xc 52
Rudgerzowice LBU 38 Qd 35
Rudka ŁDZ 67 Uf 42
Rudka LBL 60 Yd 41
Rudka LBL 71 Xf 45
Rudka LBL 71 Yb 43
Rudka MAZ 47 Xf 35
Rudka MŁP 78 Vf 48
Rudka PDL 35 Xe 32
Rudka PKR 81 Xd 47
Rudka SWK 69 Wb 43
Rudka WMZ 20 Wa 27
Rudka Bałtowska SWK 69 Wd 42
Rudka Kijańska LBL 59 Xf 40
Rudka Kozłowiecka LBL 59 Xd 40
Rudka Łowiecka LBL 60 Yc 40
Rudka-Skroda PDL 34 Wf 29
Rudka Starościańska LBL 59 Xf 39
Rudki KPM 30 Ta 29
Rudki LBL 70 Xb 43
Rudki MAZ 56 Vc 39
Rudki MAZ 58 We 41
Rudki SWK 68 Vf 45
Rudki SWK 69 Wa 43
Rudki WKP 40 Rb 33
Rudki WKP 41 Se 33
Rudki ZPM 15 Rc 28
Rudna DLS 51 Rb 39
Rudna LBU 38 Qa 33
Rudna WKP 29 Sb 29
Rudna Mała PKR 80 Wf 48
Rudna Wielka DLS 51 Re 39
Rudna Wielka PKR 80 Wf 48
Rudnica DLS 63 Re 45
Rudnica LBU 26 Qb 33
Rudnica LBU 38 Qb 36
Rudnica ZPM 28 Rc 29
Rudnicze WKP 28 Sa 32
Rudniczek ŁDZ 55 Ue 37
Rudniczysko WKP 53 Ta 40
Rudnik KPM 17 Te 28
Rudnik ŁDZ 55 Ue 39
Rudnik LBL 59 Xd 41
Rudnik LBL 71 Xf 43
Rudnik MAZ 46 Wc 37
Rudnik MAZ 46 We 36
Rudnik MAZ 47 Xe 35
Rudnik MŁP 77 Uf 49
Rudnik PKR 80 Xb 46
Rudnik SLK 75 Tb 48
Rudnik SLK 76 Te 49
Rudnik SWK 69 Wb 43
Rudnik WKP 40 Rd 33
Rudnik Drugi LBL 70 Xc 43
Rudnik Duży MAZ 46 Wf 37
Rudniki ŁDZ 54 Te 38
Rudniki MAZ 47 Xd 34
Rudniki OPL 66 Td 42
Rudniki PDL 22 Xe 25
Rudniki POM 16 Sb 26
Rudniki POM 18 Tf 25
Rudniki SLK 66 Ub 43
Rudniki SLK 67 Ue 44
Rudniki SLK 77 Uc 45
Rudniki SWK 69 Wb 44
Rudniki SWK 79 Wb 46
Rudniki WKP 40 Rc 34
Rudniki-Dwór WKP 40 Rc 34
Rudniki Wielkie PDL 35 Xd 29
Rudniki Mały SLK 66 Ua 45
Rudnik Pierwszy LBL 70 Xc 43
Rudnik Szlachecki LBL 70 Xb 43
Rudnik Szlachecki-Kolonia LBL 70 Xb 43
Rudno Wielki SLK 66 Ua 45
Rudno DLS 51 Rd 40
Rudno LBL 58 Xc 39
Rudno LBL 72 Ye 42
Rudno LBU 50 Qe 38
Rudno MAZ 46 Wd 36
Rudno MAZ 46 We 35
Rudno MAZ 56 Vd 41
Rudno MŁP 77 Ud 48
Rudno POM 17 Te 25
Rudno SLK 75 Tc 46
Rudno WKP 39 Qf 36
Rudno WMZ 19 Uf 27
Rudno Dolne MŁP 78 Vc 48
Rudno Drugie LBL 59 Xe 38
Rudno Górne MŁP 78 Vb 48
Rudno Jeziorowe MAZ 33 Ve 30
Rudno Kmiece MAZ 33 Ve 30
Rudno Pierwsze LBL 59 Xe 38
Rudno Trzecie LBL 59 Xe 38
Rudołowice PKR 81 Xd 49
Rudołtowice SLK 76 Tf 49
Rudowo MAZ 32 Vb 31
Rudowo MAZ 44 Uf 33
Rudunki KPM 30 Td 31
Rudy LBL 58 Xa 40
Rudy MŁP 78 Vd 48
Rudy SLK 75 Tc 47
Rudy WKP 41 Se 34
Rudyszwałd SLK 75 Tb 49
Rudzica DLS 61 Qa 42
Rudzica SLK 76 Tf 49
Rudzica WKP 42 Tb 35
Rudziczka OPL 74 Sd 46
Rudziczka SLK 76 Te 48
Rudzienice WMZ 18 Ud 27
Rudzieniec LBL 59 Xe 38
Rudzienko LBL 58 Xb 39
Rudzienko MAZ 46 Wd 36
Rudzienko MAZ 46 We 35
Rudzienko-Kolonia LBL 58 Xb 39
Rudziniec SLK 75 Tc 46
Rudziny LBU 50 Qe 39
Rudziny POM 16 Sf 25
Rudziska WMZ 20 Vf 26
Rudzisko ŁDZ 54 Ua 40
Rudzisko SWK 67 Va 41
Rudziszki WMZ 9 Wd 23
Rudzk Duży KPM 42 Tc 33
Ruja DLS 63 Rc 41
Rukławki WMZ 20 Vf 25
Rulewo KPM 17 Td 27
Rulice ŁDZ 43 Ue 36
Rumejki PDL 36 Ya 30
Rumia POM 6 Tc 21
Rumian WMZ 19 Uf 28
Rumianek WKP 40 Rd 34
Rumienica WMZ 19 Uf 28
Rumin WKP 42 Tb 35
Rumoka MAZ 32 Vb 30
Rumoka MAZ 32 Vc 32
Rumunki Głodowskie KPM 31 Ub 32
Rumy WMZ 20 Vf 26
Runice PDL 47 Xd 34
Runowo POM 5 Sd 22
Runowo WKP 28 Rc 31
Runowo WKP 40 Sa 35
Runowo WMZ 8 Vc 24
Runowo ZPM 14 Qd 27
Runowo Krajeńskie KPM 29 Sc 29
Runowo Sławieńskie POM 4 Rf 22
Runów MAZ 45 Vf 36
Rupie, Kamień- PDL 35 Xc 31
Rupin MAZ 33 Wb 30
Rupin MAZ 33 Wc 31
Rupin PDL 21 Wf 28
Rupniów MŁP 85 Vc 50
Ruptawa SLK 76 Td 49
Rurka ZPM 13 Pe 28
Rurka ZPM 25 Pc 31
Rury LBL 58 Xd 41
Rusajny WMZ 9 Vf 23
Rusek Mały WMZ 20 Vf 26
Rusek Wielki WMZ 20 Vf 26
Rusibórz WKP 41 Sc 35
Rusiec ŁDZ 54 Tf 41
Rusiec MAZ 45 Ve 36
Rusiec WKP 29 Sc 31
Rusiły LBL 59 Yb 38
Rusinowa DLS 63 Rc 44
Rusinowice SLK 66 Te 45
Rusinowo KPM 31 Uc 30
Rusinowo KPM 42 Tc 33
Rusinowo POM 17 Te 27
Rusinowo ZPM 14 Qd 26
Rusinowo ZPM 27 Rb 30
Rusinowo ZPM 4 Rd 21
Rusinów LBU 38 Qd 35
Rusinów LBU 50 Qd 38
Rusinów MAZ 56 Vd 40
Rusinów MAZ 56 Ve 41
Rusinów PKR 80 Wf 46
Rusinów SLK 66 Ub 43
Ruska Wieś WMZ 20 Wb 25
Ruska Wieś WMZ 21 Xb 26
Ruski Bród MAZ 56 Vd 41
Ruskie Piaski LBL 71 Ya 44
Rusko DLS 63 Rc 41
Rusko DLS 63 Rc 43
Rusko WKP 52 Sc 37
Rusko ZPM 3 Rc 22
Rusków MAZ 47 Xe 35
Rusocice MŁP 77 Ud 49
Rusocin OPL 74 Sc 45
Rusocin WKP 40 Sa 36
Russocice WKP 42 Tc 36
Russociny ŁDZ 55 Uc 40
Russów WKP 53 Ta 37
Russówek WKP 53 Ta 37
Ruszajny WMZ 20 Ve 25
Ruszcza SWK 79 Wb 46
Ruszczany PDL 35 Xf 30
Ruszcza-Płaszczyzna SWK 69 Wc 45
Ruszczyzna LBL 72 Yc 45
Ruszelczyce PKR 81 Xd 50
Ruszenice ŁDZ 67 Va 41
Ruszki KPM 30 Te 32
Ruszki MAZ 33 Wc 31
Ruszki MAZ 44 Vb 35
Ruszkowice MAZ 56 Vd 40
Ruszkowo KPM 31 Ub 30
Ruszkowo MAZ 33 Ve 32
Ruszkowo WKP 41 Sb 35
Ruszkowo WKP 42 Tc 34
Ruszkowo WMZ 32 Va 28
Rusków ŁDZ 54 Te 40
Rusków SWK 69 Wc 43
Ruszków I WKP 42 Td 36
Ruszków II WKP 42 Td 36
Ruszowice DLS 51 Ra 39
Ruszowice DLS 73 Rd 46
Ruszów DLS 49 Qb 40
Ruszów LBL 71 Yb 45
Ruś WMZ 19 Uf 25
Ruś WMZ 19 Vc 26
Ruś, Wyliny- PDL 35 Xd 32
Rutka-Tartak PDL 11 Xf 23
Rutki PDL 35 Xc 29
Rutki PDL 35 Xc 30
Rutki-Borki MAZ 32 Vc 31
Rutkowice WMZ 32 Va 29
Rutkowo MAZ 33 Wb 28
Rutkowskie PDL 35 Xc 29
Rutkowskie Duże PDL 22 Xf 28
Rutkowszczyzna PDL 22 Ya 27
Rutnica ZPM 27 Rb 29
Ruty MAZ 33 Wc 29
Ruzieck MAZ 33 Wb 30
Rybaki LBL 70 Wf 41
Rybaki LBU 38 Pf 36
Rybaki PDL 22 Xe 28
Rybaki PDL 34 We 29
Rybaki PDL 36 Yd 31
Rybaki PDL 36 Ye 31
Rybaki POM 18 Tf 25
Rybaki POM 5 Ta 23
Rybakowo LBU 26 Qc 31
Rybakowo WMZ 9 Wd 23
Rybarzowice DLS 61 Pf 43
Rybarzowice SLK 83 Ua 50
Rybczewice Pierwsze LBL 71 Xf 42
Rybianka MAZ 68 Vf 41
Rybica WMZ 21 Wd 25
Rybice ZPM 2 Pf 24
Rybiczyzna MAZ 69 Wc 42
Rybie LBL 71 Yb 42
Rybie MAZ 43 Ue 34
Rybie MAZ 45 Vf 36
Rybie WKP 42 Tb 36
Rybie, Majdan- LBL 71 Yc 42
Rybieniec KPM 30 Td 28
Rybieniec WKP 41 Sb 33
Rybienko Leśne MAZ 46 Wc 33
Rybień MŁP 85 Ve 51
Rybin WKP 53 Se 40
Rybina POM 6 Ua 23
Rybiny KPM 42 Te 34
Rybionek MAZ 44 Va 35
Rybitew MAZ 45 Vd 34
Rybitwy KPM 30 Ta 32
Rybitwy LBL 70 Wf 42
Rybitwy SWK 79 Wb 46
Rybitwy-Zamoście MAZ 32 Vb 32
Rybka ŁDZ 53 Tc 40
Rybna MŁP 77 Ud 48
Rybna OPL 65 Se 44
Rybna SLK 66 Ua 43
Rybna SLK 76 Te 46
Rybne PKR 88 Xc 52
Rybnica DLS 62 Qd 43
Rybnica SWK 69 Wc 45
Rybnica Leśna DLS 63 Re 44
Rybnik SLK 76 Td 48
Rybniki PDL 35 Ya 29
Rybno MAZ 44 Va 35
Rybno MAZ 45 Wc 33
Rybno POM 5 Ta 20
Rybno SLK 66 Tf 43
Rybno WKP 41 Sb 33
Rybno WKP 43 Tf 34
Rybno WMZ 20 Wa 26
Rybno WMZ 32 Uf 28
Rybocice LBU 37 Pd 35
Rybojedzko LBU 37 Pe 35
Rybojedzko WKP 40 Rd 35
Rybokarty ZPM 13 Qa 25
Ryboły PDL 36 Yb 31
Rybotycze PKR 88 Xd 51
Rycerka Dolna SLK 83 Ua 52
Rycerka Górna SLK 83 Ua 52
Rycerzew WKP 43 Tf 35
Rycerzewo KPM 30 Ta 32
Rycharcice MAZ 32 Ue 32
Rychlik LBU 38 Qa 34
Rychlik WKP 28 Rc 31
Rychliki WMZ 18 Ud 25
Rychława KPM 17 Te 26
Rychłocice ŁDZ 54 Te 40
Rychnowo KPM 18 Ua 28
Rychnowo WMZ 19 Va 27
Rychnowo Żuławskie POM 6 Ua 23
Rychnowska Wola WMZ 19 Va 27
Rychnowy POM 15 Sc 26
Rychnów OPL 65 Se 42
Rychnów WKP 53 Ta 37
Rychnów ZPM 26 Qa 31
Rychnów-Kolonia WKP 53 Ta 37
Rychówko ZPM 14 Qf 25
Rychtal WKP 65 Sf 42
Rychtowice ŁDZ 54 Td 41
Rychwał WKP 42 Tb 36
Rychwałd MŁP 79 Vf 49
Rychwałd SLK 84 Ub 50
Rycica MAZ 33 Wb 29
Rycice MAZ 33 Vf 29
Ryciorki, Kamieńczyk- MAZ 35 Xc 32
Rycza LBL 58 Xa 39
Ryczeń DLS 51 Rd 39
Ryczka LBL 59 Xf 40
Ryczki PKR 80 Xc 46
Ryczów MŁP 77 Ud 49
Ryczów SLK 77 Ud 46
Ryczów, Kolonia SLK 77 Ud 46
Ryczówek MŁP 77 Ud 46
Ryczyska MAZ 58 Wf 37
Ryczywół MAZ 57 Wc 38
Ryczywół WKP 28 Rf 32
Rydlewo KPM 29 Se 32
Rydułtowy SLK 75 Tc 48
Rydwągi WMZ 20 Wb 25
Rydzewo MAZ 32 Vc 31
Rydzewo PDL 22 Xd 26
Rydzewo PDL 34 We 30
Rydzewo WMZ 21 Wf 25
Rydzewo ZPM 14 Qe 27
Rydzewo-Pieniążek PDL 22 Xc 28
Rydzewo-Świątki PDL 21 Xa 28
Rydzyna WKP 51 Rd 38
Rydzynki ŁDZ 55 Uc 39
Rydzyno MAZ 44 Ue 34
Rydzyn Szlachecki MAZ 32 Vb 31
Rydzyny ŁDZ 55 Uc 39
Rygałówka PDL 23 Yd 26
Ryglice MŁP 79 Wa 49
Rygol PDL 23 Yc 25
Ryjewo POM 18 Tf 25
Rykacze PDL 35 Xb 31
Rykały MAZ 56 Ve 38
Ryki LBL 58 Wf 39
Ryki MAZ 57 Vf 39
Rykoszyn SWK 68 Vc 43
Ryków MAZ 56 Ve 41
Rylowa MŁP 78 Ve 48
Rylsk Duży ŁDZ 56 Vc 38
Rylsk Mały ŁDZ 56 Vc 38
Ryłowice SWK 69 Wd 45
Rymanów PKR 87 Wf 51
Rymanów-Zdrój PKR 87 Wf 51
Rymań ZPM 14 Qd 25
Rymki WMZ 21 Xb 26
Ryn WMZ 19 Uf 27
Ryn WMZ 21 Wd 25
Rynarcice DLS 51 Rb 40
Rynarcice OPL 74 Sd 46
Rynarzewo KPM 29 Se 30
Rynek MAZ 34 We 31
Rynek WMZ 32 Ue 28
Rynek, Dzierzkowice- LBL 70 Xa 43
Rynia MAZ 45 Wa 34
Rynia MAZ 46 Wd 34
Rynica ZPM 25 Pc 29
Rynki PDL 35 Ya 31
Rynowo MAZ 32 Ue 30
Rynowo ZPM 14 Qe 27
Ryn Reszelski WMZ 20 Wa 24
Ryńsk KPM 30 Te 29
Rypałki KPM 31 Uc 30
Rypin KPM 31 Uc 30
Rypułtowice ŁDZ 55 Uc 38
Ryszczewo ZPM 4 Rd 23
Ryszczewo ZPM 14 Ra 25
Ryszewko KPM 29 Se 32
Ryszewko ZPM 26 Pf 29
Ryszewo ZPM 29 Se 32
Ryszewo ZPM 26 Pf 29
Ryszki MAZ 57 Wa 38
Ryszkowska Wola PKR 81 Xf 48
Ryś ŁDZ 53 Tc 41
Rytel POM 16 Se 26
Rytele-Olechny MAZ 34 Xb 32
Rytele Suche MAZ 34 Xa 32
Rytele Święckie MAZ 34 Xa 32
Rytele-Wszołki MAZ 34 Xa 32
Rytlów SWK 67 Va 42
Rytomoczydła MAZ 57 Wa 38
Rytro MŁP 85 Ve 52
Rytwiany SWK 79 Wb 45
Rytwiny LBU 49 Pf 39
Rywaczki SLK 66 Ua 43
Rywałd KPM 31 Ua 28
Rywałd POM 17 Td 25
Rywałd Szlachecki KPM 31 Ua 28
Rywałdzik KPM 18 Ub 28
Rywociny WMZ 32 Va 30
Ryzowie POM 17 Td 26
Ryżki LBL 58 Xb 37
Ryżyn WKP 27 Rb 33
Rzadkowo WKP 28 Rf 30
Rzadkwin KPM 30 Ta 32
Rząkta MAZ 46 Wc 36
Rząbiec SWK 67 Va 44
Rzące PDL 35 Xe 31
Rządza MAZ 46 Wd 35
Rządza MAZ 46 We 35
Rząsawa ŁDZ 55 Uc 41
Rząsawy SLK 66 Ub 43
Rząsiny DLS 62 Qc 42
Rząska MŁP 77 Uf 48
Rząśnia ŁDZ 66 Ua 41
Rząśnik DLS 62 Qe 42
Rząśnik MAZ 33 Wc 32
Rząśnik Lubotyński MAZ 34 Wf 31
Rząśnik-Majdan MAZ 34 We 32
Rząśnik Szlachecki MAZ 34 We 31
Rząśno ŁDZ 44 Ue 35
Rzążew MAZ 47 Xc 36
Rzechcino POM 5 Sc 21
Rzechowo-Gać MAZ 33 Wb 31
Rzechowo Wielkie MAZ 33 Wb 31
Rzechów MAZ 69 Wc 42
Rzechta ŁDZ 54 Tf 39
Rzechta WKP 54 Td 37
Rzechta Drużbińska ŁDZ 54 Te 38
Rzecin WKP 27 Rb 32
Rzecino ZPM 14 Ra 25
Rzeck WMZ 20 Vf 25
Rzecko ZPM 27 Qd 29
Rzeczenica POM 15 Sa 26
Rzeczka DLS 63 Rc 44
Rzeczków ŁDZ 55 Ue 39
Rzeczków MAZ 57 Wa 41
Rzeczków-Kolonia MAZ 57 Wa 41
Rzeczniów MAZ 69 Wc 42
Rzeczpol PKR 88 Xd 50
Rzeczyca DLS 51 Rb 39
Rzeczyca DLS 51 Rd 41
Rzeczyca KPM 42 Tc 33
Rzeczyca ŁDZ 54 Tf 38
Rzeczyca ŁDZ 56 Vb 39
Rzeczyca LBL 47 Xe 37
Rzeczyca LBL 58 Xa 41
Rzeczyca LBL 82 Ye 46
Rzeczyca LBU 38 Pf 35
Rzeczyca LBU 39 Qd 34
Rzeczyca ZPM 27 Ra 29
Rzeczyca Długa PKR 70 Xa 45
Rzeczyca-Kolonia LBL 58 Xa 41
Rzeczyca-Księża LBL 70 Xb 43
Rzeczyca Mokra SWK 70 We 44
Rzeczyca Okrągła PKR 70 Xa 45
Rzeczyca Sucha SWK 70 We 44
Rzeczyca Wielka ZPM 4 Re 24
Rzeczyca Ziemiańska LBL 70 Xb 43
Rzeczyce LBL 71 Xe 45
Rzeczyce Śląskie SLK 76 Td 46
Rzegnowo WKP 41 Sc 33
Rzejowice ŁDZ 67 Ue 42
Rzeka MŁP 85 Vc 51
Rzeki MŁP 85 Vb 51
Rzeki SLK 67 Uc 43
Rzeki Izdebskie PKR 87 Xa 50
Rzekuń MAZ 34 Wd 30
Rzemiechów WKP 52 Sb 38
Rzemień PKR 79 Wd 47
Rzeniszów SLK 66 Ud 43
Rzepcze OPL 75 Sf 46
Rzepczyno ZPM 14 Qe 26
Rzepedź PKR 87 Xa 52
Rzepiczyna KPM 17 Ta 26
Rzepiennik Biskupi MŁP 86 Wa 50
Rzepiennik Strzyżewski MŁP 86 Wa 50
Rzepiennik Suchy MŁP 86 Wa 50
Rzepin LBU 38 Pe 34
Rzepin Drugi SWK 69 Wa 43
Rzepin Kolonia SWK 69 Wa 43
Rzepin Pierwszy SWK 69 Wa 43
Rzepiska KPM 42 Td 33
Rzepiska MŁP 85 Va 52
Rzepiska PDL 36 Yd 32
Rzepiski PDL 22 Ya 26
Rzepiszew ŁDZ 54 Ue 38
Rzepki ŁDZ 55 Ud 39
Rzepkowo ZPM 3 Rb 23
Rzeplin DLS 64 Sa 42
Rzeplin LBL 82 Yf 46
Rzeplin MŁP 77 Uf 47
Rzeplin PKR 80 Xc 49
Rzeplino ZPM 26 Qb 29
Rzepnica POM 5 Sd 23
Rzepnik PKR 87 We 50
Rzepniki PDL 36 Yb 31
Rzepowo KPM 42 Tb 33
Rzepowo ZPM 14 Ra 27
Rzerzęczyce SLK 67 Uc 43
Rzesznikowo ZPM 14 Qc 25
Rzeszotary DLS 51 Ra 41
Rzeszotary MŁP 78 Uf 49
Rzeszotary-Chwały MAZ 32 Ue 31
Rzeszotary-Stara Wieś MAZ 32 Ue 31
Rzeszotków MAZ 47 Xc 35
Rzeszów PKR 80 Xa 48
Rzeszówek DLS 62 Qf 42
Rzeszówek SWK 67 Va 44
Rzeszutki SWK 68 Ve 45
Rzeszyn KPM 42 Tb 33
Rzeszynek KPM 42 Tb 33
Rzetnia WKP 53 Sf 40
Rzewin MAZ 32 Vb 32
Rzewnie MAZ 33 Wc 31
Rzewnowo ZPM 13 Pe 25
Rzewuszki MAZ 47 Xd 35
Rzewuszyce SWK 67 Uf 43
Rzezawa MŁP 78 Vd 49
Rzeżewo-Morzyce KPM 43 Ua 34
Rzężęcin POM 17 Td 25
Rzeżuśnia MŁP 77 Uf 46
Rzęczkowo KPM 30 Tc 30
Rzędkowice SLK 67 Uc 45
Rzędków ŁDZ 43 Ua 35
Rzędków ŁDZ 56 Va 37
Rzędowice MŁP 77 Va 46
Rzędowice OPL 65 Tc 44
Rzędów SWK 79 Wa 45
Rzędzianowice PKR 79 Wc 47
Rzędziany PDL 35 Xf 30
Rzędziny ZPM 12 Pc 27
Rzędziwojowice OPL 64 Sd 44
Rzędzów OPL 65 Ta 44
Rzęgnowo MAZ 33 Ve 30
Rzęskowo ZPM 13 Qa 25
Rzęsna ZPM 14 Ra 26
Rzęśnica ZPM 14 Qf 27
Rzężawy ŁDZ 54 Tc 38
Rzężawy MAZ 32 Ue 30
Rzgów ŁDZ 55 Uc 39
Rzgów WKP 53 Tc 37
Rzgów I WKP 41 Ta 36
Rzochów PKR 79 Wc 47
Rzodkiewnica MAZ 33 Wa 29
Rzozów MŁP 77 Ue 49
Rzucewo POM 6 Tc 20
Rzuchowa MŁP 79 Vf 49
Rzuchów PKR 80 Xd 47
Rzuchów SLK 75 Tc 48
Rzuchów SWK 69 Wc 43
Rzuchów WKP 42 Te 36
Rzuców MAZ 56 Ve 41
Rzuszcze POM 5 Sc 21
Rzy MAZ 32 Vd 32
Rzyczyna LBL 58 Xa 38
Rzyki MŁP 84 Uc 50
Rzym, Mystki- PDL 35 Xd 31
Rzymiany OPL 64 Sb 45
Rzymki, Rzymy- LBL 58 Xc 37
Rzymkowice OPL 74 Se 46
Rzymsko WKP 54 Td 37
Rzymy-Rzymki LBL 58 Xc 37
Rzystnowo ZPM 13 Pe 26
Rzyszczewko ZPM 4 Rd 22
Rzyszczewo ZPM 4 Rd 22
Rżaniec MAZ 33 Wb 30
Rżyska MAZ 45 Wb 34

S

Sabaudia LBL 82 Yc 46
Sabiekursk MAZ 45 Wb 36
Sabinów ŁDZ 54 Tf 40
Sabłonowo KPM 30 Tf 29
Sabnie MAZ 47 Xc 34
Sachalin, Walinna- LBL 59 Ya 38
Sacin MAZ 56 Vd 39
Saczkowce PDL 23 Yd 27
Saczyn WKP 53 Tb 38
Sade Budy MAZ 44 Vc 36
Sadek MAZ 68 Vf 41
Sadek MŁP 85 Vb 50
Sadek SWK 78 Vc 46
Sadki KPM 29 Sc 30
Sadki PKR 86 Wd 51
Sadki SWK 78 Vb 46
Sadkowa Góra PKR 79 Wb 46
Sadkowice ŁDZ 56 Vd 38
Sadkowice Drugie MAZ 69 We 42
Sadkowice Pierwsze MAZ 70 We 42
Sadkowo MAZ 44 Va 33
Sadkowo ZPM 14 Rb 25
Sadków DLS 52 Sb 41
Sadków DLS 63 Rf 42
Sadków MAZ 57 Wb 40
Sadków SWK 69 Wa 44
Sadkówka SWK 78 Vc 46
Sadlinki POM 18 Tf 27
Sadlno WKP 42 Tc 34
Sadlno ZPM 2 Qb 24
Sadłogoszcz KPM 29 Ta 31
Sadłowice LBL 58 Wf 40
Sadłowice SWK 69 Wd 44
Sadłowizna PDL 22 Xd 24
Sadłowo KPM 31 Ud 30
Sadłowo MAZ 32 Ue 31
Sadłowo ZPM 26 Qb 29
Sadług KPM 42 Te 33
Sadułki POM 18 Ua 25
Sadogóra WKP 65 Sf 42
Sadokrzyce ŁDZ 54 Td 39
Sadoleś MAZ 46 Wf 33
Sadowa MAZ 45 Ve 34
Sadowe WKP 53 Sf 39
Sadowice DLS 63 Re 42
Sadowice SLK 75 Ua 46
Sadowie SWK 69 Vc 43
Sadowiec-Wrzosy ŁDZ 66 Tf 42
Sadowne MAZ 46 Wf 33
Sadowo KPM 17 Te 28
Sadowo MAZ 44 Va 35
Sadowo PDL 23 Yb 27
Sadowo WMZ 20 Wa 25
Sadów SLK 66 Te 44
Sadówka ŁDZ 55 Ud 37
Saduny WMZ 9 Wb 24
Sadurki LBL 58 Xb 41
Sady DLS 63 Re 43
Sady ŁDZ 67 Uc 43
Sady LBL 72 Yc 43
Sady MAZ 56 Ve 40
Sady OPL 64 Sd 45
Sady PDL 47 Xe 34
Sady WKP 40 Re 34
Sady WMZ 21 Wd 25
Sadyba MAZ 45 Wa 35
Sady Dolne DLS 63 Rb 43
Sady Górne DLS 63 Rb 43
Sadykierz ŁDZ 56 Vb 39
Sadykierz MAZ 33 Wb 32
Sady-Kolonia MAZ 56 Ve 40
Sadzarzewice LBU 37 Pe 37
Safronka WMZ 32 Vc 29
Sagały, Polków- MAZ 46 Wf 35
Sahryń LBL 72 Ye 44
Sahryń-Kolonia LBL 72 Ye 44
Sajczyce LBL 60 Yc 41
Sajna Wielka WMZ 9 Wa 23
Sajówka LBL 60 Yc 38
Sajzy WMZ 21 Xb 25
Saki PDL 36 Yb 32
Saki PDL 48 Yb 33
Sakowczyk PKR 88 Xc 53
Saków ŁDZ 43 Tf 36
Salachowy Bór SWK 68 Vc 42
Salamony WKP 53 Tc 39
Salata SWK 68 Vc 42
Salino POM 5 Sf 20
Salno KPM 29 Sf 29
Salomin LBL 70 Xa 44
Salpik WMZ 21 Wd 25
Sałkowice WMZ 19 Ue 24
Samary LBL 70 Xc 43
Samarzewo WKP 41 Se 35
Samborek WMZ 19 Vb 24
Samborowice SLK 75 Ta 48
Samborowiczki DLS 64 Sa 44
Samborowo WMZ 19 Ue 27
Samborsko WKP 15 Re 28
Samborzec SWK 69 Wd 45
Sambórz DLS 63 Rd 42
Sambród WMZ 18 Ue 25
Samice ŁDZ 56 Vb 37
Samin WMZ 19 Va 28
Samlino ZPM 13 Pf 25
Samławki WMZ 20 Wa 25
Samociążek KPM 29 Sf 29
Samocice MŁP 78 Vf 47
Samogorzów SWK 78 Vf 46
Samogoszcz MAZ 57 Wc 38
Samokleski LBL 58 Xc 40
Samokłęski PKR 86 Wc 51
Samokłęski Duże KPM 29 Se 30
Samokłęski Małe KPM 29 Se 30
Samolubie WMZ 8 Ve 23
Samołęż WKP 28 Rc 32
Samorządki MAZ 57 We 38
Samostrzałów SWK 68 Vd 45
Samostrzel KPM 29 Sc 30
Samowicze LBL 48 Yd 36
Samplawa WMZ 18 Ue 28
Samsieczno KPM 29 Se 29
Samsonów SWK 68 Vd 43
Samulewo, Sątopy- WMZ 20 Wa 24
Samułki Duże PDL 35 Ya 31
Samwodzie MAZ 57 Wd 39
Sanborz MAZ 56 Vc 39
Sancygniów SWK 78 Vb 46
Sandomierz SWK 70 We 44
Sandykierz MAZ 34 Wc 31
Sangrodź ŁDZ 55 Uf 39
Sanice LBU 49 Pf 40

Sanie **DLS** 52 Rf 40
Sanie **ŁDZ** 54 Ub 38
Sanie-Dąb **PDL** 35 Xc 31
Saniki **PDL** 35 Xe 29
Sanka **MŁP** 77 Ud 48
Sanniki **MAZ** 44 Uf 35
Sanniki **WKP** 41 Sb 34
Sanoczek **PKR** 87 Xa 51
Sanogoszcz **ŁDZ** 56 Vb 38
Sanok **PKR** 87 Xb 51
Santocko **LBU** 26 Qa 32
Santoczno **LBU** 26 Qc 31
Santok **LBU** 26 Qc 32
Sapiechów **LBL** 59 Yb 38
Sapieżyn **WKP** 52 Sd 37
Sapowice **WKP** 40 Rd 35
Sapy **ŁDZ** 44 Ue 36
Sarbia **WKP** 28 Rd 31
Sarbia **WKP** 29 Sb 32
Sarbia **WKP** 40 Rc 34
Sarbia **ZPM** 2 Qc 24
Sarbice **SWK** 68 Vb 43
Sarbice-Rogaczów **SWK** 68 Vb 42
Sarbicko **WKP** 42 Tb 36
Sarbiewo **LBU** 27 Qd 32
Sarbiewo **MAZ** 32 Vc 32
Sarbinowo **LBU** 27 Qf 31
Sarbinowo **WKP** 40 Sa 34
Sarbinowo **WKP** 52 Rf 38
Sarbinowo **ZPM** 26 Pe 33
Sarbinowo **ZPM** 3 Qf 23
Sarbka **WKP** 28 Sa 31
Sarbsk **POM** 5 Se 20
Sarby Dolne **DLS** 64 Sb 45
Sarnaki **MAZ** 47 Xf 35
Sarnetki **PDL** 23 Yb 24
Sarnia Zwola **SWK** 69 Wb 43
Sarnik **ZPM** 26 Qb 30
Sarnikierz **ZPM** 14 Qd 28
Sarnowa **WKP** 52 Rf 39
Sarnowa Góra **MAZ** 33 Vd 32
Sarnowice **OPL** 74 Sa 46
Sarnowo **KPM** 30 Te 28
Sarnowo **KPM** 42 Te 34
Sarnowo **MAZ** 32 Va 30
Sarnowo **MAZ** 32 Vb 29
Sarnowo **WMZ** 8 Vd 24
Sarnowy **POM** 17 Ta 24
Sarnów **ŁDZ** 54 Ua 37
Sarnów **LBL** 58 Xb 38
Sarnów **MAZ** 58 We 40
Sarnów **OPL** 65 Tb 42
Sarnów **PKR** 79 Wd 46
Sarnów **SLK** 76 Td 46
Sarnów **SLK** 76 Ua 46
Sarnówek Duży **SWK** 69 Wc 42
Sarny **ŁDZ** 54 Tc 39
Sarny **LBL** 58 Xa 39
Sarny Małe **OPL** 64 Sd 44
Sarny Wielkie **OPL** 64 Sd 44
Sartowice **KPM** 17 Td 28
Sarzyna **SWK** 80 Xc 46
Sarzyno **ZPM** 3 Rb 23
Sasek Wielki **WMZ** 20 Vf 27
Sasino **POM** 5 Se 20
Sasinowo **WKP** 40 Rf 35
Sasiny **PDL** 48 Ya 33
Saska Kępa **MAZ** 45 Wa 35
Satopy **WKP** 39 Rb 35
Sawa **MŁP** 78 Vb 49
Sawice **MAZ** 47 Xc 34
Sawice-Bronisze **MAZ** 47 Xc 35
Sawin **LBL** 60 Yc 41
Sawino **PDL** 35 Xf 29
Sawity **WMZ** 8 Va 23
Sawki **LBL** 47 Xe 37
Sączkowo **WKP** 39 Rc 36
Sączów **SLK** 75 Ua 46
Sądkowa **PKR** 86 Wd 50
Sądów **LBU** 38 Pf 35
Sądów **ZPM** 26 Qb 30
Sądrożyce **DLS** 52 Sc 40
Sądzia **WKP** 40 Rc 37
Sągnity **WMZ** 8 Vc 22
Sągole **MAZ** 46 Xa 33
Sąpłaty **WMZ** 20 Vf 26
Sąpolnica **ZPM** 13 Qa 27
Sąpolno **POM** 15 Sc 26
Sąpy **WMZ** 7 Ue 24
Sąsiadka **LBL** 71 Xf 44
Sąsieczno **KPM** 30 Tf 31
Sąspów **MŁP** 77 Ue 47
Sątoczno **WMZ** 9 Wa 23
Sątok **DLS** 64 Sc 42
Sątopy **WMZ** 20 Wa 24
Sątopy-Samulewo **WMZ** 20 Wa 24
Sątyrz **ZPM** 14 Qc 28
Schaby, Koce- **PDL** 35 Xd 32
Schodnia Stara **OPL** 65 Tb 44
Scholasteria, Mąchocice- **SWK** 68 Ve 43
Scholastykowo **WKP** 16 Sa 27
Sebastianowo **WKP** 41 Sb 36
Sebory, Romany- **MAZ** 33 Vf 30
Secemin **SWK** 67 Uf 44
Sechna **MŁP** 85 Vd 50
Secyminek **MAZ** 44 Vc 34
Secymin Polski **MAZ** 44 Vc 34
Sedranki **WMZ** 22 Xc 24
Sejkowice **MAZ** 43 Ue 35
Sejny **PDL** 11 Yc 24
Sejwy **PDL** 11 Yb 23
Sekłak **MAZ** 46 We 34
Sekursko **ŁDZ** 67 Ud 43
Seligów **ŁDZ** 44 Uf 36
Semlin **POM** 17 Tc 25
Sempółki **ŁDZ** 54 Te 37
Senderki, Potok- **LBL** 71 Ya 45
Senisławice **SWK** 78 Ve 47
Sepieńko **WKP** 40 Rd 36
Serafin **MAZ** 34 Wd 28
Serafinów **WKP** 52 Sc 38
Serbinów **SWK** 68 Vd 42
Serbów **LBU** 38 Pe 34
Serby **DLS** 51 Ra 38
Serednie Wielkie **PKR** 87 Xb 52
Serniawy **LBL** 59 Yc 40
Serniki **LBL** 59 Xd 40
Serock **KPM** 30 Ta 28
Serock **LBL** 58 Xd 39
Serock **MAZ** 45 Wa 33
Seroczki **KPM** 30 Td 32
Seroczyn **MAZ** 34 We 31
Seroczyn **MAZ** 46 Wf 36
Seroczyn **MAZ** 47 Xc 33
Seroczyn-Kolonia **MAZ** 47 Xc 33
Seroki **ŁDZ** 44 Uf 36
Seroki **MAZ** 32 Ue 31
Serokomla **LBL** 58 Xc 38
Serpelice **MAZ** 47 Ya 35
Serski Las **PDL** 22 Yb 25
Serwatki **PDL** 34 Wf 29
Serwis **SWK** 69 Wa 43
Serwy **PDL** 22 Yb 25
Sewerynów **ŁDZ** 54 Tf 40
Sewerynów **MAZ** 44 Va 35
Sewerynów **MAZ** 46 We 34
Sewerynów **MAZ** 57 Wc 39
Sewerynówka **LBL** 59 Xe 39
Sęborze **POM** 4 Sb 22
Sęczkowo **KPM** 30 Te 32
Sędańsk **WMZ** 20 Vf 27
Sędek **MAZ** 44 Uf 33
Sędek **SWK** 69 Wa 44
Sędeń Mały **MAZ** 43 Ud 34
Sędki **WMZ** 22 Xc 25
Sędowice **LBL** 58 Wf 39
Sędowice **SWK** 78 Vc 45
Sędowo **KPM** 29 Sf 32
Sędów **ŁDZ** 54 Tf 37
Sędów **ŁDZ** 56 Vc 41
Sędraszyce **DLS** 52 Sb 39
Sędzice **DLS** 52 Sa 41
Sędzice **ŁDZ** 54 Td 39
Sędziejowice **ŁDZ** 54 Ua 39
Sędziejowice **SWK** 68 Vd 45
Sędzięta, Romany- **MAZ** 33 Vf 29
Sędzimirowice **ŁDZ** 53 Tc 38
Sędzimirów **DLS** 62 Qe 42
Sędzin **KPM** 30 Td 32
Sędzinko **WKP** 40 Rc 34
Sędziny **WKP** 40 Rc 34
Sędzisław **DLS** 62 Ra 44
Sędziszowa **DLS** 62 Qf 42
Sędziszowa **MŁP** 86 Vf 50
Sędziszowice **SWK** 78 Vd 47
Sędziszów **SWK** 67 Va 45
Sędziszów Małopolski **PKR** 79 We 48
Sędziwojewo **WKP** 41 Sd 34
Sędziwuje **PDL** 34 Xb 31
Sękocin **MAZ** 45 Vf 36
Sękowa **MŁP** 86 Wb 51
Sękowice **LBU** 37 Pe 37
Sękowice **OPL** 64 Sb 45
Sękowo **MAZ** 44 Ue 33
Sękowo **WKP** 40 Rc 33
Sęp **SWK** 68 Vb 42
Sępichów **SWK** 78 Ve 47
Sępno **WKP** 40 Rd 36
Sępno **WKP** 40 Re 33
Sępno-Radonia **ŁDZ** 55 Va 40
Sępochów **MAZ** 46 Wc 36
Sępolno **DLS** 64 Sa 42
Sępopol **WMZ** 9 Wa 23
Sępólno Krajeńskie **KPM** 16 Sd 28
Sępólno Małe **ZPM** 15 Re 25
Sępólno Wielkie **ZPM** 15 Re 25
Sętal **WMZ** 19 Vc 25
Sętki **LBL** 58 Xc 37
Siadcza **SLK** 77 Ue 45
Siadło **ZPM** 12 Pc 28
Sianowo **POM** 5 Ta 22
Sianowska Huta **POM** 5 Ta 22
Sianożęty **ZPM** 3 Qe 23
Sianów **ZPM** 3 Rb 23
Siarcza Łąka **MAZ** 33 Wc 29
Siary **MŁP** 86 Wb 51
Siary Górne **MŁP** 86 Wb 51
Siarzewo **KPM** 30 Tf 31
Siąszyce **WKP** 42 Tb 36
Sibin **ZPM** 13 Pe 25
Sichów **DLS** 63 Ra 42
Sichów Duży **SWK** 79 Wa 46
Sichów Mały **SWK** 79 Wb 46
Sicienko **KPM** 29 Se 29
Siciny **DLS** 51 Rc 38
Siciska **ŁDZ** 55 Uf 37
Siczki **MAZ** 57 Wb 40
Siderka **PDL** 23 Yc 24
Sidłowo **ZPM** 14 Qe 25
Sidorówka **PDL** 11 Xf 23
Sidory **PDL** 22 Xe 24
Sidra **PDL** 23 Yc 27
Sidzina **MŁP** 77 Uf 49
Sidzina **MŁP** 84 Ue 51
Sidzina **OPL** 64 Sc 45
Sieburczyn **PDL** 35 Xc 29
Siechnice **DLS** 64 Sa 42
Siecie **POM** 4 Sb 21
Siecieborowice **DLS** 63 Sb 43
Sieciebórzyce **LBU** 50 Qd 39
Sieciechowice **MŁP** 78 Uf 47
Sieciechów **MAZ** 57 We 39
Sieciejów **LBU** 49 Qa 38
Siecieminn **ZPM** 3 Rc 23
Siecień **MAZ** 43 Ud 33
Siecino **ZPM** 14 Ra 27
Sieczka **ŁDZ** 55 Uf 41
Sieczków **SWK** 79 Vf 45
Sieczychy **MAZ** 34 Wc 32
Siedlanka **PKR** 79 We 47
Siedlanów **LBL** 59 Xe 38
Siedlątków **ŁDZ** 54 Te 37
Siedlce **DLS** 51 Rb 40
Siedlce **DLS** 64 Sb 43
Siedlce **ŁDZ** 54 Ua 40
Siedlce **MAZ** 44 Uf 34
Siedlce **MAZ** 47 Xb 35
Siedlce **MŁP** 85 Ve 50
Siedlce **OPL** 64 Sb 45
Siedlce **SWK** 68 Vc 44
Siedlec **DLS** 52 Sa 41
Siedlec **ŁDZ** 43 Ua 36
Siedlec **ŁDZ** 66 Ua 42
Siedlec **LBU** 49 Pe 39
Siedlec **MŁP** 77 Ue 48
Siedlec **MŁP** 78 Vb 49
Siedlec **MŁP** 78 Vf 48
Siedlec **OPL** 75 Ta 45
Siedlec **SLK** 66 Ub 44
Siedlec **SLK** 67 Uc 44
Siedlec **WKP** 39 Ra 36
Siedlec **WKP** 41 Sb 34
Siedlec **WKP** 52 Sa 38
Siedlec Duży **SLK** 66 Ua 45
Siedleczka **PKR** 80 Xc 49
Siedleczko **WKP** 29 Sb 31
Siedlemin **WKP** 52 Sc 37
Siedlęcin **DLS** 62 Qe 43
Siedlice **OPL** 65 Se 43
Siedlice **ZPM** 12 Pd 27
Siedlice **ZPM** 14 Qc 27
Siedlików **WKP** 53 Sf 40
Siedlimowice **DLS** 63 Rd 43
Siedlimowo **KPM** 42 Tb 34
Siedlin **MAZ** 44 Vc 33
Siedliska **DLS** 51 Ra 41
Siedliska **LBL** 58 Xb 38
Siedliska **LBL** 58 Xc 40
Siedliska **LBL** 71 Xf 42
Siedliska **LBL** 71 Ya 44
Siedliska **LBL** 82 Yd 47
Siedliska **MAZ** 34 Wd 30
Siedliska **MŁP** 77 Va 46
Siedliska **MŁP** 78 Vd 47
Siedliska **MŁP** 79 Wa 49
Siedliska **MŁP** 86 Vf 50
Siedliska **OPL** 65 Se 45
Siedliska **OPL** 65 Tc 44
Siedliska **PKR** 80 Wf 49
Siedliska **PKR** 86 Wd 51
Siedliska **PKR** 87 Xb 50
Siedliska **PKR** 88 Xf 50
Siedliska **SLK** 67 Ue 45
Siedliska **SLK** 75 Tb 47
Siedliska **WKP** 54 Td 37
Siedliska **WMZ** 20 Ve 26
Siedliska **WMZ** 21 Wd 25
Siedliska **WMZ** 21 Xb 25
Siedliska, Czyżew- **PDL** 35 Xc 32
Siedliska-Bogusz **PKR** 79 Wc 49
Siedlisko **LBU** 38 Pf 35
Siedlisko **LBU** 50 Qe 38
Siedlisko **WKP** 28 Rc 31
Siedlisko **WMZ** 10 Xb 23
Siedliszcze **LBL** 60 Yd 41
Siedliszcze **LBL** 71 Ya 41
Siedliszcze **LBL** 72 Ye 42
Siedliszczki **LBL** 71 Xf 42
Siedliszowice **MŁP** 78 Ve 47
Siedliszowice **SLK** 67 Ue 45
Siedlnica **LBU** 51 Rc 38
Siedmiorogów Pierwszy **WKP** 52 Sb 37
Siedzów **MAZ** 57 Wb 37
Siekierczyn **DLS** 61 Qb 42
Siekierczyna **MŁP** 86 Vf 50
Siekierka **PDL** 23 Yc 27
Siekierki **MAZ** 45 Wa 35
Siekierki **PDL** 35 Xf 29
Siekierki **ZPM** 25 Pb 32
Siekierki Małe **WKP** 40 Sa 34
Siekierki Wielkie **WKP** 40 Sa 34
Siekierno **SWK** 69 Vf 43
Siekierowice **DLS** 52 Sb 41
Siekierzyce **DLS** 63 Rb 42
Siekierzyńce **LBL** 72 Za 45
Siekłówka **PKR** 86 Wd 50
Siekluki **MAZ** 44 Vb 33
Siekluki **MAZ** 57 Wa 39
Siekluki **PDL** 47 Xf 33
Siekowo **WKP** 40 Rc 36
Siekówko **WKP** 39 Rb 36
Sielachowskie **PDL** 35 Ya 29
Sielanko **WKP** 40 Rc 35
Sielc **MAZ** 34 We 32
Sielc **PDL** 35 Xf 33
Sielce **LBL** 58 Xa 40
Sielce **MAZ** 57 Wb 39
Sielce Prawe **ŁDZ** 44 Va 37
Sielec **KPM** 29 Sd 31
Sielec **ŁDZ** 56 Vc 40
Sielec **LBL** 72 Yd 42
Sielec **MAZ** 56 Ve 38
Sielec **PKR** 70 We 45
Sielec **SLK** 76 Ua 47
Sielec **SWK** 68 Va 45
Sielec **SWK** 69 Wa 45
Sielec, Majdan- **LBL** 72 Yc 45
Sielec Kolonia **SWK** 78 Vc 46
Sielec Stary **WKP** 52 Sa 39
Sielnica **PKR** 87 Xb 50
Sielpia Wielka **SWK** 68 Vc 42
Sielsko **ZPM** 14 Qc 27
Sieluń **MAZ** 33 Wc 31
Siemcichy **MAZ** 32 Ue 30
Siemianice **POM** 4 Sa 21
Siemianice **WKP** 65 Ta 41
Siemianowice Śląskie **SLK** 76 Ua 47
Siemianowo **WKP** 41 Sc 33
Siemianów **ŁDZ** 43 Ub 35
Siemianówka **PDL** 36 Yf 31
Siemiany **WMZ** 18 Ud 26
Siemiatycze **PDL** 47 Xf 34
Siemiatycze-Stacja **PDL** 47 Xf 34
Siemiątkowo Koziebrodzkie **MAZ** 32 Va 31
Siemiątkowo Rogalne **MAZ** 32 Va 31
Siemichocze **PDL** 48 Yb 34
Siemidarżno **ZPM** 13 Qc 24
Siemidrożyce **DLS** 63 Rd 42
Siemiechów **ŁDZ** 54 Te 40
Siemieniczki **ŁDZ** 43 Uc 36
Siemień **LBL** 59 Xe 39
Siemień Nadrzeczny **PDL** 34 Xa 30
Siemień-Rowy **PDL** 34 Xa 30
Siemierz **LBL** 72 Yd 45
Siemiochów **MŁP** 79 Vf 49
Siemionki **WMZ** 21 Xa 25
Siemiony **PDL** 47 Xe 33
Siemiradz **MAZ** 57 Vf 39
Siemirowice **POM** 5 Se 22
Siemki **WMZ** 20 Wb 24
Siemkowice **ŁDZ** 66 Tf 41
Siemkowo **KPM** 17 Tb 28
Siemnice **LBL** 72 Yd 45
Siemnocha **MAZ** 34 Wd 30
Siemnówek **KPM** 42 Te 34
Siemonia **SLK** 75 Ua 46
Siemoń **KPM** 30 Tc 31
Siemowo **WKP** 52 Rf 37
Siemuszowa **PKR** 87 Xb 51
Siemysłów **OPL** 65 Sf 42
Siemyśl **ZPM** 14 Qd 24
Sieniawa **LBU** 38 Qc 34
Sieniawa **MŁP** 84 Uf 51
Sieniawa **PKR** 81 Xd 47
Sieniawa **PKR** 87 Wf 51
Sieniawa Żarska **LBU** 49 Qa 39
Sieniawka **DLS** 61 Pf 43
Sieniawka **DLS** 63 Re 44
Sienica **POM** 16 Sf 26
Sienica **ZPM** 14 Qf 28
Sienice **DLS** 64 Rf 44
Sieniczno **MŁP** 77 Ud 47
Sieniec **ŁDZ** 66 Te 41
Sienna **DLS** 74 Re 47
Sienna **MŁP** 85 Ve 50
Sienna **SLK** 83 Ua 50
Siennica **MAZ** 45 Ve 33
Siennica **MAZ** 46 Wd 36
Siennica-Klawy **PDL** 35 Xc 32
Siennica Królewska Duża **LBL** 71 Yb 43
Siennica Królewska Mała **LBL** 71 Yb 43
Siennica Nadolna **LBL** 71 Yb 42
Siennica Różana **LBL** 71 Yb 42
Siennica-Szymanki **PDL** 35 Xc 32
Sienno **LBU** 38 Pe 34
Sienno **MAZ** 69 Wc 42
Sienno **WKP** 29 Sb 32
Sienno Dolne **ZPM** 13 Qb 27
Siennów **PKR** 80 Xc 49
Siensko **WKP** 28 Sb 32
Sieńczuch, Radziszewo- **PDL** 35 Xe 32
Sieńsko **SWK** 67 Va 45
Siepietnica **PKR** 86 Wb 50
Siepraw **MŁP** 77 Uf 49
Sieprawice **LBL** 58 Xc 41
Sieprawki **LBL** 58 Xc 41
Sieradowice **SWK** 69 Vf 43
Sieradz **ŁDZ** 54 Te 39
Sieradza **MŁP** 79 Vf 48
Sieradzice **MAZ** 69 Wb 42
Sieradzice **SWK** 78 Vc 47
Sierakościce **PKR** 88 Xe 51
Sierakowice **POM** 5 Sf 22
Sierakowice **SLK** 75 Tc 47
Sierakowice Lewe **ŁDZ** 44 Va 36
Sierakowice Prawe **ŁDZ** 44 Va 36
Sierakowo **KPM** 30 Tf 29
Sierakowo **MAZ** 33 Vf 30
Sierakowo **WKP** 40 Rd 36
Sierakowo **WKP** 41 Sf 35
Sierakowo Słupskie **POM** 4 Rf 22
Sierakowska Huta **POM** 5 Sf 23
Sierakowy **KPM** 42 Te 34
Sieraków **MAZ** 43 Uc 34
Sieraków **MAZ** 45 Ve 35
Sieraków **MAZ** 45 Wa 34
Sieraków **MŁP** 77 Va 49
Sieraków **PKR** 80 Xc 46
Sieraków **SLK** 66 Td 44
Sieraków **SLK** 67 Ud 44
Sieraków **SWK** 68 Vf 44
Sieraków **WKP** 27 Ra 33
Sieraków **ZPM** 4 Rd 23
Sierakówek **MAZ** 43 Uc 34
Sierakówko **WKP** 28 Re 32
Sierakówko **ZPM** 3 Rd 23
Sieralców **LBU** 50 Qd 40
Sierąkowo **MAZ** 32 Va 32
Sierbowice **SLK** 77 Ud 45
Sierbowice, Dzwonowice- **SLK** 67 Ud 45
Siercz **LBU** 39 Qe 34
Siercza **MŁP** 77 Va 49
Sierki **PDL** 35 Xe 29
Sierndczyno **ZPM** 14 Ra 27
Siernicze Małe **WKP** 41 Ta 34
Siernicze Wielkie **WKP** 41 Ta 34
Sierniki **KPM** 29 Sc 30
Sierockie **MŁP** 84 Uf 52
Sieroczyn **POM** 15 Sb 26
Sieroniowice **OPL** 75 Tc 46
Sierosław **KPM** 17 Tb 27
Sierosław **ŁDZ** 55 Ud 39
Sierosław **WKP** 40 Re 34
Sierosławice **MŁP** 78 Vc 48
Sierosławice **SWK** 68 Vc 41
Sierosławice **WKP** 65 Tb 42
Sieroszowice **DLS** 50 Qf 39
Sieroszowice **WKP** 53 Sf 39
Sieroszów **DLS** 64 Rf 45
Sieroty **SLK** 76 Td 46
Sierpc **MAZ** 31 Ue 31
Sierpnice **DLS** 63 Rc 45
Sierpowo **POM** 15 Rf 27
Sierpowo **WKP** 40 Rd 37
Sierskowola **LBL** 58 Wf 39
Siersza **MŁP** 77 Uc 47
Siersza, Trzebinia- **MŁP** 77 Uc 47
Sierszew **WKP** 41 Se 37
Sieruciowce **PDL** 23 Yd 26
Sierzchowo **KPM** 30 Tf 32
Sierzchowy **ŁDZ** 56 Vb 38
Sierzchów **ŁDZ** 44 Va 36
Sierzchów **MAZ** 45 Wa 37
Sierzchów **WKP** 53 Tb 38
Sierzputy Młode **PDL** 34 Wf 30
Sierzputy-Zagaje **PDL** 34 Xa 30
Sierznia **ŁDZ** 43 Ud 37
Sierzniki **ŁDZ** 44 Uf 35
Sierzno **POM** 5 Sc 24
Siesławice **SWK** 78 Ve 46
Siestrzanki **PDL** 35 Xc 29
Siestrzechowice **OPL** 74 Sb 46
Siestrzeń **MAZ** 45 Ve 36
Sieśki **PDL** 36 Yc 31
Sietesz **PKR** 80 Xc 49
Siewalka **LBL** 70 Xa 42
Siewiersk **KPM** 43 Tf 34
Siewierz **SLK** 76 Ub 46
Sięciaszka Druga **LBL** 58 Xb 37
Sięciaszka Pierwsza **LBL** 58 Xb 37
Sięganów **ŁDZ** 54 Ug 39
Sięgiełki **PKR** 80 Xc 46
Sikorka **SLK** 76 Ub 46
Sikorki **ZPM** 13 Qa 26
Sikorowizna **PDL** 11 Xf 22
Sikorowo **KPM** 30 Tb 32
Sikory **MAZ** 46 Xa 34
Sikory **PDL** 22 Xf 28
Sikory **ZPM** 14 Rb 27
Sikory-Bartkowięta **PDL** 35 Xd 30
Sikory-Piotrowięta **PDL** 35 Xd 30
Sikorz **KPM** 16 Sd 28
Sikorzyce **MŁP** 78 Ve 47
Sikorzyn **WKP** 40 Rc 37
Sikorzyn **WKP** 52 Rf 38
Sikorzyno **POM** 5 Ta 23
Sikórz **KPM** 31 Ub 31
Sikórz **MAZ** 43 Ud 33
Silec **WMZ** 9 Wd 23
Silginy **WMZ** 9 Wb 23
Silna **LBU** 39 Qf 34
Silna Mała **LBU** 49 Qa 39
Silnica **ŁDZ** 67 Ue 43
Silniczka **ŁDZ** 67 Ue 43
Silno **KPM** 30 Te 31
Silno **POM** 16 Se 27
Silnowo **ZPM** 15 Rc 27
Silpia Duża **SWK** 67 Ue 43
Silpia Mała **SWK** 67 Ue 43
Simoradz **SLK** 83 Te 50
Simuny **PDL** 35 Xe 31
Siniarzewo **KPM** 30 Te 32
Siniec **WMZ** 9 Wd 24
Sinogóra **MAZ** 32 Ue 30
Sinołęka **MAZ** 46 Wf 35
Sińczyca **ZPM** 3 Rc 22
Siodła **SWK** 68 Vd 43
Siodłkowice **DLS** 51 Re 40
Siodłkowice **DLS** 63 Rb 43
Siodło **LBU** 50 Qb 39
Siodłonie **POM** 4 Sb 21
Siołkowa **MŁP** 86 Vf 51
Siomki **ŁDZ** 55 Ud 40
Sionna **MAZ** 46 Xa 35
Siostrzyków **LBL** 71 Xf 41
Siódmak **WMZ** 20 Vf 27
Siółko **PDL** 23 Yd 26
Sipiory **KPM** 29 Sd 30
Sisice **MAZ** 33 Vf 32
Sitaniec **LBL** 71 Yb 44
Sitaniec-Wolica **LBL** 71 Yb 44
Sitarze **MAZ** 46 Wf 34
Sitawka **PDL** 23 Yb 28
Sitkowo **PDL** 23 Yb 28
Sitkówka-Nowiny **SWK** 68 Vd 44
Sitnica **MŁP** 86 Wa 50
Sitnik **LBL** 47 Ya 36
Sitno **KPM** 29 Sd 29
Sitno **KPM** 31 Tf 29
Sitno **KPM** 31 Ua 30
Sitno **LBL** 47 Xf 37
Sitno **LBL** 58 Xd 38
Sitno **LBL** 72 Yc 44
Sitno **MAZ** 45 Wc 33
Sitno **POM** 6 Tb 22
Sitno **ZPM** 15 Rd 27
Sitno **ZPM** 25 Pd 32
Sitno **ZPM** 26 Pf 30
Sitno, Kolonia **LBL** 72 Yc 44
Sitowa **ŁDZ** 56 Vc 40
Sitowiec **KPM** 29 Se 28
Siucice **ŁDZ** 55 Va 41
Siutkówek **KPM** 31 Tf 32
Siwiałka **POM** 17 Td 24
Siwianka **MAZ** 46 Wc 36
Siwiki **PDL** 34 We 29
Siwki **PDL** 21 Xb 28
Siwkowice **ZPM** 13 Qb 26
Skąpa **ŁDZ** 66 Ua 42
Skadla **SWK** 68 Vf 45
Skąboty **WMZ** 20 Ve 26
Skaje **PDL** 21 Xb 27
Skąjgiry **WMZ** 11 Xe 23
Skalbmierz **SWK** 78 Vc 47
Skalice **DLS** 64 Sa 45
Skalin **ZPM** 13 Pf 29
Skaliszki **WMZ** 10 Wf 23
Skalmierz **ŁDZ** 53 Tc 38
Skalmierzyce **WKP** 53 Sf 38
Skalnik **PKR** 86 Wc 51
Skała **DLS** 62 Qd 42
Skała **MŁP** 77 Uf 47
Skała, Garbacz **SWK** 69 Wb 43
Skałągi **OPL** 65 Ta 42
Skałka **DLS** 63 Re 42
Skałka **MŁP** 85 Vb 51
Skałka **SLK** 77 Uc 45
Skałka **SWK** 68 Vc 43
Skałów **WKP** 52 Sc 38
Skandawa **WMZ** 9 Wb 23
Skandławki **WMZ** 9 Wc 23
Skaratki pod Las **ŁDZ** 44 Ue 36
Skaratki pod Rogożno **ŁDZ** 44 Ue 36
Skarbiciesz **LBL** 58 Xb 39
Skarbimierz **OPL** 64 Sc 43
Skarbiszowice **OPL** 64 Se 45
Skarbiszów **OPL** 65 Se 44
Skarbka **SWK** 69 Wd 42
Skarbki **WKP** 42 Td 36
Skarbkowa **ŁDZ** 56 Vd 38
Skarboszewo **WKP** 41 Se 35
Skarbowo, Jankowo- **PDL** 34 We 29
Skarchowo **ZPM** 13 Pe 25
Skarkiszki **PDL** 11 Yb 23
Skarlin **WMZ** 18 Uc 28
Skarszew **WKP** 53 Ta 38
Skarszewek **WKP** 53 Ta 38
Skarszewo **POM** 16 Sc 27
Skarszewy **KPM** 17 Tc 28
Skarszewy **KPM** 30 Te 28
Skarszewy **POM** 17 Tc 24
Skarszów Dolny **POM** 4 Sa 22
Skarszów Górny **POM** 4 Sa 22
Skarszyn **DLS** 52 Sa 41
Skarszyn **MAZ** 44 Vb 33
Skarydzew **WKP** 53 Ta 40
Skaryszew **MAZ** 57 Wb 41
Skaryszewo Włościańskie **MAZ** 33 Vf 32
Skarżyn **MAZ** 34 We 31
Skarżyn **MAZ** 44 Vc 33
Skarżyce **SLK** 77 Ud 45
Skarżyn **MAZ** 46 Wf 34
Skarżyn **WKP** 53 Tc 37
Skarżyn **WMZ** 21 Xb 27
Skarżysko-Kamienna **SWK** 68 Vf 42
Skarżysko Kościelne **SWK** 68 Vf 42
Skarżysko Książęce **MAZ** 68 Vf 42
Skaszyn **KPM** 42 Te 34
Skawa **MŁP** 84 Uf 51
Skawce **MŁP** 84 Ud 50
Skawica **SLK** 84 Ud 50
Skawina **MŁP** 77 Ue 49
Skawinki **MŁP** 84 Ue 50
Skazówki **MAZ** 57 We 38
Skąpe **KPM** 30 Td 29
Skąpe **LBU** 38 Qc 36
Skąpe **SWK** 67 Va 42
Skęczna **ŁDZ** 54 Te 38
Skęczniew **WKP** 54 Te 37
Skępe **KPM** 31 Uc 31
Skępsk **KPM** 31 Tf 30
Skibice **LBL** 72 Yd 43
Skibice **LBU** 50 Qc 38
Skibin **KPM** 42 Td 33
Skibniew-Podawce **MAZ** 46 Xb 34
Skibno **ZPM** 3 Rb 23
Skiby **SWK** 68 Vc 44
Skic **WKP** 29 Sb 29
Skidniów **DLS** 50 Qf 38
Skidzin **MŁP** 76 Ub 48
Skieblewo **PDL** 23 Yc 26
Skierbieszów **LBL** 72 Yc 43
Skierczyna **MŁP** 85 Vc 51
Skiereszewo **WKP** 41 Sd 33
Skierki **WMZ** 9 Vc 24
Skierniewice **ŁDZ** 44 Va 37
Skindzierz **PDL** 22 Ya 27
Skitno **WMZ** 8 Vf 23
Skiwy Duże **PDL** 47 Xe 34
Składowice **DLS** 51 Rb 40
Składów **LBL** 58 Xb 39
Składy Borowe **PDL** 35 Xe 31
Składy Średnie **MAZ** 34 Xa 32
Skłodzadzie **MŁP** 86 Ve 51
Skłoby **MAZ** 56 Ve 41
Skłudzewo **KPM** 30 Tb 30
Skociszewy **SWK** 67 Va 44
Skocze **WMZ** 10 Xb 23
Skoczewo **WMZ** 9 Wc 23
Skoczki **ŁDZ** 55 Uf 40
Skoczkowo **MAZ** 32 Ue 31
Skoczkowo **POM** 5 Sf 23
Skoczów **SLK** 83 Te 50
Skoczów **ZPM** 3 Qf 24
Skoczyki **SLK** 84 Ud 51
Skoczykłody **ŁDZ** 56 Vb 38
Skoki **LBL** 58 Wf 39
Skoki **LBL** 59 Xe 38
Skoki **SWK** 68 Vc 43
Skoki **WKP** 15 Rf 27
Skoki **WKP** 28 Sa 32
Skoki Duże **KPM** 43 Uc 33
Skokowa **DLS** 52 Rf 40
Skoków **LBL** 70 Xa 42
Skoków **WKP** 52 Sb 37
Skokówko **WKP** 41 Sb 37
Skokum **WKP** 41 Sf 36
Skolanowska Wola **SWK** 69 Wb 44
Skolin **PKR** 81 Yb 48
Skolity **WMZ** 19 Vb 25
Skolwity **POM** 18 Ud 25
Skomack Wielki **WMZ** 21 Xa 25
Skomack Wielki, Państwowe Gospodarstwo Rolne **WMZ** 21 Xa 25
Skomętno Wielkie **WMZ** 22 Xd 25
Skomielna Biała **MŁP** 84 Uf 51
Skomielna Czarna **MŁP** 85 Uf 50
Skomlin **ŁDZ** 65 Tc 41
Skomorochy Duże **LBL** 72 Yd 43
Skomorochy Małe **LBL** 72 Yd 43
Skop **WMZ** 21 Wd 25
Skopanie **PKR** 79 Wd 46
Skopów **PKR** 81 Xd 50
Skoraczewo **KPM** 29 Sd 29
Skoraszewice **WKP** 52 Sa 38
Skorczów **SWK** 78 Vc 47
Skorczyce **LBL** 70 Xc 42
Skorochów **OPL** 74 Sb 46
Skorocice **SWK** 78 Ve 46
Skorodnica **LBL** 59 Yb 39
Skorogoszcz **OPL** 65 Se 44
Skorosze **MAZ** 45 Vf 33
Skoroszki **MAZ** 45 Vf 33
Skoroszów **DLS** 52 Sb 40
Skoroszów **WKP** 65 Sf 42
Skoroszyce **OPL** 64 Sc 45
Skorów **SWK** 68 Vb 43
Skorupki **MAZ** 47 Xc 34
Skorupki, Grabowo- **MAZ** 33 Ve 29
Skorupy **MAZ** 46 Wc 36
Skorzeszyce **SWK** 68 Vf 44
Skorzewo **POM** 5 Sf 23
Skorzęcin **WKP** 41 Sf 34
Skorzów **SWK** 78 Ve 45
Skorzynice **DLS** 62 Qe 42
Skoszewo **ZPM** 13 Pd 26
Skoszewy Nowe **ŁDZ** 43 Ud 37
Skoszewy Stare **ŁDZ** 43 Ud 37
Skoszyn **SWK** 69 Wa 43
Skotniki **DLS** 66 Td 42
Skotniki **ŁDZ** 42 Te 36
Skotniki **ŁDZ** 43 Uc 36
Skotniki **ŁDZ** 67 Uf 41
Skotniki **MŁP** 77 Uf 48
Skotniki **SWK** 69 Wd 45
Skotniki **SWK** 78 Ve 46
Skotniki **WKP** 41 Sd 35
Skotniki **ZPM** 15 Rd 26
Skotniki, Kuchary- **MAZ** 44 Vc 34
Skotniki Dolne **SWK** 78 Vd 46
Skotniki Górne **SWK** 78 Vd 46
Skowarcz **POM** 6 Te 23
Skowierzyn **PKR** 70 Wf 44
Skowieszyn **LBL** 58 Xa 40
Skowieszynek **LBL** 58 Xa 41
Skowroniki **POM** 15 Sa 27
Skowroda Południowa **ŁDZ** 44 Uf 35
Skowroda Północna **ŁDZ** 44 Uf 35
Skowronki **MAZ** 56 Ve 38
Skowronno Dolne **SWK** 68 Vc 45
Skowronno Górne **SWK** 68 Vd 45
Skowronów **SLK** 67 Uc 44
Skowrony **WMZ** 19 Uf 24
Skowrony **ZPM** 13 Qb 25
Skórcz **POM** 17 Td 26
Skórcz-Kranek **POM** 17 Td 26
Skórka **WKP** 28 Rf 29
Skórkowice **ŁDZ** 67 Va 41
Skórnice **SWK** 67 Va 42
Skórowo Nowe **POM** 5 Sd 22
Skórowo Stare **POM** 5 Sd 21
Skórzec **MAZ** 46 Xa 36
Skórzec **PDL** 47 Xd 33
Skórzewa **ŁDZ** 43 Uc 35
Skórzewo **WKP** 40 Re 34
Skórznice **MAZ** 33 Vf 32
Skórzno **KPM** 31 Ua 32
Skórzyn **LBU** 38 Qa 36
Skórzyno **POM** 4 Sc 21
Skrajna **WKP** 53 Ta 37
Skrajnia Blizanowska **WKP** 53 Ta 37
Skrajnia **SLK** 66 Ub 44
Skrajniwa **SLK** 67 Ud 44
Skrawczyn **SWK** 68 Vc 43
Skrbeńsko **SLK** 76 Td 49
Skrobaczów **SWK** 78 Vf 46
Skroblanki **PDL** 36 Ye 30
Skrobów **LBL** 58 Xd 40
Skrobów-Kolonia **LBL** 58 Xd 40
Skroda, Ruda- **PDL** 34 Wf 29
Skroda, Rudka- **PDL** 34 Wf 29
Skroda Mała **PDL** 21 Xa 28
Skroda Wielka **PDL** 21 Xa 28
Skrodzkie **PDL** 22 Xd 26
Skronina **ŁDZ** 56 Vc 41
Skroniów **SWK** 68 Vb 45
Skroniów, Książ- **SWK** 68 Vb 45
Skrońsko **OPL** 65 Tc 43
Skruda **MAZ** 46 Wf 35
Skrudki **LBL** 58 Xa 39
Skrudzina **MŁP** 85 Vd 51
Skrwilno **KPM** 31 Ud 30
Skrybicze **PDL** 36 Yb 30
Skryhiczyn **LBL** 72 Yf 43
Skrzatki **WKP** 53 Tb 39
Skrzatusz **WKP** 28 Rd 29
Skrzebowa **WKP** 53 Se 38
Skrzeczkowice **SLK** 76 Te 48
Skrzelczyce **SWK** 68 Ve 44
Skrzelew **MAZ** 44 Vc 36
Skrzeszew **MAZ** 45 Vf 34
Skrzeszew **MAZ** 47 Xd 34
Skrzeszew E **MAZ** 47 Xd 34
Skrzeszewo Żukowskie **POM** 6 Tc 23
Skrzeszewy **MAZ** 43 Ud 35
Skrzeszowice **MŁP** 78 Va 47
Skrzetusz **WKP** 28 Re 32
Skrzetuszewo **WKP** 41 Sc 33
Skrzętla-Rojówka **MŁP** 85 Vd 50
Skrzydlewo **WKP** 39 Qf 33
Skrzydlna **MŁP** 85 Vb 50
Skrzydłowo **POM** 5 Tb 24
Skrzynice Pierwsze **LBL** 71 Xd 42
Skrzyniec **LBL** 70 Xb 42
Skrzynka **DLS** 73 Re 46
Skrzynka **MŁP** 78 Va 49
Skrzynka **MŁP** 79 Wa 47
Skrzynki **ŁDZ** 55 Uf 39
Skrzynki **MAZ** 44 Vc 33
Skrzynki **WKP** 40 Rd 34
Skrzynki **WKP** 53 Ta 40
Skrzynno **ŁDZ** 65 Td 41
Skrzynno **MAZ** 56 Ve 40
Skrzyńsko **MAZ** 56 Vd 40
Skrzypaczowice **SWK** 69 Wd 45
Skrzypiec **OPL** 74 Sd 47
Skrzypiów **SWK** 78 Vd 45
Skrzypna **WKP** 53 Se 37
Skrzypne **MŁP** 84 Uf 52
Skrzypnik **DLS** 64 Sb 43
Skrzyszów **MŁP** 79 Wa 49
Skrzyszów **PKR** 79 Wd 48
Skrzyszów **SLK** 75 Tc 49
Skrzyszów **SWK** 56 Vc 41
Skubarczewo **WKP** 41 Sf 34
Skudosze, Modzele- **PDL** 34 Xb 30
Skudzawy **KPM** 31 Ud 30
Skulsk **WKP** 42 Tb 34
Skuły **MAZ** 45 Vd 37
Skup **WMZ** 22 Xc 25
Skupie **MAZ** 46 We 36
Skupie **MAZ** 46 Xa 35
Skupie **MŁP** 84 Uf 52
Skurcza **MAZ** 57 Wc 38
Skurgwy **KPM** 18 Tf 27
Skurowa **PKR** 79 Wc 49
Skurów **MAZ** 56 Vf 38
Skurpie **WMZ** 32 Va 29
Skuszew **MAZ** 46 Wc 33
Skutki **MAZ** 44 Va 35
Skwarki **LBL** 81 Yb 46
Skwarki, Gąsówka- **PDL** 35 Xe 31
Skwarne **MAZ** 46 We 36
Skwierawy **POM** 5 Se 24
Skwierczyn **MAZ** 47 Xc 35
Skwierczyn-Lacki **MAZ** 47 Xc 35
Skwierzyna **LBU** 26 Qd 33
Skwierzynka **ZPM** 3 Rb 23
Skwirtne **MŁP** 86 Wb 52
Slipcze **LBL** 72 Za 44
Sliwno **WKP** 40 Rc 34
Słabęcin **KPM** 42 Tb 33
Słabkowice **SWK** 78 Ve 45
Słabołudź **WKP** 42 Ta 34
Słabomierz **KPM** 29 Sd 31
Słabomierz **MAZ** 44 Vc 36
Słaborowice **WKP** 53 Sf 38
Słaboszewko **KPM** 29 Sf 32
Słaboszewo **KPM** 29 Sf 32
Słaboszów **MŁP** 78 Vb 46
Słabowo **WMZ** 20 Wc 25
Słabódka **PDL** 11 Ya 23
Słabuszewice **SWK** 69 Wd 44
Słajkowo **POM** 5 Sf 20
Słajsino **ZPM** 13 Qb 27
Słajszewo **POM** 5 Se 20
Sława **LBU** 51 Ra 37
Sława **ZPM** 14 Qf 26
Sławatycze **LBL** 60 Yd 38
Sławęcice **DLS** 51 Rd 38
Sławęcice **OPL** 75 Tb 46
Sławęcin **DLS** 74 Rf 46
Sławęcin **ŁDZ** 43 Ua 36
Sławęcin **MAZ** 32 Va 31
Sławęcin **POM** 16 Sd 27
Sławęcin **WKP** 42 Tb 34
Sławęcin **ZPM** 26 Qc 29
Sławęcinek **KPM** 30 Tb 32
Sławianowo **WKP** 28 Sa 29
Sławice **MŁP** 77 Va 47
Sławice **OPL** 65 Sf 44
Sławiec **PDL** 34 Wf 29
Sławieńko **WKP** 28 Re 33
Sławików **SLK** 75 Tb 47
Sławin **LBL** 58 Xd 41
Sławin **WKP** 53 Ta 39
Sławinek **LBL** 59 Xe 41
Sławiny **MAZ** 57 Wd 37
Sławka Mała **WMZ** 32 Vb 28
Sławka Wielka **WMZ** 32 Vb 28
Sławki **POM** 5 Tb 23
Sławki, Zebry- **MAZ** 33 Wc 30
Sławkowice **MŁP** 78 Va 49
Sławkowo **KPM** 30 Te 30
Sławkowo **MAZ** 33 Wb 31
Sławkowo **WMZ** 20 Wc 24
Sławkowo **WMZ** 32 Va 28
Sławków **MŁP** 77 Uc 47
Sławnikowice **DLS** 49 Qb 41
Sławniowice **OPL** 74 Sb 46
Sławniów **SLK** 77 Ue 46
Sławno **ŁDZ** 56 Va 40
Sławno **LBU** 27 Qd 31
Sławno **MAZ** 57 Wa 40
Sławno **PDL** 23 Yb 27
Sławno **WKP** 28 Rd 31
Sławno **WKP** 41 Sc 33

Sławno **ZPM** 15 Rd 25
Sławno **ZPM** 4 Re 22
Sławoborze **ZPM** 14 Qe 25
Sławocin **LBU** 39 Ra 37
Sławoszew **WKP** 41 Se 37
Sławoszewek **WKP** 42 Tb 34
Sławoszowice **DLS** 52 Sb 39
Sławoszów **OPL** 75 Se 47
Sławoszyno **POM** 5 Tb 20
Sławowice **DLS** 51 Re 40
Sławsk **WKP** 42 Ta 35
Sławsko **ZPM** 4 Re 22
Sławsko Dolne **KPM** 42 Tb 33
Sławsko Wielkie **KPM** 30 Tb 32
Sławutowo **POM** 6 Tc 20
Słączno **DLS** 52 Sb 39
Słębowo **KPM** 29 Sd 31
Słępowo **WKP** 41 Sc 33
Słobity **WMZ** 7 Ue 24
Słoboda **PKR** 81 Xd 47
Słochy Annopolskie **PDL** 47 Xe 34
Słocin **WKP** 39 Rc 35
Słocina **LBU** 50 Qd 38
Słocina **PKR** 80 Xa 48
Słodkowo **ZPM** 26 Qb 29
Słodków **LBL** 70 Xb 43
Słodków **WKP** 42 Tc 36
Słodkówko **ZPM** 13 Qb 29
Słoja **PDL** 36 Yd 29
Słojniki **PDL** 23 Yc 28
Słoków **OPL** 74 Se 46
Słomczyce **WKP** 41 Sf 35
Słomczyn **MAZ** 45 Wa 36
Słomczyn **MAZ** 56 Vf 37
Słomiana **MŁP** 78 Uf 47
Słomianka **PDL** 22 Ya 28
Słomianka **PDL** 23 Yc 27
Słomianka **PDL** 35 Xd 29
Słomin **MAZ** 44 Vb 34
Słomka **MŁP** 78 Vc 48
Słomkowo **KPM** 30 Te 31
Słomkowo **WKP** 42 Tc 34
Słomków **ŁDZ** 55 Uf 37
Słomków **MAZ** 43 Ue 35
Słomków Mokry **ŁDZ** 54 Td 39
Słomków Suchy **ŁDZ** 54 Td 39
Słomniki **MŁP** 77 Va 47
Słomowo **WKP** 28 Rf 32
Słomowo **WKP** 41 Sd 34
Słomówko **WKP** 41 Sd 34
Słona **MŁP** 78 Vf 50
Słonawy **KPM** 29 Sd 30
Słone **LBU** 38 Qc 37
Słonecznik **WMZ** 19 Uf 25
Słoneczny Stok **WMZ** 19 Vc 26
Słoniawy **MAZ** 33 Wa 31
Słonin **WKP** 40 Re 36
Słonino **ZPM** 14 Rb 24
Słonne **PKR** 87 Xc 50
Słonowice **POM** 4 Rf 22
Słonowice **SWK** 78 Vc 47
Słonowice **ZPM** 14 Qe 26
Słonów **LBU** 27 Qe 31
Słończ **KPM** 30 Ta 29
Słończewo **MAZ** 33 Ve 32
Słońsk **LBU** 38 Pe 33
Słońsk Dolny **KPM** 30 Te 31
Słońsko **KPM** 30 Tc 32
Słopanowo **WKP** 28 Rd 32
Słopiec **SWK** 68 Ve 44
Słopnice **MŁP** 85 Vc 50
Słopsk **MAZ** 45 Wc 33
Słoptów **SWK** 69 Wc 44
Słosinko **POM** 15 Rf 25
Słostowice **ŁDZ** 67 Uc 41
Słoszewo **MAZ** 32 Vc 32
Słoszów **DLS** 73 Rc 46
Słotowa **PKR** 79 Wb 49
Słotwin **MAZ** 44 Vc 33
Słotwina **DLS** 63 Rc 43
Słotwina **SLK** 83 Ua 50
Słotwiny **ŁDZ** 55 Uf 38
Słotwiny **LBL** 58 Xa 41
Słotwiny **MŁP** 86 Vf 52
Słowienkowo **ZPM** 3 Qf 23
Słowieńsko **ZPM** 12 Pd 28
Słowieńsko **ZPM** 14 Qd 25
Słowik **SLK** 66 Ub 44
Słowik **SWK** 68 Vd 43
Słowiki **WKP** 53 Tb 38
Słowikowo **WKP** 41 Sf 33
Słowików **MAZ** 56 Vf 40
Słowin **LBU** 27 Qe 30
Słowino **ZPM** 4 Rd 22
Słubica-Wieś **MAZ** 45 Vd 36
Słubice **LBU** 37 Pd 34
Słubice **MAZ** 44 Uf 34
Słuchocin **MAZ** 46 Wf 35
Słuchowo **POM** 5 Sf 20
Słucz **PDL** 22 Xc 28
Słuczanka **PDL** 36 Yd 30
Słudwia **ZPM** 13 Qb 26
Sługi **ŁDZ** 43 Uc 36
Sługocice **ŁDZ** 56 Va 40
Sługocin **LBL** 58 Xc 41
Sługocin **WKP** 41 Ta 35
Sługocinek **WKP** 41 Ta 35
Sługowice **ŁDZ** 55 Ue 39
Słuków **SWK** 67 Va 43
Słup **DLS** 51 Rd 40
Słup **DLS** 51 Rd 41
Słup **DLS** 63 Ra 42
Słup **KPM** 18 Ua 28
Słup **WMZ** 32 Ue 29
Słupca **MAZ** 44 Va 33
Słupca **WKP** 41 Sf 35
Słupcza **SWK** 70 We 44
Słup Drugi **MAZ** 57 We 37
Słupeczka **WKP** 42 Te 35
Słupeczno **LBL** 71 Xe 43
Słupia **ŁDZ** 55 Uf 37
Słupia **MAZ** 31 Ud 31
Słupia **MAZ** 32 Uf 32
Słupia **MŁP** 85 Vb 50
Słupia **POM** 16 Sb 27
Słupia **SWK** 67 Uf 45
Słupia **SWK** 68 Va 42
Słupia **SWK** 79 Wa 46
Słupia **WKP** 40 Rd 35
Słupia **WKP** 53 Ta 41
Słupia Kapitulna **WKP** 52 Rf 39
Słupia Nadbrzeżna **SWK** 70 We 43
Słupia Nadbrzeżna-Kolonia **SWK**
70 We 43
Słupia pod Bralinem **WKP** 53 Se 41
Słupia Wielka **WKP** 40 Sb 35
Słupica **MAZ** 57 Wc 40
Słupice **DLS** 63 Re 44
Słupice **OPL** 64 Sb 45
Słupiec **DLS** 63 Rd 45
Słupiec **MŁP** 79 Wb 47
Słupiec **SWK** 79 Wb 46
Słupisko **ŁDZ** 65 Tc 41
Słupna **SLK** 76 Ua 47
Słupnica **WMZ** 18 Ub 27
Słupno **MAZ** 44 Uf 33
Słupno **MAZ** 45 Wa 34
Słupów **MŁP** 78 Vb 46
Słupsk **MAZ** 32 Vc 30
Słupsk **POM** 4 Sa 22
Słupsko **SLK** 75 Tc 46
Słupy **KPM** 16 Se 27
Słupy **KPM** 29 Se 31
Słupy **PDL** 35 Xc 28
Słupy **WMZ** 19 Vd 25
Słupy Duże **KPM** 30 Te 32
Słuszczyn **MAZ** 69 We 42
Słuszków **WKP** 53 Tb 37
Służejów **DLS** 64 Rf 45
Służew **MAZ** 45 Wa 35
Służewo **KPM** 30 Td 31
Służów **SWK** 78 Ve 45
Smagorzów **MAZ** 56 Vd 40
Smagów **MAZ** 56 Ve 41
Smarchowice Małe **OPL** 65 Se 42
Smarchowice Śląskie **OPL** 64 Sd 42
Smarchowice Wielkie **OPL** 65 Se 42
Smardy **OPL** 65 Ta 42
Smardze **WKP** 53 Sf 41
Smardzew **ŁDZ** 43 Tf 35
Smardzew **ŁDZ** 54 Td 39
Smardzew **ŁDZ** 55 Uc 37
Smardzew **MAZ** 56 Vf 39
Smardzewice **ŁDZ** 55 Va 40
Smardzewo **MAZ** 32 Vc 32
Smardzewo **ZPM** 4 Rd 23
Smardzko **ZPM** 14 Qf 26
Smardzowice **MŁP** 77 Uf 47
Smardzowice **SLK** 76 Ua 48
Smardzów **DLS** 51 Ra 39
Smardzów **DLS** 64 Sb 41
Smarglin **KPM** 30 Td 32
Smarklice **PDL** 47 Xd 33
Smarków **SWK** 68 Vd 41
Smarzykowo **KPM** 29 Sd 31
Smaszew **WKP** 42 Tb 36
Smaszków **ŁDZ** 54 Tc 39
Smerdyna **SWK** 69 Wb 45
Smerekowiec **MŁP** 86 Wb 51
Smerżyn **KPM** 29 Sf 31
Smęcino **ZPM** 15 Rc 25
Smęgorzów **MŁP** 79 Wa 47
Smętowo Chmieleńskie **POM** 5 Ta 23
Smętowo Graniczne **POM** 17 Te 26
Smętówko **POM** 17 Te 26
Smiardowo Złotowskie **WKP** 15 Sa 28
Smoczka **PKR** 79 Wc 47
Smogolice **ZPM** 13 Pf 28
Smogorówka Dolistowska **PDL**
22 Xf 27
Smogorówka Goniądzka **PDL** 22 Xf 27
Smogorzewo **KPM** 42 Tf 33
Smogorzewo **WKP** 52 Sa 37
Smogorzewo Włościańskie **MAZ**
45 Vf 33
Smogorzów **LBL** 58 We 40
Smogorzów **OPL** 65 Se 42
Smogorzów Mały **DLS** 51 Rd 40
Smogorzów Wielki **DLS** 51 Rd 40
Smogóry **LBU** 38 Pf 34
Smogulec **WKP** 29 Sb 30
Smojary **WKP** 41 Se 33
Smolajny **WMZ** 19 Vc 24
Smolanka **MAZ** 47 Xc 36
Smolanka **PDL** 23 Yc 28
Smolanka **WMZ** 9 Vf 23
Smolany **PDL** 11 Yb 23
Smolany, Radory- **LBL** 58 Xa 38
Smolany-Żardawy **WMZ** 32 Vd 29
Smolarnia **MAZ** 44 Vb 36
Smolarnia **OPL** 75 Se 46
Smolarnia **WKP** 28 Rc 30
Smolarzyny **PKR** 80 Xb 48
Smolec **DLS** 64 Rf 42
Smolechy **MAZ** 34 Xa 32
Smoleń **SLK** 77 Ue 46
Smolewo-Wieś **MAZ** 34 Xb 32
Smolęcin **ZPM** 12 Pc 28
Smolęcin **ZPM** 13 Qb 25
Smolice **ŁDZ** 43 Ua 36
Smolice **ŁDZ** 55 Ud 37
Smolice **MŁP** 77 Uc 48
Smolice **OPL** 64 Sb 45
Smolice **WKP** 52 Sb 38
Smoligów **LBL** 72 Yf 45
Smolna **DLS** 64 Sc 42
Smolne **ZPM** 3 Qf 24
Smolnica **SLK** 76 Td 47
Smolnica **WKP** 16 Sb 27
Smolnica **ZPM** 25 Pd 32
Smolnik **KPM** 43 Ub 33
Smolnik **PKR** 87 Xa 53
Smolnik **PKR** 88 Xe 53
Smolniki **PDL** 11 Xf 23
Smolno **POM** 6 Tc 20
Smolno Wielkie **LBU** 39 Qe 36
Smolugi **PDL** 47 Xf 33
Smołdzięcino **ZPM** 14 Ra 26
Smołdzino **POM** 4 Sb 21
Smołdzino **POM** 6 Tb 22
Smołdziński Las **POM** 4 Sb 20
Smoły **MAZ** 45 Vd 34
Smoniowice **MŁP** 78 Vb 47
Smoryń **LBL** 71 Xe 45
Smorżowa **PKR** 79 Wc 49
Smoszew **WKP** 52 Sc 38
Smoszewo **MAZ** 44 Vd 34
Smólniki Racięckie **WKP** 42 Td 35
Smólsk **KPM** 43 Tf 33
Smólsko Duże **LBL** 81 Xe 46
Smólsko Małe **LBL** 81 Xe 46
Smólki **WKP** 53 Tb 38
Smreczyna **DLS** 73 Re 48
Smrock-Dwór **MAZ** 33 Wa 31
Smrock-Kolonia **MAZ** 33 Wb 31
Smroków **MŁP** 77 Va 47
Smuga **MŁP** 85 Uf 50
Smulsko **WKP** 42 Td 37
Smuniew **MAZ** 47 Xc 35
Smyków **MŁP** 79 Wa 48
Smyków **SLK** 67 Uc 44
Smyków **SWK** 67 Va 42
Smyków **SWK** 68 Vc 42
Smyków **SWK** 68 Vf 44
Smykówko **WMZ** 19 Uf 27
Snarki **MAZ** 56 Vc 40
Snochowice **SWK** 68 Vb 43
Snopki **WMZ** 21 We 27
Snopkowo **LBL** 58 Xc 41
Snowidłowo **WKP** 40 Rc 35
Snowidza **DLS** 63 Rb 42
Sobaków **ŁDZ** 67 Ud 41
Sobanice **MAZ** 44 Vb 34
Sobawiny **ŁDZ** 56 Vb 40
Sobącz **POM** 17 Ta 24
Sobczyce **DLS** 51 Ra 38
Sobiałkowo **WKP** 52 Rf 39
Sobianowice **LBL** 59 Xe 41
Sobiatyno **PDL** 48 Yb 33
Sobibór **LBL** 60 Yd 40
Sobiechy **WMZ** 10 We 23
Sobiecin **PKR** 81 Xe 48
Sobienie Biskupie **MAZ** 57 Wb 37
Sobienie-Jeziory **MAZ** 57 Wb 37
Sobienie Szlacheckie **MAZ** 57 Wb 37
Sobień **ŁDZ** 54 Ub 37
Sobieńczyce **POM** 5 Sf 20
Sobieńki **MAZ** 57 Wc 37
Sobiepany **ŁDZ** 54 Tf 39
Sobieradz **ZPM** 26 Pd 29
Sobiesęki **MŁP** 77 Uf 47
Sobiesęki **WKP** 53 Tc 39
Sobiesęki Drugie **WKP** 53 Tb 39
Sobiesęki Trzecie **WKP** 53 Tb 39
Sobiesiernie **WKP** 41 Sd 34
Sobiesierzno **KPM** 31 Ud 29
Sobieska Wola Druga **LBL** 71 Xe 43
Sobieska Wola Pierwsza **LBL**
71 Xe 43
Sobieski **PDL** 22 Xe 28
Sobieszczany **LBL** 70 Xc 42
Sobieszczany-Kolonia **LBL** 70 Xc 42
Sobieszewo **POM** 6 Te 22
Sobieszów **DLS** 62 Qd 43
Sobieszyn **LBL** 58 Xa 39
Sobięcin **DLS** 63 Rb 44
Sobików **MAZ** 57 Wa 37
Sobin **DLS** 51 Ra 40
Sobiska **LBL** 58 Xb 38
Sobki **ŁDZ** 54 Ub 40
Sobków **SWK** 68 Vc 44
Soblówka **SLK** 83 Ua 52
Sobocisko **DLS** 64 Sb 43
Sobocka Wieś **ŁDZ** 43 Ue 36
Sobokleszcz **MAZ** 33 Ve 32
Sobokleszcz **MAZ** 44 Vd 33
Sobole **LBL** 58 Xc 38
Sobole **WMZ** 22 Xd 25
Sobolew **LBL** 58 Xc 39
Sobolew **MAZ** 57 We 38
Sobolewo **PDL** 22 Ya 24
Sobolewo **PDL** 35 Xc 32
Sobolewo **PDL** 36 Yb 30
Sobolewo **WKP** 28 Rd 31
Sobolice **LBU** 49 Pf 40
Sobolów **MŁP** 78 Vc 49
Soboniowice **MŁP** 78 Uf 49
Soboń **MAZ** 46 Wf 35
Soborzyce **SLK** 67 Ud 43
Sobota **DLS** 62 Qe 42
Sobota **ŁDZ** 43 Ue 36
Sobota **WKP** 40 Re 33
Sobowice **SWK** 68 Vc 45
Sobowidz **POM** 6 Td 24
Sobowo **MAZ** 43 Uc 33
Soból **LBL** 72 Yd 45
Sobótka **DLS** 63 Re 43
Sobótka **PDL** 36 Yb 32
Sobótka **SWK** 68 Ve 42
Sobótka **WKP** 53 Sf 38
Sobów **PKR** 70 We 45
Sobuczyna **SLK** 66 Ua 44
Soce **PDL** 36 Yc 31
Socha **ŁDZ** 54 Td 38
Sochaczew **MAZ** 44 Vb 35
Sochocin **MAZ** 32 Vc 32
Sochocino-Badurki **MAZ** 44 Uf 33
Sochocino-Praga **MAZ** 44 Uf 33
Sochonie **PDL** 36 Yb 29
Sochy **LBL** 71 Xf 45
Sochy **WMZ** 32 Vc 29
Soczewka **MAZ** 43 Ud 33
Soczówki **ŁDZ** 68 Vb 41
Soćki **MAZ** 46 Xa 36
Sofipol **PDL** 36 Yd 30
Sojczyn Borowy **PDL** 22 Xd 27
Sojczynek-Nowa Wieś **PDL** 22 Xd 28
Soje **MAZ** 33 Wb 31
Sojkówek **MAZ** 46 We 33
Sojkówka **PKR** 80 Xa 46
Sokola **DLS** 63 Ra 43
Sokola **LBL** 58 Xa 38
Sokola Dąbrowa **LBU** 38 Qc 33
Sokola Góra **ŁDZ** 67 Uf 42
Sokolany **PDL** 23 Yc 28
Sokole **LBL** 47 Xf 37
Sokole **PDL** 36 Yd 30
Sokole **PDL** 47 Ya 34
Sokole **POM** 15 Rf 27
Sokolec **DLS** 63 Rc 45
Sokole-Kuźnica **KPM** 16 Sf 28
Sokole Pole **SLK** 67 Ud 44
Sokolica **DLS** 63 Rc 45
Sokolica **MAZ** 9 Ve 24
Sokoligóra **KPM** 31 Ua 30
Sokolina **SWK** 78 Vd 47
Sokoliniec **ZPM** 27 Qd 29
Sokolna **WKP** 28 Pf 29
Sokolniki **DLS** 63 Rf 44
Sokolniki **KPM** 42 Tb 33
Sokolniki **ŁDZ** 43 Uc 37
Sokolniki **ŁDZ** 53 Tc 41
Sokolniki **OPL** 65 Se 44
Sokolniki **PKR** 70 We 45
Sokolniki **SLK** 67 Ud 45
Sokolniki **WKP** 41 Sb 34
Sokolniki **WKP** 41 Sd 33
Sokolniki **WKP** 41 Se 35
Sokolniki **ZPM** 13 Qa 28
Sokolniki Gwiazdowskie **WKP**
40 Sb 34
Sokolniki-Las **ŁDZ** 55 Uc 37
Sokolniki Mokre **WKP** 40 Rd 33
Sokolniki-Parcela **ŁDZ** 43 Uc 37
Sokolniki Suche **MAZ** 56 Ve 40
Sokolniki Wielkie **WKP** 40 Rd 33
Sokolsko **LBU** 26 Qc 31
Sokoł **MAZ** 57 We 38
Sokołowice **DLS** 52 Sc 41
Sokołowice **MŁP** 78 Vd 48
Sokołowice **WKP** 40 Rc 37
Sokołowiec **DLS** 62 Qe 42
Sokołowo **KPM** 31 Ua 30
Sokołowo **KPM** 43 Tf 33
Sokołowo **MAZ** 34 We 31
Sokołowo **WKP** 28 Rd 32
Sokołowo **WKP** 41 Sd 34
Sokołowo **WKP** 41 Sf 34
Sokołowo Budzyńskie **WKP** 28 Rf 31
Sokołowo Włościańskie **MAZ**
33 Wb 32
Sokołowsko **DLS** 63 Rb 44
Sokołowy Kąt **MAZ** 32 Ue 31
Sokołów **ŁDZ** 44 Va 36
Sokołów **ŁDZ** 54 Te 39
Sokołów **ŁDZ** 55 Uc 38
Sokołów **LBU** 50 Qd 38
Sokołów **MAZ** 43 Uc 34
Sokołów **MAZ** 45 Vf 36
Sokołów Dolny **SWK** 68 Vc 44
Sokołówek **ŁDZ** 43 Ud 35
Sokołówek **MAZ** 45 Wa 34
Sokołów Górny **SWK** 68 Vc 44
Sokołówka **LBL** 71 Xe 45
Sokołów Małopolski **PKR** 80 Xa 47
Sokołów Podlaski **MAZ** 46 Xb 34
Sokołów-Towarzystwo **ŁDZ** 44 Uf 35
Sokoły **KPM** 42 Tc 33
Sokoły **MAZ** 57 Wc 40
Sokoły **PDL** 21 Xb 28
Sokoły **PDL** 35 Xe 31
Sokoły Jeziorne **WMZ** 21 Xb 27
Sokóle **MAZ** 46 Wf 35
Sokół **MŁP** 86 Wb 51
Sokółka **MAZ** 46 Wf 33
Sokółka **PDL** 23 Yd 28
Sokółki **WKP** 42 Tb 35
Sokółki **WMZ** 10 Xb 24
Sokółki **WMZ** 22 Xc 26
Sokule **MAZ** 44 Vc 36
Solarnia **SLK** 66 Td 45
Solca **SLK** 77 Ue 45
Solca Mała **ŁDZ** 43 Ub 36
Solca Wielka **ŁDZ** 43 Ub 37
Solec **ŁDZ** 56 Va 41
Solec **MAZ** 43 Uc 34
Solec **OPL** 75 Se 46
Solec **WKP** 39 Ra 36
Solec **WKP** 41 Sb 36
Solec Kujawski **KPM** 30 Tb 30
Solec-Leśniczówka **WKP** 39 Rb 36
Solec nad Wisłą **MAZ** 70 We 42
Solec-Zdrój **SWK** 78 Vf 46
Solina **PKR** 88 Xc 52
Solinki **LBL** 48 Ya 36
Solistówka **PDL** 22 Xe 26
Solki, Kalinowo- **PDL** 35 Xd 31
Solna **DLS** 63 Rf 43
Solnica **POM** 7 Ub 23
Solniczki **PDL** 36 Yb 30
Solniki **DLS** 64 Sa 42
Solniki **LBU** 50 Qd 38
Solniki **PDL** 35 Xf 33
Solniki **PDL** 36 Yb 31
Solniki Małe **DLS** 64 Sd 42
Solniki Wielkie **DLS** 64 Sc 42
Sołdany **WMZ** 21 Wf 24
Sołdy, Borki- **MAZ** 47 Xc 36
Sołectwo, Kowalewo- **WKP** 41 Sf 35
Sołeczno **WKP** 41 Sd 35
Sołki **MAZ** 46 We 34
Sołki **PDL** 22 Xd 27
Sołonka **PKR** 80 Wf 49
Sołtyków **MAZ** 57 Wb 40
Sołtyków **SWK** 68 Ve 42
Sołtysowice **DLS** 64 Sa 42
Sołtysowo **MŁP** 84 Ud 52
Sołtystwo **MŁP** 84 Ue 51
Sołtysy **MAZ** 56 Vc 40
Sołtysy **OPL** 66 Td 42
Somianka **MAZ** 45 Wb 33
Sominy **POM** 16 Sd 24
Somonino **POM** 5 Tb 23
Sompolinek **WKP** 42 Td 34
Sompolno **WKP** 42 Td 34
Somsiory **KPM** 31 Ub 30
Sonina **PKR** 80 Xb 48
Sońsk **MAZ** 33 Ve 32
Sopieszyno **POM** 5 Tb 21
Sople **WMZ** 19 Ue 25
Sopot **MAZ** 57 Wa 39
Sopot **POM** 6 Td 22
Sopotnia Mała **SLK** 84 Ub 51
Sopotnia Wielka **SLK** 84 Ub 51
Sopoty **WMZ** 7 Uf 23
Sorbin **SWK** 68 Ve 42
Sorkwity **WMZ** 20 Wa 25
Sosenki **MAZ** 47 Xd 35
Sosenkowo **MAZ** 44 Vb 33
Sosna-Kozółki **MAZ** 46 Xb 35
Sosnowa **DLS** 73 Rf 46
Sosnowa-Dąbrowa **LBL** 72 Yd 45
Sosnowa Wola **LBL** 70 Wf 43
Sosnowe **MAZ** 46 Wf 36
Sosnowica **LBL** 59 Ya 39
Sosnowice **MŁP** 77 Ue 49
Sosnowiec **ŁDZ** 55 Ud 37
Sosnowiec **SLK** 76 Ua 47
Sosnowiec **SWK** 67 Va 45
Sosnowo **ZPM** 14 Qd 26
Sosnowo **ZPM** 26 Pd 29
Sosnów **LBL** 58 Xb 40
Sosnówek **ŁDZ** 55 Uf 40
Sosnówka **DLS** 52 Sc 41
Sosnówka **DLS** 62 Qe 44
Sosnówka **KPM** 17 Td 28
Sosnówka **LBL** 58 Wf 38
Sosnówka **LBL** 58 Xb 40
Sosnówka **LBL** 59 Yc 38
Sosnówka **SWK** 69 Wa 43
Soszyca **POM** 5 Sd 23
Soszyce **ŁDZ** 56 Vb 38
Sośnica **PKR** 81 Xf 49
Sośnica **SLK** 66 Tf 45
Sośnica **SLK** 76 Te 47
Sośnica **WKP** 53 Se 37
Sośnica **ZPM** 14 Rb 28
Sośnicowice **SLK** 76 Td 47
Sośniczany **SWK** 69 Wd 45
Sośniczka **WKP** 53 Sd 37
Sośnie **WKP** 52 Sd 40
Sośninka **MAZ** 57 Wd 38
Sośniny **MŁP** 86 Wb 50
Sośno **KPM** 16 Se 28
Sowczyce **OPL** 66 Tc 43
Sowia Góra **LBU** 27 Qf 32
Sowia Wola **MAZ** 45 Vd 34
Sowice **SLK** 76 Te 46
Sowin **LBL** 59 Xf 39
Sowin **OPL** 64 Sd 45
Sowina **PKR** 79 Wc 50
Sowina **WKP** 53 Se 38
Sowina Błotna **WKP** 53 Se 38
Sowiniec **LBL** 82 Yd 46
Sowinki **WKP** 40 Rf 35
Sowinko **ZPM** 3 Rd 23
Sowiny **LBU** 50 Qc 39
Sowiny **WKP** 52 Re 38
Sowińce **ŁDZ** 54 Ub 39
Sowlany **PDL** 36 Yb 30
Sowliny **MŁP** 85 Vc 50
Sowno **ZPM** 13 Pf 28
Sowno **ZPM** 13 Qb 26
Sowy **WKP** 52 Sa 39
Sól **LBL** 71 Xd 45
Sól **SLK** 83 Ua 52
Sówki **WMZ** 8 Vb 22
Spalice **DLS** 64 Sc 41
Spaliny Wielkie **WMZ** 20 Wc 28
Spalona **DLS** 51 Rb 41
Spalona **DLS** 73 Rd 47
Spała **ŁDZ** 56 Va 39
Spądoszyn **MAZ** 33 Vd 32
Spędy **WMZ** 7 Uf 24
Spicimierz **ŁDZ** 54 Te 37
Spiczki **PDL** 36 Yb 32
Spiczyn **LBL** 59 Xe 40
Spieszyn **PDL** 35 Xe 33
Spławie **WKP** 40 Rd 37
Spławie **WKP** 40 Sa 34
Spławie **WKP** 41 Ta 35
Spławy **LBL** 70 Wf 42
Spławy **LBL** 70 Xa 41
Spławy **LBL** 71 Xd 43
Spoczynek **KPM** 30 Te 32
Spokojna **LBU** 39 Ra 37
Spore **ZPM** 15 Re 26
Sporniak **LBL** 58 Xc 41
Sporok **OPL** 65 Tb 45
Sporwiny **WMZ** 9 Wa 23
Spóle **ŁDZ** 53 Tb 40
Spręcowo **WMZ** 19 Vc 25
Sprowa **SWK** 67 Uf 45
Spudłów **LBU** 38 Pe 34
Spychowo **WMZ** 20 Wc 27
Spytkowice **MŁP** 77 Ud 49
Spytkowice **MŁP** 78 Vd 49
Spytkowice **MŁP** 84 Ue 51
Spytkowo **WMZ** 21 We 24
Spytków **DLS** 61 Qa 42
Spytkówki **WKP** 40 Re 36
Srebrna **MAZ** 43 Ud 33
Srebrna **MAZ** 44 Vb 34
Srebrna **PDL** 34 Xa 31
Srebrna Góra **DLS** 63 Rd 45
Srebrniki **KPM** 30 Te 29
Srebrnogóra **WKP** 29 Sd 31
Srebrny Borek **PDL** 34 Xb 31
Srebrowo **PDL** 35 Xe 29
Srebrzyszcze **LBL** 72 Yd 42
Srock **ŁDZ** 55 Ud 39
Srocko **SLK** 66 Ub 44
Srocko Wielkie **WKP** 40 Re 35
Sroczków **SWK** 79 Wa 46
Sroczyn **WKP** 41 Sb 33
Srogów Dolny **PKR** 87 Xa 51
Srogów Górny **PKR** 87 Xa 51
Srokowo **WMZ** 9 Wd 23
Sromowce Niżne **MŁP** 85 Vc 52
Sromowce Średnie **MŁP** 85 Vc 52
Sromowce Wyżne **MŁP** 85 Vc 52
Sromów **ŁDZ** 44 Va 36
Stabieńszczyzna **PDL** 11 Yb 24
Stabłowice **DLS** 64 Rf 42
Stabrów **LBL** 72 Yc 44
Stabunity **WMZ** 8 Vc 23
Stacewicze **PDL** 35 Ya 31
Stachlew **ŁDZ** 44 Va 36
Stachów **DLS** 64 Rf 44
Stachura **SWK** 68 Vc 43
Stacja, Czyżew- **PDL** 35 Xc 32
Stacja, Nurzec- **PDL** 47 Ya 34
Stacja, Siemiatycze- **PDL** 47 Xf 34
Stacja, Szastarka- **SWK** 70 Xc 43
Stacja, Szepietowo- **PDL** 35 Xd 31
Stacja, Waliły- **PDL** 36 Yd 30
Stacja Parciaki **MAZ** 33 Wa 29
Stacze **WMZ** 10 Xb 24
Stacze **WMZ** 22 Xd 26
Stadarnia **LBL** 72 Yd 43
Stadła **MŁP** 85 Vd 51
Stadniki **MŁP** 78 Va 49
Stadniki **PDL** 47 Xe 33
Stajęczynki **KPM** 30 Tf 31
Stajkowo **WKP** 28 Rc 31
Stajne **LBL** 71 Yb 42
Stale **PKR** 70 We 45
Stalewo **WMZ** 18 Ub 24
Stalmierz **KPM** 31 Ub 31
Stalowa Wola **PKR** 70 Xa 45
Stamirowice **MAZ** 56 Ve 39
Stanclewo **WMZ** 20 Wa 25
Staniątki **MŁP** 78 Vb 48
Stanice **SLK** 75 Td 47
Staniewice **SWK** 68 Vc 44
Staniewice **ZPM** 4 Re 22
Stanięcino **POM** 4 Sa 22
Stanin **LBL** 58 Xb 37
Stanisław **MŁP** 77 Ud 49
Stanisławczyk **PKR** 88 Xf 50
Stanisławice **ŁDZ** 43 Ud 35
Stanisławice **MAZ** 57 Wc 39
Stanisławice **MŁP** 78 Vc 49
Stanisławice **SLK** 67 Ue 44
Stanisławie **POM** 17 Te 24
Stanisławięta, Moczydły- **PDL**
35 Xd 31
Stanisławka **LBL** 72 Yc 44
Stanisławki **KPM** 31 Tf 29
Stanisławowo **MAZ** 32 Ue 31
Stanisławowo **MAZ** 45 Ve 34
Stanisławowo **PDL** 34 We 29
Stanisławowo **PDL** 36 Yb 30
Stanisławowo **POM** 6 Te 23
Stanisławowo **WKP** 41 Se 34
Stanisławowo Zegrzyńskie **MAZ**
45 Vf 33
Stanisławów **DLS** 62 Ra 42
Stanisławów **ŁDZ** 42 Te 36
Stanisławów **ŁDZ** 54 Td 40
Stanisławów **ŁDZ** 55 Uf 40
Stanisławów **ŁDZ** 55 Va 38
Stanisławów **ŁDZ** 66 Ub 41
Stanisławów **LBL** 58 Xc 38
Stanisławów **LBL** 71 Ya 45
Stanisławów **LBL** 72 Ye 42
Stanisławów **MAZ** 44 Vc 36
Stanisławów **MAZ** 45 Wa 34
Stanisławów **MAZ** 46 Wd 35
Stanisławów **MAZ** 56 Vc 39
Stanisławów **MAZ** 56 Vf 41
Stanisławów **MAZ** 57 Vf 38
Stanisławów **MAZ** 57 Wa 41
Stanisławów **MAZ** 57 Wc 39
Stanisławów **SLK** 66 Tf 42
Stanisławów **SWK** 67 Va 42
Stanisławów Drugi **ŁDZ** 54 Ua 41
Stanisławów Duży **LBL** 58 Xc 40
Stanisławów Lipski **ŁDZ** 56 Va 38
Stanisławów Nowy **ŁDZ** 54 Ub 38
Stanisławów Pierwszy **ŁDZ** 54 Ua 41
Stanisławów Skrzański **MAZ** 43 Uc 34
Stanisławów Stary **ŁDZ** 54 Ub 38
Stanisławów Studziński **ŁDZ** 55 Va 38
Stanisławy, Kłopoty- **PDL** 47 Xe 33
Staniszcze Małe **OPL** 65 Tb 45
Staniszcze Wielkie **OPL** 66 Tc 45
Staniszewo **POM** 5 Ta 22
Staniszewskie **PKR** 80 Xa 47
Staniszów **DLS** 62 Qe 43
Stanki **SLK** 66 Te 43
Stankowice **DLS** 62 Qb 42
Stankowo **POM** 18 Ub 26
Stankowo **WKP** 52 Rf 37
Stankowo **WMZ** 18 Uc 24
Stanomin **KPM** 30 Td 32
Stanomino **ZPM** 14 Qf 25
Stanowice **DLS** 63 Rc 43
Stanowice **DLS** 64 Sb 43
Stanowice **LBU** 26 Qa 32
Stanowice **SLK** 76 Te 48
Stanowiska **SWK** 67 Uf 43
Stanowiska **SWK** 68 Vc 42
Stanów **LBU** 50 Qc 38
Stany **LBU** 39 Qe 37
Stany **PKR** 80 Wf 46
Stany **SLK** 66 Td 43
Stany, Dąbrówka- **MAZ** 46 Xa 36
Stany, Potok- **LBL** 70 Xb 44
Stany Duże **MAZ** 47 Xb 35
Stańkowa **MŁP** 85 Vd 50
Stańkowa **PKR** 88 Xc 51
Stańsk **LBU** 38 Pe 33
Stara Bardziłówka **LBL** 47 Xf 36
Stara Barycz **MAZ** 56 Vf 41
Stara Baryczka **MAZ** 58 We 41
Stara Biała **MAZ** 43 Ud 33
Stara Białka **DLS** 62 Qf 44
Stara Bircza **PKR** 88 Xc 50
Stara Błotnica **MAZ** 57 Vf 39
Stara Brzóza **MAZ** 57 Wc 39
Stara Brzuza **MAZ** 58 We 37
Stara Bystrzyca **DLS** 73 Rd 47
Stara Bystrzyca **LBL** 70 Xc 42
Stara Chmielówka **PDL** 11 Xe 24
Starachowice **SWK** 69 Wa 42
Stara Czerwonka **ŁDZ** 56 Va 38
Stara Dąbia **LBL** 58 Wf 39
Stara Dąbrowa **MAZ** 44 Vd 34
Stara Dąbrowa **MAZ** 56 Ve 38
Stara Dąbrowa **POM** 4 Sb 22
Stara Dąbrowa **WKP** 39 Rb 36
Stara Dąbrowa **ZPM** 13 Qa 28
Stara Dąbrówka **MAZ** 46 Xa 36
Stara Dębowa Wola **SWK** 69 Wc 42
Stara Dębszczyzna **PDL** 11 Xe 24
Stara Dobrzyca **ZPM** 14 Qd 26
Stara Gazomia **ŁDZ** 55 Ue 40
Stara Gąska **LBL** 58 Xb 38
Stara Gąsówka **PDL** 35 Xf 31
Stara Gogolina **WKP** 42 Tb 34
Stara Góra **DLS** 51 Rd 39
Stara Grabownica **MAZ** 34 Wf 32
Stara Huta **DLS** 52 Sd 40
Stara Huta **KPM** 17 Tc 27
Stara Huta **LBL** 58 Wf 38
Stara Huta **LBL** 71 Ya 45
Stara Huta **MAZ** 57 Wc 37
Stara Huta **POM** 5 Se 23
Stara Huta **POM** 5 Ta 22
Stara Huta **POM** 6 Tb 23
Stara Huta **SLK** 76 Ub 47
Stara Huta **SWK** 69 Wa 43
Stara Huta Koszary **SWK** 69 Wa 43
Stara Jabłonna **MAZ** 47 Xc 34
Stara Jamka **OPL** 74 Sd 46
Stara Jania **POM** 17 Td 26
Stara Jedlanka **LBL** 59 Xf 39
Stara Jedlanka **MAZ** 69 Wb 41
Stara Kaletka **WMZ** 19 Vd 27
Stara Kamienica **DLS** 62 Qd 43
Stara Kamienna **PDL** 23 Yb 26
Stara Kamionka **PDL** 22 Xe 24
Stara Kamionka **PDL** 22 Xe 26
Stara Kamionka **PDL** 23 Yd 28
Stara Kiszewa **POM** 17 Tb 25
Stara Klępina **LBU** 50 Qb 38
Stara Kopernia **LBU** 50 Qc 39
Stara Kornica **MAZ** 47 Xf 35
Stara Korytnica **ZPM** 27 Ra 29
Stara Kościelnica **POM** 18 Tf 24
Stara Kraśnica **DLS** 62 Qf 43
Stara Krępa **MAZ** 33 Vf 30
Stara Krobia **WKP** 52 Sa 38
Stara Kubra **PDL** 22 Xb 28
Stara Kuźnia **OPL** 75 Tc 47
Stara Kuźnica **SLK** 76 Tf 47
Stara Kuźnica **SWK** 68 Vd 41
Stara Lipina **LBL** 72 Yc 43
Stara Liza **PDL** 35 Xe 31
Stara Łagowica **SWK** 69 Wa 44
Stara Łomża nad Rzeką **PDL**
34 Xa 30
Stara Łomża przy Szosie **PDL**
34 Xa 30
Stara Łubianka **WKP** 28 Re 29
Stara Łupianka **PDL** 35 Xf 30
Stara Łupianka **PDL** 36 Yf 31
Stara Moczalnia **PDL** 23 Yc 28
Stara Morawa **DLS** 73 Rf 47
Stara Niedziałka **MAZ** 46 Wd 35
Stara Obra **WKP** 52 Sc 37
Stara Oleszna **DLS** 50 Qd 40
Stara Olszewnica **MAZ** 45 Vf 34
Stara Osuchowa **MAZ** 34 We 32
Stara Otocznia **MAZ** 32 Vc 30
Stara Paciorkowa Wola **MAZ**
57 Wd 40
Stara Pecyna **MAZ** 34 Wd 32
Stara Piasecznica **MAZ** 44 Vc 35
Stara Prawda **LBL** 58 Wf 37
Stara Przysieka **WKP** 40 Rd 36
Stara Puszczanka **PDL** 35 Xe 32
Stara Rawa **ŁDZ** 56 Vb 37
Stara Rokitna **LBL** 58 We 39
Stara Rozedranka **PDL** 23 Yb 28
Stara Róża **LBL** 46 Xa 37
Stara Różanka **WMZ** 9 Wc 24
Stara Ruda **LBL** 58 Xc 38
Stara Ruda **WKP** 42 Tc 34
Stara Rudna **DLS** 51 Rb 40
Stara Rudnica **ZPM** 25 Pb 32
Stara Rudówka **WMZ** 21 Wd 25
Stara Ruskołęka **MAZ** 34 Xa 32
Stara Ruś **PDL** 35 Xd 31
Stara Rzeka **DLS** 51 Rb 39
Stara Rzeka **KPM** 17 Tb 27
Stara Sławogóra **MAZ** 32 Vc 30
Stara Słupia **SWK** 69 Wa 43
Stara Sobótka **ŁDZ** 43 Ua 35
Stara Studnica **ZPM** 14 Qf 28
Stara Sucha **MAZ** 46 Xa 35
Stara Święta **WKP** 28 Sa 28
Stara Trzcianka **MAZ** 46 Wf 35
Stara Tuchorza **WKP** 39 Ra 35
Stara Tymienica **MAZ** 57 We 41
Stara Warka **MAZ** 57 Wb 38
Stara Wieś **ŁDZ** 44 Uf 35
Stara Wieś **ŁDZ** 55 Ud 41
Stara Wieś **ŁDZ** 56 Va 38
Stara Wieś **ŁDZ** 56 Vb 41
Stara Wieś **ŁDZ** 56 Vd 38
Stara Wieś **ŁDZ** 67 Uf 43
Stara Wieś **LBL** 58 Xa 41
Stara Wieś **LBL** 58 Xd 38
Stara Wieś **LBL** 59 Xf 41
Stara Wieś **LBL** 71 Xd 43
Stara Wieś **LBL** 71 Xe 44
Stara Wieś **LBL** 72 Yc 43
Stara Wieś **LBL** 72 Yf 45
Stara Wieś **MAZ** 33 Ve 29
Stara Wieś **MAZ** 33 Wc 32
Stara Wieś **MAZ** 34 Xa 32
Stara Wieś **MAZ** 45 Wc 36
Stara Wieś **MAZ** 46 Wf 34
Stara Wieś **MAZ** 47 Xd 35
Stara Wieś **MAZ** 56 Ve 38
Stara Wieś **MAZ** 57 Wa 38
Stara Wieś **MAZ** 57 Wa 40
Stara Wieś **MAZ** 69 Wc 42
Stara Wieś **MŁP** 77 Uf 48
Stara Wieś **MŁP** 85 Vc 50
Stara Wieś **MŁP** 86 Vf 51
Stara Wieś **PKR** 87 Xa 50
Stara Wieś **SLK** 76 Tf 49
Stara Wieś **SLK** 76 Ua 49
Stara Wieś, Biedrzyce- **MAZ** 33 Wb 31
Stara Wieś, Psary- **SWK** 69 Vf 43
Stara Wieś, Rzeszotary- **MAZ**
32 Ue 31
Stara Wieś, Żebry **MAZ** 33 Wc 30
Stara Wieś Pierwsza **MAZ** 46 Wc 36
Stara Wisła **POM** 18 Tf 24
Stara Wiśniewka **WKP** 15 Sa 28
Stara Woda **LBU** 49 Qa 38
Stara Wola **MAZ** 31 Ud 31
Stara Wola **MŁP** 77 Ud 48
Stara Wola Gołębiowska **MAZ**
57 Wb 40
Stara Wola Niechcicka **ŁDZ** 55 Ud 41
Stara Wrona **MAZ** 45 Vd 33
Stara Wróblina **LBL** 58 Xb 38
Stara Wysoka **MAZ** 56 Vf 41
Stara Zawada **MAZ** 57 We 40
Stara Zbelutka **SWK** 69 Wa 44
Stara Zblicha **MAZ** 33 Wa 31
Stara Zielonka **MAZ** 57 Wd 40
Stara Złotoria **MAZ** 34 Xa 32
Stara Zwola **MAZ** 58 We 40
Stara Żakowola **LBL** 59 Xe 37
Stara Żelazna **ŁDZ** 43 Ub 35
Stara Żelazna **MAZ** 57 Wb 38
Starce **ŁDZ** 54 Td 40
Starcza **SLK** 66 Ua 45
Starczanowo **WKP** 41 Sc 34
Starczewice **MAZ** 47 Xd 34
Starczewo Wielkie **MAZ** 44 Vb 33
Starczów **DLS** 64 Rf 45
Starczówek **DLS** 64 Sa 45
Stare **WKP** 28 Sa 29
Stare Babice **MAZ** 45 Ve 35
Stare Baczki **MAZ** 46 We 33
Stare Bajki **PDL** 35 Xe 29
Stare Baraki **PKR** 70 Xa 44
Stare Baszowice **SWK** 69 Wa 43
Stare Berezowo **PDL** 36 Yc 32
Stare Bielice **LBU** 27 Qf 31
Stare Bielice **ZPM** 3 Ra 23
Stare Bielsko **SLK** 76 Ua 49
Stare Bielsko **SLK** 76 Ua 50
Stare Biernaty **MAZ** 47 Xe 35
Stare Błonowo **KPM** 18 Ua 27
Stare Bogaczowice **DLS** 63 Rb 43
Stare Boiska **LBL** 70 Wf 43
Stare Bojanowo **WKP** 40 Rd 37
Stare Bolity **WMZ** 19 Va 25
Stare Bolkowo **MAZ** 33 Vf 32
Stare Borne **ZPM** 15 Re 24
Stare Bosewo **MAZ** 34 Wd 32
Stare Bożejewo **PDL** 34 Xb 29
Stare Brody **SWK** 68 Vc 42
Stare Brudki **MAZ** 34 Wd 31
Stare Brzezinki **MAZ** 57 Wd 41
Stare Brzostowo **WKP** 28 Sa 30
Stare Brzozowo **MAZ** 33 Vd 29
Stare Brzozowo **PDL** 35 Xe 31
Stare Brzóski **PDL** 35 Xd 31
Stare Buczyce **LBL** 48 Yb 35
Stare Budki **WKP** 42 Td 35
Stare Budy **MAZ** 43 Ud 34
Stare Budy **MAZ** 44 Va 35
Stare Budy **MAZ** 44 Vd 36
Stare Budy **MAZ** 46 We 33
Stare Budy Osieckie **MAZ** 32 Ue 31
Stare Budy Radziejowskie **MAZ**
44 Vd 36
Stare Bukowno **MŁP** 77 Uc 47

Sławno – Stare Bukowno (PL) 117

Stare Byliny **ŁDZ** 56 Va 38
Stare Bystre **MŁP** 84 Uf 52
Stare Bystre Górne **MŁP** 84 Uf 52
Stare Chojno **LBL** 71 Ya 41
Stare Chojny **PDL** 34 Wf 29
Stare Chrapowo **ZPM** 26 Pe 29
Stare Chrusty **ŁDZ** 56 Vb 38
Stare Cieszkowo **MAZ** 32 Vb 32
Stare Czajki **WMZ** 20 Wb 27
Stare Czarnowo **ZPM** 26 Pe 29
Stare Czerwińskie **MAZ** 33 Wc 29
Stare Depułtycze **LBL** 72 Yc 42
Stare Dębno **ZPM** 14 Rb 25
Stare Dolistowo **PDL** 22 Xf 27
Stare Drawsko **ZPM** 14 Rb 27
Stare Drzewce **LBU** 51 Rb 38
Stare Duchy **PDL** 34 Xa 30
Stare Dymaczewo **WKP** 40 Re 35
Stare Dzieduszyce **LBU** 26 Pf 32
Stare Dzierzążno **WKP** 15 Sa 28
Stare Faszczyce **MAZ** 45 Vd 35
Stare Gałkowice **ŁDZ** 67 Uc 41
Stare Gardzienice **MAZ** 57 Wd 41
Stare Garkowo **MAZ** 32 Va 30
Stare Gliwice **SLK** 76 Td 47
Stare Gnatowice **MAZ** 44 Vc 35
Stare Górecko **LBL** 71 Xf 45
Stare Grabie **MAZ** 45 Wc 34
Stare Grabowo **PDL** 35 Xd 30
Stare Grochy **MAZ** 33 Vf 32
Stare Grochy **PDL** 35 Xf 31
Stare Grodzkie **PDL** 35 Xd 30
Stare Gronowo **POM** 16 Sc 27
Stare Grudze **ŁDZ** 44 Uf 36
Stare Gumino **MAZ** 44 Vb 33
Stare Guty **PDL** 22 Xc 27
Stare Guty **WMZ** 21 Wf 27
Stare Helenowo **MAZ** 33 Vf 31
Stare Hołowczyce **MAZ** 47 Xf 35
Stare Huby **WKP** 40 Rd 36
Stare Jabłonki **WMZ** 19 Va 26
Stare Janki **MAZ** 34 We 30
Stare Jankowice **ŁDZ** 55 Uf 38
Stare Jaroszowice **DLS** 50 Qd 41
Stare Jawory **MAZ** 34 Wd 31
Stare Jemielite **PDL** 34 Xa 30
Stare Jeżewo **PDL** 35 Xe 30
Stare Juchy **WMZ** 21 Xb 25
Stare Kaczkowo **MAZ** 34 Wf 32
Stare Kalinowo **PDL** 35 Xd 31
Stare Kanice **SWK** 68 Vb 44
Stare Kawkowo **WMZ** 19 Vb 25
Stare Kichary **SWK** 70 We 44
Stare Kiejkuty **WMZ** 20 Wa 27
Stare Kiełbonki **WMZ** 20 Wc 27
Stare Kiełcze **PDL** 21 Wf 28
Stare Kobiałki **LBL** 58 Xa 37
Stare Koczargi **MAZ** 45 Ve 35
Stare Kolnie **OPL** 64 Se 43
Stare Komorowo **MAZ** 34 Wf 31
Stare Kosiny **MAZ** 32 Vb 30
Stare Kosztry **PDL** 35 Xd 32
Stare Kotkowice **OPL** 75 Sf 46
Stare Kozłowice **MAZ** 44 Vc 36
Stare Kozłowo **MAZ** 45 Wb 33
Stare Koźle **OPL** 75 Tb 47
Stare Krajewo **PDL** 34 Xb 31
Stare Kramsko **LBU** 39 Qe 36
Stare Krasne **PDL** 35 Ya 28
Stare Krzywe **WMZ** 21 Xa 25
Stare Kuchmy **PDL** 36 Ye 30
Stare Kucieje **MAZ** 33 Wb 29
Stare Kupiski **PDL** 34 Wf 29
Stare Kupiski **PDL** 34 Xa 29
Stare Kurowo **LBU** 27 Qe 31
Stare Laski **MAZ** 46 We 33
Stare Leśne Bohatery **PDL** 23 Yd 26
Stare Lewkowo **PDL** 36 Ye 31
Stare Lipiny **MAZ** 45 Wb 34
Stare Lipki **MAZ** 46 Wf 33
Stare Lipniki **MAZ** 33 Vf 32
Stare Litewniki **MAZ** 47 Xf 35
Stare Lubiejewo **MAZ** 34 Wf 31
Stare Ludzicko **ZPM** 14 Ra 26
Stare Łabędy **SLK** 76 Td 46
Stare Ławeczko **MAZ** 58 We 40
Stare Łepki **MAZ** 47 Xd 35
Stare Łozice **ZPM** 15 Rd 25
Stare Łysogórki **ZPM** 25 Pb 32
Stare Malanowo **MAZ** 31 Ud 32
Stare Malinowo **MAZ** 34 We 31
Stare Maliszewa **MAZ** 46 Xa 33
Stare Masiewo **PDL** 36 Yf 32
Stare Maziarze **MAZ** 69 Wb 42
Stare Mąkosy **MAZ** 57 Wb 39
Stare Miasto **PKR** 80 Xc 47
Stare Miasto **POM** 18 Uc 25
Stare Miasto **WKP** 27 Rc 32
Stare Miasto **WKP** 42 Tb 35
Stare Miedźno **SLK** 66 Tf 43
Stare Mierzwice **MAZ** 47 Xf 34
Stare Mistrzewice **MAZ** 44 Vb 35
Stare Moczydła **LBL** 70 Xc 43
Stare Modzele **PDL** 34 Xb 30
Stare Mokrany **LBL** 48 Yc 36
Stare Motule **PDL** 11 Xe 23
Stare Mszadła **MAZ** 58 We 40
Stare Niziołki **PDL** 35 Xd 30
Stare Oborzyska **WKP** 40 Re 36
Stare Okniny **MAZ** 47 Xb 36
Stare Okopy **LBL** 72 Ye 41
Stare Olesno **OPL** 65 Tc 43
Stare Oleszyce **PKR** 81 Ya 47
Stare Piekary **DLS** 51 Rb 41
Stare Płudy **MAZ** 45 Wb 33
Stare Podole **MAZ** 57 Wb 37
Stare Polaszki **POM** 17 Tb 24
Stare Pole **MAZ** 56 Vc 41
Stare Pole **POM** 18 Ub 24
Stare Polesie **MAZ** 44 Vc 34
Stare Polichno **LBU** 26 Qc 32
Stare Polskie **WKP** 41 Se 37
Stare Połcie **WMZ** 32 Vd 29
Stare Prusy **POM** 17 Ta 25
Stare Przytuły **MAZ** 34 We 30
Stare Puchały **PDL** 35 Xf 33
Stare Puszczykowo **WKP** 40 Rf 35
Stare Radzikowo **MAZ** 44 Vc 34
Stare Radziszewo **PDL** 35 Xd 33
Stare Rakowo **PDL** 34 Wf 28
Stare Ratowo **PDL** 34 Xa 30
Stare Rębieskie **ŁDZ** 54 Tf 39
Stare Rochowice **DLS** 62 Ra 43
Stare Rowiska **ŁDZ** 55 Va 37
Stare Rutki **PDL** 22 Xe 25
Stare Rybie **MŁP** 85 Vb 50
Stare Rybienko **MAZ** 46 Wc 33
Stare Rzewuski **MAZ** 47 Xd 35
Stare Siedlisko **WMZ** 7 Ue 23
Stare Siołkowice **OPL** 65 Se 44
Stare Sioło **PKR** 81 Xf 48
Stare Słonawy **KPM** 29 Sd 30
Stare Słowiki **MAZ** 57 Wd 39
Stare Sokolniki **MAZ** 32 Va 32
Stare Stoki **SWK** 69 Wd 43
Stare Strącze **LBU** 51 Ra 37
Stare Sypnie **PDL** 47 Xe 33
Stare Szabły **PDL** 34 Wf 30
Stare Szeligi **PDL** 34 Xb 30
Stare Szpaki **MAZ** 47 Xf 35
Stare Ślepce **ZPM** 14 Qe 25
Stare Święcice **MAZ** 44 Va 34
Stare Tajno **PDL** 22 Xf 26
Stare Tychy **SLK** 76 Tf 48
Stare Warele **PDL** 35 Xd 32
Stare Warpechy **PDL** 35 Ya 31
Stare Wężyki **MAZ** 44 Va 35
Stare Wierzbowo **PDL** 35 Xb 31
Stare Wierzchowiska **LBL** 70 Xb 42
Stare Wierzchowo **ZPM** 15 Re 25
Stare Wilkowo **PDL** 35 Xe 31
Stare Wiskitki **MAZ** 44 Vc 36
Stare Włóki **WMZ** 20 Ve 25
Stare Wojska **ŁDZ** 56 Vb 38
Stare Wojtkowice **PDL** 47 Xc 33
Stare Worowo **ZPM** 14 Ra 27
Stare Wykno **PDL** 35 Xc 30
Stare Zacisze **MAZ** 33 Wa 31
Stare Zadybie **LBL** 58 Wf 38
Stare Zakole **MAZ** 46 Wd 36
Stare Zakrzewo **PDL** 34 Xb 31
Stare Zalesie **PDL** 35 Xf 31
Stare Załubice **MAZ** 45 Wa 34
Stare Załucze **LBL** 59 Ya 40
Stare Zambski **MAZ** 33 Wb 32
Stare Zanklewo **PDL** 35 Xc 29
Stare Zawady **MAZ** 33 Vd 32
Stare Zdrody **PDL** 35 Xe 31
Stare Żabno **LBU** 50 Qe 38
Starężyn **WKP** 29 Sc 31
Starężynek **WKP** 29 Sc 31
Stargard Gubiński **LBU** 38 Pe 37
Stargard Szczeciński **ZPM** 13 Qa 28
Starkowa Huta **POM** 5 Tb 23
Starkowiec **WKP** 52 Sb 38
Starkowo **POM** 4 Re 21
Starkowo **POM** 4 Sa 23
Starkowo **WKP** 39 Rb 37
Starków **DLS** 73 Rd 46
Starków **LBU** 38 Pe 34
Starków **ZPM** 13 Pd 28
Starkówek **DLS** 73 Rd 46
Starkówko **POM** 4 Sa 23
Starnice **POM** 4 Sb 22
Starnin **ZPM** 14 Qc 25
Starochęciny **SWK** 68 Vc 44
Starocięta, Chojane- **PDL** 35 Xd 31
Starodsiedlice **MAZ** 69 Wb 41
Starogard **ZPM** 14 Qd 26
Starogard Gdański **POM** 17 Td 25
Starogród **KPM** 30 Tc 29
Starogród **MAZ** 46 Wd 36
Starogruby **MAZ** 32 Vb 31
Starokrzepice **SLK** 66 Td 43
Starołęka **WKP** 40 Rf 34
Staromieście **SLK** 67 Ud 44
Staropole **LBU** 38 Qc 34
Staropole **SLK** 67 Ud 44
Staropól **MAZ** 44 Ue 35
Starorypin **KPM** 31 Uc 30
Starosiedle **LBU** 49 Pe 37
Starosielce **PDL** 35 Ya 30
Starościce **LBL** 71 Xf 41
Starościn **LBL** 58 Xc 40
Starościn **OPL** 65 Se 43
Starowice **OPL** 64 Sa 45
Starowice **ZPM** 15 Rc 27
Starowice Dolne **OPL** 64 Sb 45
Starowieś **LBL** 47 Xd 37
Starowieś **PDL** 35 Ya 32
Starowlany **PDL** 23 Yd 28
Starowola **MAZ** 46 We 34
Starowola **MAZ** 46 We 37
Staroźreby **MAZ** 44 Uf 33
Starożyńce **PDL** 23 Yc 26
Stary Antonin **LBL** 58 Xc 39
Stary Barcik **MAZ** 44 Uf 34
Stary Barkoczyn **POM** 17 Ta 24
Stary Bartków **MAZ** 47 Xd 35
Stary Bazanów **LBL** 58 Xa 39
Stary Besk **ŁDZ** 43 Ua 36
Stary Białcz **WKP** 40 Rd 36
Stary Borek **ZPM** 2 Qc 24
Stary Borowiec **WKP** 41 Ta 36
Stary Bógpomóż **KPM** 31 Tf 32
Stary Brus **LBL** 59 Yb 40
Stary Brzozów **MAZ** 44 Va 35
Stary Bubel **LBL** 48 Yb 35
Stary Budzisław **WKP** 42 Td 35
Stary Bugaj **SLK** 66 Td 43
Stary Bukowiec **POM** 17 Ta 24
Stary Chwalim **ZPM** 15 Rc 26
Stary Chylin **MAZ** 44 Va 34
Stary Ciepielów **MAZ** 57 Wd 41
Stary Cydzyń **PDL** 34 Xa 29
Stary Cząstków **SWK** 69 Wa 43
Stary Dębsk **MAZ** 44 Va 35
Stary Duninów **MAZ** 43 Ud 33
Stary Dworek **LBU** 38 Qc 33
Stary Dwór **KPM** 29 Sf 29
Stary Dwór **LBU** 39 Qe 34
Stary Dziebałtów **SWK** 68 Vc 42
Stary Dzierzgoń **POM** 18 Uc 25
Stary Dzierzkówek **MAZ** 57 Wb 41
Stary Dzikowiec **PKR** 80 Wf 47
Stary Dzików **PKR** 81 Xf 47
Stary Folwark **PDL** 11 Ya 24
Stary Franciszków **LBL** 70 Wf 42
Stary Gaj **ŁDZ** 43 Uc 36
Stary Gaj **LBL** 58 Xb 41
Stary Gieląd **WMZ** 20 Wa 25
Stary Gierłatów **DLS** 74 Rf 47
Stary Gliwice **SLK** 77 Ud 47
Stary Gołębin **WKP** 40 Re 36
Stary Gorajec **LBL** 71 Xf 44
Stary Gostków **ŁDZ** 43 Ua 37
Stary Gózd **MAZ** 57 Wa 39
Stary Grabiąż **ZPM** 15 Rc 26
Stary Grodków **OPL** 64 Sc 45
Stary Gromadzyn **PDL** 21 Wf 28
Stary Gród **WKP** 52 Sc 38
Stary Grudek **MAZ** 57 We 40
Stary Grzybów **MAZ** 57 Wc 38
Stary Helenów **MAZ** 57 Wd 38
Stary Henryków **DLS** 64 Rf 45
Stary Horyszów-Kolonia **LBL** 72 Yc 44
Stary Jamielnik **LBL** 46 Xa 37
Stary Jaromierz **LBU** 39 Qf 36
Stary Jarosław **ZPM** 4 Rd 22
Stary Jasiniec **KPM** 30 Ta 29
Stary Jawor **DLS** 63 Ra 42
Stary Jaworów **DLS** 63 Rc 43
Stary Jawór **SWK** 69 Wa 43
Stary Józefów **ŁDZ** 67 Uf 41
Stary Kaczyn **PDL** 35 Xc 31
Stary Kadłubek **MAZ** 57 Wa 39
Stary Kamień **MAZ** 43 Ue 34
Stary Kamień **PDL** 35 Xc 31
Stary Karolew **WKP** 53 Tc 38
Stary Karolinów **MAZ** 56 Vb 37
Stary Kazanów **SWK** 68 Vc 41
Stary Kębłów **LBL** 71 Xe 42
Stary Kębłów **MAZ** 58 Wf 38
Stary Kiełbów **MAZ** 57 Wa 39
Stary Kisielin **LBU** 38 Qd 37
Stary Klukom **ZPM** 26 Qc 30
Stary Kobrzyniec **KPM** 31 Ub 31
Stary Kobylnik **MAZ** 57 Vf 39
Stary Komunin **MAZ** 32 Vb 31
Stary Koniecpol **SLK** 67 Ud 44
Stary Korczyn **SWK** 78 Ve 47
Stary Kornin **PDL** 36 Yc 32
Stary Kozłów **MAZ** 44 Va 35
Stary Kraków **ZPM** 4 Rd 22
Stary Kraszew **MAZ** 45 Wb 34
Stary Krzesk **MAZ** 47 Xd 36
Stary Las **OPL** 74 Sc 46
Stary Laskowiec **PDL** 35 Xb 31
Stary Lesieniec **DLS** 63 Rb 44
Stary Leszczydół **MAZ** 45 Wc 33
Stary Licheń **WKP** 42 Tc 35
Stary Lubliniec **PKR** 81 Ya 47
Stary Lubosz **WKP** 40 Re 36
Stary Lubotyń **MAZ** 34 Wf 31
Stary Łajszczew **MAZ** 56 Vc 37
Stary Łom **DLS** 50 Qe 41
Stary Maciejów **LBL** 71 Xe 43
Stary Majdan **LBL** 72 Yc 43
Stary Miastków **MAZ** 58 We 37
Stary Mirków **DLS** 64 Sb 42
Stary Mirów **MAZ** 69 Wa 41
Stary Modlin **MAZ** 45 Ve 34
Stary Mystkowiec **MAZ** 45 Wb 33
Stary Myszyniec **MAZ** 20 Wc 28
Stary Nakwasin **WKP** 53 Tb 38
Stary Nart **PKR** 80 Wf 46
Stary Nieskurzów **SWK** 69 Wb 44
Stary Ochędzyn **ŁDZ** 53 Tb 41
Stary Olechów **MAZ** 69 Wc 42
Stary Orzechów **LBL** 59 Ya 40
Stary Otok **DLS** 64 Sb 43
Stary Paczków **OPL** 74 Sa 46
Stary Patok **LBL** 58 Xa 38
Stary Pawłów **LBL** 48 Yb 35
Stary Pilczyn **MAZ** 57 Wd 38
Stary Podoś **MAZ** 33 Wa 31
Stary Pożóg **LBL** 58 Xa 40
Stary Puznów **MAZ** 57 Wd 37
Stary Rachów **LBL** 70 Wf 43
Stary Raduszec **LBU** 38 Qa 36
Stary Radziejów **KPM** 42 Td 33
Stary Reczyn **MAZ** 44 Va 34
Stary Redzeń **ŁDZ** 55 Uf 38
Stary Rogożyn **PDL** 23 Yc 26
Stary Rzędków **ŁDZ** 56 Vb 37
Stary Sącz **MŁP** 85 Vd 51
Stary Sielc **MAZ** 33 Wb 32
Stary Skarżyn **PDL** 35 Xb 31
Stary Skazdub **PDL** 11 Xe 24
Stary Sławacinek **LBL** 48 Ya 36
Stary Sławczyn **MAZ** 58 We 39
Stary Sokołów **SWK** 68 Vb 42
Stary Solec **SWK** 69 Vf 45
Stary Sosnowiec **SLK** 76 Ua 47
Stary Sumin **KPM** 17 Ta 27
Stary Susk **MAZ** 34 We 30
Stary Szelków **MAZ** 33 Wb 32
Stary Szor **PDL** 23 Yb 28
Stary Świętochów **MAZ** 46 We 34
Stary Targ **POM** 18 Ub 25
Stary Tomyśl **WKP** 39 Ra 34
Stary Toruń **KPM** 30 Tc 30
Stary Trzeszków **SWK** 69 Wa 43
Stary Turobin **MAZ** 34 Wf 31
Stary Tychów **SWK** 69 Wa 42
Stary Ujazd **OPL** 75 Tb 46
Stary Ujków **MŁP** 77 Uc 47
Stary Walercin **MAZ** 46 Wc 35
Stary Waliszów **DLS** 73 Re 47
Stary Węgliniec **DLS** 49 Qb 41
Stary Węgrzynów **SWK** 67 Uf 45
Stary Wiązów **DLS** 64 Sb 44
Stary Widzim **WKP** 39 Ra 36
Stary Wielisław **DLS** 73 Rd 46
Stary Wiśnicz **MŁP** 78 Vc 49
Stary Wołów **DLS** 51 Rd 40
Stary Wylezin **ŁDZ** 56 Vc 37
Stary Zaborów **MAZ** 43 Uc 34
Stary Zagor **LBU** 38 Qa 37
Stary Zajączków **MAZ** 57 We 41
Stary Zambrzyków **MAZ** 57 Wc 37
Stary Zamek **DLS** 63 Re 43
Stary Zamość **LBL** 71 Yb 44
Stary Zamość **MAZ** 57 We 40
Stary Zdziwój **MAZ** 33 Ve 29
Stary Żabieniec **MAZ** 57 Wc 37
Stary Żagań **LBU** 50 Qb 39
Stary Żmigród **PKR** 86 Wd 51
Starzawa **PKR** 81 Ya 49
Starzechowice **SWK** 67 Va 41
Starzenice **ŁDZ** 66 Td 41
Starzno **POM** 15 Sa 25
Starzykowo **WMZ** 18 Ud 27
Starzyna **PDL** 48 Yd 33
Starzyno **POM** 6 Tb 20
Starzyny **SLK** 67 Ue 44
Starzyny **WKP** 40 Re 34
Starzyński Dwór **POM** 6 Tb 20
Stasikówka **MŁP** 85 Va 52
Stasin **LBL** 70 Xc 41
Stasin **MAZ** 47 Xc 35
Stasin, Kolonia **LBL** 70 Xb 41
Stasiolas **ŁDZ** 55 Uf 39
Stasiowięta, Miodusy- **PDL** 35 Xc 31
Stasiówka **LBL** 59 Yb 37
Stasiówka **PKR** 79 Wc 48
Staszic, Kolonia **LBL** 72 Ye 43
Staszowa **MŁP** 85 Vd 52
Staszów **MAZ** 57 Wd 39
Staszów **SWK** 69 Wb 45
Staszówka **MŁP** 86 Wa 50
Staszyce **LBL** 59 Yc 41
Staśki, Dworaki- **PDL** 35 Xe 31
Staświny **WMZ** 21 Wf 25
Staw **ŁDZ** 54 Td 41
Staw **LBL** 60 Yc 41
Staw **LBU** 26 Pf 31
Staw **WKP** 41 Se 35
Staw **WKP** 53 Tc 38
Stawce **LBL** 70 Xd 43
Stawek **ŁDZ** 54 Td 41
Stawek **LBL** 59 Xe 41
Stawek **MAZ** 46 We 36
Stawiany **SWK** 68 Vd 45
Stawiany **WKP** 41 Sb 33
Stawiec **DLS** 52 Sb 39
Stawieszyce **SWK** 78 Vd 46
Stawiguda **WMZ** 19 Vc 27
Stawinoga **MAZ** 45 Wa 33
Stawiska **KPM** 42 Td 34
Stawiska **MAZ** 46 Wf 35
Stawiska **POM** 17 Ta 24
Stawiski **PDL** 21 Xa 28
Stawisza **MŁP** 86 Wa 52
Stawiszcze **ŁDZ** 54 Tf 39
Stawiszyn **MAZ** 56 Vf 39
Stawiszyn **WKP** 53 Ta 37
Stawiszyn-Łaziska **MAZ** 32 Ue 31
Stawiszyn-Zwalewo **MAZ** 32 Ue 31
Stawki **KPM** 30 Td 31
Stawki **KPM** 30 Te 31
Stawki **LBL** 60 Yd 39
Stawki **LBL** 70 Xb 44
Stawki **PKR** 81 Xe 48
Stawki **WKP** 54 Te 37
Stawki **WMZ** 9 Wd 23
Stawki, Miłkowice- **PDL** 47 Xd 34
Stawnica **WKP** 15 Sa 28
Stawno **ZPM** 13 Pe 25
Stawno **ZPM** 13 Pf 28
Stawno **ZPM** 14 Qf 28
Staw Noakowski **LBL** 71 Ya 44
Staworowo **PDL** 23 Yd 27
Stawowice **ŁDZ** 56 Vb 41
Staw Ujazdowski **LBL** 71 Ya 44
Stawutówko **POM** 6 Tc 21
Stawy **SWK** 68 Vc 45
Stawy Monowskie **MŁP** 77 Uc 48
Stażyce **ZPM** 13 Qc 28
Stąporków **SWK** 68 Vd 42
Stążki **KPM** 17 Ta 28
Stążki **POM** 18 Ub 25
Steblewo **POM** 6 Te 23
Steblów **OPL** 75 Sf 46
Steblów **OPL** 75 Tb 47
Stefankowice **LBL** 72 Yf 43
Stefankowice-Kolonia **LBL** 72 Yf 43
Stefanków **MAZ** 56 Ve 41
Stefanków **MAZ** 57 Wa 37
Stefanowo **MAZ** 45 Vf 36
Stefanowo **WKP** 42 Tc 35
Stefanów **ŁDZ** 54 Tf 38
Stefanów **ŁDZ** 54 Ua 37
Stefanów **ŁDZ** 55 Ud 38
Stefanów **ŁDZ** 55 Ue 38
Stefanów **ŁDZ** 55 Uf 37
Stefanów **ŁDZ** 55 Uf 38
Stefanów **ŁDZ** 56 Vc 39
Stefanów **LBL** 59 Ya 41
Stefanów **MAZ** 43 Ud 34
Stefanów **MAZ** 57 Vf 40
Stefanów **MAZ** 57 We 38
Stefanów **MAZ** 57 We 41
Stefanów Barczewski **ŁDZ** 54 Te 40
Stefanówka **LBL** 70 Wf 43
Stefanówka **LBL** 71 Xe 42
Stefanówka **SWK** 69 Wa 45
Stefkowa **PKR** 88 Xc 52
Stegienka **POM** 6 Ua 23
Stegna **MAZ** 32 Vb 32
Stegna **MAZ** 33 Vd 29
Stegna **MAZ** 33 Wa 30
Stegna **MAZ** 44 Va 35
Stegna **POM** 6 Ua 23
Stegny **ŁDZ** 56 Vb 39
Stegny **WMZ** 18 Ue 24
Steklin **KPM** 31 Tf 31
Steklno **ZPM** 25 Pd 29
Steknica **POM** 5 Sd 20
Stelągi **MAZ** 47 Xb 33
Stelmachowo **PDL** 35 Xe 30
Steniatyn **LBL** 72 Ye 45
Stepna-Michałki **MAZ** 34 Wc 30
Stepna Stara **MAZ** 34 Wc 30
Stepnica **ZPM** 13 Pd 27
Sterdyń-Osada **MAZ** 47 Xb 33
Sterkowiec **MŁP** 78 Ve 49
Sterków **LBU** 50 Qb 37
Sterławki Małe **WMZ** 21 Wd 24
Sterławki Wielkie **WMZ** 21 Wd 24
Sternalice **OPL** 66 Td 43
Sternalice **SWK** 69 Wd 44
Sternowo **POM** 16 Se 26
Stębark **WMZ** 19 Va 28
Stęgosz **WKP** 41 Sd 36
Stękiny **WMZ** 19 Vb 26
Stępień **WMZ** 7 Ue 22
Stępień **ZPM** 15 Re 26
Stępin **DLS** 64 Sb 41
Stępina **PKR** 79 Wd 49
Stępków **LBL** 59 Xf 39
Stępocin **WKP** 41 Sc 35
Stępowo **KPM** 31 Ud 30
Stępów **ŁDZ** 44 Ue 35
Stępuchowo **WKP** 29 Sc 32
Stęszew **WKP** 40 Re 35
Stęszewko **WKP** 40 Sb 33
Stęszów **DLS** 51 Re 40
Stęszów **ŁDZ** 67 Uc 43
Stężyca **LBL** 58 We 39
Stężyca **POM** 5 Sf 23
Stężyca **WKP** 40 Rf 37
Stężyca-Kolonia **LBL** 71 Ya 42
Stężyca Łęczyńska **LBL** 71 Ya 42
Stężyca Nadwieprzańska **LBL** 71 Ya 42
Stężycka Huta **POM** 5 Sf 23
Stobiec **POM** 7 Ub 23
Stobiec **SWK** 69 Wb 44
Stobierna **PKR** 79 Wc 48
Stobierna **PKR** 80 Xa 48
Stobna **POM** 7 Ub 23
Stobnica **ŁDZ** 55 Uf 41
Stobnica **WKP** 28 Rd 32
Stobnicko **WKP** 28 Rd 32
Stobno **DLS** 51 Rd 41
Stobno **KPM** 16 Se 27
Stobno **WKP** 28 Rd 30
Stobno **WKP** 53 Ta 38
Stobno **ZPM** 12 Pc 28
Stobrawa **OPL** 64 Sd 43
Stock **PDL** 23 Yc 27
Stoczek **LBL** 58 Xb 39
Stoczek **LBL** 58 Xc 40
Stoczek **LBL** 59 Xe 39
Stoczek **LBL** 59 Xe 40
Stoczek **MAZ** 46 Wf 33
Stoczek **MAZ** 57 Wd 37
Stoczek **PDL** 22 Xd 26
Stoczek **WMZ** 8 Ve 24
Stoczek Klasztorny **WMZ** 8 Ve 24
Stoczek-Kolonia **LBL** 58 Xd 40
Stoczek Łukowski **LBL** 46 Wf 37
Stoczki **ŁDZ** 54 Te 39
Stoczki **MAZ** 56 Vd 40
Stoczki **PDL** 35 Xf 30
Stodolno **KPM** 42 Tb 33
Stodoły **KPM** 42 Tb 33
Stodoły **SLK** 75 Tc 48
Stodoły **SWK** 69 Wd 44
Stodzew **MAZ** 46 Wd 36
Stogi **POM** 18 Tf 24
Stogi **POM** 6 Te 22
Stogniewice **WKP** 65 Sf 42
Stogniowice **MŁP** 78 Vc 47
Stojadła **MAZ** 46 Wd 35
Stojanów **DLS** 49 Qa 41
Stojanów **ŁDZ** 54 Tc 38
Stojcino **POM** 4 Sb 21
Stojeszyn Drugi **LBL** 70 Xb 44
Stojeszyn Pierwszy **LBL** 70 Xb 44
Stojewsko **SWK** 68 Va 43
Stojkowo **ZPM** 3 Qe 24
Stojowice **MŁP** 77 Va 49
Stok **ŁDZ** 55 Va 40
Stok **LBL** 58 Xa 40
Stok **LBL** 58 Xc 38
Stok **MAZ** 34 We 31
Stok **PDL** 22 Ya 28
Stok, Górskie Ponikły- **PDL** 35 Xc 30
Stok, Miodusy- **PDL** 35 Xc 31
Stoki **ŁDZ** 55 Uc 40
Stoki **LBU** 39 Qe 33
Stoki **MAZ** 57 Wc 39
Stoki **PDL** 22 Xf 25
Stoki **ZPM** 25 Pc 31
Stok Lacki **MAZ** 47 Xc 36
Stokowisko **PDL** 35 Xe 31
Stokowo, Kamionka- **MAZ** 35 Xc 33
Stok Polski **ŁDZ** 53 Tc 39
Stok Ruski **MAZ** 47 Xc 35
Stok Wiśniewski **MAZ** 47 Xb 36
Stolarka **MŁP** 84 Ud 51
Stolarzowice **SLK** 76 Te 46
Stolec **DLS** 63 Rf 45
Stolec **ŁDZ** 54 Te 40
Stolec **ZPM** 12 Pb 27
Stolniki **ŁDZ** 56 Vc 39
Stolnikowizna **LBL** 71 Xe 43
Stolno **KPM** 30 Td 29
Stołczno **POM** 15 Sb 26
Stołczyn **ZPM** 13 Pd 28
Stołeczna **ZPM** 26 Pd 31
Stołężyn **WKP** 29 Sc 31
Stołuń **LBU** 39 Qe 33
Stomów Kościelny **WKP** 42 Te 36
Stopin **MAZ** 31 Ue 31
Stopka **KPM** 29 Sf 29
Stopki **MAZ** 47 Xd 36
Stopki **WMZ** 9 Wa 23
Stopnica **SWK** 79 Vf 46
Storkowo **ZPM** 14 Qd 28
Storkowo **ZPM** 15 Rc 26
Storkówko **ZPM** 13 Qa 28
Stoszowice **DLS** 63 Re 45
Stoszów **DLS** 63 Re 44
Stowięcino **POM** 5 Sc 21
Stożne **WMZ** 10 Xc 24
Stożne **WMZ** 22 Xe 26
Stójka **LBL** 59 Xe 39
Stójki **MAZ** 33 Wb 31
Stójło **LBL** 71 Yb 42
Strabla **PDL** 35 Ya 31
Strachocice **WKP** 54 Td 37
Strachocina **PKR** 87 Xa 51
Strachomin **MAZ** 46 Wf 36
Strachomino **ZPM** 3 Qf 24
Strachosław **LBL** 72 Yd 42
Strachowice **DLS** 64 Rf 42
Strachowo **MAZ** 44 Vc 33
Strachów **DLS** 64 Rf 44
Strachów **MAZ** 46 Wd 33
Strachówka **MAZ** 46 Wd 34
Straconka **SLK** 83 Ua 50
Stradlice **SWK** 78 Vd 47
Stradom **SLK** 66 Ua 44
Stradomia Dolna **DLS** 53 Se 41
Stradomia Wierzchnia **DLS** 52 Sd 41
Stradomno **WMZ** 18 Ud 27
Stradów **SWK** 78 Vc 46
Stradunia **OPL** 75 Ta 46
Straduny **WMZ** 22 Xc 25
Straduń **WKP** 28 Rc 30
Stradyń **WKP** 39 Ra 36
Stradzew **ŁDZ** 43 Ud 35
Stradzew **ŁDZ** 55 Uc 40
Stradzewo **ZPM** 26 Qc 29
Stradzyno, Gutowo- **MAZ** 32 Uf 32
Stramnica **ZPM** 2 Qd 24
Straszewo **KPM** 30 Td 32
Straszewo **PDL** 36 Ye 30
Straszewo **POM** 18 Ua 26
Straszewy **MAZ** 32 Uf 30
Straszęcin **PKR** 79 Wc 48
Straszków **WKP** 42 Td 35
Straszków **WKP** 43 Tf 35
Straszowa Wola **ŁDZ** 56 Vb 41
Straszów **ŁDZ** 55 Ue 41
Straszów **LBU** 49 Pf 39
Straszydle **PKR** 80 Wf 49
Straszyn **POM** 6 Td 23
Strawczynek **SWK** 68 Vc 43
Straż **PDL** 36 Yc 29
Strażnica **SWK** 68 Vc 42
Strażów **PKR** 80 Xa 48
Strączno **ZPM** 28 Rc 29
Strąkowa **DLS** 63 Rf 45
Stręgiel **WMZ** 10 Wf 23
Stręgielek **WMZ** 10 Wf 23
Stręgoborzyce **MŁP** 78 Vb 48
Strękowa Góra **PDL** 35 Xd 29
Strękowizna **PDL** 22 Ya 25
Strękowo **MAZ** 35 Xb 32
Streżnica **PKR** 87 Xb 53
Strobice **OPL** 64 Sc 45
Strobin **ŁDZ** 54 Te 41
Strobów **ŁDZ** 56 Va 37
Strochcice **SWK** 69 We 44
Strogoborzyce **DLS** 50 Qf 39
Strojec **SLK** 66 Td 42
Strojnów **SWK** 68 Ve 45
Stromiec **MAZ** 57 Wa 39
Stromiecka Wola **MAZ** 57 Wa 39
Stronia **DLS** 64 Sd 41
Stronie **MŁP** 77 Ue 50
Stronie **MŁP** 85 Vd 51
Stronie Śląskie **DLS** 73 Rf 47
Stroniewice **ŁDZ** 44 Ue 37
Stronno **KPM** 30 Ta 29
Strońsko **ŁDZ** 54 Tf 39
Stropieszyn **WKP** 53 Tb 37
Stropkowo **MAZ** 32 Uf 32
Stroszki **WKP** 41 Sc 34
Stroszowice **OPL** 64 Sd 44
Strożęcin **MAZ** 32 Va 32
Strożyska **SWK** 78 Ve 46
Stróża **ŁDZ** 66 Ua 41
Stróża **MŁP** 84 Uf 50
Stróża **MŁP** 85 Vb 50
Stróża **PKR** 80 Xb 46
Stróża **SWK** 69 Wd 43
Stróża Górna **DLS** 63 Re 42
Stróża-Kolonia **LBL** 70 Xb 43
Stróże **MŁP** 86 Vf 51
Stróże Małe **PKR** 87 Xb 51
Stróżewice **WKP** 28 Rf 31
Stróżewo **KPM** 42 Td 33
Stróżewo **WKP** 28 Rf 31
Stróżewo **ZPM** 26 Pf 29
Stróżki **WKP** 28 Rc 32
Stróżna **MŁP** 86 Vf 50
Stróżne **LBU** 39 Qd 37
Stróżówka **MŁP** 86 Wa 50
Strubno **WMZ** 7 Uf 23
Struga **DLS** 63 Rb 44
Struga **LBU** 38 Qa 36
Strugi **ŁDZ** 66 Td 42
Strugi **SLK** 67 Ub 45
Strugi **WKP** 53 Tb 37
Strugiennice **ŁDZ** 44 Ue 36
Strumiały **ŁDZ** 54 Tf 40
Strumianka, Płonka- **PDL** 35 Xf 30
Strumiany **ZPM** 13 Pf 28
Strumiany Górne **MAZ** 44 Vc 36
Strumienna **WKP** 51 Rc 38
Strumienne, Kołaki- **PDL** 34 Xa 29
Strumień **SLK** 76 Te 49
Strumyk **WKP** 42 Tc 35
Strupice **DLS** 50 Qf 41
Strupice **SWK** 69 Wb 43
Strupiechów **MAZ** 46 Wf 34
Strupiechów **MAZ** 56 Vf 38
Strupina **DLS** 51 Re 40
Strupin Duży **LBL** 72 Yd 42
Strupin Mały **LBL** 72 Yd 42
Strupki, Wierzbice- **MAZ** 47 Xc 34
Strusie, Żukowo- **MAZ** 32 Va 32
Strusy **MAZ** 47 Xc 35
Struszewo **POM** 4 Sc 23
Struża **LBL** 70 Xb 43
Struża **LBL** 71 Xf 42
Strużka **LBU** 38 Qa 37
Strużki **SWK** 79 Wc 46
Strużnica **DLS** 62 Qf 43
Strużyna **DLS** 64 Sb 44
Strużyna **WMZ** 19 Uf 24
Strwiążek **PKR** 88 Xd 52
Strych **MAZ** 57 Wd 39
Strychowo **WKP** 41 Sc 33
Strychy **LBU** 39 Qe 33
Stryczowice **SWK** 69 Wb 43
Stryj **LBL** 58 Wf 38
Stryje Księże **ŁDZ** 54 Ua 39
Stryje Paskowe **ŁDZ** 54 Ua 39
Stryjewo **WMZ** 20 Vf 25
Stryjkowo **WMZ** 19 Vc 24
Stryjna **LBL** 71 Xf 42
Stryjno **DLS** 51 Re 40
Stryjno Drugie **LBL** 71 Xe 42
Stryjów **LBL** 71 Yb 43
Stryki **PDL** 35 Ya 32
Strykowice Błotne **MAZ** 57 Wd 40
Strykowice Górne **MAZ** 57 Wd 40
Strykowo **WKP** 40 Rd 35
Stryków **ŁDZ** 55 Ud 37
Stryków **MAZ** 56 Ve 39
Stryszawa **MŁP** 84 Ud 50
Stryszowa **MŁP** 78 Vb 49
Stryszów **MŁP** 84 Ud 50
Strzakły **LBL** 47 Xd 37
Strzaliny **ZPM** 27 Rb 29
Strzałka **MAZ** 33 Wc 29
Strzałki **ŁDZ** 54 Te 40
Strzałki **MAZ** 43 Uc 34
Strzałkowa **DLS** 64 Sd 41
Strzałkowice **DLS** 63 Rc 42
Strzałkowo **MAZ** 32 Vc 30
Strzałkowo **WKP** 41 Se 35
Strzałków **ŁDZ** 67 Uc 42
Strzałków **MAZ** 57 Vf 40
Strzałków **WKP** 53 Tc 37
Strzebielewo **ZPM** 26 Qa 29
Strzebielino **POM** 5 Ta 21
Strzebielino-Osiedle **POM** 5 Ta 21
Strzebieszew **ŁDZ** 43 Ue 36
Strzeblów **DLS** 63 Re 43
Strzebowiska **PKR** 88 Xc 53
Strzeczona **POM** 16 Sb 27
Strzeganowice **DLS** 63 Rf 42
Strzegocice **PKR** 79 Wb 49
Strzegocin **ŁDZ** 43 Uc 36
Strzegocin **MAZ** 33 Vf 32
Strzegom **DLS** 63 Rc 43
Strzegom **SWK** 79 Wb 45
Strzegomek **SWK** 79 Wb 45
Strzegomiany **DLS** 63 Re 43
Strzegowa **MŁP** 77 Ue 46
Strzegowa **WKP** 53 Ta 38
Strzegowo **MAZ** 32 Vc 32
Strzegowo-Osada **MAZ** 32 Vb 31
Strzegowo-Wieś **MAZ** 32 Vb 31
Strzegów **DLS** 64 Sa 44
Strzegów **LBU** 49 Pd 38
Strzegów **OPL** 64 Sb 45
Strzekęcin **ZPM** 3 Ra 24
Strzelbiń **SLK** 66 Tf 45
Strzelce **DLS** 52 Sb 41
Strzelce **DLS** 63 Rd 43
Strzelce **KPM** 30 Ta 32
Strzelce **ŁDZ** 43 Uc 35
Strzelce **ŁDZ** 55 Uf 40
Strzelce **LBL** 72 Ye 43
Strzelce **OPL** 65 Sf 42
Strzelce **WKP** 28 Rf 30
Strzelce **WKP** 40 Rc 35
Strzelce, Huta- **KPM** 18 Ub 27
Strzelce Dolne **KPM** 30 Ta 29
Strzelce Górne **KPM** 30 Ta 29
Strzelce Krajeńskie **LBU** 27 Qd 31
Strzelce Małe **MŁP** 78 Vd 48
Strzelce Małe **WKP** 52 Sa 37
Strzelce Opolskie **OPL** 75 Tb 45
Strzelce Wielkie **ŁDZ** 66 Ua 42
Strzelce Wielkie **MŁP** 78 Vd 48
Strzelce Wielkie **WKP** 52 Sa 37
Strzelcowizna **PDL** 23 Yb 25
Strzelczyki **WKP** 28 Sa 30
Strzelczyn **ZPM** 25 Pd 30
Strzelec **SWK** 79 Wa 46
Strzeleczki **OPL** 75 Sf 46
Strzelewo **KPM** 29 Se 30
Strzelewo **ZPM** 13 Qa 26
Strzelęcino **POM** 5 Se 21
Strzelin **DLS** 64 Sa 44
Strzelinko **POM** 4 Rf 21
Strzelino **POM** 4 Rf 21
Strzelnica **SLK** 76 Tf 49
Strzelniki **OPL** 64 Sd 44
Strzelniki **WMZ** 21 Xa 26
Strzelno **DLS** 49 Qb 41
Strzelno **KPM** 42 Tb 33
Strzelno **POM** 6 Tb 20
Strzembowo **MAZ** 44 Vc 34
Strzemeszna **ŁDZ** 56 Vb 39
Strzemeszna Druga **ŁDZ** 56 Vb 39
Strzemeszno **MAZ** 44 Ue 34
Strzemieczne-Oleksy **MAZ** 33 Wc 31
Strzemiele **ZPM** 14 Qd 27
Strzemieszyce Małe **SLK** 77 Uc 47
Strzemieszyce Wielkie **SLK** 76 Ub 47
Strzeniówka **MAZ** 45 Ve 36
Strzepcz **POM** 5 Ta 22
Strzepowo **ZPM** 3 Qf 23
Strzeszewo **MAZ** 32 Ue 31
Strzeszewo **POM** 5 Se 20
Strzeszkowice **SWK** 78 Vb 45
Strzeszkowice Duże **LBL** 70 Xc 42
Strzeszkowice Małe **LBL** 70 Xc 42
Strzeszków **LBU** 50 Qf 38
Strzeszowice **LBU** 49 Pf 39
Strzeszów **DLS** 52 Sa 41
Strzeszów **ZPM** 25 Pd 31
Strzeszyce **MŁP** 85 Vd 50
Strzeszyn **MŁP** 86 Wb 50
Strzeszyn **WKP** 40 Rf 34
Strzeżenice **ZPM** 3 Ra 23
Strzeżewo **ZPM** 13 Pf 24
Strzęboszów **SWK** 68 Vb 42
Strzępin **WKP** 40 Rd 35
Strzężów **MŁP** 77 Va 46
Strzybnica **SLK** 76 Te 46
Strzydzew **WKP** 41 Se 37
Strzygi **KPM** 31 Uc 30
Strzygi **KPM** 43 Tf 34
Strzykocin **ZPM** 14 Qc 25
Strzykuły **MAZ** 45 Ve 35
Strzyże **MAZ** 56 Vd 37
Strzyżew **LBL** 58 Xd 37
Strzyżew **MAZ** 44 Vc 35
Strzyżew **WKP** 52 Sd 37
Strzyżew **WKP** 53 Sf 39
Strzyżewice **ŁDZ** 54 Ub 40
Strzyżewice **WKP** 51 Rd 38
Strzyżewko **WKP** 52 Sc 37
Strzyżewo **WKP** 39 Qf 35
Strzyżewo **WKP** 41 Se 34
Strzyżewo Kościelne **WKP** 41 Se 33
Strzyżewo Smykowe **WKP** 41 Se 33
Strzyżmin **WKP** 27 Rb 33
Strzyżna **MAZ** 57 Wb 38
Strzyżowice **LBL** 58 Xa 39
Strzyżowice **SLK** 76 Ua 46
Strzyżowice **SWK** 69 Wc 44
Strzyżowiec **DLS** 62 Qe 43
Strzyżowiec **LBL** 72 Ye 44
Strzyżów **ŁDZ** 56 Vc 40
Strzyżów **LBL** 72 Za 43
Strzyżów **PKR** 80 We 49
Strzyżówka **LBL** 47 Xf 37
Strzyżyniec **LBL** 47 Xf 36
Strzyżyno **POM** 4 Sc 22
Stubienko **PKR** 81 Xf 49
Stubno **PKR** 81 Xf 49
Stuchów **ZPM** 13 Qa 25
Studnica **DLS** 51 Ra 41
Studnica **WMZ** 20 Vd 25
Studnica **ZPM** 14 Qd 28
Studnie **MAZ** 57 Wb 39
Studniska Dolne **DLS** 61 Qa 42
Studniska Górne **DLS** 61 Qa 42
Studnisko **LBL** 70 Wf 42
Studzian **PKR** 80 Xc 48
Studzianek **ŁDZ** 56 Vc 37
Studzianka **LBL** 59 Yb 37
Studzianka **WMZ** 20 Vd 25
Studzianki **ŁDZ** 55 Uf 40
Studzianki **ŁDZ** 56 Va 39
Studzianki **ŁDZ** 56 Vc 38
Studzianki **LBL** 70 Xc 43
Studzianki **MAZ** 45 Ve 33
Studzianki **PDL** 35 Xc 31
Studzianki **PDL** 36 Yb 29
Studzianki-Kolonia **LBL** 70 Xc 43
Studzianki Orawskie **MŁP** 84 Ue 51
Studzianki Pancerne **MAZ** 57 Wb 38
Studzianna **ŁDZ** 56 Vc 39
Studzianna **WKP** 40 Sa 37
Studziany Las **PDL** 23 Yb 24
Studzienica **ŁDZ** 66 Ua 41
Studzienice **MAZ** 56 Vf 40
Studzienice **POM** 16 Sd 24
Studzienice **POM** 17 Ta 25
Studzienice **SLK** 76 Tf 48
Studzieniec **LBU** 50 Qd 38
Studzieniec **MAZ** 31 Ud 31
Studzieniec **MAZ** 44 Uf 34
Studzieniec **MAZ** 44 Vc 37
Studzieniec **PKR** 70 Xb 45

Studzieniec **SWK** 67 Va 42
Studzieniec **WKP** 28 Sa 32
Studzieniec **WMZ** 9 Wa 23
Studzienka **WKP** 41 Sf 36
Studzienki **KPM** 29 Sd 30
Studzienna **DLS** 73 Rc 46
Studzienna **SLK** 75 Tb 48
Studzień **WKP** 43 Ua 35
Studzionka **SLK** 76 Te 49
Stulichy **WMZ** 9 We 23
Stulno **LBL** 60 Yd 40
Stuposiany **PKR** 88 Xe 53
Stużno **ŁDZ** 56 Vc 40
Stwolno **WKP** 52 Rf 39
Styków **PKR** 80 Wf 47
Styków **SWK** 69 Wa 42
Stylagi **MAZ** 34 We 31
Styligi **WMZ** 8 Ve 22
Stypułki-Szymony **PDL** 35 Xd 30
Stypułów **LBU** 50 Qd 38
Subkowy **POM** 17 Te 24
Sucha **KPM** 17 Ta 28
Sucha **ŁDZ** 54 Te 39
Sucha **LBU** 50 Qd 37
Sucha **MAZ** 57 Wd 40
Sucha **MŁP** 77 Ue 47
Sucha **OPL** 65 Tb 45
Sucha **WKP** 41 Se 36
Sucha **ZPM** 15 Rc 25
Sucha Beskidzka **MŁP** 84 Ud 50
Suchacz **WMZ** 7 Uc 23
Sucha Dolna **LBU** 50 Qd 39
Sucha Góra **MŁP** 84 Ud 51
Sucha Góra **SLK** 76 Tf 46
Sucha Górna **DLS** 51 Ra 39
Sucha Huta **POM** 6 Tc 24
Sucha Kamienica **OPL** 74 Sc 46
Sucha Koszalińska **ZPM** 3 Rb 23
Suchanino **POM** 6 Td 22
Suchanówko **ZPM** 26 Qc 29
Suchań **ZPM** 26 Qb 29
Sucha Psina **OPL** 75 Sf 48
Suchary **KPM** 29 Sd 29
Sucha Rzeczka **PDL** 22 Yb 25
Sucha Struga **MŁP** 85 Ve 52
Sucha Szlachecka **MAZ** 57 Vf 39
Suchatówka **KPM** 30 Tc 31
Suchawa **ŁDZ** 56 Va 39
Suchawa **LBL** 60 Yc 39
Suchawa **LBL** 60 Yc 40
Suchawa **WMZ** 9 Wc 23
Sucha Wieś **ŁDZ** 67 Uc 42
Sucha Wieś **PDL** 22 Xe 25
Sucha Wola **PKR** 81 Ya 48
Sucha Wólka **LBL** 70 Wf 43
Suchcice **ŁDZ** 55 Uc 40
Suchcice **MAZ** 34 Wd 31
Suche **MAZ** 33 Wa 30
Suche **MŁP** 84 Uf 52
Suchedniów **SWK** 68 Vf 42
Suche Lipie **LBL** 71 Xf 43
Suchleb **LBU** 49 Qa 39
Suchobrzeźnica **POM** 17 Tb 26
Suchocin **LBL** 58 Xd 37
Suchocin **MAZ** 45 Ve 34
Suchoczasy **ŁDZ** 54 Tf 39
Suchodaniec **OPL** 65 Tb 45
Suchodębie **ŁDZ** 43 Ub 34
Suchodębie **LBL** 72 Yc 44
Suchodolina **PDL** 23 Yb 27
Suchodoły **ŁDZ** 43 Ua 35
Suchodoły **LBL** 70 Xa 43
Suchodoły **LBL** 71 Xf 42
Suchodół **LBU** 49 Pe 38
Suchodół **MAZ** 43 Ud 33
Suchodół **MAZ** 44 Uf 34
Suchodół **MAZ** 45 Ve 37
Suchodół **MAZ** 46 Wf 35
Suchodółka **SWK** 70 We 43
Suchodół Szlachecki **MAZ** 47 Xb 34
Suchodół Wielki **MAZ** 47 Xd 35
Sucholaski **WMZ** 21 Wf 24
Sucholaszczki, Mieczki- **PDL** 34 Xb 28
Suchorączek **KPM** 16 Sd 28
Suchoręczek **KPM** 29 Sd 30
Suchorze **POM** 4 Sa 23
Suchorzew **WKP** 53 Se 37
Suchorzewko **WKP** 52 Sc 37
Suchorzów **PKR** 79 Wd 46
Suchowice **DLS** 64 Rf 43
Suchowo **ZPM** 27 Qe 29
Suchowola **ŁDZ** 66 Ua 41
Suchowola **LBL** 59 Xe 38
Suchowola **LBL** 71 Yb 45
Suchowola **MAZ** 58 Wf 37
Suchowola **PDL** 22 Ya 27
Suchowola **SWK** 68 Ve 45
Suchowola **SWK** 69 Wc 45
Suchowola **SWK** 79 Vf 46
Suchowola, Kolonia **LBL** 71 Yb 45
Suchowolce **PDL** 48 Yb 33
Suchożebry **MAZ** 47 Xb 35
Suchy Bór **OPL** 65 Ta 45
Suchy Dąb **POM** 6 Te 23
Suchy Dwór **DLS** 64 Sa 42
Suchy Grunt **MŁP** 79 Wa 47
Suchy Las **WKP** 40 Rf 34
Suchynicze **PDL** 23 Yd 28
Sucumin **POM** 17 Tc 25
Suczki **WMZ** 21 Xb 26
Sudawskie **PDL** 11 Xf 22
Sudoł **LBU** 38 Qc 37
Sudoły **PKR** 70 Xa 45
Sudók **SLK** 75 Tb 48
Sudół **SWK** 68 Vb 45
Sudół **SWK** 69 Wc 43
Sudół **SWK** 78 Vc 46
Sudragi **MAZ** 31 Ud 31
Sudwa **WMZ** 19 Vb 27
Sudzin **SLK** 67 Uf 43
Sudzinek **ŁDZ** 67 Uf 43
Sufczyce **SWK** 79 Wa 46
Sufczyn **MAZ** 46 Wd 36
Sufczyn **MŁP** 78 Ve 49
Sufczyna **PKR** 88 Xc 50
Sugajenko **WMZ** 31 Ud 28
Sujki **ŁDZ** 43 Uc 35
Sukmanie **MŁP** 78 Ve 49
Sukowicze **PDL** 36 Ye 29
Sukowska Wola **MAZ** 57 Vf 40
Sukowy **KPM** 42 Tb 33
Suków **MAZ** 56 Vf 40
Suków **SWK** 68 Ve 44
Sulbiny Górne **MAZ** 57 Wd 37
Sulborowice **SWK** 67 Va 41
Sulechowo **ZPM** 4 Rd 23
Sulechów **LBU** 39 Qd 36
Suleje **LBL** 47 Xc 37
Suleje-Kolonia **LBL** 47 Xc 37
Sulejewo **WKP** 40 Rf 36
Sulejki **WMZ** 21 Xb 25
Sulejowo **WKP** 40 Rd 37
Sulejów **ŁDZ** 55 Uf 40
Sulejów **MAZ** 46 Wd 34
Sulejów **SWK** 70 We 43
Sulejówek **MAZ** 45 Wb 35
Sulewo-Kownaty **PDL** 22 Xc 27
Sulewo-Prusy **PDL** 22 Xc 27
Suleżyn **MAZ** 32 Vc 31
Sulęcin **DLS** 64 Sa 43
Sulęcin **LBU** 38 Qa 34
Sulęcin **WKP** 41 Sb 36
Sulęcinek **WKP** 41 Sb 36
Sulęcin Szlachecki **MAZ** 34 Wf 31
Sulęcin Szlachecki-Kolonia **MAZ** 34 Wf 31
Sulęcin Włościański **MAZ** 34 Wf 31
Sulęczyno **POM** 5 Se 23
Sulgostów **MAZ** 56 Vd 39
Sulibórz **ZPM** 14 Qd 29
Sulicice **POM** 5 Tb 20
Sulikowo **ZPM** 13 Pf 24
Sulikowo **ZPM** 15 Rc 26
Sulików **DLS** 61 Qa 42
Sulików **SWK** 67 Uf 44
Sulimice **ZPM** 4 Rd 22
Sulimierz **ZPM** 26 Qa 31
Sulimów **DLS** 64 Sa 42
Sulimów **LBL** 72 Za 45
Sulimy **WMZ** 21 We 24
Sulimy **WMZ** 21 Xa 27
Sulin **WKP** 41 Sc 33
Sulino **ZPM** 13 Qb 28
Sulino **ZPM** 26 Qc 29
Sulinowo **KPM** 29 Sd 31
Suliradzice **DLS** 52 Sd 40
Sulisław **WKP** 53 Sd 38
Sulisławice **DLS** 63 Re 45
Sulisławice **MŁP** 77 Uf 46
Sulisławice **SWK** 69 Wc 45
Sulisławice **WKP** 53 Ta 38
Sulistrowa **PKR** 87 Wd 51
Sulistrowice **DLS** 64 Re 43
Sulistrowice **MAZ** 56 Ve 41
Sulistrowiczki **DLS** 63 Re 43
Suliszew **ŁDZ** 56 Vb 37
Suliszewice **ZPM** 14 Qe 27
Suliszewo **ZPM** 14 Qf 27
Suliszewo **ZPM** 27 Qd 29
Suliszka **MAZ** 69 Wb 41
Suliszowice **SLK** 67 Ub 44
Suliszów **SWK** 68 Ve 45
Sulki **MAZ** 46 Wf 35
Sulkowo **MAZ** 33 Ve 32
Sulmice **LBL** 71 Yb 43
Sulmierzyce **ŁDZ** 66 Ub 41
Sulmierzyce **WKP** 52 Sd 39
Sulmin **POM** 6 Tc 23
Sulmów **ŁDZ** 54 Tc 38
Sulmówek **ŁDZ** 54 Tc 38
Sulnowo **KPM** 17 Tc 28
Sulnówko **KPM** 17 Tc 28
Sulów **LBL** 70 Xc 43
Sułaszewo **WKP** 28 Sa 31
Sułkowice **MAZ** 57 Wa 37
Sułkowice **MŁP** 77 Ue 49
Sułkowice **MŁP** 77 Uf 47
Sułkowice **MŁP** 84 Uc 50
Sułkowice **SWK** 78 Vf 46
Sułkowice **WKP** 52 Sa 38
Sułkowice I **ŁDZ** 43 Uc 36
Sułkowo **KPM** 42 Tf 33
Sułkowo Borowe **MAZ** 32 Vc 31
Sułkowo Polne **MAZ** 32 Vc 31
Sułków **DLS** 51 Rd 38
Sułków **MŁP** 77 Va 49
Sułków **OPL** 75 Sf 48
Sułocin-Towarzystwo **MAZ** 31 Ud 31
Sułoszowa **MŁP** 77 Ue 47
Sułoszyn **LBL** 58 Xd 39
Sułowiec **LBL** 71 Xf 44
Sułowo **WMZ** 20 Ve 24
Sułów **DLS** 52 Sb 40
Sułów **LBL** 71 Xf 44
Sułów **LBU** 38 Pe 34
Sułów **MŁP** 78 Va 49
Sułówek **LBL** 71 Xf 44
Sułów Mały **WKP** 51 Re 39
Sułów Wielki **WKP** 51 Re 39
Sumiężne **MAZ** 34 Wf 32
Sumin **KPM** 31 Ua 31
Sumin **KPM** 31 Uc 30
Sumin **LBL** 72 Yc 45
Sumin **POM** 17 Tc 25
Sumin **WMZ** 18 Ub 28
Sumina **SLK** 75 Tc 48
Sumowo **KPM** 31 Vb 29
Sumowo **PDL** 11 Yb 24
Sumówko **KPM** 31 Ub 28
Sumówko **KPM** 31 Uc 30
Superunki, Łubienica- **MAZ** 45 Wa 33
Supienie **PDL** 10 Xd 23
Suponin **KPM** 30 Ta 29
Supraśl **PDL** 36 Yc 29
Suradówek **KPM** 31 Ub 32
Surały **PDL** 21 Xb 27
Suraż **PDL** 35 Xf 31
Surażkowo **PDL** 36 Yc 29
Surhów **LBL** 71 Yb 43
Surmaczówka **PKR** 81 Xf 48
Surmin **WKP** 53 Sd 40
Surminy **WMZ** 10 Xa 23
Surmówka **WMZ** 20 Wa 25
Surochów **PKR** 81 Xe 48
Surowa **LBU** 49 Qa 38
Surowa **PKR** 79 Wb 46
Surowe **MAZ** 33 Wa 29
Surowe **WMZ** 19 Ue 24
Surowie **SLK** 83 Ua 51
Surowina **OPL** 65 Sf 44
Surwile **WMZ** 9 Wd 23
Suryty **WMZ** 19 Vd 24
Suserz **MAZ** 43 Ud 35
Susiec **LBL** 81 Yb 46
Susk **MAZ** 31 Ue 32
Suskowola **MAZ** 57 Wc 40
Susłów **LBU** 39 Qf 37
Susz **WMZ** 18 Uc 26
Suszec **SLK** 76 Te 48
Suszeń **LBL** 71 Xf 43
Suszewo **KPM** 31 Ub 32
Suszno **LBL** 60 Yd 39
Suszów **LBL** 72 Yf 45
Suszyna **DLS** 73 Rd 46
Suśnik **WMZ** 9 Wa 24
Sutki **PDL** 34 Wf 30
Sutki, Czyżew- **PDL** 35 Xb 32
Sutków **MŁP** 79 Wa 47
Sutno **PDL** 48 Ya 35
Suwaki **MAZ** 32 Va 31
Suwałki **PDL** 11 Xf 24
Suwin **MAZ** 45 Wb 33
Swaderki **WMZ** 19 Vc 27
Swarożyn **POM** 17 Td 24
Swaryszów **SWK** 67 Va 45
Swarzewo **POM** 6 Tc 20
Swarzędz **WKP** 40 Sa 34
Swarzów **MŁP** 79 Vf 47
Swarzynice **LBU** 39 Qe 36
Swaty **LBL** 58 Wf 39
Swędów **ŁDZ** 55 Ud 37
Swilcza **PKR** 80 Wf 48
Swobnica **ZPM** 25 Pd 30
Swoboda **LBL** 59 Xe 41
Swoboda **WKP** 29 Sb 30
Swoboda **WKP** 54 Tc 38
Swochowo **POM** 4 Sa 21
Swochowo **ZPM** 26 Pe 29
Swojczany **MŁP** 77 Uf 46
Swojczyce **DLS** 64 Sa 42
Swojęcin **MAZ** 32 Uf 30
Swolszewice Duże **ŁDZ** 55 Uf 40
Swolszewice Małe **ŁDZ** 55 Uf 40
Swołowo **POM** 4 Rf 22
Sworawa **ŁDZ** 43 Tf 37
Swornegacie **POM** 16 Sc 25
Sworoń **SWK** 79 Wc 46
Sworowo **WKP** 52 Sa 39
Swory **LBL** 47 Xf 36
Sworzyce **SWK** 68 Vb 41
Sworzyce **WKP** 39 Rb 35
Swoszowa **PKR** 79 Wb 49
Swoszowice **MŁP** 77 Uf 49
Swoszowice **SWK** 78 Vd 47
Syberia **MAZ** 32 Ue 30
Syberia **MAZ** 32 Vb 31
Sybilaki, Chojeczno- **MAZ** 46 Xa 35
Sycanów **ŁDZ** 54 Ua 39
Sycewice **POM** 4 Rf 22
Sycewo **WKP** 42 Td 34
Sycowa Huta **POM** 16 Sf 24
Sycowice **LBU** 38 Qb 36
Syców **DLS** 53 Se 41
Sycyna **LBL** 47 Xf 36
Sycyna **MAZ** 57 Wd 41
Sycze **PDL** 47 Ya 34
Syczów **LBL** 72 Ye 42
Syczyn **LBL** 59 Yb 41
Sydół **MAZ** 57 Wd 41
Sydzyna **SWK** 79 Wa 46
Sygneczów **MŁP** 77 Va 49
Sygontka **SLK** 67 Uc 44
Sylczyno **POM** 5 Se 24
Sylwerynów **ŁDZ** 56 Va 41
Synkowce **PDL** 23 Yd 27
Synogać **WKP** 42 Td 34
Sypanica **POM** 18 Ua 26
Sypień **ŁDZ** 44 Va 36
Sypitki **WMZ** 22 Xd 26
Sypniewko **WKP** 15 Rd 28
Sypniewo **KPM** 16 Sb 28
Sypniewo **MAZ** 33 Wb 29
Sypniewo **WKP** 15 Rd 28
Sypniewo **WKP** 28 Sa 31
Sypniewo, Górki- **PDL** 34 Xa 29
Syrkowice **ZPM** 3 Qf 24
Syry **LBL** 58 Xc 40
Syrynia **SLK** 75 Tc 48
Syski **ŁDZ** 55 Ud 39
Sytki **PDL** 47 Xe 34
Szabda **KPM** 31 Uc 29
Szabelnia **SLK** 76 Ua 47
Szablak **PDL** 34 Wf 29
Szabły Młode **PDL** 34 Wf 30
Szachy **LBL** 47 Xf 37
Szaciłówka **PDL** 22 Ya 28
Szaciły **PDL** 35 Ya 29
Szadek **ŁDZ** 54 Tf 38
Szadek **WKP** 53 Ta 38
Szadek **WKP** 53 Tb 37
Szadki **MAZ** 45 Vf 33
Szadkowice **ŁDZ** 56 Va 40
Szadłowice **KPM** 30 Tc 31
Szadów Księży **WKP** 42 Td 36
Szadzko **ZPM** 13 Qc 28
Szafarczyska **MAZ** 34 Wd 29
Szafarnia **KPM** 31 Ua 30
Szafarnia **MAZ** 34 Wc 29
Szafarnia **WMZ** 31 Uc 28
Szaflary **MŁP** 85 Va 52
Szafranka **MAZ** 34 Wd 29
Szafranki **PDL** 22 Xe 28
Szalejów Dolny **DLS** 73 Rd 46
Szalejów Górny **DLS** 73 Rd 46
Szalenik **LBL** 82 Yc 46
Szalonka **WKP** 65 Ta 41
Szalonki **KPM** 30 Td 32
Szalowa **MŁP** 86 Wa 50
Szałas **SWK** 67 Uf 45
Szałas **SWK** 68 Vd 42
Szałe **WKP** 53 Ta 38
Szałkowo **WMZ** 18 Ud 27
Szałstry **WMZ** 19 Vb 26
Szamarzewo **WKP** 41 Se 35
Szamocin **WKP** 28 Sa 30
Szamotuły **WKP** 40 Rd 33
Szamoty **WKP** 28 Sa 30
Szamów **ŁDZ** 43 Ub 36
Szaniawy-Matysy **LBL** 58 Xd 37
Szaniawy-Poniaty **LBL** 47 Xd 37
Szaniec **SWK** 78 Ve 45
Szapsk **MAZ** 32 Va 32
Szaradowo **KPM** 29 Sd 31
Szarbia **MŁP** 78 Vb 48
Szarbia **SWK** 78 Vc 47
Szarbków **SWK** 68 Vd 45
Szarbsko **ŁDZ** 55 Uf 41
Szarcz **LBU** 39 Qe 33
Szare **SLK** 83 Ua 51
Szarejki **WMZ** 10 Xc 24
Szarek **WMZ** 21 Xb 26
Szarki **SLK** 66 Te 43
Szarkówka **MŁP** 77 Uf 46
Szarlejka **SLK** 66 Ua 43
Szarlota **POM** 16 Sf 24
Szarłata **POM** 5 Tb 22
Szarłatów **WKP** 42 Td 35
Szarocin **DLS** 62 Qf 44
Szarowola **LBL** 72 Yc 46
Szarów **ŁDZ** 54 Tf 37
Szarów **MŁP** 78 Vb 49
Szaruty **MAZ** 46 Xa 34
Szarwark **MŁP** 79 Wa 48
Szastarka **LBL** 70 Xb 43
Szastarka-Stacja **LBL** 70 Xc 43
Szasty **MAZ** 44 Vb 33
Szaszorowice **WKP** 51 Rc 39
Szatany **MAZ** 45 Wc 36
Szatarpy **POM** 6 Tb 24
Szatonia **ŁDZ** 55 Uc 38
Sząbruk **WMZ** 19 Vc 26
Szczaki **MAZ** 45 Vf 36
Szczakowa **SLK** 76 Ub 47
Szczałb **LBL** 58 Xb 38
Szczaniec **LBU** 39 Qe 35
Szczawa **MŁP** 85 Vb 51
Szczawienko **DLS** 63 Rb 44
Szczawin **ŁDZ** 55 Uc 37
Szczawin **MAZ** 34 Wd 31
Szczawin **MAZ** 45 Ve 33
Szczawina **DLS** 73 Rd 46
Szczawin Duży **ŁDZ** 55 Ud 37
Szczawin Kościelny **MAZ** 43 Ud 34
Szczawne **PKR** 87 Xa 52
Szczawnica **MŁP** 85 Vc 52
Szczawnik **MŁP** 86 Vf 52
Szczawno **KPM** 31 Ud 30
Szczawno **ŁDZ** 54 Te 40
Szczawno **LBU** 38 Qb 36
Szczawno-Zdrój **DLS** 63 Rb 44
Szczaworyż **SWK** 78 Ve 46
Szczeberka **PDL** 22 Xf 25
Szczebra **PDL** 22 Xf 25
Szczebrzeszyn **LBL** 71 Xf 44
Szczechowo **MAZ** 31 Ud 31
Szczechy Wielkie **WMZ** 21 We 26
Szczecin **ŁDZ** 55 Ue 37
Szczecin **ZPM** 12 Pd 28
Szczecinek **ZPM** 15 Re 26
Szczecinki **WMZ** 22 Xd 24
Szczecinowo **WMZ** 21 Xa 25
Szczecno **SWK** 68 Ve 44
Szczecyn **LBL** 70 Wf 44
Szczedrzyk **OPL** 65 Ta 44
Szczedrzykowice **DLS** 51 Rc 41
Szczeglacin **MAZ** 47 Xd 34
Szczeglice **SWK** 69 Wb 44
Szczeglin **KPM** 29 Ta 33
Szczeglino **ZPM** 3 Rc 23
Szczejkowice **SLK** 76 Te 48
Szczekaczka **SLK** 66 Ua 44
Szczekarków **LBL** 58 Wf 41
Szczekarków **LBL** 59 Xd 40
Szczekarzów **SWK** 78 Vc 47
Szczekociny **SLK** 67 Ue 45
Szczenurze **POM** 5 Sd 20
Szczepanek **OPL** 65 Tc 45
Szczepanki **KPM** 18 Ua 28
Szczepanki **MAZ** 33 Ve 31
Szczepanki **WMZ** 21 Wf 25
Szczepankowice **DLS** 64 Rf 43
Szczepankowo **KPM** 29 Sf 32
Szczepankowo **PDL** 34 Wf 30
Szczepankowo **WKP** 40 Rd 33
Szczepankowo **WKP** 40 Sa 34
Szczepankowo **WMZ** 19 Uf 28
Szczepankowo **WMZ** 19 Va 27
Szczepankowo **WMZ** 20 Vf 26
Szczepanowice **ŁDZ** 67 Ud 41
Szczepanowice **MŁP** 77 Va 47
Szczepanowice **MŁP** 79 Vf 49
Szczepanowo **KPM** 29 Sf 31
Szczepanów **DLS** 62 Qf 44
Szczepanów **DLS** 63 Rd 41
Szczepanów **DLS** 63 Rd 43
Szczepanów **LBU** 50 Qb 39
Szczepanów **MŁP** 78 Vd 48
Szczepanów **SWK** 68 Vc 44
Szczepańcowa **PKR** 87 We 50
Szczepiatyn **LBL** 82 Ye 46
Szczepidło **WKP** 42 Tb 35
Szczepki **PDL** 22 Xf 25
Szczepkowo **MAZ** 32 Vb 31
Szczepkowo Borowe **WMZ** 32 Vd 29
Szczepocice Prywtne **ŁDZ** 67 Uc 42
Szczepocice Rządowe **ŁDZ** 67 Uc 42
Szczepów **DLS** 50 Qf 38
Szczerbaki, Gnaty- **MAZ** 45 Vf 33
Szczerbaków **SWK** 78 Ve 46
Szczerbice **SLK** 75 Tc 48
Szczerbięcin **POM** 6 Td 24
Szczerbin **WKP** 29 Sb 29
Szczerbowska Wieś **ŁDZ** 54 Ua 40
Szczerców **ŁDZ** 54 Ua 41
Szczercz **MŁP** 85 Vc 51
Szczernice **KPM** 29 Sd 30
Szczęka **SWK** 79 Wb 46
Szczęsne **WMZ** 19 Vd 26
Szczęsnowicze **PDL** 23 Ye 28
Szczęście **MAZ** 58 We 40
Szczkowo **KPM** 42 Tf 34
Szczodre **DLS** 64 Sb 41
Szczodrkowice **MŁP** 77 Uf 47
Szczodrowo **POM** 17 Tc 24
Szczodrowo **WKP** 40 Rd 36
Szczodrów **DLS** 52 Sd 41
Szczodrzykowo **WKP** 40 Sa 35
Szczonów **WKP** 41 Sd 36
Szczordruchy **PDL** 35 Xc 31
Szczucice **SWK** 69 Wc 43
Szczucin **MŁP** 79 Wa 47
Szczuczarz **ZPM** 27 Ra 30
Szczuczki Czwarte **LBL** 70 Xb 41
Szczuczki Trzecie **LBL** 70 Xa 41
Szczuczki-Wieś **LBL** 70 Xb 41
Szczuczyn **PDL** 21 Xb 27
Szczuczyn **WKP** 28 Rd 33
Szczuka **KPM** 31 Uc 29
Szczuki **ŁDZ** 56 Vd 38
Szczuki **MAZ** 33 Vf 31
Szczuki **PDL** 23 Yb 27
Szczukocice **ŁDZ** 67 Ud 41
Szczukowice **SWK** 68 Vd 43
Szczukwin **ŁDZ** 55 Ud 39
Szczuplinki **KPM** 31 Tf 28
Szczurkowo **WMZ** 9 Vf 22
Szczurowa **MŁP** 78 Vd 48
Szczurowice **WKP** 53 Se 38
Szczury **WKP** 53 Se 38
Szczurzyn **MAZ** 33 Vd 31
Szczutki **KPM** 29 Sf 29
Szczutków **PKR** 81 Ya 48
Szczutowo **KPM** 31 Ub 30
Szczutowo **KPM** 31 Ud 29
Szczutowo **MAZ** 31 Ud 31
Szczybały Giżyckie **WMZ** 21 We 25
Szczybały Orłowskie **WMZ** 21 Xa 24
Szczyglice **DLS** 51 Ra 39
Szczygłowice **SLK** 76 Td 47
Szczygły Dolne **LBL** 58 Xb 37
Szczygły Góne **LBL** 58 Xc 37
Szczypiec **SWK** 68 Vd 45
Szczypiorno **MAZ** 45 Ve 34
Szczypiorno **WKP** 53 Ta 38
Szczypkowice **POM** 5 Sc 21
Szczyrk **SLK** 83 Ua 50
Szczyrzyc **MŁP** 85 Vb 50
Szczytkowice **DLS** 52 Sa 40
Szczytna **DLS** 73 Rc 46
Szczytna **PKR** 81 Xd 48
Szczytnica **DLS** 50 Qe 41
Szczytniki **MAZ** 44 Vc 33
Szczytniki **MŁP** 78 Vb 47
Szczytniki **MŁP** 78 Vb 49
Szczytniki **SWK** 70 We 44
Szczytniki **SWK** 78 Ve 47
Szczytniki **SWK** 78 Vf 46
Szczytniki **WKP** 40 Sa 35
Szczytniki **WKP** 53 Tb 38
Szczytniki **ZPM** 13 Qa 26
Szczytniki Czerniejewskie **WKP** 41 Sd 34
Szczytniki Duchowne **WKP** 41 Se 33
Szczytniki Duże **DLS** 51 Rb 41
Szczytno **KPM** 43 Tf 34
Szczytno **MAZ** 44 Vc 33
Szczytno **MAZ** 44 Vc 35
Szczytno **POM** 15 Sb 26
Szczytno **WMZ** 20 Vf 27
Szczyty **ŁDZ** 54 Ua 37
Szczyty **ŁDZ** 66 Tf 42
Szczyty **MAZ** 57 Wa 39
Szczyty-Dzięciołowo **PDL** 36 Yc 32
Szczyty-Nowodwory **PDL** 36 Yc 32
Szebnie **PKR** 86 Wd 50
Szedziec **DLS** 51 Rd 39
Szelągi **PDL** 35 Xe 31
Szelejewo **KPM** 29 Se 32
Szelejewo **WKP** 52 Sa 37
Szeliga **PKR** 70 Xd 45
Szeligi **MAZ** 44 Uf 33
Szeligi **SWK** 69 Wb 43
Szeligowo **ZPM** 14 Qf 26
Szembekowo **KPM** 30 Tf 30
Szemborowo **WKP** 41 Se 34
Szembruczek **KPM** 18 Tf 27
Szembruk **KPM** 18 Ua 27
Szemplino Wielkie **WMZ** 33 Vd 29
Szemrowice **OPL** 65 Tc 44
Szemud **POM** 5 Tb 22
Szemudzka Huta **POM** 5 Tb 22
Szenkowo **WMZ** 32 Va 29
Szepietowo-Janówka **PDL** 35 Xd 31
Szepietowo-Stacja **PDL** 35 Xd 31
Szepietowo-Wawrzyńce **PDL** 35 Xd 31
Szepietowo-Żaki **PDL** 35 Xd 31
Szeplerzyzna **WMZ** 18 Ud 27
Szerenosy **PDL** 35 Ya 30
Szernie **PDL** 36 Yb 32
Szeroka **SLK** 76 Td 48
Szerokie **LBL** 58 Xc 41
Szerokopaś **WMZ** 32 Vc 28
Szerominek **MAZ** 44 Vc 33
Szerszenie **PDL** 47 Xf 34
Szerzawy **SWK** 69 Wa 43
Szerzyny **PKR** 86 Wb 50
Szestno **WMZ** 20 Wb 25
Szeszki **WMZ** 22 Xd 25
Szeszyły **PDL** 48 Ya 33
Szetlew **WKP** 41 Sf 36
Szetlewek **WKP** 41 Sf 36
Szewa **KPM** 30 Tf 30
Szewce **DLS** 52 Rf 41
Szewce **KPM** 42 Tc 33
Szewce **LBL** 70 Xd 45
Szewce **SWK** 68 Vc 43
Szewce **SWK** 69 Wd 45
Szewce **WKP** 40 Rd 35
Szewce **WKP** 40 Sa 34
Szewna **SWK** 69 Wc 43
Szewnia Dolna **LBL** 71 Ya 45
Szewnia Górna **LBL** 71 Yb 45
Szewnica **MAZ** 46 Wd 34
Szewo **KPM** 43 Ub 34
Szezki **WMZ** 10 Xc 23
Szkarada **MAZ** 44 Uf 35
Szkaradowo **WKP** 52 Sa 39
Szklana **MŁP** 78 Vb 47
Szklana **POM** 5 Sf 23
Szklana Huta **ŁDZ** 54 Td 40
Szklana Huta **POM** 16 Se 24
Szklarka **DLS** 73 Rd 47
Szklarka Mielęcka **WKP** 53 Sf 41
Szklarka Przygodzicka **WKP** 53 Se 40
Szklarka Śląska **WKP** 52 Sd 39
Szklarki **DLS** 50 Qe 39
Szklarnia **DLS** 73 Re 48
Szklarnia **LBL** 70 Xc 45
Szklarnia **SLK** 66 Te 44
Szklarnia **WMZ** 20 Wb 26
Szklarska Myślniewska **WKP** 53 Sf 40
Szklarska Poręba **DLS** 62 Qd 44
Szklarska Poręba Dolna **DLS** 62 Qd 43
Szklarska Poręba Górna **DLS** 62 Qd 43
Szklarska Poręba Średnia **DLS** 62 Qd 43
Szklary **DLS** 63 Rf 45
Szklary **MŁP** 77 Ue 47
Szklary **OPL** 64 Sb 45
Szklary **PKR** 80 Xb 49
Szklary Dolne **DLS** 51 Ra 40
Szklary Górne **DLS** 51 Ra 40
Szkleniec **SWK** 69 Vf 42
Szkocja **PDL** 22 Xe 25
Szkodna **PKR** 79 Wd 49
Szkody **WMZ** 21 Xa 27
Szkopy **MAZ** 47 Xc 34
Szkotowo **WMZ** 19 Vb 28
Szkucin **SWK** 68 Va 42
Szkudła **WKP** 53 Sf 38
Szkurłaty **WKP** 53 Tb 38
Szkwa **PDL** 34 We 29
Szla **MAZ** 33 Vf 30
Szlachcin **WKP** 41 Sc 35
Szlachecki Las **MAZ** 58 We 41
Szlachta **POM** 17 Ta 26
Szlachta, Łubki- **LBL** 58 Xa 41
Szlachtowa **MŁP** 85 Vd 52
Szlagnowo **POM** 18 Ub 24
Szlasy Bure **MAZ** 33 Wa 31
Szlasy-Lipno **PDL** 35 Xc 30
Szlasy-Mieszki **PDL** 35 Xd 30
Szlasy-Złotki **MAZ** 33 Wa 32
Szlatyn **LBL** 82 Yd 46
Szlembark **MŁP** 85 Vb 52
Szlichtyngowa **LBU** 51 Rb 38
Szlinokiemie **PDL** 11 Yb 23
Szmulówka **MAZ** 34 Wf 32
Szmurły **PDL** 35 Xe 32
Sznury **LBL** 82 Yc 46
Sznyfin **WKP** 40 Rd 35
Szołdry **WKP** 40 Rf 36
Szołtany **PDL** 11 Ya 23
Szombierki **SLK** 76 Tf 46
Szoniec **MAZ** 32 Ue 30
Szonowo Szlacheckie **KPM** 18 Ua 27
Szonów **OPL** 75 Sf 47
Szopa **POM** 5 Sf 22
Szopienice **SLK** 76 Ua 47
Szopinek **LBL** 71 Yb 44
Szorce **PDL** 35 Xe 29
Szorcówka **LBL** 72 Yc 44
Szosa Turecka **WKP** 53 Ta 38
Szostaki **LBL** 81 Xf 46
Szostaki **PDL** 23 Yc 27
Szostaki **PDL** 35 Xc 29
Szostakowo **PDL** 36 Yc 32
Szostały **PDL** 35 Ya 32
Szostka **KPM** 30 Tc 32
Szoszowy **SLK** 76 Te 48
Szozdy **LBL** 71 Xf 45
Szóstaki **SWK** 68 Vb 42
Szóstka **LBL** 59 Xe 37
Szówsko **PKR** 81 Xe 48
Szpaki **PDL** 35 Xf 32
Szpaki **SLK** 83 Ua 51
Szpakowo **PDL** 22 Xf 28
Szperówka **LBL** 71 Xf 44
Szpetal Dolny **KPM** 31 Ua 32
Szpetal Górny **KPM** 31 Ua 32
Szpęgawsk **POM** 17 Td 24
Szpica **LBL** 59 Ya 41
Szpice-Chojnowo **MAZ** 35 Xc 32
Szpiegowo **KPM** 31 Ub 32
Szpikołosy **LBL** 72 Yf 43
Szpinki, Zaliwie- **MAZ** 46 Xa 35
Szpital **KPM** 30 Tc 32
Szprotawa **LBU** 50 Qd 39
Szprotawka **LBU** 50 Qd 39
Szprudowo **POM** 17 Te 25
Szramowo **KPM** 31 Ud 28
Szramowo **POM** 18 Ua 26
Szreniawa **LBU** 39 Ra 37
Szreniawa **MŁP** 77 Uf 46
Szreńsk **MAZ** 32 Va 30
Szronka **WMZ** 32 Va 30
Szropy **POM** 18 Ua 25
Sztabin **PDL** 22 Ya 26
Sztabinki **PDL** 11 Yc 24
Szteklin **POM** 17 Tc 24
Sztofrowa Huta **POM** 5 Tb 23
Sztombergi **SWK** 69 Wb 45
Sztum **POM** 18 Ua 25
Sztumska Wieś **POM** 18 Ua 25
Sztumskie Pole **POM** 18 Tf 25
Sztutowo **POM** 7 Ub 23
Sztynort Duży **WMZ** 21 Wd 24
Sztynwag **KPM** 17 Te 28
Szubin **KPM** 29 Se 30
Szubin-Wieś **KPM** 29 Se 30
Szubsk Duży **ŁDZ** 43 Ub 35
Szuby Szlacheckie, Wojny- **PDL** 35 Xd 32
Szuby Włościańskie, Wojny- **PDL** 35 Xd 32
Szuć **WMZ** 20 Ve 27
Szudziałowo **PDL** 36 Yd 29
Szufranowa **PKR** 79 Wd 49
Szulborze-Koty **MAZ** 34 Xb 32
Szulborze Wielkie **MAZ** 34 Xb 32
Szulec **WKP** 53 Tb 38
Szulmierz **MAZ** 33 Vd 31
Szum **OPL** 65 Ta 43
Szumanie **MAZ** 32 Uf 32
Szumanie-Pustoły **MAZ** 32 Uf 32
Szumiąca **LBU** 39 Qd 34
Szumiłowo **KPM** 18 Tf 28
Szumiłowo **ZPM** 25 Pd 33
Szumin **MAZ** 46 Wd 33
Szumirad **OPL** 65 Tb 43
Szumleś Królewski **POM** 5 Tb 24
Szumlin **MAZ** 44 Vd 33
Szumowo **PDL** 22 Ya 28
Szumowo **PDL** 34 Xa 31
Szumsk **MAZ** 33 Ve 30
Szumsko **SWK** 69 Wa 44
Szur **LBL** 71 Yb 45
Szurkowo **WKP** 52 Rf 38
Szurpiły **PDL** 11 Xf 23
Szuszalewo **PDL** 23 Yc 26
Szwagrów **SWK** 79 Wc 46
Szwajcaria **PDL** 11 Xf 24
Szwarcenowo **WMZ** 18 Uc 27
Szwarocin **MAZ** 44 Va 35
Szwarszowice **SWK** 69 Wb 43
Szwarunki **WMZ** 8 Ve 23
Szwecja **ZPM** 15 Rd 28
Szwedy **PKR** 70 Xb 45
Szwejki **MAZ** 33 Ve 32
Szwejki **MAZ** 47 Xb 33
Szwejki, Milewo- **MAZ** 33 Vf 31
Szwejki Małe **ŁDZ** 56 Vc 38
Szwelice **MAZ** 33 Wa 32
Szwelice, Pajewo- **MAZ** 33 Ve 31
Szwędrowy Most **MAZ** 34 Wc 30
Szyba **LBU** 50 Qe 38
Szybowice **OPL** 74 Sc 46
Szyby **SWK** 69 Wb 43
Szyce **MŁP** 77 Uf 48
Szyce **SLK** 77 Ue 45
Szychowice **LBL** 72 Yf 44
Szychowo **KPM** 30 Tf 30
Szydłowice **OPL** 64 Sc 43
Szydłowiec **MAZ** 68 Vf 41
Szydłowiec **PKR** 79 Wd 47
Szydłowiec Śląski **OPL** 64 Sd 44
Szydłowo **MAZ** 32 Vc 30
Szydłowo **WKP** 28 Rd 30
Szydłowo **WKP** 41 Sf 33
Szydłów **ŁDZ** 54 Ua 38
Szydłów **ŁDZ** 55 Ud 40
Szydłów **OPL** 65 Se 45
Szydłów **SWK** 69 Wa 45
Szydłówek **MAZ** 32 Vc 30
Szydłówek **MAZ** 68 Vf 41
Szydłówek **SWK** 68 Vd 43
Szydłówka **MAZ** 47 Xd 36
Szygi **MAZ** 33 Wc 31
Szygówek **MAZ** 33 Wa 32
Szyjki **MAZ** 32 Vb 31
Szyk **MŁP** 85 Vb 50
Szyldak **WMZ** 19 Va 27
Szyleny **WMZ** 7 Uf 22
Szymaki **MAZ** 32 Vc 32
Szymaki **PDL** 23 Ye 28
Szymanki **WMZ** 20 Vf 28
Szymanki, Siennica- **PDL** 35 Xc 32
Szymankowo **POM** 18 Tf 24
Szymanowice **ŁDZ** 44 Ud 36
Szymanowice **SWK** 69 Wc 45
Szymanowice **WKP** 41 Se 36
Szymanowice Duże **MAZ** 57 Wb 37
Szymanowice Małe **MAZ** 57 Wb 37
Szymanowo **WKP** 40 Rf 36
Szymanowo **WKP** 52 Rf 39
Szymanowo **WMZ** 20 Wa 25
Szymanów **DLS** 63 Rb 43
Szymanów **DLS** 64 Sa 41
Szymanów **MAZ** 44 Vc 36
Szymanów **MAZ** 45 Wa 36
Szymanów **MAZ** 69 Wd 41
Szymanów **WKP** 52 Sc 37
Szymanówka **SWK** 69 We 43
Szymany **PDL** 22 Xd 27
Szymany **WMZ** 20 Vf 28
Szymany, Nienałty- **PDL** 34 Xa 32
Szymbark **MŁP** 86 Wa 51
Szymbark **POM** 5 Ta 23
Szymbark **WMZ** 18 Uc 27
Szymborne **KPM** 30 Tc 29
Szymbory **WMZ** 19 Uf 24
Szymbory-Andrzejowięta **PDL** 35 Xd 31
Szymiszów **OPL** 75 Tb 45
Szymki **PDL** 36 Yf 31
Szymkowo **KPM** 31 Uc 29
Szymocin **DLS** 51 Rb 39
Szymonka **WMZ** 21 Wd 25
Szymonków **OPL** 65 Sf 42
Szymonowo **WMZ** 19 Ue 25
Szymony, Stypułki- **PDL** 35 Xd 30
Szynczyce **ŁDZ** 55 Ud 39
Szynkarzyzna **MAZ** 46 We 33
Szynkielew **ŁDZ** 55 Ub 38
Szynkielów **ŁDZ** 54 Te 40
Szynkowizna **KPM** 31 Uc 30
Szynkówko **KPM** 31 Ud 29
Szynwałd **KPM** 16 Sd 28
Szynwałd **KPM** 18 Ua 27
Szynwałd **MŁP** 79 Wa 49
Szynych **KPM** 17 Td 28
Szyperki **PKR** 70 Xb 45
Szypliszki **PDL** 11 Ya 23
Szypłów **WKP** 41 Sc 36
Szypowice **SLK** 77 Ud 45
Szystowice **LBL** 72 Yd 44
Szyszczyce **SWK** 68 Ve 45
Szyszczyce **SWK** 78 Vc 46
Szyszki **LBL** 58 Xa 37
Szyszki **PDL** 23 Yd 28
Szyszki Włościańskie **MAZ** 33 Vf 32
Szyszkowa **DLS** 62 Qb 42
Szyszków **LBL** 81 Xd 46
Szyszków **OPL** 65 Tc 42
Szyszków **SLK** 66 Tf 42
Szyszyn **WKP** 42 Tb 34
Szyszyńskie Holendry **WKP** 42 Tb 34

Ś

Ściborki **WMZ** 10 Xa 23
Ściborowice **OPL** 75 Sf 46
Ściborze **KPM** 30 Tb 31
Ściborzyce **MŁP** 77 Uf 47
Ściborzyce Małe **OPL** 75 Se 47
Ściborzyce Wielkie **OPL** 75 Ta 48
Ścibórz **OPL** 74 Sa 46
Ścichawa **ŁDZ** 54 Ub 40
Ściechów **LBU** 26 Pf 32
Ściegnia **SWK** 68 Vf 43
Ściegnica **POM** 4 Rf 22
Ściejowice **MŁP** 77 Ue 48
Ścieki **ŁDZ** 56 Vb 38
Ścierne **ZPM** 14 Qc 28
Ściernie **SLK** 76 Ua 48
Ścięgny **DLS** 62 Qe 44
Ścigów **OPL** 75 Se 46
Ścinawa **DLS** 52 Rc 40
Ścinawa **DLS** 64 Sc 43
Ścinawa Mała **OPL** 74 Sd 46
Ścinawa Nyska **OPL** 74 Sd 46
Ścinawa Polska **DLS** 64 Sc 43
Ścinawka Dolna **DLS** 63 Rd 46
Ścinawka Górna **DLS** 63 Rc 45
Ścinawka Średnia **DLS** 63 Rc 45
Ściony **PDL** 35 Xe 32
Śiwątniki Górne **MŁP** 77 Uf 49
Śiwętochłowice **SLK** 76 Tf 47
Śladkowice **ŁDZ** 55 Ub 39
Śladków Duży **SWK** 68 Ve 45
Śladków Górny **ŁDZ** 43 Uc 36
Śladków Mały **SWK** 68 Ve 45
Śladków Rozlazły **ŁDZ** 43 Uc 36
Śladów **MAZ** 44 Vb 34
Śladów **SWK** 78 Vb 46
Śląskowo **WKP** 52 Sa 39
Śledzianów **PDL** 47 Xd 33
Śledzie **PDL** 34 Xb 30
Ślemień **SLK** 84 Uc 50
Ślepie **WMZ** 22 Xc 25
Ślepkowo Szlacheckie **MAZ** 44 Uf 33
Ślepowola **MAZ** 56 Ve 39
Ślepowron **MAZ** 57 Wa 40
Ślepowrony **MAZ** 44 Vd 33
Ślepowrony **MAZ** 47 Xc 33
Ślesin **KPM** 29 Se 30
Ślesin **WKP** 42 Tb 34
Śleszowice **MŁP** 84 Ud 50

Studzieniec – Śleszowice PL 119

Śleszów **DLS** 51 Rd 39
Śleszyn **ŁDZ** 43 Ue 35
Ślęcin **SWK** 67 Va 44
Ślęszów **DLS** 64 Sa 43
Ślęza **DLS** 64 Rf 42
Ślęzaki **PKR** 79 Wd 46
Ślęzany **SLK** 67 Ud 44
Ślężany **MAZ** 45 Wb 33
Śliski **MAZ** 45 Wa 33
Śliwaków **SLK** 67 Uc 43
Śliwice **KPM** 17 Tb 26
Śliwice **OPL** 74 Sb 46
Śliwiczki **KPM** 17 Tb 26
Śliwin **ZPM** 2 Qa 24
Śliwiny **POM** 17 Te 24
Śliwnica **PKR** 80 Xc 49
Śliwnica **PKR** 88 Xd 50
Śliwnik **LBU** 50 Qc 39
Śliwniki Nowe **WKP** 53 Ta 38
Śliwowo, Jabłoń- **PDL** 35 Xe 31
Śliwowo-Łopienite **PDL** 35 Xd 30
Ślizów **DLS** 53 Se 41
Ślubów **DLS** 51 Rd 39
Ślubów **MAZ** 45 Wc 33
Śmiadowo **ZPM** 15 Rd 27
Śmiardowo **WMZ** 9 Wa 23
Śmiardowo Krajeńskie **WKP** 28 Sa 29
Śmiarowo **PDL** 34 Wf 29
Śmicz **OPL** 74 Sd 46
Śmidzięcino **ZPM** 14 Ra 26
Śmiechowice **OPL** 64 Sd 43
Śmiechów **ZPM** 3 Qf 23
Śmiecin **MAZ** 32 Vd 31
Śmieciuchówka **PDL** 11 Xe 23
Śmiejki, Kostry- **PDL** 35 Xd 32
Śmielin **KPM** 29 Sc 30
Śmiełów **WKP** 41 Sd 36
Śmiertny Dąb **SLK** 67 Uc 44
Śmieszkowo **LBU** 39 Ra 37
Śmieszkowo **WKP** 28 Rd 31
Śmietanki **MAZ** 57 Wd 39
Śmietanki, Bieńki- **MAZ** 33 Ve 32
Śmietanówka **MŁP** 77 Ub 49
Śmigiel **WKP** 40 Rd 36
Śmigno **MŁP** 79 Vf 48
Śmiłowice **KPM** 43 Ua 33
Śmiłowice **MŁP** 78 Vc 48
Śmiłowice **SLK** 76 Tf 47
Śmiłowo **KPM** 29 Sd 28
Śmiłowo **WKP** 28 Rf 30
Śmiłowo **WKP** 40 Rd 33
Śmiłowo **WKP** 52 Re 38
Śmiłów **MAZ** 68 Vf 41
Śmiłów **WKP** 53 Ta 38
Śmiry **MAZ** 47 Xb 36
Śniadka **SWK** 69 Vf 43
Śniadków **MAZ** 57 Wa 41
Śniadków Dolny **MAZ** 57 Wb 37
Śniadków Górny **MAZ** 57 Wb 37
Śniadowo **PDL** 34 Wf 30
Śniadówka **LBL** 58 Xb 39
Śniadówko **MAZ** 45 Ve 33
Śniatowa **ŁDZ** 54 Ua 37
Śniatowo **ZPM** 13 Pf 25
Śniaty **WKP** 39 Rc 36
Śniatycze **LBL** 72 Yd 45
Śnice **MAZ** 46 Xa 35
Śniczany **PDL** 23 Yd 27
Śnieciska **WKP** 40 Sb 35
Śniekozy **SWK** 69 Wc 44
Śnietnica **MŁP** 86 Wa 51
Śnieżki **PDL** 48 Ya 33
Śnieżkowice **SWK** 69 Wb 43
Średnia **PKR** 81 Xd 50
Średnia Wieś **LBL** 71 Xf 43
Średnia Wieś **PKR** 87 Xc 52
Średnica-Jakubowięta **PDL** 35 Xd 31
Średnica-Maćkowięta **PDL** 35 Xd 31
Średnie Duże **LBL** 71 Ya 43
Średnie Małe **LBL** 71 Ya 43
Średniówka **LBL** 71 Xe 44
Średzińskie **PDL** 35 Ya 31
Śrem **DLS** 63 Rf 45
Śrem **WKP** 40 Sa 36
Środa Śląska **DLS** 63 Rd 41
Środa Wielkopolska **WKP** 41 Sb 35
Środula **SLK** 76 Ua 47
Śródborze **MAZ** 32 Vb 32
Śródborze **MAZ** 32 Vc 32
Śródborze **SWK** 69 Wd 43
Śródka **WKP** 27 Rb 33
Śródka **WKP** 40 Sa 35
Śródmieście **MAZ** 45 Vf 35
Śródmieście **WMZ** 19 Vc 26
Światonia **ŁDZ** 42 Tf 37
Światowit **SLK** 67 Uc 45
Świące **ŁDZ** 44 Uf 36
Świątki **WMZ** 19 Vb 25
Świątkowa Mała **MŁP** 86 Wc 51
Świątkowa Wielka **PKR** 86 Wc 51
Świątkowice **KPM** 43 Ub 33
Świątkowice **ŁDZ** 54 Tc 41
Świątkowo **KPM** 29 Sd 32
Świątkowo **POM** 5 Sc 23
Świątniki **DLS** 63 Re 43
Świątniki **ŁDZ** 55 Ub 38
Świątniki **ŁDZ** 55 Ue 39
Świątniki **SWK** 69 Wd 44
Świątniki **WKP** 40 Rf 35
Świątniki **WKP** 41 Ta 36
Świątniki Małe **WKP** 41 Sd 33
Świątniki Wielkie **WKP** 41 Sd 33
Świba **WKP** 53 Ta 41
Świbie **SLK** 76 Td 45
Świbinki **LBU** 49 Pf 38
Świbna **LBU** 49 Qa 38
Świbno **POM** 6 Tf 22
Świder **LBL** 58 Wf 37
Świderki **LBL** 58 Xc 37
Świdnica **DLS** 63 Rc 43
Świdnica **LBU** 38 Qc 37
Świdnica **PKR** 82 Yc 47
Świdnica Polska **DLS** 63 Re 42
Świdniczek **LBL** 59 Xd 41
Świdnik **LBL** 71 Xe 41
Świdnik **MŁP** 85 Vd 50
Świdnik Duży Drugi **LBL** 59 Xe 41
Świdnik Duży Pierwszy **LBL** 59 Xe 41
Świdniki **MŁP** 85 Vd 51
Świdno **LBL** 70 Xa 42
Świdno **MAZ** 56 Ve 39
Świdno **SWK** 67 Va 43
Świdrowo, Boczki- **PDL** 22 Xc 27
Świdry **LBL** 58 Xc 37
Świdry **MAZ** 45 Vf 35
Świdry **PDL** 35 Xf 32
Świdry **WMZ** 21 We 24
Świdry **WMZ** 22 Xc 25
Świdry-Awissa **PDL** 21 Xb 27
Świdry-Dobrzyce **PDL** 21 Xb 28
Świdrygały **MAZ** 56 Vd 39
Świdwiborek **MAZ** 33 Wb 28
Świdwie **KPM** 16 Sd 28
Świdwin **ZPM** 14 Qe 26
Świebodna **PKR** 80 Xc 49
Świebodów **DLS** 52 Sb 40
Świebodzice **DLS** 63 Rb 43
Świebodzin **LBU** 38 Qd 35
Świebodzin **MŁP** 78 Vf 47
Świebodzin **MŁP** 79 Vf 49
Świeca **WKP** 53 Se 39
Świechocin **LBU** 39 Qf 34
Świechów **ŁDZ** 43 Ud 35
Świécia **WKP** 42 Ta 36
Świecie **KPM** 17 Tc 28
Świecie **KPM** 31 Ud 29
Świeciechów **ŁDZ** 55 Va 40
Świeciechów Duży **LBL** 70 Wf 43
Świeciechów Poduchowny **LBL** 70 Wf 43
Świecie Kołobrzeskie **ZPM** 2 Qc 24
Świecie nad Osą **KPM** 18 Ua 28
Świecino **POM** 5 Tb 20
Świecko **DLS** 63 Rd 46
Świecko **LBU** 37 Pd 35
Świedziebnia **KPM** 31 Ud 30
Świekatowo **KPM** 17 Ta 28
Świelino **ZPM** 15 Rc 24
Świelubie **ZPM** 3 Qe 24
Świemino **ZPM** 3 Qf 24
Świeradów-Zdrój **DLS** 62 Qc 43
Świerchowa **PKR** 86 Wc 51
Świercze **OPL** 65 Tc 43
Świerczek **MAZ** 56 Vf 41
Świerczek **SWK** 68 Vf 42
Świercze Koty **MAZ** 45 Ve 32
Świerczewo **ZPM** 13 Qa 26
Świerczna **SWK** 78 Vc 46
Świerczów **ŁDZ** 54 Tf 40
Świerczów **OPL** 65 Se 43
Świerczów **PKR** 80 We 47
Świerczów **SWK** 68 Vd 42
Świerczyn **KPM** 42 Te 33
Świerczyna **ŁDZ** 56 Vc 40
Świerczyna **WKP** 51 Re 37
Świerczyna **WKP** 53 Tb 39
Świerczyna **ZPM** 14 Rb 28
Świerczyna **ZPM** 4 Rd 24
Świerczynek **KPM** 42 Te 33
Świerczynek **MAZ** 32 Uf 32
Świerczyniec **SLK** 76 Ua 48
Świerczynki **KPM** 31 Ud 29
Świerczyńsko **ŁDZ** 55 Ud 41
Świerk **MAZ** 45 Wc 36
Świerki **POM** 6 Ua 24
Świerki Dolne **DLS** 63 Rc 45
Świerki Górne **DLS** 63 Rc 45
Świerklaniec **SLK** 76 Tf 46
Świerklany Dolne **SLK** 76 Td 48
Świerklany Górne **SLK** 76 Td 48
Świerkle **OPL** 65 Sf 44
Świerkocin **KPM** 17 Te 27
Świerkocin **LBU** 26 Pf 33
Świerkowo **MAZ** 45 Ve 33
Świerków **SWK** 67 Va 44
Świerszczów **LBL** 59 Yb 40
Świerszczów **LBL** 72 Yf 44
Świeryż I **ŁDZ** 44 Ud 36
Świerzawa **DLS** 62 Qf 42
Świerzbienie **PDL** 22 Xe 28
Świerzenko **POM** 4 Rf 24
Świerznica **POM** 6 Ua 23
Świerzno **POM** 15 Rf 24
Świerzno **ZPM** 13 Pf 25
Świerzowa Polska **PKR** 87 We 50
Świerzów **DLS** 52 Rf 40
Świerzyna **DLS** 64 Sc 41
Świerzyny **ŁDZ** 54 Tf 39
Świerże **LBL** 60 Ye 41
Świerże, Pułazie- **PDL** 35 Xd 31
Świerże Górne **MAZ** 57 Wc 39
Świerże-Kończany **MAZ** 34 Xb 32
Świerże-Leśniewek **MAZ** 34 Xb 32
Świesielice **MAZ** 69 Wd 41
Świesz **KPM** 42 Td 33
Świeszewo **ZPM** 13 Qa 25
Świeszyno **POM** 15 Sa 25
Świeszyno **ZPM** 3 Rb 24
Świetlikowa Wola **MAZ** 57 Wd 40
Świetlino **POM** 5 Sf 21
Świeżawy **KPM** 31 Uc 31
Świeżyce **SWK** 69 Wd 45
Święcany **PKR** 86 Wb 50
Święchy, Piszczaty- **PDL** 35 Xd 30
Święcianowo **ZPM** 4 Rd 23
Święcica **LBL** 59 Yb 41
Święcica **SWK** 69 Wd 44
Święcica **SWK** 79 Wa 45
Święcice **MAZ** 45 Ve 35
Święcice **SWK** 78 Vb 46
Święcichowo **POM** 4 Sb 21
Święciec **WKP** 42 Tc 35
Święciechowa **WKP** 51 Rc 37
Święciechów **ZPM** 27 Qe 29
Święcienin **PDL** 22 Xc 28
Święciny **OPL** 65 Sf 43
Święck Wielki **PDL** 35 Xc 31
Święta **ZPM** 13 Pd 27
Święta Anna **SLK** 67 Ud 44
Świętajno **WMZ** 20 Wb 27
Świętajno **WMZ** 21 Xb 24
Święta Katarzyna **DLS** 64 Sa 42
Święta Katarzyna **SWK** 68 Vf 43
Święta Lipka **WMZ** 20 Wb 24
Święte **DLS** 63 Rd 41
Święte **KPM** 18 Ub 27
Święte **PKR** 81 Xf 49
Święte **WKP** 42 Tc 35
Święte **ZPM** 13 Qa 29
Święte Lipki **ŁDZ** 55 Uf 37
Świętno **WKP** 39 Ra 36
Świętochowo **WMZ** 7 Uf 22
Świętochów **MAZ** 56 Ve 37
Świętomierz **WKP** 41 Sb 36
Świętoniowa **PKR** 80 Xc 48
Świętosław **KPM** 30 Te 29
Świętosław **KPM** 31 Tf 31
Świętosławice **KPM** 42 Te 34
Świętoszkowo **ZPM** 13 Pf 26
Świętoszowice **SLK** 76 Te 46
Świętoszów **DLS** 50 Qc 40
Świętoszówka **SLK** 83 Tf 50
Świętoszyn **DLS** 52 Sb 39
Święty Gaj **WMZ** 18 Uc 25
Święty Wojciech **POM** 6 Td 23
Świężki, Głażewo- **MAZ** 33 Wb 31
Świężki, Rydzewo- **PDL** 21 Xa 28
Śwignajno **WMZ** 21 Wd 26
Świgonie, Kłoski- **PDL** 35 Xd 30
Świniarc **WMZ** 19 Ue 28
Świniarów **MAZ** 47 Xe 35
Świniarsko **MŁP** 85 Vd 51
Świniary **DLS** 51 Re 39
Świniary **DLS** 64 Rf 41
Świniary **LBU** 27 Qd 33
Świniary **LBU** 38 Pe 34
Świniary **MAZ** 33 Vf 29
Świniary **MAZ** 44 Uf 34
Świniary **MAZ** 46 Xa 35
Świniary **MŁP** 78 Vc 48
Świniary **SWK** 79 Vf 46
Świniary **WKP** 29 Sc 32
Świniary Małe **OPL** 65 Sf 42
Świniary Nowe **SWK** 69 Wd 45
Świniary Stare **SWK** 69 Wd 45
Świniary Wielkie **OPL** 65 Ta 42
Świnice Kaliskie **ŁDZ** 53 Tc 38
Świnice Warckie **ŁDZ** 43 Tf 36
Świniec **WKP** 40 Re 37
Świniokierz Włościański **ŁDZ** 55 Uf 38
Świniotop **MAZ** 46 Wd 33
Świniowice **SLK** 76 Td 45
Świniów **MAZ** 56 Vf 41
Świnków **WKP** 52 Sd 38
Świnna **SLK** 84 Ub 50
Świnna Poręba **MŁP** 77 Ud 50
Świnoujście **ZPM** 12 Pb 25
Świny **DLS** 63 Ra 43
Świny **ŁDZ** 55 Uf 38
Świrna **SWK** 69 Wc 43
Świsłoczany **PDL** 36 Yf 30
Świszewy **KPM** 42 Te 34
Świślina **SWK** 69 Wa 43

T

Tabędź **PDL** 34 Xa 30
Tabor **MAZ** 45 Wc 36
Tabor Mały **WKP** 53 Sf 41
Tabor Wielki **WKP** 53 Sf 41
Tabory **POM** 18 Ud 25
Taborzec **WMZ** 9 Wc 23
Tabórz **WMZ** 19 Va 26
Taciewo **PDL** 11 Xe 24
Taciszów **SLK** 76 Td 46
Taczalin **DLS** 63 Rb 42
Taczały **ZPM** 13 Qb 26
Taczanów II **WKP** 53 Se 37
Taczanów Pierwszy **WKP** 53 Se 37
Taczów **MAZ** 57 Wa 40
Tadajewo **KPM** 31 Uc 30
Tadajówka **MAZ** 32 Ue 30
Tadeuszowo **WKP** 41 Sc 35
Tadeuszów **SWK** 70 We 43
Tadzin **KPM** 30 Tf 32
Tadzin **ŁDZ** 55 Ue 37
Tadzino **POM** 5 Ta 20
Tafiły **PDL** 21 Xb 28
Tajenko **PDL** 22 Xf 26
Tajęcina **PKR** 80 Xa 48
Tajno Łanowe **PDL** 22 Xf 26
Talczyn **LBL** 58 Xc 38
Talki **WMZ** 21 Xa 25
Talkowszczyzna **PDL** 36 Yd 29
Talusy **WMZ** 21 Xb 26
Tałty **WMZ** 21 Wd 25
Tamten Brzeg **PDL** 34 Wf 29
Tanica Górna **PDL** 36 Ye 31
Tanina **SLK** 66 Te 44
Tanowo **ZPM** 12 Pc 27
Tapin **PKR** 81 Xe 49
Tarachy **PDL** 22 Xb 27
Taras **ŁDZ** 67 Uf 42
Taraska **ŁDZ** 55 Uf 41
Taraskowo **PDL** 34 Xb 29
Tarce **WKP** 41 Sd 36
Tarchalice **DLS** 52 Rc 40
Tarchały Małe **WKP** 53 Se 39
Tarchały Wielkie **WKP** 53 Se 39
Tarchomin **MAZ** 45 Vf 35
Tarcze **MAZ** 47 Xc 36
Tarczek Górny **SWK** 69 Wa 43
Tarczyn **MAZ** 45 Vf 37
Tarczyny **WMZ** 32 Uf 28
Tarda **WMZ** 19 Uf 26
Targanice **MŁP** 84 Ub 50
Targonie **MAZ** 32 Vd 31
Targonie Krytuły **PDL** 35 Xd 29
Targonie Wielkie **PDL** 35 Xd 29
Targonie Wity **PDL** 35 Xd 29
Targoszów **MŁP** 84 Uc 50
Targoszyn **DLS** 63 Rb 42
Targowa Górka **WKP** 41 Sc 35
Targowica **DLS** 64 Rf 44
Targowiska **PKR** 87 We 51
Targowisko **LBL** 71 Xd 43
Targowisko **MŁP** 78 Vb 49
Targowisko Dolne **WMZ** 18 Ue 28
Targowo **WMZ** 20 Wa 26
Targowska Wola **WMZ** 20 Wa 26
Targówek **MAZ** 45 Wa 35
Targówek Fabryczny **MAZ** 45 Wa 35
Targówka **MAZ** 46 Wd 35
Targówka **WKP** 53 Tc 37
Tarkawica **LBL** 58 Xd 39
Tarkowo Dolne **KPM** 30 Ta 31
Tarkowo Górne **KPM** 30 Ta 31
Tarków **MAZ** 47 Xd 35
Tarło **LBL** 59 Xe 39
Tarło-Kolonia **LBL** 59 Xe 39
Tarłów **MAZ** 69 We 42
Tarnawa **LBU** 38 Pf 34
Tarnawa **LBU** 39 Qe 37
Tarnawa **MŁP** 77 Uf 47
Tarnawa **MŁP** 78 Vb 50
Tarnawa **SWK** 67 Va 45
Tarnawa Dolna **MŁP** 84 Ud 50
Tarnawa Dolna **PKR** 87 Xb 52
Tarnawa Duża **LBL** 71 Xe 43
Tarnawa-Góra **SWK** 67 Uf 45
Tarnawa Górna **MŁP** 77 Ud 50
Tarnawa Górna **PKR** 87 Xb 52
Tarnawa Krośnieńska **LBU** 38 Qa 37
Tarnawa Mała **LBL** 71 Xe 44
Tarnawatka **LBL** 72 Yc 45
Tarnawce **PKR** 81 Xe 50
Tarnawiec **PKR** 80 Xc 47
Tarnawka **PKR** 80 Xb 49
Tarnawka **PKR** 88 Xc 50
Tarnawka Druga **LBL** 71 Xd 43
Tarnawka Pierwsza **LBL** 71 Xd 43
Tarnice **OPL** 64 Sd 44
Tarnkowa **OPL** 75 Se 47
Tarnobrzeg **PKR** 69 We 45
Tarnogaj **DLS** 64 Sa 42
Tarnogóra **LBL** 71 Ya 43
Tarnogóra **PKR** 80 Xb 46
Tarnogród **LBL** 81 Xe 46
Tarnopol **PDL** 36 Ye 31
Tarnoszyn **LBL** 82 Ye 46
Tarnowa **ŁDZ** 54 Ua 37
Tarnowa **WKP** 39 Rb 36
Tarnowa **WKP** 41 Se 36
Tarnowa **WKP** 42 Tc 36
Tarnowa **WKP** 42 Td 36
Tarnowa Łąka **WKP** 51 Rd 38
Tarnowice Stare **SLK** 76 Te 46
Tarnowiec **DLS** 52 Sb 41
Tarnowiec **MŁP** 79 Vf 49
Tarnowiec **OPL** 64 Sd 43
Tarnowiec **PKR** 86 Wd 50
Tarnowo **PDL** 34 Wf 30
Tarnowo **WKP** 28 Re 29
Tarnowo **WKP** 28 Rf 32
Tarnowo **WKP** 41 Sb 34
Tarnowo **ZPM** 13 Qc 29
Tarnowo-Gaski **PDL** 34 Xb 31
Tarnowola **LBL** 81 Ya 46
Tarnowo-Mroczki **PDL** 34 Xb 31
Tarnowo Pałuckie **WKP** 29 Sb 32
Tarnowo Podgórne **WKP** 40 Rd 34
Tarnowska Wola **ŁDZ** 55 Va 39
Tarnowska Wola **PKR** 80 We 46
Tarnowskie Góry **SLK** 76 Tf 46
Tarnowski Młyn **WKP** 42 Tc 36
Tarnów **DLS** 63 Re 45
Tarnów **LBL** 59 Yb 41
Tarnów **LBU** 26 Pf 32
Tarnów **LBU** 49 Pf 38
Tarnów **MAZ** 57 Wc 38
Tarnów **MŁP** 79 Vf 48
Tarnów Bycki **LBU** 50 Qe 38
Tarnówek **DLS** 51 Ra 39
Tarnówek **MAZ** 69 Wc 42
Tarnów Jezierny **LBU** 51 Qf 37
Tarnówka **ŁDZ** 54 Ua 38
Tarnówka **WKP** 28 Rf 28
Tarnówka **WKP** 42 Te 35
Tarnówka Duża **WKP** 42 Te 36
Tarnówka Wiesiołowska **WKP** 42 Tf 36
Tarnówko **WKP** 28 Rd 32
Tarnówko **ZPM** 13 Pf 27
Tarnów Opolski **OPL** 65 Ta 45
Tarpno **DLS** 51 Rc 38
Tarpno **KPM** 17 Te 28
Tartak **MAZ** 34 Wd 29
Tartak **PDL** 11 Ya 24
Tartak, Dalekie- **MAZ** 34 Wc 32
Tartak, Rutka- **PDL** 11 Xf 23
Tarzymiechy Pierwsze **LBL** 71 Ya 43
Tarzymiechy Trzecie **LBL** 71 Ya 43
Taszewko **KPM** 17 Td 28
Taszewo **KPM** 17 Td 28
Taszewskie Pole **KPM** 17 Tc 28
Tatar **ŁDZ** 54 Ua 41
Tatarki **LBU** 39 Qf 36
Tatary **MAZ** 34 Wd 29
Tatary **WMZ** 32 Vc 28
Tatry, Brzóski- **PDL** 35 Xd 31
Tatynia **ZPM** 12 Pd 27
Taurów **ŁDZ** 55 Uf 38
Tawęcino **POM** 5 Se 21
Tądów **ŁDZ** 54 Td 38
Tągowie **POM** 4 Sc 24
Tąpadła **DLS** 63 Re 43
Tąpadły **ZPM** 13 Qb 25
Tąpkowice **SLK** 75 Ua 46
Tążewy **ŁDZ** 55 Uc 39
Tchórz **MAZ** 44 Ue 33
Tchórzew **LBL** 58 Xd 38
Tchórzew **MAZ** 47 Xd 36
Tchórzew-Kolonia **LBL** 58 Xd 38
Tchórzew-Plewki **MAZ** 47 Xd 36
Tchórznica Włościańska **MAZ** 47 Xc 34
Tczew **POM** 17 Te 24
Tczów **MAZ** 57 Wc 41
Tczyca **MŁP** 77 Uf 46
Teklanowo **KPM** 16 Se 28
Teklimyśl **WKP** 40 Re 37
Teklin **LBL** 71 Xe 43
Teklinów **ŁDZ** 53 Ta 41
Teklinów **MAZ** 56 Vd 41
Teklinów **SLK** 67 Uc 43
Telaki **MAZ** 46 Xb 33
Telatyn **LBL** 72 Yf 45
Telążna Leśna **KPM** 43 Ub 33
Teleśnica Oszwarowa **PKR** 88 Xd 52
Temeszów **PKR** 87 Xb 50
Templewo **LBU** 38 Qc 34
Tempoczów-Rędziny **SWK** 78 Vc 47
Tenczyn **MŁP** 85 Uf 50
Tenczynek **MŁP** 77 Ud 48
Teniatyska **LBL** 82 Yd 47
Teodorowo **KPM** 31 Ub 32
Teodorowo **MAZ** 34 Wd 30
Teodorowo **WKP** 42 Tb 34
Teodorów **ŁDZ** 55 Ue 39
Teodorów **LBL** 58 Xa 38
Teodorów **MAZ** 57 We 40
Teodorów **SLK** 67 Ud 44
Teodorów **SLK** 67 Ue 44
Teodorów **SWK** 78 Vb 46
Teodorów **WKP** 53 Sd 37
Teodorówka **LBL** 71 Xe 44
Teodorówka **MAZ** 56 Ve 37
Teodorówka **PKR** 87 Wd 51
Teodory **ŁDZ** 54 Ub 39
Teodozjów **ŁDZ** 56 Va 38
Teodozjów **ŁDZ** 56 Vc 38
Teofilów **ŁDZ** 55 Uc 38
Teofilów **SWK** 69 Wd 43
Teolin **ŁDZ** 55 Ud 38
Teolin **PDL** 23 Yb 28
Teolog **KPM** 16 Sf 27
Teramiski **PDL** 36 Ye 32
Teratyn **LBL** 72 Ye 43
Tereba **LBL** 58 Xc 38
Terebela **LBL** 48 Ya 36
Terebiń **LBL** 72 Ye 44
Teremiec **LBL** 72 Ye 43
Terenin **ŁDZ** 55 Ub 39
Terenin **LBL** 59 Yb 41
Teresew **ŁDZ** 44 Ue 35
Teresin **ŁDZ** 55 Uc 40
Teresin **LBL** 72 Yd 43
Teresin **LBL** 72 Ye 43
Teresin **MAZ** 44 Vc 35
Teresin **MAZ** 46 Wd 36
Teresin **MŁP** 78 Vc 47
Teresin **WKP** 28 Rd 30
Teresina **WKP** 42 Tb 36
Teresów **SLK** 67 Ue 44
Terespol **KPM** 17 Tc 28
Terespol **LBL** 48 Yd 36
Terespol **WKP** 39 Rb 36
Tereszewo **WMZ** 31 Uc 28
Tereszpol-Kukiełki **LBL** 71 Xf 45
Tereszpol-Zaorenda **LBL** 71 Xf 45
Tereszpol-Zygmunty **LBL** 71 Xf 45
Tereszyn **LBL** 70 Xc 41
Terka **PKR** 88 Xc 53
Terliczka **PKR** 80 Xa 48
Terlików **MAZ** 47 Xf 35
Terpentyna **LBL** 70 Xa 43
Tetyń **ZPM** 26 Pe 30
Tęcza **SWK** 69 Wb 44
Tęczki **MAZ** 47 Xd 36
Tęgoborze **MŁP** 85 Vd 50
Tęgobórz **SLK** 67 Ue 45
Tępcz **POM** 5 Ta 21
Tleń **KPM** 17 Tb 27
Tłoczewo **PDL** 35 Xe 31
Tłoki **WKP** 39 Rb 36
Tłokinia Kościelna **WKP** 53 Tb 38
Tłokinia Mała **WKP** 53 Tb 38
Tłokinia Wielka **WKP** 53 Tb 38
Tłubice **MAZ** 32 Ue 32
Tłuchowo **KPM** 31 Uc 32
Tłuchówek **KPM** 31 Uc 32
Tłuczań **SLK** 77 Ud 49
Tłuczewo **POM** 5 Sf 22
Tłucznice **MAZ** 33 Vf 31
Tłukomy **WKP** 28 Sa 29
Tłukowy **WKP** 28 Rf 32
Tłumaczów **DLS** 63 Rc 45
Tłustomosty **SLK** 75 Ta 48
Tłustoręby **OPL** 64 Sc 45
Tłuszcz **MAZ** 33 Wb 31
Tłuszcz **MAZ** 46 Wc 34
Tłuściec **LBL** 47 Xe 36
Tobolice **MAZ** 34 Wd 30
Tobołowo **PDL** 22 Ya 25
Tobułki **ŁDZ** 54 Tf 41
Tocholów **MŁP** 78 Va 46
Tocznabiel **MAZ** 33 Wb 32
Toczyłowo **PDL** 22 Xd 27
Toczyłowo, Łaś- **PDL** 35 Xd 29
Toczyska **LBL** 46 Xa 37
Toczyski **MAZ** 47 Xc 33
Toczyski Średnie **PDL** 47 Xc 33
Tofiłowice, Dubicze- **PDL** 36 Yc 32
Tok **PKR** 86 Wd 51
Tokarki **WKP** 42 Ta 35
Tokarnia **MŁP** 85 Uf 50
Tokarnia **PKR** 87 Xa 52
Tokarnia **SLK** 83 Tf 50
Tokarnia **SWK** 68 Vc 44
Tokarówka **LBL** 71 Xe 43
Tokary **LBL** 71 Xd 44
Tokary **MAZ** 47 Xe 34
Tokary **PDL** 48 Yb 34
Tokary **POM** 6 Tb 22
Tokary **WKP** 54 Td 37
Tokary **ZPM** 4 Re 22
Tokary-Rąbież **MAZ** 43 Ue 33
Tokarzew **WKP** 53 Ta 40
Tolcz **ZPM** 13 Qa 28
Tolkmicko **WMZ** 7 Ud 23
Tolko **WMZ** 8 Ve 23
Tolkowiec **WMZ** 7 Uf 23
Tolniki Małe **WMZ** 20 Wa 24
Tolniki Wielkie **WMZ** 20 Ve 24
Tołcze **PDL** 35 Ya 30
Tołwin **PDL** 47 Xf 34
Tomaryny **WMZ** 19 Vb 26
Tomaszew **WKP** 42 Tf 35
Tomaszewo **WKP** 41 Ta 34
Tomaszewo **WMZ** 18 Uc 28
Tomaszkowo **WMZ** 19 Vc 26
Tomaszowice **LBL** 58 Xc 41
Tomaszowice **MŁP** 77 Uf 48
Tomaszowice-Kolonia **LBL** 58 Xc 41
Tomaszów **LBL** 58 Wf 40
Tomaszów **MAZ** 57 Wa 41
Tomaszów **MAZ** 57 Wc 41
Tomaszów **SWK** 69 Wc 44
Tomaszów **SWK** 78 Vc 46
Tomaszówek **ŁDZ** 56 Va 40
Tomaszów Górny **DLS** 50 Qe 41
Tomaszówka **LBL** 70 Xc 42
Tomaszówka **LBL** 72 Yd 44
Tomaszówka **MAZ** 69 Wd 42
Tomaszów Lubelski **LBL** 82 Yc 46
Tomaszów Mazowiecki **ŁDZ** 55 Va 39
Tomawa **ŁDZ** 67 Ue 41
Tomczyce **ŁDZ** 43 Ud 36
Tomczyce **MAZ** 56 Ve 39
Tomczyce **WKP** 29 Sb 31
Tomice **MŁP** 77 Uc 49
Tomice **WKP** 40 Rd 35
Tomice **WKP** 41 Se 36
Tomiczki **WKP** 40 Rd 35
Tominy **SWK** 69 We 43
Tomisław **DLS** 50 Qc 41
Tomisławice **ŁDZ** 54 Td 38
Tomisławice **WKP** 42 Td 34
Tomiszowice **SLK** 67 Ud 45
Tomkowice **DLS** 63 Rb 43
Tomkowo **KPM** 31 Ub 30
Tonia **MŁP** 79 Vf 47
Tonie **MŁP** 77 Uf 48
Tonin **KPM** 29 Sd 28
Toninek **KPM** 29 Se 28
Tonkiel **PDL** 47 Xd 34
Tonowo **KPM** 29 Sd 32
Tończa **MAZ** 46 Wf 34
Topczewo **PDL** 35 Xf 31
Topczykały **PDL** 36 Yb 32
Topilec **PDL** 35 Xf 30
Topilkajmy **WMZ** 8 Vd 23
Topiła **PDL** 36 Yd 33
Topiłówka **PDL** 22 Xf 25
Toplin **ŁDZ** 65 Tc 42
Topola **DLS** 64 Rf 45
Topola **KPM** 30 Tb 31
Topola **LBL** 71 Yb 43
Topola **SWK** 78 Vc 47
Topola **SWK** 78 Vf 46
Topola **WKP** 29 Sc 29
Topola Katowa **ŁDZ** 43 Ub 36
Topola Królewska **ŁDZ** 43 Ub 36
Topola Mała **WKP** 53 Se 39
Topolany **PDL** 36 Yd 30
Topola Wielka **WKP** 53 Se 39
Topolice **DLS** 73 Rd 46
Topolice **ŁDZ** 56 Vb 41
Topolinek **KPM** 30 Ta 29
Topolnica **MAZ** 45 Wb 33
Topolno **KPM** 30 Ta 29
Topołowa **MAZ** 44 Vc 35
Toporki **PDL** 36 Yc 33
Toporowa Cyrla **MŁP** 85 Va 53
Toporowice **SLK** 75 Ua 46
Toporów **ŁDZ** 66 Te 42
Toporów **LBU** 38 Qb 35
Toporów **MAZ** 47 Xe 35
Toporów **PKR** 79 Wd 47
Toporów **SWK** 69 Wb 44
Toporzyk **ZPM** 14 Ra 26
Toporzysko **KPM** 30 Tb 30
Toporzysko **MŁP** 84 Ue 51
Toporzyszczewo **KPM** 30 Te 32
Topólcza **LBL** 71 Xf 45
Topólka **KPM** 42 Te 33
Topólno **MAZ** 44 Ue 34
Topór **MAZ** 46 Wf 33
Topór **MAZ** 46 Wf 36
Toprzyny **WMZ** 8 Vd 22
Torki **PKR** 81 Xf 49
Toruniak **MAZ** 32 Uf 30
Toruń **KPM** 30 Td 30
Toruń Dworski **MAZ** 45 Ve 33
Torzeniec **WKP** 53 Ta 40
Torzym **LBU** 38 Qa 35
Tosle **MAZ** 46 Xa 33
Toszek **SLK** 76 Td 46
Toszowice **DLS** 51 Rb 40
Towarzystwo, Czarnów- **MAZ** 44 Vd 35
Towarzystwo, Sokołów- **MAZ** 44 Uf 35
Towarzystwo, Sułocin- **MAZ** 31 Ud 31
Trablice **MAZ** 57 Wa 40
Traby **ŁDZ** 44 Ue 36
Trachy **SLK** 76 Td 47
Track **WMZ** 19 Vd 26
Tragamin **POM** 18 Ua 24
Trakiszki **PDL** 11 Yb 23
Tralewo **POM** 18 Ua 24
Transbór **MAZ** 46 We 36
Trawniki **LBL** 71 Ya 42
Trawniki **OPL** 75 Sf 47
Trawy **MAZ** 46 We 34
Trąbczyn **WKP** 41 Sf 36
Trąbinek **WKP** 40 Sa 37
Trąbin-Wieś **KPM** 31 Ub 30
Trąbki **MAZ** 57 Wd 37
Trąbki **MŁP** 78 Va 49
Trąbki **ZPM** 13 Qb 28
Trąbki Małe **POM** 6 Td 23
Trąbki Wielkie **POM** 6 Td 23
Trątnowice **MŁP** 78 Va 47
Trebień **MAZ** 46 Xa 35
Treblinka **MAZ** 34 Xa 33
Trelkowo **WMZ** 20 Vf 27
Trepcza **PKR** 87 Xb 51
Tresna **SLK** 83 Ub 50
Tresta **ŁDZ** 68 Vb 41
Tresta Rządowa **ŁDZ** 55 Va 40
Trestno **DLS** 64 Sa 42
Treszczotki **PDL** 36 Yc 32
Trębaczew **ŁDZ** 56 Vd 38
Trębaczew **ŁDZ** 66 Tf 42
Trębaczów **LBL** 59 Xe 41
Trębaczów **WKP** 65 Se 41
Trębanów **SWK** 69 Wc 43
Trębice Górne **MAZ** 47 Xd 35
Trębki **MAZ** 43 Ud 35
Trębowiec **SWK** 69 Wa 42
Trękus **WMZ** 19 Vd 26
Trępnowy **POM** 6 Tf 24
Trkusów **WKP** 53 Sf 38
Trląg **KPM** 30 Ta 32
Trofimówka **PDL** 23 Yb 28
Trojanowice **ŁDZ** 56 Vb 41
Trojanowice **MŁP** 77 Uf 48
Trojanowo **PDL** 35 Xd 32
Trojanowo **WKP** 40 Sa 33
Trojanów **ŁDZ** 56 Vb 40
Trojanów **LBL** 48 Yc 37
Trojanów **MAZ** 46 Wf 36
Trojanów **MAZ** 58 We 38
Trojanów **WKP** 53 Tb 38
Trojanówek, Grodzisk- **PDL** 47 Xe 33
Trojany **ŁDZ** 43 Ub 37
Trojany **MAZ** 45 Wb 34
Trojany, Piotrowo- **PDL** 47 Xf 33
Trojany, Purzyce- **MAZ** 32 Vd 30
Troks **MŁP** 77 Ud 47
Troksy **WMZ** 20 Wa 24
Tropie **MŁP** 85 Vd 50
Tropie **PKR** 80 We 49
Tropiszewo **POM** 18 Tf 24
Tropiszów **MŁP** 78 Vb 48
Tropy Elbląskie **WMZ** 7 Uc 24
Tropy Sztumskie **POM** 18 Ub 25
Tros **WMZ** 21 Wd 25
Troszczyno **ZPM** 13 Qb 26
Troszkowo **WMZ** 20 Vf 24
Troszyn **MAZ** 34 We 30
Troszyn **ZPM** 13 Pe 25
Troszyn **ZPM** 25 Pd 32
Troszyn Polski **MAZ** 44 Ue 34
Trościanka **LBL** 72 Yd 43
Trójca **DLS** 49 Qa 42
Trójca **PKR** 88 Xd 51
Trójczyce **PKR** 81 Xe 49
Trójka **ZPM** 15 Rd 26
Trudna **WKP** 15 Sa 27
Trumieje **POM** 18 Ua 27
Trumiejki **POM** 18 Ub 26
Trupel **WMZ** 18 Uc 27
Truskaw **MAZ** 45 Ve 35
Truskawiec **ŁDZ** 54 Ua 37
Truski **PDL** 35 Ya 32
Truskolas **ZPM** 13 Qa 26
Truskolasy **SLK** 66 Te 43
Truskolasy **SWK** 69 Wb 44
Truskolasy-Łachy **PDL** 35 Xe 30
Truskolasy-Niwiska **PDL** 35 Xe 30
Truskolasy-Olszyna **PDL** 35 Xe 30
Truszczyny **WMZ** 19 Uf 28
Trusze Duże **PKR** 82 Yc 47
Truszki **PDL** 21 Xa 27
Truszki **PDL** 34 Wf 30
Truszki **PDL** 34 Xb 29
Trute **MŁP** 84 Uf 52
Trutnowo **KPM** 17 Ta 28
Trutnowo **WMZ** 8 Ve 24
Trutnowy **POM** 6 Te 23
Trutowo **KPM** 31 Ua 31
Trybsz **MŁP** 85 Va 52
Tryczówka **PDL** 36 Yb 31
Trygort **WMZ** 9 We 23
Tryl **KPM** 17 Te 27
Trynek **SLK** 76 Td 47
Trynisze-Maszewo **MAZ** 35 Xc 32
Trynosy **MAZ** 34 We 31
Tryńcza **PKR** 81 Xd 48
Trypucie **PDL** 35 Ya 30
Tryszczyn **KPM** 29 Sf 29
Trywieża **PDL** 36 Yd 32
Trzaski **MAZ** 32 Va 30
Trzaski **MAZ** 34 Wf 30
Trzaski **PDL** 35 Xd 32
Trzaskowo **WKP** 40 Sa 33
Trzciana **MŁP** 78 Vc 49
Trzciana **PKR** 79 Wc 47
Trzciana **PKR** 80 Wf 48
Trzciana **PKR** 87 We 51
Trzcianiec **PKR** 88 Xd 51
Trzcianka **ŁDZ** 53 Tc 39
Trzcianka **LBL** 58 Xa 39
Trzcianka **MAZ** 32 Vc 30
Trzcianka **MAZ** 33 Vd 31
Trzcianka **MAZ** 46 Wd 33
Trzcianka **MAZ** 57 Wc 37
Trzcianka **PDL** 23 Yc 28
Trzcianka **SWK** 69 Wa 43
Trzcianka **WKP** 28 Rc 30
Trzcianka **WKP** 39 Rc 34
Trzcianka, Tybory- **PDL** 35 Xc 31
Trzcianka-Kolonia **MAZ** 32 Vc 30
Trzcianki **LBL** 58 Wf 40
Trzcianna **ŁDZ** 56 Vb 37
Trzcianne **PDL** 35 Xe 28
Trzciano **KPM** 30 Te 29
Trzciano **POM** 18 Ua 26
Trzciany **KPM** 16 Sd 28
Trzciel **LBU** 39 Qf 34
Trzcielin **WKP** 40 Re 35
Trzcin **WMZ** 32 Ue 28
Trzcinica **PKR** 86 Wc 50
Trzcinica **WKP** 40 Rc 36
Trzcinica **WKP** 65 Ta 41
Trzcinica Wołoska **DLS** 51 Re 40
Trzciniec **DLS** 61 Pf 43
Trzciniec **KPM** 29 Sf 30
Trzciniec **LBL** 59 Xd 40
Trzciniec **LBL** 70 Wf 41
Trzciniec **LBL** 70 Xb 42
Trzciniec **MAZ** 33 Wa 32
Trzciniec **MAZ** 46 Xa 36
Trzciniec **SWK** 67 Va 45
Trzciniec **ZPM** 15 Rb 27
Trzciniec Duży **MAZ** 46 Xa 33
Trzciniec Mały **MAZ** 46 Xa 33
Trzcinisko **POM** 6 Tf 23
Trzcinna **ZPM** 26 Qa 31
Trzcinno **POM** 4 Sa 24
Trzcińsk **POM** 17 Td 24
Trzcińsko **DLS** 62 Qf 43
Trzcińsko Zdrój **ZPM** 25 Pd 31
Trzebaw **WKP** 40 Re 35
Trzebawie **ZPM** 14 Qc 27
Trzebca **ŁDZ** 66 Ua 42
Trzebce **ŁDZ** 67 Ue 42
Trzebciny **KPM** 17 Tb 27
Trzebcz **DLS** 51 Ra 39
Trzebcz Szlachecki **KPM** 30 Tc 29
Trzebiatkowa **POM** 16 Sb 24
Trzebiatów **ZPM** 13 Qb 29
Trzebiatów **ZPM** 2 Qb 24
Trzebica **SWK** 79 Vf 46
Trzebicko **DLS** 52 Sc 39
Trzebicz **LBU** 27 Qe 32
Trzebiec **ZPM** 14 Ra 25
Trzebiechowo **ZPM** 15 Rd 25
Trzebiechów **LBU** 39 Qe 36
Trzebiegoszcz **KPM** 31 Ua 31
Trzebiel **LBU** 49 Pe 39
Trzebielino **POM** 4 Sa 23
Trzebiełuch **KPM** 30 Te 28
Trzebienie **WKP** 53 Tc 38
Trzebień **DLS** 50 Qd 40
Trzebień **KPM** 30 Ta 29
Trzebień **MAZ** 57 Wc 38
Trzebień **WKP** 65 Ta 41
Trzebień Mały **DLS** 50 Qd 40
Trzebiesławice **SLK** 76 Ub 46
Trzebiesławice **SWK** 69 Wd 45
Trzebiesza **LBL** 70 Xa 41
Trzebieszewo **ZPM** 13 Pf 25
Trzebieszowice **DLS** 73 Re 46
Trzebieszów **LBL** 47 Xd 37
Trzebieszyn **OPL** 65 Tb 43
Trzebieszyn **ZPM** 14 Rb 25
Trzebież **ZPM** 12 Pd 27
Trzebina **ŁDZ** 56 Vc 40
Trzebinia **OPL** 74 Sd 47
Trzebinia **SLK** 83 Ub 51
Trzebinia-Siersza **MŁP** 77 Uc 47
Trzebiń **ZPM** 27 Ra 30
Trzebionka **MŁP** 77 Uc 48
Trzebisławki **WKP** 40 Sa 35
Trzebiszewo **LBU** 26 Qc 33
Trzebnica **DLS** 52 Sa 41
Trzebnice **DLS** 50 Ra 40
Trzebniów **SLK** 67 Uc 45
Trzebosz **WKP** 51 Re 38
Trzeboszowice **OPL** 74 Sa 46
Trzeboś **PKR** 80 Xa 47
Trzebownisko **PKR** 80 Xa 48
Trzebów **LBU** 38 Qa 33
Trzebów **LBU** 50 Qc 39
Trzebucza **MAZ** 46 Wf 35
Trzebule **LBU** 38 Qb 37
Trzebunia **MŁP** 84 Uf 50
Trzebuń **MAZ** 43 Ue 32
Trzebuń **POM** 16 Se 24
Trzebuska **PKR** 80 Xa 47
Trzebusz **ZPM** 2 Qb 24
Trzebyczka **SLK** 77 Uc 46
Trzechel **ZPM** 13 Pf 26

120 (PL) Śleszów – Trzechel

Index content omitted due to length and repetitive nature of gazetteer entries.

Węgorzewo Koszalińskie **ZPM** 3 Rc 23
Węgorzewo Szczecineckie **WKP** 15 Rf 27
Węgorzyce **ZPM** 13 Qa 27
Węgorzyn **KPM** 30 Te 29
Węgorzynko **POM** 15 Sa 24
Węgorzyno **POM** 4 Rf 24
Węgorzyno **ZPM** 14 Qd 27
Węgój **WMZ** 20 Vf 25
Węgra **MAZ** 33 Ve 30
Węgrce Panieńskie **SWK** 69 Wd 44
Węgrce Szlacheckie **SWK** 69 Wd 45
Węgrowo **KPM** 17 Te 28
Węgrów **DLS** 52 Sb 41
Węgrów **MAZ** 46 Xa 34
Węgry **DLS** 64 Sa 43
Węgry **MŁP** 77 Ue 50
Węgry **OPL** 65 Ta 44
Węgry **WKP** 53 Ta 38
Węgrzce **MŁP** 78 Uf 48
Węgrzce Wielkie **MŁP** 77 Va 48
Węgrzyce **DLS** 51 Rd 40
Węgrzyn **SWK** 68 Vb 42
Węgrzyn **ZPM** 13 Qb 24
Węgrzynice **LBU** 38 Qc 35
Węgrzynko **ZPM** 14 Qd 27
Węgrzynowice **ŁDZ** 55 Uf 38
Węgrzynowice **MŁP** 78 Va 48
Węgrzynowo **MAZ** 33 Wa 31
Węgrzynowo **MAZ** 44 Va 34
Węgrzynów **DLS** 52 Sb 39
Węgrzynów **SWK** 68 Vc 42
Węsiory **POM** 5 Sf 23
Wętfie **KPM** 17 Tb 28
Wętkowy **POM** 17 Td 24
Węzina **SLK** 66 Td 43
Węzina **WMZ** 18 Ud 24
Węża **OPL** 74 Sc 46
Węże **ŁDZ** 66 Te 42
Węże **MAZ** 46 Xa 34
Wężerów **MŁP** 77 Va 47
Wężewo **MAZ** 33 Vf 31
Wężewo **WMZ** 10 Xc 24
Wężowice **OPL** 65 Se 43
Wężowiec **MAZ** 56 Vd 38
Wężówka **WMZ** 21 Xa 25
Wężówko **WMZ** 9 We 23
Wężyczyn **MAZ** 46 We 36
Wężyska **LBU** 38 Pf 36
Wiaderno **ŁDZ** 55 Uf 40
Wiadrowo **MAZ** 32 Ue 30
Wiadrów **DLS** 63 Rb 43
Wiardunki **WKP** 28 Rf 32
Wiatowice **MŁP** 78 Vb 49
Wiatraki, Żebry- **MAZ** 33 Vf 32
Wiatrołuża Druga **PDL** 11 Ya 23
Wiatrowiec **WMZ** 9 Vf 23
Wiatrowo **POM** 4 Sb 21
Wiatrowo **WKP** 28 Sa 32
Wiącka **SWK** 68 Vf 43
Wiąg **KPM** 17 Td 28
Wiąskie Piaski **KPM** 17 Td 28
Wiązowa **SWK** 68 Vc 43
Wiązowna **MAZ** 45 Wb 35
Wiązowna Kościelna **MAZ** 45 Wb 35
Wiązownica **PKR** 81 Xe 48
Wiązownica Duża **SWK** 69 Wc 45
Wiązownica Mała **SWK** 69 Wc 45
Wiązów **DLS** 64 Sb 44
Wicewo **ZPM** 14 Ra 25
Wichernik **ŁDZ** 65 Tc 41
Wichorowo **MAZ** 44 Vc 33
Wichowo **KPM** 31 Ua 32
Wichów **LBU** 50 Qc 38
Wichradz **MAZ** 57 Wa 38
Wichrowice **KPM** 43 Tf 33
Wichrowiec **WMZ** 33 Ve 28
Wichrowo **WMZ** 19 Vc 24
Wichrów **DLS** 63 Rd 42
Wichrów **OPL** 66 Td 43
Wichulec **KPM** 31 Vb 29
Wicie **ŁDZ** 44 Va 35
Wicie **MAZ** 57 Wb 37
Wiciejewo **MAZ** 44 Uf 33
Wiciejewo Dolne **MAZ** 44 Va 33
Wiciejów **MAZ** 46 We 36
Wicimice **ZPM** 14 Qc 25
Wicina **LBU** 50 Qa 38
Wicko **POM** 5 Sd 20
Wicko **ZPM** 12 Pc 25
Wicko Morskie **ZPM** 4 Rd 21
Wiczlino **POM** 6 Tc 22
Widacz **PKR** 87 Wf 51
Widaczów **PKR** 80 Xb 49
Widawa **DLS** 64 Sa 41
Widawa **ŁDZ** 54 Tf 40
Widawka **ŁDZ** 67 Ud 42
Widełka **PKR** 80 Wf 47
Widełki **SWK** 69 Vf 44
Widgiry **WMZ** 10 Xa 23
Widlice **POM** 17 Te 26
Widna Góra **POM** 5 Se 23
Widnica **MŁP** 77 Va 46
Widniówka **LBL** 71 Ya 43
Widno **POM** 16 Sd 25
Widok **MAZ** 57 Wa 37
Widoradz Górny **ŁDZ** 66 Td 41
Widowo **PDL** 36 Yb 32
Widów **MAZ** 56 Vf 38
Widów **SLK** 75 Tc 46
Widryny **WMZ** 20 Wb 25
Widuchowa **SWK** 78 Ve 46
Widuchowa **ZPM** 25 Pc 29
Widugiery **PDL** 11 Yb 23
Widzew **ŁDZ** 55 Uc 38
Widzew **ŁDZ** 55 Ud 38
Widzieńsko **ZPM** 13 Pe 26
Widzim-Bambry **WKP** 39 Ra 36
Widzino **POM** 4 Rf 22
Widziszów **DLS** 51 Ra 39
Widzów **SLK** 67 Uc 43
Widzówek **SLK** 67 Uc 43
Widźgowo **PDL** 35 Xf 33
Wiecanowo **KPM** 29 Sf 32
Wiechlice **LBU** 50 Qd 39
Wiechnowice **ŁDZ** 56 Vb 39
Wiechowice **OPL** 75 Sf 49
Wiechowo **ZPM** 13 Qb 28
Wiechucice **ŁDZ** 54 Te 39
Wiechy, Wnory- **PDL** 35 Xd 30
Wieck **POM** 17 Ta 25
Wieczfnia-Kolonia **MAZ** 32 Vc 29
Wieczfnia Kościelna **MAZ** 32 Vc 29
Wieczyn **WKP** 41 Se 36
Wiejca **MAZ** 44 Vd 35
Wiejce **LBU** 27 Qe 33
Wiejki **PDL** 36 Ye 30
Wiejkowo **ZPM** 13 Pe 26
Wiekowo **WKP** 41 Sf 34
Wiekowo **ZPM** 3 Rc 23
Wiela **WKP** 29 Sc 32
Wielanowo **ZPM** 15 Rb 25
Wielany **WKP** 42 Tc 35
Wielawino **ZPM** 15 Rc 26
Wielącza-Kolonia **LBL** 71 Ya 44
Wielądki **MAZ** 46 Wf 34
Wielbark **WMZ** 20 Vf 28
Wielboki **WKP** 15 Rb 28
Wielbrandowo **POM** 17 Td 26
Wieldządz **KPM** 30 Te 29
Wiele **KPM** 29 Sd 29
Wiele **POM** 16 Sf 25
Wielebnów **SWK** 68 Vb 43
Wielenin **ŁDZ** 42 Tf 36
Wielenin-Kolonia **ŁDZ** 42 Te 36
Wieleń **WKP** 27 Rb 31
Wieleń Pomorski **ZPM** 13 Qc 27
Wieleń Północny **WKP** 27 Rb 31
Wieleń Zaobrzański **WKP** 39 Rb 37
Wielgi, Kąty- **MAZ** 46 Wd 34
Wielgie **KPM** 31 Ua 31
Wielgie **KPM** 31 Ub 32
Wielgie **ŁDZ** 54 Te 40
Wielgie **MAZ** 69 Wc 41
Wielgie Milickie **DLS** 52 Sd 39
Wielgłowy **POM** 17 Te 24
Wielgolas **LBL** 58 Xa 38
Wielgolas **MAZ** 33 Wb 32
Wielgolas **MAZ** 46 We 36
Wielgolas Duchnowski **MAZ** 45 Wc 35
Wielgołęka **MAZ** 33 Vf 32
Wielgomłyny **ŁDZ** 67 Ue 42
Wielgowo **ZPM** 13 Pe 28
Wielgórz **MAZ** 47 Xc 36
Wielgus **SWK** 78 Vc 47
Wielichowo **POM** 4 Rf 21
Wielichowo **WKP** 39 Rc 36
Wielichówko **ZPM** 13 Pf 28
Wieliczka **MŁP** 77 Va 49
Wieliczki **WMZ** 22 Xd 25
Wieliczna **MAZ** 46 We 33
Wielin **ZPM** 4 Re 24
Wielisławice **LBU** 26 Qc 31
Wieliszew **MAZ** 45 Vf 34
Wieliszewo **POM** 4 Sb 22
Wielka Bieda **WKP** 28 Rc 31
Wielka Klonia **KPM** 16 Se 28
Wielka Komorza **KPM** 16 Sf 27
Wielka Lipa **DLS** 52 Rf 41
Wielka Łąka **KPM** 30 Te 30
Wielka Nieszawka **KPM** 30 Tc 31
Wielka Wieś **ŁDZ** 43 Ub 37
Wielka Wieś **ŁDZ** 54 Tf 38
Wielka Wieś **ŁDZ** 54 Tf 40
Wielka Wieś **MŁP** 77 Uf 48
Wielka Wieś **MŁP** 78 Va 46
Wielka Wieś **MŁP** 78 Ve 49
Wielka Wieś **POM** 4 Sc 21
Wielka Wieś **SWK** 68 Vd 41
Wielka Wieś **SWK** 69 Vf 42
Wielka Wola **ŁDZ** 56 Va 39
Wielka Wola **ŁDZ** 56 Va 41
Wielki Buczek **WKP** 16 Sb 28
Wielki Bukowiec **POM** 17 Tc 26
Wielki Donimierz **POM** 5 Tb 22
Wielki Dół **MŁP** 77 Va 47
Wielki Dwór **WMZ** 18 Ud 25
Wielkie **LBL** 58 Xb 40
Wielkie Bałówki **WMZ** 18 Uc 28
Wielkie Budziska **KPM** 17 Ta 27
Wielkie Chełmy **POM** 16 Sd 25
Wielkie Drogi **SLK** 77 Ue 49
Wielkie Kierpajny **WMZ** 8 Va 23
Wielkie Leżno **KPM** 31 Ue 29
Wielkie Łunawy **KPM** 17 Td 28
Wielkie Oczy **PKR** 81 Ya 48
Wielkie Radowiska **KPM** 31 Va 29
Wielkie Rychnowo **KPM** 30 Te 30
Wielkie Słońca **POM** 17 Te 25
Wielkie Stwolno **KPM** 17 Td 28
Wielkie Walichnowy **POM** 17 Tf 25
Wielkie Wyręby **POM** 17 Te 26
Wielkie Zajączkowo **KPM** 17 Te 27
Wielki Garc **POM** 17 Te 25
Wielki Głęboczek **KPM** 31 Ud 29
Wielki Kack **POM** 6 Td 22
Wielki Klincz **POM** 17 Ta 24
Wielki Komorsk **KPM** 17 Te 27
Wielki Konopat **KPM** 17 Tc 28
Wielki Lubień **KPM** 17 Te 27
Wielki Łęck **WMZ** 32 Uf 29
Wielki Mędromierz **KPM** 16 Se 27
Wielki Sosnowiec **KPM** 29 Sf 30
Wielki Wełcz **KPM** 17 Te 27
Wielkolas **LBL** 58 Xb 40
Wielkopole **ŁDZ** 67 Uf 41
Wielkopole **LBL** 71 Ya 43
Wielkopole **SWK** 67 Uf 45
Wielkopole **WKP** 42 Tb 34
Wielkopole, Jawory- **MAZ** 34 Wd 31
Wielmierzowice **OPL** 75 Ta 46
Wielmoża **MŁP** 77 Ue 47
Wieloborowice **SWK** 69 Wa 43
Wielobycz **LBL** 71 Ya 43
Wielochowo **WMZ** 8 Vd 24
Wielodróż **MAZ** 33 Wa 31
Wielogłowy **MŁP** 85 Ve 51
Wielogłowy **POM** 4 Sa 22
Wielogóra **MAZ** 57 Wa 40
Wielołęka **OPL** 65 Sf 42
Wielołęka **WKP** 42 Ta 36
Wielonek **KPM** 16 Sf 28
Wielonek **WKP** 40 Rb 33
Wielopole **ŁDZ** 55 Uc 40
Wielopole **MŁP** 78 Vf 47
Wielopole **PKR** 87 Xb 52
Wielopole Skrzyńskie **PKR** 79 Wd 49
Wielotów **LBU** 49 Pe 37
Wielowicz **KPM** 16 Sd 28
Wielowiczek **KPM** 16 Sd 28
Wielowieś **DLS** 52 Rc 40
Wielowieś **DLS** 53 Se 41
Wielowieś **KPM** 30 Tc 31
Wielowieś **LBU** 38 Qc 34
Wielowieś **PKR** 70 We 45
Wielowieś **SLK** 76 Td 45
Wielowieś **WKP** 52 Sc 38
Wielowieś **WMZ** 18 Ue 26
Wielowieś Klasztorna **WKP** 53 Ta 39
Wieluń **ŁDZ** 66 Td 41
Wieniawa **MAZ** 56 Ve 40
Wieniec **KPM** 29 Sf 32
Wieniec **KPM** 43 Tf 33
Wieniec **MAZ** 44 Va 35
Wieniec **MŁP** 78 Vb 49
Wieniec-Zdrój **KPM** 43 Tf 33
Wieprz **MŁP** 77 Uc 49
Wieprz **SLK** 83 Ub 51
Wieprz **WMZ** 18 Ud 26
Wieprzec **LBL** 71 Yb 45
Wieprzec **MŁP** 85 Ue 50
Wieprzowe Jezioro **LBL** 82 Yc 46
Wieprzów Ordynacki **LBL** 72 Yc 46
Wieprzów Tarnawacki **LBL** 72 Yc 46
Wierbka **SLK** 77 Ue 46
Wiercany **PKR** 80 We 48
Wierchlesie **OPL** 65 Tc 45
Wierchomla Mała **MŁP** 86 Ve 52
Wierchomla Wielka **MŁP** 85 Ve 52
Wierchownia **DLS** 51 Rb 39
Wiercice **SLK** 67 Ud 44
Wiercień **DLS** 51 Ra 41
Wiercień **PDL** 35 Ya 32
Wiercień Duży **PDL** 47 Xf 33
Wierciny **POM** 7 Ub 24
Wierciochy **PDL** 22 Xe 24
Wierciszewo **PDL** 35 Xc 29
Wierciszewo **ZPM** 3 Rb 23
Wierciszów **LBL** 71 Xd 42
Wierobie **PDL** 36 Ye 30
Wierszczyca **LBL** 82 Yd 46
Wiersze **MAZ** 45 Ve 35
Wierszyno **POM** 4 Sb 23
Wierśnie **PDL** 23 Yb 24
Wiertelaki **ŁDZ** 53 Tc 39
Wiertycze, Wiśniówek- **PDL** 35 Xc 30
Wieruszów **ŁDZ** 53 Ta 41
Wierzawice **PKR** 80 Xc 47
Wierzba **LBL** 71 Yb 44
Wierzbanowa **MŁP** 85 Va 50
Wierzbica **ŁDZ** 67 Uc 42
Wierzbica **LBL** 59 Yb 41
Wierzbica **LBL** 70 Xa 42
Wierzbica **LBL** 71 Xf 43
Wierzbica **LBL** 72 Yd 43
Wierzbica **LBL** 82 Ye 46
Wierzbica **MAZ** 45 Wa 33
Wierzbica **MAZ** 57 Wa 41
Wierzbica **MŁP** 77 Va 46
Wierzbica **MŁP** 78 Va 47
Wierzbica **SLK** 77 Ue 46
Wierzbica **SWK** 68 Vc 44
Wierzbica **SWK** 68 Vd 45
Wierzbica **SWK** 79 Wa 45
Wierzbica, Kolonia **MAZ** 57 Wa 41
Wierzbica Dolna **OPL** 65 Sf 42
Wierzbica Górna **OPL** 65 Sf 42
Wierzbica-Kolonia **LBL** 70 Xa 42
Wierzbica Pańska **MAZ** 44 Vb 33
Wierzbice **DLS** 64 Rf 43
Wierzbice-Strupki **MAZ** 47 Xc 34
Wierzbick **KPM** 31 Ub 32
Wierzbiczany, Małachowo- **WKP** 41 Se 34
Wierzbie **ŁDZ** 43 Uc 35
Wierzbie **LBL** 71 Yb 45
Wierzbie **OPL** 64 Sb 45
Wierzbie **OPL** 64 Sd 45
Wierzbie **OPL** 66 Td 42
Wierzbie **SLK** 66 Te 45
Wierzbie **SLK** 67 Ud 43
Wierzbie **SWK** 68 Ve 45
Wierzbie **WKP** 42 Td 34
Wierzbiec **OPL** 74 Sc 47
Wierzbięcice **OPL** 74 Sc 46
Wierzbięcin **POM** 4 Rf 22
Wierzbięcin **ZPM** 13 Qb 27
Wierzbinek **WKP** 42 Td 34
Wierzbiny **SWK** 69 Wd 44
Wierzbiny **WMZ** 21 Wf 26
Wierzbka **SWK** 69 Wb 44
Wierzbna **PKR** 81 Xd 48
Wierzbnice **LBU** 50 Qe 38
Wierzbnik **OPL** 64 Sc 44
Wierzbno **DLS** 63 Rd 43
Wierzbno **DLS** 64 Sb 43
Wierzbno **LBU** 39 Qe 33
Wierzbno **MAZ** 46 Wf 35
Wierzbno **MŁP** 78 Vb 48
Wierzbno **OPL** 74 Sb 46
Wierzbno **WKP** 41 Sf 35
Wierzbno **WKP** 53 Sd 39
Wierzbno **ZPM** 26 Pf 29
Wierzbocice **WKP** 41 Se 35
Wierzbowa **DLS** 50 Qe 40
Wierzbowa **ŁDZ** 54 Te 40
Wierzbowo **KPM** 30 Td 29
Wierzbowo **MAZ** 33 Ve 31
Wierzbowo **PDL** 22 Xc 27
Wierzbowo **PDL** 34 Wf 30
Wierzbowo **WMZ** 20 Wb 26
Wierzbowo **WMZ** 22 Xe 25
Wierzbowo **WMZ** 32 Vb 28
Wierzbowo **WMZ** 32 Vb 29
Wierzbówka **LBL** 59 Xf 39
Wierzch **OPL** 75 Se 46
Wierzchaczewo **WKP** 40 Rc 33
Wierzchlas **ŁDZ** 66 Td 41
Wierzchląd **ZPM** 13 Pf 29
Wierzchlesie **PDL** 36 Yd 29
Wierzchno **LBU** 49 Pe 37
Wierzchocin **WKP** 28 Rb 33
Wierzchocino **POM** 4 Sb 21
Wierzchominko **ZPM** 3 Qf 23
Wierzchomino **ZPM** 3 Qf 23
Wierzchosław **ZPM** 13 Pe 27
Wierzchosławice **DLS** 63 Ra 43
Wierzchosławice **KPM** 30 Tc 31
Wierzchosławice **MŁP** 78 Vf 48
Wierzchosławiczki **DLS** 63 Ra 43
Wierzchowice **DLS** 50 Qf 39
Wierzchowice **DLS** 52 Sc 40
Wierzchowina **LBL** 71 Xe 43
Wierzchowina **MAZ** 56 Vf 38
Wierzchowiny **LBL** 58 Xd 38
Wierzchowiny **LBL** 59 Xe 39
Wierzchowiny **LBL** 72 Yc 42
Wierzchowiny **MAZ** 57 Wb 39
Wierzchowiny **PKR** 79 Wb 47
Wierzchowiska **KPM** 31 Uc 31
Wierzchowiska **LBL** 71 Xe 41
Wierzchowiska, Kolonia **MAZ** 69 Wd 42
Wierzchowiska Dolne **LBL** 70 Xb 42
Wierzchowiska Drugie **LBL** 70 Xc 44
Wierzchowiska Górne **LBL** 70 Xb 42
Wierzchowiska Pierwsze **LBL** 70 Xc 44
Wierzchowiska Pierwsze **MAZ** 69 Wd 42
Wierzchowisko **ŁDZ** 68 Vb 41
Wierzchowisko **MŁP** 77 Ue 46
Wierzchowisko **SLK** 66 Ua 43
Wierzchowizna **MAZ** 33 Wb 29
Wierzchownia **KPM** 31 Ud 30
Wierzchowo **ZPM** 14 Ra 28
Wierzchowo **ZPM** 15 Rd 25
Wierzchowo Człuchowskie **POM** 16 Sc 27
Wierzchucie **KPM** 29 Se 29
Wierzchucinek **KPM** 29 Se 29
Wierzchucin Królewski **KPM** 29 Se 29
Wierzchucino **POM** 5 Ta 20
Wierzchucińskie, Wybudowania- **POM** 5 Ta 20
Wierzchuda Nagórna **PDL** 47 Xd 34
Wierzchy **KPM** 17 Tb 27
Wierzchy **ŁDZ** 54 Tf 38
Wierzchy **ŁDZ** 54 Ub 40
Wierzchy **ŁDZ** 55 Uf 38
Wierzchy **OPL** 65 Ta 43
Wierzchy **WKP** 41 Se 36
Wierzeja **WKP** 40 Rd 34
Wierzejewice **KPM** 29 Ta 32
Wierzejki **LBL** 47 Xd 36
Wierzenica **WKP** 40 Sa 34
Wierznica **KPM** 31 Ub 32
Wierznowice **ŁDZ** 44 Ue 36
Wierzno Wielkie **WMZ** 7 Ue 23
Wierzonka **WKP** 40 Sa 34
Wierzowice Małe **DLS** 51 Rd 39
Wierzowice Wielkie **DLS** 51 Rd 39
Wiesiółka **SLK** 77 Uc 46
Wieska Wieś **MAZ** 47 Xc 33
Wieszczęta **SLK** 76 Tf 50
Wieszczyce **KPM** 16 Se 27
Wieszczyce **ŁDZ** 43 Uc 35
Wieszczyczyn **WKP** 40 Sa 36
Wieszki **KPM** 29 Sd 30
Wieszkowo **WKP** 40 Rf 37
Wieszowa **SLK** 76 Te 46
Wieszyno **POM** 4 Sa 22
Wieś **POM** 16 Sc 27
Wieś, Barcin- **KPM** 29 Sf 31
Wieś, Boby- **LBL** 70 Xa 42
Wieś, Czeremcha- **PDL** 48 Yb 33
Wieś, Debrzno- **WKP** 16 Sb 27
Wieś, Dyminy- **SWK** 68 Vd 44
Wieś, Gorzków- **LBL** 71 Ya 43
Wieś, Grodzisk- **MAZ** 34 We 31
Wieś, Iłowo- **WMZ** 32 Vb 29
Wieś, Klukowo- **PDL** 35 Xd 32
Wieś, Komarów- **LBL** 72 Yc 45
Wieś, Krosna- **MAZ** 45 Ve 35
Wieś, Kuczki- **MAZ** 57 Wc 40
Wieś, Milejów- **LBL** 59 Xf 41
Wieś, Mołożew- **MAZ** 47 Xd 34
Wieś, Narol- **PKR** 81 Yb 46
Wieś, Niedarczów Dolny- **MAZ** 57 Wc 41
Wieś, Niedarczów Górny- **MAZ** 57 Wc 41
Wieś, Niespusza- **ŁDZ** 44 Uf 35
Wieś, Piegłowo- **MAZ** 32 Vd 30
Wieś, Piegonisko- **WKP** 53 Tc 39
Wieś, Poścień- **MAZ** 33 Wa 29
Wieś, Radzyń- **KPM** 31 Tf 28
Wieś, Rokitnica **KPM** 31 Ud 30
Wieś, Słubica- **MAZ** 45 Vd 36
Wieś, Smolewo- **MAZ** 34 Xb 32
Wieś, Strzegowo- **MAZ** 32 Vb 31
Wieś, Szubin- **KPM** 29 Se 30
Wieś, Trąbin- **KPM** 31 Ub 30
Wieś, Wilczopole- **LBL** 71 Xd 41
Wieś, Zakrzówek- **LBL** 70 Xc 43
Wieś, Żnin- **KPM** 29 Se 31
Wieściszowice **DLS** 62 Qf 43
Wietchinin **WKP** 54 Td 37
Wietlin **PKR** 81 Xe 48
Wietrzno **PKR** 87 We 51
Wietrzno **ZPM** 4 Re 24
Wietrzychowice **KPM** 42 Tf 34
Wietrzychowice **MŁP** 78 Ve 47
Wietrzychowo **WMZ** 19 Vc 28
Wietrzychowo, Kołaki- **PDL** 34 Xa 29
Wietszyce **DLS** 51 Rb 39
Wiewiec **ŁDZ** 66 Ub 42
Wiewiórczyn **ŁDZ** 54 Ua 39
Wiewiórka **PKR** 79 Wc 48
Wiewiórki **KPM** 30 Te 28
Wiewiórki **WMZ** 8 Vd 23
Wiewiórów **ŁDZ** 67 Ub 42
Wieża **DLS** 62 Qc 42
Więcbork **KPM** 29 Sc 28
Więcierza **MŁP** 85 Uf 50
Więciórka **MŁP** 85 Uf 50
Więcki **SLK** 66 Tf 42
Więcki **WMZ** 10 Wf 23
Więckowice **MŁP** 77 Ue 48
Więckowice **MŁP** 78 Vb 48
Więckowice **MŁP** 78 Ve 49
Więckowice **PKR** 81 Xd 49
Więckowice **WKP** 40 Rd 34
Więckowo **WMZ** 32 Vd 28
Więckowy **POM** 17 Tc 24
Więcków **MAZ** 58 We 39
Więcław **ZPM** 14 Qe 26
Więcławice **MAZ** 43 Uc 33
Więcławice **MŁP** 77 Va 48
Więcmierzyce **OPL** 64 Sc 45
Większyce **OPL** 75 Ta 46
Więsławice **KPM** 43 Ub 34
Więzowno **KPM** 29 Sf 29
Wigancice **DLS** 64 Sa 45
Wigancice Żytawskie **DLS** 61 Qa 43
Wigry **PDL** 22 Ya 24
Wijewo **WKP** 39 Rb 37
Wikielec **WMZ** 18 Ud 27
Wiklina **DLS** 51 Re 39
Wiklino **POM** 4 Sa 21
Wikłów **SLK** 67 Ub 43
Wikno **WMZ** 19 Vd 28
Wikrowo **WMZ** 7 Ub 24
Wikrowo **WMZ** 9 Wc 23
Wiksin **MAZ** 33 Vd 30
Wiktorowice **MŁP** 77 Va 48
Wiktorowo **KPM** 17 Tf 28
Wiktorowo **KPM** 29 Sd 32
Wiktorowo **WKP** 41 Sb 34
Wiktorów **ŁDZ** 54 Tc 41
Wiktorówko **WKP** 29 Sb 29
Wiktoryn **MAZ** 45 Wb 33
Wiktoryn **SWK** 69 Wd 43
Wilamowa **OPL** 64 Sa 46
Wilamowice **DLS** 64 Rf 44
Wilamowice **MAZ** 44 Vb 33
Wilamowice **OPL** 64 Sa 45
Wilamowice **SLK** 76 Ua 49
Wilamowice **SLK** 83 Te 50
Wilamowice Nyskie **OPL** 74 Sc 46
Wilamowo **PDL** 21 Xb 28
Wilamowo **WMZ** 19 Ue 25
Wilamowo **WMZ** 20 Wb 28
Wilamów **ŁDZ** 42 Te 36
Wilamów **ŁDZ** 54 Ua 38
Wilamówka **PDL** 22 Xd 28
Wilamy **MAZ** 45 Vd 33
Wilanowo **PDL** 48 Yb 34
Wilanowo **POM** 5 Tb 22
Wilanów **ŁDZ** 55 Ud 38
Wilanów **MAZ** 45 Wa 35
Wilchta **MAZ** 57 We 37
Wilchwy **SLK** 76 Td 49
Wilcza **DLS** 63 Rd 45
Wilcza **SLK** 76 Td 47
Wilcza **WKP** 52 Sd 37
Wilcza Góra **MAZ** 32 Ue 31
Wilcza Kłoda **WKP** 42 Tc 34
Wilcza Poręba **DLS** 62 Qe 44
Wilcza Wola **MAZ** 56 Vf 41
Wilcza Wola **PKR** 80 Wf 46
Wilcza Wólka **MAZ** 56 Vf 37
Wilcze **KPM** 29 Se 28
Wilcze Błota Kościerskie **POM** 17 Tb 24
Wilcze Gardło **SLK** 76 Td 47
Wilcze Piętki **MAZ** 56 Vd 38
Wilcze Średnie **MAZ** 56 Vd 37
Wilczewo **KPM** 31 Ua 30
Wilczewo **PDL** 34 Xa 28
Wilczęta **WMZ** 7 Uf 23
Wilczkowice **DLS** 63 Rf 43
Wilczkowice **ŁDZ** 43 Ua 36
Wilczkowice **MAZ** 57 Wc 38
Wilczkowice **MŁP** 76 Ub 49
Wilczkowice **SWK** 68 Vb 42
Wilczkowo **KPM** 29 Se 31
Wilczkowo **MAZ** 44 Va 34
Wilczkowo **WMZ** 19 Vb 25
Wilczkowo **ZPM** 13 Qa 25
Wilczkowo **ZPM** 14 Qe 26
Wilczków **DLS** 63 Rc 41
Wilczków **DLS** 64 Rf 43
Wilczków **WKP** 54 Td 37
Wilczna **MAZ** 57 Wb 41
Wilczna **MŁP** 84 Ud 51
Wilczna **WKP** 41 Ta 35
Wilczogęby **MAZ** 46 We 33
Wilczogóra **MAZ** 56 Ve 37
Wilczogóra **WKP** 42 Ta 34
Wilczonek **MAZ** 46 Xa 35
Wilczopole **LBL** 71 Xd 41
Wilczopole-Wieś **LBL** 71 Xd 41
Wilczoruda **MAZ** 56 Ve 37
Wilczowola **MAZ** 57 Wc 38
Wilczowola **MAZ** 57 Wd 40
Wilczyce **DLS** 64 Sa 42
Wilczyce **ŁDZ** 54 Ua 37
Wilczyce **SWK** 69 Wd 44
Wilczyce **WKP** 63 Ra 42
Wilczy Las **DLS** 50 Qe 41
Wilczyn **DLS** 51 Ra 39
Wilczyn **DLS** 52 Rf 41
Wilczyn **WKP** 42 Ta 34
Wilczyna **WKP** 40 Rc 34
Wilczyny **WMZ** 9 Wc 23
Wilczyska **LBL** 58 Wf 37
Wilczyska **MŁP** 86 Vf 50
Wilczy Targ **MAZ** 56 Vf 38
Wilda **WKP** 40 Rf 34
Wildno **KPM** 31 Ub 31
Wilęcin **MAZ** 45 Wb 33
Wilga **MAZ** 57 Wc 37
Wilgoszcza **SLK** 67 Ud 45
Wilhelmów **MAZ** 56 Ve 38
Wilimy **WMZ** 20 Vf 25
Wilka **DLS** 61 Qa 42
Wilkanowo **LBU** 38 Qc 37
Wilkanowo **MAZ** 44 Va 34
Wilkanów **DLS** 73 Re 47
Wilkasy **WMZ** 10 Xc 23
Wilkasy **WMZ** 21 We 24
Wilkasy **WMZ** 22 Xd 25
Wilki, Dąbrowa- **PDL** 35 Xc 32
Wilknity **WMZ** 8 Vb 23
Wilkocin **DLS** 50 Qe 40
Wilkołaz Drugi **LBL** 70 Xb 42
Wilkołaz Pierwszy **LBL** 70 Xc 42
Wilkołaz Trzeci **LBL** 70 Xb 42
Wilkoniczki **WKP** 52 Sa 38
Wilkostowo **KPM** 30 Td 32
Wilkoszewice **ŁDZ** 67 Ud 41
Wilkowa **SWK** 79 Wa 46
Wilkowa Wieś **MAZ** 44 Vd 35
Wilkowia **ŁDZ** 43 Ub 34
Wilkowice **KPM** 43 Ua 33
Wilkowice **ŁDZ** 56 Va 38
Wilkowice **SLK** 76 Te 46
Wilkowice **SLK** 83 Ua 50
Wilkowice **SWK** 69 Wd 44
Wilkowice **WKP** 51 Rd 37
Wilkowice **ZPM** 4 Re 22
Wilkowiczki **SLK** 76 Td 46
Wilkowiecko **SLK** 66 Tf 43
Wilkowo **DLS** 52 Sa 39
Wilkowo **KPM** 16 Se 28
Wilkowo **LBU** 38 Qc 35
Wilkowo **WKP** 40 Rc 34
Wilkowo **WMZ** 20 Wb 24
Wilkowo **WMZ** 9 We 23
Wilkowo Duże **DLS** 52 Rf 40
Wilkowo Małe **WMZ** 9 Wb 23
Wilkowo Nowowiejskie **POM** 5 Se 21
Wilkowo Wielkie **WMZ** 9 Wb 23
Wilkowsko **MŁP** 85 Vb 50
Wilkowuje **MAZ** 44 Vc 34
Wilkowyja **MAZ** 57 Wd 37
Wilkowyja **WKP** 29 Sc 33
Wilkowyja **WKP** 41 Sd 36
Wilkowyje **SLK** 76 Tf 48
Wilków **DLS** 51 Rb 38
Wilków **DLS** 62 Qf 42
Wilków **DLS** 63 Rd 43
Wilków **DLS** 63 Re 42
Wilków **LBL** 58 Wf 41
Wilków **LBL** 72 Ye 44
Wilków **MAZ** 56 Vd 38
Wilków **MŁP** 77 Va 47
Wilków **OPL** 65 Se 42
Wilków **OPL** 75 Se 46
Wilków **SLK** 67 Ud 45
Wilków **SWK** 68 Vf 43
Wilków Polski **MAZ** 44 Vc 34
Wilków Wielki **DLS** 63 Rf 44
Wilkszyce **ŁDZ** 54 Td 38
Wilkszyn **DLS** 64 Rf 41
Wilkucice Duże **ŁDZ** 55 Uf 38
Wilnowo **WMZ** 19 Va 25
Wiłkajcie **WMZ** 10 Xb 23
Wincencin **LBL** 59 Yb 40
Wincenta **PDL** 21 Wf 28
Wincentowo **MAZ** 33 Wc 32
Wincentów **ŁDZ** 54 Tf 40
Wincentów **ŁDZ** 54 Ub 39
Wincentów **LBL** 71 Yb 42
Wincentów **MAZ** 57 Wa 37
Wincentów **MAZ** 57 Wa 40
Wincentów **MAZ** 57 Wd 41
Wincentów **SWK** 68 Vc 42
Wincentów **SWK** 68 Vc 43
Wincentówek **LBL** 70 Xd 42
Wincentynów **ŁDZ** 56 Va 40
Winda **WMZ** 9 Wc 24
Windyki **MAZ** 32 Vc 30
Winiarki **SWK** 70 We 44
Winiary **MAZ** 57 Wb 38
Winiary **MŁP** 78 Va 49
Winiary **MŁP** 78 Vc 47
Winiary **SWK** 70 We 44
Winiary **SWK** 78 Vd 46
Winiary **WKP** 41 Sd 33
Winiary **WKP** 53 Ta 38
Winiary Dolne **SWK** 78 Ve 47
Winiec **WMZ** 19 Uf 26
Winna-Chroły **PDL** 35 Xd 32
Winna Góra **ŁDZ** 55 Uf 37
Winna Góra **WKP** 41 Sc 35
Winna-Poświętna **PDL** 35 Xd 32
Winnica **DLS** 63 Ra 42
Winnica **MAZ** 45 Vf 33
Winnica **MAZ** 45 Vf 34
Winnica **SWK** 79 Wb 46
Winniki **ZPM** 14 Qd 27
Winogrady **WKP** 40 Rf 34
Winowno **SLK** 76 Ub 45
Winów **OPL** 65 Sf 45
Wińsko **DLS** 51 Rd 40
Wioska **DLS** 51 Rc 38
Wioska **DLS** 53 Se 40
Wioska **LBL** 71 Yb 46
Wioska **WKP** 39 Rb 35
Wiosna **SWK** 68 Vb 42
Wiórek **WKP** 40 Rf 35
Wipsowo **WMZ** 20 Ve 25
Wir **MAZ** 56 Ve 40
Wirek **SLK** 76 Tf 47
Wirki **DLS** 63 Rd 43
Wirkowice **LBL** 71 Ya 43
Wirów **MAZ** 47 Xd 34
Wirów **ZPM** 25 Pd 29
Wirwajdy **WMZ** 19 Uf 27
Wirwilty **WMZ** 8 Vf 23
Wiry **DLS** 63 Rd 43
Wiry **WKP** 40 Rf 35
Wisełka **ZPM** 13 Pd 25
Wiski **LBL** 59 Xe 38
Wiski **LBL** 59 Yc 37
Wiskiennica Dolna **ŁDZ** 43 Ue 35
Wiskiennica Górna **ŁDZ** 44 Ue 35
Wiskitki **MAZ** 44 Vc 36
Wiskitno **KPM** 29 Se 29
Wisła **SLK** 83 Tf 51
Wisła Mała **SLK** 76 Te 49
Wisławice **KPM** 29 Sd 30
Wisła Wielka **SLK** 76 Tf 49
Wisłoczek **PKR** 86 Wf 51
Wisłok Wielki **PKR** 87 Wf 52
Wisłowiec **LBL** 71 Yb 44
Wisówka **ŁDZ** 56 Vc 38
Wistka **ŁDZ** 66 Ua 42
Wistka **MAZ** 56 Ve 40
Wistka Królewska **KPM** 43 Ub 33
Wiszenki **LBL** 71 Yb 43
Wisznia Mała **DLS** 52 Sa 41
Wisznice **LBL** 59 Yb 38
Wiszniów **LBL** 72 Yf 45
Wiszowate **PDL** 21 Xa 28
Wiślica **SLK** 83 Te 50
Wiślica **SWK** 78 Ve 46
Wiślina **POM** 6 Te 23
Wiślinka **POM** 6 Te 22
Wiśliny **POM** 17 Te 27
Wiśnicz **SWK** 68 Vb 44
Wiśnicze **SLK** 76 Td 46
Wiśniew **MAZ** 46 We 35
Wiśniew **MAZ** 47 Xb 36
Wiśniewa **KPM** 16 Sc 28
Wiśniewa **WKP** 42 Tb 34
Wiśniewka **KPM** 16 Sd 28
Wiśniewko **MAZ** 32 Vb 30
Wiśniew-Kolonia **MAZ** 47 Xb 36
Wiśniewo **ŁDZ** 44 Uf 35
Wiśniewo **MAZ** 32 Vc 30
Wiśniewo **MAZ** 33 Ve 30
Wiśniewo **MAZ** 34 We 32
Wiśniewo **MAZ** 34 Wf 31
Wiśniewo **PDL** 35 Xb 30
Wiśniewo **POM** 18 Uc 24
Wiśniewo **WMZ** 19 Uf 27
Wiśniewo Ełckie **WMZ** 22 Xd 26
Wiśniowa **MŁP** 85 Va 50
Wiśniowa **PKR** 79 Wd 49
Wiśniowa **PKR** 80 We 48
Wiśniowa **SWK** 69 Wb 45
Wiśniowa Góra **ŁDZ** 55 Ud 38
Wiśniów **LBL** 71 Ya 43
Wiśniówek **MAZ** 69 Wd 42
Wiśniówek **PDL** 35 Xc 31
Wiśniówek-Wiertycze **PDL** 35 Xc 30
Wiśniówka **LBL** 58 Xa 37
Wiśniówka **SWK** 68 Ve 43
Witaniów **LBL** 59 Xf 41
Witanki **MAZ** 46 Xa 35
Witankowo **ZPM** 28 Rd 29
Witanowice **DLS** 50 Qf 39
Witanowice **MŁP** 77 Ud 49
Witanowo **POM** 4 Sb 24
Witanów **MAZ** 45 Vd 35
Witaszewiczki **ŁDZ** 43 Ub 36
Witaszyce **WKP** 52 Sd 37
Witaszyn **MAZ** 56 Vf 39
Witeradów **MŁP** 77 Ud 47
Witkowice **ŁDZ** 55 Ue 38
Witkowice **MAZ** 44 Vb 34
Witkowice **MŁP** 76 Ub 49
Witkowice **MŁP** 77 Uf 48
Witkowice **PKR** 70 Wf 44
Witkowice **PKR** 79 Wd 48
Witkowice **SLK** 67 Ub 43
Witkowice **WKP** 40 Rd 34
Witkowo **KPM** 16 Sc 27
Witkowo **KPM** 31 Ub 32
Witkowo **POM** 4 Sb 21
Witkowo **WKP** 41 Se 34
Witkowo **ZPM** 13 Qa 29
Witków **DLS** 50 Qf 41
Witków **DLS** 63 Rc 43
Witków **LBL** 72 Yf 45
Witków **LBU** 50 Qd 39
Witkówki **WKP** 40 Re 36
Witkówko **WKP** 41 Se 34
Witków Śląski **DLS** 63 Ra 44
Witnica **LBU** 26 Pf 32
Witnica **WKP** 41 Ta 36
Witnica **ZPM** 25 Pc 31
Witobel **WKP** 40 Re 35
Witoldowo **KPM** 29 Sf 29
Witoldów **ŁDZ** 43 Ub 34
Witoldów **ŁDZ** 54 Tf 40
Witoldów **LBL** 48 Ya 35
Witoldzin **WKP** 40 Rd 33
Witomino **POM** 6 Td 22
Witonia **ŁDZ** 43 Ub 36
Witoradz Dolny **ŁDZ** 66 Td 41
Witoroż **LBL** 59 Xf 37
Witosław **KPM** 29 Sc 29
Witosławice **OPL** 75 Ta 47
Witostowice **DLS** 64 Sa 44
Witoszów Dolny **DLS** 63 Rc 44
Witoszów Górny **DLS** 63 Rc 44
Witoszyce **DLS** 51 Rd 38
Witoszyn **LBL** 58 Xa 41
Witoszyn Dolny **LBU** 49 Qa 39
Witoszyn Górny **LBU** 49 Qa 39
Witoszyńce **PKR** 88 Xe 50
Witowąż **KPM** 31 Tf 31
Witowice **DLS** 64 Sb 43
Witowice **KPM** 42 Tc 33
Witowice **LBL** 58 Xa 40
Witowice **MŁP** 77 Uf 46
Witowice **MŁP** 85 Vd 50
Witowice **SWK** 69 Wc 45
Witowo **KPM** 42 Td 33
Witowo **PDL** 36 Yd 33
Witowo **WKP** 41 Sc 36
Witowo **WKP** 42 Td 35
Witowo **WMZ** 20 Ve 27
Witowo Polskie **WKP** 40 Rc 36
Witowy, Zgliczyn- **MAZ** 32 Va 31
Witowy Most **MAZ** 33 Wb 30
Witów **ŁDZ** 43 Ub 35
Witów **ŁDZ** 54 Te 40
Witów **ŁDZ** 55 Ue 40
Witów **MŁP** 84 Ue 53
Witów **SLK** 67 Ue 45
Witówka **PDL** 22 Xe 25
Witów-Kolonia **ŁDZ** 55 Ue 40
Witramowo **WMZ** 19 Vc 28
Witrogoszcz **WKP** 29 Sb 29
Witrylów **PKR** 87 Xb 51
Wituchowo **WKP** 39 Ra 33
Witulin **LBL** 47 Ya 36
Witunia **KPM** 29 Sc 28
Witusza **ŁDZ** 44 Uf 35
Wity **MAZ** 46 We 35
Wity, Targonie **PDL** 35 Xd 29
Witynie **PDL** 35 Xc 29
Wityny **WMZ** 22 Xc 25
Wizna **PDL** 35 Xc 29
Wiżajny **PDL** 11 Xf 22
Wkra **MAZ** 32 Vb 32
Wleń **DLS** 62 Qe 42
Wlewsk **WMZ** 32 Ue 29
Władysław **MŁP** 77 Uf 47
Władysławowo **KPM** 29 Sf 30
Władysławowo **MAZ** 33 Ve 31
Władysławowo **POM** 6 Tc 20
Władysławowo **WMZ** 7 Ub 24
Władysławów **ŁDZ** 43 Uc 37
Władysławów **ŁDZ** 43 Ud 35
Władysławów **LBL** 58 Xb 38
Władysławów **LBL** 59 Xe 39
Władysławów **LBL** 71 Xd 45
Władysławów **MAZ** 43 Ud 34
Władysławów **MAZ** 44 Va 34
Władysławów **MAZ** 56 Vd 40
Władysławów **MAZ** 57 Wc 37
Władysławów **MAZ** 58 We 38
Władysławów **MAZ** 58 We 40
Władysławów **SLK** 66 Tf 42
Władysławów Bielawski **ŁDZ** 43 Ue 36
Władzin **MAZ** 46 Wd 36
Własna **SLK** 66 Ua 44
Wławie **WKP** 40 Re 36
Włochów **LBU** 49 Pf 39
Włochów **SWK** 68 Vd 42
Włochy **MAZ** 45 Vf 35
Włochy **OPL** 65 Sf 42
Włochy **SWK** 69 Wa 43
Włochy **SWK** 78 Vd 45
Włocin **ŁDZ** 53 Tc 39
Włocin-Kolonia **ŁDZ** 53 Tc 39
Włocławek **KPM** 43 Ua 33
Włodarka **ZPM** 2 Qb 24
Włodary **OPL** 74 Sd 46
Włodawa **LBL** 60 Yd 39
Włodki **MAZ** 47 Xc 34
Włodki **PDL** 34 Xa 29
Włodki, Roszki- **PDL** 35 Xe 30
Włodowice **DLS** 63 Rc 45
Włodowice **SLK** 67 Uc 45
Włodowo **WMZ** 19 Va 25
Włodzice Małe **DLS** 50 Qd 41
Włodzice Wielkie **DLS** 50 Qd 41
Włodzienin **OPL** 75 Sf 48
Włodzimierz **ŁDZ** 54 Ub 38
Włodzimierz **ŁDZ** 55 Uc 41
Włodzimierzów **ŁDZ** 55 Ue 40
Włodzimirów **WKP** 42 Tb 35
Włodzisław **ZPM** 13 Pf 26
Włoki **ZPM** 3 Rb 24
Włosań **MŁP** 77 Uf 49
Włosienica **MŁP** 76 Ub 48
Włosień **DLS** 61 Qa 42
Włosnowice **SWK** 79 Vf 46
Włostowa **OPL** 74 Sd 45
Włostowice **LBL** 58 Wf 40
Włostowice **LBU** 49 Pe 39

122 (PL) Węgorzewo Koszalińskie – Włostowice

Włostów LBU 50 Qb 38
Włostów SWK 69 Wc 44
Włosty WMZ 21 Xb 27
Włostybory, Osiek- MAZ 32 Uf 32
Włosty-Olszanka PDL 35 Xd 31
Włoszakowice WKP 39 Rc 37
Włoszczowa SWK 67 Uf 43
Włoszczowice SWK 68 Vd 45
Włoszyca Wiślańska KPM 31 Tf 32
Włoszyn MŁP 78 Ve 48
Włościany, Dobrska- MAZ 32 Va 32
Włościbórz KPM 16 Sd 28
Włościbórz ZPM 3 Qe 24
Włościejewki WKP 40 Sb 36
Włóczno OPL 74 Sd 46
Włóczyska WMZ 7 Ue 23
Włóki DLS 63 Rd 44
Włóki KPM 30 Ta 29
Włóki MAZ 44 Va 33
Włóki, Morzyczyn- MAZ 34 Wf 32
Włynice ŁDZ 67 Ud 43
Włynkowo POM 4 Sa 21
Włynkówko POM 4 Sa 21
Włyń ŁDZ 54 Te 38
Wnętrzne LBL 58 Xa 37
Wnorów SWK 69 Wc 45
Wnory-Kończany PDL 35 Xd 30
Wnory-Kużele PDL 35 Xd 30
Wnory-Pażochy PDL 35 Xd 30
Wnory-Wandy PDL 35 Xd 30
Wnory-Wiechy PDL 35 Xd 30
Wnory-Wypychy PDL 35 Xd 30
Wobały PDL 11 Xe 22
Wochy, Dmochy- PDL 34 Xb 32
Wocławy POM 6 Te 23
Wodacz SWK 78 Va 46
Wodąca MAZ 69 Wc 42
Wodąca MŁP 77 Uc 47
Wodnica POM 4 Rf 21
Wodniki DLS 51 Re 39
Wodników Górny DLS 52 Sc 39
Wodukajmy WMZ 9 Vf 23
Wodynie MAZ 46 Wf 36
Wodząca SLK 67 Uc 44
Wodziczna MAZ 56 Ve 38
Wodziczna WKP 65 Ta 42
Wodzierady ŁDZ 54 Ua 38
Wodzinek ŁDZ 55 Ud 39
Wodzisław SWK 78 Vb 45
Wodzisław Śląski SLK 75 Tc 48
Wodzymin MAZ 44 Uf 33
Wodźki, Roszki- PDL 35 Xe 30
Wohyń LBL 59 Xe 38
Wojakowa MŁP 85 Vd 50
Wojanów DLS 62 Qe 43
Wojaszówka PKR 87 We 50
Wojbórz DLS 63 Rd 45
Wojciechów DLS 50 Qf 41
Wojciechowice DLS 73 Re 46
Wojciechowice MAZ 34 Wd 30
Wojciechowice SWK 68 Va 45
Wojciechowice SWK 69 Wb 43
Wojciechowice SWK 69 Wd 43
Wojciechowo DLS 52 Sd 41
Wojciechowo MAZ 32 Va 31
Wojciechowo POM 5 Se 20
Wojciechowo WKP 39 Qf 36
Wojciechowo WKP 41 Sb 37
Wojciechowo WKP 43 Ua 35
Wojciechowo WMZ 19 Va 24
Wojciechów DLS 62 Qd 43
Wojciechów ŁDZ 42 Tf 37
Wojciechów ŁDZ 67 Uf 42
Wojciechów LBL 58 Xb 41
Wojciechów LBL 70 Wf 42
Wojciechów LBL 70 Xc 44
Wojciechów LBL 71 Ya 41
Wojciechów OPL 64 Sd 42
Wojciechów OPL 65 Tc 43
Wojciechów SWK 68 Vb 43
Wojciechów SWK 78 Vd 47
Wojciechów WKP 54 Td 37
Wojciechówek, Wólka- MAZ 33 Wc 32
Wojciechówka LBL 72 Ye 45
Wojciechówka MAZ 57 Wd 40
Wojciechówka WKP 53 Ta 38
Wojciechów-Kolonia LBL 58 Xb 41
Wojciechów-Kolonia LBL 70 Xc 44
Wojciechy PDL 35 Xd 32
Wojciechy WMZ 8 Vd 23
Wojcieszków LBL 58 Xb 38
Wojcieszów DLS 62 Qf 43
Wojcieszyce DLS 62 Qd 43
Wojcieszyce LBU 26 Qb 32
Wojcieszyce SWK 69 Wc 45
Wojcieszyn DLS 62 Qe 42
Wojcieszyn LBL 70 Xc 41
Wojcieszyn MAZ 45 Ve 35
Wojcieszyn ZPM 13 Qa 26
Wojciuliszki PDL 11 Ya 23
Wojczyce DLS 63 Re 42
Wojdy PDL 22 Xe 26
Wojeniec PDL 47 Xf 33
Wojewodza ŁDZ 43 Ue 36
Wojewodzin PDL 22 Xc 27
Wojewódki Dolne MAZ 46 Xb 34
Wojewódki Górne MAZ 46 Xb 34
Wojkowice DLS 64 Sa 43
Wojkowice SLK 76 Ua 46
Wojkowice Kościelne SLK 76 Ub 46
Wojkowo WMZ 20 Wa 24
Wojków DLS 62 Qf 44
Wojków ŁDZ 53 Tc 39
Wojków PKR 79 Wc 46
Wojkówka PKR 87 We 50
Wojmiany WMZ 8 Vd 23
Wojnarowa MŁP 86 Vf 50
Wojnarowice DLS 63 Re 43
Wojnasy WMZ 22 Xd 24
Wojniaki LBL 72 Yc 42
Wojnicz MŁP 78 Vf 49
Wojnity WMZ 8 Va 23
Wojnowce PDL 23 Ye 28
Wojnowice DLS 63 Re 41
Wojnowice DLS 64 Sb 42
Wojnowice ŁDZ 67 Ud 43
Wojnowice OPL 75 Sf 48
Wojnowice SLK 75 Ta 48
Wojnowice SWK 69 Wb 44
Wojnowice SWK 69 Wd 43
Wojnowice WKP 40 Rc 35
Wojnowice WKP 40 Re 37
Wojnowiczki OPL 64 Sb 45
Wojnowo KPM 29 Sf 29
Wojnowo KPM 31 Ub 30
Wojnowo LBU 39 Qe 36
Wojnowo WKP 40 Sa 33
Wojnowo WMZ 21 Wc 27
Wojnowo ZPM 15 Rf 27
Wojnów DLS 64 Sa 42
Wojnów MAZ 47 Xd 35
Wojnówka MAZ 32 Vb 30
Wojnówka PDL 48 Yd 33
Wojny MAZ 44 Vd 33
Wojny-Piecki PDL 35 Xd 31
Wojny-Pogorzel PDL 35 Xd 32
Wojny-Szuby Szlacheckie PDL
35 Xd 32
Wojny-Szuby Włościańskie PDL
35 Xd 32
Wojny-Wawrzyńce PDL 35 Xd 32
Wojsk POM 16 Sc 24
Wojska SLK 76 Td 46
Wojsław OPL 64 Sc 44
Wojsław PKR 79 Wc 47
Wojsławice ŁDZ 54 Tf 39
Wojsławice LBL 72 Yd 43
Wojsławice MAZ 57 Wb 40
Wojsławice OPL 65 Tb 42
Wojsławice SWK 78 Vd 46
Wojsławice SWK 78 Vd 47
Wojsławice Duże SLK 66 Ua 45
Wojsławiec ZPM 14 Rb 26
Wojsławy, Porośl- PDL 35 Xe 31
Wojszczyce MAZ 45 Vd 33
Wojsze MAZ 34 We 31
Wojszki PDL 36 Yb 31
Wojszyce DLS 64 Sa 42
Wojszyce ŁDZ 43 Ud 35
Wojszyn DLS 51 Rb 39
Wojszyn LBL 58 Wf 40
Wojtal POM 17 Ta 25
Wojtaszyce ZPM 13 Qb 27
Wojtki PDL 35 Xf 33
Wojtkowa PKR 88 Xd 51
Wojtkowa Wieś MAZ 32 Vd 32
Wojtkowice DLS 63 Re 42
Wojtkowice-Dady PDL 47 Xc 33
Wojtkowice-Glinna PDL 47 Xc 33
Wojtkówka PKR 88 Xd 51
Wojtokiemie PDL 11 Yb 23
Wojtowice OPL 64 Sb 44
Wojtyszki ŁDZ 54 Tc 39
Wokowice MŁP 78 Ve 48
Wola KPM 31 Ua 31
Wola MAZ 44 Vb 34
Wola MAZ 45 Vf 35
Wola SLK 76 Ua 48
Wola WMZ 10 We 23
Wola, Dzierzkowice- LBL 70 Xa 43
Wola, Odrano- MAZ 45 Vd 36
Wola, Plebania- LBL 59 Xf 39
Wola, Udrycze- LBL 71 Yb 44
Wola, Wyryki- LBL 60 Yc 39
Wola Bachorska ŁDZ 54 Ub 39
Wola Bałucka ŁDZ 54 Ua 39
Wola Baranowska PKR 79 Wd 46
Wola Batorska MŁP 78 Vb 48
Wola Będkowska ŁDZ 54 Te 40
Wola Biechowska SWK 79 Wa 46
Wola Bierwiecka MAZ 57 Wb 39
Wola Blakowa ŁDZ 67 Ub 42
Wola Blizocka LBL 58 Xb 39
Wola Błędnowska MAZ 33 Wb 29
Wola Błędowa ŁDZ 55 Ud 37
Wola Błędowska MAZ 45 Vd 33
Wola Bobrowa LBL 58 Xc 38
Wola Bobrowska PKR 79 Wc 48
Wola Bokrzycka SWK 68 Vf 45
Wola Branicka ŁDZ 55 Uc 37
Wola Brudnowska MAZ 56 Ve 40
Wola Brwileńska MAZ 43 Ud 33
Wola Brzeźniowska ŁDZ 54 Td 39
Wola Brzostecka PKR 79 Wc 49
Wola Buchowska PKR 81 Xd 48
Wola Buczkowska ŁDZ 54 Ua 39
Wola Bukowska LBL 58 Xc 38
Wola Burzecka LBL 58 Xb 38
Wola Bystrzycka LBL 58 Xc 38
Wola Chodkowska MAZ 57 Wc 38
Wola Chojnata ŁDZ 56 Vd 38
Wola Chomejowa LBL 58 Xc 38
Wola Chorzelowska PKR 79 Wd 47
Wola Chroberska SWK 78 Vd 46
Wola Chynowska MAZ 57 Va 38
Wola Cicha PKR 80 Wf 48
Wola Cieklińska PKR 86 Wc 51
Wola Cygowska MAZ 46 Wc 35
Wola Cyrusowa ŁDZ 55 Ue 37
Wola Cyrusowa-Kolonia ŁDZ 55 Ue 37
Wola Czarnyska ŁDZ 54 Ua 38
Wola Czaryska SWK 67 Uf 44
Wola Dalsza PKR 80 Xb 48
Wola Dąbrowiecka LBU 39 Ra 35
Wola Dereźniańska LBL 81 Xd 46
Wola Dębińska MŁP 78 Ve 49
Wola Dębowiecka PKR 86 Wc 51
Wola Dębska MAZ 32 Vd 30
Wola Dłużewska MAZ 46 Wd 36
Wola Droszewska WKP 53 Ta 39
Wola Drwińska MŁP 78 Vc 48
Wola Drzewiecka ŁDZ 55 Uf 37
Wola Dubowska LBL 48 Ya 37
Wola Duchacka MŁP 77 Uf 48
Wola Ducka MAZ 45 Wc 36
Wola Duża LBL 71 Xd 42
Wola Dzierlińska ŁDZ 54 Te 39
Wola Filipowska MŁP 77 Ud 48
Wola Flaszczyna ŁDZ 54 Tf 38
Wola-Folwark MAZ 32 Vc 32
Wola Gałecka MAZ 56 Vd 40
Wola Gałęzowska LBL 70 Xd 43
Wola Gałęzowska-Kolonia LBL
70 Xd 43
Wola Gardzienicka LBL 71 Xf 42
Wola Gołkowska MAZ 45 Vf 36
Wola Gołymińska MAZ 33 Vf 32
Wola Goryńska MAZ 57 Wb 39
Wola Gosławska ŁDZ 43 Ud 36
Wola Górecka PKR 87 Xa 51
Wola Grabska MAZ 56 Ve 37
Wola Gręboszowska MŁP 78 Ve 47
Wola Gródecka LBL 72 Yd 46
Wola Grójecka SWK 69 Wc 43
Wola Grzymalina ŁDZ 67 Ub 41
Wola Grzymkowa ŁDZ 54 Ub 38
Wola Gułowska LBL 58 Xb 38
Wola Gutowska MAZ 57 Wa 39
Wola Hankowska SLK 66 Ua 43
Wola Idzikowska LBL 71 Xf 42
Wola Jachowa SWK 68 Vf 43
Wola Jankowska ŁDZ 66 Ua 42
Wola Jasienicka PKR 87 Wf 50
Wola Jedlińska ŁDZ 67 Ub 42
Wola Justowska MŁP 77 Uf 48
Wola Kalinowska MŁP 77 Ue 47
Wola Kałkowa ŁDZ 43 Ud 36
Wola Kałuska MAZ 46 We 36
Wola Kamieńska WMZ 18 Ud 27
Wola Kanigowska MAZ 32 Vc 31
Wola Kapcowa SWK 68 Ve 43
Wola Karczewska MAZ 45 Wc 36
Wola Kawecka SWK 68 Vc 44
Wola Kątecka LBL 71 Xe 45
Wola Kęczewska MAZ 32 Vb 30
Wola Kiełczyńska SWK 69 Wb 45
Wola Kisielska LBL 58 Wf 37
Wola Klasztorna MAZ 58 We 39
Wola Kleszczowa ŁDZ 54 Tf 40
Wola Knyszyńska SWK 78 Vb 46
Wola Komborska PKR 87 Wf 50
Wola Korybutowa LBL 59 Ya 41
Wola Korycka Dolna MAZ 57 We 38
Wola Korycka Górna MAZ 58 We 38
Wola Korytnicka MAZ 46 We 34
Wola Korzeniecka PKR 88 Xd 50
Wola Korzeniowa MAZ 68 Vf 41
Wola Kosnowa MŁP 85 Vc 51
Wola Kotkowska ŁDZ 67 Ud 42
Wola Kozubowa ŁDZ 55 Uc 39
Wola Krogulecka MŁP 85 Ve 51
Wola Krokocka ŁDZ 54 Tf 38
Wola Kruszyńska ŁDZ 54 Ub 40
Wola-Krysk MAZ 44 Vc 33
Wola Krzysztoporska ŁDZ 55 Ud 40
Wola Krzywiecka PKR 81 Xd 50
Wola Książęca WKP 41 Sd 37
Wola Kuczkowska SWK 67 Ue 44
Wola Kukalska MAZ 57 Wa 37
Wola Kuraszowa MAZ 56 Ve 41
Wola Kutowa ŁDZ 55 Ud 39
Wola Libertowska SLK 77 Ue 46
Wola Lipecka WMZ 8 Vb 23
Wola Lipieniecka Duża MAZ 57 Vf 41
Wola Lipieniecka Mała MAZ 57 Vf 41
Wola Lipowa WMZ 7 Va 22
Wola Lubecka MŁP 79 Wb 49
Wola Lubecka SWK 78 Vc 46
Wola Lubiankowska ŁDZ 55 Uf 37
Wola Luborzycka MŁP 78 Va 48
Wola Łagowska SWK 69 Wa 44
Wola Łaskarzewska MAZ 57 Wd 38
Wola Łaszczowa WKP 42 Tb 35
Wola Łaszewska MAZ 32 Va 31
Wola Łącka MAZ 43 Ud 34
Wola Łęczeszycka MAZ 56 Ve 38
Wola Łobudzka ŁDZ 54 Ua 38
Wola Łokotowska ŁDZ 55 Uf 38
Wola Łuszczewska MAZ 44 Vd 35
Wola Łużańska MŁP 86 Wa 50
Wola Magnuszewska MAZ 57 Wc 38
Wola Makowska ŁDZ 44 Va 37
Wola Malowana ŁDZ 67 Ud 42
Wola Mała PKR 80 Xb 48
Wola Małkowska SWK 69 Wb 45
Wola Matiaszowa PKR 87 Xc 52
Wola Mąkolska ŁDZ 43 Ud 37
Wola Miastkowska MAZ 58 Wf 37
Wola Michowa PKR 87 Xa 53
Wola Mieczysławska LBL 58 Xd 40
Wola Miedniewska MAZ 44 Vb 36
Wola Mielecka PKR 79 Wc 47
Wola Mikorska ŁDZ 55 Ub 40
Wola Miłkowska ŁDZ 54 Td 38
Wola Młocka MAZ 32 Vc 32
Wola Mokrzeska SLK 67 Uc 44
Wola Mołodycka PKR 81 Xf 47
Wola Morawicka SWK 68 Vd 44
Wola Moszczenicka ŁDZ 55 Ue 40
Wola Murowana SWK 68 Vd 44
Wola Mysłowska LBL 58 Wf 37
Wola Mystkowska MAZ 45 Wb 33
Wola Niechcicka ŁDZ 55 Ud 41
Wola Niedźwiedzia ŁDZ 43 Ua 37
Wola Niemiecka LBL 59 Xd 40
Wola Nieszkowska MŁP 78 Vc 49
Wolaniny LBL 71 Xe 45
Wola Niżna PKR 87 Wf 52
Wolanki DLS 73 Rd 46
Wola Nowska ŁDZ 43 Ub 35
Wolanów MAZ 57 Vf 40
Wolany DLS 73 Rd 46
Wola Obszańska LBL 81 Xf 47
Wola Ociecka PKR 79 Wd 48
Wola Okrzejska LBL 58 Xa 38
Wola Olszowa KPM 43 Ub 34
Wola Olszowa-Parcele KPM 43 Ub 34
Wola Orzechowska PKR 87 Wf 50
Wola Orzeszowska MAZ 46 Xa 34
Wola Osińska LBL 58 Xa 40
Wola Osowa SWK 69 Wa 45
Wola Osowińska LBL 58 Xc 38
Wola Otałęska PKR 79 Wb 46
Wola Owadowska MAZ 57 Wb 40
Wola Owsiana ŁDZ 43 Ud 35
Wola-Paprotnia MAZ 46 We 35
Wola Pasikońska MAZ 44 Vc 35
Wola Pawłowska MAZ 32 Vd 31
Wola Pawłowska MAZ 70 We 42
Wola Pękoszewska ŁDZ 56 Vc 37
Wola Piasecka LBL 71 Xe 42
Wola Pieczyska MAZ 57 Wa 37
Wola Piekarska ŁDZ 54 Te 37
Wola Pierowa ŁDZ 43 Ua 35
Wola Piotrowa PKR 87 Xa 52
Wola Piskulina MŁP 85 Vc 51
Wola Pławska PKR 79 Wc 46
Wola Pniewska MAZ 56 Ve 37
Wola Pobiedzińska MAZ 56 Vd 39
Wola Podłężna WKP 42 Tc 35
Wola Polska MAZ 46 We 35
Wola Popowa ŁDZ 43 Ud 35
Wola Potocka LBL 70 Xb 44
Wola Prażmowska MAZ 57 Vf 37
Wola Przedborska ŁDZ 67 Uf 42
Wola Przedmiejska ŁDZ 42 Te 37
Wola Przemykowska MŁP 78 Ve 47
Wola Przerębska ŁDZ 67 Ue 42
Wola Przewłocka LBL 59 Xf 39
Wola Przybysławska LBL 58 Xc 40
Wola Pszczółecka ŁDZ 54 Ua 40
Wola Puczniewska ŁDZ 54 Te 39
Wola Raciborowska ŁDZ 43 Uc 35
Wola Radłowska MŁP 78 Ve 48
Wola Radziecka LBL 71 Xe 44
Wola Radziszowska MŁP 77 Ue 49
Wola Rafałowska MAZ 46 We 36
Wola Rafałowska PKR 80 Xb 49
Wola Rakowa ŁDZ 55 Ud 38
Wola Raniżowska PKR 80 Wf 47
Wola Rasztowska MAZ 45 Wb 34
Wola Rębkowska MAZ 57 Wd 37
Wola Ręczajska MAZ 45 Wc 35
Wola Rogowska MŁP 78 Ve 47
Wola Rogozińska ŁDZ 55 Uc 37
Wola Rokszycka ŁDZ 55 Ud 40
Wola Rowska MAZ 57 Wd 38
Wola Rożwieniecka PKR 81 Xd 49
Wola Rożkowa ŁDZ 67 Ue 42
Wola Rozniatowska ŁDZ 55 Uc 40
Wola Różaniecka LBL 81 Xe 47
Wola Różańska LBL 46 Xa 37
Wola Rudlicka ŁDZ 54 Td 40
Wola Rudzka LBL 70 Wf 42
Wola Rusinowska PKR 80 We 46
Wola Rzeczycka PKR 70 Xa 45
Wola Rzeczycka-Turki PKR 70 Xa 44
Wola Rzędzińska MŁP 79 Wa 48
Wola Sernicka LBL 59 Xe 40
Wola Sękowa PKR 87 Xa 51
Wola Siennicka LBL 71 Yb 43
Wola Skarbkowa KPM 42 Te 33
Wola Skorzęcka WKP 41 Se 33
Wola Skromowska LBL 58 Xc 39
Wola Sławińska LBL 58 Xc 41
Wola Smolana MAZ 45 Vf 33
Wola Solecka MAZ 69 We 41
Wola Solecka, Kolonia MAZ 69 We 41
Wola Solecka Druga MAZ 69 We 41
Wola Starogrodzka MAZ 46 Wd 36
Wola Starowiejska MAZ 56 Ve 38
Wola Stępowska ŁDZ 44 Ue 35
Wola Stroska MŁP 78 Ve 49
Wola Stroska MŁP 78 Ve 50
Wola Stryjowska ŁDZ 54 Ua 39
Wola Studzieńska LBL 70 Xc 43
Wola Studzieńska-Kolonia LBL
70 Xc 43
Wola Suchożebrska MAZ 46 Xb 35
Wola Szczucińska MŁP 79 Wa 47
Wola Szczygiełkowa SWK 69 Vf 43
Wola Szkucka SWK 68 Vd 43
Wola Szydłowiecka ŁDZ 44 Vb 36
Wola Szydłowska MAZ 32 Vc 30
Wola Śniatycka LBL 72 Yc 45
Wola Świdzińska SWK 67 Va 43
Wola Świniecka ŁDZ 43 Tf 36
Wola Tesserowa SWK 68 Vb 44
Wola Tłomakowa ŁDZ 53 Tc 38
Wola Trębska MAZ 43 Ud 35
Wola Trzydnicka LBL 70 Xa 43
Wola Tulnicka LBL 59 Xe 39
Wola Uchańska LBL 72 Yd 43
Wola Uhruska LBL 60 Yd 41
Wola Wadowska PKR 79 Wb 47
Wola Wapowska KPM 30 Tc 32
Wolawce LBL 72 Yd 42
Wola Wereszczyńska LBL 59 Ya 40
Wola Węgierska PKR 81 Xd 49
Wola Wężykowa ŁDZ 54 Ua 40
Wola Wiaderno ŁDZ 55 Uf 39
Wola Wiązowa ŁDZ 54 Tf 41
Wola Wielka PKR 79 Wc 48
Wola Wielka PKR 82 Yc 47
Wola Wierzbowska MAZ 33 Ve 31
Wola Wiewiecka ŁDZ 66 Ub 42
Wola Więcławska MŁP 77 Va 47
Wola Wiśniowa SWK 67 Uf 44
Wola Wiśniowska SWK 69 Wb 45
Wola Władysławowska MAZ 57 Wc 37
Wola Włoszczyńska MAZ 32 Vd 32
Wola Wodyńska MAZ 46 Xa 36
Wola Wojcieszkowska MAZ 58 We 39
Wola Wrzeszczowska MAZ 56 Ve 40
Wola Wydrzyna ŁDZ 66 Ua 41
Wola Wysoka ŁDZ 56 Va 37
Wola Zabierzowska MŁP 78 Vc 48
Wola Zadąbrowska ŁDZ 54 Td 38
Wola Zadybska LBL 58 Wf 38
Wola Zagrodnia MAZ 68 Ve 41
Wola Zaleska ŁDZ 54 Tf 38
Wola Zaleska PKR 81 Xf 49
Wola Załężna ŁDZ 56 Vb 40
Wola Zambrzycka PDL 34 Xb 31
Wola Zaradzyńska, Kolonia ŁDZ
55 Uc 39
Wola Zbrożkowa ŁDZ 43 Ue 36
Wola Zbrożkowa ŁDZ 43 Ue 37
Wola Zdakowska PKR 79 Wc 46
Wola Zgłobieńska PKR 80 We 49
Wola Żarczycka PKR 80 Xb 47
Wola Żelechowska MAZ 58 Wf 38
Wola Żelichowska MŁP 78 Ve 47
Wola Żulińska LBL 71 Yb 42
Wola Życińska ŁDZ 67 Ue 43
Wola Życka MAZ 57 We 38
Wola Żydowska SWK 68 Vd 45
Wola Żyrakowska PKR 79 Wc 48
Wola Żytowska ŁDZ 54 Ub 38
Wola Żyzna SWK 69 Vf 45
Wolbórz ŁDZ 55 Ue 40
Wolbrom MŁP 77 Ue 46
Wolbromek DLS 63 Ra 43
Wolbromów DLS 62 Qc 42
Wolenice WKP 52 Sc 38
Wolental POM 17 Td 26
Woleń ŁDZ 53 Tc 38
Wolęcin OPL 66 Td 43
Wolibórz DLS 63 Rd 45
Wolica ŁDZ 67 Uc 41
Wolica ŁDZ 67 Va 41
Wolica LBL 58 Xb 40
Wolica LBL 70 Xc 44
Wolica MAZ 45 Vf 36
Wolica MAZ 45 Wa 34
Wolica MŁP 77 Va 46
Wolica MŁP 78 Vb 48
Wolica PKR 80 Xc 48
Wolica PKR 86 Wd 50
Wolica PKR 87 Xa 51
Wolica SWK 68 Vc 44
Wolica SWK 68 Vc 45
Wolica SWK 69 Vf 45
Wolica SWK 78 Vc 46
Wolica SWK 79 Vf 46
Wolica SWK 79 Wb 46
Wolica WKP 53 Ta 38
Wolica, Kolonia LBL 70 Xa 41
Wolica, Sitaniec- LBL 71 Yb 44
Wolica Brzozowa LBL 72 Yd 45
Wolica-Kolonia LBL 70 Xc 44
Wolica Kozia WKP 41 Sc 36
Wolica Piaskowa PKR 80 We 48
Wolica Uchańska LBL 72 Yc 44
Wolice KPM 29 Sf 31
Woliczka PKR 80 Wf 48
Woliczno ZPM 14 Qe 28
Wolimierz DLS 62 Qb 43
Wolimierzyce LBU 39 Qd 35
Wolin ZPM 13 Pd 25
Wolina PKR 80 Xb 45
Wolinia POM 5 Sd 21
Wolkowe MAZ 20 Wc 28
Wolkowo WKP 40 Rd 36
Wolne PDL 22 Ya 26
Wolnica LBL 71 Xe 42
Wolnica WMZ 19 Vb 24
Wolnica Grabowska ŁDZ 54 Te 40
Wolnica Niechmirowska ŁDZ 54 Te 40
Wolska Dąbrowa MAZ 57 Wb 39
Wolsko WKP 28 Sa 30
Wolsztyn WKP 39 Ra 36
Wolwark KPM 29 Se 31
Wołajowice LBL 72 Yf 43
Wołcza Mała POM 15 Rf 25
Wołcza Wielka POM 15 Rf 25
Wołczkowo ZPM 12 Pc 28
Wołczyn LBL 60 Yd 40
Wołczyn OPL 65 Ta 42
Wołdowo ZPM 26 Qb 30
Wołkowiany LBL 72 Ye 42
Wołkowyja PKR 88 Xc 53
Wołkusz PDL 23 Yd 26
Wołkusze PDL 23 Yd 28
Wołodź PKR 87 Xb 50
Wołomin MAZ 45 Wb 34
Wołosate PKR 88 Xe 54
Wołoskowola LBL 59 Yb 40
Wołowa MAZ 44 Uf 33
Wołowe Lasy ZPM 27 Rb 30
Wołowice MŁP 77 Ue 49
Wołowiec MŁP 86 Wc 51
Wołowiec ZPM 13 Qa 26
Wołownia PDL 11 Xf 23
Wołowno WMZ 19 Vb 26
Wołowo WMZ 8 Va 23
Wołów DLS 51 Rd 40
Wołucza ŁDZ 56 Vb 37
Wołuszewo KPM 30 Te 31
Wołyńce MAZ 46 Xb 36
Woniecko, Grądy- PDL 35 Xc 30
Wonieść WKP 40 Re 36
Wonna WMZ 18 Uc 27
Wonorze KPM 30 Tc 32
Wopławki WMZ 20 Wc 24
Worgielity WMZ 8 Vd 23
Worgule LBL 47 Ya 36
Workiejmy WMZ 8 Vc 23
Worliny WMZ 19 Va 26
Worławki WMZ 19 Vb 25
Woroniany PDL 23 Yc 28
Woronie PDL 36 Ya 32
Woroniec LBL 59 Ya 38
Worowice MAZ 44 Vb 33
Worowice-Wyroby MAZ 44 Va 33
Worowo ZPM 14 Qd 26
Worów MAZ 56 Vf 37
Worpławki WMZ 20 Wb 24
Worsy LBL 59 Xe 37
Worszówek SWK 69 Wa 43
Worwice SWK 69 Wb 43
Woryny WMZ 8 Vd 23
Woryty WMZ 19 Vb 26
Woskowice Górne OPL 65 Sf 42
Woskowice Małe OPL 65 Sf 42
Woskrzenice Duże LBL 48 Yb 36
Woskrzenice Małe LBL 48 Yb 36
Woszczele WMZ 21 Xb 25
Woszczkowo WKP 52 Sa 38
Woszczyce SLK 76 Te 48
Wozdół-Kolonia SWK 68 Vf 43
Wozdół Rządowy SWK 68 Vf 43
Woźławki WMZ 8 Vf 24
Woźnawieś PDL 22 Xe 26
Woźnice WMZ 21 Wd 25
Woźniczna MŁP 79 Vf 49
Woźniki ŁDZ 54 Te 39
Woźniki ŁDZ 54 Tf 39
Woźniki ŁDZ 54 Ua 37
Woźniki ŁDZ 55 Ud 40
Woźniki ŁDZ 67 Uc 42
Woźniki MAZ 44 Uf 33
Woźniki MAZ 47 Xe 35
Woźniki MŁP 77 Uc 49
Woźniki SLK 66 Ua 45
Woźniki SLK 67 Ud 45
Woźniki WKP 40 Rc 35
Woźniki WKP 41 Sd 33
Woźuczyn LBL 72 Yd 45
Wócice DLS 64 Sc 43
Wódka OPL 75 Sf 48
Wódki WKP 41 Sd 34
Wójcice ŁDZ 53 Tc 38
Wójcice OPL 74 Sb 46
Wójcin KPM 29 Sf 31
Wójcin KPM 42 Tb 33
Wójcin KPM 42 Td 33
Wójcin ŁDZ 55 Va 41
Wójcin ŁDZ 65 Tb 41
Wójcza SWK 79 Vf 46
Wójeczka SWK 79 Vf 46
Wójtostwo ŁDZ 55 Uf 40
Wójtostwo MAZ 45 Vf 34
Wójtostwo PDL 22 Xe 28
Wójtostwo WKP 41 Sb 34
Wójtostwo, Danków- SWK 68 Vf 44
Wójtostwo, Grabów- WKP 53 Ta 39
Wójtostwo, Krzczonów- LBL 71 Xe 42
Wójtowa MŁP 86 Wb 50
Wójtowa Wieś OPL 65 Sf 45
Wójtowa Wieś SLK 76 Td 47
Wójtowce PDL 22 Xf 28
Wójtowice DLS 73 Rd 47
Wójtowizna MAZ 57 Wc 37
Wójtowo WMZ 19 Vb 24
Wójtowo WMZ 20 Wb 26
Wójtowo WMZ 20 Vf 24
Wólka KPM 30 Te 31
Wólka KPM 31 Uc 31
Wólka KPM 31 Ud 30
Wólka ŁDZ 42 Tf 37
Wólka ŁDZ 43 Ua 37
Wólka LBL 58 Xc 38
Wólka LBL 59 Xd 41
Wólka MAZ 45 Vb 36
Wólka MAZ 46 We 35
Wólka MAZ 69 We 41
Wólka PDL 23 Yb 27
Wólka PDL 36 Ya 31
Wólka PDL 36 Yd 32
Wólka PKR 80 Xc 46
Wólka SLK 67 Ue 43
Wólka SWK 68 Va 42
Wólka SWK 68 Vb 44
Wólka WKP 41 Se 35
Wólka, Markowo- PDL 35 Xe 32
Wólka, Osiek- MAZ 33 Vf 32
Wólka, Tybory- PDL 35 Xc 31
Wólka Abramowicka LBL 71 Xd 41
Wólka Abramowska LBL 71 Xe 44
Wólka Babska ŁDZ 56 Vc 38
Wólka Bachańska MAZ 57 We 40
Wólka Bałtowska SWK 69 Wd 42
Wólka Batorska LBL 70 Xd 43
Wólka Bielecka LBL 59 Ya 41
Wólka Bielińska PKR 80 Xb 46
Wólka Biska LBL 81 Xd 46
Wólka Bodzechowska SWK 69 Wc 43
Wólka Bosowska SWK 68 Vf 45
Wólka Brzezińska MAZ 34 Wd 31
Wólka Brzózka MAZ 57 Wb 39
Wólka Chrapanowska SWK 70 We 43
Wólka Ciechomska LBL 58 Wf 37
Wólka Czarnińska MAZ 46 Wd 35
Wólka Czernięcińska LBL 71 Xe 44
Wólka Czułczycka LBL 72 Yc 41
Wólka Dąbrowicka MAZ 46 Wc 34
Wólka Dobryńska LBL 48 Yc 36
Wólka Domaszewska LBL 58 Xc 37
Wólka Drążdżewska MAZ 33 Wa 30
Wólka Dulecka PKR 79 Wb 47
Wólka Duża PDL 35 Xc 31
Wólka Dworska MAZ 45 Wb 36
Wólka Garwarska MAZ 32 Vc 32
Wólka Gołębska LBL 58 Wf 40
Wólka Gołoska MAZ 56 Vd 38
Wólka Gonciarska MAZ 69 We 41
Wólka Gostomska MAZ 56 Vd 39
Wólka Gościeradowska LBL 70 Xa 43
Wólka Grądzka MŁP 79 Vf 47
Wólka Grochowa MAZ 34 Wd 32
Wólka Grodziska PKR 80 Xc 47
Wólka Gruszczyńska MAZ 57 Wc 37
Wólka Horyniecka PKR 82 Yb 47
Wólka Husińska LBL 71 Yb 45
Wólka Hyżneńska PKR 80 Xb 49
Wólka Jagielczyńska ŁDZ 56 Vb 38
Wólka Kamienna MAZ 47 Xd 36
Wólka Kańska LBL 71 Ya 42
Wólka Karwicka ŁDZ 56 Vc 40
Wólka Karwowska PDL 22 Xe 26
Wólka Kątna LBL 58 Xb 40
Wólka Kliczewska MAZ 32 Va 30
Wólka Klonowska ŁDZ 54 Tc 40
Wólka Kławatecka MAZ 57 Wa 40
Wólka Kłucka SWK 68 Vc 43
Wólka Kobyla MAZ 46 Xa 36
Wólka Kokosia MAZ 46 Wd 35
Wólka Kolczyńska LBL 70 Wf 42
Wólka Komarowska LBL 59 Xe 38
Wólka Komaszycka LBL 70 Xd 42
Wólka Komorowska KPM 42 Te 34
Wólka Konopna LBL 47 Xc 36
Wólka Korczowska LBL 59 Ya 37
Wólka Kosowska MAZ 45 Vf 36
Wólka Kościeniewicka LBL 48 Yc 37
Wólka Kozłowska MAZ 46 Wc 34
Wólka Krasienińska LBL 58 Xc 40
Wólka Kraśniczyńska LBL 72 Yc 43
Wólka Krosnowska ŁDZ 55 Uf 37
Wólka Krowicka PKR 81 Yb 48
Wólka Krzymowska LBL 47 Xd 36
Wólka Kuligowska ŁDZ 56 Vc 39
Wólka Kunińska MAZ 34 Wd 31
Wólka Lesiowska MAZ 57 Wb 40
Wólka Leszczańska LBL 72 Yd 42
Wólka Lipowa SWK 69 We 43
Wólka Lubielska MAZ 33 Wc 32
Wólka Łabuńska LBL 72 Yc 45
Wólka Łagowska MAZ 58 We 40
Wólka Łamana PKR 81 Xd 46
Wólka Łańcuchowska LBL 59 Xf 41
Wólka Łasiecka ŁDZ 44 Va 36
Wólka Łęczeszycka MAZ 56 Ve 38
Wólka Łękawska ŁDZ 55 Uc 41
Wólka Łętowska PKR 80 Xc 48
Wólka Łosiniecka LBL 81 Yb 46
Wólka Łózecka LBL 59 Xe 37
Wólka Łubkowska LBL 70 Xa 41
Wólka Łukowska MAZ 33 Vf 31
Wólka Łysowska MAZ 47 Xd 35
Wólka Mała PDL 22 Xd 27
Wólka Małkowa PKR 81 Xd 48
Wólka Mędrzechowska MŁP 79 Wa 47
Wólka Michowska LBL 58 Xc 39
Wólka Miedzyńska MAZ 46 Xb 34
Wólka Milanowska SWK 69 Wa 43
Wólka Mądzka MAZ 45 Wc 36
Wólka Modrzejowa MAZ 69 Wc 42
Wólka Nadbużna PDL 47 Xf 34
Wólka Niedźwiedzka PKR 80 Xb 47
Wólka Nieliska LBL 71 Ya 44
Wólka Niska MAZ 44 Uf 34
Wólka Nosowska MAZ 47 Xf 35
Wólka Nurzecka PDL 48 Yb 34
Wólka Ogryzkowa PKR 81 Xd 48
Wólka Okopska LBL 72 Ye 41
Wólka-Okrąglik MAZ 46 Xa 33
Wólka Olbięcka LBL 70 Xa 43
Wólka Ołudzka SLK 67 Ue 45
Wólka Orchowska WKP 42 Ta 33
Wólka Orłowska LBL 71 Yb 43
Wólka Ostrożeńska MAZ 57 We 38
Wólka Paplińska MAZ 46 We 34
Wólka Pełkińska PKR 81 Xd 48
Wólka Petyłowska LBL 60 Yc 40
Wólka Pętkowska SWK 69 Wd 42
Wólka Piaseczna PDL 22 Xe 27
Wólka Piecząca MAZ 46 Wd 35
Wólka Pietkowska PDL 35 Xf 31
Wólka Plebańska LBL 48 Ya 37
Wólka Plebańska SWK 68 Vd 42
Wólka Podgórska MAZ 44 Va 34
Wólka Podleśna PKR 80 Xa 48
Wólka Pokłonna SWK 69 Vf 44
Wólka Polanowska LBL 58 Wf 41
Wólka Policka MAZ 57 Wd 40
Wólka Polinowska LBL 48 Ya 35
Wólka Ponikiewska LBL 71 Xd 43
Wólka Poznańska LBL 46 Wf 37
Wólka Pracka MAZ 45 Vf 36
Wólka Proszewska MAZ 46 Xa 35
Wólka Prusicka ŁDZ 66 Ua 42
Wólka-Przedmieście PDL 36 Yb 29
Wólka-Przekory MAZ 33 Wb 32
Wólka Pukarzowska LBL 72 Ye 45
Wólka Putnowicka LBL 72 Yd 43
Wólka Radzymińska MAZ 45 Wa 34
Wólka Rakowska MAZ 33 Wb 30
Wólka Ratajska LBL 70 Xc 44
Wólka Ratowiecka PDL 36 Yb 29
Wólka-Rejowiec LBL 71 Yb 42
Wólka Rokicka-Kolonia LBL 59 Xd 40
Wólka Rytelska MAZ 34 Xb 33
Wólka Seroczyńska MAZ 34 Wf 31
Wólka Skotnicka ŁDZ 67 Uf 41
Wólka Smolana MAZ 44 Vb 35
Wólka Smolana SWK 68 Vc 42
Wólka Smoszewska MAZ 44 Vd 34
Wólka Sokołowska PKR 80 Xa 47
Wólka Somiankowska MAZ 45 Wb 33
Wólka Soseńska MAZ 47 Xc 35
Wólka Sulejowska MAZ 46 Wd 34
Wólka Szczawińska MAZ 45 Ve 32
Wólka Szczecka LBL 70 Wf 44
Wólka Szelężna MAZ 57 Wd 41
Wólka Ślubowska MAZ 46 Wc 33
Wólka Świątkowa LBL 47 Xc 37
Wólka Tanewska PKR 80 Xb 46
Wólka Tarłowska SWK 69 We 43
Wólka Tarnowska LBL 59 Yb 41
Wólka Tarnowska MAZ 57 Wc 38
Wólka Terechowska PDL 48 Yc 33
Wólka Trzemecka SWK 69 Wd 42
Wólka Tuczępska LBL 72 Yd 43
Wólka Turebska PKR 70 Wf 45
Wólka Twarogowa MAZ 57 Wb 41
Wólka Tyrzyńska MAZ 57 Wd 39
Wólka Waniewska PDL 35 Xf 30
Wólka Węglowa MAZ 45 Vf 35
Wólka Wieprzecka LBL 71 Ya 45
Wólka Wiśniewska MAZ 47 Xb 36
Wólka Włościańska ŁDZ 67 Ue 42
Wólka-Wojciechówek MAZ 33 Wc 32
Wólka Wojnowska SWK 69 Wd 43
Wólka Wygonowska PDL 48 Yb 33
Wólka Wysoka MAZ 44 Uf 34
Wólka Wytycka LBL 59 Yb 40
Wólka Zabłocka LBL 59 Xe 40
Wólka Zabłocka LBL 60 Yd 37
Wólka Załęska MAZ 45 Wb 36
Wólka Zamkowa PDL 47 Xd 34
Wólka Zamojska MAZ 57 We 40
Wólka Zapałowska PKR 81 Xf 48
Wólka Zastawska LBL 58 Xb 37
Wólka Zatorska MAZ 45 Wb 33
Wólka Zawieprzycka LBL 59 Xe 40
Wólka Zdunkówka LBL 59 Xe 38
Wólka Złojecka LBL 71 Ya 44
Wólka-Zwierzyniec MAZ 33 Wa 30
Wólka Zychowa SWK 68 Vd 41
Wólne KPM 31 Tf 32
Wrąbczyn WKP 41 Sf 35
Wrąbczynek WKP 41 Se 35
Wręcza MAZ 44 Vc 37
Wręczyca Mała SLK 66 Tf 43
Wręczyca Wielka SLK 66 Tf 43
Wrocanka PKR 86 Wd 50
Wrocanka PKR 87 We 51
Wroceń PDL 22 Xf 27
Wrocieryż SWK 78 Vc 45
Wrocisławice DLS 63 Rc 42
Wrociszew MAZ 57 Wa 38
Wrociszów LBU 50 Qd 38
Wrociszów Dolny DLS 61 Qa 42
Wrociszów Górny DLS 61 Qa 42
Wrocki KPM 31 Ub 29
Wrocław DLS 64 Sa 42
Wrocławice DLS 52 Sd 39
Wroczyny ŁDZ 43 Ub 35
Wroczyńszczyzna PDL 23 Yb 27
Wrogocin MAZ 32 Va 32
Wronczyn WKP 40 Re 35
Wronczyn WKP 41 Sb 34
Wroniawy WKP 39 Ra 36
Wronie Gniazdo ZPM 14 Ra 24
Wroników ŁDZ 55 Ud 41
Wronin MŁP 78 Vb 48
Wronin OPL 75 Ta 47
Wroniniec DLS 51 Rc 38
Wronino MAZ 44 Vb 33
Wronka MAZ 32 Uf 29
Wronka WMZ 21 We 24
Wronki WKP 28 Rc 32
Wronki WMZ 21 Xb 24
Wronki Wielkie WMZ 10 Xb 23
Wronowice ŁDZ 54 Ua 39
Wronowice LBL 72 Ye 44
Wronowo MAZ 33 Vf 31
Wronowo PDL 22 Xe 25
Wronowy KPM 42 Tb 33
Wronów DLS 51 Rc 38
Wronów LBL 58 Xa 40
Wronów LBL 70 Xa 42
Wronów OPL 64 Sd 44
Wronów SWK 69 Wb 43
Wronów WKP 41 Se 36
Wrony WMZ 21 We 24
Wrońsko ŁDZ 54 Tf 40
Wrotki PDL 22 Xf 26
Wrotków WKP 52 Sc 38
Wrotnów MAZ 46 Xa 33
Wróble WMZ 10 Xa 23
Wróblew ŁDZ 43 Ub 37
Wróblew ŁDZ 54 Td 39
Wróblew ŁDZ 65 Tc 42
Wróble-Wargocin MAZ 57 Wd 39
Wróblewo MAZ 32 Va 31
Wróblewo MAZ 44 Vc 33
Wróblewo POM 6 Te 23
Wróblewo WKP 27 Rb 33
Wróblewo WKP 40 Sb 34
Wróblik WMZ 19 Vc 24
Wróblik Królewski PKR 87 Wf 51
Wróblik Szlachecki PKR 87 Wf 51
Wróblin LBL 48 Yc 35
Wróblin OPL 65 Sf 44
Wróblin OPL 75 Sf 47
Wróblin PDL 35 Xd 31
Wróblina WKP 42 Tb 36
Wróblin Głogowski DLS 50 Qf 38
Wrobliniec DLS 52 Sd 39
Wróblowa PKR 86 Wc 50
Wróblowice DLS 63 Re 42
Wróblowice MŁP 77 Uf 49
Wróblowice MŁP 78 Vf 49

Wróblów **LBU** 51 Ra 37
Wróblówka **MŁP** 84 Uf 52
Wróżewy **WKP** 52 Sc 38
Wrzawy **PKR** 70 Wf 44
Wrząca **ŁDZ** 53 Tc 39
Wrząca **ŁDZ** 54 Ub 38
Wrząca **POM** 4 Rf 22
Wrząca Śląska **DLS** 51 Rd 39
Wrząca Wielka **DLS** 51 Re 40
Wrząca Wielka **WKP** 42 Te 35
Wrząsawa **ŁDZ** 54 Ua 38
Wrząsowice **MŁP** 77 Uf 49
Wrzeczko **ŁDZ** 44 Uf 36
Wrzelowiec **LBL** 70 Wf 42
Wrzelów **LBL** 70 Wf 41
Wrzesina **WMZ** 19 Vb 26
Wrzesiny **ŁDZ** 54 Ua 39
Wrzesiny **LBU** 50 Qc 38
Wrzeszcz **POM** 6 Td 22
Wrzeszczewice **ŁDZ** 54 Ua 38
Wrzeszczewice Nowe **ŁDZ** 54 Ua 38
Wrzeszczów **MAZ** 56 Ve 40
Wrzeszczyna **WKP** 27 Rb 31
Wrzeszewo **KPM** 31 Uc 30
Wrzeście **POM** 4 Sa 21
Wrzeście **POM** 5 Sd 20
Września **MAZ** 32 Ue 31
Września **WKP** 41 Sd 35
Wrześnica **WKP** 53 Se 38
Wrześnica **ZPM** 4 Re 22
Wrzępia **MŁP** 78 Vd 48
Wrzos **MAZ** 56 Ve 40
Wrzoski **MAZ** 46 Xa 34
Wrzoski **OPL** 65 Se 44
Wrzosowa **SLK** 66 Ua 44
Wrzosowo **ZPM** 13 Pe 24
Wrzosowo **ZPM** 3 Qe 24
Wrzosów **LBL** 58 Xd 38
Wrzosówka **SWK** 68 Vb 43
Wrzosy **DLS** 51 Rd 40
Wrzosy **KPM** 30 Td 30
Wrzosy **SLK** 66 Te 43
Wrzosy **ZPM** 27 Rb 29
Wrzosy, Sadowiec- **ŁDZ** 66 Tf 42
Wschowa **LBU** 51 Rb 38
Wsola **MAZ** 57 Wa 40
Wszachów **SWK** 69 Wb 44
Wszebory **MAZ** 34 Xb 32
Wszechświęte **DLS** 64 Sc 41
Wszechświęte **SWK** 69 Wc 43
Wszedzień **ZPM** 4 Rd 22
Wszeliwy **MAZ** 44 Uf 35
Wszembórz **WKP** 41 Sd 35
Wszemirów **DLS** 52 Rf 40
Wszerzecz **PDL** 34 Wf 30
Wszewilki **DLS** 52 Sb 39
Wszędzień **KPM** 29 Sf 32
Wszołki, Rytele- **MAZ** 34 Xa 32
Wścieklice **PDL** 21 Xa 28
Wtórek **WKP** 42 Tb 34
Wtórek **WKP** 53 Sf 39
Wudzyn **KPM** 30 Ta 29
Wudzynek **KPM** 30 Ta 29
Wujówka **MAZ** 46 Wd 34
Wujskie **PKR** 87 Xb 51
Wybczyk **KPM** 30 Tc 29
Wyborów **ŁDZ** 44 Uf 35
Wyborów **MAZ** 57 Wb 38
Wybranowo **KPM** 29 Sc 32
Wybranowo **KPM** 30 Tb 31
Wybrany **PDL** 35 Xc 30
Wybrzeże **PKR** 80 Xc 50
Wybudowania-Wierzchucińskie **POM** 5 Ta 20
Wybudowanie **POM** 5 Sd 23
Wybudowanie **ZPM** 14 Rb 28
Wybudowanie, Radzyń- **KPM** 31 Tf 28
Wybudowanie Łasińskie **KPM** 18 Ua 27
Wychny **ŁDZ** 43 Ua 35
Wychodne **PDL** 22 Xf 24
Wychody **LBL** 71 Ya 45
Wychowaniec **WKP** 40 Re 33
Wychódźc **MAZ** 44 Vc 34
Wychylówka **MAZ** 44 Vb 34
Wyciąże **MŁP** 78 Va 48
Wyciążkowo **WKP** 51 Rd 37
Wyczechowo **POM** 5 Tb 23
Wyczechy **POM** 15 Sa 26
Wyczerpy Dolne **SLK** 66 Ub 43
Wyczerpy Górne **SLK** 66 Ub 43
Wycześniak **MAZ** 56 Vb 37
Wyczółki **MAZ** 44 Vb 35
Wyczółki **MAZ** 47 Xc 35
Wyczółki **MAZ** 47 Xe 35
Wyczółki **PDL** 48 Yb 34
Wydarta **WKP** 53 Sf 39
Wydartowo **KPM** 29 Sd 31
Wydartowo **WKP** 41 Sf 33
Wydartowo Pierwszy **WKP** 51 Re 38
Wydawy **WKP** 52 Rf 39
Wydminy **WMZ** 21 Xa 25
Wydmusy **MAZ** 33 Wc 28
Wydra **SLK** 66 Tf 44
Wydrna **PKR** 87 Xa 50
Wydrowice **OPL** 64 Sd 45
Wydrza **PKR** 70 Wf 45
Wydrze **PKR** 80 Xb 47
Wydrzno **KPM** 18 Ua 27
Wydrzyn **ŁDZ** 54 Td 41
Wydrzyn **ŁDZ** 54 Ua 39
Wydrzyn **MAZ** 56 Ve 40
Wydrzynów **ŁDZ** 66 Tf 42
Wyganki **WKP** 53 Ta 37
Wyganów **WKP** 52 Sb 38
Wygiełdów **SLK** 65 Tc 42
Wygiełzów **ŁDZ** 54 Tf 39
Wygiełzów **MŁP** 77 Uc 48
Wygiełzów **SLK** 67 Ue 45
Wygiezłów **SWK** 69 Wb 44
Wygiężów **ŁDZ** 54 Ua 40
Wyglądacze **ŁDZ** 53 Tc 41
Wyględów **MAZ** 69 Wc 42
Wyględówek **MAZ** 46 We 35
Wygnanka **LBL** 58 Xc 39
Wygnanka **LBL** 59 Xe 37
Wygnanka **LBL** 60 Yc 38
Wygnanka **MAZ** 56 Vd 37
Wygnanki **MAZ** 47 Xf 36
Wygnanów **ŁDZ** 56 Va 40
Wygnanów **ŁDZ** 56 Vc 40
Wygnanów **LBL** 59 Xd 39
Wygnanów **MAZ** 56 Ve 40
Wygnanów **SWK** 68 Vb 44
Wygnańce **LBL** 72 Yd 43
Wygnańczyce **LBU** 51 Rb 38
Wygoda **DLS** 65 Se 41
Wygoda **KPM** 31 Tf 31
Wygoda **ŁDZ** 44 Uf 36
Wygoda **ŁDZ** 55 Ud 38
Wygoda **ŁDZ** 55 Ud 40
Wygoda **ŁDZ** 55 Uf 39
Wygoda **ŁDZ** 67 Uc 42
Wygoda **LBL** 48 Yb 35
Wygoda **MAZ** 46 Wd 37
Wygoda **MAZ** 57 We 40
Wygoda **MAZ** 69 Wd 42
Wygoda **PDL** 34 Xa 30
Wygoda **PDL** 36 Yb 30
Wygoda **POM** 5 Se 24
Wygoda **SLK** 66 Ua 44
Wygoda **SLK** 76 Te 48
Wygoda **SWK** 68 Vc 45
Wygoda **SWK** 70 We 44
Wygoda **WKP** 42 Tc 34
Wygoda **WKP** 54 Td 37
Wygoda **WMZ** 19 Uf 27
Wygoda **ZPM** 14 Ra 25
Wygoda Mikołajewska **ŁDZ** 54 Ub 38
Wygoda Plugawska **WKP** 53 Ta 40
Wygoda Smoszewska **MAZ** 44 Vd 34
Wygodne **MAZ** 57 Wa 37
Wygon **ZPM** 27 Qe 30
Wygonin **POM** 17 Ta 25
Wygonowo **PDL** 47 Ya 33
Wygorzele **ŁDZ** 43 Ua 35
Wygrane **PDL** 34 Xa 29
Wygryny **WMZ** 21 Wd 26
Wygwizdów **ŁDZ** 67 Uf 42
Wyhalew **LBL** 59 Yb 39
Wykno **ŁDZ** 55 Ue 39
Wykno **ŁDZ** 55 Uf 39
Wykosowo **POM** 5 Sc 21
Wykowo **MAZ** 44 Uf 34
Wykowo **PDL** 21 Wf 28
Wykrot **MAZ** 33 Wc 28
Wykroty **DLS** 50 Qb 41
Wylany **LBL** 47 Xd 36
Wylatkowo **WKP** 41 Sf 34
Wylatowo **KPM** 41 Sf 33
Wylazłowo **MAZ** 32 Uf 29
Wylazłów **ŁDZ** 54 Te 38
Wylewa **PKR** 81 Xd 47
Wylezin **LBL** 58 Wf 38
Wyliny-Ruś **PDL** 35 Xd 32
Wylów **PKR** 79 Wc 47
Wyludy **WMZ** 10 Wf 24
Wyłazy **MAZ** 46 Xb 35
Wyłazy, Dąbrówka- **MAZ** 46 Xb 36
Wyłudy **PDL** 22 Ya 28
Wymiarki **LBU** 49 Qa 39
Wymój **WMZ** 19 Vc 27
Wymysław **WKP** 28 Rf 30
Wymysłowo **KPM** 16 Sb 28
Wymysłowo **WKP** 28 Sa 30
Wymysłowo **WKP** 52 Sa 38
Wymysłowo Miejskie **WKP** 41 Se 33
Wymysłów **ŁDZ** 43 Ua 35
Wymysłów **ŁDZ** 67 Ue 43
Wymysłów **ŁDZ** 67 Uf 42
Wymysłów **LBL** 58 Xa 41
Wymysłów **LBL** 70 Wf 43
Wymysłów **MŁP** 77 Va 46
Wymysłów **MŁP** 78 Vb 46
Wymysłów **SLK** 76 Td 49
Wymysłów **SLK** 76 Tf 46
Wymysłów **SLK** 76 Tf 47
Wymysłów **SWK** 67 Uf 43
Wymysłów **SWK** 67 Va 44
Wymysłów **SWK** 68 Vd 45
Wymysłów **SWK** 69 Wc 43
Wymysłówek **ŁDZ** 67 Uc 42
Wymysłów Francuski **ŁDZ** 54 Ub 38
Wymysłówka **LBL** 70 Xc 42
Wymysłówka **MAZ** 56 Vd 41
Wymysły **MAZ** 45 Vd 34
Wymyślanka **WKP** 39 Ra 34
Wymyślin **KPM** 31 Ub 31
Wynki **WMZ** 19 Va 26
Wypalenisko **MAZ** 44 Vb 35
Wypnicha **LBL** 58 Xc 40
Wypychów **ŁDZ** 54 Ub 40
Wypychy **MAZ** 46 Wf 34
Wypychy, Jemielite- **PDL** 34 Xa 30
Wypychy, Kaczyny- **MAZ** 33 Wd 30
Wypychy, Kostry- **PDL** 35 Xd 32
Wypychy, Kruszewo- **PDL** 35 Xe 31
Wypychy, Modzele- **PDL** 34 Xb 30
Wypychy, Perki- **PDL** 35 Xe 31
Wypychy, Wnory- **PDL** 35 Xd 30
Wyrandy **WMZ** 20 Ve 26
Wyrazów **SLK** 66 Ub 43
Wyrąb **MAZ** 47 Xb 34
Wyrąb Karwacki **MAZ** 33 Vf 30
Wyręba **DLS** 49 Qb 42
Wyrębin **WKP** 52 Sc 37
Wyrębów **SWK** 68 Vc 42
Wyrki **MAZ** 47 Xc 36
Wyroby, Worowice- **MAZ** 44 Va 33
Wyromiejki **PDL** 47 Xf 34
Wyrozęby **MAZ** 47 Xc 34
Wyrów **WKP** 53 Ta 37
Wyry **SLK** 76 Tf 48
Wyryki-Adampol **LBL** 60 Yc 39
Wyryki-Połód **LBL** 59 Yc 39
Wyryki-Wola **LBL** 59 Yc 39
Wyrzeka **WKP** 40 Rf 36
Wyrzyki **MAZ** 33 Ve 32
Wyrzyki **MAZ** 47 Xf 35
Wyrzyki **PDL** 34 Xb 29
Wyrzysk **WKP** 29 Sb 30
Wysiadłów **SWK** 69 We 44
Wysiedle **ZPM** 14 Qe 27
Wysin **POM** 17 Tb 24
Wysiółek, Prandocin- **MŁP** 77 Va 47
Wysiółek Luborzycki **MŁP** 77 Va 48
Wyskitna **MŁP** 86 Wa 51
Wyskoć **WKP** 40 Re 36
Wyskok **WMZ** 9 Wd 23
Wyskoki **ŁDZ** 55 Ue 37
Wysocarz **MAZ** 34 We 30
Wysocice **MŁP** 77 Uf 47
Wysocin **MAZ** 57 We 41
Wysocko **DLS** 62 Ra 42
Wysocko **MAZ** 56 Vf 41
Wysocko **PKR** 81 Xf 49
Wysocko Małe **WKP** 53 Sf 39
Wysocko Wielkie **WKP** 53 Sf 39
Wysoczany **PKR** 87 Xa 52
Wysocze **MAZ** 34 We 31
Wysoczka **WKP** 28 Sa 30
Wysoczyn **MAZ** 57 Wb 37
Wysogotowo **WKP** 40 Re 34
Wysogotówek **WKP** 41 Sd 37
Wysoka **DLS** 50 Qf 40
Wysoka **KPM** 17 Ta 27
Wysoka **LBU** 26 Qa 32
Wysoka **LBU** 38 Qc 34
Wysoka **MŁP** 77 Ud 49
Wysoka **MŁP** 84 Uf 51
Wysoka **OPL** 65 Tc 43
Wysoka **OPL** 75 Se 48
Wysoka **OPL** 75 Tb 46
Wysoka **PKR** 80 Xb 48
Wysoka **POM** 17 Td 25
Wysoka **POM** 6 Td 22
Wysoka **SLK** 77 Uc 46
Wysoka **WKP** 28 Sa 29
Wysoka **WMZ** 18 Uc 24
Wysoka **WMZ** 32 Va 29
Wysoka **ZPM** 25 Pd 32
Wysoka Braniewska **WMZ** 8 Va 23
Wysoka Cerekiew **DLS** 51 Rb 39
Wysoka Dąbrowa **WMZ** 20 Vf 24
Wysoka Głogowska **PKR** 80 Xa 48
Wysoka Góra **PDL** 11 Ya 24
Wysoka Górna **MŁP** 77 Ud 49
Wysoka Kamieńska **ZPM** 13 Pf 26
Wysoka Krajeńska **KPM** 16 Sd 28
Wysoka Lelowska **SLK** 67 Uc 45
Wysoka Mała **WKP** 28 Sa 30
Wysoka Strzyżowska **PKR** 80 We 50
Wysoka Wielka **ŁDZ** 43 Ub 35
Wysoka Wieś **KPM** 16 Sf 27
Wysoka Wieś **WMZ** 19 Uf 27
Wysoki Duże **SWK** 69 Wb 45
Wysokie **LBL** 47 Xe 37
Wysokie **LBL** 58 Xc 41
Wysokie **LBL** 71 Xd 43
Wysokie **LBL** 72 Yc 43
Wysokie **LBL** 72 Ye 43
Wysokie **MŁP** 85 Vd 51
Wysokie **PDL** 22 Xe 25
Wysokie **POM** 5 Sf 21
Wysokie **WKP** 42 Tc 35
Wysokie **WMZ** 22 Xd 25
Wysokie Koło **MAZ** 58 We 40
Wysokie Małe **PDL** 34 Xa 29
Wysokie Mazowieckie **PDL** 35 Xd 31
Wysokienice **ŁDZ** 56 Va 38
Wysokin **MAZ** 56 Vd 39
Wysoty **WKP** 53 Tb 40
Wysowa **MŁP** 86 Wb 52
Wyspa **SWK** 70 We 44
Występ **KPM** 29 Sd 30
Występ **SWK** 68 Vb 43
Występ **WMZ** 20 Wb 27
Występa **SWK** 68 Ve 43
Wysychy **MAZ** 45 Wc 34
Wyszakowo **WKP** 41 Sb 36
Wyszanowo **LBU** 39 Qd 34
Wyszanów **ŁDZ** 53 Ta 40
Wyszanów **LBU** 51 Rb 38
Wyszatyce **PKR** 81 Xf 49
Wyszebórz **ZPM** 3 Rb 24
Wyszecino **POM** 5 Ta 21
Wyszeł **MAZ** 33 Wc 30
Wyszembork **WMZ** 20 Wc 25
Wyszewo **ZPM** 3 Rc 24
Wyszęcice **DLS** 51 Rd 40
Wyszki **DLS** 73 Rd 47
Wyszki **PDL** 35 Xf 31
Wyszki **WKP** 52 Sd 37
Wyszkowice **DLS** 64 Sa 43
Wyszkowo **WMZ** 8 Va 22
Wyszków **DLS** 61 Pf 43
Wyszków **MAZ** 46 Wc 33
Wyszków **MAZ** 46 Xa 35
Wyszków **OPL** 74 Sc 46
Wyszmontów **SWK** 69 Wd 43
Wyszobór **ZPM** 13 Qb 25
Wyszogóra **ZPM** 13 Qb 26
Wyszogród **DLS** 64 Sc 41
Wyszogród **MAZ** 44 Vb 34
Wyszomierz **MAZ** 46 Xa 33
Wyszomierz **MAZ** 47 Xb 35
Wyszomierz **ZPM** 13 Qa 27
Wyszomierz Wielki **PDL** 34 Xa 31
Wyszonki-Błonie **PDL** 35 Xd 32
Wyszonki Kościelne **PDL** 35 Xd 32
Wyszowate **PDL** 35 Xe 29
Wyszowate **WMZ** 21 Wf 25
Wyszowatka **PKR** 86 Wc 52
Wyszyna **MAZ** 43 Ud 33
Wyszyna **WKP** 42 Tc 36
Wyszyna Fałkowska **SWK** 68 Vb 42
Wyszyna Rudzka **SWK** 68 Vb 42
Wyszyny **WKP** 28 Rf 31
Wyszyny Kościelne **MAZ** 32 Vc 30
Wyśmierzyce **MAZ** 56 Ve 39
Wytomyśl **WKP** 39 Rb 34
Wytowno **POM** 4 Rf 21
Wytrębowice **KPM** 30 Td 30
Wytrzeszczka **MŁP** 85 Vd 50
Wytyczno **LBL** 59 Yb 40
Wywła **SWK** 67 Uf 45
Wywłoczka **LBL** 71 Xf 45
Wywóz **MAZ** 56 Vc 40
Wyżne **PKR** 80 Wf 49
Wyżnica **LBL** 70 Xa 43
Wyżyce **MŁP** 78 Vc 48
Wzdów **PKR** 87 Wf 51
Wzgórze Świętego Maksymiliana **POM** 6 Td 21
Wziąchowo Wielkie **DLS** 52 Sc 39
Wziąchów **WKP** 52 Sb 38

Z

Zabagnie **SLK** 77 Ue 46
Zabajka **PKR** 80 Wf 48
Zabardowice **DLS** 64 Sb 43
Zabartowo **KPM** 29 Sd 29
Zabawa **MŁP** 77 Va 49
Zabawa **MŁP** 78 Ve 48
Zabełcze **LBL** 70 Wf 43
Zabełcze **MŁP** 85 Ve 51
Zabełków **SLK** 75 Tb 49
Zaberbecze **LBL** 47 Ya 36
Zabiała **PKR** 81 Xf 47
Zabiele **LBL** 46 Wf 37
Zabiele **LBL** 59 Xd 38
Zabiele **LBL** 59 Xe 39
Zabiele **MAZ** 34 We 30
Zabiele **PDL** 21 Wf 28
Zabiele **PDL** 22 Xf 27
Zabiele **WMZ** 20 Wa 28
Zabiele-Piekuty **MAZ** 35 Xc 32
Zabiele-Piliki **MAZ** 33 Wc 30
Zabiele Wielkie **MAZ** 33 Wc 30
Zabielne **WMZ** 21 Xa 27
Zabierzewo **ZPM** 13 Pe 26
Zabierzów **MŁP** 77 Ue 48
Zabierzów **OPL** 75 Sf 46
Zabierzów Bocheński **MŁP** 78 Vb 48
Zabieżki **MAZ** 46 Wc 36
Zabłocie **DLS** 50 Qc 41
Zabłocie **DLS** 73 Rd 47
Zabłocie **ŁDZ** 53 Tc 41
Zabłocie **ŁDZ** 54 Tf 40
Zabłocie **ŁDZ** 56 Vc 38
Zabłocie **LBL** 47 Xf 36
Zabłocie **LBL** 58 Xb 40
Zabłocie **LBL** 60 Yd 37
Zabłocie **LBL** 71 Xf 44
Zabłocie **LBU** 49 Qa 38
Zabłocie **MAZ** 45 Vf 33
Zabłocie **MAZ** 57 Vf 40
Zabłocie **MŁP** 78 Vb 49
Zabłocie **PDL** 47 Ya 34
Zabłocie **SLK** 76 Te 49
Zabłocie **SWK** 68 Ve 43
Zabłocie **WKP** 42 Te 35
Zabłocie, Górka- **LBL** 72 Yf 45
Zabłocie-Kolonia **LBL** 59 Xe 38
Zabłoczyzna **PDL** 36 Ye 31
Zabłotce **PKR** 81 Xe 49
Zabłotne, Dąbrowa- **PDL** 35 Xc 31
Zabłotnia **MAZ** 44 Vd 36
Zabłoto **DLS** 63 Rd 42
Zabłoty **ŁDZ** 54 Ub 39
Zabłudów **PDL** 36 Yc 30
Zabłudów-Kolonia **PDL** 36 Yc 30
Zabobrze **ŁDZ** 56 Vd 38
Zabokliki **MAZ** 47 Xb 35
Zaborcze **PKR** 79 Wc 47
Zaboreczne **LBL** 71 Yb 45
Zaborowice **SWK** 68 Vc 42
Zaborowice **WKP** 51 Re 38
Zaborowie **MAZ** 56 Vf 41
Zaborowiec **WKP** 39 Rb 37
Zaborowo **KPM** 31 Ud 29
Zaborowo **PDL** 34 Xa 29
Zaborowo **WKP** 40 Sb 36
Zaborowo **WKP** 51 Rd 38
Zaborowo **WMZ** 32 Vc 29
Zaborowo **WMZ** 33 Vd 29
Zaborowo Drugie **MAZ** 44 Vb 33
Zaborowo Pierwsze **MAZ** 44 Vb 33
Zaborów **DLS** 52 Rc 40
Zaborów **ŁDZ** 42 Tf 36
Zaborów **ŁDZ** 53 Tc 39
Zaborów **ŁDZ** 55 Ud 40
Zaborów **MAZ** 45 Ve 35
Zaborów **MŁP** 78 Ve 48
Zaborów **PKR** 80 We 49
Zaborów Drugi **ŁDZ** 55 Uf 39
Zaborówek **MAZ** 45 Vd 35
Zaborówek **MAZ** 56 Vf 38
Zaborówek **SWK** 79 Wa 46
Zaborów Pierwszy **ŁDZ** 55 Uf 39
Zaborsko **ZPM** 26 Qa 29
Zaboryszki **PDL** 11 Ya 23
Zaborze **MAZ** 45 Ve 33
Zaborze **MAZ** 47 Xe 35
Zaborze **MŁP** 76 Ub 48
Zaborze **MŁP** 77 Va 47
Zaborze **SLK** 76 Te 47
Zaborze **SLK** 76 Te 49
Zaborze **SWK** 68 Ve 44
Zaborze **SWK** 78 Vf 45
Zabostów Duży **ŁDZ** 44 Va 36
Zabór **LBU** 39 Qe 37
Zabórze **LBL** 71 Xf 44
Zabraniec **MAZ** 45 Wb 35
Zabratówka **PKR** 80 Xb 49
Zabrnie **MŁP** 79 Wa 47
Zabrnie **PKR** 79 Wb 47
Zabrnie Dolne **PKR** 70 Wf 45
Zabrody **SWK** 67 Va 43
Zabrodzie **DLS** 64 Rf 42
Zabrodzie **ŁDZ** 53 Tc 39
Zabrodzie **ŁDZ** 67 Ud 43
Zabrodzie **MAZ** 33 Wb 30
Zabrodzie **MAZ** 34 Wd 30
Zabrodzie **MAZ** 45 Wc 33
Zabrodzie **PDL** 22 Ya 28
Zabrodzie **PKR** 88 Xc 52
Zabrodzie **SWK** 67 Uf 43
Zabrodzie **WMZ** 20 Vf 26
Zabrost Wielki **WMZ** 10 Wf 23
Zabruzdy **MAZ** 58 Wf 37
Zabrze **SLK** 76 Te 47
Zabrzeg **SLK** 76 Tf 49
Zabrzezie **ŁDZ** 66 Ua 41
Zabrzeż **MŁP** 85 Vc 51
Zabuże **MAZ** 47 Ya 35
Zabytów **LBL** 71 Yb 43
Zacharz **ŁDZ** 55 Ue 39
Zacharzew **WKP** 53 Se 39
Zacharzowice **SLK** 76 Td 46
Zacharzów **MAZ** 56 Vf 39
Zachełmie **DLS** 62 Qd 44
Zachełmie **SWK** 68 Ve 43
Zachełmna **SLK** 84 Ue 50
Zachorzów **ŁDZ** 56 Va 40
Zachorzyn **MAZ** 56 Vd 40
Zachowice **DLS** 63 Re 43
Zacisze **MAZ** 45 Wa 35
Zacisze **ZPM** 13 Qb 25
Zaczerlany **PDL** 35 Xf 30
Zaczernie **MŁP** 79 Wa 48
Zaczernie **PKR** 80 Xa 48
Zaczopki **LBL** 48 Yc 36
Zadąbrowie **PKR** 81 Xe 49
Zadąbrów **MAZ** 56 Vf 40
Zadębce **LBL** 72 Ye 43
Zadębce-Kolonia **LBL** 72 Ye 43
Zadębie **MAZ** 57 Wa 37
Zadębiniec **ŁDZ** 54 Td 40
Zadki **WKP** 53 Tb 40
Zadobrze **MAZ** 57 Wc 40
Zadobrze **PDL** 35 Xd 32
Zadole **LBL** 70 Wf 42
Zadole Kosmolowskie **MŁP** 77 Ue 47
Zadory **WKP** 40 Rd 35
Zadowice **WKP** 53 Ta 39
Zadroże **MŁP** 77 Ue 47
Zaduszniki **KPM** 31 Ub 32
Zaduszniki **PKR** 79 Wc 46
Zadworzany **PDL** 23 Yd 28
Zadworze **LBL** 47 Xc 37
Zadworze **LBL** 70 Xb 43
Zadziele **MŁP** 85 Vb 50
Zadzim **ŁDZ** 54 Tf 38
Zagacie **ŁDZ** 67 Va 42
Zagacie **MŁP** 77 Ue 48
Zagacie **SLK** 67 Ud 44
Zagaj **ŁDZ** 43 Ub 36
Zagajdzie **LBL** 58 Wf 41
Zagaje **LBU** 38 Qc 35
Zagaje **SWK** 68 Vb 45
Zagaje **WMZ** 8 Vb 22
Zagaje, Sierzputy- **PDL** 34 Xa 30
Zagaje Dębińskie **SWK** 78 Vc 46
Zagaje Stradomskie **SWK** 78 Vc 46
Zagajew **ŁDZ** 54 Td 38
Zagajewice **KPM** 42 Te 33
Zagajnik **DLS** 50 Qb 41
Zagajnik **LBL** 72 Ye 44
Zagajów **SWK** 78 Vc 46
Zagłoba **LBL** 70 Wf 41
Zagnańsk **SWK** 68 Vd 43
Zagony **WMZ** 19 Vb 24
Zagorów **WKP** 41 Sf 35
Zagorzyce **MŁP** 77 Va 46
Zagorzyce **PKR** 79 We 48
Zagorzyce **SWK** 69 Wb 45
Zagorzyce **SWK** 78 Vc 46
Zagorzyce **SWK** 78 Vd 47
Zagorzyce Stare **MŁP** 77 Va 47
Zagorzyn **MŁP** 85 Vc 51
Zagościniec **MAZ** 45 Wb 34
Zagość **SWK** 78 Vd 46
Zagozd **ZPM** 14 Qe 27
Zagoździe **LBL** 58 Xa 37
Zagóra **ŁDZ** 54 Td 40
Zagórcze **SWK** 67 Uf 44
Zagórki **ŁDZ** 54 Te 38
Zagórki **POM** 4 Rf 22
Zagórna **WKP** 53 Tb 39
Zagórnik **LBL** 72 Yf 43
Zagórnik **MŁP** 77 Uc 49
Zagórowa **MŁP** 77 Ue 47
Zagórów **LBL** 48 Yc 37
Zagórsko **PKR** 79 Wb 47
Zagórz **PKR** 87 Xb 51
Zagórzany **MŁP** 78 Vb 46
Zagórzany **MŁP** 78 Vb 49
Zagórzany **MŁP** 86 Wb 50
Zagórzany **SWK** 78 Vf 46
Zagórze **DLS** 50 Qf 40
Zagórze **DLS** 51 Rd 41
Zagórze **ŁDZ** 55 Uf 37
Zagórze **ŁDZ** 56 Vb 38
Zagórze **ŁDZ** 67 Uc 43
Zagórze **ŁDZ** 67 Ue 42
Zagórze **LBL** 70 Xb 41
Zagórze **LBU** 38 Qc 35
Zagórze **LBU** 38 Qc 37
Zagórze **MAZ** 56 Ve 40
Zagórze **MAZ** 57 We 37
Zagórze **MŁP** 77 Uc 48
Zagórze **MŁP** 77 Ud 48
Zagórze **MŁP** 77 Ud 50
Zagórze **MŁP** 78 Vb 49
Zagórze **MŁP** 85 Vb 50
Zagórze **MŁP** 85 Vd 50
Zagórze **PDL** 22 Ya 28
Zagórze **PKR** 79 Wb 49
Zagórze **PKR** 80 Xc 49
Zagórze **SLK** 67 Uc 44
Zagórze **SLK** 67 Ud 45
Zagórze **SLK** 76 Ub 47
Zagórze **SWK** 68 Vb 45
Zagórze **SWK** 68 Vd 43
Zagórze **SWK** 68 Ve 42
Zagórze **SWK** 68 Ve 43
Zagórze **ZPM** 13 Pd 26
Zagórze **ZPM** 14 Qf 25
Zagórze, Krajno- **SWK** 68 Vf 43
Zagórze Lubiewskie **LBU** 27 Qf 31
Zagórze Śląskie **DLS** 63 Rc 44
Zagórzyca **POM** 4 Sb 22
Zagórzyce **KPM** 42 Td 33
Zagórzyce **ŁDZ** 54 Tf 37
Zagórzyce **ZPM** 14 Qe 27
Zagórzyn **DLS** 63 Rc 45
Zagórzyn **WKP** 53 Ta 38
Zagórzyn **ZPM** 3 Rc 22
Zagóźdź **LBL** 58 Xb 39
Zagóźnica **WKP** 41 Ta 36
Zagrądzie **MAZ** 33 Wa 29
Zagroba **MAZ** 44 Uf 33
Zagroble **LBL** 71 Xe 44
Zagroble, Gorajec- **LBL** 71 Xf 44
Zagroby **ŁDZ** 43 Ue 35
Zagroby **MAZ** 57 Wb 38
Zagroby **PDL** 34 Xa 30
Zagroda **LBL** 72 Yc 42
Zagrodno **DLS** 50 Qf 41
Zagrody **LBL** 58 Xa 40
Zagrody **LBL** 58 Xb 40
Zagrody **LBL** 70 Wf 42
Zagrody **LBL** 71 Xd 44
Zagrody **LBL** 71 Yb 42
Zagrody **PKR** 79 We 48
Zagrody **PKR** 82 Yb 46
Zagrody **SWK** 69 Wd 44
Zagrody, Dereźnia- **LBL** 71 Xe 45
Zagródki **LBL** 81 Xd 46
Zagruszany **PDL** 36 Yb 30
Zagrzewo **WMZ** 32 Vc 29
Zagumienie **LBL** 59 Ya 37
Zagwiździe **OPL** 65 Sf 43
Zahajki **LBL** 47 Xf 37
Zahajki **LBL** 59 Yb 39
Zahoczewie **PKR** 87 Xb 52
Zahutyń **PKR** 87 Xb 51
Zając **MAZ** 46 Xa 35
Zającówka, Kolonia **DLS** 50 Qe 40
Zajączek **LBU** 49 Pf 39
Zajączki **PDL** 36 Yb 31
Zajączki **WKP** 53 Sf 40
Zajączki **WKP** 53 Tb 39
Zajączki Bankowe **WKP** 53 Tb 39
Zajączki Drugie **SLK** 66 Te 43
Zajączki Pierwsze **SLK** 66 Te 43
Zajączkowice **SWK** 69 Wb 43
Zajączkowo **KPM** 30 Te 29
Zajączkowo **PDL** 22 Xe 24
Zajączkowo **POM** 4 Sa 22
Zajączkowo **WKP** 39 Rc 33
Zajączkowo **WMZ** 18 Ue 28
Zajączkowo **WMZ** 7 Ud 23
Zajączkowo-Huby **WKP** 39 Rc 33
Zajączków **ŁDZ** 55 Va 40
Zajączków **SWK** 68 Vc 43
Zajdy **WMZ** 22 Xc 25
Zajezierze **KPM** 30 Tc 31
Zajezierze **MAZ** 58 We 39
Zajezierze **POM** 18 Ua 25
Zajezierze **WMZ** 18 Ue 25
Zajezierze **ZPM** 14 Qe 27
Zajeziorze **KPM** 31 Ua 31
Zajeziorze **SWK** 69 We 45
Zajęczniki **PDL** 47 Xe 34
Zajęczy Kąt **MAZ** 20 Wa 28
Zajki **PDL** 35 Xd 29
Zakalew **LBL** 58 Xc 39
Zakalinki **LBL** 47 Ya 35
Zakalinki-Kolonia **LBL** 47 Ya 35
Zakanale **MAZ** 48 Ya 35
Zakliczewo **MAZ** 33 Wa 31
Zakliczyn **MŁP** 77 Va 49
Zakliczyn **MŁP** 78 Ve 49
Zaklików **PKR** 70 Xa 44
Zakład **ZPM** 12 Pd 27
Zakłodzie **LBL** 71 Xf 44
Zakopane **MŁP** 84 Uf 53
Zakościele **ŁDZ** 56 Vb 39
Zakościele **ŁDZ** 56 Vc 40
Zakościelne **LBL** 70 Xb 42
Zakręcie **LBL** 71 Ya 42
Zakrocz **KPM** 31 Uc 30
Zakroczym **MAZ** 45 Vd 34
Zakrucze **SWK** 68 Vb 44
Zakrze **MAZ** 47 Xe 35
Zakrzew **ŁDZ** 43 Ue 36
Zakrzew **ŁDZ** 54 Td 38
Zakrzew **ŁDZ** 56 Vc 38
Zakrzew **LBL** 58 Xd 37
Zakrzew **LBL** 71 Xd 43
Zakrzew **MAZ** 46 We 34
Zakrzew **MAZ** 57 Wa 40
Zakrzew **MAZ** 57 Wb 38
Zakrzew **WKP** 52 Sd 37
Zakrzew, Kolonia **LBL** 71 Xd 43
Zakrzewek **KPM** 16 Sc 28
Zakrzewek **WKP** 42 Td 34
Zakrzewice **WKP** 41 Sb 36
Zakrzewiec **WMZ** 7 Uf 22
Zakrzewki **ŁDZ** 54 Ub 39
Zakrzewko **KPM** 30 Td 30
Zakrzewko **WKP** 40 Rc 34
Zakrzewo **KPM** 18 Tf 28
Zakrzewo **KPM** 30 Td 32
Zakrzewo **KPM** 31 Ub 32
Zakrzewo **MAZ** 32 Uf 32
Zakrzewo **PDL** 22 Xc 28
Zakrzewo **POM** 5 Sf 22
Zakrzewo **WKP** 15 Sa 28
Zakrzewo **WKP** 29 Sc 32
Zakrzewo **WKP** 39 Qf 35
Zakrzewo **WKP** 40 Re 34
Zakrzewo **WKP** 41 Sc 33
Zakrzewo **WKP** 42 Td 34
Zakrzewo **WKP** 52 Rf 38
Zakrzewo **WMZ** 32 Va 29
Zakrzewo **ZPM** 3 Rc 22
Zakrzewo-Kopijki **MAZ** 34 Xb 32
Zakrzewo Wielkie **MAZ** 32 Vd 29
Zakrzewo Wielkie **MAZ** 32 Vd 30
Zakrzewo Wielkie **MAZ** 34 Xb 32
Zakrzewo-Zalesie **MAZ** 34 Xb 32
Zakrzewska Osada **KPM** 29 Sc 28
Zakrzewska Wola **MAZ** 57 Vf 40
Zakrzew Wielki **ŁDZ** 67 Ud 42
Zakrzów **DLS** 51 Rd 41
Zakrzów **DLS** 64 Sa 42
Zakrzów **DLS** 64 Sb 42
Zakrzów **ŁDZ** 56 Vc 41
Zakrzów **LBL** 59 Xf 41
Zakrzów **LBL** 70 We 41
Zakrzów **MŁP** 78 Va 48
Zakrzów **MŁP** 84 Ud 50
Zakrzów **OPL** 75 Ta 46
Zakrzów **OPL** 75 Ta 47
Zakrzów **PKR** 69 We 45
Zakrzów **SWK** 68 Va 44
Zakrzów **SWK** 69 Wc 44
Zakrzów **SWK** 78 Vd 46
Zakrzówek **MAZ** 57 Wc 41
Zakrzówek **MAZ** 58 Wf 38
Zakrzówek-Kolonia **MAZ** 57 Wc 41
Zakrzówek-Osada **LBL** 70 Xc 43
Zakrzówek Szlachecki **ŁDZ** 66 Ub 42
Zakrzówek-Wieś **LBL** 70 Xc 43
Zakrzów Turawski **OPL** 65 Tb 44
Zakrzyn **WKP** 53 Tc 37
Zakulin **ŁDZ** 44 Uf 37
Zakurowie **ŁDZ** 54 Tf 40
Zakurzewo **KPM** 17 Te 27
Zalas **MAZ** 21 Wd 28
Zalas **MAZ** 34 Wd 32
Zalas **MŁP** 77 Ud 48
Zalasce **MAZ** 33 Wb 30
Zalasewo **WKP** 40 Sa 34
Zalasowa **MŁP** 79 Wa 49
Zaldów **SWK** 69 Wb 44
Zalec **WMZ** 20 Wc 25
Zalesianki **ŁDZ** 66 Tf 42
Zalesiany **PDL** 35 Ya 30
Zalesice **MAZ** 57 Wa 41
Zalesice **SLK** 67 Ud 44
Zalesiczki **ŁDZ** 67 Uc 42
Zalesie **DLS** 64 Sa 42
Zalesie **DLS** 73 Rd 47
Zalesie **KPM** 16 Sd 27
Zalesie **KPM** 29 Sd 31
Zalesie **KPM** 30 Ta 29
Zalesie **KPM** 43 Ua 34
Zalesie **ŁDZ** 43 Tf 37
Zalesie **ŁDZ** 43 Ub 35
Zalesie **ŁDZ** 54 Tf 38
Zalesie **ŁDZ** 54 Ua 40
Zalesie **ŁDZ** 55 Ue 38
Zalesie **ŁDZ** 67 Ue 42
Zalesie **LBL** 47 Xb 37
Zalesie **LBL** 48 Yc 36
Zalesie **LBL** 59 Xf 41
Zalesie **LBL** 70 Xb 42
Zalesie **MAZ** 32 Vc 32
Zalesie **MAZ** 33 Vf 31
Zalesie **MAZ** 33 Wc 29
Zalesie **MAZ** 34 We 31
Zalesie **MAZ** 46 Wd 36
Zalesie **MAZ** 46 We 33
Zalesie **MAZ** 56 Vd 38
Zalesie **MAZ** 56 Ve 37
Zalesie **MAZ** 57 Wb 41
Zalesie **MAZ** 58 We 39
Zalesie **MŁP** 77 Va 47
Zalesie **MŁP** 85 Vc 51
Zalesie **PDL** 22 Xc 27
Zalesie **PDL** 23 Yd 27
Zalesie **PDL** 34 Xa 29
Zalesie **PDL** 35 Xe 28
Zalesie **PDL** 35 Xe 29
Zalesie **PDL** 47 Ya 34
Zalesie **PKR** 80 Xa 46
Zalesie **PKR** 80 Xa 48
Zalesie **PKR** 81 Xd 48
Zalesie **PKR** 88 Xe 50
Zalesie **POM** 16 Se 25
Zalesie **SLK** 83 Tf 50
Zalesie **SWK** 67 Uf 43
Zalesie **SWK** 69 Wa 44
Zalesie **WKP** 15 Rf 28
Zalesie **WKP** 41 Sc 37
Zalesie **WKP** 42 Tf 34
Zalesie **WKP** 42 Tf 36
Zalesie **WKP** 52 Sb 37
Zalesie **WKP** 53 Ta 40
Zalesie **WMZ** 20 Ve 26
Zalesie **WMZ** 21 Xa 26
Zalesie **WMZ** 21 Xb 24
Zalesie **WMZ** 32 Ue 29
Zalesie **WMZ** 32 Va 30
Zalesie **WMZ** 7 Ud 24
Zalesie **ZPM** 4 Rd 23
Zalesie, Bronowo- **MAZ** 44 Ue 33
Zalesie, Garlino- **MAZ** 32 Vd 30
Zalesie, Majdan- **LBL** 72 Yc 43
Zalesie, Ulatowo- **MAZ** 33 Vf 29
Zalesie, Zakrzewo- **MAZ** 34 Xb 32
Zalesie Dolne **MAZ** 45 Wa 36
Zalesie Gorzyckie **PKR** 70 We 44
Zalesie Górne **MAZ** 45 Wa 36
Zalesie Kańskie **LBL** 71 Ya 42
Zalesie Kętrzyńskie **WMZ** 20 Wc 24
Zalesie-Kolonia **MAZ** 57 Wa 41
Zalesie Krasieńskie **LBL** 71 Yb 42
Zalesie Królewskie **KPM** 17 Ta 28
Zalesie Łabędzkie **PDL** 35 Xd 30
Zalesie Małe **WKP** 52 Sb 38
Zalesie-Poczynki **PDL** 34 Wf 30
Zalesie Szlacheckie **KPM** 17 Tb 27
Zalesie Śląskie **OPL** 75 Tb 46
Zalesie Wielkie **WKP** 52 Sb 38
Zaleskie **PDL** 11 Yc 24
Zaleskie **POM** 4 Re 21
Zaleszany **PDL** 36 Yb 33
Zaleszany **PDL** 36 Yf 31
Zaleszany **PKR** 70 Wf 45
Zaleszczyny **SLK** 67 Ud 43
Zaleś **MAZ** 46 Xb 33
Zaleśna **ŁDZ** 55 Ub 40
Zalewo **WMZ** 18 Ud 25
Zalezianka **SWK** 68 Ve 43
Zalipie **MŁP** 78 Vf 47
Zaliszcze **LBL** 59 Ya 39
Zaliwie-Piegawki **MAZ** 46 Xa 35
Zaliwie-Szpinki **MAZ** 46 Xa 35
Załachowo **KPM** 29 Sf 31
Załakowo **POM** 5 Sf 22
Zaława **MAZ** 56 Ve 41
Załawcze **LBL** 71 Xe 44
Załazy **MAZ** 57 We 40
Załęcze **DLS** 51 Re 39
Załęcze Małe **ŁDZ** 66 Te 42
Załęcze Wielkie **ŁDZ** 66 Te 42
Załęże **MAZ** 32 Vd 29
Załęże **MŁP** 77 Ud 46
Załęże **PKR** 80 Xa 48
Załęże **PKR** 86 Wc 51
Załęże **POM** 16 Sa 25
Załęże **POM** 6 Tb 22
Załęże **SLK** 67 Ue 44
Załęże **SLK** 76 Tf 47
Załęże **ZPM** 26 Pe 30
Załęże Duże **MAZ** 56 Ve 37
Załęże-Gartki **MAZ** 33 Wc 31
Załęże Wielkie **MAZ** 33 Wc 31
Załogi, Chodkowo- **MAZ** 33 Wa 30
Załogi, Jędrzejki- **MAZ** 33 Ve 31
Załom **ZPM** 13 Pe 28
Załuczne **MŁP** 84 Ue 52
Załuki **PDL** 36 Yd 30
Załusin **ŁDZ** 43 Ud 36
Załuski **MAZ** 44 Vd 33
Załuski **MAZ** 56 Vd 38
Załuski **WMZ** 19 Vc 28
Załuskie Koronne **PDL** 35 Xf 32
Załuskie Kościelne **PDL** 35 Xf 32
Załuski-Lipniewo **MAZ** 35 Xb 31
Załusków **MAZ** 44 Uf 35
Załuzie **MAZ** 33 Wb 31
Załuż **PKR** 87 Xb 51
Załuże **ŁDZ** 54 Ua 40
Załuże **MŁP** 79 Wa 47
Załuże **PKR** 81 Ya 47
Zamarski **SLK** 83 Te 50
Zamarte **KPM** 16 Sc 27
Zamarte **KPM** 16 Sf 27
Zambrów **PDL** 34 Xb 31
Zambrzyca **KPM** 31 Ud 31
Zambrzyce **MŁP** 84 Ud 50
Zambrzyce-Kapusty **PDL** 35 Xd 30
Zambrzyce-Króle **PDL** 35 Xd 30
Zambrzyniec **MAZ** 46 Wf 33
Zambski Kościelne **MAZ** 33 Wb 32
Zambski Małe **MAZ** 33 Wb 32
Zamch **LBL** 81 Ya 47
Zameczek **ŁDZ** 56 Vc 40
Zameczek, Grabiny- **POM** 6 Te 23
Zamek, Jabłonowo- **KPM** 31 Ua 28
Zamek, Kunin- **MAZ** 35 Xc 32
Zamek, Niedzica- **MŁP** 85 Vb 52
Zamek, Rogóżno- **KPM** 18 Tf 27
Zamek Bierzgłowski **KPM** 30 Tc 30
Zamęcin **ZPM** 26 Qc 30
Zamęty **WKP** 42 Tb 37
Zamiary **ŁDZ** 44 Uf 35
Zamiechów **PKR** 81 Xe 49
Zamiechówka **SLK** 77 Uf 46
Zamienice **DLS** 50 Qf 41
Zamienie **MAZ** 45 Vf 36
Zamienie **MAZ** 46 Wd 36
Zamieście **LBL** 60 Ye 41
Zamieście **MŁP** 85 Vc 50
Zaminowo **PDL** 47 Xf 33
Zamion, Proścień- **MAZ** 33 Wa 29
Zamkowa Wola **SWK** 69 Wa 44
Zamłynie **ŁDZ** 54 Tf 38

Zamłynie LBL 72 Ye 45
Zamłynie MŁP 78 Ve 47
Zamłynie SLK 66 Te 43
Zamojsce PKR 81 Xe 49
Zamołodycze LBL 59 Yb 39
Zamorze WKP 39 Rb 34
Zamostne POM 5 Ta 21
Zamoście ŁDZ 66 Ub 42
Zamoście LBU 26 Qb 32
Zamoście, Rybitwy- MAZ 32 Vb 32
Zamość KPM 29 Se 30
Zamość ŁDZ 55 Ue 39
Zamość LBL 71 Yb 44
Zamość MAZ 32 Ue 31
Zamość MAZ 33 Wb 31
Zamość MAZ 34 Wd 32
Zamość MAZ 34 We 30
Zamość MAZ 44 Vc 35
Zamość WKP 42 Td 34
Zamość WKP 53 Ta 39
Zamszany SWK 71 Ya 43
Zamść POM 16 Sf 25
Zamysłów LBU 51 Rb 38
Zamysłów SLK 76 Td 48
Zanęcin MAZ 45 Wb 36
Zanie LBL 81 Xe 46
Zanie PDL 35 Xe 32
Zanie WMZ 22 Xe 25
Zaniemyśl WKP 40 Sa 36
Zaniówka LBL 59 Ya 38
Zaniże LBL 72 Ye 43
Zanowinie LBL 72 Ye 42
Zańków LBL 60 Yd 38
Zaolszynie LBL 47 Xd 36
Zaolzie LBL 59 Ya 37
Zaorenda, Tereszpol- LBL 71 Xf 45
Zaorle WKP 52 Sa 39
Zaorze MAZ 34 Wc 31
Zaorze MAZ 34 We 31
Zaosie ŁDZ 55 Uf 39
Zaostrów SWK 67 Va 42
Zapady ŁDZ 55 Va 37
Zapałów PKR 81 Xf 48
Zapasieki SLK 83 Tf 51
Zapceń POM 16 Sc 25
Zapędowo POM 16 Sf 26
Zapieczne MAZ 34 Wd 30
Zapole ŁDZ 54 Td 40
Zapole PKR 79 We 47
Zapolednik PKR 70 Wf 45
Zapolice ŁDZ 54 Tf 39
Zapolice ŁDZ 67 Ud 42
Zaporze LBL 71 Xe 44
Zapowiednia WKP 41 Se 36
Zapowiednik ŁDZ 54 Td 40
Zaprażyn DLS 52 Sb 41
Zapusta MAZ 69 Wd 42
Zapusta Wielka ŁDZ 54 Te 39
Zapustek KPM 30 Te 32
Zarabie MŁP 77 Uf 50
Zarabie MŁP 85 Va 50
Zarajec LBL 70 Xb 44
Zarajec Potocki LBL 70 Xb 44
Zarańsko ZPM 14 Qf 27
Zaraszów LBL 71 Xd 43
Zaręba Dolna DLS 62 Qb 42
Zaręba Górna DLS 61 Qb 42
Zarębice SLK 67 Ud 44
Zarębin MAZ 44 Vc 34
Zarębki MŁP 77 Ud 49
Zarębki PKR 80 We 47
Zarębki, Łętownia- MŁP 85 Ue 50
Zarębowo KPM 30 Td 32
Zarębów ŁDZ 43 Ue 35
Zaręby MAZ 33 Vf 31
Zaręby MAZ 33 Wa 29
Zaręby MAZ 45 Ve 36
Zaręby PDL 47 Xf 33
Zaręby-Bolędy MAZ 34 Xb 31
Zaręby-Jartuzy PDL 34 Xa 31
Zaręby Kościelne MAZ 34 Xa 32
Zaręby-Kramki PDL 35 Xb 31
Zaręby-Łętownica PDL 34 Xb 31
Zaręby-Warchoły MAZ 34 Xb 31
Zaręka LBL 72 Za 45
Zarogów MŁP 77 Va 46
Zarośle KPM 18 Tf 27
Zarośle Cienkie KPM 30 Tc 30
Zaróg SLK 67 Ue 44
Zarów DLS 63 Rc 43
Zarównie PKR 79 Wd 46
Zarszyn MŁP 78 Vb 46
Zarszyn PKR 87 Xa 51
Zarudki LBL 58 Wf 41
Zarudnia LBL 60 Yd 41
Zarudzie LBL 71 Ya 44
Zaruzie PDL 34 We 30
Zaryń WKP 42 Td 34
Zaryte LBL 58 Wf 38
Zaryte MŁP 84 Uf 51
Zarzecie, Jabłoń- PDL 35 Xd 31
Zarzeczany PDL 36 Ye 30
Zarzecze ŁDZ 54 Ub 41
Zarzecze LBL 58 Wf 40
Zarzecze LBL 60 Yc 41
Zarzecze MŁP 77 Ue 46
Zarzecze MŁP 85 Vc 51
Zarzecze PDL 11 Xe 23
Zarzecze PKR 70 Xb 45
Zarzecze PKR 80 Wf 49
Zarzecze PKR 81 Xd 49
Zarzecze PKR 86 Wc 50
Zarzecze POM 16 Se 26
Zarzecze SLK 76 Te 49
Zarzecze SLK 76 Tf 47
Zarzecze SLK 77 Ud 46
Zarzecze SLK 83 Ub 50
Zarzecz Ulański LBL 58 Xc 38
Zarzeka, Wąwolnica- LBL 58 Xa 41
Zarzetka MAZ 46 We 33
Zarzew WKP 42 Ta 36
Zarzęcin ŁDZ 55 Uf 40
Zarzyce DLS 64 Rf 44
Zarzyce Wielkie MŁP 77 Ue 49
Zasadki KPM 31 Ud 30
Zasadne MŁP 85 Vb 51
Zasadzie SWK 78 Vf 46
Zasań MŁP 77 Va 50
Zasiadały MAZ 58 We 37
Zasiadki LBL 47 Xe 36
Zasieki LBU 49 Pe 38
Zaskale MŁP 84 Uf 52
Zaskale SWK 68 Ve 43
Zaskocz KPM 31 Va 29
Zaskrodzie PDL 21 Xa 28
Zasław PKR 87 Xb 51
Zasole, Łęki- SLK 76 Ub 49
Zasonie MAZ 33 Vd 32
Zasów PKR 79 Wb 48
Zaspa POM 6 Td 22
Zaspicze PDL 23 Ye 28
Zaspy Małe ZPM 14 Ra 24
Zaspy Wielkie ZPM 14 Rb 24
Zastań ZPM 13 Pe 25
Zastaw LBL 71 Yb 42
Zastawa, Adamowo- PDL 48 Ya 34
Zastawie KPM 31 Uc 28
Zastawie LBL 58 Xa 37
Zastawie LBL 71 Xe 44
Zastawie LBL 71 Yc 43
Zastawie MAZ 34 Wd 31
Zastawie MAZ 34 Xa 32
Zastawie WKP 41 Sf 35
Zastawie, Dzierzkowice- LBL 70 Xa 43
Zastawie, Gorajec- LBL 71 Xe 44
Zastawki LBL 70 Xa 42
Zastawno WMZ 7 Ud 23
Zastocze LBL 70 Wf 43
Zastocze PDL 35 Xf 29
Zastów MŁP 77 Va 48
Zastów Karczmiski LBL 58 Wf 41
Zastów Polanowski LBL 58 Wf 41
Zastronie MAZ 56 Vf 41
Zastruże MAZ 57 Wa 38
Zastruże WKP 42 Ta 35
Zaszków MAZ 47 Xc 33
Zaszosie, Cierno- SWK 68 Vb 45
Zaścianki LBL 47 Xe 36
Zaścianki WMZ 7 Ue 23
Zaścienie MAZ 45 Wc 34
Zatom WKP 27 Qf 33
Zatom ZPM 27 Qf 30
Zatonie DLS 61 Pf 43
Zatonie LBU 50 Qd 37
Zatoń Dolny ZPM 25 Pb 30
Zatopolice MAZ 57 Wa 40
Zator MAZ 44 Vc 37
Zator MŁP 77 Uc 49
Zatorowizna MAZ 31 Ud 30
Zatory MAZ 45 Wb 33
Zatwarnica PKR 88 Xd 53
Zatyki WMZ 22 Xd 25
Zatyle LBL 82 Yc 46
Zawada DLS 52 Sd 41
Zawada KPM 29 Se 29
Zawada KPM 30 Ta 29
Zawada KPM 43 Ub 34
Zawada ŁDZ 43 Ua 36
Zawada ŁDZ 55 Uf 39
Zawada LBL 58 Xa 41
Zawada LBL 59 Xd 39
Zawada LBL 71 Ya 44
Zawada LBU 38 Pe 37
Zawada LBU 38 Qd 37
Zawada MAZ 56 Vd 40
Zawada MŁP 77 Ud 47
Zawada MŁP 78 Vc 49
Zawada MŁP 79 Wa 49
Zawada MŁP 85 Ve 51
Zawada OPL 65 Sf 44
Zawada OPL 66 Td 44
Zawada OPL 75 Se 46
Zawada PKR 79 Wc 48
Zawada SLK 66 Ua 44
Zawada SLK 66 Ub 44
Zawada SLK 67 Uc 43
Zawada SLK 67 Uc 45
Zawada SLK 67 Ue 45
Zawada SLK 75 Tc 48
Zawada SLK 76 Te 46
Zawada SLK 76 Te 48
Zawada SWK 68 Ve 45
Zawada SWK 69 We 43
Zawada WKP 28 Rd 29
Zawada, Kolonia LBL 71 Ya 44
Zawada Książęca SLK 75 Tb 48
Zawada Lanckorońska MŁP 78 Ve 49
Zawada Uszewska MŁP 78 Vd 49
Zawadka LBL 81 Xe 46
Zawadka MŁP 85 Uf 50
Zawadka MŁP 85 Vb 50
Zawadka PKR 80 We 49
Zawadka PKR 86 Wc 51
Zawadka PKR 88 Xc 51
Zawadka WKP 42 Tf 35
Zawadka Brzostecka PKR 79 Wc 49
Zawadka Rymanowska PKR 87 We 51
Zawadki LBL 47 Xf 36
Zawadki LBL 81 Yb 46
Zawadów ŁDZ 55 Uc 41
Zawadówka LBL 59 Ya 40
Zawadówka LBL 71 Yc 42
Zawady ŁDZ 44 Uf 36
Zawady ŁDZ 54 Tc 39
Zawady ŁDZ 54 Tf 40
Zawady ŁDZ 55 Ue 37
Zawady ŁDZ 56 Va 38
Zawady ŁDZ 56 Vb 39
Zawady ŁDZ 56 Vc 37
Zawady LBL 82 Yd 46
Zawady MAZ 32 Vb 30
Zawady MAZ 33 Vd 30
Zawady MAZ 33 Wb 29
Zawady MAZ 33 Wb 31
Zawady MAZ 45 Wa 35
Zawady MAZ 45 Wb 34
Zawady MAZ 46 Wf 34
Zawady MAZ 46 Xb 33
Zawady MAZ 47 Xc 34
Zawady MAZ 47 Xd 35
Zawady MAZ 56 Ve 40
Zawady PDL 34 Xa 30
Zawady PDL 35 Xd 30
Zawady PDL 35 Xf 30
Zawady PDL 35 Ya 32
Zawady SLK 66 Tf 42
Zawady WKP 28 Rf 32
Zawady WKP 52 Rf 39
Zawady WKP 53 Ta 40
Zawady WMZ 10 Xa 23
Zawady, Popielżyn- MAZ 45 Vd 33
Zawady Dworskie MAZ 33 Vf 32
Zawady Dworskie MAZ 33 Wa 31
Zawady Ełckie WMZ 21 Xb 25
Zawady-Huta MAZ 33 Wa 31
Zawady-Kolonia ŁDZ 54 Tf 40
Zawady Oleckie WMZ 10 Xb 24
Zawady-Tworki WMZ 22 Xd 26
Zawadzkie OPL 65 Tc 45
Zawadzki Las ŁDZ 54 Tf 40
Zawały KPM 30 Tf 31
Zawarza SWK 78 Vc 46
Zawąlów LBL 72 Yd 44
Zawda KPM 18 Ua 27
Zawdzka Wola KPM 18 Ub 27
Zawichost SWK 70 Wf 44
Zawidowice DLS 64 Sc 42
Zawidowice WKP 53 Sf 37
Zawidów DLS 61 Qa 42
Zawidy WMZ 20 Wa 24
Zawidza SWK 69 Wc 45
Zawidz Kościelny MAZ 32 Uf 32
Zawidz Mały MAZ 32 Uf 32
Zawieprzyce LBL 59 Xe 40
Zawieprzyce, Kolonia- LBL 59 Xe 40
Zawiercie SLK 77 Uc 46
Zawierki PDL 36 Yb 30
Zawierzbie SWK 69 We 45
Zawisna SLK 66 Ua 44
Zawisty MAZ 35 Xc 32
Zawisty Dzikie MAZ 34 Xa 32
Zawisty Nadbużne MAZ 34 Xa 32
Zawisty Podleśne MAZ 34 Xa 32
Zawisza KPM 29 Ta 30
Zawisze LBU 38 Qb 36
Zawiszyce OPL 75 Sf 47
Zawiszyn MAZ 46 We 34
Zawiścice DLS 51 Rd 39
Zawiść OPL 65 Sf 43
Zawiść SLK 76 Te 48
Zawitała LBL 58 Xa 38
Zawoda LBL 72 Yc 43
Zawodne MAZ 56 Vf 37
Zawodnia WKP 53 Tb 38
Zawodzie ŁDZ 55 Ue 39
Zawodzie MŁP 85 Vc 52
Zawodzie SLK 66 Ub 44
Zawodzie SLK 76 Ua 47
Zawoja MŁP 84 Ud 51
Zawonia DLS 52 Sb 41
Zawonia MAZ 56 Ve 41
Zawory POM 5 Ta 23
Zawory WKP 40 Sa 36
Zawóz PKR 88 Xc 52
Zawyki PDL 35 Ya 31
Zazamcze KPM 43 Ua 33
Zazdrość MAZ 44 Vc 36
Zazdrość SLK 76 Te 48
Zaździerz MAZ 43 Ue 34
Zażelazna MAZ 46 Xb 36
Zazółkiew LBL 71 Ya 43
Ząb MŁP 84 Uf 52
Ząbinowice POM 5 Sd 24
Ząbki MAZ 45 Wa 35
Ząbkowice SLK 76 Ub 46
Ząbkowice Śląskie DLS 63 Re 45
Ząbków MAZ 46 Xa 34
Ząbrowiec WMZ 19 Uf 24
Ząbrowo POM 18 Ub 24
Ząbrowo WMZ 18 Uc 27
Ząbrowo ZPM 14 Qd 25
Ząbrowo ZPM 2 Qd 24
Zągoty MAZ 44 Ue 33
Zbaków Dolny DLS 51 Re 39
Zbaków Górny DLS 51 Re 39
Zbarzewo WKP 51 Rc 37
Zbąszynek LBU 39 Qe 35
Zbąszyń WKP 39 Qf 35
Zbeltowice SWK 78 Vd 47
Zbeniny POM 16 Sd 26
Zbereżka SLK 67 Uc 43
Zberki WKP 41 Sc 35
Zberoż MAZ 33 Ve 30
Zberzyn WKP 42 Ta 34
Zbęchy WKP 40 Rf 36
Zbęchy-Pole WKP 40 Rf 37
Zbędowice LBL 58 Xa 40
Zbiczno KPM 31 Uc 28
Zbiersk WKP 53 Ta 37
Zbiersk-Cukrownia WKP 53 Ta 37
Zbiersk-Kolonia WKP 42 Tb 37
Zbietka WKP 29 Sb 32
Zbigniewice SWK 69 Wd 45
Zbijów Duży MAZ 69 Vf 41
Zbijów Mały SWK 69 Wa 42
Zbiroża MAZ 56 Vd 37
Zblewo POM 17 Tb 25
Zbludowice SWK 78 Ve 46
Zbludza MŁP 85 Vc 51
Zblutowo PDL 22 Xe 28
Zboiska MAZ 44 Vd 37
Zboiska PKR 87 Xa 51
Zborczyce MŁP 78 Vb 49
Zborowice DLS 64 Sb 44
Zborowice MŁP 86 Vf 50
Zborowskie ŁDZ 54 Te 38
Zborowskie SLK 66 Te 44
Zborów ŁDZ 54 Tf 40
Zborów SWK 78 Vf 46
Zborów WKP 53 Tb 37
Zbory SLK 66 Tf 42
Zboże KPM 16 Sd 28
Zbożenna MAZ 56 Ve 40
Zbójna PDL 34 We 29
Zbójno KPM 31 Ua 30
Zbójno MAZ 32 Ue 32
Zbójno SWK 68 Va 42
Zbójno WKP 43 Tf 35
Zbrachlin KPM 30 Ta 29
Zbrachlin KPM 30 Tf 32
Zbrodzice SWK 78 Ve 46
Zbrojew SWK 68 Ve 42
Zbrojewsko SLK 66 Te 43
Zbrojów LBU 50 Qb 38
Zbrosławice SLK 76 Te 46
Zbrosza Duża MAZ 57 Vf 38
Zbroszki MAZ 45 Vf 33
Zbrudzewo WKP 40 Sa 36
Zbrza SWK 68 Vd 44
Zbrzezica PDL 34 Xa 30
Zbucz PDL 36 Yc 32
Zbuczynka MAZ 47 Xc 36
Zbuczyn Poduchowny MAZ 47 Xc 36
Zbulitów LBL 59 Xe 38
Zbychowice OPL 75 Sf 46
Zbychowo POM 6 Tb 21
Zbyczyce SLK 67 Ud 44
Zbyczyn MAZ 58 We 39
Zbyczyna WKP 65 Se 41
Zbydniów MŁP 78 Vb 49
Zbydniów PKR 70 Wf 45
Zbylczyce ŁDZ 43 Tf 36
Zbylitowska Góra MŁP 78 Vf 49
Zbylutów DLS 62 Qe 42
Zbyłowice ŁDZ 67 Uf 42
Zbyszewo KPM 43 Ub 33
Zbyszno Wielkie MAZ 44 Vb 33
Zbyszyce MŁP 85 Ve 50
Zbytkowo KPM 31 Ua 32
Zbytków SLK 76 Te 49
Zbytowa DLS 64 Sc 42
Zbytowo KPM 42 Ta 33
Zdanowice SWK 68 Vb 44
Zdanów DLS 63 Rd 45
Zdanów SWK 69 Wd 44
Zdany MAZ 47 Xc 36
Zdbice ZPM 15 Rc 28
Zdbowo ZPM 27 Rb 29
Zdedy WMZ 21 Xb 26
Zdonia MŁP 78 Ve 49
Zdory WMZ 21 We 26
Zdrada POM 6 Tb 20
Zdrapy LBL 70 Xc 43
Zdrapy LBL 70 Xd 42
Zdrochec MŁP 78 Ve 48
Zdroje KPM 17 Tb 27
Zdroje KPM 31 Ud 29
Zdroje MAZ 32 Vc 30
Zdroje PDL 23 Yb 28
Zdroje ZPM 13 Pd 28
Zdroje, Kąty- MAZ 46 Wd 36
Zdrojewo KPM 17 Te 27
Zdrowa SLK 67 Ub 43
Zdrój, Czerniawa- DLS 62 Qb 43
Zdrój, Długopole- DLS 73 Rd 47
Zdrój, Duszniki DLS 73 Rc 46
Zdrój, Jedlina- DLS 63 Rc 44
Zdrój, Jerzmanice- DLS 62 Qf 42
Zdrój, Lądek DLS 74 Rf 46
Zdrój, Opolno- DLS 61 Pf 43
Zdrój, Polanica DLS 73 Rd 46
Zdrój, Przerzeczyn- DLS 64 Re 44
Zdrój, Szczawno- DLS 63 Rb 44
Zdrój, Świeradów- DLS 62 Qc 43
Zdrój, Wieniec- KPM 43 Tf 33
Zdrzewno POM 5 Se 20
Zdrzychów ŁDZ 54 Ua 37
Zdunków MAZ 58 We 40
Zdunowice POM 5 Se 23
Zdunowo WMZ 21 We 27
Zdunów SWK 68 Vd 42
Zdunówek MAZ 32 Vb 32
Zduny KPM 31 Ud 30
Zduny ŁDZ 44 Ue 36
Zduny POM 17 Td 24
Zduny WKP 52 Sc 39
Zduńska Wola ŁDZ 54 Tf 39
Zdwórz MAZ 43 Ud 34
Zdynia MŁP 86 Wb 52
Zdyszewice ŁDZ 56 Va 41
Zdziarka MAZ 44 Vc 34
Zdziar Wielki MAZ 44 Va 33
Zdziarzec MŁP 79 Wb 47
Zdziebórz MAZ 45 Wb 33
Zdziechowa WKP 41 Sd 33
Zdziechowice OPL 65 Tc 42
Zdziechowice PKR 70 Xa 44
Zdziechowice WKP 41 Sb 35
Zdziechów MAZ 56 Vf 41
Zdziechów Stary ŁDZ 54 Ub 38
Zdzieci Nowe SWK 79 Wb 46
Zdzieci Stare SWK 79 Wb 46
Zdzierczyzna WKP 53 Tc 40
Zdziesławice MŁP 77 Va 48
Zdzieszowice OPL 75 Ta 46
Zdzieszulice ŁDZ 55 Uc 40
Zdziętawy WKP 52 Sa 38
Zdziłowice LBL 70 Xd 44
Zdzisławice LBL 71 Xd 45
Zdżarka LBL 60 Yc 40
Zdżary ŁDZ 55 Uc 38
Zdżary MŁP 79 Wa 47
Zdżary PKR 79 Wb 48
Zebrdowo POM 18 Tf 27
Zebrzydowa DLS 50 Qc 41
Zebrzydowice MŁP 77 Ue 49
Zebrzydowice SLK 76 Td 49
Zebrzydów DLS 63 Rd 43
Zederman MŁP 77 Ud 47
Zegadły PDL 35 Xc 31
Zegrze Południowe MAZ 45 Wa 34
Zegrze Pomorskie ZPM 14 Rb 24
Zegrze Północne MAZ 45 Wa 34
Zelczyna MŁP 77 Ue 49
Zele POM 6 Tc 20
Zelewo POM 5 Ta 21
Zelgniewo WKP 28 Rf 29
Zelgno KPM 30 Te 29
Zelgoszcz ŁDZ 55 Ud 37
Zelgoszcz POM 17 Tc 26
Zelki WMZ 21 Xa 25
Zelki Dąbrowe MAZ 33 Wa 32
Zelków MŁP 77 Ue 48
Zelów ŁDZ 54 Ub 40
Zelówek ŁDZ 54 Ub 40
Zelwa PDL 23 Yc 24
Zemborzyce Górne LBL 70 Xc 41
Zemborzyce Kościelne LBL 70 Xd 41
Zemborzyce Podleśne LBL 70 Xd 41
Zemborzyce Tereszyńskie LBL 70 Xc 41
Zemborzyce Wojciechowskie LBL 70 Xc 41
Zemborzyn Drugi MAZ 69 We 42
Zemborzyn Pierwszy MAZ 69 We 42
Zembrów MAZ 47 Xb 33
Zembry LBL 47 Xd 36
Zembrze KPM 31 Ud 29
Zembrzus-Mokry Grunt WMZ 33 Vd 29
Zembrzus Wielki MAZ 33 Ve 30
Zemsko LBU 38 Qc 33
Zemsko WKP 40 Rd 35
Zendek SLK 76 Ua 46
Zenonów MAZ 45 Wb 34
Zeńbok MAZ 32 Vd 31
Zezulin LBL 59 Xf 40
Zezulin-Kolonia LBL 59 Xf 40
Zębców WKP 53 Se 39
Zębice DLS 64 Sa 42
Zęblewo POM 5 Ta 22
Zębowice OPL 65 Tc 44
Zębowiec KPM 31 Tf 31
Zębowo KPM 31 Tf 30
Zębowo POM 4 Rf 22
Zębowo WKP 39 Ra 34
Zgagowo MAZ 32 Ue 31
Zgierz ŁDZ 55 Uc 37
Zgierzynka WKP 39 Rb 34
Zglechów MAZ 46 We 36
Zglenice Duże MAZ 31 Ud 32
Zgliczyn-Glinki MAZ 32 Va 31
Zgliczyn-Pobodzy MAZ 32 Va 31
Zgliczyn-Witowy MAZ 32 Va 31
Zgliniec WKP 40 Re 37
Zglinna Duża ŁDZ 56 Vb 37
Zgłęczewo Szlacheckie MAZ 34 Xb 32
Zgłobice MŁP 79 Vf 49
Zgłobień PKR 80 Wf 48
Zgłowiączka KPM 42 Te 33
Zgniła Struga LBL 59 Ya 41
Zgniłe Błoto ŁDZ 54 Ub 38
Zgniłobłoty KPM 31 Vb 29
Zgniłocha WMZ 19 Vd 27
Zgoda ŁDZ 43 Ub 34
Zgoda ŁDZ 43 Ue 36
Zgoda LBL 70 Wf 42
Zgoda PKR 81 Xe 48
Zgojewo POM 4 Sb 21
Zgon WMZ 20 Wc 27
Zgoń SLK 76 Tf 48
Zgorzałe POM 5 Sf 23
Zgorzelec DLS 61 Qa 42
Zgorzelec WKP 65 Sf 42
Zgórsko SWK 68 Vd 44
Zgórze ŁDZ 43 Uc 35
Zgórznica LBL 46 Wf 37
Zgrzebichy MAZ 46 Wf 33
Zgrzecz Łukowski LBL 58 Xd 37
Ziąbki ŁDZ 44 Vb 36
Zielątkowo WKP 40 Re 33
Zielenica WMZ 8 Vd 23
Zielenice DLS 64 Rf 44
Zielenice MŁP 78 Vb 47
Zieleniec DLS 73 Rc 46
Zieleniec ŁDZ 43 Ua 35
Zieleniec LBU 26 Qb 32
Zieleniec MAZ 43 Ub 34
Zieleniec MAZ 46 Wf 33
Zieleniec OPL 65 Se 43
Zieleniec WMZ 20 Wa 28
Zieleniew ŁDZ 43 Ub 35
Zieleniewo ZPM 13 Pf 28
Zieleniewo ZPM 15 Rb 24
Zieleniewo ZPM 2 Qd 24
Zieleniewo ZPM 27 Qd 30
Zieleń KPM 31 Tf 29
Zieleń WKP 41 Sf 33
Zieleńcice ŁDZ 54 Ua 39
Zielęcice OPL 64 Sc 43
Zielęcin ŁDZ 54 Td 38
Zielęcin ŁDZ 66 Ua 41
Zielęcin WKP 39 Rc 35
Zielin POM 4 Sa 23
Zielin ZPM 25 Pd 32
Zielina OPL 75 Se 46
Zieliniec WKP 41 Sd 35
Zielińsk KPM 42 Te 33
Zielkowice ŁDZ 44 Uf 36
Zielkowo WMZ 19 Ue 27
Zielnica ZPM 4 Rd 23
Zielniki WKP 41 Sb 35
Zielnowo KPM 30 Tf 28
Zielnowo ZPM 3 Rc 22
Zielomyśl LBU 39 Qe 33
Zielona MAZ 32 Ue 30
Zielona MAZ 32 Vd 32
Zielona MAZ 33 Vf 31
Zielona MŁP 78 Vc 48
Zielona PDL 36 Yf 30
Zielona SLK 66 Tf 45
Zielona Chocina POM 16 Sc 25
Zielona Góra LBU 38 Qc 37
Zielona Góra POM 17 Tc 25
Zielona Góra WKP 28 Rd 32
Zielona Huta POM 16 Sc 25
Zielona Łąka WKP 53 Se 37
Zielona Wieś WKP 52 Rf 39
Zielonczyn KPM 29 Se 30
Zielonczyn ZPM 13 Pe 26
Zielone LBL 72 Yb 46
Zielone Kamedulskie PDL 22 Xf 24
Zielone Królewskie Pierwsze PDL 22 Xf 24
Zielonka DLS 49 Qa 41
Zielonka KPM 17 Ta 27
Zielonka LBL 58 We 39
Zielonka MAZ 45 Wa 35
Zielonka MAZ 56 Vd 40
Zielonka PKR 80 Xa 47
Zielonka WKP 40 Sa 33
Zielonka WMZ 20 Wa 27
Zielonka Pasłęcka WMZ 18 Ue 25
Zielonki MAZ 45 Ve 35
Zielonki MŁP 77 Uf 48
Zielonki SWK 68 Va 45
Zielonowo WKP 27 Rb 31
Zielonowo WMZ 19 Vc 27
Zielony Kąt LBL 58 Xa 39
Zieluń MAZ 32 Uf 29
Ziemaki, Mieczki- MAZ 34 Wf 30
Ziemblice SWK 69 Wa 45
Ziembów ŁDZ 56 Vb 40
Ziemiany WMZ 10 Xa 23
Ziemiany, Łopiennik- LBL 71 Ya 42
Ziemiełowice OPL 65 Se 42
Ziemięcice SLK 76 Te 46
Ziemięcin WKP 54 Td 37
Ziemin WKP 39 Rc 36
Ziemlin WKP 52 Rf 38
Ziemnice WKP 40 Re 37
Ziemomyśl A ZPM 26 Qb 29
Ziempniów PKR 79 Wb 47
Zienie MAZ 47 Xe 35
Zienki LBL 59 Ya 40
Ziewanice ŁDZ 43 Ue 37
Ziębice DLS 64 Sa 45
Zięby WMZ 8 Vc 23
Zimin WKP 40 Sa 35
Zimna PDL 21 We 28
Zimna Brzeźnica LBU 50 Qe 39
Zimna Woda DLS 51 Ra 41
Zimna Woda ŁDZ 43 Ub 37
Zimna Woda ŁDZ 55 Uc 38
Zimna Woda PKR 86 Wd 50
Zimna Wódka OPL 75 Tb 46
Zimne Zdroje POM 17 Ta 26
Zimnica DLS 64 Sc 42
Zimnice MAZ 56 Vd 37
Zimnice Małe OPL 65 Sf 45
Zimnice Wielkie OPL 65 Sf 45
Zimnnowoda SWK 69 Wb 45
Zimno LBL 72 Ye 45
Zimnodół MŁP 77 Ud 47
Zimnowoda SLK 66 Te 42
Zimolza MAZ 32 Ue 31
Zimotki WKP 42 Td 37
Zimowiska POM 4 Rf 21
Ziomaki MAZ 46 Xa 35
Ziomaki MAZ 56 Vf 41
Ziomek MAZ 33 Wb 29
Ziółkowo PDL 22 Xe 25
Ziółkowo WKP 52 Sa 38
Ziółków LBL 59 Xe 41
Zleszyn ŁDZ 43 Ud 35
Złakowo ZPM 4 Re 21
Złaków Borowy ŁDZ 44 Ue 35
Złaków Kościelny ŁDZ 44 Ue 35
Złatna SLK 83 Ua 51
Złatna SLK 83 Ub 52
Zławieś Mała KPM 30 Tc 30
Zławieś Wielka KPM 30 Tb 30
Złochowice SLK 66 Tf 43
Złocieniec ZPM 14 Ra 27
Złockie MŁP 86 Vf 52
Złoczew ŁDZ 54 Td 40
Złodziejewo WKP 41 Sc 35
Złojec LBL 71 Ya 44
Złota ŁDZ 56 Va 38
Złota MAZ 44 Va 35
Złota MŁP 78 Ve 49
Złota SWK 69 We 45
Złota SWK 78 Vd 46
Złota Góra MAZ 56 Ve 37
Złota Woda SWK 69 Wa 44
Złotki MAZ 46 Wf 33
Złotki, Szlasy- MAZ 33 Wa 32
Złotki-Przeczki MAZ 35 Xc 32
Złotkowo WKP 40 Rf 33
Złotkowy WKP 42 Tb 36
Złotków WKP 42 Ta 34
Złotna WMZ 19 Uf 25
Złotne MŁP 85 Ve 51
Złotnik LBU 50 Qb 38
Złotniki DLS 64 Rf 42
Złotniki KPM 29 Se 32
Złotniki ŁDZ 43 Uc 35
Złotniki ŁDZ 54 Ua 37
Złotniki MŁP 78 Vb 48
Złotniki OPL 65 Sf 45
Złotniki PDL 36 Ya 31
Złotniki PKR 79 Wc 47
Złotniki SWK 68 Vb 44
Złotniki WKP 40 Rf 34
Złotniki WKP 53 Tc 38
Złotniki Kujawskie KPM 30 Ta 31
Złotniki Lubańskie DLS 62 Qc 42
Złotniki Małe WKP 53 Ta 37
Złotniki Wielkie WKP 53 Tb 37
Złotno DLS 73 Rc 46
Złotogłowice OPL 74 Sc 45
Złotokłos MAZ 45 Vf 36
Złotopole KPM 31 Ua 31
Złotopole MAZ 32 Va 32
Złotopolice MAZ 44 Vd 34
Złotoria KPM 30 Te 31
Złotoria PDL 35 Xf 29
Złotoryja DLS 62 Qf 42
Złotowizna ŁDZ 54 Td 39
Złotowo KPM 42 Tc 33
Złotowo MAZ 32 Va 31
Złotowo POM 16 Sf 26
Złotowo POM 18 Ub 24
Złotowo WMZ 19 Ue 27
Złotowo ZPM 27 Ra 29
Złotów DLS 52 Sb 40
Złotów WKP 15 Sa 28
Złoty Potok DLS 62 Qc 42
Złoty Stok DLS 73 Rf 46
Złowody KPM 31 Ub 32
Złożeniec SLK 77 Ud 46
Złych Miejsc, Małachowo- WKP 41 Se 34
Zmichy, Kisielany- MAZ 46 Xb 35
Zmiennica PKR 87 Wf 50
Zmożna Wola ŁDZ 55 Ue 41
Zmysłówka PKR 80 Xc 48
Zmyślona ŁDZ 66 Te 41
Zmyślona Ligocka WKP 53 Se 40
Zmyślona Parzynowska WKP 53 Sf 40
Zmyślona Słupska WKP 65 Ta 41
Zochcin SWK 69 Wc 44
Zofian LBL 58 Xc 40
Zofianka LBL 58 Xa 41
Zofianka Górna LBL 70 Xc 44
Zofianów ŁDZ 56 Vc 38
Zofianówka LBL 58 Xc 39
Zofiewo KPM 31 Ud 30
Zofinin MAZ 46 Wd 34
Zofiowo WKP 28 Rd 31
Zofiów ŁDZ 56 Vc 38
Zofiówka ŁDZ 55 Uc 39
Zofiówka PDL 35 Xf 28
Zofiówka SWK 69 Vf 45
Zofiówka SWK 79 Wa 46
Zofipole MŁP 78 Vb 48
Zopowa OPL 75 Se 48
Zosin LBL 58 Xa 39
Zosin LBL 70 Xa 42
Zosin LBL 72 Za 43
Zosinek LBL 70 Xb 42
Zosinowo LBL 59 Xd 37
Zosiny, Budy- MAZ 44 Vc 36
Zrąbiec ŁDZ 67 Ud 42
Zrecze Duże SWK 68 Ve 45
Zrębice SLK 67 Ub 44
Zrębin SWK 79 Wb 46
Zręby PDL 11 Xe 24
Zręcin PKR 87 We 50
Zręczyce MŁP 78 Vb 49
Zubki PDL 36 Ye 30
Zubki Duże ŁDZ 56 Vb 38
Zubki Małe ŁDZ 56 Vb 38
Zubocze PDL 48 Yb 34
Zubowice LBL 72 Yd 45
Zubowo PDL 36 Yb 31
Zubry PDL 36 Ye 30
Zubrzyca PDL 23 Ye 28
Zubrzyca Dolna MŁP 84 Ue 51
Zubrzyca Górna SLK 84 Ud 51
Zubrzyce OPL 75 Se 48
Zubrzyk MŁP 85 Ve 52
Zuchowice ŁDZ 67 Ud 41
Zucielec PDL 35 Xe 28
Zusno PDL 11 Xe 24
Zuzanów MAZ 57 Wc 37
Zuzela MAZ 34 Xb 32
Zuzuowy ŁDZ 67 Uf 42
Zwaków SLK 76 Tf 48
Zwalewo, Stawiszyn- MAZ 32 Ue 31
Zwanowice OPL 64 Sd 44
Zwarcienko POM 5 Sf 20
Zwardoń SLK 83 Tf 51
Zwartowo POM 5 Se 20
Zwartowo ZPM 14 Qe 25
Zwartówko POM 5 Se 20
Zwiartów LBL 72 Yd 45
Zwiartówek LBL 72 Yd 45
Zwiastowice OPL 75 Sf 46
Zwiernik PKR 79 Wb 49
Zwierzany PDL 23 Yd 28
Zwierzchów ŁDZ 55 Uc 40
Zwierzeńskie Pole WMZ 18 Uc 24
Zwierzewo WMZ 19 Va 26
Zwierzno WMZ 18 Uc 24
Zwierzyn LBU 27 Qd 31
Zwierzynek ZPM 13 Qc 27
Zwierzyniec KPM 17 Ta 26
Zwierzyniec ŁDZ 55 Uc 39
Zwierzyniec LBL 71 Xf 45
Zwierzyniec LBU 50 Qf 38
Zwierzyniec MAZ 45 Wb 34
Zwierzyniec, Wólka- MAZ 33 Wa 30
Zwierzyniec Drugi SLK 66 Te 43
Zwierzyniec Mały PDL 23 Yb 27
Zwierzyniec Pierwszy SLK 66 Te 43
Zwierzyniec Trzeci SLK 66 Te 43
Zwierzyniec Wielki PDL 23 Yb 27
Zwierzyń PKR 87 Xc 52
Zwierzyń ZPM 26 Qc 30
Zwięczyca PKR 80 Wf 48
Zwiniarz WMZ 19 Uf 28
Zwlecza SWK 67 Ue 44
Zwola MAZ 58 Wf 37
Zwola MŁP 69 Wb 43
Zwola Poduchowna MAZ 58 Wf 37
Zwoleń MAZ 43 Ua 34
Zwoleń MAZ 57 Wd 40
Zwonowice SLK 75 Tc 48
Zwódne LBL 71 Yb 44
Zwrócona DLS 63 Re 45
Zybułtowo WMZ 19 Vb 28
Zychy SWK 68 Vb 42
Zydlung WMZ 8 Vf 23
Zydlung ZPM 14 Qd 26
Zygląg WKP 15 Rf 28
Zygmuntowo MAZ 32 Vb 32
Zygmuntowo MAZ 33 Ve 31
Zygmuntowo WKP 42 Ta 34
Zygmuntów ŁDZ 54 Tc 40
Zygmuntów LBL 71 Xf 43
Zygmuntów MAZ 56 Vd 40
Zygmunty MAZ 57 Wd 38
Zygmunty PDL 35 Xe 29
Zygmunty, Tereszpol- LBL 71 Xf 45
Zygodowice MŁP 77 Ud 49
Zygry ŁDZ 54 Tf 38
Zyndaki WMZ 20 Wb 25
Zyndranowa PKR 87 We 52
Zyngierówka LBL 71 Yb 42
Zynie LBL 81 Xe 46
Zyski, Łopienie- PDL 35 Xe 31
Zysławice SWK 78 Vd 47
Zyznowo MAZ 34 Wf 30

Ź

Żabia Wola Druga LBL 70 Xd 42
Źdów SLK 67 Ud 45
Ździary PKR 70 Xb 45
Źlinice OPL 65 Sf 45
Źrabki PDL 22 Xe 26
Źrebce LBL 71 Xf 44
Źrebce MŁP 77 Uc 48
Źródła DLS 63 Re 42
Źródła KPM 31 Uc 32
Źródła MŁP 77 Ud 48

Ż

Żaba OPL 65 Se 43
Żabce LBL 47 Xe 36
Żabcze LBL 72 Za 45
Żabianka LBL 58 Xa 39
Żabianka MAZ 58 Wf 38
Żabia Wola MAZ 45 Ve 36
Żabia Wola MAZ 57 Vf 39
Żabia Wola Pierwsza LBL 71 Xd 42
Żabice DLS 51 Ra 40
Żabice DLS 51 Rb 39
Żabice LBU 38 Pe 33
Żabickie PDL 23 Yc 26
Żabiczyn MAZ 45 Vf 33
Żabiczyn WKP 29 Sc 32
Żabiec SWK 79 Wa 46
Żabieniec MAZ 45 Wa 36
Żabieniec MAZ 57 Wd 37
Żabieniec SLK 66 Ua 43
Żabieniec SWK 68 Vb 44
Żabienko KPM 41 Sf 33
Żabikowo Prywatne PDL 34 Xa 31
Żabików ŁDZ 43 Ud 35
Żabików LBL 58 Xd 38
Żabin DLS 51 Rc 39
Żabin MAZ 34 Wd 31
Żabin WMZ 10 Xa 23
Żabin ZPM 14 Ra 28
Żabinek ZPM 14 Ra 28
Żabiniec PDL 35 Xd 32
Żabinki WMZ 10 Wf 24
Żabinko WKP 40 Rf 35
Żabiny WMZ 32 Uf 28
Żabi Róg WMZ 19 Va 25
Żabnica SLK 83 Ua 51
Żabnica ZPM 12 Pd 29
Żabnik OPL 75 Se 46
Żabno LBL 71 Xe 43
Żabno MŁP 78 Vf 48
Żabno PKR 70 Wf 44
Żabno POM 16 Se 25
Żabno POM 17 Tc 25
Żabno POM 4 Sa 24
Żabno WKP 40 Rf 35
Żabowo MAZ 32 Uf 32
Żabowo ZPM 13 Qb 26
Żabów ZPM 26 Pf 29
Żabówko ZPM 13 Qb 26
Żaby ŁDZ 67 Uc 41
Żaby MAZ 44 Vd 35
Żachta ŁDZ 55 Ud 40

Żaganiec **LBU** 50 Qb 39
Żagań **LBU** 50 Qb 39
Żagliny **ŁDZ** 54 Ua 40
Żaki, Pieńki- **PDL** 34 Xb 32
Żaki, Szepietowo- **PDL** 35 Xd 31
Żakowice **KPM** 42 Te 33
Żakowice **ŁDZ** 43 Uc 35
Żakowice **ŁDZ** 55 Ue 38
Żakowice **WMZ** 18 Ub 26
Żakowo **POM** 5 Se 23
Żakowo **WKP** 40 Rd 37
Żakowola Poprzeczna **LBL** 59 Xe 37
Żakowola Radzyńska **LBL** 59 Xe 37
Żaków **MAZ** 46 Wd 36
Żakówka **MŁP** 86 Ve 51
Żale **PDL** 47 Xd 33
Żalęcino **ZPM** 26 Qa 29
Żalin **LBL** 60 Yd 41
Żalno **KPM** 16 Se 27
Żałe **KPM** 31 Ub 30
Żar **SLK** 77 Ub 50
Żarczyce **PDL** 47 Ya 34
Żarczyce Duże **SWK** 68 Vb 44
Żarczyce Małe **SWK** 68 Vb 44
Żarczyn **KPM** 29 Sd 31
Żarczyn **ZPM** 25 Pd 30
Żardawy, Smolany- **WMZ** 32 Vd 29
Żardeniki **WMZ** 20 Ve 25
Żardki **ŁDZ** 56 Vd 40
Żarka nad Nysą **DLS** 49 Qa 41
Żarki **MŁP** 77 Uc 48
Żarki **SLK** 67 Uc 45
Żarki-Letnisko **SLK** 66 Ub 45
Żarki Średnie **DLS** 49 Qa 41
Żarki Wielkie **LBU** 49 Pe 39
Żarkowo **POM** 4 Sb 22
Żarków **LBU** 38 Qa 37
Żarnowa **PKR** 80 We 49
Żarnowica Duża **ŁDZ** 55 Uf 40
Żarnowiec **PKR** 87 We 50
Żarnowiec **POM** 5 Ta 20
Żarnowiec **SLK** 77 Uf 46
Żarnowo **MAZ** 33 Vd 30
Żarnowo **ZPM** 13 Pd 26
Żarnowo Drugie **PDL** 22 Xf 26
Żarnowo Pierwsze **PDL** 22 Xf 26
Żarnowo Trzecie **PDL** 22 Xf 25
Żarnowska **POM** 5 Sd 20
Żarnów **ŁDZ** 56 Vb 41
Żarnówka **MAZ** 46 Wf 35
Żarnówka **MŁP** 85 Ue 50
Żarnówko **ZPM** 13 Pd 26
Żarowie **SWK** 68 Vc 42
Żarowo **WKP** 42 Tf 34
Żarowo **ZPM** 13 Pf 28
Żarów **OPL** 64 Sc 45
Żarówka **PKR** 79 Wb 48
Żarska Wieś **DLS** 49 Qa 41
Żary **LBU** 49 Qa 39
Żary **MŁP** 77 Ue 47
Żarzyn **LBU** 38 Qc 34
Żbik **MŁP** 77 Ud 48
Żbiki **MAZ** 33 Vf 31
Żbiki **WKP** 41 Se 37
Żbikowice **MŁP** 85 Vd 50
Żdanów **LBL** 71 Yb 44
Żdanówek **LBL** 71 Yb 44
Żdżanne **LBL** 72 Yc 42
Żdżarka **LBL** 60 Yc 40
Żdżarki **MAZ** 56 Vd 39
Żdżarów **MAZ** 44 Vb 35
Żdżary **ŁDZ** 65 Tb 41
Żdżary **LBL** 58 Xb 37
Żdżary **MAZ** 56 Vc 39
Żdżary **MAZ** 57 Wa 39
Żdżary **MAZ** 57 Wc 40
Żdżary **WKP** 42 Tb 36
Żdżary **ZPM** 13 Pe 27
Żebrak **MAZ** 46 Xa 36
Żebrak **MAZ** 57 Wd 37
Żebrówka **MAZ** 46 We 35
Żebry **MAZ** 34 Wc 30
Żebry **PDL** 22 Xc 28
Żebry **PDL** 34 Wf 30
Żebry, Piętki- **PDL** 35 Xd 32
Żebry-Chudek **MAZ** 34 Wc 30
Żebry-Falbogi **MAZ** 33 Vf 32
Żebry-Kolonia **MAZ** 35 Xc 32
Żebry-Laskowiec **MAZ** 35 Xc 32
Żebry-Perosy **MAZ** 34 Wc 30
Żebry-Sławki **MAZ** 33 Wc 30
Żebry Stara Wieś **MAZ** 33 Wc 30
Żebry-Wiatraki **MAZ** 33 Vf 32
Żebry Wielkie **PDL** 35 Xc 32
Żednia **PDL** 36 Yc 30
Żegary **PDL** 11 Yc 24
Żegiestów **MŁP** 85 Ve 52
Żegiestów-Zdrój **MŁP** 85 Ve 52
Żeglce **PKR** 87 Wd 51
Żegocin **WKP** 41 Se 36
Żegocin **WKP** 53 Ta 38
Żegocina **MŁP** 85 Vc 50
Żegocino **ZPM** 4 Rd 23
Żegotów **LBL** 71 Xf 42
Żegoty **MŁP** 77 Ud 48
Żegoty **WMZ** 20 Ve 24
Żegowo **WKP** 40 Rd 34
Żelazki **WMZ** 10 Xc 23
Żelazkowo **WKP** 41 Sd 34
Żelazków **WKP** 41 Sf 35
Żelazków **WKP** 53 Tb 37
Żelazna **ŁDZ** 56 Va 37
Żelazna **ŁDZ** 56 Vd 39
Żelazna **OPL** 64 Sc 44
Żelazna **OPL** 65 Sf 44
Żelazna **POM** 5 Sf 20
Żelazna Góra **WMZ** 8 Va 22
Żelazna Prywatna **MAZ** 33 Wa 29
Żelazna Rządowa **MAZ** 33 Wa 29
Żelazno **DLS** 73 Re 46
Żelazno **WKP** 40 Rf 37
Żelazny Most **DLS** 51 Rb 40
Żelazo **POM** 4 Sb 21
Żelazowa Wola **MAZ** 44 Vb 35
Żelazowice **ŁDZ** 56 Vb 41
Żelazów **MAZ** 46 Wf 34
Żelazówka **MŁP** 79 Vf 48
Żelaźnia **MAZ** 32 Uf 30
Żelaźniki **MAZ** 46 Xa 34
Żelechin **ŁDZ** 55 Va 38
Żelechlinek **ŁDZ** 55 Va 38
Żelechowa **ZPM** 12 Pd 28
Żelechowo **ZPM** 25 Pd 30
Żelechów **LBU** 38 Qc 35
Żelechów **MAZ** 45 Ve 36
Żelechów **MAZ** 57 Wb 37
Żelechów **MAZ** 58 Wf 38
Żelechy **MAZ** 44 Vc 32
Żelechy **PDL** 34 Xb 29
Żelewo **ZPM** 13 Pf 29
Żeleźnia **MAZ** 32 Vb 31
Żeleźnica **ŁDZ** 67 Va 43
Żeleźniki **DLS** 52 Sc 40
Żeleźnikowa Mała **MŁP** 85 Ve 51
Żeleźnikowa Wielka **MŁP** 85 Ve 51
Żeleźno **ZPM** 14 Ra 24
Żeleźnica **WKP** 28 Rf 29
Żelibórz Nowy **ZPM** 15 Re 24
Żelice **POM** 4 Rf 23
Żelice **WKP** 28 Sa 32
Żelichowo **POM** 6 Ua 23
Żelichowo **WKP** 27 Ra 31
Żelichów **MŁP** 78 Ve 47
Żelichów **ZPM** 25 Pb 31
Żelisław **LBU** 50 Qc 39
Żelisławice **SLK** 76 Ub 45
Żelisławice **SWK** 67 Uf 44
Żelisławie **ZPM** 14 Ra 27
Żelisławiec **ZPM** 26 Pe 29
Żelisławki **POM** 6 Td 24
Żelisław-Kolonia **ŁDZ** 53 Tc 39
Żelistrzewo **POM** 6 Tc 20
Żeliszew Duży **MAZ** 46 Wf 36
Żeliszewo **ZPM** 27 Qd 29
Żeliszew Podkościelny **MAZ** 46 Xa 36
Żeliszów **DLS** 50 Qd 41
Żelizna **LBL** 59 Xf 37
Żelki **POM** 4 Sa 22
Żelkowo **POM** 4 Sb 21
Żelków **MAZ** 46 Xb 36
Żelkówko **POM** 4 Sa 22
Żelków-Kolonia **MAZ** 46 Xb 36
Żelmowo **ZPM** 13 Qc 27
Żelowice **DLS** 64 Rf 44
Żeniowska **MŁP** 85 Vd 52
Żeńsko **ZPM** 14 Ra 28
Żeńsko **ZPM** 26 Qc 30
Żerań **MAZ** 45 Vf 35
Żerań Duży **MAZ** 34 Wc 30
Żerań Mały **MAZ** 34 Wc 30
Żerbuń **WMZ** 20 Vf 25
Żerdenka **PKR** 87 Xb 52
Żerdno **ZPM** 14 Rb 27
Żerdzina **SLK** 66 Te 43
Żerdź **LBL** 58 Xa 39
Żerdź **MAZ** 56 Vf 40
Żerechowa **ŁDZ** 67 Ue 41
Żerkowice **DLS** 50 Qd 42
Żerkowice **MŁP** 77 Uf 47
Żerkowice **OPL** 65 Sf 45
Żerkowice **SLK** 77 Ud 45
Żerków **DLS** 51 Re 41
Żerków **MŁP** 78 Ve 49
Żerków **WKP** 41 Sd 36
Żernica **SLK** 76 Td 47
Żerniki **DLS** 64 Rf 42
Żerniki **KPM** 29 Sd 32
Żerniki **KPM** 30 Tb 32
Żerniki **ŁDZ** 54 Tf 38
Żerniki **LBL** 72 Ye 46
Żerniki **SLK** 76 Te 47
Żerniki **SWK** 68 Vc 44
Żerniki **SWK** 69 Wb 44
Żerniki **WKP** 28 Rf 33
Żerniki **WKP** 53 Sf 37
Żerniki Dolne **SWK** 79 Vf 45
Żerniki Górne **SWK** 78 Ve 46
Żerniki Wrocławskie **DLS** 64 Sa 42
Żerocin **LBL** 47 Xf 37
Żeromin **ŁDZ** 55 Ud 39
Żeronice **ŁDZ** 43 Ud 36
Żeronice **WKP** 54 Td 37
Żeroniczki **WKP** 54 Td 37
Żerosławice **MŁP** 78 Vb 50
Żeszczynka **LBL** 59 Yb 38
Żębocin **MŁP** 78 Vb 47
Żędowice **OPL** 66 Td 45
Żłobek **PKR** 88 Xe 52
Żłobek Duży **LBL** 60 Yd 40
Żłobek Mały **LBL** 60 Yd 40
Żłobizna **OPL** 64 Sc 43
Żłobnica **ŁDZ** 66 Ub 41
Żmiarki **LBL** 59 Ya 39
Żmiąca **MŁP** 85 Vd 50
Żmigród **DLS** 52 Rf 40
Żmigródek **DLS** 52 Rf 40
Żmijewko **KPM** 31 Uc 29
Żmijewo Kościelne **MAZ** 32 Vc 30
Żmijowiska **LBL** 70 Wf 41
Żmijowiska **PKR** 81 Yb 48
Żmijówek Włościański **MAZ** 34 We 31
Żminne **LBL** 59 Xe 39
Żmuda **ŁDZ** 53 Tc 40
Żmudź **LBL** 72 Ye 42
Żniatyn **LBL** 72 Yf 46
Żnin **KPM** 29 Se 31
Żnin-Wieś **KPM** 29 Se 31
Żochatyn **PKR** 87 Xc 50
Żochowo **MAZ** 31 Ud 31
Żochowo **MAZ** 34 Wf 31
Żochowo **POM** 5 Sc 22
Żochy **MAZ** 34 We 31
Żochy **MAZ** 46 Xa 33
Żodyń **WKP** 39 Qf 36
Żodzie **PDL** 22 Xe 28
Żoliborz **MAZ** 45 Vf 35
Żołędnica **WKP** 52 Rf 39
Żołędowo **KPM** 30 Ta 29
Żołnowo **KPM** 30 Te 32
Żołynia **PKR** 80 Xb 48
Żoruchowo **POM** 4 Sb 21
Żory **SLK** 76 Te 48
Żółkiew **LBL** 71 Xf 43
Żółkiew, Kolonia **LBL** 71 Xe 43
Żółkiewka **DLS** 63 Rb 43
Żółkiewka **LBL** 71 Xe 43
Żółków **PKR** 86 Wc 50
Żółtańce **LBL** 72 Yc 42
Żółte **ZPM** 14 Qf 27
Żółtki **PDL** 35 Xf 30
Żółtnica **ZPM** 15 Re 26
Żółtowo **MAZ** 31 Ud 32
Żółwia Błoć **ZPM** 13 Pf 27
Żółwin **LBU** 27 Qd 32
Żółwin **LBU** 39 Qd 34
Żółwin **MAZ** 45 Ve 36
Żółwiniec **WKP** 42 Tc 34
Żółwiniec **WMZ** 18 Uc 24
Żółwino **LBU** 27 Qe 29
Żórawie **OPL** 66 Td 42
Żórawina **DLS** 64 Sa 43
Żubrów **LBU** 38 Qa 34
Żubryn **PDL** 11 Xf 23
Żuchlów **DLS** 51 Rc 38
Żuchowo **KPM** 31 Ub 31
Żugienie **WMZ** 8 Va 23
Żuk **SWK** 70 Xc 45
Żukczyn **POM** 6 Td 23
Żuki **LBL** 60 Yc 38
Żuki **PDL** 23 Yc 28
Żuki **PDL** 35 Xe 29
Żuki **PDL** 36 Yb 30
Żuki **PDL** 48 Yb 33
Żuklin **PKR** 80 Xc 49
Żukowice **DLS** 50 Qf 38
Żukowice **MŁP** 79 Wa 48
Żukowice **SWK** 78 Ve 47
Żukowo **MAZ** 44 Vb 34
Żukowo **POM** 6 Tc 22
Żukowo **WKP** 40 Re 33
Żukowo **ZPM** 26 Qb 29
Żukowo **ZPM** 4 Re 23
Żukowo, Węgle- **WMZ** 18 Uc 24
Żukowo Morskie **ZPM** 3 Rc 22
Żukowo-Strusie **MAZ** 32 Va 32
Żuków **DLS** 51 Ra 39
Żuków **LBL** 60 Yc 39
Żuków **LBL** 71 Xe 42
Żuków **LBL** 72 Yc 44
Żuków **LBU** 50 Qe 39
Żuków **MAZ** 44 Vb 35
Żuków **MAZ** 45 Vd 36
Żuków **MAZ** 46 Xa 35
Żuków **MAZ** 56 Ve 40
Żuków **PKR** 81 Ya 47
Żuków **SWK** 69 Wd 45
Żuków **SWK** 78 Vf 46
Żuków **ZPM** 26 Qa 30
Żukówka **MAZ** 45 Vd 35
Żukówko **POM** 5 Sd 23
Żukówko **ZPM** 4 Re 23
Żulice **LBL** 72 Ye 45
Żulin **LBL** 71 Yb 42
Żulin **MAZ** 46 Wf 34
Żuława **POM** 6 Td 23
Żuławka Sztumska **POM** 18 Ub 24
Żuławki **POM** 6 Tf 23
Żupawa **PKR** 70 We 45
Żurada **MŁP** 77 Ud 47
Żuraw **ŁDZ** 53 Tc 39
Żuraw **SLK** 67 Uc 44
Żurawce **LBL** 82 Yd 46
Żurawia **KPM** 29 Sc 31
Żurawica **PKR** 81 Xe 50
Żurawica **SWK** 69 We 44
Żurawiczki **PKR** 81 Xd 48
Żurawie **LBL** 71 Xe 44
Żurawiec **LBL** 58 Xb 38
Żurawiec **WMZ** 18 Uc 24
Żurawieniec **ŁDZ** 44 Uf 35
Żurawieniec **WKP** 65 Sf 41
Żurawin **MAZ** 31 Ud 32
Żurawiniec **LBL** 58 Xd 39
Żurawiniec-Kolonia **LBL** 58 Xd 39
Żurawka **ŁDZ** 56 Vc 38
Żurawlów **LBL** 72 Yc 44
Żurawlówka **MAZ** 47 Xf 36
Żurawnica **LBL** 71 Xf 45
Żurawniki **LBL** 59 Xf 41
Żurawniki **SWK** 69 Wd 44
Żurawniki **SWK** 78 Vd 46
Żurobice **PDL** 47 Xf 33
Żuromin **MAZ** 32 Uf 30
Żurominek **MAZ** 32 Vb 30
Żuromino **POM** 5 Sf 23
Żurowa **PKR** 79 Wa 50
Żużela **OPL** 75 Ta 46
Żwikiele **PDL** 11 Yb 23
Żychce **POM** 16 Sc 25
Żychlewo **WKP** 52 Rf 38
Żychlin **ŁDZ** 43 Ud 35
Żychlin **POM** 5 Sd 22
Żychlin **WKP** 42 Tb 35
Żychowo **MAZ** 32 Va 32
Żychów **WKP** 53 Tc 37
Życiny **SWK** 69 Wa 45
Życk Polski **MAZ** 44 Uf 34
Życzyn **MAZ** 57 We 38
Życzyn **MAZ** 58 We 39
Żydomice **ŁDZ** 56 Vb 38
Żydowce **ZPM** 12 Pd 28
Żydowo **KPM** 42 Te 33
Żydowo **WKP** 40 Re 33
Żydowo **WKP** 41 Sd 34
Żydowo **WKP** 41 Sd 35
Żydowo **WMZ** 8 Vf 23
Żydowo **ZPM** 15 Re 24
Żydów **WKP** 53 Ta 38
Żydówko **WKP** 41 Sc 33
Żydy **WMZ** 10 Xc 24
Żygląd **KPM** 30 Td 29
Żyglin **SLK** 76 Tf 46
Żyglinek **SLK** 76 Tf 46
Żylice **WKP** 41 Sc 33
Żylice **WKP** 52 Re 39
Żyłka **LBL** 82 Yc 46
Żyłowo **MAZ** 34 Wf 31
Żyraków **PKR** 79 Wc 48
Żyrardów **MAZ** 44 Vc 36
Żyrowa **OPL** 75 Ta 46
Żyrów **MAZ** 57 Vf 37
Żyrwiny **PDL** 11 Ya 23
Żyrzyn **LBL** 58 Xa 39
Żytelkowo **ZPM** 14 Ra 25
Żytkiejmy **PDL** 11 Xe 22
Żytna **SLK** 75 Tb 48
Żytnik **ZPM** 15 Rc 26
Żytniów **OPL** 66 Td 42
Żytno **ŁDZ** 67 Ud 43
Żytowań **LBU** 38 Pe 36
Żytowice **ŁDZ** 54 Ub 38
Żytowiecko **WKP** 52 Rf 38
Żytowo **MAZ** 32 Ue 32
Żywa Woda **PDL** 11 Xf 23
Żywiec **SLK** 83 Ub 50
Żywki **WMZ** 21 Wf 24
Żywkowo **WMZ** 8 Vd 22
Żywocice **OPL** 75 Sf 46
Żywocin **ŁDZ** 55 Uf 39
Żywy **WMZ** 21 Xa 24
Żyznów **PKR** 80 Wf 50

© Mairs Geographischer Verlag/Falk Verlag, 73751 Ostfildern
Printed in Germany · A

Das Werk einschließlich aller Teile ist urheberrechtlich geschützt. Jede urheberrechtswidrige Verwertung ist ohne Zustimmung des Verlages unzulässig und strafbar. Dies gilt insbesonders für Vervielfältigungen, Übersetzungen, Nachahmungen, Mikroverfilmung und die Einspeicherung und Verarbeitung in elektronischen Systemen.

This work including all parts underlies the Copyright Act. No part of this work may be reproduced or transmitted in any form or by any means, electronic or mechanical, including recording, or by any information storage and retrieval system now or hereafter invented, without permission in writing of the publisher.

Plany miast · Citypläne · City maps
Piante dei centri urbani · Planos del centro de las ciudades
Planos de cidades · Plans des centre villes · Stadcentrumkaarten
Plány měst · Várostérképek · Byplaner · Stadskartor
1:20.000

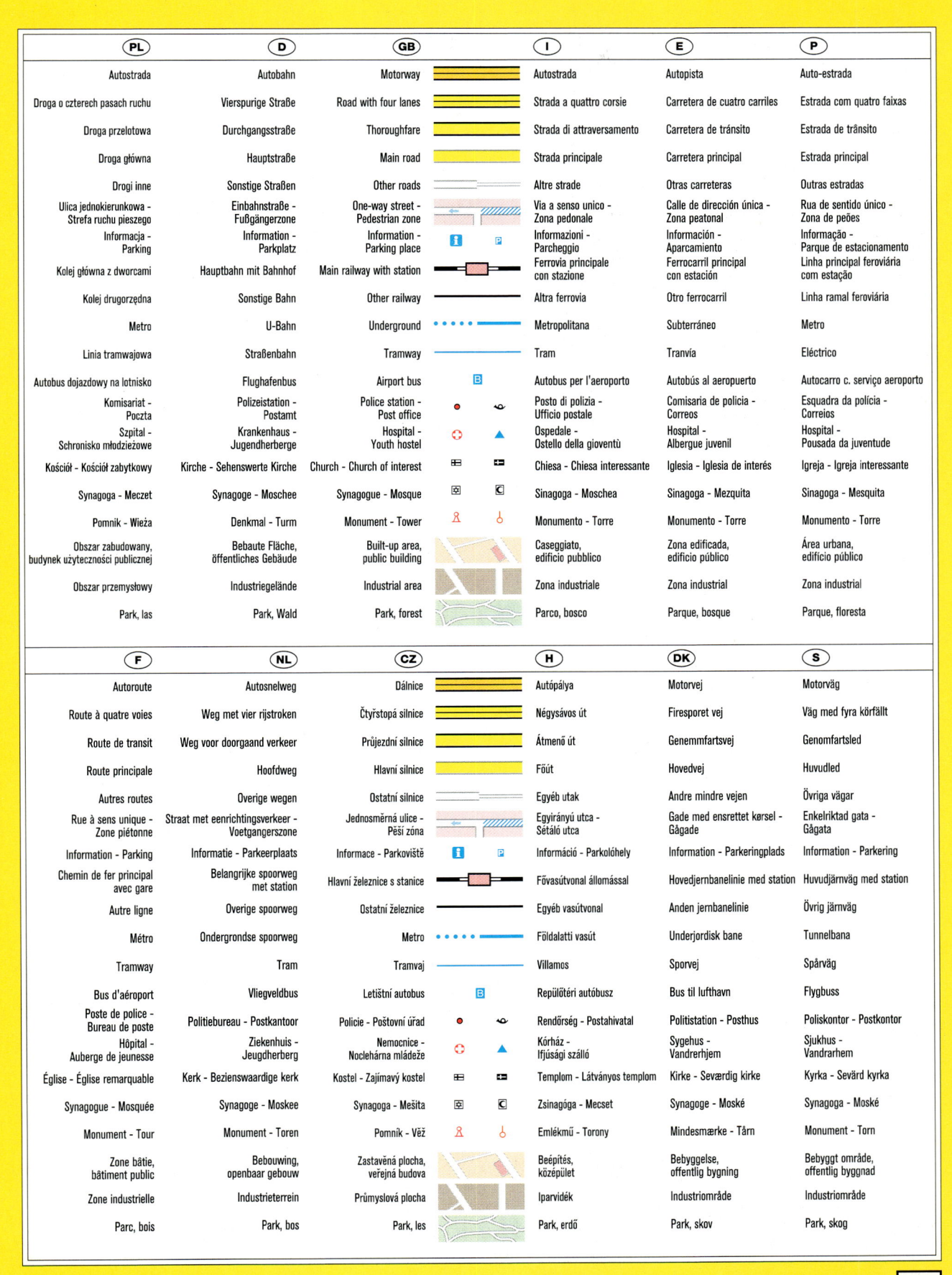

PL	D	GB		I	E	P
Autostrada	Autobahn	Motorway		Autostrada	Autopista	Auto-estrada
Droga o czterech pasach ruchu	Vierspurige Straße	Road with four lanes		Strada a quattro corsie	Carretera de cuatro carriles	Estrada com quatro faixas
Droga przelotowa	Durchgangsstraße	Thoroughfare		Strada di attraversamento	Carretera de tránsito	Estrada de trânsito
Droga główna	Hauptstraße	Main road		Strada principale	Carretera principal	Estrada principal
Drogi inne	Sonstige Straßen	Other roads		Altre strade	Otras carreteras	Outras estradas
Ulica jednokierunkowa - Strefa ruchu pieszego	Einbahnstraße - Fußgängerzone	One-way street - Pedestrian zone		Via a senso unico - Zona pedonale	Calle de dirección única - Zona peatonal	Rua de sentido único - Zona de peões
Informacja - Parking	Information - Parkplatz	Information - Parking place		Informazioni - Parcheggio	Información - Aparcamiento	Informação - Parque de estacionamento
Kolej główna z dworcami	Hauptbahn mit Bahnhof	Main railway with station		Ferrovia principale con stazione	Ferrocarril principal con estación	Linha principal ferroviária com estação
Kolej drugorzędna	Sonstige Bahn	Other railway		Altra ferrovia	Otro ferrocarril	Linha ramal ferroviária
Metro	U-Bahn	Underground		Metropolitana	Subterráneo	Metro
Linia tramwajowa	Straßenbahn	Tramway		Tram	Tranvía	Eléctrico
Autobus dojazdowy na lotnisko	Flughafenbus	Airport bus		Autobus per l'aeroporto	Autobús al aeropuerto	Autocarro c. serviço aeroporto
Komisariat - Poczta	Polizeistation - Postamt	Police station - Post office		Posto di polizia - Ufficio postale	Comisaria de policia - Correos	Esquadra da polícia - Correios
Szpital - Schronisko młodzieżowe	Krankenhaus - Jugendherberge	Hospital - Youth hostel		Ospedale - Ostello della gioventù	Hospital - Albergue juvenil	Hospital - Pousada da juventude
Kościół - Kościół zabytkowy	Kirche - Sehenswerte Kirche	Church - Church of interest		Chiesa - Chiesa interessante	Iglesia - Iglesia de interés	Igreja - Igreja interessante
Synagoga - Meczet	Synagoge - Moschee	Synagogue - Mosque		Sinagoga - Moschea	Sinagoga - Mezquita	Sinagoga - Mesquita
Pomnik - Wieża	Denkmal - Turm	Monument - Tower		Monumento - Torre	Monumento - Torre	Monumento - Torre
Obszar zabudowany, budynek użyteczności publicznej	Bebaute Fläche, öffentliches Gebäude	Built-up area, public building		Caseggiato, edificio pubblico	Zona edificada, edificio público	Área urbana, edifício público
Obszar przemysłowy	Industriegelände	Industrial area		Zona industriale	Zona industrial	Zona industrial
Park, las	Park, Wald	Park, forest		Parco, bosco	Parque, bosque	Parque, floresta

F	NL	CZ		H	DK	S
Autoroute	Autosnelweg	Dálnice		Autópálya	Motorvej	Motorväg
Route à quatre voies	Weg met vier rijstroken	Čtyřstopá silnice		Négysávos út	Firesporet vej	Väg med fyra körfällt
Route de transit	Weg voor doorgaand verkeer	Průjezdní silnice		Átmenő út	Genemmfartsvej	Genomfartsled
Route principale	Hoofdweg	Hlavní silnice		Főút	Hovedvej	Huvudled
Autres routes	Overige wegen	Ostatní silnice		Egyéb utak	Andre mindre vejen	Övriga vägar
Rue à sens unique - Zone piétonne	Straat met eenrichtingsverkeer - Voetgangerszone	Jednosměrná ulice - Pěší zóna		Egyirányú utca - Sétáló utca	Gade med ensrettet kørsel - Gågade	Enkelriktad gata - Gågata
Information - Parking	Informatie - Parkeerplaats	Informace - Parkoviště		Információ - Parkolóhely	Information - Parkeringpplads	Information - Parkering
Chemin de fer principal avec gare	Belangrijke spoorweg met station	Hlavní železnice s stanice		Fővasútvonal állomással	Hovedjernbanelinie med station	Huvudjärnväg med station
Autre ligne	Overige spoorweg	Ostatní železnice		Egyéb vasútvonal	Anden jernbanelinie	Övrig järnväg
Métro	Ondergrondse spoorweg	Metro		Földalatti vasút	Underjordisk bane	Tunnelbana
Tramway	Tram	Tramvaj		Villamos	Sporvej	Spårväg
Bus d'aéroport	Vliegveldbus	Letištní autobus		Repülőtéri autóbusz	Bus til lufthavn	Flygbuss
Poste de police - Bureau de poste	Politiebureau - Postkantoor	Policie - Poštovní úřad		Rendőrség - Postahivatal	Politistation - Posthus	Poliskontor - Postkontor
Hôpital - Auberge de jeunesse	Ziekenhuis - Jeugdherberg	Nemocnice - Nocleháma mládeže		Kórház - Ifjúsági szálló	Sygehus - Vandrerhjem	Sjukhus - Vandrarhem
Église - Église remarquable	Kerk - Bezienswaardige kerk	Kostel - Zajímavý kostel		Templom - Látványos templom	Kirke - Seværdig kirke	Kyrka - Sevärd kyrka
Synagogue - Mosquée	Synagoge - Moskee	Synagoga - Mešita		Zsinagóga - Mecset	Synagoge - Moské	Synagoga - Moské
Monument - Tour	Monument - Toren	Pomník - Věž		Emlékmű - Torony	Mindesmærke - Tårn	Monument - Torn
Zone bâtie, bâtiment public	Bebouwing, openbaar gebouw	Zastavená plocha, veřejná budova		Beépítés, középület	Bebyggelse, offentlig bygning	Bebyggt område, offentlig byggnad
Zone industrielle	Industrieterrein	Průmyslová plocha		Iparvidék	Industriområde	Industriområde
Parc, bois	Park, bos	Park, les		Park, erdő	Park, skov	Park, skog

Częstochowa

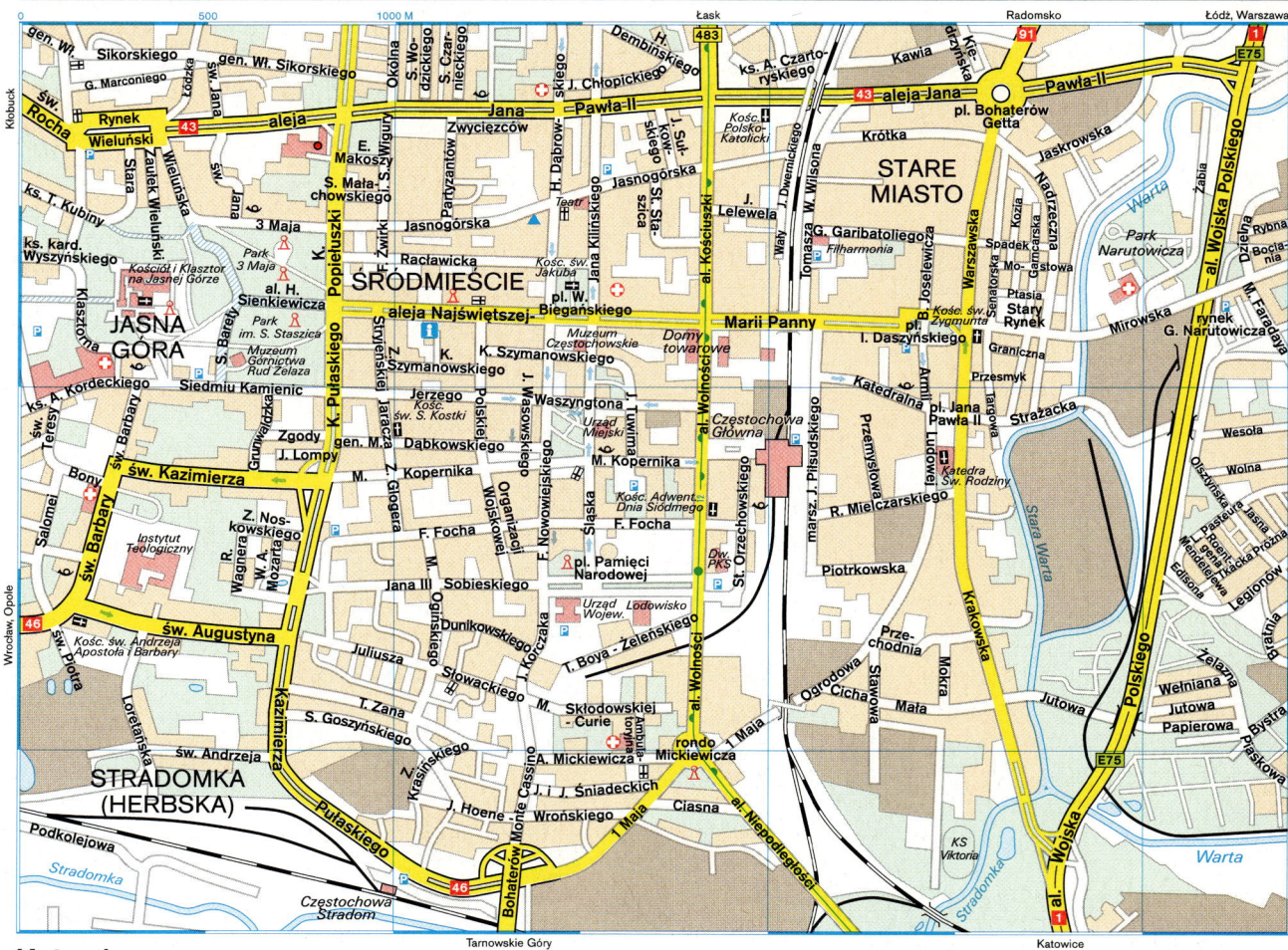

0
500
1000 M
Łask
Radomsko
Łódź, Warszawa
Kłobuck
Wrocław, Opole
Tarnowskie Góry
Katowice
JASNA GÓRA
ŚRÓDMIEŚCIE
STARE MIASTO
STRADOMKA (HERBSKA)
aleja Jana Pawła II
aleja Najświętszej Marii Panny
al. Kościuszki
al. Wolności
al. Wojska Polskiego
Krakowska
Warszawska
K. Pułaskiego
Popiełuszki
św. Barbary
św. Kazimierza
św. Augustyna
Częstochowa Główna
Częstochowa Stradom
pl. Bohaterów Getta
pl. Jana Pawła II
rondo Mickiewicza
Warta
Stara Warta
Stradomka
Park Narutowicza
KS Viktoria
Filharmonia
Instytut Teologiczny
Urząd Wojew.
Dw. PKS
E75
1
43
46
91
483

Katowice

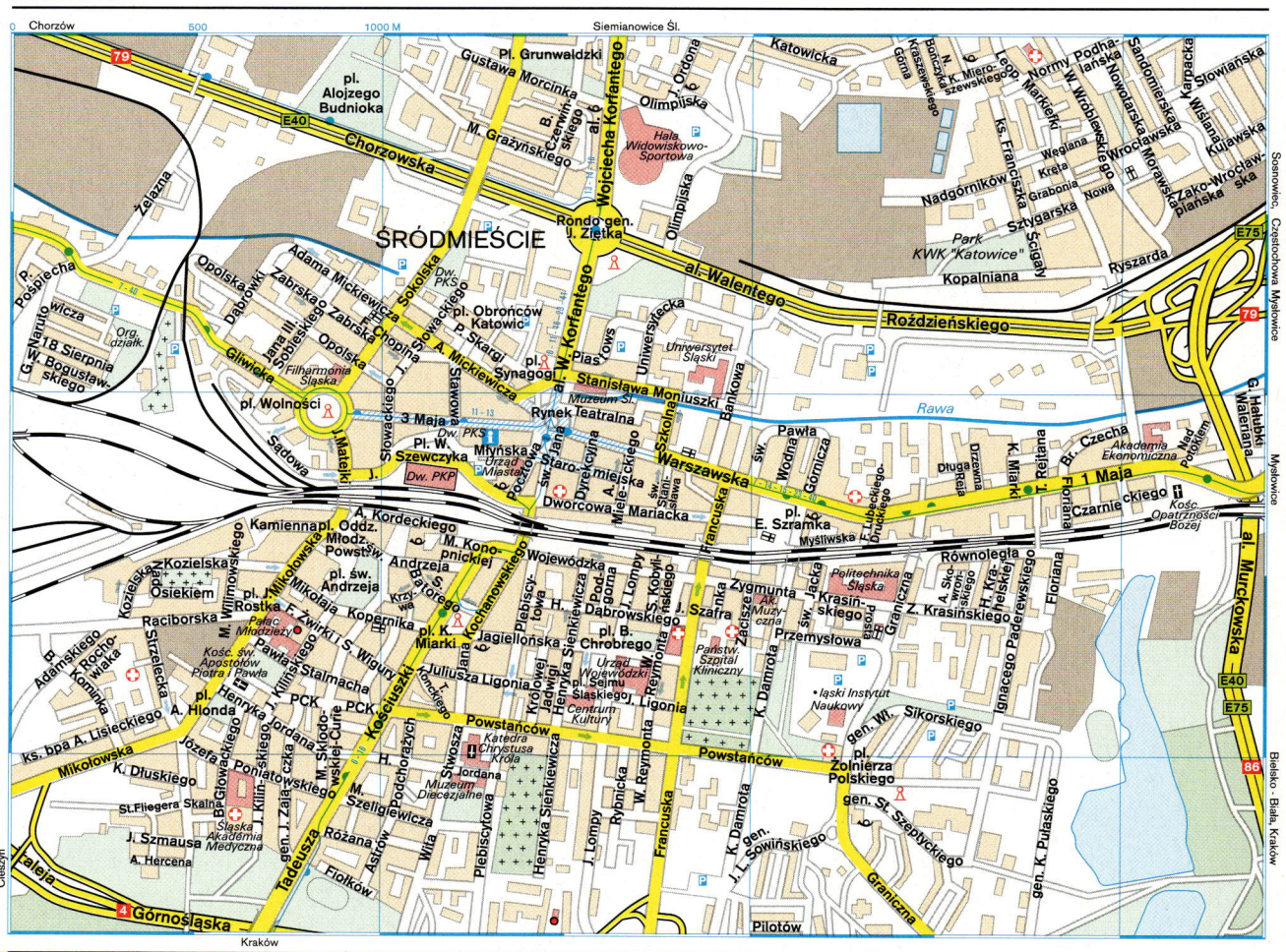

0
500
1000 M
Chorzów
Siemianowice Śl.
Sosnowiec, Częstochowa Mysłowice
Mysłowice
Bielsko - Biała, Kraków
Cieszyn
Kraków
ŚRÓDMIEŚCIE
Chorzowska
al. Walentego Roździeńskiego
Rondo gen. J. Ziętka
al. W. Korfantego
Wojciecha Korfantego
Hala Widowiskowo-Sportowa
Park KWK "Katowice"
pl. Wolności
Rynek
Teatralna
Warszawska
Mariacka
1 Maja
3 Maja
Kościuszki
Powstańców
Francuska
Mikołowska
Gliwicka
al. Murckowska
Górnośląska
Dw. PKP
Dw. PKS
Uniwersytet Śląski
Politechnika Śląska
Akademia Ekonomiczna
Filharmonia Śląska
Rawa
E40
E75
79
86
4

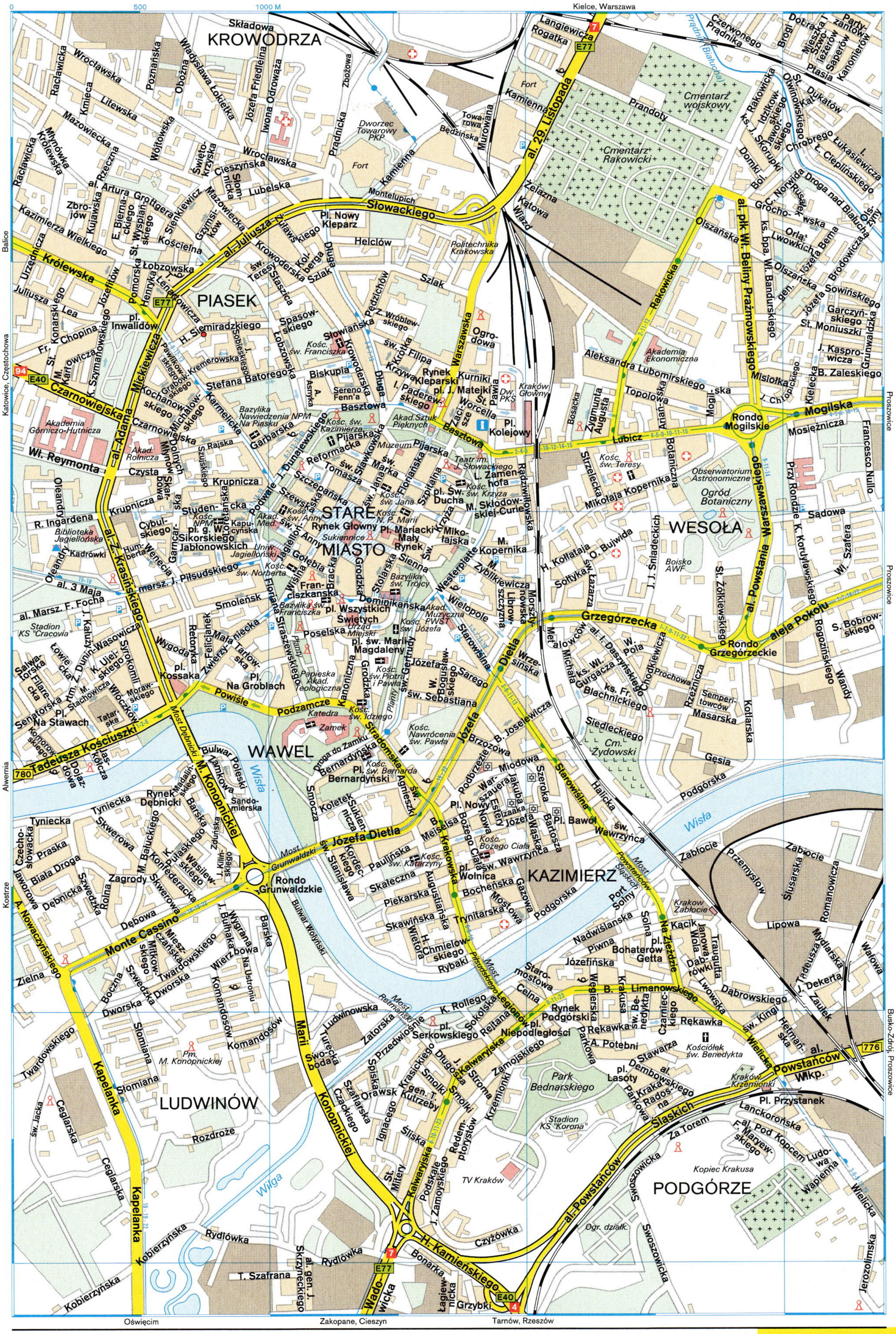
0
500
1000 M
Kielce, Warszawa
Balice
Katowice, Częstochowa
Alwernia
Kostrze
Proszowice
Busko-Zdrój, Proszowice
Oświęcim
Zakopane, Cieszyn
Tarnów, Rzeszów
KROWODRZA
PIASEK
STARE MIASTO
WAWEL
KAZIMIERZ
WESOŁA
LUDWINÓW
PODGÓRZE
Wisła
Wilga
Cmentarz wojskowy
Cmentarz Rakowicki
Dworzec Towarowy PKP
Kraków Główny
Dw. PKS
Politechnika Krakowska
Akademia Ekonomiczna
Akademia Górniczo-Hutnicza
Biblioteka Jagiellońska
Stadion KS "Cracovia"
Stadion KS "Korona"
Park Bednarskiego
Kopiec Krakusa
TV Kraków
Ogród Botaniczny
Obserwatorium Astronomiczne
Rynek Główny
Sukiennice
Zamek
Katedra
Rondo Mogilskie
Rondo Grzegórzeckie
Rondo Grunwaldzkie
Kraków Zabłocie
Kraków Krzemionki
Słowackiego
Królewska
Czarnowiejska
al. Adama Mickiewicza
al. Z. Krasińskiego
Tadeusza Kościuszki
Powiśle
Podzamcze
Straszewskiego
Westerplatte
Basztowa
Warszawska
al. 29 Listopada
Lubicz
Mogilska
Grzegórzecka
aleja Pokoju
Dietla
Józefa Dietla
Starowiślna
Krakowska
Limanowskiego
Kalwaryjska
al. Powstańców Wlkp.
Powstańców Śląskich
H. Kamieńskiego
Wadowicka
Monte Cassino
Kapelanka
Konopnickiej
Grunwaldzki
Wielicka
al. Powstania Warszawskiego
al. płk. Wł. Beliny Prażmowskiego
Rakowicka
Wrocławska
Lubelska
Kamienna
Dunajewskiego
Karmelicka
Grodzka
Floriańska
Sienna
Wielopole
Kopernika
Halicka
Zabłocie
Lipowa
Rękawka
Rydlówka
Ludwinowska
Zamoyskiego
E77
E40
E77
7
94
780
776
4
7

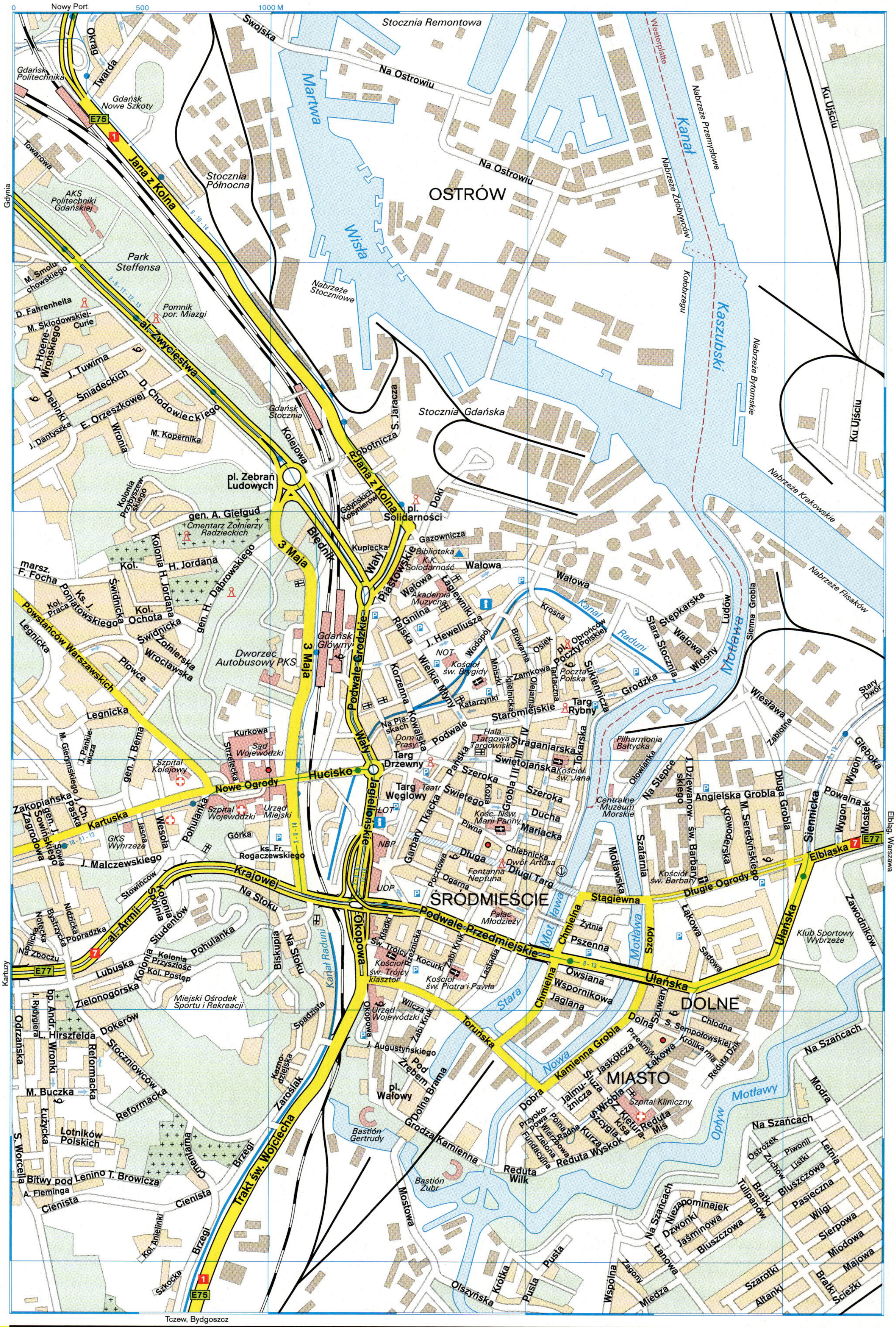

0
Nowy Port
500
1000 M
Stocznia Remontowa
Swojska
Na Ostrowiu
Martwa
Wisła
OSTRÓW
Westerplatte
Kanał
Kaszubski
Nabrzeże Przemysłowe
Nabrzeże Zbożowe
Nabrzeże Bytomskie
Nabrzeże Krakowskie
Nabrzeże Flisaków
Ku Ujściu
Gdańsk Politechnika
Gdańsk Nowe Szkoty
Okrąg
Twarda
Jana z Kolna
Stocznia Północna
Towarowa
Gdynia
AKS Politechniki Gdańskiej
Park Steffensa
Pomnik por. Miazgi
al. Zwycięstwa
M. Skłodowskiej-Curie
D. Fahrenheita
J. Tuwima
Śniadeckich
E. Orzeszkowej
D. Chodowieckiego
M. Kopernika
Wronia
Dębinki
J. Dantyszka
Nabrzeże Stoczniowe
Stocznia Gdańska
Gdańsk Stocznia
Kolejowa
Robotnicza
S. Jaracza
pl. Zebrań Ludowych
pl. Solidarności
Doki
gen. A. Giełgud
Cmentarz Żołnierzy Radzieckich
Kol. H. Jordana
gen. H. Dąbrowskiego
marsz. F. Focha
Ks. J. Poniatowskiego
Powstańców Warszawskich
Legnicka
Świdnicka
Żołnierska
Wrocławska
Płowce
Dworzec Autobusowy PKS
3 Maja
Błędnik
Gdańsk Główny
Biblioteka
Gazownicza
Wałowa
Podwale Grodzkie
Wały Piastowskie
Akademia Muzyczna
J. Heweliusza
Rajska
Gnilna
Korzenna
Wielkie Młyny
Kościół św. Brygidy
Kanał Raduni
Stara Stocznia
Stępkarska
Motława
Wiosny Ludów
Sienna Grobla
Wiesława
Stary Dwór
Zamkowa
Poczta Polska
pl. Obrońców Poczty Polskiej
Sukiennicza
Grodzka
Targ Rybny
Staromiejska
Podwale
Straganiarska
Świętojańska
Tokarska
Filharmonia Bałtycka
Hala Targowa
Targ Drzewny
Dom Prasy
Szeroka
Kościół św. Jana
Sąd Wojewódzki
Kurkowa
Hucisko
Nowe Ogrody
Szpital Kolejowy
gen. J. Bema
Karłuska
Szpital Wojewódzki
Urząd Miejski
Targ Węglowy
Teatr
Świętego Ducha
Mariacka
Kośc. Nsw. Marii Panny
Chlebnicka
Dwór Artusa
Długi Targ
Fontanna Neptuna
Długa
Centralne Muzeum Morskie
Angielska Grobla
Długie Ogrody
Kościół św. Barbary
Elbląska
Elbląg, Warszawa
Jagiellońskie
Krajowej
J. Malczewskiego
GKS Wybrzeże
ŚRÓDMIEŚCIE
Stągiewna
Pałac Młodzieży
Podwale Przedmiejskie
Okopowa
Na Stoku
Kanał Raduni
al. Armii
Kolonia Studentów
Pohulanka
Popradzka
Kartuzy
Na Zboczu
Lubuska
Zielonogórska
Miejski Ośrodek Sportu i Rekreacji
Kościół św. Trójcy
Kościół św. Piotra i Pawła
Urząd Wojewódzki
Toruńska
Chmielna
Żytnia
Pszenna
Owsiana
Wspornikowa
Szopy
Ułańska
Sadowa
Klub Sportowy Wybrzeże
Zawodników
DOLNE
MIASTO
Kamienna Grobla
Szpital Kliniczny
Opływ Motławy
Na Szańcach
Dokerów
Stoczniowców
Reformacka
Lotników Polskich
Bitwy pod Lenino
T. Browicza
Cienista
Zaroślak
Trakt Św. Wojciecha
Bastion Gertrudy
Bastion Żubr
Dolna Brama
pl. Wałowy
Grodza Kamienna
Reduta Wilk
Reduta Wysoka
Mostowa
Krótka
Olszyńska
Pusta
Wspólna
Łanowa
Niezapominajek
Jaśminowa
Bluszczowa
Tulipanów
Bratki
Pasieczna
Wilgi
Sierpowa
Miodowa
Majowa
Szarotki
Altanki
Ścieżki
Letnia
Modra
Brzegi
Tczew, Bydgoszcz

Lublin

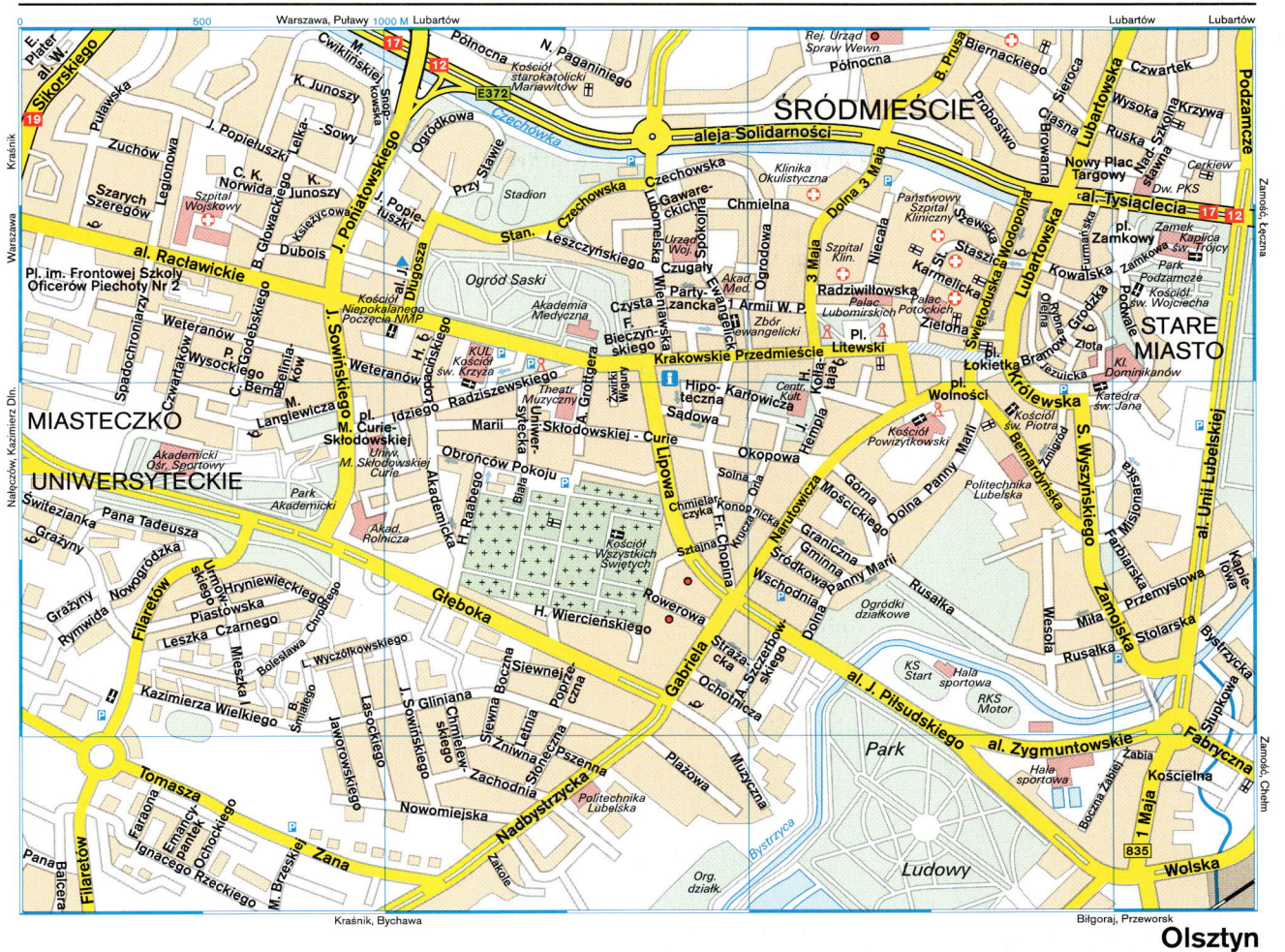

Warszawa, Puławy
Lubartów
ŚRÓDMIEŚCIE
STARE MIASTO
MIASTECZKO
UNIWERSYTECKIE
aleja Solidarności
al. Racławickie
Krakowskie Przedmieście
al. Tysiąclecia
Lubartowska
Podzamcze
Królewska
Zamojska
al. J. Piłsudskiego
al. Zygmuntowskie
Głęboka
Nadbystrzycka
Lipowa
Gabriela
Narutowicza
Filaretów
Zana
Tomasza
Park Ludowy
Ogród Saski
Czechowska
Północna
Sikorskiego
Puławska
Kraśnik, Bychawa
Biłgoraj, Przeworsk
Zamość, Łęczna
Zamość, Chełm
Warszawa
Nałęczów, Kazimierz Dln.

Olsztyn

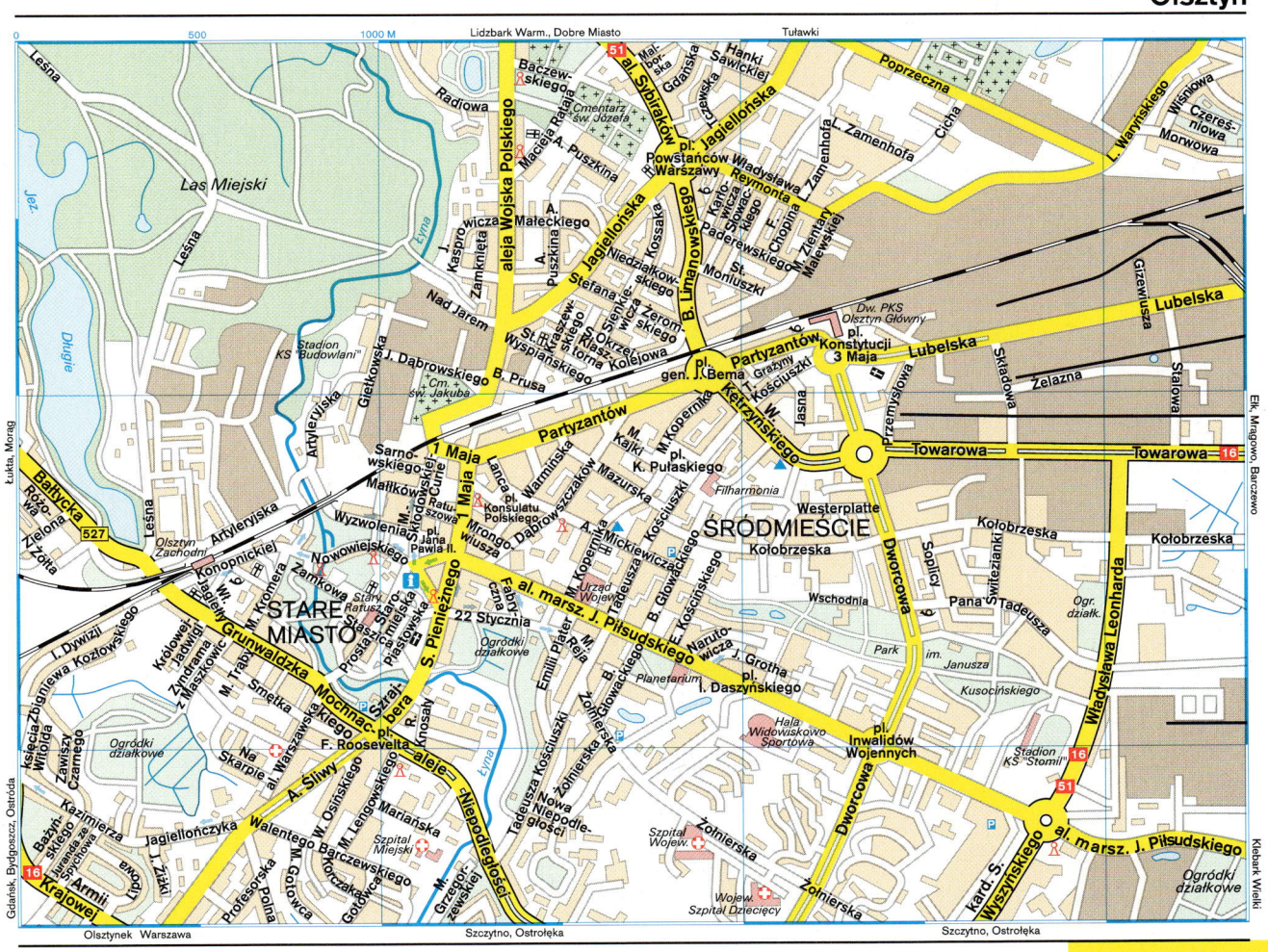

Lidzbark Warm., Dobre Miasto
Tuławki
ŚRÓDMIEŚCIE
STARE MIASTO
Las Miejski
aleja Wojska Polskiego
Partyzantów
Towarowa
Lubelska
Bałtycka
Grunwaldzka
al. marsz. J. Piłsudskiego
Dworcowa
Władysława Leonharda
Niepodległości
Pieniężnego
Kętrzyńskiego
Limanowskiego
Jagiellońska
Dwo PKS
Olsztyn Główny
Łukta, Morąg
Gdańsk, Bydgoszcz, Ostróda
Olsztynek, Warszawa
Szczytno, Ostrołęka
Ełk, Mrągowo, Barczewo
Klebark Wielki

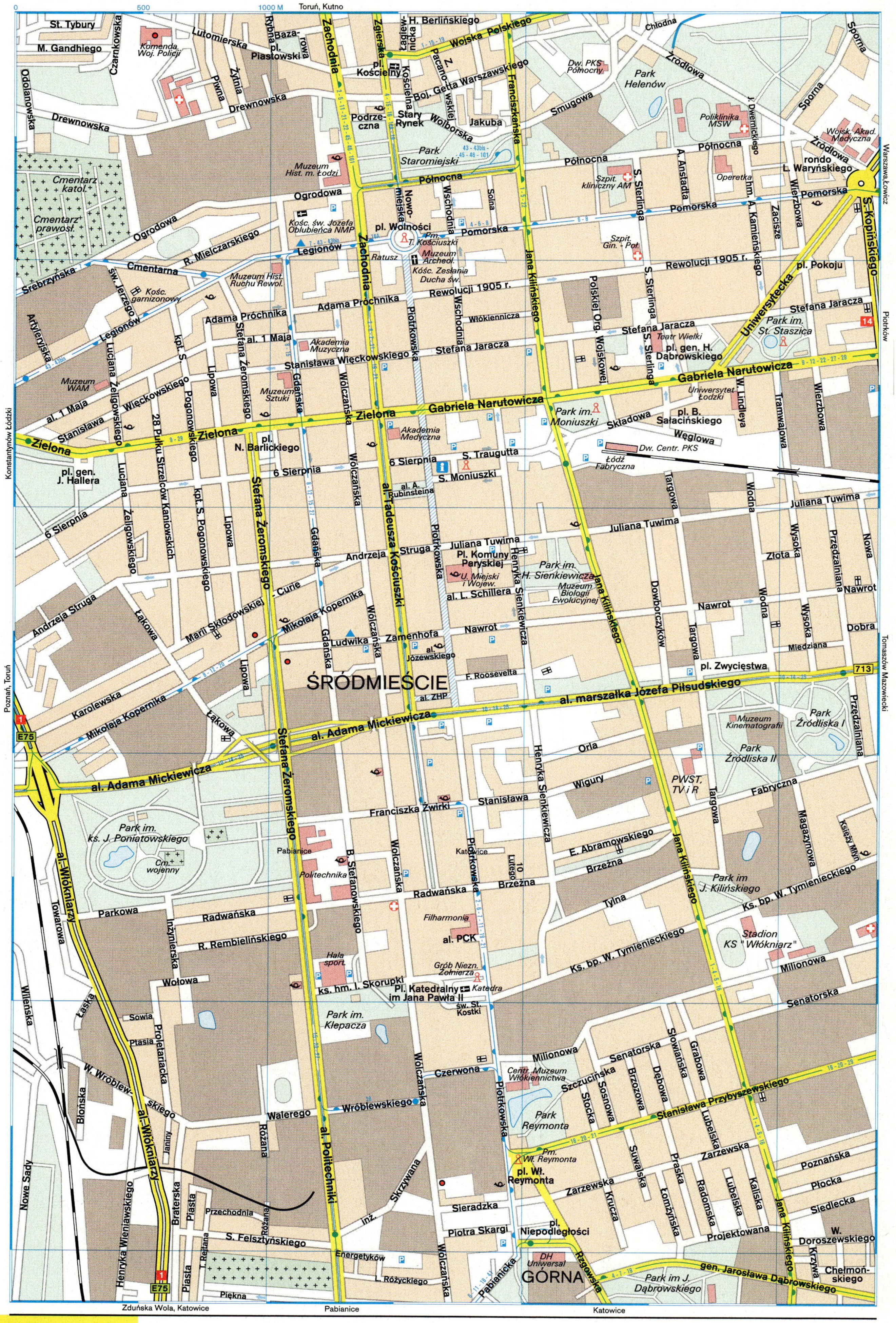

0
500
1000 M
Toruń, Kutno
St. Tybury
M. Gandhiego
Czarnkowska
Odolanowska
Komenda Woj. Policji
Lutomierska
Rybna
Baza-rowa
pl. Piastowski
Zachodnia
Zgierska
Łagiew-nicka
H. Berlińskiego
Wojska Polskiego
pl. Kościelny
Kościelna
Bój. Getta Warszawskiego
Franciszkańska
Dw. PKS Północny
Chłodna
Źródłowa
Park Helenów
Sporna
Żytnia
Piwna
Drewnowska
Drewnowska
Podrze-czna
Stary Rynek
Wolborska
Jakuba
Smugowa
Poliklinika MSW
J. Dwernickiego
Wojsk. Akad. Medyczna
rondo L. Waryńskiego
Muzeum Hist. m. Łodzi
Park Staromiejski
Północna
Północna
Północna
Cmentarz katol.
Cmentarz prawosł.
Ogrodowa
Ogrodowa
Nowo-miejska
Wschodnia
Solna
Szpit. kliniczny AM
S. Sterlinga
A. Anstadta
Operetka
Pomorska
Pomorska
Wierzbowa
S. Kopcińskiego
Kośc. św. Józefa Oblubieńca NMP
pl. Wolności
Pm. T. Kościuszki
Pomorska
Zacisze
Szpit. Gin. - Poł.
A. Kamieńskiego
Warszawa, Łowicz
R. Mielczarskiego
Cmentarna
Legionów
Ratusz
Muzeum Archeol.
Kośc. Zesłania Ducha św.
Rewolucji 1905 r.
Rewolucji 1905 r.
pl. Pokoju
Srebrzyńska
św. Jerzego
Kośc. garnizonowy
Muzeum Hist. Ruchu Rewol.
Adama Próchnika
Adama Próchnika
Piotrkowska
Włókiennicza
Jana Kilińskiego
Polskiej Org. Wojskowej
Uniwersytecka
Stefana Jaracza
Stefana Jaracza
Artyleryjska
Legionów
al. 1 Maja
Akademia Muzyczna
Stanisława Więckowskiego
Stefana Jaracza
Teatr Wielki
pl. gen. H. Dąbrowskiego
Park im. St. Staszica
Piotrków
Muzeum WAM
Lucjana Żeligowskiego
kpt. S. Pogonowskiego
Lipowa
Stefana Żeromskiego
Gdańska
Wólczańska
Muzeum Sztuki
Gabriela Narutowicza
Gabriela Narutowicza
Uniwersytet Łódzki
al. 1 Maja
Stanisława
Więckowskiego
28 Pułku Strzelców Kaniowskich
Zielona
Zielona
Zielona
Park im. St. Moniuszki
Składowa
pl. B. Sałacińskiego
Wegłowa
J. Lindleya
Tramwajowa
Wierzbowa
Konstantynów Łódzki
pl. N. Barlickiego
Akademia Medyczna
6 Sierpnia
6 Sierpnia
S. Traugutta
Dw. Centr. PKS
Łódź Fabryczna
pl. gen. J. Hallera
S. Moniuszki
al. A. Rubinsteina
Targowa
Wodna
Juliana Tuwima
Juliana Tuwima
6 Sierpnia
Lucjana Żeligowskiego
Kaniowskich
kpt. S. Pogonowskiego
Lipowa
Stefana Żeromskiego
Gdańska
al. Tadeusza Kościuszki
Piotrkowska
Juliana Tuwima
Pl. Komuny Paryskiej
U. Miejski i Wojew.
Park im. H. Sienkiewicza
Muzeum Biologii Ewolucyjnej
Henryka Sienkiewicza
Jana Kilińskiego
Dowborczyków
Wysoka
Złota
Przędzalniana
Nowa
Andrzeja Struga
Andrzeja Struga
Marii Skłodowskiej - Curie
Mikołaja Kopernika
Łąkowa
Ludwika
Zamenhofa
al. L. Schillera
Nawrot
Nawrot
Nawrot
Wodna
Wysoka
Dobra
Miedziana
al. Józefiego
F. Roosevelta
pl. Zwycięstwa
713
Tomaszów Mazowiecki
Poznań, Toruń
Karolewska
Mikołaja Kopernika
ŚRÓDMIEŚCIE
al. ZHP
al. marszałka Józefa Piłsudskiego
Muzeum Kinematografii
Park Źródliska I
Park Źródliska II
Przędzalniana
Łąkowa
E75
1
al. Adama Mickiewicza
al. Adama Mickiewicza
Stefana Żeromskiego
Orla
Wigury
PWST, TV i R
Fabryczna
Franciszka Żwirki
Stanisława
Park im. ks. J. Poniatowskiego
Cm. wojenny
Pabianice
Politechnika
B. Stefanowskiego
Wólczańska
Katowice
10 Lutego
E. Abramowskiego
Brzeźna
Magazynowa
Księży Młyn
al. Włókniarzy
Towarowa
Parkowa
Radwańska
Radwańska
Park im. J. Kilińskiego
Ks. bp. W. Tymienieckiego
Inżynierska
R. Rembielińskiego
Filharmonia
al. PCK
Tylna
Stadion KS "Włókniarz"
Wolborska
Hala sport.
Grób Niezn. Żołnierza
Ks. bp. W. Tymienieckiego
Milionowa
Wołowa
ks. hm. I. Skorupki
Pl. Katedralny im Jana Pawła II
Katedra
św. St. Kostki
Senatorska
Wileńska
Łąska
Sowia
Ptasia
Proletariacka
Park im. Klepacza
Milionowa
Senatorska
Słowiańska
Grabowa
W. Wróblewskiego
Czerwona
Centr. Muzeum Włókiennictwa
Szczucińska
Brzozowa
Dębowa
Sosnowa
Stanisława Przybyszewskiego
Błońska
Janiny
Walerego
Wróblewskiego
Różana
al. Politechniki
Park Reymonta
Stocka
Lubelska
Zarzewska
Nowe Sady
Skrzywana
Pm. Wł. Reymonta
pl. Wł. Reymonta
Siewalska
Praska
Łomżyńska
Radomska
Kaliska
Poznańska
Płocka
Siedlecka
Henryka Wieniawskiego
Braterska
Piasta
Przechodnia
Inż.
Sieradzka
Zarzewska
Krucza
Projektowana
W. Doroszewskiego
Piotra Skargi
pl. Niepodległości
S. Felsztyńskiego
Energetyków
Rzgowska
Pabianicka
DH Uniwersal
GÓRNA
Park im J. Dąbrowskiego
gen. Jarosława Dąbrowskiego
Chełmońskiego
Krzywa
L. Różyckiego
Tetmajera
Piękna
Zduńska Wola, Katowice
Pabianice
Katowice

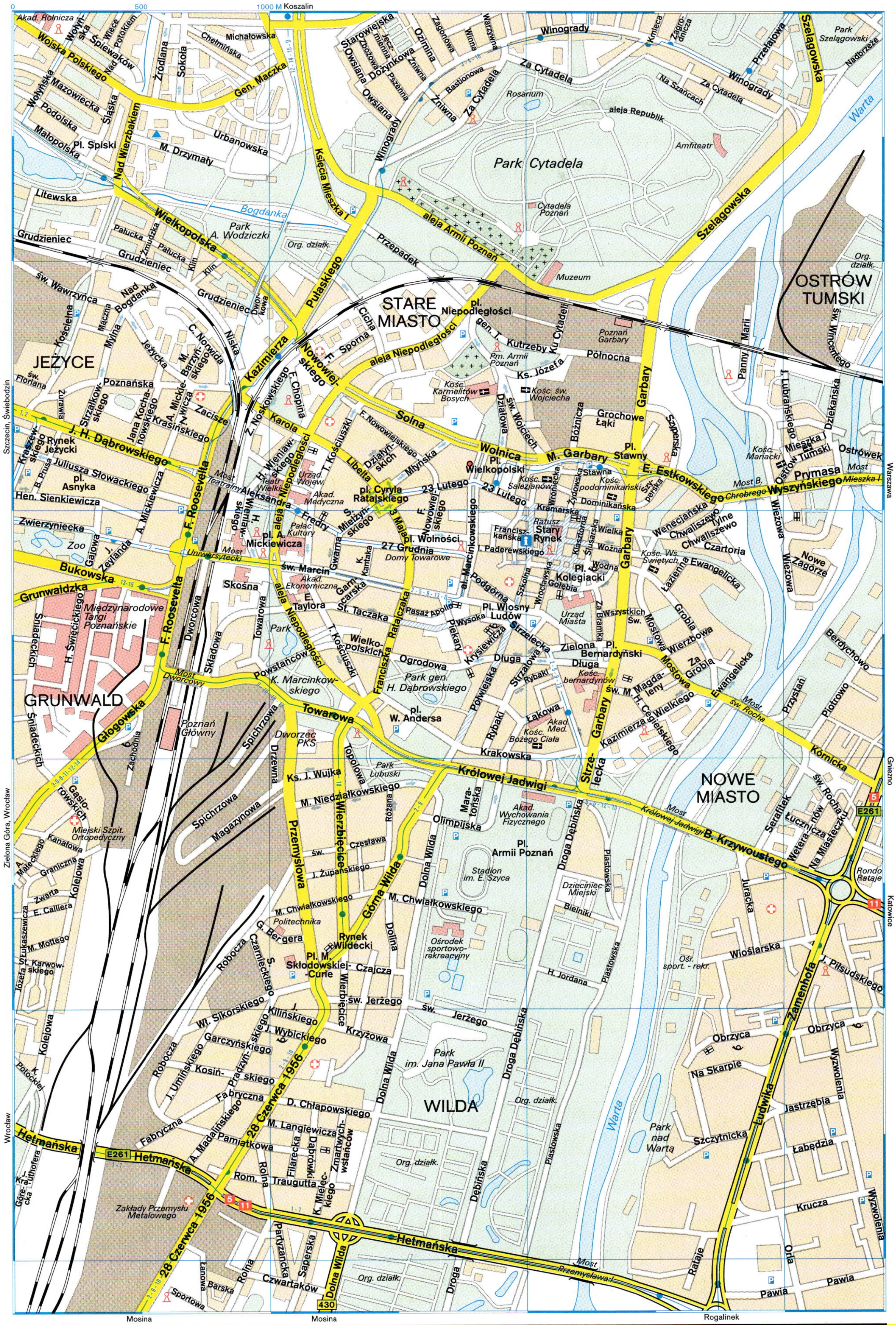

0
500
1000 M
Koszalin
Park Cytadela
Rosarium
aleja Republik
Amfiteatr
Cytadela Poznań
Muzeum
aleja Armii Poznań
Winogrady
Za Cytadelą
Szelągowska
Park Szelągowski
Warta
OSTRÓW TUMSKI
STARE MIASTO
JEŻYCE
GRUNWALD
NOWE MIASTO
WILDA
pl. Niepodległości
aleja Niepodległości
Poznań Garbary
Północna
Garbary
Solna
Wolnica
M. Garbary
Pl. Wielkopolski
Pl. Stawny
E. Estkowskiego
Prymasa Wyszyńskiego
Chrobrego
Mieszka I
Most Mieszka I
Ostrówek
Stary Rynek
Ratusz
Pl. Kolegiacki
Urząd Miasta
Pl. Bernardyński
Pl. Wiosny Ludów
pl. Cyryla Ratajskiego
23 Lutego
27 Grudnia
Pl. Wolności
pl. A. Mickiewicza
św. Marcin
F. Roosevelta
Most Teatralny
Most Uniwersytecki
Bukowska
Grunwaldzka
Międzynarodowe Targi Poznańskie
Zoo
J. H. Dąbrowskiego
Pl. Spiski
Wielkopolska
Bogdanka
Park A. Wodziczki
Grudzieniec
Kazimierza
Pułaskiego
Księcia Mieszka I
Gen. Maczka
Wojska Polskiego
Most Dworcowy
Poznań Główny
Dworzec PKS
Towarowa
Park gen. H. Dąbrowskiego
pl. W. Andersa
Królowej Jadwigi
Most Królowej Jadwigi
B. Krzywoustego
Rondo Rataje
Park Lubuski
Akad. Wychowania Fizycznego
Pl. Armii Poznań
Stadion im. E. Szyca
Droga Dębińska
Górna Wilda
Przemysłowa
Wierzbięcice
Rynek Wildecki
Pl. M. Skłodowskiej-Curie
Politechnika
Park im. Jana Pawła II
28 Czerwca 1956
Hetmańska
E261
Zakłady Przemysłu Metalowego
Most Przemysława I
Park nad Wartą
Zamenhofa
Ludwika
Obrzyca
Wioślarska
Kórnicka
Most św. Rocha
Mostowa
Ewangelicka
Miejski Szpit. Ortopedyczny
Ośrodek sportowo-rekreacyjny
Ośr. sport.-rek.
Org. działk.
430
5
11
Szczecin, Świebodzin
Zielona Góra, Wrocław
Wrocław
Warszawa
Gniezno
Katowice
Mosina
Rogalinek

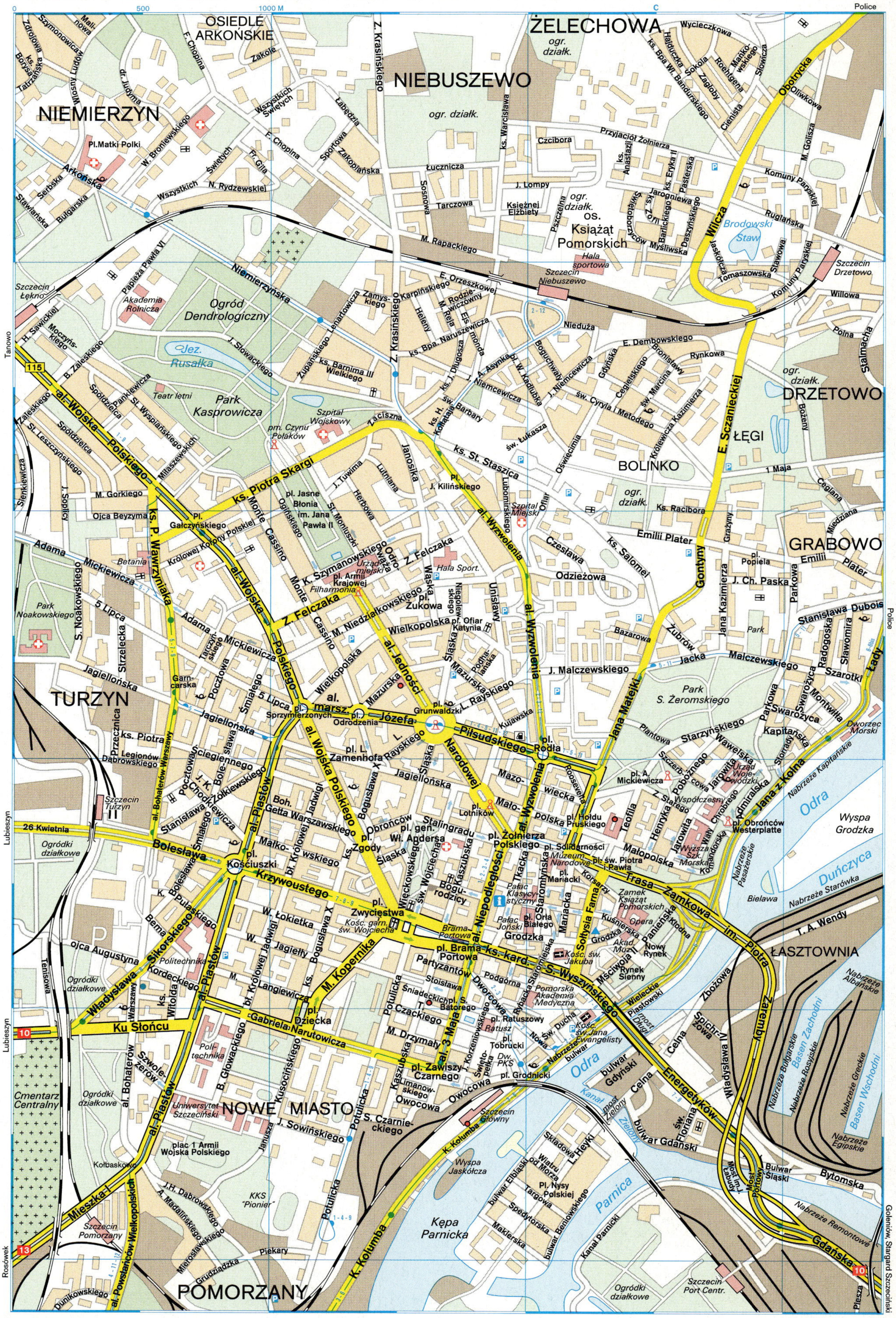
OSIEDLE ARKOŃSKIE
ŻELECHOWA
NIEBUSZEWO
NIEMIERZYN
os. Książąt Pomorskich
Ogród Dendrologiczny
Jez. Rusałka
Park Kasprowicza
DRZETOWO
ŁĘGI
BOLINKO
GRABOWO
TURZYN
Park S. Żeromskiego
Odra
Wyspa Grodzka
Duńczyca
ŁASZTOWNIA
Cmentarz Centralny
NOWE MIASTO
Kępa Parnicka
Parnica
POMORZANY
Brodowski Staw
Szczecin Niebuszewo
Szczecin Łękno
Szczecin Drzetowo
Szczecin Turzyn
Szczecin Główny
Szczecin Pomorzany
Szczecin Port Centr.
Dworzec Morski
al. Wojska Polskiego
al. Wyzwolenia
al. Niepodległości
al. Piastów
al. Jedności Narodowej
ks. Piotra Skargi
Krzywoustego
Wyszyńskiego
Trasa Zamkowa
Energetyków
Gdańska
Jana Matejki
E. Szczanieckiego
Wilcza
Mieszka I
Ku Słońcu
Gabriela Narutowicza
Bolesława
26 Kwietnia
Piłsudskiego
pl. Grunwaldzki
pl. Rodła
pl. Zwycięstwa
pl. Kościuszki
pl. Żołnierza Polskiego
pl. Brama Portowa
Wały Chrobrego
Police
Tanowo
Lubieszyn
Rosówek
Goleniów, Stargard Szczeciński
0
500
1000 M

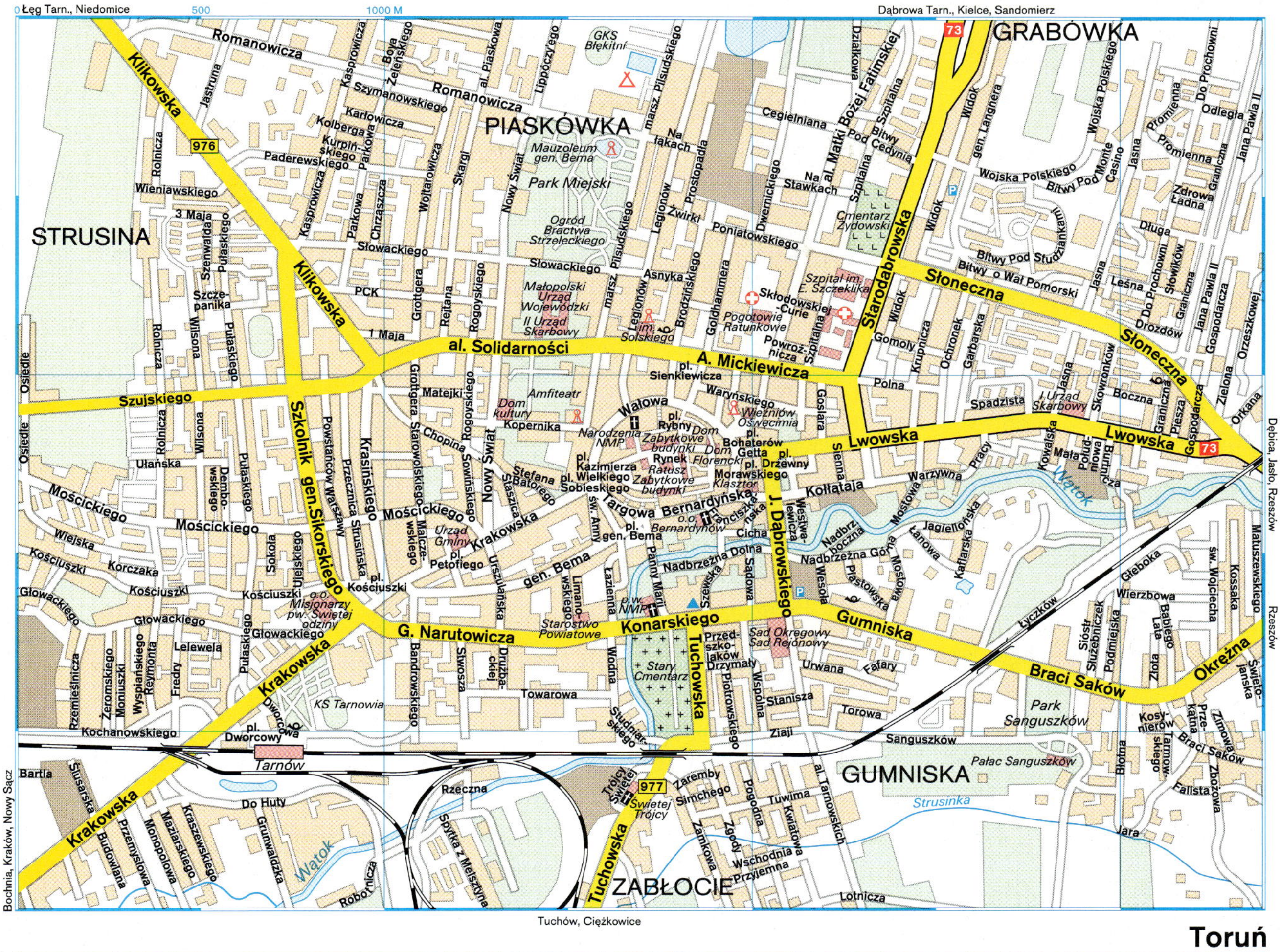
0
500
1000 M
Łęg Tarn., Niedomice
Dąbrowa Tarn., Kielce, Sandomierz
Dębica, Jasło, Rzeszów
Rzeszów
Tuchów, Ciężkowice
Bochnia, Kraków, Nowy Sącz
GRABÓWKA
PIASKÓWKA
STRUSINA
GUMNISKA
ZABŁOCIE
Romanowicza
Klikowska
Szujskiego
al. Solidarności
A. Mickiewicza
Lwowska
Słoneczna
Starodąbrowska
Szkolnik gen. Sikorskiego
Krakowska
G. Narutowicza
Konarskiego
Gumniska
Braci Saków
Okrężna
Tuchowska
J. Dąbrowskiego
Mościckiego
Kościuszki
Głowackiego
Wałowa
Bernardyńska
Kołłątaja
Słowackiego
Poniatowskiego
Park Miejski
Mauzoleum gen. Bema
Park Sanguszków
Pałac Sanguszków
Stary Cmentarz
Cmentarz Żydowski
Tarnów
Wątok
Strusinka
KS Tarnowia
GKS Błękitni
Rynek
Ratusz
Katedra NMP
Amfiteatr
Dom kultury
Starostwo Powiatowe
Sad Okręgowy Sad Rejonowy
Szpital im. E. Szczeklika
Pogotowie Ratunkowe
Urząd Skarbowy
Małopolski Urząd Wojewódzki
Ogród Bractwa Strzeleckiego
Dworcowy
Do Huty
Rzeczna
Sanguszków
Lotnicza
Ziaji
976
977
73

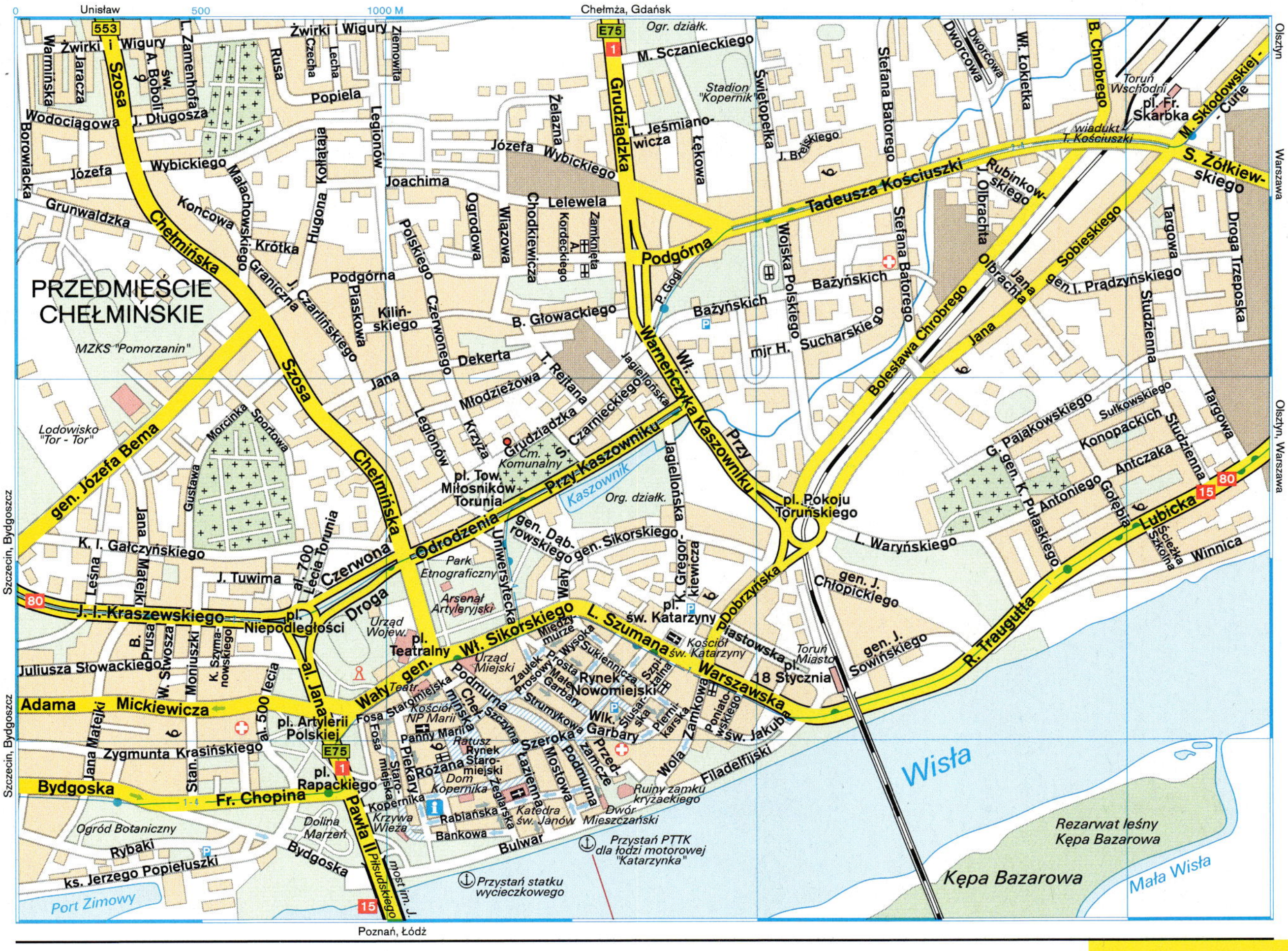
0
500
1000 M
Unisław
Chełmża, Gdańsk
Olsztyn
Warszawa
Olsztyn, Warszawa
Szczecin, Bydgoszcz
Poznań, Łódź
PRZEDMIEŚCIE CHEŁMIŃSKIE
MZKS "Pomorzanin"
Lodowisko "Tor - Tor"
Szosa Chełmińska
Grudziądzka
Warneńczyka
Tadeusza Kościuszki
Podgórna
Wały gen. Sikorskiego
Odrodzenia
Przy Kaszowniku
Kaszownik
Adama Mickiewicza
Fr. Chopina
Bydgoska
J. I. Kraszewskiego
gen. Józefa Bema
Bolesława Chrobrego
Warszawska
R. Traugutta
Lubicka
Winnica
Wisła
Mała Wisła
Kępa Bazarowa
Rezerwat leśny Kępa Bazarowa
Port Zimowy
Ogród Botaniczny
Toruń Wschodni
Toruń Miasto
pl. Pokoju Toruńskiego
Stadion "Kopernik"
Park Etnograficzny
Arsenał Artyleryjski
Ruiny zamku krzyżackiego
Dwór Mieszczański
Przystań statku wycieczkowego
Przystań PTTK dla łodzi motorowej "Katarzynka"
Rynek Staromiejski
Rynek Nowomiejski
Ratusz
Dom Kopernika
Krzywa Wieża
Szeroka
Bulwar
Filadelfijski
S. Żółkiewskiego
M. Skłodowskiej-Curie
Droga Trzeposka
E75
553
80
15
1

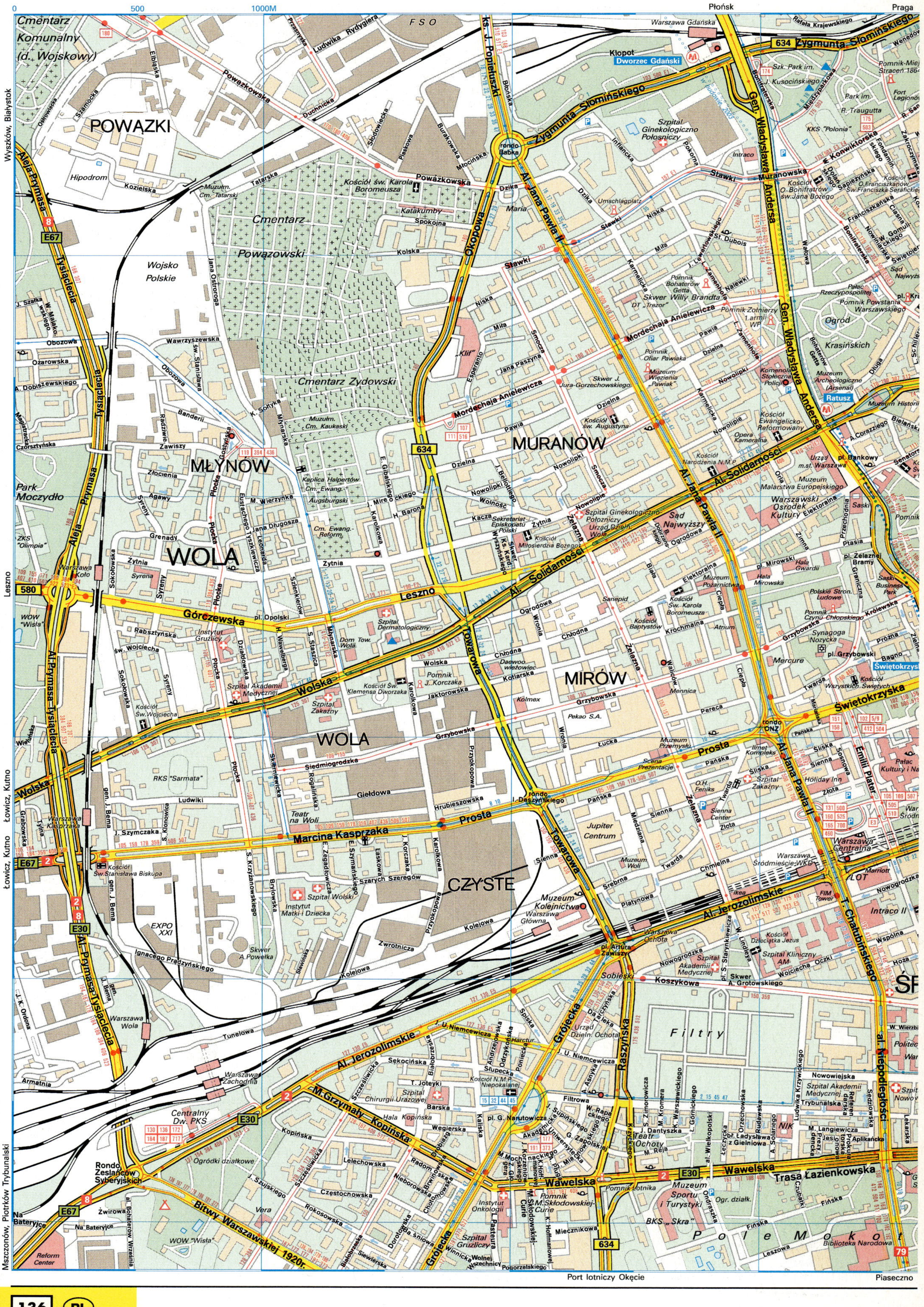
0
500
1000M
Płońsk
Praga
Wyszków, Białystok
Leszno
Łowicz, Kutno
Mszczonów, Piotrków Trybunalski
Port lotniczy Okęcie
Piaseczno
Cmentarz Komunalny (d. Wojskowy)
POWĄZKI
Hipodrom
Cmentarz Powązkowski
Wojsko Polskie
Cmentarz Żydowski
MŁYNÓW
WOLA
MURANÓW
MIRÓW
CZYSTE
Park Moczydło
Ogród Krasińskich
Filtry
Pole Mokotowskie
Warszawa Gdańska
Dworzec Gdański
Zygmunta Słomińskiego
Gen. Władysława Andersa
Al. Jana Pawła II
Al. Solidarności
Okopowa
Towarowa
Leszno
Górczewska
Wolska
Prosta
Marcina Kasprzaka
Al. Jerozolimskie
Al. Prymasa Tysiąclecia
Al. Niepodległości
T. Chałubińskiego
Świętokrzyska
Grzybowska
Żelazna
Muzeum Kolejnictwa
Warszawa Zachodnia
Centralny Dw. PKS
Warszawa Centralna
Warszawa Ochota
Rondo Zesłańców Syberyjskich
Bitwy Warszawskiej 1920r.
Grójecka
Raszyńska
Wawelska
Trasa Łazienkowska
Biblioteka Narodowa
Muzeum Sportu i Turystyki
Jupiter Centrum
Mercure
Ratusz
Muzeum Historii
Muzeum Archeologiczne (Arsenał)
Muzeum Powstania Warszawskiego
Reform Center
WOW "Wisła"
RKS "Sarmata"
EXPO XXI
634
E30
E67
580

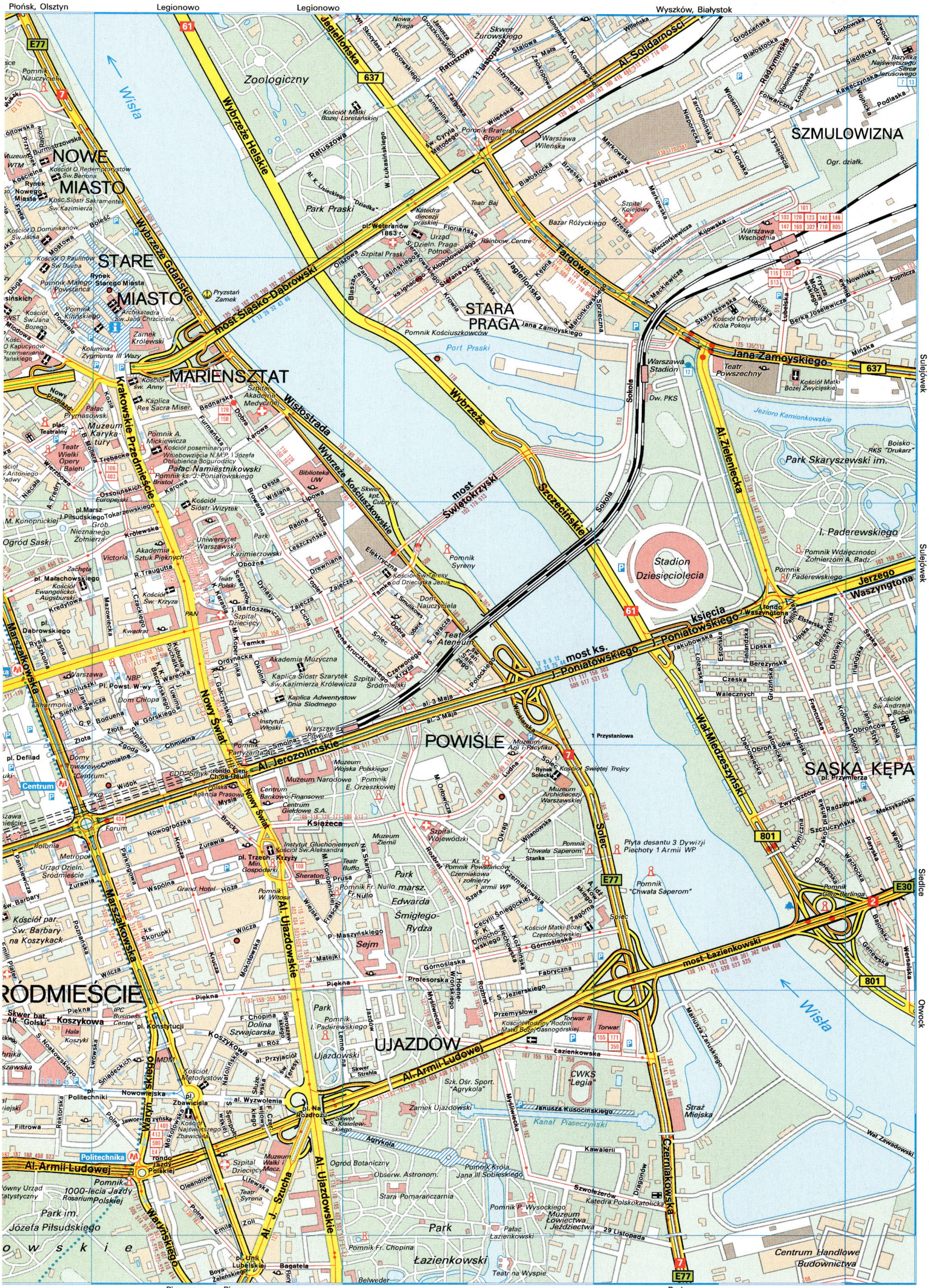
Płońsk, Olsztyn
Legionowo
Legionowo
Wyszków, Białystok
Sulejówek
Sulejówek
Siedlce
Otwock
Piaseczno
Piaseczno
Radom
Wisła
Zoologiczny
Park Praski
NOWE MIASTO
STARE MIASTO
MARIENSZTAT
STARA PRAGA
SZMULOWIZNA
Port Praski
Park Skaryszewski im. I. Paderewskiego
Jezioro Kamionkowskie
Stadion Dziesięciolecia
POWIŚLE
SASKA KĘPA
ŚRÓDMIEŚCIE
UJAZDÓW
Park Łazienkowski
Ogród Saski
Sejm
Torwar
CWKS "Legia"
Kanał Piaseczyński
Ogród Botaniczny
Centrum Handlowe Budownictwa
most Śląsko-Dąbrowski
most Świętokrzyski
most ks. J. Poniatowskiego
most Łazienkowski
Al. Solidarności
Al. Jerozolimskie
Al. Armii Ludowej
Al. Ujazdowskie
Al. J. Szucha
Al. Zieleniecka
Al. Waszyngtona
Krakowskie Przedmieście
Nowy Świat
Marszałkowska
Wybrzeże Gdańskie
Wybrzeże Helskie
Wybrzeże Kościuszkowskie
Wybrzeże Szczecińskie
Wał Miedzeszyński
Targowa
Jagiellońska
Czerniakowska
Jana Zamoyskiego
Wisłostrada
Warszawa Wileńska
Warszawa Wschodnia
Warszawa Stadion
Warszawa Powiśle
Centrum
Politechnika
E77
E30
7
2
61
637
801

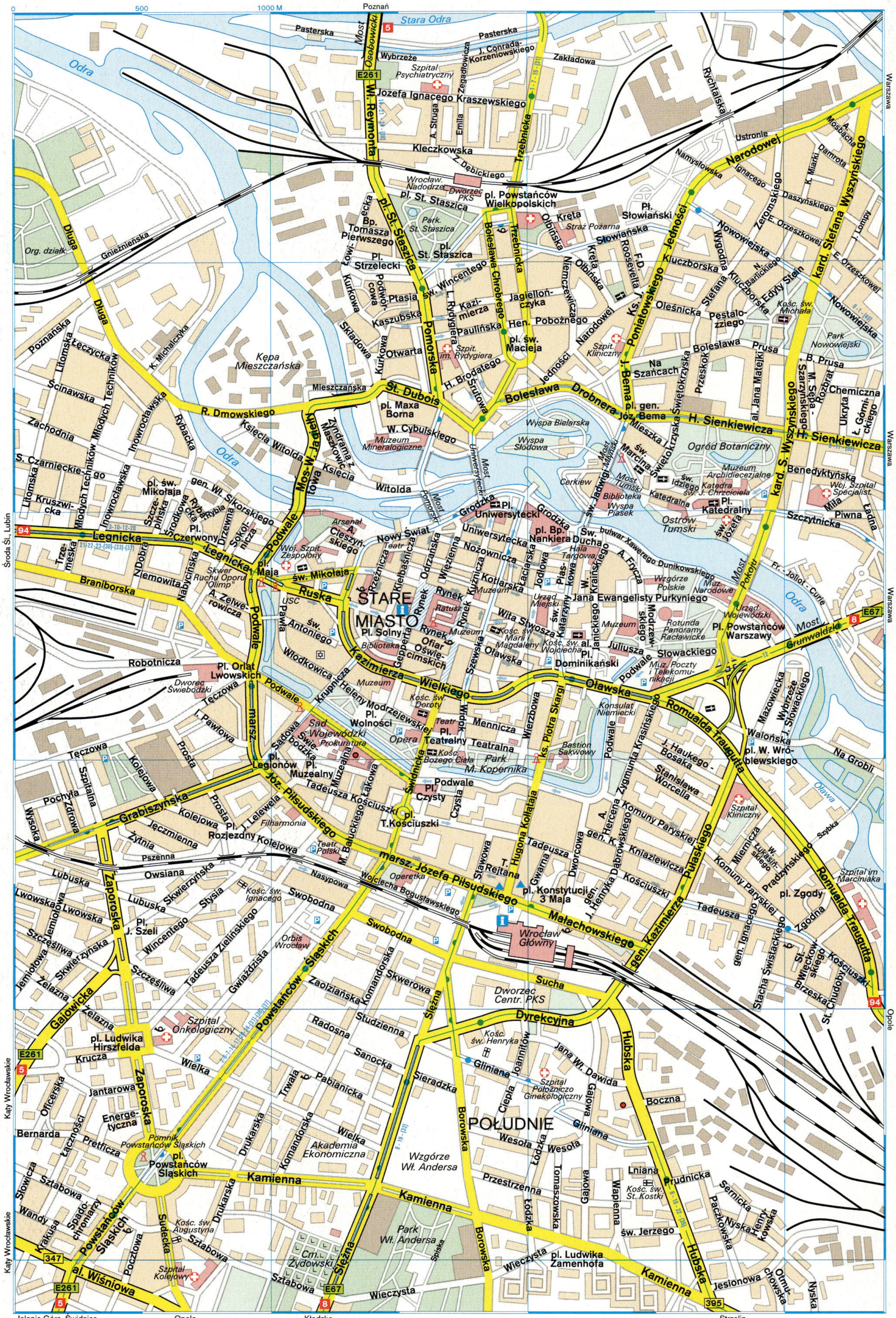
0
500
1000 M
Poznań
Warszawa
Opole
Strzelin
Kłodzko
Jelenia Góra, Świdnica
Środa Śl., Lubin
Katy Wrocławskie
Odra
Stara Odra
STARE MIASTO
POŁUDNIE
Kępa Mieszczańska
Ostrów Tumski
Ogród Botaniczny
Wyspa Słodowa
Wyspa Bielarska
Wyspa Piasek
Wrocław Główny
Dworzec Centr. PKS
Wrocław Nadodrze
Dworzec PKS
Wzgórze Wł. Andersa
Park Wł. Andersa
Park M. Kopernika
Pl. Grunwaldzki
pl. Powstańców Wielkopolskich
pl. St. Staszica
Pl. Strzelecki
pl. Maxa Borna
Pl. Uniwersytecki
pl. Bp. Nankiera
Pl. Solny
Pl. Dominikański
Pl. Wolności
Pl. Teatralny
Pl. T. Kościuszki
pl. Konstytucji 3 Maja
Pl. Orląt Lwowskich
Pl. Legionów
pl. gen. Józ. Bema
Pl. Katedralny
Pl. Słowiański
Pl. Powstańców Warszawy
pl. Ludwika Hirszfelda
pl. Powstańców Śląskich
pl. Ludwika Zamenhofa
Pl. Zgody
pl. W. Wróblewskiego
Legnicka
Ruska
Kazimierza Wielkiego
Oławska
Romualda Traugutta
marsz. Józefa Piłsudskiego
Małachowskiego
Dyrekcyjna
Kamienna
Powstańców Śląskich
Grabiszyńska
Gajowicka
Zaporoska
Hubska
Ślężna
Borowska
Swobodna
Sucha
Bolesława Drobnera
H. Sienkiewicza
kard. Stefana Wyszyńskiego
Narodowa
Jedności Narodowej
Pomorska
R. Dmowskiego
Podwale
Grunwaldzka
al. Wiśniowa
Braniborska
Długa
Teatr Polski
Opera
Filharmonia
Szpital Onkologiczny
Akademia Ekonomiczna
Muzeum Narodowe
Rotunda Panoramy Racławickiej
Hala Targowa
Urząd Wojewódzki
E261
E67
5
8
94
347
395

Europa • Europe • Evropa • Európa
1:4.500.000

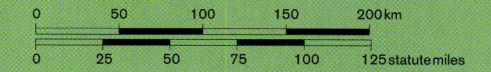

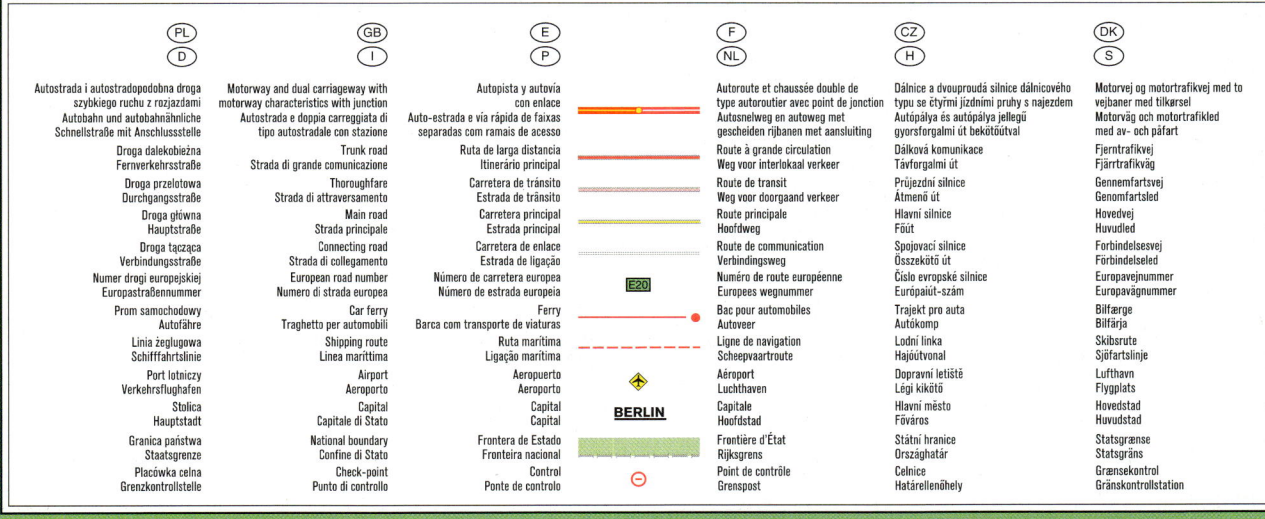

PL / D	GB / I	E / P	F / NL	CZ / H	DK / S
Autostrada i autostradopodobna droga szybkiego ruchu z rozjazdami / Autobahn und autobahnähnliche Schnellstraße mit Anschlussstelle	Motorway and dual carriageway with motorway characteristics with junction / Autostrada e doppia carreggiata di tipo autostradale con stazione	Autopista y autovía con enlace / Auto-estrada e via rápida de faixas separadas com ramais de acesso	Autoroute et chaussée double de type autoroutier avec point de jonction / Autosnelweg en autoweg met gescheiden rijbanen met aansluiting	Dálnice a dvouproudá silnice dálnicového typu se čtyřmi jízdními pruhy s nájezdem / Autópálya és autópálya jellegű gyorsforgalmi út bekötőútval	Motorvej og motortrafikvej med to vejbaner med tilkørsel / Motorväg och motortrafikled med av- och påfart
Droga dalekobieżna / Fernverkehrsstraße	Trunk road / Strada di grande comunicazione	Ruta de larga distancia / Itinerário principal	Route à grande circulation / Weg voor interlokaal verkeer	Dálková komunikace / Távforgalmi út	Fjerntrafikvej / Fjärrtrafikväg
Droga przelotowa / Durchgangsstraße	Thoroughfare / Strada di attraversamento	Carretera de tránsito / Estrada de trânsito	Route de transit / Weg voor doorgaand verkeer	Průjezdní silnice / Átmenő út	Gennemfartsvej / Genomfartsled
Droga główna / Hauptstraße	Main road / Strada principale	Carretera principal / Estrada principal	Route principale / Hoofdweg	Hlavní silnice / Főút	Hovedvej / Huvudled
Droga łącząca / Verbindungsstraße	Connecting road / Strada di collegamento	Carretera de enlace / Estrada de ligação	Route de communication / Verbindingsweg	Spojovací silnice / Összekötő út	Forbindelsesvej / Förbindelseled
Numer drogi europejskiej / Europastraßennummer	European road number / Numero di strada europea	Número de carretera europea / Número de estrada europeia	Numéro de route européenne / Europees wegnummer	Číslo evropské silnice / Európaiút-szám	Europavejnummer / Europavägnummer
Prom samochodowy / Autofähre	Car ferry / Traghetto per automobili	Ferry / Barca com transporte de viaturas	Bac pour automobiles / Autoveer	Trajekt pro auta / Autókomp	Bilfærge / Bilfärja
Linia żeglugowa / Schifffahrtslinie	Shipping route / Linea marittima	Ruta marítima / Ligação marítima	Ligne de navigation / Scheepvaartroute	Lodní linka / Hajóútvonal	Skibsrute / Sjöfartslinje
Port lotniczy / Verkehrsflughafen	Airport / Aeroporto	Aeropuerto / Aeroporto	Aéroport / Luchthaven	Dopravní letiště / Légi kikötő	Lufthavn / Flygplats
Stolica / Hauptstadt	Capital / Capitale di Stato	Capital / Capital	Capitale / Hoofdstad	Hlavní město / Főváros	Hovedstad / Huvudstad
Granica państwa / Staatsgrenze	National boundary / Confine di Stato	Frontera de Estado / Fronteira nacional	Frontière d'État / Rijksgrens	Státní hranice / Országhatár	Statsgrænse / Statsgräns
Placówka celna / Grenzkontrollstelle	Check-point / Punto di controllo	Control / Ponte de controlo	Point de contrôle / Grenspost	Celnice / Határellenőhely	Grænsekontrol / Gränskontrollstation

1

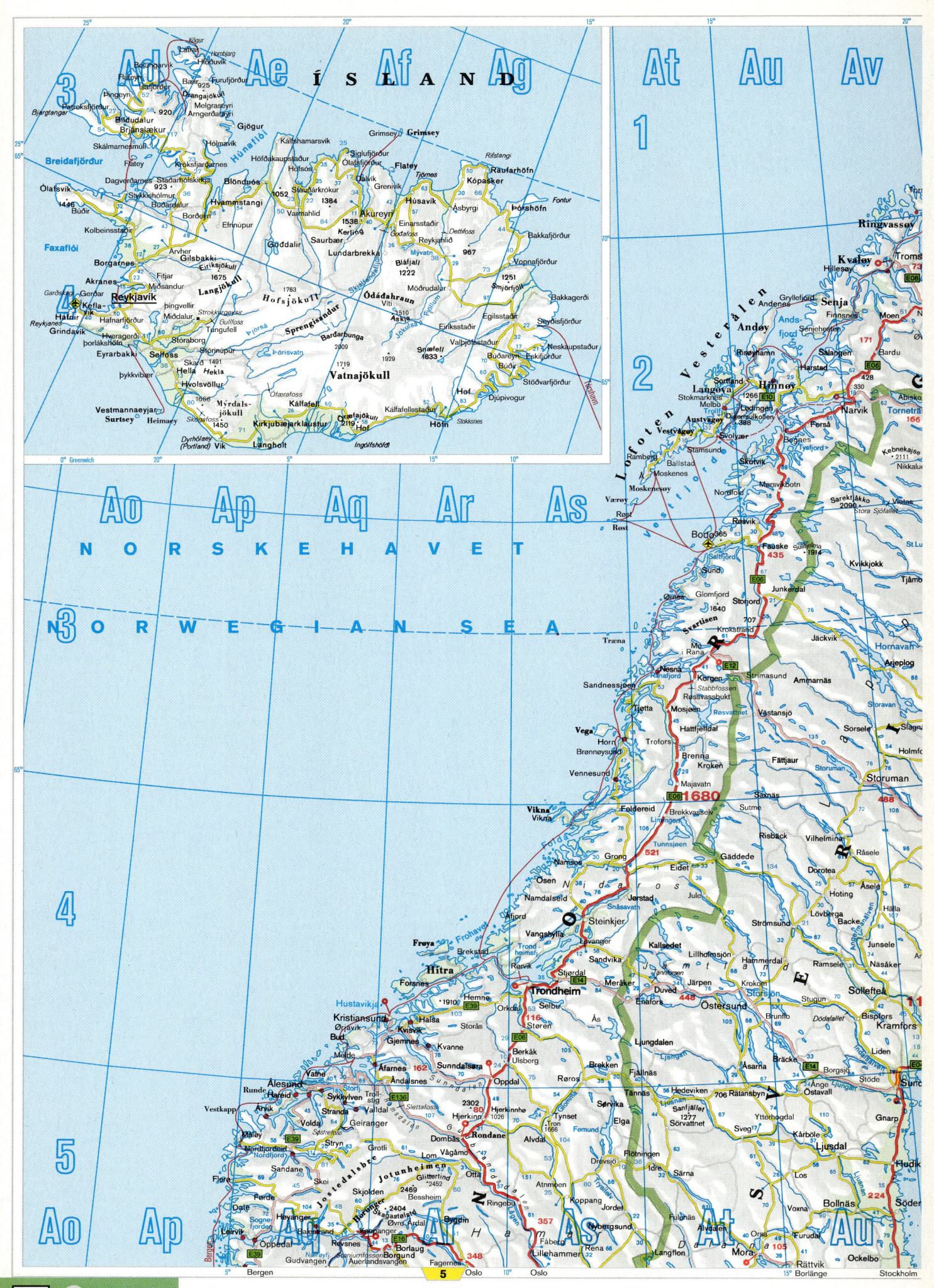

ÍSLAND
Ad
Ae
Af
Ag
At
Au
Av
Ao
Ap
Aq
Ar
As
Reykjavík
Akureyri
Vatnajökull
Hofsjökull
Langjökull
Breiðafjörður
Faxaflói
Húnaflói
Grimsey
Vestmannaeyjar
Surtsey
Heimaey
Höfn
Ísafjörður
Egilsstaðir
Seyðisfjörður
Húsavík
Keflavík
Selfoss
Borgarnes
Hekla
Askja
Ódáðahraun
Sprengisandur
Mýrdalsjökull
Kirkjubæjarklaustur
Vík
Ingólfshöfði
NORSKEHAVET
NORWEGIAN SEA
Lofoten
Vesterålen
Ringvassøy
Kvaløy
Tromsø
Senja
Andøy
Hinnøy
Langøya
Austvågøy
Vestvågøy
Moskenes
Værøy
Røst
Narvik
Bodø
Fauske
Sulitjelma
Mo i Rana
Svartisen
Mosjøen
Brønnøysund
Vega
Vikna
Namsos
Grong
Steinkjer
Levanger
Trondheim
Frøya
Hitra
Kristiansund
Molde
Ålesund
Åndalsnes
Oppdal
Røros
Dombås
Rondane
Jotunheimen
Jostedalsbre
Lillehammer
Førde
Florø
Bergen
Oslo
Östersund
Storuman
Vilhelmina
Jäckvik
Arjeplog
Kvikkjokk
Sollefteå
Kramfors
Sundsvall
Hudiksvall
Ljusdal
Bollnäs
Söderhamn
Mora
Rättvik
Borlänge
Stockholm
Orsa
Sveg
Sarek
Kebnekajse
Abisko
Torneträsk
5

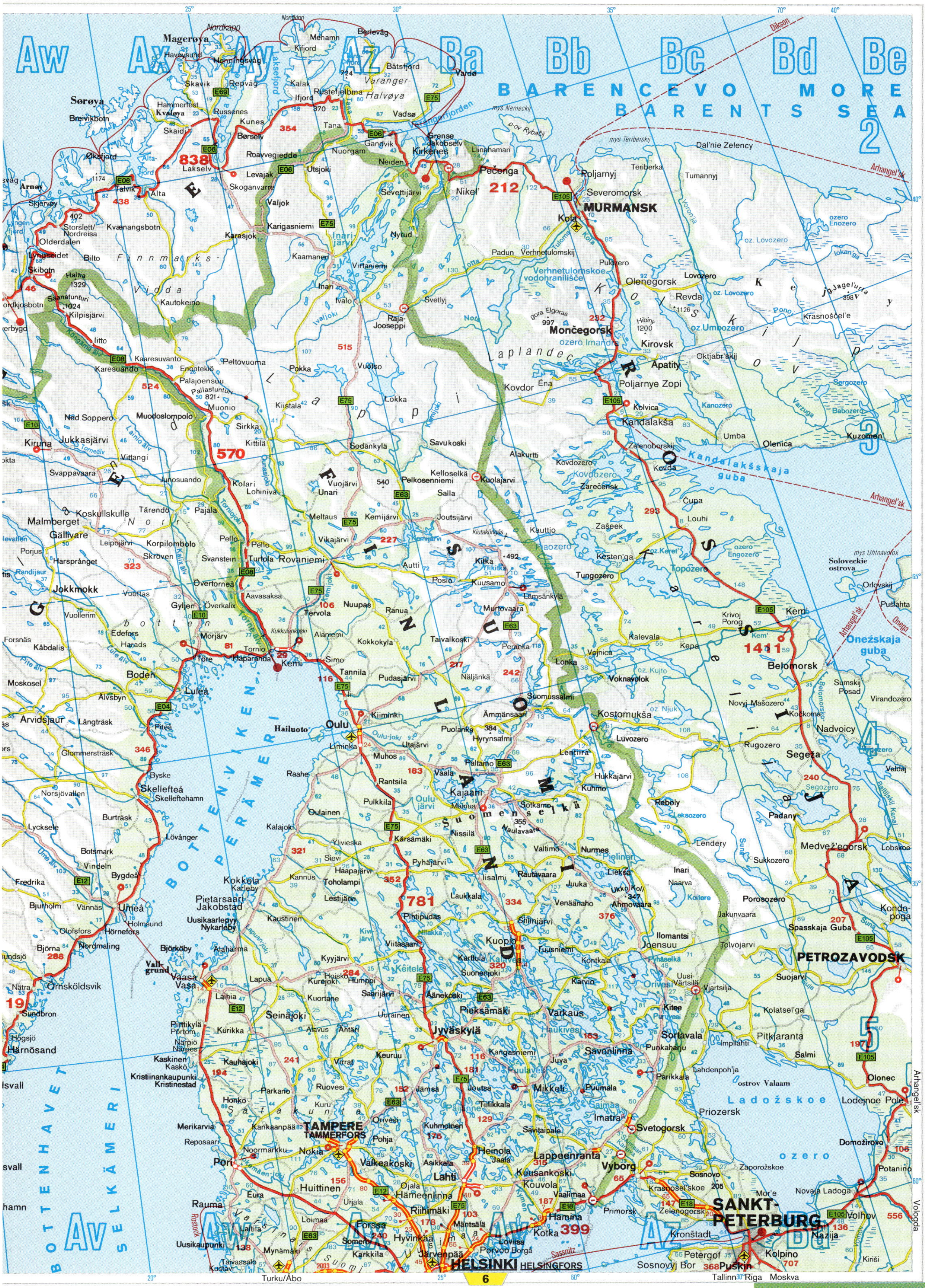
Aw
Ax
Ay
Az
Ba
Bb
Bc
Bd
Be
BARENCEVO MORE
BARENTS SEA
2
3
4
5
Magerøya
Nordkapp
Honningsvåg
Havøysund
Mehamn
Berlevåg
Kjøllefjord
Båtsfjord
Vardø
Varanger-Halvøya
Vadsø
Skavik
Repvåg
Kalak
Rustefjelbma
Ifjord
Sørøya
Hammerfest
Kvaløya
Russenes
Breivikbotn
Skaidi
Kunes
Børselv
Tana
Gandvik
Grense Jakobselv
Kirkenes
Øksfjord
838
354
Lakselv
Roavvegiedde
Nuorgam
Neiden
Liinahamari
Pečenga
Nikel'
212
Poljarnyj
Severomorsk
MURMANSK
Kola
Teriberka
Dal'nie Zelency
Tumannyj
Alta
Talvik
438
Skoganvarre
Utsjoki
Sevettijärvi
Valjok
Karigasniemi
Karasjok
Storslett
Nordreisa
Kvænangsbotn
Olderdalen
Finnmarksvidda
Kautokeino
Kaamanen
Nellim
Inarijärvi
Virtaniemi
Inari
Ivalo
Raja-Jooseppi
Svetlyj
Padun
Verhnetulomskij
Verhnetulomskoe vodohranilišče
Pulozero
Olenegorsk
Lovozero
Revda
Montčegorsk
232
Kirovsk
Apatity
Poljarnye Zori
Kovdor
Ena
Kandalakša
Umba
Olenica
Kuzomen'
Kandalakšskaja guba
Zelenoborskij
Kovda
Zarečensk
Kovdozero
Alakurtti
Kelloselkä
Kuolajarvi
Salla
Savukoski
Sodankylä
Pelkosenniemi
Kemijärvi
Lapland
Laplandec
Kiruna
Jukkasjärvi
Vittangi
Svappavaara
Karesuando
Kaaresuvanto
Enontekiö
Palojoensuu
Pallastunturi
Muonio
Kittilä
570
524
515
Peltovuoma
Pokka
Vuotso
Lokka
Kolari
Lohiniva
Vuojärvi
Unari
Meltaus
Pajala
Pello
Rovaniemi
Turtola
Svanstein
Övertorneå
Aavasaksa
Gällivare
Malmberget
Koskullskulle
Jokkmokk
Harsprånget
323
Porjus
Norrbotten
Vuollerim
Edefors
Haparanda
Tornio
Kemi
Simo
Tervola
106
Ranua
Posio
Kuusamo
Kitka
Paanajärvi
Tungozero
Louhi
Čupa
Kem'
Belomorsk
1411
Kalevala
Kepa
Vojnica
Lonka
Voknavolok
Kostomukša
Luvozero
Suomussalmi
Ämmänsaari
Hyrynsalmi
Puolanka
Pudasjärvi
Taivalkoski
Näljänkä
217
242
Kokkokylä
Tannila
Oulu
Kiiminki
Hailuoto
Liminka
Muhos
Utajärvi
Vaala
Paltamo
Kajaani
Sotkamo
Kuhmo
Hukkajärvi
Reboly
Lendery
Luleå
Boden
Älvsbyn
Piteå
Arvidsjaur
Glommersträsk
Skellefteå
Skelleftehamn
Byske
Norsjö
Burträsk
Lövånger
Lycksele
Umeå
Vännäs
Bygdeå
Holmsund
Hörnefors
Nordmaling
Björna
Örnsköldsvik
Härnösand
Sundsvall
Bottenviken
Perämeri
Kokkola
Karleby
Pietarsaari
Jakobstad
Nykarleby
Uusikaarlepyy
Vaasa
Vasa
Laihia
Seinäjoki
Lapua
Kauhajoki
Kristiinankaupunki
Kristinestad
Kaskinen
Kaskö
Närpiö
Närpes
Pori
Rauma
Uusikaupunki
Turku/Åbo
Naantali
Mynämäki
Huittinen
Eura
Tampere
Tammerfors
Nokia
Valkeakoski
Hämeenlinna
Forssa
Riihimäki
Hyvinkää
Järvenpää
Porvoo
Borgå
Loviisa
HELSINKI
HELSINGFORS
Kotka
Hamina
Kouvola
Lahti
Heinola
Lappeenranta
Vyborg
Imatra
Svetogorsk
Savitaipale
Mikkeli
Juva
Savonlinna
Varkaus
Pieksämäki
Jyväskylä
Jämsä
Kuopio
Iisalmi
Nurmes
Lieksa
Joensuu
Ilomantsi
Kitee
Sortavala
Pitkjaranta
Salmi
Olonec
Lodejnoe Pole
Ladožskoe ozero
Priozersk
Sosnovo
Sankt-Peterburg
Kronštadt
Petergof
Puškin
Kolpino
Volhov
Novaja Ladoga
Petrozavodsk
Kondopoga
Medvež'egorsk
Segeža
Nadvoicy
Rugozero
Suojarvi
Olonec
Onežskaja guba
Solovecke ostrova
Hamina
399
781
352
334
376
320
284
241
156
194
116
6
Tallinn
Riga
Moskva
Arhangel'sk
Vologda
Dikson

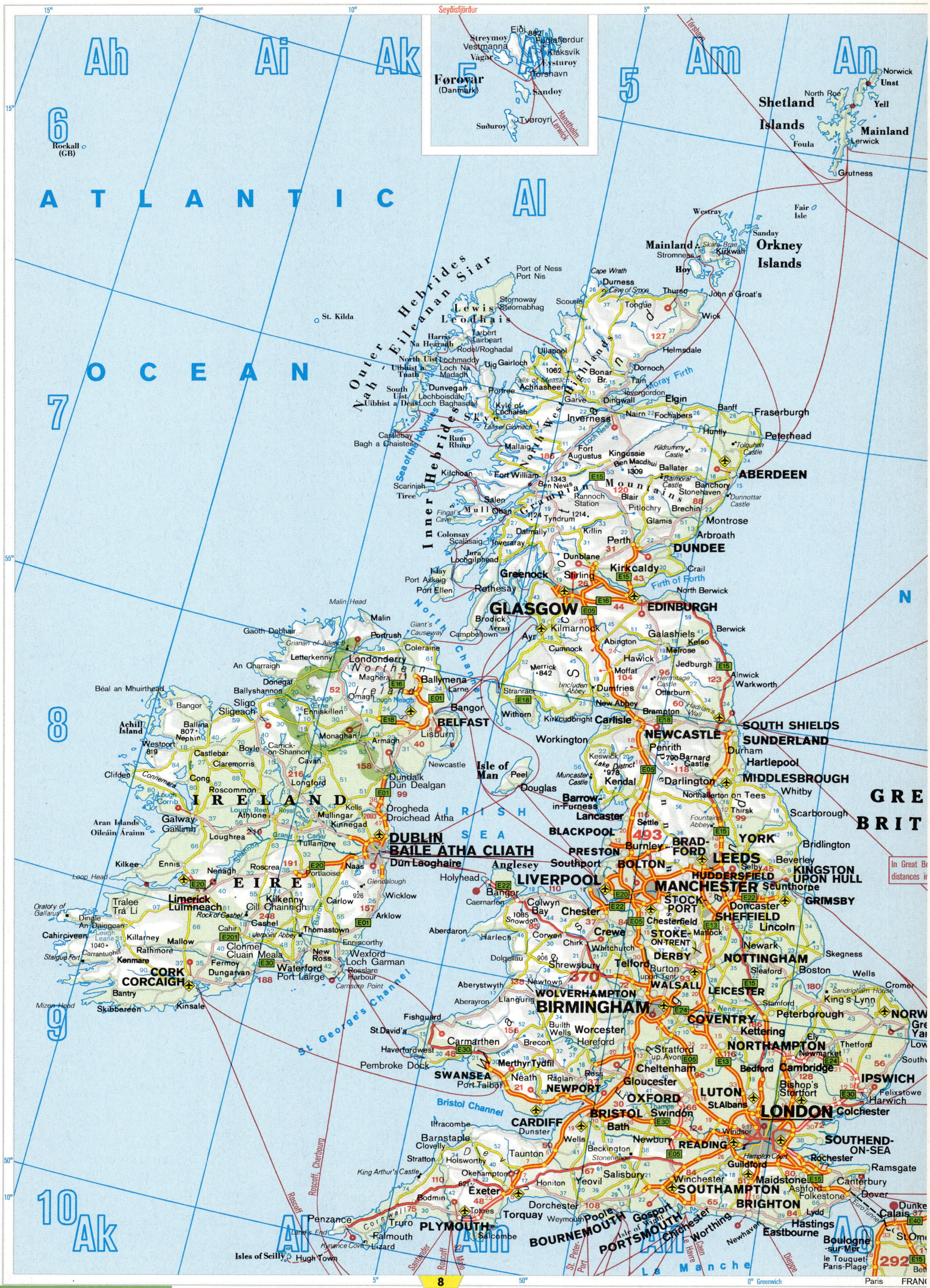

ATLANTIC
OCEAN
Ah
Ai
Ak
Al
Am
An
Ag
6
7
8
9
10
5
Rockall (GB)
St. Kilda
Føroyar (Danmark)
Seydisfjördur
Tórshavn
Streymoy
Vestmanna
Vagar
Eysturoy
Klaksvik
Sandoy
Suduroy
Tvøroyri
Shetland Islands
North Roe
Unst
Norwick
Yell
Mainland
Lerwick
Foula
Grutness
Fair Isle
Orkney Islands
Westray
Sanday
Mainland
Kirkwall
Stromness
Hoy
Thurso
John o' Groat's
Wick
Cape Wrath
Durness
Tongue
Helmsdale
Outer Hebrides
Nah-Eileanan Siar
Lewis
Leodhais
Port of Ness
Stornoway
Harris
Tarbert
North Uist
Lochmaddy
South Uist
Lochboisdale
Castlebay
Ullapool
Gairloch
Dornoch
Tain
Moray Firth
Invergordon
Elgin
Banff
Fraserburgh
Peterhead
Inverness
Nairn
Huntly
Kyle of Lochalsh
Skye
Mallaig
Fort Augustus
Kingussie
Ben Macdhui
ABERDEEN
Fort William
Ben Nevis
Grampian Mountains
Ballater
Banchory
Stonehaven
Oban
Mull
Inner Hebrides
Blair
Pitlochry
Brechin
Montrose
Arbroath
DUNDEE
Perth
Kirkcaldy
Firth of Forth
Stirling
Dunblane
Islay
Jura
Port Askaig
Port Ellen
Greenock
Rothesay
GLASGOW
EDINBURGH
North Berwick
Berwick
Kilmarnock
Ayr
Campbeltown
Arran
Galashiels
Melrose
Kelso
Jedburgh
Hawick
Moffat
Dumfries
Stranraer
North Channel
Malin Head
Malin
Portrush
Coleraine
Giant's Causeway
Londonderry
Northern Ireland
Ballymena
Larne
Omagh
Lough Neagh
Enniskillen
Bangor
BELFAST
Lisburn
Armagh
Monaghan
Newry
Newcastle
Letterkenny
Donegal
Sligo
Ballina
Westport
Castlebar
Achill Island
Clifden
Connemara
IRELAND
EIRE
Galway
Gaillimh
Athlone
Mullingar
Longford
Cavan
Dundalk
Dún Dealgan
Drogheda
Droichead Átha
DUBLIN
BAILE ATHA CLIATH
Dún Laoghaire
Aran Islands
Oileáin Árainn
Ennis
Limerick
Luimneach
Tralee
Trá Lí
Dingle
Killarney
Kilkenny
Cill Chainnigh
Carlow
Wicklow
Arklow
Wexford
Loch Garman
Rosslare Harbour
Waterford
Port Láirge
Clonmel
Cluain Meala
Dungarvan
Fermoy
CORK
CORCAIGH
Bantry
Skibbereen
Kinsale
Mizen Head
Carnsore Point
St George's Channel
Carlisle
NEWCASTLE
SOUTH SHIELDS
SUNDERLAND
Durham
Hartlepool
MIDDLESBROUGH
Whitby
Scarborough
Darlington
Penrith
Keswick
Kendal
Workington
Isle of Man
Peel
Douglas
IRISH SEA
Barrow-in-Furness
Lancaster
BLACKPOOL
PRESTON
Burnley
BRADFORD
LEEDS
YORK
Bridlington
Beverley
KINGSTON UPON HULL
GRIMSBY
Southport
BOLTON
LIVERPOOL
MANCHESTER
HUDDERSFIELD
STOCKPORT
SHEFFIELD
Doncaster
Scunthorpe
Lincoln
Anglesey
Holyhead
Bangor
Caernarfon
Chester
Crewe
Chesterfield
STOKE-ON-TRENT
DERBY
NOTTINGHAM
Newark
Boston
Skegness
Shrewsbury
Telford
WOLVERHAMPTON
WALSALL
BIRMINGHAM
LEICESTER
COVENTRY
Peterborough
King's Lynn
NORWICH
Aberystwyth
Kettering
NORTHAMPTON
Cambridge
IPSWICH
Felixstowe
Harwich
Worcester
Hereford
Stratford-upon-Avon
Bedford
LUTON
St. Albans
Cheltenham
Gloucester
OXFORD
Swindon
Fishguard
St. David's
Haverfordwest
Pembroke Dock
Carmarthen
SWANSEA
Port Talbot
Neath
Merthyr Tydfil
NEWPORT
CARDIFF
Bristol Channel
BRISTOL
Bath
READING
LONDON
Colchester
SOUTHEND-ON-SEA
Rochester
Ramsgate
Maidstone
Canterbury
Dover
Folkestone
Guildford
Winchester
SOUTHAMPTON
PORTSMOUTH
BRIGHTON
Eastbourne
Hastings
Chichester
Worthing
Salisbury
BOURNEMOUTH
Poole
Weymouth
Dorchester
Yeovil
Taunton
Exeter
Torquay
PLYMOUTH
Barnstaple
Ilfracombe
Bodmin
Truro
Falmouth
Penzance
Land's End
Lizard
Isles of Scilly
Hugh Town
La Manche
Calais
Dunkerque
Boulogne-sur-Mer
le Touquet-Paris-Plage
Paris
GREAT BRITAIN
In Great Britain distances in
0° Greenwich
8

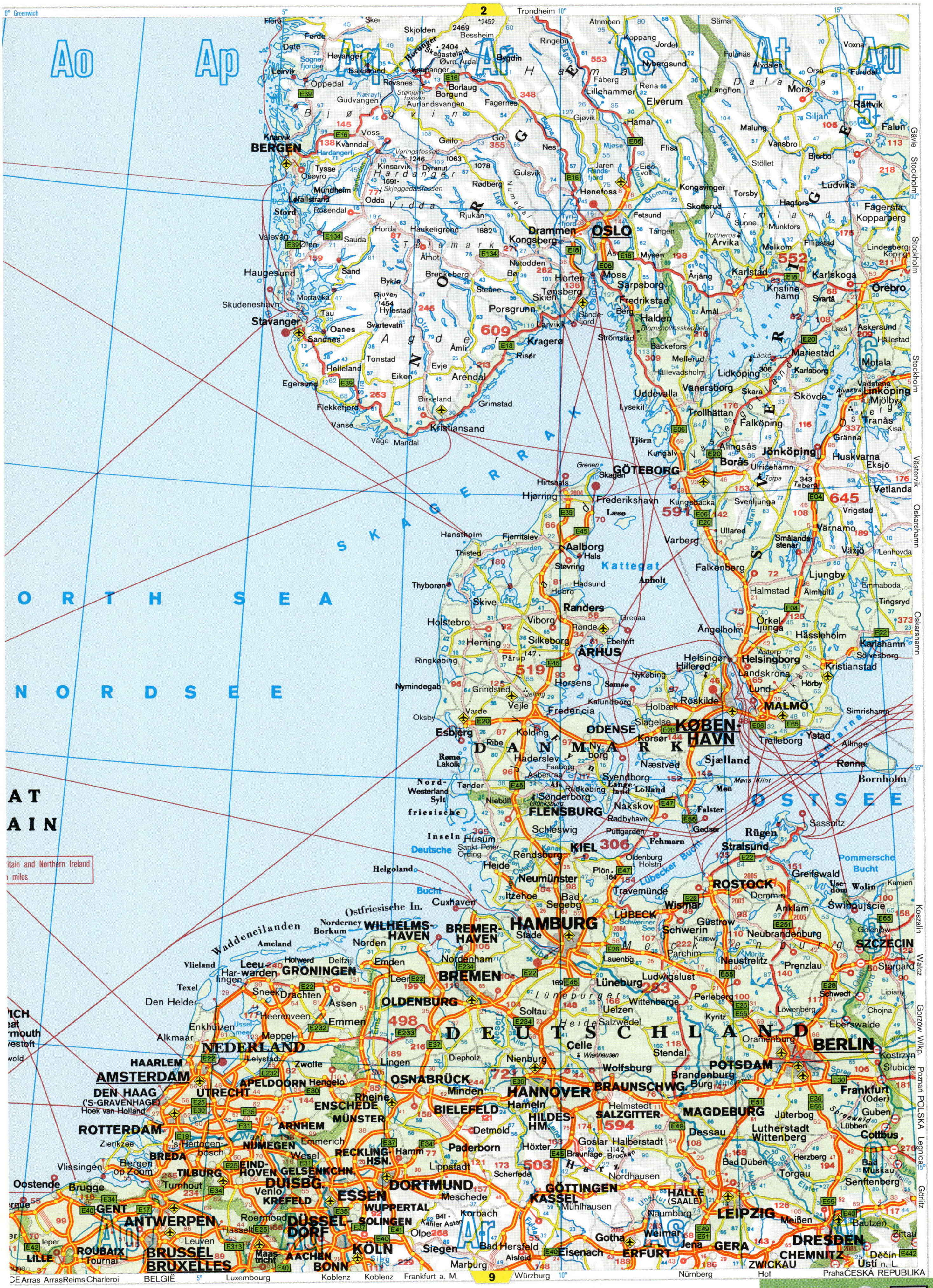

0° Greenwich
Ao
Ap
Aq
Ar
As
At
Au
Trondheim
BERGEN
Stavanger
Haugesund
Kristiansand
Arendal
Drammen
OSLO
Hamar
Lillehammer
Elverum
Kongsvinger
Karlstad
Örebro
Karlskoga
Mora
Falun
Jönköping
Borås
GÖTEBORG
Halmstad
Helsingborg
MALMÖ
Lund
Kristianstad
Växjö
Skagen
Frederikshavn
Hjørring
Aalborg
Randers
ÅRHUS
Vejle
Fredericia
Esbjerg
ODENSE
KØBEN-
HAVN
Sjælland
Roskilde
Kattegat
S K A G E R R A K
N O R T H S E A
N O R D S E E
O S T S E E
D A N M A R K
FLENSBURG
KIEL
Rügen
Stralsund
ROSTOCK
LÜBECK
HAMBURG
Schwerin
Neumünster
BREMER-
HAVEN
WILHELMS-
HAVEN
BREMEN
OLDENBURG
Lüneburg
Ostfriesische In.
Waddeneilanden
GRONINGEN
NEDERLAND
AMSTERDAM
HAARLEM
DEN HAAG
('S-GRAVENHAGE)
UTRECHT
ROTTERDAM
APELDOORN
ARNHEM
NIJMEGEN
ENSCHEDE
MÜNSTER
OSNABRÜCK
BIELEFELD
HANNOVER
BRAUNSCHWEIG
MAGDEBURG
POTSDAM
BERLIN
SZCZECIN
D E U T S C H L A N D
DORTMUND
ESSEN
DUISBG.
KREFELD
DÜSSEL-
DORF
KÖLN
BONN
AACHEN
ANTWERPEN
BRUSSEL
BRUXELLES
GENT
LILLE
ROUBAIX
Tournai
Oostende
Brugge
KASSEL
GÖTTINGEN
HALLE
(SAALE)
LEIPZIG
DRESDEN
CHEMNITZ
ZWICKAU
ERFURT
Gotha
Jena
GERA
Frankfurt
(Oder)
Cottbus
Bornholm
Rønne
Pommersche
Bucht
BELGIË
Luxembourg
Koblenz
Frankfurt a. M.
Würzburg
Nürnberg
Hof
Praha
ČESKÁ REPUBLIKA
POLSKA
Stockholm
Gävle
Västervik
Oskarshamn
Karlshamn

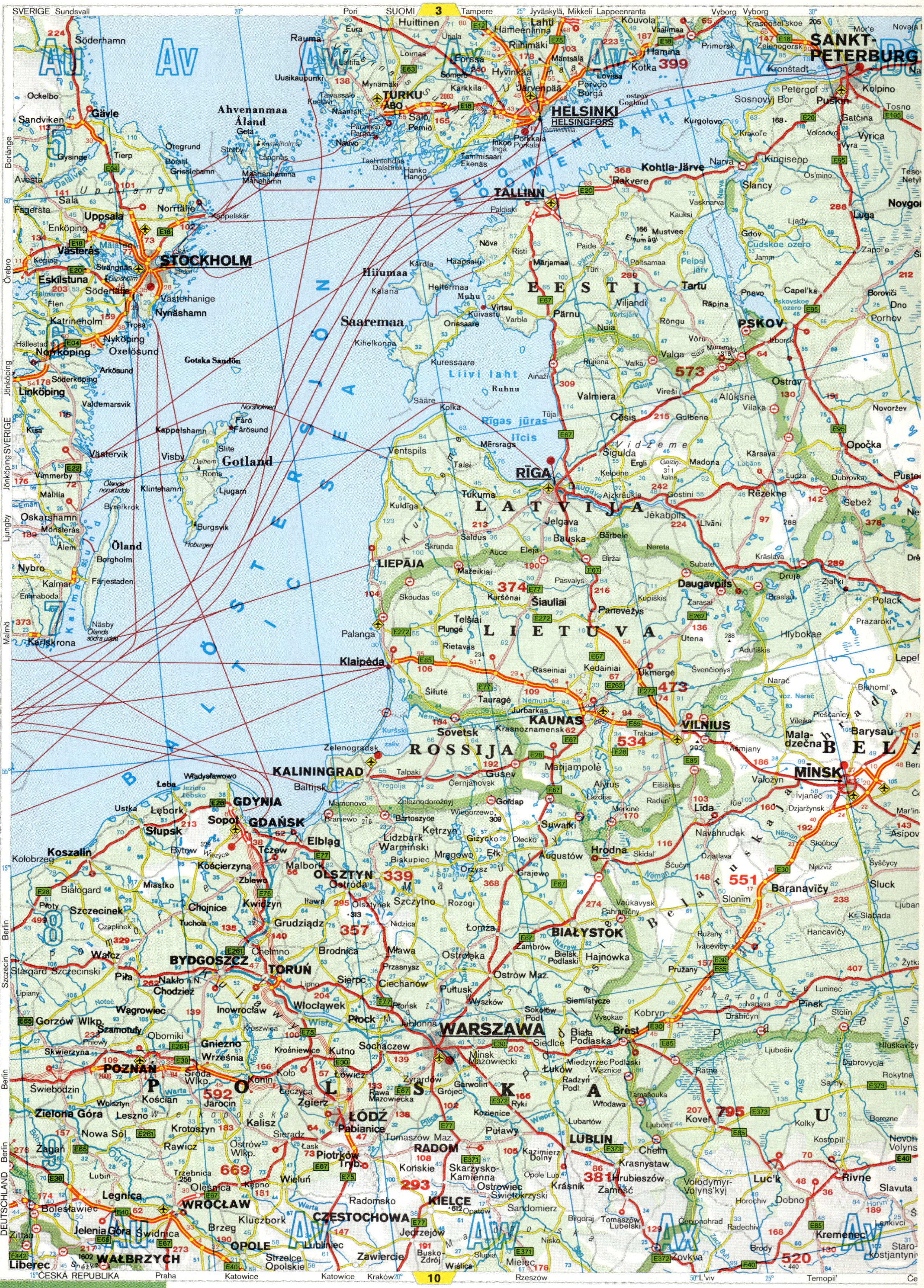
SVERIGE Sundsvall
Pori
SUOMI
3
Tampere
Jyväskylä, Mikkeli Lappeenranta
Vyborg
SANKT-PETERBURG
HELSINKI
HELSINGFORS
TURKU
ÅBO
Ahvenanmaa
Åland
Suomenlahti
TALLINN
Kohtla-Järve
Narva
Gävle
Söderhamn
Uppsala
STOCKHOLM
Västerås
Eskilstuna
Norrköping
Linköping
Nyköping
Nynäshamn
Hiiumaa
Saaremaa
EESTI
Tartu
PSKOV
Pärnu
Viljandi
Liivi laht
Rīgas jūras līcis
Gotland
Visby
Öland
Kalmar
Karlskrona
Västervik
Ventspils
RĪGA
LATVIJA
Jelgava
Daugavpils
LIEPĀJA
Šiauliai
Panevėžys
LIETUVA
Klaipėda
KAUNAS
VILNIUS
Palanga
MINSK
Maladzečna
Baranavičy
Slonim
Hrodna
Lida
Brest
Pinsk
Kobryn
Sluck
BELARUS'
KALININGRAD
ROSSIJA
Sovetsk
Gusev
Baltijsk
Zelenogradsk
Baltiska havet
Östersjön
GDYNIA
GDAŃSK
Sopot
Elbląg
OLSZTYN
Koszalin
Słupsk
BYDGOSZCZ
TORUŃ
Grudziądz
Włocławek
Płock
BIAŁYSTOK
Łomża
WARSZAWA
POZNAŃ
Gniezno
Gorzów Wlkp.
Zielona Góra
ŁÓDŹ
Piotrków Tryb.
RADOM
KIELCE
LUBLIN
Chełm
Zamość
CZĘSTOCHOWA
OPOLE
WROCŁAW
Legnica
WAŁBRZYCH
Jelenia Góra
Liberec
POLSKA
Kovel'
Luc'k
Rivne
Volodymyr-Volyns'kyj
ČESKÁ REPUBLIKA
Praha
Katowice
Kraków
10
Rzeszów
L'viv
Ternopil'

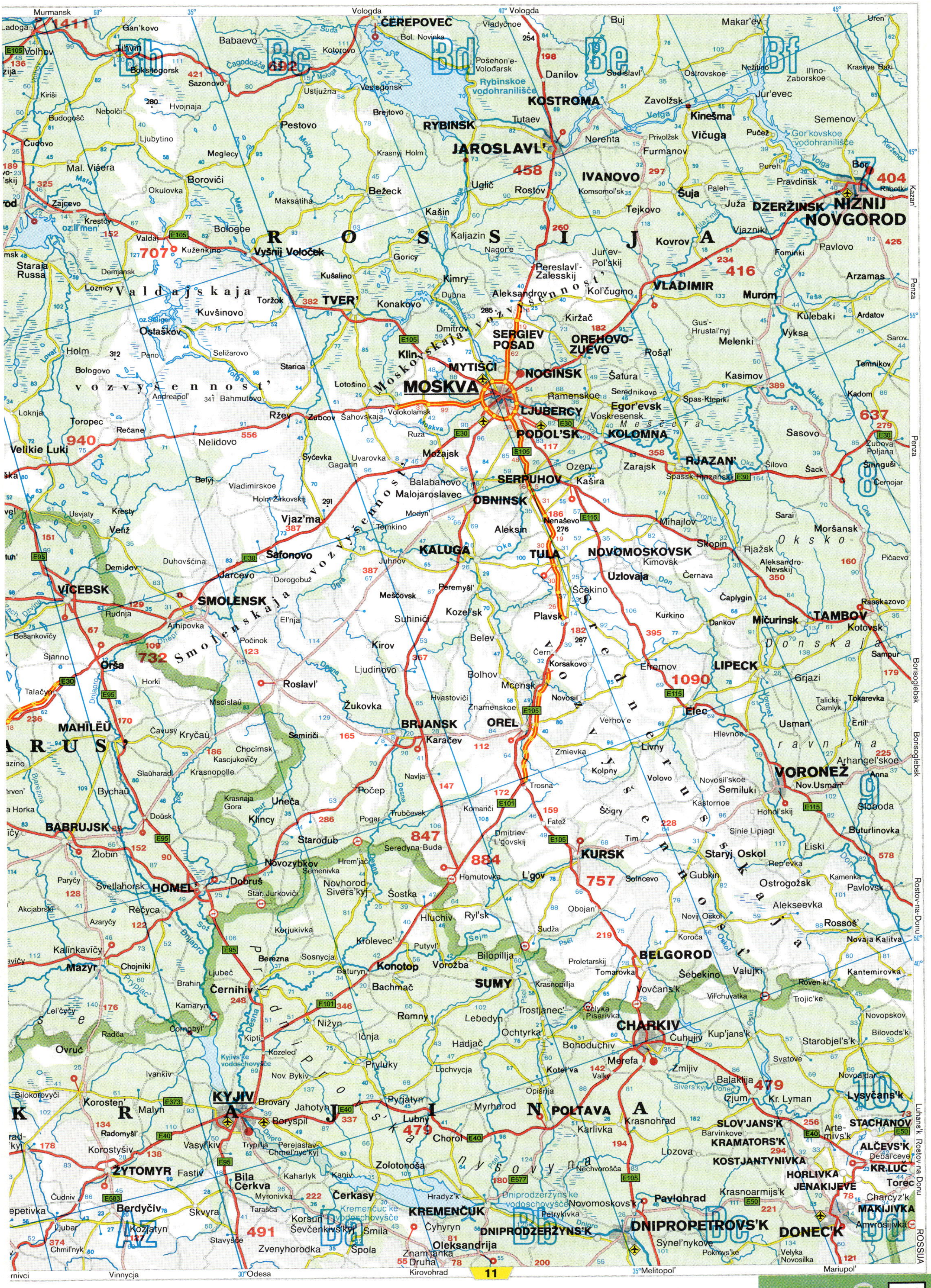
Murmansk
Vologda
ČEREPOVEC
Bd
Be
Bf
Bc
Bb
Rybinskoe vodohranilišče
KOSTROMA
RYBINSK
JAROSLAVL'
IVANOVO
Kinešma
Gor'kovskoe vodohranilišče
DZERŽINSK
NIŽNIJ NOVGOROD
Vyšnij Voloček
Valdaj
Bologoe
Staraja Russa
Valdajskaja vozvyšennost'
TVER'
Toržok
Ostaškov
Kalinin
Kimry
Dubna
Sergiev Posad
SERGIEV POSAD
OREHOVO-ZUEVO
VLADIMIR
Murom
Kovrov
Pereslavl'-Zalesskij
Rostov
Uglič
Bežeck
Kašin
Kaljazin
R O S S I J A
MYTIŠČI
NOGINSK
MOSKVA
LJUBERCY
PODOL'SK
KOLOMNA
RJAZAN'
SERPUHOV
OBNINSK
KALUGA
TULA
NOVOMOSKOVSK
Moskovskaja vozvyšennost'
Smolenskaja vozvyšennost'
Rževe
Velikie Luki
Toropec
Nelidovo
Vjaz'ma
Safonovo
SMOLENSK
VICEBSK
Orša
Roslavl'
BRJANSK
OREL
Mcensk
Efremov
LIPECK
Elec
TAMBOV
Mičurinsk
Morsansk
Kasimov
Sasovo
Oksko-Donskaja ravnina
Srednerusskaja vozvyšennost'
VORONEŽ
KURSK
Staryj Oskol
BELGOROD
CHARKIV
SUMY
Konotop
Černihiv
HOMEL'
MAHILËU
BABRUJSK
Mazyr
KYJIV
ŽYTOMYR
Berdyčiv
Bila Cerkva
Kremenčuk
POLTAVA
DNIPROPETROVS'K
DNIPRODZERŽYNS'K
DONEC'K
KRAMATORS'K
SLOV'JANS'K
HORLIVKA
JENAKIJEVE
MAKIJIVKA
Lysyčans'k
STACHANOV
ALČEVS'K
Prydniprovs'ka nyzovyna
Kyjivs'ke vodoschovyšče
Kremenčuc'ke vodoschovyšče
Dniprodzeržyns'ke vodoschovyšče
Az
Ba
Bb
Bc
Bd
U K R A J I N A
Odesa
Kirovohrad
Melitopol'
Mariupol'
Vinnycja
Penza
Kazan'
Borisoglebsk
Rostov-na-Donu
Luhans'k, Rostov-na-Donu
ROSSIJA
11

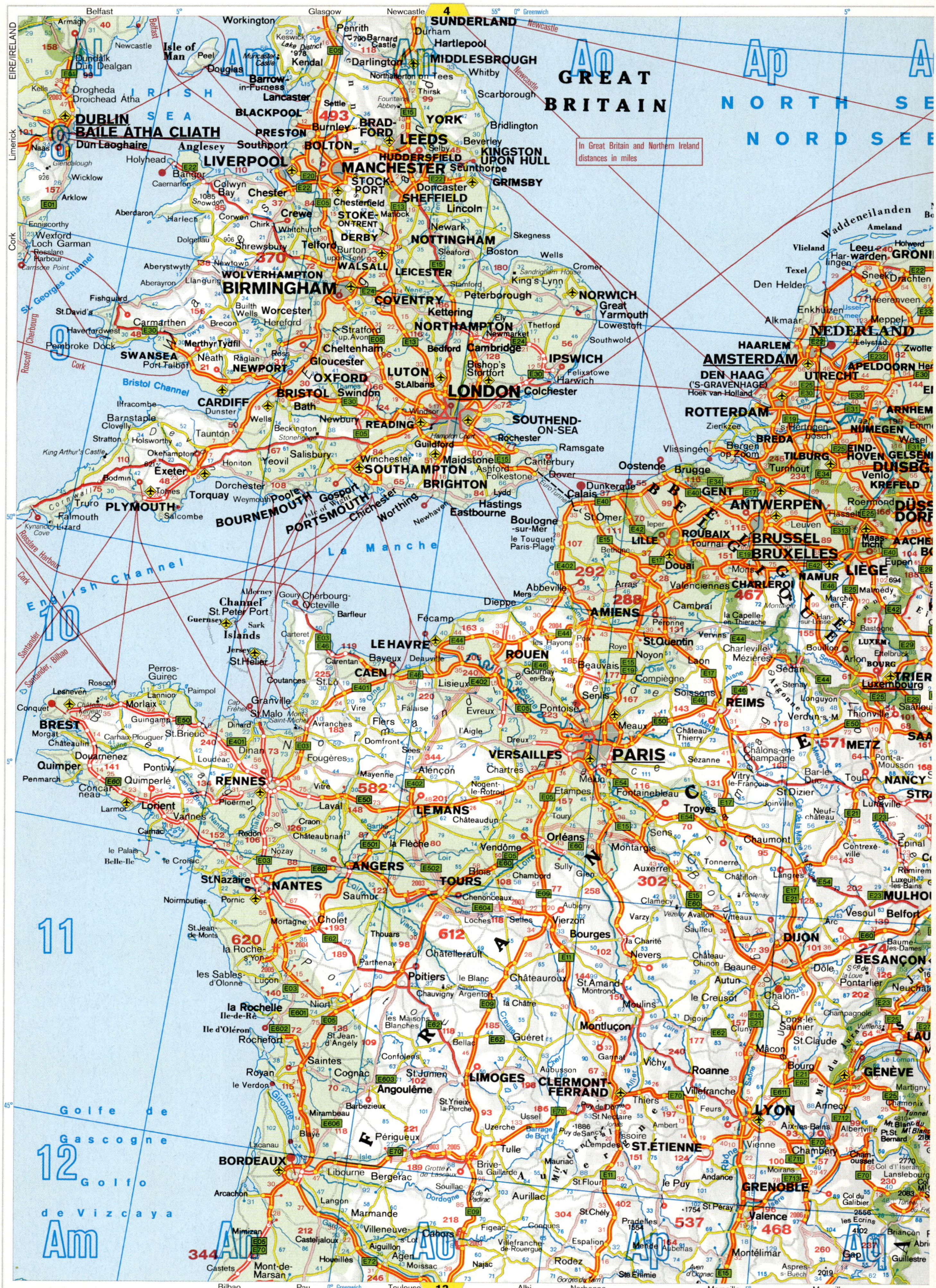
GREAT BRITAIN
NORTH SEA
NORD SEE
In Great Britain and Northern Ireland distances in miles
IRISH SEA
English Channel
La Manche
Bristol Channel
St. George's Channel
Golfe de Gascogne
Golfo de Vizcaya
NEDERLAND
FRANCE
DUBLIN
BAILE ATHA CLIATH
LIVERPOOL
MANCHESTER
LEEDS
SHEFFIELD
BIRMINGHAM
COVENTRY
NOTTINGHAM
LEICESTER
NORTHAMPTON
LONDON
OXFORD
BRISTOL
CARDIFF
SWANSEA
SOUTHAMPTON
BRIGHTON
PORTSMOUTH
BOURNEMOUTH
PLYMOUTH
NORWICH
IPSWICH
YORK
SUNDERLAND
MIDDLESBROUGH
KINGSTON UPON HULL
GRIMSBY
AMSTERDAM
ROTTERDAM
DEN HAAG
UTRECHT
ANTWERPEN
BRUSSEL
BRUXELLES
GENT
LIÈGE
LILLE
AMIENS
ROUEN
LE HAVRE
CAEN
RENNES
BREST
NANTES
ANGERS
TOURS
LE MANS
VERSAILLES
PARIS
REIMS
METZ
NANCY
DIJON
BESANÇON
LYON
GRENOBLE
ST.ETIENNE
CLERMONT FERRAND
LIMOGES
BORDEAUX
GENÈVE
Alderney
Guernsey
Jersey
Channel Islands
Belfast
Glasgow
Newcastle
Bilbao
Pau
Toulouse
Albi
Narbonne
Marseille
4
13
9
10
11
12
Ao
Ap
Am
An

5

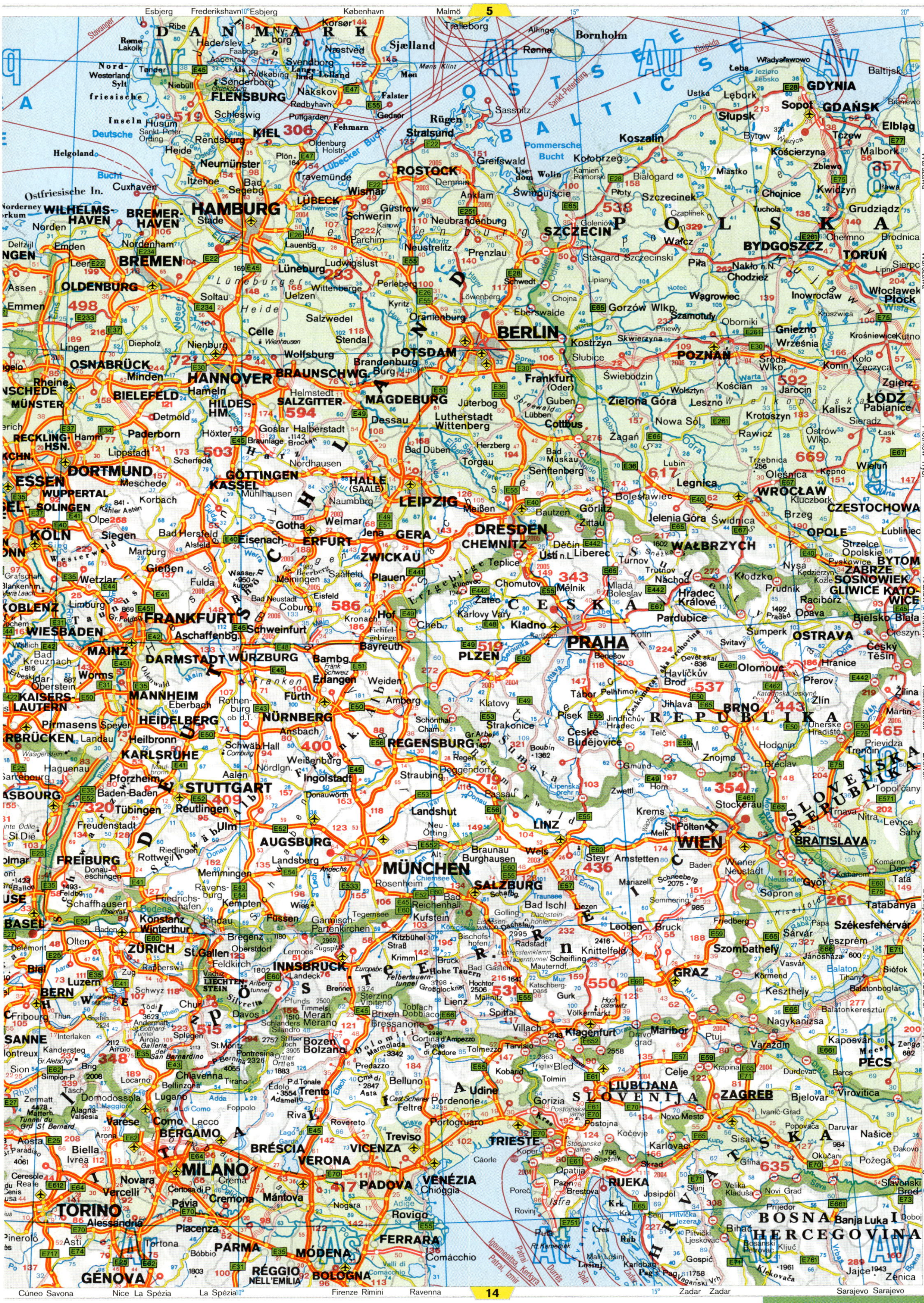

DANMARK
København
Malmö
Bornholm
Sjælland
OSTSEE
BALTIC SEA
Deutsche Bucht
Helgoland
FLENSBURG
KIEL
HAMBURG
BREMEN
BREMERHAVEN
WILHELMSHAVEN
OLDENBURG
LÜBECK
ROSTOCK
Schwerin
Wismar
Stralsund
Rügen
Greifswald
SZCZECIN
Koszalin
GDYNIA
GDAŃSK
Sopot
Elbląg
BYDGOSZCZ
TORUŃ
POLSKA
BERLIN
POTSDAM
Frankfurt (Oder)
POZNAŃ
Zielona Góra
ŁÓDŹ
HANNOVER
BRAUNSCHWEIG
MAGDEBURG
OSNABRÜCK
BIELEFELD
MÜNSTER
DORTMUND
ESSEN
KÖLN
GÖTTINGEN
KASSEL
HALLE (SAALE)
LEIPZIG
DRESDEN
CHEMNITZ
WROCŁAW
CZĘSTOCHOWA
OPOLE
WAŁBRZYCH
ERFURT
GERA
ZWICKAU
FRANKFURT
WIESBADEN
MAINZ
KOBLENZ
DARMSTADT
WÜRZBURG
PRAHA
PLZEŇ
ČESKÁ REPUBLIKA
OSTRAVA
BRNO
Olomouc
MANNHEIM
HEIDELBERG
KAISERSLAUTERN
NÜRNBERG
REGENSBURG
KARLSRUHE
STUTTGART
AUGSBURG
MÜNCHEN
Ingolstadt
LINZ
WIEN
BRATISLAVA
SLOVENSKÁ REPUBLIKA
FREIBURG
BASEL
ZÜRICH
BERN
INNSBRUCK
SALZBURG
GRAZ
Szombathely
Győr
MAGYARORSZÁG
Budapest
LJUBLJANA
SLOVENIJA
ZAGREB
HRVATSKA
RIJEKA
TRIESTE
BOSNA I HERCEGOVINA
MILANO
TORINO
GENOVA
BERGAMO
BRESCIA
VERONA
VICENZA
PADOVA
VENEZIA
PARMA
MODENA
BOLOGNA
FERRARA
ITALIA

14

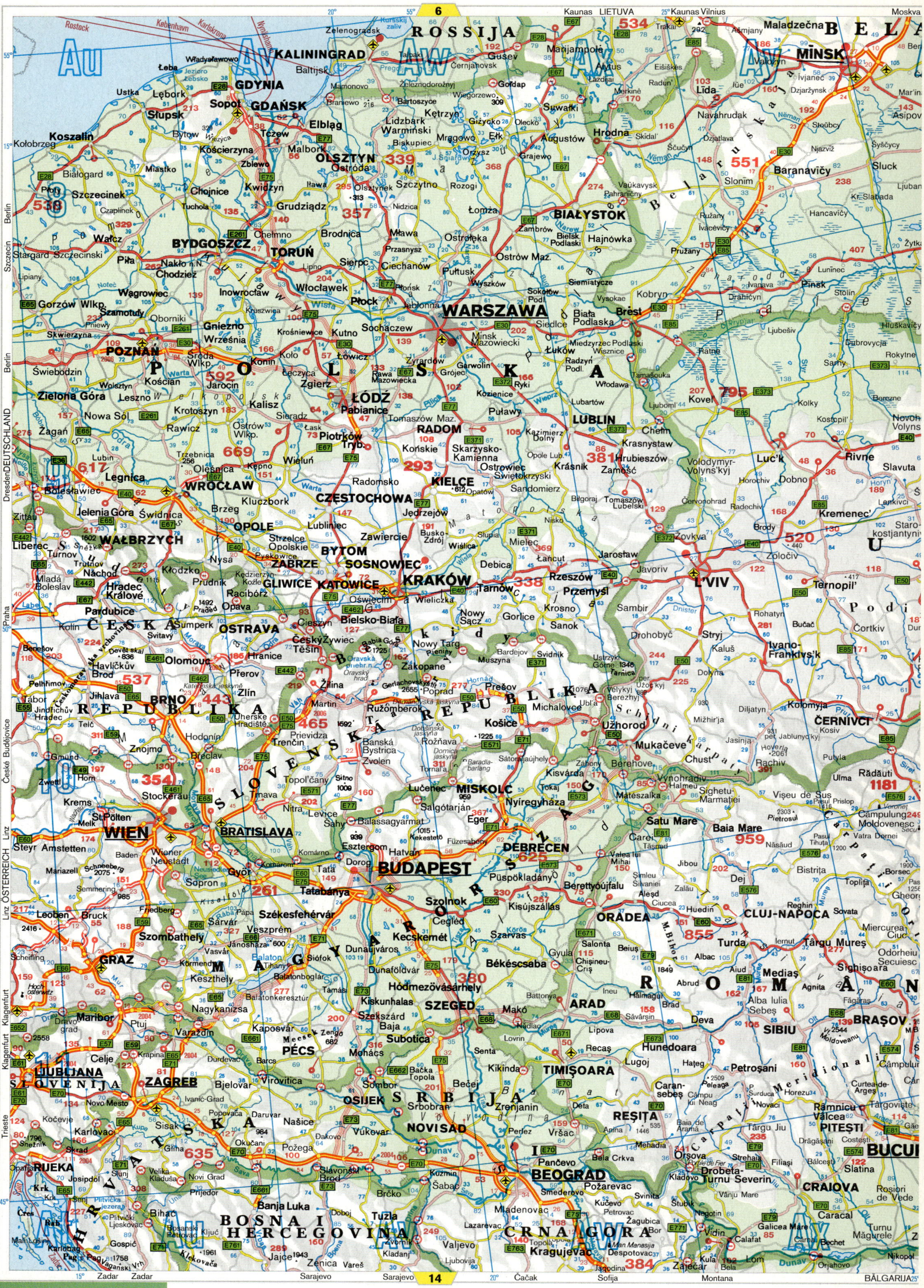

6
14
ROSSIJA
KALININGRAD
GDYNIA
GDAŃSK
Koszalin
Elbląg
OLSZTYN
Suwałki
Hrodna
Lida
MINSK
Baranavičy
Białogard
Szczecinek
BYDGOSZCZ
TORUŃ
Grudziądz
Łomża
BIAŁYSTOK
Piła
Gorzów Wlkp.
Włocławek
Płock
Ciechanów
WARSZAWA
Siedlce
Brest
Pinsk
POZNAŃ
Gniezno
Konin
Kutno
Skierniewice
ŁÓDŹ
Piotrków Tryb.
RADOM
LUBLIN
Kovel'
Zielona Góra
Leszno
Kalisz
Sieradz
Chełm
Rivne
Legnica
WROCŁAW
OPOLE
CZĘSTOCHOWA
KIELCE
Zamość
Luc'k
WAŁBRZYCH
BYTOM
ZABRZE
SOSNOWIEC
KATOWICE
GLIWICE
KRAKÓW
Tarnów
Rzeszów
Przemyśl
L'VIV
Ternopil'
Liberec
Hradec Králové
Pardubice
OSTRAVA
Bielsko-Biała
Nowy Sącz
Stryj
Ivano-Frankivs'k
ČESKÁ REPUBLIKA
Olomouc
BRNO
Zlín
Žilina
Prešov
Košice
Užhorod
Mukačeve
ČERNIVCI
Jihlava
České Budějovice
Znojmo
Trenčín
Banská Bystrica
Zvolen
SLOVENSKÁ REPUBLIKA
MISKOLC
Nyíregyháza
Satu Mare
Baia Mare
WIEN
BRATISLAVA
Győr
Tatabánya
BUDAPEST
Eger
DEBRECEN
Szolnok
ORADEA
CLUJ-NAPOCA
Târgu Mureş
GRAZ
Szombathely
Székesfehérvár
Kecskemét
Békéscsaba
ARAD
MAGYARORSZÁG
ROMÂNIA
Maribor
LJUBLJANA
SLOVENIJA
ZAGREB
PÉCS
SZEGED
Subotica
TIMIŞOARA
Hunedoara
SIBIU
BRAŞOV
Osijek
NOVI SAD
Zrenjanin
Vršac
Reşiţa
Deva
PITEŞTI
RIJEKA
HRVATSKA
Banja Luka
BEOGRAD
Drobeta-Turnu Severin
CRAIOVA
BUCUREŞTI
BOSNA I HERCEGOVINA
SRBIJA
CRNA GORA
Kragujevac
Zenica
Tuzla
Sarajevo
Zadar
Čačak
Sofija
Montana
BĂLGARIJA
LIETUVA
Kaunas
Vilnius
Moskva
DEUTSCHLAND
ÖSTERREICH

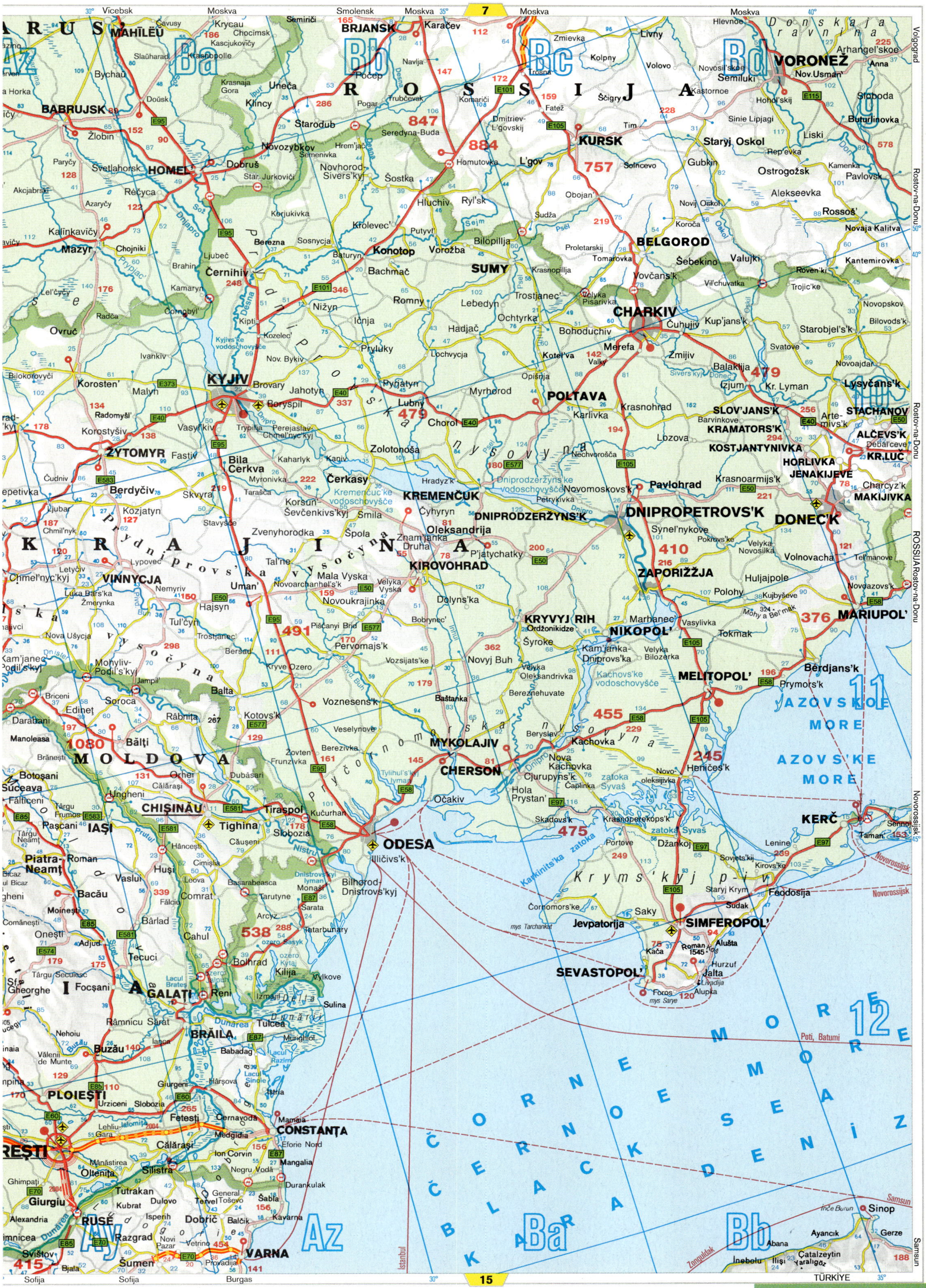
7
15
Vicebsk
Moskva
Smolensk
Volgograd
Rostov-na-Donu
Novorossijsk
Samsun
Sofija
Burgas
TÜRKIYE
Istanbul
Ba
Bb
Bc
Bd
Az
Ay
11
12
ROSSIJA
UKRAJINA
MOLDOVA
ROMÂNIA
BRJANSK
VORONEŽ
KURSK
BELGOROD
CHARKIV
SUMY
POLTAVA
KYJIV
ŽYTOMYR
VINNYCJA
ČERKASY
KREMENČUK
KIROVOHRAD
DNIPROPETROVS'K
DNIPRODZERŽYNS'K
DONEC'K
ZAPORIŽŽJA
KRYVYJ RIH
NIKOPOL'
MELITOPOL'
MARIUPOL'
MYKOLAJIV
CHERSON
ODESA
CHIŞINĂU
IAŞI
GALAŢI
BRĂILA
CONSTANŢA
PLOIEŞTI
RUSE
VARNA
SIMFEROPOL'
SEVASTOPOL'
KERČ
HOMEL'
MAHILËU
BABRUJSK
AZOVSKOE MORE
AZOVS'KE MORE
ČORNE MORE
ČERNOE MORE
BLACK SEA
KARADENIZ
Krymskyj p-iv

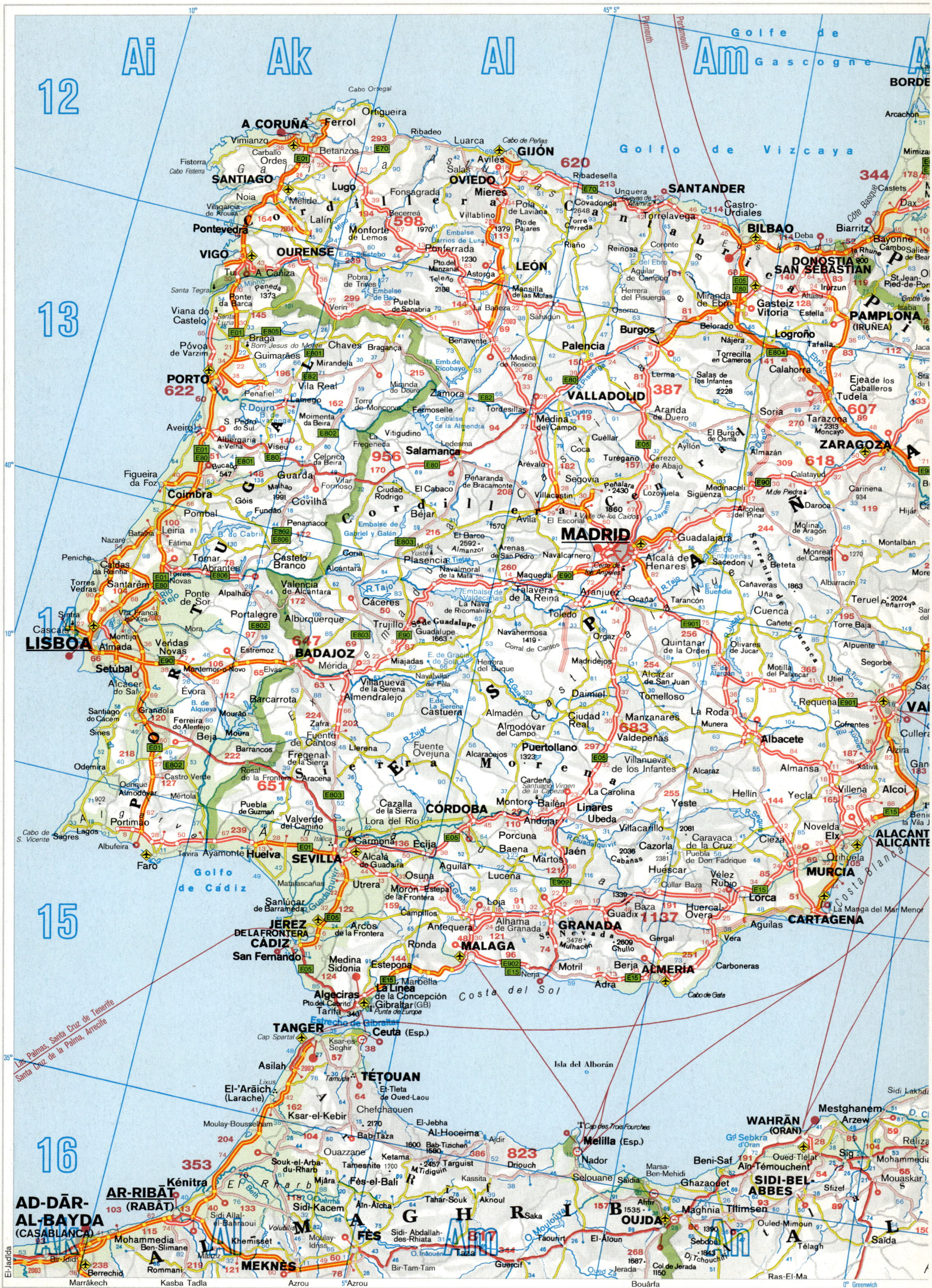
Ai
Ak
Al
Am
12
13
14
15
16
Golfe de Gascogne
Golfo de Vizcaya
Cabo Ortegal
Ortigueira
A CORUÑA
Ferrol
Vimianzo
Betanzos
Fisterra
SANTIAGO
Lugo
Noia
Pontevedra
VIGO
OURENSE
Monforte de Lemos
Ribadeo
Luarca
Avilés
GIJÓN
OVIEDO
Mieres
Ponferrada
Astorga
LEÓN
Ribadesella
SANTANDER
Torrelavega
Castro-Urdiales
BILBAO
DONOSTIA
SAN SEBASTIÁN
Biarritz
Bayonne
Gasteiz
Vitoria
PAMPLONA
(IRUÑEA)
Logroño
Burgos
Palencia
VALLADOLID
Zamora
Salamanca
Braga
Guimarães
PORTO
Aveiro
Viseu
Guarda
Coimbra
Figueira da Foz
Leiria
Santarém
Sintra
Cascais
LISBOA
Almada
Setúbal
Évora
Beja
Faro
Portimão
Lagos
Sagres
Cabo de S. Vicente
BADAJOZ
Mérida
Cáceres
Trujillo
Plasencia
Ávila
Segovia
MADRID
Alcalá de Henares
Guadalajara
Aranjuez
Toledo
Talavera de la Reina
Soria
ZARAGOZA
Tudela
Calatayud
Teruel
Cuenca
Albacete
Ciudad Real
Puertollano
Valdepeñas
Linares
Jaén
CÓRDOBA
SEVILLA
Huelva
Golfo de Cádiz
JEREZ DE LA FRONTERA
CÁDIZ
San Fernando
Algeciras
La Línea de la Concepción
Gibraltar (GB)
Tarifa
Estrecho de Gibraltar
MÁLAGA
Costa del Sol
GRANADA
Sierra Nevada
ALMERÍA
Lorca
MURCIA
CARTAGENA
Costa Blanca
Elx
Alcoi
ALACANT
ALICANTE
Requena
Sierra Morena
Cordillera Cantábrica
Cordillera Central
TANGER
Ceuta (Esp.)
TÉTOUAN
Asilah
El-'Araïch
(Larache)
Chefchaouen
Isla del Alborán
Melilla (Esp.)
Nador
WAHRAN
(ORAN)
Mestghanem
Arzew
SIDI-BEL-ABBES
Tlemsen
OUJDA
Taza
FÈS
MEKNÈS
Kénitra
AR-RIBÂT
(RABÂT)
AD-DĀR-AL-BAYDA
(CASABLANCA)
Mohammedia
Marrâkech
Kasba Tadla
Azrou
Bouârfa
Ras-El-Ma

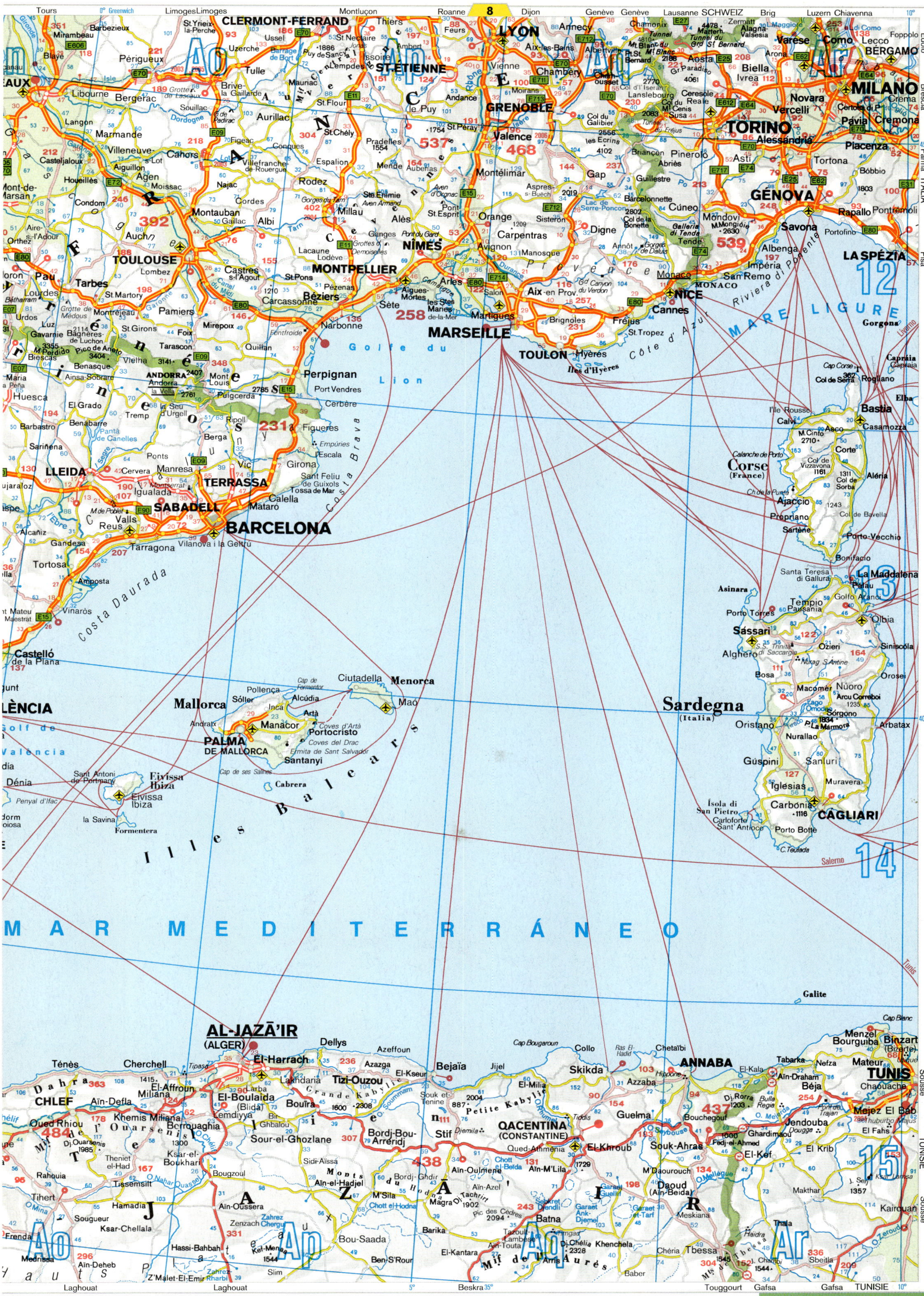
CLERMONT-FERRAND
LYON
ST-ÉTIENNE
GRENOBLE
Valence
MILANO
TORINO
GÉNOVA
BERGAMO
Novara
Vercelli
Pavia
Alessandria
Piacenza
Savona
LA SPÉZIA
Périgueux
Libourne
Bergerac
Marmande
Agen
Cahors
Montauban
Albi
Rodez
Millau
Alès
NÎMES
Avignon
Orange
Carpentras
Montélimar
Gap
Digne
Cuneo
Mondovì
Imperia
San Remo
MONACO
NICE
Cannes
Fréjus
St.Tropez
TOULON
Hyères
MARSEILLE
Aix-en Prov.
Arles
Martigues
MONTPELLIER
Béziers
Carcassonne
Narbonne
Sète
TOULOUSE
Tarbes
Pau
Lourdes
Foix
Perpignan
Golfe du Lion
Riviera di Ponente
MARE LIGURE
Côte d'Azur
ANDORRA
Andorra la Vella
Huesca
LLEIDA
Figueres
Girona
TERRASSA
SABADELL
BARCELONA
Mataró
Tarragona
Reus
Tortosa
Costa Brava
Costa Daurada
Castelló de la Plana
VALÈNCIA
Golf de València
Dénia
Eivissa Ibiza
Formentera
Mallorca
PALMA DE MALLORCA
Manacor
Menorca
Ciutadella
Maó
Cabrera
Illes Balears
Corse (France)
Bastia
Calvi
Ajaccio
Porto-Vecchio
Bonifacio
Sardegna (Italia)
Sassari
Alghero
Olbia
Nuoro
Oristano
CAGLIARI
MAR MEDITERRÁNEO
AL-JAZĀ'IR (ALGER)
El-Harrach
Dellys
Tizi-Ouzou
Bejaïa
Jijel
Skikda
ANNABA
QACENTINA (CONSTANTINE)
Stif
Bordj-Bou-Arreridj
Batna
Souk-Ahras
Guelma
El-Khroub
CHLEF
Miliana
El-Boulaida (Blida)
Médéa
Tiaret
Tebessa
Biskra
Bou-Saada
M'Sila
Béja
Jendouba
El Kef
TUNIS
Kairouan
Bizerte
TUNISIE
12
13
14
15

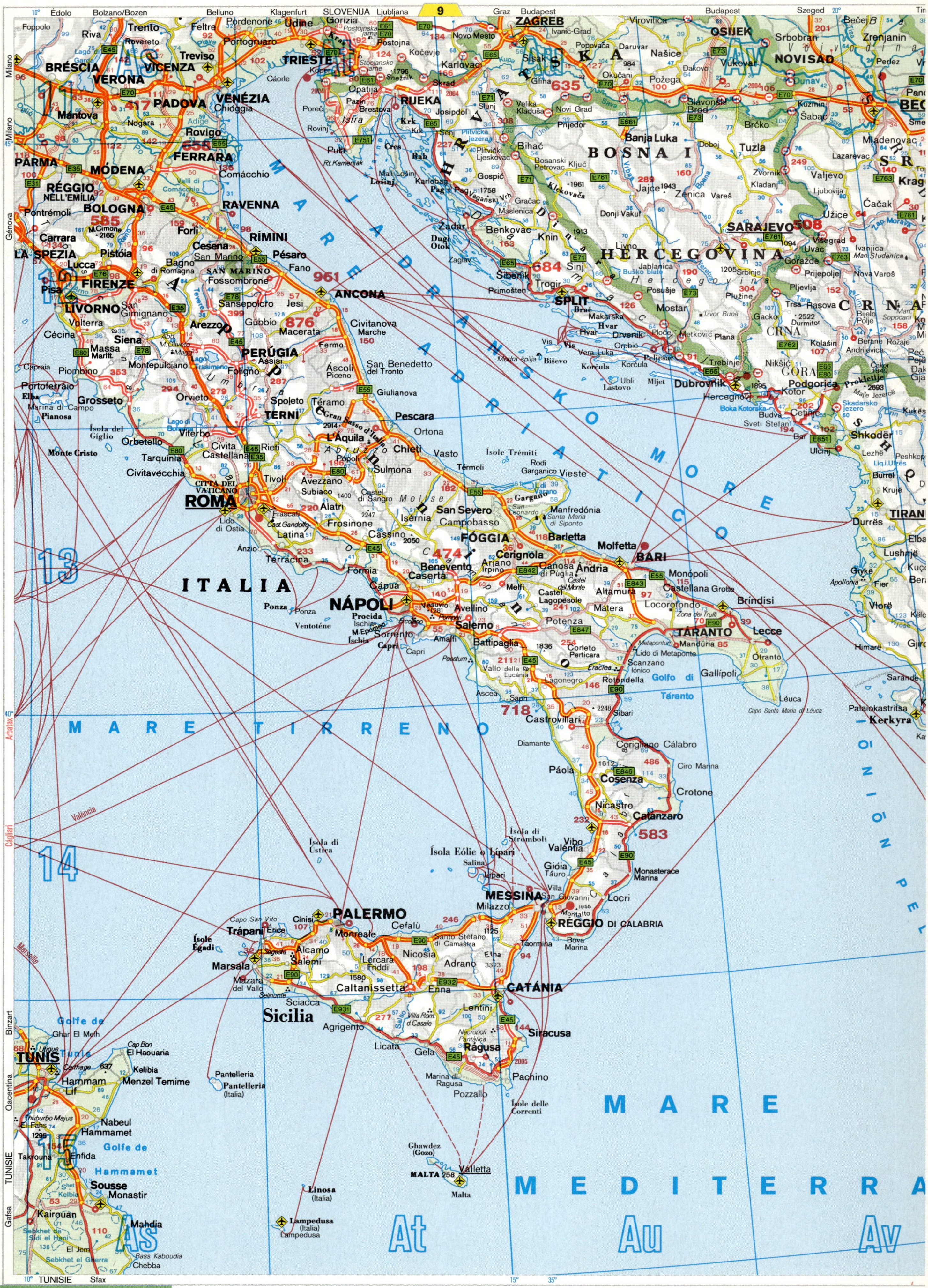

Édolo
Bolzano/Bozen
Belluno
Klagenfurt
SLOVENIJA
Ljubljana
9
Graz
Budapest
Szeged
Foppolo
Trento
Riva
Rovereto
Feltre
Pordenone
Udine
Gorizia
Trieste
ZAGREB
OSIJEK
NOVISAD
Srbobran
Zrenjanin
BRÉSCIA
VERONA
VICENZA
Treviso
Portogruaro
Cáorle
PADOVA
VENÉZIA
Chioggia
Mantova
Rovigo
FERRARA
PARMA
MÓDENA
RÉGGIO NELL'EMÍLIA
BOLOGNA
Comácchio
RAVENNA
Pontrémoli
Forlì
Cesena
RÍMINI
Carrara
LA SPEZIA
Lucca
Pistóia
Pésaro
San Marino
SAN MARINO
Fano
Pisa
FIRENZE
ANCONA
LIVORNO
Arezzo
Siena
Perúgia
Macerata
Volterra
Grosseto
Piombino
Portoferráio
Elba
Orvieto
Spoleto
TERNI
Téramo
Pescara
Chieti
L'Aquila
Viterbo
Civitavécchia
Rieti
Sulmona
Vasto
Términi
Vieste
ROMA
CITTÀ DEL VATICANO
Latina
Frosinone
Campobasso
FÓGGIA
Barletta
Molfetta
BARI
Brindisi
Lecce
TÁRANTO
Matera
Potenza
Salerno
NÁPOLI
Cáserta
Benevento
Capri
Sorrento
Ischia
Ponza
Ventoténe
ITALIA
MARE TIRRENO
MARE ADRIATICO
JADRANSKO MORE
Castrovillari
Cosenza
Crotone
Catanzaro
Vibo Valéntia
MESSINA
RÉGGIO DI CALABRIA
PALERMO
Trápani
Marsala
Agrigento
Caltanissetta
Enna
CATÁNIA
Siracusa
Ragusa
Gela
Sicilia
Ísola di Ústica
Ísole Eólie o Lípari
Pantelleria
Linosa
Lampedusa
MALTA
Valletta
Gozo
TUNIS
Hammamet
Sousse
Monastir
Mahdia
Kairouan
Golfe de Hammamet
Golfe di Táranto
RIJEKA
Pula
Zadar
Šibenik
SPLIT
Dubrovnik
Kotor
Podgorica
Bihać
Banja Luka
Tuzla
SARAJEVO
Mostar
BOSNA I HERCEGOVINA
HRVATSKA
CRNA GORA
Shkodër
Durrës
TIRANË
Kerkyra
Otranto
Gallípoli
MARE MEDITERRANEO
IÓNION PELAGOS
13
14
15
At
Au
Av
TUNISIE
Sfax

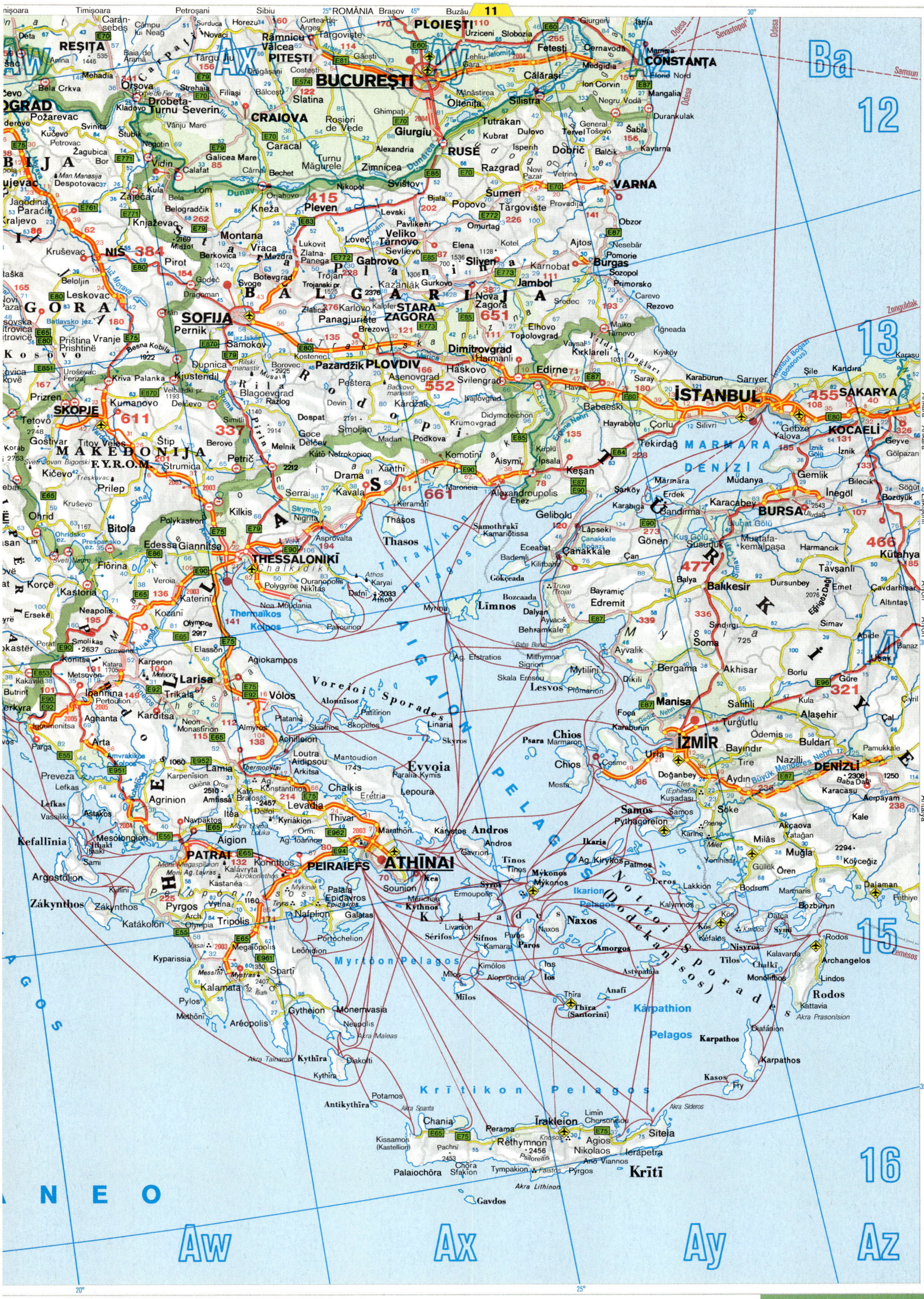
Timişoara
Petroşani
Sibiu
ROMÂNIA
Braşov
Buzău
PLOIEŞTI
BUCUREŞTI
CONSTANŢA
CRAIOVA
Giurgiu
RUSE
Dobrič
VARNA
Pleven
Sumen
Razgrad
Burgas
Jambol
Sliven
Gabrovo
Veliko Tărnovo
Montana
Vraca
Lovеč
SOFIJA
Pernik
STARA ZAGORA
Kazanlăk
Haskovo
Dimitrovgrad
Pazardžik
PLOVDIV
Edirne
Kırklareli
ISTANBUL
SAKARYA
KOCAELI
BURSA
MARMARA DENIZI
Tekirdağ
Çanakkale
Balıkesir
Kütahya
Manisa
IZMIR
Aydın
DENIZLI
Muğla
Bodrum
Uşak
NIŠ
SKOPJE
MAKEDONIJA
F.Y.R.O.M.
Kumanovo
Prilep
Bitola
Ohrid
Štip
Strumica
Kavala
Drama
Serrai
Xanthi
Komotini
Alexandroupolis
THESSALONIKI
Chalkidiki
Katerini
Larisa
Trikala
Volos
Karditsa
Lamia
Ioannina
Arta
Preveza
Agrinion
Chalkis
Evvoia
Thasos
Limnos
Lesvos
Mytilini
Chios
Samos
Ikaria
Andros
Tinos
Mykonos
Naxos
Paros
Milos
Thira
(Santorini)
Amorgos
Kos
Rodos
Karpathos
Kasos
ATHINAI
PEIRAIEFS
PATRAI
Korinthos
Kalamata
Tripolis
Pyrgos
Sparti
Zakynthos
Kefallinia
Kythira
Antikythira
Iraklelon
Chania
Rethymnon
Kriti
Gavdos
Thermaikos Kolpos
Thrakikon Pelagos
AIGAION PELAGOS
Voreioi Sporades
Kyklades
Notioi Sporades (Dodekanisos)
Myrtoon Pelagos
Karpathion Pelagos
Kritikon Pelagos
Ikarion Pelagos
Samsun
Zonguldak
Odesa
Sevastopol'
Ankara
Eskişehir
Afyon
Antalya
ANEO
Aw
Ax
Ay
Az
Ba
12
13
14
15
16

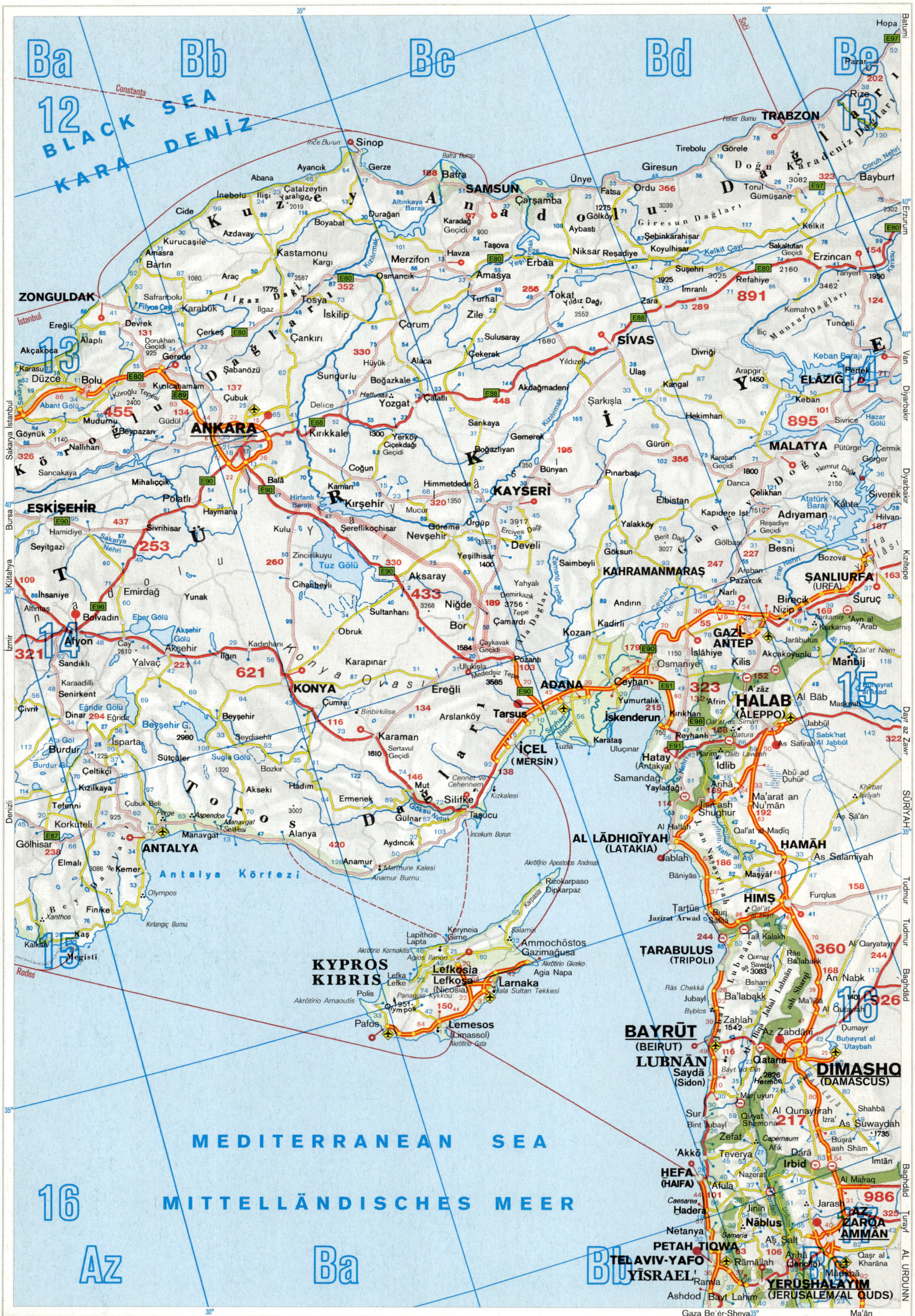
Ba
Bb
Bc
Bd
Be
Az
BLACK SEA
KARA DENİZ
MEDITERRANEAN SEA
MITTELLÄNDISCHES MEER
Sinop
Samsun
Trabzon
Rize
Giresun
Ordu
Zonguldak
Bartın
Kastamonu
Çankırı
Çorum
Amasya
Tokat
Sivas
Erzincan
Tunceli
Elâzığ
Malatya
Adıyaman
Şanlıurfa
(Urfa)
Gaziantep
Kahramanmaraş
Kayseri
Nevşehir
Niğde
Aksaray
Kırşehir
Yozgat
Kırıkkale
Ankara
Bolu
Düzce
Eskişehir
Afyon
Konya
Karaman
İçel
(Mersin)
Tarsus
Adana
Osmaniye
İskenderun
Hatay
(Antakya)
Isparta
Burdur
Antalya
Antalya Körfezi
Alanya
Anamur
Silifke
Tuz Gölü
Kypros
Kıbrıs
Lefkosa
Lefkoşa
(Nicosia)
Larnaka
Lemesos
(Limassol)
Pafos
Halab
(Aleppo)
Al Lādhiqīyah
(Latakia)
Hamāh
Ḩimş
Ţarābulus
(Tripoli)
Bayrūt
(Beirut)
Lubnān
Dimashq
(Damascus)
Hefa
(Haifa)
Tel Aviv-Yafo
Yisrael
Yerushalayim
(Jerusalem/Al Quds)
'Ammān
Az Zarqā'
Irbid
Nābulus
Kilis
Manbij
Toros Dağları
Köroğlu Dağları
Konya Ovası
Doğu Karadeniz Dağları
Munzur Dağları
Giresun Dağları
Erzurum
Van
Diyarbakır
Batumi
Hopa
Sūrīyah
Baghdād
Al Urdunn
Gaza
Be'ér-Sheva